司法解释理解与适用丛书

最高人民法院
新民事诉讼法司法解释
理解与适用

〔上〕

最高人民法院民法典贯彻实施工作领导小组办公室　编著

人民法院出版社
PEOPLE'S COURT PRESS

图书在版编目（CIP）数据

最高人民法院新民事诉讼法司法解释理解与适用／最高人民法院民法典贯彻实施工作领导小组办公室编著.--北京：人民法院出版社，2022.6

（司法解释理解与适用丛书）

ISBN 978-7-5109-3511-4

Ⅰ.①最… Ⅱ.①最… Ⅲ.①民事诉讼法–法律解释–中国②民事诉讼法–法律适用–中国 Ⅳ.①D925.105

中国版本图书馆CIP数据核字(2022)第085111号

最高人民法院新民事诉讼法司法解释理解与适用

最高人民法院民法典贯彻实施工作领导小组办公室　编著

策划编辑　陈建德　兰丽专
责任编辑　丁丽娜　路建华　张　奎　丁塞峨　李　倩
执行编辑　郭　粹　杨晓燕　杨　洁　赵杰琼
出版发行　人民法院出版社
地　　址　北京市东城区东交民巷27号(100745)
电　　话　(010)67550608(责任编辑)　67550558(发行部查询)
65223677(读者服务部)
客服QQ　2092078039
网　　址　http://www.courtbook.com.cn
E－mail　courtbook@sina.com
印　　刷　三河市国英印务有限公司
经　　销　新华书店

开　　本　787毫米×1092毫米　1/16
字　　数　1520千字
印　　张　82.25
版　　次　2022年6月第1版　2024年12月第6次印刷
书　　号　ISBN 978-7-5109-3511-4
定　　价　278.00元（上下册）

撰稿人名单

（以姓氏笔画为序）

万　挺	王　炜	王朝辉	龙　飞	包剑平
冯文生	司艳丽	仲伟珩	任雪峰	刘　峥
刘　哲	刘小飞	刘慧慧	孙祥壮	杜　军
杜圣杰	李　明	李予霞	李承运	李相波
李盛烨	杨　卓	杨　奕	杨立初	杨永清
吴兆祥	吴凯敏	何　帆	何东宁	沈红雨
宋春雨	张　音	张　颖	张志弘	张雪楳
陈龙业	陈宏宇	邵长茂	林文学	赵风暴
赵晋山	姚宝华	贾玉慧	钱晓晨	高晓力
郭　锋	黄金龙	梅　芳	葛洪涛	蒋家棣
曾宏伟	谢　勇	谢爱梅	潘　杰	潘勇锋

出版说明

民事诉讼法是国家的基本法律，是规范民事诉讼程序的基本规则。我国现行民事诉讼法是1991年第七届全国人民代表大会第四次会议通过的，先后经历了2007年、2012年、2017年、2021年四次修正，民事诉讼规则不断优化完善，对保护当事人诉讼权利，保障人民法院公正、高效审理民事案件，促进国家治理体系和治理能力现代化，发挥了重要作用。

最高人民法院历来高度重视民事诉讼法的贯彻实施工作。1991年民事诉讼法颁布施行后，最高人民法院于1992年专门出台《关于适用〈中华人民共和国民事诉讼法〉若干问题的意见》（以下简称《92年意见》），切实做好民事诉讼法的贯彻实施工作。2007年民事诉讼法第一次修正后，最高人民法院及时出台《关于适用〈中华人民共和国民事诉讼法〉执行程序若干问题的解释》《关于适用〈中华人民共和国民事诉讼法〉审判监督程序若干问题的解释》两个单行司法解释。2012年民事诉讼法完成第二次修正。这次修法属于"大修"，新增了公益诉讼、第三人撤销之诉、举证期限、行为保全、小额诉讼程序等多项重要的诉讼制度，对民事诉讼的原则、管辖制度、调解制度、证据制度、简易程序、特别程序、执行程序和涉外程序均有重大修改。为贯彻实施修正后的民事诉讼法，最高人民法院于2012年发布了《关于修改后的民事诉讼法施行时未结案件适用法律若干问题的规定》，明确新旧衔接适用规则，统一法律适用标准。同时，启动《关于适用〈中华人民共和国民事诉讼法〉的解释》（以下简称《民事诉讼法解释》）的起草制定工作，并于2015年正式发布。2015年《民事诉讼法解释》以《92年意见》为基础，吸收、整合了另外200多件司法解释和规范性文件的内容，对人民法院适用民事诉讼法的相关问题进行了全面系统、明确具体的规定，在人民法院审判和执行工作中得到广泛适用，对确保民事诉讼法的正确、统一、严格、有效实施，保障当事人合法诉讼权利，维护司法公正、提升司法公信发挥了十分重要的作用。2020年底，为切实实施民法典，最高人民法院对照民法典的规定对2015年《民事诉讼法解释》进行了适应性修改。

2021年12月24日，第十三届全国人民代表大会常务委员会第三十二次会议审议通过《关于修改〈中华人民共和国民事诉讼法〉的决定》，对民事诉讼法进行第四次修正。此次民事诉讼法修改，重点围绕优化司法确认程序、完善简易程序及小额诉讼程序、扩大独任制适用范围、完善在线诉讼及送达规则等方面对相关内容作出调整，进一步优化了相关程序规则，有效建立了“繁简分流、轻重分离、快慢分道”的民事诉讼程序体系。此次修法工作，集中体现了民事诉讼程序繁简分流改革试点工作的制度成果，对促进社会公平正义，保障人民群众合法权益，维护社会和谐稳定，服务新发展格局将发挥重要作用。为及时贯彻修改后的民事诉讼法，2022年初，最高人民法院迅速成立《民事诉讼法解释》修改调研小组开始调研起草工作。本次司法解释修改工作坚持严格依法、需求导向、体系化考量和精简原则，经过充分调研和征求意见，形成送审稿报审委会审议通过。最高人民法院于2022年4月1日正式发布《关于修改〈最高人民法院关于适用《中华人民共和国民事诉讼法》的解释〉的决定》（以下简称《决定》）。《决定》共有16个条文，主要修改了如下内容：一是修改简易程序的相关规定，涉及简易程序案件审限延长、简易程序向普通程序转换的条件和方式、简便送达方式的适用规则；二是修改小额诉讼程序的相关规定，涉及海事法院适用小额诉讼程序的案件标的额上限、小额诉讼程序案件适用范围；三是修改司法确认案件的管辖规则；四是调整所引用的民事诉讼法条文序号及司法解释本身条文序号；五是其他文字表述的对照修改。

为便于各级人民法院审判人员和社会公众准确理解和适用修改后的《民事诉讼法解释》，最高人民法院组织骨干力量对原《最高人民法院民事诉讼法司法解释理解与适用》一书进行了修订。由最高人民法院民法典贯彻实施工作领导小组办公室负责组织、统稿、核稿。本书的修订主要有以下特点：一是准确对标民事诉讼法最新规定。紧紧围绕修改后民事诉讼法立法精神以及人民法院繁简分流改革工作最新成果对《民事诉讼法解释》有关内容进行阐释，准确分析新形势下相关司法解释条文的具体内涵和适用要点，确保民事诉讼法得到正确贯彻实施。二是全面融入立法、司法最新成果。2015 年以来，立法机关制定、修改了多部法律，最高人民法院也进行了多次司法解释清理工作。特别是 2020 年，最高人民法院对 1949 年 10 月 1 日以来至 2020 年 5 月 28 日当时有效的全部 591 件司法解释、139 件指导性案例进行逐一清理，废止 116 件，修改 111 件，决定对 2 件指导性案例不再参照适用。本书在修订过程中对所引用法律、司法解释进行全面更新，同时将近年来审判实践中所取得的最新成果编入其中，增强本书的精准性、指导性和权威性。三是保留司法解释条文的起草背景和具体考量。《民事诉讼法解释》是全国法院集体智慧的结晶，条文的起草背景和具体考量凝聚了先前审判实践对重点难点问题的不同认识以及实现规则统一过程中的各种考量因素。因此，本书在注重更新的同时，也非常重视对原有成果的承继，确保对司法解释条文进行全方位解读，增强本书的理论性和实用性。

《民事诉讼法解释》的修改和本书的修订是有关各方共同努力

的结果。全国人大常委会法工委对本次《民事诉讼法解释》修改给予了大力支持和有力指导；清华大学张卫平教授、北京大学潘剑锋教授、北京师范大学刘荣军教授、中国人民大学肖建国教授等专家学者以书面方式提出了意见建议，为本次《民事诉讼法解释》修改作出了重要贡献；上海、江苏南通等地法院精心筹备调研座谈会，为修改工作提供了有力支持。此外，人民法院出版社陈建德副总编辑、兰丽专主任以及丁丽娜副主任为本书的修订和出版付出了很多心血。在此一并感谢。针对本书的疏漏之处，敬请批评指正。

编者

二〇二二年五月

凡　　例

一、法律、法规、规章和规范性文件名称中的“中华人民共和国”省略。例如，《中华人民共和国民事诉讼法》简称民事诉讼法。必要时在名称前注明其制定或修改年份。例如，2007 年民事诉讼法、2012 年民事诉讼法。

二、全文引用法律条文时，一个条文的各个款、项之间不分段、不分行。

三、对于本书以下出现较多的司法解释和司法文件，使用缩略语。

1.《最高人民法院关于适用〈中华人民共和国民事诉讼法〉的解释》，简称本解释或本司法解释。《最高人民法院关于适用〈中华人民共和国民事诉讼法〉的解释》（法释〔2015〕5 号），简称 2015 年《民事诉讼法解释》。

2.《最高人民法院关于贯彻执行〈中华人民共和国民法通则〉若干问题的意见（试行）》[法（办）发〔1988〕6 号]，简称《民通意见》。

3.《最高人民法院关于适用〈中华人民共和国民事诉讼法〉若干问题的意见》（法发〔1992〕22 号），简称《92 年意见》。

4.《最高人民法院关于民事经济审判方式改革问题的若干规定》（法释〔1998〕14 号），简称《审判方式改革规定》。

5.《最高人民法院关于人民法院执行工作若干问题的规定（试行）》（法释〔1998〕15 号，2020 年 12 月 23 日修正），简称《执行规定（试行）》。

6.《最高人民法院关于适用〈中华人民共和国合同法〉若干问题的解释（一）》（法释〔1999〕19 号），简称《合同法解释（一）》。

7.《最高人民法院关于审理票据纠纷案件若干问题的规定》（法释〔2000〕32 号，2020 年 12 月 23 日修正），简称《票据纠纷规定》。

8.《最高人民法院关于适用〈中华人民共和国担保法〉若干问题的解释》（法释〔2000〕44 号），简称《担保法解释》。

9.《最高人民法院关于适用督促程序若干问题的规定》（法释〔2001〕

2号)，简称《督促程序规定》。

10.《最高人民法院关于确定民事侵权精神损害赔偿责任若干问题的解释》(法释〔2001〕7号，2020年12月23日修正)，简称《精神损害赔偿解释》。

11.《最高人民法院关于限制被执行人高消费的若干规定》①(法释〔2001〕8号，2015年7月6日修正)，简称《限制被执行人高消费规定》。

12.《最高人民法院关于民事诉讼证据的若干规定》(法释〔2001〕33号，2019年10月14日修正)，简称《民事诉讼证据规定》。

13.《最高人民法院关于适用简易程序审理民事案件的若干规定》(法释〔2003〕15号，2020年12月23日修正)，简称《简易程序规定》。

14.《最高人民法院关于人民法院民事调解工作若干问题的规定》(法释〔2004〕12号，2020年12月23日修正)，简称《民事调解工作规定》。

15.《最高人民法院关于以法院专递方式邮寄送达民事诉讼文书的若干规定》(法释〔2004〕13号)，简称《法院专递邮寄送达文书规定》。

16.《最高人民法院关于人民法院民事执行中查封、扣押、冻结财产的规定》(法释〔2004〕15号，2020年12月23日修正)，简称《查封、扣押、冻结财产规定》。

17.《最高人民法院关于人民法院民事执行中拍卖、变卖财产的规定》(法释〔2004〕16号，2020年12月23日修正)，简称《拍卖、变卖财产规定》。

18.《最高人民法院关于涉外民事或商事案件司法文书送达问题若干规定》(法释〔2006〕5号，2020年12月23日修正)，简称《涉外送达规定》。

19.《最高人民法院关于适用〈中华人民共和国公司法〉若干问题的规定(二)》(法释〔2008〕6号，2020年12月23日修正)，简称《公司法解释(二)》。

20.《最高人民法院关于适用〈中华人民共和国民事诉讼法〉执行程序若干问题的解释》(法释〔2008〕13号，2020年12月23日修正)，简称《执行程序解释》。

21.《最高人民法院关于适用〈中华人民共和国民事诉讼法〉审判监督程序若干问题的解释》(法释〔2008〕14号，2020年12月23日修正)，简称《审判监督程序解释》。

① 修正后名称修改为《最高人民法院关于限制被执行人高消费及有关消费的若干规定》。

22.《最高人民法院关于适用〈中华人民共和国合同法〉若干问题的解释（二）》（法释〔2009〕5号），简称《合同法解释（二）》。

23.《最高人民法院关于人民调解协议司法确认程序的若干规定》（法释〔2011〕5号），简称《人民调解协议司法确认程序规定》。

24.《最高人民法院关于审判人员在诉讼活动中执行回避制度若干问题的规定》（法释〔2011〕12号），简称《回避规定》。

25.《最高人民法院关于审理侵害信息网络传播权民事纠纷案件适用法律若干问题的规定》（法释〔2012〕20号，2020年12月23日修正），简称《侵害信息网络传播权纠纷规定》。

26.《最高人民法院关于适用〈中华人民共和国刑事诉讼法〉的解释》（法释〔2012〕21号），简称2012年《刑事诉讼法解释》。

27.《最高人民法院关于适用〈中华人民共和国涉外民事关系法律适用法〉若干问题的解释（一）》（法释〔2012〕24号，2020年12月23日修正），简称《涉外民事关系法律适用法解释（一）》。

28.《最高人民法院关于公布失信被执行人名单信息的若干规定》（法释〔2013〕17号，2017年1月16日修正），简称《公布失信名单规定》。

29.《最高人民法院关于审理环境民事公益诉讼案件适用法律若干问题的解释》（法释〔2015〕1号，2020年12月23日修正），简称《环境公益诉讼解释》。

30.《最高人民法院关于人民法院办理执行异议和复议案件若干问题的规定》（法释〔2015〕10号，2020年12月23日修正），简称《执行异议复议规定》。

31.《最高人民法院关于审理消费民事公益诉讼案件适用法律若干问题的解释》（法释〔2016〕10号，2020年12月23日修正），简称《消费公益诉讼解释》。

32.《最高人民法院关于民事执行中变更、追加当事人若干问题的规定》（法释〔2016〕21号，2020年12月23日修正），简称《变更、追加当事人规定》。

33.《最高人民法院关于人民法院办理财产保全案件若干问题的规定》（法释〔2016〕22号，2020年12月23日修正），简称《财产保全规定》。

34.《最高人民法院关于执行和解若干问题的规定》（法释〔2018〕3

号，2020 年 12 月 23 日修正），简称《执行和解规定》。

35.《最高人民法院关于执行担保若干问题的规定》（法释〔2018〕4 号，2020 年 12 月 23 日修正），简称《执行担保规定》。

36.《最高人民法院、最高人民检察院关于检察公益诉讼案件适用法律若干问题的解释》（法释〔2018〕6 号，2020 年 12 月 23 日修正），简称《检察公益诉讼解释》。

37.《最高人民法院关于适用〈中华人民共和国刑事诉讼法〉的解释》（法释〔2021〕1 号），简称《刑事诉讼法解释》。

38.《最高人民法院关于适用〈中华人民共和国民法典〉总则编若干问题的解释》（法释〔2022〕6 号），简称《民法典总则编解释》。

39.《最高人民法院关于进一步发挥诉讼调解在构建社会主义和谐社会中积极作用的若干意见》（法发〔2007〕9 号），简称《发挥诉讼调解作用意见》。

40.《最高人民法院关于适用〈关于民事诉讼证据的若干规定〉中有关举证时限规定的通知》（法发〔2008〕42 号），简称《举证时限规定通知》。

41.《中央政法委、最高人民法院关于规范集中清理执行积案结案标准的通知》（法发〔2009〕15 号），简称《清理执行积案结案标准通知》。

42.《最高人民法院关于建立健全诉讼与非诉讼相衔接的矛盾纠纷解决机制的若干意见》（法发〔2009〕45 号），简称《诉讼与非诉讼衔接机制意见》。

43.《最高人民法院关于依法制裁规避执行行为的若干意见》（法〔2011〕195 号），简称《制裁规避执行行为意见》。

44.《最高人民法院、最高人民检察院关于对民事审判活动与行政诉讼实行法律监督的若干意见（试行）》（高检会〔2011〕1 号），简称《民行法律监督意见》。

45.《最高人民法院关于扩大诉讼与非诉讼相衔接的矛盾纠纷解决机制改革试点总体方案》（法〔2012〕116 号），简称《诉讼与非诉讼衔接机制试点方案》。

46.《最高人民法院关于进一步加强民事送达工作的若干意见》（法发〔2017〕19 号），简称《民事送达意见》。

47.《最高人民法院关于完善四级法院审级职能定位改革试点的实施办法》（法〔2021〕242 号），简称《审级职能定位改革试点办法》。

目录
CONTENTS

（上册）

第一部分　条文全本

全国人民代表大会常务委员会
关于修改《中华人民共和国民事诉讼法》的决定
（2021年12月24日） …… 3
最高人民法院
关于认真学习贯彻《全国人民代表大会常务委员会关于修改〈中华人民共和国民事诉讼法〉的决定》的通知
（2021年12月28日） …… 7
最高人民法院
关于修改《最高人民法院关于适用〈中华人民共和国民事诉讼法〉的解释》的决定
（2022年4月1日） …… 11
最高人民法院
关于适用《中华人民共和国民事诉讼法》的解释
（2022年3月22日修正） …… 14

第二部分 理解与适用

一、管 辖

第一条 …… 91

[条文主旨] 本条是关于中级人民法院管辖的第一审民事案件中“重大涉外案件”情形的规定。

第二条 …… 92

[条文主旨] 本条是关于专利纠纷案件、海事海商案件的级别管辖和专门管辖的规定。

第三条 …… 93

[条文主旨] 本条是关于住所地的规定。

第四条 …… 93

[条文主旨] 本条是关于公民的经常居住地的规定。

第五条 …… 95

[条文主旨] 本条是关于以没有办事机构的个人合伙、合伙型联营体为被告案件管辖的规定。

第六条 …… 95

[条文主旨] 本条是关于被告被注销户籍案件管辖的规定。

第七条 …… 96

[条文主旨] 本条是关于当事人户籍迁出后尚未落户情形下如何认定住所地的规定。

第八条 …… 97

[条文主旨] 本条是关于当事人被监禁或被采取强制性教育措施案件管辖的规定。

第九条 …… 98

[条文主旨] 本条是关于追索赡养费、扶养费、抚养费案件的几个被告住所地不在同一辖区情形下如何确定管辖法院的规定。

第十条 …………………………………………………………………… 99
［条文主旨］ 本条是关于不服指定监护或变更监护关系案件管辖的规定。
第十一条 ………………………………………………………………… 100
［条文主旨］ 本条是关于军事法院专门管辖情形的规定。
第十二条 ………………………………………………………………… 102
［条文主旨］ 本条是关于离婚诉讼案件相关情形一般地域管辖的规定。
第十三条 ………………………………………………………………… 103
［条文主旨］ 本条是关于离婚诉讼案件相关情形地域管辖的规定。
第十四条 ………………………………………………………………… 103
［条文主旨］ 本条是关于离婚诉讼案件相关情形一般地域管辖的规定。
第十五条 ………………………………………………………………… 104
［条文主旨］ 本条是关于离婚诉讼案件相关情形地域管辖的规定。
第十六条 ………………………………………………………………… 104
［条文主旨］ 本条是关于离婚诉讼案件相关情形地域管辖的规定。
第十七条 ………………………………………………………………… 105
［条文主旨］ 本条是关于已离婚的中国公民，双方均定居国外，仅涉及国内财产分割案件的特殊地域管辖的规定。
第十八条 ………………………………………………………………… 106
［条文主旨］ 本条是关于合同履行地的规定。
第十九条 ………………………………………………………………… 114
［条文主旨］ 本条是关于财产租赁合同、融资租赁合同的合同履行地的规定。
第二十条 ………………………………………………………………… 115
［条文主旨］ 本条是关于以信息网络方式订立的买卖合同的合同履行地的规定。
第二十一条 ……………………………………………………………… 117
［条文主旨］ 本条是关于保险合同纠纷诉讼管辖的规定。

第二十二条 …… 118
[条文主旨] 本条是关于公司诉讼“等”纠纷的规定。
第二十三条 …… 123
[条文主旨] 本条是关于申请支付令诉讼管辖的规定。
第二十四条 …… 124
[条文主旨] 本条是关于侵权行为地的规定。
第二十五条 …… 124
[条文主旨] 本条是关于信息网络侵权行为地的规定。
第二十六条 …… 128
[条文主旨] 本条是关于产品、服务侵权纠纷诉讼管辖的规定。
第二十七条 …… 129
[条文主旨] 本条是关于因申请诉前保全损害责任纠纷诉讼管辖的规定。
第二十八条 …… 132
[条文主旨] 本条是关于不动产纠纷的范围及不动产所在地如何确定的规定。
第二十九条 …… 135
[条文主旨] 本条是关于协议管辖的书面协议的规定。
第三十条 …… 136
[条文主旨] 本条是关于协议管辖的效力的规定。
第三十一条 …… 138
[条文主旨] 本条是关于经营者使用格式条款与消费者订立管辖协议的效力的规定。
第三十二条 …… 140
[条文主旨] 本条是关于管辖协议约定的当事人住所地发生变更时诉讼管辖的规定。
第三十三条 …… 141
[条文主旨] 本条是关于被转让合同的管辖协议对合同受让人具有约束力的规定。

第三十四条 …………………………………………………………………… 142

［条文主旨］本条是关于身份关系解除后有关财产争议可以适用协议管辖的规定。

第三十五条 …………………………………………………………………… 143

［条文主旨］本条是关于移送管辖期限的规定。

第三十六条 …………………………………………………………………… 145

［条文主旨］本条是关于共同管辖中最先立案的法院有管辖权的规定。

第三十七条 …………………………………………………………………… 145

［条文主旨］本条是关于民事诉讼管辖恒定原则具体情形的规定。

第三十八条 …………………………………………………………………… 146

［条文主旨］本条是关于民事诉讼管辖恒定原则具体情形的规定。

第三十九条 …………………………………………………………………… 146

［条文主旨］本条是关于民事诉讼管辖恒定原则具体情形的规定。

第四十条 ……………………………………………………………………… 147

［条文主旨］本条是关于管辖权争议处理程序的规定。

第四十一条 …………………………………………………………………… 148

［条文主旨］本条是关于人民法院之间发生管辖争议时由共同上级人民法院指定管辖的程序规定。

第四十二条 …………………………………………………………………… 150

［条文主旨］本条是关于案件管辖权“上交下”的“确有必要”情形和程序的规定。

二、回　　避

第四十三条 …………………………………………………………………… 152

［条文主旨］本条是关于民事诉讼法第四十七条第一款关于回避具体情形以及该款第二项关于“与本案有利害关系”、第三项“其他关系”的规定。

第四十四条 ………………………………………………………………… 155

[条文主旨] 本条是关于审判人员接受当事人、诉讼代理人请客送礼，或者违反规定会见当事人、诉讼代理人的具体情形的规定。

第四十五条 ………………………………………………………………… 158

[条文主旨] 本条是关于审判人员任职回避以及发回重审案件审判人员是否需要回避的规定。

第四十六条 ………………………………………………………………… 159

[条文主旨] 本条是关于依职权决定回避的规定。

第四十七条 ………………………………………………………………… 161

[条文主旨] 本条是关于人民法院应告知当事人申请回避权利的规定。

第四十八条 ………………………………………………………………… 163

[条文主旨] 本条是关于审判人员的范围的规定。

第四十九条 ………………………………………………………………… 164

[条文主旨] 本条是关于书记员和执行员适用审判人员回避规则的规定。

三、诉讼参加人

第五十条 …………………………………………………………………… 166

[条文主旨] 本条是关于法人的法定代表人和其他组织的主要负责人如何确定的规定。

第五十一条 ………………………………………………………………… 169

[条文主旨] 本条是关于法人的法定代表人变更情形下诉讼如何进行，以及原法定代表人诉讼行为效力的规定。

第五十二条 ………………………………………………………………… 171

[条文主旨] 本条是关于其他组织的法律特征和范围的规定。

第五十三条 ………………………………………………………………… 175

[条文主旨] 本条是关于非依法设立或没有领取营业执照的法人的分支机构的诉讼主体资格的规定。

第五十四条 …………………………………………………………… 177

［条文主旨］ 本条是关于以挂靠形式从事民事活动的当事人如何确定的规定。

第五十五条 …………………………………………………………… 179

［条文主旨］ 本条是关于诉讼中有继承人的一方当事人死亡在程序上如何处理的规定。

第五十六条 …………………………………………………………… 181

［条文主旨］ 本条是关于法人或者其他组织的工作人员执行工作任务致人损害时当事人如何确定的规定。

第五十七条 …………………………………………………………… 182

［条文主旨］ 本条是关于提供劳务一方因劳务致人损害时当事人如何确定的规定。

第五十八条 …………………………………………………………… 183

［条文主旨］ 本条是关于劳务派遣期间被派遣的工作人员因执行工作任务致人损害时当事人如何确定的规定。

第五十九条 …………………………………………………………… 185

［条文主旨］ 本条是关于个体工商户的诉讼主体资格的规定。

第六十条 ……………………………………………………………… 186

［条文主旨］ 本条是关于未依法登记领取营业执照的个人合伙的诉讼主体资格的规定。

第六十一条 …………………………………………………………… 188

［条文主旨］ 本条是关于调解协议案件当事人如何确定的规定。

第六十二条 …………………………………………………………… 189

［条文主旨］ 本条是关于以行为人为当事人的几种情形的规定。

第六十三条 …………………………………………………………… 192

［条文主旨］ 本条是关于企业法人合并和分立后因合并、分立前民事活动发生纠纷时当事人如何确定的规定。

第六十四条 …………………………………………………………… 193

［条文主旨］ 本条是关于企业法人解散、注销时当事人如何确定的规定。

第六十五条 ………………………………………………………………… 195
［条文主旨］本条是关于因借用业务介绍信、合同专用章等行为发生纠纷时当事人如何确定的规定。
第六十六条 ………………………………………………………………… 196
［条文主旨］本条是关于保证合同纠纷当事人如何确定的规定。
第六十七条 ………………………………………………………………… 199
［条文主旨］本条是关于无民事行为能力人、限制民事行为能力人致人损害时当事人如何确定的规定。
第六十八条 ………………………………………………………………… 204
［条文主旨］本条是关于居民委员会、村民委员会或者村民小组与他人发生民事纠纷时当事人如何确定的规定。
第六十九条 ………………………………………………………………… 210
［条文主旨］本条是关于侵害死者人格利益纠纷当事人如何确定的规定。
第七十条 ……………………………………………………………………… 212
［条文主旨］本条是关于在继承遗产诉讼中人民法院应将未起诉的其他继承人列为共同原告参加诉讼的规定。
第七十一条 ………………………………………………………………… 213
［条文主旨］本条是关于被代理人和代理人被起诉要求承担连带责任的，被代理人和代理人为共同被告的规定。
第七十二条 ………………………………………………………………… 214
［条文主旨］本条是关于共有财产权受到他人侵害的，共有权人为共同诉讼人的规定。
第七十三条 ………………………………………………………………… 216
［条文主旨］本条是关于追加必须共同进行诉讼的当事人参加诉讼的程序的规定。
第七十四条 ………………………………………………………………… 218
［条文主旨］本条是关于人民法院追加共同诉讼当事人时应当通知其他当事人，以及追加共同原告的程序的规定。

第七十五条 …… 220

［条文主旨］本条是关于民事诉讼法有关条文中规定的“人数众多”的下限的规定。

第七十六条 …… 221

［条文主旨］本条是关于当事人一方人数众多在起诉时能够确定情形下代表人如何推选以及推选不出时如何处理的规定。

第七十七条 …… 222

［条文主旨］本条是关于当事人一方人数众多在起诉时不确定情形下代表人如何推选以及推选不能时如何处理的规定。

第七十八条 …… 224

［条文主旨］本条是关于代表人诉讼的代表人的人数限制以及代表人委托诉讼代理人的人数限制的规定。

第七十九条 …… 225

［条文主旨］本条是关于对符合民事诉讼法第五十七条规定的集团诉讼案件人民法院如何进行公告的规定。

第八十条 …… 225

［条文主旨］本条是关于权利人向人民法院登记时应当承担的举证证明责任以及不予登记的权利人、未参加登记的权利人救济途径的规定。

第八十一条 …… 228

［条文主旨］本条是关于第三人参加诉讼的方式的规定。

第八十二条 …… 231

［条文主旨］本条是关于无独立请求权的第三人一审诉讼中的诉讼权利义务的规定。

第八十三条 …… 233

［条文主旨］本条是关于作为无民事行为能力人、限制民事行为能力人的法定代理人的监护人如何确定的规定。

第八十四条 …… 236

［条文主旨］本条是关于可以被委托成为诉讼代理人的有关资格条件的规定。

第八十五条 …………………………………………………………… 237
[条文主旨] 本条是关于可以作为诉讼代理人的近亲属的范围的规定。
第八十六条 …………………………………………………………… 238
[条文主旨] 本条是关于以当事人工作人员的名义作为当事人诉讼代理人参加诉讼的规定。
第八十七条 …………………………………………………………… 239
[条文主旨] 本条是关于有关社会团体推荐公民担任诉讼代理人时应当符合的具体条件的规定。
第八十八条 …………………………………………………………… 242
[条文主旨] 本条是关于诉讼代理人参加诉讼时应当向人民法院提交相关证明材料的规定。
第八十九条 …………………………………………………………… 244
[条文主旨] 本条是关于当事人向人民法院提交授权委托书的期限、内容以及简易程序口头委托诉讼代理人的规定。

四、证　　据

第九十条 ……………………………………………………………… 248
[条文主旨] 本条是关于举证责任的含义的规定。
第九十一条 …………………………………………………………… 251
[条文主旨] 本条是关于举证责任分配的一般规则的规定。
第九十二条 …………………………………………………………… 255
[条文主旨] 本条是关于诉讼上的自认的规定。
第九十三条 …………………………………………………………… 257
[条文主旨] 本条是关于诉讼上自认之外免证事实的规定。
第九十四条 …………………………………………………………… 259
[条文主旨] 本条是关于当事人及其诉讼代理人因客观原因不能自行收集的证据的范围和申请人民法院调查收集证据的条件的规定。
第九十五条 …………………………………………………………… 261
[条文主旨] 本条是关于人民法院不予准许当事人调查收集证据申请的

情形的规定。
第九十六条 …… 263
［条文主旨］ 本条是关于人民法院认为审理案件需要的证据的规定。
第九十七条 …… 265
［条文主旨］ 本条是关于人民法院调查收集证据的操作性规定。
第九十八条 …… 266
［条文主旨］ 本条是关于诉讼证据保全的程序的规定。
第九十九条 …… 270
［条文主旨］ 本条是关于举证期限的确定和不受举证期限影响的除外情形的规定。
第一百条 …… 274
［条文主旨］ 本条是关于举证期限延长的程序的规定。
第一百零一条 …… 275
［条文主旨］ 本条是关于人民法院对当事人逾期提供的证据的审查程序以及不视为逾期提供的情形的规定。
第一百零二条 …… 277
［条文主旨］ 本条是关于逾期提供证据的法律后果的规定。
第一百零三条 …… 280
［条文主旨］ 本条是关于质证的规定。
第一百零四条 …… 282
［条文主旨］ 本条是关于质证的内容的规定。
第一百零五条 …… 284
［条文主旨］ 本条是关于人民法院审查判断证据的原则的规定。
第一百零六条 …… 286
［条文主旨］ 本条是关于非法证据的判断标准的规定。
第一百零七条 …… 288
［条文主旨］ 本条是关于诉讼调解或者和解过程中对事实的认可不适用自认规则的规定。

第一百零八条 …… 289

［条文主旨］本条是关于证明标准的规定。

第一百零九条 …… 292

［条文主旨］本条是关于提高证明标准的特殊情形的规定。

第一百一十条 …… 294

［条文主旨］本条是关于人民法院询问当事人的程序和当事人拒绝接受询问的后果的规定。

第一百一十一条 …… 297

［条文主旨］本条是关于提交书证原件确有困难的情形的规定。

第一百一十二条 …… 300

［条文主旨］本条是关于书证中证明妨害规则的规定。

第一百一十三条 …… 304

［条文主旨］本条是关于对妨害证明行为进行公法上制裁的指引性规定。

第一百一十四条 …… 305

［条文主旨］本条是关于公文书证证明力规则的规定。

第一百一十五条 …… 307

［条文主旨］本条是对单位出具的证明材料的形式以及人民法院的审查规则的规定。

第一百一十六条 …… 309

［条文主旨］本条是关于视听资料和电子数据的内容及界限的规定。

第一百一十七条 …… 312

［条文主旨］本条是关于提出证人的方式以及人民法院通知证人出庭作证的意义的规定。

第一百一十八条 …… 314

［条文主旨］本条是关于证人出庭作证费用的计算方式和缴纳的规定。

第一百一十九条 …… 316

［条文主旨］本条是关于证人具结的规定。

第一百二十条 …… 318

［条文主旨］本条是关于证人拒绝具结的后果的规定。

第一百二十一条 …… 319

［条文主旨］本条是关于鉴定程序启动和鉴定人确定方式的规定。

第一百二十二条 …… 321

［条文主旨］本条是关于专家辅助人在诉讼中的申请、活动方式以及有关费用承担的规定。

第一百二十三条 …… 324

［条文主旨］本条是关于对专家辅助人询问以及专家辅助人活动范围的规定。

第一百二十四条 …… 325

［条文主旨］本条是关于勘验的规定。

五、期间和送达

第一百二十五条 …… 328

［条文主旨］本条是关于计算时日的规定。

第一百二十六条 …… 329

［条文主旨］本条是关于立案期限计算的规定。

第一百二十七条 …… 329

［条文主旨］本条是关于民事诉讼法有关诉讼不变期间的规定。

第一百二十八条 …… 332

［条文主旨］本条是关于再审程序审理期限的规定。

第一百二十九条 …… 332

［条文主旨］本条是关于审查申请再审期间可扣除审理期限的规定。

第一百三十条 …… 333

［条文主旨］本条是关于向法人或者其他组织送达诉讼文书直接送达和留置送达的规定，以及关于民事诉讼法第八十九条规定的有关基层组织和所在单位代表的规定。

第一百三十一条 …… 336

[条文主旨] 本条是关于直接送达和留置送达情形的规定。

第一百三十二条 …… 337

[条文主旨] 本条是关于民事诉讼法第八十八条有关向诉讼代理人送达的规定。

第一百三十三条 …… 338

[条文主旨] 本条是关于调解书送达的规定。

第一百三十四条 …… 339

[条文主旨] 本条是关于民事诉讼法第九十一条有关委托其他人民法院代为送达的规定。

第一百三十五条 …… 340

[条文主旨] 本条是关于民事诉讼法第九十条有关电子送达媒介和送达日期的规定。

第一百三十六条 …… 343

[条文主旨] 本条是关于电子送达方式和地址确认的规定。

第一百三十七条 …… 344

[条文主旨] 本条是关于二审、审判监督、申请执行程序送达地址确认的规定。

第一百三十八条 …… 347

[条文主旨] 本条是关于公告送达方式的规定。

第一百三十九条 …… 348

[条文主旨] 本条是关于采用公告送达方式要说明原因的规定。

第一百四十条 …… 349

[条文主旨] 本条是关于简易程序不适用公告送达的规定。

第一百四十一条 …… 349

[条文主旨] 本条是关于人民法院定期宣判的规定。

六、调　　解

第一百四十二条 …………………………………………………………… 351
[条文主旨] 本条是关于径行调解制度的规定。
第一百四十三条 …………………………………………………………… 353
[条文主旨] 本条是关于排除调解的案件类型的规定。
第一百四十四条 …………………………………………………………… 355
[条文主旨] 本条是关于通过和解、调解方式侵害他人权益如何处理的规定。
第一百四十五条 …………………………………………………………… 359
[条文主旨] 本条是关于调解的自愿性、合法性与及时性，以及对婚姻特定案件类型进行先行调解的规定。
第一百四十六条 …………………………………………………………… 362
[条文主旨] 本条是关于调解保密性的规定。
第一百四十七条 …………………………………………………………… 365
[条文主旨] 本条是关于委托代理人参加调解的规定。
第一百四十八条 …………………………………………………………… 367
[条文主旨] 本条是关于和解、调解协议内容是否可以转换为判决的规定。
第一百四十九条 …………………………………………………………… 368
[条文主旨] 本条是关于调解书生效时间的规定。
第一百五十条 ……………………………………………………………… 370
[条文主旨] 本条是关于无独立请求权的第三人参加调解的规定。
第一百五十一条 …………………………………………………………… 370
[条文主旨] 本条是关于特定情形调解协议效力的规定。

七、保全和先予执行

第一百五十二条 …………………………………………………………… 374
[条文主旨] 本条是关于申请诉前保全和诉讼保全措施提供担保的规定。

第一百五十三条 …………………………………………………………… 376
［条文主旨］本条是关于不宜长期保存的物品采取保全措施的规定。
第一百五十四条 …………………………………………………………… 377
［条文主旨］本条是关于被采取保全措施的财产的保管的规定。
第一百五十五条 …………………………………………………………… 379
［条文主旨］本条是关于被采取保全措施的财产能否使用的规定。
第一百五十六条 …………………………………………………………… 380
［条文主旨］本条是关于财产保全方法和措施依照执行程序规定办理的规定。
第一百五十七条 …………………………………………………………… 380
［条文主旨］本条是关于保全担保物权的优先受偿权的规定。
第一百五十八条 …………………………………………………………… 382
［条文主旨］本条是关于保全债务人到期收益的规定。
第一百五十九条 …………………………………………………………… 382
［条文主旨］本条是关于债务人的到期债权限制向债务人偿付的规定。
第一百六十条 ……………………………………………………………… 383
［条文主旨］本条是关于作出诉前保全裁定法院与受理案件法院不一致时保全裁定效力衔接的规定。
第一百六十一条 …………………………………………………………… 386
［条文主旨］本条是关于上诉期间保全措施的衔接和实施的规定。
第一百六十二条 …………………………………………………………… 387
［条文主旨］本条是关于二审、再审中保全措施的衔接和实施的规定。
第一百六十三条 …………………………………………………………… 388
［条文主旨］本条是关于法律文书生效后执行前保全的规定。
第一百六十四条 …………………………………………………………… 392
［条文主旨］本条是关于对保全担保财产予以保全的规定。
第一百六十五条 …………………………………………………………… 394
［条文主旨］本条是关于非经法院决定外不得解除保全措施的规定。

第一百六十六条 …………………………………………………………………… 395

［条文主旨］本条是关于解除保全裁定情形的规定。

第一百六十七条 …………………………………………………………………… 399

［条文主旨］本条是关于可对保全标的物予以置换的规定。

第一百六十八条 …………………………………………………………………… 401

［条文主旨］本条是关于诉讼中的保全与执行中的查封、扣押、冻结相衔接的规定。

第一百六十九条 …………………………………………………………………… 403

［条文主旨］本条是关于先予执行作出的时间和范围的规定。

第一百七十条 ……………………………………………………………………… 404

［条文主旨］本条是关于民事诉讼法第一百零九条第三项“因紧急情况需要先予执行的”情形的规定。

第一百七十一条 …………………………………………………………………… 406

［条文主旨］本条是关于当事人对保全或先予执行裁定不服予以救济的规定。

第一百七十二条 …………………………………………………………………… 407

［条文主旨］本条是关于利害关系人对保全或先予执行裁定不服予以救济的规定。

第一百七十三条 …………………………………………………………………… 410

［条文主旨］本条是关于因先予执行取得利益返还的规定。

八、对妨害民事诉讼的强制措施

第一百七十四条 …………………………………………………………………… 411

［条文主旨］本条是关于拘传适用对象的规定。

第一百七十五条 …………………………………………………………………… 413

［条文主旨］本条是关于拘传适用程序的规定。

第一百七十六条 …………………………………………………………………… 414

［条文主旨］本条是关于扰乱法庭秩序行为的认定及其处理的规定。

第一百七十七条 …… 416

[条文主旨] 本条是关于训诫和责令退出法庭适用主体的规定。

第一百七十八条 …… 418

[条文主旨] 本条是关于拘留适用程序的规定。

第一百七十九条 …… 419

[条文主旨] 本条是关于异地拘留执行程序的规定。

第一百八十条 …… 419

[条文主旨] 本条是关于采取拘留措施后通知家属程序的规定。

第一百八十一条 …… 421

[条文主旨] 本条是关于紧急情况下采取拘留措施的程序的规定。

第一百八十二条 …… 421

[条文主旨] 本条是关于提前解除拘留的适用条件和程序的规定。

第一百八十三条 …… 422

[条文主旨] 本条是关于对同一妨害民事诉讼行为可否合并适用罚款、拘留的规定。

第一百八十四条 …… 423

[条文主旨] 本条是关于对同一妨害民事诉讼行为限制重复适用罚款、拘留的规定。

第一百八十五条 …… 423

[条文主旨] 本条是关于罚款、拘留复议程序的规定。

第一百八十六条 …… 424

[条文主旨] 本条是关于上级法院撤销或变更罚款、拘留决定的程序的规定。

第一百八十七条 …… 425

[条文主旨] 本条是关于以暴力、威胁或者其他方法阻碍司法工作人员执行职务的行为的规定。

第一百八十八条 …… 427

[条文主旨] 本条是关于拒不履行人民法院已经发生法律效力的判决、裁定的行为的规定。

第一百八十九条 …………………………………………………………………… 430

［条文主旨］ 本条是关于适用民事诉讼法第一百一十四条规定的妨害民事诉讼强制措施处理的其他行为的规定。

第一百九十条 …………………………………………………………………… 433

［条文主旨］ 本条第一款是关于民事诉讼法第一百一十五条规定的“他人合法权益”含义的规定；第二款是关于对在第三人撤销之诉中查明的恶意串通虚假诉讼行为进行处理的法律依据的规定。

第一百九十一条 …………………………………………………………………… 435

［条文主旨］ 本条是关于单位有民事诉讼法第一百一十五条或第一百一十六条规定的行为如何处理的规定。

第一百九十二条 …………………………………………………………………… 436

［条文主旨］ 本条是关于有关单位不履行协助义务情形的规定。

第一百九十三条 …………………………………………………………………… 439

［条文主旨］ 本条是关于罚款金额确定标准的规定。

九、诉讼费用

第一百九十四条 …………………………………………………………………… 441

［条文主旨］ 本条是关于人数不确定的共同诉讼案件是否预交诉讼费用的规定。

第一百九十五条 …………………………………………………………………… 442

［条文主旨］ 本条是关于督促程序终结转入诉讼程序的以及支付令被裁定撤销后，债权人另行起诉的，如何交纳诉讼费用的规定。

第一百九十六条 …………………………………………………………………… 443

［条文主旨］ 本条是关于人民法院改变原裁判结果的，应对原审诉讼费用的负担一并作出处理的规定。

第一百九十七条 …………………………………………………………………… 444

［条文主旨］ 本条是关于证券的诉讼标的金额如何计算的规定。

第一百九十八条 …………………………………………………………………… 444

[条文主旨] 本条是关于特定物或知识产权的诉讼标的金额如何计算的规定。

第一百九十九条 …………………………………………………………………… 445

[条文主旨] 本条是关于简易程序转为普通程序的案件如何交纳诉讼费用及未按期足额补交诉讼费用后果的规定。

第二百条 …………………………………………………………………………… 446

[条文主旨] 本条是关于破产程序中有关债务人的民事诉讼案件如何交纳诉讼费用的规定。

第二百零一条 ……………………………………………………………………… 447

[条文主旨] 本条是关于复合性案件如何交纳诉讼费用的规定。

第二百零二条 ……………………………………………………………………… 448

[条文主旨] 本条是关于当事人分别上诉以及当事人一方多人上诉的，如何交纳二审案件受理费的规定。

第二百零三条 ……………………………………………………………………… 449

[条文主旨] 本条是关于承担连带责任当事人共同负担诉讼费用的规定。

第二百零四条 ……………………………………………………………………… 450

[条文主旨] 本条是关于实现担保物权案件诉讼费用负担的规定。

第二百零五条 ……………………………………………………………………… 451

[条文主旨] 本条是关于拍卖、变卖担保财产的裁定生效后，申请人民法院强制执行诉讼费用的规定。

第二百零六条 ……………………………………………………………………… 452

[条文主旨] 本条是关于案件受理费减半次数的规定。

第二百零七条 ……………………………………………………………………… 453

[条文主旨] 本条是关于人民法院如何向胜诉方退回诉讼费用的规定。

十、第一审普通程序

第二百零八条 ……………………………………………………………………… 455

[条文主旨] 本条是关于登记立案程序的规定。

第二百零九条 …… 457

[条文主旨] 本条是关于如何认定“有明确的被告”的规定。

第二百一十条 …… 461

[条文主旨] 本条是关于原告在起诉状中有谩骂和人身攻击之辞如何处理的规定。

第二百一十一条 …… 461

[条文主旨] 本条是关于人民法院依职权审查管辖权的规定。

第二百一十二条 …… 462

[条文主旨] 本条是关于裁定不予受理、驳回起诉的案件原告再次起诉如何处理的规定。

第二百一十三条 …… 463

[条文主旨] 本条是关于原告未预交案件受理费如何处理的规定。

第二百一十四条 …… 464

[条文主旨] 本条是关于撤诉后再次起诉如何处理的规定。

第二百一十五条 …… 465

[条文主旨] 本条是关于当事人在书面合同订有仲裁条款或发生纠纷后达成书面仲裁协议，一方向人民法院起诉如何处理的规定。

第二百一十六条 …… 466

[条文主旨] 本条是关于仲裁与诉讼的衔接的规定。

第二百一十七条 …… 467

[条文主旨] 本条是关于夫妻一方下落不明，另一方只要求离婚不申请宣告失踪或死亡的案件，人民法院应否受理的规定。

第二百一十八条 …… 467

[条文主旨] 本条是关于赡养费、扶养费、抚养费案件，裁判发生法律效力后，一方当事人以新情况、新理由为由再行起诉，人民法院应否受理的规定。

第二百一十九条 …… 468

[条文主旨] 本条是关于当事人超过诉讼时效期间起诉，人民法院应否受理的规定。

第二百二十条 …… 469

［条文主旨］本条是关于民事诉讼法中商业秘密的规定。

第二百二十一条 …… 469

［条文主旨］本条是关于诉的客观合并的规定。

第二百二十二条 …… 472

［条文主旨］本条是关于原告在起诉状中直接列写第三人如何处置的规定。

第二百二十三条 …… 474

［条文主旨］本条是关于应诉管辖认定的规定。

第二百二十四条 …… 477

［条文主旨］本条是关于审理前准备方式的规定。

第二百二十五条 …… 480

［条文主旨］本条是关于庭前会议主要内容的规定。

第二百二十六条 …… 484

［条文主旨］本条是关于归纳争议焦点的操作性问题的规定。

第二百二十七条 …… 485

［条文主旨］本条是关于适用普通程序审理案件传唤诉讼参与人的规定。

第二百二十八条 …… 486

［条文主旨］本条是关于法庭审理范围与争议焦点关系的规定。

第二百二十九条 …… 489

［条文主旨］本条是关于禁反言原则的规定。

第二百三十条 …… 492

［条文主旨］本条是关于法庭调查和法庭辩论合并进行的规定。

第二百三十一条 …… 494

［条文主旨］本条是关于当事人在法庭上提出新的证据的规定。

第二百三十二条 …… 498

［条文主旨］本条是关于增加诉讼请求或反诉的时限的规定。

第二百三十三条 …………………………………………………………………… 498
[条文主旨] 本条是关于反诉的主体方面和客观构成要件的规定。
第二百三十四条 …………………………………………………………………… 502
[条文主旨] 本条是关于无民事行为能力人离婚诉讼的规定。
第二百三十五条 …………………………………………………………………… 503
[条文主旨] 本条是关于无民事行为能力当事人的法定代理人参加诉讼的规定。
第二百三十六条 …………………………………………………………………… 504
[条文主旨] 本条是关于有独立请求权的第三人拒不到庭或中途退庭按撤诉处理的规定。
第二百三十七条 …………………………………………………………………… 504
[条文主旨] 本条是关于有独立请求权的第三人参加诉讼案件原告申请撤诉的规定。
第二百三十八条 …………………………………………………………………… 505
[条文主旨] 本条是关于当事人申请撤诉的规定。
第二百三十九条 …………………………………………………………………… 506
[条文主旨] 本条是关于本诉撤诉对反诉的影响的规定。
第二百四十条 ……………………………………………………………………… 510
[条文主旨] 本条是关于无独立请求权的第三人拒不出庭或中途退庭不影响案件继续审理的规定。
第二百四十一条 …………………………………………………………………… 510
[条文主旨] 本条是关于被告缺席的案件如何审理的规定。
第二百四十二条 …………………………………………………………………… 515
[条文主旨] 本条是关于一审裁判后发现判决有错误如何处理的规定。
第二百四十三条 …………………………………………………………………… 515
[条文主旨] 本条是关于审限扣除的规定。
第二百四十四条 …………………………………………………………………… 516
[条文主旨] 本条是关于上诉期起算时间的规定。

第二百四十五条 …………………………………………………………………… 517

［条文主旨］本条是关于法律文书笔误的规定。

第二百四十六条 …………………………………………………………………… 517

［条文主旨］本条是关于恢复诉讼程序的规定。

第二百四十七条 …………………………………………………………………… 518

［条文主旨］本条是关于民事诉讼中一事不再理原则及判断标准的规定。

第二百四十八条 …………………………………………………………………… 521

［条文主旨］本条是关于不适用一事不再理原则的情况的规定。

第二百四十九条 …………………………………………………………………… 523

［条文主旨］本条是关于当事人恒定和诉讼承继原则的规定。

第二百五十条 ……………………………………………………………………… 527

［条文主旨］本条是关于受让人替代当事人承担诉讼的程序与效力的规定。

第二百五十一条 …………………………………………………………………… 530

［条文主旨］本条是关于二审发回重审的案件，当事人申请变更、增加诉讼请求或者提出反诉，第三人提出与本案有关诉讼请求时，应如何处理的规定。

第二百五十二条 …………………………………………………………………… 533

［条文主旨］本条是关于再审发回重审案件准许当事人变更、增加诉讼请求、提出反诉的特殊情形的规定。

第二百五十三条 …………………………………………………………………… 535

［条文主旨］本条是关于当庭宣判案件的裁判文书送达的规定。

第二百五十四条 …………………………………………………………………… 538

［条文主旨］本条是关于申请查阅发生法律效力的判决书、裁定书的规定。

第二百五十五条 …………………………………………………………………… 540

［条文主旨］本条是关于人民法院对查阅判决书、裁定书申请进行审查后区分不同情形作出不同处理的规定。

十一、简易程序

第二百五十六条 …… 543

［条文主旨］本条是关于事实清楚、权利义务关系明确、争议不大的简单的民事案件的规定。

第二百五十七条 …… 545

［条文主旨］本条是关于不适用简易程序审理的案件类型的规定。

第二百五十八条 …… 547

［条文主旨］本条是关于简易程序审理期限及程序转换后审理期限的规定。

第二百五十九条 …… 551

［条文主旨］本条是关于适用简易程序审理的案件，当事人选择开庭方式的规定。

第二百六十条 …… 555

［条文主旨］本条是关于禁止适用普通程序审理的案件在开庭后转为适用简易程序审理的规定。

第二百六十一条 …… 558

［条文主旨］本条是关于人民法院适用简易程序审理民事案件采取简便方式传唤当事人、通知证人和送达诉讼文书及其效力的规定。

第二百六十二条 …… 563

［条文主旨］本条是关于不得用人民法庭的印章代替基层人民法院印章在人民法庭制作的裁判文书上盖印的规定。

第二百六十三条 …… 563

［条文主旨］本条是关于适用简易程序审理的案件卷宗内容的规定。

第二百六十四条 …… 564

［条文主旨］本条是关于当事人对本应适用普通程序的民事案件，合意选择适用简易程序的形式和期限的规定。

第二百六十五条 …… 568

［条文主旨］本条是关于口头起诉的条件以及相关程序的规定。

第二百六十六条 ………………………………………………………………… 571

［条文主旨］ 本条是关于适用简易程序审理案件时举证期限和答辩期间的规定。

第二百六十七条 ………………………………………………………………… 573

［条文主旨］ 本条是关于适用简易程序审理案件可以简化审理前的准备的规定。

第二百六十八条 ………………………………………………………………… 577

［条文主旨］ 本条是关于在当事人没有委托律师、基层法律服务工作者代理诉讼的情况下，审判人员如何指导当事人进行诉讼的规定。

第二百六十九条 ………………………………………………………………… 579

［条文主旨］ 本条是关于当事人就案件适用简易程序提出异议如何处理的规定。

第二百七十条 …………………………………………………………………… 582

［条文主旨］ 本条是关于适用简易程序审理的案件，可以简化裁判文书情形以及简化对象的规定。

十二、简易程序中的小额诉讼

第二百七十一条 ………………………………………………………………… 585

［条文主旨］ 本条是关于符合民事诉讼法第一百六十五条规定的简单民事案件适用小额诉讼程序审理，实行一审终审的规定。

第二百七十二条 ………………………………………………………………… 588

［条文主旨］ 本条是关于适用小额诉讼程序的案件标准中各省、自治区、直辖市上年度就业人员年平均工资如何确定的规定。

第二百七十三条 ………………………………………………………………… 590

［条文主旨］ 本条是关于海事法院能否够适用小额诉讼程序以及如何适用小额诉讼程序的规定。

第二百七十四条 ………………………………………………………………… 593

［条文主旨］ 本条是关于人民法院受理小额诉讼案件应当向当事人告知的事项的规定。

第二百七十五条 ……………………………………………………… 595

［条文主旨］本条是关于小额诉讼案件审理中当事人举证期限和答辩期间的解释性规定。

第二百七十六条 ……………………………………………………… 598

［条文主旨］本条是关于当事人对小额诉讼案件提出管辖异议，人民法院作出的裁定能否上诉的规定。

第二百七十七条 ……………………………………………………… 600

［条文主旨］本条是关于人民法院受理小额诉讼案件后，发现起诉不符合法定起诉条件所作出的驳回起诉裁定能否上诉的规定。

第二百七十八条 ……………………………………………………… 602

［条文主旨］本条是关于适用小额诉讼程序审理的案件因当事人的原因转为按简易程序其他规定审理或普通程序审理以及程序转化后举证、质证的规定。

第二百七十九条 ……………………………………………………… 604

［条文主旨］本条是关于当事人对按照小额诉讼程序审理案件有异议时人民法院如何处理的规定。

第二百八十条 ………………………………………………………… 606

［条文主旨］本条是关于小额诉讼案件裁判文书简化的规定。

第二百八十一条 ……………………………………………………… 608

［条文主旨］本条是关于小额诉讼程序与简易程序关系的规定。

十三、公益诉讼

第二百八十二条 ……………………………………………………… 609

［条文主旨］本条是关于公益诉讼的起诉条件的规定。

第二百八十三条 ……………………………………………………… 614

［条文主旨］本条是关于公益诉讼案件的管辖的规定。

第二百八十四条 ……………………………………………………… 617

［条文主旨］本条是关于公益诉讼程序与社会公共利益的行政保护程序相衔接的规定。

第二百八十五条 …………………………………………………………… 620

［条文主旨］本条是关于依法可以提起诉讼的其他机关和有关组织参加公益诉讼的规定。

第二百八十六条 …………………………………………………………… 624

［条文主旨］本条是关于公益诉讼与私益诉讼关系的规定。

第二百八十七条 …………………………………………………………… 627

［条文主旨］本条是关于公益诉讼和解、调解的规定。

第二百八十八条 …………………………………………………………… 629

［条文主旨］本条是关于公益诉讼案件法庭辩论终结后不准许撤诉的规定。

第二百八十九条 …………………………………………………………… 630

［条文主旨］本条是关于公益诉讼裁判效力的规定。

第一部分　条文全本

全国人民代表大会常务委员会
关于修改《中华人民共和国民事诉讼法》的决定

（2021年12月24日第十三届全国人民代表大会常务委员会第三十二次会议通过）

第十三届全国人民代表大会常务委员会第三十二次会议决定对《中华人民共和国民事诉讼法》作如下修改：

一、增加一条，作为第十六条："经当事人同意，民事诉讼活动可以通过信息网络平台在线进行。

"民事诉讼活动通过信息网络平台在线进行的，与线下诉讼活动具有同等法律效力。"

二、将第三十九条改为第四十条，第二款修改为："适用简易程序审理的民事案件，由审判员一人独任审理。基层人民法院审理的基本事实清楚、权利义务关系明确的第一审民事案件，可以由审判员一人适用普通程序独任审理。"

三、将第四十条改为第四十一条，增加一款，作为第二款："中级人民法院对第一审适用简易程序审结或者不服裁定提起上诉的第二审民事案件，事实清楚、权利义务关系明确的，经双方当事人同意，可以由审判员一人独任审理。"

四、增加一条，作为第四十二条："人民法院审理下列民事案件，不得由审判员一人独任审理：

"（一）涉及国家利益、社会公共利益的案件；

"（二）涉及群体性纠纷，可能影响社会稳定的案件；

"（三）人民群众广泛关注或者其他社会影响较大的案件；

"（四）属于新类型或者疑难复杂的案件；

“（五）法律规定应当组成合议庭审理的案件；

“（六）其他不宜由审判员一人独任审理的案件。”

五、增加一条，作为第四十三条：“人民法院在审理过程中，发现案件不宜由审判员一人独任审理的，应当裁定转由合议庭审理。

“当事人认为案件由审判员一人独任审理违反法律规定的，可以向人民法院提出异议。人民法院对当事人提出的异议应当审查，异议成立的，裁定转由合议庭审理；异议不成立的，裁定驳回。”

六、将第八十七条改为第九十条，修改为：“经受送达人同意，人民法院可以采用能够确认其收悉的电子方式送达诉讼文书。通过电子方式送达的判决书、裁定书、调解书，受送达人提出需要纸质文书的，人民法院应当提供。

“采用前款方式送达的，以送达信息到达受送达人特定系统的日期为送达日期。”

七、将第九十二条改为第九十五条，第一款修改为：“受送达人下落不明，或者用本节规定的其他方式无法送达的，公告送达。自发出公告之日起，经过三十日，即视为送达。”

八、将第一百六十一条改为第一百六十四条，修改为：“人民法院适用简易程序审理案件，应当在立案之日起三个月内审结。有特殊情况需要延长的，经本院院长批准，可以延长一个月。”

九、将第一百六十二条改为第一百六十五条，修改为：“基层人民法院和它派出的法庭审理事实清楚、权利义务关系明确、争议不大的简单金钱给付民事案件，标的额为各省、自治区、直辖市上年度就业人员年平均工资百分之五十以下的，适用小额诉讼的程序审理，实行一审终审。

“基层人民法院和它派出的法庭审理前款规定的民事案件，标的额超过各省、自治区、直辖市上年度就业人员年平均工资百分之五十但在二倍以下的，当事人双方也可以约定适用小额诉讼的程序。”

十、增加一条，作为第一百六十六条：“人民法院审理下列民事案件，不适用小额诉讼的程序：

“（一）人身关系、财产确权案件；

“（二）涉外案件；

“（三）需要评估、鉴定或者对诉前评估、鉴定结果有异议的案件；

“（四）一方当事人下落不明的案件；

“（五）当事人提出反诉的案件；

“（六）其他不宜适用小额诉讼的程序审理的案件。”

十一、增加一条，作为第一百六十七条：“人民法院适用小额诉讼的程序审理案件，可以一次开庭审结并且当庭宣判。”

十二、增加一条，作为第一百六十八条：“人民法院适用小额诉讼的程序审理案件，应当在立案之日起两个月内审结。有特殊情况需要延长的，经本院院长批准，可以延长一个月。”

十三、增加一条，作为第一百六十九条：“人民法院在审理过程中，发现案件不宜适用小额诉讼的程序的，应当适用简易程序的其他规定审理或者裁定转为普通程序。

“当事人认为案件适用小额诉讼的程序审理违反法律规定的，可以向人民法院提出异议。人民法院对当事人提出的异议应当审查，异议成立的，应当适用简易程序的其他规定审理或者裁定转为普通程序；异议不成立的，裁定驳回。”

十四、将第一百六十九条改为第一百七十六条，第一款修改为：“第二审人民法院对上诉案件应当开庭审理。经过阅卷、调查和询问当事人，对没有提出新的事实、证据或者理由，人民法院认为不需要开庭审理的，可以不开庭审理。”

十五、将第一百九十四条改为第二百零一条，修改为：“经依法设立的调解组织调解达成调解协议，申请司法确认的，由双方当事人自调解协议生效之日起三十日内，共同向下列人民法院提出：

“（一）人民法院邀请调解组织开展先行调解的，向作出邀请的人民法院提出；

“（二）调解组织自行开展调解的，向当事人住所地、标的物所在地、调解组织所在地的基层人民法院提出；调解协议所涉纠纷应当由中级人民法院管辖的，向相应的中级人民法院提出。”

十六、将第十三条中的“诚实信用”修改为“诚信”；将第四十六条、第一百三十七条、第一百四十一条中的“审判长”修改为“审判长或者独任审判员”；将第八十二条中的“节假日”修改为“法定休假日”；将第一百零六条、第一百五十一条、第二百零六条、第二百五十七条中的“抚育费”修改为“抚养费”；将第一百二十八条中的“合议庭组成人员”修改为“审判人员”；将第一百四十九条中的“由本院院长批准”修改为“经本院院长批准”；将第一百八十四条、第一百八十五条中的“意外事故”修改为“意外事件”；将第一百八十七条中的“其近亲属或者其他利害关系人”修改为“利害关系人或者有关组织”；将第一百九十条中的“或者他的监护人”修改为“本人、利害关系人或者有关组织”；将第一百九十三条中的“民法通则”修改为“民法典”；将第一百九十六条中的“物权法”修改为“民法典”；将第二百三十九条中的“从规定的每次履行期间的最后一日起计算”修改为“从最后一期履行期限届满之日起计算”。

本决定自2022年1月1日起施行。

《中华人民共和国民事诉讼法》根据本决定作相应修改并对条文顺序作相应调整，重新公布。

最高人民法院

关于认真学习贯彻《全国人民代表大会常务委员会关于修改〈中华人民共和国民事诉讼法〉的决定》的通知

2021 年 12 月 28 日　　法〔2021〕341 号

各省、自治区、直辖市高级人民法院，解放军军事法院，新疆维吾尔自治区高级人民法院生产建设兵团分院：

2021 年 12 月 24 日，第十三届全国人民代表大会常务委员会第三十二次会议审议通过《关于修改〈中华人民共和国民事诉讼法〉的决定》（以下简称民事诉讼法修改决定），修改后的民事诉讼法将于 2022 年 1 月 1 日起施行。为了认真做好修改后的民事诉讼法的贯彻落实和学习宣传工作，现就相关问题通知如下。

一、深刻认识贯彻实施民事诉讼法修改决定的重大意义

民事诉讼法是规范民事诉讼程序的基本规则，是人民法院审理和执行民事案件在程序方面的基本法律依据。此次民事诉讼法修改，是深入贯彻落实习近平法治思想，适应经济社会发展变化，回应人民群众新时代司法需求的重大举措，重点围绕优化司法确认程序、完善简易程序及小额诉讼程序、扩大独任制适用范围、完善在线诉讼及送达规则等方面作出调整，进一步优化了相关程序规则，促进了司法资源合理配置，强化了信息技术应用支撑，有效建立了“繁简分流、轻重分离、快慢分道”的民事诉讼程序体系。此次修法工作，集中体现了民事诉讼程序繁简分流改革试点工作的制度成果，对促进社会公平正义，保障群众合法权益，维护社会和谐稳定，服务新发展格局

将发挥重要作用；对推进全面依法治国，健全完善中国特色社会主义法治体系，促进社会治理体系和治理能力现代化，具有重大而深远的意义。

各级人民法院要切实提升政治站位，充分认识此次民事诉讼法修改的重要意义，认真学习和贯彻落实民事诉讼法修改决定的要求，进一步提升民事审判工作的质量、效率和水平，努力开创民事审判工作新局面。

二、准确把握民事诉讼法修改决定的精神和内容

各级人民法院要正确理解此次民事诉讼法修改的价值取向，始终坚持以维护司法公正为根本要求，做到既提升审判效率，又确保案件质量，在更高层次上实现公正与效率的有机统一。要始终坚持以人民为中心发展思想，积极通过优化司法资源配置，完善程序规则，优化审理机制，加强技术运用，有效满足人民群众公正、高效、便捷解纷的多元司法需求，全面提升人民群众司法获得感。要始终坚持将民事审判工作融入党和国家工作大局，积极促进诉源治理，强化对多元解纷方式的司法保障，推动构建繁简分流、衔接有序、梯次递进的社会治理体系，充分发挥人民法院在社会治理中的功能作用。

各级人民法院要准确把握民事诉讼法修改决定的内容要求，确保各项程序规则在司法实践中正确适用。严格依法受理和审查司法确认申请，坚持按照合法自愿原则开展诉前调解，健全特邀调解制度机制，提升诉前调解质量，切实防止虚假调解和不当确认。依法有序适用小额诉讼程序，优化审理方式，提升审理效率，保证案件质量，强化法官释明告知义务，加强当事人诉讼权益保障，充分尊重当事人程序适用选择权和异议权。正确理解独任制扩大适用的立法意图，根据案件情形和当事人选择，科学精准适用审判组织形式，避免不当扩大独任制适用范围。对“四类案件”均应当适用合议制审理。第二审案件审理应当坚持以合议制为主、独任制为辅，严格把握第二审独任制适用范围和条件，完善审判组织转换机制，强化审判监督管理，确保独任制案件质量。积极有序推广适用在线诉讼模式，尊重和保障当事人对案件审理方式的选择权，严格依照《人民法院在线诉讼规则》开展规则创新、机制创新和技术创新，切实发挥在线诉讼高效、便捷、低成本解纷的功能作用。

三、做好贯彻实施民事诉讼法修改决定的准备工作

各级人民法院要根据民事诉讼法修改决定的具体内容，加强工作部署、

科学统筹安排，做好各项准备工作。最高人民法院将加快修改完善民事诉讼法司法解释及相关司法解释，细化完善具体程序规范，强化规则指引。各级人民法院要结合修法内容，科学研判对民事审判工作带来的影响变化，重点围绕案件繁简识别、诉调对接、审判监督管理、司法资源配置、诉讼平台建设等方面，积极完善工作流程机制，加强基础设施建设，优化平台系统，强化技术保障。尤其是前期未纳入民事诉讼程序繁简分流改革试点工作的地区，要充分借鉴试点法院在资源调配、质效监管、配套保障等方面的典型做法和有益经验，健全完善案件繁简分流制度机制，确保民事审判工作在修法前后有序衔接、平稳过渡。

四、做好民事诉讼法修改决定的学习、培训和宣传工作

各级人民法院要把学习民事诉讼法修改决定，作为当前和今后一段时期的一项重点工作，结合疫情防控要求，创新学习培训形式，充分借助智慧法院建设成果，积极开展远程视频授课、在线学习培训等活动。各高级人民法院要利用多种形式，组织对辖区内民事审判人员开展轮训；各中级、基层和专门人民法院要组织民事审判工作人员集中学习、专题研讨，逐条领会条文要求，准确把握立法精神，结合审判具体实践，正确理解条文内容，学深学透、融会贯通。

各级人民法院要加大民事诉讼法新修改内容的宣传力度，积极通过庭审公开、文书说理、发布案例、新闻报道等方式，向社会公众阐明民事诉讼法修改决定的立法精神和条文宗旨，引导社会各方和人民群众正确理解有关民事诉讼规则，树立正确的诉讼观念。

五、做好修改后的民事诉讼法施行后民事案件审理的衔接工作

各级人民法院要做好修改后的民事诉讼法施行后民事案件审理的衔接工作。2022 年 1 月 1 日之后人民法院受理的民事案件，适用修改后的民事诉讼法。2022 年 1 月 1 日之前人民法院未审结的案件，尚未进行的诉讼行为适用修改后的民事诉讼法；依照修改前的民事诉讼法或者最高人民法院《民事诉讼程序繁简分流改革试点实施办法》的有关规定，已经完成的诉讼行为，仍然有效。中级人民法院、专门人民法院对 2022 年 1 月 1 日之后受理的第二审民事案件，可以依照修改后的民事诉讼法的有关规定适用独任制审理。

根据《全国人民代表大会常务委员会关于授权最高人民法院在部分地区

开展民事诉讼程序繁简分流改革试点工作的决定》，因民事诉讼法已经修改并即将施行，试点工作于 2021 年 12 月 31 日正式结束。

对于贯彻实施民事诉讼法修改决定过程中遇到的问题和情况，要及时层报最高人民法院。最高人民法院将适时对各高级人民法院贯彻落实民事诉讼法修改决定情况进行专项督查，及时指导各地民事审判工作，确保民事诉讼法正确实施。

最高人民法院

关于修改《最高人民法院关于适用〈中华人民共和国民事诉讼法〉的解释》的决定

法释〔2022〕11号

（2022年3月22日最高人民法院审判委员会第1866次会议通过
2022年4月1日最高人民法院公告公布
自2022年4月10日起施行）

2021年12月24日，第十三届全国人大常委会第三十二次会议审议通过了《全国人民代表大会常务委员会关于修改〈中华人民共和国民事诉讼法〉的决定》。根据修改后的民事诉讼法，结合人民法院民事审判和执行工作实际，最高人民法院审判委员会第1866次会议决定，对《最高人民法院关于适用〈中华人民共和国民事诉讼法〉的解释》作如下修改：

一、将第九条修改为："追索赡养费、扶养费、抚养费案件的几个被告住所地不在同一辖区的，可以由原告住所地人民法院管辖。"

二、将第四十五条修改为："在一个审判程序中参与过本案审判工作的审判人员，不得再参与该案其他程序的审判。

"发回重审的案件，在一审法院作出裁判后又进入第二审程序的，原第二审程序中审判人员不受前款规定的限制。"

三、将第四十八条修改为："民事诉讼法第四十七条所称的审判人员，包括参与本案审理的人民法院院长、副院长、审判委员会委员、庭长、副庭长、审判员和人民陪审员。"

四、将第六十一条修改为："当事人之间的纠纷经人民调解委员会或者其他依法设立的调解组织调解达成协议后，一方当事人不履行调解协议，另一方当事人向人民法院提起诉讼的，应以对方当事人为被告。”

五、将第二百一十八条修改为：“赡养费、扶养费、抚养费案件，裁判发生法律效力后，因新情况、新理由，一方当事人再行起诉要求增加或者减少费用的，人民法院应作为新案受理。”

六、将第二百五十八条修改为：“适用简易程序审理的案件，审理期限到期后，有特殊情况需要延长的，经本院院长批准，可以延长审理期限。延长后的审理期限累计不得超过四个月。

“人民法院发现案件不宜适用简易程序，需要转为普通程序审理的，应当在审理期限届满前作出裁定并将审判人员及相关事项书面通知双方当事人。

“案件转为普通程序审理的，审理期限自人民法院立案之日计算。”

七、将第二百六十一条修改为：“适用简易程序审理案件，人民法院可以依照民事诉讼法第九十条、第一百六十二条的规定采取捎口信、电话、短信、传真、电子邮件等简便方式传唤双方当事人、通知证人和送达诉讼文书。

“以简便方式送达的开庭通知，未经当事人确认或者没有其他证据证明当事人已经收到的，人民法院不得缺席判决。

“适用简易程序审理案件，由审判员独任审判，书记员担任记录。”

八、将第二百六十九条修改为：“当事人就案件适用简易程序提出异议，人民法院经审查，异议成立的，裁定转为普通程序；异议不成立的，裁定驳回。裁定以口头方式作出的，应当记入笔录。

“转为普通程序的，人民法院应当将审判人员及相关事项以书面形式通知双方当事人。

“转为普通程序前，双方当事人已确认的事实，可以不再进行举证、质证。”

九、将第二百七十三条修改为：“海事法院可以适用小额诉讼的程序审理海事、海商案件。案件标的额应当以实际受理案件的海事法院或者其派出法庭所在的省、自治区、直辖市上年度就业人员年平均工资为基数计算。”

十、删除第二百七十四条、第二百七十五条。

十一、将第二百八十一条改为第二百七十九条，修改为：“当事人对按照小额诉讼案件审理有异议的，应当在开庭前提出。人民法院经审查，异议成立的，适用简易程序的其他规定审理或者裁定转为普通程序；异议不成立的，裁定驳回。裁定以口头方式作出的，应当记入笔录。”

十二、将第三百四十九条改为第三百四十七条，修改为："在诉讼中，当事人的利害关系人或者有关组织提出该当事人不能辨认或者不能完全辨认自己的行为，要求宣告该当事人无民事行为能力或者限制民事行为能力的，应由利害关系人或者有关组织向人民法院提出申请，由受诉人民法院按照特别程序立案审理，原诉讼中止。"

十三、将第三百五十三条改为第三百五十一条，修改为："申请司法确认调解协议的，双方当事人应当本人或者由符合民事诉讼法第六十一条规定的代理人依照民事诉讼法第二百零一条的规定提出申请。"

十四、将第三百五十四条改为第三百五十二条，修改为："调解组织自行开展的调解，有两个以上调解组织参与的，符合民事诉讼法第二百零一条规定的各调解组织所在地人民法院均有管辖权。

"双方当事人可以共同向符合民事诉讼法第二百零一条规定的其中一个有管辖权的人民法院提出申请；双方当事人共同向两个以上有管辖权的人民法院提出申请的，由最先立案的人民法院管辖。"

十五、条文中引用民事诉讼法相关条文序号根据修改后的民事诉讼法作相应调整。

十六、条文顺序作相应调整。

本决定自 2022 年 4 月 10 日起施行。

根据本决定，《最高人民法院关于适用〈中华人民共和国民事诉讼法〉的解释》作相应修改后重新公布。

最高人民法院

关于适用《中华人民共和国民事诉讼法》的解释

（2014年12月18日最高人民法院审判委员会第1636次会议通过　根据2020年12月23日最高人民法院审判委员会第1823次会议通过的《最高人民法院关于修改〈最高人民法院关于人民法院民事调解工作若干问题的规定〉等十九件民事诉讼类司法解释的决定》第一次修正　根据2022年3月22日最高人民法院审判委员会第1866次会议通过的《最高人民法院关于修改〈最高人民法院关于适用《中华人民共和国民事诉讼法》的解释〉的决定》第二次修正）

目　录

一、管辖
二、回避
三、诉讼参加人
四、证据
五、期间和送达
六、调解
七、保全和先予执行
八、对妨害民事诉讼的强制措施
九、诉讼费用
十、第一审普通程序
十一、简易程序
十二、简易程序中的小额诉讼
十三、公益诉讼
十四、第三人撤销之诉

十五、执行异议之诉
十六、第二审程序
十七、特别程序
十八、审判监督程序
十九、督促程序
二十、公示催告程序
二十一、执行程序
二十二、涉外民事诉讼程序的特别规定
二十三、附则

2012年8月31日，第十一届全国人民代表大会常务委员会第二十八次会议审议通过了《关于修改〈中华人民共和国民事诉讼法〉的决定》。根据修改后的民事诉讼法，结合人民法院民事审判和执行工作实际，制定本解释。

一、管辖

第一条　民事诉讼法第十九条第一项规定的重大涉外案件，包括争议标的额大的案件、案情复杂的案件，或者一方当事人人数众多等具有重大影响的案件。

第二条　专利纠纷案件由知识产权法院、最高人民法院确定的中级人民法院和基层人民法院管辖。

海事、海商案件由海事法院管辖。

第三条　公民的住所地是指公民的户籍所在地，法人或者其他组织的住所地是指法人或者其他组织的主要办事机构所在地。

法人或者其他组织的主要办事机构所在地不能确定的，法人或者其他组织的注册地或者登记地为住所地。

第四条　公民的经常居住地是指公民离开住所地至起诉时已连续居住一年以上的地方，但公民住院就医的地方除外。

第五条　对没有办事机构的个人合伙、合伙型联营体提起的诉讼，由被告注册登记地人民法院管辖。没有注册登记，几个被告又不在同一辖区的，被告住所地的人民法院都有管辖权。

第六条　被告被注销户籍的，依照民事诉讼法第二十三条规定确定管辖；原告、被告均被注销户籍的，由被告居住地人民法院管辖。

第七条 当事人的户籍迁出后尚未落户，有经常居住地的，由该地人民法院管辖；没有经常居住地的，由其原户籍所在地人民法院管辖。

第八条 双方当事人都被监禁或者被采取强制性教育措施的，由被告原住所地人民法院管辖。被告被监禁或者被采取强制性教育措施一年以上的，由被告被监禁地或者被采取强制性教育措施地人民法院管辖。

第九条 追索赡养费、扶养费、抚养费案件的几个被告住所地不在同一辖区的，可以由原告住所地人民法院管辖。

第十条 不服指定监护或者变更监护关系的案件，可以由被监护人住所地人民法院管辖。

第十一条 双方当事人均为军人或者军队单位的民事案件由军事法院管辖。

第十二条 夫妻一方离开住所地超过一年，另一方起诉离婚的案件，可以由原告住所地人民法院管辖。

夫妻双方离开住所地超过一年，一方起诉离婚的案件，由被告经常居住地人民法院管辖；没有经常居住地的，由原告起诉时被告居住地人民法院管辖。

第十三条 在国内结婚并定居国外的华侨，如定居国法院以离婚诉讼须由婚姻缔结地法院管辖为由不予受理，当事人向人民法院提出离婚诉讼的，由婚姻缔结地或者一方在国内的最后居住地人民法院管辖。

第十四条 在国外结婚并定居国外的华侨，如定居国法院以离婚诉讼须由国籍所属国法院管辖为由不予受理，当事人向人民法院提出离婚诉讼的，由一方原住所地或者在国内的最后居住地人民法院管辖。

第十五条 中国公民一方居住在国外，一方居住在国内，不论哪一方向人民法院提起离婚诉讼，国内一方住所地人民法院都有权管辖。国外一方在居住国法院起诉，国内一方向人民法院起诉的，受诉人民法院有权管辖。

第十六条 中国公民双方在国外但未定居，一方向人民法院起诉离婚的，应由原告或者被告原住所地人民法院管辖。

第十七条 已经离婚的中国公民，双方均定居国外，仅就国内财产分割提起诉讼的，由主要财产所在地人民法院管辖。

第十八条 合同约定履行地点的，以约定的履行地点为合同履行地。

合同对履行地点没有约定或者约定不明确，争议标的为给付货币的，接收货币一方所在地为合同履行地；交付不动产的，不动产所在地为合同履行地；其他标的，履行义务一方所在地为合同履行地。即时结清的合同，交易行为地为合同履行地。

合同没有实际履行，当事人双方住所地都不在合同约定的履行地的，由被告住所地人民法院管辖。

第十九条　财产租赁合同、融资租赁合同以租赁物使用地为合同履行地。合同对履行地有约定的，从其约定。

第二十条　以信息网络方式订立的买卖合同，通过信息网络交付标的的，以买受人住所地为合同履行地；通过其他方式交付标的的，收货地为合同履行地。合同对履行地有约定的，从其约定。

第二十一条　因财产保险合同纠纷提起的诉讼，如果保险标的物是运输工具或者运输中的货物，可以由运输工具登记注册地、运输目的地、保险事故发生地人民法院管辖。

因人身保险合同纠纷提起的诉讼，可以由被保险人住所地人民法院管辖。

第二十二条　因股东名册记载、请求变更公司登记、股东知情权、公司决议、公司合并、公司分立、公司减资、公司增资等纠纷提起的诉讼，依照民事诉讼法第二十七条规定确定管辖。

第二十三条　债权人申请支付令，适用民事诉讼法第二十二条规定，由债务人住所地基层人民法院管辖。

第二十四条　民事诉讼法第二十九条规定的侵权行为地，包括侵权行为实施地、侵权结果发生地。

第二十五条　信息网络侵权行为实施地包括实施被诉侵权行为的计算机等信息设备所在地，侵权结果发生地包括被侵权人住所地。

第二十六条　因产品、服务质量不合格造成他人财产、人身损害提起的诉讼，产品制造地、产品销售地、服务提供地、侵权行为地和被告住所地人民法院都有管辖权。

第二十七条　当事人申请诉前保全后没有在法定期间起诉或者申请仲裁，给被申请人、利害关系人造成损失引起的诉讼，由采取保全措施的人民法院管辖。

当事人申请诉前保全后在法定期间内起诉或者申请仲裁，被申请人、利害关系人因保全受到损失提起的诉讼，由受理起诉的人民法院或者采取保全措施的人民法院管辖。

第二十八条　民事诉讼法第三十四条第一项规定的不动产纠纷是指因不动产的权利确认、分割、相邻关系等引起的物权纠纷。

农村土地承包经营合同纠纷、房屋租赁合同纠纷、建设工程施工合同纠纷、政策性房屋买卖合同纠纷，按照不动产纠纷确定管辖。

不动产已登记的，以不动产登记簿记载的所在地为不动产所在地；不动产未登记的，以不动产实际所在地为不动产所在地。

第二十九条 民事诉讼法第三十五条规定的书面协议，包括书面合同中的协议管辖条款或者诉讼前以书面形式达成的选择管辖的协议。

第三十条 根据管辖协议，起诉时能够确定管辖法院的，从其约定；不能确定的，依照民事诉讼法的相关规定确定管辖。

管辖协议约定两个以上与争议有实际联系的地点的人民法院管辖，原告可以向其中一个人民法院起诉。

第三十一条 经营者使用格式条款与消费者订立管辖协议，未采取合理方式提请消费者注意，消费者主张管辖协议无效的，人民法院应予支持。

第三十二条 管辖协议约定由一方当事人住所地人民法院管辖，协议签订后当事人住所地变更的，由签订管辖协议时的住所地人民法院管辖，但当事人另有约定的除外。

第三十三条 合同转让的，合同的管辖协议对合同受让人有效，但转让时受让人不知道有管辖协议，或者转让协议另有约定且原合同相对人同意的除外。

第三十四条 当事人因同居或者在解除婚姻、收养关系后发生财产争议，约定管辖的，可以适用民事诉讼法第三十五条规定确定管辖。

第三十五条 当事人在答辩期间届满后未应诉答辩，人民法院在一审开庭前，发现案件不属于本院管辖的，应当裁定移送有管辖权的人民法院。

第三十六条 两个以上人民法院都有管辖权的诉讼，先立案的人民法院不得将案件移送给另一个有管辖权的人民法院。人民法院在立案前发现其他有管辖权的人民法院已先立案的，不得重复立案；立案后发现其他有管辖权的人民法院已先立案的，裁定将案件移送给先立案的人民法院。

第三十七条 案件受理后，受诉人民法院的管辖权不受当事人住所地、经常居住地变更的影响。

第三十八条 有管辖权的人民法院受理案件后，不得以行政区域变更为由，将案件移送给变更后有管辖权的人民法院。判决后的上诉案件和依审判监督程序提审的案件，由原审人民法院的上级人民法院进行审判；上级人民法院指令再审、发回重审的案件，由原审人民法院再审或者重审。

第三十九条 人民法院对管辖异议审查后确定有管辖权的，不因当事人提起反诉、增加或者变更诉讼请求等改变管辖，但违反级别管辖、专属管辖规定的除外。

人民法院发回重审或者按第一审程序再审的案件，当事人提出管辖异议的，人民法院不予审查。

第四十条　依照民事诉讼法第三十八条第二款规定，发生管辖权争议的两个人民法院因协商不成报请它们的共同上级人民法院指定管辖时，双方为同属一个地、市辖区的基层人民法院的，由该地、市的中级人民法院及时指定管辖；同属一个省、自治区、直辖市的两个人民法院的，由该省、自治区、直辖市的高级人民法院及时指定管辖；双方为跨省、自治区、直辖市的人民法院，高级人民法院协商不成的，由最高人民法院及时指定管辖。

依照前款规定报请上级人民法院指定管辖时，应当逐级进行。

第四十一条　人民法院依照民事诉讼法第三十八条第二款规定指定管辖的，应当作出裁定。

对报请上级人民法院指定管辖的案件，下级人民法院应当中止审理。指定管辖裁定作出前，下级人民法院对案件作出判决、裁定的，上级人民法院应当在裁定指定管辖的同时，一并撤销下级人民法院的判决、裁定。

第四十二条　下列第一审民事案件，人民法院依照民事诉讼法第三十九条第一款规定，可以在开庭前交下级人民法院审理：

（一）破产程序中有关债务人的诉讼案件；

（二）当事人人数众多且不方便诉讼的案件；

（三）最高人民法院确定的其他类型案件。

人民法院交下级人民法院审理前，应当报请其上级人民法院批准。上级人民法院批准后，人民法院应当裁定将案件交下级人民法院审理。

二、回避

第四十三条　审判人员有下列情形之一的，应当自行回避，当事人有权申请其回避：

（一）是本案当事人或者当事人近亲属的；

（二）本人或者其近亲属与本案有利害关系的；

（三）担任过本案的证人、鉴定人、辩护人、诉讼代理人、翻译人员的；

（四）是本案诉讼代理人近亲属的；

（五）本人或者其近亲属持有本案非上市公司当事人的股份或者股权的；

（六）与本案当事人或者诉讼代理人有其他利害关系，可能影响公正审理的。

第四十四条 审判人员有下列情形之一的，当事人有权申请其回避：

（一）接受本案当事人及其受托人宴请，或者参加由其支付费用的活动的；

（二）索取、接受本案当事人及其受托人财物或者其他利益的；

（三）违反规定会见本案当事人、诉讼代理人的；

（四）为本案当事人推荐、介绍诉讼代理人，或者为律师、其他人员介绍代理本案的；

（五）向本案当事人及其受托人借用款物的；

（六）有其他不正当行为，可能影响公正审理的。

第四十五条 在一个审判程序中参与过本案审判工作的审判人员，不得再参与该案其他程序的审判。

发回重审的案件，在一审法院作出裁判后又进入第二审程序的，原第二审程序中审判人员不受前款规定的限制。

第四十六条 审判人员有应当回避的情形，没有自行回避，当事人也没有申请其回避的，由院长或者审判委员会决定其回避。

第四十七条 人民法院应当依法告知当事人对合议庭组成人员、独任审判员和书记员等人员有申请回避的权利。

第四十八条 民事诉讼法第四十七条所称的审判人员，包括参与本案审理的人民法院院长、副院长、审判委员会委员、庭长、副庭长、审判员和人民陪审员。

第四十九条 书记员和执行员适用审判人员回避的有关规定。

三、诉讼参加人

第五十条 法人的法定代表人以依法登记的为准，但法律另有规定的除外。依法不需要办理登记的法人，以其正职负责人为法定代表人；没有正职负责人的，以其主持工作的副职负责人为法定代表人。

法定代表人已经变更，但未完成登记，变更后的法定代表人要求代表法人参加诉讼的，人民法院可以准许。

其他组织，以其主要负责人为代表人。

第五十一条 在诉讼中，法人的法定代表人变更的，由新的法定代表人继续进行诉讼，并应向人民法院提交新的法定代表人身份证明书。原法定代表人进行的诉讼行为有效。

前款规定，适用于其他组织参加的诉讼。

第五十二条　民事诉讼法第五十一条规定的其他组织是指合法成立、有一定的组织机构和财产，但又不具备法人资格的组织，包括：

（一）依法登记领取营业执照的个人独资企业；

（二）依法登记领取营业执照的合伙企业；

（三）依法登记领取我国营业执照的中外合作经营企业、外资企业；

（四）依法成立的社会团体的分支机构、代表机构；

（五）依法设立并领取营业执照的法人的分支机构；

（六）依法设立并领取营业执照的商业银行、政策性银行和非银行金融机构的分支机构；

（七）经依法登记领取营业执照的乡镇企业、街道企业；

（八）其他符合本条规定条件的组织。

第五十三条　法人非依法设立的分支机构，或者虽依法设立，但没有领取营业执照的分支机构，以设立该分支机构的法人为当事人。

第五十四条　以挂靠形式从事民事活动，当事人请求由挂靠人和被挂靠人依法承担民事责任的，该挂靠人和被挂靠人为共同诉讼人。

第五十五条　在诉讼中，一方当事人死亡，需要等待继承人表明是否参加诉讼的，裁定中止诉讼。人民法院应当及时通知继承人作为当事人承担诉讼，被继承人已经进行的诉讼行为对承担诉讼的继承人有效。

第五十六条　法人或者其他组织的工作人员执行工作任务造成他人损害的，该法人或者其他组织为当事人。

第五十七条　提供劳务一方因劳务造成他人损害，受害人提起诉讼的，以接受劳务一方为被告。

第五十八条　在劳务派遣期间，被派遣的工作人员因执行工作任务造成他人损害的，以接受劳务派遣的用工单位为当事人。当事人主张劳务派遣单位承担责任的，该劳务派遣单位为共同被告。

第五十九条　在诉讼中，个体工商户以营业执照上登记的经营者为当事人。有字号的，以营业执照上登记的字号为当事人，但应同时注明该字号经营者的基本信息。

营业执照上登记的经营者与实际经营者不一致的，以登记的经营者和实际经营者为共同诉讼人。

第六十条　在诉讼中，未依法登记领取营业执照的个人合伙的全体合伙人为共同诉讼人。个人合伙有依法核准登记的字号的，应在法律文书中注明登记的字号。全体合伙人可以推选代表人；被推选的代表人，应由全体合伙人出具推选书。

第六十一条 当事人之间的纠纷经人民调解委员会或者其他依法设立的调解组织调解达成协议后，一方当事人不履行调解协议，另一方当事人向人民法院提起诉讼的，应以对方当事人为被告。

第六十二条 下列情形，以行为人为当事人：

（一）法人或者其他组织应登记而未登记，行为人即以该法人或者其他组织名义进行民事活动的；

（二）行为人没有代理权、超越代理权或者代理权终止后以被代理人名义进行民事活动的，但相对人有理由相信行为人有代理权的除外；

（三）法人或者其他组织依法终止后，行为人仍以其名义进行民事活动的。

第六十三条 企业法人合并的，因合并前的民事活动发生的纠纷，以合并后的企业为当事人；企业法人分立的，因分立前的民事活动发生的纠纷，以分立后的企业为共同诉讼人。

第六十四条 企业法人解散的，依法清算并注销前，以该企业法人为当事人；未依法清算即被注销的，以该企业法人的股东、发起人或者出资人为当事人。

第六十五条 借用业务介绍信、合同专用章、盖章的空白合同书或者银行账户的，出借单位和借用人为共同诉讼人。

第六十六条 因保证合同纠纷提起的诉讼，债权人向保证人和被保证人一并主张权利的，人民法院应当将保证人和被保证人列为共同被告。保证合同约定为一般保证，债权人仅起诉保证人的，人民法院应当通知被保证人作为共同被告参加诉讼；债权人仅起诉被保证人的，可以只列被保证人为被告。

第六十七条 无民事行为能力人、限制民事行为能力人造成他人损害的，无民事行为能力人、限制民事行为能力人和其监护人为共同被告。

第六十八条 居民委员会、村民委员会或者村民小组与他人发生民事纠纷的，居民委员会、村民委员会或者有独立财产的村民小组为当事人。

第六十九条 对侵害死者遗体、遗骨以及姓名、肖像、名誉、荣誉、隐私等行为提起诉讼的，死者的近亲属为当事人。

第七十条 在继承遗产的诉讼中，部分继承人起诉的，人民法院应通知其他继承人作为共同原告参加诉讼；被通知的继承人不愿意参加诉讼又未明确表示放弃实体权利的，人民法院仍应将其列为共同原告。

第七十一条　原告起诉被代理人和代理人，要求承担连带责任的，被代理人和代理人为共同被告。

原告起诉代理人和相对人，要求承担连带责任的，代理人和相对人为共同被告。

第七十二条　共有财产权受到他人侵害，部分共有权人起诉的，其他共有权人为共同诉讼人。

第七十三条　必须共同进行诉讼的当事人没有参加诉讼的，人民法院应当依照民事诉讼法第一百三十五条的规定，通知其参加；当事人也可以向人民法院申请追加。人民法院对当事人提出的申请，应当进行审查，申请理由不成立的，裁定驳回；申请理由成立的，书面通知被追加的当事人参加诉讼。

第七十四条　人民法院追加共同诉讼的当事人时，应当通知其他当事人。应当追加的原告，已明确表示放弃实体权利的，可不予追加；既不愿意参加诉讼，又不放弃实体权利的，仍应追加为共同原告，其不参加诉讼，不影响人民法院对案件的审理和依法作出判决。

第七十五条　民事诉讼法第五十六条、第五十七条和第二百零六条规定的人数众多，一般指十人以上。

第七十六条　依照民事诉讼法第五十六条规定，当事人一方人数众多在起诉时确定的，可以由全体当事人推选共同的代表人，也可以由部分当事人推选自己的代表人；推选不出代表人的当事人，在必要的共同诉讼中可以自己参加诉讼，在普通的共同诉讼中可以另行起诉。

第七十七条　根据民事诉讼法第五十七条规定，当事人一方人数众多在起诉时不确定的，由当事人推选代表人。当事人推选不出的，可以由人民法院提出人选与当事人协商；协商不成的，也可以由人民法院在起诉的当事人中指定代表人。

第七十八条　民事诉讼法第五十六条和第五十七条规定的代表人为二至五人，每位代表人可以委托一至二人作为诉讼代理人。

第七十九条　依照民事诉讼法第五十七条规定受理的案件，人民法院可以发出公告，通知权利人向人民法院登记。公告期间根据案件的具体情况确定，但不得少于三十日。

第八十条　根据民事诉讼法第五十七条规定向人民法院登记的权利人，应当证明其与对方当事人的法律关系和所受到的损害。证明不了的，不予登记，权利人可以另行起诉。人民法院的裁判在登记的范围内执行。未参加登记的权利人提起诉讼，人民法院认定其请求成立的，裁定适用人民法院已作出的判决、裁定。

第八十一条 根据民事诉讼法第五十九条的规定，有独立请求权的第三人有权向人民法院提出诉讼请求和事实、理由，成为当事人；无独立请求权的第三人，可以申请或者由人民法院通知参加诉讼。

第一审程序中未参加诉讼的第三人，申请参加第二审程序的，人民法院可以准许。

第八十二条 在一审诉讼中，无独立请求权的第三人无权提出管辖异议，无权放弃、变更诉讼请求或者申请撤诉，被判决承担民事责任的，有权提起上诉。

第八十三条 在诉讼中，无民事行为能力人、限制民事行为能力人的监护人是他的法定代理人。事先没有确定监护人的，可以由有监护资格的人协商确定；协商不成的，由人民法院在他们之中指定诉讼中的法定代理人。当事人没有民法典第二十七条、第二十八条规定的监护人的，可以指定民法典第三十二条规定的有关组织担任诉讼中的法定代理人。

第八十四条 无民事行为能力人、限制民事行为能力人以及其他依法不能作为诉讼代理人的，当事人不得委托其作为诉讼代理人。

第八十五条 根据民事诉讼法第六十一条第二款第二项规定，与当事人有夫妻、直系血亲、三代以内旁系血亲、近姻亲关系以及其他有抚养、赡养关系的亲属，可以当事人近亲属的名义作为诉讼代理人。

第八十六条 根据民事诉讼法第六十一条第二款第二项规定，与当事人有合法劳动人事关系的职工，可以当事人工作人员的名义作为诉讼代理人。

第八十七条 根据民事诉讼法第六十一条第二款第三项规定，有关社会团体推荐公民担任诉讼代理人的，应当符合下列条件：

（一）社会团体属于依法登记设立或者依法免予登记设立的非营利性法人组织；

（二）被代理人属于该社会团体的成员，或者当事人一方住所地位于该社会团体的活动地域；

（三）代理事务属于该社会团体章程载明的业务范围；

（四）被推荐的公民是该社会团体的负责人或者与该社会团体有合法劳动人事关系的工作人员。

专利代理人经中华全国专利代理人协会推荐，可以在专利纠纷案件中担任诉讼代理人。

第八十八条 诉讼代理人除根据民事诉讼法第六十二条规定提交授权委托书外，还应当按照下列规定向人民法院提交相关材料：

（一）律师应当提交律师执业证、律师事务所证明材料；

（二）基层法律服务工作者应当提交法律服务工作者执业证、基层法律服务所出具的介绍信以及当事人一方位于本辖区内的证明材料；

（三）当事人的近亲属应当提交身份证件和与委托人有近亲属关系的证明材料；

（四）当事人的工作人员应当提交身份证件和与当事人有合法劳动人事关系的证明材料；

（五）当事人所在社区、单位推荐的公民应当提交身份证件、推荐材料和当事人属于该社区、单位的证明材料；

（六）有关社会团体推荐的公民应当提交身份证件和符合本解释第八十七条规定条件的证明材料。

第八十九条 当事人向人民法院提交的授权委托书，应当在开庭审理前送交人民法院。授权委托书仅写“全权代理”而无具体授权的，诉讼代理人无权代为承认、放弃、变更诉讼请求，进行和解，提出反诉或者提起上诉。

适用简易程序审理的案件，双方当事人同时到庭并径行开庭审理的，可以当场口头委托诉讼代理人，由人民法院记入笔录。

四、证据

第九十条 当事人对自己提出的诉讼请求所依据的事实或者反驳对方诉讼请求所依据的事实，应当提供证据加以证明，但法律另有规定的除外。

在作出判决前，当事人未能提供证据或者证据不足以证明其事实主张的，由负有举证证明责任的当事人承担不利的后果。

第九十一条 人民法院应当依照下列原则确定举证证明责任的承担，但法律另有规定的除外：

（一）主张法律关系存在的当事人，应当对产生该法律关系的基本事实承担举证证明责任；

（二）主张法律关系变更、消灭或者权利受到妨害的当事人，应当对该法律关系变更、消灭或者权利受到妨害的基本事实承担举证证明责任。

第九十二条 一方当事人在法庭审理中，或者在起诉状、答辩状、代理词等书面材料中，对于己不利的事实明确表示承认的，另一方当事人无需举证证明。

对于涉及身份关系、国家利益、社会公共利益等应当由人民法院依职权调查的事实，不适用前款自认的规定。

自认的事实与查明的事实不符的，人民法院不予确认。

第九十三条　下列事实，当事人无须举证证明：

（一）自然规律以及定理、定律；

（二）众所周知的事实；

（三）根据法律规定推定的事实；

（四）根据已知的事实和日常生活经验法则推定出的另一事实；

（五）已为人民法院发生法律效力的裁判所确认的事实；

（六）已为仲裁机构生效裁决所确认的事实；

（七）已为有效公证文书所证明的事实。

前款第二项至第四项规定的事实，当事人有相反证据足以反驳的除外；第五项至第七项规定的事实，当事人有相反证据足以推翻的除外。

第九十四条　民事诉讼法第六十七条第二款规定的当事人及其诉讼代理人因客观原因不能自行收集的证据包括：

（一）证据由国家有关部门保存，当事人及其诉讼代理人无权查阅调取的；

（二）涉及国家秘密、商业秘密或者个人隐私的；

（三）当事人及其诉讼代理人因客观原因不能自行收集的其他证据。

当事人及其诉讼代理人因客观原因不能自行收集的证据，可以在举证期限届满前书面申请人民法院调查收集。

第九十五条　当事人申请调查收集的证据，与待证事实无关联、对证明待证事实无意义或者其他无调查收集必要的，人民法院不予准许。

第九十六条　民事诉讼法第六十七条第二款规定的人民法院认为审理案件需要的证据包括：

（一）涉及可能损害国家利益、社会公共利益的；

（二）涉及身份关系的；

（三）涉及民事诉讼法第五十八条规定诉讼的；

（四）当事人有恶意串通损害他人合法权益可能的；

（五）涉及依职权追加当事人、中止诉讼、终结诉讼、回避等程序性事项的。

除前款规定外，人民法院调查收集证据，应当依照当事人的申请进行。

第九十七条 人民法院调查收集证据，应当由两人以上共同进行。调查材料要由调查人、被调查人、记录人签名、捺印或者盖章。

第九十八条 当事人根据民事诉讼法第八十四条第一款规定申请证据保全的，可以在举证期限届满前书面提出。

证据保全可能对他人造成损失的，人民法院应当责令申请人提供相应的担保。

第九十九条 人民法院应当在审理前的准备阶段确定当事人的举证期限。举证期限可以由当事人协商，并经人民法院准许。

人民法院确定举证期限，第一审普通程序案件不得少于十五日，当事人提供新的证据的第二审案件不得少于十日。

举证期限届满后，当事人对已经提供的证据，申请提供反驳证据或者对证据来源、形式等方面的瑕疵进行补正的，人民法院可以酌情再次确定举证期限，该期限不受前款规定的限制。

第一百条 当事人申请延长举证期限的，应当在举证期限届满前向人民法院提出书面申请。

申请理由成立的，人民法院应当准许，适当延长举证期限，并通知其他当事人。延长的举证期限适用于其他当事人。

申请理由不成立的，人民法院不予准许，并通知申请人。

第一百零一条 当事人逾期提供证据的，人民法院应当责令其说明理由，必要时可以要求其提供相应的证据。

当事人因客观原因逾期提供证据，或者对方当事人对逾期提供证据未提出异议的，视为未逾期。

第一百零二条 当事人因故意或者重大过失逾期提供的证据，人民法院不予采纳。但该证据与案件基本事实有关的，人民法院应当采纳，并依照民事诉讼法第六十八条、第一百一十八条第一款的规定予以训诫、罚款。

当事人非因故意或者重大过失逾期提供的证据，人民法院应当采纳，并对当事人予以训诫。

当事人一方要求另一方赔偿因逾期提供证据致使其增加的交通、住宿、就餐、误工、证人出庭作证等必要费用的，人民法院可予支持。

第一百零三条 证据应当在法庭上出示，由当事人互相质证。未经当事人质证的证据，不得作为认定案件事实的根据。

当事人在审理前的准备阶段认可的证据，经审判人员在庭审中说明后，视为质证过的证据。

涉及国家秘密、商业秘密、个人隐私或者法律规定应当保密的证据，不得公开质证。

第一百零四条 人民法院应当组织当事人围绕证据的真实性、合法性以及与待证事实的关联性进行质证，并针对证据有无证明力和证明力大小进行说明和辩论。

能够反映案件真实情况、与待证事实相关联、来源和形式符合法律规定的证据，应当作为认定案件事实的根据。

第一百零五条 人民法院应当按照法定程序，全面、客观地审核证据，依照法律规定，运用逻辑推理和日常生活经验法则，对证据有无证明力和证明力大小进行判断，并公开判断的理由和结果。

第一百零六条 对以严重侵害他人合法权益、违反法律禁止性规定或者严重违背公序良俗的方法形成或者获取的证据，不得作为认定案件事实的根据。

第一百零七条 在诉讼中，当事人为达成调解协议或者和解协议作出妥协而认可的事实，不得在后续的诉讼中作为对其不利的根据，但法律另有规定或者当事人均同意的除外。

第一百零八条 对负有举证证明责任的当事人提供的证据，人民法院经审查并结合相关事实，确信待证事实的存在具有高度可能性的，应当认定该事实存在。

对一方当事人为反驳负有举证证明责任的当事人所主张事实而提供的证据，人民法院经审查并结合相关事实，认为待证事实真伪不明的，应当认定该事实不存在。

法律对于待证事实所应达到的证明标准另有规定的，从其规定。

第一百零九条 当事人对欺诈、胁迫、恶意串通事实的证明，以及对口头遗嘱或者赠与事实的证明，人民法院确信该待证事实存在的可能性能够排除合理怀疑的，应当认定该事实存在。

第一百一十条 人民法院认为有必要的，可以要求当事人本人到庭，就案件有关事实接受询问。在询问当事人之前，可以要求其签署保证书。

保证书应当载明据实陈述、如有虚假陈述愿意接受处罚等内容。当事人应当在保证书上签名或者捺印。

负有举证证明责任的当事人拒绝到庭、拒绝接受询问或者拒绝签署保证书，待证事实又欠缺其他证据证明的，人民法院对其主张的事实不予认定。

第一百一十一条 民事诉讼法第七十三条规定的提交书证原件确有困

难，包括下列情形：

（一）书证原件遗失、灭失或者毁损的；

（二）原件在对方当事人控制之下，经合法通知提交而拒不提交的；

（三）原件在他人控制之下，而其有权不提交的；

（四）原件因篇幅或者体积过大而不便提交的；

（五）承担举证证明责任的当事人通过申请人民法院调查收集或者其他方式无法获得书证原件的。

前款规定情形，人民法院应当结合其他证据和案件具体情况，审查判断书证复制品等能否作为认定案件事实的根据。

第一百一十二条　书证在对方当事人控制之下的，承担举证证明责任的当事人可以在举证期限届满前书面申请人民法院责令对方当事人提交。

申请理由成立的，人民法院应当责令对方当事人提交，因提交书证所产生的费用，由申请人负担。对方当事人无正当理由拒不提交的，人民法院可以认定申请人所主张的书证内容为真实。

第一百一十三条　持有书证的当事人以妨碍对方当事人使用为目的，毁灭有关书证或者实施其他致使书证不能使用行为的，人民法院可以依照民事诉讼法第一百一十四条规定，对其处以罚款、拘留。

第一百一十四条　国家机关或者其他依法具有社会管理职能的组织，在其职权范围内制作的文书所记载的事项推定为真实，但有相反证据足以推翻的除外。必要时，人民法院可以要求制作文书的机关或者组织对文书的真实性予以说明。

第一百一十五条　单位向人民法院提出的证明材料，应当由单位负责人及制作证明材料的人员签名或者盖章，并加盖单位印章。人民法院就单位出具的证明材料，可以向单位及制作证明材料的人员进行调查核实。必要时，可以要求制作证明材料的人员出庭作证。

单位及制作证明材料的人员拒绝人民法院调查核实，或者制作证明材料的人员无正当理由拒绝出庭作证的，该证明材料不得作为认定案件事实的根据。

第一百一十六条　视听资料包括录音资料和影像资料。

电子数据是指通过电子邮件、电子数据交换、网上聊天记录、博客、微博客、手机短信、电子签名、域名等形成或者存储在电子介质中的信息。

存储在电子介质中的录音资料和影像资料，适用电子数据的规定。

第一百一十七条　当事人申请证人出庭作证的，应当在举证期限届满前提出。

符合本解释第九十六条第一款规定情形的，人民法院可以依职权通知证人出庭作证。

未经人民法院通知，证人不得出庭作证，但双方当事人同意并经人民法院准许的除外。

第一百一十八条 民事诉讼法第七十七条规定的证人因履行出庭作证义务而支出的交通、住宿、就餐等必要费用，按照机关事业单位工作人员差旅费用和补贴标准计算；误工损失按照国家上年度职工日平均工资标准计算。

人民法院准许证人出庭作证申请的，应当通知申请人预缴证人出庭作证费用。

第一百一十九条 人民法院在证人出庭作证前应当告知其如实作证的义务以及作伪证的法律后果，并责令其签署保证书，但无民事行为能力人和限制民事行为能力人除外。

证人签署保证书适用本解释关于当事人签署保证书的规定。

第一百二十条 证人拒绝签署保证书的，不得作证，并自行承担相关费用。

第一百二十一条 当事人申请鉴定，可以在举证期限届满前提出。申请鉴定的事项与待证事实无关联，或者对证明待证事实无意义的，人民法院不予准许。

人民法院准许当事人鉴定申请的，应当组织双方当事人协商确定具备相应资格的鉴定人。当事人协商不成的，由人民法院指定。

符合依职权调查收集证据条件的，人民法院应当依职权委托鉴定，在询问当事人的意见后，指定具备相应资格的鉴定人。

第一百二十二条 当事人可以依照民事诉讼法第八十二条的规定，在举证期限届满前申请一至二名具有专门知识的人出庭，代表当事人对鉴定意见进行质证，或者对案件事实所涉及的专业问题提出意见。

具有专门知识的人在法庭上就专业问题提出的意见，视为当事人的陈述。

人民法院准许当事人申请的，相关费用由提出申请的当事人负担。

第一百二十三条 人民法院可以对出庭的具有专门知识的人进行询问。经法庭准许，当事人可以对出庭的具有专门知识的人进行询问，当事人各自申请的具有专门知识的人可以就案件中的有关问题进行对质。

具有专门知识的人不得参与专业问题之外的法庭审理活动。

第一百二十四条　人民法院认为有必要的，可以根据当事人的申请或者依职权对物证或者现场进行勘验。勘验时应当保护他人的隐私和尊严。

人民法院可以要求鉴定人参与勘验。必要时，可以要求鉴定人在勘验中进行鉴定。

五、期间和送达

第一百二十五条　依照民事诉讼法第八十五条第二款规定，民事诉讼中以时起算的期间从次时起算；以日、月、年计算的期间从次日起算。

第一百二十六条　民事诉讼法第一百二十六条规定的立案期限，因起诉状内容欠缺通知原告补正的，从补正后交人民法院的次日起算。由上级人民法院转交下级人民法院立案的案件，从受诉人民法院收到起诉状的次日起算。

第一百二十七条　民事诉讼法第五十九条第三款、第二百一十二条以及本解释第三百七十二条、第三百八十二条、第三百九十九条、第四百二十条、第四百二十一条规定的六个月，民事诉讼法第二百三十条规定的一年，为不变期间，不适用诉讼时效中止、中断、延长的规定。

第一百二十八条　再审案件按照第一审程序或者第二审程序审理的，适用民事诉讼法第一百五十二条、第一百八十三条规定的审限。审限自再审立案的次日起算。

第一百二十九条　对申请再审案件，人民法院应当自受理之日起三个月内审查完毕，但公告期间、当事人和解期间等不计入审查期限。有特殊情况需要延长的，由本院院长批准。

第一百三十条　向法人或者其他组织送达诉讼文书，应当由法人的法定代表人、该组织的主要负责人或者办公室、收发室、值班室等负责收件的人签收或者盖章，拒绝签收或者盖章的，适用留置送达。

民事诉讼法第八十九条规定的有关基层组织和所在单位的代表，可以是受送达人住所地的居民委员会、村民委员会的工作人员以及受送达人所在单位的工作人员。

第一百三十一条　人民法院直接送达诉讼文书的，可以通知当事人到人民法院领取。当事人到达人民法院，拒绝签署送达回证的，视为送达。审判人员、书记员应当在送达回证上注明送达情况并签名。

人民法院可以在当事人住所地以外向当事人直接送达诉讼文书。当事人拒绝签署送达回证的，采用拍照、录像等方式记录送达过程即视为送达。审判人员、书记员应当在送达回证上注明送达情况并签名。

第一百三十二条 受送达人有诉讼代理人的，人民法院既可以向受送达人送达，也可以向其诉讼代理人送达。受送达人指定诉讼代理人为代收人的，向诉讼代理人送达时，适用留置送达。

第一百三十三条 调解书应当直接送达当事人本人，不适用留置送达。当事人本人因故不能签收的，可由其指定的代收人签收。

第一百三十四条 依照民事诉讼法第九十一条规定，委托其他人民法院代为送达的，委托法院应当出具委托函，并附需要送达的诉讼文书和送达回证，以受送达人在送达回证上签收的日期为送达日期。

委托送达的，受委托人民法院应当自收到委托函及相关诉讼文书之日起十日内代为送达。

第一百三十五条 电子送达可以采用传真、电子邮件、移动通信等即时收悉的特定系统作为送达媒介。

民事诉讼法第九十条第二款规定的到达受送达人特定系统的日期，为人民法院对应系统显示发送成功的日期，但受送达人证明到达其特定系统的日期与人民法院对应系统显示发送成功的日期不一致的，以受送达人证明到达其特定系统的日期为准。

第一百三十六条 受送达人同意采用电子方式送达的，应当在送达地址确认书中予以确认。

第一百三十七条 当事人在提起上诉、申请再审、申请执行时未书面变更送达地址的，其在第一审程序中确认的送达地址可以作为第二审程序、审判监督程序、执行程序的送达地址。

第一百三十八条 公告送达可以在法院的公告栏和受送达人住所地张贴公告，也可以在报纸、信息网络等媒体上刊登公告，发出公告日期以最后张贴或者刊登的日期为准。对公告送达方式有特殊要求的，应当按要求的方式进行。公告期满，即视为送达。

人民法院在受送达人住所地张贴公告的，应当采取拍照、录像等方式记录张贴过程。

第一百三十九条 公告送达应当说明公告送达的原因；公告送达起诉状或者上诉状副本的，应当说明起诉或者上诉要点，受送达人答辩期限及逾期不答辩的法律后果；公告送达传票，应当说明出庭的时间和地点及逾期不出庭的法律后果；公告送达判决书、裁定书的，应当说明裁判主要内容，当事人有权上诉的，还应当说明上诉权利、上诉期限和上诉的人民法院。

第一百四十条 适用简易程序的案件，不适用公告送达。

第一百四十一条 人民法院在定期宣判时，当事人拒不签收判决书、裁定书的，应视为送达，并在宣判笔录中记明。

六、调解

第一百四十二条 人民法院受理案件后，经审查，认为法律关系明确、事实清楚，在征得当事人双方同意后，可以径行调解。

第一百四十三条 适用特别程序、督促程序、公示催告程序的案件，婚姻等身份关系确认案件以及其他根据案件性质不能进行调解的案件，不得调解。

第一百四十四条 人民法院审理民事案件，发现当事人之间恶意串通，企图通过和解、调解方式侵害他人合法权益的，应当依照民事诉讼法第一百一十五条的规定处理。

第一百四十五条 人民法院审理民事案件，应当根据自愿、合法的原则进行调解。当事人一方或者双方坚持不愿调解的，应当及时裁判。

人民法院审理离婚案件，应当进行调解，但不应久调不决。

第一百四十六条 人民法院审理民事案件，调解过程不公开，但当事人同意公开的除外。

调解协议内容不公开，但为保护国家利益、社会公共利益、他人合法权益，人民法院认为确有必要公开的除外。

主持调解以及参与调解的人员，对调解过程以及调解过程中获悉的国家秘密、商业秘密、个人隐私和其他不宜公开的信息，应当保守秘密，但为保护国家利益、社会公共利益、他人合法权益的除外。

第一百四十七条 人民法院调解案件时，当事人不能出庭的，经其特别授权，可由其委托代理人参加调解，达成的调解协议，可由委托代理人签名。

离婚案件当事人确因特殊情况无法出庭参加调解的，除本人不能表达意志的以外，应当出具书面意见。

第一百四十八条 当事人自行和解或者调解达成协议后，请求人民法院按照和解协议或者调解协议的内容制作判决书的，人民法院不予准许。

无民事行为能力人的离婚案件，由其法定代理人进行诉讼。法定代理人与对方达成协议要求发给判决书的，可根据协议内容制作判决书。

第一百四十九条 调解书需经当事人签收后才发生法律效力的，应当以最后收到调解书的当事人签收的日期为调解书生效日期。

第一百五十条 人民法院调解民事案件，需由无独立请求权的第三人承担责任的，应当经其同意。该第三人在调解书送达前反悔的，人民法院应当及时裁判。

第一百五十一条 根据民事诉讼法第一百零一条第一款第四项规定，当事人各方同意在调解协议上签名或者盖章后即发生法律效力的，经人民法院审查确认后，应当记入笔录或者将调解协议附卷，并由当事人、审判人员、书记员签名或者盖章后即具有法律效力。

前款规定情形，当事人请求制作调解书的，人民法院审查确认后可以制作调解书送交当事人。当事人拒收调解书的，不影响调解协议的效力。

七、保全和先予执行

第一百五十二条 人民法院依照民事诉讼法第一百零三条、第一百零四条规定，在采取诉前保全、诉讼保全措施时，责令利害关系人或者当事人提供担保的，应当书面通知。

利害关系人申请诉前保全的，应当提供担保。申请诉前财产保全的，应当提供相当于请求保全数额的担保；情况特殊的，人民法院可以酌情处理。申请诉前行为保全的，担保的数额由人民法院根据案件的具体情况决定。

在诉讼中，人民法院依申请或者依职权采取保全措施的，应当根据案件的具体情况，决定当事人是否应当提供担保以及担保的数额。

第一百五十三条 人民法院对季节性商品、鲜活、易腐烂变质以及其他不宜长期保存的物品采取保全措施时，可以责令当事人及时处理，由人民法院保存价款；必要时，人民法院可予以变卖，保存价款。

第一百五十四条 人民法院在财产保全中采取查封、扣押、冻结财产措施时，应当妥善保管被查封、扣押、冻结的财产。不宜由人民法院保管的，人民法院可以指定被保全人负责保管；不宜由被保全人保管的，可以委托他人或者申请保全人保管。

查封、扣押、冻结担保物权人占有的担保财产，一般由担保物权人保管；由人民法院保管的，质权、留置权不因采取保全措施而消灭。

第一百五十五条 由人民法院指定被保全人保管的财产，如果继续使用对该财产的价值无重大影响，可以允许被保全人继续使用；由人民法院保管或者委托他人、申请保全人保管的财产，人民法院和其他保管人不得使用。

第一百五十六条 人民法院采取财产保全的方法和措施，依照执行程序相关规定办理。

第一百五十七条 人民法院对抵押物、质押物、留置物可以采取财产保全措施，但不影响抵押权人、质权人、留置权人的优先受偿权。

第一百五十八条 人民法院对债务人到期应得的收益，可以采取财产保全措施，限制其支取，通知有关单位协助执行。

第一百五十九条 债务人的财产不能满足保全请求，但对他人有到期债权的，人民法院可以依债权人的申请裁定该他人不得对本案债务人清偿。该他人要求偿付的，由人民法院提存财物或者价款。

第一百六十条 当事人向采取诉前保全措施以外的其他有管辖权的人民法院起诉的，采取诉前保全措施的人民法院应当将保全手续移送受理案件的人民法院。诉前保全的裁定视为受移送人民法院作出的裁定。

第一百六十一条 对当事人不服一审判决提起上诉的案件，在第二审人民法院接到报送的案件之前，当事人有转移、隐匿、出卖或者毁损财产等行为，必须采取保全措施的，由第一审人民法院依当事人申请或者依职权采取。第一审人民法院的保全裁定，应当及时报送第二审人民法院。

第一百六十二条 第二审人民法院裁定对第一审人民法院采取的保全措施予以续保或者采取新的保全措施的，可以自行实施，也可以委托第一审人民法院实施。

再审人民法院裁定对原保全措施予以续保或者采取新的保全措施的，可以自行实施，也可以委托原审人民法院或者执行法院实施。

第一百六十三条 法律文书生效后，进入执行程序前，债权人因对方当事人转移财产等紧急情况，不申请保全将可能导致生效法律文书不能执行或者难以执行的，可以向执行法院申请采取保全措施。债权人在法律文书指定的履行期间届满后五日内不申请执行的，人民法院应当解除保全。

第一百六十四条 对申请保全人或者他人提供的担保财产，人民法院应当依法办理查封、扣押、冻结等手续。

第一百六十五条 人民法院裁定采取保全措施后，除作出保全裁定的人民法院自行解除或者其上级人民法院决定解除外，在保全期限内，任何单位不得解除保全措施。

第一百六十六条 裁定采取保全措施后，有下列情形之一的，人民法院应当作出解除保全裁定：

（一）保全错误的；

（二）申请人撤回保全申请的；

（三）申请人的起诉或者诉讼请求被生效裁判驳回的；

（四）人民法院认为应当解除保全的其他情形。

解除以登记方式实施的保全措施的，应当向登记机关发出协助执行通知书。

第一百六十七条 财产保全的被保全人提供其他等值担保财产且有利于执行的，人民法院可以裁定变更保全标的物为被保全人提供的担保财产。

第一百六十八条 保全裁定未经人民法院依法撤销或者解除，进入执行程序后，自动转为执行中的查封、扣押、冻结措施，期限连续计算，执行法院无需重新制作裁定书，但查封、扣押、冻结期限届满的除外。

第一百六十九条 民事诉讼法规定的先予执行，人民法院应当在受理案件后终审判决作出前采取。先予执行应当限于当事人诉讼请求的范围，并以当事人的生活、生产经营的急需为限。

第一百七十条 民事诉讼法第一百零九条第三项规定的情况紧急，包括：

（一）需要立即停止侵害、排除妨碍的；

（二）需要立即制止某项行为的；

（三）追索恢复生产、经营急需的保险理赔费的；

（四）需要立即返还社会保险金、社会救助资金的；

（五）不立即返还款项，将严重影响权利人生活和生产经营的。

第一百七十一条 当事人对保全或者先予执行裁定不服的，可以自收到裁定书之日起五日内向作出裁定的人民法院申请复议。人民法院应当在收到复议申请后十日内审查。裁定正确的，驳回当事人的申请；裁定不当的，变更或者撤销原裁定。

第一百七十二条 利害关系人对保全或者先予执行的裁定不服申请复议的，由作出裁定的人民法院依照民事诉讼法第一百一十一条规定处理。

第一百七十三条 人民法院先予执行后，根据发生法律效力的判决，申请人应当返还因先予执行所取得的利益的，适用民事诉讼法第二百四十条的规定。

八、对妨害民事诉讼的强制措施

第一百七十四条 民事诉讼法第一百一十二条规定的必须到庭的被告，是指负有赡养、抚育、扶养义务和不到庭就无法查清案情的被告。

人民法院对必须到庭才能查清案件基本事实的原告，经两次传票传唤，无正当理由拒不到庭的，可以拘传。

第一百七十五条 拘传必须用拘传票，并直接送达被拘传人；在拘传前，应当向被拘传人说明拒不到庭的后果，经批评教育仍拒不到庭的，可以拘传其到庭。

第一百七十六条 诉讼参与人或者其他人有下列行为之一的，人民法院可以适用民事诉讼法第一百一十三条规定处理：

（一）未经准许进行录音、录像、摄影的；

（二）未经准许以移动通信等方式现场传播审判活动的；

（三）其他扰乱法庭秩序，妨害审判活动进行的。

有前款规定情形的，人民法院可以暂扣诉讼参与人或者其他人进行录音、录像、摄影、传播审判活动的器材，并责令其删除有关内容；拒不删除的，人民法院可以采取必要手段强制删除。

第一百七十七条 训诫、责令退出法庭由合议庭或者独任审判员决定。训诫的内容、被责令退出法庭者的违法事实应当记入庭审笔录。

第一百七十八条 人民法院依照民事诉讼法第一百一十三条至第一百一十七条的规定采取拘留措施的，应经院长批准，作出拘留决定书，由司法警察将被拘留人送交当地公安机关看管。

第一百七十九条 被拘留人不在本辖区的，作出拘留决定的人民法院应当派员到被拘留人所在地的人民法院，请该院协助执行，受委托的人民法院应当及时派员协助执行。被拘留人申请复议或者在拘留期间承认并改正错误，需要提前解除拘留的，受委托人民法院应当向委托人民法院转达或者提出建议，由委托人民法院审查决定。

第一百八十条 人民法院对被拘留人采取拘留措施后，应当在二十四小时内通知其家属；确实无法按时通知或者通知不到的，应当记录在案。

第一百八十一条 因哄闹、冲击法庭，用暴力、威胁等方法抗拒执行公务等紧急情况，必须立即采取拘留措施的，可在拘留后，立即报告院长补办批准手续。院长认为拘留不当的，应当解除拘留。

第一百八十二条 被拘留人在拘留期间认错悔改的，可以责令其具结悔过，提前解除拘留。提前解除拘留，应报经院长批准，并作出提前解除拘留决定书，交负责看管的公安机关执行。

第一百八十三条 民事诉讼法第一百一十三条至第一百一十六条规定的罚款、拘留可以单独适用，也可以合并适用。

第一百八十四条 对同一妨害民事诉讼行为的罚款、拘留不得连续适用。发生新的妨害民事诉讼行为的，人民法院可以重新予以罚款、拘留。

第一百八十五条 被罚款、拘留的人不服罚款、拘留决定申请复议的，应当自收到决定书之日起三日内提出。上级人民法院应当在收到复议申请后五日内作出决定，并将复议结果通知下级人民法院和当事人。

第一百八十六条 上级人民法院复议时认为强制措施不当的，应当制作决定书，撤销或者变更下级人民法院作出的拘留、罚款决定。情况紧急的，可以在口头通知后三日内发出决定书。

第一百八十七条 民事诉讼法第一百一十四条第一款第五项规定的以暴力、威胁或者其他方法阻碍司法工作人员执行职务的行为，包括：

（一）在人民法院哄闹、滞留，不听从司法工作人员劝阻的；

（二）故意毁损、抢夺人民法院法律文书、查封标志的；

（三）哄闹、冲击执行公务现场，围困、扣押执行或者协助执行公务人员的；

（四）毁损、抢夺、扣留案件材料、执行公务车辆、其他执行公务器械、执行公务人员服装和执行公务证件的；

（五）以暴力、威胁或者其他方法阻碍司法工作人员查询、查封、扣押、冻结、划拨、拍卖、变卖财产的；

（六）以暴力、威胁或者其他方法阻碍司法工作人员执行职务的其他行为。

第一百八十八条 民事诉讼法第一百一十四条第一款第六项规定的拒不履行人民法院已经发生法律效力的判决、裁定的行为，包括：

（一）在法律文书发生法律效力后隐藏、转移、变卖、毁损财产或者无偿转让财产、以明显不合理的价格交易财产、放弃到期债权、无偿为他人提供担保等，致使人民法院无法执行的；

（二）隐藏、转移、毁损或者未经人民法院允许处分已向人民法院提供担保的财产的；

（三）违反人民法院限制高消费令进行消费的；

（四）有履行能力而拒不按照人民法院执行通知履行生效法律文书确定的义务的；

（五）有义务协助执行的个人接到人民法院协助执行通知书后，拒不协助执行的。

第一百八十九条 诉讼参与人或者其他人有下列行为之一的，人民法院可以适用民事诉讼法第一百一十四条的规定处理：

（一）冒充他人提起诉讼或者参加诉讼的；

（二）证人签署保证书后作虚假证言，妨碍人民法院审理案件的；

（三）伪造、隐藏、毁灭或者拒绝交出有关被执行人履行能力的重要证据，妨碍人民法院查明被执行人财产状况的；

（四）擅自解冻已被人民法院冻结的财产的；

（五）接到人民法院协助执行通知书后，给当事人通风报信，协助其转移、隐匿财产的。

第一百九十条　民事诉讼法第一百一十五条规定的他人合法权益，包括案外人的合法权益、国家利益、社会公共利益。

第三人根据民事诉讼法第五十九条第三款规定提起撤销之诉，经审查，原案当事人之间恶意串通进行虚假诉讼的，适用民事诉讼法第一百一十五条规定处理。

第一百九十一条　单位有民事诉讼法第一百一十五条或者第一百一十六条规定行为的，人民法院应当对该单位进行罚款，并可以对其主要负责人或者直接责任人员予以罚款、拘留；构成犯罪的，依法追究刑事责任。

第一百九十二条　有关单位接到人民法院协助执行通知书后，有下列行为之一的，人民法院可以适用民事诉讼法第一百一十七条规定处理：

（一）允许被执行人高消费的；

（二）允许被执行人出境的；

（三）拒不停止办理有关财产权证照转移手续、权属变更登记、规划审批等手续的；

（四）以需要内部请示、内部审批，有内部规定等为由拖延办理的。

第一百九十三条　人民法院对个人或者单位采取罚款措施时，应当根据其实施妨害民事诉讼行为的性质、情节、后果，当地的经济发展水平，以及诉讼标的额等因素，在民事诉讼法第一百一十八条第一款规定的限额内确定相应的罚款金额。

九、诉讼费用

第一百九十四条　依照民事诉讼法第五十七条审理的案件不预交案件受理费，结案后按照诉讼标的额由败诉方交纳。

第一百九十五条　支付令失效后转入诉讼程序的，债权人应当按照《诉讼费用交纳办法》补交案件受理费。

支付令被撤销后，债权人另行起诉的，按照《诉讼费用交纳办法》交纳诉讼费用。

第一百九十六条 人民法院改变原判决、裁定、调解结果的，应当在裁判文书中对原审诉讼费用的负担一并作出处理。

第一百九十七条 诉讼标的物是证券的，按照证券交易规则并根据当事人起诉之日前最后一个交易日的收盘价、当日的市场价或者其载明的金额计算诉讼标的金额。

第一百九十八条 诉讼标的物是房屋、土地、林木、车辆、船舶、文物等特定物或者知识产权，起诉时价值难以确定的，人民法院应当向原告释明主张过高或者过低的诉讼风险，以原告主张的价值确定诉讼标的金额。

第一百九十九条 适用简易程序审理的案件转为普通程序的，原告自接到人民法院交纳诉讼费用通知之日起七日内补交案件受理费。

原告无正当理由未按期足额补交的，按撤诉处理，已经收取的诉讼费用退还一半。

第二百条 破产程序中有关债务人的民事诉讼案件，按照财产案件标准交纳诉讼费，但劳动争议案件除外。

第二百零一条 既有财产性诉讼请求，又有非财产性诉讼请求的，按照财产性诉讼请求的标准交纳诉讼费。

有多个财产性诉讼请求的，合并计算交纳诉讼费；诉讼请求中有多个非财产性诉讼请求的，按一件交纳诉讼费。

第二百零二条 原告、被告、第三人分别上诉的，按照上诉请求分别预交二审案件受理费。

同一方多人共同上诉的，只预交一份二审案件受理费；分别上诉的，按照上诉请求分别预交二审案件受理费。

第二百零三条 承担连带责任的当事人败诉的，应当共同负担诉讼费用。

第二百零四条 实现担保物权案件，人民法院裁定拍卖、变卖担保财产的，申请费由债务人、担保人负担；人民法院裁定驳回申请的，申请费由申请人负担。

申请人另行起诉的，其已经交纳的申请费可以从案件受理费中扣除。

第二百零五条 拍卖、变卖担保财产的裁定作出后，人民法院强制执行的，按照执行金额收取执行申请费。

第二百零六条 人民法院决定减半收取案件受理费的，只能减半一次。

第二百零七条 判决生效后，胜诉方预交但不应负担的诉讼费用，人民法院应当退还，由败诉方向人民法院交纳，但胜诉方自愿承担或者同意败诉方直接向其支付的除外。

当事人拒不交纳诉讼费用的，人民法院可以强制执行。

十、第一审普通程序

第二百零八条 人民法院接到当事人提交的民事起诉状时，对符合民事诉讼法第一百二十二条的规定，且不属于第一百二十七条规定情形的，应当登记立案；对当场不能判定是否符合起诉条件的，应当接收起诉材料，并出具注明收到日期的书面凭证。

需要补充必要相关材料的，人民法院应当及时告知当事人。在补齐相关材料后，应当在七日内决定是否立案。

立案后发现不符合起诉条件或者属于民事诉讼法第一百二十七条规定情形的，裁定驳回起诉。

第二百零九条 原告提供被告的姓名或者名称、住所等信息具体明确，足以使被告与他人相区别的，可以认定为有明确的被告。

起诉状列写被告信息不足以认定明确的被告的，人民法院可以告知原告补正。原告补正后仍不能确定明确的被告的，人民法院裁定不予受理。

第二百一十条 原告在起诉状中有谩骂和人身攻击之辞的，人民法院应当告知其修改后提起诉讼。

第二百一十一条 对本院没有管辖权的案件，告知原告向有管辖权的人民法院起诉；原告坚持起诉的，裁定不予受理；立案后发现本院没有管辖权的，应当将案件移送有管辖权的人民法院。

第二百一十二条 裁定不予受理、驳回起诉的案件，原告再次起诉，符合起诉条件且不属于民事诉讼法第一百二十七条规定情形的，人民法院应予受理。

第二百一十三条 原告应当预交而未预交案件受理费，人民法院应当通知其预交，通知后仍不预交或者申请减、缓、免未获批准而仍不预交的，裁定按撤诉处理。

第二百一十四条 原告撤诉或者人民法院按撤诉处理后，原告以同一诉讼请求再次起诉的，人民法院应予受理。

原告撤诉或者按撤诉处理的离婚案件，没有新情况、新理由，六个月内又起诉的，比照民事诉讼法第一百二十七条第七项的规定不予受理。

第二百一十五条 依照民事诉讼法第一百二十七条第二项的规定，当事人在书面合同中订有仲裁条款，或者在发生纠纷后达成书面仲裁协议，一方向人民法院起诉的，人民法院应当告知原告向仲裁机构申请仲裁，其坚持起诉的，裁定不予受理，但仲裁条款或者仲裁协议不成立、无效、失效、内容不明确无法执行的除外。

第二百一十六条 在人民法院首次开庭前，被告以有书面仲裁协议为由对受理民事案件提出异议的，人民法院应当进行审查。

经审查符合下列情形之一的，人民法院应当裁定驳回起诉：

（一）仲裁机构或者人民法院已经确认仲裁协议有效的；

（二）当事人没有在仲裁庭首次开庭前对仲裁协议的效力提出异议的；

（三）仲裁协议符合仲裁法第十六条规定且不具有仲裁法第十七条规定情形的。

第二百一十七条 夫妻一方下落不明，另一方诉至人民法院，只要求离婚，不申请宣告下落不明人失踪或者死亡的案件，人民法院应当受理，对下落不明人公告送达诉讼文书。

第二百一十八条 赡养费、扶养费、抚养费案件，裁判发生法律效力后，因新情况、新理由，一方当事人再行起诉要求增加或者减少费用的，人民法院应作为新案受理。

第二百一十九条 当事人超过诉讼时效期间起诉的，人民法院应予受理。受理后对方当事人提出诉讼时效抗辩，人民法院经审理认为抗辩事由成立的，判决驳回原告的诉讼请求。

第二百二十条 民事诉讼法第七十一条、第一百三十七条、第一百五十九条规定的商业秘密，是指生产工艺、配方、贸易联系、购销渠道等当事人不愿公开的技术秘密、商业情报及信息。

第二百二十一条 基于同一事实发生的纠纷，当事人分别向同一人民法院起诉的，人民法院可以合并审理。

第二百二十二条 原告在起诉状中直接列写第三人的，视为其申请人民法院追加该第三人参加诉讼。是否通知第三人参加诉讼，由人民法院审查决定。

第二百二十三条 当事人在提交答辩状期间提出管辖异议，又针对起诉状的内容进行答辩的，人民法院应当依照民事诉讼法第一百三十条第一款的规定，对管辖异议进行审查。

当事人未提出管辖异议，就案件实体内容进行答辩、陈述或者反诉的，可以认定为民事诉讼法第一百三十条第二款规定的应诉答辩。

第二百二十四条　依照民事诉讼法第一百三十六条第四项规定，人民法院可以在答辩期届满后，通过组织证据交换、召集庭前会议等方式，作好审理前的准备。

第二百二十五条　根据案件具体情况，庭前会议可以包括下列内容：

（一）明确原告的诉讼请求和被告的答辩意见；

（二）审查处理当事人增加、变更诉讼请求的申请和提出的反诉，以及第三人提出的与本案有关的诉讼请求；

（三）根据当事人的申请决定调查收集证据，委托鉴定，要求当事人提供证据，进行勘验，进行证据保全；

（四）组织交换证据；

（五）归纳争议焦点；

（六）进行调解。

第二百二十六条　人民法院应当根据当事人的诉讼请求、答辩意见以及证据交换的情况，归纳争议焦点，并就归纳的争议焦点征求当事人的意见。

第二百二十七条　人民法院适用普通程序审理案件，应当在开庭三日前用传票传唤当事人。对诉讼代理人、证人、鉴定人、勘验人、翻译人员应当用通知书通知其到庭。当事人或者其他诉讼参与人在外地的，应当留有必要的在途时间。

第二百二十八条　法庭审理应当围绕当事人争议的事实、证据和法律适用等焦点问题进行。

第二百二十九条　当事人在庭审中对其在审理前的准备阶段认可的事实和证据提出不同意见的，人民法院应当责令其说明理由。必要时，可以责令其提供相应证据。人民法院应当结合当事人的诉讼能力、证据和案件的具体情况进行审查。理由成立的，可以列入争议焦点进行审理。

第二百三十条　人民法院根据案件具体情况并征得当事人同意，可以将法庭调查和法庭辩论合并进行。

第二百三十一条　当事人在法庭上提出新的证据的，人民法院应当依照民事诉讼法第六十八条第二款规定和本解释相关规定处理。

第二百三十二条　在案件受理后，法庭辩论结束前，原告增加诉讼请求，被告提出反诉，第三人提出与本案有关的诉讼请求，可以合并审理的，人民法院应当合并审理。

第二百三十三条　反诉的当事人应当限于本诉的当事人的范围。

反诉与本诉的诉讼请求基于相同法律关系、诉讼请求之间具有因果关系，或者反诉与本诉的诉讼请求基于相同事实的，人民法院应当合并审理。

反诉应由其他人民法院专属管辖，或者与本诉的诉讼标的及诉讼请求所依据的事实、理由无关联的，裁定不予受理，告知另行起诉。

第二百三十四条 无民事行为能力人的离婚诉讼，当事人的法定代理人应当到庭；法定代理人不能到庭的，人民法院应当在查清事实的基础上，依法作出判决。

第二百三十五条 无民事行为能力的当事人的法定代理人，经传票传唤无正当理由拒不到庭，属于原告方的，比照民事诉讼法第一百四十六条的规定，按撤诉处理；属于被告方的，比照民事诉讼法第一百四十七条的规定，缺席判决。必要时，人民法院可以拘传其到庭。

第二百三十六条 有独立请求权的第三人经人民法院传票传唤，无正当理由拒不到庭的，或者未经法庭许可中途退庭的，比照民事诉讼法第一百四十六条的规定，按撤诉处理。

第二百三十七条 有独立请求权的第三人参加诉讼后，原告申请撤诉，人民法院在准许原告撤诉后，有独立请求权的第三人作为另案原告，原案原告、被告作为另案被告，诉讼继续进行。

第二百三十八条 当事人申请撤诉或者依法可以按撤诉处理的案件，如果当事人有违反法律的行为需要依法处理的，人民法院可以不准许撤诉或者不按撤诉处理。

法庭辩论终结后原告申请撤诉，被告不同意的，人民法院可以不予准许。

第二百三十九条 人民法院准许本诉原告撤诉的，应当对反诉继续审理；被告申请撤回反诉的，人民法院应予准许。

第二百四十条 无独立请求权的第三人经人民法院传票传唤，无正当理由拒不到庭，或者未经法庭许可中途退庭的，不影响案件的审理。

第二百四十一条 被告经传票传唤无正当理由拒不到庭，或者未经法庭许可中途退庭的，人民法院应当按期开庭或者继续开庭审理，对到庭的当事人诉讼请求、双方的诉辩理由以及已经提交的证据及其他诉讼材料进行审理后，可以依法缺席判决。

第二百四十二条 一审宣判后，原审人民法院发现判决有错误，当事人在上诉期内提出上诉的，原审人民法院可以提出原判决有错误的意见，报送第二审人民法院，由第二审人民法院按照第二审程序进行审理；当事人不上诉的，按照审判监督程序处理。

第二百四十三条　民事诉讼法第一百五十二条规定的审限，是指从立案之日起至裁判宣告、调解书送达之日止的期间，但公告期间、鉴定期间、双方当事人和解期间、审理当事人提出的管辖异议以及处理人民法院之间的管辖争议期间不应计算在内。

第二百四十四条　可以上诉的判决书、裁定书不能同时送达双方当事人的，上诉期从各自收到判决书、裁定书之日计算。

第二百四十五条　民事诉讼法第一百五十七条第一款第七项规定的笔误是指法律文书误写、误算，诉讼费用漏写、误算和其他笔误。

第二百四十六条　裁定中止诉讼的原因消除，恢复诉讼程序时，不必撤销原裁定，从人民法院通知或者准许当事人双方继续进行诉讼时起，中止诉讼的裁定即失去效力。

第二百四十七条　当事人就已经提起诉讼的事项在诉讼过程中或者裁判生效后再次起诉，同时符合下列条件的，构成重复起诉：

（一）后诉与前诉的当事人相同；

（二）后诉与前诉的诉讼标的相同；

（三）后诉与前诉的诉讼请求相同，或者后诉的诉讼请求实质上否定前诉裁判结果。

当事人重复起诉的，裁定不予受理；已经受理的，裁定驳回起诉，但法律、司法解释另有规定的除外。

第二百四十八条　裁判发生法律效力后，发生新的事实，当事人再次提起诉讼的，人民法院应当依法受理。

第二百四十九条　在诉讼中，争议的民事权利义务转移的，不影响当事人的诉讼主体资格和诉讼地位。人民法院作出的发生法律效力的判决、裁定对受让人具有拘束力。

受让人申请以无独立请求权的第三人身份参加诉讼的，人民法院可予准许。受让人申请替代当事人承担诉讼的，人民法院可以根据案件的具体情况决定是否准许；不予准许的，可以追加其为无独立请求权的第三人。

第二百五十条　依照本解释第二百四十九条规定，人民法院准许受让人替代当事人承担诉讼的，裁定变更当事人。

变更当事人后，诉讼程序以受让人为当事人继续进行，原当事人应当退出诉讼。原当事人已经完成的诉讼行为对受让人具有拘束力。

第二百五十一条　二审裁定撤销一审判决发回重审的案件，当事人申请变更、增加诉讼请求或者提出反诉，第三人提出与本案有关的诉讼请求的，依照民事诉讼法第一百四十三条规定处理。

第二百五十二条 再审裁定撤销原判决、裁定发回重审的案件，当事人申请变更、增加诉讼请求或者提出反诉，符合下列情形之一的，人民法院应当准许：

（一）原审未合法传唤缺席判决，影响当事人行使诉讼权利的；

（二）追加新的诉讼当事人的；

（三）诉讼标的物灭失或者发生变化致使原诉讼请求无法实现的；

（四）当事人申请变更、增加的诉讼请求或者提出的反诉，无法通过另诉解决的。

第二百五十三条 当庭宣判的案件，除当事人当庭要求邮寄发送裁判文书的外，人民法院应当告知当事人或者诉讼代理人领取裁判文书的时间和地点以及逾期不领取的法律后果。上述情况，应当记入笔录。

第二百五十四条 公民、法人或者其他组织申请查阅发生法律效力的判决书、裁定书的，应当向作出该生效裁判的人民法院提出。申请应当以书面形式提出，并提供具体的案号或者当事人姓名、名称。

第二百五十五条 对于查阅判决书、裁定书的申请，人民法院根据下列情形分别处理：

（一）判决书、裁定书已经通过信息网络向社会公开的，应当引导申请人自行查阅；

（二）判决书、裁定书未通过信息网络向社会公开，且申请符合要求的，应当及时提供便捷的查阅服务；

（三）判决书、裁定书尚未发生法律效力，或者已失去法律效力的，不提供查阅并告知申请人；

（四）发生法律效力的判决书、裁定书不是本院作出的，应当告知申请人向作出生效裁判的人民法院申请查阅；

（五）申请查阅的内容涉及国家秘密、商业秘密、个人隐私的，不予准许并告知申请人。

十一、简易程序

第二百五十六条 民事诉讼法第一百六十条规定的简单民事案件中的事实清楚，是指当事人对争议的事实陈述基本一致，并能提供相应的证据，无须人民法院调查收集证据即可查明事实；权利义务关系明确是指能明确区分谁是责任的承担者，谁是权利的享有者；争议不大是指当事人对案件的是非、责任承担以及诉讼标的争执无原则分歧。

第二百五十七条　下列案件，不适用简易程序：

（一）起诉时被告下落不明的；

（二）发回重审的；

（三）当事人一方人数众多的；

（四）适用审判监督程序的；

（五）涉及国家利益、社会公共利益的；

（六）第三人起诉请求改变或者撤销生效判决、裁定、调解书的；

（七）其他不宜适用简易程序的案件。

第二百五十八条　适用简易程序审理的案件，审理期限到期后，有特殊情况需要延长的，经本院院长批准，可以延长审理期限。延长后的审理期限累计不得超过四个月。

人民法院发现案件不宜适用简易程序，需要转为普通程序审理的，应当在审理期限届满前作出裁定并将审判人员及相关事项书面通知双方当事人。

案件转为普通程序审理的，审理期限自人民法院立案之日计算。

第二百五十九条　当事人双方可就开庭方式向人民法院提出申请，由人民法院决定是否准许。经当事人双方同意，可以采用视听传输技术等方式开庭。

第二百六十条　已经按照普通程序审理的案件，在开庭后不得转为简易程序审理。

第二百六十一条　适用简易程序审理案件，人民法院可以依照民事诉讼法第九十条、第一百六十二条的规定采取捎口信、电话、短信、传真、电子邮件等简便方式传唤双方当事人、通知证人和送达诉讼文书。

以简便方式送达的开庭通知，未经当事人确认或者没有其他证据证明当事人已经收到的，人民法院不得缺席判决。

适用简易程序审理案件，由审判员独任审判，书记员担任记录。

第二百六十二条　人民法庭制作的判决书、裁定书、调解书，必须加盖基层人民法院印章，不得用人民法庭的印章代替基层人民法院的印章。

第二百六十三条　适用简易程序审理案件，卷宗中应当具备以下材料：

（一）起诉状或者口头起诉笔录；

（二）答辩状或者口头答辩笔录；

（三）当事人身份证明材料；

（四）委托他人代理诉讼的授权委托书或者口头委托笔录；

（五）证据；

（六）询问当事人笔录；

（七）审理（包括调解）笔录；

（八）判决书、裁定书、调解书或者调解协议；

（九）送达和宣判笔录；

（十）执行情况；

（十一）诉讼费收据；

（十二）适用民事诉讼法第一百六十五条规定审理的，有关程序适用的书面告知。

第二百六十四条 当事人双方根据民事诉讼法第一百六十条第二款规定约定适用简易程序的，应当在开庭前提出。口头提出的，记入笔录，由双方当事人签名或者捺印确认。

本解释第二百五十七条规定的案件，当事人约定适用简易程序的，人民法院不予准许。

第二百六十五条 原告口头起诉的，人民法院应当将当事人的姓名、性别、工作单位、住所、联系方式等基本信息，诉讼请求，事实及理由等准确记入笔录，由原告核对无误后签名或者捺印。对当事人提交的证据材料，应当出具收据。

第二百六十六条 适用简易程序案件的举证期限由人民法院确定，也可以由当事人协商一致并经人民法院准许，但不得超过十五日。被告要求书面答辩的，人民法院可在征得其同意的基础上，合理确定答辩期间。

人民法院应当将举证期限和开庭日期告知双方当事人，并向当事人说明逾期举证以及拒不到庭的法律后果，由双方当事人在笔录和开庭传票的送达回证上签名或者捺印。

当事人双方均表示不需要举证期限、答辩期间的，人民法院可以立即开庭审理或者确定开庭日期。

第二百六十七条 适用简易程序审理案件，可以简便方式进行审理前的准备。

第二百六十八条 对没有委托律师、基层法律服务工作者代理诉讼的当事人，人民法院在庭审过程中可以对回避、自认、举证证明责任等相关内容向其作必要的解释或者说明，并在庭审过程中适当提示当事人正确行使诉讼权利、履行诉讼义务。

第二百六十九条 当事人就案件适用简易程序提出异议，人民法院经审查，异议成立的，裁定转为普通程序；异议不成立的，裁定驳回。裁定以口头方式作出的，应当记入笔录。

转为普通程序的，人民法院应当将审判人员及相关事项以书面形式通知双方当事人。

转为普通程序前，双方当事人已确认的事实，可以不再进行举证、质证。

第二百七十条 适用简易程序审理的案件，有下列情形之一的，人民法院在制作判决书、裁定书、调解书时，对认定事实或者裁判理由部分可以适当简化：

（一）当事人达成调解协议并需要制作民事调解书的；

（二）一方当事人明确表示承认对方全部或者部分诉讼请求的；

（三）涉及商业秘密、个人隐私的案件，当事人一方要求简化裁判文书中的相关内容，人民法院认为理由正当的；

（四）当事人双方同意简化的。

十二、简易程序中的小额诉讼

第二百七十一条 人民法院审理小额诉讼案件，适用民事诉讼法第一百六十五条的规定，实行一审终审。

第二百七十二条 民事诉讼法第一百六十五条规定的各省、自治区、直辖市上年度就业人员年平均工资，是指已经公布的各省、自治区、直辖市上一年度就业人员年平均工资。在上一年度就业人员年平均工资公布前，以已经公布的最近年度就业人员年平均工资为准。

第二百七十三条 海事法院可以适用小额诉讼的程序审理海事、海商案件。案件标的额应当以实际受理案件的海事法院或者其派出法庭所在的省、自治区、直辖市上年度就业人员年平均工资为基数计算。

第二百七十四条 人民法院受理小额诉讼案件，应当向当事人告知该类案件的审判组织、一审终审、审理期限、诉讼费用交纳标准等相关事项。

第二百七十五条 小额诉讼案件的举证期限由人民法院确定，也可以由当事人协商一致并经人民法院准许，但一般不超过七日。

被告要求书面答辩的，人民法院可以在征得其同意的基础上合理确定答辩期间，但最长不得超过十五日。

当事人到庭后表示不需要举证期限和答辩期间的，人民法院可立即开庭审理。

第二百七十六条 当事人对小额诉讼案件提出管辖异议的，人民法院应当作出裁定。裁定一经作出即生效。

第二百七十七条 人民法院受理小额诉讼案件后，发现起诉不符合民事诉讼法第一百二十二条规定的起诉条件的，裁定驳回起诉。裁定一经作出即生效。

第二百七十八条 因当事人申请增加或者变更诉讼请求、提出反诉、追加当事人等，致使案件不符合小额诉讼案件条件的，应当适用简易程序的其他规定审理。

前款规定案件，应当适用普通程序审理的，裁定转为普通程序。

适用简易程序的其他规定或者普通程序审理前，双方当事人已确认的事实，可以不再进行举证、质证。

第二百七十九条 当事人对按照小额诉讼案件审理有异议的，应当在开庭前提出。人民法院经审查，异议成立的，适用简易程序的其他规定审理或者裁定转为普通程序；异议不成立的，裁定驳回。裁定以口头方式作出的，应当记入笔录。

第二百八十条 小额诉讼案件的裁判文书可以简化，主要记载当事人基本信息、诉讼请求、裁判主文等内容。

第二百八十一条 人民法院审理小额诉讼案件，本解释没有规定的，适用简易程序的其他规定。

十三、公益诉讼

第二百八十二条 环境保护法、消费者权益保护法等法律规定的机关和有关组织对污染环境、侵害众多消费者合法权益等损害社会公共利益的行为，根据民事诉讼法第五十八条规定提起公益诉讼，符合下列条件的，人民法院应当受理：

（一）有明确的被告；

（二）有具体的诉讼请求；

（三）有社会公共利益受到损害的初步证据；

（四）属于人民法院受理民事诉讼的范围和受诉人民法院管辖。

第二百八十三条 公益诉讼案件由侵权行为地或者被告住所地中级人民法院管辖，但法律、司法解释另有规定的除外。

因污染海洋环境提起的公益诉讼，由污染发生地、损害结果地或者采取预防污染措施地海事法院管辖。

对同一侵权行为分别向两个以上人民法院提起公益诉讼的，由最先立案的人民法院管辖，必要时由它们的共同上级人民法院指定管辖。

第二百八十四条 人民法院受理公益诉讼案件后，应当在十日内书面告知相关行政主管部门。

第二百八十五条 人民法院受理公益诉讼案件后，依法可以提起诉讼的其他机关和有关组织，可以在开庭前向人民法院申请参加诉讼。人民法院准许参加诉讼的，列为共同原告。

第二百八十六条 人民法院受理公益诉讼案件，不影响同一侵权行为的受害人根据民事诉讼法第一百二十二条规定提起诉讼。

第二百八十七条 对公益诉讼案件，当事人可以和解，人民法院可以调解。

当事人达成和解或者调解协议后，人民法院应当将和解或者调解协议进行公告。公告期间不得少于三十日。

公告期满后，人民法院经审查，和解或者调解协议不违反社会公共利益的，应当出具调解书；和解或者调解协议违反社会公共利益的，不予出具调解书，继续对案件进行审理并依法作出裁判。

第二百八十八条 公益诉讼案件的原告在法庭辩论终结后申请撤诉的，人民法院不予准许。

第二百八十九条 公益诉讼案件的裁判发生法律效力后，其他依法具有原告资格的机关和有关组织就同一侵权行为另行提起公益诉讼的，人民法院裁定不予受理，但法律、司法解释另有规定的除外。

十四、第三人撤销之诉

第二百九十条 第三人对已经发生法律效力的判决、裁定、调解书提起撤销之诉的，应当自知道或者应当知道其民事权益受到损害之日起六个月内，向作出生效判决、裁定、调解书的人民法院提出，并应当提供存在下列情形的证据材料：

（一）因不能归责于本人的事由未参加诉讼；

（二）发生法律效力的判决、裁定、调解书的全部或者部分内容错误；

（三）发生法律效力的判决、裁定、调解书内容错误损害其民事权益。

第二百九十一条 人民法院应当在收到起诉状和证据材料之日起五日内送交对方当事人，对方当事人可以自收到起诉状之日起十日内提出书面意见。

人民法院应当对第三人提交的起诉状、证据材料以及对方当事人的书面意见进行审查。必要时，可以询问双方当事人。

经审查，符合起诉条件的，人民法院应当在收到起诉状之日起三十日内立案。不符合起诉条件的，应当在收到起诉状之日起三十日内裁定不予受理。

第二百九十二条 人民法院对第三人撤销之诉案件，应当组成合议庭开庭审理。

第二百九十三条 民事诉讼法第五十九条第三款规定的因不能归责于本人的事由未参加诉讼，是指没有被列为生效判决、裁定、调解书当事人，且无过错或者无明显过错的情形。包括：

（一）不知道诉讼而未参加的；

（二）申请参加未获准许的；

（三）知道诉讼，但因客观原因无法参加的；

（四）因其他不能归责于本人的事由未参加诉讼的。

第二百九十四条 民事诉讼法第五十九条第三款规定的判决、裁定、调解书的部分或者全部内容，是指判决、裁定的主文，调解书中处理当事人民事权利义务的结果。

第二百九十五条 对下列情形提起第三人撤销之诉的，人民法院不予受理：

（一）适用特别程序、督促程序、公示催告程序、破产程序等非讼程序处理的案件；

（二）婚姻无效、撤销或者解除婚姻关系等判决、裁定、调解书中涉及身份关系的内容；

（三）民事诉讼法第五十七条规定的未参加登记的权利人对代表人诉讼案件的生效裁判；

（四）民事诉讼法第五十八条规定的损害社会公共利益行为的受害人对公益诉讼案件的生效裁判。

第二百九十六条 第三人提起撤销之诉，人民法院应当将该第三人列为原告，生效判决、裁定、调解书的当事人列为被告，但生效判决、裁定、调解书中没有承担责任的无独立请求权的第三人列为第三人。

第二百九十七条 受理第三人撤销之诉案件后，原告提供相应担保，请求中止执行的，人民法院可以准许。

第二百九十八条 对第三人撤销或者部分撤销发生法律效力的判决、裁定、调解书内容的请求，人民法院经审理，按下列情形分别处理：

（一）请求成立且确认其民事权利的主张全部或部分成立的，改变原判决、裁定、调解书内容的错误部分；

（二）请求成立，但确认其全部或部分民事权利的主张不成立，或者未提出确认其民事权利请求的，撤销原判决、裁定、调解书内容的错误部分；

（三）请求不成立的，驳回诉讼请求。

对前款规定裁判不服的，当事人可以上诉。

原判决、裁定、调解书的内容未改变或者未撤销的部分继续有效。

第二百九十九条 第三人撤销之诉案件审理期间，人民法院对生效判决、裁定、调解书裁定再审的，受理第三人撤销之诉的人民法院应当裁定将第三人的诉讼请求并入再审程序。但有证据证明原审当事人之间恶意串通损害第三人合法权益的，人民法院应当先行审理第三人撤销之诉案件，裁定中止再审诉讼。

第三百条 第三人诉讼请求并入再审程序审理的，按照下列情形分别处理：

（一）按照第一审程序审理的，人民法院应当对第三人的诉讼请求一并审理，所作的判决可以上诉；

（二）按照第二审程序审理的，人民法院可以调解，调解达不成协议的，应当裁定撤销原判决、裁定、调解书，发回一审法院重审，重审时应当列明第三人。

第三百零一条 第三人提起撤销之诉后，未中止生效判决、裁定、调解书执行的，执行法院对第三人依照民事诉讼法第二百三十四条规定提出的执行异议，应予审查。第三人不服驳回执行异议裁定，申请对原判决、裁定、调解书再审的，人民法院不予受理。

案外人对人民法院驳回其执行异议裁定不服，认为原判决、裁定、调解书内容错误损害其合法权益的，应当根据民事诉讼法第二百三十四条规定申请再审，提起第三人撤销之诉的，人民法院不予受理。

十五、执行异议之诉

第三百零二条 根据民事诉讼法第二百三十四条规定，案外人、当事人对执行异议裁定不服，自裁定送达之日起十五日内向人民法院提起执行异议之诉的，由执行法院管辖。

第三百零三条 案外人提起执行异议之诉，除符合民事诉讼法第一百二十二条规定外，还应当具备下列条件：

（一）案外人的执行异议申请已经被人民法院裁定驳回；

（二）有明确的排除对执行标的执行的诉讼请求，且诉讼请求与原判决、裁定无关；

（三）自执行异议裁定送达之日起十五日内提起。

人民法院应当在收到起诉状之日起十五日内决定是否立案。

第三百零四条 申请执行人提起执行异议之诉，除符合民事诉讼法第一百二十二条规定外，还应当具备下列条件：

（一）依案外人执行异议申请，人民法院裁定中止执行；

（二）有明确的对执行标的继续执行的诉讼请求，且诉讼请求与原判决、裁定无关；

（三）自执行异议裁定送达之日起十五日内提起。

人民法院应当在收到起诉状之日起十五日内决定是否立案。

第三百零五条 案外人提起执行异议之诉的，以申请执行人为被告。被执行人反对案外人异议的，被执行人为共同被告；被执行人不反对案外人异议的，可以列被执行人为第三人。

第三百零六条 申请执行人提起执行异议之诉的，以案外人为被告。被执行人反对申请执行人主张的，以案外人和被执行人为共同被告；被执行人不反对申请执行人主张的，可以列被执行人为第三人。

第三百零七条 申请执行人对中止执行裁定未提起执行异议之诉，被执行人提起执行异议之诉的，人民法院告知其另行起诉。

第三百零八条 人民法院审理执行异议之诉案件，适用普通程序。

第三百零九条 案外人或者申请执行人提起执行异议之诉的，案外人应当就其对执行标的享有足以排除强制执行的民事权益承担举证证明责任。

第三百一十条 对案外人提起的执行异议之诉，人民法院经审理，按照下列情形分别处理：

（一）案外人就执行标的享有足以排除强制执行的民事权益的，判决不得执行该执行标的；

（二）案外人就执行标的不享有足以排除强制执行的民事权益的，判决驳回诉讼请求。

案外人同时提出确认其权利的诉讼请求的，人民法院可以在判决中一并作出裁判。

第三百一十一条 对申请执行人提起的执行异议之诉，人民法院经审理，按照下列情形分别处理：

（一）案外人就执行标的不享有足以排除强制执行的民事权益的，判决准许执行该执行标的；

（二）案外人就执行标的享有足以排除强制执行的民事权益的，判决驳回诉讼请求。

第三百一十二条　对案外人执行异议之诉，人民法院判决不得对执行标的执行的，执行异议裁定失效。

对申请执行人执行异议之诉，人民法院判决准许对该执行标的执行的，执行异议裁定失效，执行法院可以根据申请执行人的申请或者依职权恢复执行。

第三百一十三条　案外人执行异议之诉审理期间，人民法院不得对执行标的进行处分。申请执行人请求人民法院继续执行并提供相应担保的，人民法院可以准许。

被执行人与案外人恶意串通，通过执行异议、执行异议之诉妨害执行的，人民法院应当依照民事诉讼法第一百一十六条规定处理。申请执行人因此受到损害的，可以提起诉讼要求被执行人、案外人赔偿。

第三百一十四条　人民法院对执行标的裁定中止执行后，申请执行人在法律规定的期间内未提起执行异议之诉的，人民法院应当自起诉期限届满之日起七日内解除对该执行标的采取的执行措施。

十六、第二审程序

第三百一十五条　双方当事人和第三人都提起上诉的，均列为上诉人。人民法院可以依职权确定第二审程序中当事人的诉讼地位。

第三百一十六条　民事诉讼法第一百七十三条、第一百七十四条规定的对方当事人包括被上诉人和原审其他当事人。

第三百一十七条　必要共同诉讼人的一人或者部分人提起上诉的，按下列情形分别处理：

（一）上诉仅对与对方当事人之间权利义务分担有意见，不涉及其他共同诉讼人利益的，对方当事人为被上诉人，未上诉的同一方当事人依原审诉讼地位列明；

（二）上诉仅对共同诉讼人之间权利义务分担有意见，不涉及对方当事人利益的，未上诉的同一方当事人为被上诉人，对方当事人依原审诉讼地位列明；

（三）上诉对双方当事人之间以及共同诉讼人之间权利义务承担有意见的，未提起上诉的其他当事人均为被上诉人。

第三百一十八条 一审宣判时或者判决书、裁定书送达时，当事人口头表示上诉的，人民法院应告知其必须在法定上诉期间内递交上诉状。未在法定上诉期间内递交上诉状的，视为未提起上诉。虽递交上诉状，但未在指定的期限内交纳上诉费的，按自动撤回上诉处理。

第三百一十九条 无民事行为能力人、限制民事行为能力人的法定代理人，可以代理当事人提起上诉。

第三百二十条 上诉案件的当事人死亡或者终止的，人民法院依法通知其权利义务承继者参加诉讼。

需要终结诉讼的，适用民事诉讼法第一百五十四条规定。

第三百二十一条 第二审人民法院应当围绕当事人的上诉请求进行审理。

当事人没有提出请求的，不予审理，但一审判决违反法律禁止性规定，或者损害国家利益、社会公共利益、他人合法权益的除外。

第三百二十二条 开庭审理的上诉案件，第二审人民法院可以依照民事诉讼法第一百三十六条第四项规定进行审理前的准备。

第三百二十三条 下列情形，可以认定为民事诉讼法第一百七十七条第一款第四项规定的严重违反法定程序：

（一）审判组织的组成不合法的；

（二）应当回避的审判人员未回避的；

（三）无诉讼行为能力人未经法定代理人代为诉讼的；

（四）违法剥夺当事人辩论权利的。

第三百二十四条 对当事人在第一审程序中已经提出的诉讼请求，原审人民法院未作审理、判决的，第二审人民法院可以根据当事人自愿的原则进行调解；调解不成的，发回重审。

第三百二十五条 必须参加诉讼的当事人或者有独立请求权的第三人，在第一审程序中未参加诉讼，第二审人民法院可以根据当事人自愿的原则予以调解；调解不成的，发回重审。

第三百二十六条 在第二审程序中，原审原告增加独立的诉讼请求或者原审被告提出反诉的，第二审人民法院可以根据当事人自愿的原则就新增加的诉讼请求或者反诉进行调解；调解不成的，告知当事人另行起诉。

双方当事人同意由第二审人民法院一并审理的，第二审人民法院可以一并裁判。

第三百二十七条 一审判决不准离婚的案件，上诉后，第二审人民法院认为应当判决离婚的，可以根据当事人自愿的原则，与子女抚养、财产问题一并调解；调解不成的，发回重审。

双方当事人同意由第二审人民法院一并审理的，第二审人民法院可以一并裁判。

第三百二十八条 人民法院依照第二审程序审理案件，认为依法不应由人民法院受理的，可以由第二审人民法院直接裁定撤销原裁判，驳回起诉。

第三百二十九条 人民法院依照第二审程序审理案件，认为第一审人民法院受理案件违反专属管辖规定的，应当裁定撤销原裁判并移送有管辖权的人民法院。

第三百三十条 第二审人民法院查明第一审人民法院作出的不予受理裁定有错误的，应当在撤销原裁定的同时，指令第一审人民法院立案受理；查明第一审人民法院作出的驳回起诉裁定有错误的，应当在撤销原裁定的同时，指令第一审人民法院审理。

第三百三十一条 第二审人民法院对下列上诉案件，依照民事诉讼法第一百七十六条规定可以不开庭审理：

（一）不服不予受理、管辖权异议和驳回起诉裁定的；

（二）当事人提出的上诉请求明显不能成立的；

（三）原判决、裁定认定事实清楚，但适用法律错误的；

（四）原判决严重违反法定程序，需要发回重审的。

第三百三十二条 原判决、裁定认定事实或者适用法律虽有瑕疵，但裁判结果正确的，第二审人民法院可以在判决、裁定中纠正瑕疵后，依照民事诉讼法第一百七十七条第一款第一项规定予以维持。

第三百三十三条 民事诉讼法第一百七十七条第一款第三项规定的基本事实，是指用以确定当事人主体资格、案件性质、民事权利义务等对原判决、裁定的结果有实质性影响的事实。

第三百三十四条 在第二审程序中，作为当事人的法人或者其他组织分立的，人民法院可以直接将分立后的法人或者其他组织列为共同诉讼人；合并的，将合并后的法人或者其他组织列为当事人。

第三百三十五条 在第二审程序中，当事人申请撤回上诉，人民法院经审查认为一审判决确有错误，或者当事人之间恶意串通损害国家利益、社会公共利益、他人合法权益的，不应准许。

第三百三十六条 在第二审程序中，原审原告申请撤回起诉，经其他当事人同意，且不损害国家利益、社会公共利益、他人合法权益的，人民法院可以准许。准许撤诉的，应当一并裁定撤销一审裁判。

原审原告在第二审程序中撤回起诉后重复起诉的，人民法院不予受理。

第三百三十七条 当事人在第二审程序中达成和解协议的，人民法院可以根据当事人的请求，对双方达成的和解协议进行审查并制作调解书送达当事人；因和解而申请撤诉，经审查符合撤诉条件的，人民法院应予准许。

第三百三十八条 第二审人民法院宣告判决可以自行宣判，也可以委托原审人民法院或者当事人所在地人民法院代行宣判。

第三百三十九条 人民法院审理对裁定的上诉案件，应当在第二审立案之日起三十日内作出终审裁定。有特殊情况需要延长审限的，由本院院长批准。

第三百四十条 当事人在第一审程序中实施的诉讼行为，在第二审程序中对该当事人仍具有拘束力。

当事人推翻其在第一审程序中实施的诉讼行为时，人民法院应当责令其说明理由。理由不成立的，不予支持。

十七、特别程序

第三百四十一条 宣告失踪或者宣告死亡案件，人民法院可以根据申请人的请求，清理下落不明人的财产，并指定案件审理期间的财产管理人。公告期满后，人民法院判决宣告失踪的，应当同时依照民法典第四十二条的规定指定失踪人的财产代管人。

第三百四十二条 失踪人的财产代管人经人民法院指定后，代管人申请变更代管的，比照民事诉讼法特别程序的有关规定进行审理。申请理由成立的，裁定撤销申请人的代管人身份，同时另行指定财产代管人；申请理由不成立的，裁定驳回申请。

失踪人的其他利害关系人申请变更代管的，人民法院应当告知其以原指定的代管人为被告起诉，并按普通程序进行审理。

第三百四十三条 人民法院判决宣告公民失踪后，利害关系人向人民法院申请宣告失踪人死亡，自失踪之日起满四年的，人民法院应当受理，宣告失踪的判决即是该公民失踪的证明，审理中仍应依照民事诉讼法第一百九十二条规定进行公告。

第三百四十四条 符合法律规定的多个利害关系人提出宣告失踪、宣告死亡申请的，列为共同申请人。

第三百四十五条　寻找下落不明人的公告应当记载下列内容：

（一）被申请人应当在规定期间内向受理法院申报其具体地址及其联系方式。否则，被申请人将被宣告失踪、宣告死亡；

（二）凡知悉被申请人生存现状的人，应当在公告期间内将其所知道情况向受理法院报告。

第三百四十六条　人民法院受理宣告失踪、宣告死亡案件后，作出判决前，申请人撤回申请的，人民法院应当裁定终结案件，但其他符合法律规定的利害关系人加入程序要求继续审理的除外。

第三百四十七条　在诉讼中，当事人的利害关系人或者有关组织提出该当事人不能辨认或者不能完全辨认自己的行为，要求宣告该当事人无民事行为能力或者限制民事行为能力的，应由利害关系人或者有关组织向人民法院提出申请，由受诉人民法院按照特别程序立案审理，原诉讼中止。

第三百四十八条　认定财产无主案件，公告期间有人对财产提出请求的，人民法院应当裁定终结特别程序，告知申请人另行起诉，适用普通程序审理。

第三百四十九条　被指定的监护人不服居民委员会、村民委员会或者民政部门指定，应当自接到通知之日起三十日内向人民法院提出异议。经审理，认为指定并无不当的，裁定驳回异议；指定不当的，判决撤销指定，同时另行指定监护人。判决书应当送达异议人、原指定单位及判决指定的监护人。

有关当事人依照民法典第三十一条第一款规定直接向人民法院申请指定监护人的，适用特别程序审理，判决指定监护人。判决书应当送达申请人、判决指定的监护人。

第三百五十条　申请认定公民无民事行为能力或者限制民事行为能力的案件，被申请人没有近亲属的，人民法院可以指定经被申请人住所地的居民委员会、村民委员会或者民政部门同意，且愿意担任代理人的个人或者组织为代理人。

没有前款规定的代理人的，由被申请人住所地的居民委员会、村民委员会或者民政部门担任代理人。

代理人可以是一人，也可以是同一顺序中的两人。

第三百五十一条　申请司法确认调解协议的，双方当事人应当本人或者由符合民事诉讼法第六十一条规定的代理人依照民事诉讼法第二百零一条的规定提出申请。

第三百五十二条 调解组织自行开展的调解，有两个以上调解组织参与的，符合民事诉讼法第二百零一条规定的各调解组织所在地人民法院均有管辖权。

双方当事人可以共同向符合民事诉讼法第二百零一条规定的其中一个有管辖权的人民法院提出申请；双方当事人共同向两个以上有管辖权的人民法院提出申请的，由最先立案的人民法院管辖。

第三百五十三条 当事人申请司法确认调解协议，可以采用书面形式或者口头形式。当事人口头申请的，人民法院应当记入笔录，并由当事人签名、捺印或者盖章。

第三百五十四条 当事人申请司法确认调解协议，应当向人民法院提交调解协议、调解组织主持调解的证明，以及与调解协议相关的财产权利证明等材料，并提供双方当事人的身份、住所、联系方式等基本信息。

当事人未提交上述材料的，人民法院应当要求当事人限期补交。

第三百五十五条 当事人申请司法确认调解协议，有下列情形之一的，人民法院裁定不予受理：

（一）不属于人民法院受理范围的；

（二）不属于收到申请的人民法院管辖的；

（三）申请确认婚姻关系、亲子关系、收养关系等身份关系无效、有效或者解除的；

（四）涉及适用其他特别程序、公示催告程序、破产程序审理的；

（五）调解协议内容涉及物权、知识产权确权的。

人民法院受理申请后，发现有上述不予受理情形的，应当裁定驳回当事人的申请。

第三百五十六条 人民法院审查相关情况时，应当通知双方当事人共同到场对案件进行核实。

人民法院经审查，认为当事人的陈述或者提供的证明材料不充分、不完备或者有疑义的，可以要求当事人限期补充陈述或者补充证明材料。必要时，人民法院可以向调解组织核实有关情况。

第三百五十七条 确认调解协议的裁定作出前，当事人撤回申请的，人民法院可以裁定准许。

当事人无正当理由未在限期内补充陈述、补充证明材料或者拒不接受询问的，人民法院可以按撤回申请处理。

第三百五十八条　经审查，调解协议有下列情形之一的，人民法院应当裁定驳回申请：

（一）违反法律强制性规定的；

（二）损害国家利益、社会公共利益、他人合法权益的；

（三）违背公序良俗的；

（四）违反自愿原则的；

（五）内容不明确的；

（六）其他不能进行司法确认的情形。

第三百五十九条　民事诉讼法第二百零三条规定的担保物权人，包括抵押权人、质权人、留置权人；其他有权请求实现担保物权的人，包括抵押人、出质人、财产被留置的债务人或者所有权人等。

第三百六十条　实现票据、仓单、提单等有权利凭证的权利质权案件，可以由权利凭证持有人住所地人民法院管辖；无权利凭证的权利质权，由出质登记地人民法院管辖。

第三百六十一条　实现担保物权案件属于海事法院等专门人民法院管辖的，由专门人民法院管辖。

第三百六十二条　同一债权的担保物有多个且所在地不同，申请人分别向有管辖权的人民法院申请实现担保物权的，人民法院应当依法受理。

第三百六十三条　依照民法典第三百九十二条的规定，被担保的债权既有物的担保又有人的担保，当事人对实现担保物权的顺序有约定，实现担保物权的申请违反该约定的，人民法院裁定不予受理；没有约定或者约定不明的，人民法院应当受理。

第三百六十四条　同一财产上设立多个担保物权，登记在先的担保物权尚未实现的，不影响后顺位的担保物权人向人民法院申请实现担保物权。

第三百六十五条　申请实现担保物权，应当提交下列材料：

（一）申请书。申请书应当记明申请人、被申请人的姓名或者名称、联系方式等基本信息，具体的请求和事实、理由；

（二）证明担保物权存在的材料，包括主合同、担保合同、抵押登记证明或者他项权利证书，权利质权的权利凭证或者质权出质登记证明等；

（三）证明实现担保物权条件成就的材料；

（四）担保财产现状的说明；

（五）人民法院认为需要提交的其他材料。

第三百六十六条　人民法院受理申请后，应当在五日内向被申请人送达申请书副本、异议权利告知书等文书。

被申请人有异议的，应当在收到人民法院通知后的五日内向人民法院提出，同时说明理由并提供相应的证据材料。

第三百六十七条 实现担保物权案件可以由审判员一人独任审查。担保财产标的额超过基层人民法院管辖范围的，应当组成合议庭进行审查。

第三百六十八条 人民法院审查实现担保物权案件，可以询问申请人、被申请人、利害关系人，必要时可以依职权调查相关事实。

第三百六十九条 人民法院应当就主合同的效力、期限、履行情况，担保物权是否有效设立、担保财产的范围、被担保的债权范围、被担保的债权是否已届清偿期等担保物权实现的条件，以及是否损害他人合法权益等内容进行审查。

被申请人或者利害关系人提出异议的，人民法院应当一并审查。

第三百七十条 人民法院审查后，按下列情形分别处理：

（一）当事人对实现担保物权无实质性争议且实现担保物权条件成就的，裁定准许拍卖、变卖担保财产；

（二）当事人对实现担保物权有部分实质性争议的，可以就无争议部分裁定准许拍卖、变卖担保财产；

（三）当事人对实现担保物权有实质性争议的，裁定驳回申请，并告知申请人向人民法院提起诉讼。

第三百七十一条 人民法院受理申请后，申请人对担保财产提出保全申请的，可以按照民事诉讼法关于诉讼保全的规定办理。

第三百七十二条 适用特别程序作出的判决、裁定，当事人、利害关系人认为有错误的，可以向作出该判决、裁定的人民法院提出异议。人民法院经审查，异议成立或者部分成立的，作出新的判决、裁定撤销或者改变原判决、裁定；异议不成立的，裁定驳回。

对人民法院作出的确认调解协议、准许实现担保物权的裁定，当事人有异议的，应当自收到裁定之日起十五日内提出；利害关系人有异议的，自知道或者应当知道其民事权益受到侵害之日起六个月内提出。

十八、审判监督程序

第三百七十三条 当事人死亡或者终止的，其权利义务承继者可以根据民事诉讼法第二百零六条、第二百零八条的规定申请再审。

判决、调解书生效后，当事人将判决、调解书确认的债权转让，债权受让人对该判决、调解书不服申请再审的，人民法院不予受理。

第三百七十四条　民事诉讼法第二百零六条规定的人数众多的一方当事人，包括公民、法人和其他组织。

民事诉讼法第二百零六条规定的当事人双方为公民的案件，是指原告和被告均为公民的案件。

第三百七十五条　当事人申请再审，应当提交下列材料：

（一）再审申请书，并按照被申请人和原审其他当事人的人数提交副本；

（二）再审申请人是自然人的，应当提交身份证明；再审申请人是法人或者其他组织的，应当提交营业执照、组织机构代码证书、法定代表人或者主要负责人身份证明书。委托他人代为申请的，应当提交授权委托书和代理人身份证明；

（三）原审判决书、裁定书、调解书；

（四）反映案件基本事实的主要证据及其他材料。

前款第二项、第三项、第四项规定的材料可以是与原件核对无异的复印件。

第三百七十六条　再审申请书应当记明下列事项：

（一）再审申请人与被申请人及原审其他当事人的基本信息；

（二）原审人民法院的名称，原审裁判文书案号；

（三）具体的再审请求；

（四）申请再审的法定情形及具体事实、理由。

再审申请书应当明确申请再审的人民法院，并由再审申请人签名、捺印或者盖章。

第三百七十七条　当事人一方人数众多或者当事人双方为公民的案件，当事人分别向原审人民法院和上一级人民法院申请再审且不能协商一致的，由原审人民法院受理。

第三百七十八条　适用特别程序、督促程序、公示催告程序、破产程序等非讼程序审理的案件，当事人不得申请再审。

第三百七十九条　当事人认为发生法律效力的不予受理、驳回起诉的裁定错误的，可以申请再审。

第三百八十条　当事人就离婚案件中的财产分割问题申请再审，如涉及判决中已分割的财产，人民法院应当依照民事诉讼法第二百零七条的规定进行审查，符合再审条件的，应当裁定再审；如涉及判决中未作处理的夫妻共同财产，应当告知当事人另行起诉。

第三百八十一条 当事人申请再审，有下列情形之一的，人民法院不予受理：

（一）再审申请被驳回后再次提出申请的；

（二）对再审判决、裁定提出申请的；

（三）在人民检察院对当事人的申请作出不予提出再审检察建议或者抗诉决定后又提出申请的。

前款第一项、第二项规定情形，人民法院应当告知当事人可以向人民检察院申请再审检察建议或者抗诉，但因人民检察院提出再审检察建议或者抗诉而再审作出的判决、裁定除外。

第三百八十二条 当事人对已经发生法律效力的调解书申请再审，应当在调解书发生法律效力后六个月内提出。

第三百八十三条 人民法院应当自收到符合条件的再审申请书等材料之日起五日内向再审申请人发送受理通知书，并向被申请人及原审其他当事人发送应诉通知书、再审申请书副本等材料。

第三百八十四条 人民法院受理申请再审案件后，应当依照民事诉讼法第二百零七条、第二百零八条、第二百一十一条等规定，对当事人主张的再审事由进行审查。

第三百八十五条 再审申请人提供的新的证据，能够证明原判决、裁定认定基本事实或者裁判结果错误的，应当认定为民事诉讼法第二百零七条第一项规定的情形。

对于符合前款规定的证据，人民法院应当责令再审申请人说明其逾期提供该证据的理由；拒不说明理由或者理由不成立的，依照民事诉讼法第六十八条第二款和本解释第一百零二条的规定处理。

第三百八十六条 再审申请人证明其提交的新的证据符合下列情形之一的，可以认定逾期提供证据的理由成立：

（一）在原审庭审结束前已经存在，因客观原因于庭审结束后才发现的；

（二）在原审庭审结束前已经发现，但因客观原因无法取得或者在规定的期限内不能提供的；

（三）在原审庭审结束后形成，无法据此另行提起诉讼的。

再审申请人提交的证据在原审中已经提供，原审人民法院未组织质证且未作为裁判根据的，视为逾期提供证据的理由成立，但原审人民法院依照民事诉讼法第六十八条规定不予采纳的除外。

第三百八十七条 当事人对原判决、裁定认定事实的主要证据在原审中拒绝发表质证意见或者质证中未对证据发表质证意见的，不属于民事诉讼法第二百零七条第四项规定的未经质证的情形。

第三百八十八条　有下列情形之一，导致判决、裁定结果错误的，应当认定为民事诉讼法第二百零七条第六项规定的原判决、裁定适用法律确有错误：

（一）适用的法律与案件性质明显不符的；

（二）确定民事责任明显违背当事人约定或者法律规定的；

（三）适用已经失效或者尚未施行的法律的；

（四）违反法律溯及力规定的；

（五）违反法律适用规则的；

（六）明显违背立法原意的。

第三百八十九条　原审开庭过程中有下列情形之一的，应当认定为民事诉讼法第二百零七条第九项规定的剥夺当事人辩论权利：

（一）不允许当事人发表辩论意见的；

（二）应当开庭审理而未开庭审理的；

（三）违反法律规定送达起诉状副本或者上诉状副本，致使当事人无法行使辩论权利的；

（四）违法剥夺当事人辩论权利的其他情形。

第三百九十条　民事诉讼法第二百零七条第十一项规定的诉讼请求，包括一审诉讼请求、二审上诉请求，但当事人未对一审判决、裁定遗漏或者超出诉讼请求提起上诉的除外。

第三百九十一条　民事诉讼法第二百零七条第十二项规定的法律文书包括：

（一）发生法律效力的判决书、裁定书、调解书；

（二）发生法律效力的仲裁裁决书；

（三）具有强制执行效力的公证债权文书。

第三百九十二条　民事诉讼法第二百零七条第十三项规定的审判人员审理该案件时有贪污受贿、徇私舞弊、枉法裁判行为，是指已经由生效刑事法律文书或者纪律处分决定所确认的行为。

第三百九十三条　当事人主张的再审事由成立，且符合民事诉讼法和本解释规定的申请再审条件的，人民法院应当裁定再审。

当事人主张的再审事由不成立，或者当事人申请再审超过法定申请再审期限、超出法定再审事由范围等不符合民事诉讼法和本解释规定的申请再审条件的，人民法院应当裁定驳回再审申请。

第三百九十四条 人民法院对已经发生法律效力的判决、裁定、调解书依法决定再审，依照民事诉讼法第二百一十三条规定，需要中止执行的，应当在再审裁定中同时写明中止原判决、裁定、调解书的执行；情况紧急的，可以将中止执行裁定口头通知负责执行的人民法院，并在通知后十日内发出裁定书。

第三百九十五条 人民法院根据审查案件的需要决定是否询问当事人。新的证据可能推翻原判决、裁定的，人民法院应当询问当事人。

第三百九十六条 审查再审申请期间，被申请人及原审其他当事人依法提出再审申请的，人民法院应当将其列为再审申请人，对其再审事由一并审查，审查期限重新计算。经审查，其中一方再审申请人主张的再审事由成立的，应当裁定再审。各方再审申请人主张的再审事由均不成立的，一并裁定驳回再审申请。

第三百九十七条 审查再审申请期间，再审申请人申请人民法院委托鉴定、勘验的，人民法院不予准许。

第三百九十八条 审查再审申请期间，再审申请人撤回再审申请的，是否准许，由人民法院裁定。

再审申请人经传票传唤，无正当理由拒不接受询问的，可以按撤回再审申请处理。

第三百九十九条 人民法院准许撤回再审申请或者按撤回再审申请处理后，再审申请人再次申请再审的，不予受理，但有民事诉讼法第二百零七条第一项、第三项、第十二项、第十三项规定情形，自知道或者应当知道之日起六个月内提出的除外。

第四百条 再审申请审查期间，有下列情形之一的，裁定终结审查：

（一）再审申请人死亡或者终止，无权利义务承继者或者权利义务承继者声明放弃再审申请的；

（二）在给付之诉中，负有给付义务的被申请人死亡或者终止，无可供执行的财产，也没有应当承担义务的人的；

（三）当事人达成和解协议且已履行完毕的，但当事人在和解协议中声明不放弃申请再审权利的除外；

（四）他人未经授权以当事人名义申请再审的；

（五）原审或者上一级人民法院已经裁定再审的；

（六）有本解释第三百八十一条第一款规定情形的。

第四百零一条　人民法院审理再审案件应当组成合议庭开庭审理，但按照第二审程序审理，有特殊情况或者双方当事人已经通过其他方式充分表达意见，且书面同意不开庭审理的除外。

符合缺席判决条件的，可以缺席判决。

第四百零二条　人民法院开庭审理再审案件，应当按照下列情形分别进行：

（一）因当事人申请再审的，先由再审申请人陈述再审请求及理由，后由被申请人答辩、其他原审当事人发表意见；

（二）因抗诉再审的，先由抗诉机关宣读抗诉书，再由申请抗诉的当事人陈述，后由被申请人答辩、其他原审当事人发表意见；

（三）人民法院依职权再审，有申诉人的，先由申诉人陈述再审请求及理由，后由被申诉人答辩、其他原审当事人发表意见；

（四）人民法院依职权再审，没有申诉人的，先由原审原告或者原审上诉人陈述，后由原审其他当事人发表意见。

对前款第一项至第三项规定的情形，人民法院应当要求当事人明确其再审请求。

第四百零三条　人民法院审理再审案件应当围绕再审请求进行。当事人的再审请求超出原审诉讼请求的，不予审理；符合另案诉讼条件的，告知当事人可以另行起诉。

被申请人及原审其他当事人在庭审辩论结束前提出的再审请求，符合民事诉讼法第二百一十二条规定的，人民法院应当一并审理。

人民法院经再审，发现已经发生法律效力的判决、裁定损害国家利益、社会公共利益、他人合法权益的，应当一并审理。

第四百零四条　再审审理期间，有下列情形之一的，可以裁定终结再审程序：

（一）再审申请人在再审期间撤回再审请求，人民法院准许的；

（二）再审申请人经传票传唤，无正当理由拒不到庭的，或者未经法庭许可中途退庭，按撤回再审请求处理的；

（三）人民检察院撤回抗诉的；

（四）有本解释第四百条第一项至第四项规定情形的。

因人民检察院提出抗诉裁定再审的案件，申请抗诉的当事人有前款规定的情形，且不损害国家利益、社会公共利益或者他人合法权益的，人民法院应当裁定终结再审程序。

再审程序终结后，人民法院裁定中止执行的原生效判决自动恢复执行。

第四百零五条 人民法院经再审审理认为，原判决、裁定认定事实清楚、适用法律正确的，应予维持；原判决、裁定认定事实、适用法律虽有瑕疵，但裁判结果正确的，应当在再审判决、裁定中纠正瑕疵后予以维持。

原判决、裁定认定事实、适用法律错误，导致裁判结果错误的，应当依法改判、撤销或者变更。

第四百零六条 按照第二审程序再审的案件，人民法院经审理认为不符合民事诉讼法规定的起诉条件或者符合民事诉讼法第一百二十七条规定不予受理情形的，应当裁定撤销一、二审判决，驳回起诉。

第四百零七条 人民法院对调解书裁定再审后，按照下列情形分别处理：

（一）当事人提出的调解违反自愿原则的事由不成立，且调解书的内容不违反法律强制性规定的，裁定驳回再审申请；

（二）人民检察院抗诉或者再审检察建议所主张的损害国家利益、社会公共利益的理由不成立的，裁定终结再审程序。

前款规定情形，人民法院裁定中止执行的调解书需要继续执行的，自动恢复执行。

第四百零八条 一审原告在再审审理程序中申请撤回起诉，经其他当事人同意，且不损害国家利益、社会公共利益、他人合法权益的，人民法院可以准许。裁定准许撤诉的，应当一并撤销原判决。

一审原告在再审审理程序中撤回起诉后重复起诉的，人民法院不予受理。

第四百零九条 当事人提交新的证据致使再审改判，因再审申请人或者申请检察监督当事人的过错未能在原审程序中及时举证，被申请人等当事人请求补偿其增加的交通、住宿、就餐、误工等必要费用的，人民法院应予支持。

第四百一十条 部分当事人到庭并达成调解协议，其他当事人未作出书面表示的，人民法院应当在判决中对该事实作出表述；调解协议内容不违反法律规定，且不损害其他当事人合法权益的，可以在判决主文中予以确认。

第四百一十一条 人民检察院依法对损害国家利益、社会公共利益的发生法律效力的判决、裁定、调解书提出抗诉，或者经人民检察院检察委员会讨论决定提出再审检察建议的，人民法院应予受理。

第四百一十二条 人民检察院对已经发生法律效力的判决以及不予受

理、驳回起诉的裁定依法提出抗诉的，人民法院应予受理，但适用特别程序、督促程序、公示催告程序、破产程序以及解除婚姻关系的判决、裁定等不适用审判监督程序的判决、裁定除外。

第四百一十三条　人民检察院依照民事诉讼法第二百一十六条第一款第三项规定对有明显错误的再审判决、裁定提出抗诉或者再审检察建议的，人民法院应予受理。

第四百一十四条　地方各级人民检察院依当事人的申请对生效判决、裁定向同级人民法院提出再审检察建议，符合下列条件的，应予受理：

（一）再审检察建议书和原审当事人申请书及相关证据材料已经提交；

（二）建议再审的对象为依照民事诉讼法和本解释规定可以进行再审的判决、裁定；

（三）再审检察建议书列明该判决、裁定有民事诉讼法第二百一十五条第二款规定情形；

（四）符合民事诉讼法第二百一十六条第一款第一项、第二项规定情形；

（五）再审检察建议经该人民检察院检察委员会讨论决定。

不符合前款规定的，人民法院可以建议人民检察院予以补正或者撤回；不予补正或者撤回的，应当函告人民检察院不予受理。

第四百一十五条　人民检察院依当事人的申请对生效判决、裁定提出抗诉，符合下列条件的，人民法院应当在三十日内裁定再审：

（一）抗诉书和原审当事人申请书及相关证据材料已经提交；

（二）抗诉对象为依照民事诉讼法和本解释规定可以进行再审的判决、裁定；

（三）抗诉书列明该判决、裁定有民事诉讼法第二百一十五条第一款规定情形；

（四）符合民事诉讼法第二百一十六条第一款第一项、第二项规定情形。

不符合前款规定的，人民法院可以建议人民检察院予以补正或者撤回；不予补正或者撤回的，人民法院可以裁定不予受理。

第四百一十六条　当事人的再审申请被上级人民法院裁定驳回后，人民检察院对原判决、裁定、调解书提出抗诉，抗诉事由符合民事诉讼法第二百零七条第一项至第五项规定情形之一的，受理抗诉的人民法院可以交由下一级人民法院再审。

第四百一十七条　人民法院收到再审检察建议后，应当组成合议庭，在三个月内进行审查，发现原判决、裁定、调解书确有错误，需要再审的，依照民事诉讼法第二百零五条规定裁定再审，并通知当事人；经审查，决定不予再审的，应当书面回复人民检察院。

第四百一十八条 人民法院审理因人民检察院抗诉或者检察建议裁定再审的案件，不受此前已经作出的驳回当事人再审申请裁定的影响。

第四百一十九条 人民法院开庭审理抗诉案件，应当在开庭三日前通知人民检察院、当事人和其他诉讼参与人。同级人民检察院或者提出抗诉的人民检察院应当派员出庭。

人民检察院因履行法律监督职责向当事人或者案外人调查核实的情况，应当向法庭提交并予以说明，由双方当事人进行质证。

第四百二十条 必须共同进行诉讼的当事人因不能归责于本人或者其诉讼代理人的事由未参加诉讼的，可以根据民事诉讼法第二百零七条第八项规定，自知道或者应当知道之日起六个月内申请再审，但符合本解释第四百二十一条规定情形的除外。

人民法院因前款规定的当事人申请而裁定再审，按照第一审程序再审的，应当追加其为当事人，作出新的判决、裁定；按照第二审程序再审，经调解不能达成协议的，应当撤销原判决、裁定，发回重审，重审时应追加其为当事人。

第四百二十一条 根据民事诉讼法第二百三十四条规定，案外人对驳回其执行异议的裁定不服，认为原判决、裁定、调解书内容错误损害其民事权益的，可以自执行异议裁定送达之日起六个月内，向作出原判决、裁定、调解书的人民法院申请再审。

第四百二十二条 根据民事诉讼法第二百三十四条规定，人民法院裁定再审后，案外人属于必要的共同诉讼当事人的，依照本解释第四百二十条第二款规定处理。

案外人不是必要的共同诉讼当事人的，人民法院仅审理原判决、裁定、调解书对其民事权益造成损害的内容。经审理，再审请求成立的，撤销或者改变原判决、裁定、调解书；再审请求不成立的，维持原判决、裁定、调解书。

第四百二十三条 本解释第三百三十八条规定适用于审判监督程序。

第四百二十四条 对小额诉讼案件的判决、裁定，当事人以民事诉讼法第二百零七条规定的事由向原审人民法院申请再审的，人民法院应当受理。申请再审事由成立的，应当裁定再审，组成合议庭进行审理。作出的再审判决、裁定，当事人不得上诉。

当事人以不应按小额诉讼案件审理为由向原审人民法院申请再审的，人民法院应当受理。理由成立的，应当裁定再审，组成合议庭审理。作出的再审判决、裁定，当事人可以上诉。

十九、督促程序

第四百二十五条　两个以上人民法院都有管辖权的，债权人可以向其中一个基层人民法院申请支付令。

债权人向两个以上有管辖权的基层人民法院申请支付令的，由最先立案的人民法院管辖。

第四百二十六条　人民法院收到债权人的支付令申请书后，认为申请书不符合要求的，可以通知债权人限期补正。人民法院应当自收到补正材料之日起五日内通知债权人是否受理。

第四百二十七条　债权人申请支付令，符合下列条件的，基层人民法院应当受理，并在收到支付令申请书后五日内通知债权人：

（一）请求给付金钱或者汇票、本票、支票、股票、债券、国库券、可转让的存款单等有价证券；

（二）请求给付的金钱或者有价证券已到期且数额确定，并写明了请求所根据的事实、证据；

（三）债权人没有对待给付义务；

（四）债务人在我国境内且未下落不明；

（五）支付令能够送达债务人；

（六）收到申请书的人民法院有管辖权；

（七）债权人未向人民法院申请诉前保全。

不符合前款规定的，人民法院应当在收到支付令申请书后五日内通知债权人不予受理。

基层人民法院受理申请支付令案件，不受债权金额的限制。

第四百二十八条　人民法院受理申请后，由审判员一人进行审查。经审查，有下列情形之一的，裁定驳回申请：

（一）申请人不具备当事人资格的；

（二）给付金钱或者有价证券的证明文件没有约定逾期给付利息或者违约金、赔偿金，债权人坚持要求给付利息或者违约金、赔偿金的；

（三）要求给付的金钱或者有价证券属于违法所得的；

（四）要求给付的金钱或者有价证券尚未到期或者数额不确定的。

人民法院受理支付令申请后，发现不符合本解释规定的受理条件的，应当在受理之日起十五日内裁定驳回申请。

第四百二十九条 向债务人本人送达支付令，债务人拒绝接收的，人民法院可以留置送达。

第四百三十条 有下列情形之一的，人民法院应当裁定终结督促程序，已发出支付令的，支付令自行失效：

（一）人民法院受理支付令申请后，债权人就同一债权债务关系又提起诉讼的；

（二）人民法院发出支付令之日起三十日内无法送达债务人的；

（三）债务人收到支付令前，债权人撤回申请的。

第四百三十一条 债务人在收到支付令后，未在法定期间提出书面异议，而向其他人民法院起诉的，不影响支付令的效力。

债务人超过法定期间提出异议的，视为未提出异议。

第四百三十二条 债权人基于同一债权债务关系，在同一支付令申请中向债务人提出多项支付请求，债务人仅就其中一项或者几项请求提出异议的，不影响其他各项请求的效力。

第四百三十三条 债权人基于同一债权债务关系，就可分之债向多个债务人提出支付请求，多个债务人中的一人或者几人提出异议的，不影响其他请求的效力。

第四百三十四条 对设有担保的债务的主债务人发出的支付令，对担保人没有拘束力。

债权人就担保关系单独提起诉讼的，支付令自人民法院受理案件之日起失效。

第四百三十五条 经形式审查，债务人提出的书面异议有下列情形之一的，应当认定异议成立，裁定终结督促程序，支付令自行失效：

（一）本解释规定的不予受理申请情形的；

（二）本解释规定的裁定驳回申请情形的；

（三）本解释规定的应当裁定终结督促程序情形的；

（四）人民法院对是否符合发出支付令条件产生合理怀疑的。

第四百三十六条 债务人对债务本身没有异议，只是提出缺乏清偿能力、延缓债务清偿期限、变更债务清偿方式等异议的，不影响支付令的效力。

人民法院经审查认为异议不成立的，裁定驳回。

债务人的口头异议无效。

第四百三十七条 人民法院作出终结督促程序或者驳回异议裁定前，债务人请求撤回异议的，应当裁定准许。

债务人对撤回异议反悔的，人民法院不予支持。

第四百三十八条 支付令失效后，申请支付令的一方当事人不同意提起诉讼的，应当自收到终结督促程序裁定之日起七日内向受理申请的人民法院提出。

申请支付令的一方当事人不同意提起诉讼的，不影响其向其他有管辖权的人民法院提起诉讼。

第四百三十九条 支付令失效后，申请支付令的一方当事人自收到终结督促程序裁定之日起七日内未向受理申请的人民法院表明不同意提起诉讼的，视为向受理申请的人民法院起诉。

债权人提出支付令申请的时间，即为向人民法院起诉的时间。

第四百四十条 债权人向人民法院申请执行支付令的期间，适用民事诉讼法第二百四十六条的规定。

第四百四十一条 人民法院院长发现本院已经发生法律效力的支付令确有错误，认为需要撤销的，应当提交本院审判委员会讨论决定后，裁定撤销支付令，驳回债权人的申请。

二十、公示催告程序

第四百四十二条 民事诉讼法第二百二十五条规定的票据持有人，是指票据被盗、遗失或者灭失前的最后持有人。

第四百四十三条 人民法院收到公示催告的申请后，应当立即审查，并决定是否受理。经审查认为符合受理条件的，通知予以受理，并同时通知支付人停止支付；认为不符合受理条件的，七日内裁定驳回申请。

第四百四十四条 因票据丧失，申请公示催告的，人民法院应结合票据存根、丧失票据的复印件、出票人关于签发票据的证明、申请人合法取得票据的证明、银行挂失止付通知书、报案证明等证据，决定是否受理。

第四百四十五条 人民法院依照民事诉讼法第二百二十六条规定发出的受理申请的公告，应当写明下列内容：

（一）公示催告申请人的姓名或者名称；

（二）票据的种类、号码、票面金额、出票人、背书人、持票人、付款期限等事项以及其他可以申请公示催告的权利凭证的种类、号码、权利范围、权利人、义务人、行权日期等事项；

（三）申报权利的期间；

（四）在公示催告期间转让票据等权利凭证，利害关系人不申报的法律后果。

第四百四十六条 公告应当在有关报纸或者其他媒体上刊登，并于同日公布于人民法院公告栏内。人民法院所在地有证券交易所的，还应当同日在该交易所公布。

第四百四十七条 公告期间不得少于六十日，且公示催告期间届满日不得早于票据付款日后十五日。

第四百四十八条 在申报期届满后、判决作出之前，利害关系人申报权利的，应当适用民事诉讼法第二百二十八条第二款、第三款规定处理。

第四百四十九条 利害关系人申报权利，人民法院应当通知其向法院出示票据，并通知公示催告申请人在指定的期间查看该票据。公示催告申请人申请公示催告的票据与利害关系人出示的票据不一致的，应当裁定驳回利害关系人的申报。

第四百五十条 在申报权利的期间无人申报权利，或者申报被驳回的，申请人应当自公示催告期间届满之日起一个月内申请作出判决。逾期不申请判决的，终结公示催告程序。

裁定终结公示催告程序的，应当通知申请人和支付人。

第四百五十一条 判决公告之日起，公示催告申请人有权依据判决向付款人请求付款。

付款人拒绝付款，申请人向人民法院起诉，符合民事诉讼法第一百二十二条规定的起诉条件的，人民法院应予受理。

第四百五十二条 适用公示催告程序审理案件，可由审判员一人独任审理；判决宣告票据无效的，应当组成合议庭审理。

第四百五十三条 公示催告申请人撤回申请，应在公示催告前提出；公示催告期间申请撤回的，人民法院可以径行裁定终结公示催告程序。

第四百五十四条 人民法院依照民事诉讼法第二百二十七条规定通知支付人停止支付，应当符合有关财产保全的规定。支付人收到停止支付通知后拒不止付的，除可依照民事诉讼法第一百一十四条、第一百一十七条规定采取强制措施外，在判决后，支付人仍应承担付款义务。

第四百五十五条 人民法院依照民事诉讼法第二百二十八条规定终结公示催告程序后，公示催告申请人或者申报人向人民法院提起诉讼，因票据权利纠纷提起的，由票据支付地或者被告住所地人民法院管辖；因非票据权利纠纷提起的，由被告住所地人民法院管辖。

第四百五十六条 依照民事诉讼法第二百二十八条规定制作的终结公示催告程序的裁定书，由审判员、书记员署名，加盖人民法院印章。

第四百五十七条 依照民事诉讼法第二百三十条的规定，利害关系人向人民法院起诉的，人民法院可按票据纠纷适用普通程序审理。

第四百五十八条 民事诉讼法第二百三十条规定的正当理由，包括：

（一）因发生意外事件或者不可抗力致使利害关系人无法知道公告事实的；

（二）利害关系人因被限制人身自由而无法知道公告事实，或者虽然知道公告事实，但无法自己或者委托他人代为申报权利的；

（三）不属于法定申请公示催告情形的；

（四）未予公告或者未按法定方式公告的；

（五）其他导致利害关系人在判决作出前未能向人民法院申报权利的客观事由。

第四百五十九条 根据民事诉讼法第二百三十条的规定，利害关系人请求人民法院撤销除权判决的，应当将申请人列为被告。

利害关系人仅诉请确认其为合法持票人的，人民法院应当在裁判文书中写明，确认利害关系人为票据权利人的判决作出后，除权判决即被撤销。

二十一、执行程序

第四百六十条 发生法律效力的实现担保物权裁定、确认调解协议裁定、支付令，由作出裁定、支付令的人民法院或者与其同级的被执行财产所在地的人民法院执行。

认定财产无主的判决，由作出判决的人民法院将无主财产收归国家或者集体所有。

第四百六十一条 当事人申请人民法院执行的生效法律文书应当具备下列条件：

（一）权利义务主体明确；

（二）给付内容明确。

法律文书确定继续履行合同的，应当明确继续履行的具体内容。

第四百六十二条 根据民事诉讼法第二百三十四条规定，案外人对执行标的提出异议的，应当在该执行标的执行程序终结前提出。

第四百六十三条 案外人对执行标的提出的异议，经审查，按照下列情形分别处理：

（一）案外人对执行标的不享有足以排除强制执行的权益的，裁定驳回其异议；

（二）案外人对执行标的享有足以排除强制执行的权益的，裁定中止执行。

驳回案外人执行异议裁定送达案外人之日起十五日内，人民法院不得对执行标的进行处分。

第四百六十四条 申请执行人与被执行人达成和解协议后请求中止执行或者撤回执行申请的，人民法院可以裁定中止执行或者终结执行。

第四百六十五条 一方当事人不履行或者不完全履行在执行中双方自愿达成的和解协议，对方当事人申请执行原生效法律文书的，人民法院应当恢复执行，但和解协议已履行的部分应当扣除。和解协议已经履行完毕的，人民法院不予恢复执行。

第四百六十六条 申请恢复执行原生效法律文书，适用民事诉讼法第二百四十六条申请执行期间的规定。申请执行期间因达成执行中的和解协议而中断，其期间自和解协议约定履行期限的最后一日起重新计算。

第四百六十七条 人民法院依照民事诉讼法第二百三十八条规定决定暂缓执行的，如果担保是有期限的，暂缓执行的期限应当与担保期限一致，但最长不得超过一年。被执行人或者担保人对担保的财产在暂缓执行期间有转移、隐藏、变卖、毁损等行为的，人民法院可以恢复强制执行。

第四百六十八条 根据民事诉讼法第二百三十八条规定向人民法院提供执行担保的，可以由被执行人或者他人提供财产担保，也可以由他人提供保证。担保人应当具有代为履行或者代为承担赔偿责任的能力。

他人提供执行保证的，应当向执行法院出具保证书，并将保证书副本送交申请执行人。被执行人或者他人提供财产担保的，应当参照民法典的有关规定办理相应手续。

第四百六十九条 被执行人在人民法院决定暂缓执行的期限届满后仍不履行义务的，人民法院可以直接执行担保财产，或者裁定执行担保人的财产，但执行担保人的财产以担保人应当履行义务部分的财产为限。

第四百七十条 依照民事诉讼法第二百三十九条规定，执行中作为被执行人的法人或者其他组织分立、合并的，人民法院可以裁定变更后的法人或者其他组织为被执行人；被注销的，如果依照有关实体法的规定有权利义务承受人的，可以裁定该权利义务承受人为被执行人。

第四百七十一条　其他组织在执行中不能履行法律文书确定的义务的，人民法院可以裁定执行对该其他组织依法承担义务的法人或者公民个人的财产。

第四百七十二条　在执行中，作为被执行人的法人或者其他组织名称变更的，人民法院可以裁定变更后的法人或者其他组织为被执行人。

第四百七十三条　作为被执行人的公民死亡，其遗产继承人没有放弃继承的，人民法院可以裁定变更被执行人，由该继承人在遗产的范围内偿还债务。继承人放弃继承的，人民法院可以直接执行被执行人的遗产。

第四百七十四条　法律规定由人民法院执行的其他法律文书执行完毕后，该法律文书被有关机关或者组织依法撤销的，经当事人申请，适用民事诉讼法第二百四十条规定。

第四百七十五条　仲裁机构裁决的事项，部分有民事诉讼法第二百四十四条第二款、第三款规定情形的，人民法院应当裁定对该部分不予执行。

应当不予执行部分与其他部分不可分的，人民法院应当裁定不予执行仲裁裁决。

第四百七十六条　依照民事诉讼法第二百四十四条第二款、第三款规定，人民法院裁定不予执行仲裁裁决后，当事人对该裁定提出执行异议或者复议的，人民法院不予受理。当事人可以就该民事纠纷重新达成书面仲裁协议申请仲裁，也可以向人民法院起诉。

第四百七十七条　在执行中，被执行人通过仲裁程序将人民法院查封、扣押、冻结的财产确权或者分割给案外人的，不影响人民法院执行程序的进行。

案外人不服的，可以根据民事诉讼法第二百三十四条规定提出异议。

第四百七十八条　有下列情形之一的，可以认定为民事诉讼法第二百四十五条第二款规定的公证债权文书确有错误：

（一）公证债权文书属于不得赋予强制执行效力的债权文书的；

（二）被执行人一方未亲自或者未委托代理人到场公证等严重违反法律规定的公证程序的；

（三）公证债权文书的内容与事实不符或者违反法律强制性规定的；

（四）公证债权文书未载明被执行人不履行义务或者不完全履行义务时同意接受强制执行的。

人民法院认定执行该公证债权文书违背社会公共利益的，裁定不予执行。

公证债权文书被裁定不予执行后，当事人、公证事项的利害关系人可以就债权争议提起诉讼。

第四百七十九条 当事人请求不予执行仲裁裁决或者公证债权文书的，应当在执行终结前向执行法院提出。

第四百八十条 人民法院应当在收到申请执行书或者移交执行书后十日内发出执行通知。

执行通知中除应责令被执行人履行法律文书确定的义务外，还应通知其承担民事诉讼法第二百六十条规定的迟延履行利息或者迟延履行金。

第四百八十一条 申请执行人超过申请执行时效期间向人民法院申请强制执行的，人民法院应予受理。被执行人对申请执行时效期间提出异议，人民法院经审查异议成立的，裁定不予执行。

被执行人履行全部或者部分义务后，又以不知道申请执行时效期间届满为由请求执行回转的，人民法院不予支持。

第四百八十二条 对必须接受调查询问的被执行人、被执行人的法定代表人、负责人或者实际控制人，经依法传唤无正当理由拒不到场的，人民法院可以拘传其到场。

人民法院应当及时对被拘传人进行调查询问，调查询问的时间不得超过八小时；情况复杂，依法可能采取拘留措施的，调查询问的时间不得超过二十四小时。

人民法院在本辖区以外采取拘传措施时，可以将被拘传人拘传到当地人民法院，当地人民法院应予协助。

第四百八十三条 人民法院有权查询被执行人的身份信息与财产信息，掌握相关信息的单位和个人必须按照协助执行通知书办理。

第四百八十四条 对被执行的财产，人民法院非经查封、扣押、冻结不得处分。对银行存款等各类可以直接扣划的财产，人民法院的扣划裁定同时具有冻结的法律效力。

第四百八十五条 人民法院冻结被执行人的银行存款的期限不得超过一年，查封、扣押动产的期限不得超过两年，查封不动产、冻结其他财产权的期限不得超过三年。

申请执行人申请延长期限的，人民法院应当在查封、扣押、冻结期限届满前办理续行查封、扣押、冻结手续，续行期限不得超过前款规定的期限。

人民法院也可以依职权办理续行查封、扣押、冻结手续。

第四百八十六条 依照民事诉讼法第二百五十四条规定，人民法院在执行中需要拍卖被执行人财产的，可以由人民法院自行组织拍卖，也可以交由具备相应资质的拍卖机构拍卖。

交拍卖机构拍卖的，人民法院应当对拍卖活动进行监督。

第四百八十七条 拍卖评估需要对现场进行检查、勘验的，人民法院应当责令被执行人、协助义务人予以配合。被执行人、协助义务人不予配合的，人民法院可以强制进行。

第四百八十八条 人民法院在执行中需要变卖被执行人财产的，可以交有关单位变卖，也可以由人民法院直接变卖。

对变卖的财产，人民法院或者其工作人员不得买受。

第四百八十九条 经申请执行人和被执行人同意，且不损害其他债权人合法权益和社会公共利益的，人民法院可以不经拍卖、变卖，直接将被执行人的财产作价交申请执行人抵偿债务。对剩余债务，被执行人应当继续清偿。

第四百九十条 被执行人的财产无法拍卖或者变卖的，经申请执行人同意，且不损害其他债权人合法权益和社会公共利益的，人民法院可以将该项财产作价后交付申请执行人抵偿债务，或者交付申请执行人管理；申请执行人拒绝接收或者管理的，退回被执行人。

第四百九十一条 拍卖成交或者依法定程序裁定以物抵债的，标的物所有权自拍卖成交裁定或者抵债裁定送达买受人或者接受抵债物的债权人时转移。

第四百九十二条 执行标的物为特定物的，应当执行原物。原物确已毁损或者灭失的，经双方当事人同意，可以折价赔偿。

双方当事人对折价赔偿不能协商一致的，人民法院应当终结执行程序。申请执行人可以另行起诉。

第四百九十三条 他人持有法律文书指定交付的财物或者票证，人民法院依照民事诉讼法第二百五十六条第二款、第三款规定发出协助执行通知后，拒不转交的，可以强制执行，并可依照民事诉讼法第一百一十七条、第一百一十八条规定处理。

他人持有期间财物或者票证毁损、灭失的，参照本解释第四百九十二条规定处理。

他人主张合法持有财物或者票证的，可以根据民事诉讼法第二百三十四条规定提出执行异议。

第四百九十四条 在执行中，被执行人隐匿财产、会计账簿等资料的，人民法院除可依照民事诉讼法第一百一十四条第一款第六项规定对其处理外，还应责令被执行人交出隐匿的财产、会计账簿等资料。被执行人拒不交出的，人民法院可以采取搜查措施。

第四百九十五条 搜查人员应当按规定着装并出示搜查令和工作证件。

第四百九十六条 人民法院搜查时禁止无关人员进入搜查现场；搜查对象是公民的，应当通知被执行人或者他的成年家属以及基层组织派员到场；搜查对象是法人或者其他组织的，应当通知法定代表人或者主要负责人到场。拒不到场的，不影响搜查。

搜查妇女身体，应当由女执行人员进行。

第四百九十七条 搜查中发现应当依法采取查封、扣押措施的财产，依照民事诉讼法第二百五十二条第二款和第二百五十四条规定办理。

第四百九十八条 搜查应当制作搜查笔录，由搜查人员、被搜查人及其他在场人签名、捺印或者盖章。拒绝签名、捺印或者盖章的，应当记入搜查笔录。

第四百九十九条 人民法院执行被执行人对他人的到期债权，可以作出冻结债权的裁定，并通知该他人向申请执行人履行。

该他人对到期债权有异议，申请执行人请求对异议部分强制执行的，人民法院不予支持。利害关系人对到期债权有异议的，人民法院应当按照民事诉讼法第二百三十四条规定处理。

对生效法律文书确定的到期债权，该他人予以否认的，人民法院不予支持。

第五百条 人民法院在执行中需要办理房产证、土地证、林权证、专利证书、商标证书、车船执照等有关财产权证照转移手续的，可以依照民事诉讼法第二百五十八条规定办理。

第五百零一条 被执行人不履行生效法律文书确定的行为义务，该义务可由他人完成的，人民法院可以选定代履行人；法律、行政法规对履行该行为义务有资格限制的，应当从有资格的人中选定。必要时，可以通过招标的方式确定代履行人。

申请执行人可以在符合条件的人中推荐代履行人，也可以申请自己代为履行，是否准许，由人民法院决定。

第五百零二条 代履行费用的数额由人民法院根据案件具体情况确定，并由被执行人在指定期限内预先支付。被执行人未预付的，人民法院可以对该费用强制执行。

代履行结束后，被执行人可以查阅、复制费用清单以及主要凭证。

第五百零三条　被执行人不履行法律文书指定的行为，且该项行为只能由被执行人完成的，人民法院可以依照民事诉讼法第一百一十四条第一款第六项规定处理。

被执行人在人民法院确定的履行期间内仍不履行的，人民法院可以依照民事诉讼法第一百一十四条第一款第六项规定再次处理。

第五百零四条　被执行人迟延履行的，迟延履行期间的利息或者迟延履行金自判决、裁定和其他法律文书指定的履行期间届满之日起计算。

第五百零五条　被执行人未按判决、裁定和其他法律文书指定的期间履行非金钱给付义务的，无论是否已给申请执行人造成损失，都应当支付迟延履行金。已经造成损失的，双倍补偿申请执行人已经受到的损失；没有造成损失的，迟延履行金可以由人民法院根据具体案件情况决定。

第五百零六条　被执行人为公民或者其他组织，在执行程序开始后，被执行人的其他已经取得执行依据的债权人发现被执行人的财产不能清偿所有债权的，可以向人民法院申请参与分配。

对人民法院查封、扣押、冻结的财产有优先权、担保物权的债权人，可以直接申请参与分配，主张优先受偿权。

第五百零七条　申请参与分配，申请人应当提交申请书。申请书应当写明参与分配和被执行人不能清偿所有债权的事实、理由，并附有执行依据。

参与分配申请应当在执行程序开始后，被执行人的财产执行终结前提出。

第五百零八条　参与分配执行中，执行所得价款扣除执行费用，并清偿应当优先受偿的债权后，对于普通债权，原则上按照其占全部申请参与分配债权数额的比例受偿。清偿后的剩余债务，被执行人应当继续清偿。债权人发现被执行人有其他财产的，可以随时请求人民法院执行。

第五百零九条　多个债权人对执行财产申请参与分配的，执行法院应当制作财产分配方案，并送达各债权人和被执行人。债权人或者被执行人对分配方案有异议的，应当自收到分配方案之日起十五日内向执行法院提出书面异议。

第五百一十条　债权人或者被执行人对分配方案提出书面异议的，执行法院应当通知未提出异议的债权人、被执行人。

未提出异议的债权人、被执行人自收到通知之日起十五日内未提出反对意见的，执行法院依异议人的意见对分配方案审查修正后进行分配；提出反对意见的，应当通知异议人。异议人可以自收到通知之日起十五日内，以提出反对意见的债权人、被执行人为被告，向执行法院提起诉讼；异议人逾期未提起诉讼的，执行法院按照原分配方案进行分配。

诉讼期间进行分配的，执行法院应当提存与争议债权数额相应的款项。

第五百一十一条 在执行中，作为被执行人的企业法人符合企业破产法第二条第一款规定情形的，执行法院经申请执行人之一或者被执行人同意，应当裁定中止对该被执行人的执行，将执行案件相关材料移送被执行人住所地人民法院。

第五百一十二条 被执行人住所地人民法院应当自收到执行案件相关材料之日起三十日内，将是否受理破产案件的裁定告知执行法院。不予受理的，应当将相关案件材料退回执行法院。

第五百一十三条 被执行人住所地人民法院裁定受理破产案件的，执行法院应当解除对被执行人财产的保全措施。被执行人住所地人民法院裁定宣告被执行人破产的，执行法院应当裁定终结对该被执行人的执行。

被执行人住所地人民法院不受理破产案件的，执行法院应当恢复执行。

第五百一十四条 当事人不同意移送破产或者被执行人住所地人民法院不受理破产案件的，执行法院就执行变价所得财产，在扣除执行费用及清偿优先受偿的债权后，对于普通债权，按照财产保全和执行中查封、扣押、冻结财产的先后顺序清偿。

第五百一十五条 债权人根据民事诉讼法第二百六十一条规定请求人民法院继续执行的，不受民事诉讼法第二百四十六条规定申请执行时效期间的限制。

第五百一十六条 被执行人不履行法律文书确定的义务的，人民法院除对被执行人予以处罚外，还可以根据情节将其纳入失信被执行人名单，将被执行人不履行或者不完全履行义务的信息向其所在单位、征信机构以及其他相关机构通报。

第五百一十七条 经过财产调查未发现可供执行的财产，在申请执行人签字确认或者执行法院组成合议庭审查核实并经院长批准后，可以裁定终结本次执行程序。

依照前款规定终结执行后，申请执行人发现被执行人有可供执行财产的，可以再次申请执行。再次申请不受申请执行时效期间的限制。

第五百一十八条 因撤销申请而终结执行后，当事人在民事诉讼法第二百四十六条规定的申请执行时效期间内再次申请执行的，人民法院应当受理。

第五百一十九条　在执行终结六个月内，被执行人或者其他人对已执行的标的有妨害行为的，人民法院可以依申请排除妨害，并可以依照民事诉讼法第一百一十四条规定进行处罚。因妨害行为给执行债权人或者其他人造成损失的，受害人可以另行起诉。

二十二、涉外民事诉讼程序的特别规定

第五百二十条　有下列情形之一，人民法院可以认定为涉外民事案件：

（一）当事人一方或者双方是外国人、无国籍人、外国企业或者组织的；

（二）当事人一方或者双方的经常居所地在中华人民共和国领域外的；

（三）标的物在中华人民共和国领域外的；

（四）产生、变更或者消灭民事关系的法律事实发生在中华人民共和国领域外的；

（五）可以认定为涉外民事案件的其他情形。

第五百二十一条　外国人参加诉讼，应当向人民法院提交护照等用以证明自己身份的证件。

外国企业或者组织参加诉讼，向人民法院提交的身份证明文件，应当经所在国公证机关公证，并经中华人民共和国驻该国使领馆认证，或者履行中华人民共和国与该所在国订立的有关条约中规定的证明手续。

代表外国企业或者组织参加诉讼的人，应当向人民法院提交其有权作为代表人参加诉讼的证明，该证明应当经所在国公证机关公证，并经中华人民共和国驻该国使领馆认证，或者履行中华人民共和国与该所在国订立的有关条约中规定的证明手续。

本条所称的“所在国”，是指外国企业或者组织的设立登记地国，也可以是办理了营业登记手续的第三国。

第五百二十二条　依照民事诉讼法第二百七十一条以及本解释第五百二十一条规定，需要办理公证、认证手续，而外国当事人所在国与中华人民共和国没有建立外交关系的，可以经该国公证机关公证，经与中华人民共和国有外交关系的第三国驻该国使领馆认证，再转由中华人民共和国驻该第三国使领馆认证。

第五百二十三条　外国人、外国企业或者组织的代表人在人民法院法官的见证下签署授权委托书，委托代理人进行民事诉讼的，人民法院应予

认可。

第五百二十四条 外国人、外国企业或者组织的代表人在中华人民共和国境内签署授权委托书，委托代理人进行民事诉讼，经中华人民共和国公证机构公证的，人民法院应予认可。

第五百二十五条 当事人向人民法院提交的书面材料是外文的，应当同时向人民法院提交中文翻译件。

当事人对中文翻译件有异议的，应当共同委托翻译机构提供翻译文本；当事人对翻译机构的选择不能达成一致的，由人民法院确定。

第五百二十六条 涉外民事诉讼中的外籍当事人，可以委托本国人为诉讼代理人，也可以委托本国律师以非律师身份担任诉讼代理人；外国驻华使领馆官员，受本国公民的委托，可以以个人名义担任诉讼代理人，但在诉讼中不享有外交或者领事特权和豁免。

第五百二十七条 涉外民事诉讼中，外国驻华使领馆授权其本馆官员，在作为当事人的本国国民不在中华人民共和国领域内的情况下，可以以外交代表身份为其本国国民在中华人民共和国聘请中华人民共和国律师或者中华人民共和国公民代理民事诉讼。

第五百二十八条 涉外民事诉讼中，经调解双方达成协议，应当制发调解书。当事人要求发给判决书的，可以依协议的内容制作判决书送达当事人。

第五百二十九条 涉外合同或者其他财产权益纠纷的当事人，可以书面协议选择被告住所地、合同履行地、合同签订地、原告住所地、标的物所在地、侵权行为地等与争议有实际联系地点的外国法院管辖。

根据民事诉讼法第三十四条和第二百七十三条规定，属于中华人民共和国法院专属管辖的案件，当事人不得协议选择外国法院管辖，但协议选择仲裁的除外。

第五百三十条 涉外民事案件同时符合下列情形的，人民法院可以裁定驳回原告的起诉，告知其向更方便的外国法院提起诉讼：

（一）被告提出案件应由更方便外国法院管辖的请求，或者提出管辖异议；

（二）当事人之间不存在选择中华人民共和国法院管辖的协议；

（三）案件不属于中华人民共和国法院专属管辖；

（四）案件不涉及中华人民共和国国家、公民、法人或者其他组织的利益；

（五）案件争议的主要事实不是发生在中华人民共和国境内，且案件不适用中华人民共和国法律，人民法院审理案件在认定事实和适用法律方面存在重大困难；

（六）外国法院对案件享有管辖权，且审理该案件更加方便。

第五百三十一条　中华人民共和国法院和外国法院都有管辖权的案件，一方当事人向外国法院起诉，而另一方当事人向中华人民共和国法院起诉的，人民法院可予受理。判决后，外国法院申请或者当事人请求人民法院承认和执行外国法院对本案作出的判决、裁定的，不予准许；但双方共同缔结或者参加的国际条约另有规定的除外。

外国法院判决、裁定已经被人民法院承认，当事人就同一争议向人民法院起诉的，人民法院不予受理。

第五百三十二条　对在中华人民共和国领域内没有住所的当事人，经用公告方式送达诉讼文书，公告期满不应诉，人民法院缺席判决后，仍应当将裁判文书依照民事诉讼法第二百七十四条第八项规定公告送达。自公告送达裁判文书满三个月之日起，经过三十日的上诉期当事人没有上诉的，一审判决即发生法律效力。

第五百三十三条　外国人或者外国企业、组织的代表人、主要负责人在中华人民共和国领域内的，人民法院可以向该自然人或者外国企业、组织的代表人、主要负责人送达。

外国企业、组织的主要负责人包括该企业、组织的董事、监事、高级管理人员等。

第五百三十四条　受送达人所在国允许邮寄送达的，人民法院可以邮寄送达。

邮寄送达时应当附有送达回证。受送达人未在送达回证上签收但在邮件回执上签收的，视为送达，签收日期为送达日期。

自邮寄之日起满三个月，如果未收到送达的证明文件，且根据各种情况不足以认定已经送达的，视为不能用邮寄方式送达。

第五百三十五条　人民法院一审时采取公告方式向当事人送达诉讼文书的，二审时可径行采取公告方式向其送达诉讼文书，但人民法院能够采取公告方式之外的其他方式送达的除外。

第五百三十六条　不服第一审人民法院判决、裁定的上诉期，对在中华人民共和国领域内有住所的当事人，适用民事诉讼法第一百七十一条规定的期限；对在中华人民共和国领域内没有住所的当事人，适用民事诉讼法第二百七十六条规定的期限。当事人的上诉期均已届满没有上诉的，第一审人民法院的判决、裁定即发生法律效力。

第五百三十七条 人民法院对涉外民事案件的当事人申请再审进行审查的期间，不受民事诉讼法第二百一十一条规定的限制。

第五百三十八条 申请人向人民法院申请执行中华人民共和国涉外仲裁机构的裁决，应当提出书面申请，并附裁决书正本。如申请人为外国当事人，其申请书应当用中文文本提出。

第五百三十九条 人民法院强制执行涉外仲裁机构的仲裁裁决时，被执行人以有民事诉讼法第二百八十一条第一款规定的情形为由提出抗辩的，人民法院应当对被执行人的抗辩进行审查，并根据审查结果裁定执行或者不予执行。

第五百四十条 依照民事诉讼法第二百七十九条规定，中华人民共和国涉外仲裁机构将当事人的保全申请提交人民法院裁定的，人民法院可以进行审查，裁定是否进行保全。裁定保全的，应当责令申请人提供担保，申请人不提供担保的，裁定驳回申请。

当事人申请证据保全，人民法院经审查认为无需提供担保的，申请人可以不提供担保。

第五百四十一条 申请人向人民法院申请承认和执行外国法院作出的发生法律效力的判决、裁定，应当提交申请书，并附外国法院作出的发生法律效力的判决、裁定正本或者经证明无误的副本以及中文译本。外国法院判决、裁定为缺席判决、裁定的，申请人应当同时提交该外国法院已经合法传唤的证明文件，但判决、裁定已经对此予以明确说明的除外。

中华人民共和国缔结或者参加的国际条约对提交文件有规定的，按照规定办理。

第五百四十二条 当事人向中华人民共和国有管辖权的中级人民法院申请承认和执行外国法院作出的发生法律效力的判决、裁定的，如果该法院所在国与中华人民共和国没有缔结或者共同参加国际条约，也没有互惠关系的，裁定驳回申请，但当事人向人民法院申请承认外国法院作出的发生法律效力的离婚判决的除外。

承认和执行申请被裁定驳回的，当事人可以向人民法院起诉。

第五百四十三条 对临时仲裁庭在中华人民共和国领域外作出的仲裁裁决，一方当事人向人民法院申请承认和执行的，人民法院应当依照民事诉讼法第二百九十条规定处理。

第五百四十四条　对外国法院作出的发生法律效力的判决、裁定或者外国仲裁裁决，需要中华人民共和国法院执行的，当事人应当先向人民法院申请承认。人民法院经审查，裁定承认后，再根据民事诉讼法第三编的规定予以执行。

当事人仅申请承认而未同时申请执行的，人民法院仅对应否承认进行审查并作出裁定。

第五百四十五条　当事人申请承认和执行外国法院作出的发生法律效力的判决、裁定或者外国仲裁裁决的期间，适用民事诉讼法第二百四十六条的规定。

当事人仅申请承认而未同时申请执行的，申请执行的期间自人民法院对承认申请作出的裁定生效之日起重新计算。

第五百四十六条　承认和执行外国法院作出的发生法律效力的判决、裁定或者外国仲裁裁决的案件，人民法院应当组成合议庭进行审查。

人民法院应当将申请书送达被申请人。被申请人可以陈述意见。

人民法院经审查作出的裁定，一经送达即发生法律效力。

第五百四十七条　与中华人民共和国没有司法协助条约又无互惠关系的国家的法院，未通过外交途径，直接请求人民法院提供司法协助的，人民法院应予退回，并说明理由。

第五百四十八条　当事人在中华人民共和国领域外使用中华人民共和国法院的判决书、裁定书，要求中华人民共和国法院证明其法律效力的，或者外国法院要求中华人民共和国法院证明判决书、裁定书的法律效力的，作出判决、裁定的中华人民共和国法院，可以本法院的名义出具证明。

第五百四十九条　人民法院审理涉及香港、澳门特别行政区和台湾地区的民事诉讼案件，可以参照适用涉外民事诉讼程序的特别规定。

二十三、附则

第五百五十条　本解释公布施行后，最高人民法院于 1992 年 7 月 14 日发布的《关于适用〈中华人民共和国民事诉讼法〉若干问题的意见》同时废止；最高人民法院以前发布的司法解释与本解释不一致的，不再适用。

第二部分　理解与适用

一、管　　辖

【条文】

第一条

民事诉讼法第十九条第一项规定的重大涉外案件，包括争议标的额大的案件、案情复杂的案件，或者一方当事人人数众多等具有重大影响的案件。

【条文主旨】

本条是关于中级人民法院管辖的第一审民事案件中“重大涉外案件”情形的规定。

【条文理解】

民事诉讼法第十九条规定中级人民法院管辖三类第一审民事案件，其中一类就是“重大涉外案件”。涉外民事案件是指具有涉外因素的民事案件，主要指以下三方面：（1）当事人一方或者双方是外国人、无国籍人、外国企业和组织；（2）当事人争议的民事法律关系的发生、变更或消失的法律事实在国外；（3）诉讼标的在国外。只要具备以上三种情形之一的，即为涉外案件。一般涉外民事案件由基层人民法院审理，只有具有重大影响的才由中级人民法院管辖。所谓重大影响是指案件的影响超出了基层人民法院辖区，在中级人民法院辖区产生了重大影响。判断的标准主要有三个：诉讼争议标的额大；案情复杂；一方当事人人数众多。

【审判实践中应当注意的问题】

“当事人人数众多”是指哪一方，本条与《92 年意见》第 1 条规定不同。《92 年意见》第 1 条规定必须是指“居住在国外的当事人”，而按照本条规定，没有作此区分，只要“一方当事人人数众多”，就属于“重大涉外案件”，不管其居住在国内还是国外。

【条文】

第二条

专利纠纷案件由知识产权法院、最高人民法院确定的中级人民法院和基层人民法院管辖。

海事、海商案件由海事法院管辖。

【条文主旨】

本条是关于专利纠纷案件、海事海商案件的级别管辖和专门管辖的规定。

【条文理解】

《92 年意见》规定所有第一审专利纠纷案件由最高人民法院确定的中级人民法院管辖。随着专利纠纷案件数量增多，且基层人民法院审判力量不断增强，最高人民法院陆续批复部分基层人民法院试点审理专利纠纷案件，2013 年 2 月 25 日最高人民法院审判委员会第 1570 次会议通过的《最高人民法院关于修改〈最高人民法院关于审理专利纠纷案件适用法律问题的若干规定〉的决定》（法释〔2013〕9 号）更是明确规定："最高人民法院根据实际情况，可以指定基层人民法院管辖第一审专利纠纷案件。"

2014 年，最高人民法院根据《全国人民代表大会常务委员会关于在北京、上海、广州设立知识产权法院的决定》，制定颁布了《关于北京、上海、广州知识产权法院案件管辖的规定》（法释〔2014〕12 号，2020 年已修正），自 2014 年 11 月 3 日起施行。该解释规定，北京、上海、广州知识产权法院管辖所在市辖区内的第一审专利民事案件和行政案件。

【审判实践中应当注意的问题】

知识产权法院职能和审级为中级人民法院，可以受理一审、二审和再审案件。知识产权法院所在市辖区内的第一审知识产权民事案件，除法律和司法解释规定应由知识产权法院管辖外，由基层人民法院管辖，不受诉讼标的额的限制。不具有知识产权民事案件管辖权的基层人民法院辖区内知识产权案件，由所在地高级人民法院报请最高人民法院指定具有知识产权民事案件管辖权的基层人民法院跨区域管辖。当事人对知识产权法院所在市的基层人民法院作出的第一审著作权、商标、技术合同、不正当竞争等知识产权民事和行政判决、裁定提起的上诉案件，由知识产权法院审理。

【条文】

第三条

公民的住所地是指公民的户籍所在地，法人或者其他组织的住所地是指法人或者其他组织的主要办事机构所在地。

法人或者其他组织的主要办事机构所在地不能确定的，法人或者其他组织的注册地或者登记地为住所地。

【条文主旨】

本条是关于住所地的规定。

【条文理解】

民法典第二十五条规定，自然人以户籍登记或者其他有效身份登记记载的居所为住所；经常居所与住所不一致的，经常居所视为住所。第六十三条规定，法人以其主要办事机构所在地为住所。依法需要办理法人登记的，应当将主要办事机构所在地登记为住所。公司法第十条规定，公司以其主要办事机构所在地为住所。本司法解释与法律规定保持一致。不能确定主要办事机构所在地时，以法人或者其他组织的注册地或者登记地为住所地。办事机构所在地是指执行法人或者其他组织的业务活动、决定和处理组织事务的机构所在地。在办事机构只有一个的情况下，该机构的所在地即为住所；在办事机构有多个并位于不同的地方时，则以主要办事机构所在地为住所。在无法确定主要办事机构所在地时，以法人或者其他组织的注册地或者登记地为住所地。

【审判实践中应当注意的问题】

在一般情况下，法人或者其他组织的主要办事机构所在地、注册地或者登记地、住所地是重合的。

【条文】

第四条

公民的经常居住地是指公民离开住所地至起诉时已连续居住一年以上的地方，但公民住院就医的地方除外。

【条文主旨】

本条是关于公民的经常居住地的规定。

【条文理解】

在2015年《民事诉讼法解释》调研论证过程中，对《92年意见》第5条要不要修改以及怎么修改，争议很大。

支持修改的意见认为：当今人口流动频繁，如坚持一年的期限，易造成起诉时的“经常居住地”与诉讼没有任何联系，不符合“两便”原则。如起诉前当事人二年内变换了三个居住地，每个地方均不超过一年，由在此之前当事人在某地方居住超过了一年而早已搬离该地的人民法院管辖，既不方便当事人诉讼，也不利于人民法院审理和执行。建议修改为：“公民的经常居住地是指公民离开住所地在起诉时的固定居所。但公民住院就医的地方除外。”起诉时的固定居所就是“经常居住地”，易于辨认，有利于减少管辖权异议的发生。起诉时的固定居所，应为当事人已稳定居住而不是临时居住，且有久住之意愿的地方。

还有意见认为：单纯以“连续居住一年以上”作为确定经常居住地的标准，已经不符合我国人口流动的客观实际。在审判实践中，常出现无法证明或难以确定经常居住地从而难以确定管辖法院的情形。当事人一般提交居住证或者村委会、居委会的居住证明，但此类证明出具比较随意，而且经常互相矛盾，实践中确实难以把握。因此，有必要修改以客观居住事实为依据的经常居住地认定标准，而结合当事人的就业、购房等具体情况综合考虑当事人是否有长期居住的主观意愿和客观事实。建议修改为：“公民的经常居住地是指公民离开住所至起诉时居住且已连续居住或者虽不连续居住，但其工作和从事其他社会活动连续一年以上的地方。”这里的“从事其他社会活动”应当可以涵盖公民经济生活和生存活动的全部社会生活，可以解决经常居住地有多个或者经常居住地难以确定的问题。

反对修改的意见认为：公民的经常居住地应该是公民生活、工作的中心之地，没有一定的期限无法判断。不论是缩短居住的期限还是增加其他认定标准，均涉及居住证明证据的审查，在实际操作中并不会比现有规定变得简单，且很多其他司法解释均参考了该条规定，如2012年公布的《涉外民事关系法律适用法解释（一）》第十五条规定，自然人在涉外民事关系产生或者变更、终止时已经连续居住一年以上且作为其生活中心的地方，人民法院可以认定为涉外民事关系法律适用法规定的自然人的经常居所地，但就医、劳务派遣、公务等情形除外。修改该条会牵涉若干司法解释均要作修改。

鉴于该条规定在司法实践中并未产生不能解决的问题，故予以保留，暂不作修改。

【审判实践中应当注意的问题】

第一，偶尔离开经常居住地，如探亲、休假等并不构成“连续居住”的中断。

第二，在当事人提居住证、村委会与居委会居住证明等证据出现矛盾时，应按照证据规则进行审查判断，必要时可组织双方当事人质证，依法确定经常居住地。

【条文】

第五条

对没有办事机构的个人合伙、合伙型联营体提起的诉讼，由被告注册登记地人民法院管辖。没有注册登记，几个被告又不在同一辖区的，被告住所地的人民法院都有管辖权。

【条文主旨】

本条是关于以没有办事机构的个人合伙、合伙型联营体为被告案件管辖的规定。

【条文理解】

合伙是指两个以上的自然人、法人或者其他组织，根据合伙合同而共同出资、共同经营，依照合同约定或者法律规定承担责任的组织。个人合伙以及合伙型联营体具有团体性特点，应当进行工商注册登记，可以成立办事机构，虽不能独立承担民事责任，但可以作为当事人参加民事诉讼。因此，其作为被告被起诉时，应该参照本解释第三条关于法人或其他组织住所地的规定，确定案件管辖的法院。当个人合伙以及合伙型联营体没有注册登记时，只能以参加合伙的个人或企业等作为原告、被告。在这种情况下，不需考虑合伙的特点，按照“原告就被告”的原则确定管辖即可。

【条文】

第六条

被告被注销户籍的，依照民事诉讼法第二十三条规定确定管辖；原告、被告均被注销户籍的，由被告居住地人民法院管辖。

【条文主旨】

本条是关于被告被注销户籍案件管辖的规定。

【条文理解】

民事诉讼法第二十二条规定了“原告就被告”一般地域管辖原则。同时，民事诉讼法第二十三条规定了四种情形作为“原告就被告”原则的例外：（1）对不在中华人民共和国领域内居住的人提起的有关身份关系的诉讼；（2）对下落不明或者宣告失踪的人提起的有关身份关系的诉讼；（3）对被采取强制性教育措施的人提起的诉讼；（4）对被监禁的人提起的诉讼。立法的初衷，主要是考虑到某些特定情形的诉讼案件，如果坚持以被告住所地确定管辖法院，将会给法院审理案件和当事人参加诉讼带来不便。本条针对的就是被告一方被注销户籍情况下，地域管辖法院如何确定的问题。

【条文】

第七条

当事人的户籍迁出后尚未落户，有经常居住地的，由该地人民法院管辖；没有经常居住地的，由其原户籍所在地人民法院管辖。

【条文主旨】

本条是关于当事人户籍迁出后尚未落户情形下如何认定住所地的规定。

【条文理解】

当事人的住所地是确定民事案件地域管辖的重要连接点。

一般来说，根据当事人的住所地，判断人民法院是否具备案件的地域管辖权，需要分两步完成。第一步，根据民事诉讼法第二十二条、第二十三条的规定，先行明确这个案件地域管辖的前提，是“原告就被告”由被告住所地人民法院管辖，还是“原告就被告”的例外由原告住所地人民法院管辖。第二步，根据当事人住所地的实际情况，认定案件地域管辖的地域法院。以甲以乙为被告提起合同纠纷之诉为例，乙的住所地是确定地域管辖的连接点，这是适用法律的前提和基础，而最终管辖法院的确定，还需要考虑乙的住所地的实际情况。如果乙的户籍并未迁出或者迁出后已经入户，依据民法典第二十五条关于“自然人以户籍登记或者其他有效身份登记记载的居所为住所；经常居所与住所不一致的，经常居所视为住所”的规定，可以确定乙的住所地。但是，如果乙的户籍已经迁出但尚未落户，如何认定乙的住所地？《92 年意见》第 7 条关于"当事人的户籍迁出后尚未落户，有经常居住地的，由该地人民法院管辖。没有经常居住地，户籍迁出不足一年的，由其原户籍所在地人民法院管辖；超过一年的，由其居住地人民法院管辖"规定，解决的就是上述问题。2015 年《民事诉讼法解释》对这个条款的主要内容进行了保留。同时，考虑到本解释第四条已经明确规定了公民的经常居住地的认定标准，即离开住所地至起诉时已连续居住一年以上的地方，如还按《92 年意见》第 7 条规定"超过一年的，由其居住地人民法院管辖"显得重复累赘，故直接表述为："当事人的户籍迁出后尚未落户，有经常居住地的，由该地人民法院管辖；没有经常居住地的，由其原户籍所在地人民法院管辖。"

【条文】

第八条

双方当事人都被监禁或者被采取强制性教育措施的，由被告原住所地人民法院管辖。被告被监禁或者被采取强制性教育措施一年以上的，由被告被监禁地或者被采取强制性教育措施地人民法院管辖。

【条文主旨】

本条是关于当事人被监禁或被采取强制性教育措施案件管辖的规定。

【条文理解】

为便于当事人行使诉讼权利和法院审理案件，民事诉讼法第二十三条第三项和第四项规定，对于被采取强制性教育措施或者被监禁的人提起的诉讼，可以由原告住所地人民法院管辖。但是，对于原告、被告双方被采取强制性教育措施或者被监禁时，如何确定案件的地域管辖，法律没有明确规定。为此，《92 年意见》第 8 条规定："双方当事人都被监禁或被劳动教养的，由被告原住所地人民法院管辖。被告被监禁或被劳动教养一年以上的，由被告被监禁地或被劳动教养地人民法院管辖。"应该说，这一规定遵循了"原告就被告"的一般原则，契合立法本意，有利于解决司法实践中遇到的法律适用问题。2015 年本司法解释起草时，根据 2013 年 12 月 28 日第十二届全国人大常委会第六次会议通过的《关于废止有关劳动教养法律规定的决定》，将"劳动教养"改为"强制性教育措施"。

【条文】

第九条

追索赡养费、扶养费、抚养费案件的几个被告住所地不在同一辖区的，可以由原告住所地人民法院管辖。

【条文主旨】

本条是关于追索赡养费、扶养费、抚养费案件的几个被告住所地不在同一辖区情形下如何确定管辖法院的规定。

【条文理解】

民事诉讼法规定“原告就被告”的一般地域管辖原则，宗旨是保护被告的利益和防止原告滥诉，以及便于法院执行。无论是大陆法系还是英美法系，都遵循这一基本准则。但是，对于某些特定类型的案件，双方当事人之间在社会资源的占有上是不对等的，强者占据份额远高于弱者。在此情况下，如果弱者以强者为被告提起诉讼，以强者住所地确定地域管辖，就会导致实质上的不平等。因此，有必要在确定诉讼管辖时，重新分配强者、弱者之间的诉讼成本、诉讼风险比例，给予弱者一定的保护性关怀，从而实现实质上的正义。一般认为，我国民事诉讼法第二十三条关于“被告就原告”原则几种情形的规定，就具有保护性管辖的因素。

赡养是指子女或者晚辈对父母或者长辈在物质上和生活上的帮助。追索赡养费的诉讼的原告，显然是处于弱者地位。在几个被告住所地不在同一辖区的情况下，再行依据被告住所地确定管辖，势必增加原告诉累。因此，《92年意见》第9条规定了“追索赡养费案件的几个被告住所地不在同一辖区的，可以由原告住所地人民法院管辖”，赋予原告选择向自己住所地法院起诉的权利，进一步体现了对弱势群体的保护性管辖。因赡养费、抚育费、扶养费的追索引发的纠纷，主体之间强弱地位都是不对等的，故本解释2015年制定时，在保留《92年意见》上述规定的同时，增加了追索“抚育费”“扶养费”的两种情形。因2021年民事诉讼法修改时，为了与民法典的规定保持一致，将原条文中使用的“抚育费”统一修改为“抚养费”，故本解释也对照修改了表述，并按照民事诉讼法，对该三项费用的顺序进行了调整。

【审判实践中应当注意的问题】

追索赡养费、扶养费、抚养费案件的几个被告，住所地不在同一辖区的，本解释规定的是可以由原告住所地人民法院管辖，这赋予了原告选择向自己住所地法院起诉的权利。但是，如果原告坚持向被告住所地法院起诉，根据民事诉讼法第二十二条的相关规定，被告住所地法院当然具有管辖权。

【条文】

第十条

不服指定监护或者变更监护关系的案件，可以由被监护人住所地人民法院管辖。

【条文主旨】

本条是关于不服指定监护或变更监护关系案件管辖的规定。

【条文理解】

监护是为监督和保护无民事行为能力人和限制民事行为能力人的合法权益而设立保护人的一种民事法律制度。我国民法典第三十一条规定："对监护人的确定有争议的，由被监护人住所地的居民委员会、村民委员会或者民政部门指定监护人，有关当事人对指定不服的，可以向人民法院申请指定监护人；有关当事人也可以直接向人民法院申请指定监护人。居民委员会、村民委员会、民政部门或者人民法院应当尊重被监护人的真实意愿，按照最有利于被监护人的原则在依法具有监护资格的人中指定监护人。依据本条第一款规定指定监护人前，被监护人的人身权利、财产权利以及其他合法权益处于无人保护状态的，由被监护人住所地的居民委员会、村民委员会、法律规定的有关组织或者民政部门担任临时监护人。监护人被指定后，不得擅自变更；擅自变更的，不免除被指定的监护人的责任。"根据民法典的上述规定，被监护人并不是当然的不服指定监护或者变更监护关系诉讼的当事人。例如，甲作为未成年人乙的近亲属，被乙住所地的丙居民委员会指定为监护人，甲不服指定监护向法院提起诉讼，显然丙居民委员会是被告，而乙只是与案件的审理有着直接的利害关系。

在不服指定监护或者变更监护关系案件审理过程中，为充分保护被监护人的权利，法官往往需要主动征询被监护人意见及调查具体案情。因此，此类案件可以按照特殊地域管辖，由被监护人住所地法院管辖。但是，可以由被监护人住所地法院管辖，并不等于排斥被告住所地法院管辖。换而言之，被指定监护人如果不服居民委员会、村民委员会或者民政部门的指定监护，也可以选择向居民委员会、村民委员会或者民政部门住所地的人民法院提起诉讼。

【审判实践中应当注意的问题】

本条规定“可以”由被监护人住所地法院管辖，并非排斥被告住所地法院管辖。因此，与本解释第九条的规定相似，如果原告坚持向被告住所地法院起诉，根据民事诉讼法第二十二条的相关规定，被告住所地法院当然具有管辖权。

【条文】

第十一条

双方当事人均为军人或者军队单位的民事案件由军事法院管辖。

【条文主旨】

本条是关于军事法院专门管辖情形的规定。

【条文理解】

依法维护国防利益和军事利益、军人军属的合法权益是人民法院的重要职责和使命。《92 年意见》第 11 条规定：“非军人对军人提出的离婚诉讼，如果军人一方为非文职军人，由原告住所地人民法院管辖。离婚诉讼双方当事人都是军人的，由被告住所地或者被告所在的团级以上单位驻地的人民法院管辖。”一般认为，《92 年意见》的上述规定，既遵循了“原告就被告”的诉讼管辖原则，又考虑到非军人对非文职军人提起诉讼时，由非军人住所地管辖，体现了便于法院审理和便于当事人参加诉讼的要求。

随着经济社会的快速发展和国防建设的稳步推进，军内民事案件已不再局限于军人婚姻家庭，还包括武器装备订货、军队财产转让与租赁、涉军人身或财产损害赔偿等。随着军内民事案件数量的大幅增长，自 1992 年以来，最高人民法院多次以复函的形式，同意军事法院扩大审理民事案件的范围。一段时期内，军事法院审结的案件类型主要集中在合同纠纷、借贷纠纷、婚姻家庭纠纷、侵权损害赔偿纠纷、权属纠纷和医疗损害赔偿纠纷，双方当事人大多为军人和军队单位，但也有军事法院受理地方当事人起诉军人或者军队单位的案件。可以说，通过军事法院开展民事审判，能及时化解民事矛盾纠纷，有力维护部队官兵的合法利益。

但是，军事法院民事案件审理仍然存在着一些深层次的问题。例如，军事法院受理民事案件的法律依据不足，军事法院组织法尚未发布实施，关于军事法院扩大民事案件审理范围的依据是最高人民法院的复函而不是司法解释，等等。为此，最高人民法院着手对军事法院民事案件受理范围和条件进行规范，主要体现在以下四个方面：第一，坚持军事法院管辖民事案件范围适当性原则。军事法院是专门法院，其管辖民事案件范围应有限度。第二，坚持“两便”原则。对于交通不变和当地未设军事法院的，赋予当事人选择向地方法院起诉的权利。第三，坚持程序公正原则。管辖问题是当前民事诉讼中引发争议较多的方面，对当事人实体权益影响较大，因此，要高度体现对当事人程序权利的保障。第四，兼顾国防利益、军人权益和地方当事人权益保护的原则。

基于以上考虑，2012 年 8 月 28 日，最高人民法院发布了《最高人民法院关于军事法院管辖民事案件若干问题的规定》（法释〔2012〕11 号，2020 年已修正），对军事法院管辖审理民事案件职能进行了调整完善，并自同年 9 月 17 日起施行。因《92 年意见》第 11 条关于“非军人对军人提出的离婚诉讼，如果军人一方为非文职军人，由原告住所地人民法院管辖”的内容，与《最高人民法院关于军事法院管辖民事案件若干问题的规定》第二条“下列民事案件，地方当事人向军事法院提起诉讼或者提出申请的，军事法院应当受理：……（三）当事人一方为军人的婚姻家庭纠纷案件”内容相冲突，应予废除。而《92 年意见》第 11 条关于“离婚诉讼双方当事人都是军人的，由被告住所地或者被告所在的团级以上单位驻地的人民法院管辖”的内容，也体现在了《最高人民法院关于军事法院管辖民事案件若干问题的规定》第一条的内容里，再行规定没有必要。因此，2015 年《民事诉讼法解释》废除了《92 年意见》第 11 条，吸收了“双方当事人均为军人或者军队单位的民事案件由军事法院管辖”作为第十一条的内容。

【审判实践中应当注意的问题】

2021 年民事诉讼法修改废除了《92 年意见》第 11 条，但是，对于涉军离婚的诉讼管辖，应区别以下情形：第一，双方当事人都是军人的，由军事法院专门管辖，地方法院没有管辖权。第二，非军人一方对军人一方提起离婚诉讼，如果军人一方为非文职军人，非军人一方可以选择向自己的住所地人民法院起诉，该地方法院可以受理；军人一方为文职军人的，非军人一方可以选择向军人住所地法院起诉，该地方法院可以受理。第三，军人一方对非军人一方提起离婚诉讼，如果军人一方向非军人一方住所地法院起诉，该地方法院可以受理。

【条文】

第十二条

夫妻一方离开住所地超过一年，另一方起诉离婚的案件，可以由原告住所地人民法院管辖。

夫妻双方离开住所地超过一年，一方起诉离婚的案件，由被告经常居住地人民法院管辖；没有经常居住地的，由原告起诉时被告居住地人民法院管辖。

【条文主旨】

本条是关于离婚诉讼案件相关情形一般地域管辖的规定。

【条文理解】

民事诉讼法第二十二条第一款规定："对公民提起的民事诉讼，由被告住所地人民法院管辖；被告住所地与经常居住地不一致的，由经常居住地人民法院管辖。"因此，对于夫妻双方均在住所地生活的，一方提起离婚诉讼，应该适用"原告就被告"的一般地域管辖原则，由被告住所地人民法院管辖。但是，具体到夫妻一方或者双方离开住所地的离婚诉讼，如何确定一般地域管辖，民事诉讼法没有作出明确的规定，《92 年意见》第 12 条进行了回应，解决了法律适用过程中存在的问题。2015 年《民事诉讼法解释》对《92 年意见》第 12 条进行了以下修改：

一是增加了"可以"的表述，即"夫妻一方离开住所地超过一年，另一方起诉离婚的案件"，原告可以选择向自己住所地的法院起诉。当然，原告能够提供证据证明被告离开住所地后，在暂住地连续居住超过一年的，也可以向该经常居住地人民法院提起诉讼。

二是突破了"居住地"的一般理解。本条第二款规定，夫妻双方离开住所地超过一年，一方起诉离婚的案件，由被告经常居住地人民法院管辖；没有经常居住地的，由原告起诉时被告居住地人民法院管辖。这也就意味着，如果在双方都离开住所地的情形下，原告能证明被告在暂住地连续居住超过一年的，可以向被告经常居住地法院起诉。原告不能证明被告在暂住地居住超过一年，但是，能够证明被告在暂住地固定居住的，仍然可以向被告暂住地法院起诉。

【审判实践中应当注意的问题】

关于流动人口经常居住地的认定，根据本解释第四条的规定，是指公民离开住所地至起诉时已连续居住一年以上的地方。但是，具体到夫妻双方离开住所地超过一年，一方起诉离婚的案件，被告没有经常居住地这一特定情形，为减少原告方诉累，本解释规定只要原告证明被告有固定住所，即可向被告暂住地法院起诉。同时，这也为人民法院下一步的审理、执行提供了便利。

【条文】

第十三条

在国内结婚并定居国外的华侨，如定居国法院以离婚诉讼须由婚姻缔结地法院管辖为由不予受理，当事人向人民法院提出离婚诉讼的，由婚姻缔结地或者一方在国内的最后居住地人民法院管辖。

【条文主旨】

本条是关于离婚诉讼案件相关情形地域管辖的规定。

【条文理解】

自改革开放以来，我国对外交流活动日益频繁，很多国人走出国门在国外定居，由此引发了在国内结婚并定居国外的华侨离婚诉讼管辖问题。因此，《92 年意见》第 13 条规定了婚姻缔结地特殊地域管辖和一方在国内最后居住地一般地域管辖的方式，从而明确了此类离婚诉讼的管辖法院。2015 年《民事诉讼法解释》保留了这一条款，同时，为保持司法解释前后文字表述的一致性，用“或者”替代了“或”。

【条文】

第十四条

在国外结婚并定居国外的华侨，如定居国法院以离婚诉讼须由国籍所属国法院管辖为由不予受理，当事人向人民法院提出离婚诉讼的，由一方原住所地或者在国内的最后居住地人民法院管辖。

【条文主旨】

本条是关于离婚诉讼案件相关情形一般地域管辖的规定。

【条文理解】

本条保留了《92 年意见》第 14 条的规定，明确对于在国外结婚并定居国外的华侨提起的离婚诉讼，定居国以须由国籍所属国法院管辖为由不予受理的，可以依据一般地域管辖原则，由任何一方原住所地或者在国内的最后居住地人民法院管辖。同时，在文字表述上，使用“或者”替代了“或”，整个条文的意思并没有发生改变，达到了与本解释前后文字表述一致的目的。

【条文】

第十五条

中国公民一方居住在国外，一方居住在国内，不论哪一方向人民法院提起离婚诉讼，国内一方住所地人民法院都有权管辖。国外一方在居住国法院起诉，国内一方向人民法院起诉的，受诉人民法院有权管辖。

【条文主旨】

本条是关于离婚诉讼案件相关情形地域管辖的规定。

【条文理解】

对于夫妻一方居住在国外的离婚诉讼，在双方仍然是中国公民的前提下，《92 年意见》第 15 条强调了属人管辖的原则，规定无论一方居住国法院是否受理诉讼，只要一方当事人向国内法院提起诉讼，国内一方住所地的人民法院都有权管辖。

【审判实践中应当注意的问题】

在本条适用过程中，应注意国外一方在居住国法院起诉，国内一方向国内起诉的人民法院，必须是国内一方住所地的人民法院，而不是国内任意一个人民法院都有权管辖。

【条文】

第十六条

中国公民双方在国外但未定居，一方向人民法院起诉离婚的，应由原告或者被告原住所地人民法院管辖。

【条文主旨】

本条是关于离婚诉讼案件相关情形地域管辖的规定。

【条文理解】

对于中国公民双方在国外但未定居，一方向人民法院起诉离婚的，应由原告或者被告原住所地人民法院管辖，体现了此类离婚诉讼的一般地域管辖原则，即可以由原告原住所地人民法院管辖，也可以由被告原住所地人民法院管辖。

【条文】

第十七条

已经离婚的中国公民，双方均定居国外，仅就国内财产分割提起诉讼的，由主要财产所在地人民法院管辖。

【条文主旨】

本条是关于已离婚的中国公民，双方均定居国外，仅涉及国内财产分割案件的特殊地域管辖的规定。

【条文理解】

民事诉讼法第三条规定："人民法院受理公民之间、法人之间、其他组织之间以及他们相互之间因财产关系和人身关系提起的民事诉讼，适用本法的规定。"司法实践中，人民法院受理的离婚诉讼案件，主要分为三种类型：一是人身关系纠纷，即夫妻一方提起诉讼，仅请求解除婚姻关系；二是人身关系和财产关系纠纷合并的，即夫妻一方起诉离婚的同时，请求分割共同财产；三是财产关系纠纷，即婚姻关系解除后，一方提起诉讼请求分割共同财产。

对于普通的离婚诉讼案件，在确定管辖法院时，适用民事诉讼法关于管辖的一般规定。本解释第十二条至第十六条的规定主要解决的是特定情形下发生的第一种和第二种类型离婚诉讼如何确定管辖法院的问题。2015年《民事诉讼法解释》起草过程中，很多专家学者和实务部门的同志提出对于已经离婚的中国公民且双方均定居在国外，如果仅就国内财产分割提起诉讼，如何确定管辖法院的问题。而且，这种情形在司法实践中具有一定的普遍性。考虑这类情形的离婚诉讼，仅请求分割共同财产，不涉及身份管辖，由主要财产所在地人民法院管辖，既有利于查明事实，也有利于裁判的执行，因此本条规定了此类情形的特殊地域管辖。

【审判实践中应当注意的问题】

对于已经离婚的中国公民且双方均定居国外的离婚诉讼，如果仅就国内财产分割发生纠纷，应当依据本条关于特殊地域管辖的规定，向主要财产所在地人民法院提起诉讼，而不能依据一般地域管辖的规定，向当事人在国内的原住所地法院提起诉讼。离婚后财产分割纠纷，不涉及离婚等身份事项，是纯粹的财产分割纠纷，本条规定由主要财产所在地人民法院管辖，是一种特殊的地域管辖。

本条规定的主要财产所在地，是指当事人请求分割的财产中价值最大财产的所在地。如果有多项财产，分别处于不同法院的管辖区域，则应当按照各法院管辖区域内财产价值确定主要财产。

同时要注意，本条所规定的主要财产所在地，包括不动产所在地，也包括其他财产所在地。在既有不动产，又有其他财产时，如何确定主要财产？例如，分割财产中有1000万元证券在北京，500万元存款在上海，价值50万元的房屋在海南，能否以价值最大的证券所在地北京的法院确定管辖？我们认为，本条规定是为便利当事人诉讼、便于法院审理而设计的一种特殊管辖规则，如果主要财产不是不动产且与不动产财产不在同一地点的，可以由该主要财产所在地的法院管辖该案件。

【条文】

第十八条

合同约定履行地点的，以约定的履行地点为合同履行地。

合同对履行地点没有约定或者约定不明确，争议标的为给付货币的，接收货币一方所在地为合同履行地；交付不动产的，不动产所在地为合同履行地；其他标的，履行义务一方所在地为合同履行地。即时结清的合同，交易行为地为合同履行地。

合同没有实际履行，当事人双方住所地都不在合同约定的履行地的，由被告住所地人民法院管辖。

【条文主旨】

本条是关于合同履行地的规定。

【条文理解】

合同履行地点是合同按照约定或者实际履行的地点。

对合同履行地的理解要把握以下问题。

1. 民事实体法与民事诉讼法中履行地的含义

合同在一般情况下都是双务合同，即当事人的义务是对应的，而履行地主要是指义务履行地点。在合同有两个义务履行地点的情况下，必须选择其一为确定管辖的履行地点。司法实践中，当事人在不同的履行地点任意起诉或以不同的履行地任意抗辩，以及法律和司法解释对合同履行地认定的缺陷，导致诉权的行使和管辖权的确定出现一定程度的混乱。

（1）民事实体法中的合同履行地。按照通说理解，合同的履行是指合同的双方当事人正确、适当地完成合同中规定的双方应当承担的义务行为，合同的履行地点即为债务人履行债务和债权人接受履行的地方。合同的实质内容，即是双方当事人就彼此的权利义务作出约定。一般而言，合同义务是双务的，一方负有给付义务时，另一方则会负有相应的对待给付义务作为对价。双方约定的义务内容不同，履行的方式也不同，履行地也可能相应地发生变化。当事人为多数时，可以各自约定不同的履行地点。同一个合同的数个给付不必约定相同的履行地点，尤其是双务合同中的两个债务，可以有两个履行地点。换句话说，民法中的合同履行地是与义务或债务的履行相联系的，一个合同关系中各项义务的履行地是相互独立的。

（2）民事诉讼法中的合同履行地。我国民事诉讼法以及相关的司法解释并没有像民法典那样，对合同履行地的确定规定一般原则。司法解释中多只是对具体合同的履行地作出大量细节的规定，显得没有简单的规律可循。一般而言，审判实践中，履行地的确定一般遵循“特征履行地”为主、结合“实际履行地”的判断原则。

第一，特征履行地规则。主流观点认为，在合同约定的众多义务中，尤其是互负债务的双务合同中，必有一个能反映合同本质特征的义务。不同合同的类型彼此相异，主要原因就在于这个本质特征义务的区别。而一般认为，在双务合同中非金钱给付义务是该类合同的区分标志，只有这个特征义务的履行地才是确定管辖应依据的履行地。比如，买卖合同的目的是一方向另一方转移标的物所有权，交付标的物义务是买卖合同的特征义务，因此买卖合同履行地的判断一般应该依据交付标的物义务的履行地确定。同理，加工承揽合同、财产租赁合同、融资租赁合同的履行地为加工行为地、租赁物使用地等，因为这些合同的特征义务就是货物加工、租赁物交付使用等。

第二，实际履行地规则。选取特征义务之后，合同是否实际履行也会影响履行地的确定，这依我国现行法又可分为多种情况。首先，合同没有实际履行的，依据本解释第十八条第三款的规定确定管辖，即“合同没有实际履行，当事人双方住所地都不在合同约定的履行地的，由被告住所地法院管辖”。此外，实际履行中发生履行地点变更的，也可能导致管辖地发生相应变化。但是在这种分类下，法律规定并未穷尽所有情形。比如，对于当事人没有约定履行地点或者有多个履行地的、合同没有实际履行的，立法就处于空白状态。

（3）民事实体法与民事诉讼法对合同履行地的不同认识。我国民事诉讼法中，合同履行地很大意义上是一个纯粹的程序法的裁判概念，只是为了方便法院的管辖确定。而实体法的履行地规则是为了指导合同当事人准确履行债务，促进合同的履行，防范履行风险，减少纠纷的发生。在民事实体法意义上，履行地是为合同项下义务履行服务的，与具体的义务紧密联系，同一合同中往往双方的履行地是多样的。而在民事诉讼法中履行地虽然和部分合同义务有关，但主要根据合同的实体性质判断，且每个合同的履行地一般是固定的。

2.《92 年意见》合同履行地规则的弊端

民事诉讼法未对合同履行地进行定义，而实体法和实体法理论则对合同履行地作了详细阐述。法院在审理合同履行地管辖争议案件时，能否当然援引实体法中的"合同履行地"解决程序法的管辖问题，在 2015 年《民事诉讼法解释》起草过程中存在争论。一种观点认为，从立法本意上看，两者是同一的。因为民事诉讼法没有对"合同履行地"一词另行作出特殊的规定，不适用合同法对合同履行地的规定无法理依据。大多数观点在阐述如何确定合同案件的管辖权时，明确指出"对履行地约定不明确的合同，应当根据合同法第六十二条的规定确定履行地"。根据实体法理论，可将程序法的合同履行地定义为当事人根据合同约定或者法律规定履行合同义务的地点。要确定合同履行地管辖，首先要确定是否有合同约定，若没有合同约定，可根据合同法第六十一条和第六十二条的规定进行确定。这样一来，不论是口头合同还是书面合同，也不论是否约定了合同履行地以及是否实际履行了合同，任何合同纠纷都有可能依据实体法的合同履行地确定管辖权。另一种观点认为，实体法上的合同履行地具有两个特点：一是不确定性。当事人是因合同的履行产生纠纷才起诉到法院，合同是否需要履行、怎样履行都存在争议，履行合同地点当然也是双方实体争议的一部分，在法院作出实体判决之前，合同履行地实际上无法确定。二是合同履行地具有多样性。根据实体法理论，当事人履行合同义务的地点包括主合同履行地、从合同履行地、随附义务履行地，还有书面约定的履行地、口头约定的履行地、实际履行地等。这两个特点也必然导致合同管辖的混乱及管辖争议的大量存在，进而导致法院先审实体后定管辖和"被告就原告"。因此，该观点认为实体法上的合同履行地存在大量争议是合同管辖混乱的最初根源。

最高人民法院为了减少管辖权争议，对几类常见且易产生纠纷的合同，如买卖、加工承揽、财产租赁、融资租赁、补偿贸易、借款、证券回购、企业联营等合同的合同履行地作了限制性规定，这就产生了一些有名合同（如买卖合同、借款合同等）的合同履行地在程序法中的含义与实体法中的含义不一致的情况。如买卖合同，根据程序法的司法解释，合同履行地仅为书面合同约定的合同履行地或货物交付地。而在实体法含义中，货物到达地、到站地、验收地、接收地、货币接收地当然都是合同履行地。由于司法解释对这些有名合同的合同履行地所作的规定与实体法中的规定不同，故此处合同履行地的含义与实体法中的含义并不同一。民事诉讼法的合同履行地规则与实体法含义的分离，在审判实践中造成合同纠纷的管辖权异议的泛滥，最高人民法院就具体个案的管辖权争议作的批复、通知、复函就多达上百件。因此，确立一个更为简便的规则，就是2015年《民事诉讼法解释》起草本条的出发点。

3. *以程序法的规定为原则结合实体法内容确定合同履行地认定规则*

纵观世界上多数国家的立法例，合同履行地规则是一个被广泛认可的规则。各国民法关于动产所有权转移的理论依据不同，从而影响了民事诉讼的相关立法。19世纪的德国学者萨维尼提出，合同债务关系的本座是履行地，因为合同当事人的期望集中于债的履行，因此合同应适用其履行地法。[①] 这种观点对德国法院有着巨大而深远的影响。大陆法系国家都以债务履行地法院管辖为多。以德国为代表的“形式主义”观点认为，所有权的约定和转移，除了须有当事人的一致意思表示之外，还必须具备一定的形式，交付行为即为所有权转移的形式。基于此，《德国民事诉讼法》第29条规定：“因契约关系而发生的争议，由有争议的债务的履行地的法院管辖之。”按德国学者的解释，此条中的履行地是指法定的履行地，也即实体法规定的履行地。在这里，《德国民事诉讼法》作了非常理性的划分，以“涉诉债务”为连接点解决了确定管辖的难题，即涉讼债务履行地法院为有权管辖法院。[②]《法国民事诉讼法》第46条规定，“合同案件，要求实际交付货物的地点，或给付履行地的法院”管辖。《瑞士民法典》规定，民商事案件必须向被告的住所地法院提出。《瑞士联邦国际私法》规定，如果被告在瑞士既没有住所，也没有惯常居所或分支机构，针对他违反合同的诉讼可以向其债务履行地的瑞士法院提起。[③] 英美法系国家确定合同案件主要适用长臂管辖规则，但合同履行地一直是长臂管辖规则中确定管辖的一个连接因素。《美国冲突法第一次重述》中，关于履行合同规定适用合同履行地法。而国际条约中2002年3月1日生效的欧盟《民商事事件管辖权及判决的承认与执行条例》

---

① 参见吕岩锋：《国际合同法律适用理论的归纳与扬弃》，载http//www. daima. com. cn.

② 参见卢国平：《从履行地看买卖合同纠纷案件的管辖》，载http：//www. chinacourt. org/public.

③ 参见欧福永、王素蛾：《瑞士民事管辖权及判决的承认与执行制度初探》，载北大法律信息网。

第五条规定，有关合同案件，由债务履行地法院管辖，除非另有约定。①

从上述世界各国法律及国际条约的规定看，对合同争议都规定了由有争议的债务履行地法院管辖，该履行地一般是指法定的履行地，即实体法规定的履行地，当事人有约定时从约定；或者规定当事人可以在物之实际交付地和给付履行地中选择管辖法院，解决约定履行地与实际履行地不一致时当事人的选择权和处理方式问题。为使合同履行地的确定规则更加简单、明确，减少管辖权异议和争议，2015 年《民事诉讼法解释》关于合同履行地的规定对《92 年意见》的多个条文进行整合。

在 2015 年《民事诉讼法解释》的起草过程中，也有意见认为，对合同履行地没有约定的，按法定处理，理由是：首先，本处的“法定”，是指法律或司法解释对某类有名合同的履行地的具体规定，如《最高人民法院关于审理建设工程施工合同纠纷案件适用法律问题的解释》（现已失效）第二十四条规定：“建设施工合同纠纷以施工行为地为合同履行地。”这样规定明确了约定优先的原则，且基本统一了诉讼法和实体法上的认定标准。由于借款合同的履行地另行规定，本条不涉及。其次，即时清结的合同（如集市买卖）产生的纠纷在交易行为地处理符合“两便”原则，故规定即时清结合同以交易行为地为合同履行地。认为“有约定依约定，无约定依法定，既无约定又无法定则按照合同法第六十二条第三项的规定”确定合同履行地原则更为简单明了，便于适用。但 2015 年《民事诉讼法解释》未采纳该种意见，理由是 2015 年《民事诉讼法解释》已经规定网络买卖合同等几种特殊合同的履行地，为使合同履行地确定只设定一个规则，不再出现“依法定”这种表述为宜。

【审判实践中应当注意的问题】

1. 关于本条规定与此前最高人民法院有关司法解释规定的关系问题

按照本解释第五百五十条规定，本解释实施以后，最高人民法院以前发布的司法解释与本解释不一致的，不再适用。因此，最高人民法院此前发布的司法解释中涉及合同履行地确定的规定，凡与本条规定不一致，且不属于本解释明确规定适用特殊规则的合同类型的，都不再适用，只能适用本条规定。

2. 关于确定合同履行地的问题

根据本条规定，确定合同履行地法院管辖时，分三个层面处理。首先，

① 参见姜启波、孙邦清：《诉讼管辖》，人民法院出版社 2005 年版，第 97 页。

当事人在合同中对合同履行地点有约定的，则按照约定确定合同履行地，从而确定合同履行的管辖法院，不考虑该合同是否已经实际履行以及实际履行地点是否与约定的不同。其次，如果当事人在合同中对履行地点没有约定或者约定不明确的，则按照合同纠纷中争议标的的种类来分别确定合同履行地。具体分为三种情形：一是争议的标的是给付货币的，则以接收货币一方的所在地为合同履行地；二是争议标的为交付不动产的，以不动产所在地作为合同的履行地；三是争议标的为前述给付货币和交付不动产之外的其他标的的，如动产、财产权利的交付等，则以履行义务一方的所在地为合同履行地。最后，本条规定了按照合同履行地确定管辖法院的两种特例：一是当事人虽然在合同中约定了履行地，但没有实际履行，且当事人双方住所地都不在合同约定的履行地的，则直接由被告住所地人民法院管辖，不再适用合同履行地确定管辖法院。二是当事人在合同中没有约定履行地点或者约定不明的，即时结清的合同，直接以实际交易行为地为合同履行地。

（1）关于争议标的的理解问题。本条第二款规定了按照争议标的的种类分别确定合同履行地，因此，准确把握争议标的是关键。本条第二款规定使用“争议标的”一词，主是来源于合同法第六十二条第三项规定并借鉴其他国家合同履行地的确定规则，就是指当事人诉讼请求所指向的合同义务内容，因此，可以称为“涉诉债务”。合同履行地就是合同义务的履行地，合同义务履行地根据合同义务的履行情况，可以是一个履行地，也可以是不同的履行地。双务合同和多务合同，当事人分别负有不同的合同义务，通常每一合同义务都有其履行地，合同法第六十二条第三项规定即如此。当事人因合同义务的履行而发生合同纠纷，起诉到法院时，以合同履行地确定管辖法院的，则以当事人争议的合同义务的履行地作为确定管辖的合同履行地。这既明确简单，又符合纠纷管辖的最密切联系地点的原则。即使是单务合同，如果存在两项以上的不同合同义务时，也可能出现两个以上履行地的情况。发生合同纠纷时，也要以争议的合同义务来确定履行地。对争议标的的理解，特别注意不能把争议标的等同于诉讼请求。合同纠纷中，诉讼请求是基于合同关系主张对方承担的合同责任，主要是违约责任。合同履行地不能按照诉讼请求种类确定，只能依照争议的合同义务确定，也即按诉讼请求所指向的合同义务确定。

（2）关于争议标的为给付货币的理解问题。本条规定的“争议标的为给付货币”，是指争议的合同义务是以给付货币为内容。最为典型的合同义务为给付货币的是借款合同。如果贷款方起诉借款方要求还本付息，争议标的则为借款方负有的向贷款方归还本金和支付利息的义务，接收货币的一方就是贷款方，贷款方可以其所在地为合同履行地，向该地人民法院提起诉讼。如果在借款合同签订后，贷款方违约未交付借款，借款方起诉要求贷款方发放借款的，争议标的就是贷款方负有的向借款方发放借款的义务，接受货币的一方就是借款方，此时借款方可以以其所在地为合同履行地，向该地的人民法院提起诉讼。借款合同中，贷款方需交付借款，借款方需归还借款，双方都有可能成为接收货币的一方，债权人和债务人都有可能成为接收货币的一方，其所在地也都有可能成为合同履行义务一方所在地。借款合同之外的其他合同，如果争议的合同义务内容为给付货币的，也可以适用本条关于接收货币一方所在地为合同履行地的规定确定管辖法院。例如，买卖合同约定买方负有先支付货款的义务，卖方后交付货物，买方未按照合同支付货款，卖方起诉要求买方支付货款的，争议标的为给付货币，卖方为接收货币一方，卖方所在地可以认定为合同履行地。

（3）关于其他标的以履行义务一方所在地为合同履行地的理解问题。其他标的是指货币和不动产以外的其他标的，包括动产、财产权利等。实践中应当注意，当事人起诉要求对方支付金钱，也即诉讼请求是给付金钱，该金钱给付请求既可能是基于合同中给付货币义务产生的，也可能是基于非给付货币义务产生的。此时不能直接依据诉讼请求确定争议标的，而应按照诉讼请求所指向的合同义务内容来确定争议标的。如买卖合同，甲为出卖货物方，乙为买受方，如甲起诉要求乙支付货款，甲为买卖合同实体履行合同义务一方，需交付货物才能支付货款，甲所在地为合同履行地；如乙起诉要求甲支付违约金或者赔偿损失，争议标的为甲负有的交付货物的义务，则甲为履行义务一方，甲所在地为合同履行地。这与民事诉讼法“原告就被告”的原则是相一致的。这样规定，合同履行地的认定是单一并且是确定的，当事人在合同签订时对管辖是有预期的，不会因争议的产生发生管辖的不确定和混乱。

3. *有多个合同履行义务如何确定履行地的问题*

合同项下的义务可能是单一的，也可能是多个的，应当将履行合同主要义务所在地确定为合同履行地。何为主要义务要结合合同履行的实体内容来确定。主要义务履行地无法确定，两个以上合同履行地的人民法院都有管辖权的，依照民事诉讼法第三十六条的规定确定管辖法院。

4. *合同履行地应当以书面约定为准*

管辖协议应当采用书面形式，包括以合同书、信件和数据电文（包括电报、电传、传真、电子数据交换和电子邮件）等形式达成的选择管辖法院的协议。将书面形式从合同书、信件扩展到数据电文等有形形式，是现代信息社会发展的必然要求，也为近年来的我国立法所确认。例如，民法典第四百六十九条规定："……书面形式是合同书、信件、电报、传真等可以有形地表现所载内容的形式。以电子数据交换、电子邮件等方式能够有形地表现所载内容，并且可以随时调取查用的数据电文，视为书面形式。"《最高人民法院关于内地与香港特别行政区法院相互认可和执行当事人协议管辖的民商事案件判决的安排》第三条规定："……本条所称'书面形式'是指合同书、信件和数据电文（包括电报、电传、传真、电子数据交换和电子邮件）等可以有形地表现所载内容、可以调取以备日后查用的形式……"此外，《选择法院协议公约》第三条规定，排他性选择法院协议是指两个或两个以上的当事人以书面形式或以将来能够使用、援引的其他形式订立的，为便于将来可能产生或者已经形成的具有一定法律关系的纠纷，约定某个缔约国法院或一个或几个专属法院的排他性管辖协议。

5. 约定的地点与实际履行地发生冲突的处理

当事人在合同中约定某一具体义务的履行地，不仅有实体法上的意义，还可能有诉讼法上的意义。约定由合同签订地、履行地人民法院管辖，但实际签订地、履行地与约定的签订地、履行地不一致时，应当以约定地作为确定管辖权的依据，因为若当事人约定合同履行地，表明双方对管辖有预期，故应尊重当事人的约定。

6. 约定不明确的合同履行地

在审判实践中，有两种较为常见的约定不明确的管辖协议。一是约定由守约方所在地法院管辖。判断何方当事人守约，需要经过实体审理方能确定，在确定管辖权的阶段无法判明，这类约定不明确的管辖协议无法执行，应当认定为无效。《最高人民法院关于金利公司与金海公司经济纠纷案件管辖问题的复函》（法函〔1995〕89号）认为，"如甲、乙双方发生争议，由守约方所在地人民法院管辖"的约定无效。最高人民法院〔2010〕民二终字第39号民事裁定也认为，约定由守约方所在地法院管辖的协议无效。二是约定由当地法院管辖。由于何为当地指代不明，常常产生争议。有的理解为当事人住所地，有的理解为合同履行地，有的根据合同类型理解为工程所在地。我们认为，应当综合考量当事人的意思、合同类型及其他因素，能够确定何为当地的，应当认定为有效；不能确定的，应当认定为约定不明确。最高人民法院在〔2010〕民申字第809号裁定书中认为，在施工合同中约定

"在合同执行中发生争议，双方应协商解决；协商不成向当地人民法院起诉"所称的当地，系指工程所在地（即合同履行地）。

7. 未履行合同的合同履行地确定

有观点认为，案件没有审理，无法按照实体法的要求来确定合同履行地。本解释保留了《92年意见》第18条，即合同没有实际履行，当事人双方住所地都不在合同约定的履行地的，由被告住所地人民法院管辖。我们认为，在对管辖争议处理时，主要根据当事人的主张对合同是否履行作形式审查。江伟教授在《〈中华人民共和国民事诉讼法〉修改建议稿》中提出："因合同纠纷提起的诉讼，可以由有争议的义务的履行地法院管辖，履行地包括合同中约定的履行地或者实际履行地。民法规定的履行地只有在当事人未约定履行地或者约定不明确并且在合同未实际履行时才有适用余地。当事人约定的履行地在确定管辖时适用协议管辖的有关规定。"① 因此，如果合同没有履行，合同对履行地有约定的依照约定确定管辖，但是，当事人双方住所地均不在合同约定的履行地的，由被告住所地人民法院管辖；合同没有约定履行地也没有实际履行的，也应由被告住所地人民法院管辖。但不能违反专属管辖和级别管辖的规定。

【条文】

第十九条

财产租赁合同、融资租赁合同以租赁物使用地为合同履行地。合同对履行地有约定的，从其约定。

【条文主旨】

本条是关于财产租赁合同、融资租赁合同的合同履行地的规定。

【条文理解】

特殊地域管辖，又称特别管辖，是指法律对某些案件的管辖作出的特殊规定。② 特殊地域管辖作为与一般地域管辖相对的概念，是法律对特定类型案件的诉讼管辖作出的规定。特殊地域管辖并不排斥一般地域管辖。根据法律规定，当事人一方既可以依据一般地域管辖，也可以依据特殊地域管辖，选择向有管辖权的人民法院提起诉讼。我国民事诉讼法第二十四条规定：

① 江伟、孙邦清：《〈中华人民共和国民事诉讼法〉修改建议稿》，载 http//www. zzhf. com.

② 参见田平安主编：《民事诉讼法原理》，厦门大学出版社 2009 年版，第 53 页。

"因合同纠纷提起的诉讼，由被告住所地或者合同履行地人民法院管辖。"司法实践中，合同履行地的认定是一个非常复杂的问题。为解决法律统一适用问题，本解释相关条款专门规定了几种类型的合同履行地认定。

具体到财产租赁合同、融资租赁合同而言，这类合同的主要内容是出租方将租赁物交付承租方使用，承租方为此支付一定的对价。当事人因履行财产租赁合同、融资租赁合同发生纠纷提起诉讼，法院审理的核心问题是要查明租赁物的权利属性和使用情况。因此，从便于法院审理、执行角度出发，本条规定，租赁物使用地是财产租赁合同、融资租赁合同的合同履行地。同时，处分原则是我国民事诉讼的一项基本原则。民事诉讼法第十三条第二款规定："当事人有权在法律规定的范围内处分自己的民事权利和诉讼权利。"为充分尊重当事人的意思自治和权利处分自由，财产租赁合同、融资租赁合同的当事人约定了合同的履行地，就应该以约定的履行地作为确定诉讼管辖的合同履行地。

【条文】

第二十条

以信息网络方式订立的买卖合同，通过信息网络交付标的的，以买受人住所地为合同履行地；通过其他方式交付标的的，收货地为合同履行地。合同对履行地有约定的，从其约定。

【条文主旨】

本条是关于以信息网络方式订立的买卖合同的合同履行地的规定。

【条文理解】

随着信息技术特别是网络技术的不断发展，国际互联网的全球化热潮使人类社会进入了新的信息时代。国际互联网已经渗透到社会、经济及生活的各个领域，为人们进行信息交流搭起了一座互动平台。由于国际互联网具有不受时间、地域限制的特性，一种与传统交易形态截然不同的通过国际互联网进行交易的方式应运而生，这便是网络交易。

以互联网等信息网络方式订立的买卖合同，根据民事诉讼法第二十四条规定，因合同纠纷提起的诉讼，由被告住所地或者合同履行地人民法院管辖。以互联网等信息网络形式订立的买卖合同存在两个难题：一是被告住所地（或公司注册地）确认难。一些网络经销商不向公众告知其住所地（或公司注册地），要调查清楚需要经过不少周折。二是合同履行地确认难。网络购物是提货或是送货问题难确认，主要体现在确认邮资承担主体上存在不确定性。按照规定，若邮资由买受人支付，则符合提货制规定，履行地在卖方；若邮资由出卖人支付，则符合送货制规定，履行地则在买方。司法实践中，网络购物在对邮资如何承担问题上存在约定不明或无约定的情形，这给法院认定邮费承担主体带来一定困难，造成确认合同履行地困难。如果是跨国网络交易发生纠纷，还会涉及适用准据法的问题。就涉外民事纠纷而言，若交易双方并无管辖法院、仲裁地和准据法之约定，我国原则规定原告可依民事诉讼法相关规定向有管辖权的法院提起民事诉讼。因此，有必要对以信息网络方式订立的买卖合同的履行地作出明确规定。关于本条的理解要把握以下问题。

1. 准确界定通过互联网等信息网络订立的买卖合同范围

《侵害信息网络传播权纠纷规定》第二条规定："本规定所称信息网络，包括以计算机、电视机、固定电话机、移动电话机等电子设备为终端的计算机互联网、广播电视网、固定通信网、移动通信网等信息网络，以及向公众开放的局域网络。"因此，通过上述媒介订立的买卖合同，均可视为以互联网等信息网络方式订立的买卖合同。

2. 准确把握不同性质的互联网信息网络买卖合同的履行地

以信息网络方式订立的买卖合同的标的有无形的数字化产品（如通过信息网络提供权利人许可的可传播的作品、表演、录音录像制品；权利人或其他受托人通过上传到网络服务器、设置共享文件或者利用文件分享软件等方式，将作品、表演、录音录像制品置于信息网络中，使公众能够在个人选定的时间和地点以有偿下载、浏览或者其他方式获得无形的数字化产品），也有有形的商品（如通过邮寄等方式送达的有形商品等）。这两类不同形式买卖合同的履行地的确定以方便确定、便利诉讼为原则，因此规定：通过信息网络交付标的的，以买受人住所地为合同履行地；通过其他方式交付标的的，收货地为合同履行地。

3. 合同对履行地有约定的，从其约定

以互联网等信息网络方式订立的买卖合同，如果双方对合同履行地有明确约定的，从其约定。约定若为格式条款，应符合民法典第四百九十六条的规定。民法典第四百九十七条规定："有下列情形之一的，该格式条款无效：（一）具有本法第一编第六章第三节和本法第五百零六条规定的无效情形；（二）提供格式条款一方不合理地免除或者减轻其责任、加重对方责任、限制对方主要权利；（三）提供格式条款一方排除对方主要权利。"

【审判实践中应当注意的问题】

对以互联网等信息网络方式订立的买卖合同履行地的确定，要按照本条规定进行，但有约定的要按约定确定。民法典第四百六十九条规定："当事人订立合同，可以采用书面形式，口头形式或者其他形式。书面形式是合同书、信件、电报、电传、传真等可以有形地表现所载内容的形式。以电子数据交换、电子邮件等方式能够有形地表现所载内容，并且可以随时调取查用的数据电文，视为书面形式。"这表明了电子合同必然属于民法典合同编的调整范围。电子商务活动中，交易双方当事人进行的是无纸化贸易，通过电子商务系统进行网上谈判，将磋商结果做成文件，以电子文件形式签订贸易合同。明确标的商品的种类、数量、价格，交货地点、交货期、交易方式、结算方式、运输方式、违约责任、服务、索赔等合同条款后，双方用电子数据交换签约或用数字签字签约，形成电子合同，传递订单、提单、保险单等。这些电子单证被记录和保存在磁性介质中，储存于计算机的存储设备内，采用的是电子数据交换和电子邮件形式。此为国内外电子商务市场通行的做法。我国在编纂民法典之时已充分注意到这一点，因此特别规定了"书面合同"包括电子数据交换和电子邮件，以国家立法的形式赋予了电子合同合法的法律地位，传输中的电子数据信息、接受的电子数据信息是双方当事人的意思表示，是确定管辖的依据。

【条文】

第二十一条

因财产保险合同纠纷提起的诉讼，如果保险标的物是运输工具或者运输中的货物，可以由运输工具登记注册地、运输目的地、保险事故发生地人民法院管辖。

因人身保险合同纠纷提起的诉讼，可以由被保险人住所地人民法院管辖。

【条文主旨】

本条是关于保险合同纠纷诉讼管辖的规定。

【条文理解】

保险法第十条规定："保险合同是投保人与保险人约定保险权利义务关系的协议。投保人是指与保险人订立保险合同，并按照合同约定负有支付保险费义务的人。保险人是指与投保人订立保险合同，并按照合同约定承担赔偿或者给付保险金责任的保险公司。”从保险合同的类型看，分为财产保险和人身保险。《92年意见》第25条规定，因财产保险合同引发的纠纷，如果保险标的物是运输工具或者运输中的货物，原告可以按照一般地域管辖原则，选择向被告住所地的人民法院起诉；同时，规定了特殊地域管辖，即原告也可以选择向运输工具登记注册地、运输目的地、保险事故发生地的人民法院起诉。但是，这一司法解释仅对财产保险合同纠纷的诉讼规定了地域管辖，对人身保险合同纠纷的诉讼没有规定特殊地域管辖，可以说是一个缺陷。因此，2015年《民事诉讼法解释》对这个问题进行了完善，规定因人身保险合同引发的纠纷，原告可以选择向被保险人住所地人民法院起诉。

【审判实践中应当注意的问题】

本条第二款规定的是特殊地域管辖，其并不排斥法律关于一般地域管辖的规定。因此，人身保险合同纠纷发生后，原告一方如果向被告住所地人民法院提起诉讼，被告住所地人民法院是可以管辖的。

【条文】

第二十二条

因股东名册记载、请求变更公司登记、股东知情权、公司决议、公司合并、公司分立、公司减资、公司增资等纠纷提起的诉讼，依照民事诉讼法第二十七条规定确定管辖。

【条文主旨】

本条是关于公司诉讼“等”纠纷的规定。

【条文理解】

民事诉讼法第二十七条规定，因公司设立、确认股东资格、分配利润、解散等纠纷提起的诉讼，由公司住所地人民法院管辖。本条进一步明确股东名册记载、请求变更公司登记、股东知情权、公司决议、公司合并、公司分立、公司减资、公司增资等纠纷也由公司住所地人民法院管辖。

根据我国的地域管辖制度，除了专属管辖和协议管辖外，往往适用被告特殊地域管辖原则。民事诉讼法确立案件管辖原则时考虑了多项法律价值判断，其中最为主要的是便于当事人诉讼和便于人民法院审理案件及执行裁判。[①] 特

---

① 参见最高人民法院民事审判第二庭编著：《最高人民法院关于公司法司法解释（一）、（二）理解与适用》，人民法院出版社2008年版，第439页。

殊地域管辖原则的确立也遵循了上述基本原则。特殊地域管辖扩大了管辖的选择空间，便于当事人诉讼，也使得当事人有可能自主选择管辖法院，有利于当事人行使诉讼权利。由于当事人对自己选择程序产生的裁判结果往往会比被动接受程序产生的裁判结果有更高的认同感，因此，特殊地域管辖扩大了当事人程序上的自主性，有利于增强法院裁判的信服度，也便于人民法院行使审判权。

1. 公司诉讼管辖即为特殊地域管辖

2005 年公司法和 2007 年民事诉讼法对公司诉讼案件的管辖问题均未作特殊规定，仅《公司法解释（二）》第二十四条规定了解散公司诉讼案件和公司清算案件由公司住所地人民法院管辖。这对于人民法院审理公司诉讼案件造成了不利影响。另外，公司的设立、解散等活动，涉及的资金、人数众多，对社会稳定和公共利益产生的影响较大，客观上也需要加强管理。因此，应当明确规定公司诉讼案件的地域管辖制度。

公司诉讼大多是关于或者涉及公司的组织法性质的诉讼，存在与公司组织相关的多数利害关系人，涉及多数利害关系人的多项法律关系的变动，且胜诉判决往往产生对世效力。由于公司股东等多数利害关系人可能来自不同地区，如果按照被告住所地管辖，将会导致以该等利害关系人为被告的部分案件管辖过于分散，当事人和法院陷于管辖权争议与冲突之中，影响司法效率。而由于许多公司诉讼根本不涉及传统意义上的合同纠纷，因此按照合同履行地管辖也无从谈起。由于侵权行为实施地、侵权结果发生地均可视为侵权行为地，如果按照侵权行为地确定管辖，将会产生多个侵权行为地，也会导致管辖权争议与冲突。而且，很多公司诉讼也非传统侵权法意义上的侵权行为之诉。因此，为了确定公司诉讼的管辖，避免当事人在管辖问题上争执，便利当事人参加诉讼，便利人民法院审理案件，也为了防止发生相同事实相异裁判的情况，公司诉讼应当实行特殊地域管辖，即与公司相关的诉讼由公司住所地人民法院管辖。

2. 对于公司住所地的确定

民法典和公司法对公司住所地的确定都有相应规定。民法典第六十三条规定，法人以其主要办事机构所在地为住所。公司法第十条规定，公司以其主要办事机构所在地为住所。《公司法解释（二）》第二十四条也进一步明确，解散公司诉讼案件、公司清算案件由公司住所地人民法院管辖。公司住所地是指公司主要办事机构所在地，公司办事机构所在地不明确的，由其注册地人民法院管辖。

3. 公司诉讼案件管辖的特征

民事诉讼法第二十七条规定的公司诉讼管辖，主要是指有关公司设立、确认股东资格、分配利润、公司解散等公司组织行为的诉讼，也被称为公司组织诉讼。这类诉讼具有如下特征：（1）均是关于公司的组织法性质的诉讼，往往存在与公司组织相关的多数利害关系人，涉及多数利害关系人的多项法律关系的变动，具有团体法性质的诉讼程序和判决方面统一的规律。（2）大多具备形成之诉的性质。所谓形成之诉，又称为变更之诉，是指以改变法律关系为目的的判决，即以形成判决为目的的诉讼。原告改变既有法律关系的请求只有依法院的判决才产生法律关系变更的效力。如允许自由主张，就会给团体法律关系带来不稳定。①（3）均关涉公司，许多情况下，被告就是公司。比如，主张公司设立无效的诉讼，主张公司司法解散的诉讼，等等。由于诉的对象是公司的组织法性质的法律关系，判决的效力当然应该及于公司，而且通过将公司作为被告，可以对与公司相关的利害关系人都产生效果。（4）时常出现需进行诉的合并的情形。公司诉讼往往涉及多数利害关系人的多项法律关系的变动，因此就同一个公司的同一个组织法性质的行为会提起数个诉讼。此时，为防止出现相同事实相异判决，法院应进行诉的合并。②（5）判决效力具有特殊性。公司诉讼对大部分第三人也发生法律效力即所谓判决的对世效力。③ 为维护公司法律关系的稳定，公司诉讼否认判决的溯及力，一般仅对将来发生效力。④ 基于公司诉讼的上述特点，本条以列举的方式就公司诉讼其他相关案件的管辖作了明确的规定。2020年修正的《民事案件案由规定》第八部分中与公司有关的纠纷，增加了清算责任纠纷、损害股东利益责任纠纷、损害公司利益责任纠纷、损害公司债权人利益责任纠纷等。

【审判实践中应当注意的问题】

结合《民事案件案由规定》，由公司住所地人民法院管辖的案件类型主要有以下五类。

1. 股东名册记载纠纷

按照公司法的规定，股东名册是有限责任公司和股份有限公司必须具备的文件，是指公司依法置备的记载股东及其持股情况的簿册。对于有限责任

---

① 参见［韩］李哲松：《韩国公司法》，吴日焕译，中国政法大学出版社2000年版，第83页。
② 参见［韩］李哲松：《韩国公司法》，吴日焕译，中国政法大学出版社2000年版，第84页。
③ 参见［日］前田庸：《公司法入门》，王作全译，北京大学出版社2012年版，第60页。
④ 参见［韩］李哲松：《韩国公司法》，吴日焕译，中国政法大学出版社2000年版，第85页。

公司以及发行记名股票的股份有限公司而言，股东名册必须记载股东的姓名或名称、持股数量等内容；当股东转让股权或者发生其他应当变更股东名册记载事项时，公司应当予以变更，否则，可能产生股东名册记载纠纷。由于股东名册记载纠纷直接关系到股东资格的确认与股权的行使，与股东利益密切相关，且实践中存在大量此类纠纷，此类纠纷关系到与公司的组织关系，因此由公司住所地人民法院管辖。

2. 公司组织形式变更纠纷

公司组织形式变更，是指公司在不中断法人资格的情况下，由一种公司形式变更为另一种公司形式。公司法第九条第一款规定："有限责任公司变更为股份有限公司，应当符合本法规定的股份有限公司的条件。股份有限公司变更为有限责任公司，应当符合本法规定的有限责任公司的条件。"公司法第四十三条、第一百零三条还分别对有限责任公司变更为股份有限公司或股份有限公司变更为有限责任公司的股东会或股东大会决议通过的条件作了规定。此外，公司法第九十五条规定，有限责任公司变更为股份有限公司时，折合的实收股本总额不得高于公司净资产额。当公司变更组织形式违反公司法有关规定时，公司股东等利害关系人可以提起公司组织形式变更诉讼。此类纠纷关系到与公司的组织关系，由公司住所地人民法院管辖。

3. 公司合并纠纷

公司合并是指两个或两个以上公司依照法定的条件和程序，合并为一个公司的行为。公司合并包括吸收合并和新设合并两种形式。吸收合并又称归并，是指一个以上的公司并入现存公司，被吸收的公司消灭。新设合并是指两个以上的公司合并设立一个新的公司，原有公司消灭。公司合并主要产生两个方面的法律后果：一是公司组织结构的变化；二是权利义务的概括转移。首先，公司合并必然导致一个或一个以上的公司的消灭，此种公司消灭不需要经过清算程序。同时，吸收合并中的吸收公司继续存在，但发生了变化；新设合并中产生了新的公司。其次，公司合并的结果导致了存续公司或者新设公司承受被合并公司的债权债务。由于公司合并产生上述法律效果，因此，涉及多家公司股东及债权人的利益，为了防止公司合并侵害中小股东或债权人的利益，公司法规定了严格的公司合并程序。公司合并需要由合并各方签订合并协议，经过股东会决议通过，编制资产负债表及财产清单，并通知或者公告债权人，最后履行相应的登记程序。因公司合并产生的纠纷关系到与公司的组织关系，由公司住所地人民法院管辖。

4. 公司分立纠纷

公司分立是指一个公司依照法定条件和程序，分裂为两个或者两个以上公司的行为。公司分立包括创设分立和存续分立两种形式。创设分立又称新设分立，是指公司分立为两个或两个以上的新公司，原公司消灭。存续分立又称派生分立，是指公司分立为两个或两个以上的新的公司，但原公司仍然存续。公司分立主要产生两个方面的法律后果：一是公司组织结构的变化；二是权利义务的法定转移。首先，公司分立导致一个或一个以上的公司设立，该公司的营业来自既有公司的营业分割，而不是既有公司的转投资行为。对于创设分立，还同时导致既有公司的消灭，其消灭也不需要经过清算程序。其次，公司分立的结果导致了分立公司债务的法定承担，即除非公司在分立前与债权人就债务清偿达成的书面协议另有约定，公司分立前的债务由分立后的公司承担连带责任。由于公司分立产生上述法律效果，因此涉及多家公司股东及债权人的利益，为了防止公司分立侵害中小股东或债权人的利益，公司法规定了公司分立的严格程序。公司分立需要经过股东会决议通过，制定分立计划或者分立协议，编制资产负债表及财产清单，通知或公告债权人，进行财产分割，并办理登记手续。因公司分立产生的纠纷关系到与公司的组织关系，由公司住所地人民法院管辖。

5. 公司资产变动纠纷

公司存续期间，其注册资本可能增加或减少。由于公司资本变动影响公司股东及公司债权人的利益，因此，公司法对公司变更注册资本规定了一定的条件和程序，尤其是对公司减少注册资本还规定了严格的债权人保护程序。如果公司资本变动违反了公司法规定的条件和程序，则会导致公司资本变动诉讼。常见的公司资本变动诉讼包括：股份公司或者有限公司资本增加违法时，请求判决新股发行无效或者增资无效的诉讼；股份公司或者有限公司资本减少违法时，请求判决资本减少无效的诉讼。此类纠纷关系到与公司的组织关系，由公司住所地人民法院管辖。

此外，在以下诉讼类型中，依法理也可以适用本条规定：公司决议诉讼、公司清算诉讼、股东知情权诉讼、公司董事、监事及高级管理人员解任诉讼、股东除名诉讼等。①

上述列举的诉讼类型主要是以公司为被告，也就是说，公司诉讼案件中公司为被告的占大部分。还有一部分其他案件，如公司股东请求损害公司利益的公司高级管理人员或公司之外的其他人员对公司承担赔偿责任的股东代表诉讼等，并不是以公司为被告，但这些案件由公司住所地人民法院管辖更

---

① 对此可参考《日本公司法》第七编第二章之相关条文，参见王保树主编：《最新日本公司法》，于敏、杨东译，法律出版社2006年版，第447~464页。

为恰当。

并非所有与公司有关的诉讼都属于公司诉讼，也并非所有与公司有关的诉讼都适用本条的规定，由公司住所地人民法院管辖。例如，公司股东与股东之间的出资违约责任诉讼、股权转让诉讼及公司与股东之间的出资纠纷等，属于具有给付之诉性质的诉讼。该类诉讼虽然或多或少牵涉公司，但或者属于传统的民事纠纷范畴，或者虽涉及公司法上的权利义务关系，但并不具有组织法上纠纷的性质，也不涉及多项法律关系，因此，可以适用一般的民事诉讼程序进行受理和裁判。所以，对于与公司有关的诉讼是否由公司住所地法院管辖，要进行综合的判断和分析，包括纠纷是否涉及公司利益、对该纠纷是否适用公司法等。

【条文】

第二十三条

债权人申请支付令，适用民事诉讼法第二十二条规定，由债务人住所地基层人民法院管辖。

【条文主旨】

本条是关于申请支付令诉讼管辖的规定。

【条文理解】

督促程序，是指人民法院根据债权人要求债务人给付一定金钱或者有价证券的请求，向债务人发出附有条件的支付令，督促债务人在法定期限内向债权人清偿债务的程序。民事诉讼法第二百二十一条第一款规定：“债权人请求债务人给付金钱、有价证券，符合下列条件的，可以向有管辖权的基层人民法院申请支付令……”法律设立督促程序的主要目的是保护和方便债权人快速、有效地向债务人追索金钱和有价证券。人民法院受理债权人支付令申请后，应对金钱或者有价证券给付的债权债务是否存在进行审查，进而决定是否发出支付令。为节约司法资源投入，减少当事人诉讼成本，本条规定债权人申请支付令的管辖法院为债务人住所地的基层人民法院。

【审判实践中应当注意的问题】

第一，关于债权人申请支付令的诉讼管辖，本解释既规定了地域管辖，也规定了级别管辖。因此，无论债权人请求支付的金钱或者有价证券标的额有多大，都应由债务人住所地的基层人民法院管辖。

第二，如果共同债务人住所地、经常居住地不在同一基层人民法院辖区，债权人可以选择向其中任何一个基层人民法院申请支付令。如果债权人向两个以上有管辖权的人民法院申请支付令的，由最先立案的人民法院管辖。

【条文】

第二十四条

民事诉讼法第二十九条规定的侵权行为地，包括侵权行为实施地、侵权结果发生地。

【条文主旨】

本条是关于侵权行为地的规定。

【条文理解】

公民的民事权益受法律的严格保护。根据我国民法典的相关规定，对于侵犯生命权、健康权、姓名权、名誉权、荣誉权、肖像权、隐私权、婚姻自主权、监护权、所有权、用益物权、担保物权、著作权、专利权、商标专用权、发现权、股权、继承权等人身、财产权益的行为，被侵权人有权请求侵权人承担侵权责任。为方便被侵权人依法行使诉权，《92 年意见》第 28 条对民事诉讼法关于侵权行为地的规定进行了解释，规定了当事人既可以向侵权行为地人民法院起诉，也可以向侵权结果发生地人民法院起诉。《最高人民法院关于审理利用信息网络侵害人身权益民事纠纷案件适用法律若干问题的规定》同样规定了利用信息网络侵害人身权益侵权行为实施地，包括实施被诉侵权行为的计算机等终端设备所在地，侵权结果发生地包括被侵权人住所地。因此，2015 年《民事诉讼法解释》沿用了《92 年意见》第 28 条，并根据 2012 年民事诉讼法作了修改。

【条文】

第二十五条

信息网络侵权行为实施地包括实施被诉侵权行为的计算机等信息设备所在地，侵权结果发生地包括被侵权人住所地。

【条文主旨】

本条是关于信息网络侵权行为地的规定。

【条文理解】

网络侵权案件是随着信息化发展出现的新类型民事侵权案件。按照民事诉讼法的规定，因侵权行为提起的诉讼由侵权行为地或者被告住所地人民法院管辖。按照本解释的规定，侵权行为地包括侵权行为实施地和侵权结果发生地。由于网络侵权不同于普通侵权行为，往往发生在网络领域内，而不具有具体的侵权行为地。

如何确定网络侵权行为地，争议主要在于原告发现地是否可以作为网络侵权行为地。

一种意见认为，原告发现地不宜作为侵权行为地。理由是：第一，如果承认原告发现地可以作为侵权行为地，由于网络互通性强，传播范围广，任何能够接入网络的地点都可以成为侵权行为发现地，连接点过多，管辖法院随意性较大。第二，以发现地为侵权行为地则将管辖法院的决定权完全授予原告，甚至有些原告为争夺有利管辖法院而人为地制造连接点，这对被告而言显然不公平。在极端情况下，受害人出差在外发现网络侵权后就能在发现地法院提起诉讼也显得尤为不妥。第三，民事案件的管辖要符合"两便"原则，而且连接点应当与纠纷有实际关联性，而以发现地为侵权行为地将导致管辖标准极不明确，极易引发管辖争议。第四，对于网络侵权案件有必要对侵权行为地进行限制，在难以确定侵权行为实施地的，以原告住所地作为侵权行为地中的侵权结果发生地，与被告住所地的人民法院共同有管辖权，既可以方便确定管辖法院，也有利于方便诉讼进行。

另一种意见认为，原告发现地可作为侵权行为地。主要理由是：第一，网络侵权的特殊性就在于任何发现侵权信息的地点都属于侵权行为地，既可以解释为侵权行为实施地，也可以认定为侵权结果发生地，以发现侵权信息地为管辖法院的连接点，符合民事诉讼法的规定。第二，根据《最高人民法院关于审理涉及计算机网络域名民事纠纷案件适用法律若干问题的解释》第二条、《最高人民法院关于审理涉及计算机网络著作权纠纷案件适用法律若干问题的解释》（现已废止）第一条都承认发现侵权内容的计算机终端设备、网络服务器所在地都可以作为侵权行为地。《侵害信息网络传播权纠纷规定》第十五条规定："侵害信息网络传播权民事纠纷案件由侵权行为地或者被告住所地人民法院管辖。侵权行为地包括实施被诉侵权行为的网络服务器、计算机终端等设备所在地。侵权行为地和被告住所地均难以确定或者在境外的，原告发现侵权内容的计算机终端等设备所在地可以视为侵权行为地。"第三，如此规定，可以有效解决侵权人实施侵权行为地在国外等跨国侵权行为由国内法院管辖的问题。

在反复论证征求意见的情况下，本解释起草小组选择了第一种观点作为起草的依据，即信息网络侵权行为实施地包括实施被诉侵权行为的计算机等信息设备所在地，侵权结果发生地包括被侵权人住所地，与《侵害信息网络传播权纠纷规定》第十五条规定相一致，明确了网络信息的侵权行为实施地和侵权结果发生地。利用信息网络侵害人身权益提起的诉讼，由侵权行为地或者被告住所地人民法院管辖。侵权行为实施地包括实施被诉侵权行为的计算机等终端设备所在地，侵权结果发生地包括被侵权人住所地。

【审判实践中应当注意的问题】

1. 关于利用信息网络侵害人身权益民事纠纷案件的管辖问题

侵权行为适用被告所在地法或侵权行为地法是各国法院的普遍做法。但是，因特网将全球的计算机及其网络连为一体并构成一个独特的网络空间，同一侵权行为往往同几个地点相联系，物理位置在网络空间中的意义微乎其微，从而使传统管辖权基础在网络空间中发生了动摇。面对纷繁复杂的网络案件，人们不得不寻找新的管辖依据。

网络侵权行为按主体可分为网站侵权（法人）和网民（自然人）侵权，按侵权的主观过错可分为主动侵权（恶意侵权）和被动侵权，按侵权的内容可分为侵犯人身权和侵犯财产权（也有同时侵犯的情况）。网络空间是一个虚拟空间，但它并不是虚幻的，是依赖于现实社会的客观存在，网络中依然存在侵犯人身权的违法行为。宪法第三十九条规定："中华人民共和国公民的住宅不受侵犯。禁止非法搜查或者非法侵入公民的住宅。"第四十条规定："中华人民共和国公民的通信自由和通信秘密受法律的保护。……"民法典第一千零二十四条规定："民事主体享有名誉权。任何组织和个人不得以侮辱、诽谤等方式侵害他人名誉权。"

个人数据、个人私事、个人领域是隐私权的三种基本形式，其中以个人数据为特定形式的隐私权保护十分重要。对个人数据的概念，不同国家的法律有不同的陈述。1984 年的《英国数据保护法》给个人数据下的定义是："个人数据是由有关一个活着的人的信息组成的数据，对于这个人，可以通过该信息或者通过数据用户拥有的该信息的其他信息识别出来。该信息包括对有关该个人的评价，但不包括对该个人数据用户表示的意图。"欧洲理事会在 1992 年的《理事会数据保护条例》修改建议稿中规定："个人数据是指有关一个可识别的自然人的任何信息，不局限于以可处理形式存在的信息，它包括任何种类和任何形式的信息，只要这种信息是有关个人的，不论是活着的人或死去的人，并且只要这个人或者这些人是可以识别的。”瑞典、加拿大、美国等许多国家都对个人数据作了类似的规定。信息处理和传播手段的不断发展和计算机网络的广泛应用，使个人数据能通过计算机系统在全球范围内收集、传输和利用，给人们的工作研究提供了方便，同时也使个人数据的网上保护问题变得日益严峻。在网上，个人数据随时都有受侵害的危险。电子邮件可能被黑客截获、浏览、篡改和删除；网上购物填写售后服务卡之后，无数的广告宣传单就会蜂拥而至；许多网络服务提供者能够收集到有关用户的各种信息；在网上接受社会调查时，往往会不经意地泄露个人嗜好、收入等不愿为人所知的事情。根据信息的效益递增规律，当掌握的信息在质和量上达到一定程度后，该信息就会给掌握者带来效益，并且效益的递增率随信息应用范围的扩大而不断上升。因此，当掌握了足够多的信息之后，一些人禁不住金钱的诱惑，以身试法，非法获取、泄露、使用个人数据也就不足为奇了。

《最高人民法院关于审理利用信息网络侵害人身权益民事纠纷案件适用法律若干问题的规定》首次划定个人信息保护的范围，明确利用自媒体等转载网络信息行为的过错认定，以及如何对网络水军进行规制。在该规定中，对非法删帖的用户和网站承担连带责任、过错认定，个人基因、病历等隐私不得随意公开，侵权责任赔偿，以反腐为目的的人肉搜索可免责等都作了具体的规定。同时明确规定，利用信息网络侵害人身权益提起的诉讼，由侵权行为地或者被告住所地人民法院管辖。侵权行为实施地包括实施被诉侵权行为的计算机等终端设备所在地，侵权结果发生地包括被侵权人住所地。

2. 关于侵害信息网络传播权民事纠纷案件的管辖问题

侵害信息网络传播权是指网络用户、网络服务提供者未经许可，通过信息网络提供权利人享有信息网络传播权的作品、表演、录音录像制品的信息网络传播行为；或者通过上传到网络服务器、设置共享文件或者利用文件分享软件等方式，将作品、表演、录音录像制品置于信息网络中，使公众能够在个人选定的时间和地点以下载、浏览或者其他方式获得的提供行为。2012年12月17日，为正确审理侵害信息网络传播权民事纠纷案件，依法保护信息网络传播权，最高人民法院颁布了《侵害信息网络传播权纠纷规定》，其中第十五条规定：“侵害信息网络传播权民事纠纷案件由侵权行为地或者被告住所地人民法院管辖。侵权行为地包括实施被诉侵权行为的网络服务器、计算机终端等设备所在地。侵权行为地和被告住所地均难以确定或者在境外的，原告发现侵权内容的计算机终端等设备所在地可以视为侵权行为地。”

在本司法解释起草过程中，也有观点认为，按照上述解释，可以随意界定被诉侵权行为的网络服务器、计算机终端等设备所在地，计算机有便捷移动的特征，任何地方都可以视为侵权行为地，这也是无法回避的问题。规定“信息网络侵权行为实施地包括实施被诉侵权行为的计算机等信息设备所在地，侵权结果发生地包括被侵权人住所地”也是为了便于确定管辖。

考虑到司法实践中发生的很多涉外案件，被告住所地和侵权行为实施地均在境外，而侵权结果发生在境内，如果人民法院对此类案件无法行使管辖权，则不能保护权利人的合法权利。为此，应当按照上述司法解释的规定，如果侵权行为地和被告住所地均在境外的，人民法院对此类案件享有管辖权，便利权利人在我国提起诉讼，切实保护权利人的合法权益。

【条文】

第二十六条

因产品、服务质量不合格造成他人财产、人身损害提起的诉讼，产品制造地、产品销售地、服务提供地、侵权行为地和被告住所地人民法院都有管辖权。

【条文主旨】

本条是关于产品、服务侵权纠纷诉讼管辖的规定。

【条文理解】

产品责任是一种侵权责任，是产品的生产者、销售者因其生产的产品、出售的产品造成他人人身、财产损害而依法应承担的赔偿责任。我国民法典第一千二百零二条规定：“因产品存在缺陷造成他人损害的，生产者应当承担侵权责任。”第一千二百零三条规定：“因产品存在缺陷造成他人损害的，被侵权人可以向产品的生产者请求赔偿，也可以向产品的销售者请求赔偿。产品缺陷由生产者造成的，销售者赔偿后，有权向生产者追偿。因销售者的过错使产品存在缺陷的，生产者赔偿后，有权向销售者追偿。”产品责任发生后，被侵权人可以产品的制造者、销售者为被告，向人民法院提起侵权损害赔偿之诉。为尽可能地减少被侵权人的诉讼成本，《92 年意见》第 29 条规定产品制造地、产品销售地、侵权行为地和被告住所地人民法院都具有产品侵权纠纷的管辖权。然而，随着社会生产力发展和生活水平的提高，人民群众消费的对象已不仅为产品，还包括了服务等新型商品。例如，近年来频频发生的旅游服务侵权纠纷就是新类型的侵权纠纷，而旅游服务提供地实际上就是此类纠纷的侵权行为地。因此，2015 年《民事诉讼法解释》增加服务侵权纠纷的特殊地域管辖规定，明确服务提供地人民法院可以管辖服务侵权纠纷。

【条文】

第二十七条

当事人申请诉前保全后没有在法定期间起诉或者申请仲裁，给被申请人、利害关系人造成损失引起的诉讼，由采取保全措施的人民法院管辖。

当事人申请诉前保全后在法定期间内起诉或者申请仲裁，被申请人、利害关系人因保全受到损失提起的诉讼，由受理起诉的人民法院或者采取保全措施的人民法院管辖。

【条文主旨】

本条是关于因申请诉前保全损害责任纠纷诉讼管辖的规定。

【条文理解】

民事诉讼法第一百零四条第一款规定："利害关系人因情况紧急，不立即申请保全将会使其合法权益受到难以弥补的损害的，可以在提起诉讼或者申请仲裁前向被保全财产所在地、被申请人住所地或者对案件有管辖权的人民法院申请采取保全措施。申请人应当提供担保，不提供担保的，裁定驳回申请。"第一百零六条规定："财产保全采取查封、扣押、冻结或者法律规定的其他方法。人民法院保全财产后，应当立即通知被保全财产的人。财产已被查封、冻结的，不得重复查封、冻结。"第一百零八条规定："申请有错误的，申请人应当赔偿被申请人因保全所遭受的损失。"

2012 年民事诉讼法增加了行为保全的规定，赋予了当事人起诉和申请仲裁前向人民法院提出行为保全的权利。因此，2015 年《民事诉讼法解释》将《92 年意见》的财产保全修改为诉前保全，同时增加了当事人申请诉前保全后没有在法定期间申请仲裁或者起诉，给被申请人、利害关系人造成损失引发纠纷管辖法院的规定，体现了司法解释与法律修改的一致性。根据民事诉讼法第一百零八条、《最高人民法院关于当事人申请财产保全错误造成案外人损失应否承担赔偿责任问题的解释》（法释〔2005〕11 号）规定，被申请人或利害关系人认为申请人申请保全有错误，造成损失引起诉讼的，可以向采取保全措施的法院或者受理起诉的法院提起诉讼。

本条规定体现了"两便"原则。

1. 财产保全制度的性质

财产保全是保障民事诉讼当事人私权实现的重要程序，有别于审判程序和执行程序。保障当事人民事权利的实现是财产保全制度存在的理由，而有效实现财产保全的功能对解决当前“执行难”问题和维护司法权威有着显而易见的作用。

设立财产保全制度的目的在于事先采取措施，预防生效裁判的不能执行。无论大陆法系还是英美法系，财产保全制度均为保护债权人权利实现而设立。在大陆法系，财产保全制度源于罗马统治者在法律诉讼时期所规定的扣押之诉，即债权人为保证自身权益免遭不虞，可以不待判决而直接扣押债务人的财产。另外，裁判官在判决前也可以先行扣押。[①] 在英美法系，财产保全源自最早在伦敦中心商业区使用的“对外查封法”，即如果不能在法院管辖权内找到被告，诉状一经发出，原告就能立即扣押被告的任何财产，不管是钱还是物，只要是在法院管辖权以内发现的。[②] 可见，“现代社会之法律思想，已经由传统之事后损害赔偿制裁之救济方法，进入以事前预防损害及实现权利之保护措施”[③]。此外，在民事诉讼中，既要保护债权人的私权实现，同时也要保证程序正当。所以，财产保全作为民事诉讼程序的组成部分，其当然应当服从民事诉讼的目的——保障私权实现，同时遵守程序法则。

2. 财产保全的特点及功能决定该类纠纷可由采取保全措施或受理起诉的人民法院管辖

财产保全有以下特点和功能：

（1）担保民事判决的执行是民事保全制度的一般性功能。我国民事诉讼法中关于财产保全的规定及其实践发挥着保证判决执行的功能。这一功能在相关国家的制度安排中均得到了充分的体现，如大陆法上的假扣押制度、英国法中的冻结禁制令和美国各州制定法中的判决前扣押债务人财产制度。[④] 但我国的财产保全并不赋予申请人实体法上的优先受偿地位，财产保全只是诉讼事件，仅产生限制债务人转移财产的效果。

（2）避免债权人遭受不可恢复的损害，为债权人提供预先救济。2012年民事诉讼法增加了因当事人一方的行为或者其他原因，造成当事人其他损

---

① 参见江平、米健：《罗马法基础》，中国政法大学出版社 2004 年版，第 441 页。

② 参见［英］丹宁勋爵：《法律的正当程序》，李克强等译，法律出版社 1999 年版，第 150~151 页。

③ 陈荣宗、林庆苗：《民事诉讼法》，我国台湾地区三民书局 1996 年版，第 882~883 页。

④ 参见沈达明：《比较强制执行法初论》，对外贸易教育出版社 1994 版，第 112 页。

害的，人民法院可以“责令其作出一定行为或者禁止其作出一定行为”的规定，这可以理解为是从避免申请人遭受无法弥补的损害的立场出发，通过维护法律关系现状或提供临时救济的手段，填补了我国保全制度中避免当事人遭受不可恢复的损害的制度功能空白。

（3）促使诉讼尽早结束。英国法上的临时禁令，是在法院尚未听审和评估双方的所有证据之前，即在诉讼程序的早期阶段所采取的临时性措施。英国法官每年作出的临时禁令的数量远远超过永久性禁令。究其原因，凡作出临时禁令的案件，基本上都不会再进入开庭审理阶段。当事人接受了法官在临时禁令中所表达的对案件的看法，并由此通过和解而结束争议。在作出临时禁令的案件中，大约99%的案件的诉讼程序都不会再继续进行，① 一旦申请人被给予或被拒绝给予临时禁令，案件就会和解。同样，此种情形在我国的司法实践中也有反映。例如，上海市浦东新区人民法院某年审理的买卖合同纠纷、民间借贷纠纷、金融借款合同纠纷、信用卡纠纷、承揽合同纠纷五类申请财产保全较多的案件中，采取了保全措施的案件与没有采取保全措施的同类案件相比，前者平均审理时间为 76 天，而后者平均审理时间为 101 天。②

我国现行法律中关于保全的规定主要集中于民事诉讼法，即民事诉讼法第一百零八条关于申请人应赔偿保全申请错误所致损失的原则性规定。关于保全申请的行为规范是民事诉讼法第一百零五条关于“保全限于请求的范围，或者与本案有关的财物”的规定。根据该条规定，若纠纷系物的归属或占有之诉，而申请财产保全的对象是与本案无关的财物时，可认定为申请行为违法。所有的问题中首先要解决的是管辖的问题，因此，基于保全造成损失为侵权纠纷的性质，由于采取保全措施的法院一般为财产所在地法院，因此，财产所在地法院也即为侵权行为发生地，对于起诉或者申请仲裁的，给被申请人、利害关系人造成损失引起的诉讼，由受理起诉的人民法院或者采取保全措施的人民法院管辖是一项较为科学的制度。

【审判实践中应当注意的问题】

第一，当事人申请诉前保全措施后，没有在法定期间内起诉或者申请仲裁，被申请人、利害关系人认为造成损失提起诉讼的，应当向采取保全措施的人民法院提起。

---

① David Bean, Q. C. , Injunction, Thomson Sweet & Maxwell, 2004, p. 24. 转引自冀宗儒、徐辉：《论民事诉讼保全制度功能的最大化》，载《当代法学》2013 年第 1 期。

② 参见苏泽林主编：《立案工作指导》，人民法院出版社 2009 年版，第 198 页。

第二，当事人申请采取诉前保全措施后，起诉或申请仲裁的，被申请人、利害关系人认为造成损失提起诉讼的，应当由受理起诉的人民法院或者采取保全措施的人民法院管辖。

【条文】

第二十八条

民事诉讼法第三十四条第一项规定的不动产纠纷是指因不动产的权利确认、分割、相邻关系等引起的物权纠纷。

农村土地承包经营合同纠纷、房屋租赁合同纠纷、建设工程施工合同纠纷、政策性房屋买卖合同纠纷，按照不动产纠纷确定管辖。

不动产已登记的，以不动产登记簿记载的所在地为不动产所在地；不动产未登记的，以不动产实际所在地为不动产所在地。

【条文主旨】

本条是关于不动产纠纷的范围及不动产所在地如何确定的规定。

【条文理解】

1. 不动产纠纷范围的争议

我国1982试行的民事诉讼法和1991年制定的民事诉讼法，经过历次修改后均规定，因不动产纠纷提起的诉讼，由不动产所在地人民法院专属管辖。专属管辖制度是法律强制规定某些案件由特定的法院管辖，其他法院没有管辖权，当事人也不得协议变更管辖法院的确定管辖法院的制度。不动产纠纷专属管辖的设置目的在于方便法院调查相关不动产状况，便利当事人参加诉讼。学界和实务界对不动产概念的界定并无争议，均认为不动产是指不便移动或者即使可以移动将改变其价值或使用价值的财产，主要包括土地及土地上的附着物，但对于不动产纠纷范围的理解，却是莫衷一是。主要有三种观点：一是认为凡涉及不动产的纠纷，包括物权纠纷、合同纠纷以及侵权纠纷等，都属于不动产纠纷。二是认为仅指不动产物权纠纷，不包括不动产债权纠纷。与不动产有牵连关系的纠纷，如房屋中介纠纷、购房款纠纷等，不属于不动产纠纷。三是认为不动产纠纷应限制在因不动产的权利确认、分割、相邻关系等引起的物权纠纷范围。有学者认为，从最高人民法院的相关批复等文件中来看，我国对不动产纠纷采取较为宽泛的理解，并没有限定不动产纠纷类型，无论是不动产物权纠纷还是不动产债权纠纷，一般情况下都适用不动产纠纷专属管辖制度。但实务界普遍认为，所有涉及不动产的案件均由不动产所在地法院专属管辖根本没有必要，反而可能会给一些债权人造成行使权利的不便。比如，债权人和债务人同在甲市，而涉案房屋在乙市，要求债权人和债务人去乙市诉讼，增加了诉讼成本。

由于对不动产纠纷范围存在不同的理解，易出现对同一个案件，甲地法院认为应适用专属管辖，而乙地法院认为应适应普通地域管辖，造成管辖异议增多，甚至出现争管辖或推管辖现象，影响了法律的统一适用，亟待通过司法解释加以明确。

2. 不动产纠纷专属管辖的域外立法例

《法国民事诉讼法》第 44 条规定："不动产物权诉讼案件，不动产所在地的法院唯一有管辖权。"法国的诉权理论将诉权分为物权诉权、债权诉权与混合诉权，仅就其中的不动产物权诉讼专属管辖。

德国法律中不动产纠纷的专属管辖规定更为详尽。《德国民事诉讼法》第 24 条规定："（1）主张所有权或主张物权的负担或主张物权之解除诉讼、经界诉讼、分割的诉讼；以及占有之诉，以关于不动产的为限，专属于不动产所在地的法院管辖。（2）关于地役权，物上负担或先买权的诉讼，依供役地或承受负担的土地的所在地定其管辖。"对于不动产上牵连事件的诉讼，第 25 条规定："在关于抵押权、土地债务或定期土地债务的诉讼中，附带提起债务诉讼时，在关于抵押权、土地债务或定期土地债务的注销登记或权利消灭诉讼中附带提起对人义务免除的诉讼时，在关于确认物上负担的诉讼中，附带提起请求迟延给付的诉讼时，都可以向不动产的审判籍的法院提起，但以附带的诉讼是对同一被告提起为限。"第 26 条规定："对于不动产的所有者或占有者，本于其所有的或占有者的资格，而提起对人的诉讼时，因侵害土地而提起诉讼时，以及因征收土地而提起损害赔偿之诉时，都可以向不动产的审判籍的法院提起。"可见，德国将不动产诉讼分为不动产物权诉讼与不动产上牵连事件的诉讼两大类，前者由不动产所在地法院管辖，后者则可由当事人选择管辖法院。

《日本民事诉讼法》第 17 条规定，"关于不动产的诉讼，可以向不动产所在地的法院提起"，并未确定不动产所在地法院的专属管辖权。旧《日本民事诉讼法》则采取折中态度：关于不动产物权之诉，实行专属管辖；关于不动产债权之诉，采取任意管辖。

通过比较上述各国关于不动产纠纷案件管辖的不同规定可以发现，大陆法系各国的民事诉讼法对不动产专属管辖的范围进行了限制，绝非只要案件牵涉到不动产就适用专属管辖。较为通行的做法是：关于不动产之物权诉讼由不动产所在地法院专属管辖，而关于不动产上牵连事件的诉讼赋予当事人选择的权利，即当事人可以选择不动产所在地法院管辖或被告住所地法院管辖。这样做不仅可以迅速查明案件，保证判决的正确及顺利执行，同时也便于当事人进行诉讼和便于法院行使审判权，尽量减少诉讼成本。

3. 正确理解本条的注意事项

（1）不动产纠纷仅限于部分物权纠纷。物权是指人们对物的占有、使用、收益、处分的权利，是财产权的一种。我国民法典将物权分为所有权、用益物权和担保物权。所有权是物权的完整形态，包含了物权占有、使用、收益和处分的全部功能。用益物权是以对物的使用收益为目的的他物权，如土地承包经营权、建设用地使用权、宅基地使用权、地役权等。担保物权是以物的价值担保债权到期能够得到清偿的他物权，如抵押权、质权、留置权等。物权纠纷是基于物权关系而产生的纠纷，它与债权纠纷构成了民事纠纷的常见种类。

物通常分为动产和不动产两类。因不动产物权确认、使用、收益、处分和保护等发生的纠纷统称为不动产物权纠纷。实践中，区分不动产物权纠纷与不动产债权纠纷会产生一些争议，如确认房屋抵押合同无效纠纷究竟属于哪一类纠纷。最高人民法院《民事案件案由规定》明确，按照物权变动原因与结果相区分的原则，确定纠纷的性质和案由。对于因物权变动的原因关系，即债权性质的合同关系产生的纠纷，如物权设立原因关系方面的担保合同纠纷，物权转让原因关系方面的买卖合同纠纷，均是债权纠纷；对于因物权设立、权属、效力、使用、收益等物权关系产生的纠纷，则是物权纠纷。《民事案件案由规定》列举了不动产物权纠纷六类二级案由和三十四类三级案由（不包括质权纠纷），可见在实践中物权纠纷的种类是很多的。

基于专属管辖属于强行性规定，不允许当事人通过合意进行变通，其适用应当尽可能限定在确有必要的范围内。因此本条第一款将适用专属管辖的不动产纠纷限定在“因不动产的权利确认、分割、相邻关系等引起的物权纠纷”。除此以外的其他不动产物权纠纷，不适用专属管辖。

（2）几类特殊合同纠纷适用专属管辖。在实践中，有些涉及不动产的合同纠纷具有一定特殊性。例如，农村土地承包经营合同纠纷、房屋租赁合同纠纷、政策性房屋买卖合同纠纷，双方的争议除涉及合同的订立、履行等，还涉及当地的土地承包经营政策和房地产宏观调控政策，由不动产所在地法院专属管辖，有利于统一裁判尺度以及配合当地政府处理该类案件引起的群体性纠纷。又如，建设工程施工合同纠纷往往涉及建筑物工程造价评估、质量鉴定、留置权优先受偿、执行拍卖等，由建筑物所在地法院管辖有利于案件的审理与执行。因此，本条第二款规定："农村土地承包经营合同纠纷、房屋租赁合同纠纷、建设工程施工合同纠纷、政策性房屋买卖合同纠纷，按照不动产纠纷确定管辖。"

（3）不动产所在地如何确定。不动产实际所在地就是不动产所在地。我国对土地与房屋等实行登记制，凡经有关政府部门登记的，不动产登记簿记载的所在地为不动产所在地。在实践中，不动产实际所在地与登记簿记载的所在地是重合的。

【审判实践中应当注意的问题】

继承纠纷中涉及不动产的，是不动产纠纷专属管辖优先抑或继承遗产纠纷专属管辖优先？由于民事诉讼法没有明确规定，其第三十四条第一项与第三项之间有可能发生冲突。现将不动产纠纷限于本解释界定的不动产物权纠纷，该问题不解自破。

【条文】

第二十九条

民事诉讼法第三十五条规定的书面协议，包括书面合同中的协议管辖条款或者诉讼前以书面形式达成的选择管辖的协议。

【条文主旨】

本条是关于协议管辖的书面协议的规定。

【条文理解】

当事人双方必须签订书面合同选择管辖法院，口头协议无效。书面管辖协议必须符合民法典的规定，既可以采取签订选择管辖的合同书的形式，也可以在合同书中订有协议管辖条款；既可以采取信件、电报、电传、传真等形式，也可以通过电子数据交换、电子邮件等达成选择管辖法院的一致意见。同时，由于人民法院确定管辖以当事人起诉时的条件为准，选择管辖的协议必须在诉讼前达成才有效。

【审判实践中应当注意的问题】

在审查管辖权异议案件中，针对当事人一方提出的管辖协议未成立、管辖协议系伪造等问题，法院应该进行审查。这种审查是针对程序问题的实质审查，如同对当事人提出管辖协议无效必须审查其效力一样。不能因为对管辖协议成立与否的审查可能与案件的实体审理有牵连、有影响，就回避这个问题。毕竟程序公正是实体公正的前提与基础。

【条文】

第三十条

根据管辖协议，起诉时能够确定管辖法院的，从其约定；不能确定的，依照民事诉讼法的相关规定确定管辖。

管辖协议约定两个以上与争议有实际联系的地点的人民法院管辖，原告可以向其中一个人民法院起诉。

【条文主旨】

本条是关于协议管辖的效力的规定。

【条文理解】

《德国民事诉讼法》原则上禁止管辖约定，只有在特殊情况下管辖约定才是合法的，且其要件为“管辖约定必须涉及确定的或可确定的法院”，但并未就确定法院的数量提出限制。《法国民事诉讼法》对协议管辖的态度与德国基本上一致，即原则上禁止管辖约定，“视为未予订立”，唯一存在的例外情形是“但如订立此种条款的人全部具有商人身份，并且该条款所对抗的当事人承担的义务中有此极为明确的专门规定时”。这里所谓的“极为明确的专门规定”是指合同当事人对以协议方式变更地域管辖须有完全一致的约定。需要说明的是，法国的管辖是以争议性质和请求数额两个标准来确定的，5 万法郎以上的纠纷由大审法院管辖，而 5 万法郎以下的纠纷由初审法院管辖。合同当事人可以协商确定将纠纷提交大审法院或初审法院管辖而不理会具体的诉讼请求数额。但《法国民事诉讼法》只要求合同当事人就“某一法院”，即大审法院还是初审法院作出约定，并无“择一性”要求。我国台湾地区的“民事诉讼法”则规定当事人可以合意确定第一审管辖法院，但须“以关于一定法律关系而生之诉讼为限”，且该合意应以书面形式作出，不得违反专属管辖的规定。该合意管辖的要件为“须特定一定之法院。合意管辖虽不限于合意一法院，即合意数法院为其管辖法院者，亦无不可，但若泛称任何第一审法院均有管辖权，而未具体特定者，应不生合意之效力”。所谓“特定一定”，并非数量上的限制，而是地区上的限制，可以某高等法院管辖区内的地方法院为其约定范围，而不必明确指出某某法院。当然，也不能广泛到我国台湾地区的所有一审法院。在日本，学者也认为协议管辖法院不一定只限于一个。

可见，以上举例并没有要求合同当事人达成的管辖协议必须选择一个确定的法院。

在实践中，当事人往往由于法律知识的限制，在协议中确定了多个法院，如常见的约定“当事人双方均可向各自所在地的法院起诉”；另外，管辖法院的确定，首先考虑地域管辖，其次考虑级别管辖，而在按照诉讼标的额和案件影响程度确定级别管辖法院时，当事人双方在纠纷发生前无法预见今后争执的标的额和案件是否具有重大影响。因此，要求当事人纠纷前约定的管辖法院明确、具体、唯一且不违反级别管辖的规定，在实践中是比较困难的。

2015 年《民事诉讼法解释》充分尊重当事人双方的真实意思表示，扩大当事人达成管辖协议的自由，避免了大面积认定管辖协议无效，也减少了因约定不明确造成法院间推管辖或抢管辖情况发生。理解本条应注意两点：

第一，即使当事人约定管辖法院不够明确，但只要根据管辖协议约定的地域能够确定具体管辖法院的，管辖协议按照有效处理。常见的情形是，当事人仅约定了某一地域的法院，可以按照级别管辖标准往上确定具体的法院（上级法院相对于下级法院而言是唯一的），但不能按照级别管辖的标准从上级法院往下确定具体的法院（一个上级法院对应的下级法院一般有多个，特殊情况除外）。例如，约定“由天津市的法院管辖”，而案件恰好应当由天津高院作为一审法院的，该案由天津高院管辖，该管辖协议有效；如该案仅达到天津基层法院的管辖标准，由于天津基层法院有多个而无法确定具体的法院，该管辖协议无效，只能按照法定管辖规定确定法院。还有一种常见情况，当事人已约定某一具体基层法院管辖，纠纷发生后超出该院级别管辖标准，是否一律以违反级别管辖为由而认定约定无效？这种约定表明双方当事人愿意在该法院所在地进行诉讼，地域管辖是明确的。出于保护当事人的正当预期，应当认定双方选择的地域管辖是有效的，可以结合级别管辖标准确定具体的管辖法院。

第二，管辖协议约定两个以上与争议有实际联系的地点的人民法院管辖，原告可以向其中一个人民法院起诉，该法院具有管辖权。民事诉讼法第二十四条规定：“因合同纠纷提起的诉讼，由被告住所地或者合同履行地人民法院管辖。”第三十三条规定：“因共同海损提起的诉讼，由船舶最先到达地、共同海损理算地或者航程终止地的人民法院管辖。”第三十四条第三项规定：“因继承遗产纠纷提起的诉讼，由被继承人死亡时住所地或者主要遗产所在地人民法院管辖。”上述条文均规定了两个或两个以上的管辖法院供当事人选择。这就意味着，如果合同当事人不约定发生纠纷时的管辖法院，一方当事人完全可以选择被告住所地法院或是合同履行地法院作为管辖法院，但如果双方当事人订立了协议管辖合同或是条款，其选择就是唯一的，即合同或条款中明确约定的那个法院。这样，当事人自己限制了诉权的行使，而且易导致当事人在合同谈判过程中因管辖问题形成僵持局面。对于上述法定的两个以上人民法院都有管辖权的案件，民事诉讼法第三十六条规定，原告可以向其中一个法院起诉；原告向两个以上有管辖权的人民法院起诉的，由最先立案的人民法院管辖。所以，在特殊地域管辖及专属管辖允许当事人选择管辖法院的前提下，对于协议管辖的唯一性是不应该苛求的。因此，只要当事人协议选择了与争议有实际联系地点的管辖法院，可以是一处，也可以是多处，一旦当事人发生纠纷，就可以按协议之约定，选择向其中一个法院起诉。如果双方基于同一法律关系或同一法律事实分别向不同的法院起诉，同样先受理的法院取得管辖权。

【审判实践中应当注意的问题】

第一，违反专门管辖的约定是无效的。2012 年民事诉讼法没有规定协议管辖违反专门管辖是否无效，但最高人民法院的司法解释和相关政策性文件均认为属无效。如当事人约定普通民商事纠纷由海事法院管辖就是无效的。

第二，必须充分尊重当事人意思表示确定管辖法院。关于当事人仅仅约定某一地域的法院，没有将具体的连接点与管辖法院联系起来，能否依据某个实际连接点确定管辖法院，在 2015 年《民事诉讼法解释》起草过程中争议较大。我们认为，不能无限扩大当事人协议管辖的自由。还以当事人约定“由天津市的法院管辖”为例，如果因某个天津基层法院对应了民事诉讼法第三十五条规定的五个连接点中的任意一个，就确定该基层法院具有管辖权，这样处理超出了当事人达成协议时可预见的范畴，因为该处理方法视同双方达成了两个合意：第一个合意是“由天津市的法院管辖”；第二个合意是“由天津市的合同履行地（或合同签订地、标的物所在地）的法院管辖”，而实际上第二个合意是根本不存在的。

【条文】

第三十一条

经营者使用格式条款与消费者订立管辖协议，未采取合理方式提请消费者注意，消费者主张管辖协议无效的，人民法院应予支持。

【条文主旨】

本条是关于经营者使用格式条款与消费者订立管辖协议的效力的规定。

【条文理解】

随着现代经济的迅速发展，市场交易效率日益提高。为了降低成本，许多大公司、大机构纷纷采用格式合同（格式条款）作为对外从事多次性、重复性交易的固定条件，已被广泛应用于银行、保险、交通、电子商务等行业中，成为涉及面极广、社会影响较大的一种合同形式。由于格式合同由一方当事人预先拟定，相对人从未参与合同条款的拟定过程，可能出现有失公平、损害相对人合法权益的现象。各国法律均对格式合同作了规定。我国合同法规定，订立格式合同时，提供格式条款的一方应采取合理的方式提请对方注意免除或者限制其责任的条款，按照对方的要求对该条款予以说明，同时规定了格式条款无效的情形。自 2021 年 1 月 1 日起施行的民法典第四百九十六条、第四百九十七条也规定了相应的内容。

实践中，格式合同含有协议管辖条款也很普遍。经营者通常拟定“如发生纠纷在经营者所在地的人民法院诉讼”的条款。虽然这种管辖协议的内容并不免除或限制经营者的责任，但排除了合同履行地、被告住所地法院管辖，排除了相对方选择有连接点的其他法院管辖的权利，极大方便了经营者诉讼而不利于消费者诉讼。为了规制格式合同的弊端，有的国家和地区作了规定。例如，《德国民事诉讼法》第 38 条中规定：“本来没有管辖权的第一审法院，可以因当事人间明示的或默示的合意而取得管辖权，但以契约双方当事人是商人或者是公法上的法人或公法上的特别财产时为限。”可见，德国完全排除经营者利用格式合同与普通个人消费者约定管辖法院，凡是存在这种约定的均无效。我国台湾地区“民事诉讼法”第 28 条第 2 款规定：“合意管辖，如当事人之一造为法人或商人，依其预定用于同类契约之条款而成立，按其情形显失公平者，他造如为本案之言词辩论前，得声请移送于其管辖法院。但两造均为法人或商人时，不在此限。”可见，我国台湾地区对经营者与普通个人消费者之间签订的协议管辖条款，有条件地认定无效，即当格式条款显失公平时，消费者可以向法院提出将案件移送被告（消费者）所在地法院管辖。

我国民事诉讼法第三十五条关于协议管辖的规定中，没有涉及格式合同中管辖协议的内容。为了防止经营者利用格式合同损害消费者利益，有必要对格式合同中的管辖协议作出限定。2015 年《民事诉讼法解释》本条参照合同法的规定作了规定。

理解本条应注意两点：第一，关于如何理解本条规定中的“合理的方式”。实践中，消费者往往关注实体方面的条文要多一些，容易忽视争议解决条款，也不太了解争议解决条款给自己将来可能带来的影响。如果经营者未采取合理方式提请消费者注意涉管辖格式条款，该管辖协议可能无效。这样的规定会督促经营者履行提请注意义务。第二，是否主张管辖协议无效，由消费者决定。管辖协议排除了相对方依法选择管辖法院的权利，也易造成相对方的诉讼不方便，但如果经营者已经采取了合理方式提请消费者注意，即使造成消费者诉讼明显不便，因为消费者已经被告知不利的后果，仍然选择协议管辖，这一意思表示应该得到尊重，不能再认定管辖协议无效。只有当经营者未采取合理的方式提请消费者注意时，消费者主张管辖协议无效，才能得到法院支持。当然在这种情况下，也可以不主张管辖协议无效而接受管辖协议的约束，法院不应依职权介入审查，这也是尊重当事人权利的体现。

【审判实践中应当注意的问题】

如果管辖协议被法院认定无效，该协议是自始无效，自始对当事人不发生法律效力。同时，该管辖协议无效并不影响合同其他条款的效力，其他条款仍然有效。

【条文】

第三十二条

管辖协议约定由一方当事人住所地人民法院管辖，协议签订后当事人住所地变更的，由签订管辖协议时的住所地人民法院管辖，但当事人另有约定的除外。

【条文主旨】

本条是关于管辖协议约定的当事人住所地发生变更时诉讼管辖的规定。

【条文理解】

司法实践中，当事人在管辖协议中约定由一方当事人住所地人民法院管辖，原告向人民法院提起诉讼时，当时约定的住所地已经发生了变化，该如何确定管辖法院？在本解释起草过程中有不同的观点。

一种观点认为，仍应由管辖协议签订时的住所地法院管辖。因为设计协议管辖制度的初衷是尊重当事人的意思表示，在协议选择管辖法院时，双方当事人对选择的管辖法院是明知的，这一管辖法院不能因住所地变动而变更，否则违背了当事人最初的约定，也将给当事人规避法律留下空间，一定程度上造成管辖秩序混乱。例如，甲与乙签订协议时约定，发生争议由乙住所地 A 地法院管辖，但是，乙发现双方之间即将或者可能发生争议，出于多种考虑又认为由 A 地法院管辖不利于保障自己利益，而将住所地变更为其认为更合适诉讼的 B 地，如果依此确定 B 地法院管辖，将对甲的管辖利益带来不利。

另一种观点认为，"两便"原则是确定诉讼管辖的一个基本标准，法律把当事人的住所地确定为协议管辖的连接点，就是为了让住所地法院能够就近查明案情，当事人就近参加诉讼。因此，在当事人争议发生时协议约定的住所地发生变更的情况下，应当以实际争议发生的住所地确定管辖法院，以便纠纷的快速有效解决。

两种观点都有其合理性。但比较而言，按照第一种意见，管辖法院在双方签订协议时就是确定的，稳定了当事人的预期，更主要的是能杜绝当事人通过改变住所地选择有利于自己的管辖法院现象发生。本条规定采纳了上述意见。同时，考虑到管辖协议存在没有写明具体住所地的地址情形，为防止发生歧义，本条明确规定由"签订管辖协议时"的住所地人民法院管辖。

【审判实践中应当注意的问题】

在管辖协议约定由一方当事人住所地人民法院管辖，且没有明确具体的地址的情况下，若该当事人在签订协议时已经离开户籍所在地，则只有当实际居住地符合经常住所地（至起诉时已连续居住一年以上）要件时，该实际居住地的法院才具有管辖权，否则仍应由当事人的户籍所在地法院管辖。

【条文】

第三十三条

合同转让的，合同的管辖协议对合同受让人有效，但转让时受让人不知道有管辖协议，或者转让协议另有约定且原合同相对人同意的除外。

【条文主旨】

本条是关于被转让合同的管辖协议对合同受让人具有约束力的规定。

【条文理解】

民法典规定了合同转让的三种情形：合同权利的转让、合同义务的转移、合同权利义务的概括转让。债权人可以将合同的权利全部或者部分转让给第三人，债权人转让权利的，应当通知债务人；债务人转移债务、债权债务概括转让，必须征得债权人的同意。实体法的上述规定，解决了合同的可转让性和转让生效的条件两个问题。但是，合同转让后，第三人（受让人）基于受让的合同对转让人提起诉讼，如果原合同存在管辖协议，是否适用协议管辖的约定？根据合同相对性原则，通常情况下，合同中关于管辖法院的约定，只能约束合同双方，而不能约束第三人。但在合同转让中情况则比较特殊。对第三人（受让人）而言，在受让合同前，应推定其对合同约定的内容是明知的，其受让合同权利或承担合同义务同时应视为接受合同关于协议管辖的约定。此外，在司法实践中，因实体法关于转让债权只是规定了通知债务人的程序，并没有设定其他严格条件，债权人为规避原协议管辖约定，可能会采取虚假转让债权给选定的第三人，从而达到恶意规避管辖的目的。因此，本解释关于因转让合同提起的纠纷应适用原合同管辖协议的规定是非常有必要的。

理解本条要注意两种例外情况：第一是受让人不知道原合同有管辖协议的，不受该管辖协议的约束。如补充协议订有管辖条款，当事人转让合同时没有披露补充协议。第二是转让协议另有约定且原合同相对人同意的，也不受原合同管辖协议的约束。也就是说，转让协议的管辖约定与原合同约定不一致，经过原合同相对人同意后，应该按照转让协议中的约定确定管辖法院。

【审判实践中应当注意的问题】

若转让合同无效，不影响协议管辖条款的效力。协议管辖条款作为合同争议解决条款，具有独立性。合同的变更、解除、终止或者无效，不影响协议管辖条款的效力。

【条文】

第三十四条

当事人因同居或者在解除婚姻、收养关系后发生财产争议，约定管辖的，可以适用民事诉讼法第三十五条规定确定管辖。

【条文主旨】

本条是关于身份关系解除后有关财产争议可以适用协议管辖的规定。

【条文理解】

2012 年民事诉讼法将适用协议管辖的情形由合同纠纷修改为合同或者其他财产权益纠纷，统一了国内和涉外民事诉讼中协议管辖的适用范围，即国内的民事诉讼，除了合同纠纷这一财产权益纠纷外，其他情形的财产权益纠纷，如因物权、知识产权中的财产权而产生的纠纷，也适用协议管辖。

规定财产权益纠纷可以协议管辖的益处在于：其一，有利于更充分地体现“两便”原则和当事人自由处分原则。便利群众诉讼和便利法院审判是人民法院立案管辖工作的基本原则。但是，由于实际情况复杂，具体到个案，对当事人或人民法院并不一定方便。扩大协议管辖适用范围，使当事人可以根据民事交往的客观情况和自身的主观条件来选择便于自己进行诉讼的法院，正是对法定管辖缺陷的一种补充。其二，可以减少管辖冲突。无论是明示的还是默示的协议管辖，由于当事人选择的法院是明确的，使被选择法院之外的其他法院即使符合法定管辖规定，也因此丧失了管辖权（专属管辖除外），同时也就失去了争夺管辖权的借口，被选择法院也不易推诿。因此协议管辖范围的扩大无疑也会减少管辖冲突。

在2015年《民事诉讼法解释》起草过程中，各地法院普遍提出，当事人已经解除了婚姻、收养等身份关系，但是，仍然有财产纠纷没有得到解决，由此引发诉讼是否适用协议管辖的规定，需要司法解释予以明确。例如，离婚后财产纠纷虽然涉及的财产均为婚姻关系存续期间的夫妻财产，但双方对婚姻解除并不存在争议，存在争议的是财产分割问题，有关婚姻关系的事实已成为处理财产纠纷的证据。因此，没有必要像对待其他婚姻家庭纠纷一样，必须由被告住所地的法院管辖。只要是单纯的因财产纠纷引发的诉讼，在当事人的身份关系已经解除后，允许当事人选择与争议有实际联系的地点包括原告住所地、财产所在地等法院管辖，符合民事诉讼法第三十五条的立法精神。

因解除婚姻关系后单独就财产分割问题发生的争议适用协议管辖制度，而解除收养关系后单独就财产分割问题发生的争议以及同居财产纠纷与前者具有同质性，所以本条对其一并规定。

【审判实践中应当注意的问题】

当事人对本条规定的财产争议约定管辖法院的，必须是与争议有实际联系地点的法院，否则约定无效，应按法定管辖确定管辖的法院。

【条文】

第三十五条

当事人在答辩期间届满后未应诉答辩，人民法院在一审开庭前，发现案件不属于本院管辖的，应当裁定移送有管辖权的人民法院。

【条文主旨】

本条是关于移送管辖期限的规定。

【条文理解】

移送管辖，是指没有管辖权的人民法院受理原告起诉后，发现案件不属于该院管辖，主动移送有管辖权的人民法院。移送管辖应当符合三个条件：（1）法院已经受理了案件；（2）受理案件的法院对案件没有管辖权或者其他有管辖权的法院先立案受理案件；（3）受移送法院对案件有管辖权。按移送对象分类，移送管辖分为同级人民法院之间的移送（属于地域管辖的范围）和上下级人民法院之间的移送（属于级别管辖的范围）。按启动原因分类，移送管辖分为因当事人提出管辖权异议而移送和法院自己发现没有管辖权而主动移送。

民事诉讼法第三十七条没有规定移送管辖的期限，理论上受诉人民法院在案件实体判决前均可以移送。在实践中，确有个别法院是这样做的，即在当事人没有提出异议的情况下，经过开庭审理，甚至已经合议讨论，基于案件重大复杂、形成涉诉信访等情形，以没有管辖权为由移送其他法院审理。这样既浪费司法资源，又增加当事人诉累。2012年民事诉讼法规定了应诉管辖制度，当事人未提出管辖异议并应诉答辩的，视为受诉人民法院有管辖权，这对移送管辖的随时性作了限制。

但还有一种情况，当事人在提交答辩状期间不提出管辖权异议，也不应诉和提出实体答辩意见，仅在开庭前提出受诉人民法院无管辖权的意见，此时如果仅以超过期间提出异议为由不予理会，当事人会以法院受理时有主动审查职能为由而不服。故本条规定人民法院在一审开庭前发现受理的案件不属于本院管辖的，应当裁定将案件移送至有管辖权的人民法院。

【审判实践中应当注意的问题】

第一，当人民法院移送案件时发现有数个其他人民法院有管辖权，应尊重原告的意见，即原告有选择权，只有当原告拒绝选择时，才由人民法院决定。

第二，移送管辖只能进行一次。受移送的法院认为自己没有管辖权的，不能再行移送或退回移送法院，应该按照管辖权争议处理程序，报请共同上级人民法院指定管辖。

【条文】

第三十六条

两个以上人民法院都有管辖权的诉讼，先立案的人民法院不得将案件移送给另一个有管辖权的人民法院。人民法院在立案前发现其他有管辖权的人民法院已先立案的，不得重复立案；立案后发现其他有管辖权的人民法院已先立案的，裁定将案件移送给先立案的人民法院。

【条文主旨】

本条是关于共同管辖中最先立案的法院有管辖权的规定。

【条文理解】

按照民事诉讼法第三十六条的规定，两个或两个以上法院对某一案件都有管辖权，原告可以选择其中一个提起诉讼。当原告向两个以上有管辖权的法院起诉后，先立案的法院与后立案的法院应如何处理，本条对“最先立案的人民法院管辖”原则进一步细化规定：两个以上人民法院都有管辖权的诉讼，先立案的人民法院不得将案件移送给另一个有管辖权的人民法院。人民法院在立案前发现其他有管辖权的人民法院已先立案的，不得重复立案；立案后发现其他有管辖权的人民法院已先立案的，裁定将案件移送给先立案的人民法院。

【审判实践中应当注意的问题】

立案的起算时间以受诉法院决定受理原告起诉并将其内容登记在册为准。法院收到起诉状后，可能需要审查以及告知原告修改诉状后，才决定登记立案，故不能将原告提交诉状的时间作为立案的起算时间。

【条文】

第三十七条

案件受理后，受诉人民法院的管辖权不受当事人住所地、经常居住地变更的影响。

【条文主旨】

本条是关于民事诉讼管辖恒定原则具体情形的规定。

【条文理解】

管辖恒定原则，是指确定管辖权以起诉时为标准，起诉时对案件享有管辖权的法院，不因确定管辖的事实在诉讼过程中发生变化而影响其管辖权。这一制度在民事诉讼法条文中并没有体现，《92年意见》第34条和第35条规定了这一制度，对确保民事诉讼的安定性、经济性、公正性发挥了应有的作用。因此，2015年《民事诉讼法解释》保留了原来的条文，并增加了一条（第三十九条），具体规定了适用管辖恒定原则的几种情形。确立管辖恒定原则的主要目的在于保证民事案件及时审理，避免多个人民法院之间互相推诿或争夺管辖权而造成司法资源浪费，减少当事人讼累，推动诉讼快速进行，防止诉讼迟缓，实现诉讼经济要求。

【审判实践中应当注意的问题】

受诉人民法院不得将案件移送当事人变更后的住所地、经常居住地人民法院管辖。

【条文】

第三十八条

有管辖权的人民法院受理案件后，不得以行政区域变更为由，将案件移送给变更后有管辖权的人民法院。判决后的上诉案件和依审判监督程序提审的案件，由原审人民法院的上级人民法院进行审判；上级人民法院指令再审、发回重审的案件，由原审人民法院再审或者重审。

【条文主旨】

本条是关于民事诉讼管辖恒定原则具体情形的规定。

【条文理解】

人民法院受理案件后，不得因行政区域变更而改变法院管辖，否则会造成司法资源的巨大浪费并给当事人造成损失。在实践中，可能会发生这样的情况：某二审法院在审理上诉案件过程中，因行政区域变更，原审法院对应的上级法院已改变。此时，虽然原审法院已不是某二审法院的下级法院，某二审法院发回重审的案件仍应由原审法院重审。

【条文】

第三十九条

人民法院对管辖异议审查后确定有管辖权的，不因当事人提起反诉、增加或者变更诉讼请求等改变管辖，但违反级别管辖、专属管辖规定的除外。

人民法院发回重审或者按第一审程序再审的案件，当事人提出管辖异议的，人民法院不予审查。

【条文主旨】

本条是关于民事诉讼管辖恒定原则具体情形的规定。

【条文理解】

按照管辖恒定原则的要求，确定管辖的事实在诉讼过程中发生变化而管辖权不予改变。确定管辖的事实主要分两个方面：地域管辖依据和级别管辖依据。前者主要包括原告住所地、被告住所地、合同履行地、合同签订地、财产所在地、侵权行为地等，后者主要包括诉讼标的额、案件影响程度等。正如本解释第三十七条和第三十八条规定的，受诉人民法院的管辖权不因当事人住所地、经常居住地变更以及行政区划变更而改变。但诉讼标的额发生变化，会不会造成级别管辖法院的调整，要具体情况具体分析。如原告增加或减少诉讼请求，其诉讼标的额超过或达不到受诉法院的管辖标准，应该调整级别管辖法院，以防止当事人采取这种方式规避级别管辖法院，损害对方当事人的管辖利益。至于当事人提起反诉，不管其标的额有多大，已表明其愿意接受受诉法院管辖，将本诉与反诉合并审理有利于及时解决纠纷，防止裁判冲突。

具体到第二审人民法院发回重审或者按照第一审程序再审的案件，对当事人提出的管辖权异议要不要审查，在实践中存在不同认识。根据管辖恒定原则，人民法院应不予审查，以维护诉讼的安定性，本条对此作了规定。

【条文】

第四十条

依照民事诉讼法第三十八条第二款规定，发生管辖权争议的两个人民法院因协商不成报请它们的共同上级人民法院指定管辖时，双方为同属一个地、市辖区的基层人民法院的，由该地、市的中级人民法院及时指定管辖；同属一个省、自治区、直辖市的两个人民法院的，由该省、自治区、直辖市的高级人民法院及时指定管辖；双方为跨省、自治区、直辖市的人民法院，高级人民法院协商不成的，由最高人民法院及时指定管辖。

依照前款规定报请上级人民法院指定管辖时，应当逐级进行。

【条文主旨】

本条是关于管辖权争议处理程序的规定。

【条文理解】

本条规定了人民法院之间管辖权争议协调处理的基本原则和处理方式，操作性较强。所谓管辖权争议，主要指两个以上人民法院，由于管辖区域不明，或者有共同管辖权的案件、多种地域管辖连接点并存的案件，或者对管辖法律规定、协议管辖条款产生了不同理解，引起争抢管辖权或推诿管辖权而发生的争议。上级人民法院依照本条规定指定管辖后，报送的人民法院应当及时通知当事人。

【审判实践中应当注意的问题】

报请共同上级人民法院指定管辖前，发生管辖权争议的人民法院必须进行协商，严禁双方未经协商直接报请指定管辖。

【条文】

第四十一条

人民法院依照民事诉讼法第三十八条第二款规定指定管辖的，应当作出裁定。

对报请上级人民法院指定管辖的案件，下级人民法院应当中止审理。指定管辖裁定作出前，下级人民法院对案件作出判决、裁定的，上级人民法院应当在裁定指定管辖的同时，一并撤销下级人民法院的判决、裁定。

【条文主旨】

本条是关于人民法院之间发生管辖争议时由共同上级人民法院指定管辖的程序规定。

【条文理解】

民事诉讼法第三十八条规定："有管辖权的人民法院由于特殊原因，不能行使管辖权的，由上级人民法院指定管辖。人民法院之间因管辖权发生争议，由争议双方协商解决；协商解决不了的，报请它们的共同上级人民法院指定管辖。"本条是关于人民法院之间发生管辖争议上级人民法院指定管辖的程序的规定，对本条规定可从以下两个方面理解。

1. 关于指定管辖法律文书的形式问题

民事诉讼法第一百五十七条第一款明确规定了适用裁定的事项，并于第十一项规定，裁定适用于其他需要裁定解决的事项。上级人民法院在下级人民法院对案件管辖权存在争议时作出指定，属于诉讼程序中的重大事项，应当采用裁定的形式。指定管辖并非单纯解决法院之间对案件管辖权的争议，同样也是解决当事人之间关于案件管辖权的争议，从其性质上看，有关法律文书是需要对当事人公开的，采用裁定更为合理。另外，采用裁定的形式可以将指定管辖的理由在更大范围公开，促进裁定依法公正。因此，本条第一款明确规定，上级人民法院指定管辖的，应当作出裁定。

2. 关于争议期间抢先裁判的问题

实践中，争议法院在上级人民法院指定管辖期间，有的不中止诉讼，抢先对案件作出裁判。一方面，这引发了当事人不满，社会负面影响较大；另一方面，在管辖问题还未解决时就抢先作出实体裁判，造成上级人民法院指定管辖工作的被动。一旦上级人民法院指定抢先作出裁判法院之外的法院管辖该案件，就必须对该案件作出的实体裁判进行处理，造成程序上的混乱，也严重损害了法院裁判的权威。因此，本条第二款规定：上级人民法院在处理管辖争议时，下级人民法院应当中止对案件的审理；在指定管辖裁定作出前，下级人民法院作出判决和裁定的，上级人民法院在裁定指定管辖的同时，应当一并撤销下级人民法院作出的判决和裁定。

直接撤销下级法院的抢先裁判，提高了管辖权争议处理程序的效率。对此也有不同的意见，认为以一般适用于程序性的裁定直接撤销实体裁判有所不当。但是，民事诉讼法第一百七十七条第一款规定："第二审人民法院对上诉案件，经过审理，按照下列情形，分别处理：（一）原判决、裁定认定事实清楚，适用法律正确的，以判决、裁定方式驳回上诉，维持原判决、裁定；（二）原判决、裁定认定事实错误或者适用法律错误的，以判决、裁定方式依法改判、撤销或者变更；（三）原判决认定基本事实不清的，裁定撤销原判决，发回原审人民法院重审，或者查清事实后改判；（四）原判决遗漏当事人或者违法缺席判决等严重违反法定程序的，裁定撤销原判决，发回原审人民法院重审。"因此，裁定撤销判决是有其法律依据的。

【审判实践中应当注意的问题】

1. 上级人民法院指定管辖的裁定不可上诉

上级人民法院指定管辖的裁定不属于民事诉讼法第一百五十七条第一款第一项至第三项规定的情形，是上级人民法院就有管辖权的下级人民法院由于特殊原因不能行使管辖权，或者由于几个法院对案件的管辖发生异议，或者移送来的案件也不属于本院管辖时，需要由上级人民法院指定某一法院管辖的裁定。指定管辖是对法定管辖的补充，其目的是使法院早日确定管辖权，及时审判，使当事人的合法权益尽快得到保护。上级人民法院的指定管辖裁定针对两个争议管辖的下级人民法院的请示作出，不得上诉。

2. 指定管辖裁定只能撤销在处理管辖争议期间作出的抢先裁判

下级人民法院之间发生管辖争议，报请其共同上级人民法院指定管辖期间，应当中止对案件的审理。如果非在报请指定管辖期间作出的裁定或判决已经发生法律效力，结合本解释管辖权异议裁定不得申请再审的规定，非管辖争议期间作出的裁定或判决应当通过审判监督程序解决。

3. 如何界定上级人民法院指定管辖期间

我们认为，为确保管辖争议处理的有效性，法院之间就发生的管辖争议报请上级人民法院指定处理期间，可以认定为上级人民法院指定管辖期间。

【条文】

第四十二条

下列第一审民事案件，人民法院依照民事诉讼法第三十九条第一款规定，可以在开庭前交下级人民法院审理：

（一）破产程序中有关债务人的诉讼案件；

（二）当事人人数众多且不方便诉讼的案件；

（三）最高人民法院确定的其他类型案件。

人民法院交下级人民法院审理前，应当报请其上级人民法院批准。上级人民法院批准后，人民法院应当裁定将案件交下级人民法院审理。

【条文主旨】

本条是关于案件管辖权“上交下”的“确有必要”情形和程序的规定。

【条文理解】

本条是对案件管辖权“上交下”的“确有必要”情形和程序所作的规定。

1. 关于“确有必要”的情形

民事诉讼法第三十九条规定了人民法院将案件管辖权“上交下”只有在“确有必要”时才能进行。何谓确有必要，根据法律修改的原意，主要考虑到破产衍生诉讼中劳动争议案件数量众多，在一些大型的用工人数众多的企业更是如此，如果全部由中级人民法院审理，二审法院为高级人民法院，不利于矛盾的化解。随着涉及金融案件的增加，有关于证券诉讼的其他诉讼，比如债务人履行合同诉讼、追收债务人对外债权诉讼、撤销债务人处分财产行为诉讼、确认债务人处分财产行为无效诉讼、取回权诉讼、别除权诉讼和抵销权诉讼等案件也大量增加，交下级法院审理，有利于当事人参加诉讼，节约诉讼成本，节约司法资源。一些群体性案件、类型化的案件，必须依靠当地党委政府解决问题，下移管辖有利于矛盾的化解。因此，本解释起草时规定“破产程序中有关债务人的诉讼案件”“当事人人数众多且不方便诉讼的案件”“最高人民法院确定的其他类型案件”属于“确有必要”上交下的情形。破产程序中有关债务人的诉讼案件也就是破产衍生诉讼案件，从人民法院审理此类案件的实际看，有一些破产案件有大量的衍生诉讼案件，有的达到上千件，全部由破产法院审理，不仅破产法院审判压力太大，而且会严重拖延诉讼，不利于保护当事人的利益。此类案件可以通过移交下级法院管辖审理。当事人人数众多且不方便诉讼的案件也即群体性纠纷案件，由于涉及人数众多，社会广泛关注，息诉罢访压力大，往往需要依靠当地党委、政府及各方面的力量共同化解矛盾，维护社会稳定。除上述两类案件以外，可能还会有其他一些需要交下级人民法院来审理的特殊案件，因此，本条明确规定最高人民法院可以根据案件实际情况确定是否可以交由下级人民法院审理，作为兜底条款。

2. 关于“上交下”的程序问题

2012 年民事诉讼法修改，为充分保护当事人的诉讼权利，规定对于管辖权下放性移转采取裁定的形式。因此，本条第二款规定上级人民法院将案件交下级人民法院审理的，应当作出裁定。

【审判实践中应当注意的问题】

1. “上交下”的案件需报请上级人民法院批准

本解释虽然规定“破产程序中有关债务人的诉讼案件”“当事人人数众多且不方便诉讼的案件”可以交下级人民法院审理，但也必须依照法律规定的程序，报上级人民法院批准。

2. “上交下”的裁定不能上诉

“上交下”的裁定不属于民事诉讼法第一百五十七条第一款第一项至第三项规定的情形，而是上级人民法院就应当属于本院管辖的案件交下级法院审理作出的裁定，该裁定不得上诉。

二、回　　避

【条文】

第四十三条

审判人员有下列情形之一的，应当自行回避，当事人有权申请其回避：

（一）是本案当事人或者当事人近亲属的；

（二）本人或者其近亲属与本案有利害关系的；

（三）担任过本案的证人、鉴定人、辩护人、诉讼代理人、翻译人员的；

（四）是本案诉讼代理人近亲属的；

（五）本人或者其近亲属持有本案非上市公司当事人的股份或者股权的；

（六）与本案当事人或者诉讼代理人有其他利害关系，可能影响公正审理的。

【条文主旨】

本条是关于民事诉讼法第四十七条第一款关于回避具体情形以及该款第二项关于“与本案有利害关系”、第三项“其他关系”的规定。

【条文理解】

回避制度是现代诉讼制度的基本制度之一，对于维护程序正义，确保司法公正，提高司法公信力，具有十分重要的意义。一方面，它是实体裁判公正性的重要保障，可以避免与案件有利害关系的审判人员和其他有关人员因其偏私性而造成裁判不公；另一方面，它是程序公正性的重要体现，可以消除当事人疑虑，提高当事人对法院公正性的信任度。① 1991 年民事诉讼法规定了审判人员及其他有关人员必须回避的法定情形及当事人申请回避的方式，对于审判实践中准确适用回避制度具有重要作用。但是，随着经济社会生活的不断发展，人民法院审理案件的情形越来越复杂多样，上述关于回避制度的规定也暴露出了不能适应审判实践需要之处：一方面，对于适用回避的法定情形规定的范围过窄；另一方面，仅规定了审判人员及相关人员在遇

① 参见江伟主编：《民事诉讼法》，中国人民大学出版社 2007 年版，第 84 页。

到法定情形时必须回避的规则，但对于回避程序的启动问题，有些含糊其词，并没有明确审判人员主动回避的问题。如果当事人没有依法申请上述人员回避，他们如何回避则没有规定，这就会与该规定中的必须回避的义务发生冲突，容易造成这些人员在必须回避时反而没有回避途径的问题。

为使回避制度更加适应审判实践的需要，充分发挥其维护司法公正和公信方面的作用，针对上述问题，人民法院从审判工作实际出发，不断积累经验，对有关回避规则作了进一步的修改完善。自 2011 年起实施的《回避规定》对回避的法定情形作了细化完善，也明确规定了自行回避这一回避方式。[①] 2015 年《民事诉讼法解释》即根据民事诉讼法第四十七条的规定，参考《回避规定》第一条的内容，对回避具体情形作出了明确，但较该规定，也作了一些重要修改，具体如下：

其一，本条并未对"近亲属"的范围作出明确规定。关于"近亲属"的范围，三大诉讼法及相关法律和司法解释规定并不一致。2012 年刑事诉讼法第一百零六条第六项[②]规定，"近亲属"是指夫、妻、父、母、子、女、同胞兄弟姊妹。《最高人民法院关于执行〈中华人民共和国行政诉讼法〉若干问题的解释》（法释〔2000〕8 号）第十一条第一款[③]规定的"近亲属"，包括配偶、父母、子女、兄弟姐妹、祖父母、外祖父母、孙子女、外孙子女和其他具有扶养、赡养关系的亲属。《民通意见》第 12 条规定，民法通则中规定的近亲属，包括配偶、父母、子女、兄弟姐妹、祖父母、外祖父母、孙子女、外孙子女。比较而言，刑事诉讼法规定的近亲属范围较窄，而《最高人民法院关于执行〈中华人民共和国行政诉讼法〉若干问题的解释》列入了"其他具有扶养、赡养关系的亲属"，比较宽泛。回避情形中近亲属范围，应当确定在一个合理的范围，并遵循可能影响对案件公正审理的一般原则。在 2015 年《民事诉讼法解释》起草调研过程中，绝大多数意见认为，《民通意见》规定的近亲属范围比较适中，适用于回避制度较为妥当。对于近亲属的范围，实体法上已有明确规定，遵循实体法规定即可，且作为程序法的司

---

① 《回避规定》第一条明确规定："审判人员具有下列情形之一的，应当自行回避，当事人及其法定代理人有权以口头或者书面形式申请其回避：（一）是本案的当事人或者与当事人有近亲属关系的；（二）本人或者其近亲属与本案有利害关系的；（三）担任过本案的证人、翻译人员、鉴定人、勘验人、诉讼代理人、辩护人的；（四）与本案的诉讼代理人、辩护人有夫妻、父母、子女或者兄弟姐妹关系的；（五）与本案当事人之间存在其他利害关系，可能影响案件公正审理的。本规定所称近亲属，包括与审判人员有夫妻、直系血亲、三代以内旁系血亲及近姻亲关系的亲属。"

② 现为 2018 年修正刑事诉讼法第一百零八条第六项，内容未作修改。

③ 《最高人民法院关于适用〈中华人民共和国行政诉讼法〉的解释》（法释〔2008〕1 号）第十四条第一款对其未作修改。

法解释也不宜规定近亲属的概念。基于回避制度在民事诉讼法司法解释体系科学性及便于操作的考虑，本条借鉴2012年《刑事诉讼法解释》第二十三条①的规定，未对近亲属的范围再作列举。

其二，2015年《民事诉讼法解释》新增有关“本人或者其近亲属持有本案非上市公司的股份或股权的”这一回避情形。这是根据司法解释起草调研的意见新增的内容。《最高人民法院关于人民法院落实廉政准则防止利益冲突的若干规定》（法发〔2012〕6号）第三条规定：“人民法院工作人员不得从事下列营利性活动：……（四）违反规定拥有非上市公司（企业）的股份或者证券……”但对于审判人员及其近亲属持有非上市公司的股份或股权的情形是否予以限制，并无相应规定。在2015年《民事诉讼法解释》起草论证过程中，多数意见认为，这一情形应当属于“与本案有利害关系”的情形，否则将会影响案件的公正审理，破坏程序公正乃至实体正义。最终，2015年《民事诉讼法解释》采纳这一意见，将上述情形予以明确规定，以更好地发挥回避制度的作用。

在此需要说明的是，除了条文中第三项、第四项内容外，本条并未对“利害关系”的其他情形作出规定。三大诉讼法均规定审判人员与案件当事人之间存在其他利害关系，可能影响对案件公正审理的，应当回避。但对于“其他利害关系”的内涵和外延，理论上和实践中争议较大。《最高人民法院、司法部关于规范法官和律师相互关系维护司法公正的若干规定》（法发〔2004〕9号）第四条第一款规定：“法官应当严格执行回避制度，如果与本案当事人委托的律师有亲朋、同学、师生、曾经同事等关系，可能影响案件公正处理的，应当自行申请回避，是否回避由本院院长或者审判委员会决定。”但这一规定并非司法解释，且对决定回避的具体程序及未回避的责任问题未予明确，导致实践中适用较少。《回避规定》起草过程中，曾经根据审判实践和理论观点，对“其他利害关系”作了界定，是指“与本案当事人或者诉讼代理人、辩护人有师生、同学、同事、战友、邻居等亲密关系，或者有仇恨、敌对关系的”。但在征求意见过程中，大多数意见反映“师生、同学、同事、战友、邻居等亲密关系”以及“有仇恨、敌对关系”等诸多概念仍然比较模糊，其内涵和外延本身无法明确界定，难免挂一漏万，或者

① 2012年《刑事诉讼法解释》第二十三条规定：“审判人员具有下列情形之一的，应当自行回避，当事人及其法定代理人有权申请其回避：（一）是本案的当事人或者是当事人的近亲属的；（二）本人或者其近亲属与本案有利害关系的；（三）担任过本案的证人、鉴定人、辩护人、诉讼代理人、翻译人员的；（四）与本案的辩护人、诉讼代理人有近亲属关系的；（五）与本案当事人有其他利害关系，可能影响公正审判的。”2021年修正的《刑事诉讼法解释》第二十七条对该条未作修改。

导致利害关系认定扩大化的问题。考虑到实践中的复杂情况，对“其他利害关系”的认定应当根据具体情况分析。① 最终，《回避规定》未对“其他利害关系”作出细化规定。2015 年《民事诉讼法解释》起草过程中，也同样存在着上述争议，综合调研意见，我们认为同学、师生等关系是否影响案件公正审理，不便把握尺度，为避免挂一漏万或者失之过宽，本条对“其他利害关系”未作进一步细化处理。对此，应当结合民事诉讼法第四十七条的规定，由有权决定回避的主体结合具体案件情形，以该利害关系是否达到可能影响案件公正审理作为标准进行个案判断。

【审判实践中应当注意的问题】

对于本条在审判实践中的适用，尤其需要把握的是与有关司法解释规定的新旧衔接适用问题，比如与《回避规定》内容的衔接问题等。我们认为，根据“新法优于旧法”的基本原理，在旧的司法解释规定与新规定存在冲突时，当然要用新规定。但新规定对相关问题并没有明确列举的而原有司法解释对此有明确规定的，则应适用原司法解释的规定。换言之，在审判实践中，对于《回避规定》与现行民事诉讼法及本解释不冲突的，应当继续适用。

【条文】

第四十四条

审判人员有下列情形之一的，当事人有权申请其回避：

（一）接受本案当事人及其受托人宴请，或者参加由其支付费用的活动的；

（二）索取、接受本案当事人及其受托人财物或者其他利益的；

（三）违反规定会见本案当事人、诉讼代理人的；

（四）为本案当事人推荐、介绍诉讼代理人，或者为律师、其他人员介绍代理本案的；

（五）向本案当事人及其受托人借用款物的；

（六）有其他不正当行为，可能影响公正审理的。

【条文主旨】

本条是关于审判人员接受当事人、诉讼代理人请客送礼，或者违反规定

① 参见罗东川、吴兆祥、石磊：《〈关于审判人员在诉讼活动中执行回避制度若干问题的规定〉的理解与适用》，载《律师业务资料》2011 年第 8 期。

会见当事人、诉讼代理人的具体情形的规定。

【条文理解】

大陆法系国家和英美法系国家在民事诉讼法或者法官行为准则中规定了相应的回避制度或者原则，以保障司法人员形式上的中立。回避事由是指审判人员等回避主体与当事人、诉讼代理人之间具有特定身份关系，与案件有利害关系，或者具有可能影响案件公正审理的其他关系，或者实施的某种会影响案件公正审理的行为等需要审判人员自行回避、当事人申请回避的原因。审判人员违反规定，实施了不正当行为，可能影响案件公正审理的，应当属于依法回避的事由，这也是程序正义的必然要求。对此，以往的司法解释或者规范性文件有所体现。《最高人民法院、司法部关于规范法官和律师相互关系维护司法公正的若干规定》（法发〔2004〕9号）第三条第一款规定："法官不得私自单方面会见当事人及其委托的律师。"《回避规定》第二条规定："当事人及其法定代理人发现审判人员违反规定，具有下列情形之一的，有权申请其回避：（一）私下会见本案一方当事人及其诉讼代理人、辩护人的；（二）为本案当事人推荐、介绍诉讼代理人、辩护人，或者为律师、其他人员介绍办理该案件的；（三）索取、接受本案当事人及其受托人的财物、其他利益，或者要求当事人及其受托人报销费用的；（四）接受本案当事人及其受托人的宴请，或者参加由其支付费用的各项活动的；（五）向本案当事人及其受托人借款，借用交通工具、通讯工具或者其他物品，或者索取、接受当事人及其受托人在购买商品、装修住房以及其他方面给予的好处的；（六）有其他不正当行为，可能影响案件公正审理的。"民事诉讼法在总结以往司法实践经验的基础上明确规定了审判人员因特定行为可能影响审判公正的情形，当事人有权申请回避的内容，但仅停留在"审判人员接受当事人、诉讼代理人请客送礼，或者违反规定会见当事人、诉讼代理人"的情形，与社会生活中具体复杂的情形并不能对应，需要进一步细化，以更好地指导审判实践，充分发挥回避制度的作用。

鉴于《回避规定》对此已有较为细致的规定，本条内容主要借鉴了《回避规定》的内容。在2015年《民事诉讼法解释》起草论证过程中，不少人提出《回避规定》第二条第一项中的"私下会见"已与民事诉讼法规定的"违反规定会见"不符；第三项中"索取、接受本案当事人及其受托人的财物及其他利益"与第五项中的"索取、接受当事人及其受托人在购买商品、装修住房以及其他方面给予的好处"存在重复，而且2012年《刑事诉讼法解释》对此的规定较为明确。经研究，我们参考了2012年《刑事诉讼法解释》第二十四条①的内容，并删除了民事诉讼中并不存在的“辩护人”的提法。另有意见认为，《刑事诉讼法解释》用的是“委托人”的称谓，而条文中用的是“受托人”，建议再作研究。经研究，我们认为，条文中的“受托人”是与“当事人”连在一起使用，其就是当事人委托的人，而在委托关系中，接受委托事务的人显然是“受托人”，故采用了“受托人”这一提法。

本条主要是对“请客送礼”的情形予以细化和适度扩张解释，主要包括“接受本案当事人及其受托人的宴请，或者参加由其支付费用的活动的”“索取、接受本案当事人及其受托人的财物或者其他利益的”“为本案当事人推荐、介绍诉讼代理人，或者为律师、其他人员介绍办理本案的”“向本案当事人及其受托人借用款物的”这四种情形。在此要注意，上述受托人，在范围上包括当事人的诉讼代理人，但并不限于诉讼代理人，属于受当事人委托之人即可，可能并非本案的诉讼参加人。

【审判实践中应当注意的问题】

其一，本条规定内容涉及审判人员履职乃至形象上的廉洁公正性问题，若存在本条规定情形的，不仅是本案回避即可，违反相应的纪律规定或者刑法的，当然要追究相应的责任。

其二，本条规定的情形可能已被查处，但具体到某案的回避问题上，则应按照“谁主张，谁举证”的一般规则，由提出回避要求的当事人或者其诉讼代理人举证证明存在上述情形。

其三，从现实情况出发，本条规定的情形适用于审判人员自行回避的可能性或许不大，但并非没有可能。比如，在审判人员所实施的本条规定的行为情节并不严重，尚不能达到承担刑事责任或者较为严重的纪律处分时，其可以继续本职工作，而当事人又未申请其回避的情况下，为准确把握本条规定的立法本意，似应可以适用自行回避的规定。当然，这在本条规定中未予明确，还需实践中进一步探索研究。

---

① 2012年《刑事诉讼法解释》第二十四条规定：“审判人员违反规定，具有下列情形之一的，当事人及其法定代理人有权申请其回避：（一）违反规定会见本案当事人、辩护人、诉讼代理人的；（二）为本案当事人推荐、介绍辩护人、诉讼代理人，或者为律师、其他人员介绍办理本案的；（三）索取、接受本案当事人及其委托人的财物或者其他利益的；（四）接受本案当事人及其委托人的宴请，或者参加由其支付费用的活动的；（五）向本案当事人及其委托人借用款物的；（六）有其他不正当行为，可能影响公正审判的。”2021年修正《刑事诉讼法解释》第二十八条保留了该规定，仅作个别文字修改。

【条文】

第四十五条

在一个审判程序中参与过本案审判工作的审判人员，不得再参与该案其他程序的审判。

发回重审的案件，在一审法院作出裁判后又进入第二审程序的，原第二审程序中审判人员不受前款规定的限制。

【条文主旨】

本条是关于审判人员任职回避以及发回重审案件审判人员是否需要回避的规定。

【条文理解】

在一个审判程序中参与过本案审判工作的审判人员，不得再参与该案其他程序的审判，这是为了避免在一个审判程序中已经参与工作的审判人员在该案另一审判程序中先入为主地发表意见，是充分发挥不同审判程序的功能作用，维护程序公正的必然要求，也是回避制度的题中应有之义。从某种意义上讲，这也是对民事诉讼法第四十七条中“利害关系”的解释。故《回避规定》《刑事诉讼法解释》对此均作了明确规定。[①] 2021 年民事诉讼法修改时，增加了二审程序独任制的规定，第四十一条第二款规定：“中级人民法院对第一审适用简易程序审结或者不服裁定提起上诉的第二审民事案件，事实清楚、权利义务关系明确的，经双方当事人同意，可以由审判员一人独任审理。”据此，原二审程序可能由审判员一人独任审理，故在 2022 年修改本解释时，将本条第二款中的“合议庭组成人员”修改为“审判人员”。

在审判实践中，由于干部交流、调动等原因，有的审判人员是某案件一审的承办法官，可能在该案件上诉后又成为二审的审判人员，这时依据本条第一款的规定，其就不能再参与到该审理程序中。在本司法解释起草论证过

① 《回避规定》第三条规定：“凡在一个审判程序中参与过本案审判工作的审判人员，不得再参与该案其他程序的审判。但是，经过第二审程序发回重审的案件，在一审法院作出裁判后又进入第二审程序的，原第二审程序中合议庭组成人员不受本条规定的限制。”《刑事诉讼法解释》第二十九条规定：“参与过本案调查、侦查、审查起诉工作的监察、侦查、检察人员，调至人民法院工作的，不得担任本案的审判人员。在一个审判程序中参与过本案审判工作的合议庭组成人员或者独任审判员，不得再参与本案其他程序的审判。但是，发回重新审判的案件，在第一审人民法院作出裁判后又进入第二审程序、在法定刑以下判处刑罚的复核程序或者死刑复核程序的，原第二审程序、在法定刑以下判处刑罚的复核程序或者死刑复核程序中的合议庭组成人员不受本款规定的限制。”

程中，有意见认为，也应考虑对于再审案件再进行再审审查以及审理时是否适用回避，即原再审程序中的合议庭成员是否也可以参照本条第二款的规定继续参与该案的再审审查或者审理。经研究，我们认为，再审程序与发回重审程序存在本质不同，而且民事诉讼法第二百一十四条第二款明确规定："人民法院审理再审案件，应当另行组成合议庭。"对于发回重审案件，民事诉讼法第四十一条第三款明确规定："发回重审的案件，原审人民法院应当按照第一审程序另行组成合议庭。"但对于发回重审案件再上诉时的第二审程序，民事诉讼法并未规定原来审理该二审案件的审判人员不能参与新的二审程序，故本条第二款明确规定了发回重审的案件，在一审法院作出裁判后又进入第二审程序的，原第二审程序中的审判人民可以继续参与该案的审理。因为发回重审后的案件与原来案件并非原审法院相同审判人员审理，该案件又上诉后再由原来的二审审判人员继续审理也并无不妥，并不违反民事诉讼法的规定。

【审判实践中应当注意的问题】

对于本条的适用，需要注意的是本条第一款中"审判程序"的界定问题。为维护程序公正，发挥本条第一款规定之应有作用，对此审判程序不宜作从宽解释，审理前的程序，比如先行调解程序、立案调解程序等，都不应理解为案件的审判程序，审判人员参与这些程序也不属于参与审判工作。同时，此审判程序必须是"同一案件"的不同审判程序，对于调解协议的司法确认案件，被人民法院依法裁定驳回后，当事人又重新起诉的，由于两个案件的诉讼标的根本不同，因此不属于同一案件，故也不能适用本条规定。此外，此"审判程序"目前也不宜包括对于某些疑难案件，审判委员会讨论案件的程序，因为这一程序不是一个独立的案件审理程序，且审判委员会成员较多，有其自身的案件讨论程序，有关审判委员会委员回避的问题将适时出台相应的司法解释予以规范。

【条文】

第四十六条

审判人员有应当回避的情形，没有自行回避，当事人也没有申请其回避的，由院长或者审判委员会决定其回避。

【条文主旨】

本条是关于依职权决定回避的规定。

【条文理解】

所谓职权回避，是指法院受理案件后，发现审判人员具有应当回避情形的，当事人没有申请回避，审判人员也没有自行回避，法院依职权决定审判人员回避的制度。[①] 我国民事诉讼法只规定了审判人员自行回避和当事人申请回避两种情形，并未规定职权回避。1998 年《最高人民法院关于执行〈中华人民共和国刑事诉讼法〉若干问题的解释》（现已失效）第二十六条首次规定了职权回避制度，该条规定："应当回避的人员，本人没有自行回避，当事人和他们的法定代理人也没有申请其回避的，院长或者审判委员会应当决定其回避。"《回避规定》在此基础上对此作了规定，2012 年《刑事诉讼法解释》对此也予以了规定。[②]

2015 年《民事诉讼法解释》起草论证过程中，有意见认为，职权回避制度涉及院长或审委会没有决定回避是否要启动再审程序的问题，容易引起争议，建议不予规定。经慎重研究，考虑到当前执行回避制度的现状，增加职权回避制度，作为审判人员自行回避和当事人申请回避的有益和必要补充，由法院院长或者审判委员会加强对审判人员是否自行回避的监督，可以更好地完善申请回避和自行回避程序，充分发挥回避制度的作用，有效确保司法公正，提高司法公信。因此，本解释参考《刑事诉讼法解释》的规定，对职权回避问题作出了明确规定。

【审判实践中应当注意的问题】

其一，要把握本条适用的前提条件，即必须以应当回避的审判人员没有自行回避、当事人也没有申请其回避为前提。

其二，在上述前提下，决定回避的主体只能是本法院院长或是审判委员会，对此必须严格依照文义进行解释。该依职权决定回避采用的程序形式应属于决定的范畴，本条条文中对此也已经明确。至于本院院长或是审判委员会决定的具体程序和先后顺序等，本解释并无明确规定，需要人民法院根据具体案情依法作出相应的处理。

其三，关于依职权决定回避情形的期限问题。为防止诉讼拖延，影响案

---

① 参见罗东川、吴兆祥、石磊：《〈关于审判人员在诉讼活动中执行回避制度若干问题的规定〉的理解与适用》，载《律师业务资料》2011 年第 8 期。

② 《回避规定》第四条规定："审判人员应当回避，本人没有自行回避，当事人及其法定代理人也没有申请其回避的，院长或者审判委员会应当决定其回避。"2012 年《刑事诉讼法解释》第二十九规定："应当回避的审判人员没有自行回避，当事人及其法定代理人也没有申请其回避的，院长或者审判委员会应当决定其回避。"2021 年修正《刑事诉讼法解释》第三十四条保留了该规定。

件审理效率，此决定程序的期限不宜过长，而宜参考民事诉讼法第五十条规定的“人民法院对当事人提出的回避申请，应当在申请提出的三日内，以口头或者书面形式作出决定”，即以三日为限。

【条文】

第四十七条

人民法院应当依法告知当事人对合议庭组成人员、独任审判员和书记员等人员有申请回避的权利。

【条文主旨】

本条是关于人民法院应告知当事人申请回避权利的规定。

【条文理解】

人民法院相应的告知义务与当事人申请回避的权利一脉相承。从程序正义的角度讲，“程序正义的最基本要求是：与诉讼结果有利害关系或者可能因该结果蒙受不利影响的人，都有机会参与到诉讼中，并得到提出有利于自己的主张和证据以及反驳对方提出的主张和证据的机会”[①]。据此，为使当事人充分行使申请回避的权利，就应当赋予当事人对审判义务主体等的一些基本信息的知情权。人民法院相应地应当将他们的基本情况（姓名、工作单位、职务职称等信息）告知当事人并告知其回避的权利。有种观点认为，“我国审判实践中当事人对回避权利行使漠视的原因，最重要的应当归结为当事人缺乏回避事由相应的信息，无法满足当事人的回避知情权，此时，回避制度的设置功能如同虚设。”[②] 因此，为保证当事人及其诉讼代理人有效行使对审判人员等申请回避的权利，确保审判公正，人民法院有义务在审判阶段告知当事人有申请回避的权利，以便其更好地行使该项权利。在开庭时或者在开庭以前，如果审判人员召集各方当事人、诉讼代理人召开庭前会议的，应当依法告知当事人及其法定代理人有申请回避的权利，同时应当告知相应的合议庭组成人员、书记员等的相关信息，以避免当事人及其诉讼代理人因信息不对称而无法真正行使申请回避的权利。《回避规定》第五条[③]对

① 宋英辉主编：《刑事诉讼原理》，法律出版社2003年版，第41页。

② 胡婷婷：《新〈民事诉讼法〉中回避制度司法适用》，载《合肥学院学报（社会科学版）》2013年第1期。

③ 《回避规定》第五条规定：“人民法院应当依法告知当事人及其法定代理人有申请回避的权利，以及合议庭组成人员、书记员的姓名、职务等相关信息。”

这一情形作出了规定，但其采取的“合议庭组成人员、书记员的姓名、职务等相关信息”的表述中，“等相关信息”比较概括，使得告知的信息范围不够明确，且涉及与保护人民法院相关工作人员隐私及正常工作生活的平衡问题。2015 年《民事诉讼法解释》起草论证过程中，有意见提出“等人员”的提法过于概括，不宜操作，建议删除“等”。经慎重研究，我们认为，由于需要回避的人员范围较广，包括鉴定人、勘验人、翻译人员及审判委员会委员等，但这些人员并非在每个案件中都存在，而这些人员的回避需要根据不同案件来确定人民法院告知的范围，采用“等”的表述，包容性更强，有必要保留。

本条规定的基础是民事诉讼法第一百三十一条、第一百三十九条、第一百四十条的规定。民事诉讼法第一百三十一条规定：“审判人员确定后，应当在三日内告知当事人。”第一百三十九条规定：“人民法院审理民事案件，应当在开庭三日前通知当事人和其他诉讼参与人。公开审理的，应当公告当事人姓名、案由和开庭的时间、地点。”第一百四十条第二款规定：“开庭审理时，由审判长或者独任审判员核对当事人，宣布案由，宣布审判人员、书记员名单，告知当事人有关的诉讼权利义务，询问当事人是否提出回避申请。”同时，根据民事诉讼法第一百六十三条的规定，简单的民事案件由审判员一人独任审理，并不受本法第一百三十九条、第一百四十一条、第一百四十四条规定的限制。故对于适用简易程序审理的案件，不宜受上述规定的告知时间的限制。

【审判实践中应当注意的问题】

其一，人民法院需要把握好履行告知义务的时间节点。结合以往审判实践的做法以及民事诉讼法的相关规定，一般在开庭时应当告知当事人有申请回避的权利，但应当在人民法院庭审开始之前就告知当事人审判人员。对此，应该严格依照民事诉讼法的相关规定予以确定，以充分保障当事人的知情权和申请回避的权利。

其二，关于告知义务的范围问题。本条规定采用了不完全列举加概括的方式对告知义务的范围作出了规定，但对于究竟告知到什么程度，并没有明确限定，需要各地法院结合自身情况以及信息化发展程度等综合考虑予以明确，但同时也要考虑不给审判人员增加过重负担，不宜将告知范围设定过于宽泛，侵扰审判人员的正常生活。

其三，关于诉讼调解中当事人申请回避的问题。本解释对此没有规定，但从体系解释上讲，诉讼调解也是一项重要的案件处理程序，故有关回避的规定对诉讼调解同样适用。对此，《回避规定》第六条规定：“人民法院依法调解案件，应当告知当事人及其法定代理人有申请回避的权利，以及主持调解工作的审判人员及其他参与调解工作的人员的姓名、职务等相关信息。”该条规定应当继续适用。

【条文】

第四十八条

民事诉讼法第四十七条所称的审判人员，包括参与本案审理的人民法院院长、副院长、审判委员会委员、庭长、副庭长、审判员和人民陪审员。

【条文主旨】

本条是关于审判人员的范围的规定。

【条文理解】

本条参考了《刑事诉讼法解释》第三十七条和《回避规定》第十三条的规定，并作了相应修改。因2019年法官法修改时，将助理审判员排除出法官的范围，为了与法官法保持一致，2022年修改本解释时，将本条中的助理审判员删除。

对于适用回避的审判人员范围，《刑事诉讼法解释》第三十七条规定：“本章所称的审判人员，包括人民法院院长、副院长、审判委员会委员、庭长、副庭长、审判员和人民陪审员。”《回避规定》第十三条规定：“本规定所称审判人员，包括各级人民法院院长、副院长、审判委员会委员、庭长、副庭长、审判员和助理审判员。本规定所称法院其他工作人员，是指审判人员以外的在编工作人员。”相较于《回避规定》和《刑事诉讼法解释》的规定，本条将审判人员限定为“参与本案审理的”。本条相对于《回避规定》的另一个区别在于直接将人民陪审员纳入审判人员的范围，后者单独以第十四条对人民陪审员、书记员、执行员等人员进行规定，以示其特殊性。

此外，有意见指出，在审判人员范围的界定上，应当增加“审判长”。经研究，我们认为，人民法院组织法第三十条规定：“合议庭由法官组成，或者由法官和人民陪审员组成，成员为三人以上单数。合议庭由一名法官担任审判长。院长或者庭长参加审理案件时，由自己担任审判长。审判长主持庭审、组织评议案件，评议案件时与合议庭其他成员权利平等。”从该条规定上看，审判长完全可以被院长、副院长、审判委员会委员、庭长、副庭长、审判员等所涵盖。综合上述意见，我们认为，审判长可以被条文所列的人员所包括，不必单列。另有意见建议，在本条中应当增加书记员的规定，经研究，我们认为，关于书记员的回避，民事诉讼法及本解释已规定得很明确，且本条是关于审判人员的解释，无须对书记员再作解释。

对于人民陪审员，《刑事诉讼法解释》第三十七条规定人民陪审员适用审判人员回避的有关规定。回避规定第十三条中未将人民陪审员列入，但在第十四条明确规定了人民陪审员、书记员和执行员适用审判人员回避的有关规定。人民陪审员法第二条规定："公民有依法担任人民陪审员的权利和义务。人民陪审员依照本法产生，依法参加人民法院的审判活动，除法律另有规定外，同法官有同等权利。"该法第十八条规定："人民陪审员的回避，适用审判人员回避的法律规定。"将人民陪审员列入审判人员的范围，在其参与案件审理时适用民事诉讼法和本解释有关回避的规定，是保障其参与案件公正审理、维护程序正义的基本要求。

【审判实践中应当注意的问题】

此处需明确关于助理审判员的问题。1995 年制定的法官法第二条规定："法官是依法行使国家审判权的审判人员，包括最高人民法院、地方各级人民法院和军事法院等专门人民法院的院长、副院长、审判委员会委员、庭长、副庭长、审判员和助理审判员。"据此，助理审判员属于法官，享有法官的权利，履行法官的职责和义务。在过去相当长的时间内，助理审判员制度发挥了重要的作用。但是，经过司法责任制改革，我国的助理审判员制度已经不复存在。2019 年修订的法官法第二条已经明确将助理审判员排除出法官的范围。因此，为了与相关法律规定保持一致，2022 年本解释修改时将助理审判员删除。

【条文】

第四十九条

书记员和执行员适用审判人员回避的有关规定。

【条文主旨】

本条是关于书记员和执行员适用审判人员回避规则的规定。

【条文理解】

本条规定明确了书记员和执行员在适用回避时的规则。书记员属于人民法院的工作人员，担负审判案件时的记录、文书和卷宗整理等工作，执行员则负责案件的执行工作，他们都有可能存在与本案有利害关系、与当事人或者其诉讼代理人有其他关系或者违反规定从事相应行为而可能影响案件公正审理或者执行的情形。为保证案件的公正审理或者执行，维护程序公正，他们都应被纳入应当回避的主体，适用民事诉讼法和本解释有关回避的程序规定。

【审判实践中应当注意的问题】

其一，关于本条与《回避规定》第十四条的衔接适用问题。《回避规定》第十四条规定："人民陪审员、书记员和执行员适用审判人员回避的有关规定，但不属于本规定第十三条所规定人员的，不适用本规定第八条、第九条的规定。"本条规定仅涉及审判或者执行程序中自行回避、当事人申请回避的具体情形的适用问题，故未将《回避规定》的上述但书情形纳入。我们认为，这并未否定《回避规定》第十四条但书条款规定的效力，因为其侧重点并不同，该但书条款针对的是从业回避的问题。《回避规定》第八条、第九条对离任审判人员以及现任审判人员的近亲属从业回避作出了规定。第十四条中所谓"不属于本规定第十三条所规定的人员"，主要是指人民法院中不在编的书记员和执行员。不在编的书记员和执行员适用审判人员回避的有关规定，但不适用《回避规定》第八条、第九条的从业回避规定，其理由主要为：第一，根据相关诉讼法的规定，在案件办理过程中，书记员和执行员应当适用审判人员回避的有关规定。第二，根据我国现实国情和保障就业原则，对于不占行政编制的书记员和执行员不应加以过多限制，不宜适用《回避规定》第八条、第九条主要是针对审判人员及法院其他工作人员作出的从业回避规定。① 考虑到这一但书规定与本条所规定的角度并不相同，基于司法解释的体系考虑，本条未将该但书条款纳入，但不足以影响该但书规定情形继续适用的效力。

其二，关于本条规定的"适用审判人员回避的有关规定"的范围问题。我们认为，这显然不能局限于本章关于回避规定的内容，还应当包括民事诉讼法关于回避的规定以及《回避规定》等司法解释中不与本解释内容相冲突的规定。

---

① 参见罗东川、吴兆祥、石磊：《〈关于审判人员在诉讼活动中执行回避制度若干问题的规定〉的理解与适用》，载《律师业务资料》2011 年第 8 期。

三、诉讼参加人

【条文】

第五十条

法人的法定代表人以依法登记的为准，但法律另有规定的除外。依法不需要办理登记的法人，以其正职负责人为法定代表人；没有正职负责人的，以其主持工作的副职负责人为法定代表人。

法定代表人已经变更，但未完成登记，变更后的法定代表人要求代表法人参加诉讼的，人民法院可以准许。

其他组织，以其主要负责人为代表人。

【条文主旨】

本条是关于法人的法定代表人和其他组织的主要负责人如何确定的规定。

【条文理解】

民事诉讼法第五十一条第二款规定，法人由其法定代表人进行诉讼，其他组织由其主要负责人进行诉讼。本条对如何确定法人的法定代表人和其他组织的主要负责人问题进行了细化。第一款规定了法人的法定代表人的确定标准，即以依法登记的为准。对于不需要办理登记的法人，以其正职负责人为法定代表人；没有正职负责人的，以其主持工作的副职负责人为法定代表人。第二款规定了法定代表人变更但尚未履行变更登记手续的情形下，变更后的法定代表人能否代表法人参加诉讼的问题。第三款规定了代表其他组织参加诉讼的人。

第一，关于法人的法定代表人。民法典对法定代表人的定义基本沿袭了民法通则的规定。民法典第六十一条第一款规定，依照法律或者法人章程的规定，代表法人从事民事活动的负责人，为法人的法定代表人。但对法人的分类，民法典以法人的本质属性即经济属性作基本划分，辅以特别法人进行完善，最终将法人的分类定位于营利法人、非营利法人和特别法人，对民法通则进行了较大程度的修改。民法典实施后，相应的行政法规亦作出了调整，如《企业法人登记管理条例》已被《市场主体登记管理条例》取代。

关于营利法人，根据民法典第七十六条规定：营利法人包括有限责任公司、股份有限公司和其他企业法人等。《市场主体登记管理条例》第二条规定："本条例所称市场主体，是指在中华人民共和国境内以营利为目的从事经营活动的下列自然人、法人及非法人组织：（一）公司、非公司企业法人及其分支机构；（二）个人独资企业、合伙企业及其分支机构；（三）农民专业合作社（联合社）及其分支机构；（四）个体工商户；（五）外国公司分支机构；（六）法律、行政法规规定的其他市场主体。"《市场主体登记管理条例》第三条第一款规定："市场主体应当依照本条例办理登记。未经登记，不得以市场主体名义从事经营活动。法律、行政法规规定无需办理登记的除外。"当然，根据《市场主体登记管理条例》第八条第一款第六项规定，市场主体的一般登记事项包括法定代表人、执行事务合伙人或者负责人姓名。

对于非营利法人，民法典第八十七条第二款规定，非营利法人包括事业单位、社会团体、基金会、社会服务机构等。一般而言，事业单位法人和社会团体法人这两类法人的设立都需要办理登记，而其法定代表人也是登记事项之一。《事业单位登记管理暂行条例》第三条第一款明确要求："事业单位经县级以上各级人民政府及其有关主管部门（以下统称审批机关）批准成立后，应当依照本条例的规定登记或者备案。"第八条第二款又明确列举了事业单位法人登记事项，具体包括名称、住所、宗旨和业务范围、法定代表人、经费来源（开办资金）等情况。《社会团体登记管理条例》第十二条规定的社会团体的登记事项也明确包括了法定代表人一项。根据2004年国务院颁布的《基金会管理条例》，基金会是指利用自然人、法人或者其他组织捐赠的财产，以从事公益事业为目的，按照该条例的规定成立的非营利性法人。基金会章程应载明法定代表人的职责。社会服务机构，主要是指民办非企业，是指企业事业单位、社会团体和其他社会力量以及公民个人利用非国有资产举办的，从事非营利性社会服务活动的社会组织。根据《民办非企业单位登记管理暂行条例》第十二条规定，准予登记的民办非企业单位，由登记管理机关登记民办非企业单位的名称、住所、宗旨和业务范围、法定代表人或者负责人、开办资金、业务主管单位，并根据其依法承担民事责任的不同方式，分别发给《民办非企业单位（法人）登记证书》《民办非企业单位（合伙）登记证书》《民办非企业单位（个体）登记证书》。

第二，法定代表人以登记为准的例外。对于特别情况，如法律明确规定了法人的法定代表人的，以法律规定的为法人的法定代表人。例如，高等教育法对于高等学校的设立并无登记的要求，其中第三十条第一款明确规定："高等学校自批准设立之日起取得法人资格。高等学校的校长为高等学校的法定代表人。"

第三，依法不需要办理登记的法人的法定代表人的确定。依据民法典第八十八条的规定，具备法人条件，为适应经济社会发展需要，提供公益服务设立的事业单位，经依法登记设立，取得事业单位法人资格；依法不需要办理法人登记的，从成立之日起，具有事业单位法人资格。

除规定经登记取得事业单位法人资格外，《事业单位登记管理暂行条例》还规定了自批准之日起即取得法人资格的，不需要办理登记，但要备案。该条例第十一条规定："法律规定具备法人条件、自批准设立之日起即取得法人资格的事业单位，或者法律、其他行政法规规定具备法人条件、经有关主管部门依法审核或者登记，已经取得相应的执业许可证书的事业单位，不再办理事业单位法人登记，由有关主管部门按照分级登记管理的规定向登记管理机关备案。县级以上各级人民政府设立的直属事业单位直接向登记管理机关备案。"第十二条第二款规定："对备案的事业单位，登记管理机关应当自收到备案文件之日起30日内发给《事业单位法人证书》。"对于不需要办理登记的法人的法定代表人，按照本条规定，以其正职负责人为法定代表人；没有正职负责人的，以其主持工作的副职负责人为法定代表人。

第四，第二款实际是对第一款规定的变通处理。实践中，法人的法定代表人已经变更，但未完成登记的，变更后的法定代表人要求代表法人参加诉讼，对此情形，只要变更程序合法，人民法院可以准许。

第五，民事诉讼法第五十一条规定，其他组织由其主要负责人进行诉讼。其他组织主要负责人的产生不像法人的法定代表人那样具有严格的程序。一般情况下，本解释第五十二条规定了其他组织的范围，其中属于第四项、第五、第六项等为法人的分支机构情形的，其主要负责人由设立其他组织的法人任命；对于本解释第五十二条第一项、第二项、第三项、第七项的"其他组织"，以营业执照上登记的"经营者"或"负责人"为其主要负责人。

【审判实践中应当注意的问题】

根据民事诉讼法第五十一条的规定，法人由其法定代表人进行诉讼。在有的情形下，发生诉讼时，不由登记的法定代表人参加诉讼。例如，根据公司法第一百八十四条第七项的规定，清算组在清算期间有权代表公司参与民事诉讼活动。《公司法解释（二）》第十条规定：“公司依法清算结束并办理注销登记前，有关公司的民事诉讼，应当以公司的名义进行。公司成立清算组的，由清算组负责人代表公司参加诉讼；尚未成立清算组的，由原法定代表人代表公司参加诉讼。”《最高人民法院关于审理企业破产案件若干问题的规定》第五十条规定：“清算组的主要职责是：……（八）代表破产企业参加诉讼和仲裁活动；……”

【条文】

第五十一条

在诉讼中，法人的法定代表人变更的，由新的法定代表人继续进行诉讼，并应向人民法院提交新的法定代表人身份证明书。原法定代表人进行的诉讼行为有效。

前款规定，适用于其他组织参加的诉讼。

【条文主旨】

本条是关于法人的法定代表人变更情形下诉讼如何进行，以及原法定代表人诉讼行为效力的规定。

【条文理解】

法人作为一个法律上的实体，具有法律上的人格，与自然人一样具有民事行为能力和诉讼行为能力。法人的民事行为能力和诉讼行为能力通过法定代表人得到体现。法人有权更换自己的法定代表人。法定代表人依照法律或法人章程规定，代表法人行使职权。

诉讼过程中，法人的法定代表人变更的，应当注意以下问题：

第一，新的法定代表人应当出具身份证明。如果已经完成变更登记，应当出具相关部门登记文件以及法定代表人的身份证明；如果尚未完成变更登记，要出具法人作出变更法定代表人的证明文件以及法定代表人的身份证明。

第二，法定代表人在诉讼中的活动就是法人的活动，也是法人意志的体现，其行为所产生的权利和义务都要由法人承担。法定代表人的变更，只是执行职务的具体人员的变更，不是当事人的变更。因此，原法定代表人所为的诉讼行为应当继续有效，新的法定代表人不能因为法定代表人的变更而否认原法定代表人所为诉讼行为的效力。

根据本条第二款规定，其他组织的主要负责人变更的，由其变更后的主要负责人作为代表人参加诉讼并出具身份证明文件，原代表人进行的诉讼行为继续有效。

【审判实践中应当注意的问题】

依据公司法的规定，是否变更法定代表人是法人内部管理行为，由法人根据章程决定变更并在登记部门进行变更登记即可。但根据《市场主体登记管理条例》第二十五条规定，公司、非公司企业法人的法定代表人在任职期间发生该条例第十二条所列情形之一的，应当向登记机关申请变更登记。《市场主体登记管理条例》第十二条规定了不得担任公司、非公司企业法人的法定代表人的情形，包括："（一）无民事行为能力或者限制民事行为能力；（二）因贪污、贿赂、侵占财产、挪用财产或者破坏社会主义市场经济秩序被判处刑罚，执行期满未逾5年，或者因犯罪被剥夺政治权利，执行期满未逾5年；（三）担任破产清算的公司、非公司企业法人的法定代表人、董事或者厂长、经理，对破产负有个人责任的，自破产清算完结之日起未逾3年；（四）担任因违法被吊销营业执照、责令关闭的公司、非公司企业法人的法定代表人，并负有个人责任的，自被吊销营业执照之日起未逾3年；（五）个人所负数额较大的债务到期未清偿；（六）法律、行政法规规定的其他情形。"当遇有上述情形时，法人必须变更法定代表人。上述为法人应当变更法定代表人的情形。法定代表人的变更是法人的内部管理行为，人民法院一般不应干预。但如果法人的内部管理行为对外产生利害关系时，人民法院是否可以干预，不允许变更法定代表人？当事人是否可以作为行为保全事项在审判程序中申请诉讼保全？例如，利害关系人认为法定代表人的变更将导致判决难以执行或造成当事人损害的，是否可以向人民法院申请禁止变更法定代表人？对此法律、司法解释并没有明确规定。有观点认为，法院作出禁止被执行人变更法定代表人，法定代表人将会主动配合法院工作，有利于保证案件的快速执行。

根据《限制被执行人高消费规定》第三条第二款的规定，被执行人为单位的，被采取限制消费措施后，被执行人及其法定代表人、主要负责人、影响债务履行的直接责任人员、实际控制人不得实施高消费及非生活和工作必需的消费行为。此处所指的法定代表人、主要负责人、实际控制人是债务产生时的三类人员还是执行时的三类人员？执行法院是否有权对执行时已经在诉讼期间被变更的原法定代表人采取拘留、限制措施？诉讼前后及执行时发生变更的，应当以何时的三类人员为限制主体？实务中存在不同的理解和做法。我们认为，单位作为被执行人的执行中，如果单位被采取限制措施，在没有其他证据的情形下，仅能对被执行单位时任的三类人员采取限制措施。

【条文】

第五十二条

民事诉讼法第五十一条规定的其他组织是指合法成立、有一定的组织机构和财产，但又不具备法人资格的组织，包括：

（一）依法登记领取营业执照的个人独资企业；

（二）依法登记领取营业执照的合伙企业；

（三）依法登记领取我国营业执照的中外合作经营企业、外资企业；

（四）依法成立的社会团体的分支机构、代表机构；

（五）依法设立并领取营业执照的法人的分支机构；

（六）依法设立并领取营业执照的商业银行、政策性银行和非银行金融机构的分支机构；

（七）经依法登记领取营业执照的乡镇企业、街道企业；

（八）其他符合本条规定条件的组织。

【条文主旨】

本条是关于其他组织的法律特征和范围的规定。

【条文理解】

其他组织，是公民和法人之外的一种民事主体。民事诉讼法第五十一条规“其他组织由其主要负责人进行诉讼”，赋予其他组织诉讼法上的主体资格，成为民事诉讼当事人，能够以自己的名义向人民法院起诉或应诉，独立行使诉讼权利，履行诉讼义务。本条是对民事诉讼法第五十一条规定的其他组织的细化，规定了其他组织的法律特征及范围。

民法通则中关于民事主体，仅规定了公民（自然人）、法人，没有规定其他形式的主体。其他组织是民事诉讼法调整的对象。民事诉讼法第三条规定：“人民法院受理公民之间、法人之间、其他组织之间以及他们相互之间因财产关系和人身关系提起的民事诉讼，适用本法的规定。”民法典解决了民事主体在实体法上和程序法上的矛盾，在民法典总则编第四章中规定了非法人组织。民法典第一百零二条规定：“非法人组织是不具有法人资格，但是能够依法以自己的名义从事民事活动的组织。非法人组织包括个人独资企业、合伙企业、不具有法人资格的专业服务机构等。”民法典中的非法人组织和民事诉讼法上的其他组织在法律特征方面还存在一定差异。

其他组织是指合法成立，有一定的组织机构和财产，但又不具备法人资格的组织。其他组织的法律特征包括：第一，要求合法成立，必须是依照法律规定的程序和条件成立，法律上予以认可的组织。如果未经依法成立，则不具有其他组织的资格，应由直接责任人承担民事责任。第二，必须具有一定的组织机构，即有能够保证该组织正常活动的机构，比如，有自己的名称、场所，有自己的负责人和一定的职能部门和工作人员。第三，应当有一定的财产。必须具有能够单独支配的、与其经营规模和业务活动的内容和范围相适应的财产。第四，不具有法人资格，即不具备法人的条件，法律上没有取得法人资格。

关于其他组织的范围，本条列举了以下几项。

1. 关于第一项“依法登记领取营业执照的个人独资企业”

《市场主体登记管理条例》第三条第一款规定：“市场主体应当依照本条例办理登记。未经登记，不得以市场主体名义从事经营活动。法律、行政法规规定无需办理登记的除外。”依据个人独资企业法第二条的规定，个人独资企业，是指依照该法在中国境内设立，由一个自然人投资，财产为投资人个人所有，投资人以其个人财产对企业债务承担无限责任的经营实体。自然人申请个人独资企业的，按照个人独资企业法第九条规定，应当由投资人或者其委托的代理人向个人独资企业所在地的登记机关提交设立申请书、投资人身份证明、生产经营场所使用证明等文件。有关登记机关对于符合个人独资企业设立条件，予以登记并颁发营业执照。

2. 关于第二项“依法登记领取营业执照的合伙企业”

合伙企业法第二条规定：“本法所称合伙企业，是指自然人、法人和其他组织依照本法在中国境内设立的普通合伙企业和有限合伙企业。普通合伙企业由普通合伙人组成，合伙人对合伙企业债务承担无限连带责任。本法对普通合伙人承担责任的形式有特别规定的，从其规定。有限合伙企业由普通合伙人和有限合伙人组成，普通合伙人对合伙企业债务承担无限连带责任，有限合伙人以其认缴的出资额为限对合伙企业债务承担责任。”根据合伙企业法第九条、第十条规定，申请设立合伙企业，应当向企业登记机关提交登记申请书、合伙协议书、合伙人身份证明等文件。申请人提交的登记申请材料齐全、符合法定形式，企业登记机关能够当场登记的，应予当场登记，发给营业执照。

3. 关于第三项“依法登记领取我国营业执照的中外合作经营企业、外资企业”

2020 年外商投资法正式实施后，中外合资经营企业法、外资企业法、中外合作经营企业法三部法律同时废止。对于外商投资企业的组织形式，内资企业与外资企业“双轨制”将统一为“单轨制”。根据外商投资法第三十一条规定，外商投资企业的组织形式、组织机构及其活动准则，适用公司法、合伙企业法等法律的规定。也就是说，如果是按照公司法成立的外商投资企业，具备法人主体资格，不再属于其他组织。如果是依据合伙企业法成立的外商投资企业，应当属于本条第二项规定的“依法登记领取营业执照的合伙企业”。同时，外商投资法第四十二条第二款规定：“本法施行前依照《中华人民共和国中外合资经营企业法》、《中华人民共和国外资企业法》、《中华人民共和国中外合作经营企业法》设立的外商投资企业，在本法施行后五年内可以继续保留原企业组织形式等。具体实施办法由国务院规定。”也就是说，自外商投资法实施后五年内，原来依据上述法律成立的外商投资企业仍然可以保留原企业组织形式，其中依法登记领取我国营业执照的中外合作经营企业、外资企业仍为其他组织。

4. 关于第四项“依法成立的社会团体的分支机构、代表机构”

社会团体，是指中国公民自愿组成，为实现会员共同意愿，按照其章程开展活动的非营利性社会组织。根据民法典第八十七条的规定，社会团体是非营利法人，具备法人主体资格。根据《社会团体登记管理条例》第三条的规定，成立社会团体，应当经其业务主管单位审查同意，并依照该条例的规定进行登记。《社会团体登记管理条例》第十七条规定，社会团体的分支机构、代表机构是社会团体的组成部分，不具有法人资格，应当按照其所属于的社会团体的章程所规定的宗旨和业务范围，在该社会团体授权的范围内开展活动、发展会员。社会团体的分支机构不得再设立分支机构。社会团体不得设立地域性的分支机构。依法成立的社会团体的分支机构、代表机构按照本条规定属于其他组织。

5. 关于第五项“依法设立并领取营业执照的法人的分支机构”

民法典第七十四条规定：“法人可以依法设立分支机构。法律、行政法规规定分支机构应当登记的，依照其规定。分支机构以自己的名义从事民事活动，产生的民事责任由法人承担；也可以先以该分支机构管理的财产承担，不足以承担的，由法人承担。”法人的分支机构作为法人的组成部分，由法人依法设立，不具有独立责任能力，其行为的效果仍然由法人承担。例如，公司法规定，公司可以设立分公司。设立分公司，应当向公司登记机关申请登记，领取营业执照。分公司不具有法人资格，其民事责任由所属法人承担。

6. 关于第六项“依法设立并领取营业执照的商业银行、政策性银行和非银行金融机构的分支机构”

商业银行、保险公司、证券公司均为金融机构，在性质上是相同的，无论是银行（包括商业银行和政策性银行）、保险公司（中国人民保险公司或其他保险公司）、证券公司，还是信托公司等其他金融机构，其分支机构均符合其他组织的特征，即均须经过行业主管部门的批准，领取经营许可证和营业执照，有独立的财产开展相关的金融业务。依法设立并领取营业执照的商业银行、政策性银行和非银行金融机构的分支机构为其他组织，应注意的是，根据中国人民银行法的规定，中国人民银行的地位是我国的中央银行，职责是制定和执行货币政策，防范和化解金融风险，维护金融稳定。中国人民银行法规定，中国人民银行的分支机构是中国人民银行的派出机构。中国人民银行对分支机构实行统一领导和管理。中国人民银行的分支机构在性质上与其他银行业金融机构的分支机构不同。非银行金融机构主要是指商业银行、政策性银行以外的保险公司、信托公司、证券公司等金融机构。

7. 关于第七项“经依法登记领取营业执照的乡镇企业、街道企业”

乡镇企业，是指农村集体经济组织或者农民投资为主，在乡镇举办的承担支援农业业务的各类企业。根据乡镇企业法第二条规定，乡镇企业符合企业法人条件的，依法取得企业法人资格。但是由于乡镇企业法于1997年就开始实施，乡镇企业法规定的所有制形式、投资主体等都与乡村企业发展现状不符，亟待修改。

8. 关于第八项“其他符合本条规定条件的组织”

第八项为兜底条款。对于不在上述七项之列的组织，只要是合法成立、有一定的组织机构和财产，但又不具备法人资格的，也可以认定为其他组织。

【审判实践中应当注意的问题】

其他组织可以作为民事主体进行必要的民事活动，也可以作为民事诉讼主体以自己的名义参加民事诉讼，但其他组织毕竟不是独立的民事责任主体，在其财产不足以单独承担民事责任时，对其他组织负责的法人就要代其承担民事责任或者由行为人承担民事责任。

民事诉讼主体与民事责任主体的冲突情形经常发生，审判实践中，要特别注意把握。例如，公司法第十四条规定，分公司不具有法人资格，其民事责任由公司承担。对分公司能否作为被告参加诉讼，实践中一直存在争议。一种观点认为，因为分公司不能独立承担民事责任，涉及分公司的民事责任时，一律以总公司作为被告，即否认分公司的被告资格；另一种观点认为，分公司可以作为被告参加诉讼，但是民事责任依然由总公司承担；还有一种观点认为，将分公司和总公司列为共同被告，总公司承担连带责任或补充责任。虽然本条第五项规定，依法设立并领取营业执照的法人的分支机构作为其他组织可以成为民事诉讼主体。对于其他组织作为原告提起诉讼，争议不大。但是其他组织能否作为独立的被告存在争议，司法实践中的做法也不统一。

我们认为，民事诉讼法的制定是建立在尊重客观现实与市场规律的基础上的，充分保障当事人的诉讼主体资格。民事诉讼法对法人的分支机构的诉讼主体地位的规定，是对其在作为被告情况下的程序处理，这一规定与实体法中规定的民事责任主体的规定并不冲突。再以总公司和分公司为例，公司法中关于分公司与总公司之间关系的规定是公司内部管理、责任承担的分配。以民事诉讼法为基础，分公司作为被告参加诉讼，在法院判决分公司承担民事责任后，并不免除总公司的责任，总公司仍要对不足部分负有清偿义务。

审判实践中，在当事人只选择法人的分支机构作为被告的情况下，法院可以直接判决法人的分支机构承担法律责任。在原告选择法人为被告，而不以法人的分支机构为被告的情况下，要根据法人的分支机构责任能力大小以及是否有特殊法律规定区别处理。法人的分支机构如果具有较强的偿付能力或者是有特殊的法律规定的，应当以法人的分支机构为被告，而不能以法人为被告。在原告以法人的分支机构与法人为共同被告的情况下，法人的分支机构如果没有较强的支付能力，在判决分支机构承担责任的同时，可以判决法人承担补充责任。

【条文】

第五十三条

法人非依法设立的分支机构，或者虽依法设立，但没有领取营业执照的分支机构，以设立该分支机构的法人为当事人。

【条文主旨】

本条是关于非依法设立或没有领取营业执照的法人的分支机构的诉讼主体资格的规定。

【条文理解】

法人的分支机构，是根据法人的意志所设立的从事法人的部分经营业务的机构，是法人的一个组成部分。法人的分支机构不具有法人资格，但可在核准的营业范围内以自己的名义对外从事民事活动。民法典第七十四条规定："法人可以依法设立分支机构。法律、行政法规规定分支机构应当登记的，依照其规定。分支机构以自己的名义从事民事活动，产生的民事责任由法人承担；也可以先以该分支机构管理的财产承担，不足以承担的，由法人承担。"根据《市场主体登记管理条例》第二十三条规定，市场主体设立分支机构，应当向分支机构所在地的登记机关申请登记。对于依法设立领取营业执照的法人的分支机构，根据本解释第五十二条的规定，作为其他组织参与民事诉讼。对于非依法设立，或者虽依法设立，但没有领取营业执照的法人分支机构，不具有其他组织的诉讼主体资格，不得独立地参加民事诉讼，只能以设立该分支机构的法人作为当事人。

所谓非依法设立，主要包括以下三种情形：一是不允许设立分支机构的法人违反法律设立分支机构。法律、行政法规对法人是否可以设立分支机构作出了规定。例如，公司法规定，公司可以设立分公司。《民办非企业单位登记管理暂行条例》第十三条规定，民办非企业单位不得设立分支机构。《社会团体登记管理条例》第十七条规定，社会团体的分支机构不得再设立分支机构。社会团体不得设立地域性的分支机构。因此，不允许设立分支机构的民办非企业单位设立分支机构，或者社会团体的分支机构再设立分支机构，应当属于非法设立分支机构。二是设立分支机构未履行审批程序或者经营规模、拨付运营资金不符合法律规定要求。例如，商业银行法第十九条规定："商业银行根据业务需要可以在中华人民共和国境内外设立分支机构。设立分支机构必须经国务院银行业监督管理机构审查批准。在中华人民共和国境内的分支机构，不按行政区划设立。商业银行在中华人民共和国境内设立分支机构，应当按照规定拨付与其经营规模相适应的营运资金额。拨付各分支机构营运资金额的总和，不得超过总行资本金总额的百分之六十。"保险法第七十四条第一款规定："保险公司在中华人民共和国境内设立分支机构，应当经保险监督管理机构批准。"第七十九条规定："保险公司在中华人民共和国境外设立子公司、分支机构，应当经国务院保险监督管理机构批准。"三是设立分支机构未依据法律、法规规定进行登记。《市场主体登记管理条例》第二十三条规定，市场主体设立分支机构，应当向分支机构所在地的登记机关申请登记。

【审判实践中应当注意的问题】

审判实践中需要注意本条与本解释第五十二条第五项的区别。根据该项规定，法人依法设立并领取营业执照的分支机构，可以作为其他组织成为民事诉讼当事人，具备民事诉讼主体资格。

【条文】

第五十四条

以挂靠形式从事民事活动，当事人请求由挂靠人和被挂靠人依法承担民事责任的，该挂靠人和被挂靠人为共同诉讼人。

【条文主旨】

本条是关于以挂靠形式从事民事活动的当事人如何确定的规定。

【条文理解】

本条规定的"以挂靠形式从事民事活动"，涵盖所有民事法律关系中的挂靠形式，并从当事人主张的角度对挂靠人和被挂靠人的诉讼主体资格予以规定。

挂靠是我国社会经济发展特定历史阶段的产物。在改革开放之初，由于国家在法律、政策上存在一些对私营经济、个体经济的限制规定或者禁止性规定，一些个体工商户、个人合伙及私营企业，为了进入特定行业，与某些国有企业或集体企业签订挂靠协议，以该企业的名义从事生产经营活动，即由挂靠方使用被挂靠企业的经营资格和凭证等进行经营活动，并向被挂靠企业缴纳挂靠费用。

《92年意见》第43条对特定范围内挂靠经营的当事人主体资格问题作出规定，具有积极意义。但是随着社会经济的不断发展和司法实践经验的不断积累，该条规定就显得有些滞后，突出表现在将挂靠经营的范围作了明确限定。目前实践中挂靠经营纠纷涉及的行业已比较多，比如旅游业、运输业、建筑业等；挂靠人也可能是个人，比如个人挂靠从事交通运输的情况。

在实体民事责任承担方面，挂靠人和被挂靠人通常要承担连带责任，故其在当事人主体资格方面，应当是共同诉讼人。比如，建筑法第六十六条对于建筑施工企业转让、出借资质证书或者以其他方式允许他人以本企业的名义承揽工程情形下的责任承担规则作出了明确规定，即"对因该项承揽工程不符合规定的质量标准造成的损失，建筑施工企业与使用本企业名义的单位或者个人承担连带赔偿责任"。对于以挂靠等方式借用他人营业执照经营的劳动争议纠纷，《最高人民法院关于审理劳动争议案件适用法律问题的解释（一）》（法释〔2020〕26号）第三十条规定：“未办理营业执照、营业执照被吊销或者营业期限届满仍继续经营的用人单位，以挂靠等方式借用他人营业执照经营的，应当将用人单位和营业执照出借方列为当事人。”对于旅游挂靠经营，《最高人民法院关于审理旅游纠纷案件适用法律若干问题的规定》（2020年修正）第十四条规定：“旅游经营者准许他人挂靠其名下从事旅游业务，造成旅游者人身损害、财产损失，旅游者依据民法典第一千一百六十八条的规定请求旅游经营者与挂靠人承担连带责任的，人民法院应予支持。”对于机动车的挂靠经营，民法典第一千二百一十一条规定：“以挂靠形式从事道路运输经营活动的机动车，发生交通事故造成损害，属于该机动车一方责任的，由挂靠人和被挂靠人承担连带责任。”《最高人民法院关于审理道路交通事故损害赔偿案件适用法律若干问题的解释》（2020年修正）第三条规定：“套牌机动车发生交通事故造成损害，属于该机动车一方责任，当事人请求由套牌机动车的所有人或者管理人承担赔偿责任的，人民法院应予支持；被套牌机动车所有人或者管理人同意套牌的，应当与套牌机动车的所有人或者管理人承担连带责任。”

连带责任是指具有特定法律关系的多数债务人中的任何一人，均须对债权人承担违反法律规定或约定义务后所产生的全部强制性法律后果的一种共同责任。对于债权人而言，对其享有的同一债权有权请求各债务人履行全部债务，每个债务人都负有全部履行的义务。但是，并不是说，实体法上规定承担连带责任的，在诉讼中就要全都列为共同诉讼人。在学理上，民事诉讼法第五十五条规定的共同诉讼应当是固有的必要共同诉讼，其必须具备两个基本要素：（1）诉讼实施权仅可共同行使，不允许出现单个之诉；（2）在所有人均参加诉讼的情况下，必须作出统一的实体裁判。连带责任并非固有的必要共同诉讼，而是类似的必要共同诉讼。所谓类似的必要共同诉讼，是指数人对于诉讼标的的法律关系，不必一同起诉或者一同被诉，而是有选择单独诉讼或共同诉讼的自由：若数人中一人选择单独诉讼，该一人所受判决的既判力及于未诉讼的其他人；若数人共同诉讼，则其他法律关系对于共同诉讼人全体必须合一确定，法院不得为歧异判决的共同诉讼。[1] 本条规定的挂靠行为即属于类似的必要共同诉讼。将个别挂靠行为扩大到所有的挂靠行为，符合当前实际情况，但是否列挂靠人和被挂靠人为共同诉讼人，要根据

---

① 参见卢正敏：《共同诉讼研究》，法律出版社2011年版，第183页。

当事人的选择。因此，本条规定，当事人请求由挂靠人和被挂靠人依法承担连带责任的，该挂靠人和被挂靠人为共同诉讼人。

在司法解释起草征求意见过程中，也有意见认为，挂靠人和被挂靠人承担连带责任的问题属于实体问题，在诉讼法中规定不合适，且是否所有的挂靠关系都要承担连带责任，还要进一步研究。经过广泛征求意见，我们认为，《92年意见》已对挂靠问题作了规定，尤其是在目前实体法与程序法联系越来越密切的情况下，对于挂靠关系中的当事人主体地位问题进行规定，有积极意义。调研中还有意见认为，挂靠这一形式本属违法，有必要用“借用资质”的表述来代替。我们认为，挂靠这一称谓已经约定俗成，不少司法解释也都在使用，规定本条的目的也正是为了规制挂靠行为。

【审判实践中应当注意的问题】

本条主要是解决挂靠主体的诉讼地位问题。审判实践中要注意，应当根据一方当事人的请求来确定另一方当事人。当事人如果只主张挂靠人或者只主张被挂靠人独立承担责任的，人民法院应当只列挂靠人或被挂靠人一方为当事人。当事人主张挂靠人和被挂靠人共同承担民事责任的，人民法院应当将其列为共同诉讼人。人民法院在审查时可以向只列一方为被告的原告给予适当释明。如果原告在起诉时只列挂靠人或被挂靠人一方的，人民法院经审理依法判决后，当事人不能以遗漏诉讼当事人为由要求发回重审或者申请再审。在二审程序中，可以申请追加当事人或者另行起诉。

【条文】

第五十五条

在诉讼中，一方当事人死亡，需要等待继承人表明是否参加诉讼的，裁定中止诉讼。人民法院应当及时通知继承人作为当事人承担诉讼，被继承人已经进行的诉讼行为对承担诉讼的继承人有效。

【条文主旨】

本条是关于诉讼中有继承人的一方当事人死亡在程序上如何处理的规定。

【条文理解】

按照民事诉讼法第一百五十三条的规定，诉讼中出现一方当事人死亡的情形，首先要中止案件的审理，然后等待继承人表明是否参加诉讼。当中止诉讼的原因消除后也即继承人继续参加诉讼后，恢复诉讼。按照民事诉讼法

第一百五十四条的规定，如果继承人不参加诉讼，或者原告死亡且没有继承人、被告死亡且没有遗产也没有应当承担义务的人时，则由法院裁定案件终结诉讼。

【审判实践中应当注意的问题】

上诉的案件中，如果出现当事人死亡情形，人民法院依然要按照一般规定，先中止案件的审理，然后依法通知其权利义务承继者参加诉讼，是否终结上诉案件则需要根据民事诉讼法第一百五十四条的规定进行判断。本解释第三百二十条规定："上诉案件的当事人死亡或者终止的，人民法院依法通知其权利义务承继者参加诉讼。需要终结诉讼的，适用民事诉讼法第一百五十四条规定。""权利义务承继者"相比"继承人"的范围更大，因为其将自然人当事人扩大到了其他类型当事人。

本解释第四百条规定，再审申请人死亡或者终止，无权利义务承继者或者权利义务承继者声明放弃再审申请的，或在给付之诉中，负有给付义务的被申请人死亡或者终止，无可供执行的财产，也没有应当承担义务的人的，人民法院应当终结审查。再审审查过程中，一方当事人死亡，首先应当按照一般规定中止再审审查，并等待死亡当事人的继承人或权利义务承继者承担权利或义务。再审申请人死亡或者终止，无权利义务承继者或者权利义务承继者声明放弃再审申请的，由法院裁定终结再审审查；但对于被申请人死亡的情况，仅在给付之诉中出现负有给付义务的被申请人死亡或者终止，无可供执行的财产，也没有应当承担义务的人时，才会由法院裁定终结案件，也即除给付之诉外的其他类型案件中，即使被申请人死亡，法院依然要对再审申请进行审查。

执行案件中，本解释第四百七十三条规定，作为被执行人的公民死亡，其遗产继承人没有放弃继承的，人民法院可以裁定变更被执行人，由该继承人在遗产的范围内偿还债务。继承人放弃继承的，人民法院可以直接执行被执行人的遗产。执行中一方当事人死亡时，首先要裁定中止执行，并等待其继承人继承权利或者承担义务。特殊情形是，追索赡养费、扶养费、抚养费案件的权利人死亡的，无须等待其继承人继承权利，直接由法院裁定终结执行。作为被执行人的公民死亡，遗产继承人没有放弃继承的，人民法院可以裁定变更被执行人，由该继承人在遗产的范围内偿还债务。继承人放弃继承的，人民法院可以直接执行被执行人的遗产，无遗产可供执行，又无义务承受人的，则由法院裁定终结执行。

【条文】

第五十六条

法人或者其他组织的工作人员执行工作任务造成他人损害的，该法人或者其他组织为当事人。

【条文主旨】

本条是关于法人或者其他组织的工作人员执行工作任务致人损害时当事人如何确定的规定。

【条文理解】

民法典第一千一百九十一条第一款规定，用人单位的工作人员因执行工作任务造成他人损害的，由用人单位承担侵权责任。用人单位承担侵权责任后，可以向有故意或者重大过失的工作人员追偿。可见，民法典保留了侵权责任法中用人单位责任的规定，并且增加规定了用人单位与工作人员内部之间的责任承担，明确了用人单位对工作人员执行工作任务的侵权行为承担责任后，可以向具有故意或者重大过失的工作人员进行追偿。

理解本条的规定应当注意把握的几个问题：

第一，民法典规定所称的用人单位，是从劳动法和劳动合同法中借鉴而来，但其内涵和外延更广，除个人、家庭、农村承包经营户等外，民法典总则编所规定的营利法人、非营利法人（事业单位、社会团体、基金会、社会服务机构、宗教活动场所等捐助法人）、特别法人（机关法人、农村集体经济组织法人、城镇农村的合作经济组织法人、基层群众性自治组织法人）以及不具有法人资格的非法人组织，统称用人单位，而不区分其与劳动者之间是否存在劳动关系。民法典中的用人单位与民事诉讼法中的法人或者其他组织存在细微差别，用人单位的范围比法人或者其他组织的范围要广一些，在适用中应注意把握。在民事诉讼中，法人和其他组织具有独立的诉讼主体资格，其工作人员造成他人伤害的，法人或者其他组织都可以作为用人单位为其工作人员承担民事责任。

第二，民法典规定的用人单位的工作人员，应当不限于劳动者，还当然地包括公务员、参照公务员进行管理的其他工作人员、事业单位实行聘任制的人员等；不仅包括一般工作人员，还包括用人单位的法定代表人、负责人，公司董事、监事、高级管理人员、清算人等；不仅包括正式在编人员，也包括临时雇佣人员。

第三，“执行工作任务”应当理解为工作人员执行职务时的行为。我们认为，在判断工作人员的侵权行为是否属于执行工作任务时，除一般原则外，还必须考虑其他特殊因素，如行为的内容、时间、地点、场合，行为之名义（以用人单位名义或以个人名义），行为的受益人（用人单位受益或个人受益），以及是否与用人单位意志有关联等。例如，工作人员在执行职务中，以执行职务的方法，故意致害他人，以达到个人的不法目的，虽然其内在动机是出于个人的目的，但其行为与职务有着内在联系，因此也应认为是执行职务的行为，属于用人单位侵权行为，应由用人单位承担侵权责任。①

【条文】

第五十七条

提供劳务一方因劳务造成他人损害，受害人提起诉讼的，以接受劳务一方为被告。

【条文主旨】

本条是关于提供劳务一方因劳务致人损害时当事人如何确定的规定。

【条文理解】

民法典第一千一百九十二条规定，个人之间形成劳务关系，提供劳务一方因劳务造成他人损害的，由接受劳务一方承担侵权责任。接受劳务一方承担侵权责任后，可以向有故意或者重大过失的提供劳务一方追偿。提供劳务一方因劳务受到损害的，根据双方各自的过错承担相应的责任。提供劳务期间，因第三人的行为造成提供劳务一方损害的，提供劳务一方有权请求第三人承担侵权责任，也有权请求接受劳务一方给予补偿。接受劳务一方补偿后，可以向第三人追偿。其中，劳务关系，是指不构成劳动关系的，一方提供劳务、另一方支付报酬的民事关系，如家庭或个人与家政服务人员之间的关系，个体工匠与帮工、学徒之间的关系，农村承包经营户与受雇人之间的关系。接受劳务一方承担的侵权责任为无过错责任、替代责任。只要提供劳务一方因劳务造成他人损害的行为构成侵权，接受劳务一方就应承担侵权责任，而不问接受劳务一方是否存在过错。因此本条规定，提供劳务一方因劳务造成他人损害，受害人提起诉讼的，以接受劳务一方为被告。

---

① 最高人民法院民法典贯彻实施工作领导小组编著：《中华人民共和国民法典侵权责任编理解与适用》，人民法院出版社 2020 年版。

【审判实践中应当注意的问题】

《92 年意见》第 45 条规定，个体工商户、农村承包经营户、合伙组织雇佣的人员在进行雇佣合同规定的生产经营活动中造成他人损害的，其雇主是当事人。2015 年《民事诉讼法解释》起草调研中有意见认为，该条只针对个体工商户、农村承包经营户等雇佣关系，限定的主体过于狭窄。而侵权责任法第三十五条规定的“提供劳务一方”和“接受劳务一方”完全涵盖“雇主”和“雇员”的关系，因此本条在起草时借鉴了侵权责任法的规定。侵权责任法第三十五条规定：“个人之间形成劳务关系，提供劳务一方因劳务造成他人损害的，由接受劳务一方承担侵权责任。……”这里，主要针对现实生活中因雇保姆、家庭装修等个人之间的劳务关系，提供、接受劳务的主体不限于个体工商户、农村承包经营户和雇员，个人之间也可以形成劳务关系。而对于合伙组织，《92 年意见》第 40 条已明确将依法登记领取营业执照的合伙组织界定为其他组织。对于其他组织的工作人员执行工作任务致他人损害时如何确定当事人问题，本解释第五十六条已经作出规定。因此，本条依据侵权责任法第三十五条的规定，对于因劳务致他人损害时的当事人作了明确规定，明确以“接受劳务一方”为被告。

本条规定解决了在劳务关系情形下提供劳务一方因劳务致人损害，受害人如何起诉的问题，个人之间提供劳务的关系属于雇佣关系是适用本条规定的前提。

因承揽关系产生的侵权责任问题，民法典第一千一百九十三条规定：“承揽人在完成工作过程中造成第三人损害或者自己损害的，定作人不承担侵权责任。但是，定作人对定作、指示或者选任有过错的，应当承担相应的责任。”因此，本条规定不适用于因承揽关系产生的侵权责任纠纷，对于在承揽人在完成工作中造成第三人损害的，受害人应当直接起诉侵权人，而不能起诉定作人。

【条文】

第五十八条

在劳务派遣期间，被派遣的工作人员因执行工作任务造成他人损害的，以接受劳务派遣的用工单位为当事人。当事人主张劳务派遣单位承担责任的，该劳务派遣单位为共同被告。

【条文主旨】

本条是关于劳务派遣期间被派遣的工作人员因执行工作任务致人损害时

当事人如何确定的规定。

【条文理解】

1. 接受劳务派遣的用工单位为直接责任人

劳务派遣，是指劳务派遣机构受特定用工单位委托招聘员工，并与员工签订劳动合同，将员工派遣到用工单位工作，其劳动过程由用工单位管理，其工资、福利、社会保险费等由用工单位提供给派遣机构，再由派遣机构支付给员工，并为员工办理社会保险登记和缴费等事务的一种特殊用工形式。关于与劳务派遣相关的责任承担规则在侵权责任法中已作出了明确规定。在诉讼程序中，也有必要明确相应的诉讼主体地位。本条是依据侵权责任法第三十四条第二款作出的规定。

侵权责任法第三十四条第二款规定："劳务派遣期间，被派遣的工作人员因执行工作任务造成他人损害的，由接受劳务派遣的用工单位承担侵权责任；劳务派遣单位有过错的，承担相应的补充责任。"从劳动派遣的性质来看，被派遣的工作人员在用工单位的指挥监督下从事劳动，因此，用工单位应当承担被派遣的工作人员执行工作任务致人损害的无过错责任。用工单位也是工作人员执行工作任务致人损害的直接责任人，为当然的被告。民法典第一千一百九十一条第二款对侵权责任法第三十四条第二款作了修改，对于劳务派遣单位的责任规定，由侵权责任法第三十四条第二款规定的"相应的补充责任"，修改为"相应的责任"。实际上，民法典对劳务派遣的归责原则进行了适当的修改，原来的"相应补充责任"可以视为不真正连带责任。

2. 当事人主张劳务派遣单位承担责任的，劳务派遣单位与用工单位为共同被告

劳务派遣单位负有对被派遣工作人员的选任责任。劳务派遣单位在招聘、录用被派遣工作人员时，应当对工作人员的健康状况、能力、资格以及在用工单位所任职务能否胜任进行详尽的考察。劳务派遣单位要对其选任工作人员不当承担相应的责任。据此，在劳务派遣期间被派遣的工作人员因执行工作任务造成他人损害的案件中，首先要承担责任的是接受劳务派遣的用工单位，其在诉讼中应为被告。但在劳务派遣单位有过错的情况下，其也要承担相应的责任，这时将接受劳务派遣的用工单位和劳务派遣单位列为共同被告，受害人不必再行向有过错的劳务派遣单位另诉主张权利，方便救济受害人，有利于纠纷的一次性彻底解决，避免司法资源的浪费。考虑到劳务派遣单位是否有过错和是否承担相应责任的问题属于实体判断的范畴，本条仅是解决当事人主体资格问题，故对于当事人主张劳务派遣单位承担责任的，

就应当列该劳务派遣单位为共同被告，至于其是否承担责任则是审理阶段需要判定的问题。

【审判实践中应当注意的问题】

本条“当事人主张劳务派遣单位承担责任的”中的“当事人”范围，包括劳务派遣侵权案件中的受害人，也包括用工单位。也就是说，如果用工单位认为劳务派遣单位在选任工作人员方面存在过错，也可以要求其承担赔偿责任。审判实践中应当注意，在劳务派遣侵权案件中，受害人可以单独起诉用工单位，如果受害人和用工单位都没有主张劳务派遣单位承担侵权责任，人民法院在审理过程中认为有必要的，可以进行释明，由当事人决定是否追加被告。

【条文】

第五十九条

在诉讼中，个体工商户以营业执照上登记的经营者为当事人。有字号的，以营业执照上登记的字号为当事人，但应同时注明该字号经营者的基本信息。

营业执照上登记的经营者与实际经营者不一致的，以登记的经营者和实际经营者为共同诉讼人。

【条文主旨】

本条是关于个体工商户的诉讼主体资格的规定。

【条文理解】

自然人从事工商业经营，经依法登记，为个体工商户。依据《个体工商户条例》第二条的规定，个体工商户可以个人经营，也可以家庭经营。对于个体工商户而言，本解释不再使用“业主”一词，而改用《个体工商户条例》的表述，统一称为“经营者”。

个体工商户是我国特有的公民参与生产经营活动的形式，也是个体经济的一种法律形式。个体工商户的特殊性体现在以下几个方面：第一，个体工商户依法核准登记。也就是说，个体工商户只有经过核准登记才具备从事工商业经营资格。第二，个体工商户必须在依法核准登记的范围内，享有从事个体工商业经营的民事权利能力和民事行为能力。个体工商户的正当经营活动和合法权益受法律保护，对其经营的资产享有所有权。第三，个体工商户对外以户的名义独立进行民事活动，并可拥有自己的字号。民法典第五十四条规定："自然人从事工商业经营，经依法登记，为个体工商户。个体工商户可以起字号。"个体工商户的经营者和字号为个体工商户经营者依法律规定取得的身份和称谓，其中字号作为个体工商户以市场经营主体身份在营业活动中使用的表征自己的名称，是区别其他市场经营主体及其营业的主要标志，因而也是确定个体工商户的诉讼主体地位和承担法律责任的重要依据。

民法典第五十六条第一款规定："个体工商户的债务，个人经营的，以个人财产承担；家庭经营的，以家庭财产承担；无法区分的，以家庭财产承担。"个体工商户没有独立的法律人格，其债权债务和财产归属均由个体工商户背后的自然人承担，不存在个体工商户的独立财产和独立责任，也不存在自然人与个体工商户的责任分离和补充责任的问题。因此，在诉讼中，个体工商户以营业执照上登记的经营者为当事人。《个体工商户条例》第八条规定："申请登记为个体工商户，应当向经营场所所在地登记机关申请注册登记。申请人应当提交登记申请书、身份证明和经营场所证明。个体工商户登记事项包括经营者姓名和住所、组成形式、经营范围、经营场所。个体工商户使用名称的，名称作为登记事项。"对于有字号的个体工商户的诉讼，以营业执照上登记的字号为当事人，但应同时注明该字号经营者的基本信息，包括姓名、性别、民族、出生年月日、家庭住址等。这主要是为防止有些有字号的个体工商户将营业执照转包或者出租给他人经营使用，或者以更换字号的方式逃避债务及法律责任的行为，全面保护当事人的合法权益。

依据《个体工商户条例》的规定，个体工商户变更经营者的，应当在办理注销登记后，由新的经营者重新申请办理注册登记。未变更经营者的，实际经营者经营的个体工商户发生诉讼的，营业执照上登记的经营者与实际经营者不一致的，以登记的经营者和实际经营者为共同诉讼人。

【条文】

第六十条

在诉讼中，未依法登记领取营业执照的个人合伙的全体合伙人为共同诉讼人。个人合伙有依法核准登记的字号的，应在法律文书中注明登记的字号。全体合伙人可以推选代表人；被推选的代表人，应由全体合伙人出具推选书。

【条文主旨】

本条是关于未依法登记领取营业执照的个人合伙的诉讼主体资格的规定。

【条文理解】

民法典公布前，合伙分为个人合伙与合伙企业。个人合伙是指自然人之间的合伙，即两个以上的自然人根据合伙协议，各自提供资金、实物、技术等，合伙经营、共同劳动。依据民法通则第三十三条的规定，个人合伙可以起字号，依法经核准登记，在核准登记的经营范围内从事经营。根据合伙企业法第二条的规定，合伙企业是指自然人、法人和其他组织依照该法在中国境内设立的普通合伙企业和有限合伙企业。其中，普通合伙企业由普通合伙人组成，合伙人对合伙企业债务承担无限连带责任。合伙企业的成立依法需要办理相应的登记手续并领取营业执照。依据民法典第一百零二条第二款规定，合伙企业与个人独资企业、不具有法人资格的专业服务机构为非法人组织，虽不具备法人资格，但是能够依法以自己的名义从事民事活动。民法典总则编以列举的方式将合伙企业归于非法人组织范围，赋予合伙企业（组织型合伙）民事主体地位。民法典将合伙的一般规定从自然人部分移出，吸收民法通则相关规定，在民法典合同编中将合伙合同规定为有名合同，对契约型合伙作出一般规定，从合伙合同定义、合伙人出资、合伙财产、合伙事务执行、合伙债务承担等方面构建了民事合伙体系。至此，就合伙法律制度，我国形成了民法典总则编、民法典合同编、合伙企业法分别调整的模式。民法典总则编确立了合伙企业的独立民事主体地位，为该类主体广泛从事市场交易活动奠定了基础。民法典合同编调整民事合伙法律关系，侧重合伙的内部关系，是处理合伙法律关系的一般规定。合伙企业法则全面规定了合伙企业内外部关系规则，属于对商事合伙的特别规定。

本条仅规定未依法登记领取营业执照的个人合伙的诉讼主体资格问题。即未依法登记领取营业执照的个人合伙，不享有民事诉讼主体资格，仍然由全体合伙人作为共同诉讼人。在诉讼中，全体合伙人可以推选代表人，由代表人代表全体共同诉讼人进行诉讼。全体合伙人推选的代表人所进行的诉讼活动关系到全体共同诉讼人的切身利益，推选代表人时，应当由全体合伙人出具推选书。全体合伙人不能取得一致意见的，被推选人不能作为代表人，仍由全体诉讼人共同进行诉讼。

【条文】

第六十一条

当事人之间的纠纷经人民调解委员会或者其他依法设立的调解组织调解达成协议后，一方当事人不履行调解协议，另一方当事人向人民法院提起诉讼的，应以对方当事人为被告。

【条文主旨】

本条是关于调解协议案件当事人如何确定的规定。

【条文理解】

人民调解法第三十一条第一款规定，经人民调解委员会调解达成的调解协议，具有法律约束力，当事人应当按照约定履行。第三十二条规定，经人民调解委员会调解达成调解协议后，当事人之间就调解协议的履行或者调解协议的内容发生争议的，一方当事人可以向人民法院提起诉讼。当事人对人民调解委员会达成的调解协议不服的，是对原纠纷的处理方式不服，向法院起诉的目的仍是要解决当事人之间的纠纷，应以原纠纷法律关系为基础提起诉讼。因此，应以对方当事人为被告。

《92 年意见》第 48 条规定，当事人之间的纠纷经仲裁机构仲裁或者经人民调解委员会调解，当事人不服仲裁或调解向人民法院提起诉讼的，应以对方当事人为被告。仲裁法确立了一裁终局制度。该法第五十一条规定："仲裁庭在作出裁决前，可以先行调解。当事人自愿调解的，仲裁庭应当调解。调解不成的，应当及时作出裁决。调解达成协议的，仲裁庭应当制作调解书或者根据协议的结果制作裁决书。调解书与裁决书具有同等法律效力。"第五十二条规定："调解书应当写明仲裁请求和当事人协议的结果。调解书由仲裁员签名，加盖仲裁委员会印章，送达双方当事人。调解书经双方当事人签收后，即发生法律效力。在调解书签收前当事人反悔的，仲裁庭应当及时作出裁决。"第五十七条规定："裁决书自作出之日起发生法律效力。"即仲裁法规定了在仲裁程序中经仲裁调解不成的，或者在仲裁调解书签收前当事人反悔的，仲裁庭都应当及时作出裁决，裁决书自作出之日起发生法律效力，不允许当事人另行起诉，只有在符合法定条件时，当事人才可以依法申请撤销仲裁裁决。2015 年《民事诉讼法解释》删除了《92 年意见》第 48 条关于仲裁调解协议与仲裁法相悖的内容。

2021 年民事诉讼法对司法确认程序进行了修改，在调解组织范围上，除人民调解委员会外，还增加了其他依法设立的调解组织，故只要是依法设立的调解组织，均可依法对当事人之间的民事纠纷进行调解。本条对照2021年民事诉讼法的规定进行了修改，增加了“其他依法设立的调解组织”。

【审判实践中应当注意的问题】

实践中，当事人除可依本条规定就相关民事纠纷另行提起诉讼外，还可以在司法确认申请被人民法院驳回后，另行提起诉讼。民事诉讼法第二百零二条规定：“人民法院受理申请后，经审查，符合法律规定的，裁定调解协议有效，一方当事人拒绝履行或者未全部履行的，对方当事人可以向人民法院申请执行；不符合法律规定的，裁定驳回申请，当事人可以通过调解方式变更原调解协议或者达成新的调解协议，也可以向人民法院提起诉讼。”根据该条规定，如果人民法院受理了司法确认申请，经过审查，发现申请不符合法律规定的，应当裁定驳回申请，当事人有权选择另行向人民法院提起民事诉讼。应当注意的是，民事诉讼法第二百零二条的规定改变了人民调解法确定的规则。人民调解法第三十三条规定：“经人民调解委员会调解达成调解协议后，双方当事人认为有必要的，可以自调解协议生效之日起三十日内共同向人民法院申请司法确认，人民法院应当及时对调解协议进行审查，依法确认调解协议的效力。人民法院依法确认调解协议有效，一方当事人拒绝履行或者未全部履行的，对方当事人可以向人民法院申请强制执行。人民法院依法确认调解协议无效的，当事人可以通过人民调解方式变更原调解协议或者达成新的调解协议，也可以向人民法院提起诉讼。”该条将当事人另行起诉的条件限定为“人民法院依法确认调解协议无效的”，而民事诉讼法第二百零二条规定的条件是“不符合法律规定的，裁定驳回申请”，实践中，应当按照民事诉讼法的规定进行处理。

【条文】

第六十二条

下列情形，以行为人为当事人：

（一）法人或者其他组织应登记而未登记，行为人即以该法人或者其他组织名义进行民事活动的；

（二）行为人没有代理权、超越代理权或者代理权终止后以被代理人名义进行民事活动的，但相对人有理由相信行为人有代理权的除外；

（三）法人或者其他组织依法终止后，行为人仍以其名义进行民事活动的。

【条文主旨】

本条是关于以行为人为当事人的几种情形的规定。

【条文理解】

2015年《民事诉讼法解释》制定时根据法律和司法实践情况，对《92年意见》第49条作了以下修改：一是以“行为人”代替“直接责任人”的提法。这主要是考虑到“直接责任人”多是行政法及刑法上的提法，在民法领域使用这一术语有些不妥，且有些情形可能不限于承担责任，还会有享有相应权利的问题。鉴于本条所列都属于实施某类行为的情形，故该民事主体可以用“行为人”予以概括。二是对于《92年意见》中冒用法人、其他组织名义进行民事活动的情形，根据合同法第四十九条“行为人没有代理权、超越代理权或者代理权终止后以被代理人名义订立合同，相对人有理由相信行为人有代理权的，该代理行为有效”的规定统一了表述，并将“签订合同”修改为“进行民事活动”，并增加了但书条款。因为在构成表见代理的情况下，代理行为有效，有关法律后果还是由被代理人承担。三是采取分款表述的方式，将原条文中的“法人或者其他组织应登记而未登记即以法人或者其他组织名义进行民事活动”“法人或者其他组织依法终止后仍以其名义进行民事活动”两种情形予以拆分，分别作为第一款和第三款。

1. 法人或者其他组织应登记而未登记，行为人即以该法人或者其他组织名义进行民事活动的

《市场主体登记管理条例》第三条规定：“市场主体应当依照本条例办理登记。未经登记，不得以市场主体名义从事经营活动。法律、行政法规规定无需办理登记的除外。市场主体登记包括设立登记、变更登记和注销登记。”

对于需要登记的法人而言，登记是法人设立过程完成的标志，即法人成立的标志，也是设立中组织正式取得法人资格的标志。因此，对于应当登记的法人没有登记的，法人并未依法成立，不具备法人资格，不能作为当事人，其进行民事活动享有民事权利和承担义务的主体，应当是行为人。

对于其他组织而言，本解释第五十二条规定：“民事诉讼法第五十一条规定的其他组织是指合法成立、有一定的组织机构和财产，但又不具备法人资格的组织，包括：（一）依法登记领取营业执照的个人独资企业；（二）依法登

记领取营业执照的合伙企业；（三）依法登记领取我国营业执照的中外合作经营企业、外资企业；（四）依法成立的社会团体的分支机构、代表机构；（五）依法设立并领取营业执照的法人的分支机构；（六）依法设立并领取营业执照的商业银行、政策性银行和非银行金融机构的分支机构；（七）经依法登记领取营业执照的乡镇企业、街道企业；（八）其他符合本条规定条件的组织。”因此，对于未经登记或未依法成立的其他组织，以自己名义进行民事活动发生纠纷的，由于其不具备民事诉讼主体资格，自然应当以行为人为当事人。

2. 行为人没有代理权、超越代理权或者代理权终止后以被代理人名义进行民事活动的，但相对人有理由相信行为人有代理权的除外

民法典第一百七十一条第一款规定：“行为人没有代理权、超越代理权或者代理权终止后，仍然实施代理行为，未经被代理人追认的，对被代理人不发生法律效力。”民法典第一百七十二条规定：“行为人没有代理权、超越代理权或者代理权终止后，仍然实施代理行为，相对人有理由相信行为人有代理权的，代理行为有效。”依上述规定，除构成表见代理外，对于无权代理的民事责任，由行为人承担。审判实践中，没有代理权的情形主要包括：（1）本人向第三人表示已将代理权授予他人，但事实上并未授权；（2）本人知道他人以自己的名义实施民事行为而不作追认。超越代理权的情形主要包括：（1）法人的分支机构、办事处超越授权以法人名义进行的民事活动；（2）法人的法定代表人、雇员的越权代理行为；（3）被代理人将具有代理权证明意义的文件、印鉴交于他人，使他人得以凭借其以代理人身份实施民事活动；（4）挂靠经营中超出挂靠协议约定范围的经营活动。代理权终止后仍然实施代理的情形主要包括：（1）代理期间届满或代理事务完成后的代理；（2）本人取消委托后的代理。

3. 法人或者其他组织依法终止后，行为人仍以其名义进行民事活动的

法人的终止，也称法人的消灭，是指法人资格的消灭，即法人丧失民事主体资格和法律上的人格，不再具有民事权利能力和民事行为能力的状态。法人有下列原因之一，就会发生终止的法律后果：（1）依法被撤销；（2）自行解散；（3）依法宣告破产；（4）其他原因。法人终止的法律意义与自然人死亡相同，行为人以法人名义进行的民事活动，发生纠纷后，应当以行为人为当事人。其他组织终止后，行为人以其他组织名义进行民事活动，发生纠纷后，同样应以行为人为当事人。

【审判实践中应当注意的问题】

民法典第一百七十一条第一款规定："行为人没有代理权、超越代理权或者代理权终止后，仍然实施代理行为，未经被代理人追认，对被代理人不发生法律效力。"第三款规定："行为人实施的行为未被追认的，善意相对人有权请求行为人履行债务或者就其受到的损害请求行为人赔偿。但是，赔偿的范围不得超过被代理人追认时相对人所能获得的利益。"该条明确规定了无权代理行为的行为法律后果及未被追认时的无权代理人的责任，确立了行为人实施的行为未被追认的，善意相对人有权请求行为人履行债务或者就其受到的损害请求行为人赔偿，但是，赔偿的范围不得超过被代理人追认时相对人所能获得的利益的责任承担及赔偿范围限定的规则。因此，对于未经代理人追认的代理行为，在诉讼中也应以行为人为当事人。

【条文】

第六十三条

企业法人合并的，因合并前的民事活动发生的纠纷，以合并后的企业为当事人；企业法人分立的，因分立前的民事活动发生的纠纷，以分立后的企业为共同诉讼人。

【条文主旨】

本条是关于企业法人合并和分立后因合并、分立前民事活动发生纠纷时当事人如何确定的规定。

【条文理解】

企业法人合并是指两个或两个以上的企业法人，合并为一个企业法人或合并为一个新的企业法人。企业合并包括新设合并和吸收合并。原企业消灭称为新设合并。一个企业或者几个企业并入另一个企业，该另一个企业继续存在，其他企业消灭为吸收合并。依据民法典第六十七条的规定，不论是新设合并还是吸收合并，企业合并之后，消灭的企业的权利和义务关系均移转给合并后的企业。因此，在企业合并前各企业发生的纠纷，诉讼时应当以合并后的企业作为当事人，参加民事诉讼活动，享有诉讼权利，承担诉讼义务。

企业法人分立，是指一个企业法人分为两个以上的企业法人。原来的企业终止为新设分立；由一个或几个企业分出一部分组成另外一个或另外几个新的企业，原有的企业仍然存在为派生分立。依据民法典第六十七条的规定，法人分立的，其权利和义务由分立后的法人享有连带债权，承担连带债务，但是债权人和债务人另有约定的除外。因此，企业分立后，不仅原有的一切债权债务依法由分立后的企业承担，而且原有的财产所有权、经营权、知识产权等也都转移给分立后的企业。因企业分立前的民事活动发生的纠纷在分立以后发生诉讼的，分立后的企业为共同诉讼人，共同参加诉讼活动。

【审判实践中应当注意的问题】

法人分立行为受民事法律规范的调整。由于契约自由是民法中的基本原则，法人分立过程中，只要法人与债权人之间的债务承担协议不存在无效事由，就对各方当事人产生法律约束力，协议的效力还应当优先于法律的任意性规定。因此，民法典规定债权人和债务人另有约定的协议能够排除适用各分立后法人承担连带责任的法律规定。当然，协议优先原则还要受一定限制：各分立后法人的债务承担约定，必须经债权人同意才能产生对债权人的约束力。否则，债权人可以根据企业法人财产原则，依法追究有关责任主体的民事责任，有关责任主体不能以分立协议中关于债务承担的约定来对抗债权人的主张。但这也只是实体责任承担问题，对于诉讼主体资格来说，当事人依然可以列分立后的企业为共同诉讼人。

【条文】

第六十四条

企业法人解散的，依法清算并注销前，以该企业法人为当事人；未依法清算即被注销的，以该企业法人的股东、发起人或者出资人为当事人。

【条文主旨】

本条是关于企业法人解散、注销时当事人如何确定的规定。

【条文理解】

法人解散是指已成立的法人基于一定的合法事由而使法人消灭的法律行为。民法典第六十九规定了法人解散的五种情形：“（一）法人章程规定的存续期间届满或者法人章程规定的其他解散事由出现；（二）法人的权力机构决议解散；（三）因法人合并或者分立需要解散；（四）法人依法被吊销营业执照、登记证书，被责令关闭或者被撤销；（五）法律规定的其他情形。”民法典第六十八条规定：“有下列原因之一并依法完成清算、注销登记的，法人终止：（一）法人解散；（二）法人被宣告破产；（三）法律规定的其他原因。法人终止，法律、行政法规规定须经有关机关批准的，依照其规定。”民法典第七十三条规定：“法人被宣告破产的，依法进行破产清算并完成法人注销登记时，法人终止。”根据《市场主体登记管理条例》第三十一条的规定，市场主体因解散、被宣告破产或者其他法定事由需要终止的，应当依法向登记机关申请注销登记。经登记机关注销登记，市场主体终止。市场主体注销依法须经批准的，应当经批准后向登记机关申请注销登记。

除因法人合并或者分立的情形外，因其他事项的法人解散，应当及时组成清算组进行清算。清算期间法人存续，清算结束并完成法人注销登记时，法人终止。法人注销登记是法人依法终止，消灭其民事主体资格的要件。因此，对于企业法人而言，清算期间未注销前，法人民事主体资格并未消灭，发生诉讼的，以该企业法人为当事人。法人未经清算即被注销，法人已经终止，只能由企业法人的股东、发起人或者出资人作为当事人。

【审判实践中应当注意的问题】

吊销企业法人营业执照是市场监督管理机关采取的责令企业停止经营活动的管理措施。在吊销营业执照期间，企业仅停止了营业执照范围内的生产经营活动，企业法人资格仍然存在，企业法人民事主体资格并没有消灭，仍然具有民事诉讼主体地位。

企业法人处于清算或破产阶段，民事主体资格仍然存续，亦能以企业法人名义进行民事诉讼。例如，《公司法解释（二）》第十条第一款规定：“公司依法清算结束并办理注销登记前，有关公司的民事诉讼，应当以公司的名义进行。”《最高人民法院关于适用〈中华人民共和国企业破产法〉若干问题的规定（二）》第二十七条规定，权利人依据企业破产法第三十八条的规定向管理人主张取回相关财产，管理人不予认可，权利人以债务人为被告向人民法院提起诉讼请求行使取回权的，人民法院应予受理。

民事诉讼法第五十一条规定，法人由其法定代表人进行诉讼。企业法人营业执照被吊销时，如果企业没有被其他组织接管，仍应由法定代表人代表诉讼，如被其他组织接管，由接管组织代表诉讼。企业处于清算或者破产阶段，成立了清算组或确定了管理人的，由清算组或管理人代表债务人参加诉讼，没有清算组或管理人的，仍由法定代表人参加诉讼。根据企业破产法第二十五条的规定，管理人代表债务人参加诉讼、仲裁或者其他法律程序。《公司法解释（二）》第十条第二款规定：“公司成立清算组的，由清算组负责人代表公司参加诉讼；尚未成立清算组的，由原法定代表人代表公司参加诉讼。”由清算组、管理人或其他组织代表企业参加诉讼的，在法律文书首部当事人法定代表人的位置，直接列清算组或清算组负责人、破产管理人、其他组织，不再列法定代表人。清算组、破产管理人可以是自然人，也可以是律师事务所、会计师事务所等中介机构。如果是自然人的，直接写自然人姓名；如果是单位的，可以直接写单位名称，如清算组有负责人的，可以列明清算组负责人，清算组未指定负责人的，可以不予列明。清算组、管理人可以依据民事诉讼法的规定，再委托诉讼代理人参加民事诉讼活动。

【条文】

第六十五条

借用业务介绍信、合同专用章、盖章的空白合同书或者银行账户的，出借单位和借用人为共同诉讼人。

【条文主旨】

本条是关于因借用业务介绍信、合同专用章等行为发生纠纷时当事人如何确定的规定。

【条文理解】

在2015年司法解释起草征求意见过程中，有意见认为本条涉及实体问题，不应在民事诉讼法的司法解释中规定，且《最高人民法院关于在审理经济纠纷案件中涉及经济犯罪嫌疑若干问题的规定》第四条规定："个人借用单位的业务介绍信、合同专用章或者盖有公章的空白合同书，以出借单位名义签订经济合同，骗取财物归个人占有、使用、处分或者进行其他犯罪活动，给对方造成经济损失构成犯罪的，除依法追究借用人的刑事责任外，出借业务介绍信、合同专用章或者盖有公章的空白合同书的单位，依法应当承担赔偿责任。但是，有证据证明被害人明知签订合同对方当事人是借用行为，仍与之签订合同的除外。"从该条规定来看，应当由出借单位承担民事责任，司法解释不应规定出借单位和借用人为共同诉讼人。我们认为，上述规定与本条的内容存在不同，本条规定出借单位和借用人为共同诉讼人并无不妥。首先，《最高人民法院关于在审理经济纠纷案件中涉及经济犯罪嫌疑若干问题的规定》中规定的出借行为涉及刑事犯罪的，所签合同无效，出借单位应当承担赔偿责任。而本条并未界定出借行为的性质，所签合同的效力也在所不问。其次，对出借单位而言，业务介绍信、合同专用章、盖章的空白合同书或者银行账户是出借单位对外活动的重要凭证，应当对使用上述凭证所进行的民事活动承担责任。对借用人而言，其是民事活动的行为人，应当对民事活动承担责任。

同时，也曾有意见建议删除"借用银行账户"的表述。主要理由是：一是随着市场经济的深入发展，国家已经不像计划经济体制下对银行账户进行严格管制。在法律没有明确禁止的情况下，借用银行账户的情形或多或少会发生，而且相较于业务介绍信及合同专用章等，银行账户的专属性及对于促成某项交易所起的作用也比较小，若将借用银行账户的出借单位也作为共同诉讼人，可能会对该出借单位要求过苛。二是《最高人民法院关于在审理经济纠纷案件中涉及经济犯罪嫌疑若干问题的规定》第四条关于个人借用单位的业务介绍信、合同专用章或者盖有公章的空白合同书的情形下的责任承担问题的规定中已将“银行账户”删除。我们认为，银行账户仍有保留的必要，不宜删除。《人民币银行结算账户管理办法》第四十五条规定，存款人不得出租、出借银行结算账户，不得利用银行结算账户套取银行信用。在一些民间借贷纠纷案件中，当事人借用资信较好的企业或个人的银行账户进行融资，会从外观上增强其融资信用或能力，与其成功融资存有因果关系，有必要予以保留。

【条文】

第六十六条

因保证合同纠纷提起的诉讼，债权人向保证人和被保证人一并主张权利的，人民法院应当将保证人和被保证人列为共同被告。保证合同约定为一般保证，债权人仅起诉保证人的，人民法院应当通知被保证人作为共同被告参加诉讼；债权人仅起诉被保证人的，可以只列被保证人为被告。

【条文主旨】

本条是关于保证合同纠纷当事人如何确定的规定。

【条文理解】

1. 2015 年制定本条时的考虑

《92 年意见》第 53 条规定，“除保证合同明确约定保证人承担连带责任的外，人民法院应当通知被保证人作为共同被告参加诉讼，债权人仅起诉被保证人的，可只列被保证人为被告”。而担保法第十九条规定，当事人对保证方式没有约定或者约定不明确的，按照连带责任保证承担保证责任。[①] 该条内容与担保法相关规定不符，应当进行修改。故 2015 年《民事诉讼法解

---

① 民法典第六百八十六条对担保法第十九条作出了修改，第六百八十六条规定：“保证的方式包括一般保证和连带责任保证。当事人在保证合同中对保证方式没有约定或者约定不明确的，按照一般保证承担保证责任。”

释》将该条修改为“保证合同约定为一般保证”，以与担保法的规定相一致。在保证合同约定为一般保证情形下，保证人享有先诉抗辩权，债权人仅起诉保证人的，应当将被保证人列为共同被告参加诉讼。

2. 关于一般保证和连带责任保证

根据民法典第六百八十六条规定，保证分为一般保证和连带责任保证两种方式。一般保证，是指当事人在保证合同约定，债务人不能履行债务时，由保证人承担保证责任的保证。民法典第六百八十七条对一般保证作出了明确规定。将当事人在保证合同中约定，债务人不能履行债务时，由保证人承担保证责任的，规定为一般保证。一般保证的保证人享有先诉抗辩权。所谓的先诉抗辩权，是指债权人先就债务人的财产已为强制执行而得不到满足时，才可请求保证人履行，否则保证人可拒绝履行。民法典第六百八十七条第二款规定：“一般保证的保证人在主合同纠纷未经审判或者仲裁，并就债务人财产依法强制执行仍不能履行债务前，有权拒绝向债权人承担保证责任，但是有下列情形之一的除外：（一）债务人下落不明，且无财产可供执行；（二）人民法院已经受理债务人破产案件；（三）债权人有证据证明债务人的财产不足以履行全部债务或者丧失履行债务能力；（四）保证人书面表示放弃本款规定的权利。”

连带责任保证又称连带保证，是指当事人在保证合同中约定保证人与债务人对债务承担连带责任的保证。根据民法典第六百八十八条的规定，当事人在保证合同中约定保证人和债务人对债务承担连带责任的，为连带责任保证。连带责任保证的债务人不履行到期债务或者发生当事人约定的情形时，债权人可以请求债务人履行债务，也可以请求保证人在其保证范围内承担保证责任。债务人和保证人对债权人履行债务并无先后顺序和主次之分的限制。债权人可以不问债务人是否具有实际履行或赔偿损失的能力。就债务人的内部关系而言，各债务人可能依约定或依过错按份承担责任。就债务人的外部关系而言，各债务人对同一债务不分先后均负有全部清偿的义务，也就是说，债权人既可以向全体债务人主张债权，也可以向某一个或某几个债务人主张债权，各债务人不得以其内部另有约定对抗债权人。保证人与主债务人属同一顺序的债务人，在具体承担实体责任时不分先后，谁有偿付能力谁先予偿付。

3. 关于保证合同纠纷当事人的确定

保证合同纠纷是指保证人与债权人签订的，在主债务人不履行其债务时，由保证人按照约定履行债务或者承担责任的合同中产生的纠纷。《担保法解释》第一百二十五条规定："一般保证的债权人向债务人和保证人一并提起诉讼的，人民法院可以将债务人和保证人列为共同被告参加诉讼。但是，应当在判决书中明确在对债务人财产依法强制执行后仍不能履行债务时，由保证人承担保证责任。"如果债权人仅起诉保证人的，由于保证人享有先诉抗辩权，应当将被保证人作为共同被告参加诉讼。如果债权人仅起诉被保证人的，可以只列被保证人为被告。第一百二十六条规定："连带责任保证的债权人可以将债务人或者保证人作为被告提起诉讼，也可以将债务人和保证人作为共同被告提起诉讼。"对于连带保证而言，由于保证人与主债务人属同一顺序的债务人，在具体承担实体责任时不分先后，债权人仅起诉保证人的，列保证人为被告；债权人仅起诉被保证人的，列被保证人为被告；债权人同时主张保证人和被保证人承担责任的，列保证人和被保证人为共同被告。《最高人民法院关于适用〈中华人民共和国民法典〉有关担保制度的解释》第二十六条第一款、第二款规定："一般保证中，债权人以债务人为被告提起诉讼的，人民法院应予受理。债权人未就主合同纠纷提起诉讼或者申请仲裁，仅起诉一般保证人的，人民法院应当驳回起诉。一般保证中，债权人一并起诉债务人和保证人的，人民法院可以受理，但是在作出判决时，除有民法典第六百八十七条第二款但书规定的情形外，应当在判决书主文中明确，保证人仅对债务人财产依法强制执行后仍不能履行的部分承担保证责任。"该解释中的规定与本解释的规定是一致的，债权人仅起诉债务人的，人民法院应当受理；仅起诉一般保证人的，应当驳回起诉。一并起诉债务人和保证人的，可以受理，但应当在判决中明确保证人仅对债务人财产依法强制执行后仍不能履行的部分承担保证责任。

《担保法解释》（已废止）第一百二十六条规定："连带责任保证的债权人可以将债务人或者保证人作为被告提起诉讼，也可以将债务人和保证人作为共同被告提起诉讼。"该规定完全符合连带责任保证的法理，在司法实践中也没有任何争议，因此，根据问题意识的起草指导思想，《最高人民法院关于适用〈中华人民共和国民法典〉有关担保制度的解释》对这一问题没有规定。

4. 保证合同纠纷案件当事人追加问题

连带责任保证情形下，如果债权人仅起诉连带责任保证人，而被告申请追加主债务人作为被告参加诉讼，原告不同意追加主债务人参加诉讼且明确放弃追究主债务人责任的，从主从法律关系出发，人民法院是否准予，争议很大。一般保证责任情形下，原告仅起诉一般保证人的，由于一般保证人享有先诉抗辩权，人民法院应当通知被保证人作为共同被告参加诉讼，已经参加诉讼的被告（一般保证人）也可以申请追加被保证人（主债务人）参加诉讼，如果原告不同意追加被保证人（主债务人）参加诉讼，根据先诉抗辩权原理，人民法院应当驳回原告对一般保证人的起诉；如果原告不同意追加被保证人（主债务人）参加诉讼且明确放弃对被保证人诉讼请求的，人民法院应当驳回原告的诉讼请求。

【审判实践中应当注意的问题】

因民法典将当事人没有约定或者约定不明时的保证类型从担保法规定的推定为连带责任保证修改为推定为一般保证，实践中可能会存在将推定规则与解释规则混为一谈的问题，即认为只要当事人在保证合同中没有写明“连带责任保证”字样，就应认定为一般保证。而《最高人民法院关于适用〈中华人民共和国民法典〉有关担保制度的解释》规定了一般保证和连带责任保证的识别问题。第二十五条规定：“当事人在保证合同中约定了保证人在债务人不能履行债务或者无力偿还债务时才承担保证责任等类似内容，具有债务人应当先承担责任的意思表示的，人民法院应当将其认定为一般保证。当事人在保证合同中约定了保证人在债务人不履行债务或者未偿还债务时即承担保证责任、无条件承担保证责任等类似内容，不具有债务人应当先承担责任的意思表示的，人民法院应当将其认定为连带责任保证。”据此我们认为，民法典规定的推定规则只有在难以确定保证人真实意思表示的情况下才能适用。如果可以通过意思表示解释规则，确定当事人约定的是连带责任保证，就不能简单地根据推定规则将其认定为一般保证。在对保证人的意思表示进行解释时，要坚持以下规则：一是保证合同含有债务人应当先承担责任的意思表示的，人民法院应当将其解释为一般保证，如约定保证人在债务人不能履行债务或者无力偿还债务时才承担保证责任等类似内容；二是保证合同含有债权人可以选择债务人或者保证人承担责任的意思表示的，应当将其解释为连带责任保证，如约定保证人在债务人不履行债务或者未偿还债务时即承担保证责任、无条件承担责任等类似内容。

【条文】

第六十七条

无民事行为能力人、限制民事行为能力人造成他人损害的，无民事行为能力人、限制民事行为能力人和其监护人为共同被告。

【条文主旨】

本条是关于无民事行为能力人、限制民事行为能力人致人损害时当事人如何确定的规定。

【条文理解】

1. 制定背景

关于无民事行为能力人、限制民事行为能力人致人损害时，无民事行为能力人、限制民事行为能力人及其监护人的诉讼地位问题，理论界一直争议很大。主要有以下几种观点：第一种观点为单独被告说。其中又分为监护人为被告说和被监护人为被告说。监护人单独被告说认为，根据民法通则及侵权责任法的相关规定，被监护人由于没有责任能力，不应作为责任承担的主体，而只能由其监护人作为被告。被监护人单独被告说认为，被监护人是致害主体，理应作为侵权诉讼的被告，但由于其没有诉讼行为能力，故由其监护人作为法定代理人代为实施诉讼行为。第二种观点为共同被告说。共同被告说认为，从有财产的被监护人的财产中支付赔偿费用，而由监护人赔偿不足部分，实际上确定了监护人和被监护人之间的连带责任关系，该诉讼为必要的共同诉讼，监护人和被监护人应列为共同被告。受害人只起诉一方的，法院应当依职权追加监护人或致他人损害的被监护人参加诉讼。第三种观点为财产区分说。财产区分说认为，依据侵权责任法第三十二条的规定，致人损害的被监护人无财产时，列监护人为单独被告；被监护人有财产时，列监护人和被监护人为共同被告。第四种观点认为，应以无民事行为能力人、限制民事行为能力人为被告，监护人为无独立请求权的第三人。监护人在诉讼中具有双重身份，一种身份是作为被告（被监护人）的法定代理人，另一种身份是无独立请求权第三人。司法实践中，无民事行为能力人、限制民事行为能力人致害案件，对当事人的列法也存在不同做法：一是列监护人为单独被告；二是列被监护人为单独被告，监护人为法定代理人；三是列监护人和被监护人为共同被告。法律和相关司法解释对无民事行为能力人、限制民事行为能力人致人损害时当事人如何确定问题没有规定，因而有必要在本解释中予以明确。

2. 规定理由

2015年《民事诉讼法解释》起草过程中，经过多次调研和论证，最后确定无民事行为能力人、限制民事行为能力人造成他人损害的，以无民事行为能力人、限制民事行为能力人与其监护人为共同被告，主要是基于以下三点考虑。

第一，侵权责任法的规定是确定监护人和被监护人为共同被告的重要基础。

民法通则第一百三十三条规定："无民事行为能力人、限制民事行为能力人造成他人损害的，由监护人承担民事责任。监护人尽了监护责任的，可以适当减轻他的民事责任。有财产的无民事行为能力人、限制行为能力人造成他人损害的，从本人财产中支付赔偿费用。不足部分，由监护人适当赔偿，但单位担任监护人的除外。"侵权责任法第三十二条规定："无民事行为能力人、限制民事行为能力人造成他人损害的，由监护人承担侵权责任。监护人尽到监护责任的，可以减轻其侵权责任。有财产的无民事行为能力人、限制民事行为能力人造成他人损害的，从本人财产中支付赔偿费用。不足部分，由监护人赔偿。"侵权责任法对民法通则的规定作了两处修改：首先，加重了监护人的责任。为了保护被侵权人的合法权益，使其受到的损害能够得到全部的赔偿，侵权责任法规定，对于无民事行为能力人或者限制行为能力人赔偿后，其财产不足的部分，需要由监护人给予全部赔偿，而不是仅给予适当的赔偿。其次，为了促使单位监护人尽职履行监护职责，防止其怠于行使监护职责，放任被监护人侵权行为的发生，保证被侵权人受到的损害得到赔偿，侵权责任法修改了民法通则的规定，明确单位监护人应当承担与非单位监护人同样的责任。

侵权责任法规定监护人责任是无过错责任。这种无过错责任有以下四个特点：其一，监护人尽到监护义务并非免除监护人责任的成立要件而只是减轻责任的要件。其二，对于无民事行为能力人、限制民事行为能力人，并不根据其年龄或认知能力或者是否具有责任能力加以区分，统一由监护人承担其行为所造成的损害赔偿责任。其三，责任主体与行为主体相分离。在无民事行为能力人或限制民事行为能力人致人损害时，行为人是该无民事行为能力人或限制民事行为能力人，责任主体则是监护人，两者并不是承担连带责任。第四，具体赔偿责任的特殊性。无民事行为能力人或者限制民事行为能力人造成他人损害的，应当由监护人承担侵权责任。但是，在具体承担赔偿责任时，如果被监护人有财产的，应当首先从被监护人的财产中支付赔偿费用，不足的部分再由监护人承担赔偿责任。

当事人的适格应当以实体法上的请求权作为依据，如果实体法上没有请求权基础的，很难成为适格的当事人。侵权责任法第三十二条第二款的规定是确定无民事行为能力人、限制行为能力人应当为共同被告的实体法基础。

根据该款规定，具体承担赔偿责任时，被监护人有财产的，应当首先从被监护人的财产中支付赔偿费用。对于受害人而言，有权利向有财产的无民事行为能力人、限制民事行为能力人请求承担赔偿责任。并且，对于有财产的无民事行为能力人、限制民事行为能力人而言，是要先支付赔偿费用，因此作为共同被告并无不妥。实践中，对于侵权行为发生时为无民事行为能力人或者限制民事行为能力人，诉讼时或判决后又具备完全民事行为能力的，将监护人与被监护人列为共同被告更加必要。

第二，无民事权利能力人、限制民事行为能力人的诉讼地位允许其作为被告。

2012 年民事诉讼法第四十八条第一款规定，公民、法人和其他组织可以作为民事诉讼的当事人。民事诉讼的当事人应当具有以下特征：其一，以自己的名义进行诉讼；其二，与案件有直接的利害关系；其三，受人民法院裁判拘束。无民事行为能力人、限制民事行为能力人是致害案件的行为人，在有财产的情形下需要支付赔偿费用。因此，无民事行为能力人、限制民事行为能力人与案件有直接的利害关系，能够成为案件的当事人。民事权利能力和民事行为能力，是民事主体行使自己的权利和进行民事活动的能力。诉讼权利能力和诉讼行为能力，是诉讼主体为维护自己的民事权利而进行诉讼活动的能力。根据民法通则第十八条规定，监护人应当履行监护职责，保护被监护人的人身、财产及其他合法权益。根据 2012 年民事诉讼法第五十七条的规定，无诉讼行为能力人由他的监护人作为法定代理人代为诉讼。无民事行为能力人、限制民事行为能力人享有民事权利能力和诉讼权利能力，因为不能或者不能完全进行民事活动且无诉讼行为能力，为保护其实体性和程序性合法权益，法律设立了监护人制度和法定代理人制度。因此，无民事行为能力人、限制民事行为能力人有资格成为当事人。

第三，列无民事行为能力人、限制民事行为能力人及其监护人为共同被告有利于审判执行工作开展。

从案件审理来看，将无民事行为能力人、限制民事行为能力人列为被告，对于人民法院查清案件事实、分清责任而言无疑具有重要意义。从执行实务来看，如果没有列无民事行为能力人、限制民事行为能力人为诉讼当事人，法院仅判决监护人承担侵权责任，当事人主张以无民事行为能力人、限制民事行为能力人的财产支付赔偿费用时，由于欠缺执行的法律依据，法院也无法追加无民事行为能力人、限制民事行为能力人为被执行人，当事人只能另行起诉，导致一个纠纷要经过两次程序，既不利于权利人利益的保护，也浪费了司法资源。

在2015年司法解释起草征求意见过程中，曾有意见认为，无民事行为能力人、限制民事行为能力人造成他人损害的，以其监护人为被告；当事人主张无民事行为能力人、限制民事行为能力人以其财产承担责任的，以无民事行为能力人、限制民事行为能力人与其监护人为共同被告。我们认为，这样的规定貌似与侵权责任法的规定吻合。但是，当事人诉讼资格的确立是以其是否与案件有法律利害关系为标准的，至于责任具体由谁承担，是否具有赔偿能力不应该成为决定当事人诉讼资格的因素。实际上，对于无民事行为能力人、限制民事行为能力人的财产状况，只有在实体审理中才能判断，立案时就让法官判断是很困难的，特别是在起诉时由于事先并不知道无民事行为能力人、限制民事行为能力人的财产状况，由原告来选择很困难。

3. 民法典关于无民事行为能力人、限制民事行为能力人的规定不影响本条规定

民法典第一千一百八十八条规定："无民事行为能力人、限制民事行为能力人造成他人损害的，由监护人承担侵权责任。监护人尽到监护职责的，可以减轻其侵权责任。有财产的无民事行为能力人、限制民事行为能力人造成他人损害的，从本人财产中支付赔偿费用；不足部分，由监护人赔偿。"该条规定保留了侵权责任法第三十二条的规定。从我国民法通则到侵权责任法再到民法典侵权责任编的与本条司法解释相关的规定来看，我国立法对监护人责任采取的是无过错责任原则。

【审判实践中应当注意的问题】

无民事行为能力人或限制民事行为能力人的监护人以法定诉讼代理人身份参加诉讼，同时，其也是承担民事责任的主体。如何处理监护人既作为法定代理人又作为被告的双重身份问题，是审判实践中需要注意的问题。在是否承担责任问题上，监护人和被监护人同为共同被告，利益方向应当一致。但在内部赔偿费用支付问题上，特别是对有独立财产的无民事行为能力人、限制民事行为能力人来说，监护人和被监护人的利益方向可能存在不一致，要防止监护人作为法定代理人侵害被监护人权益的行为。一般来说，在无民事行为能力人、限制民事行为能力人有多个监护人为共同被告的情形下，其参加诉讼的法定代理人只能为其中一人，作为无民事行为能力人、限制民事行为能力人的法定代理人，由于有其他监护人的监督，很难侵害被监护人的利益。但在监护人和法定代理人均仅为一人的情况下，就需要防止无民事行为能力人、限制民事行为能力人的法定代理人在诉讼中侵害被监护人的合法权益。

【条文】

第六十八条

居民委员会、村民委员会或者村民小组与他人发生民事纠纷的，居民委员会、村民委员会或者有独立财产的村民小组为当事人。

【条文主旨】

本条是关于居民委员会、村民委员会或者村民小组与他人发生民事纠纷时当事人如何确定的规定。

【条文理解】

1. 关于居民委员会、村民委员会的性质与职权内容

基层群众性自治组织是我国特色的基层组织，既包括城市居民委员会，也包括村民委员会，具有准基层政权的性质。民法典第一百零一条规定，居民委员会、村民委员会具有基层群众性自治组织法人资格，可以从事为履行职能所需要的民事活动。民法典明确赋予居民委员会和村民委员会独立法人地位，解决了两者在民事活动中主体地位不清的问题。

城市居民委员会组织法第二条第一款规定："居民委员会是居民自我管理、自我教育、自我服务的基层群众性自治组织。"居民委员会具备法人的基本特征：一是居民委员会拥有行使自我管理、自我教育、自我服务的权利能力和行为能力；二是居民委员会每年都会从国家获得一定数额的办公经费，名义上它属于居民委员会的独立财产；三是我国法律规定居民委员会的名称以地方名为前缀，具有专有性，同时规定每个社区都必须有一定规格的办公场所、一定的人员配备，保证居民委员会的日常工作；四是在承担民事责任方面，因为居民委员会是民事权利义务关系中最直接的当事人，在具备独立财产权的前提下，由居民委员会去独立承担民事责任也未尝不可。

村民委员会组织法将村民委员会最终定性为村民自我管理、自我教育、自我服务的基层群众性自治组织。首先，村民委员会属于自治性质的组织。自治是村民委员会制度的核心，也表明了其具有独立性。村民委员会可以通过设立自治机关、订立自治行为规范等来行使其自治权。其次，村民委员会是群众性自治组织，人民群众在群众性自治组织中行使自治权。村民委员会是根据村民居住状况、人口多少，并按照便于群众自治原则设立的，由有选举权的村民直接选举产生，因而它是作为全村村民的代表机构来行使对内对外的事务管理职权的。最后，村民委员会还是基层性质的群众性自治组织。

村民委员会是与村民生活联系最为紧密的农村社会最基本的组织单位。村民委员会的职权主要涉及以下三个方面：第一，农村公共事务的管理以及公共秩序的维护。管理农村公共事务包括组织实施本村建设规划，兴修水利、道路、学校等基础设施，指导村民建设住宅，妥善运用公共资源，管理公共卫生，召集村民会议，等等。维护公共秩序则主要涉及公共安全以及全村村民生活秩序等方面，如调解民间纠纷、消防安全管理、维护村内治安等。村民委员会组织法还规定村民委员会可根据需要设立人民调解、治安保卫、公共卫生等委员会，专门负责相应工作的开展。第二，集体财产的经营与管理，即维护以家庭承包经营为基础、统分结合的双层经营体制，保障集体经济组织和村民、承包经营户、联户或者合伙的合法财产权和其他合法的权益。土地管理法第十一条规定“农民集体所有的土地依法属于村农民集体所有的，由村集体经济组织或者村民委员会经营、管理”。第五十七条规定，“土地使用者应当根据土地权属，与有关自然资源主管部门或者农村集体经济组织、村民委员会签订临时使用土地合同，并按照合同的约定支付临时使用土地补偿费”。第三，协助基层政府开展工作。村民委员会组织法第五条第二款规定：“村民委员会协助乡、民族乡、镇的人民政府开展工作。”这主要体现在审批宅基地等。村民委员会是村民意志的执行机关，其在依法经营和管理村内集体财产的同时，又有权按照村民的意思表示，代表本村以自治实体这一独立的主体资格对外参加涉及一定经济利益的民事法律关系，可以基于财产权益的纠纷，对外主张权利或承担相应的责任。因此，村民委员会完全可以作为民事诉讼主体参加民事诉讼。

2. 居民委员会作为民事主体参与民事活动的情形

（1）向法院申请认定成年人是否为限制民事行为能力人或者无民事行为能力人。民法典第二十四条第二款、第三款规定：“被人民法院认定为无民事行为能力人或者限制民事行为能力人的，经本人、利害关系人或者有关组织申请，人民法院可以根据其智力、精神健康恢复的状况，认定该成年人恢复为限制民事行为能力人或者完全民事行为能力人。本条规定的有关组织包括：居民委员会、村民委员会、学校、医疗机构、妇女联合会、残疾人联合会、依法设立的老年人组织、民政部门等。”根据以上条款，居民委员会作为法律规定的相关组织，可依照民事诉讼法有关认定公民无民事行为能力、限制民事行为能力案件的相关规定，向公民住所地基层人民法院提出认定申请。

（2）承担有关监护方面的民事责任。一是在对监护人的确定有争议的情况下，指定监护人，并在监护人确定前担任临时监护人。民法典第三十一条规定："对监护人的确定有争议的，由被监护人住所地的居民委员会、村民委员会或者民政部门指定监护人，有关当事人对指定不服的，可以向人民法院申请指定监护人；有关当事人也可以直接向人民法院申请指定监护人。居民委员会、村民委员会、民政部门或者人民法院应当尊重被监护人的真实意愿，按照最有利于被监护人的原则在依法具有监护资格的人中指定监护人。依据本条第一款规定指定监护人前，被监护人的人身权利、财产权利以及其他合法权益处于无人保护状态的，由被监护人住所地的居民委员会、村民委员会、法律规定的有关组织或者民政部门担任临时监护人。监护人被指定后，不得擅自变更；擅自变更的，不免除被指定的监护人的责任。"据此，居民委员会在监护人无法确定、有争议的情况下，可以指定监护人。并且，指定要尊重被监护人的真实意愿，且遵循最有利于被监护人原则。故居民委员会在指定监护人前，应首先确认有监护资格的人未就监护人协商一致。在指定的过程中，应当征求被监护人的意见，不得违背被监护人意愿进行强硬指定。

二是突发情况下照料被监护人。民法典第三十四条规定："监护人的职责是代理被监护人实施民事法律行为，保护被监护人的人身权利、财产权利以及其他合法权益等。监护人依法履行监护职责产生的权利，受法律保护。监护人不履行监护职责或者侵害被监护人合法权益的，应当承担法律责任。因发生突发事件等紧急情况，监护人暂时无法履行监护职责，被监护人的生活处于无人照料状态的，被监护人住所地的居民委员会、村民委员会或者民政部门应当为被监护人安排必要的临时生活照料措施。"本条对监护人的职责进行了规定，居民委员会如作为监护人，应遵循该条规定。

三是依法申请撤销监护人资格。民法典第三十六条规定："监护人有下列情形之一的，人民法院根据有关个人或者组织的申请，撤销其监护人资格，安排必要的临时监护措施，并按照最有利于被监护人的原则依法指定监护人：（一）实施严重损害被监护人身心健康的行为；（二）怠于履行监护职责，或者无法履行监护职责且拒绝将监护职责部分或者全部委托给他人，导致被监护人处于危困状态；（三）实施严重侵害被监护人合法权益的其他行为。本条规定的有关个人、组织包括：其他依法具有监护资格的人，居民委员会、村民委员会、学校、医疗机构、妇女联合会、残疾人联合会、未成年人保护组织、依法设立的老年人组织、民政部门等。前款规定的个人和民政部门以外的组织未及时向人民法院申请撤销监护人资格的，民政部门应当向人民法院申请。”

（3）指导和协助设立业主大会、选举业主委员会。民法典第二百七十七条规定：“业主可以设立业主大会，选举业主委员会。业主大会、业主委员会成立的具体条件和程序，依照法律、法规的规定。地方人民政府有关部门、居民委员会应当对设立业主大会和选举业主委员会给予指导和协助。”根据上述条款，对于准备成立业主大会的业主，居民委员会需给予相应的指导。例如，提供相关的法律、法规及规章，总结已成立业主大会的经验，帮助成立筹备组织，提供政府部门制定的业主大会议事规则、业主管理公约等示范文本，协调业主之间的不同意见，为业主大会成立前的相关活动提供必要的活动场所，积极主动参加业主大会的成立大会，等等。

3. 村民委员会作为民事主体参与民事活动的情形

（1）根据农村土地承包法第十三条的规定，农民集体所有的土地依法属于村农民集体所有的，由村集体经济组织或者村民委员会发包；已经分别属于村内两个以上农村集体经济组织的农民集体所有的，由村内各该农村集体经济组织或者村民小组发包。村集体经济组织或者村民委员会发包的，不得改变村内各集体经济组织农民集体所有的土地的所有权。国家所有依法由农民集体使用的农村土地，由使用该土地的农村集体经济组织、村民委员会或者村民小组发包。农村土地承包法第五十七条规定：“发包方有下列行为之一的，应当承担停止侵害、排除妨碍、消除危险、返还财产、恢复原状、赔偿损失等民事责任：（一）干涉承包方依法享有的生产经营自主权；（二）违反本法规定收回、调整承包地；（三）强迫或者阻碍承包方进行土地承包经营权的互换、转让或者土地经营权流转；（四）假借少数服从多数强迫承包方放弃或者变更土地承包经营权；（五）以划分‘口粮田’和‘责任田’等为由收回承包地搞招标承包；（六）将承包地收回抵顶欠款；（七）剥夺、侵害妇女依法享有的土地承包经营权；（八）其他侵害土地承包经营权的行为。”根据农村土地承包法的相关规定，村民委员会作为发包方侵害了承包方的土地承包经营权，则应当承担停止侵害、返还财产、恢复原状、排除妨害、消除危险、赔偿损失等民事责任。这类纠纷主要包括土地承包经营权确认纠纷和承包地征收补偿费用分配纠纷。

（2）村民委员会作为平等主体一方因签订合同发生纠纷。村民委员会是以村民集体意志为意思表示，代表全村的独立、完整的自治实体。村民委员会享有与另一方当事人设立、变更和终止合同的权利并承担合同生效后的履行义务。例如，基于村内基础性公共设施建设的需要，与原材料供应商所订立的买卖合同；出于兴办村内公益事业资金筹集的需要，向银行贷款所订立的借款合同；等等。

（3）村民委员会作为未成年人、无民事行为能力或者限制民事行为能力的成年人的监护人承担相应的民事责任。未成年人的父母已经死亡或者没有监护能力的，无民事行为能力或者限制民事行为能力的成年人，依据民法典第二十七条、第二十八条、第三十一条以及第三十二条的规定，其他愿意担任监护人的个人或者组织担任监护人的，需经被监护人住所地的居民委员会、村民委员会或者民政部门同意。对担任监护人有争议的，由被监护人住所地的居民委员会、村民委员会或者民政部门指定监护人。在指定监护人前，被监护人的人身权利、财产权利及其他合法权益处于无人保护状态的，由被监护人住所地的居民委员会、村民委员会、法律规定的有关组织或者民政部门担任临时监护人。另外，在没有依法具有监护资格的人的情形下，监护人除由民政部门担任以外，也可以由具备履行监护职责条件的被监护人住所地的居民委员会、村民委员会担任。

4. 关于村民小组的民事诉讼主体资格问题

司法实践中，村民小组是否具有民事诉讼主体资格，即能否作为原告、被告或第三人参加民事诉讼，是经常遇到也是十分重要的问题。法律对村民小组是否具有民事诉讼主体资格并没有明确规定，有必要通过司法解释予以解决。本条规定有独立财产的村民小组有资格成为诉讼当事人，主要基于以下几点考虑。

（1）村民小组是依据村民委员会组织法的规定，由村民委员会依法设立的群众性自治组织，村民小组是农村中不可缺少的一个最基层的农民自治组织。村民委员会组织法第三条第三款规定："村民委员会可以根据村民居住状况、集体土地所有权关系等分设若干村民小组。"村民委员会是行政村中村民代表会议的下设办事执行机构。村民小组是行政村的下级村民自治组织。

（2）村民小组有权管理本村民小组集体所有的土地和其他财产。土地管理法第十一条规定："农民集体所有的土地依法属于村农民集体所有的，由村集体经济组织或者村民委员会经营、管理；已经分别属于村内两个以上农村集体经济组织的农民集体所有的，由村内各该农村集体经济组织或者村民小组经营、管理……"民法典第二百六十二条规定："对于集体所有的土地和森林、山岭、草原、荒地、滩涂等，依照下列规定行使所有权：……（二）分别属于村内两个以上农民集体所有的，由村内各该集体经济组织或者村民小组代表集体行使所有权；……”第二百六十四条规定：“农村集体经济组织或者村民委员会、村民小组应当依照法律、行政法规以及章程、村规民约向本集体成员公布集体财产的状况。集体成员有权查阅、复制相关资料。”

（3）村民小组在支持和组织本村民小组发展农村经济方面发挥重要作用，赋予其诉讼主体资格有积极意义。从当前的农村现状来看，村民小组承担的主要工作包括：第一，土地、水面招标发包工作；第二，村民小组自办的经营项目的招标发包工作；第三，联组经营项目（包括共同土地、水面）的合作经营工作；第四，对以上活动的收益进行合法的分配。不仅如此，村民小组还办理涉及本村民小组的公共事务和公益事业，调解民间纠纷。这是从村民委员会组织法第二条第二款的规定引申而来的。可见，具有独立财产的村民小组对其所有的财产具有经营管理的权力，其类似于更小规模的村民委员会，承认其诉讼主体地位对于降低诉讼成本、方便当事人诉讼具有积极作用。

（4）对于“有独立财产”的理解。我国长期实行“三级所有，队为基础”的农村集体所有制，生产队是农村集体土地最主要的所有权人之一。实行家庭承包制以后，生产大队和生产队便演变成现在的村民委员会和村民小组。村民小组作为集体土地的所有者，当然具有土地承包的发包方资格。但是，本解释只规定有独立财产的村民小组有诉讼主体资格，主要是考虑到目前我国村民小组的实际发展情况。目前，由于村民小组地位虚化、职能缺失，有的村民小组无资金、无财产、无组织机构、无管理人员，其主要职责也只是负责召集人员、上传下达等工作。如果以没有独立财产的村民小组为民事诉讼主体，判决村民小组承担民事责任也会因无独立财产可供执行，导致法院判决书成了一纸空文，司法裁判失去了应有的意义。

【审判实践中应当注意的问题】

有独立财产的村民小组能够成为民事诉讼主体，在诉讼中既可以作为原告，也可以作为被告。《最高人民法院关于村民小组诉讼权利如何行使的复函》（〔2006〕民立他字第23号）规定，村民小组可以作为民事诉讼当事人。村民小组为当事人的诉讼应以小组长作为主要负责人提起。小组长以村民小组的名义起诉和行使诉讼权利应当参照1998年村民委员会组织法第十七条（现为2018年修正的村民委员会组织法第二十六条）履行民主议定程序。所谓民主议定程序就是村民小组在决定村小组重大事项时，必须要召开村民大会形成会议决定，并经村民大会通过。2018年修正的村民委员会组织法第二十六条规定："村民代表会议由村民委员会召集。村民代表会议每季度召开一次。有五分之一以上的村民代表提议，应当召集村民代表会议。村民代表会议有三分之二以上的组成人员参加方可召开，所作决定应当经到会人员的过半数同意。"

【条文】

第六十九条

对侵害死者遗体、遗骨以及姓名、肖像、名誉、荣誉、隐私等行为提起诉讼的，死者的近亲属为当事人。

【条文主旨】

本条是关于侵害死者人格利益纠纷当事人如何确定的规定。

【条文理解】

关于死者对其遗体、遗骨以及姓名、肖像、名誉、荣誉、隐私等是否享有人格权的问题，理论界和实务界存在争议。有意见认为，自然人的民事权利能力始于出生、终于死亡，死者因为死亡这一事件而丧失民事权利能力，就不能再享有民事权利，自然也无从享有人格权。也有意见认为，死者人格权论其属性应是自然人人格权的延伸，其产生的基础是自然人所享有的法律赋予其为维护自己的生存和尊严所必须具备的人身权利，仍属于人身权的范畴。法律对侵害死者遗体、遗骨以及姓名、肖像、名誉、荣誉、隐私等行为予以制裁，此时法律所保护的客体是社会公共利益以及折射到死者近亲属的人格利益。

2001 年《精神损害赔偿解释》第三条规定："自然人死亡后，其近亲属因下列侵权行为遭受精神痛苦，向人民法院起诉请求赔偿精神损害的，人民法院应当依法予以受理：（一）以侮辱、诽谤、贬损、丑化或者违反社会公共利益、社会公德的其他方式，侵害死者姓名、肖像、名誉、荣誉；（二）非法披露、利用死者隐私，或者以违反社会公共利益、社会公德的其他方式侵害死者隐私；（三）非法利用、损害遗体、遗骨，或者以违反社会公共利益、社会公德的其他方式侵害遗体、遗骨。"该解释明确了因侵害死者姓名、肖像、名誉、荣誉、隐私、遗体、遗骨而致使死者的近亲属遭受精神痛苦的，其近亲属有权向人民法院起诉请求赔偿精神损害。该条规定从保障诉权出发，对死者近亲属在特定条件下的诉讼权利作出了规定，无疑是富有积极意义的。

民法典第九百九十四条首次以法律的形式对死者人格利益保护作出了明

确的规定："死者的姓名、肖像、名誉、荣誉、隐私、遗体等受到侵害的，其配偶、子女、父母有权依法请求行为人承担民事责任；死者没有配偶、子女且父母已经死亡的，其他近亲属有权依法请求行为人承担民事责任。"这为死者人格利益保护提供了实体法上的明确依据。2020 年，最高人民法院对照民法典的规定，对《精神损害赔偿解释》进行了修正，第三条规定被修改为："死者的姓名、肖像、名誉、荣誉、隐私、遗体、遗骨等受到侵害，其近亲属向人民法院提起诉讼请求精神损害赔偿的，人民法院应当依法予以支持。"表述进一步精简。

关于死者近亲属的当事人地位如何列写的问题，2001 年《精神损害赔偿解释》第七条规定："自然人因侵权行为致死，或者自然人死亡后其人格或者遗体遭受侵害，死者的配偶、父母和子女向人民法院起诉请求赔偿精神损害的，列其配偶、父母和子女为原告；没有配偶、父母和子女的，可以由其他近亲属提起诉讼，列其他近亲属为原告。"为与民法典规定保持一致，该司法解释在 2020 年修正时删除了前述条文。因此，死者的近亲属均可以依法提起诉讼，而不受顺位的限制。

司法实践中，人民法院也审理了一批因侵害死者姓名、肖像、名誉、荣誉、隐私、遗体、遗骨而引发的死者近亲属提起侵权之诉的案件，依法受理了死者近亲属针对侵害死者上述权益而提起的侵权之诉，并将死者近亲属均列写为案件原告。例如，上海市第二中级人民法院二审审理的徐某雯诉宋某德等名誉权纠纷案，二审判决认为：谢某是中国著名电影导演，作为社会知名人士，他的去世无疑为各类媒体所关注。而宋某德、刘某达在谢某去世后次日公开发表侵权博客文章，不仅捏造事实、虚构情节，而且以各种方式强调文章的真实性，客观上加强了受众对侵权博客文章的信赖度。在此后报刊等媒体的求证过程中，二人继续诋毁谢某名誉，上诉人侵权的主观恶意十分明显。宋某德、刘某达通过网络实施的侵权行为以及应答媒体求证时的言论，扰乱视听，导致侵权后果非常严重。徐某雯作为谢某的遗孀为此承受了巨大的精神痛苦。原审法院根据侵权的过错程度、侵权行为的手段、侵权后果以及上海市平均生活水平等因素确定精神损害抚慰金并无不妥。综上，判决：驳回上诉，维持原判。

关于遗体，一般指人死后所留下的躯体。关于遗骨，一般指人或某些动物死后经过一段时间肉腐烂后剩下的骨头。至于死者的姓名、肖像、名誉、荣誉、隐私，可以参照姓名、肖像、名誉、荣誉、隐私等人格权的定义予以理解掌握。

【审判实践中应当注意的问题】

本条规定的目的在于明确人民法院作出的判决、裁定、调解书等法律文书中当事人的列写方式，即死者的近亲属有权对侵害死者遗体、遗骨以及姓名、肖像、名誉、荣誉、隐私等行为提起诉讼，并被列为原告。

【条文】

第七十条

在继承遗产的诉讼中，部分继承人起诉的，人民法院应通知其他继承人作为共同原告参加诉讼；被通知的继承人不愿意参加诉讼又未明确表示放弃实体权利的，人民法院仍应将其列为共同原告。

【条文主旨】

本条是关于在继承遗产诉讼中人民法院应将未起诉的其他继承人列为共同原告参加诉讼的规定。

【条文理解】

继承权是指继承人依法取得被继承人遗产的权利。对此，民法典规定，继承从被继承人死亡时开始。依法享有继承权的继承人有权依照法律规定的继承方式、继承人范围和顺序继承被继承人的遗产。

就同一顺序的继承人而言，除有特殊情形之外，每个人均享有同等的继承权，当然也包括程序意义的诉权。对于遗产，同一顺序继承人具有共同的权利义务，在遗产被他人侵占，或者继承涉及遗嘱继承、遗赠时，同一顺序的继承人也具有同样的利害关系。即当同一顺序的继承人之一或者部分继承人提起诉讼时，基于同一顺序继承人享有同等继承权这一前提，其他未起诉的同一顺序的继承人实际上具有同一原告的主体地位，属于必须共同进行诉讼的当事人。此时，人民法院可以依职权通知未起诉的同一顺序的其他继承人参加诉讼，已经参加诉讼的当事人也可以申请人民法院追加未起诉的同一顺序的其他继承人参加诉讼，以便查清案件事实，对遗产分割作出全面、妥善处理，依法保护继承人的合法权益。

实践中，存在着同一顺序的其他继承人不愿意参加诉讼的情形。对此，人民法院应当注意审查该继承人放弃的是相关诉讼权利还是实体权利。如果该继承人仅是不愿意参加诉讼，并未放弃实体权利（继承权），那么，其放弃的仅是部分诉讼权利（应诉答辩、出庭、辩论等权利），而不是放弃继承权，人民法院仍应当将其列为案件的共同原告，注意保护其实体权利，在相关裁判文书中应当明确其相关权利义务。

【审判实践中应当注意的问题】

一是正确理解本条规定的“其他继承人”的范围。“其他继承人”应当是同一顺序的未起诉的其他继承人，即继承开始后，先由第一顺序的配偶、子女、父母继承，第二顺序的继承人不得继承；没有第一顺序继承人继承的，才可以由第二顺序继承人继承。在同一顺序中，部分继承人起诉的，才发生本条规定的追加未起诉的其他继承人作为共同原告的情形。不是同一顺序的，即使该继承人未起诉，也不得追加其为共同原告。

二是注意掌握限定条件。被通知的同一顺序的其他继承人不愿意参加诉讼又未明确表示放弃实体权利的，人民法院需要将其列为共同原告。如果该继承人放弃实体权利的，人民法院无须将其列为共同原告。

【条文】

第七十一条

原告起诉被代理人和代理人，要求承担连带责任的，被代理人和代理人为共同被告。

原告起诉代理人和相对人，要求承担连带责任的，代理人和相对人为共同被告。

【条文主旨】

本条是关于被代理人和代理人被起诉要求承担连带责任的，被代理人和代理人为共同被告的规定。

【条文理解】

关于何为连带责任，倾向性观点认为，在连带之债中，数个债权人中的任何一个债权人对其享有的同一债权都有权请求各债务人履行全部债务，每个债务人都负有全部履行的义务。债务因一次全部履行而消灭。①

关于被代理人和代理人之间法律关系及责任承担，民法典第一百六十一条第一款规定：“民事主体可以通过代理人实施民事法律行为。”第一百六十二条规定：“代理人在代理权限内，以被代理人名义实施的民事法律行为，对被代理人发生效力。”即如果在代理权限范围内，代理人因代理行为所产

① 参见江平主编：《民法学》，中国政法大学出版社 2007 年版，第 448 页；王家福主编：《民法债权》，法律出版社 1991 年版，第 42 页。

生的民事责任原则上由被代理人承担。但是，特殊情形下，代理人和被代理人则有可能承担连带责任，民法典第一百六十七条规定："代理人知道或者应当知道代理事项违法仍然实施代理行为，或者被代理人知道或者应当知道代理人的代理行为违法未作反对表示的，被代理人和代理人应当承担连带责任。"

为突出强调债权人对连带责任债务人起诉时的选择权，2015 年《民事诉讼法解释》修改了《92 年意见》第 55 条规定的内容，将原表述"被代理人和代理人承担连带责任的，为共同诉讼人"修改为"原告起诉被代理人和代理人，要求承担连带责任的，被代理人和代理人为共同被告"。

【审判实践中应当注意的问题】

连带责任的一个重要特征是，数个债权人中的任何一个债权人对其享有的同一债权都有权请求各债务人履行全部债务，每个债务人也都负有全部履行的义务。因此，除了法律直接规定之外，被代理人和代理人列为共同被告的前提是当事人起诉请求被代理人和代理人承担连带责任。如果当事人只起诉被代理人或者代理人之中的一人，根据连带责任的法理，被代理人或者代理人均负有全部履行的义务（事后可以向另一方追偿）。该情形下，未被起诉的被代理人或者代理人，并非必须共同进行诉讼的当事人，人民法院不需要追加未被起诉的被代理人或者代理人参加诉讼。

【条文】

第七十二条

共有财产权受到他人侵害，部分共有权人起诉的，其他共有权人为共同诉讼人。

【条文主旨】

本条是关于共有财产权受到他人侵害的，共有权人为共同诉讼人的规定。

【条文理解】

民法通则对共有作出原则性规定，该法第七十八条规定："财产可以由两个以上的公民、法人共有。共有分为按份共有和共同共有。按份共有人按照各自的份额，对共有财产分享权利，分担义务。共同共有人对共有财产享有权利，承担义务。按份共有财产的每个共有人有权要求将自己的份额分出或者转让。但在出售时，其他共有人在同等条件下，有优先购买的权利。"

物权法以第八章对共有作出专门规定。该法规定，共有是指对某项不动产或者动产由两个或两个以上的权利主体共同享有所有权，享有共有权的人称之为共有权人，包括公民之间的共有、法人之间的共有以及公民和法人之间的共有。共有分为共同共有和按份共有两种形式。其中，按份共有是指按份共有人对共有的不动产或者动产按照其份额享有所有权；共同共有则是指共同共有人对共有的不动产或者动产共同享有所有权。

民法典继承了民法通则和物权法的有关规定。根据按份共有和共同共有的不同情形，民法典还规定了对共有物的管理、处分、修缮时应当遵循的原则，尤其是对共同共有物的处分，应当遵循“一致决”原则。因为共同共有根据共同关系而产生，以共同关系的存在为前提，共同共有最重要的特征之一就是各共有人平等地对共有物享有权利和承担义务。因此，处分共有物必须经全体共同共有人同意。擅自处分共同共有物，侵害共同共有权引发的诉讼，属于必要的共同诉讼。

民法典第三百零五条还规定了按份共有人转让其享有的共有的不动产或者动产份额的，其他共有人在同等条件下享有优先购买的权利。

对因共有财产产生的债权债务关系的效力，民法典第三百零七条规定：“因共有的不动产或者动产产生的债权债务，在对外关系上，共有人享有连带债权、承担连带债务，但是法律另有规定或者第三人知道共有人不具有连带债权债务关系的除外；在共有人内部关系上，除共有人另有约定外，按份共有人按照份额享有债权、承担债务，共同共有人共同享有债权、承担债务。偿还债务超过自己应当承担份额的按份共有人，有权向其他共有人追偿。”

共同共有财产权受到侵害的，由于各共有人平等地对共有物享有权利和承担义务，在诉讼法上实为不可分之诉。其中，部分共同共有人起诉的，人民法院应当通知未起诉的其他共同共有人参加诉讼，作为共同诉讼人。未起诉的其他共同共有人不愿意参加诉讼且明确放弃实体权利的，人民法院仍应当将其列为共同原告。

根据民法典规定，按份共有人可以转让其享有的共有的不动产或者动产份额，但其他共有人在同等条件下享有优先购买的权利。按份共有人基于共有关系而对共有物享有的优先购买权受到侵害的，按份共有人可以提起诉讼，这种诉讼不属于必要的共同诉讼，未起诉的其他按份共有人可以申请参加诉讼或者另行起诉。按份共有财产权受到侵害的，基于按份共有人之间的法律关系，还有按份共有人对共有物约定是否可以分割等因素，使得按份共有财产权被侵害时引发的诉讼究竟为不可分之诉还是可分之诉，存在争议。审判实践中，需要结合相关法律规定，结合不同案情，进行具体分析。

【审判实践中应当注意的问题】

审判实践中应当注意结合民法典相关规定以及当事人约定，对因共有物的管理、处分、修缮及共有关系不明对共有关系性质推定等引发的纠纷，审查判断属于共同共有还是按份共有，再根据民事诉讼法以及本解释的相关规定，判断是属于必要的共同诉讼还是普通的共同诉讼，确定是否追加其他共同诉讼人参加诉讼，以充分保护相关当事人的诉讼权利。

【条文】

第七十三条

必须共同进行诉讼的当事人没有参加诉讼的，人民法院应当依照民事诉讼法第一百三十五条的规定，通知其参加；当事人也可以向人民法院申请追加。人民法院对当事人提出的申请，应当进行审查，申请理由不成立的，裁定驳回；申请理由成立的，书面通知被追加的当事人参加诉讼。

【条文主旨】

本条是关于追加必须共同进行诉讼的当事人参加诉讼的程序的规定。

【条文理解】

必须共同进行诉讼的当事人，是指必要的共同诉讼的当事人。根据民事诉讼法第五十五条之规定，当事人一方或者双方为二人以上，其诉讼标的①是共同的，或者诉讼标的是同一种类、人民法院认为可以合并审理并经当事人同意的，为共同诉讼。《92 年意见》将“诉讼标的是共同的”、必须合并审理之共同诉讼称为必要的共同诉讼，而将“诉讼标的是同一种类、人民法院认为可以合并审理”之共同诉讼称为普通的共同诉讼。而必须共同进行诉讼的当事人则是指应当参加必要的共同诉讼的人，即其与已经参加诉讼的当事人一方的诉讼标的是共同的，具有共同的权利义务，诉讼标的必须合一确定，必须合并审理。否则，遗漏必须共同进行诉讼的当事人，程序上难以保证其合法诉权的行使，实体裁判时也无法将其对诉讼标的的实体权利义务予以固定。

---

① 有关诉讼标的理解，参见本解释第八十一条关于有独立请求权第三人、无独立请求权第三人、必要的共同诉讼人就诉讼标的之上是否具有独立的请求权、共同的请求权的解释。

有观点认为，从是否需要合并审理出发，必要的共同诉讼包含了三类情形：第一类是固有的必要共同诉讼。其诉讼标的是同一的，诉讼标的必须合一确定，否则即构成诉讼主体不适格，如处于同一顺序的遗产继承人为多个的情形和涉及多个共有权人诉讼的情形。第二类是类似的必要共同诉讼。其诉讼标的是共同的，但共同诉讼人一方不必全体一致参加诉讼，当事人可以选择是共同诉讼还是单独诉讼。但是一旦选择参加共同诉讼，人民法院就要对全体共同诉讼人作出一致的判决，如股东派生之诉、撤销股东会决议之诉等。第三类是牵连性的必要共同诉讼。这一类主要是指诉讼标的虽不同一，但由于当事人间存在事实或法律上的牵连关系，而有必要作为共同诉讼处理，如共同侵权等连带之债。对于以上三类共同诉讼，只有第一类共同诉讼属于不可分之诉，无论是作为应当追加的原告主动表示放弃实体权利，还是原告对应当追加的被告放弃追加和放弃实体权利，都构成诉讼主体不适格，人民法院都应当追加当事人。而对于第二类和第三类共同诉讼，实属可分之诉，应当遵循不告不理原则。①

也有观点认为，司法实践中，由于法律规定过于原则，一些案件并没有把这三种类型的共同诉讼进行合理区分，导致本应必须合并审理的分开审理，本该追加的当事人没有追加，损害了没有参加诉讼但属于必须进行共同诉讼的人的合法权益，实践中称之为原审遗漏必要的共同诉讼人。

【审判实践中应当注意的问题】

第一，对于那些符合必要的共同诉讼的案件，要注意审查把关，及时通知必须共同进行诉讼的人参加诉讼，从而合一确定当事人的权利义务，依法维护共同诉讼当事人的合法权益，防止遗漏必要的共同诉讼当事人。

第二，未起诉的公民、法人或者其他组织认为属于必须共同进行诉讼的当事人的，也可以向人民法院申请参加诉讼。

第三，对当事人提出的申请，人民法院应当按照本条规定的程序予以审查，以便决定应否追加。

第四，关于当事人的追加必须共同进行诉讼的当事人的申请被人民法院裁定驳回后，当事人的救济权的问题。少数意见认为，既然是裁定驳回，当事人应当有权上诉，以赋予其救济权利；多数意见认为，根据民事诉讼法规定，当事人可以上诉的裁定限于不予受理裁定、管辖权异议裁定以及驳回起诉裁定，此处的驳回当事人追加申请的裁定，显然不在此列。再者，拟被追

① 参见田平安、李浩：《民事诉讼法》，高等教育出版社2007年版。

加的主体是否属于必须共同进行诉讼的当事人，属于人民法院审查判断的范畴，假若人民法院审查处理后驳回当事人追加申请有误，由此导致本应参加诉讼的主体（必须共同进行诉讼的当事人）未能参加诉讼的，该主体还可以根据民事诉讼法及本解释的规定，对生效裁判申请再审，其救济途径是畅通的。

【条文】

第七十四条

人民法院追加共同诉讼的当事人时，应当通知其他当事人。应当追加的原告，已明确表示放弃实体权利的，可不予追加；既不愿意参加诉讼，又不放弃实体权利的，仍应追加为共同原告，其不参加诉讼，不影响人民法院对案件的审理和依法作出判决。

【条文主旨】

本条是关于人民法院追加共同诉讼当事人时应当通知其他当事人，以及追加共同原告的程序的规定。

【条文理解】

人民法院追加必须共同进行诉讼的当事人（共同原告或者共同被告），是因为该被追加的当事人与案件中的一方当事人对诉讼标的具有共同的权利义务，且需要合一确定。实践中，应当追加的共同原告明确表示放弃实体权利的，按照权利义务对等原则，人民法院不再需要合一确定其与其他共同诉讼人的实体权利义务，自然也就不需要再要求其参加诉讼，在此情形下，人民法院可不予追加其参加诉讼。应当追加的共同原告不愿意参加诉讼，又不放弃实体权利的，如本解释第七十条规定的“在继承遗产的诉讼中，部分继承人起诉的，人民法院应通知其他继承人作为共同原告参加诉讼；被通知的继承人不愿意参加诉讼又未明确表示放弃实体权利的”情形，考虑到该应当被追加的原告放弃的仅是程序权利，其实体权利义务仍应当合一确定，此时，人民法院仍应将其列为共同原告。鉴于其明确表示不参加诉讼，根据民事诉讼法有关缺席审理和缺席判决的规定，人民法院可以对案件进行审理并依法判决。

在本司法解释起草调研过程中，有地方法院提出，应当对共同诉讼中被告请求追加被告的情形予以规定，建议对应作为共同被告参加诉讼而原告未起诉或者未申请追加的，人民法院应当行使释明权，原告明确放弃对其诉讼请求的，人民法院不予追加；对于被告申请追加的被告，原告不同意追加且明确放弃对其诉讼请求的，人民法院应当查明该被申请追加被告应承担的责任并分别处理。如果被申请追加被告应当承担按份责任，应视为原告对该部分权益的放弃；如果被申请追加被告应当承担连带责任或补充责任，法院不应裁决其承担责任。

对此，也有反对意见认为，应当区分不同情形予以分析。

第一，对于被追加的必须共同进行诉讼的被告，实践中多为应当承担按份责任。该情形下，多名被告之间责任承担需要一并处理，不可分开审理，但原告不同意追加被告且放弃对被追加被告的诉讼请求的，人民法院可不予追加，且应当从责任总额中扣除原告放弃的那部分诉讼请求。

第二，对于补充责任情形，如果被告申请追加被告的理由是其本人应当承担补充责任，该被追加的被告应当首先承担赔偿责任，人民法院经审查理由成立的，应当追加。如果原告不同意追加且放弃对被追加被告的诉讼请求，就意味着已经参加诉讼的被告承担补充责任的前提已经丧失。此时，人民法院应当予以释明。如果原告坚持不同意追加且放弃对被追加被告诉讼请求的，人民法院应当驳回原告对已经参加诉讼的（最初起诉的）被告的诉讼请求；如果被告申请追加被告的理由是被追加被告应当承担补充责任，原告不同意追加且放弃对被追加被告的诉讼请求，并不影响已经参加诉讼的被告承担赔偿责任，此时，人民法院可在释明的基础上，根据原告的请求，不予追加被告，但仍应判令已经参加诉讼的被告承担相应的赔偿责任。

第三，对于连带责任情形，任何一个被告均负有对原告承担全部责任的义务，实为可分之诉，被告申请追加承担连带责任的被告而原告不同意或者坚持不予追加的或者明确放弃对被申请追加被告的诉讼请求的，并不影响已经参加诉讼的被告负有的对原告应当承担的全部赔偿责任，此时人民法院可不予追加被告参加诉讼。但是，也有例外情形：一是民法典规定的连带责任保证情形下，如果债权人原告仅起诉连带责任保证人，而被告申请追加主债务人作为被告参加诉讼，原告不同意追加主债务人参加诉讼且明确放弃追究主债务人责任的，从主从法律关系出发，人民法院是否准许，争议很大；还有一般保证责任情形，原告仅起诉一般保证人的，由于一般保证人享有先诉抗辩权，人民法院应当通知被保证人作为共同被告参加诉讼，已经参加诉讼的被告（一般保证人）也可以申请追加被保证人（主债务人）参加诉讼，如果原告不同意追加被保证人（主债务人）参加诉讼，根据先诉抗辩权原理，人民法院应当驳回原告对一般保证人的起诉；如果原告不同意追加被保证人（主债务人）参加诉讼且明确放弃对被保证人诉讼请求的，人民法院应当驳回原告的诉讼请求。对此，本解释第六十六条亦规定："因保证合同纠纷提起的诉讼，债权人向保证人和被保证人一并主张权利的，人民法院应当将保证人和被保证人列为共同被告。保证合同约定为一般保证，债权人仅起诉保证人的，人民法院应当通知被保证人作为共同被告参加诉讼；债权人仅起诉被保证人的，可只列被保证人为被告。"

考虑到追加被告参加诉讼的情形极为复杂，争议颇大，且缺乏上位法的明确具体规定，本解释最终没有对此作出规定。

【审判实践中应当注意的问题】

审判实践中应当注意掌握本条的适用条件，严格按照程序处理，追加当事人的应当及时通知其他当事人，以便为其他当事人提供质疑、抗辩的机会。对应当追加的原告，不愿意参加诉讼或者明确放弃实体权利的，应当及时释明，确保其意思表示真实，依法保护当事人诉讼权利，避免争议和误解。

【条文】

第七十五条

民事诉讼法第五十六条、第五十七条和第二百零六条规定的人数众多，一般指十人以上。

【条文主旨】

本条是关于民事诉讼法有关条文中规定的"人数众多"的下限的规定。

【条文理解】

民事诉讼法第五十六条规定的是代表人诉讼，第五十七条规定的是集团诉讼，第二百零六条规定了可以向原审人民法院申请再审的情形。[①] 上述三个条文均涉及人数众多的确定标准问题，有必要通过司法解释予以明确。对

---

① 民事诉讼法第五十六条规定："当事人一方人数众多的共同诉讼，可以由当事人推选代表人进行诉讼。代表人的诉讼行为对其所代表的当事人发生效力，但代表人变更、放弃诉讼请求或者承认对方当事人的诉讼请求，进行和解，必须经被代表的当事人同意。"民事诉讼法第五十七条第一款规定："诉讼标的是同一种类、当事人一方人数众多在起诉时人数尚未确定的，人民法院可以发出公告，说明案件情况和诉讼请求，通知权利人在一定期间向人民法院登记。"民事诉讼法第二百零六条规定："当事人对已经发生法律效力的判决、裁定，认为有错误的，可以向上一级人民法院申请再审；当事人一方人数众多或者当事人双方为公民的案件，也可以向原审人民法院申请再审。当事人申请再审的，不停止判决、裁定的执行。"

民事诉讼法第五十六条、第五十七条规定的人数众多的确定标准，《92 年意见》第 59 条已经明确为“一般指十人以上”，经过多年审判实践，没有出现争议。对民事诉讼法第二百零六条规定的人数众多，为扩大当事人享有选择权的案件范围，2015 年《民事诉讼法解释》起草过程中曾经考虑采用三人以上标准，但倾向性意见是统一确定标准，最终方案是统一规定民事诉讼法所称人数众多一般为十人以上。

【条文】

第七十六条

依照民事诉讼法第五十六条规定，当事人一方人数众多在起诉时确定的，可以由全体当事人推选共同的代表人，也可以由部分当事人推选自己的代表人；推选不出代表人的当事人，在必要的共同诉讼中可以自己参加诉讼，在普通的共同诉讼中可以另行起诉。

【条文主旨】

本条是关于当事人一方人数众多在起诉时能够确定情形下代表人如何推选以及推选不出时如何处理的规定。

【条文理解】

当事人一方人数众多的共同诉讼，假如众多当事人均参加诉讼，会产生诸多不便，也可能造成人民法院重复劳动。因此，为提高司法效率，民事诉讼法第五十六条规定了代表人诉讼制度。根据该条规定，当事人一方人数众多的共同诉讼，可以由当事人推选代表人进行诉讼。实践中，按照什么程序来推选代表人以及推选不出代表人时如何参加诉讼，都是司法解释应当明确的重点问题。

理解本条规定需要掌握以下三点：一是当事人一方人数众多在起诉时能够确定。根据本解释的规定，当事人一般指十人以上，但最终人数的上限在起诉时应当能够确定。当事人一方人数众多在起诉时还不能够确定的，不适用代表人诉讼。二是当事人一方人数众多在起诉时能够确定的，不必人人都要参加诉讼，可以通过推选代表人的方式代为诉讼。三是代表人可以由全体当事人推选或者部分当事人推选。全体当事人推选出代表人的，当无疑问。在全体当事人推选不出代表人时，全体当事人如何参加诉讼？或在部分当事人推选代表人时，未参加推选的剩余当事人，如何参加诉讼？根据民事诉讼法相关规定，应当根据共同诉讼的不同类型采用不同的参加诉讼的方式：属于民事诉讼法第五十五条第一款规定的诉讼标的相同，即必要的共同诉讼情形的，由于该诉讼属于不可分之诉，同一方当事人具有共同的权利义务，且需要合一确定，故未参加推选的剩余当事人可以自己名义参加诉讼，推选不出代表人的全体当事人可以自己参加诉讼；属于民事诉讼法第五十五条第一款规定的诉讼标的是同一种类，即普通的共同诉讼情形的，由于该诉讼属于可分之诉，故未参加推选的剩余当事人可以另行起诉，当然也可以自己参加诉讼。

【审判实践中应当注意的问题】

审判实践中应当注意掌握推选代表人参加诉讼的适用条件。根据民事诉讼法第五十五条第一款规定，区分必要的共同诉讼和普通的共同诉讼情形，对于推选不出代表人或者未参加推选的当事人，告知其根据本解释的本条规定，决定自己参加诉讼还是另行起诉。

【条文】

第七十七条

根据民事诉讼法第五十七条规定，当事人一方人数众多在起诉时不确定的，由当事人推选代表人。当事人推选不出的，可以由人民法院提出人选与当事人协商；协商不成的，也可以由人民法院在起诉的当事人中指定代表人。

【条文主旨】

本条是关于当事人一方人数众多在起诉时不确定情形下代表人如何推选以及推选不能时如何处理的规定。

【条文理解】

对于民事诉讼法第五十七条规定的诉讼标的是同一种类、当事人一方人数众多在起诉时人数尚未确定的共同诉讼，理论上称之为集团诉讼。群体诉讼打破了传统意义上的“一对一”的诉讼形态，使得纠纷的司法解决过程更加复杂化。当今世界各国及地区具有代表性的解决群体诉讼的相应的诉讼制度可以分为三种：一是美国的集团诉讼制度；二是日本以及我国台湾地区的选定当事人制度，即具有共同利益的多数人在参与诉讼时，可以从中选定一人或者数人为全体起诉或者应诉，之后其他当事人无须再亲自参加诉讼，诉讼在选定的当事人与对方当事人之间进行；三是德国的团体诉讼制度，其核心内容是在立法上规定一定领域中具有法人资格之团体可以作为正当当事人以原告身份提起诉讼；四是我国民事诉讼法规定的代表人诉讼制度，是借鉴美国和日本群体诉讼制度，立足我国国情而建立的特有的当事人人数众多的诉讼形式。

集团诉讼源于美国，是美国民事诉讼法最有特色的诉讼制度之一。它为解决现代工业社会中大规模侵权案件提供了经济、便利的救济途径。通过集团诉讼，可以节省诉讼费用，使许多小额诉讼也可以在法院起诉，还可以吸引律师代理。集团诉讼的目的是实现程序的公正与效率。集团诉讼在法院维护社会正义、保护消费者和普通公众权利方面发挥了积极的作用。根据现今《美国联邦民事诉讼规则》，要构成集团诉讼，必须满足以下几个条件：一是集团人数众多，以至于全体成员的合并成为不可能；二是该集团具有共同的事实或者法律问题；三是代表人的请求或者抗辩具有代表性；四是代表人能够公正地和充分地维护集团成员的利益。除了上述条件之外，还须具备规则规定的附加条件：一是集团中的个别成员提起诉讼或者被起诉，违背正当程序原则，可能导致互相矛盾的判决，可能会影响集团中未起诉或者未被起诉的其他成员的利益；二是对方当事人已经基于普遍适用于集团成员的理由作为或者拒绝作为，因而应对整个集团成员作出适当的、终局的禁止性救济或者相应的宣告权利的救济；三是法院认定集团成员所具有的共同的法律问题支配着任何仅影响个体成员的问题，并且集团诉讼较之其他可资利用的方法在公正有效地判决争议方面是最好的办法。①

根据民事诉讼法第五十七条之规定，在集团诉讼中，当事人一方人数众多，且其诉讼标的属于同一种类，众多当事人之间存在同种类的权利或义务，对已经在法院登记的当事人以及未登记的权利人而言，适用判决效力的扩张，即法院对集团诉讼案件的判决、裁定不仅约束代表人和依法向法院登记的权利人，而且对同一状况但未参加诉讼的其他利害关系人也发生法律效力。实践中，因产品责任、环境污染、消费者权益等侵权行为而引发的群体性纠纷，为减轻当事人在出庭方面的负担，也为了减轻人民法院在组织交换证据、开庭审理、制作裁判文书等方面的负担，人民法院不采用单个案件一一裁判的模式，而采用推选代表人参加诉讼的方式，通过已经起诉的当事人和登记参加诉讼的当事人推选代表人方式参加诉讼，维护其自身合法权益，提高诉讼效率。

---

① 参见齐树洁、谢岚：《中美民事诉讼当事人制度比较研究》，载陈光中、江伟主编：《诉讼法论丛》（第5卷），法律出版社2000年版，第582~585页。

【审判实践中应当注意的问题】

一是本条适用的前提是所涉诉讼类型符合民事诉讼法第五十七条的规定，即当事人一方人数众多、其诉讼标的是同一种类且在起诉时该方当事人的人数尚未确定。就诉讼标的是同一种类而言，其属于普通的共同诉讼。

二是及时公告，说明案件情况和诉讼请求，通知权利人在一定期间向人民法院登记，以尽可能地促使权利人通过参加诉讼维护自身合法权益，尽量做到同案同判，确保司法公正。

三是组织已经参加诉讼的当事人和已经向人民法院登记的权利人推选代表人进行诉讼，参加推选的当事人无须自己再参加庭审等后续诉讼。

四是当事人推选不出的，可以由人民法院提出人选与当事人协商；协商不成的，也可以由人民法院在起诉的当事人中指定代表人。

【条文】

第七十八条

民事诉讼法第五十六条和第五十七条规定的代表人为二至五人，每位代表人可以委托一至二人作为诉讼代理人。

【条文主旨】

本条是关于代表人诉讼的代表人的人数限制以及代表人委托诉讼代理人的人数限制的规定。

【条文理解】

代表人诉讼制度，在于简化诉讼程序，节省大量的人力、物力、财力等诉讼资源，使纠纷得到及时解决，使当事人的合法利益得到及时保护，从而解决诉讼主体众多与法院诉讼空间容量有限之间的矛盾，扩大了司法解决纠纷的功能，提高了诉讼效率、达到了诉讼经济的目的。[①] 因此，对民事诉讼法第五十六条和第五十七条规定的代表人诉讼制度，从简化诉讼程序出发，对推选出来的代表人人数也应当予以适当限制。对此，《92 年意见》确定了代表人为二至五人的限制。经过多年的实践经验，该规定争议不大，故予以保留；对每位代表人可以委托一至二人作为诉讼代理人的规定，也符合民事诉讼法第六十一条第一款规定，在此予以保留。

---

① 石峰主编：《民事诉讼法教程》，上海大学出版社 2005 年版。

【条文】

第七十九条

依照民事诉讼法第五十七条规定受理的案件，人民法院可以发出公告，通知权利人向人民法院登记。公告期间根据案件的具体情况确定，但不得少于三十日。

【条文主旨】

本条是关于对符合民事诉讼法第五十七条规定的集团诉讼案件人民法院如何进行公告的规定。

【条文理解】

根据民事诉讼法第五十七条的规定，对于诉讼标的是同一种类、当事人一方人数众多在起诉时人数尚未确定的诉讼，人民法院可以发出公告，说明案件情况和诉讼请求，告知登记的法律意义和效果，通知那些与诉讼标的属于同一种类的尚未提起诉讼或者尚未参加应诉的权利人在一定期间内向人民法院登记。关于申请登记的期间，民事诉讼法本身并未规定，《92 年意见》第 63 条规定："……公告期根据具体案件的情况确定，最少不得少于三十日。"该期间经过多年经验，行之有效，本条对其进行文字修改后予以沿用。

【审判实践中应当注意的问题】

本条仅规定了通知权利人采用公告的形式以及公告应当载明的申请登记的期限，并未明确公告的内容以及公告张贴的具体要求。对此，本解释对公告送达、宣告失踪或者死亡、除权公告的内容、张贴方式等作出了规定，人民法院在实践中可以参考借鉴。

【条文】

第八十条

根据民事诉讼法第五十七条规定向人民法院登记的权利人，应当证明其与对方当事人的法律关系和所受到的损害。证明不了的，不予登记，权利人可以另行起诉。人民法院的裁判在登记的范围内执行。未参加登记的权利人提起诉讼，人民法院认定其请求成立的，裁定适用人民法院已作出的判决、裁定。

【条文主旨】

本条是关于权利人向人民法院登记时应当承担的举证证明责任以及不予登记的权利人、未参加登记的权利人救济途径的规定。

【条文理解】

理解本条应当掌握以下几点：

第一，申请登记权利人的举证证明责任。向人民法院登记的权利人应当举证证明其与对方当事人的法律关系和所受到的损害，人民法院据此审查该权利人的申请是否符合民事诉讼法第五十七条第一款规定的条件，即其与已经起诉或者已经应诉的当事人一方的诉讼标的是否为同一种类。能够证明的，权利人即可成为该集团诉讼的当事人。

第二，不予登记权利人可以另行起诉。权利人不能举证证明其与对方当事人的法律关系和所受到的损害，即其申请不符合民事诉讼法第五十七条第一款规定的条件的，不能参加集团诉讼，鉴于其提起的诉实为不同的诉，该权利人可以另行提起诉讼。

第三，人民法院作出的判决、裁定适用于符合民事诉讼法第五十七条规定条件但未参加登记的权利人。根据民事诉讼法第五十七条第四款之规定，人民法院作出的判决、裁定，对参加登记的全体权利人发生效力。未参加登记的权利人在诉讼时效期间提起诉讼的，适用该判决、裁定，即人民法院裁判既判力具有扩张性。

第四，关于代表人诉讼裁定、判决的既判力问题。集团诉讼判决的既判力问题是集团诉讼制度的核心问题之一，它影响着集团诉讼中的一系列其他规则。美国的集团诉讼制度经过上百年的不断发展和完善，形成了复杂而精细的规则体系。我国的代表人诉讼制度在立法上借鉴了美国集团诉讼的经验，但又与美国的集团诉讼制度有所不同。我国民事诉讼法只在第五十七条第四款作出了原则性规定，即对于在公告期间没有向法院申报权利进行登记的人，人民法院作出的裁定、判决对其具有既判力，裁判效力扩张的方式是如果未登记的权利人在判决后提起诉讼，在后诉中由法院作出裁定直接适用前诉的代表人诉讼判决、裁定，而不再对案件进行审理。我国代表人诉讼判决对于没有登记的权利人在事实上的既判力，学者认为其合理性在于“代表人诉讼，本身就是对纠纷所涉及的所有主体的一种诉讼救济，由于这个诉讼救济的不仅是私权，而且是对社会公益的维护，对法的秩序的稳定有重大影响，所以代表人诉讼判决的影响就不限于参加登记的人，判决的效力可以间接及于在公告期间不申报权利、未向人民法院登记的人”①。

【审判实践中应当注意的问题】

第一，注意审查申报权利登记的权利人是否能够证明其与对方当事人的法律关系和所受到的损害，还应当注意审查其与已经起诉或者应诉的当事人一方的诉讼标的是否属于同一种类。

第二，注意协调好前诉和后诉的关系。未参加登记的权利人，在诉讼时效期间提起诉讼的，人民法院应当注意依法充分保障后来起诉的当事人的诉讼权利，为当事人表达诉求提供程序机会。只有未登记者的利益从程序上得到了切实的保障，判决效力的扩张才具有正当性，代表人诉讼的目的才能真正实现。对符合法定条件的权利人的起诉，人民法院可以作出裁定，明确前诉的裁定或者判决适用于该权利人。同时，还应当注意审查权利人提起的后诉与前诉的关系，注意审查后诉当事人的诉及诉讼请求与前诉裁判的关系，进一步决定前诉裁判可否直接适用于后诉当事人。例如，在判决停止侵害或者宣示性判决案件中，不需要众多当事人进行登记，即使不登记也同样可以享有胜诉判决的利益，譬如仅仅要求侵权方（如化工厂）停止侵害的案件，没有登记的人也可以受益。然而，如果没有登记的当事人在后来要求化工厂停止侵害，同时又提出要求赔偿损失的，是否还能够直接裁定前诉代表人诉讼的判决直接适用于后来的诉讼？前诉判决到底对后来诉讼有没有既判力？按照目前的规定就不好处理。对于上述问题，有学者建议可以采用巴西的做法，将判决分为两类，有利的判决和不利的判决，规定对于登记的当事人两类判决都有既判力，登记的权利人在判决作出后不得再提起诉讼，而仅仅有利的代表诉讼判决对于未参加登记的权利人才产生既判力，但是如果个人权利没有得到充分救济的（如没有得到合理赔偿），仍然可以提起个人诉讼。②该处理方式能否妥善解决前诉与后诉的关系，依法保护当事人诉讼权利和实体权益，尚待于人民法院不断实践并积累经验。

第三，集团诉讼中人民法院制作的调解书是否可以适用于后诉当事人？民事诉讼法第五十七条仅规定了人民法院作出的生效裁定、判决的既判力适用于未参加登记的权利人。倾向性意见认为，调解协议是当事人之间通过让渡部分权利，经过妥协而达成的协议，因而不应当产生约束调解书当事人之外任何人的效力。

---

① 肖建华：《民事诉讼当事人研究》，中国政法大学出版社 2002 年版。

② 参见肖建华、杨恩乾：《论集团诉讼中的既判力问题——美国和巴西立法经验的分析及借鉴》，载《政法论丛》2011 年第 1 期。

【条文】

第八十一条

根据民事诉讼法第五十九条的规定，有独立请求权的第三人有权向人民法院提出诉讼请求和事实、理由，成为当事人；无独立请求权的第三人，可以申请或者由人民法院通知参加诉讼。

第一审程序中未参加诉讼的第三人，申请参加第二审程序的，人民法院可以准许。

【条文主旨】

本条是关于第三人参加诉讼的方式的规定。

【条文理解】

理解本条规定，应当注意掌握以下几点：

第一，关于第三人的概念，国内学术界一般引用民事诉讼法第五十九条之规定，即对当事人双方的诉讼标的有独立请求权的，为有独立请求权的第三人；对当事人双方的诉讼标的虽然没有独立请求权，但案件处理结果同他有法律上的利害关系的，为无独立请求权的第三人。由此引出何为诉讼标的，何为利害关系。

关于“诉讼标的”的用语，最早载于罗马法。有关“诉讼标的”的称谓，有“诉讼请求”“诉讼上的请求”“诉讼对象”“系争标的”“诉讼物”等多种。诉讼标的问题在国外争论了一个多世纪，目前仍未形成统一的见解，学说上可分为三大流派：旧实体法说、诉讼法说和新实体法说。其中旧实体法说也就是所谓的传统诉讼标的理论或旧诉讼标的理论，认为诉讼标的乃是原告在诉讼中提出的一定具体的实体法上的权利或者法律关系的主张。[①]我国民事诉讼法在概念上直接使用了“诉讼标的”这一术语，并将其定性为当事人之间发生争议，请求法院裁判的民事法律关系。这仍属于旧实体法说的范畴（即实质上仍是以实体法中的请求权为识别诉讼标的的标准）。[②] 因此，有学者提出，把诉讼标的解释为实体法律关系，是认识我国民事诉讼第

① 参见陈荣宗：《民事程序法与诉讼标的理论》，我国台湾地区 1984 年再版，第 336 页，转引自龙翼飞、杨建文：《无独立请求权第三人的诉讼地位》，载《法学家》第 2009 年第 4 期。

② 参见柴发邦主编：《民事诉讼法学》，法律出版社 1992 年版，第 54 页。但是在常怡主编的《民事诉讼法学》（中国政法大学出版社 2002 年修订教材）中，已开始主张新诉讼标的理论。

三人制度、共同诉讼制度和代表人诉讼制度的基本手段。[①] 对诉讼标的有无独立请求权，是立法上区分有独立请求权的第三人、必要共同诉讼人与无独立请求权的第三人的标准。有独立请求权的第三人对当事人双方的诉讼标的有独立的请求权；必要共同诉讼人的诉讼标的无独立请求权，但是，必要共同诉讼人的诉讼标的是共同的，即对诉讼标的有共同的请求权；而无独立请求权的第三人对诉讼标的不仅没有独立请求权，而且也无共同的请求权。

关于“利害关系”一词，一般认为，所谓法律上的利害关系是指，作为当事人争议诉讼标的的法律关系与第三人参加的另一法律关系有牵连。在后一法律关系中，当事人是否行使权利、履行义务对前一法律关系中当事人行使权利、履行义务有直接或间接的影响。究竟何谓同案件处理结果有法律上的利害关系，有学者用比较法的解释方法进行了阐释，认为我国民事诉讼中的无独立请求权的第三人相当于日本及我国台湾地区民事诉讼中的从参加人或辅助参加人。在日本，要求辅助参加人对诉讼的结果有法律上的利害关系。在我国台湾地区民事诉讼中，也要求从参加人是就两造之诉讼有法律上利害关系之第三人。而所谓有法律上利害关系之第三人，系指本诉讼之裁判效力及于第三人，该第三人私法上之地位，因当事人之一造败诉，而将致受不利益，或本诉讼裁判之效力虽不及于第三人而第三人私法上之地位因当事人之一造败诉，于法律上或事实上依该裁判之内容或执行结果将致受不利益者而言。参照日本及我国台湾地区民事诉讼中辅助参加人或从参加人对诉讼的法律上的利害关系，结合我国民事诉讼的实际情况，我国民事诉讼中无独立请求权的第三人同案件处理结果有法律上的利害关系应是指，诉讼的判决或调解书认定的事实或结果将直接或间接地影响第三人的民事权益或者法律地位。第三人同案件处理结果存在的法律上的利害关系，可能是直接的，也可能是间接的。直接影响第三人法律上利害关系的案件处理结果，可能是判决或调解书所认定的事实，也可能是判决或调解书的结果；间接影响到第三人法律利害关系的案件处理结果，一般是判决或调解书所认定的事实。[②]

第二，关于当事人参加诉讼的方式。关于有独立请求权的第三人参加诉讼的方式，民事诉讼法第五十九条规定的是“有权提起诉讼”，本条解释是根据民事诉讼法提起诉讼的规定，在此规定为“有权向人民法院提出诉讼请求和事实、理由，成为当事人”，当无争议。

关于无独立请求权的第三人参加诉讼的方式，民事诉讼法第五十九条规

---

① 参见杨荣馨主编：《民事诉讼原理》，法律出版社 2003 年版，第 93 页。

② 参见王国征：《论无独立请求权的第三人》，载《法学家》1998 年第 4 期。

定的是"可以申请参加诉讼，或者由人民法院通知他参加诉讼"。无独立请求权的第三人对当事人双方的诉讼标的没有独立请求权，但案件处理结果同他有法律上的利害关系，因此，其无权通过起诉的方式参加诉讼，而是可以申请参加诉讼，也可以由人民法院依职权或者根据当事人的申请通知其参加诉讼。

第三，关于第三人参加诉讼后的诉讼权利义务。有独立请求权的第三人参加诉讼后，由于其对当事人双方的诉讼标的有独立请求权，针对案件的原告、被告而言，实质上处于原告的诉讼地位。但由于其对当事人双方的诉讼标的有独立请求权，而不是与当事人一方具有共同的诉讼标的，故也不同于共同诉讼中的原告。因此，有独立请求权的第三人在诉讼中具有民事诉讼法规定的原告当事人应当享有的诉讼权利义务。

无独立请求权的第三人参加诉讼后，由于其对当事人双方的诉讼标的没有独立请求权，但案件处理结果同他有法律上的利害关系，其在诉讼中或者依附于原告，或者依附于被告，但其在诉讼中有权了解原告起诉、被告答辩的事实和理由，并向人民法院递交陈述意见书，陈述自己对该争议的意见。开庭审理时，人民法院应当用传票传唤其出庭。在庭审中，无独立请求权的第三人可以陈述意见，提供证据，参加法庭辩论。如果经过两次合法传唤，无独立请求权的第三人无正当理由拒不到庭的，人民法院可以缺席判决（本解释后续条文也有相关规定）。在一审诉讼中，无独立请求权的第三人无权提出管辖异议，无权放弃、变更诉讼请求或者申请撤诉，但被判决承担民事责任的，有权提起上诉。

第四，关于当事人参加诉讼的时间。对此，民事诉讼法和本解释均未规定，考虑到第三人与当事人双方诉争的诉讼标的的关系，我们认为，第三人可以在案件作出裁判之前，通过提起诉讼或者申请参加的方式参加诉讼。[①]是否准许，由人民法院审查第三人与当事人双方的诉讼标的的关系，结合案件具体情况而定。

第五，关于第一审程序中未参加诉讼的第三人申请参加第二审程序的问题。本条规定是，人民法院可以准许。至于二审程序后，如何进行诉讼，本解释在第三百二十五条中明确：必须参加诉讼的当事人或者有独立请求权的第三人，在第一审程序中未参加诉讼，第二审人民法院可以根据当事人自愿

① 《最高人民法院关于在经济审判工作中贯彻执行〈民事诉讼法（试行）〉若干问题的意见》（1984年9月17日）规定："第三人在当事人提起诉讼后、人民法院判决前，可以申请或经人民法院通知参加诉讼。"该文件虽已被废止，但其关于当事人参加诉讼时间的规定仍具有参考价值。

的原则予以调解；调解不成的，发回重审。对于无独立请求权的第三人，在第一审程序中未参加诉讼，在第二审程序中参加诉讼后，如果需要其承担责任的，第二审人民法院也可以根据当事人自愿的原则予以调解；调解不成的，发回重审。对此，本解释第一百五十条也规定：人民法院调解民事案件，需由无独立请求权的第三人承担责任的，应当经其同意。该第三人在调解书送达前反悔的，人民法院应当及时裁判。

【审判实践中应当注意的问题】

一是原告在起诉状中直接列写第三人的，根据本解释第二百二十二条之规定，视为其申请人民法院追加该第三人参加诉讼。是否通知第三人参加诉讼，由人民法院审查决定。

二是有独立请求权的第三人经人民法院传票传唤，无正当理由拒不到庭的，或者未经法庭许可中途退庭的，根据本解释第二百三十六条之规定，可以比照民事诉讼法第一百四十六条的规定，按撤诉处理。

三是有独立请求权的第三人参加诉讼后，原告申请撤诉，根据本解释第二百三十七条之规定，人民法院在准许原告撤诉后，有独立请求权的第三人作为另案原告，原案原告、被告作为另案被告，诉讼继续进行。

四是双方当事人和第三人都提起上诉的，根据本解释第三百一十五条之规定，均列为上诉人。人民法院可以依职权确定第二审程序中当事人的诉讼地位。

五是无独立请求权的第三人以及有独立请求权的第三人，因不能归责于本人的事由未参加诉讼，但有证据证明发生法律效力的判决、裁定、调解书的部分或者全部内容错误，损害其民事权益的，依照民事诉讼法第五十九条第三款之规定，可以自知道或者应当知道其民事权益受到损害之日起六个月内，向作出该判决、裁定、调解书的人民法院提起诉讼。人民法院经审理，诉讼请求成立的，应当改变或者撤销原判决、裁定、调解书；诉讼请求不成立的，驳回诉讼请求。

【条文】

第八十二条

在一审诉讼中，无独立请求权的第三人无权提出管辖异议，无权放弃、变更诉讼请求或者申请撤诉，被判决承担民事责任的，有权提起上诉。

【条文主旨】

本条是关于无独立请求权的第三人一审诉讼中的诉讼权利义务的规定。

【条文理解】

关于无独立请求权的第三人的诉讼地位问题。对此，学术界有三种不同的观点：第一种观点认为，无独立请求权的第三人是当事人。理由是从我国民事诉讼法立法体系来看，无独立请求权的第三人是与原告、被告一起规定在第五章（诉讼参加人）第一节（当事人）中，可以说我国立法是将无独立请求权的第三人作为当事人的。第二种观点认为，无独立请求权的第三人不是当事人。理由主要是无论如何无独立请求权第三人既不能像原告一样有权变更、放弃诉讼请求、申请撤诉，也不能像被告一样有权提出管辖权异议和反诉。法律规定的无独立请求权第三人有当事人的某些权利义务与是当事人属两个不同层次的问题，类似的情况在国外也不叫当事人，而称为准当事人或从当事人。第三种观点认为，无独立请求权的第三人是不确定的当事人，如果他在判决中承担义务，他是当事人；如不承担义务，他就不是当事人。法院不判决其承担实体义务，也不享受实体权利的无独立请求权第三人为辅助参加人；在诉讼中提出权利主张，或承担实体义务的无独立请求权第三人为准独立请求权的第三人。①

民事诉讼法第五十九条第二款规定“人民法院判决承担民事责任的第三人，有当事人的诉讼权利义务”。据此，人民法院判决承担民事责任的无独立请求权的第三人，有当事人的诉讼权利义务，当无争议。但是，无独立请求权的第三人参加诉讼后，在没有被人民法院判决承担民事责任之前，是否享有当事人的诉讼权利义务？是否是当事人？有学者认为，首先，尽管从理论上来讲，无独立请求权第三人具有诉讼的依附性，但其同时集依附性和独立性的特点于一体，形式上依附本诉当事人一方而存在，实质上是以自己的名义独立进行诉讼活动，他通过支持原告或被告的诉讼主张，最终维护自己的合法民事权益。因此其依附性仅是程序上的，实体上仍有自己的主张。尽管从形式上来讲其是通过陈述意见、提供证据和参加辩论等活动，支持与已存在另一法律关系的诉讼当事人一方的诉讼主张，但二者之间也存在潜在的利益冲突，即如辅助的一方败诉，第三人将在其与辅助一方的法律关系中承担相应的责任，二者之间可能产生一个新诉。因此，从这个角度来讲，无独立请求权第三人中的辅助参加人也应当被视为独立的当事人。其次，在法律适用上，民事诉讼法第五十九条第二款关于“人民法院判决承担民事责任的第三人，有当事人的诉讼权利义务”的立法规定，并不能直接反推出“人民

① 参见龙翼飞、杨建文：《无独立请求权第三人的诉讼地位》，载《法学家》第2009年第4期。

法院判决不承担民事责任的第三人，无当事人的诉讼权利义务”的结论。

综上，无独立请求权的第三人参加诉讼后，由于其对当事人双方的诉讼标的没有独立请求权，只是案件处理结果同他有法律上的利害关系，其在诉讼中或者依附于原告，或者依附于被告，并不享有独立的原告或者被告当事人的诉讼地位。据此，本条规定，无独立请求权的第三人在诉讼中的权利是有限制的，在一审诉讼中，其无权提出管辖异议，无权放弃、变更诉讼请求或者申请撤诉。

无独立请求权的第三人虽对当事人双方的诉讼标的没有独立请求权，但案件处理结果同他有法律上的利害关系，为了保护其合法权益，其在诉讼中有权了解原告起诉、被告答辩的事实和理由，并向人民法院递交陈述意见书，陈述自己对该争议的意见。开庭审理时，人民法院应当用传票传唤其出庭。在庭审中，无独立请求权的第三人可以陈述意见，提供证据，参加法庭辩论。如果经过两次合法传唤，无独立请求权的第三人无正当理由拒不到庭的，人民法院可以缺席判决。

无独立请求权的第三人被判决承担民事责任的，是否有上诉权？民事诉讼法第五十九条第二款规定：“……人民法院判决承担民事责任的第三人，有当事人的诉讼权利义务。”显然，对于无独立请求权的第三人，该条规定赋予了其在特定条件下具有当事人的诉讼权利义务，即无独立请求权的第三人被判决承担民事责任的，有权提起上诉。根据本解释第三百一十五条的规定，双方当事人和第三人都提起上诉的，人民法院将其均列为上诉人。

【审判实践中应当注意的问题】

适用本条在审判实践中应当注意，无独立请求权的第三人虽不像有独立请求权的第三人那样，具有完全的当事人诉讼地位，但无独立请求权的第三人参加诉讼后也是当事人，为了依法保护其合法民事权益而需要行使诉讼权利，如有权了解原告起诉、被告答辩的事实和理由，并向人民法院递交陈述意见书，陈述自己对该争议的意见。在庭审中，无独立请求权的第三人可以陈述意见，提供证据，参加法庭辩论等，人民法院依法应予以保护。

【条文】

第八十三条

在诉讼中，无民事行为能力人、限制民事行为能力人的监护人是他的法定代理人。事先没有确定监护人的，可以由有监护资格的人协商确定；协商不成的，由人民法院在他们之中指定诉讼中的法定代理人。当事人没有民法典第二十七条、第二十八条规定的监护人的，可以指定民法典第三十二条规定的有关组织担任诉讼中的法定代理人。

【条文主旨】

本条是关于作为无民事行为能力人、限制民事行为能力人的法定代理人的监护人如何确定的规定。

【条文理解】

何为诉讼行为能力？从理论上讲，是指当事人可以亲自实施诉讼行为，并通过自己的行为，行使诉讼权利和承担诉讼义务的诉讼法上的资格，即指能够以自己的有效行为进行诉讼的能力，其与民事行为能力密切联系。[①] 但是，诉讼行为能力采用二分法，即有诉讼行为能力和无诉讼行为能力两种；而民事行为能力则采用三分法，即完全民事行为能力、限制民事行为能力和无民事行为能力。一般认为，限制民事行为能力和无民事行为能力对应无诉讼行为能力。由此，民事诉讼法第六十条规定的无诉讼行为能力人，本条将其界定为实体法上的限制民事行为能力人和无民事行为能力人。

民事行为能力，是指能够以自己的行为依法行使权利和承担义务，从而使法律关系发生、变更或消灭的资格。无民事行为能力，是指不具有以自己的行为取得民事权利和负担民事义务的资格，不能产生法律关系发生、变更、消灭的效果。民法典第二十条规定："不满八周岁的未成年人为无民事行为能力人，由其法定代理人代理实施民事法律行为。"第二十一条规定："不能辨认自己行为的成年人为无民事行为能力人，由其法定代理人代理实施民事法律行为。八周岁以上的未成年人不能辨认自己行为的，适用前款规定。"根据民法典的规定，八周岁以上的未成年人是限制民事行为能力人，实施民事法律行为由其法定代理人代理或者经其法定代理人同意、追认；但是，可以独立实施纯获利益的民事法律行为或者与其年龄、智力相适应的民事法律行为。不满八周岁的未成年人是无民事行为能力人，由他的法定代理人代理民事活动。不能完全辨认自己行为的成年人为限制民事行为能力人，实施民事法律行为由其法定代理人代理或者经其法定代理人同意、追认；但是，可以独立实施纯获利益的民事法律行为或者与其智力、精神健康状况相适应的民事法律行为。

关于民事诉讼中的法定代理人，民法典第二十三条规定："无民事行为

① 参见常怡主编：《比较民事诉讼法》，中国政法大学出版社2002年版，第343页。

能力人、限制民事行为能力人的监护人是其法定代理人。”由此可见，法定代理人具有两个特点：第一，法定代理人所代理的被代理人，必须是无诉讼行为能力人，包括实体法上的无民事行为能力人和限制民事行为能力人。根据民事诉讼法第六十条之规定，无民事行为能力人和限制民事行为能力人必须由他的监护人作为法定代理人代为诉讼。第二，其代理权是根据法律的规定产生的，是由法律基于代理人与被代理人之间存在的血缘关系、婚姻关系、组织关系、信任关系等而规定的。

关于法定代理人的确定问题，民事诉讼法第六十条规定，法定代理人之间互相推诿代理责任的，由人民法院指定其中一人代为诉讼。为进一步细化指定程序，本解释规定如下：

第一，事先没有确定监护人的，可以由有监护资格的人协商确定。即先确定无民事行为能力人和限制民事行为能力人的监护人，随之确定代为其参加诉讼的法定代理人。对此，民法典第二十七条、第二十八条分别规定了未成年人的监护人、无民事行为能力或者限制民事行为能力的成年人的监护人的确定范围。人民法院可以从此范围中按照法定顺序予以确定相应的监护人。

第二，有监护资格的人对监护人确定一事协商不成的，由人民法院在他们之中指定诉讼中的法定代理人。对此，民法典作了详细规定。

第三，当事人没有民法典第二十七条、第二十八条规定的监护人的，可以指定民法典第三十二条规定的有关组织担任诉讼中的法定代理人，即监护人由民政部门担任，也可以由具备履行监护职责条件的被监护人住所地的居民委员会、村民委员会担任。

【审判实践中应当注意的问题】

适用本条在审判实践中应当注意，关于无诉讼行为能力人、无民事行为能力人、限制民事行为能力人、监护人、法定代理人等制度，涉及民法典、民事诉讼法等实体法和程序法多个条文，而监护人的确定范围及其确定、指定程序，也由民法典而非民事诉讼法作出规定，人民法院在办理涉及无诉讼行为能力人的法定代理人确定事宜时，应当注意结合实体法和程序法的相关规定，依法办理。

【条文】

第八十四条

无民事行为能力人、限制民事行为能力人以及其他依法不能作为诉讼代理人的，当事人不得委托其作为诉讼代理人。

【条文主旨】

本条是关于可以被委托成为诉讼代理人的有关资格条件的规定。

【条文理解】

诉讼代理制度是各国民事诉讼法中的一项重要制度。所谓诉讼代理，通说认为，是指诉讼代理人基于法律的规定或者当事人的授权，代理当事人进行诉讼活动、实施诉讼行为的一种法律行为。其具有如下特征：(1)代理行为以作为被代理人的当事人名义实施；(2)代理人具有法律规定的诉讼行为能力；(3)代理行为不超过代理权限范围；(4)其法律后果由被代理人承担；(5)在同一诉讼中只能代理一方当事人进行诉讼，而不能代理双方当事人。

关于诉讼代理人的资格问题，《92年意见》第68条但书部分规定："无民事行为能力人、限制民事行为能力人或者可能损害被代理人利益的人以及人民法院认为不宜作诉讼代理人的人，不能作为诉讼代理人。"2015年《民事诉讼法解释》起草过程中，对无民事行为能力人、限制民事行为能力人不能作为诉讼代理人，没有争议。多数意见建议将"或者可能损害被代理人利益的人以及人民法院认为不宜作诉讼代理人的人"修改为"以及其他依法不能作为诉讼代理人的"，以便更准确，更完善。理由：一是"可能损害被代理人利益的"以及"人民法院认为不宜作诉讼代理人的"两种情形，并未穷尽"不宜作诉讼代理人的"情形；二是"人民法院认为不宜作诉讼代理人的"情形，主观随意性大，不好把握，不利于规范司法。2012年民事诉讼法修改时，已经将2007年民事诉讼法第五十八条第二款中"经人民法院许可的"情形予以删除，足以证实这一问题。

关于本解释规定的"其他依法不能作为诉讼代理人的"的情形，实践中包括代理人可能损害被代理人利益的、代理人在诉讼中同时代理双方当事人的以及法律规定不得作为代理人的其他情形。

【条文】

第八十五条

根据民事诉讼法第六十一条第二款第二项规定，与当事人有夫妻、直系血亲、三代以内旁系血亲、近姻亲关系以及其他有抚养、赡养关系的亲属，可以当事人近亲属的名义作为诉讼代理人。

【条文主旨】

本条是关于可以作为诉讼代理人的近亲属的范围的规定。

【条文理解】

根据民事诉讼法第六十一条第二款第二项之规定，当事人、法定代理人可以委托当事人的近亲属或者工作人员作为诉讼代理人。关于近亲属的范围，我国现行法律、司法解释从不同的立法目的出发，存在着不同的规定。

第一，刑事诉讼中的近亲属。刑事诉讼法规定，刑事诉讼中的“近亲属”是指夫、妻、父、母、子、女、同胞兄弟姊妹。其规定的近亲属的范围相对较小。

第二，民法典规定的近亲属。民法典第一千零四十五条第二款规定，配偶、父母、子女、兄弟姐妹、祖父母、外祖父母、孙子女、外孙子女为近亲属。该条规定的近亲属的范围，只包括了配偶、三代以内直系亲属和最亲近的旁系亲属。这个范围比民法典第一千一百二十七条规定的法定继承人之第一顺序和第二顺序的继承人的范围稍大。

第三，行政诉讼中的近亲属。《最高人民法院关于适用〈中华人民共和国行政诉讼法〉的解释》第十四条规定，行政诉讼法第二十五条第二款规定的“近亲属”，包括配偶、父母、子女、兄弟姐妹、祖父母、外祖父母、孙子女、外孙子女和其他具有扶养、赡养关系的亲属。这个范围是目前最为广泛的。

第四，《回避规定》第一条规定：“审判人员具有下列情形之一的，应当自行回避，当事人及其法定代理人有权以口头或者书面形式申请其回避：（一）是本案的当事人或者与当事人有近亲属关系的；（二）本人或者其近亲属与本案有利害关系的；本规定所称近亲属，包括与审判人员有夫妻、直系血亲、三代以内旁系血亲及近姻亲关系的亲属……”

2015年《民事诉讼法解释》起草过程中，多数意见提出，2012年民事诉讼法第五十八条对诉讼代理人的修改主要体现两个原则：一是满足当事人的法律服务需求，方便当事人及其诉讼代理人参加诉讼；二是有利于规范诉讼制度，抑制非法有偿代理行为。《92 年意见》关于近亲属范围的规定过于狭窄，尤其是在未成年人诉讼案件中，近亲属范围过窄，使得为未成年人指定其亲属担任诉讼代理人的工作更加困难。作为诉讼代理人的近亲属的范围相对民事实体法中的近亲属的范围应当有所扩大，建议不仅包括配偶、直系血亲、三代以内旁系血亲，还应当包括近姻亲以及其他有抚养、赡养关系的亲属。

为此，2015 年《民事诉讼法解释》对可以被委托为当事人诉讼代理人的近亲属范围作了适当扩张，明确规定“与当事人有夫妻、直系血亲、三代以内旁系血亲、近姻亲关系以及其他有抚养、赡养关系的亲属，可以当事人近亲属的名义”作为当事人的诉讼代理人，参加诉讼。

【审判实践中应当注意的问题】

本条对当事人近亲属范围作出的扩张性规定，便于当事人的近亲属作为诉讼代理人参加诉讼，尤其是在未成年人案件中，对孤儿未成年人，有利于其近亲属有更多的机会参加诉讼，依法维护其合法权益。

【条文】

第八十六条

根据民事诉讼法第六十一条第二款第二项规定，与当事人有合法劳动人事关系的职工，可以当事人工作人员的名义作为诉讼代理人。

【条文主旨】

本条是关于以当事人工作人员的名义作为当事人诉讼代理人参加诉讼的规定。

【条文理解】

民事诉讼法第六十一条第二款第二项规定，当事人、法定代理人可以委托当事人的近亲属或者工作人员担任诉讼代理人。在 2015 年《民事诉讼法解释》起草过程中，有意见提出，实践中经常出现一些当事人将本不属于其工作人员的公民，通过出具虚假的证明（在授权委托书中注明其为本单位工作人员），得以委托该公民参加诉讼。对方当事人对该诉讼代理人身份提出异议的，一些法院对此审查的标准不统一，容易引起争议。为此，本条规定，只有那些“与当事人有合法劳动人事关系的职工”才能够以当事人工作人员的名义作为诉讼代理人参加诉讼。

关于“合法劳动人事关系”证明材料，诉讼代理人应当提交委托人单位介绍信、本人身份证、上岗证或工作证等身份证明，也可以是劳动合同、工资表、社会保险资料等证明材料，以证实自己与委托单位的关系。

【条文】

第八十七条

根据民事诉讼法第六十一条第二款第三项规定，有关社会团体推荐公民担任诉讼代理人的，应当符合下列条件：

（一）社会团体属于依法登记设立或者依法免予登记设立的非营利性法人组织；

（二）被代理人属于该社会团体的成员，或者当事人一方住所地位于该社会团体的活动地域；

（三）代理事务属于该社会团体章程载明的业务范围；

（四）被推荐的公民是该社会团体的负责人或者与该社会团体有合法劳动人事关系的工作人员。

专利代理人经中华全国专利代理人协会推荐，可以在专利纠纷案件中担任诉讼代理人。

【条文主旨】

本条是关于有关社会团体推荐公民担任诉讼代理人时应当符合的具体条件的规定。

【条文理解】

民事诉讼法第六十一条第二款第三项规定，当事人、法定代理人可以委托“当事人所在社区、单位以及有关社会团体推荐的公民”作为诉讼代理人。关于社会团体的概念，《社会团体登记管理条例》第二条规定，该条例所称社会团体，是指中国公民自愿组成，为实现会员共同意愿，按照其章程开展活动的非营利性社会组织。国家机关以外的组织可以作为单位会员加入社会团体。其中，“非营利性”是社会团体的重要特征。

根据《社会团体登记管理条例》的规定，社会团体分为登记成立和依法不需登记、免予登记成立两种类型。关于登记成立，该条例第三条第一款、第二款规定：“成立社会团体，应当经其业务主管单位审查同意，并依照本条例的规定进行登记。社会团体应当具备法人条件。”关于不需登记、免予登记，该条第三款规定："下列团体不属于本条例规定登记的范围：（一）参加中国人民政治协商会议的人民团体；（二）由国务院机构编制管理机关核定，并经国务院批准免于登记的团体；（三）机关、团体、企业事业单位内部经本单位批准成立、在本单位内部活动的团体。"

关于有关社会团体推荐公民作为诉讼代理人的，是否需要明确该社会团体与被代理人、被推荐公民、代理事务之间应当具有特定的联系，在2015年《民事诉讼法解释》起草过程中，经广泛征求意见，多数意见认为，从有利于保障当事人诉讼权利行使、规范法律服务市场、提高诉讼效率出发，应当对社会团体推荐公民作为诉讼代理人参加诉讼的条件作出限制性规定。理解本条规定，应当注意掌握以下几点：

第一，关于社会团体自身条件。社会团体应当属于依法登记设立或者依法免予登记设立的非营利性法人组织，该项规定系根据《社会团体登记管理条例》第二条和第三条作出，当无争议。

第二，关于被代理人与社会团体之间的关系。本条规定，被代理人应当属于该社会团体的成员，或者当事人一方住所地位于该社会团体的活动地域。社会团体由一定数量的成员组成。《社会团体登记管理条例》第十条规定，成立社会团体，应当有50个以上的个人会员或者30个以上的单位会员；个人会员、单位会员混合组成的，会员总数不得少于50个。对于非成员当事人请求社会团体推荐公民担任诉讼代理人的，本条规定要求，当事人一方住所地应当位于该社会团体的活动地域，即只要案件任何一方当事人（并非限于被代理人）处于该社会团体的活动地域的，就符合该项条件。如中国国际贸易促进委员会是经国务院批准可以免予登记的全国性社会团体，对其所属成员单位以及外国企业组织提供法律服务是其主要工作职能之一。外国企业组织并非其成员单位，也不在中国国际贸易促进委员会活动地域（中国境内）设立，但只要案件对方当事人（如国内企业）的住所地位于其活动地域（中国境内），该外国企业组织就可以委托中国国际贸易促进委员会推荐的公民作为诉讼代理人参加诉讼。

关于社会团体活动地域的审查标准，《社会团体登记管理条例》第七条将其划分为全国性的社会团体、地方性的社会团体、跨行政区域的社会团体。该条例第十条还规定，社会团体的名称应当符合法律、法规的规定，不得违背社会道德风尚。社会团体的名称应当与其业务范围、成员分布、活动地域相一致，准确反映其特征。全国性的社会团体的名称冠以"中国""全国""中华"等字样的，应当按照国家有关规定经过批准，地方性的社会团体的名称不得冠以“中国”“全国”“中华”等字样。

第三，关于代理事务与社会团体的关系。本解释规定，代理事务应当属于该社会团体章程载明的业务范围。《社会团体登记管理条例》第十四条要求，社会团体的章程应当载明其业务范围。实践中，人民法院可以根据社会团体章程来判断代理事务是否属于该社会团体章程载明的业务范围。

第四，关于被推荐的公民与该社会团体之间的关系。本解释规定，被推荐的公民是该社会团体的负责人或者与该社会团体有合法劳动人事关系的工作人员。之所以规定被推荐的公民是该社会团体的负责人，是因为我国某些社会团体的负责人多由其上级行业部门的负责人兼任，而该负责人往往与该社会团体不存在劳动人事关系。

第五，关于中华全国专利代理人协会推荐专利代理人参加专利纠纷案件的问题。《专利代理条例》已经对专利代理人代理专利纠纷案件作出了明确规定。2012 年《最高人民法院关于在知识产权审判中贯彻落实〈全国人民代表大会常务委员会关于修改《中华人民共和国民事诉讼法》的决定〉有关问题的通知》已经对中华全国专利代理人协会推荐专利代理人参加专利纠纷案件的问题作出了明确规定，本解释在此予以转引。

【审判实践中应当注意的问题】

第一，实践中注意结合民事诉讼法、本解释以及《社会团体登记管理条例》《专利代理条例》等行政法规的规定，对推荐公民担任诉讼代理人的社会团体的资格进行审查。

第二，关于“公民”二字的界定。在 2012 年民事诉讼法修改过程中，曾专门提出是否可以准许外国人担任诉讼代理人的问题。民事诉讼法修正案草案曾将第五十八条第二款第三项的“公民”修改为“人”，但考虑到是否允许外国人担任我国民事诉讼代理人尤其是外国律师是否可以以律师身份参加国内民事诉讼的问题，较为复杂，最终又恢复为“公民”。由此引申出外国人、外国律师是否可以被委托为诉讼代理人参加诉讼？答案是肯定的。在涉外民事诉讼中是允许的。对此，本解释第五百二十六条规定，涉外民事诉讼中的外籍当事人，可以委托本国人为诉讼代理人，也可以委托本国律师以非律师身份担任诉讼代理人；外国驻华使领馆官员，受本国公民的委托，可以以个人名义担任诉讼代理人，但在诉讼中不享有外交或者领事特权和豁免。本解释第五百二十七条还规定，涉外民事诉讼中，外国驻华使领馆授权其本馆官员，在作为当事人的本国国民不在中华人民共和国领域内的情况下，可以以外交代表身份为其本国国民在中华人民共和国聘请中华人民共和国律师或者中华人民共和国公民代理民事诉讼。在适用民事诉讼法第六十一条第二款第二项当事人委托“近亲属或者工作人员”作为诉讼代理人规定时，可以不受是否为我国公民的限制。当事人的近亲属为外国公民或者无国籍人的，也可以受委托担任民事诉讼的代理人，我国有关单位聘请外国人或者无国籍人为工作人员的，该外国人或者无国籍人也可以受用人单位的委托担任诉讼代理人。

第三，如何处理公民作为诉讼代理人时与被代理人签订的有偿法律服务合同的效力问题。根据民事诉讼法第六十一条之规定，当事人的近亲属或者工作人员，当事人所在社区、单位以及有关社会团体推荐的公民均可以被委托为诉讼代理人，这些诉讼代理人都是以公民代理的身份参加诉讼，这与律师或者法律服务工作者参加诉讼不同。律师或者法律服务工作者参加诉讼，可以按照规定收取代理费用，还可以依照相关规定与被代理人订立风险代理合同或者风险代理条款。

本解释对公民代理收费问题未作规定。实践中，宜仍按照《最高人民法院关于公民代理合同中给付报酬约定的效力问题的答复》的规定，对于代理合同中约定的高额代理费用不予支持，但可以根据代理行为的完成情况和代理人实际支出的相关费用，对差旅费等实际发生的相关费用予以支持。

【条文】

第八十八条

诉讼代理人除根据民事诉讼法第六十二条规定提交授权委托书外，还应当按照下列规定向人民法院提交相关材料：

（一）律师应当提交律师执业证、律师事务所证明材料；

（二）基层法律服务工作者应当提交法律服务工作者执业证、基层法律服务所出具的介绍信以及当事人一方位于本辖区内的证明材料；

（三）当事人的近亲属应当提交身份证件和与委托人有近亲属关系的证明材料；

（四）当事人的工作人员应当提交身份证件和与当事人有合法劳动人事关系的证明材料；

（五）当事人所在社区、单位推荐的公民应当提交身份证件、推荐材料和当事人属于该社区、单位的证明材料；

（六）有关社会团体推荐的公民应当提交身份证件和符合本解释第八十七条规定条件的证明材料。

【条文主旨】

本条是关于诉讼代理人参加诉讼时应当向人民法院提交相关证明材料的规定。

【条文理解】

针对不同职业、不同身份的诉讼代理人参加诉讼应提交的材料，本解释作出了规定。

第一，律师作为诉讼代理人参加诉讼的，应当提交律师执业证、律师事务所证明材料。该项规定当无争议。律师法第三十三条规定："律师担任辩护人的，有权持律师执业证书、律师事务所证明和委托书或者法律援助公函，依照刑事诉讼法的规定会见在押或者被监视居住的犯罪嫌疑人、被告人。辩护律师会见犯罪嫌疑人、被告人时不被监听。"本条参照律师法，规定了律师在担任民事诉讼代理人应当提交的相关材料。

第二，基层法律服务工作者作为诉讼代理人参加诉讼的，应当提交法律服务工作者执业证、基层法律服务所出具的介绍信以及当事人一方位于本辖区内的证明材料。关于"法律服务工作者执业证、基层法律服务所出具的介绍信"，是根据《基层法律服务工作者管理办法》相关规定作出的。该办法第二十八条规定："基层法律服务工作者持基层法律服务所出具的介绍信、当事人的委托书和《基层法律服务工作者执业证》，经有关单位或者个人同意，可以依法向其调查、收集与承办法律事务有关的证据材料；依法查阅所代理案件有关材料。"

关于当事人中的一方必须位于本辖区内的规定。对此，《基层法律服务工作者管理办法》第二十七条作出了明确规定。《司法部关于基层法律服务工作者不能代理当事人任何一方均不在本辖区内的民事经济行政诉讼案件的批复》（司复〔2002〕12号）也规定："根据《乡镇法律服务业务工作细则》第二十四条第四项的规定，当事人一方位于本辖区内，是基层法律服务工作者代理民事、经济、行政案件应当具备的条件之一。因此，基层法律服务工作者不能代理当事人任何一方均不在本辖区内的民事、行政诉讼案件。"

第三，当事人的近亲属作为诉讼代理人参加诉讼的，应当提交身份证件和与委托人有近亲属关系的证明材料。与委托人有近亲属关系的证明，可以按照相关规定到公安派出所等部门申请开具。

第四，当事人的工作人员作为诉讼代理人参加诉讼的，应当提交身份证件和与当事人有合法劳动人事关系的证明材料。关于"合法劳动人事关系"

证明材料，诉讼代理人应当提交委托人单位介绍信、本人身份证、上岗证或工作证等身份证明，也可以是劳动合同、工资表、社会保险资料等证明材料，以证实自己与委托单位的关系。

第五，当事人所在社区、单位推荐的公民作为诉讼代理人参加诉讼的，应当提交身份证件、推荐材料和当事人属于该社区、单位的证明材料。

第六，有关社会团体推荐的公民作为诉讼代理人参加诉讼的，应当提交身份证件和符合本解释第八十八条规定条件的证明材料。

【条文】

第八十九条

当事人向人民法院提交的授权委托书，应当在开庭审理前送交人民法院。授权委托书仅写“全权代理”而无具体授权的，诉讼代理人无权代为承认、放弃、变更诉讼请求，进行和解，提出反诉或者提起上诉。

适用简易程序审理的案件，双方当事人同时到庭并径行开庭审理的，可以当场口头委托诉讼代理人，由人民法院记入笔录。

【条文主旨】

本条是关于当事人向人民法院提交授权委托书的期限、内容以及简易程序口头委托诉讼代理人的规定。

【条文理解】

诉讼代理人是指以当事人的名义，在一定权限范围内，为当事人的利益进行诉讼活动的人。

1. 诉讼代理人的特征

诉讼代理人具有以下特征：

（1）必须以被代理人的名义进行诉讼活动。诉讼代理的目的在于维护被代理人的合法权益，因此只能以被代理人的名义进行诉讼，而不能以自己的名义进行诉讼。

（2）必须有诉讼行为能力。没有诉讼行为能力的人，不能作为诉讼代理人。在诉讼中，如果诉讼代理人丧失了诉讼行为能力，也就丧失了诉讼代理人的资格。本解释第八十四条也规定，无民事行为能力人、限制民事行为能力人以及其他依法不能作为诉讼代理人的，当事人不得委托其作为诉讼代理人。

（3）必须在代理权限内实施诉讼行为。诉讼代理人的代理权限，来源于法律规定或当事人的授权，具体分为一般授权和特别授权。凡是超越代理权所实施的诉讼行为，都是无效的诉讼行为，不能产生诉讼法上的效果。

（4）诉讼代理的法律后果由被代理人承担。在一般情况下，诉讼代理人的行为等同于当事人的行为，但也有一些国家的民事诉讼法规定，诉讼代理人的行为在得到当事人的即时更正或者撤销时，不发生效力，如《德国民事诉讼法》第 85 条、《日本民事诉讼法》第 57 条均对此有类似规定。

（5）在同一诉讼中，不能代理双方当事人。在诉讼中，双方当事人的利益是对立的。同时为双方当事人的代理人，可能会损害一方当事人的利益。律师法禁止律师在同一案件中同时代理双方当事人。

2. 诉讼代理与法定代理的关系

两者均属于代理当事人参加诉讼的制度。法定代理是为无诉讼行为能力的人在法律上设立的一种代理制度。民事诉讼法第六十条规定，无诉讼行为能力人由他的监护人作为法定代理人代为诉讼。与诉讼代理相比，法定代理具有以下几个特点：

（1）代理权产生的基础不同。法定诉讼代理不是基于当事人本人的意志，也不是基于代理人的意志，即并非基于委托，而是基于法律的直接规定。

（2）代理的对象不同。法定诉讼代理是专门为无诉讼行为能力的人（无民事行为能力人和限制民事行为能力人）设立的一种特殊的诉讼代理制度。

（3）代理人的资格不同。能够担任法定诉讼代理人的人只限于对被代理人具有监护权的人、有监护资格的人或者法定的有关组织，即只有这些主体才能作为无民事行为能力人和限制民事行为能力人的法定代理人，其他人不能担任法定代理人参加诉讼。

（4）代理权限不同。法定诉讼代理人既可以代理当事人处分诉讼权利，也可以代理当事人处分实体权利。法定诉讼代理人所为的一切诉讼行为，均应视为被代理人本人所为的诉讼行为，与被代理人本人所为的诉讼行为产生同等效力。诉讼代理人的权限则根据授权确定。

（5）诉讼地位有所不同。法定诉讼代理人在诉讼中处于与当事人类似的诉讼地位，也即法定诉讼代理人在诉讼中与其所代理的当事人的诉讼地位基本相同。在无诉讼行为能力人对他人实施侵权的纠纷案件中，人民法院需要判处无诉讼行为能力人承担侵权责任的，还应将无民事行为能力人、限制民事行为能力人和其监护人列为共同被告。无民事行为能力人、限制民事行为能力人的监护人，既是法定代理人，又是共同被告。本解释第六十七条规定，无民事行为能力人、限制民事行为能力人造成他人损害的，无民事行为能力人、限制民事行为能力人和其监护人为共同被告。

3. 关于当事人委托诉讼代理人的方式

各国民事诉讼法一般都规定，当事人委托诉讼代理人参加诉讼的，必须向法院提交诉讼委任状或者授权委托书。[①] 我国民事诉讼法第六十二条第一款规定，委托他人代为诉讼，必须向人民法院提交由委托人签名或者盖章的授权委托书。但该条并未规定提交的期限。进行诉讼活动是诉讼代理人主要的代理事务，也是其区别于一般委托代理人的重要特征。对于一审普通程序庭审、简易程序和二审需要开庭审理的案件而言，庭审则是整个诉讼活动的核心。因此，本条规定，当事人向人民法院提交的授权委托书，应当在开庭审理前送交人民法院，以便人民法院及时通知诉讼代理人参加庭审，维护被代理人的合法权益。

4. 诉讼代理人的代理权限取决于委托人的授权

根据委托诉讼代理人的诉讼代理行为对委托人利益影响的程度不同，委托人对诉讼代理人的授权分为一般授权和特别授权两种：一般授权情形下，诉讼代理人只能代为一般的诉讼行为，如起诉，应诉，提出证据，询问证人，进行辩论，申请回避，申请财产保全和证据保全，对管辖权提出异议等，而无权处分委托人的实体权利。各国民事诉讼法一般都规定诉讼代理人可以在代理权限内代理当事人为诉讼行为，但在一些涉及处分权的重大事项，如代为承认、放弃、变更诉讼请求，进行和解，提起反诉或者上诉，各国民事诉讼法对此规定不尽一致。如德国、法国民事诉讼法规定，诉讼代理人一旦取得代理资格，便可以代理当事人为一切诉讼行为，其中包括代为承认、放弃、变更诉讼请求，进行和解，提起反诉等（《德国民事诉讼法》第81条、《法国民事诉讼法》第417条）。而《日本民事诉讼法》则规定，诉讼代理人在实施上述行为时，必须得到被代理人的特别委任或者明示授权（《日本民事诉讼法》第55条第2款）。[②] 我国民事诉讼法第六十二条第二款也规定，授权委托书必须记明委托事项和权限。诉讼代理人代为承认、放弃、变更诉讼请求，进行和解，提起反诉或者上诉，必须有委托人的特别授权。本解释第一百四十七条对参加调解的诉讼代理人的委托授权权限也作出了明确规定，即人民法院调解案件时，当事人不能出庭的，经其特别授权，可由其委托代理人参加调解，达成的调解协议，可由委托代理人签名。

---

① 参见《德国民事诉讼法》第80条、《法国民事诉讼法》第416条。

② 参见常怡主编：《比较民事诉讼法》，中国政法大学出版社2002年版，第343页。

5. 关于适用简易程序审理的案件

除了书面授权委托之外，对于适用简易程序审理的案件双方当事人同时到庭并径行开庭审理的，从简化程序的角度出发，本解释也规定，当事人可以当场口头委托诉讼代理人，由人民法院记入笔录。对此，本解释第二百六十三条规定："适用简易程序审理案件，卷宗中应当具备以下材料：……(四) 委托他人代理诉讼的授权委托书或者口头委托笔录；……"

【审判实践中应当注意的问题】

审判实践中应当注意，对当事人提交的授权委托书应当注意审查其授权权限，在诉讼代理人代为承认、放弃、变更诉讼请求，进行和解、调解，提起反诉或者上诉时，应当注意审查其是否有特别授权，以免引起不必要的争议。

四、证　　据

【条文】

第九十条

当事人对自己提出的诉讼请求所依据的事实或者反驳对方诉讼请求所依据的事实，应当提供证据加以证明，但法律另有规定的除外。

在作出判决前，当事人未能提供证据或者证据不足以证明其事实主张的，由负有举证证明责任的当事人承担不利的后果。

【条文主旨】

本条是关于举证责任的含义的规定。

【条文理解】

1. 举证责任含义的基本理论

举证责任问题，素有“民事诉讼的脊梁”之称。而举证责任的含义，是理解举证责任问题的基础，也是民事证据法上的基础性问题。

举证责任也称证明责任，是指“证明主体依据法定职权或举证负担在诉讼证明上所应承担的相应责任”①。具体到民事诉讼中，是指“应当由当事人对其主张的事实提供证据并予以证明，若诉讼终结时根据全案证据仍不能判明当事人主张的事实真伪，则由该当事人承担不利的诉讼后果”②。一般而言，裁判的作出是以法律规范为大前提，以具体的事实为小前提，进而得出结论的三段论的过程。抽象的法律规范在适用中必然以具体的事实为对象，而事实的认定须以证据为基础，在事实不能认定时，就会产生由谁承担不利后果的问题，也由此引起举证责任问题。

理论上通常认为，举证责任具有双重含义，即行为意义的举证责任和结果意义的举证责任。行为意义的举证责任也称为主观上的举证责任，是指当事人在具体的民事诉讼中，为避免败诉的风险而向法院提出证据证明其主张

① 毕玉谦主编：《证据法要义》，法律出版社2003年版，第364页。

② 张永泉：《民事诉讼证据原理研究》，厦门大学出版社2005年版，第160页。

的一种行为责任。结果意义的举证责任又称客观上的证明责任，是指待证事实的存在与否不能确定、真伪不明时，由哪一方当事人对不利后果进行负担的责任和风险。在举证责任双重含义的理解上，英美法系国家和大陆法系国家并无本质的不同。在英美法上，“法官必须决定哪一方当事人应负担未提供充分证据足以使陪审团为特定发现的风险，以及哪一方当事人应负担未说服陪审团作出认定的风险。前者通称为举证的负担（burden of producing evidence），后者通称为说服的负担（burden of proof）”①。

行为意义的举证责任是诉讼过程中无条件出现的一种举证责任，其在外在形式上受到当事人主张的影响。凡有诉讼必有请求，而请求又须以主张为依托，只要当事人提出主张，即会发生提供证据的责任问题。行为意义的举证责任也是一种动态的举证责任，它随着双方当事人证据证明力的强弱变化在同一当事人身上可能发生多次，围绕法官对待证事实的心证程度的变化而在当事人之间发生转移。与行为意义的举证责任相对，结果意义的举证责任不受当事人主张的牵引，是一种不能转移的举证责任。结果意义的举证责任建立在法官不能因事实不清而拒绝裁判的理念之上，它所解决的是待证事实真伪不明时法官如何裁判的问题，实质上是对事实真伪不明的一种法定的风险分配形式。正如罗森贝克所言，“证明责任的本质和价值在于，在重要的事实主张的真实性不能被认定的情况下，它告诉法官应当作出判决的内容。也就是对不确定的事实主张承担证明责任的当事人将承受对其不利的判决”②。结果意义的举证责任是一种潜在的、附条件的举证责任。作为法律预先设定的一种风险责任的分配形式，其隐含于诉讼进程之中，并非每一个案件都需要以结果意义的举证责任为裁判依据。只有在待证事实真伪不明时，结果意义的举证责任才能发挥作用。待证事实真伪不明，是指“在诉讼结束时，当所有能够释明事实真相的措施都已经采用过了，但争议事实仍然不清楚（有时也称无法证明、法官心证模糊）的最终状态。一项争议事实真伪不明的前提条件是：（1）原告提出有说服力的主张；（2）被告提出实质性的反主张；（3）对争议事实主张有证明必要，在举证规则领域，自认的、无争议的和众所周知的事实不需要证明；（4）用尽所有程序上许可的和可能的证明手段，法官仍不能获得心证；（5）口头辩论已经结束，上述第（3）项的

① ［美］摩根：《证据法之基本问题》，李学灯译，我国台湾地区世界书局 1982 年版，第 45 页，转引自张永泉：《民事诉讼证据原理研究》，厦门大学出版社 2005 年版，第 161 页。

② ［德］莱奥·罗森贝克：《证明责任论》，庄敬华译，中国法制出版社 2002 年版，第 2 页。

证明需要和第4项的法官心证不足仍没有改变”①。在绝大多数民事诉讼中，当事人通过积极履行行为意义上的举证责任，已经使案件事实得到证明，法官完全能够从双方当事人提供的证据中获得内心确信的全部信息，结果意义的举证责任便无用武之地。②“如果当事人的主张没有争议，或者如果法院对有争议的主张的真实与否获得了一个特定的心证，不管该心证是证据调查的结果，还是在没有证据的情况下从审理的全过程中得出的，都不会出现证明责任问题。”③ 因此，“在证明责任所包含的行为责任和结果责任中，真正能够代表其本质的当属结果责任，因为行为责任只是一种表面现象，而结果责任才属本质问题”④。这是行为意义的举证责任与结果意义的举证责任之间关系的核心，也是理解举证责任含义的关键。

2. 本条内容的理解

民事诉讼法第六十七条第一款规定，当事人对自己提出的主张，有责任提供证据。这是我国民事诉讼立法上关于举证责任的法律渊源。从内容上看，这一规定只体现了当事人对其事实主张的证明义务，具有明显的行为意义的举证责任的特征。其并未涉及待证事实真伪不明时的裁判规则和依据，结果意义的举证责任内容无从体现。由于“对法院的审判职能而言，除了审理当事人所提出的事实主张以及评估有关证据的证明价值外，法院还兼有对诉讼效果的裁判功能。所谓诉讼效果，既包括在诉讼过程中当事人的证明行为，也包括法官据情或在当事人证明行为基础上的查明行为（包括司法认知等证明方式）所产生的诉讼效果”⑤，结合民事诉讼法第六十七条第二款关于“当事人及其诉讼代理人因客观原因不能自行收集的证据，或者人民法院认为审理案件需要的证据，人民法院应当调查收集”的规定，在待证事实真伪不明时，势必加重人民法院调查收集证据的负担，也不利于保持法院的中立立场，实现当事人诉讼利益的平等保护。为此，2001年《民事诉讼证据规定》以市场经济对民事诉讼制度的要求为导向，延续肇始于20世纪80年代的民事审判方式改革的基本思路，通过明确举证责任的含义，强化当事人的举证责任。该规定第二条规定，当事人对自己提出的诉讼请求所依据的事实或者反驳对方诉讼请求所依据的事实有责任提供证据加以证明。没有证据

① ［德］汉斯·普维庭：《现代证明责任问题》，吴越译，法律出版社2000年版，第22~23页。

② 参见最高人民法院民事审判第一庭：《民事诉讼证据司法解释的理解与适用》，中国法制出版社2002年版，第19页。

③ ［德］莱奥·罗森贝克：《证明责任论》，庄敬华译，中国法制出版社2002年版，第8页。

④ 毕玉谦：《民事证据原理与实务研究》，人民法院出版社2003年版，第6页。

⑤ 毕玉谦：《民事证据原理与实务研究》，人民法院出版社2003年版，第7页。

或者证据不足以证明当事人的事实主张的，由负有举证责任的当事人承担不利后果。尽管由于2001年《民事诉讼证据规定》中缺乏举证责任分配的一般规则的明确规定，该条文的内容仍然较多地含有行为意义的举证责任特征，结果意义的举证责任不明显，但在理解上举证责任包括双重含义，已经形成普遍共识。因此，本解释延续了2001年《民事诉讼证据规定》的表述方式，同时在第九十一条规定了举证责任分配的一般规则，在体系和内容上更科学。

本条并未采纳举证责任或证明责任的概念，而是使用举证证明责任的表述，其目的在于强调：(1) 明确当事人在民事诉讼中负有提供证据的行为意义的责任，只要当事人在诉讼中提出于己有利的事实主张的，就应当提供证据；(2) 当事人提供证据的行为意义的举证责任，应当围绕其诉讼请求所依据的事实或者反驳对方诉讼请求所依据的事实进行；(3) 当事人在诉讼中提供证据，应当达到证明待证事实的程度，如果不能使事实得到证明，则当事人应当承担相应的不利后果。在具体内容上，举证证明责任与举证责任、证明责任内容一致。

【审判实践中应当注意的问题】

其一，凡当事人提出的于己有利的事实主张，均有提供证据进行证明的义务和责任，主张于己不利的事实的，属于自认规则的范畴，并不涉及举证责任问题。

其二，结果意义的举证责任在待证事实真伪不明时发生作用，此处的待证事实系指当事人主张的诉讼标的之权利义务或法律关系的要件事实，间接事实或者辅助事实真伪不明只有反射到要件事实之上，致使要件事实发生真伪不明时，才发生结果意义的举证责任，也才有证明责任判决适用的余地。

【条文】

第九十一条

人民法院应当依照下列原则确定举证证明责任的承担，但法律另有规定的除外：

（一）主张法律关系存在的当事人，应当对产生该法律关系的基本事实承担举证证明责任；

（二）主张法律关系变更、消灭或者权利受到妨害的当事人，应当对该法律关系变更、消灭或者权利受到妨害的基本事实承担举证证明责任。

【条文主旨】

本条是关于举证责任分配的一般规则的规定。

【条文理解】

1. 举证责任分配规则的理论观点

举证责任分配规则，可以上溯到罗马法时代。在罗马法上，举证责任分配遵循两项原则：其一为“原告应负举证义务”；其二为“举证义务存在于主张之人，不存在于否认之人”。可见，罗马法是从行为意义的角度理解举证责任的内容，结果意义的举证责任即待证事实真伪不明时的风险负担并不在罗马法举证责任分配规则的范围之内。罗马法上的这两项原则历经中世纪寺院法的演变，确立了原告就其诉讼原因的事实为举证，被告就其抗辩的要件事实为举证的一般原则，该原则仅在遇有法律上的推定和主张消极事实两种情形下才为例外。19 世纪的德国学者一直遵循该项原则，直到后来由于例外情形一再增加，使其无论是在理论上还是实务上均失去了原本的应有价值。学者们遂放弃该原则，寻求创立新学说的途径。①

英美法系国家的举证责任分配采取实质标准，即根据证明对象与证明主体之间的利益关系来分配举证责任。② 英美法系国家传统意义上采取对抗辩论式诉讼模式，法官并不像大陆法系国家的法官借助预先设定的举证责任分配规则确定举证责任的承担，举证责任分配由事实审法官基于经验，依据公正、便利及政策性考虑，在双方当事人之间进行分配。③

大陆法系国家关于举证责任分配的理论，大致可以概括为两大类：一类是从案件事实出发，根据待证事实的性质和特征来分配举证责任，称为待证事实分类说。另一类为法律要件分类说，即主张权利者应对权利根据的事实举证，对方则应对权利妨碍的事实或者权利消灭的事实举证。

待证事实分类说是根据待证事实证明的难易来决定举证责任的分配，并不顾及某项待证事实在法律构成要件上处于何种地位，而仅注重待证事实的性质或内容，并将其作为举证责任分配的依据。④ 具体而言，即将待证事实按照一定的标准进行分类，以明确对哪些事实须承担举证责任，对哪些事实

---

① 参见毕玉谦：《民事证据原理与实务研究》，人民法院出版社 2003 年版，第 8 页。

② 参见最高人民法院民事审判第一庭：《民事诉讼证据司法解释的理解与适用》，中国法制出版社 2002 年版，第 23 页。

③ 参见毕玉谦主编：《证据法要义》，法律出版社 2003 年版，第 373 页。

④ 参见毕玉谦主编：《证据法要义》，法律出版社 2003 年版，第 372 页。

不承担举证责任。① 依据不同的划分标准，待证事实分类说分为消极事实说、外界事实说、基础事实说等。消极事实说将待证事实分为积极事实和消极事实，凡主张积极事实的当事人应当承担举证责任，主张消极事实的当事人无须承担举证责任。然而这一学说的缺陷十分明显，对于同一事实从不同的角度可能存在积极事实和消极事实两种不同的理解，而且并非所有的消极事实均存在证明困难的情形。外界事实说将待证事实分为外界事实和内界事实。外界事实是指人的感官所能够体察的事实，内界事实是指人的内心活动。主张外界事实的人承担举证责任，主张内界事实的人由于内界事实的证明非常困难，故不承担举证责任。这种学说的缺陷在于人的内心活动完全可以通过间接事实来证明，且在双方均主张内界事实时举证责任如何分配仍然不清楚。基础事实说是在克服消极事实说缺陷的基础上发展而来的，这种学说认为，主张权利发生的当事人应当对权利发生的要件事实承担证明责任，相对方对权利发生的欠缺要件承担证明责任。这一学说为法律要件分类说中的规范说的产生奠定了一定的理论基础，在证明责任理论发展中具有比较大的影响。基础事实说包括特别要件说和因果关系说两个重要的分支。特别要件说将权利发生要件分为一般要件和特别要件，一般要件为普遍存在于一切权利发生情形中的要件，特别要件为与权利发生有直接关系的要件。故在权利发生的必备要件中，原告只需要对权利发生的特别要件事实承担证明责任，而被告应当对表示缺乏权利发生的一般要件事实承担证明责任。特别要件说在日本曾是通说。因果关系说主张权利成立原因事实应当由主张权利的当事人承担举证责任，权利条件欠缺的事实由相对方承担举证责任。因果关系说系规范说之前德国有关举证责任分配问题的通说。②

法律要件分类说以德国学者罗森贝克提出的规范说最具代表性。罗森贝克主张从法律规范要件分类出发，在对实体法律规范结构分析的基础上，根据法律规范的语义和构造分析法律规范的原则、例外，以及基本规范与反对规范之间的关系，以此为分配举证责任的方法。罗森贝克认为，民事实体法规范本身已经具备举证责任分配的原则，这是立法者预先设置的结果。因此，法律规范之间，或者存在补充关系，或者存在相斥关系，二者必居其一。③ 罗森贝克将民事实体法规范分为两大类：一为权利发生规范，也即基本规范，是指能够引起权利发生的法律规范；二为对立规范，包括权利妨碍

① 参见张永泉：《民事诉讼证据原理研究》，厦门大学出版社 2005 年版，第 181 页。

② 参见张永泉：《民事诉讼证据原理研究》，厦门大学出版社 2005 年版，第 182~184 页。

③ 参见毕玉谦主编：《证据法要义》，法律出版社 2003 年版，第 373 页。

规范，即在权利发生开始时妨碍权利发生的效果，使权利不能发生的法律规范；权利消灭规范，即在权利发生之后使已经存在的权利归于消灭的法律规范；权利限制规范，即在权利发生之后，权利人欲行使权利时，能够使权利的效果予以遏制或消除，从而使权利不能实现的法律规范。在上述对实体法规范分类的基础上，规范说认为，凡主张权利存在的当事人应当对权利发生的法律要件存在的事实负举证责任，否认权利存在的当事人应当就权利妨碍法律要件、权利消灭法律要件或者权利限制法律要件存在的事实负举证责任。审判实践中，在出现待证事实真伪不明时，法官根据这种举证责任分配的规则，对真伪不明的待证事实进行归类，确定对该事实负有举证责任的当事人，并据此判决由其承担不利后果。法律要件分类说中的规范说自诞生以来，尽管不断遭受批评和挑战，但迄今仍然无法撼动其作为大陆法系国家和地区举证责任分配的通说地位。

2. 本条内容的理解

本条司法解释的理论依据是法律要件分类说中规范说的理论。

以法律要件分类说中规范说的基本观点为依据理解举证责任分配问题，在我国的民事诉讼实践中由来已久。在2001年最高人民法院起草《民事诉讼证据规定》时，由于1991年民事诉讼法第六十四条确立的“谁主张，谁举证”的规定过于原则，实践中不易操作，不能完全解决举证责任分配问题。为此，将2001年《民事诉讼证据规定》第二条对于举证责任内容（含义）的规定，解释为举证责任分配的一般规则。尽管该条规定在内容上并未在对要件事实分类的基础上明确规定举证责任分配的基本内容，但根据法律要件分类说中规范说的理论理解举证责任分配一般规则观点，是最高人民法院自2001年《民事诉讼证据规定》以来的一贯立场，[①] 也在审判实践中被广为接受。我国民事实体法的规范结构与大陆法系国家的实体法规范结构基本相同，各种法律要件相对明确，区分和适用权利发生规范、限制规范、妨碍规范、消灭规范在司法实践中具备条件。法律要件分类说相对于其他学说，规则上相对清晰、简单，也具有较强的操作性。而法律要件分类说中的一些缺点，如不能很好地兼顾个案公平等，则可以通过实体法律和司法解释的特别规定予以矫正。因此，采取法律要件分类说中规范说作为我国举证责任分配的原则，具有相当的合理性。

本条解释在内容上，首先明确是关于举证责任分配一般规则的规定，其

① 参见最高人民法院民事审判第一庭：《民事诉讼证据司法解释的理解与适用》，中国法制出版社2002年版，第23~24页。

适用的条件即为无特殊规则适用，即“法律另有规定的除外”，依照本条规定确定举证责任的分配。其次，举证责任分配的基础，是对要件事实的分类。本条第一项和第二项举证证明责任的所指向的均为“法律关系的基本事实”。这里的基本事实与要件事实同义，即权利及法律关系的构成要件所依赖的事实。在本司法解释起草过程中，曾经采取“法律要件事实”的表述，但考虑到我国民事诉讼法上使用主要事实或基本事实的用语而并无法律要件事实的表述，故修改为“基本事实”以与立法保持一致，也便于实践中理解和适用。

【审判实践中应当注意的问题】

审判实践中在涉及举证责任分配问题时，首先应当注意的是，举证责任的分配具有法定性，即举证责任是由法律分配而在原则上并不能由法官来分配。因此，法官只能根据本条的规定，在对民事实体法规范进行类别分析的基础上，识别权利发生规范、权利消灭规范、权利限制规范和权利妨碍规范，并以此为基础确定举证责任的负担。法官在举证责任分配问题上是适用法律的过程，是通过对实体法规范的分析发现法律确定的举证责任分配规则的过程，而非创造举证责任分配规则。其次，本条第二项系采取“法律关系变更”的表述，其在理解上可以与权利限制作同一理解。最后，本条的“基本事实”应当理解为要件事实，即实体法律关系或者权利构成要件所依赖的事实。在民事诉讼法上，在诉讼程序问题上有时基本事实也可能被解读为包括诉讼主体等程序事项的事实。但本条是有关举证责任分配的规定，不涉及程序方面的事实，因此在解读上应当完全立足于实体法规范。

【条文】

第九十二条

一方当事人在法庭审理中，或者在起诉状、答辩状、代理词等书面材料中，对于己不利的事实明确表示承认的，另一方当事人无需举证证明。

对于涉及身份关系、国家利益、社会公共利益等应当由人民法院依职权调查的事实，不适用前款自认的规定。

自认的事实与查明的事实不符的，人民法院不予确认。

【条文主旨】

本条是关于诉讼上的自认的规定。

【条文理解】

自认是对于己不利的事实的承认。依自认作出的场合，可以区分为诉讼外的自认和诉讼上的自认。诉讼外的自认只是影响法官心证的因素，其本身与证明责任无直接关联，故并非证据法关注的问题。诉讼上的自认是指当事人就对方当事人主张的不利于己的事实，于诉讼上陈述其为真实，或称当事人一方所主张的事实，对他方当事人不利，而他方当事人在诉讼上作出承认此项事实的陈述。[①] 在实行辩论主义的民事诉讼中，自认是对于己不利的事实予以承认的声明或表示。此类声明，在诉讼中通常表现为一方当事人对另一方当事人主张的于其不利的事实予以直接、积极、明确的承认；而作为一种表示，则既可以为明示的作为，也可以是默示的不作为，既可以由当事人自己作出，也可以由经其授权的诉讼代理人作出。[②]

在大陆法系国家和地区，诉讼上的自认是证明责任的一种例外，其本身并非证据方法，而是在辩论主义诉讼模式下当事人行使处分权的结果。在诉讼中，自认一经作出，即产生两方面的效果：其一，对当事人产生拘束力，即当事人一方对另一方主张的于其不利的事实一经作出承认的声明或表示，另一方当事人即无须对该事实举证证明，而且除特定情形外作出自认的当事人也不能撤销或否认其自认；其二，对法院产生拘束力，即对于当事人自认的事实，法院在原则上应当予以确认，不能作出与自认的事实相反的认定，无法定情形不能否定自认的效力。

在英美法系国家，当事人自认是作为一种证据方法对待，属于传闻规则的例外情形。英美法基于对法庭审理直接原则和言词原则的强调，将一切未在法庭上陈述的事实和陈述者在法庭上陈述的非其亲身感知的事实，均作为传闻证据予以排除。但当事人自认作为一种证据方法则不属于传闻证据。“根据普通法的规定，就一方当事人所陈述的事实与另一方当事人所主张的事实正好相反而被后者所接受，可以用来证明案件事实，这是作为一种反传闻规则的例外。这种例外所固有的安全保障在于，除非这些事实具有真实性，否则当事人不会对于其不利的事实予以承认。”[③]

本条延续了2001年《民事诉讼证据规定》对自认的理解，借鉴大陆法系国家和地区的立场，将诉讼上的自认作为举证责任的例外对待。在内容上，本条规定对2001年《民事诉讼证据规定》第八条和第七十四条进行整

---

① 参见李学灯：《证据法比较研究》，我国台湾地区五南图书出版公司1992年版，第103页。

② 参见肖建华主编：《民事证据法理念与实践》，法律出版社2005年版，第110页。

③ 肖建华主编：《民事证据法理念与实践》，法律出版社2005年版，第112页。

合，对诉讼上的自认作出原则性的规定。根据本条规定，诉讼上的自认不限于在法庭上或者与法庭具有相似功能的场合作出的承认，在诉讼材料中承认的于己不利的事实，也具有自认的效力。2001 年《民事诉讼证据规定》第八条并未强调当事人承认的事实应当为于己不利的事实，本条与之相比，将自认的事实明确为于己不利的事实，在内容上更准确；2001 年《民事诉讼证据规定》第七十四条既包括对事实的承认也包括对证据的认可，而对证据的认可与自认无关，本条仅保留对事实承认的内容。在自认的例外情形上，本条对 2001 年《民事诉讼证据规定》中比较零散的内容进行整理和归纳，明确了人民法院应当依职权调查的事实和与已经查明的事实不相符的情形，不适用自认。根据本解释第九十六条的规定，涉及身份关系的事实，可能损害国家利益、社会公共利益的事实，公益诉讼，恶意诉讼以及纯粹的程序性事项，人民法院应当依职权调查收集证据。这些事实，不适用自认的规定。在自认的事实与人民法院查明的事实不符的场合，由于事实已经被证据所证明，从发现真实的角度看，无当事人自认适用的余地。

【审判实践中应当注意的问题】

其一，本条是关于诉讼上自认的原则性规定。2019 年修正的《民事诉讼证据规定》对 2001 年《民事诉讼证据规定》进行修改，其中第三条至第九条在本条基础上，对 2001 年《民事诉讼证据规定》第八条内容作出全面修改，改变了代理人自认和撤销自认的条件，增加了限制自认、共同诉讼人自认的规则，对于不适用自认的情形作出明确、具体的、更有操作性的规定。审判实践中，有关自认规则的具体适用，应当以 2019 年《民事诉讼证据规定》为依据。

其二，“自认的事实与查明的事实不符”，是指当事人于诉讼上自认的事实，与法官依据法律、司法解释的规定已经形成内心确信的事实不相符，且当事人的自认亦不能动摇法官的心证的情形。2019 年《民事诉讼证据规定》第八条第二款修改为“自认的事实与已经查明的事实不符”，表述更明确。

【条文】

第九十三条

下列事实，当事人无须举证证明：

（一）自然规律以及定理、定律；

（二）众所周知的事实；

（三）根据法律规定推定的事实；

（四）根据已知的事实和日常生活经验法则推定出的另一事实；

（五）已为人民法院发生法律效力的裁判所确认的事实；

（六）已为仲裁机构生效裁决所确认的事实；

（七）已为有效公证文书所证明的事实。

前款第二项至第四项规定的事实，当事人有相反证据足以反驳的除外；第五项至第七项规定的事实，当事人有相反证据足以推翻的除外。

【条文主旨】

本条是关于诉讼上自认之外免证事实的规定。

【条文理解】

所谓免证事实，是指在诉讼中当事人虽然就某一事实提出主张，但免除其提供证据的责任的情形。

根据2001年《民事诉讼证据规定》第九条的规定，众所周知的事实、自然规律及定理、根据法律规定或者已知的事实和日常生活经验法则推定出的另一事实、已为人民法院发生法律效力的裁判所确认的事实、已为仲裁机构的生效裁决所确认的事实、已为有效公证文书所证明的事实，当事人无需举证证明。当事人有相反证据足以推翻的，不发生免除举证责任的效果。对本解释规定的无须举证证明的情形具体分析，可将其区别为两类：对于本条第二项至第四项规定的推定的事实和众所周知的事实，当事人提供的证据能够动摇免证事实对于法官的心证基础的，即不能发生免除当事人举证责任的效力；而对于本条第五项至第七项规定的已为人民法院发生法律效力的裁判所确认的事实、已为仲裁机构的生效裁决所确认的事实、已为有效公证文书所证明的事实，由于人民法院的裁判文书和仲裁机构的裁决书、公证文书均有公文书证的性质，按照公文书证的规则，否定公文书证确认的事实需要证据的证明力达到推翻该事实的程度，也即需要达到证明相反事实成立的程度，故本解释规定当事人只有在提供的相反证据足以推翻上述三项生效文书确认的事实时，该三项生效文书才发生不能免除举证责任的效果。

【审判实践中应当注意的问题】

审判实践中应当注意的是，2019年修正的《民事诉讼证据规定》对本条规定的内容进行了修改，对本条第一款所列举的免证事实的反证要求进行了调整，将“已为仲裁机构对生效裁决所确认的事实”的反证要求由“当事人有相反证据足以推翻”修改为“当事人有相反证据足以反驳”。关于仲裁机构的生效裁决所确认的事实能否作为免证事实的问题，在修改 2001 年《民事诉讼证据规定》过程中存在很大争议。反对将其作为免证事实的观点认为：(1) 人民法院的裁判受仲裁机构认定的事实约束，没有理论依据，也违背自由心证原则；(2) 仲裁机构对事实认定并不需要遵循严格的证据规则，在认定事实上有很大的自由和空间，其事实认定可靠性不足；(3) 仲裁机构对事实的认定不受法院生效裁判拘束，人民法院裁判反受仲裁机构的生效裁决约束，逻辑上不成立；(4) 审判实践中，当事人利用仲裁程序确认事实后，再进行关联诉讼，给人民法院的审判活动带来很大困扰。支持其作为免证事实的观点认为：(1) 仲裁作为当事人协议选择的争议解决方式，对于及时解决纠纷，减少诉讼案件具有积极意义；(2) 将仲裁裁决确认的事实从免证事实中删除，不利于仲裁的发展，与国家积极倡导的大力支持仲裁发展的政策相悖。我们对这两种意见进行折中，在保留生效仲裁裁决作为免证事实的同时，降低其反证的标准。我们认为，由于仲裁机构并非具有社会管理职能的组织，仲裁裁决本身不属于公文书证，因此对于仲裁裁决的反证不需要按照公文书证的标准，达到“有相反证据足以推翻”的程度，而应当按照私文书证的反证标准，以有“相反证据足以反驳”作为其反证标准。由于本解释仅就证据部分的原则性、框架性的问题进行规定，具体问题的规定由《民事诉讼证据规定》完成，二者之间相当于“普通法”和“特别法”的关系。虽然本解释在 2019 年之后又进行了两次修改，但均不涉及证据部分的内容。审判实践中有关证据问题，应当以 2019 年修正的《民事诉讼证据规定》为准。

【条文】

第九十四条

民事诉讼法第六十七条第二款规定的当事人及其诉讼代理人因客观原因不能自行收集的证据包括：

（一）证据由国家有关部门保存，当事人及其诉讼代理人无权查阅调取的；

（二）涉及国家秘密、商业秘密或者个人隐私的；

（三）当事人及其诉讼代理人因客观原因不能自行收集的其他证据。

当事人及其诉讼代理人因客观原因不能自行收集的证据，可以在举证期限届满前书面申请人民法院调查收集。

【条文主旨】

本条是关于当事人及其诉讼代理人因客观原因不能自行收集的证据的范围和申请人民法院调查收集证据的条件的规定。

【条文理解】

调查收集证据，是指诉讼主体对进行诉讼所需的各种证据，依照法定程序收集和调查的活动和程序。[①] 人民法院调查收集证据即为人民法院作为诉讼主体所进行的证据调查收集的行为。

民事诉讼法第六十七条第一款规定了当事人“谁主张，谁举证”的原则，第二款又对人民法院调查收集证据作出原则性规定。如何理解民事诉讼法第六十七条的规定，即当事人举证与人民法院调查收集证据的关系，我国民事诉讼法理论界曾经存在三种观点：（1）结合说，[②] 即认为民事诉讼法第六十七条的规定，是将人民法院调查收集证据与当事人举证并重，目的在于调动两方面积极性，以利于正确、合法、及时审理民事案件。（2）职责说，[③] 认为当事人负有举证责任，而全面客观调查收集证据是人民法院的职责，应当强调当事人举证责任，但又要防止以当事人举证责任代替法院调查收集证据。（3）补充说，[④] 认为当事人是举证责任主体，人民法院不负举证责任，而只进行补充性收集。2001 年《民事诉讼证据规定》采纳补充说的立场，明确当事人举证责任承担者的责任主体地位，人民法院仅在特定条件下、依照一定的程序承担有限的补充作用。这一立场为本解释所承继。

依本条规定，当事人及其诉讼代理人因客观原因不能自行收集的证据包括：（1）档案材料，这类证据材料由国家有关部门保存，当事人及其诉讼代理人无权调阅，人民法院有根据当事人申请调查收集的必要；（2）私密材料，即国家秘密、商业秘密和个人隐私的材料，这类证据材料当事人及其诉讼代理人自行收集，可能会产生违法或侵权的情形，故申请人民法院调查收集证据有其合理性；（3）兜底性规定，由人民法院根据个案的情况具体掌握。

2001 年《民事诉讼证据规定》遵循将当事人的申请行为比照举证行为的思路，这一立场被本解释承继。因此，当事人及其诉讼代理人向人民法院

---

① 参见张永泉：《民事诉讼证据原理研究》，厦门大学出版社 2005 年版，第 182~184 页。

② 参见胡夏冰、冯仁强编著：《公正司法与司法改革研究综述》，清华大学出版社 2001 年版，第 118 页。

③ 参见蔡镇顺：《论民事诉讼中的举证责任》，载《河北法学》1999 年总第 157 期。

④ 参见宗学军：《关于民事诉讼当事人举证责任和举证制度的思考》，载《新疆社会科学》1997 年第 6 期。

申请调查收集证据，应当遵守举证期限的要求，在举证期限届满前提出。考虑到人民法院调查收集证据对当事人利益影响较大，申请应当以书面方式提出，以增强申请的严肃性和公开、公正，保证人民法院的中立性不被侵蚀。

【审判实践中应当注意的问题】

其一，对于当事人及其诉讼代理人提出调查收集证据的申请，人民法院应当审查是否具有本条规定的因客观原因不能自行收集证据的情形，避免出现只要当事人申请人民法院就进行调查收集、损害法院中立地位的情形。

其二，对于当事人书面申请有困难，或者简易程序中无书面申请必要的，人民法院应当将当事人口头申请的内容予以明确记录，由当事人签字或捺印，以此替代书面申请。

【条文】

第九十五条

当事人申请调查收集的证据，与待证事实无关联、对证明待证事实无意义或者其他无调查收集必要的，人民法院不予准许。

【条文主旨】

本条是关于人民法院不予准许当事人调查收集证据申请的情形的规定。

【条文理解】

当事人申请人民法院调查收集的证据，应当是当事人及其诉讼代理人因客观原因无法自行收集的证据，这是人民法院依当事人申请调查收集证据的基本条件。但即使当事人申请调查收集的证据满足这一条件，人民法院仍然应当进行必要性审查。没有调查收集证据必要的，人民法院也不应当准许当事人的申请。

人民法院无调查收集必要的证据，首先是指与待证事实无关联性的证据。关联性是证据的基本属性和特征。一般认为，客观性（真实性）、关联性、合法性是证据的三种属性。而关联性则是证据进入诉讼的第一道“关卡”，是证据能够被采纳的首要条件，在证据规则中发挥着基础性和根本性的作用。所谓关联性，是指“证据必须同案件事实存在某种联系，并因此对证明案情具有实际意义”①。“证据的关联性是融合于证据规则中带有根本性和一贯性的原则……由于关联性这一含义适用于所有提出的证据，因此也渗

① 樊崇义主编：《证据法学》，法律出版社2001年版，第47页。

透于庭审的全部过程。所有具备可采性的证据首先与待证事实具有关联性，至少当对方举证或就证据的关联性提出质疑时，必须首先证实其具有关联性。”① 证据的关联性包含两个方面的内容：其一，证据对于解决争议的待证事实具有实质意义，其本身或者与其他证据相结合对待证事实的证明能够发挥作用；其二，证据具有证明价值，即具有使待证的事实主张更有可能或更无可能的能力。

大陆法系国家由于强调法官判断证据中的自由心证的作用，法官在认定证据上具有很大的能动性，因此对证据关联性的属性探讨不多。英美法系国家传统上并非由专业法官进行事实审理，因此证据规则较为完备，对证据关联性的讨论也相对较为充分。《美国联邦证据规则》第401条规定：“关联性证据是指证据具有任何这样一种倾向，有这项证据比没有这项证据，使对审理案件有意义的任何事实的存在更可能或更不可能。”在证据关联性的判断上，基于关联性本身的内容，从证据的实质性即证据与待证事实之间的实质关系和证据的证明价值两方面来进行。(1) 证据的实质性判断。证据的实质性判断首先需要明确待证事实的范围。英美法学者认为，待证事实可以归结为三类：其一为争议的事实，即原告为胜诉或者被告为成功抗辩而必须证明的事实，这种事实由实体法和当事人的主张所决定；其二为相关事实，即可以从中推出争议中的事实是否存在的事实，主要发生在能够直接证明争议事实的直接证据缺乏的场合，而与争议事实相关联的事实能够得到证据证明的情形；其三为间接事实，包括证人能力的事实、证人可信性的事实，以及作为前提条件的初步事实（只有在其得到证明后才能决定某些证据是否可以证明争议事实或者相关事实）。在对待证事实归类以确定范围的基础上，判断证据的实质性主要考察当事人推出证据的证明目的，该目的是否有助于证明争议事实。如果证据的证明目的并非指向待证事实，则该证据不具有实质性，也没有关联性。在具体的判断过程中，需要运用逻辑推理和经验法则来得出结论。(2) 证明价值的判断。证明价值的判断实质上是对证据证明待证事实存在或者不存在的可能性的判断。如果证据使待证事实的存在更有可能或者更无可能，该证据即具有证明价值。②

没有关联性的证据，无论当事人自行收集提供，还是人民法院调查收集，均缺乏证明待证事实的基础。当事人申请调查收集没有相关性的证据，是对司法资源的浪费，当然不应准许。当事人申请调查收集的证据对于证明

① 韩象乾主编：《民事证据理论新探》，中国人民公安大学出版社2006年版，第37页。
② 参见韩象乾主编：《民事证据理论新探》，中国人民公安大学出版社2006年版，第41~44页。

待证事实无意义的，也是属于人民法院无调查收集证据必要的情形。从广义的证据关联性的角度出发，这种情形也可以包含在无关联性的范畴之内。有关其他无调查收集证据必要的情形，则属于兜底性规定，由审理案件的法官根据具体情况进行判断。如对于待证事实，审理案件的法官已经形成较为充分的内心确信，无论当事人及其诉讼代理人申请调查收集的证据是否存在、内容如何，均不可能对法官的心证基础产生动摇的，应属这种无调查收集证据必要的其他情形。

本条司法解释是在总结审判实践经验的基础上形成的，具有明确的针对性，对于指导审判实践具有较强的现实意义。在对 2001 年《民事诉讼证据规定》实施情况调研的过程中，我们发现实践中一些法院对于人民法院调查收集证据的条件掌握过于宽松，为回避矛盾、避免当事人的指责，即使当事人申请调查收集的证据对待证事实的证明缺乏必要性，也仍然调查收集。既浪费审判资源，也由于调查收集来的证据无法发挥证明待证事实的作用而容易产生新的矛盾。因此，本条作出规定，对没有调查收集证据必要的情形予以明确。

【审判实践中应当注意的问题】

审判实践中应当注意的是，有关证据关联性的判断，难点在于间接证据与待证事实的关联性问题上。许多情况下，由于直接证据不易获得，需要借助间接证据证明间接事实，再依据经验法则推论主要事实。在这种情况下，往往需要根据案件的具体情况特别是待证事实的具体情况，结合有关证据存在的条件等因素，进行综合判断。

【条文】

第九十六条

民事诉讼法第六十七条第二款规定的人民法院认为审理案件需要的证据包括：

（一）涉及可能损害国家利益、社会公共利益的；

（二）涉及身份关系的；

（三）涉及民事诉讼法第五十八条规定诉讼的；

（四）当事人有恶意串通损害他人合法权益可能的；

（五）涉及依职权追加当事人、中止诉讼、终结诉讼、回避等程序性事项的。

除前款规定外，人民法院调查收集证据，应当依照当事人的申请进行。

【条文主旨】

本条是关于人民法院认为审理案件需要的证据的规定。

【条文理解】

自20世纪80年代以来，强化当事人的举证责任，弱化和规范人民法院调查收集证据的职能，一直是民事审判方式改革和我国民事诉讼制度发展的方向。民事诉讼法第六十七条的规定也体现了我国民事诉讼制度发展的阶段性成果。但由于民事诉讼法第六十七条没有明确“当事人及其诉讼代理人因客观原因不能自行收集的证据”和“人民法院认为审理案件需要的证据”的范围，审判实践中对此理解存在分歧，适用标准不统一。人民法院拥有广泛的调查收集证据的职能，既扭曲了其作为中立裁判者的本来角色，也容易发生寻租行为，影响审判的公正性，损害司法权威。因此，2001年《民事诉讼证据规定》从职权进行主义民事诉讼模式的立场出发，明确限定了“人民法院认为审理案件需要的证据”的范围，符合民事诉讼制度的发展趋势，也具有很强的实践意义。因此，本条解释承继其基本思路和主要内容。

与2001年《民事诉讼证据规定》相比，本条对其相关条文进行了整理，同时结合2012年民事诉讼法修改的情况进行了补充。具体而言：（1）2001年《民事诉讼证据规定》第十五条第一项“涉及可能有损国家利益、社会公共利益或者他人合法权益的事实”修改为“涉及可能损害国家利益、社会公共利益的”。法院对涉及国家利益和社会公共利益的事实保留依职权调查的权力，是大陆法系国家和地区的普遍做法，也是法院保护国家利益和社会公共利益所必要的职权。删除了损害他人合法权益的情形，主要是考虑损害他人合法权益比较笼统，而2012年民事诉讼法第一百一十五条增加的对恶意诉讼制裁的规定，本身也属于需要人民法院依职权调查的情形，因此将“损害他人合法权益”修改为“当事人有恶意串通损害他人合法权益可能的”作为第四项，逻辑上更顺畅。（2）增加“涉及身份关系”的事实，规定为单独一项。主要是考虑到身份关系涉及社会基本伦理价值，本身即具有社会公共利益的属性。这种身份关系的事实，在性质上需要法院保留依职权调查收集证据的权力。在一些立法上存在人事诉讼或者家事诉讼程序的国家，明确规定在这种诉讼中法院具有广泛的调查收集证据的职权。2001年《民事诉讼证据规定》第八条在自认的规定中，排除身份关系案件中对自认规则的适用，也是出于身份关系具有社会公共利益的性质考虑；在理解上，该规定第十五条第一项本来也包含身份关系的事项在内。(3) 公益诉讼的情形。民事诉讼法第五十八条是关于公益诉讼的规定。公益诉讼事关公共利益的保护，故其与一般民事诉讼相比，规则较为特殊，需要法院广泛发挥职权作用调查收集证据。也因此可以将公益诉讼的情形理解为第一项涉及社会公共利益的范畴。将其单独列出更明确，能够更好地与立法上的其他诉讼制度相呼应。(4) 程序事项是2001年《民事诉讼证据规定》第十五条原有内容，本条予以承继。

证据属于民事诉讼的实体内容。在辩论主义的诉讼模式之下，诉讼的实体内容由当事人决定，法院仅在特殊情况下，出于保护公共利益等需要进行有限地介入。从2001年《民事诉讼证据规定》和本解释的基本思路和内容上看，由于将当事人申请行为本身视作当事人举证行为的一种特殊形式，故均规定除明确规定法院依职权调查收集证据的情形之外，其他人民法院调查收集证据的行为必须依当事人的申请进行。

【审判实践中应当注意的问题】

审判实践中应当注意的是，本解释对于人民法院依职权主动调查收集证据持谨慎立场，本条规定的五项情形非常明确，没有兜底条款，也没有扩大适用的余地。实践中确有当事人因诉讼能力不足而发生举证困难的情形的，人民法院应当在不影响中立性的前提下，在遵守法律、司法解释的前提下，通过释明权的行使，引导当事人提出调查收集证据的申请。凡不符合本条规定，又没有当事人申请为前提的，人民法院依职权调查收集证据的行为，均属于违反法定程序的行为。

【条文】

第九十七条

人民法院调查收集证据，应当由两人以上共同进行。调查材料要由调查人、被调查人、记录人签名、捺印或者盖章。

【条文主旨】

本条是关于人民法院调查收集证据的操作性规定。

【条文理解】

人民法院行使调查权，是司法权行使的组成部分。要求两人以上共同进行，既体现了司法权行使的严肃性，又能使两名以上工作人员在调查收集证据的过程中互相监督、互相配合、拾遗补阙，保障程序公正和调查收集证据的效果。调查收集证据的人民法院工作人员是否为审判人员，法律、司法解释均无规定。1984年公布实施的《最高人民法院关于贯彻执行〈民事诉讼法（试行）〉若干问题的意见》规定，收集和调查证据，应由审判人员主持，两人以上共同进行。其后的司法解释虽然未再规定由审判人员主持证据的调查收集，但由审判人员进行证据的调查收集，一直是人民法院的工作传统和惯例。本解释虽未作明确规定，但其本义仍然是由审判人员主持证据调查收集工作。此处的审判人员并非仅限于法官，法官助理、书记员均属于审判人员。调查收集证据的主体为两人以上，也并不要求均为审判人员，但应当有审判人员参加并主持。

人民法院调查收集证据，应当制作调查笔录，记载调查的时间、地点、调查人和被调查人的信息、调查收集证据的情况等内容。调查笔录应当由调查人、被调查人和记录人签名、捺印或者盖章。

【条文】

第九十八条

当事人根据民事诉讼法第八十四条第一款规定申请证据保全的，可以在举证期限届满前书面提出。

证据保全可能对他人造成损失的，人民法院应当责令申请人提供相应的担保。

【条文主旨】

本条是关于诉讼证据保全的程序的规定。

【条文理解】

证据保全是指为了防止证据灭失或以后难以取得，人民法院在诉讼前或者对证据材料进行调查前，根据利害关系人、当事人的申请，或者依职权采取措施，对案件有证明意义的证据材料予以提取、保存或者封存的制度。[①] 证据保全制度肇始于寺院法，后为德国普通法所继受，并为大陆法系国家所普遍认可。英美法系国家由于其特有的审判模式和举证规则所限，并未产生完整意义上的证据保全制度，而是在一定程度上由“执达员笔录”或者由紧急审理法官“命令进行”验证来弥补。[②] 证据保全的目的在于事先防范，也

① 参见毕玉谦主编：《证据法要义》，法律出版社2003年版，第523页。

② 参见李双元、谢石松：《国际民事诉讼法概论》，武汉大学出版社1990年版，第413页。

就是使证据经由法院的调查固定，从而避免因情势变化、物理上的变化等原因或者其他意外情况的出现而发生灭失或者无法使用的情形。因此，证据保全的意义主要体现在两个方面：其一，促使裁判在事实认定上获得正确的结果。民事诉讼中原则上由当事人承担举证责任，如果当事人不能持有和提供适当的证据，法院的裁判也无法完全符合真实、公正的原则。因此，证据保全制度能够弥补当事人持有、提供证据能力上的缺陷，促进法院裁判获得较为真实、可靠的结果。其二，能够在一定程度上减少讼争的发生。民事争议的发生，一定程度上是由于双方当事人在证据问题上信息不对称所致。如果证据能够完整保全，事实的查明就会更容易、准确，能够化解当事人对事实问题的分歧，在相当程度上减少讼争的概率。①

证据保全是基于客观上的急迫需要，在正式开展庭审调查前就特定证据材料预先加以调查，以便对其证据的形式与内容加以固定、保存的一种特别程序。证据保全属于诉讼行为还是非诉讼行为，学者间存在不同的观点。主张为非诉讼行为的观点认为，诉前证据保全是在诉讼系属之前进行的，故应为非诉讼行为；主张诉讼行为的观点认为，证据保全程序规定于诉讼法中，属于证据调查的特别规定，其程序开始基于法定原因，保全的证据双方当事人均可利用，有关费用也属于诉讼费用的组成部分。即使诉前证据保全，也是针对将来的诉讼行为，可以产生诉讼上的效果。我国学者多赞同证据保全为诉讼行为的观点，“证据保全是在证据可能灭失或今后难以取得的情况下，法院依申请或依职权采取的固定与保护措施，是法院的一种诉讼行为；同时，也是法院依申请或依职权对证据的预先调查活动，存在于法庭审理开始之前或诉讼受理之后，是一种法定的诉讼程序”②。也有学者认为，证据保全从总括意义上而论，属于诉讼行为与准诉讼行为相结合的二元制结构。“对于诉讼开始之后的特定阶段所实施的证据保全措施，作为一种诉讼行为来看待是实为切合实际的一种态度……当事人之所以在诉讼上提出证据保全申请，是因为有关当事人向法院提出了事实主张而应当承担证明责任，并且当事人用来证明其事实主张的有关证据遇到了将要灭失或者今后难以取得的特别情况，故在此种情况下，由当事人提出的证据保全申请显然属于一种诉讼行为。但是，在诉讼形成之前而进行的证据保全程序所保全的证据，有时并不排除事后有关利害关系人并不提起诉讼的可能……因此这种程序下所实施

① 参见陈玮直：《民事证据法研究》，我国台湾地区新生印刷厂 1970 年版，第 85～86 页，转引自毕玉谦：《民事证据原理与实务研究》，人民法院出版社 2003 年版，第 419 页。

② 肖建华主编：《民事证据法理念与实践》，法律出版社 2005 年版，第 294 页。

证据保全的行为，其行为属性如界定为诉讼行为则实难与实际情况相符，如界定为准诉讼行为则更为妥当。”①

证据保全依发生的时点不同，分为诉前证据保全和诉讼证据保全两种情形。诉前证据保全是指利害关系人在起诉前，有关权利义务争议的证据面临灭失或者以后难以取得的情形，为避免其合法权益遭受难以弥补的损害，在起诉前申请人民法院对有关证据采取提取、封存等强制措施。诉讼证据保全是在诉讼过程中发生证据可能灭失或者以后难以取得的情形，法院根据当事人的申请或者依职权采取的固定和保存证据的行为。在民事诉讼法于2012年修改之前，原第七十四条规定，在证据可能灭失或者以后难以取得的情况下，诉讼参加人可以向人民法院申请证据保全，人民法院也可以主动采取保全措施。从该条内容可以看出，当时我国民事诉讼在立法上并不承认诉前证据保全。诉前证据保全最初规定在1999年的海事诉讼特别程序法之中。其后，2001年修正的著作权法、商标法，《最高人民法院关于对诉前停止侵犯专利权行为适用法律问题的若干规定》也对诉前证据保全作出规定。因此，2001年《民事诉讼证据规定》第二十三条第三款规定：“法律、司法解释规定诉前证据保全的，依照其规定办理。”这些法律、司法解释规定的诉前证据保全制度在实践中的适用，为立法上增加诉前证据保全的规定积累了丰富的实践经验。2012年民事诉讼法第八十一条第二款规定诉前证据保全，既满足了审判实践的需求，也与其他实体法相衔接。由于诉前证据保全主要发生在知识产权诉讼、海事诉讼中，而相应的司法解释对诉前证据保全已有规定，普通民事诉讼在诉前多依赖诉讼证明地位较高的公证行为保全证据，诉前证据保全在普通民事诉讼中并不多见。另在诉讼证据保全中，对于人民法院依职权采取证据保全措施的，由于自2001年《民事诉讼证据规定》实施以来，最高人民法院对于人民法院的职权行为，如委托鉴定，一直理解为在性质和规则上与人民法院调查收集证据的行为相同，故人民法院依职权进行证据保全应当遵循人民法院依职权调查收集证据相同的原则和条件，在本条之中没有单独规定的必要。故本解释只对当事人申请诉讼证据保全的情况作出规定。

根据本条的内容，结合诉讼证据保全的特点和立法的规定，当事人申请诉讼证据保全的，应当符合如下条件：其一，申请保全的证据在形式上对案件事实的证明有意义，即保全的证据与待证事实之间在形式上具有关联性。

① 毕玉谦：《民事证据原理与实务研究》，人民法院出版社2003年版，第420~421页。

至于实质上是否相关联、证明价值大小，属于证据实质审查的问题，并不在人民法院审查证据保全申请的考虑之列。其二，证据有灭失或者以后难以取得的可能，即如不采取保全措施，证据将不复存在，或者即使存在也难以调取。其三，申请应当在举证期限届满前以书面方式提出。当事人的申请行为，被视为当事人举证行为的一种特殊情况对待，这是最高人民法院自2001年《民事诉讼证据规定》实施以来的一贯立场，因此，申请证据保全行为需要与举证行为一样遵守举证期限的要求。要求当事人以书面方式提出申请，主要是考虑对证据的保全行为涉及诉讼的实体内容，对当事人的权利影响较大，故在程序上应当较为正式。

本条第二款对诉讼证据保全的担保作出规定。证据保全的目的在于固定证据，因此证据保全一般不会对被保全的证据持有人造成经济上的损失。但如果被保全的证据本身为财物，或者由于保全方法本身的特点，可能给证据持有人造成财产上损失时，申请证据保全的当事人有提供担保的必要，人民法院应当责令其提供相应的担保。根据2019年《民事诉讼证据规定》第二十七条第二款的规定，证据保全的方法包括查封、扣押、录音、录像、复制、鉴定、勘验等。其中查封、扣押既是调查取证和证据保全的方法，也是执行措施，对于房产、有价证券等采取查封、扣押措施进行证据保全的，可能会对财产交易价值造成影响，人民法院可以根据具体情况决定是否要求申请人提供担保。鉴定、勘验的方法，如果可能对证据本身的财产价值造成损害的，也属于应当提供担保的情形。录音、录像、复制的方法，为单纯的固定证据的手段，一般不会对证据本身造成损害，则无提供担保的必要。

【审判实践中应当注意的问题】

其一，证据保全的范围，立法和司法解释均无限制性规定，原则上各种证据形式均可以成为证据保全的对象，只不过根据证据形式和具体情况的不同，采取不同的保全方法，如对于证人证言，可以采取提前询问或者制作笔录的方式进行保全。

其二，保全的证据是用以证明双方当事人之间争议事实的证据，因此保全的证据并非仅供申请人在诉讼中作为支持自己事实主张的依据，双方当事人对保全的证据均可以加以利用。

【条文】

第九十九条

人民法院应当在审理前的准备阶段确定当事人的举证期限。举证期限可以由当事人协商，并经人民法院准许。

人民法院确定举证期限，第一审普通程序案件不得少于十五日，当事人提供新的证据的第二审案件不得少于十日。

举证期限届满后，当事人对已经提供的证据，申请提供反驳证据或者对证据来源、形式等方面的瑕疵进行补正的，人民法院可以酌情再次确定举证期限，该期限不受前款规定的限制。

【条文主旨】

本条是关于举证期限的确定和不受举证期限影响的除外情形的规定。

【条文理解】

本条与其后关于举证期限的延长、逾期提供证据的处理、逾期提供证据的后果共四个条文共同构成本解释中的举证时限制度。

举证时限如何定义，存在不同观点。有学者将举证时限理解为民事诉讼期间制度的内容，认为举证时限是指负有举证责任的当事人应当在法律规定和人民法院指定的期限内提出证明其主张的相应证据，逾期不举证则承担证据失效的法律后果的一项民事诉讼期间制度；[①] 有学者将举证时限归属于举证责任范畴，认为举证期限是指根据法律的规定或者法官的指定，诉讼当事人向法院或者向对方当事人提出证据，逾期将承担相应责任的时限制度，又称举证时限，它们属于举证责任范畴内的概念。[②] 另有学者从证据失权的后果来理解举证时限制度，将超过举证时限未举证的后果称为证据失权，并与答辩失权、上诉失权、申诉失权、管辖异议失权共同构成民事诉讼失权制度。[③] 我们认为，举证时限是指负有举证责任的当事人应当在法律规定或者人民法院指定的期限内提供证明其事实主张的相应证据，逾期不提供将承担相应不利后果的一项民事诉讼制度。这种不利后果在 2001 年《民事诉讼证据规定》中为证据失权，民事诉讼法第六十八条规定了训诫、罚款和证据失权的后果。

---

① 参见陈桂明、张锋：《民事举证时限制度初探》，载《政法论坛》1988 年第 3 期。

② 参见梁书文主编：《民事诉讼法实施问题研究》，人民法院出版社 2000 年版，第 195 页。

③ 参见张卫平：《诉讼架构与程式》，清华大学出版社 2000 年版，第 453 页。

无论如何定义举证时限，举证时限制度都必然包含举证期限和逾期举证的后果这两个方面的内容。举证期限是对当事人提供证据的期间上的要求，逾期举证的后果是举证期限得以遵守的保障，二者结合共同构成举证时限制度基本内容。举证时限制度是证明责任的内在要求。证明责任制度的设立，不仅要求提出主张的当事人就其主张的事实提出证据加以证明，同时还要求及时提出证据，在一定期限内完成其证明责任。“举证时限作为法律上的要求，就必然涉及这样的问题，如果当事人未能遵循举证时限，将承担一定的法律后果，即应当及时披露却逾期披露的证据丧失证据效力。”① 举证时限制度是防止诉讼突袭、保证程序公正的必然要求。举证时限制度要求双方当事人必须在规定的时间内提供证据，让对方当事人知晓其进行攻击的诉讼资料，从而有充分的机会提出反驳证据和意见。只有双方当事人遵循举证时限的要求，才能真正做到平等地攻击和防御，展开充分有效的言词辩论，法院也才能在此基础上作出裁判。这一过程本身就是程序公正的重要内容。如果没有提供证据的时间限制，一方当事人利用证据进行诉讼突袭，势必陷对方于不利境地。法院在这种突袭性证据的基础上进行裁判，势必导致突袭性裁判的发生，对程序的公正性造成极大破坏。举证时限制度也是提高司法权威的要求。允许当事人随时提供证据，特别是在二审、再审程序中随时提出证据，意味着法院可能随时根据新证据改变原来的裁判，影响裁判的稳定性，法院的权威性也必然受到损害。

在2012年民事诉讼法修改之前，在相当长的时期里，我国民事诉讼法对当事人举证采取“证据随时提出主义”的立场。2012年之前的民事诉讼法对举证期限未作任何规定，《92年意见》虽然在第76条规定人民法院可以指定当事人在合理期限内提交证据，但所针对的是当事人一时不能提供证据的情形，与作为举证时限制度组成部分的举证期限的意义大相径庭。审判实践中，由于对当事人提供证据的时间没有要求，何为新的证据以及新的证据如何提出均未明确规定，甚至在法庭辩论终结后判决作出之前，当事人提供证据的，人民法院一般也会接受。这种“证据随时提出主义”的制度和做法给我国的民事诉讼带来很多弊端，造成很大危害。首先，违反了民事诉讼的诚信原则和公平原则。一些当事人恶意利用法律的规定实施证据突袭，庭前不提供证据，在庭审中突然袭击，或者一审不提供证据，在二审或者再审时提供证据，以达到拖延诉讼的目的。其次，造成诉讼效率低下，影响了法

① 张永泉：《民事诉讼证据原理研究》，厦门大学出版社2005年版，第297页。

律实施的效果和人民法院的威信。当事人在诉讼中随时提供证据，导致质证无法顺利开展，庭审无法集中，增加当事人的诉讼成本甚至造成损失的扩大，浪费法院的司法资源。而人民法院没有法律依据制止这种行为，也严重影响了司法权威。①

从其他国家民事诉讼制度的发展来看，普遍经历了从“证据随时提出主义”到“证据适时提出主义”的过程。证据适时提出制度有利于公平公正地保护当事人的诉讼权利，防止当事人诉讼突袭，滥用诉讼权利损害对方的利益，也以利于节约当事人的诉讼成本，避免法院重复劳动，实现集中审理，防止诉讼拖延，提高诉讼效率。正是基于举证时限制度本身的价值功能和优势，结合我国民事诉讼现代化的发展要求和审判实践的要求，2001 年《民事诉讼证据规定》在我国第一次以司法解释的形式确立了举证时限制度。并经过十几年的审判实践的检验，最终被 2012 年民事诉讼法所肯定，正式吸收到法律之中。

举证期限是举证时限制度的基础，举证期限的确定也是举证时限制度首先需要解决的问题。举证期限在性质上属于民事诉讼的期间，法律对举证期限的规定，意味着当事人负有遵守期间、在期间内完成举证的法定义务。本条关于举证期限的规定，包含三个方面的内容，即举证期限何时确定、如何确定及除外情形。

1. 关于举证期限何时确定问题

根据 2001 年《民事诉讼证据规定》第三十三条第一款的规定，人民法院应当在送达案件受理通知书和应诉通知书的同时送达举证通知书，并在举证通知书中明确举证期限及逾期举证的后果。这意味着 2001 年《民事诉讼证据规定》是在人民法院受理诉讼的阶段确定举证期限。2015 年《民事诉讼法解释》起草时改变了这种做法，规定人民法院应当在审理前的准备阶段确定当事人提供证据的期限。根据民事诉讼法第十二章第二节的规定，审理前的准备阶段是答辩期届满后至开庭审理前的阶段。这种改变主要基于如下考虑：其一，在案件受理时即指定举证期限，双方当事人举证期限届满时间不一致，当诉讼中出现追加当事人等稍微复杂情况时，由于当事人举证期限届满时间不一，会导致程序操作上的混乱。最高人民法院在 2008 年下发《举证时限规定通知》，也正是为了解决这一问题。其二，根据 2012 年民事诉讼法第一百三十三条的规定，需要开庭审理的案件，都要通过证据交换等

① 参见最高人民法院民事审判第一庭：《民事诉讼证据司法解释的理解与适用》，中国法制出版社 2002 年版，第 177 页。

方式明确争议焦点。这意味着凡开庭审理的案件，均应有以整理焦点、固定证据为目的的审理前准备。2001 年《民事诉讼证据规定》第三十三条关于在案件受理时指定举证期限的规定，已经不适应立法修改的新要求。其三，在审理前准备阶段，特别是双方当事人到场的情况下指定举证期限，双方期限届满时间相同，有利于诉讼程序的操作。特别是在采取审前会议、证据交换方式进行审理前准备的更是如此。

2. 关于如何确定举证期限问题

在这一问题上，本解释延续 2001 年《民事诉讼证据规定》的思路，规定了人民法院确定和当事人协商并经人民法院准许两种方式。在具体的期限上，2001 年《民事诉讼证据规定》第三十三条第三款规定人民法院指定的期限不少于三十日，本解释规定为第一审普通程序案件不少于十五日。这种变化主要考虑本解释与 2001 年《民事诉讼证据规定》相比，举证期限的起算点从受理时变更为答辩期届满后，从总的时间来看，依本解释规定人民法院确定的举证期限不会少于三十日。关于当事人提供新的证据的二审案件的举证期限问题，2001 年《民事诉讼证据规定》未涉及，《举证时限规定通知》规定的是不受“不少于三十日”的限制。由于二审程序当事人提交新证据的概率不高、数量不多，本解释将其明确为不少于十日。

3. 关于除外情形

2001 年《民事诉讼证据规定》并未规定不受举证期限约束的除外情形。《举证时限规定通知》规定，对于反驳证据允许人民法院酌情指定举证期限。本解释延续了该通知的基本思路，同时增加了补强证据。所谓补强证据，是指用以确认或者证明另一主要证据的真实性或弥补其资格、形式上的瑕疵，以补充或增强其证明力的证据。一般认为，举证期限针对主要证据发挥作用，补强证据作为佐证，不受举证期限的限制。因此，本条规定当事人要求对主要证据在来源、形式上的瑕疵予以补强的，人民法院可以酌情再次确定举证期限，该期限不受前述“十五日”“十日”举证期限的限制。

【审判实践中应当注意的问题】

第一，本解释对于举证期限的理解不包括答辩期在内，是在答辩期届满后确定、起算举证期限。

第二，人民法院可以再次酌情确定举证期限的情形，只发生于当事人需要提供反驳证据和补强证据的情形，虽然比 2008 年《举证时限规定通知》有所放宽，但仍然不能任意扩大其适用范围。

【条文】

第一百条

当事人申请延长举证期限的，应当在举证期限届满前向人民法院提出书面申请。

申请理由成立的，人民法院应当准许，适当延长举证期限，并通知其他当事人。延长的举证期限适用于其他当事人。

申请理由不成立的，人民法院不予准许，并通知申请人。

【条文主旨】

本条是关于举证期限延长的程序的规定。

【条文理解】

本条关于举证期限延长的程序性规定，主要包括以下几方面内容。

1. 对当事人申请延长举证期限的要求

这种要求体现在两个方面：其一，当事人的申请应当在举证期限届满前提出。如前所述，将当事人的申请行为视为举证行为，赋予相同法律效果，是最高人民法院自 2001 年《民事诉讼证据规定》以来的一贯立场。从这一观点出发，当事人申请延长举证期限的行为，当然应当遵守举证期限的要求。其二，当事人的申请应当以书面方式提出。延长举证期限不仅与申请人有关，也涉及其他当事人的诉讼利益，从程序公正的角度出发，要求当事人以书面方式申请更为妥当。

2. 人民法院对当事人的申请理由应当进行审查

根据民事诉讼法第六十八条的规定，当事人在举证期限内提交证据确有困难的，可以向人民法院申请延长期限。因此，人民法院对当事人申请理由的审查，也应围绕是否在期限内提供证据确有困难来进行。所谓确有困难，是指客观上的障碍，当事人主观上的原因不属于确有困难的情形。

3. 举证期限延长的效果

人民法院认为当事人申请理由成立的，可以根据具体情况，酌情确定延长的期限。所谓适当延长，意味着人民法院可以斟酌个案的情况，决定与具体情况相对应的适当期限。申请人的举证期限延长后，由于其他当事人的举证期限已经届满，如果期限延长仅适用于申请人，则其他当事人只能等待延长的期限届满后才能继续参与下一步的诉讼活动。这种状况对于推进诉讼、发现真实、保障程序公正毫无意义。因此本条延续了《举证时限规定通知》

第六条规定的精神，将延长的举证期限适用于其他当事人。

4. 人民法院对于延长举证期限的申请有通知的义务

即无论人民法院是否准许当事人的申请，均应通知当事人。只是在准许的情况下，应当同时通知其他当事人。

【审判实践中应当注意的问题】

审判实践中应当注意的是，对当事人申请延长举证期限的理由，应当围绕当事人在期限内提供证据是否确有困难即是否存在客观上的障碍进行审查。根据2019年《民事诉讼证据规定》第五十二条第二款的规定，对于“确有困难”的情形，人民法院应当根据当事人的举证能力、不能在举证期限内提供证据的原因等因素综合判断。必要时，可以听取对方当事人的意见。无论理由是否成立，人民法院是否准许，均有通知申请人的义务。在准许时还应当通知其他当事人。

【条文】

第一百零一条

当事人逾期提供证据的，人民法院应当责令其说明理由，必要时可以要求其提供相应的证据。

当事人因客观原因逾期提供证据，或者对方当事人对逾期提供证据未提出异议的，视为未逾期。

【条文主旨】

本条是关于人民法院对当事人逾期提供的证据的审查程序以及不视为逾期提供的情形的规定。

【条文理解】

人民法院对当事人逾期提供证据的理由的审查，是连接举证期限和逾期提供证据的后果之间的桥梁。逾期提供证据的后果的适用，必然经过人民法院的审查过程。因此，人民法院如何进行审查，对于举证时限制度的适用具有十分重要的意义。

对当事人逾期提供证据的理由进行审查，是民事诉讼法第六十八条的要求。该条规定，当事人逾期提供证据的，人民法院应当责令其说明理由；拒不说明理由或者理由不成立的，人民法院根据不同情形可以不予采纳该证据，或者采纳该证据但予以训诫、罚款。可见，审查是人民法院适用相应后果的前提。在2001年《民事诉讼证据规定》中，并没有人民法院应当对当事人逾期提供证据的理由进行审查的明确规定。但根据2001年《民事诉讼证据规定》的相应内容，证据虽然逾期提供，但对方当事人同意质证的和符合新的证据的条件的，不发生证据逾期的失权后果。而对方当事人是否同意质证，特别是逾期的证据是否符合新的证据的条件，非经人民法院审查，无法得出结论。因此，2001年《民事诉讼证据规定》虽然没有明确规定对逾期证据进行审查及有关的程序上的要求，但审查的内容隐含在新的证据如何判断的条文之中。实践中，人民法院在判断逾期提供的证据是否构成新的证据时，也必然存在审查的过程。

根据民事诉讼法第六十八条的规定，人民法院应当在一定程序之中责令逾期提供证据的当事人说明理由。这是程序公正的基本要求，也是审判实践经验的总结。程序公正的标准有三个方面的内容，即中立、冲突的疏导、裁判。其中冲突的疏导包括四项具体规则：（1）平等地告知每一方当事人有关程序的事项；（2）冲突的解决应听取双方的辩论和证据；（3）冲突的解决者只应在另一方当事人在场的情况下听取对方的意见；（4）每一方当事人都应有公平的机会回答另一方所提出的辩论和意见。[①] 因此，在当事人逾期提供证据的场合，要求人民法院在一定程序中责令当事人说明理由，意味着必须有对方当事人在场，保障对方当事人发表意见的权利。通过逾期提供证据的当事人的说明，对方当事人的反驳，双方的辩论，以及必要时双方当事人的举证、质证，人民法院对当事人逾期提供证据的理由是否成立能够更好地作出判断。审判实践中，一些人对于程序公正的价值缺乏应有的认识，对于程序公正的标准缺乏应有的知识，在理解和适用民事诉讼法第六十八条的过程中，缺乏应有的程序意识，在判断证据是否逾期问题上，认为双方当事人在场对逾期提供证据的理由发表意见、进行辩论和质证，增加程序的复杂性，没有必要。这种观念是极端错误、非常有害的，2001年《民事诉讼证据规定》施行的效果不理想，也与此有很大关系。当然，要求人民法院在一定的程序中责令当事人说明逾期提供证据的理由，其目的在于要求人民法院为双方当事人提供程序上的保障，并非要求人民法院另行专门组织双方当事人就逾期提供证据的理由进行辩论和质证。事实上，在具体操作上，可以灵活处理，如在开庭审理过程中一方当事人提出举证期限之内未提供的证据，人民法院可以在其后庭审中先就当事人逾期提供证据的理由进行查明。这里所强调的是，人民法院在这一事关当事人重大利益和程序权利的事项上，应

① 参见［美］马丁·P.戈尔丁：《法律哲学》，齐海滨译，上海三联出版社1987年版，第240页。

当满足程序公正的基本要求。

关于逾期提供的证据不发生逾期后果即视为未逾期的情形，本条规定了两种。其一为因客观原因逾期提供证据。这里的客观原因包括自然灾害等不可抗力，也包括社会事件以及其他非逾期提供证据的当事人自身所能够控制的因素。其二为对方当事人对逾期提供的证据无异议的。此种情形主要考虑尊重对方当事人在诉讼中的处分权。一方当事人逾期提供证据，会导致相应的不利后果，对方当事人对这种结果享有利益。对方当事人放弃这种诉讼上的利益，是行使处分权的行为，原则上人民法院应当予以尊重。本条解释与2001年《民事诉讼证据规定》相比，在视为未逾期的情形上有所变化。2001年《民事诉讼证据规定》对视为未逾期的情形规定为两种：对方当事人同意质证的和新的证据。在尊重当事人处分权这一点上，本解释与2001年《民事诉讼证据规定》基本一致。但对于除此之外的情形，2001年《民事诉讼证据规定》强调的是新的证据，本解释则从客观原因角度考虑问题。究其原因，主要因为2001年《民事诉讼证据规定》的举证时限制度系以证据失权为原则，对于不发生证据失权后果的视为未逾期的证据，则属于例外情形。这种情形只能通过对新的证据进行解释，才能既与立法相呼应，又能解决实际问题。而2012年民事诉讼法第六十五条新增加的举证时限的规定，则以证据不失权为原则、失权为例外，而依本解释的规定，证据是否失权的判断与逾期提供证据的当事人主观状态存在直接的关系。故本解释与2001年《民事诉讼证据规定》关于举证时限制度的基本思路不同，导致具体规则上的差异。

【审判实践中应当注意的问题】

审判实践中，在审查当事人逾期提供证据的理由时，应当注意对双方当事人的程序保障，应当基于程序公正的基本要求，为双方当事人提供平等的发表意见、辩论和举证的机会和相应的程序。否则，既不符合民事诉讼法的本意和民事诉讼的规律，也会对审判的公信力造成损害。

【条文】

第一百零二条

当事人因故意或者重大过失逾期提供的证据，人民法院不予采纳。但该证据与案件基本事实有关的，人民法院应当采纳，并依照民事诉讼法第六十八条、第一百一十八条第一款的规定予以训诫、罚款。

当事人非因故意或者重大过失逾期提供的证据，人民法院应当采纳，并对当事人予以训诫。

当事人一方要求另一方赔偿因逾期提供证据致使其增加的交通、住宿、就餐、误工、证人出庭作证等必要费用的，人民法院可予支持。

【条文主旨】

本条是关于逾期提供证据的法律后果的规定。

【条文理解】

逾期举证的法律后果，是举证时限制度的核心，也是举证时限制度发挥其价值功能的关键。当事人没有遵守举证时限的要求必然会产生一定的法律后果，这是举证时限制度的题中应有之义。

从各国对举证时限制度的规定来看，逾期举证的法律后果涉及如下几个方面：其一，证据失权，即当事人逾期提供的证据，丧失证据效力。证据失权的后果意味着逾期提供证据的当事人丧失提出证据证明自己的事实主张和反驳对方的权利，法院也不会对当事人逾期提供的证据进行审理。在英美法系国家，如在美国的民事诉讼中，当事人不得在庭审中提出审前命令中没有记录的证据，即使提出，法官也拒绝审理。其二，负担额外的证明责任，即当事人逾期提供证据确有正当理由的，该证据作为失权后果的例外，允许提出，但当事人约定就正当理由的存在负担证明责任。如《日本民事诉讼法》第 167 条规定，如果当事人在辩论准备程序之外提出新的攻击和防御方法，必须就其迟延行为说明理由。其三，承担不利的诉讼后果。由于举证时限是证明责任的内在要求，对待证事实负有举证责任的当事人未能按照举证期限的要求有效完成举证，在待证事实处于真伪不明状态时，应当承担不利的诉讼结果。①

2001 年《民事诉讼证据规定》对于逾期举证的后果，采取了以证据失权为原则的立场，只有对方当事人同意质证和符合新的证据的条件时，才不发生失权的后果。逾期举证的后果只有失权和不失权两种情形，缺少缓冲的环节，在“证据随时提出主义”向“证据适时提出主义”转变的过程中显得过于严厉。而且，由于没有民事诉讼法上其他诉讼制度提供程序上的保障，审判实践中在具体适用时往往对当事人的权利保障不充分。为缓和 2001 年《民事诉讼证据规定》适用中举证时限存在的问题，最高人民法院在

① 参见张永泉：《民事诉讼证据原理研究》，厦门大学出版社 2005 年版，第 303~304 页。

2008年印发了《举证时限规定通知》，试图通过对人民法院指定举证期限的操作进行技术化的调整和明确新的证据的判断标准，缓和证据失权效果，使2001年《民事诉讼证据规定》更好地满足审判实践的需要。但由于民事诉讼法对当事人程序保障的基本制度结构没有改变，逾期举证的后果以证据失权为原则的基本思路没有改变，《举证时限规定通知》本身无法解决举证时限制度适用中的问题。

在2012年民事诉讼法修改的过程中，针对司法解释规定的举证时限制度及其在施行中存在的问题，全国人大常委会法工委、最高人民法院和专家学者进行多次沟通、研讨，形成基本共识，即举证时限制度对于规范民事诉讼秩序、保障诉讼公平具有积极意义，应当在立法上确认下来；应当分层设置举证时限的后果。2012年修改后的民事诉讼法第六十五条正是这种共识的体现。

根据2021年民事诉讼法第六十八条的规定，当事人逾期提供证据又无正当理由的，可能面临证据不被采纳，或者证据虽被采纳但遭受训诫、罚款的处罚的后果。本条内容可以从以下几个方面理解。

第一，根据当事人逾期提供证据的主观过错程度，适用不同的责任和后果。根据当事人逾期提供证据的主观状态对应不同的后果，是自2001年《民事诉讼证据规定》以来最高人民法院对适用逾期举证后果的一贯立场。在2003年全国民事审判工作座谈会上我们提出，当事人逾期提供证据是否属于新的证据，在判断时应当考虑当事人主观上是否存在故意或者重大过失。在《举证时限规定通知》第十条关于新的证据的认定问题上，也提出应当结合"当事人未在举证期限或者司法解释规定的其他期限内提供证据，是否存在故意或者重大过失的情形"认定。本条解释也是遵循同样的思路。

第二，当事人因故意或者重大过失逾期提供证据的，原则上发生证据失权后果，但该证据涉及基本事实的证明的，不失权但要予以训诫、罚款。当事人因故意或者重大过失逾期提供证据是否导致证据失权，在司法解释起草过程中争论很激烈，主张故意逾期提供证据绝对失权、因重大过失逾期提供证据的除涉及基本事实证明的原则上失权的观点，与凡涉及对基本事实认定有重要意义的均不能失权的观点，针锋相对。就本条的规定来看，实际上是各种观点的折中。其一，民事诉讼中当事人提供的证据可能涉及案件事实的方方面面，但只有证明要件事实的证据，才是核心和关键的证据，才能最终在待证事实真伪不明时发挥结果意义的举证责任的作用。本条所指的基本事实，与要件事实的含义相同，由于立法上并未使用要件事实的概念，其实质上是对要件事实的替代表述。其二，“该证据与案件基本事实有关”，是指逾期提供的证据对于案件的基本事实有证明价值。人民法院对此应当进行审查，而不能仅依当事人的主张来确定。其三，当事人因故意或者重大过失逾期提供的证据与基本事实有关，尽管不发生失权后果，但人民法院应当对当事人予以训诫和罚款。失权后果是属于证据法上的责任，当事人因故意或者重大过失逾期提供的证据与基本事实有关的，不产生证据法上的不利后果，但其拖延诉讼的行为实质上对民事诉讼造成妨害，因此产生诉讼法上的不利后果。

第三，对于非因故意或者重大过失逾期提供证据的，均不发生证据失权后果，人民法院均应采纳但应当对当事人予以训诫。

第四，无论当事人逾期提供证据是基于什么程度的主观过错，均不能免除对方当事人要求其赔偿相应损失的责任。对方当事人要求其赔偿因逾期提供证据致使其增加的交通、住宿、就餐、误工、证人出庭作证等必要费用的，人民法院可予支持。这种赔偿损失的责任，并非诉讼法上的责任，其实质上属于私法上的责任。

【审判实践中应当注意的问题】

第一，当事人因故意或者重大过失逾期提供的证据与案件基本事实有关的，人民法院在审查时应当审查该证据与案件的要件事实的关联性，即审查该证据对于要件事实的证明是否有价值，是否使要件事实的存在更有可能或者没有可能，而不能仅仅根据当事人的主张确定。

第二，人民法院对于逾期提供证据的当事人处以罚款的，应当在民事诉讼法第一百一十八条规定的限额内。根据2019年《民事诉讼证据规定》第五十九条的规定，可以结合当事人逾期提供证据的主观过错程度、导致诉讼迟延的情况、诉讼标的金额等因素，综合确定罚款数额。

【条文】

第一百零三条

证据应当在法庭上出示，由当事人互相质证。未经当事人质证的证据，不得作为认定案件事实的根据。

当事人在审理前的准备阶段认可的证据，经审判人员在庭审中说明后，视为质证过的证据。

涉及国家秘密、商业秘密、个人隐私或者法律规定应当保密的证据，不得公开质证。

【条文主旨】

本条是关于质证的规定。

【条文理解】

质证是指在审判人员的主持下，由诉讼当事人通过听取、审阅、核对、辨认等方法，对提交法庭的证明材料的真实性、关联性和合法性作出判断，无异议的予以认可，有异议的当面提出质疑和询问的程序。[①] 质证是司法证明活动的基本环节之一，是当事人的一项十分重要的诉讼权利，是基本的诉讼程序，也是法院审查认定证据的必要前提。

与《92年意见》第72条、2001年《民事诉讼证据规定》第四十七条相比，本条的变化在于：其一，删除了"并经过庭审辩论、质证"的内容。主要考虑质证本身是庭审的重要内容，对证据的辩论是质证的应有之义，规定"由当事人互相质证"即可涵盖。而且借鉴2001年《民事诉讼证据规定》第四十七条的表述，规定"由当事人互相质证"，可以明确质证的主体为当事人，对理论界和实践中人民法院是否属于质证主体的争论作出回应。其二，增加当事人在审理前准备过程中认可的证据视为质证过的证据的规定。这一内容是在总结审判经验的基础上对2001年《民事诉讼证据规定》第四十七条的相应规定修改而来。2001年《民事诉讼证据规定》第四十七条第二款规定："当事人在证据交换过程中认可并记录在卷的证据，经审判人员在庭审中说明后，可以作为认定案件事实的依据。"由于2012年民事诉讼法第一百三十三条第四项对于审理前准备的方式表述为"证据交换等方式"，本解释在审理前准备的问题上除规定证据交换之外也增加了庭前会议的方式，故将2001年《民事诉讼证据规定》第四十七条第二款中的"在证据交换过程中"修改为"在审理前的准备阶段"。"记录在卷"对于人民法院是不言自明的内容，无须规定。而对于该条第二款中规定的"可以作为认定案件事实的依据"，本条将其确定为"视为质证过的证据"。

---

① 参见杨荣新、肖建华：《论民事审判方式改革与证据制度完善》，载陈光中、江伟主编：《诉讼法论丛》（第一卷），法律出版社1998年版，第355页。

【条文】

第一百零四条

人民法院应当组织当事人围绕证据的真实性、合法性以及与待证事实的关联性进行质证，并针对证据有无证明力和证明力大小进行说明和辩论。

能够反映案件真实情况、与待证事实相关联、来源和形式符合法律规定的证据，应当作为认定案件事实的根据。

【条文主旨】

本条是关于质证的内容的规定。

【条文理解】

对证据的质证，应当围绕人民法院审查判断证据的考量因素进行。而人民法院对证据的审查判断，是围绕证据本身所应当具备的属性为基础展开的。证据的真实性、合法性和关联性是证据的属性和特征，它是证据作为认定案件事实根据的基础，也是对证据的质证中首先需要解决的问题。在诉讼资料符合证据属性要求的前提下，能否真正发挥对待证事实的证明作用，人民法院需要对证据的证明力进行考察。因此，证据的证明力问题是质证中必须包含的实质性内容。本条揭示了质证必经的两个阶段：对证据属性的质证和以此为前提的对证据证明力的质证。这两个阶段也反映出人民法院对证据审查判断证据形成心证的过程。

1. 证据的属性

我国学者一般认为，证据的真实性、关联性和合法性是证据的三种属性或三个特征。审判人员在对证据的审查判断过程中，也都会自觉、不自觉地首先围绕证据的三种属性来进行。这种状况与其他国家有很大的不同。在英美法系国家，与证据的概念的讨论有关的方面是证据的相关性和可采性，而大陆法系国家则注重证据作为证明方法的属性。① 可以说，对证据的真实性、关联性和合法性的关注，是我国证据法理论与实践中很有特色的现象。

证据的真实性也被称为证据的客观性，是指一切民事诉讼证据都必须是客观存在的真实情况，它是不以人的意志为转移的，任何人的想象、揣测和臆造，都不能成为民事诉讼的证据，这是民事诉讼证据的最本质的特征。②

① 参见韩象乾主编：《民事证据理论新探》，中国人民公安大学出版社 2006 年版，第 35 页。
② 参见柴发邦主编：《民事诉讼法学新编》，法律出版社 1992 年版，第 195 页。

真实性是证据的必备属性，人民法院在审查判断证据时，也必须首先审查证据的真实性。证据的真实性是人民法院查明的案件事实能够最大限度地接近客观真实的基础。在当事人质证以及人民法院在此基础上对证据审查判断的过程中，有关证据真实性的问题一般围绕以下方面展开：(1）证据来源。即证据如何形成，如何收集取得，收集证据的程序是否合法或合理等。证据的来源对于检验证据的真实性具有较为重要的意义，证据的形成、取得过程和主体，收集证据的过程等因素，都对检验证据的真实性有帮助。(2）证据的内容。内容的真实性是证据真实性的实质内容。对证据内容真实性的检验，往往需要运用经验法则，结合证据之间的逻辑关系进行综合的论证和评价。

关联性是证据必备的自然属性，是证据能够被采纳的首要条件，在证据规则中发挥着基础性和根本性的作用。所谓关联性，是指“证据必须同案件事实存在某种联系，并因此对证明案情具有实际意义”①。《美国联邦证据规则》第401条规定：“关联性证据是指证据具有任何这样一种倾向，有这项证据比没有这项证据，使对审理案件有意义的任何事实的存在更可能或更不可能。”从这个意义上说，关联性实际上就是证据对案件事实所具有的证明性。② 对证据关联性的检验，可以从证据与待证事实之间的实质关系和证据的证明价值两方面来进行。关于证据与待证事实之间的实质关系，主要围绕当事人提供证据的证明目的、该目的是否有助于证明争议事实来展开。如果证据的证明目的并非指向待证事实，则该证据与待证事实之间没有实质关系，也没有关联性。而证明价值实质上是对证据证明待证事实存在或者不存在的可能性的考察。如果证据使对待证事实的存在更有可能或者更无可能，该证据即具有证明价值。③

证据的合法性能否作为证据的属性，存在争议。否定的观点认为，证据本身并不存在合法性问题，存在合法性问题的是证据程序而非证据本身，如果认为证据须有合法性，则人为增添了主观色彩。从2001年《民事诉讼证据规定》以来的民事诉讼实践来看，合法性一直是人民法院审查判断证据的基本要求，也是当事人质证的必备内容。一般认为，证据的合法性包括证据应当符合法定的形式以及证据的形成和获得要合法。但实践中，形式的合法性通常只有法律有明确的特定要求时才被考虑，而证据形成、获得途径的合法性主要是结合实体法的规定并考虑价值衡量的因素来综合判断。

---

① 樊崇义主编：《证据法学》，法律出版社2001年版，第47页。

② 参见毕玉谦主编：《证据法要义》，法律出版社2003年版，第539页。

③ 参见韩象乾主编：《民事证据理论新探》，中国人民公安大学出版社2006年版，第44页。

具备真实性、关联性和合法性的证据，能够作为证明案件事实的基础，人民法院认定案件事实时，应当以这样的证据为依据。

2. 证据的证明力

证明力也称证据力，是指由法官对证据的可信性和关联性加以判断所产生的对案件事实的证明效力，[①] 是证据对于法官形成内心确信或强化这种内心确信所具有的作用和价值。

法官对证据证明力的审查，实质上是检查某项事实是否需要证明以及是否已经得到证明的过程。相应地，当事人对证据有无证明力和证明力大小进行说明和辩论，其目的也是对法官的证明评价产生影响。法庭裁判的事实不是先验的，证据的证明力也不是纯客观的。法官的证明评价是主观对客观反映的过程，是对各种证据的证明力进行主观评价的过程。在确定某项事实属于证明评价范围的前提下，法官依据证据裁判主义的原则，运用经验法则并遵守证明力规则，对证据的证明力作出判断。证据的证明力规则虽然具有法定证据制度的特征，但由于现代社会世界各国普遍确立以自由心证作为证明评价的原则，证据的证明力规则往往只是针对特定的情形提出要求，通常情况下，法官是依自由心证的原则来判断证据证明力的有无和大小。在本解释和我国的民事诉讼实践中也遵循同样的原则。

【审判实践中应当注意的问题】

审判实践中应当注意的是，本条规定的“能够反映案件真实情况、与待证事实相关联、来源和形式符合法律规定的证据，应当作为认定案件事实的根据”，并不意味着只要当事人提出的证据满足真实性、关联性、合法性的要求，人民法院就应当据此支持当事人相应的事实主张。证据的这三种属性是人民法院审查判断证据证明力的基础，不具备这些属性的证据因不具有证据能力应当被排除。人民法院需要对具备这些属性的证据的证明力作出评价，最终确定当事人的事实主张是否能够成立。

【条文】

第一百零五条

人民法院应当按照法定程序，全面、客观地审核证据，依照法律规定，运用逻辑推理和日常生活经验法则，对证据有无证明力和证明力大小进行判断，并公开判断的理由和结果。

---

① 参见毕玉谦：《民事证据法判例实务研究》，法律出版社2001年版，第531页。

【条文主旨】

本条是关于人民法院审查判断证据的原则的规定。

【条文理解】

对证据的审核认定是人民法院在民事诉讼中最重要的活动之一，是民事判决得以作出的必经过程。根据民事诉讼法的规定，人民法院应当依照法定程序，全面地、客观地审查核实证据。这一规定过于抽象，可操作性不强，长期以来，审判人员往往依靠直觉对证据进行审核认定，证据的法律效果不稳定，法律适用上不统一。为此，2001 年《民事诉讼证据规定》在第六十四条对法官审查判断证据的原则作出规定。

法官对证据的审查判断过程，是证明评价的过程，是客观见之于主观的过程。从证据制度的历史发展来看，经历了从神明裁判到自由心证的发展过程。神明裁判是人类早期历史中存在的一种证据制度，发源于亚欧各国奴隶社会，在欧洲延续至中世纪早期。这种证据制度的特点是通过水审、火审、决斗等方式将审查判断案件事实的权力交给神明，“其合理和正义观念建立在神的信仰和崇拜的基础上，神明所显示的结果才是正义的和有权威的”①。因其具有野蛮、愚昧的特征，随着社会的发展逐渐被法定证据制度取代。法定证据制度是欧洲中世纪末期和资本主义早期存在的证据制度，它将各种证据的证明力及规则预先设定，法官只需要按照法律规定计算证据的证明力，不能根据自己的认识对证据进行判断。与神明裁判相比，法定证据制度固然是巨大进步，但这种制度显然具有机械、僵化的缺陷。因此，自 18 世纪末起，自由心证的证据制度在克服法定证据制度缺陷的基础上产生并在 19 世纪为资本主义国家普遍接受。依据自由心证的证据制度，法律对证据的审查判断不作具体规定，由法官依据其良知和理性，对证据证明力的有无和大小独立地、自由地进行判断，并以此作为裁判的基础。早期的自由心证将法官主观上的自由绝对化，强调心证的隐秘性，导致法官自由裁量权的滥用。20 世纪 30 年代以后，各国逐渐对传统自由心证制度进行改造，抛弃其非理性、非民主的因素，既强调法官的心证自由，也强调法律规则对法官心证必要的制约，强调心证过程与结果的公开。由此产生的现代自由心证制度，为世界

① 肖建国：《诉讼证明过程的主观性分析》，载《北京科技大学学报（社会科学版）》2001 年第 2 期。

各国所普遍接受。①

2001年《民事诉讼证据规定》第六十四条是在借鉴现代自由心证原则的基本内容基础上，结合我国民事诉讼立法和审判实践情况作出的规定，它符合证据审查判断的客观规律，适应审判实践的需要，因而被本解释所承继。

【条文】

第一百零六条

对以严重侵害他人合法权益、违反法律禁止性规定或者严重违背公序良俗的方法形成或者获取的证据，不得作为认定案件事实的根据。

【条文主旨】

本条是关于非法证据的判断标准的规定。

【条文理解】

1. 本条解释的基本背景

非法证据问题，在刑事诉讼领域讨论较多。发源于英美法系国家的非法证据排除规则，也主要适用于刑事诉讼之中，其目的在于限制警察权的滥用。在民事诉讼领域，英美法系国家则持宽容的态度，一般并不排除非法证据的使用。大陆法系国家对事实的认定依据自由心证原则，对证据能力一般不作特别限制。对于违反实体法的规定获取的证据是否具有证据能力，存在争论。主张有证据能力的观点认为，为最大限度发现真实，一切证据方法和证据资料均应允许，其证明价值应当由法官依据自由心证原则进行评价。反对的观点则认为，民事诉讼应当公平进行，以违法方式收集证据是对对方当事人的诉讼突袭，违反诚实信用原则。实体法和诉讼法均属于法秩序的组成部分，故违反实体法收集的证据，在诉讼法上应当排除其利用。否则，无异于承认和鼓励可以违法取得证据，从维护法律秩序出发是不妥当的。法院对违法取得的证据不予排除本身即构成对实体法的违反。而当事人也不能通过违法的方式行使其诉讼权利。尽管存在一定争论，但对于以严重侵犯人权的方法取得的证据，一般会否定其证据效力。

在2001年《民事诉讼证据规定》之前，最高人民法院在1995年的《关

① 最高人民法院民事审判第一庭：《民事诉讼证据司法解释的理解与适用》，中国法制出版社2002年版，第302~303页。

于未经对方当事人同意私自录制其谈话取得的资料能否作为证据使用的批复》中指出："证据的取得必须合法，只有经过合法途径取得的证据才能作为定案的依据。未经对方当事人同意私自录制其谈话，系不合法行为，以这种手段取得的录音资料，不能作为证据使用。"该批复的积极意义在于确立了民事诉讼中证据应当具有合法性的原则，但未经对方当事人同意的录音资料未必不合法，因此在录音资料是否合法的判断标准上，该批复显得过于严厉。为此，2001 年《民事诉讼证据规定》在明确规定非法证据应当排除的原则基础上，对非法证据的判断标准进行重新设计，即以取得证据的非法是否侵害他人合法权益或者违反法律禁止性规定作为非法证据判断标准。

2001 年《民事诉讼证据规定》第六十八条确立的非法证据判断标准和排除规则在审判实践中取得了比较好的法律效果和社会效果。但实践中我们也发现，在一些特殊的情况下，这种判断标准有时会遭遇合法权益之间的冲突。如在离婚案件中，涉及有配偶者与他人同居的事实时，由于该事实一般具有隐秘性，有关证据不易取得，配偶另一方在取得证据的过程中可能会对他人的隐私构成侵害。这种情况下，严格按照 2001 年《民事诉讼证据规定》第六十八条的标准适用，有时会产生不公平的结果，也不利于保护受害人的合法权益。为此，在 2003 年全国民事审判工作座谈会上，我们提出，在判断非法证据时应当进行利益衡量，即对取得证据方法的违法性所损害的利益与诉讼所保护的利益（忽略取证方法的违法性所能够保护的利益）进行衡量，以衡量的结果作为判断非法证据的重要考量因素。如果取证方法的违法性对他人权益的损害明显弱于忽略违法性所能够保护的利益，则不应判断该证据为非法证据。

在非法证据的判断上，也有学者主张以重大违法作为排除非法证据的实质性标准，并引入利益考量的方法确定是否构成重大违法。由于非法证据排除问题反映了法律制度中各种不同目标、价值和利益之间的竞争与冲突，而这些目标、价值和利益均有其合理性，故在确定非法证据排除规则时，立法者和司法者常常因陷入"鱼和熊掌不可兼得"的困境而无法达到两全其美的效果。因此，在非法证据的判断上，应当综合考量实体公正与程序正义的冲突，目的合法与手段违法的冲突，保护自己合法权益与侵犯他人合法权益的冲突，保护合法权益与维护法律秩序的冲突，以将非法证据排除规则建立在各种冲突的最佳平衡点上。[①]

① 参见李浩：《民事诉讼非法证据排除规则探析》，载《法学评论》2002 年第 6 期。

2. 本条解释的内容

本解释延续了2001年《民事诉讼证据规定》以来最高人民法院判断和排除非法证据的一贯立场，并以此作为修改2001年《民事诉讼证据规定》第六十八条的指导思想。在本条中，我们首先坚持非法证据应当排除的原则。在判断非法证据的标准上，本条包括如下内容：（1）违反法律的禁止性规定仍然作为判断标准。违反法律的禁止性规定是指违反实体法上的规定，这里的实体法不限于民事法律，一切实体法规范均包括在内。（2）2001年《民事诉讼证据规定》中“侵害他人合法权益”的标准，在本条中被表述为“严重侵害他人合法权益”，即对侵害他人合法权益提出了程度上的条件即要达到严重的程度，一定程度上体现了利益衡量的因素。这意味着对他人合法权益造成一般性侵害的，不会导致证据被排除，因此，非法证据的判断标准有所放宽。（3）增加了“严重违背公序良俗”的情形。由于在审判实践中一直以侵权行为的构成作为判断取证方法是否构成“侵害他人合法权益”的标准，违反公序良俗损害他人合法权益的情形因构成侵权行为，事实上已经被“严重侵害他人合法权益”的标准所涵盖。故“严重违背公序良俗”，是指证据在形成或者获取过程中并无对他人合法权益的明显损害，但其形成或者取得本身违背公序良俗的情形。此外，与2001年《民事诉讼证据规定》相比，本条对于非法证据的界定并不限于获取证据方法的违法，证据形成本身违法亦构成非法证据。

【审判实践中应当注意的问题】

第一，相较于2001年《民事诉讼证据规定》第六十八条，本条对于非法证据的判断一方面增加了“严重违背公序良俗”的情形，另一方面对侵害他人合法权益的情形要求达到严重的程度。

第二，依本条规定，不仅在获取证据的方法上，证据本身以“严重侵害他人合法权益、违反法律禁止性规定或者严重违背公序良俗的方法”形成的，也构成非法证据。

【条文】

第一百零七条

在诉讼中，当事人为达成调解协议或者和解协议作出妥协而认可的事实，不得在后续的诉讼中作为对其不利的根据，但法律另有规定或者当事人均同意的除外。

【条文主旨】

本条是关于诉讼调解或者和解过程中对事实的认可不适用自认规则的规定。

【条文理解】

诉讼调解又称法院调解，是指当事人在人民法院审判人员主持下，通过平等协商的方式解决民事争议的诉讼活动，是人民法院在民事诉讼中除裁判之外解决纠纷的重要方式。调解过程中主要通过当事人自愿协商来解决纠纷，调解协议的内容易于被当事人理解和接受，可以有效降低诉讼的对抗性，减轻当事人的诉讼负担，节约司法资源，使民事诉讼更符合诉讼经济的要求。为此，我国民事诉讼法第八章对诉讼调解作出专门的规定。诉讼和解是当事人在诉讼中，在不违反法律规定的前提下，根据自己的意愿自主处分其实体权利和诉讼权利的行为。诉讼和解与诉讼调解的区别在于没有法院作为中立第三方介入，和解协议也不像法院根据调解协议制作的调解书那样具有强制执行力，完全是当事人以诉讼契约处分自身权利的过程。但就当事人达成协议的过程而言，二者非常相似。

诉讼调解或和解的过程是当事人双方平等协商，依自愿合法的原则处分其实体权利和诉讼权利，在互谅互让的基础上解决民事纠纷的过程。在这一过程中，当事人为达成调解或者和解协议的目的，往往对一些有争议的事实不再争辩，或者本着息事宁人的态度予以承认。在调解不能达成最终一致的情况下，依 2001 年《民事诉讼证据规定》和本条的规定，这种表面上符合自认特征的诉讼行为不能发生自认的后果。作出这种规定主要考虑：其一，诉讼调解与和解过程中对事实的认可，是以达成协议为目的而作出的妥协和让步，与诉讼对抗过程中对事实的承认存在本质不同；其二，如果承认调解或和解过程中对事实的认可能够发生自认的效果，无异于是对违反诚信原则的肯定，不利于鼓励当事人通过调解或和解的方式解决纠纷。当然，如果当事人双方均同意赋予这种对认可的事实以自认效果，则属于对自己程序利益的处分，人民法院应当予以尊重。

【条文】

第一百零八条

对负有举证证明责任的当事人提供的证据，人民法院经审查并结合相关事实，确信待证事实的存在具有高度可能性的，应当认定该事实存在。

对一方当事人为反驳负有举证证明责任的当事人所主张事实而提供的证据，人民法院经审查并结合相关事实，认为待证事实真伪不明的，应当认定该事实不存在。

法律对于待证事实所应达到的证明标准另有规定的，从其规定。

【条文主旨】

本条是关于证明标准的规定。

【条文理解】

证明标准也称证明要求、证明度，是指在诉讼证明活动中，对于当事人之间争议的事实，法官根据证明的情况对该事实作出肯定或者否定性评价的最低要求。“如果说证明评价仅限于检测证明是否成功，即法官可以否认个案中某个事实已经被证明，那么证明尺度（有时也称证明标准、证明额度或者证明强度）则是一把尺子，衡量什么时候证明成功了；证明尺度也决定对某个具体内容的法官心证，它决定着法官必须凭什么才算得到了心证。与证明评价（事实问题）不同的是，证明尺度必须是由法律规定的（法律问题）。因为这乃是一个一般而抽象的关于哪些证明尺度在某个法律领域算有效的评价问题。”① 从当事人角度而言，证明标准为当事人完成证明责任提供了一种现实的、可预测的尺度，使诉讼证明成为一种限制性的认识活动，而非无止境的求真过程；从裁判者的角度而言，证明标准是裁判者对待证事实是否存在的内心确信程度；从证明标准的性质而言，证明标准具有法定性，是一种法律规定的评价尺度，当事人对待证事实证明到何种程度才能解除证明责任、裁判者基于何种尺度才能认定待证事实存在，必须严格按照法律规定进行。

证明标准具有模糊性的特征，精确界定证明标准是非常困难的。证明标准也具有主观性，它存在于人们心中。“无论对证明度的内容如何表达描述，任何表达其实都可以说只是一种形容或比喻。这是因为作为衡量认识程度或状态的基准，证明度看不见摸不着，只是人们心目中一种共通的理解或认识。”②

无论是大陆法系国家还是英美法系国家，均以盖然性作为民事诉讼的证明标准，只是对盖然性程度的要求不同。所谓盖然性，是指一种可能的状态，是一种可能而非必然的性质。德国学者以刻度盘为例子对盖然性作出形

---

① ［德］汉斯·普维庭：《现代证明责任问题》，吴越译，法律出版社2000年版，第236页。

② 王亚新：《对抗与判定——日本民事诉讼的基本结构》，清华大学出版社2002年版，第214页。

象直观的描述：假定刻度盘两端为 0 和 100%，将刻度盘两端之间分为四个等级：1%~24%为非常不可能，26%~49%为不太可能，51%~74%为大致可能，75%~99%为非常可能。其中 0%为绝对不可能，100%为绝对肯定，50%为可能与不可能同等程度存在。据此，民事诉讼的证明标准应当确定在最后一个等级，即在穷尽了可以获得的所有证据之后，如果仍然达不到 75%的证明程度，则应当认定事实不存在；超过 75%的，应当认定待证事实存在。[①] 此即大陆法系国家和地区在民事诉讼中所普遍采用的高度盖然性的证明标准。"所谓高度盖然性，即根据事物发展的高度概率进行判断的一种认识方法，是人们在对事物的认识达不到逻辑必然性条件时不得不采用的一种认识手段……具体而言，就是在证据无法达到确实充分的情况下，如果一方当事人提出的证据已经证明事实的发生具有高度盖然性，法官即可予以确认。"[②] 英美法系国家民事诉讼的盖然性证明标准，通常表述为盖然性占优或盖然性权衡，是指负有证明责任的当事人必须证明他所主张的事实存在的可能性大于不存在，即事实审理者斟酌全案证据后，必须能够表明当事人主张的事实存在的概率大于不存在。如果盖然性对等，亦即事实审理者无法作出判断，负担证明责任的当事人将败诉。[③] 盖然性占优或盖然性权衡，在美国通常表述为优势证据标准，它要求"诉讼中一方当事人所提供的证据比另一方所提供的证据更具有说服力或者更令人相信……这一标准在确定哪一方在证据的数量和质量上更有优势不作高度要求。一些评论家将这种证明标准表达为 51%的概率，意即只要一方当事人证据的优势超过 51%，他就可以胜诉"[④]。

根据 2001 年《民事诉讼证据规定》第七十三条第一款的规定，从证明标准角度而言，理论界和实务界存在不同的理解。理论界多数人认为，这表明我国确立了高度盖然性的民事诉讼证明标准，但也有人将这一条内容理解为优势证据标准的规定。[⑤] 审判实践中仍不乏将其理解为优势证据标准并在裁判文书中论述的例子。究其原因，主要是该条规定在技术上存在不周延之处，未科学界定证明案件事实所应达到的程度，亦未采取典型的盖然性规则的表述，造成诸多误解。

---

① 参见［德］汉斯·普维庭：《现代证明责任问题》，吴越译，法律出版社 2000 年版，第 108~109 页。

② 韩象乾主编：《民事证据理论新探索》，中国人民公安大学出版社 2006 年版，第 386~387 页。

③ 参见齐树洁主编：《英国证据法》，厦门大学出版社 2002 年版，第 201~203 页。

④ 张卫平主编：《外国民事证据制度研究》，清华大学出版社 2003 年版，第 217 页。

⑤ 参见萨仁：《论优势证据证明标准》，载《法律适用》2002 年第 6 期。

为此，在本解释制定过程中，总结了2001年《民事诉讼证据规定》实施的经验，从本证和反证的相互比较的角度出发对盖然性规则进行描述。在诉讼证明的过程中，对待证事实负有举证责任的当事人所进行的证明活动为本证，不负有举证责任的当事人提供证据对本证进行反驳的证明活动为反证。本证证明活动的目的在于使法官对待证事实的存在与否形成内心确信，这种内心确信应当满足证明评价的最低要求即法定的证明标准。而反证的证明活动，其目的在于动摇法官对于本证所形成的内心确信，使其达不到证明评价的最低要求。因此，对于反证而言，其证明的程度要求相比本证要低，只需要使待证事实陷于真伪不明即可。本条对于本证与反证的证明标准和要求的规定非常明确：对待证事实负有举证责任的当事人所进行的本证，需要使法官的内心确信达到高度可能性即高度盖然性的程度才能被视为完成证明责任；反证则只需要使本证对待证事实的证明陷于真伪不明的状态，即达到目的。本条内容也从证明过程的角度反映出本解释对于证明责任内容的理解。

【审判实践中应当注意的问题】

其一，诉讼证明活动实际上是围绕本证展开的，反证由其性质决定，是用以挑战本证的证明效果的。对于事实审理者而言，核心是在即使有反证的情况下对本证是否达到高度盖然性的证明标准进行判断。

其二，本证与反证的证明要求不同，反证只需要将本证使法官形成的内心确信拉低到高度盖然性证明标准之下即实现目的。

其三，无论本证还是反证，对其证明效果的判断，都应当是在依照法定程序和要求的所有证据均提供的情况下，结合全部证据所作出的综合评价。

【条文】

第一百零九条

当事人对欺诈、胁迫、恶意串通事实的证明，以及对口头遗嘱或者赠与事实的证明，人民法院确信该待证事实存在的可能性能够排除合理怀疑的，应当认定该事实存在。

【条文主旨】

本条是关于提高证明标准的特殊情形的规定。

【条文理解】

证明标准具有内在的层次性。这种层次性体现在针对不同的证明对象和待证事实，需要满足不同程度的盖然性要求。德国学者的刻度盘理论描述的只是以高度盖然性为证明标准的一般原则，在高度盖然性一般原则之下，也同样有针对不同的证明对象和待证事实对盖然性程度进行量化的必要性。我国有学者主张将盖然性程度区分为：初级盖然性，心证程度为51%～74%，表明事实大致如此；中级盖然性，心证程度为75%～84%，表明事实一般情况下如此；高级盖然性，心证程度为85%～99%，表明事实几乎如此。对于民事案件中一般待证事实，适用中级盖然性标准；对于特殊待证事实，如果证明要求较高的适用高级证明标准，证明要求较低的适用初级证明标准。“如果以高度盖然性的证明标准为参照，特殊类型的民事诉讼所适用的证明标准大致可以分为两种情况，一种应低于高度盖然性的证明标准，另一种标准则应高于高度盖然性的证明标准，直至接近或达到排除合理怀疑的程度。”①

无论大陆法系国家还是英美法系国家，对于证明标准的理解都体现为层次性的多元化标准。在大陆法系的德国，证明标准被确定为三级：第一级为原则性证明标准，要求法官对真相形成全面心证，达到很高的盖然性，适用于通常的实体事实的证明；第二级为降低的证明标准，要求达到令人相信的程度，相当于英美法系国家盖然性占优的标准，适用于程序性事实的证明；第三级为提高的证明标准，要求达到显而易见的程度，适用于如显失公平的证明等特殊场合。在英美法系的美国，证明程度分为九等：第一等是绝对确定，由于认识论的限制，这一标准无法达到；第二等为排除合理怀疑，是诉讼证明的最高标准，适用于刑事案件有罪裁决的事实认定；第三等是清楚和有说服力的证据，某些司法区的某些民事判决有此种要求；第四等是优势证据，是作出民事判决以及肯定刑事辩护时的要求；第五等是可能的原因，适用于签发令状、无证逮捕、搜查和扣押，提起大陪审团起诉书和检察官起诉书、撤销缓刑假释等情况；第六等是有理由相信，适用于拦截和搜身；第七等是有理由怀疑，足以将被告人宣布无罪；第八等是怀疑，可以开始侦查；第九等是无线索，不足以采取任何法律行为。② 在美国的民事诉讼中，证明标准分为两个层级：优势证据标准适用于大部分民事案件实体事实的证明；清楚和有说服力的证明标准用于特定事实如欺诈的证明，“许多司法区要求，民事欺诈案或可能涉及刑事行为的民事案件的主张，要用清晰且令人信服的

① 毕玉谦主编：《证据法要义》，法律出版社2003年版，第482页。

② 参见宋英辉、汤维建主编：《我国证据制度的理论与实践》，中国人民公安大学出版社2006年版，第421页。

证据加以证明”①。

在我国的民事实体法上，存在要求提高或者降低证明标准的法律规定。本条主要是根据实体法的规定，对欺诈、胁迫、恶意串通的事实的证明提高证明标准，规定需要达到排除合理怀疑的程度。对于降低证明标准的情形虽未规定，但从立法的相关条文中，可以推导出降低证明标准的内容。如民事诉讼法第四十七条规定，审判人员“与本案当事人、诉讼代理人有其他关系，可能影响对案件公正审理的”，这里的“可能”一词，即意味着属于降低证明标准的情形。

【审判实践中应当注意的问题】

其一，本解释对提高证明标准的情形规定了三种，即欺诈、胁迫和恶意串通的事实，在实体法上使用“足以”“显失公平”的表述的，均反映立法者有对此类待证事实拔高证明标准的意图。审判实践中对这些事实也应适用高于高度盖然性的证明标准。

其二，降低证明标准的情形，本解释虽未规定，但对于程序性事实的证明，从民事诉讼法的表述上一般也可以推导出降低证明标准的结论，对这些事实的证明，应当适用低于高度盖然性的证明标准。

【条文】

第一百一十条

人民法院认为有必要的，可以要求当事人本人到庭，就案件有关事实接受询问。在询问当事人之前，可以要求其签署保证书。

保证书应当载明据实陈述、如有虚假陈述愿意接受处罚等内容。当事人应当在保证书上签名或者捺印。

负有举证证明责任的当事人拒绝到庭、拒绝接受询问或者拒绝签署保证书，待证事实又欠缺其他证据证明的，人民法院对其主张的事实不予认定。

【条文主旨】

本条是关于人民法院询问当事人的程序和当事人拒绝接受询问的后果的规定。

① ［美］罗纳德·J. 艾伦等：《证据法——文本、问题和案例》，张保生等译，高等教育出版社2006年版，第808页。

【条文理解】

当事人作为民事诉讼的主体，在民事诉讼中享有广泛的程序参与权并受到相应的程序保障，其在诉讼中提出诉讼请求、法律和事实根据以及证据，都必须以言词的方式完成。因此，当事人陈述是在任何一个民事案件审理过程中都存在的一种诉讼材料。在我国，当事人陈述在最广泛意义上包括关于诉讼请求的陈述，关于支持或者反对诉讼请求的法律与事实根据的陈述，关于与案件有关的其他事实的陈述，关于证据分析的陈述，关于案件的性质和法律问题的陈述等。[①] 狭义上的当事人陈述一般指当事人就案件事实向法院所作的陈述。从功能上，当事人陈述可以区分为三个层次：一是当事人为了支持其诉讼请求而向法院陈述的事实根据，即关于主要事实的主张。当事人关于主要事实的主张也就是诉讼中的证明对象，具有确定法院审理的事实范围和诉讼证明对象的功能。二是当事人对于不利于自己的事实的真实性的认可，即自认。自认具有排除事实争议、限缩证明对象的功能。三是当事人作为证据方法而就其亲历所知向法院陈述有关案件事实，以作为证据资料供法院参考。这个意义上的当事人陈述的功能是作为证明的手段，亦即证据功能。[②] 我国民事诉讼立法是在证据功能上规定当事人陈述，有人称之为当事人陈述功能的一元定位。

在英美法系国家，当事人陈述并不是一种独立的证据形式，立法上也没有对询问当事人单独作出规定。当事人被视为证人，是证人的一部分。当事人既可以自己就涉讼案件提供证言，也可以要求对方当事人就案件的相关事实提供证言。当事人需要就案件事实向法院陈述时，应当作为证人，适用证人规则。大陆法系国家在对待作为证据资料的当事人陈述之利用上存在两种做法：一种是将当事人陈述作为补充性证据方法，只有在法官依其他证据无法就案件事实的真伪形成内心确信时，才能就待证事实对当事人进行询问。《德国民事诉讼法》即采取此种做法。另一种以《日本民事诉讼法》为代表，对当事人陈述的适用不作限制，法官在证据调查的任何阶段均可自由决定是否对当事人进行询问。《苏俄民事诉讼法典》将当事人陈述作为独立的证据形式，但立法上并不是简单地把当事人的陈述作为证据来使用，而是要求法院把当事人的陈述与其他证据进行对照，用其他证据来审查当事人的陈述，在被其他证据证明为真实后才能把它作为证据。该规定后被《俄罗斯联

① 参见江伟主编：《民事诉讼法》，高等教育出版社2000年版，第142页。

② 参见翁晓斌、宋小海：《论民事诉讼当事人陈述的功能》，载《现代法学》2007年第6期。

邦民事诉讼法》所继承。

我国民事诉讼法是参照《苏俄民事诉讼法》制定的，有关证据意义的当事人陈述也是采取与其相同的立场，将当事人陈述作为一种单独的证据形式。我国民事诉讼法第七十八条规定："人民法院对当事人的陈述，应当结合本案的其他证据，审查确定能否作为认定事实的根据。当事人拒绝陈述的，不影响人民法院根据证据认定案件事实。"这种规定与苏联对待当事人陈述的立场相一致。这意味着当事人陈述尽管被立法规定为一种单独的证据形式，但其地位仍然是辅助性的，需要与其他证据结合起来进行综合判断才能确定是否作为认定案件事实的根据。

然而在审判实践中，某些情况下待证事实除当事人陈述之外没有其他证据证明，如民间借贷案件中款项交付的事实真伪不明，这种情况下简单根据举证责任分配规则进行裁判，驳回当事人的诉讼请求，有时会引起裁判是否公正、法官是否尽到职责的质疑。为此，本解释参考大陆法系国家的经验，将人民法院询问时的当事人陈述作为一种特殊情形，赋予其独立的证据效力。这种设计与大陆法系国家将询问当事人作为证据方法的做法是一致的。在"依据当事人的举证结果不足以使法官就事实的真伪形成确信，或其他证据方法已经使用穷尽时……就待证事实询问当事人。至于该待证事实被证明的概率是否相当高或是否被释明，则非所问"①。

本条的内容主要包括三个方面：(1) 人民法院询问当事人的条件。根据本条规定，在"人民法院认为有必要的"情况下，可以对当事人进行询问。所谓有必要的情形，一般是指证据已经穷尽而待证事实处于真伪不明的情况。当然，在审判实践中是否询问、何时询问当事人，应当根据案件的具体情况确定，出于审理便利的需要，在法庭审理过程中询问当事人本人的，也并不违反本解释的规定。(2) 询问当事人时的具结。人民法院询问当事人，应当要求当事人具结。具结是一种保证，是保证对自己的行为负责、愿意为违反保证承担责任的意思表示。由于人民法院询问当事人的结果能够独立发挥证明作用，由当事人具结对于促使当事人如实陈述是必要的，也具有十分积极的意义。根据本条规定，当事人具结的形式为签署保证书，保证书的性质为具结书，其内容应当包含对如实陈述的保证以及虚假陈述愿意接受处罚等。(3) 当事人拒绝接受询问的后果。负有举证责任的当事人拒绝到庭、拒绝接受询问或者拒绝具结的，在待证事实真伪不明的情况下，人民法院对其

① 张永泉：《民事诉讼证据原理研究》，厦门大学出版社 2006 年版，第 82 页。

主张的待证事实不予认定，由负有举证责任的当事人承担不利后果，是举证责任的应有之义。

【审判实践中应当注意的问题】

第一，本条规定具结的方式为签署保证书即具结书，但并不排斥被询问的当事人在签署具结书后进行口头具结。审判实践中，很多情况下口头具结对当事人如实陈述的保证、促进作用更明显，效果更好。人民法院可以在具体适用中，要求当事人朗读其签署的保证书的内容。

第二，本条只对负有举证责任的当事人拒绝接受询问作出规定，审判实践中如果出现不负有举证责任的当事人拒绝接受询问的，人民法院可以根据案件的具体情况，将其拒绝接受询问的行为视为妨碍举证的行为。

【条文】

第一百一十一条

民事诉讼法第七十三条规定的提交书证原件确有困难，包括下列情形：

（一）书证原件遗失、灭失或者毁损的；

（二）原件在对方当事人控制之下，经合法通知提交而拒不提交的；

（三）原件在他人控制之下，而其有权不提交的；

（四）原件因篇幅或者体积过大而不便提交的；

（五）承担举证证明责任的当事人通过申请人民法院调查收集或者其他方式无法获得书证原件的。

前款规定情形，人民法院应当结合其他证据和案件具体情况，审查判断书证复制品等能否作为认定案件事实的根据。

【条文主旨】

本条是关于提交书证原件确有困难的情形的规定。

【条文理解】

本条的具体内容实质上是关于书证原件规则的例外情形及法院如何审查判断的规定。

书证是民事诉讼中十分重要的证据方法和证据类型。广义上讲，打印、书写于纸张上的文字记录，照片、录音录像资料，记载于计算机磁盘等电子介质上的数据电文均可以归属于书证的范畴。我国民事诉讼法将照片、录音录像资料等作为视听资料，记载于电子介质上的数据电文作为电子证据，均为独立的证据类型，因此，书证系从狭义角度理解，一般指视听资料和电子数据之外的以其记载的内容来证明案件事实的资料。书证以纸张等物质载体的形式体现，但文字、图形、符号等所记载的内容是其本质属性。关于书证内涵的认识，我国学者与其他国家学者的理解基本相同，都认为包含这样几层含义：（1）它首先是一种物件或物品；（2）该物件是一定文字、符号、图表等的载体；（3）这些文字、符号、图表等记载或代表一定的内容、含义，而且能证明案件事实。①

各国民事诉讼法均将书证作为独立的证据形式。在英美法系国家，书证既是当事人向法院提供的供法官和陪审团获悉案件事实的文书材料，也是指法院通过查阅当事人的文书得悉有关事实的证据。在大陆法系国家，书证既是一种证据方法，也是一种证据资料。即在民事诉讼中，以书面或者其他物件形式为证据方法，以其记载的内容来证明案件事实。图片、照片、录音磁带、录像带以及电子证据都归属为书证或者准书证。在大陆法系国家，书证是以其记录的内容和表达的思想证明案件事实的文书或者物件。在德国民事诉讼法上，书证是对思想的任何书面表达，未用书面文字表现的思想或者无思想内容的书面文字不是文书。② 从这个意义上讲，电子证据也包含在书证之中。《日本民事诉讼法》中区分了文书和书证：文书是指用文字或其他符号来表示某一事实或思想的物件；当文书的内容，即用文字或其他符号表示的东西成为证据资料时，便称为书证。图片、相片、录音磁带、录像带及为表示其他情报而制成的物件虽然不是文书，但援用《日本民事诉讼法》第231条书证的有关规定，称为“准文书”，日本的司法判例还认为计算机使用的磁盘也属于准文书。③ 我国民事诉讼法将视听资料和电子数据规定为独立于书证的证据类型，因此，书证在范围上排除了视听资料和电子证据。

原件规则是书证最重要的规则。原件规则要求书证应当提供原件，除法定情形外，不以原件提供的书证不具有证据能力。在英美法系国家，原件规则包含于最佳证据规则之中。最佳证据规则是英美法国家判断书证效力最主要的规则。所谓最佳证据规则是指一项事实只能用找到的最佳、最有说服力的证据予以证明。④ 依此规则，书证的原件依其性质决定了不可能有比它更好的证据，因此为最佳证据，也是第一位的证据。而依证据本身的特征，有更好的证据即原始证据存在的，该书证为第二位的证据。只有在第一位的证

① 参见张永泉：《书证制度的内在机理与外化规则研究》，载《中国法学》2008年第5期。

② 参见［德］奥特马·尧厄尼希：《德国民事诉讼法》，周翠译，法律出版社2003年版，第291页。

③ 参见呼勇：《书证的比较研究》，载《宁夏社会科学》2005年第3期。

④ 参见沈达明：《比较民事诉讼法初论》（上册），中信出版社1991年版，第282页。

据缺失的情况下，第二位的证据才能被允许使用。大陆法系国家对于书证的证据效力，可以从形式上的证据力和实质上的证据力的角度进行认识。形式上的证据力是指书证成立真实，没有被伪造的情况，即任何书证必须是其制作者真实作成的。实质上的证据力是对书证证明价值的评价，即书证内容与待证事实的关联程度。形式上证据力涉及书证存在的真伪问题，而实质上的证据力涉及书证内容能否证明待证事实的问题。书证是否具有实质上的证据力，往往由法院根据经验法则，依自由心证进行判断。大陆法系国家没有从证据资格或者证据能力方面明确规定最佳证据规则，而是从审查书证的真实性角度出发，要求当事人提供书证时，原则上应当提交书证原件。但提供复印件并不当然不具有证据资格，法官仍然根据当事人提供复印件的具体情况来评判其证据力的大小。所以在原则上，判断书证的证据力，以书证的真实性为要件，书证的原本具有证据力，而书证的复印件则不具有证据力。所以，在理论上，应当以提出书证的原本为必要。但在对方自认书证正本的真实性，或者其缮本内容与原本一致时，实际上亦无须提出书证的原本，只提出其缮本即可，在此场合下，书证的缮本与其原本具有同等的证据力。①

民事诉讼法第七十三条“书证应当提交原件”的规定，即体现了书证原件规则的要求。作为法定的例外情形，本条将提交原件确有困难的情形规定为如下几种：(1) 书证原件遗失、灭失或者毁损的；(2) 原件处于对方当事人的控制之下，经合法通知提交而拒不提交的；(3) 原件在他人的控制之下，而该他人有权不提交的；(4) 原件因篇幅或者体积过大而不便提交的；(5) 承担举证证明责任的当事人通过申请人民法院调查收集或者其他方式无法获得书证原件的。从上述情形可知，提交原件确有困难的情形是指因客观原因无法提交书证原件的情况。此处需要说明的是，对于“原件因篇幅或者体积过大而不便提交的”情形，在本解释制定过程中曾经有人提出质疑，认为书证不存在这种情况。对此，我们认为，这一质疑实际上与对书证的含义的理解有关。书证是以其记载的内容发挥事实证明作用的证据形式，纸质的文件当然是其最主要表现形式，但并非唯一形式，其他物品只要以其记载内容证明案件事实，性质上也为书证。因此，实践中体积过大不便提供的书证并不罕见。

书证原件规则是书证形式上证据力的保证，其作用在于确保提交的书证具有证据能力或资格。作为例外情形可以提交复制件的书证，虽然其证据能

① 参见张永泉：《书证制度的内在机理及外化规则研究》，载《中国法学》2008 年第 5 期。

力上不存在法律上的障碍，但由于其无法与原件核对，其实质证据力仍然会受到影响。2001 年《民事诉讼证据规定》第六十九条规定，无法与原件核对的复制件不能单独作为认定案件事实的根据。本条延续了 2001 年《民事诉讼证据规定》的思路，要求对这种书证在审核认定时，应当结合其他证据和案件具体情况进行综合判断能否以复制件作为认定案件事实的依据。这意味着对于无法提供原件的书证，仍然作为有瑕疵的证据对待，需要其他证据补强后才能发挥事实证明的效力。

【审判实践中应当注意的问题】

第一，本条对于可以不提交原件的情形的规定，均指存在客观原因的情形，且本条规定并无兜底条款，除这五种情形外，书证的复制件不具有证据能力，应当被排除。

第二，符合本条第一款规定的五种情形的书证复制件，只是满足了证据能力的要求，这种证据本身仍然是有瑕疵的证据，不能单独证明案件事实，而是必须与其他证据结合发挥证明作用。人民法院在审查判断证据时，也应当结合其他证据和案件具体情况进行综合判断。没有其他证据相互印证的，其不能作为认定案件事实的根据。

【条文】

第一百一十二条

书证在对方当事人控制之下的，承担举证证明责任的当事人可以在举证期限届满前书面申请人民法院责令对方当事人提交。

申请理由成立的，人民法院应当责令对方当事人提交，因提交书证所产生的费用，由申请人负担。对方当事人无正当理由拒不提交的，人民法院可以认定申请人所主张的书证内容为真实。

【条文主旨】

本条是关于书证中证明妨害规则的规定。

【条文理解】

1. 证明妨害的基本法理

证明妨害也称举证妨害，是指因不负有举证责任的当事人一方的行为致使其持有的对证明待证事实具有相当证明意义的证据未能在诉讼中提供、损毁灭失或者丧失证明价值，使待证事实无证据可资证明，导致待证事实处于真伪不明状态时，在事实认定上，法律就负有举证责任当事人的事实主张，作出对其有利的调整。一般而言，在待证事实处于真伪不明状态时，法官依据证明责任规范的指引，判决由对待证事实承担证明责任的当事人承担相应的不利后果。但是，如果造成待证事实真伪不明的原因，并不是负有举证责任的当事人未尽到努力收集、提供证据的义务，而是由于不负有举证责任的当事人实施了妨害对方当事人举证的行为，使负有举证责任的当事人陷于无证据提供等证据缺失的境地，此时如果适用证明责任规则作出对负有举证责任的当事人不利的判决，对负有举证责任的当事人而言有失公平。这种情况下，有必要通过证明妨害规则来“避免通过证明责任规范作出裁判”[①]。

由于从逻辑上讲，纵然没有妨害证明的行为，负有举证责任的当事人提出了有关证据，事实也未必能够明晰，也可能仍然发生真伪不明的情形。因此，理论上就证明妨害的法理基础存在认识上的分歧，主要有以下观点：(1) 经验法则说。德国学者罗森贝克认为，证明妨害涉及一切经验法则，亦即若事实（按不利于相对人者）非真，则相对人应不致妨碍举证之进行，而是予以支持，其破坏证据调查，即显示其恐惧结果之呈现。[②] (2) 违反诉讼上协力义务说。民事诉讼中不负有举证责任的当事人，也有协助法院发现事实及促进诉讼的义务。妨害举证的行为不仅对事实发现造成障碍，也对于促进诉讼造成不便，因此是对诉讼上协力义务的违反。(3) 违反诚信原则。当事人妨害举证的行为，是对权利的滥用，是违反诚信原则的行为。如果该行为导致事实证明困难，则不应让实施妨害行为的人获益。(4) 违反实体法上的证据保存义务。当事人基于法律、约定或者习惯，对于特定证据负有保存义务时，如果由于该当事人的原因致使对方当事人在诉讼中无法使用，负有保存义务的当事人应当对此负有责任。有关证明妨害的法理基础，我国有学者主张，举证妨害具有各种形态，行为人的行为动机不尽相同，后果也会涉及不同的范围和层面。因此证明妨害的理论基础是多元的，既有实体法上的证据保存义务，也有诚信原则和诉讼上的协力义务，也应当考虑他方当事人正当的实体利益和程序利益，依衡平、公平方式进行诉讼。这既是当事人为诉讼上行为之指针，也是法院评判诉讼上当事人行为之基准。[③]

---

① ［日］高桥宏志：《民事诉讼法：制度与理论的深层分析》，林剑锋译，法律出版社 2004 年版，第 466 页。

② 参见姜世明：《民事诉讼法》（下册），我国台湾地区新学林出版股份有限公司 2013 年版，第 100 页。

③ 参见宋英辉、汤维建主编：《我国证据制度的理论与实践》，中国人民公安大学出版社 2006 年版，第 465 页。

证明妨害的构成要件包括客观构成要件和主观构成要件两个方面：(1) 客观构成要件，包括有证明妨害行为、存在待证事实真伪不明的情况、妨害行为与待证事实真伪不明的状况存在因果关系这几个方面。证明妨害行为可以是积极的作为，也可以表现为消极的不作为，只要造成对方当事人对该证据使用困难，无论是作为还是不作为，均不影响妨害行为的构成。这种行为一般应在诉讼中发生，但有时在诉讼之前发生，也可能被认定为证明妨害行为，如医院在诉讼之前损毁病历的行为。待证事实真伪不明是客观要件的重要因素，当事人虽然实施了妨害证明的行为，但待证事实并未因此而陷于真伪不明的状况，则无适用证明妨害规则的必要。因果关系是构成证明妨害的关键，如果待证事实真伪不明是其他原因造成的，与妨害行为无关，也不应适用证明妨害规则。(2) 主观构成要件，即实施妨害行为的当事人的主观故意或者过失。故意实施妨害证明的行为应无疑义，就过失而言，一般是指对有关证据负有保管的法定、约定等义务的情形。过失证明妨害大致有三种类型："其一为虽有意图使证据方法不能被使用，但对该证据方法被除去之于将来诉讼之意义却疏未认识；其二为虽明知该证据方法于将来诉讼之意义，却过失将其毁弃或损坏；其三为过失毁弃或损坏某证据方法，且其对该证据方法于将来诉讼之意义亦疏未认识"①。

就法律后果而言，证明妨害可以导致公法上的制裁，如《日本民事诉讼法》规定，对不遵守文书提出命令的人员，法院可以裁定处以罚款。同时，证明妨害也可以在诉讼法上发生一定法律效果。理论上证明妨害的法律效果主要有以下几种形态：(1) 举证责任转换，即对于法律另有规定障碍该法律效果产生的事实，主张权利的一方不负担该事实不存在的举证责任，而由对权利主张有异议的对方负担举证责任。② (2) 降低证明标准。由于证明妨害行为的多样性和复杂性，有时适用举证责任转换可能发生有失公允的情况，有学者提出法院应当在心证基础上综合考虑妨害方式、可归责的程度以及被妨害证据的重要程度进行自由裁量。如果事实真伪不明是由于证明标准问题，则可以降低证明标准。(3) 推定机制，即如果当事人实施证明妨害的行为，法院可以据此推定对方当事人关于此证据的主张或相关的事实的主张为真实。2001 年《民事诉讼证据规定》第七十五条即采取推定的观点。

① 姜世明：《民事诉讼法》（下册），我国台湾地区新学林出版股份有限公司 2013 年版，第 106~107 页。

② 参见［日］兼子一、竹下守夫：《民事诉讼法》，白绿铉译，法律出版社 1995 年版，第 111 页。

2. 对本条内容的理解

本条在起草过程中借鉴了大陆法系国家和地区关于文书提出命令的制度。文书提出命令制度是证明妨害法理在书证领域的体现。本条对此只规定了一个原则性的条文，具体操作性问题留待专门性司法解释解决。2019 年《民事诉讼证据规定》第四十五条至第四十八条的规定，是落实本解释的精神，对本条规定的具体化。

根据本条规定，书证在对方当事人控制之下时，承担举证责任的当事人可以申请人民法院责令对方当事人提交该书证。本条未使用“文书提出命令”的表述，主要是考虑我国诉讼法上未使用这一术语，司法解释宜与立法保持一致，但其内容与大陆法系的文书提出命令基本相同。本条第一款将适用条件规定为书证须在对方当事人控制之下。对此，承担举证责任的当事人需要提供证据证明书证被对方当事人控制的事实，或者提出理由或证据揭示对方当事人负有法定、约定或依习惯保存、保管证据的义务。在申请时间上，当事人须在举证期限届满前提出申请。当事人申请行为须遵守举证期限的规定，是本解释对待当事人申请行为的基本思路。

人民法院认为当事人申请的理由成立，应当责令持有人提交该书证。何种情况属于理由成立？我们认为，在有证据证明书证被对方当事人控制或者持有书证的当事人负有法定、约定或者依习惯保存、保管的义务的情况下，如果该证据不提供，待证事实将陷于真伪不明的状态，即事实存在与否法官均无法形成内心确信时，当事人申请的理由才能成立。

当事人无正当理由拒不提交书证的，将承担不利后果。何为当事人可以拒绝提交的正当理由？一般认为，如果提交证据将使当事人或者相关人遭受重大不利益的，证据持有人可以拒绝提供。具体要根据个案的情况进行判断。持有证据的当事人拒绝提交书证的后果，本条规定为认定申请人所主张的书证内容为真实。。

【审判实践中应当注意的问题】

第一，应当正确理解本条适用条件。并非书证在对方当事人控制之下，人民法院都可以根据承担举证责任的当事人申请，责令持有人提交。不承担举证责任的当事人控制书证，只是本条适用的充分条件，具体判断上还要结合待证事实是否因该证据不被提交而真伪不明、当事人是否有可以不提交的正当理由或者其他不可归责于己的客观情况，如书证因不可抗力而灭失。

第二，人民法院责令当事人提供证据，应当使用裁定。2019 年《民事诉讼证据规定》第四十六条第三款予以明确。

第三，本条和《民事诉讼证据规定》中的证明妨害，都适用于诉讼中的妨害行为，对于诉讼之前的妨害行为不适用。

第四，书证持有人因提供书证而产生的费用，由申请人负担。持有书证的当事人基于承担举证责任的当事人的申请提供证据，使申请人能够有机会克服诉讼真伪不明的结果，增加胜诉的机会，由此而产生的费用，自然应当由申请人负担。

第五，2019 年《民事诉讼证据规定》实施后，关于本条规定的适用应当按照其第四十五条至第四十八条规定的条件、程序处理。特别是违反“书证提出命令”的后果，2019 年《民事诉讼证据规定》根据不同情况规定了不同后果，即一般性违反书证提出义务的，认定申请人主张的书证内容为真实；存在本解释第一百一十三条规定的妨害书证使用的情形的，认定以该书证证明的案件事实为真实。

【条文】

第一百一十三条

持有书证的当事人以妨碍对方当事人使用为目的，毁灭有关书证或者实施其他致使书证不能使用行为的，人民法院可以依照民事诉讼法第一百一十四条规定，对其处以罚款、拘留。

【条文主旨】

本条是关于对妨害证明行为进行公法上制裁的指引性规定。

【条文理解】

妨害证明的行为损害诉讼秩序的正常进行，破坏民事诉讼的结构平衡，有悖于民事诉讼的基本理念和价值取向，很多国家将妨害证明行为中的一些特定情形归于妨碍民事诉讼的行为，达到一定的公法上的效果。如《美国联邦民事诉讼规则》第 37 条规定，对于任何不遵守证据开示命令的行为，法院可以发布代替上述任何命令的命令或附加命令，该命令将不遵守命令的行为作为藐视法庭的行为对待。[①]《日本民事诉讼法》第 225 条、第 229 条规定，对不服从相关文书提出命令的人员，法院可以裁定处以

① 参见宋英辉、汤维建主编：《我国证据制度的理论与实践》，中国人民公安大学出版社 2006 年版，第 465 页。

罚款。

根据我国民事诉讼法第一百一十四条第一款第一项的规定，伪造、毁灭重要证据，妨碍人民法院审理案件的，人民法院对于诉讼参与人根据情节予以罚款、拘留。该条规定实质上已经包含了证明妨害的内容。本条规定实际上是对毁灭书证进行了进一步的解释，即民事诉讼法第一百一十四条规定的毁灭证据不仅指对书证本身的灭失，造成书证不能在诉讼证明中使用的，在效果上与证据灭失无异，也可以归入毁灭证据的情形，适用相同的罚则。

由于民事诉讼法第一百一十四条对于妨碍诉讼行为处罚的规定已经可以包括本条所指的情形，故本条实际上是一个指引性的规定。

【条文】

第一百一十四条

国家机关或者其他依法具有社会管理职能的组织，在其职权范围内制作的文书所记载的事项推定为真实，但有相反证据足以推翻的除外。必要时，人民法院可以要求制作文书的机关或者组织对文书的真实性予以说明。

【条文主旨】

本条是关于公文书证证明力规则的规定。

【条文理解】

公文书是与私文书相对应的概念，是指具有公共信用的公共管理机关在行使公权力的过程中基于权限所制作的文书。私文书是指公文书之外的文书。公文书和私文书作为证据使用时为公文书证和私文书证。公文书根据其内容，可以分为处分性公文书和报告性公文书。处分性公文书是记载公共管理机关意思表示的公文书，如记载裁决或处罚决定的公文书等；报告性公文书是记载公共管理机关观念表示或认识的公文书，如登记簿、户籍等。公文书作为证据使用时，具有两个特点：一是必须由具有社会公信力或者公共信用的公共管理机关在其职权范围内制作；二是公文书的制作和发出应当符合法定条件，按照法定程序和方式进行。

无论是英美法系国家和地区还是大陆法系国家和地区，公文书证和私文书证都是书证最重要的分类。之所以重要，在于公文书证和私文书证在证据力上存在很大不同。首先，在形式证据力上，无论处分性公文书证还是报告性公文书证，均具有形式证据力。“有关形式上的证据力的认定，或多或少都存有推定。亦即，如根据文书的方式即内容认定为公文时，则推定为真实成立。”① 我国台湾地区“民事诉讼法”第355条规定：“文书，依其程式及意旨得认作公文书者，推定为真正。公文书之真伪有可疑者，法院得请作成名义之机关或公务员陈述其真伪。”以公文书证举证的当事人不必证明公文书为真实，法院对于公文书证的形式证据力有疑义时，可以咨询制作该公文书的机构或经办人员，依职权进行核实。对方当事人如有争执，应当举出反证推翻公文书为真实的推定。这里的推翻并非是对公文书证真实性的反证，有争执的当事人事实上要承担公文书证不真实的本证证明责任。而私文书证并不具有当然的形式证据力。当事人对私文书证的真实性提出质疑的，援引私文书证证明其事实主张的当事人，负有对私文书证真实性的本证证明责任，而有争执的当事人只承担反证的证明责任。其次，公文书证推定具有实质证据力，即依文书的程式和意旨认定为公文书的，推定其内容为真实。对方当事人对此有争执时，应当举证予以推翻，即与形式证据力一样，有争执的当事人要承担公文书证不真实的本证证明责任，即证明相反事实的存在。而私文书证是否具有实质证据力，需要法官依自由心证进行判断。当事人一方对于私文书证的真实性提出疑义的，仅负有反证的证明责任，提供私文书证的当事人负有证明私文书证为真实的本证证明责任。关于公文书证与私文书证的实质证据力，我国台湾地区学者一般认为，应注意区分情况：“（1）勘验文书，因文书内容之作成，即系该法律行为之完成，若该文书为真正，原则上有实质上证据力。例如法院判决书正本，如为真正，即可证明有法院之判决行为及宣告内容。（2）报告文书，因系传述文书制作人之观察事实，虽文书为真正，但传述之内容事实是否真实，非当然可得推认，其非当然有实质上证据力。（3）公文书如真正，且性质上属生效性文书者，应有实质上证据力，若为报导性文书，除有反证足证公文书内容与待证事实不符外，通常均有实质上证据力。（4）私文书如为真正，亦应分别视其为生效性文书或报导性文书。前者有实质上证据力，后者非当然有实质上证据力。实务上，常见之契约书属前者，商业账簿属后者。”②

我国理论界对公文书证和私文书证的证据力的理解与其他国家基本一致。但在实务界，公文书证和私文书证的区别长期未得到应有的重视。在2001年《民事诉讼证据规定》第七十七条中虽然有“人民法院就数个证据对同一事实的证明力，可以依照下列原则认定：（一）国家机关、社会团体

① ［日］三月章：《日本民事诉讼法》，我国台湾地区五南图书出版公司1997年版，第470页。
② 姜世明：《民事诉讼法》（下册），我国台湾地区新学林出版股份有限公司2013年版，第179页。

依职权制作的公文书证的证明力一般大于其他书证”的规定，但这一规定一方面只是指引性规范，也未准确揭示二者本质的区别；另一方面，规定某种证据证明力大于另一种，似有法定证据制度的嫌疑。因此，对于公文书证和私文书证证据力的区别问题，有明确规定的必要。本条规定了公文书证证据力的特殊性，实际上也就揭示出公文书证与私文书证的区别。

依本条规定：其一，公文书证的制作主体是国家机关和其他依法具有社会管理职能的组织。在我国，国家机关和按照国家机关管理或者行使社会管理职能的共青团、妇女联合会、行业协会等，均具有公共信用或者社会公信力，均可以成为公文书证的制作主体。其二，公文书证是适格的主体在其职权范围内制作的，是依照法定程序和方式作出的。非依照法定职权范围或者不符合法定程序或方式的文书，不具有公文书证的效力。其三，本条规定了公文书证的反证规则，即有相反证据足以推翻，这是公文书证反证的典型特征，即反证者承担相反事实的本证责任。其四，人民法院在审查公文书证时，认为必要时即人民法院对公文书证的真实性有疑问时，可以依职权核实，要求制作主体进行说明。

【审判实践中应当注意的问题】

第一，一般情况下，民事诉讼中的公文书证的制作主体比较清楚。但我国历史上具有社会管理职能的组织较为复杂，特别是计划经济年代很多国有企业负担社会管理职能。因此，对于一些待证事实涉及国有企业的文书的，应当结合其形成的时代背景作具体分析。

第二，国家机关和具有社会管理职能的组织只有在其职权范围内制作的文书才是公文书证，超出其职权范围，或者违反法定程序、不具有法定形式的文书，不能作为公文书证对待。

第三，对公文书证的反证需要达到推翻公文书证内容的程度，这意味着有争执的当事人需要对相反的事实承担本证证明责任。

【条文】

第一百一十五条

单位向人民法院提出的证明材料，应当由单位负责人及制作证明材料的人员签名或者盖章，并加盖单位印章。人民法院就单位出具的证明材料，可以向单位及制作证明材料的人员进行调查核实。必要时，可以要求制作证明材料的人员出庭作证。

单位及制作证明材料的人员拒绝人民法院调查核实，或者制作证明材料的人员无正当理由拒绝出庭作证的，该证明材料不得作为认定案件事实的根据。

【条文主旨】

本条是对单位出具的证明材料的形式以及人民法院的审查规则的规定。

【条文理解】

单位出具证明材料，在审判实践中十分常见。单位出具的证明材料，尽管从表面上看类似于证人作证的行为，但由于是以其记载的内容发挥事实证明作用，其性质上属于书证。无论制作主体是否具有社会管理职能，这种书证均与公文书证无关，类别上属于私文书证应无疑义。究其内容，证明材料一般记载的是描述性的内容，故可以将其理解为报导性文书。证明材料应当同时具有单位负责人签名或者盖章、制作证明材料的人员签名或者盖章并加盖单位印章，这是单位证明材料具备证据效力的基础。不符合这一要求的单位证明材料，不具有证据效力，应当被排除。这种规定主要是考虑单位作为拟制人格的民事主体，其真实的意思与其经办人和负责人意思不易区分，在以单位的名义出具证明材料对某一事实进行描述时，为保证基本的真实性，需要提出这种必要的形式上的要求。而且，要求证明材料上有负责人和制作证明材料的人员签名或者盖章，也便于人民法院在必要时核实证明材料的真实性。

本条对人民法院审核证明材料的规则作了规定。人民法院对于单位证明材料，在有疑义时，可以对单位以及负责人和制作证明材料的人员进行调查核实。这种调查核实证据与调查收集证据不同，是法院审核证据的内容，与人民法院调查收集证据不同，不受人民法院调查收集证据的条件的限制。人民法院可以根据审理的需要，在认为必要时要求制作证明材料的人员出庭作证。人民法院对证明材料的真实性不能形成内心确信时，可以理解为有传唤制作证明材料的人员出庭作证的必要性。这里的传唤制作证明材料的人员出庭作证，属于人民法院依职权传唤，但仍然是调查核实证据的性质。出具证明材料的单位以及制作证明材料的人员拒绝人民法院调查核实，或者制作证明材料的人员无正当理由拒绝出庭作证的，人民法院对于证明材料的真实性不能形成有效的心证，该证明材料也因其真实性真伪不明而无法作为认定案件事实的根据。

【审判实践中应当注意的问题】

审判实践中应当注意的是，单位出具的证明材料必须符合形式上的要求，即必须同时有单位盖章、单位负责人签字或者盖章、制作证明材料的人员签字或者盖章，不符合这种形式上要求的证明材料没有证据效力。

【条文】

第一百一十六条

视听资料包括录音资料和影像资料。

电子数据是指通过电子邮件、电子数据交换、网上聊天记录、博客、微博客、手机短信、电子签名、域名等形成或者存储在电子介质中的信息。

存储在电子介质中的录音资料和影像资料，适用电子数据的规定。

【条文主旨】

本条是关于视听资料和电子数据的内容及界限的规定。

【条文理解】

视听资料是指以录音、录像等设备所存储的信息证明案件真实情况的资料。视听资料的出现是现代科学技术发展的产物，将视听资料作为一种独立的证据类型，是我国在1982年民事诉讼法（试行）中创立的，其后的民事诉讼法一直延续了这一做法，并被刑事诉讼法和行政诉讼法所吸收，成为我国独有的一种证据形式。在2012年民事诉讼法修改之前，电子计算机存储的数据一般也被归于视听资料的范畴，但2012年修正民事诉讼法将电子数据作为独立的证据形式，因此视听资料的范围限于录音资料和影像资料。

视听资料作为证据出现在诉讼中由来已久。与我国的处理方式不同，其他国家虽然也多由专门的法律法规对视听资料进行规范，但均依传统的证据方法对待视听资料，而没有将其作为独立的证据形式。在英美法系国家，视听资料属于“文书”的一种形式，依据书证规则对待视听资料。与英美法系国家相比，大陆法系国家或地区对视听资料存在认识上的分歧。法国有判例认为，如果属公开方式取得的录音资料，可以作为初步书证。在德国，判例和多数学者认为录音资料不具有文字符号特征和可读性；此外，迅速说出的话语与经过考虑写出的文字也有本质的区别，因此是应属于物证而非书证。[①]我国台湾地区则是将视听资料类作为准文书对待，并准用书证之规定。

作为证据类型的视听资料包括录音资料和影像资料两种形式。录音资料

① 参见樊崇义主编：《诉讼法学研究》（第六卷），中国检察出版社2003年版，第107页。

是应用声、光、电和机械学等方面的科学技术，把正在进行的有关人员演说、对话以及自然声响等声音如实地记录下来，然后通过播放再现原来的声迹，以证明案件真实情况的证据资料；影像资料是应用光电效应和电磁转换的原理，将人或事物运动、发展、变化的客观真实情况原原本本地录制下来，再经过播放重新显示原始的形象来证明案件真实情况的证据资料。与传统的证据形式相比，视听资料有以下特点：首先，视听资料更依赖于录音带、录像带等物质载体，是以其记录的内容来对待证事实发挥证明作用的，没有物质载体就不存在视听资料证据。在这一点上，视听资料与书证十分接近。其次，视听资料具有高度的准确性和直观性，其在形成过程中一般不受录制人主观因素的影响而造成对案件事实的歪曲。只要录制对象正确、录制方法得当、录制设备正常，视听资料就能十分准确地记录案件事实。借助相应的技术设备，视听资料就能够直接再现一定的案件事实。最后，视听资料的收集和审查具有科学性。视听资料的形成需要借助录音机、录像机等设备，人们可以使用一定的设备来制作视听资料，也可以借助一定的设备对其进行伪造或篡改。因此，对其真实性的检测也要依赖相应的科学技术和设备，通过鉴定等方法得出结论。

电子数据即电子证据，是2012年民事诉讼法新增加的证据类型。《联合国国际贸易法委员会电子商务示范法》第2条规定："电子数据是指由电子手段、光学手段或类似手段生成的传送、接收或储存的信息。"由此，作为证据类型的电子数据，可以归结为以电子、电磁、光学等形式或类似形式储存在计算机中的信息作为证明案件事实的证据资料，既包括计算机程序及其所处理的信息，也包括其他应用专门技术设备检测得到的信息资料。由于电子证据是以电子形式存储在电子介质之上的，与传统的证据形式相比，其在保存方式上需要借助一定的电子介质。电子证据在本质上是一种电子信息，可以实现精确复制，可以在虚拟空间里无限快速传播，在传播方式上与传统证据只能在物理空间传递存在明显的差异。电子证据是以电子计算机及其他电子设备为基础的证据，没有专门的电子设备主件，没有相应的播放、检索、显示设备，电子证据只能停留在电子存储介质之中，无法被人们感知。因此，电子证据在感知方式上必须借助电子设备，而且必须依赖于特定的系统软件环境，如果软件环境发生变化，存储在电子介质上的信息可能无法显示或者无法正确显示。此外，电子证据与传统证据形式相比更具有稳定性和安全性的特点，对于电子证据的修改、复制或者删除能够通过技术手段分析认定和识别。①

多数国家并未将电子证据规定为独立的证据形式，但无论英美法系国家还是大陆法系国家，均允许电子介质存储的电子信息作为证据在诉讼中使用。只不过基于不同的法律传统和制度，对电子证据的处理方式不同。在英美法系国家，电子证据可以归属于文书证据的范畴，但在书证的最佳证据规则和传闻证据规则适用上，对电子证据进行特殊处理。如《美国联邦证据规则》第1001条规定，如果数据存储在电脑或者类似设备中，那么任何从电脑中打印或者输出的能够准确反映数据的可读物，均为原件。就传闻证据规则而言，由于电子证据存在将数字编码转化为人们可以识别的形式，因此面临被传闻证据规则排除的危险。对此，英美法系国家通过对传闻证据规则设置例外的方式来解决电子证据的问题。大陆法系国家和地区将电子证据一般归于书证或者准书证的范畴。例如，《法国民法典》第1316条第1款规定："以电子形式做成的文书与书面载体的文书一样被视为证据，前提是做成该文书的人能够正式地得以识别，该文书的制作与保管的条件应能保持其完整性，签字应与签名人相一致，并代表当事人对由该行为所产生义务的同意。"在日本和我国台湾地区，电子证据被作为准书证对待。

在2012年民事诉讼法修改之前，电子证据在法律上如何定位存在争论。主流观点将电子证据作为视听资料对待，认为电子证据属于视听资料的一种形式。反对观点有将电子证据作为书证、物证、混合证据、独立证据等多重意见。鉴于电子证据在表现形式、真实性判断和证明力等认定上存在诸多不同于传统证据形式之处，不宜归于任何一种传统证据形式，更不宜分解于任何其他证据形式之中，民事诉讼法将其作为独立的证据形式，有利于民事诉讼事实的查明，符合现代社会民事诉讼的要求。

本条对电子数据内容的规定参考了2012年《刑事诉讼法解释》第九十三条的规定。该条对电子数据的范围界定为"电子邮件、电子数据交换、网上聊天记录、博客、微博客、手机短信、电子签名、域名等"。本条与该条列举的范围相同，不同的是对于没有列举出的情形，本条规定了以存储在电子介质中的信息这一特征来进行判断。对于电子数据与视听资料交叉的情形，本条规定存储在电子介质中的录音资料和影像资料属于电子数据的范畴，划清了两种证据类型的界限。

【审判实践中应当注意的问题】

审判实践中应当注意的是，电子数据在实践中的类型很复杂，而且随着

① 参见何家弘主编：《电子证据法研究》，法律出版社2002年版，第14~16页。

信息技术和网络信息产业的发展可能会不断出现新的电子数据形式，因此，对于本条没有列举的情形，注意把握电子数据为存储在电子介质中的信息这一基本特征进行认定。2019 年《民事诉讼证据规定》第十四条对于电子数据按照类别作出了进一步具体化的规定，审判实践中应当结合该条规定的内容进行判断。

【条文】

第一百一十七条

当事人申请证人出庭作证的，应当在举证期限届满前提出。

符合本解释第九十六条第一款规定情形的，人民法院可以依职权通知证人出庭作证。

未经人民法院通知，证人不得出庭作证，但双方当事人同意并经人民法院准许的除外。

【条文主旨】

本条是关于提出证人的方式以及人民法院通知证人出庭作证的意义的规定。

【条文理解】

证人证言是民事诉讼中最常见的证据形式之一，也是各个国家普遍承认的一种重要的证据类型。证人证言是以证人在法庭上就其亲身经历的案件事实所作的客观陈述作为证明案件事实的资料。英美法系国家奉行证人中心主义，证人证言在所有证据类型中居于核心地位，大陆法系国家的证人证言的地位虽然不如英美法系国家，但仍然是一种重要的证据类型，立法上规定了较为详尽的规则。在英美法系国家，证人的范围比较宽泛，包括当事人在内，凡是经过宣誓之后在庭审或者其他诉讼过程中对案件有关事实提供口头证词的人均为证人。证人证言从性质上也区分为专家证人的意见证言（专家证人基于其具有特定专门学科领域的知识或者经验而提供证言）和普通证人的感知证言（普通证人依据自己就其感官获得的某种程度上的记忆提供证言）。大陆法系国家将证人定位为向法庭陈述其感知的事实的第三者，首先将当事人排除在证人范围之外。同时，还将证人限定于将其感官体验的案件事实向法院作陈述的人，具有不可替代性，从而又将专家证人和意见证言排斥在证人和证人证言范围之外。从我国的法律传统和民事诉讼法的规定来看，我国对于诉讼中的专门性问题提交鉴定和鉴定意见来判断，当事人的陈述也不是按照证人证言的规则对待，与大陆法系国家的做法基本一致。

提出证人、要求其出庭作证的行为，性质上属于提供证据的行为。正如证据可以由当事人提供也可以在符合法定条件下由人民法院调查收集一样，当事人可以提出证人出庭作证的请求，法院也可以依职权要求证人出庭作证。当事人提出证人是以申请的方式表现出来的，这种申请证人出庭作证的行为，在性质上与举证行为相同，因此应当遵守举证期限的要求。证人出庭作证需要依据人民法院的通知，通知证人出庭作证属于人民法院的职权行为，因此在原则上应当符合人民法院调查收集证据的条件。只有存在本解释规定的“人民法院认为审理案件需要的证据”的情形的，人民法院才能依职权通知证人出庭作证。

民事诉讼法第七十六条规定，经人民法院通知，证人应当出庭作证。可见，人民法院的通知是证人出庭作证的前提。审判实践中，经常出现当事人未在举证期限届满前向人民法院提出申请，而是径行携证人出席庭审，当场要求证人作证，或者申请的证人与到场的证人不一致的情形。一些审判人员对民事诉讼法的规定理解模糊，适用弹性过大，对当事人未遵守法律、司法解释规定的行为不加禁止，随意准许未经通知的证人作证，既影响庭审的严肃性，也无法保障证人证言的真实性。因此，本条明确规定人民法院通知证人，是证人出庭作证的前提，未经人民法院通知的，意味着当事人关于证人作证的申请未提出或者人民法院未予准许，也不存在证人出庭作证的问题。当然，如果双方当事人均同意未经通知的证人出庭作证，体现了当事人诉讼契约的精神，在不违反法律强制性规定的前提下，人民法院一般应准许当事人的申请，允许未经事先通知的当事人出庭作证。

【审判实践中应当注意的问题】

第一，人民法院对证人的通知，是证人获准出庭作证的标志，也是证人出庭作证的前提。原则上在没有人民法院通知的情况下，证人不能出庭作证。但如果双方当事人均同意未经人民法院通知的证人作证的，在人民法院准许的前提下，可以作为例外情形。

第二，2019 年《民事诉讼证据规定》第六十九条、第七十条是对申请证人出庭作证的申请书内容和通知证人出庭作证的通知书内容、不予准许当事人申请的情形作出的规定。适用本条规定时，应当结合 2019 年《民事诉讼证据规定》第六十九条、第七十条的内容。

【条文】

第一百一十八条

民事诉讼法第七十七条规定的证人因履行出庭作证义务而支出的交通、住宿、就餐等必要费用，按照机关事业单位工作人员差旅费用和补贴标准计算；误工损失按照国家上年度职工日平均工资标准计算。

人民法院准许证人出庭作证申请的，应当通知申请人预缴证人出庭作证费用。

【条文主旨】

本条是关于证人出庭作证费用的计算方式和缴纳的规定。

【条文理解】

证人出庭作证是履行个人对国家所应尽的义务。但与此同时，证人出席法庭审理陈述证言，势必会耗费精力、时间和财力，影响证人的职业收入。如果证人不在法院所在地，势必要存在差旅费等支出。因此，证人出庭作证的整个过程，从某种意义上讲也是证人不断支出各种费用的过程。证人因履行出庭作证的义务而遭受的经济损失，如果不加以补偿，势必使证人处于权利义务失衡的不公平状态，影响证人作证的积极性。因此，各国在立法上普遍设置证人作证所支出费用的补偿制度，对证人作证的费用请求权作出规定。《英国民事诉讼规则与诉讼指引》规定了证人的经济补偿费用，包括证人往返法院的差旅费和因时间损失而获得的补偿费用，且规定此费用由负有举证责任的当事人预交给法院，在向证人送达传唤令状时，向证人支付。《美国加州证据法典》也同样规定证人补偿费用由负有举证责任的当事人支付。《德国民事诉讼法》规定，证人的补偿费用由负有举证责任的当事人预先垫付，否则法院不予传唤证人。同时，德国法律还规定由败诉方承担另一方当事人预付的证人费用。《法国民事诉讼法》第 221 条规定，证人可向法官申请并经法官批准领取补偿金。同样，澳门地区民事诉讼法也规定了证人的补偿费用问题，且此费用在法院作出判决前依证人申请而支付。[①] 我国民事诉讼法在 2012 年修改之前对于证人作证的费用问题没有规定。2001 年《民事诉讼证据规定》第五十四条第三款规定“证人因出庭作证而支出的合

---

① 参见张嘉军：《证人拒证与证人作证制度的改革》，载《河南大学学报（社会科学版）》2002 年第 4 期。

理费用，由提供证人的一方当事人先行垫付，由败诉一方当事人承担”。自国务院 2007 年颁布的《诉讼费用交纳办法》第六条第三项将证人在人民法院指定日期出庭发生的交通费、住宿费、生活费和误工补贴纳入当事人应当向人民法院交纳的诉讼费用。2012 年民事诉讼法借鉴了司法解释和行政法规的做法，在 2001 年《民事诉讼证据规定》第五十四条的基础上进行了充实，在思路上与司法解释的规定相同。

证人享有作证费用补偿的权利，证人也因此有作证费用的请求权。证人作证的费用是因履行作证义务而发生，而出庭作证的义务是证人对代表国家司法权的法院所尽的公法上的义务。现代民事诉讼贯彻施行辩论主义原则，除法律特别规定的显著的事实和当事人自认的事实之外，法院认定案件事实均需要以证据调查的结果为依据。而法院证据调查的过程是司法权行使的过程，在证人出庭作证的场合，证人是证据调查和法院司法权行使的对象，法院通过询问证人获得有助于事实认定的证人证言。因此，证人出庭作证的义务并非其对当事人的私法上的义务，而是对代表国家司法权的法院所尽的公法上的协力义务。既然证人作证费用请求权是证人对法院之公法上的请求权，逻辑上法院应当代表国家承担给付义务，但民事诉讼是当事人为了自己的利益请求国家司法机关确定私权之程序，属于国家对于发生私权争执的当事人之特别服务，与国家利益无涉，为此所支出的费用，自然不能由全国纳税人负担。民事诉讼采有偿主义，由当事人自己负担诉讼费用，以防止当事人滥用诉权而提起无益的诉讼，同时也能减少国库的支出。①

根据民事诉讼法第七十七条的规定，证人作证的费用包括证人因出庭作证而支出的交通、住宿、就餐等必要费用和误工损失。所谓必要费用，是指维持证人正常生活状态和履行出庭作证义务所应当支出的费用。本条确定这种包含交通、住宿、就餐等内容的必要费用按照机关事业单位工作人员差旅和补贴标准计算，主要是考虑机关事业单位对工作人员的差旅和补贴标准有明确规定，依这种标准计算简便易行；且该标准在社会中处于中游，不存在畸高畸低的情况，有关证人的误工损失，依本条规定，应当按照国家上年度职工日平均工资的标准来计算。

在当事人申请证人出庭作证获得法院准许的情况下，当事人应当预先将证人出庭作证的费用缴纳至法院，由人民法院向证人支付该费用，而不能直接将费用支付给证人，这是民事诉讼法第七十七条由当事人垫付的本来含

① 参见占善刚：《民事诉讼中的证人作证费用请求权简论》，载《求索》2010 年第 6 期。

义。有一种观点认为，2001 年《民事诉讼证据规定》第五十四条第三款的规定和《诉讼费用交纳办法》第十一条关于“证人……在人民法院指定日期出庭发生的交通费、住宿费、生活费和误工补贴，由人民法院按照国家规定标准代为收取”的规定，“其乃认为证人作证费用请求权的相对人为提供证人的当事人，也就是说证人可以而且只能直接请求该当事人给付作证费用……二者均是以承认证人作证费用请求权乃证人对当事人所享有的私法上的请求权为前提”，“因此，无论是最高人民法院发布的《民事诉讼证据规定》，还是国务院颁布的《诉讼费用交纳办法》，其所规定的证人行使作证费用请求权方式均不仅不符合诉讼法理，并且有违现行民事诉讼立法的本旨”。[①] 这种观点是对 2001 年《民事诉讼证据规定》和行政法规规定的一种误读。2001 年《民事诉讼证据规定》中只规定了证人作证费用负担的原则，行政法规也只是规定了证人作证费用的收取，二者并未涉及证人作证费用请求权的实现方式。审判实践中，证人也是向人民法院而非直接向当事人主张作证费用。基于证人作证费用请求权属于公法上请求权的性质，证人只能向人民法院提出补偿费用的请求。证人作证费用请求权一般应当在证人作证结束之后行使，如我国台湾地区“民事诉讼法”第 323 条第 2 款规定：“证人请求法院给付作证费用，应于其被询问完毕之日起十日内为之。”我国民事诉讼法上对证人行使此项请求权没有设置时间上的限制，但理解上应当由证人在作证结束后尽快提出主张。对于经济困难的证人，为保证其能够如期到庭，可以在证人出庭作证之前根据其申请预付差旅费用。

【审判实践中应当注意的问题】

第一，当事人申请证人作证时，所需垫付的费用应当缴纳给人民法院，有人民法院支付给证人，当事人不能向证人直接支付费用。

第二，证人不能向当事人请求支付出庭作证的费用，费用未及时支付的，证人应当基于其公法上的请求权向人民法院提出请求。

【条文】

第一百一十九条

人民法院在证人出庭作证前应当告知其如实作证的义务以及作伪证的法律后果，并责令其签署保证书，但无民事行为能力人和限制民事行为能力人除外。

---

① 占善刚：《民事诉讼中的证人作证费用请求权简论》，载《求索》2010 年第 6 期。

证人签署保证书适用本解释关于当事人签署保证书的规定。

【条文主旨】

本条是关于证人具结的规定。

【条文理解】

证人作证的过程本身是主观对客观的反映过程，即将其所记忆的曾经感知到的案件事实通过言辞的方式再现，来完成作证的过程。因此，证人证言不可避免地会掺杂证人的主观因素，而检验证人证言的规则正是尽量剔除这种主观因素的影响，尽量使证人证言的内容接近案件事实的客观状况。这是证人证言与书证、物证等证据形式的区别所在，也是法律要求证人出庭作证的原因。

即使出席法庭审理，证人也始终有说谎的危险。为最大限度地减少这种危险，保证证人陈述的真实性，世界各国及地区的审判程序中几乎都有关于证人宣誓或具结的法律规定。① 具结是指证人在陈述前（有时也可以在陈述之后），"应为确切担保其陈述均属真实之表示，此项表示，谓之具结"②。具结是证人关于如作不实陈述将受法律制裁的一种表示，宣誓与具结相比，则更多是强调宗教信仰和唤起证人良知的作用。在具有宗教信仰传统的大陆法系和英美法系国家及地区，宣誓是保证证人真实陈述的必经程序，而在我国台湾地区则称之为具结。我国民事诉讼理论与实践中，一般也将证人在陈述前保证如实陈述的表示称之为具结。

具结的作用在于保障证人证言的真实性，预防虚假陈述。一方面，通过具结和伪证制裁的规则，使证人因惧怕处罚而消除其作伪证的动机；另一方面，使陈述人产生一旦作伪证将被揭穿的顾虑。

在我国的民事审判实践中，证人证言在各种证据形式中存在的问题相对较多，证人有作虚假陈述的情况，证人证言不受信任，没有发挥其应有的事实证明作用。导致这种情况的原因很多，有社会诚信缺失的问题，有伪证制裁不明确问题，没有建立具结制度也是其中的一个重要原因。在 2001 年《民事诉讼证据规定》起草过程中，曾经考虑设立完整的证人作证的宣誓或具结制度，但鉴于 2001 年《民事诉讼证据规定》是我国第一个关于证据的司法解释，在此前的实践中没有类似的做法，也需要在实践中进一步探索，故只规定人民法院应当在证人作证之前告知其应当如实作证以及作伪证后

① 参见张永泉：《民事诉讼证据原理研究》，厦门大学出版社 2006 年版，第 108 页。

② 姜世明：《民事诉讼法》（下册），我国台湾地区新学林出版股份有限公司 2013 年版，第 167 页。

果。2015 年《民事诉讼法解释》的起草，是在 2001 年《民事诉讼证据规定》已经实施十余年，具结的重要性已经在理论界和实践实践中形成广泛共识且积累了丰富经验的背景下进行的，设立具结制度的时机已经成熟。

根据本条的规定，证人陈述之前，人民法院应当告知其如实陈述的义务及作伪证的法律后果，并责令其签署保证书。这一规定包括两方面内容：其一，人民法院在证人作证前首先应当对证人如实陈述的义务及违反义务的后果进行释明，使证人理解义务的内容及后果；其二，责令证人签署保证书意味着签署保证书为证人的义务，证人不得拒绝。保证书即为具结书，其内容即为结文，包括证人保证如实陈述，决无匿、饰、增、删，如有虚假陈述，愿意接受伪证制裁等。无民事行为能力和限制民事行为能力人在与其年龄、智力状况或精神健康状况相适应的事项上可以作为证人，但由于行为能力的限制，其不能完全理解具结的意义在通常情况下也无法令其承担伪证制裁后果，故无民事行为能力人和限制民事行为能力人不必具结。此为具结的除外规定。

证人具结与当事人具结的内容、形式均无本质不同，适用相同的规则。

【审判实践中应当注意的问题】

本条虽然规定证人以签署保证书方式具结，但 2019 年《民事诉讼证据规定》第七十一条规定“人民法院应当要求证人在作证之前签署保证书，并在法庭上宣读保证书的内容”。因此，司法解释对证人具结方式的规定已经发生变化，仅签署保证书并没有完成具结，签署保证书加宣读保证书，才是完整的具结方式。事实上，审判实践经验表明，口头具结方式比签署保证书更能够对证人心理产生威慑，更有利于保障证人陈述的真实性。

【条文】

第一百二十条

证人拒绝签署保证书的，不得作证，并自行承担相关费用。

【条文主旨】

本条是关于证人拒绝具结的后果的规定。

【条文理解】

具结是证人对其如实陈述的保证，是促使证人如实作证的必要措施。根据本解释第一百一十九条的规定，具结是证人作证的必经程序，未经具结证人不得作证，是本解释的应有之义。由于证人具结的主要作用在于对证人的心理产生威慑，进而保障证人证言的真实性，证人拒绝具结的，意味着证人不对自己陈述的真实性进行保证，其实质上也是拒绝作证的一种表示。证人出席法庭审理，因其拒绝具结而导致其不能作证的，自然不能主张出庭作证的费用，有关费用应由其自行负担。

【审判实践中应当注意的问题】

2019 年《民事诉讼证据规定》第七十一条对具结的形式进行了调整，既要求证人签署保证书，也要求其口头宣读保证书内容，二者结合才能构成完整的具结，故对于人民法院因疏忽等原因，准许未经具结或者未经完整具结的证人作证的，除证人属于本解释第一百一十九条规定的无民事行为能力人或者限制民事行为能力人外，证人证言不具有证据能力，不能作为认定案件事实的依据。

【条文】

第一百二十一条

当事人申请鉴定，可以在举证期限届满前提出。申请鉴定的事项与待证事实无关联，或者对证明待证事实无意义的，人民法院不予准许。

人民法院准许当事人鉴定申请的，应当组织双方当事人协商确定具备相应资格的鉴定人。当事人协商不成的，由人民法院指定。

符合依职权调查收集证据条件的，人民法院应当依职权委托鉴定，在询问当事人的意见后，指定具备相应资格的鉴定人。

【条文主旨】

本条是关于鉴定程序启动和鉴定人确定方式的规定。

【条文理解】

鉴定是鉴定人运用专门的知识和技能，辅之以必要的技术手段，对案件中发生争议的专门性问题进行检测、分析、鉴别的活动。鉴定的成果为鉴定意见，属于专家证据的一种形式。鉴定为大陆法系国家和地区以及受大陆法系影响较深的国家和地区对于诉讼中的专门性问题所采取的辅助法官发现事实的手段。在英美法系国家，虽然也有类似鉴定的专家证据形式（法庭专家提供专家证言），但只适用于小额或者速裁程序，居于主导地位的是专家证人。大陆法系国家和地区一般从证据方法角度对鉴定进行描述。“鉴定系为辅助法官对事物之判断能力，命有特别学识经验之第三人，本于其专门知识、技能经验，陈述特别经验法则依据一定证据法则而对某事物关系为判断结果之证据调查程序。亦即乃以鉴定人为证据方法，而以鉴定人之鉴定意见为证据资料，以证明待证事实者。”①

根据我国民事诉讼法的规定，鉴定是人民法院委托鉴定人对专门性问题进行检验、出具鉴定意见的活动。人民法院委托鉴定人进行鉴定的行为，属于其调查收集证据的职权行为。依据2001年《民事诉讼证据规定》以来民事审判实践的基本思路，人民法院的职权行为适用人民法院调查收集证据的规则，当事人的申请比照当事人的举证的行为处理，适用举证时限规则和举证责任规则。具体到鉴定领域也是如此。

鉴定程序可以因当事人申请，也可以因人民法院依职权启动。对于待证事实负有举证责任的当事人，在待证事实涉及专门性问题需要鉴定的，该当事人负有申请的义务。如果因其未申请鉴定导致待证事实无法借助鉴定意见进行判断而真伪不明的，由该当事人承担不利后果。而当事人申请的行为，应当遵守举证期限的限制，于举证期限届满前提出。由于人民法院委托鉴定在性质上为法院调查收集证据，因此当事人申请鉴定应当遵守当事人申请人民法院调查收集证据的要求。根据本解释的规定，当事人申请调查收集的证据与待证事实无关联、对于证明待证事实无意义以及其他无调查收集必要的，人民法院不予准许当事人的申请。这一规定同样适用于申请鉴定的场合。故本条规定，需要鉴定的事项与待证事实无关联，或者对于证明待证事实无意义的，人民法院不予准许。

人民法院依职权启动鉴定的，性质上属于人民法院依职权调查收集证据的行为，应当遵守依职权调查收集证据的条件，即存在“人民法院认为审理案件需要的证据”的情形。根据本解释的规定，涉及可能损害国家利益、社会公共利益的事实，涉及身份关系的事实，涉及公益诉讼，当事人有恶意串通损害他人合法权益可能的，涉及依职权追加当事人、中止诉讼、终结诉讼、回避等程序性事项的，人民法院才能依职权调查收集证据。相应地，只有在这些情形下，人民法院才能依职权启动鉴定。

关于鉴定人的确定，2001年《民事诉讼证据规定》第二十六条确定，在当事人申请鉴定时，鉴定人的确定有当事人协商和人民法院指定两种方式，即可以先由当事人协商后经人民法院认可，协商不成的由人民法院指定。这种做法被民事诉讼法肯定，并被吸收为2021年民事诉讼法第七十九条第一款。对于人民法院依职权确定鉴定程序的，2001年《民事诉讼证据

---

① 姜世明：《民事诉讼法》（下册），我国台湾地区新学林出版股份有限公司2013年版，第191页。

规定》、民事诉讼法均无鉴定人如何确定的规定，本条在总结审判实践经验基础上，规定由人民法院在征求当事人意见后，指定鉴定人。无论以哪种方式确定鉴定人，均须在有资格的鉴定人中确定。

【审判实践中应当注意的问题】

在当事人申请鉴定时，应当对当事人申请鉴定的事项进行审查。如果当事人申请鉴定的事项与待证事实无关联，则鉴定意见必然因欠缺证据的关联性而不具有证据能力，启动鉴定程序没有必要且会造成审判资源的浪费。申请鉴定的事项对于证明案件事实无意义的，也属于没有必要进行鉴定的情形，人民法院不应准许当事人的申请。

【条文】

第一百二十二条

当事人可以依照民事诉讼法第八十二条的规定，在举证期限届满前申请一至二名具有专门知识的人出庭，代表当事人对鉴定意见进行质证，或者对案件事实所涉及的专业问题提出意见。

具有专门知识的人在法庭上就专业问题提出的意见，视为当事人的陈述。

人民法院准许当事人申请的，相关费用由提出申请的当事人负担。

【条文主旨】

本条是关于专家辅助人在诉讼中的申请、活动方式以及有关费用承担的规定。

【条文理解】

1. 专家辅助人的性质和功能

民事诉讼法吸收了 2001 年《民事诉讼证据规定》第六十一条的内容，在立法上确立了我国民事诉讼中鉴定人与专家辅助人并存的“双层”专家证据制度，对于我国民事诉讼的发展具有重要意义。实践中对于专家辅助人的性质仍然存在一定程度的误解，由于专家辅助人的性质决定了在审判实践中如何规范其活动范围和方式，故有明确的必要。

（1）专家辅助人的性质。专家辅助人在实践中经常被错误理解为专家证人，但事实上二者性质并不相同。专家证人与专家辅助人具有表面上的相似性，但二者的功能存在实质性差别。专家辅助人在诉讼中只是单一地协助当事人就有关专门性问题提出意见或者对鉴定意见进行质证，回答审判人员和当事人的询问，与对方当事人申请的专家辅助人对质等活动也是围绕着对鉴定意见或者专业问题的意见展开的。设置专家辅助人的功能和目的只是辅助当事人充分有效地完成诉讼活动，专家辅助人并不具有法官的“专业助手”的功能。

而专家证人的功能则是双重的。专家证人在诉讼中，既要在事实发现上为法庭提供帮助，也要辅助当事人进行诉讼，而辅助法庭事实发现的功能是其最主要和优先的功能。《英国民事诉讼规则》第35.3条将专家证人的职责明确为“（1）专家的职责是就其专业知识范围内的事项为法庭提供帮助；（2）这种职责优先于其对聘请他或向他支付报酬的人的责任”。专家证人的这种功能与大陆法系鉴定人的功能非常接近。

专家证人与专家辅助人这种功能上的差异，决定了专家辅助人在性质和诉讼地位上不同于专家证人。其一，由于专家证人制度与鉴定人制度同样具有在事实发现过程中辅助事实审理者对专业问题作出决定的功能，如果我国民事诉讼制度在已经遵循大陆法国家的做法确立了鉴定人制度的同时，再设置专家证人制度，欠缺必要性与合理性，也不符合法律规则创设的内在逻辑。其二，英美法系国家的专家证人尽管与事实证人相比较存在特殊性，但其诉讼地位仍然归属于证人范畴。然而根据民事诉讼法和2001年《民事诉讼证据规定》，我国并不允许证人表达意见证言，证人只能进行“体验性”陈述。这种对证人的要求显然与本条关于专家辅助人的要求是不相容的。因此，将专家辅助人理解为专家证人的观点是不正确的，它势必导致“概念称谓上的混乱，理解上的不统一”①，也势必影响该项规定在审判实践中适用的效果。

专家辅助人与日本民事诉讼法上的诉讼辅助人非常相似。在《日本民事诉讼法》中，诉讼辅助人是指“随同当事人、法定代理人或诉讼代理人在期日里一起出庭，进行口头陈述的人”②。诉讼辅助人只是法庭审理过程中的“附加人员”，他不能在法庭审理之外从事有关的诉讼行为。③ 对于诉讼辅助人的资格，法律通常没有特别的限制，但一个人能否成为诉讼辅助人，仍需

① 常廷彬：《试论民事诉讼中的专家证人》，载《青岛大学学报（社会科学版）》2002年第4期。

② ［日］中村英郎：《新民事诉讼法讲义》，陈刚、林剑锋、郭美松译，常怡审校，法律出版社2001年版，第72页。

③ 参见［日］高桥宏志：《民事诉讼法：制度与理论的深层分析》，林剑锋译，法律出版社2003年版，第201页。

法庭的许可。[1] 而“随着纠纷中专业化、技术化因素的增多，对于一些事项，即使是一些具有律师身份的诉讼代理人，也不具备这种专业知识，因此让这种问题的专家及技术者成为当事人或诉讼代理人的助手就显得极为必要。有鉴于此，近来也有观点倡导应当积极灵活地运用辅助人制度”[2]。从民事诉讼法第八十二条规定并结合 2001 年《民事诉讼证据规定》第六十一条的内容来看，将专家辅助人理解为诉讼辅助人是恰当的，符合立法和司法解释的本意和“有专门知识的人”的特点。

（2）专家辅助人的功能。英美法系国家基于诉讼中贯彻“武器平等”的原则，由当事人聘请的专家证人就有关专业性问题进行作证，通过双方当事人或者代理人对专家证人的交叉询问，有利于事实审理者保持中立的立场，平衡双方的意见作出裁决。这种做法充分反映出英美法对当事人主义诉讼理念的推崇。然而，英美法上的专家证人制度存在无法回避的缺陷，即专家证人的“党派性”。而大陆法系国家的鉴定人制度，由于鉴定人是法庭所任命的专家，独立于双方当事人，因而能够更好地体现公正、中立和客观的立场，有效地克服专家证人制度的“党派性”缺陷。[3] 但由于当事人在专业问题上的证据手段不如英美法系国家发达，导致法官在许多案件的事实审理中过多地依赖鉴定人，事实上是鉴定人而非法官在决定案件事实。在某种程度上，鉴定人作用的过度发挥削弱了法官的独立性。

相比较而言，专家辅助人制度与鉴定人制度相结合的双层的专家证据制度，能够有效地克服专家证人制度和鉴定人制度的不足。一方面，这种“双层”专家证据制度以鉴定人制度为基础和主干，能够保持鉴定人制度的优势，充分体现专家（鉴定人）在专业问题上的中立立场，有效地消除专家证人制度中的“党派性”因素；另一方面，作为鉴定人制度补充的专家辅助人制度为当事人提供了鉴定人制度之外的充足的证据手段，从而对鉴定人的行为和作用形成有效的制约，防止鉴定人过度介入诉讼而成为实际的事实审理者，有利于法官综合各方面的因素对诉讼中的专业问题作出更客观的判断。这种制度的确立，既是民事审判实践经验的总结，也是对法治发达国家制度和规则批判继受的成果，体现了立法机关对源于审判实践的智慧和创新精神

---

① 参见［日］中村英郎：《新民事诉讼法讲义》，陈刚、林剑锋、郭美松译，常怡审校，法律出版社 2001 年版，第 72 页。

② ［日］高桥宏志：《民事诉讼法：制度与理论的深层分析》，林剑锋译，法律出版社 2003 年版，第 201 页。

③ 参见张永泉：《论民事鉴定制度》，载《法学研究》2000 年第 5 期。

的认可和尊重。

2. 对本条内容的理解

从本条内容来看：其一，专家辅助人出庭需要由当事人在举证期限届满前提出申请，人数为一至二人，与2001年《民事诉讼证据规定》的内容基本一致。其二，专家辅助人在诉讼中是围绕专门性问题展开的，包括对鉴定意见的质证、对专门性问题发表意见等。其三，专家辅助人作为当事人的诉讼辅助人，其在法庭上的活动视为当事人的活动，故其对专门性问题进行的陈述视为当事人的陈述。其四，诉讼辅助人的功能是辅助当事人诉讼，因当事人申请而出席法庭审理，故其出庭的费用不属于诉讼费用的范畴，应当由申请的当事人负担。

【审判实践中应当注意的问题】

第一，专家辅助人能否参与到法庭审理，取决于人民法院的决定，人民法院认为当事人申请专家辅助人出庭没有必要的，可以驳回当事人的申请。

第二，专家辅助人的诉讼地位是诉讼辅助人，因此，其出席法庭审理时不能被视为证人在证人席陈述意见，而是与当事人及其诉讼代理人在法庭上的位置保持一致。

第三，专家辅助人是否具备相应的资格和能力，取决于当事人的认识，人民法院对专家辅助人不作资格上的审查。

【条文】

第一百二十三条

人民法院可以对出庭的具有专门知识的人进行询问。经法庭准许，当事人可以对出庭的具有专门知识的人进行询问，当事人各自申请的具有专门知识的人可以就案件中的有关问题进行对质。

具有专门知识的人不得参与专业问题之外的法庭审理活动。

【条文主旨】

本条是关于对专家辅助人询问以及专家辅助人活动范围的规定。

【条文理解】

从证据方法角度来看，询问是对于人证进行调查的必要手段。通过询问能够更清楚、准确地了解当事人、证人陈述的内容，发现其中的疑点，从而更好地查明案件事实。

由于专家辅助人的诉讼地位为诉讼辅助人，其在诉讼中的陈述视为当事人本人的陈述，因此，对专家辅助人的询问可以适用对当事人本人的询问规则。在我国的民事诉讼实践中，对当事人的询问与对证人的询问，在询问的主体和方式上基本相同。这些规则同样适用于对专家辅助人的询问。就询问主体而言，审判人员当然可以对专家辅助人进行询问，当事人也可以对专家辅助人进行询问。此处的当事人是指对方当事人，而申请专家辅助人的当事人，由于其在专门性问题上的意见已经被专家辅助人所代表，逻辑上不能对其申请的专家辅助人进行询问。双方当事人均申请专家辅助人的，询问可以经法庭许可后，在专家辅助人之间展开。专家辅助人之间对有关专门性问题意见分歧的，可以相互进行质疑、辩论。

专家辅助人由其地位和功能所决定，其活动范围仅限于专门性问题的事实查明，超出这一范围的，既与其功能不符，也不符合立法的本意。

【审判实践中应当注意的问题】

专家辅助人在法庭上的活动限于与专门性问题相关的范围，专门性问题之外的其他问题，专家辅助人不能参与。故在法庭对涉及专门性问题的事实调查结束后，应当责令专家辅助人退出审判区。专家辅助人在有关专门性问题的事实调查过程中超出专门性问题范围发表意见、进行陈述的，审判人员应当及时制止。

【条文】

第一百二十四条

人民法院认为有必要的，可以根据当事人的申请或者依职权对物证或者现场进行勘验。勘验时应当保护他人的隐私和尊严。

人民法院可以要求鉴定人参与勘验。必要时，可以要求鉴定人在勘验中进行鉴定。

【条文主旨】

本条是关于勘验的规定。

【条文理解】

勘验在理论上系指“法官以其五官之感觉作用，直接亲自体验物体之性状，从而认识一定人物事况性状事实之存否为证据之调查证据行为”①。勘验本身并不是证据，而只是一种调查证据的方法，勘验的结果才是证据。勘验

① 姜世明：《民事诉讼法》（下册），我国台湾地区新学林出版股份有限公司2013年版，第200页。

的结果不仅包括通过勘验制作的笔录，还包括通过勘验留在事实审理者大脑中的印象。

我国理论界和实务界通常将勘验理解为“是指人民法院审判人员在诉讼过程中，为了查明一定事实，对与案件争议有关的现场、物品或物体亲自或指定有关人员进行查验、拍照、测量的行为。将查验的情况和结果制成笔录，就称为勘验笔录”①。由于民事诉讼法明确地将勘验笔录规定为证据形式，在我国的民事诉讼中，勘验中能够作为证据使用的只有体现勘验过程和结果的勘验笔录，至于勘验留在法官大脑中的印象，只是影响法官对待证事实的心证因素，并不作为证据对待。这一点，与大陆法系国家和英美法系国家将勘验的结果理解为包括五官作用于勘验物的直接感受是不同的。

勘验是法院的职权，这是各国的通例。在勘验的启动上，也普遍承认法院可以根据当事人的申请进行勘验，也可以依职权决定进行勘验。例如，《奥地利民事诉讼法》第368条规定，法院为了查明事实情况，可依申请或职权，在必要时，召集一名或数名鉴定人命其进行检证。勘验作为人民法院调查收集证据的职权，其启动应当符合人民法院调查收集证据的条件。因此，启动勘验的方式存在两种情形，即根据当事人的申请启动和人民法院依职权启动。但由于勘验本身既是调查收集证据以形成勘验笔录的方法，也是核实证据的方法，如对物证的核实，因此，在人民法院依职权启动勘验程序时，不必像人民法院依职权调查收集证据时严格限于法定情形，而是由人民法院根据具体情况来决定。

无论当事人申请勘验还是法院依职权进行勘验，都需要满足“有必要进行勘验”的条件。本条也明确规定了勘验要以人民法院认为有必要为前提。这种必要性，需要结合案件的具体情况进行判断。一般而言，可以从与案件事实的关联性、是否属于要件事实中的重要事项、是否属于勘验标的的性状可能发生变更的情况、待证事实是否已经清楚等多个方面进行综合判断。

根据本条的规定，勘验的标的为物证或者现场。物证是以物品的自身属性、外部特征和存在状况等证明案件事实的证据形式。从其概念出发，现场、痕迹等也可以被理解为包含于广义的物证范围内。在勘验过程中，可以采取测量、拍照、录音录像等多种检验方法，但在勘验标的涉及人的隐私和尊严时，如对伤痕、对身体的勘验，出于保护人权的考虑，特别应当注意对他人的隐私和尊严的尊重。

---

① 常怡主编：《民事诉讼法学》，中国政法大学出版社1994年版，第161页。

勘验过程中，可能会涉及专门性的问题。对于这些专门性问题，如果不超过一般人常识的范围，勘验人即可以作出判断，则没有鉴定的必要。但如果法官无法通过勘验的方法查明专门性问题，则需要在勘验过程中进行鉴定。而实践中，在鉴定过程中可能也会发生需要对物证、现场等进行勘验的情形，在这种情况下，从节约诉讼资源、方便案件审理的角度出发，应当综合运用勘验和鉴定两种调查收集证据的方法。这也是本条第二款规定的目的所在。

【审判实践中应当注意的问题】

审判实践中应当注意的是，勘验是法院比较特殊的职权行为，既可以被理解为调查收集证据的方式，也可以被理解为核实证据的手段。因此，在勘验的启动上，法院拥有较大的职权，在其认为有必要时，即可以根据当事人的申请或者依职权决定启动勘验。

五、期间和送达

【条文】

第一百二十五条

依照民事诉讼法第八十五条第二款规定，民事诉讼中以时起算的期间从次时起算；以日、月、年计算的期间从次日起算。

【条文主旨】

本条是关于计算时日的规定。

【条文理解】

期间，是指法院、诉讼参加人进行某种诉讼行为的期限。民事诉讼法规定期间的目的，在于保证当事人和其他诉讼参加人及时行使诉讼权利，履行诉讼义务，节省时间、人力、物力，使人民法院及时地进行审判，使当事人的民事争议及时地得到解决，保证诉讼行为的有效性，稳定民事诉讼关系。[①] 民事诉讼法对期间的时、日、月、年作出了明确规定。

在社会现代化程度越来越高的情况下，有必要使期间从时开始计算。以时起算的期间从次时起算。期间开始的时，不计算在期间内，而是从下一个小时或者从次日起算。以日、月、年计算的期间从次日起算。

【审判实践中应当注意的问题】

期间不包括在途时间。诉讼文书在期满前交邮的，不算过期。所谓的在途时间，是指人民法院邮寄诉讼文书，或者当事人邮寄诉讼文书在旅途中所用去的时间。正因为期间不包括在途时间，所以诉讼文书在期满前交邮的不算过期。如上诉状只要在法定期间届满前交邮，即使人民法院收到时已逾上诉期限，也不能认为逾期上诉。确定诉讼文书是否于期间届满前交邮，不是以诉讼文书到达地邮局邮戳上的时间为标准，而是以诉讼文书邮寄地邮局邮戳上的时间为标准，并且以时为标准。

---

① 参见王胜明主编：《中华人民共和国民事诉讼法释义》，法律出版社 2012 年版，第 188 页。

【条文】

第一百二十六条

民事诉讼法第一百二十六条规定的立案期限，因起诉状内容欠缺通知原告补正的，从补正后交人民法院的次日起算。由上级人民法院转交下级人民法院立案的案件，从受诉人民法院收到起诉状的次日起算。

【条文主旨】

本条是关于立案期限计算的规定。

【条文理解】

本条是关于立案期间和不予受理期间的规定，立案和不予受理期间从人民法院收到当事人的起诉状的次日起算。人民法院因起诉状的内容欠缺令原告补正的，立案或不予受理的期间自补正后交法院的次日计算。由上级人民法院交下级人民法院，或者由基层人民法院转交人民法庭受理的案件，从受诉法院或者人民法庭收到起诉状的次日计算。

【审判实践中应当注意的问题】

强调人民法院应当保障当事人依照法律规定享有的起诉权利，对于符合起诉条件的，应当在七日内立案，对不符合起诉条件的，应当在七日内作出书面的不予受理裁定。在一段时期内，立案难的问题反映强烈，有的法院以内部指导意见的形式列举诸多情形不予立案，有的法院不收取材料，也不作出书面裁定或者仅口头告知，导致当事人难以就不予受理裁定提出上诉，因此，强调立案受理或者不予受理期间的规定，对依法保障当事人的诉讼权利具有重要意义。

【条文】

第一百二十七条

民事诉讼法第五十九条第三款、第二百一十二条以及本解释第三百七十二条、第三百八十二条、第三百九十九条、第四百二十条、第四百二十一条规定的六个月，民事诉讼法第二百三十条规定的一年，为不变期间，不适用诉讼时效中止、中断、延长的规定。

【条文主旨】

本条是关于民事诉讼法有关诉讼不变期间的规定。

【条文理解】

民事诉讼中的不变期间，是指一经法律规定，非有法定情形任何人不得予以变更的期间。例如，上诉期间、申请再审的期间等。

1. 申请再审期间

本条沿用《92年意见》第212条规定："民事诉讼法第一百八十二条中的二年为不变期间，自判决、裁定发生法律效力次日起计算。"2012年民事诉讼法已经将申请再审期间修改为六个月，2021年修正的民事诉讼法第二百一十二条规定："当事人申请再审，应当在判决、裁定发生法律效力后六个月内提出；有本法第二百零七条第一项、第三项、第十二项、第十三项规定情形的，自知道或者应当知道之日起六个月内提出。"

作为区别于一审、二审通常救济程序，再审程序是一种例外的特殊救济渠道，对于当事人已经是额外的救济程序，并基于维护生效裁判既判力、稳定社会关系的考虑，当事人申请再审期限为不变期间，到期则丧失法定的申请再审权利。这一精神在2012年民事诉讼法中得到确定，故规定了此条。本条规定吸收了《全国法院民事再审审查工作座谈会纪要》的精神，明确申请再审期间是不变期间，不存在中断、中止、延长的情形。但是，当事人在裁判文书发生法律效力六个月后申请再审，符合以下条件的，应予受理：(1) 依据民事诉讼法第二百零七条第一项、第三项、第十二项、第十三项申请再审；(2) 书面说明知道或者应当知道所依据再审事由的时间，并提交相应证据；(3) 提交支持再审事由的证据材料，并书面说明该证据材料证明再审事由成立的理由。

2. 第三人撤销之诉提起的时间

民事诉讼法第五十九条第三款规定："前两款规定的第三人，因不能归责于本人的事由未参加诉讼，但有证据证明发生法律效力的判决、裁定、调解书的部分或者全部内容错误，损害其民事权益的，可以自知道或者应当知道其民事权益受到损害之日起六个月内，向作出该判决、裁定、调解书的人民法院提起诉讼。人民法院经审理，诉讼请求成立的，应当改变或者撤销原判决、裁定、调解书；诉讼请求不成立的，驳回诉讼请求。"

3. 特别程序案件裁定异议期间

本解释第三百七十二条第二款规定，对人民法院作出的确认调解协议、准许实现担保物权的裁定有异议的，当事人应当自收到裁定之日起十五日内，案外人应当自知道或者应当知道其民事权益受到侵害之日起六个月内提出。

4. 调解书申请再审期间

法律规定，调解书的效力等同于民事诉讼的判决和裁定，因此本解释第三百八十二条规定："当事人对已经发生法律效力的调解书申请再审，应当在调解书发生法律效力后六个月内提出。"

5. 以新证据申请再审期间

本解释第三百九十九条规定："人民法院准许撤回再审申请或者按撤回再审申请处理后，再审申请人再次申请再审的，不予受理，但有民事诉讼法第二百零七条第一项、第三项、第十二项、第十三项规定情形，自知道或者应当知道之日起六个月内提出的除外。"

6. 必要的共同诉讼人申请再审期间

本解释第四百二十条第一款规定："必须共同进行诉讼的当事人因不能归责于本人或者其诉讼代理人的事由未参加诉讼的，可以依据民事诉讼法第二百零七条第八项规定，自知道或者应当知道之日起六个月内申请再审，但符合本解释第四百二十一条规定情形的除外。"

7. 案外人申请再审期间

本解释第四百二十一条规定："根据民事诉讼法第二百三十四条规定，案外人对驳回其执行异议的裁定不服，认为原判决、裁定、调解书内容错误损害其民事权益的，可以自执行异议裁定送达之日起六个月内，向作出原判决、裁定、调解书的人民法院申请再审。"

8. 利害关系人申请除权判决期间

公示催告程序中利害关系人申请除权判决期间也是不变期间。民事诉讼法第二百三十条规定："利害关系人因正当理由不能在判决前向人民法院申报的，自知道或者应当知道判决公告之日起一年内，可以向作出判决的人民法院起诉。"

【审判实践中应当注意的问题】

申请再审期间为不变期间，不存在中止、中断的情况。六个月的期限是从判决、裁定发生法律效力开始起算。但在以下四种情况下，当事人在判决、裁定发生法律效力后，期间及其起算点是不同的：(1) 判决、裁定发生法律效力后，发现有新的证据，足以推翻原判决裁定的，当事人自知道或者应当知道之日起六个月内申请再审。(2) 判决、裁定发生法律效力后，发现原判决裁定认定事实的主要证据是伪造的，当事人自知道或者应当知道之日起六个月内申请再审。(3) 判决、裁定发生法律效力后，据以作出原判决、裁定的法律文书被撤销或者变更的，当事人自知道或者应当知道之日起六个月内申请再审。(4)判决、裁定发生法律效力后，发现审判人员审理该案件时有贪污受贿，徇私舞弊，枉法裁判行为的，当事人自知道或者应当知道之日起六个月内申请再审。本条规定的期间，均有从知道或者应当知道起算的表述，应当严格把握。

【条文】

第一百二十八条

再审案件按照第一审程序或者第二审程序审理的，适用民事诉讼法第一百五十二条、第一百八十三条规定的审限。审限自再审立案的次日起算。

【条文主旨】

本条是关于再审程序审理期限的规定。

【条文理解】

关于人民法院适用再审程序审理案件，民事诉讼法第二百一十四条第一款规定："人民法院按照审判监督程序再审的案件，发生法律效力的判决、裁定是由第一审法院作出的，按照第一审程序审理，所作的判决、裁定，当事人可以上诉；发生法律效力的判决、裁定是由第二审法院作出的，按照第二审程序审理，所作的判决、裁定，是发生法律效力的判决、裁定；上级人民法院按照审判监督程序提审的，按照第二审程序审理，所作的判决、裁定是发生法律效力的判决、裁定。"第一百五十二条规定："人民法院适用普通程序审理的案件，应当在立案之日起六个月内审结。有特殊情况需要延长的，由本院院长批准，可以延长六个月；还需要延长的，报请上级人民法院批准。"第一百八十三条规定："人民法院审理对判决的上诉案件，应当在第二审立案之日起三个月内审结。有特殊情况需要延长的，由本院院长批准。人民法院审理对裁定的上诉案件，应当在第二审立案之日起三十日内作出终审裁定。"

【条文】

第一百二十九条

对申请再审案件，人民法院应当自受理之日起三个月内审查完毕，但公告期间、当事人和解期间等不计入审查期限。有特殊情况需要延长的，由本院院长批准。

【条文主旨】

本条是关于审查申请再审期间可扣除审理期限的规定。

【条文理解】

申请再审程序是2007年民事诉讼法新规定的程序。当事人申请再审，是指当事人及其法定代理人对已经发生法律效力的判决、裁定、调解书，认为确有错误，向人民法院提出变更或撤销原判决、裁定书和调解书的请求，并提请人民法院对案件重新审理的诉讼制度。申请再审是我国法律赋予当事人及其法定代理人的一项诉讼权利，是当事人依法享有诉权的具体体现。当事人申请再审，是我国再审制度的重要组成部分，它对于纠正生效裁判的错误，保证案件的审判质量，维护法律的严肃性及当事人的合法权益都具有重要的意义。

人民法院根据审判工作实际，发现在审查申请再审案件中，人民法院进行鉴定等的期间较长，如果不予以扣除，无法保证审判的质量和效率。2009年最高人民法院印发的《关于受理审查民事申请再审案件的若干意见》第三十二条规定："人民法院应当自受理再审申请之日起3个月内审查完毕，但鉴定期间等不计入审查期限。有特殊情况需要延长的，报经本院院长批准。"2013年《全国法院民事再审审查工作座谈会纪要》第十四条规定："人民法院应当自受理申请再审案件之日起三个月内审查完毕，但公告期间、调卷期间、双方当事人申请调解期间等不计入审查期限。有特殊情况需要延长的，由本院院长批准。"上述规定符合民事再审审查工作的实际情况，既保证了人民法院再审审查的工作质量，也有利于维护当事人的合法权益。此次司法解释专门规定人民法院应当自受理申请再审案件之日起三个月内审查完毕，但公告期间、当事人和解期间等不计入审查期限。有特殊情况需要延长的，由本院院长批准。

【条文】

第一百三十条

向法人或者其他组织送达诉讼文书，应当由法人的法定代表人、该组织的主要负责人或者办公室、收发室、值班室等负责收件的人签收或者盖章，拒绝签收或者盖章的，适用留置送达。

民事诉讼法第八十九条规定的有关基层组织和所在单位的代表，可以是受送达人住所地的居民委员会、村民委员会的工作人员以及受送达人所在单位的工作人员。

【条文主旨】

本条是关于向法人或者其他组织送达诉讼文书直接送达和留置送达的规

定，以及关于民事诉讼法第八十九条规定的有关基层组织和所在单位代表的规定。

【条文理解】

审判实践中，对基层组织的范围和所在单位的代表的界定争论较大，不利于送达的进行。本司法解释明确民事诉讼法第八十九条规定的有关基层组织和所在单位的代表，可以是受送达人住所地的居民委员会、村民委员会的工作人员以及受送达人所在单位的工作人员。

1. 关于送达对象

无论是英美法系或大陆法系国家，民事诉讼法中一般都有关于留置送达的程序性规定，并且都将留置送达作为直接送达的一种重要补充方式。例如，《日本民事诉讼法》规定受送达人以及受送达人住所内具有辨别能力的雇员、其他职员或者同居人，无正当理由拒绝接受送达的，送达人可将文书留置在应送达的场所。《德国民事诉讼法》第182条和第186条规定了两种情形的留置送达：一是受送达人无法律上的理由而拒绝收受送达的，将应交付的书状留置于送达地点；二是无法依直接送达和代替送达的规定实施送达的，可以把应交付的书状留置于管辖送达地的初级法院书记科，或留置于该地的邮局，或留交给该地的乡镇长或警察局长，并将留置或留交的情形做成书面通知，用平信按照受送达人的姓名地址寄给受送达人，如果无从寄发，可将书面通知贴于该住所的门上，或将通知交给其邻居，使其转交受送达人。

《德国民事诉讼法》中也规定了可以将诉讼文书交给受送达人以外的特定的人，同样产生送达的法律效果。《德国民事诉讼法》第181条规定：在受送达人住宅未能遇见受送达人的，可向其成年的家庭成员或者成年的家庭佣人送达，以上各种人均不能遇见的，可向同居的房主或者房屋出租人送达，但以这些人愿意收受书状为限。从《德国民事诉讼法》的规定中可见，德国民事诉讼中主要是在直接送达中采用代替送达方式，并且要求以这些人愿意收受书状为限，换言之，如果这些人不愿意收受书状，法院不能直接将文书留置于这些人处。

美国关于留置送达的规定是：在受送达人的住所或者居所地无法将送达文书直接交付受送达人，且在该住所或者居所内有与受送达人同住的年龄适当并且具有判断能力的人的，将应送达的文书留置于受送达人住所或者居所与受送达人同住的人，由其保管；如无人保管，将文书副本置于该住所或者居所显而易见的地方，即视为送达。美国民事诉讼法中也规定了留置送达可以适用于受送达人以外的特定人员，并且其范围相较于我国民事诉讼法而言明显宽泛，包括与受送达人同住的年龄适当并且具有判断能力的人。

我国民事诉讼法中规定的留置送达的对象，既包括受送达人，也包括受送达人的同住成年家属，但对何为基层组织和所在单位的代表，法律规定不明确，其并非案件当事人，向其送达法律文书是否能够产生送达的效力受到质疑，降低了生效裁判的公信力。为此，司法解释有必要对此予以明确。

2. 基层组织和所在单位的代表的含义

基层组织和所在单位的代表，一般是指基层组织或者所在单位的负责人和法定代表人，但实践中经常发生送达文书时负责人或者法定代表人不能亲自签收的情形。作为一级基层组织和所在单位，其工作人员具有依法协助法律文书签收转交的义务，因此，本解释认为在法律文书送达时，基层组织和所在单位的代表，可以是受送达人住所地的居民委员会、村民委员会的工作人员以及受送达人所在单位的工作人员。

【审判实践中应当注意的问题】

第一，严格按照直接送达、留置送达、邮寄送达、委托送达、转交送达、公告送达的优先性选择次序送达诉讼文书。1991 年民事诉讼法中规定了直接送达、留置送达、邮寄送达、委托送达、转交送达、公告送达六种送达方式，此六种送达方式的顺序安排隐含立法者对送达方式优先性选择的倾向性意见。送达应以直接送达为最主要、最一般的形式，直接送达时当事人拒绝在送达回证上签字，送达人员可以通过见证人证明或视听资料证明的形式，使直接送达转化为留置送达。一般情况下，只有在直接送达与留置送达均无法实现时，才可以使用邮寄送达。公告送达因其时间长，当事人很少真正注意到公告内容，严重影响送达效率等原因，应严格限制其使用。但在目前的司法实践中，邮寄送达逐渐成为首先采用的送达方式。很多法院只有在邮寄送达无法完成的情况下，才会采用直接送达或留置送达的方式。2005 年，最高人民法院出台《法院专递邮寄送达文书规定》，确立了“法院专递”的送达方式。这种方式可视为人民法院委托邮寄送达诉讼文书，与人民法院送达具有同等的法律效力。目前各级法院已经普遍采用“法院专递”和人民法院送达平台方式进行送达。

我们认为，民事诉讼实践中应严格按照优先次序选择送达方式。针对实践中“送达难”的问题，扩大受送达人员范围，是解决送达难的重要举措。我国民事诉讼体现为职权主义诉讼构造，送达为人民法院的职权之一，当事人及律师等不能成为送达主体，但人民法院审判和司法辅助工作任务较重，每个案件都有多份法律文书需要送达，人民法院在送达工作中也面临很大压力。完全由书记员等进行直接或留置送达并不现实。法院专递送达虽然可以很大程度上减轻人民法院送达工作的压力，但由于人员流动频繁等原因，并不一定能够保证法律文书都能送达到当事人处。对此，人民法院应当创新机制、开拓思路，探索提高送达效率，同时又保证当事人诉讼权利的新途径、新办法。有些地方的法院已经进行了有效的探索。例如江苏省高级人民法院，在送达工作中，从法院退休人员或退休邮局工作人员等社会各界人士中，招录送达人员，委托其代为向当事人送达，这些招录来的工作人员通过耐心细致的工作，往往能够说服当事人签收法律文书，为人民法院减轻了很大工作压力，同时也提高了送达的效率，保证了当事人诉讼权利的实现。民事诉讼法第八十九条规定："受送达人或者他的同住成年家属拒绝接收诉讼文书的，送达人可以邀请有关基层组织或者所在单位的代表到场，说明情况，在送达回证上记明拒收事由和日期，由送达人、见证人签名或者盖章，把诉讼文书留在受送达人的住所；也可以把诉讼文书留在受送达人的住所，并采用拍照、录像等方式记录送达过程，即视为送达。"审判实践中，对基层组织范围和所在单位代表的界定争论较大，不利于送达的实行。有必要将基层组织和所在单位代表明确为受送达人住所地的居民委员会、村民委员会的工作人员以及受送达人所在单位的工作人员，以提高送达的有效性。

第二，2017 年 7 月最高人民法院印发的《民事送达意见》第十六条规定："在送达工作中，可以借助基层组织的力量和社会力量，加强与基层组织和有关部门的沟通、协调，为做好送达工作创造良好的外部环境。有条件的地方可以要求基层组织协助送达，并可适当支付费用。"这也为解决"送达难"，将基层组织和所在单位代表明确为受送达人住所地的居民委员会、村民委员会的工作人员以及受送达人所在单位的工作人员，提供了进一步的规范性文件依据。

【条文】

第一百三十一条

人民法院直接送达诉讼文书的，可以通知当事人到人民法院领取。当事人到达人民法院，拒绝签署送达回证的，视为送达。审判人员、书记员应当在送达回证上注明送达情况并签名。

人民法院可以在当事人住所地以外向当事人直接送达诉讼文书。当事人拒绝签署送达回证的，采用拍照、录像等方式记录送达过程即视为送达。审判人员、书记员应当在送达回证上注明送达情况并签名。

【条文主旨】

本条是关于直接送达和留置送达情形的规定。

【条文理解】

“送达难”是困扰人民法院审判工作的老大难之一。据初步统计，花费在送达程序上的司法资源占总数的40%左右。为解决这一顽疾，各级人民法院都想了许多办法，其中“司法专邮”制度的实施解决了人民法院送达难的许多问题，成效显著。2015 年《民事诉讼法解释》起草时也试图在直接送达难的问题上有所突破。

第一，人民法院直接送达诉讼文书的，可以通知当事人到人民法院领取。当事人到达人民法院，拒绝签署送达回证的，视为送达。

应当注意的是，审判人员应当向当事人宣布判决和裁定的内容，并记录在案。明确当事人到达人民法院后拒绝签收法律文书的效力。实践中，当事人到达人民法院后拒收法律文书的现象时有发生，在司法解释起草的调研过程中，各级人民法院对司法解释应明确当事人到达人民法院后拒绝签收法律文书的效力呼声很高。我们认为，当事人到达人民法院领取诉讼文书，其身份已经确认，当事人拒绝签收法律文书的，可以告知文书的内容，即视为送达，并将送达情况记录在案。

第二，人民法院可以在住所地以外向当事人直接送达诉讼文书。

此种送达方式在国外又称为偶遇的送达。在当事人住所地以外，人民法院确认当事人身份向其送达诉讼文书，当事人拒绝签收的，人民法院应当采用拍照、录像等方式记录送达过程，视为送达。民事诉讼法修订时，最高人民法院曾经提出增加偶遇送达的方式，也就是不在当事人的住所地，但人民法院明确该受送达人为当事人的，可以直接送达，由于定义不够清晰，未被采纳。此次司法解释起草时认为，有必要明确该项内容，增加送达的有效性，节约司法资源，全社会都应尊重司法。

【条文】

第一百三十二条

受送达人有诉讼代理人的，人民法院既可以向受送达人送达，也可以向其诉讼代理人送达。受送达人指定诉讼代理人为代收人的，向诉讼代理人送达时，适用留置送达。

【条文主旨】

本条是关于民事诉讼法第八十八条有关向诉讼代理人送达的规定。

【条文理解】

直接送达是指由人民法院派专人将诉讼文书或者其他法律文书直接交给受送达人。直接送达是人民法院送达诉讼文书的基本原则，凡是能够直接送达的，都应当采用直接送达的方式。受送达人有诉讼代理人的，人民法院既可以向受送达人送达，也可以向其诉讼代理人送达。受送达人指定诉讼代理人为代收人的，送代收人签收。受送达人在送达回证上的签收日期以及受送达人同住成年家属、法人或者其他组织的负责收件的人、诉讼代理人或者代收人在送达回证上签收的日期为送达日期。受送达人指定诉讼代理人为代收人的，适用本解释第一百三十一条留置送达的规定。

【条文】

第一百三十三条

调解书应当直接送达当事人本人，不适用留置送达。当事人本人因故不能签收的，可由其指定的代收人签收。

【条文主旨】

本条是关于调解书送达的规定。

【条文理解】

本调解书仅指诉讼内调解，即在双方或多方当事人的参加下，由人民法院主持，根据合法、自愿的原则，就争执的权利义务达成一致意见的一种协议。以调解开始的时间为标准，调解有庭前调解、庭中（开庭）调解和庭后（宣判前）调解之分。人民法院根据调解协议制作调解书后并不算法律意义上的结案，根据民事诉讼法第一百条之规定，调解书经双方当事人签收后，即具有法律效力。调解书的送达应适用直接送达的方式或由指定代收人代收，而不能留置送达。实践中庭中调解和庭后调解达成协议后，因法庭已进行完了必要的诉讼程序，当事人下落不明致使调解书不能送达时，可以定期宣判，而不必作其他处理。

【审判实践中应当注意的问题】

自 2022 年 1 月 1 日起施行的新修正的民事诉讼法第九十条规定：“经受送达人同意，人民法院可以采用能够确认其收悉的电子方式送达诉讼文书。

通过电子方式送达的判决书、裁定书、调解书，受送达人提出需要纸质文书的，人民法院应当提供。采用前款方式送达的，以送达信息到达受送达人特定系统的日期为送达日期。”新的规定增加了调解书电子送达的内容，但应注意在调解书直接送达的过程中，基于调解书的特殊性，仍不适用留置送达。

【条文】

第一百三十四条

依照民事诉讼法第九十一条规定，委托其他人民法院代为送达的，委托法院应当出具委托函，并附需要送达的诉讼文书和送达回证，以受送达人在送达回证上签收的日期为送达日期。

委托送达的，受委托人民法院应当自收到委托函及相关诉讼文书之日起十日内代为送达。

【条文主旨】

本条是关于民事诉讼法第九十一条有关委托其他人民法院代为送达的规定。

【条文理解】

司法实践中受委托送达法院不及时送达的情况非常突出，各级人民法院反映强烈，有必要规定受委托法院在一定期限内应及时送达。《92 年意见》第 86 条规定：“依照民事诉讼法第八十条规定，委托其他人民法院代为送达的，委托法院应当出具委托函，并附需要送达的诉讼文书和送达回证，以受送达人在送达回证上签收的日期为送达日期。”有的受委托送达法院收到委托后不及时送达，有的法院收到委托后既不送达也不及时退回委托法院。针对上级人民法院委托送达较多的情况，在 2015 年《民事诉讼法解释》起草时，保留了《92 年意见》关于委托送达的内容，增加一款对委托送达时间限制的条款，即受委托人民法院应当在收到委托文书之日起十日内代为送达。同时有必要规定能够直接送达或者以司法专递、电子送达的，不得委托送达。

《民事送达意见》第十七条规定：“要树立全国法院一盘棋意识，对于其他法院委托送达的诉讼文书，要认真、及时进行送达。鼓励法院之间建立委托送达协作机制，节约送达成本，提高送达效率。”

【条文】

第一百三十五条

电子送达可以采用传真、电子邮件、移动通信等即时收悉的特定系统作为送达媒介。

民事诉讼法第九十条第二款规定的到达受送达人特定系统的日期，为人民法院对应系统显示发送成功的日期，但受送达人证明到达其特定系统的日期与人民法院对应系统显示发送成功的日期不一致的，以受送达人证明到达其特定系统的日期为准。

【条文主旨】

本条是关于民事诉讼法第九十条有关电子送达媒介和送达日期的规定。

【条文理解】

2012年民事诉讼法新增加了关于电子送达的规定，自2022年1月1日起施行的新修正的民事诉讼法第九十条进一步扩大了电子送达的范围。

电子送达媒介范围较广，在目前司法解释新修正的情况下应予以明确，故界定为传真、电子邮件、移动通信设备等即时收悉的特定系统。

根据实践，除了人为因素，电子送达一般都是即时到达，准确率非常高，因此，电子送达存在“单方性”特点，可以将人民法院使用的电子设备显示的发送成功的日期，视为相关文书的送达日期。受送达人有证据证明到达其特定系统的日期与人民法院对应系统显示发送成功的日期不一致的，以到达受送达人特定系统的日期为准。

1. 关于电子送达

（1）电子送达的主观要件。电子送达是民事诉讼法关于送达制度的一项制度，由于我国幅员辽阔，各地经济科技发展不平衡，人们掌握的资源和技术也有较大差异。有些地区的当事人能够运用和接受电子设备，而对于广大农村地区或贫困落后地区，当事人可能并不熟悉电子信息设备，也不知如何操作。电子送达方式的目的在于方便当事人接收送达文书信息，方便法院及时完成送达，因此法院决定采用电子送达方式，必须首先经过当事人同意，只有在当事人能够并愿意接受和使用电子送达方式，人民法院才可以采用这一新途径。电子送达要能够方便法院和当事人之间送达诉讼文书，而不是使这一过程变得更加艰难或者给当事人增加不必要的负担。

（2）电子送达的具体媒介。民事诉讼法列举了电子送达的两种主要途径，即传真和电子邮件。传真是近二十多年发展最快的非话电信业务，是将文字、图表、相片等记录在纸面上的静止图像，通过扫描和光电变换，变成电信号，经各类信道传送到目的地，在接收端通过一系列逆变换过程，获得与发送原稿相似记录副本的通信方式。

电子邮件是一种通过网络实现相互传送和接收信息的现代化通信方式。在发送电子邮件时，首先填写对方正确的邮箱地址，服务器会将这邮件发到对方邮箱所使用的特定电子数据系统，收件人根据所享有的账号和密码登录该服务器系统，就可以接收到邮件。电子邮件是整个网络间以至所有其他网络系统中直接面向人与人之间信息交流的系统，它的数据发送方和接收方都是人，所以极大地满足了大量存在的人与人之间的通信需求。

传真和电子邮件被作为电子送达的主要形式，因为其经过多年的应用，技术已经相对成熟，并被证实具有较高的可靠性和稳定性，能够迅速及时有效地传递信息。但民事诉讼法并没有将电子送达方式限于这两种，而是采用了兜底性条款，即“能够确认其收悉的方式”都可以用来送达特定法律文书。因为科学技术尤其是电子科技发展日新月异，未来还可能出现新兴的更为先进有效的传播媒介，民事诉讼法为未来电子送达方式的发展预留了空间。目前司法解释将电子送达媒介限定为传真、电子邮件、移动通信设备等即时收悉的特定系统。

（3）电子送达的适用范围。根据民事诉讼法的规定，电子送达的对象为诉讼文书。诉讼文书是指诉讼程序中由当事人提交或人民法院制作，能够推动诉讼程序进行，或作为诉讼结果产生的法律文书。需要送达的诉讼文书包括两种：一种为当事人提交的文书，如起诉状、答辩状、申请再审书、证据目录、管辖权异议申请书、执行异议申请书等；另一种为人民法院制作的文书，如案件受理通知书、开庭通知书、判决书、裁定书和调解书等。目前民事诉讼法在电子送达适用的诉讼文书范围进一步扩大，民事诉讼中程序性文书和实体性的文书，即判决书、裁定书、调解书，在当事人同意的前提下，均可以采用电子送达的方式。

（4）人民法院电子送达平台。《最高人民法院关于进一步推进案件繁简分流优化司法资源配置的若干意见》第三条规定：“完善送达程序与送达方式……充分利用中国审判流程信息公开网，建立全国法院统一的电子送达平台。完善国家邮政机构以法院专递方式进行送达。”最高人民法院2021年颁布的《人民法院在线诉讼规则》第二十九条第一款规定：“经受送达人同意，人民法院可以通过送达平台，向受送达人的电子邮箱、即时通讯账号、诉讼平台专用账号等电子地址，按照法律和司法解释的相关规定送达诉讼文书和证据材料。”人民法院电子送达一般应运用人民法院电子送达平台，中国移动、中国电信、中国联通三大运营商作为即时收悉的通信系统，可以实现诉讼文书和裁判文书的电子送达。

2. 送达日期的确定

民事诉讼法规定，电子送达以到达对方特定系统的日期为送达日期，不论受送达人是否真正实际接收并了解送达文书的内容，只要受送达人同意以电子送达方式接收诉讼文书，并自行提供了接受送达的传真号码或电子邮箱地址或通信设备号码，人民法院将诉讼文书发送到受送达人指定的电子信息系统时，就视为送达已经完成并发生相应的送达效力。因受送达人原因未实际接收到诉讼文书的责任由受送达人自行承担，受送达人不得以其并未实际接收到诉讼文书为由主张送达不生效力。本解释补充规定，受送达人有证据证明到达其特定系统的日期与人民法院对应系统显示发送成功的日期不一致的，以到达受送达人特定系统的日期为准。

【审判实践中应当注意的问题】

关于送达和送达日期的准确认定。传统送达过程中，都需要取得相应的送达证明，以表示送达已经完成，并记载送达日期，决定送达效力开始的时间。但民事诉讼法对电子送达并未规定应采取何种证明方式，因此关于送达日期只能以诉讼文书到达受送达人特定系统的日期来加以确定，而如前文所述，信息数据传输受硬件设备、服务器系统的运行状态影响，可能会出现故障情形，导致数据电文不能正确及时地传输到达对方系统，因此需要探索如何证明诉讼文书已经传输到对方信息系统中，也即电子送达的送达证明问题。司法实践中应保存好诉讼文书已经发出并及到达对方系统的相关证据，以备在当事人对送达提出异议时进行回应。如果当事人有证据证明到达其特定系统的日期与人民法院对应系统显示发送成功的日期不一致的，以受送达人证明到达其特定系统的日期为准。

《民事送达意见》第十一条规定：“采用传真、电子邮件方式送达的，送达人员应记录传真发送和接收号码、电子邮件发送和接收邮箱、发送时间、送达诉讼文书名称，并打印传真发送确认单、电子邮件发送成功网页，存卷备查。”第十二条规定：“采用短信、微信等方式送达的，送达人员应记录收发手机号码、发送时间、送达诉讼文书名称，并将短信、微信等送达内容拍摄照片，存卷备查。”《人民法院在线诉讼规则》第三十条规定：“人民法院可以通过电话确认、诉讼平台在线确认、线下发送电子送达确认书等方式，确认受送达人是否同意电子送达，以及受送达人接收电子送达的具体方式和地址，并告知电子送达的适用范围、效力、送达地址变更方式以及其他需告知的送达事项。”第三十一条规定：“人民法院向受送达人主动提供或者确认的电子地址送达的，送达信息到达电子地址所在系统时，即为送达。受送达人未提供或者未确认有效电子送达地址，人民法院向能够确认为受送达人本人的电子地址送达的，根据下列情形确定送达是否生效：（一）受送达人回复已收悉，或者根据送达内容已作出相应诉讼行为的，即为完成有效送达；（二）受送达人的电子地址所在系统反馈受送达人已阅知，或者有其他证据可以证明受送达人已经收悉的，推定完成有效送达，但受送达人能够证明存在系统错误、送达地址非本人使用或者非本人阅知等未收悉送达内容的情形除外。人民法院开展电子送达，应当在系统中全程留痕，并制作电子送达凭证。电子送达凭证具有送达回证效力。对同一内容的送达材料采取多种电子方式发送受送达人的，以最先完成的有效送达时间作为送达生效时间。”第三十二条规定：“人民法院适用电子送达，可以同步通过短信、即时通讯工具、诉讼平台提示等方式，通知受送达人查阅、接收、下载相关送达材料。”第三十三条规定：“适用在线诉讼的案件，各方诉讼主体可以通过在线确认、电子签章等方式，确认和签收调解协议、笔录、电子送达凭证及其他诉讼材料。”

【条文】

第一百三十六条

受送达人同意采用电子方式送达的，应当在送达地址确认书中予以确认。

【条文主旨】

本条是关于电子送达方式和地址确认的规定。

【条文理解】

《法院专递邮寄送达文书规定》已经实施多年，司法实践证明，地址确认有利于提高送达效率，2012 年民事诉讼法修改还增加了电子送达方式，有必要对电子送达方式、送达地址确认作出规定。

1. 充分保证受送达人的知情权和自愿选择权

电子信息技术虽然已经比较成熟和完善，但因其以到达对方系统为送达完成，而且缺乏有效的送达回执。信息系统由于可能受到硬件设备以及人为原因或病毒等因素影响，存在不能正确及时接受信息的可能性。因此采用电子送达方式仍具有一定的风险，对此送达人应当向受送达人进行充分的说明和提示，保证受送达人对送达中可能存在的技术性问题有所了解并愿意承担这种风险。

2. 接受送达的电子信息数据系统的确认无误

因为一般以传真或电子邮件形式送达诉讼文书，目前尚无有效的回执形式，受送达人是否真实接收到诉讼文书不得而知。以数据电文到达对方系统即视为送达完成。因此事先必须取得受送达人对传真号码或电子邮箱地址的有效确认证明。如同司法实践中普遍采用的送达地址确认书一样，电子送达中也应要求受送达人自行提供并签字确认能够收到诉讼文书的数据系统地址。送达人只要将诉讼文书传送到该地址或号码，就视为送达。当事人不得再就该地址本身以及是否接收到诉讼文书产生争议。

【审判实践中应当注意的问题】

准确确认当事人同意电子送达的意思表示。《人民法院在线诉讼规则》第二十九条第二款规定："具备下列情形之一的，人民法院可以确定受送达人同意电子送达：（一）受送达人明确表示同意的；（二）受送达人在诉讼前对适用电子送达已作出约定或者承诺的；（三）受送达人在提交的起诉状、上诉状、申请书、答辩状中主动提供用于接收送达的电子地址的；（四）受送达人通过回复收悉、参加诉讼等方式接受已经完成的电子送达，并且未明确表示不同意电子送达的。"对当事人同意电子送达的意见，应当按照上述规则确定。司法实践中，要注意避免分散和多头送达，同一内容材料原则上只应采取一种送达方式，以便确定送达生效时间，便于当事人行使后续诉讼权利。①

【条文】

第一百三十七条

当事人在提起上诉、申请再审、申请执行时未书面变更送达地址的，其在第一审程序中确认的送达地址可以作为第二审程序、审判监督程序、执行程序的送达地址。

---

① 参见刘峥、何帆、李承运：《〈人民法院在线诉讼规则〉的理解与适用》，载《人民司法》2021年第19期。

【条文主旨】

本条是关于二审、审判监督、申请执行程序送达地址确认的规定。

【条文理解】

送达是民事诉讼程序中重要的组成部分，它不仅影响法院审判工作的效率，也影响当事人在诉讼中程序权利和实体权利的实现。由于在审判实务操作中存在直接送达难、委托送达效率低、留置送达条件严格、转交送达规定不够科学等原因，致使送达中存在着诸多问题，严重困扰着审判工作的开展，制约审判效率的提高。为了解决民事诉讼过程中送达难的问题，2003 年 9 月最高人民法院公布了《简易程序规定》，首次确立了当事人对自己的送达地址进行申报和确认制度，确定了推定送达制度。但事实上很难操作，原告往往不能准确地提供被告的住址，致使一部分案件最后只能通过公告送达，案件又不得不重新从简易程序转入普通程序，使得适用简易程序审理的案件因送达而使整个程序的价值目标难以实现。在实践中对送达地址确认书适用的时间和空间的效力和范围也存在不少的争议，送达地址确认制度没有很好地发挥作用，送达难仍是制约诉讼效率的关键所在。审判实践中，当事人在对其不利的一审裁判提出上诉后，又拒不接收法院按一审确认的送达地址送达的各类司法文书，以借机拖延诉讼，实现转移资产、逃废债务的目的。

2005 年最高人民法院出台的《法院专递邮寄送达文书规定》，确立了以法院专递邮寄送达的方式具有与人民法院送达同等的法律效力，并专门设计了《当事人送达地址确认书》的文书样式，作为邮寄送达方式的实施形式。《法院专递邮寄送达文书规定》将原来只适用于简易程序的送达地址确认以及推定送达的重要规定扩展适用于整个民事诉讼送达程序中，这是完善邮寄送达制度的重要举措。根据该规定的精神以及当事人应依诚信原则参与诉讼的法理，简易程序中的送达地址确认书可以在普通程序中适用；以简易程序审理的案件转入普通程序审理后，当事人原填写的送达地址确认书，可以继续在普通程序审理中适用。

根据《法院专递邮寄送达文书规定》第四条第三款规定，当事人在一审、二审和执行终结前变更送达地址的，应当及时以书面方式告知人民法院。同时该规定第十一条规定，因受送达人自己提供或者确认的送达地址变更未及时告知人民法院，导致诉讼文书未能被受送达人实际接收的，文书退回之日视为送达之日。从该规定的内容看，当事人在一审诉讼时向法院提供或确认的送达地址，在案件进入二审和执行程序后仍然是有效的，送达地址确认书的时间和空间效力可扩展至二审和执行阶段，在一个案件完整的诉讼程序终结前，当事人未申请变更送达地址的情况下，送达地址确认书应该在整个程序中均为有效，除一审程序中可适用外，可以继续在二审和执行程序中适用。

实践证明，上述规定是有效的。本解释根据前述规定的审判实践和法理，确定了当事人在二审、审判监督、申请执行程序没有明确表示变更送达地址的，明确一审确认的地址为送达地址的规则。

【审判实践中应当注意的问题】

关于当事人在一案件中提供的送达地址确认书可否适用于同一时期的其他案件，《简易程序规定》和《法院专递邮寄送达文书规定》均未对此作出规定，导致审判实践中对此有不同意见。实践中遇到的情况是，当事人在同一时期的甲案是原告，在乙案是被告，但在乙案中却避而不见；另外还有的当事人在同一时期，在不同级别或相同级别的法院参与了多起诉讼，在对其有利的案件审理中积极提供了送达地址确认书，而在同一时期审理的对其不利的其他案件中却不予应诉或者拒绝提供有效的送达地址，以规避法律或者拒绝履行相应义务，达到拖延诉讼的目的。有观点认为，送达地址确认书是当事人向人民法院作出的一种承诺，即承诺该地址为有效的送达地址。具有契约性的特点，基于这种契约性，在特定的相同时期，在不同的案件中应当均为有效。我们认为，基于法律的规范性要求，同一当事人在同一时期不同案件提供的送达地址确认书不能在其他案件中使用，只能作为人民法院明确当事人直接送达或留置送达地址的参考。

《最高人民法院关于进一步推进案件繁简分流优化司法资源配置的若干意见》第三条规定："当事人在纠纷发生之前约定送达地址的，人民法院可以将该地址作为送达诉讼文书的确认地址。当事人起诉或者答辩时应当依照规定填写送达地址确认书。积极运用电子方式送达；当事人同意电子送达的，应当提供并确认传真号、电子信箱、微信号等电子送达地址。"《民事送达意见》第八条规定："当事人拒绝确认送达地址或以拒绝应诉、拒接电话、避而不见送达人员、搬离原住所等躲避、规避送达，人民法院不能或无法要求其确认送达地址的，可以分别以下列情形处理：（一）当事人在诉讼所涉及的合同、往来函件中对送达地址有明确约定的，以约定的地址为送达地址；（二）没有约定的，以当事人在诉讼中提交的书面材料中载明的自己的地址为送达地址；（三）没有约定、当事人也未提交书面材料或者书面材料中未载明地址的，以一年内进行其他诉讼、仲裁案件中提供的地址为送达地址；（四）无以上情形的，以当事人一年内进行民事活动时经常使用的地址为送达地址。人民法院按照上述地址进行送达的，可以同时以电话、微信等方式通知受送达人。”第九条规定：“依第八条规定仍不能确认送达地址的，自然人以其户籍登记的住所或者在经常居住地登记的住址为送达地址，法人或者其他组织以其工商登记或其他依法登记、备案的住所地为送达地址。”上述规定，为人民法院确认送达地址，提供了更多的依据。

【条文】

第一百三十八条

公告送达可以在法院的公告栏和受送达人住所地张贴公告，也可以在报纸、信息网络等媒体上刊登公告，发出公告日期以最后张贴或者刊登的日期为准。对公告送达方式有特殊要求的，应当按要求的方式进行。公告期满，即视为送达。

人民法院在受送达人住所地张贴公告的，应当采取拍照、录像等方式记录张贴过程。

【条文主旨】

本条是关于公告送达方式的规定。

【条文理解】

《92年意见》第88条规定：“公告送达，可以在法院的公告栏、受送达人原住所地张贴公告，也可以在报纸上刊登公告；对公告送达方式有特殊要求的，应按要求的方式进行公告。公告期满，即视为送达。”

公告送达是在受送达人下落不明或者用其他方式无法送达的情况下，人民法院通过公告将诉讼文书有关内容告知受送达人的一种特殊的送达方式。从调研的情况看，公告送达的情况效果较差，很多当事人没有看到公告送达的内容，以此引起的涉诉信访案件不在少数。此次司法解释作了更为明确的规定，完善了公告送达的内容和方式，增加网络公告的规定。明确发出公告日期以最后张贴或者刊登的日期为准。人民法院在受送达人住所地张贴公告的，应当采取拍照、录像等方式记录张贴过程，提高公告送达的有效性。

民事诉讼法第九十五条规定：“受送达人下落不明，或者用本节规定的其他方式无法送达的，公告送达。自发出公告之日起，经过三十日，即视为送达。”

《人民法院在线诉讼规则》第二十三条规定："需要公告送达的案件，人民法院可以在公告中明确线上或者线下参与庭审的具体方式，告知当事人选择在线庭审的权利。被公告方当事人未在开庭前向人民法院表示同意在线庭审的，被公告方当事人适用线下庭审。其他同意适用在线庭审的当事人，可以在线参与庭审。"

【审判实践中应当注意的问题】

第一，严格公告送达适用条件。《民事送达意见》第十五条规定："要严格适用民事诉讼法关于公告送达的规定，加强对公告送达的管理，充分保障当事人的诉讼权利。只有在受送达人下落不明，或者用民事诉讼法第一编第七章第二节规定的其他方式无法送达的，才能适用公告送达。"

第二，关于公告送达的期限和方式。民事诉讼法第九十五条将公告送达期限从六十天缩短为三十天，有利于进一步缩短审理周期，降低诉讼成本、防止诉讼拖延。实践中，人民法院可以依据本解释第一百三十八条的规定，采取线下和线上两种公告形式，特别是在互联网时代背景下，应当大力推行线上电子公告送达，充分发挥线上公告覆盖广、传播快、易查询、成本低等优势，提升公告送达的有效性。需要注意的是，各地人民法院自建的网站平台，不属于"信息网络媒体"，不宜作为线上公告送达的有效方式。最高人民法院将依托人民法院公告网，建立完善统一、权威、规范的公告送达平台，作为发布线上电子公告统一渠道，全面提升公告送达的覆盖面、精准度和规范性。

第三，公告送达适用于在线庭审案件。

【条文】

第一百三十九条

公告送达应当说明公告送达的原因；公告送达起诉状或者上诉状副本的，应当说明起诉或者上诉要点，受送达人答辩期限及逾期不答辩的法律后果；公告送达传票，应当说明出庭的时间和地点及逾期不出庭的法律后果；公告送达判决书、裁定书的，应当说明裁判主要内容，当事人有权上诉的，还应当说明上诉权利、上诉期限和上诉的人民法院。

【条文主旨】

本条是关于采用公告送达方式要说明原因的规定。

【条文理解】

公告送达应当说明公告送达的原因，是为了减少人民法院公告送达的随意性。审判实践中，由于社会经济的发展，人口流动量大，送达难，而社会信息量大，公告送达时当事人往往较难发现，因此，只有在适用直接送达、委托送达、邮寄送达、留置送达等送达方式完全不能送达的情况下，才能适用公告送达。为了对这一送法方式予以规范和限制，本解释规定了要“说明公告送达原因”的规定。

【条文】

第一百四十条

适用简易程序的案件，不适用公告送达。

【条文主旨】

本条是关于简易程序不适用公告送达的规定。

【条文理解】

公告送达是在其他送达方式无法使用时即当事人下落不明或者送达确有困难时才能采取的送达方式。该情形下，公告送达时限与简易程序的审限也会发生冲突，显然不符合简易程序的有关规定，故对此作出禁止性的规定。《简易程序规定》第一条规定：“基层人民法院根据《中华人民共和国民事诉讼法》第一百六十条规定审理简单的民事案件，适用本规定，但有下列情形之一的案件除外：（一）起诉时被告下落不明的；（二）发回重审的；（三）共同诉讼中一方或者双方当事人人数众多的；（四）法律规定应当适用特别程序、审判监督程序、督促程序、公示催告程序和企业法人破产还债程序的；（五）人民法院认为不宜适用简易程序进行审理的。”其中的“起诉时被告下落不明的”“人民法院认为不宜适用简易程序进行审理的”，不适用简易程序，也不适用公告送达。

【条文】

第一百四十一条

人民法院在定期宣判时，当事人拒不签收判决书、裁定书的，应视为送达，并在宣判笔录中记明。

【条文主旨】

本条是关于人民法院定期宣判的规定。

【条文理解】

民事诉讼法第一百五十一条第二款规定："当庭宣判的，应当在十日内发送判决书；定期宣判的，宣判后立即发给判决书。"定期宣判之日即为送达之日，当事人的上诉期自定期宣判的次日起开始计算。定期宣判是开庭的一种方式，而当事人到庭参讼是其依法应当承担的义务。

既然按时到庭是当事人的基本义务，当庭送达裁判文书就是人民法院按照法定程序所作的一种制度安排。定期宣判前人民法院已经告知了当事人"定期宣判之日即为送达之日"的内容，当事人对定期宣判的后果已经有足够的心理预期。如果当事人在定期宣判的日期无正当理由未到庭的，不影响该裁判上诉期间的计算。另外，定期宣判之日即为送达之日，充分体现了定期宣判制度本身的严肃性和对当事人拒不到庭行为的惩罚性。当事人在定期宣判之日未到庭的，其行为的性质与开庭时拒不到庭相同，其承担的法律后果也应与缺席判决制度相同。

六、调　　解

【条文】

第一百四十二条

人民法院受理案件后，经审查，认为法律关系明确、事实清楚，在征得当事人双方同意后，可以径行调解。

【条文主旨】

本条是关于径行调解制度的规定。

【条文理解】

民事诉讼法第九十六条规定："人民法院审理民事案件，根据当事人自愿的原则，在事实清楚的基础上，分清是非，进行调解。"从诉讼经济角度而言，相对于裁判调解制度的优势主要在于诉讼便捷、成本低廉。径行调解制度有利于提高办案效率，降低诉讼成本。一般而言，从调解的角度对法院所受理的诉讼案件类型进行划分，可分为有必要调解案件与无必要调解案件。有必要调解案件之中，实际上包含有可能调解案件与无可能调解案件两种类型。而有可能进行调解的案件又可以分为可以不经法庭调查辩论径行调解的案件以及需要经过法庭调查辩论后调解的案件。显然没有调解必要的案件，不能适用径行调解程序。但在实践中，哪些案件类型和具体情形可以不经当事人举证质证、法庭调查、辩论而径行调解，是需要予以明确的。要合理甄别出可以"径行调解的案件"，就需要甄别案件调解的必要性和可能性。但这一工作环节在实践中常被忽略。这一方面造成对立案后可以直接进行调解的案件没有进行调解，妨碍径行调解功能的发挥，导致案件直接进入开庭审理程序，增加当事人的诉累；另一方面造成对一些不应当调解的案件也进行调解，不仅浪费审判资源，还可能产生一系列负面影响。对所受理案件是否以径行调解的方式予以办理，本条规定了三个前提条件：（1）法律关系明确；（2）事实清楚；（3）双方当事人同意。法律关系明确，是指人民法院能明确区分谁是责任的承担者，谁是权利的享有者；事实清楚，是指当事人对争议的主要事实陈述基本一致，① 并能提供相应的证据，无须人民法院调查收集证据即可查明事实；② 当事人双方同意，是指能否径行调解要取决于当事人双方的合意，如果当事人不愿意调解的，人民法院就不能违背当事人的意志强行调解。③ 人民法院对受理的案件，经审查当事人的诉辩后，发现具备这三个条件的，就可以径行调解。

【审判实践中应当注意的问题】

第一，正确把握对径行调解的前提"事实清楚"的认定。调解的核心是尊重当事人的处分权，只要调解协议合法，不违反自愿原则，就应当支持。径行调解要求事实清楚的主要目的是防止当事人恶意串通，损害国家利益、社会公共利益和案外人合法权益。在此基础上，应当允许当事人处分自己的权利，所以径行调解的前提不要求全部事实完全清楚。

第二，对可以径行调解案件尺度的具体把握。在司法实践中，要科学把握适用径行调解方式处理案件的基础和条件，根据各类案件的不同性质、具体情况、当事人的利益诉求，科学灵活地把握适用径行调解的条件。决不能为调而调，对于有径行调解可能的，要认真调解；对于根本没有径行调解可能的，要及时转入其他方式处理。

第三，适用径行调解不完全等同先行调解。《简易程序规定》第十四条规定："下列民事案件，人民法院在开庭审理时应当先行调解：（一）婚姻家庭纠纷和继承纠纷；（二）劳务合同纠纷；（三）交通事故和工伤事故引起的权利义务关系较为明确的损害赔偿纠纷；（四）宅基地和相邻关系纠纷；（五）合伙合同纠纷；（六）诉讼标的额较小的纠纷。但是根据案件的性质和当事人的实际情况不能调解或者显然没有调解必要的除外。"也就是说，这些案件类型中，并不是所有案件都可以适用径行调解，只有法律关系明确和事实清楚的，并且在征得当事人同意的条件下，才可以径行调解。

第四，对复杂案件不适用径行调解，但并非不能进行调解。我们认为，对于事关民生和群体利益、需要政府和相关部门配合的案件，可能影响社会和谐稳定的群体性案件、集团诉讼案件、当事人之间情绪严重对立的案件，

---

① 民事诉讼中的案件事实是围绕当事人的诉讼请求进行查明，这其中包括案件的主要事实、案件的相关事实和免证事实等。

② 径行调解制度是建立在基本事实清楚的基础上进行的，否则当事人不得不继续进行举证或法院不得不继续调查取证，再组织质证、认证，这样会增加当事人的诉讼成本，丧失径行调解自身应有的优势。

③ 当事人愿意调解的动因就是为了缩短诉讼时间，减少诉讼成本，以快捷、便利的方式解决纠纷。

相关法律法规没有规定或者规定不明确、适用法律有一定困难的案件等相对复杂的案件，也可以在符合法定条件的情形下，适用调解程序，不放弃任何调解机会和调解成功的可能，以有效缓和当事人之间的对立情绪，排查不稳定因素，促进当事人之间矛盾化解，维护社会和谐稳定。

第五，法律关系不明确、事实难以查清的案件不适用径行调解，但并不妨碍其他形式调解的适用。因为此类案件的审理往往很困难，调解解决则更有利于彻底解决纠纷。我们认为，人民法院对当事人自愿调解的民事案件，应当调解，特别是以下案件都可以在征求当事人的意愿后进行调解：涉及群体利益，需要政府和相关部门配合的案件；人数众多的共同诉讼、集团诉讼案件；案情复杂，当事人之间情绪严重对立，且双方都难以形成证据优势的案件；相关法律法规没有规定或者规定不明确，在适用法律方面有一定困难的案件；敏感性强、社会关注程度大的案件；申诉复查案件和再审案件。①

第六，适用径行调解中应当保障当事人的权利，不能为了片面追求径行调解而强迫调解。对于不能径行调解的案件，一味地适用调解未必是最佳解决途径，强化调解反而会引发当事人对法院和法官的不满与质疑。当然，具体到某个案件，是径行调解还是以其他方式处理，应当从案件的实际情况出发，结合审判实践来处理。径行调解中，法官要着重保障当事人尤其是债权人的诉讼权利和实体权益，避免强迫或变相强迫当事人接受调解。特别是对法律关系明确，事实清楚的案件，一味强化调解会向义务人传递出无须充分履行义务的有利预期。长此以往，势必挫伤权利人的维权意识，消解义务人充分履行义务的规则意识，不利于在社会秩序中形成规则之治。所以要根据案件的涉及面、影响面，案情是否查清，当事人是否接受调解、是否为社会转型中新类型案件和政策界限不明或具有较强政策性等情形来确定。

【条文】

第一百四十三条

适用特别程序、督促程序、公示催告程序的案件，婚姻等身份关系确认案件以及其他根据案件性质不能进行调解的案件，不得调解。

【条文主旨】

本条是关于排除调解的案件类型的规定。

① 参见《发挥诉讼调解作用意见》第5条规定。

【条文理解】

应当充分认识到调解制度的优势主要在于弥补裁判的过于刚性，以及尊重当事人的合意。因此，一般而言，调解最适合法律关系需要修复型的纠纷，如在熟人之间、有长期稳定关系并希望保持这种关系的人们之间适用调解最为有效。具体而言如相邻纠纷，由于关系到当事人最基本的生活秩序和生活环境，如果能够以调解方式化解矛盾，调和邻里关系，不仅便于当事人在今后的生活中和睦相处，同时也有利于倡导形成与邻为善、互帮互助的良好风尚。[①] 同时，调解也存在一定的局限性。首先，并非所有的案件都可以适用调解。对不适用调解的案件类型，因之前规定较为分散，故在本解释中予以整合，包括三类：一是因程序性质不能调解；二是特定案件类型不能调解；三是依案件性质不能调解。一般而言，不能适用调解的案件主要有特别程序、督促程序、公示催告程序案件，婚姻关系、身份关系确认案件，以及民事行为无效应当给予追缴或民事制裁的案件，损害国家、集体、第三人合法利益，受害人未参与诉讼的案件，以及其他依案件性质不能进行调解的民事案件等。另外，对诉讼过程中发现涉及犯罪行为的一般也不得调解。另外，部分不宜进行调解的案件中也有特定情形不能调解。不宜进行调解的案件包括：一方当事人明显无理，表面愿意调解，实际为拖延时间的案件；当事人请求差别很大或消极应诉难以传唤到庭的案件；当事人不愿接受调解的；当事人一方有倒闭、撤销或者长期外出可能的案件；追求争议解决效率而在短时间内难以达成合意的商事案件，具有规则引导意义的案件等。

【审判实践中应当注意的问题】

第一，婚姻关系等身份关系确认案件不得调解，但非婚姻、身份确认外的其他类型案件除法律另有明确规定外，可以进行调解。比如，根据民事诉讼法第一百零一条的规定，人民法院可以调解维持收养关系；根据第二百零九条的规定，解除婚姻关系也是可以调解的。

第二，对“其他根据案件性质，不能进行”调解的把握。这里包括不能

---

① 应特别强调调解的案件主要有：《简易程序规定》第十四条规定的六类案件，《发挥诉讼调解作用意见》第 5 条规定的重点调解案件。如涉及群体利益、敏感性强、社会关注程度大的案件；需要政府和相关部门配合的案件；人数众多的共同诉讼、集团诉讼案件；当事人之间情绪严重对立，且双方都难以形成证据优势的案件；人身关系的案件，如婚姻、抚养、抚育、赡养等，但涉及婚姻及身份关系确认案件除外；在社会体制转型中新类型案件和政策界限不明或政策性较强的案件；相关法律法规没有规定或者规定不明确，在适用法律方面有一定困难的案件；申诉复查案件和再审案件；有些事实难以查清的案件。

进行调解和不宜进行调解的情形。不能进行调解的是一种客观情形，主要是指其他法律的明确规定。比如婚姻效力等依案件性质不能进行调解的民事案件[①]和当事人的实际情况不能调解的案件。不宜调解的是一种主观情形。当前，民事纠纷呈现出主体多元、诉求多样的特征，相应地也要求解决纠纷的渠道和形式的多元。不宜进行调解的情形包括：（1）当事人均坚决反对调解，没有调解意愿和诚意，或者双方意见差别很大；（2）调解之后效果不好，比如一方当事人假调解之名行转移、变卖和隐匿财产之实，企图侵害对方当事人实体权益或借故拖延诉讼，侵害当事人程序利益的；（3）社会关注需要发挥司法的评价、教育、预测等功能，需要为社会公众确立行为规则和行为导向的案件，特别是在有利于形成新的市场交易规则、规范商事行为、倡导诚信经营的商事案件中，调解就消解了司法本应发挥的示范性功效。诸如此类情况，当事人又不同意调解或者没有调解意愿的，就应坚决采取判决等其他解纷方式。

【条文】

第一百四十四条

人民法院审理民事案件，发现当事人之间恶意串通，企图通过和解、调解方式侵害他人合法权益的，应当依照民事诉讼法第一百一十五条的规定处理。

【条文主旨】

本条是关于通过和解、调解方式侵害他人权益如何处理的规定。

【条文理解】

调解是双方当事人在互谅互让的基础上达成的妥协，其理论基础是当事人的处分权，但民事诉讼法律关系具有复杂性和牵连性，双方当事人之间的权利义务关系可能会涉及他人的利益。内容合法、不损害第三人的合法利益是调解协议有效的必要前提。然而在审判实践中，由于实现当事人意思自治与合法性审查之间存在一定的紧张关系，司法程序并不是发现背信行为的最佳途径，而和解、调解制度本身的自治性使当事人恶意利用和解、调解制

① 《最高人民法院关于适用〈中华人民共和国民法典〉婚姻家庭编的解释（一）》第十一条规定："人民法院受理请求确认婚姻无效案件后，原告申请撤诉的，不予准许。对婚姻效力的审理不适用调解，应当依法作出判决。涉及财产分割和子女抚养的，可以调解。调解达成协议的，另行制作调解书；未达成调解协议的，应当一并作出判决。"

度、谋取非法利益的目的更加容易得逞。在判决的情况下，为了最大限度地实现裁判结果的公正性，法官必须“查清事实、分清是非”，而调解时，争议的最终解决取决于当事人双方的合意，是以当事人放弃部分权利来实现的，是否查清事实、分清是非，对于调解方案的达成，以及案件的顺利结案，看似并无必要的关联。这样会导致法官对和解、调解双方是否存在真实的债权债务，接受调解是否真实、自愿，和解、调解协议的内容是否符合法律规定、是否有损国家或他人的合法权益等事项疏于审查和把关。而部分当事人，往往利用这种监管和审查的漏洞，或将调解作为一种权宜之计，利用调解来拖延时间，藏匿、转移、变卖财产、规避义务；或恶意串通，编造虚假事实，通过达成和解、调解协议的方式损害国家利益、集体利益和案外人的合法权益，由此造成近年来当事人借和解、调解进行恶意诉讼的情况日益增多。而我国虽然在民事诉讼法中规定了妨害民事诉讼的强制措施，但仍需要增加关于制裁虚假和解、调解的指引性规定。

适用本条需要明确：一是主体要件，明确虚假诉讼的主体是各方当事人；二是时间要件，须在诉讼过程中；三是主观要件，须为主观故意，表现为各方当事人之间合谋串通；四是恶意串通，不是指一方当事人与案外人之间合谋串通，另一方当事人并未参与其中，即由一方当事人提起的旨在指向对方当事人的虚假诉讼不在本条规制的范围之内；五是手段，明确当事人的手段是虚构民事法律关系和法律事实，比如通过伪造证据、虚假陈述等方式虚构债权、债务等，通过和解、调解方式，以合法形式达到非法目的；六是侵害对象，明确侵害对象是串通方外的他人，既包括案外人，也可以包括当事人本人；七是不以对他人的合法权益造成实际损害为要件，只要行为人有企图即可（企图通过），行为人即使未能实现其侵害目的，也应受到本条规定的制裁；八是明确人民法院依职权进行实质性审查，在人民法院查明属于恶意串通进行和解、调解的情况，即对双方行为人的妨害诉讼行为进行处罚。民事诉讼法第一百一十五条对虚假诉讼、恶意虚假调解明确规定：“当事人之间恶意串通，企图通过诉讼、调解等方式侵害他人合法权益的，人民法院应当驳回其请求，并根据情节轻重予以罚款、拘留；构成犯罪的，依法追究刑事责任。”这就为实践中处理借助调解方式恶意损害国家、集体、他人利益的行为提供了法律依据。[①] 对于如何处罚，应当按照民事诉讼法和本

---

① 本司法解释第一百九十条在界定“他人合法权益”时，表述为“包括案外人的合法权益、国家利益、社会公共利益”，但并没有用排除方式来排除“当事人本人的利益”。而在对无民事行为能力、限制民事行为能力的当事人本人的诉讼中，法定代理人或实际监护人对这种特殊群体的侵犯，以及如何保护这种特殊群体的利益，在实践中值得进一步探索。

司法解释对妨害民事诉讼的强制措施规定办理。

【审判实践中应当注意的问题】

第一，正确把握实践中常见的几种虚假和解、调解的情形。当事人间恶意串通，通过和解、调解侵害他人的利益的情形中，“他人”不仅包括本案的案外人，还可以包括本案的当事人本人。“恶意”应当仅指故意，而不包括主观上的重大过失和过失。“受侵害的利益”不仅包括实体利益，而且包括程序利益。在实践中一般对下列情形应当重点把握：(1) 案件双方当事人恶意串通，虚构民事法律关系、捏造案件事实，达成虚假协议，骗取法院调解书，侵害他人权益；(2) 双方当事人恶意串通，在诉讼中对相关事实作出虚假自认，进行虚假和解或者骗取法院调解书，侵害他人权益；(3) 夫妻假离婚，利用离婚和解、调解转移财产，逃避债务，侵害债权人利益；(4) 在普通债务诉讼过程中，一方当事人与亲友串通，以假借条等形式虚构夫妻关系存续期间的共同债务，侵害另案离婚诉讼中对方当事人利益；(5) 当事人利用现有证据，虚构法律事实及法律关系提起诉讼或重复诉讼进行和解、调解，导致另案的诉讼拖延，而侵害他人在另案诉讼中的权益；(6) 非实体权利主体的当事人（如破产管理人、失踪人财产管理人）与对方当事人串通，诈害实际受和解、调解约束的实体权利主体；(7) 委托代理人、代表人等实际实施诉讼行为的人员与对方当事人恶意串通，假借和解、调解损害委托人、推举人、其他共同诉讼人或所在单位等名义当事人的利益；(8) 行为人伪造代理手续，冒充他人名义提起或参加诉讼而进行和解、调解；(9) 行为人假借案外人员或单位在明知或应知的情况下，为行为人出具虚假证明或鉴定、评估，而进行和解、调解等。

第二，实践中较多发生虚假和解、调解的案件类型。主要集中在民间借贷案件，涉离婚案件财产纠纷，破产企业或已经资不抵债的其他组织的财产纠纷案件，交通事故损害赔偿案件，保险理赔案件，个人为被告的财产纠纷案件，拆迁区划范围内的自然人作为诉讼主体的分家析产、继承、房屋买卖合同纠纷案件，国有、集体企业，尤其是正在改制中的国有、集体企业为被告的财产纠纷案件，驰名商标认定案件等。在这些案件的和解、调解中，尤其要防止侵害他人权益状况的发生。

第三，人民法院应当依职权对和解、调解结果进行审查。实践中一般认为，和解、调解争议的最终解决取决于当事人双方的合意，是以当事人放弃部分权利来实现的，是否查清事实、分清是非，对于调解方案的达成以及案件的顺利结案并无必要的关联。也正因为如此，造成法官在调解过程中审查意识的普遍缺乏，不注意依职权对当事人之间的和解、调解方案是否侵害他人合法权益予以审查，使一些当事人有可乘之机，通过和解、调解的合法形式掩盖非法目的。同时，和解、调解的隐蔽性与合意性使其公开性不足，和解、调解的过程与结果不易为外部所知，关联案件之间缺乏信息交换渠道，更易造成对案外第三方利益的侵害。

第四，通过调解规范来发现、识别、认定虚假和解、调解。民事诉讼法第一百一十五条规定的是对妨害民事诉讼行为的强制措施，那如何发现、识别、认定虚假诉讼？首先，要在调解中加强程序审查与实体审查。如在程序上要注意审查当事人身份情况；注意审查原告起诉的事实、理由是否明显不合常理；加强对委托权限的审查及对当事人地址及联系方式的审核。在实体上要注意案件事实的审查，特别是对“无争议诉讼”的审查；对双方当事人身份及利害关系的审核；达成和解、调解协议的，要注意和解、调解协议是否当事人真实意思表示及合法性的审核。其次，要充分利用信息平台实现防控资源共享。有条件的法院可在内网信息平台上建立“当事人核查”功能，可以核查当事人在其他法院是否有相关案件，使法官能迅速审查当事人和解、调解协议的合法性，防止当事人借和解、调解恶意侵害第三方合法利益。这可以避免因信息沟通不及时等情况给虚假诉讼的行为人造成可乘之机，也可以在一定范围内遏制恶意诉讼案件的发生。最后，要加强对和解、调解中恶意行为的追责与惩罚力度。对认定为恶意的案件，可视情节对行为人进行训诫、责令具结悔过、拘留或处以一定数额的罚款，对情节严重者要从严惩处。民事和解、调解中的虚假诉讼行为构成犯罪的，依法追究行为人刑事责任，加强法院与公安、检察机关的协调配合。对律师帮助当事人从事恶意诉讼行为的，及时向司法行政部门发出司法建议；对当事人恶意制造虚假诉讼的行为，加强与征信部门的沟通，定期将当事人不良信息输入征信系统。和解、调解不仅仅是一个结果，更是一个过程，在整个过程中不仅要关注当事人是否有诚意、能否达成调解协议，更要关注对证据材料的认真审核，以及认真记录调解笔录和细心制作调解书，让调解过程更多地留下明晰的印记。这样不仅是对当事人负责，也是对调解人员自身负责，因为日后一旦出现问题，这些工作都可以起到让事实再现、让过程重复的作用，对于纠纷的妥善解决无疑是大有裨益的。

【条文】

第一百四十五条

人民法院审理民事案件，应当根据自愿、合法的原则进行调解。当事人一方或者双方坚持不愿调解的，应当及时裁判。

人民法院审理离婚案件，应当进行调解，但不应久调不决。

【条文主旨】

本条是关于调解的自愿性、合法性与及时性，以及对婚姻特定案件类型进行先行调解的规定。

【条文理解】

根据民事诉讼法第九十六条规定，一个案件能否调解必须以当事人的自愿为原则，如果当事人不愿意以调解的方式结案，法院就不能违背当事人的自愿强行调解。民事诉讼法在调解方面强调了当事人的自愿，从法律的层面上限制了强制调解、违法调解发生的可能性。当事人自愿是调解运行的基本原则，纠纷的合意解决是调解获得正当性的前提与基础。但在审判实践中，仍有个别法官通过“以判压调”“以拖促调”“假权促调”等手段，或间接或隐性地迫使当事人接受法院预设的调解方案，干涉当事人的自由意志。要摒弃调解的权力本位，代之以调解的权利本位，要抛弃调解权力观，树立调解权利观。调解不仅是一种司法权力的运行方式，更是一种当事人合意解决纠纷的方式。在角色的扮演中，当事人是其中真正的“主角”，法官是其中的“配角”。调解的最终目的是为当事人化解纠纷。调解的启动、权利的处分、协议内容的表述与记载等要充分尊重当事人的主体地位，要坚决贯彻当事人意思自治原则，法官的主要任务是为当事人提供好引导、指导、辅助、释明等服务，而非将自身的意志强加给当事人，也不能采取诱导、欺骗、隐瞒等方式让当事人形成错误的意志，要确保当事人是在内部的信息公开、过程透明的基础上发自内心自愿地去达成协议、解决纠纷，真正做到互谅互让、和谐相处。

根据民事诉讼法第九十九条规定，调解达成协议，必须双方自愿，不得强迫，调解协议内容不得违反法律规定。参照《民事调解工作规定》第三条规定，[①] 合法原则既包括实体上的合法，也包括程序上的合法。即在诉讼调

---

① 《民事调解工作规定》第三条规定：“人民法院应当在调解前告知当事人主持调解人员和书记员姓名以及是否申请回避等有关诉讼权利和诉讼义务。”

解中，不仅要注意调解协议内容的合法性，而且还应当注重诉讼调解的程序和方法应当符合法律和司法解释的规定。在程序上，调解前的权利告知程序，将与案件有关的法律、法规等以书面的形式全部告知当事人，让当事人自主选择是否调解。通过上述规定来保障调解的正当性、简易性和可操作性，避免调解的随意性。对合法性而言，需要考虑协议是否违反了法律、行政法规的强制性规定，是否侵害国家利益和社会公共利益；协议内容是否属于当事人处分权的范畴；当事人争议的法律关系是否涉及案外人的权益；协议指定转移的财产上是否存在案外人权利；协议内容是否严重违背善良风俗和公共道德；调解是否存在明显违反当事人真实意思的情形；等等。

此外，民法典第一千零七十九条第二款规定了离婚案件人民法院应当进行调解。对离婚案件进行先行调解，这是调解制度的一种特殊规定。实际上把调解作为法院审理该类案件的先行程序，要先调解，调解不成的再进行裁判。同时，应当调解是要求人民法院主动启动调解程序，不需当事人申请，也不是必须经当事人同意后再启动调解程序。一般而言，在熟人之间、有长期稳定关系并希望保持这种关系的人们之间适用调解最为有效。例如，婚姻家庭纠纷因内含丰富的社会和家庭伦理道德内容，且夹杂着生活和感情方面的复杂因素，如果单纯依照法律条文机械执法、简单下判，不利于纠纷的处理和积怨的化解。故对于离婚纠纷案件处理，一般并不考虑当事人是否自愿，而应当先行调解，这也是从维护家庭这一社会细胞的稳定角度出发的考虑。相反，对于单纯追求经济利益的纠纷，① 当事人都将获取最大利益作为其行动的逻辑前提，在诉讼过程中他们关心更多的是自己的利益能否实现以及实现的程度，至于社会关系的维系或者道德伦理上的义务，并非他们关注的必选项，所以这类案件并不需要进行强制调解，而必须要考虑当事人的意愿，实行有限制的先行调解程序，尽最大努力通过协调化解矛盾纠纷。所以，本条采用了“裁判”而非“判决”，以求更准确全面涵盖审理的方式。

【审判实践中应当注意的问题】

第一，实践中认识调解是否符合自愿原则的几个要点。在调解中贯彻自愿原则需要做到四个方面：一是调解程序的启动应以当事人自愿为前提；二是调解协议的内容应在双方自愿同意的情况下达成，如是否存在当事人在违背真实意思的情况下签订调解协议、调解协议显失公正、调解组织或者调解

① 如信用卡纠纷等纯粹经济类型的案件。

员强迫调解或者与案件有利害关系的情况等情形；三是调解程序的终结应当尊重当事人的自愿；四是法官要保证居于中立地位。

第二，自愿的调解协议超出当事人的诉讼请求是否准许。只要是当事人自愿，调解协议内容超出诉讼请求的，人民法院可以准许。[①] 当事人之间可能会有多个纠纷，在协商解决其中一个纠纷时，他们也会对各项法律关系的解决一并予以考虑和协商，以达成“一揽子协议”。这样“一揽子协议”的内容可能就会超出当事人的诉讼请求范围，只要出于当事人的自愿而达成，且超出诉讼请求范围的调解协议内容经人民法院审查不侵害国家、集体和他人合法权益，不违反法律强制性规定，就可以确认该调解协议合法有效。

第三，实践中考察调解是否符合合法原则的要点。合法性包括实体合法性和程序合法性。前者要求合法体现在调解协议内容的公正和不违反法律、行政法规禁止性规定两方面。而后者则一般从调解的方式、程序、内容来确定：一是考虑调解协议的达成是否违法。在法律允许的幅度内，当事人可以自由处分自己的权利，因此不要求调解协议必须严格依法制定，只要不违反法律强制性规定，就属于当事人意思自治的范围。二是考虑调解协议是否内容明确，是否可以获得现实的强制执行力，如果执行内容不明确和规范，调解协议也就没有多大意义。比如，在调解过程中要考虑到义务人履约的能力、是否需要调解书履行保证条款、财产保全等措施来增强调解协议的可执行性，是否会致使履行过程中，又滋生新的矛盾等。

第四，在实践中把握调解及时性几个要点。民事诉讼法第一百零二条规定：“调解未达成协议或者调解书送达前一方反悔的，人民法院应当及时判决。”但并未具体规定民事调解的期限。对民事调解的期限不作具体规定可以防止法官由于期限的压力而在事实不清、情况不明的情形下匆忙调解结案。但是对调解的期限不作具体规定，一方面，可能导致一方当事人通过选择调解拖延案件的审理；另一方面，法官也可能为了提高个人的调解率而故意拖延调解时间，使当事人在心理上造成疲倦，不得不接受调解结案，从而违背了调解制度设立的初衷。为了防止调解期限过短，法官作出任意判决或者调解期限过长而使调解期限的规定如同虚设，本条规定“当事人一方或者双方坚持不愿调解的，应当及时裁判”，确立了“及时”制度。但是否“及时”并不能单纯采取时间上的概念予以明确，而应当综合界定。比如，当事

① 《民事调解工作规定》第七条规定：“调解协议内容超出诉讼请求的，人民法院可以准许。”

人不同意调解或者在商定、指定时间内不能达成调解协议的，人民法院应当依法及时立案。立案阶段的调解应当坚持以效率、快捷为原则，避免案件在立案阶段积压。又如，对当事人虚假诉讼或者假借调解拖延诉讼的，应依法及时制止并作出裁判；对一方当事人提出的方案显失公平，勉强调解会纵容违法者、违约方，且使守法者、守约方的合法权益受损的，应依法及时裁判；对调解需要花费的时间精力、投入的成本与解决效果不成正比的，应依法及时裁判；对涉及国家利益或者社会公共利益的案件，具有法律适用指导意义的案件，或者对形成社会规则意识有积极意义的案件，应注意依法及时裁判结案，充分发挥裁判在明辨是非、规范行为、惩恶扬善中的积极作用。这些都是本条规定的"及时"。

【条文】

第一百四十六条

人民法院审理民事案件，调解过程不公开，但当事人同意公开的除外。

调解协议内容不公开，但为保护国家利益、社会公共利益、他人合法权益，人民法院认为确有必要公开的除外。

主持调解以及参与调解的人员，对调解过程以及调解过程中获悉的国家秘密、商业秘密、个人隐私和其他不宜公开的信息，应当保守秘密，但为保护国家利益、社会公共利益、他人合法权益的除外。

【条文主旨】

本条是关于调解保密性的规定。

【条文理解】

保密性是符合调解工作规律的基本原理。调解不同于裁判的根本之处在于调解是当事人合意解决纠纷，以当事人行使处分权为基础，是当事人之间的私事。调解中当事人主要通过谈判协商来解决争议，往往涉及各自的商业秘密和个人隐私，即使构不成商业秘密和个人隐私的一些情况，当事人通常也不愿意对外公开。为了确保双方当事人自由放心地进行协商，不受外界因素的影响，应当对当事人自愿达成的协议进行保密。[①] 各国司法实践中，均采取多种措施保障调解活动在保密的条件下进行，调解有关的重要事项甚至

① 根据人民调解法第二十三条第三项的规定，当事人有权要求调解公开或者不公开进行。《民事调解工作规定》第五条规定："当事人申请不公开进行调解的，人民法院应当准许。调解时当事人双方应当同时在场，根据需要也可以对当事人分别作调解工作。"

调解协议都不对外公开。调解不公开进行一般要求在调解过程中，双方当事人告知调解人的信息，要求调解人严加保密，不泄露给任何人。[①] 遵从调解本身的规律，保密性应当成为调解的一项基本原则。2004 年出台的《民事调解工作规定》初步规定了调解保密原则，但其确立的是调解保密性是例外，而非原则。只有当事人申请不公开时，调解程序才秘密进行。2009 年出台的《诉讼与非诉讼衔接机制意见》进一步规定了调解保密性原则，正式确立了调解保密为原则、公开为例外的制度。[②]

通常而言，调解保密性包括调解程序保密性和调解信息保密性两方面。调解程序保密性，指在调解过程中，除特殊情形外，与案件无涉的其他公民不得旁听，新闻媒体不得采访与报道，参与调解或者参加旁听的人员不得随意泄露调解过程中公开的调解信息。调解程序保密性是调解保密性的最基本含义。其目的在于塑造独立的调解程序空间，避免调解程序中公开的信息外泄，降低当事人对调解程序的恐惧，将调解程序塑造成真正的坦诚交流的平台。调解信息保密性，又分为对内保密性和对外保密性。对内保密性是指秘密调解信息未经当事人同意不得向对方当事人公开。对外保密性是指当事人在调解过程中披露的信息不得作为后续法律程序中对其不利的证据，后续法律程序不得要求调解人作为证人披露调解中公开的信息。

总之，调解保密性是建构信任的基础，当事人的坦诚交流需要调解保密性的保障。调解程序的完整性需要依赖保密性的维续。调解程序保密性是调解保密性的直观体现，调解信息保密性是调解保密性的核心和精髓，调解保密性是调解人中立的制度保障。

特别需要强调的是，明确调解信息保密性的含义，合理规制“调解保密信息”的范围，是依法保障当事人合法权益，规范调解，促进调解工作健康

---

① 参见杨润时主编：《最高人民法院民事调解工作司法解释的理解与适用》，人民法院出版社 2004 年版，第 86 页。

② 《诉讼与非诉讼衔接机制意见》第 19 条规定：“调解过程不公开，但双方当事人要求或者同意公开调解的除外。从事调解的机关、组织、调解员，以及负责调解事务管理的法院工作人员，不得披露调解过程的有关情况，不得在就相关案件进行的诉讼中作证，当事人不得在审判程序中将调解过程中制作的笔录、当事人为达成调解协议而作出的让步或者承诺、调解员或者当事人发表的任何意见或者建议等作为证据提出，但下列情形除外：（一）双方当事人均同意的；（二）法律有明确规定的；（三）为保护国家利益、社会公共利益、案外人合法权益，人民法院认为确有必要的。”

运行的重要前提。[①]《诉讼与非诉讼衔接机制意见》比较全面地界定了“调解保密信息”的范围。从事调解的机关、组织、调解员，以及负责调解事务管理的法院工作人员，不得披露调解过程的有关情况，不得在就相关案件进行的诉讼中作证，当事人不得在审判程序中将调解过程中制作的笔录、当事人为达成调解协议而作出的让步或者承诺、调解员或者当事人发表的任何意见或者建议等作为证据提出。我们认为，调解信息应限制在与调解争议标的相关的信息。与调解争议标的相关的信息包括当事人在调解过程披露的信息，当事人提出的以达成协议为目的的调解邀请、建议或方案，当事人在调解过程中作出的陈述与承认，调解人提出的调解建议或者方案以及调解程序的进展与结果等。除了调解程序不公开、调解内容不公开外，还有在调解过程中取得的其他不宜公开的信息。比如通过调解可以得到的信息，包括当事人自身情况，当事人社会关系情况，案件事实情况，案件争议情况，诉讼的起因、目的、动机，以及与讼争案件相关的矛盾纠纷情况等。以上每个方面的信息又包含若干个子项，且每个子项都存在若干种不同可能性。以当事人自身情况为例，它具体包括其经济条件、工作经历、文化程度、身心健康、性格喜好、诉讼心理等诸多子项；其中，经济条件有好、中、差之分，工作经历有简单、复杂之分与职业区别之分，文化程度有高、低之分，性格有温和、倔强、怯懦之分，诉讼心理有担心、抵触、赌气、权衡、怀疑、从众等多种。这些当事人信息也要予以保密。应当注意到，调解保密原则并不是绝对的，一是当事人双方都同意公开的，调解不再保密，调解过程公开；二是为了保护国家利益、社会公共利益、他人合法权益的，调解协议内容可以公

---

① 《联合国国际贸易法委员会国际商事调解示范法》第10条第1款规定：“调解程序一方当事人或任何第三人，包括参与调解程序行政工作的人在内，不得在仲裁、司法或类似的程序中以下列事项作为证据、将之作为证据提出或提供证言或证据：（a）一方当事人关于参与调解程序的邀请，或者一方当事人曾经愿意参与调解程序的事实；（b）一方当事人在调解中对可能解决争议的办法所表示的意见或提出的建议；（c）一方当事人在调解程序过程中作出的陈述或承认；（d）调解人提出的建议；（e）一方当事人曾表示愿意接受调解人提出的和解建议的事实；（f）完全为了调解程序所准备的文件。”《美国仲裁协会商事调解规则》第12条规定，在调解过程中，当事人或证人向调解员披露的机密情况，调解员不应泄漏。调解员对在任职期间收到的所有记录、报告或其他文件应当保守秘密。在任何辩论式的程序或法院诉讼中不应强迫调解员泄漏这类文件或强迫调解员对于调解出庭作证。当事人应维护调解的机密性，并且不应在任何仲裁、司法或其他程序中援引或引证：（1）另一方当事人就可能的争议和解方案所发表的意见或提出的建议；（2）另一方当事人在调解过程中所作的承认；（3）调解员提出的建议或发表的意见；（4）另一方当事人已经或没有表示过愿意接受调解员所提出的和解建议的事实。《美国统一调解法》采纳近乎绝对的保密性保护方式，规定调解过程中披露的一切信息都具有保密性。法国法学家则根据保密级别将调解信息分为初级保密信息和高级保密信息，前者是指所有与调解有关的信息，后者则指初级保密信息过渡过来的禁止在诉讼程序中披露的信息，包括调解程序中的信息、方案或承认以及调解程序中的笔录等。

开，所获知的调解信息可以公开。比如调解涉及刑事犯罪的信息，在刑事案件审判中因民事调解所获知的信息应当公开。

【审判实践中应当注意的问题】

1. 调解过程不公开，但并不能关闭法庭上的录音录像设备

全国法院大力推进司法公开，许多法庭都安装了先进的录音录像设备，对庭审全过程进行录音录像。但调解是在法院组织主持下，当事人就权利义务进行协调、处分的过程，一方面，当事人可能为达成调解协议作出让步、承认于己不利的事实甚至涉及商业秘密、当事人隐私等内容，如果对调解的过程也进行录音录像，容易造成调解过程公开，可能有损当事人利益，这样看，录音录像是不必要的。但另一方面，调解过程是需要主持调解人员的规范和合法，通过录音录像来维护与验证人民法院的公正形象和正当性。在这两者的冲突下，不能关闭法庭上的录音录像设备，仅是这些录音录像资料不能对外公开而已。

2. 正确认识调解保密例外情形

调解保密并不是绝对的，调解如果存在下列情形，当然没有保密的义务：（1）双方当事人均同意的。调解是合意型纠纷解决方式，当事人可以自由处分自己的权利，放弃调解保密性的保护未尝不可。（2）第三人主张的信息。调解协议约束双方当事人，但是对案外第三人不产生约束力。一旦第三人在诉讼过程中提出调解信息，法官就不受调解保密性的约束而可采纳为证据。（3）先前存在的调解信息。调解过程中经常会出示事先存在的事实、声明、文件以及其他证据，这些调解信息不经过调解程序也可以获悉，特别是信息是公共记录或者公共文件的，此时就没有保密的必要。（4）为保护国家利益、社会公共利益、案外人合法权益，人民法院认为确有必要的，那么调解信息的保密应当予以解除。比如调解信息涉及当事人意图犯罪或者实施有害行为或者正在实施犯罪或有害行为，如果仍然适用调解保密性，就会纵容犯罪或者有害行为的发生，导致社会公共利益受到侵蚀。此时，法官可以将关涉公共利益的信息采纳作为证据。（5）法律另有明确规定的。

【条文】

第一百四十七条

人民法院调解案件时，当事人不能出庭的，经其特别授权，可由其委托代理人参加调解，达成的调解协议，可由委托代理人签名。

离婚案件当事人确因特殊情况无法出庭参加调解的，除本人不能表达意志的以外，应当出具书面意见。

【条文主旨】

本条是关于委托代理人参加调解的规定。

【条文理解】

民事诉讼法第六十二条规定："委托他人代为诉讼，必须向人民法院提交由委托人签名或者盖章的授权委托书。授权委托书必须记明委托事项和权限。诉讼代理人代为承认、放弃、变更诉讼请求，进行和解，提起反诉或者上诉，必须有委托人的特别授权。侨居在国外的中华人民共和国公民从国外寄交或者托交的授权委托书，必须经中华人民共和国驻该国的使领馆证明；没有使领馆的，由与中华人民共和国有外交关系的第三国驻该国的使领馆证明，再转由中华人民共和国驻该第三国使领馆证明，或者由当地的爱国华侨团体证明。"因为调解更多强调的是当事人处分权的行使，法官负有谨慎审查义务，主要是查明当事人的诉讼能力及代理人的代理权限，防止恶意虚假代理等情形发生。参加调解的代理人必须具有特别授权，而且在调解过程中，法官应当对委托代理材料进行严格审查，尤其是对当事人本人未到庭的案件，必要时与当事人进行沟通以确认授权委托的真实情况，防止代理人利用调解程序侵害当事人的合法权益。

家庭是社会的细胞，婚姻则是维系家庭和睦的纽带，其不仅关系婚姻关系双方的幸福，而且关涉整个社会的稳定与和谐。离婚案件当事人确因特殊情况无法出庭参加调解的，除本人不能表达意志的以外，应当出具书面意见，载明夫妻财产分割、未成年子女抚养等处置意见。这是离婚调解不同于其他案件类型调解的特殊之处，以此来查明当事人的真实意思表示，维护社会单元的稳定。

【审判实践中应当注意的问题】

委托代理诉讼特别授权要列明授权事项。当事人提交的授权委托书仅写"全权代理"而无具体授权的，诉讼代理人无权代为承认、放弃、变更诉讼请求，进行和解，提起反诉或者上诉。口头委托记入笔录的应当明确授权事项。如果仅笼统地表明"全权代理"而无具体授权内容，则法律上只认为系一般授权代理，诉讼代理人无权代理参加和解、调解活动。

【条文】

第一百四十八条

当事人自行和解或者调解达成协议后，请求人民法院按照和解协议或者调解协议的内容制作判决书的，人民法院不予准许。

无民事行为能力人的离婚案件，由其法定代理人进行诉讼。法定代理人与对方达成协议要求发给判决书的，可根据协议内容制作判决书。

【条文主旨】

本条是关于和解、调解协议内容是否可以转换为判决的规定。

【条文理解】

裁判是法官对当事人之间的纠纷作出的强制性处理决定，是公权力对私权的判断，要以审判公开作为保障权力正当行使的基本方法。调解不同于裁判的根本之处在于调解是当事人合意解决纠纷，以当事人行使处分权为基础。人民法院的判决合法性主要体现在依法公正审理，而和解、调解协议的合法体现在调解协议的公正和不违反法律、行政法规的禁止性规定两方面。在法律允许的幅度内，当事人可以自由处分自己的权利，因此不要求和解、调解协议必须严格依法成立，只要不违反法律强制性规定就属于当事人意思自治的范围。此外，人民法院的判决是围绕当事人的诉讼请求而作出，不允许超出或者遗漏当事人的诉讼请求，而和解、调解中，当事人之间可能会有多个纠纷，在协商解决其中一个纠纷时，他们也会对各项法律关系的解决一并予以考虑和协商而超出原告的诉讼请求范围。[①] 也存在当事人通过协商就诉讼请求达成部分和解、调解以及当事人对主要诉讼请求达成协议，其他请求由人民法院决定[②]等情形，所以当事人自行和解或者调解达成协议后，请求人民法院按照和解协议或者调解协议的内容制作判决书的，人民法院不予准许。

但是，实践中对于无民事行为能力人的离婚案件，《92 年意见》第 94 条为了保护无民事行为能力人的合法权益，明确规定："无民事行为能力人

① 《民事调解工作规定》第七条规定："调解协议内容超出诉讼请求的，人民法院可以准许。"

② 《民事调解工作规定》第十四条规定："当事人就部分诉讼请求达成调解协议的，人民法院可以就此先行确认并制作调解书。当事人就主要诉讼请求达成调解协议，请求人民法院对未达成协议的诉讼请求提出处理意见并表示接受该处理结果的，人民法院的处理意见是调解协议的一部分内容，制作调解书的记入调解书。"

的离婚案件，由其法定代理人进行诉讼。法定代理人与对方达成协议要求发给判决书的，可根据协议内容制作判决书。”这是为了充分保护无民事行为能力人合法权益而特别作出的。需要指出的是，当事人必须是民事诉讼法意义上的具有完全民事诉讼行为能力人，否则需要由法定代理人进行诉讼调解。

【审判实践中应当注意的问题】

第一，在涉外民事诉讼中存在例外情形。本解释第五百二十八条规定：“涉外民事诉讼中，经调解双方达成协议，应当制发调解书。当事人要求发给判决书的，可以依协议的内容制作判决书送达当事人。”

第二，在再审程序中，部分当事人到庭并达成调解协议，调解协议内容如果不违反法律规定，且不损害其他当事人合法权益的，可以在判决主文中予以确认。

【条文】

第一百四十九条

调解书需经当事人签收后才发生法律效力的，应当以最后收到调解书的当事人签收的日期为调解书生效日期。

【条文主旨】

本条是关于调解书生效时间的规定。

【条文理解】

本条针对的是“法律规定调解书需要经双方当事人签收后才具有法律效力的”情形。民事诉讼法第一百条第三款规定，调解书经双方当事人签收后，即具有法律效力。但是《民事调解工作规定》第十二条规定：“对调解书的内容既不享有权利又不承担义务的当事人不签收调解书的，不影响调解书的效力。”本解释第一百五十一条规定：“根据民事诉讼法第一百零一条第一款第四项规定，当事人各方同意在调解协议上签名或者盖章后即发生法律效力的，经人民法院审查确认后，应当记入笔录或者将调解协议附卷，并由当事人、审判人员、书记员签名或者盖章后即具有法律效力。前款规定情形，当事人请求制作调解书的，人民法院审查确认后可以制作调解书送交当事人。当事人拒收调解书的，不影响调解协议的效力。”前述两种情形下，当事人不签收调解书的，并不影响调解协议的效力，不属于本条规定的范畴。调解书需经多人签收后才发生法律效力的，应当以最后一位收到调解书的承担权利义务的当事人签收的日期为调解书生效日期。

【审判实践中应当注意的问题】

第一，调解书的签收日与生效日。调解书的签收日既可以是调解书的生效日期，也可以不是调解书的生效日期。人民法院可以当庭告知当事人到人民法院领取民事调解书的具体日期，在领取日签收调解书为调解书生效日期。依照民事诉讼法第一百零一条第一款第四项的规定，在当事人达成调解协议的次日起十日内将民事调解书发送给当事人，[①] 达成调解协议的日期为调解书的生效日期，而发送调解书的日期或者收到调解书的日期并不是其生效日期。如果当事人以民事调解书与调解协议的原意不一致为由提出异议，人民法院审查后认为异议成立的，应当根据调解协议裁定补正民事调解书的相关内容。[②] 调解协议达成日期为调解书生效日期，而作出补正民事调解书的裁定日期或送达该补正裁定的日期不是生效日期。

第二，未经当场协商，而采取书面传阅形式达成的调解协议制作调解书的生效日期的认定。当事人通常情形下是通过当场协商达成一致的调解意见，但也存在部分当事人因特定情形未到场协商，[③] 而事后予以追认的。如果符合民事诉讼法第一百零一条第一款第四项的规定，参照本条解释规定，应当以最后一位当事人签收日期为调解协议的生效日期。当事人申请制作调解书的，调解书的送交日不是生效日期。如果需要送达调解书的，应当以最后一位承担权利义务的当事人签收调解书的日期为调解书生效日期。

第三，当事人在空白送达回证上签收调解书的效力。实务中存在当事人达成调解协议，而申请人民法院制作调解书，但调解书制作需要经过一定程序，而当事人因紧急原因，不能等待领取正式制作的调解书，从而在空白送达回证上签字的情形。因为当事人已经达成调解协议，其在空白送达回证上签名的行为，应当视为已经签收调解书。

第四，调解书可以有条件地适用电子送达。人民法院依照民事诉讼法第九十条第一款的规定，采用电子方式向当事人送达调解书的，以送达信息到达受送达人特定系统的日期为送达日期。在调解书需经当事人签收后才发生法律效力的场合，如果最后收到调解书的当事人的送达方式为电子送达，则应当以送达信息到达其特定系统的日期为调解书生效日期。

第五，调解书可以向特别授权的代理人送达。调解书送达给特别授权的

---

① 参见《简易程序规定》第十六条。

② 参见《简易程序规定》第十七条。

③ 当事人因路途遥远、在国外、有其他更重要的事项办理等而未到场协商。

代理人的，视为当事人签收，发生法律效力。

第六，调解书送达排除留置送达。因为留置送达是一种拟制“本人”知悉诉讼文书的制度，与当事人接受自愿调解的真实意思并不符合，故调解书不适用留置送达，而应由当事人“签收”。

【条文】

第一百五十条

人民法院调解民事案件，需由无独立请求权的第三人承担责任的，应当经其同意。该第三人在调解书送达前反悔的，人民法院应当及时裁判。

【条文主旨】

本条是关于无独立请求权的第三人参加调解的规定。

【条文理解】

民事诉讼法第五十九条第二款规定：“对当事人双方的诉讼标的，第三人虽然没有独立请求权，但案件处理结果同他有法律上的利害关系的，可以申请参加诉讼，或者由人民法院通知他参加诉讼。人民法院判决承担民事责任的第三人，有当事人的诉讼权利义务。”该条规定了无独立请求权的第三人参与诉讼的方式，即可以申请参加诉讼，或者由人民法院通知他参加诉讼。人民法院在调解时认为需由无独立请求权的第三人承担责任的，在达成调解协议时应当经其同意。无独立请求权的第三人在调解书送达前反悔的，人民法院应当按照民事诉讼法第一百零二条的规定及时裁判。

【审判实践中应当注意的问题】

无独立请求权的第三人具有达成调解协议后的反悔权。无独立请求权的第三人需要承担责任的，在判决中与当事人具有同等诉讼地位。但第三人经调解同意承担责任，因为其没有参加之前进行的诉讼程序，其程序权利并没有得到保障，所以其达成的调解协议与当事人同意调解协议相比，不具有同等法律效力。第三人在调解书送达前反悔的，人民法院需再作出裁判。

【条文】

第一百五十一条

根据民事诉讼法第一百零一条第一款第四项规定，当事人各方同意在调解协议上签名或者盖章后即发生法律效力的，经人民法院审查确认后，应当记入笔录或者将调解协议附卷，并由当事人、审判人员、书记员签名或者盖章后即具有法律效力。

前款规定情形，当事人请求制作调解书的，人民法院审查确认后可以制作调解书送交当事人。当事人拒收调解书的，不影响调解协议的效力。

【条文主旨】

本条是关于特定情形调解协议效力的规定。

【条文理解】

当事人对调解书任意反悔，是实务中常见的情形。民事诉讼法第一百条规定：“调解达成协议，人民法院应当制作调解书。调解书应当写明诉讼请求、案件的事实和调解结果。调解书由审判人员、书记员署名，加盖人民法院印章，送达双方当事人。调解书经双方当事人签收后，即具有法律效力。”《92年意见》第95条规定：“当事人一方拒绝签收调解书的，调解书不发生法律效力，人民法院要及时通知对方当事人。”根据该条规定，法院在根据双方当事人自愿达成的调解协议制作调解书后，若一方当事人拒收，则该调解书不能发生法律效力，法官还需重新进行调解或进行判决。该规定最大限度地保护了当事人的意思自治，但该规定也给当事人的反悔大开绿灯，既浪费了诉讼资源，又让另一方当事人徒增讼累。这并不符合民事诉讼法第十三条第一款规定的民事诉讼应当遵循诚信原则，而且可能造成诉讼拖延，影响诉讼效率，也阻碍了调解的适用。《简易程序规定》第十五条、[①] 2008年修正的《民事调解工作规定》第十三条[②]扩大了调解协议生效的范围，当事人明确同意在调解协议上签字或者盖章调解协议生效，人民法院对该调解协议审查确认后，经当事人和法官、书记员签名或者盖章后，该调解协议对双方当事人具有合同约束力，当事人应当履行。即产生与生效调解书同等的效力，该案件终结。如果调解协议包含了将来的给付内容，在债务人不履行债

① 《简易程序规定》第十五条规定：“调解达成协议并经审判人员审核后，双方当事人同意该调解协议经双方签名或者按指印生效的，该调解协议自双方签名或者按指印之日起发生法律效力。当事人要求摘录或者复制该调解协议的，应予准许。调解协议符合前款规定，且不属于不需要制作调解书的，人民法院应当另行制作民事调解书。调解协议生效后一方拒不履行的，另一方可以持民事调解书申请强制执行。”

② 2008年修正的《民事调解工作规定》第十三条规定：“根据民事诉讼法第九十条第一款第（四）项规定，当事人各方同意在调解协议上签名或者盖章后生效，经人民法院审查确认后，应当记入笔录或者将协议附卷，并由当事人、审判人员、书记员签名或者盖章后即具有法律效力。当事人请求制作调解书的，人民法院应当制作调解书送交当事人。当事人拒收调解书的，不影响调解协议的效力。一方不履行调解协议的，另一方可以持调解书向人民法院申请执行。”

务时会进入执行程序。为便于执行，此类案件，当事人可以要求出具调解书。但调解书仅作为申请强制执行的依据，不需要当事人再签收。如果当事人未要求制作调解书的，在调解协议约定的履行债务的期限届满后债务人未履行或者未完全履行的，当事人可以调解协议向人民法院要求制作调解书后，再申请人民法院强制执行。为利于当事人履行承诺，节省司法资源，避免当事人不诚信，故本条解释对特定情形达成调解协议的效力专门作此规定。①

民事诉讼法第一百零一条规定："下列案件调解达成协议，人民法院可以不制作调解书：（一）调解和好的离婚案件；（二）调解维持收养关系的案件；（三）能够即时履行的案件；（四）其他不需要制作调解书的案件。对不需要制作调解书的协议，应当记入笔录，由双方当事人、审判人员、书记员签名或者盖章后，即具有法律效力。"2008年修正的《民事调解工作规定》第十三条规定在审判实践中适用取得了较好的效果，故本解释再次予以确定。考虑到法律的严肃性和规范性，为避免调解协议的宽泛随意，在当事人没有申请制作调解书时，一方当事人不履行调解协议时，没有采取早期《发挥诉讼调解作用意见》第十六条"当事人未申请制作调解书，一方当事人不履行调解协议的，另一方持生效的调解协议申请强制执行"的规定，②而需要对方当事人持生效的调解协议要求人民法院制作调解书后，申请人民法院强制执行。

【审判实践中应当注意的问题】

第一，当事人同意调解协议签名或盖章生效的，在达成调解协议后拒签调解书不影响调解协议的效力。法院依照民事诉讼法第一百零一条第一款第四项规定，根据双方当事人的调解协议制成调解书后，如果当事人一方拒绝签收，则不影响调解协议的效力，依据调解协议制作的调解书发生法律效力，法官无须对该案件进行判决。早期实务中，为了最大限度地保护当事人

---

① 本解释废止了《92年意见》第95条"当事人一方拒绝签收调解书的，调解书不发生法律效力，人民法院要及时通知对方当事人"的规定。这是因为，一是存在对调解书的内容既不享有权利又不承担义务的当事人不签收调解书的情形。《民事调解工作规定》第十二条规定："对调解书的内容既不享有权利又不承担义务的当事人不签收调解书的，不影响调解书的效力。"二是存在当事人各方同意在调解协议上签名或者盖章后调解协议即发生法律效力的情形。

② 《发挥诉讼调解作用意见》第十六条第一款规定："《最高人民法院关于民事调解工作若干问题的规定》第13条规定的当事人、审判人员、书记员签名或者盖章后发生法律效力的调解协议，当事人未申请制作调解书，一方当事人不履行调解协议的，另一方持生效的调解协议申请强制执行的，人民法院应当受理。"

的意思自治，允许当事人任意反悔调解书，这非常容易造成司法资源的浪费，不利于维护法律权威。为了既保护当事人的意思自治，又防止司法资源的无端浪费，特别规定了特定情形下调解协议在当事人、审判人员、书记员签名盖章后就具有了法律效力。

第二，调解协议结果与调解书结果不一致的处理。当事人以民事调解书与调解协议的原意不一致为由提出异议，人民法院审查后认为异议成立的，应当根据调解协议裁定补正民事调解书的相关内容。①

第三，对生效调解协议的救济措施。当事人达成调解协议签字后生效的，只要调解协议已经法院确认，在法院送交时，当事人是否签收调解书，不影响调解协议的效力。如果当事人达成调解协议后未申请人民法院制作调解书，而认为在达成调解协议时存在对法律法规缺乏了解导致协议显失公平、出于特殊原因导致达成调解协议意思表示不真实等不符合合同成立、生效的情形，或者具有可变更、可撤销情形的，可以调解协议申请人民法院制作调解书后，根据民事诉讼法第二百零八条的规定通过审判监督程序予以救济。

第四，再审程序中，当事人不申请制作调解书的处理方式。再审案件经调解达成调解协议并经当事人、法官、书记员签名或者盖章后生效的，当事人不申请制作调解书的，人民法院应当裁定终结再审程序。

第五，符合民事诉讼法第一百零一条第一款第四项规定情形制作的调解书，人民法院送交调解书的生效日期，与不依此条而制作调解书的送达生效日期是不一致的。应注意的是，前者是“送交”，而后者是“送达”。送交不产生效力问题，以调解协议达成一致日期为生效日期，而送达日期则是调解书生效的日期。

---

① 《民事调解工作规定》第十七条规定：“当事人以民事调解书与调解协议的原意不一致为由提出异议，人民法院审查后认为异议成立的，应当根据调解协议裁定补正民事调解书的相关内容。”

七、保全和先予执行

【条文】

第一百五十二条

人民法院依照民事诉讼法第一百零三条、第一百零四条规定，在采取诉前保全、诉讼保全措施时，责令利害关系人或者当事人提供担保的，应当书面通知。

利害关系人申请诉前保全的，应当提供担保。申请诉前财产保全的，应当提供相当于请求保全数额的担保；情况特殊的，人民法院可以酌情处理。申请诉前行为保全的，担保的数额由人民法院根据案件的具体情况决定。

在诉讼中，人民法院依申请或者依职权采取保全措施的，应当根据案件的具体情况，决定当事人是否应当提供担保以及担保的数额。

【条文主旨】

本条是关于申请诉前保全和诉讼保全措施提供担保的规定。

【条文理解】

由于民事诉讼法对申请人申请保全提供担保的数额未作具体规定，理解本条应注意以下几个方面：

1. 责令申请人提供担保的形式

民事诉讼法和最高人民法院以前的司法解释，对责令当事人提供保全担保没有规定具体的形式，实践中操作不规范。本条明确规定，人民法院责令当事人提供保全担保时要采用书面通知的形式，以规范法院行为。

2. 区分诉前保全和诉中保全担保决定数额标准

本条对诉前保全和诉中保全的担保数额进行了区分。对于诉前保全的担保，仍然适用全额担保的规定。但在极其特殊的情况下，人民法院可以根据案件的具体情况酌情处理，可以不是全额担保。也就是说，对诉前财产保全的担保，要求申请人提供全额担保是原则，不提供全额担保是例外。主要是考虑到诉前保全措施采取时，还没有提起诉讼，出现风险的可能性比诉讼中的保全要高，担保要求要高一些。《财产保全规定》第五条第二款亦规定：

“利害关系人申请诉前财产保全的，应当提供相当于请求保全数额的担保；情况特殊的，人民法院可以酌情处理。”

诉讼中对于保全的担保数额，可以根据案件的实际情况，充分考虑胜诉的可能性及造成对方损失的可能性，可以要求提供担保，也可以不要求提供担保。主要考虑是：案件已经进入审理程序，原告能否胜诉以及可能给被保全人造成的损失相对容易判断，人民法院可以根据具体情况决定是否担保以及担保数额。如申请人基于追索赡养费、扶养费、抚养费、抚恤金、劳动报酬等案件，当事人申请财产保全的，一般可以不要求提供担保。但应当注意的是，《财产保全规定》第五条第一款对责令申请保全人提供担保数额的上限作了进一步细化规定，即“人民法院依照民事诉讼法第一百条①规定责令申请保全人提供财产保全担保的，担保数额不超过请求保全数额的百分之三十；申请保全的财产系争议标的的，担保数额不超过争议标的的价值的百分之三十。”同时，该条第三款增加了追加担保的情形及拒不追加的后果等规定，即“财产保全期间，申请保全人提供的担保不足以赔偿可能给被保全人造成的损失的，人民法院可以责令其追加相应的担保；拒不追加的，可以裁定解除或者部分解除保全。”

3. 关于行为保全的担保

行为保全是2012年民事诉讼法新增加的内容。由于申请行为保全的目的主要在于避免申请人遭受其他不可弥补的损害，有必要立即制止被申请人正在实施的损害行为，或者要求被申请人实施一定行为进行补救。可见，行为保全的核心是限制债务人的行为。因此，对于诉前行为保全，因保全的对象是债务人必须为或者不为一定行为，不存在具体的财产数额，提供担保的数额也无法与保全数额挂钩。为确保被申请人因保全所遭受的损失得到赔偿，对于申请诉前行为保全的，只能由人民法院根据具体情况来决定担保数额。与诉讼中的财产保全同理，诉讼中的行为保全，是否需要提供担保以及担保的数额，由人民法院根据具体案情决定，既可以要求申请人提供担保，也可以不要求申请人提供担保。如在人格权纠纷中，申请对人身行为实施保全的，可以不提供担保；在知识产权纠纷中，采用行为保全的，一般要提供担保。《最高人民法院关于审查知识产权纠纷行为保全案件适用法律若干问题的规定》对知识产权纠纷中申请行为保全的担保问题作出了明确规定，该司法解释第十一条规定：“申请人申请行为保全的，应当依法提供担保。申请人提供的担保数额，应当相当于被申请人可能因执行行为保全措施所遭受

① 现为2021年民事诉讼法第一百零三条。

的损失，包括责令停止侵权行为所涉产品的销售收益、保管费用等合理损失。在执行行为保全措施过程中，被申请人可能因此遭受的损失超过申请人担保数额的，人民法院可以责令申请人追加相应的担保。申请人拒不追加的，可以裁定解除或者部分解除保全措施。”

【审判实践中应当注意的问题】

第一，保全担保方式不仅限于现金。担保可以分为人的担保和物的担保，人的担保包括保证人的担保和当事人签订的定金合同，物的担保又包括抵押、质押、留置。

第二，《财产保全规定》第五条第一款、第三款是对本条的进一步细化规定。两者相比较，《财产保全规定》细化了本条规定中“应当根据案件的具体情况，决定当事人是否应当提供担保以及担保的数额”的规定，明确了诉讼财产保全中要求申请保全人提供担保数额的上限，增加了追加担保的情形及拒不追加的后果。《财产保全规定》施行后，适用时应以《财产保全规定》第五条规定为准。

第三，本条第三款与《财产保全规定》第九条①均规定了是否需要提供担保的判断标准。两者相比较：一是适用范围不同。本条适用于诉讼中申请保全，既包括当事人申请财产保全，也包括人民法院依职权采取保全措施；《财产保全规定》第九条仅适用于当事人在诉讼中申请财产保全的情形。同时第九条第二款明确法律文书生效后，进入执行程序前，可以不要求提供担保。二是关于当事人在诉讼中申请财产保全的判断标准。《财产保全规定》第九条对本条的“案件的具体情况”作了反向列举，明确了“诉讼中申请财产保全”情况下，可以不要求提供担保的六种情形，应注意结合适用。

【条文】

第一百五十三条

人民法院对季节性商品、鲜活、易腐烂变质以及其他不宜长期保存的物品采取保全措施时，可以责令当事人及时处理，由人民法院保存价款；必要

---

① 《财产保全规定》第九条规定：“当事人在诉讼中申请财产保全，有下列情形之一的，人民法院可以不要求提供担保：（一）追索赡养费、扶养费、抚育费、抚恤金、医疗费用、劳动报酬、工伤赔偿、交通事故人身损害赔偿的；（二）婚姻家庭纠纷案件中遭遇家庭暴力且经济困难的；（三）人民检察院提起的公益诉讼涉及损害赔偿的；（四）因见义勇为遭受侵害请求损害赔偿的；（五）案件事实清楚、权利义务关系明确，发生保全错误可能性较小的；（六）申请保全人为商业银行、保险公司等由金融监管部门批准设立的具有独立偿付债务能力的金融机构及其分支机构的。法律文书生效后，进入执行程序前，债权人申请财产保全的，人民法院可以不要求提供担保。”

时，人民法院可予以变卖，保存价款。

【条文主旨】

本条是关于不宜长期保存的物品采取保全措施的规定。

【条文理解】

对于季节性商品、鲜活、易腐烂变质以及其他不宜长期保存的物品采取保全措施，在处理上，首先是可以责令当事人及时处理，处理所得款项由人民法院保存。其次是必要时，也就是在一些特殊情况下，人民法院可以交有关部门及时变卖，所得价款由人民法院继续保存。

【条文】

第一百五十四条

人民法院在财产保全中采取查封、扣押、冻结财产措施时，应当妥善保管被查封、扣押、冻结的财产。不宜由人民法院保管的，人民法院可以指定被保全人负责保管；不宜由被保全人保管的，可以委托他人或者申请保全人保管。

查封、扣押、冻结担保物权人占有的担保财产，一般由担保物权人保管；由人民法院保管的，质权、留置权不因采取保全措施而消灭。

【条文主旨】

本条是关于被采取保全措施的财产的保管的规定。

【条文理解】

根据民法典的规定，财产可分为动产、不动产及其他财产权。根据相关规定，对动产的查封、扣押、冻结，一般由人民法院将查封、扣押、冻结物转移到实施法院直接控制，也可将查封、扣押、冻结物交付指定人控制。对不动产和有登记的特定动产查封、扣押、冻结时，应当通知有关管理机关办理查封、扣押、冻结登记，同时可以责令被保全人将有关财产权证照交人民法院保管。从本条规定来看，对于人民法院在财产保全中采取查封、扣押、冻结措施的财产的保管，有其保管的顺序，首先是由人民法院妥善保管该财产；其次是不适合由人民法院保管时，由人民法院指定被保全人负责保管该财产；最后是不适合由被保全人保管该财产时，人民法院既可以委托他人保管该财产，也可以委托申请保全人保管该财产。

通常情况下，所有者的动产一般由其占有，查封、扣押、冻结担保物权人占有的担保财产，一般应当指定担保物权人作为保管人。按照这个标准执行，既不会造成大量查封案外人财产，也不会影响正常的社会经济生活。2004年《查封、扣押、冻结财产规定》第十三条[①]明确规定，担保物权人占有的担保财产由人民法院保管的，质权、留置权不因转移占有而消灭。其中关于质权、留置权不因转移占有而消灭的规定，显然突破了我国物权法的有关规定。但这样规定，一方面保护了担保物权人的优先受偿权，同时又防止了担保财产的流失，最大限度地保护了申请执行人的权益，较好地兼顾了二者的利益。鉴于上述司法解释规定对质权、留置权占有的特殊处理等内容进行了明确，为了保持前后司法解释规定的一致性，本条根据保全的特点进行了适当修改。本条规定："查封、扣押、冻结担保物权人占有的担保财产，一般应当指定该担保物权人作为保管人；该财产由人民法院保管的，质权、留置权不因转移占有而消灭。"从本条规定可知，首先，还是由担保物权人对查封、扣押、冻结的担保物权人占有的担保财产进行保管。其次，由人民法院保管该财产时，并不导致消灭质权和留置权，也就是说，法院占有（保管）是一种不消灭质权和留置权的特殊占有（保管）。同时，《执行规定（试行）》第31条规定："人民法院对被执行人所有的其他人享有抵押权、质押权或留置权的财产，可以采取查封、扣押措施。财产拍卖、变卖后所得的价款，应当在抵押权人、质押权人或留置权人优先受偿后，其余额部分用于清偿申请执行人的债权。"这进一步说明，法院的财产保全措施并不影响抵押权、质押权、留置权的实现。对担保物权人已经作为担保物的财产，人民法院可以查封、扣押、冻结，也可以拍卖、变卖，但是必须保障抵押权人、质押权人或留置权人的优先受偿权。

【审判实践中应当注意的问题】

第一，关于保管费用的负担。保管费用属于其他诉讼费用，应在案件作出处理时一并处理。

第二，查封、扣押、冻结担保物权人占有的担保财产，由人民法院保管的，质权、留置权不因转移占有而消灭。也就是说，只有人民法院基于财产保全措施对质物、留置物占有时，才不改变动产占有的优先权，即质权人、留置权人的优先权不消灭。

---

① 该司法解释于2020年12月进行修正，修正后条文为第十一条。

【条文】

第一百五十五条

由人民法院指定被保全人保管的财产，如果继续使用对该财产的价值无重大影响，可以允许被保全人继续使用；由人民法院保管或者委托他人、申请保全人保管的财产，人民法院和其他保管人不得使用。

【条文主旨】

本条是关于被采取保全措施的财产能否使用的规定。

【条文理解】

2004年《查封、扣押、冻结财产规定》第十二条[①]规定："查封、扣押的财产不宜由人民法院保管的，人民法院可以指定被执行人负责保管；不宜由被执行人保管的，可以委托第三人或者申请执行人保管。由人民法院指定被执行人保管的财产，如果继续使用对该财产的价值无重大影响，可以允许被执行人继续使用；由人民法院保管或者委托第三人、申请执行人保管的，保管人不得使用。"考虑到"死封"与"活封"对于当事人的权利保护具有重要意义，该司法解释明确人民法院指定被执行人保管的财产，继续使用不会损害该财产价值的，可以允许被执行人继续使用。但对于被执行人之外的人，包括人民法院、委托第三人、申请执行人均不得使用由其保管的查封物。鉴于上述规定对查封、扣押、冻结的财产的保管方式、组织机构、能否使用进行了规定，其实施方法与保全措施并无实质区别。为了保持前后司法解释规定的一致性，本条根据保全的特点进行了适当修改，本条明确规定："由人民法院指定被保全人保管的财产，如果继续使用对该财产的价值无重大影响，可以允许被保全人继续使用；由人民法院保管或者委托他人、申请保全人保管的财产，人民法院和其他保管人不得使用。"理解该条文时，应当明确的是，人民法院对保全的财产在指定被保全人保管时，应当考虑被保全人是否存在对保全财产损害、转让、转移等情形，在排除上述情形后，将该保全财产交由被保全人保管。为充分发挥物的效用，对于被保全财产在正常使用时，不会发生价值的重大贬损的，可以允许被保全人继续使用，如对被保全人的房屋进行了保全，就可以让其继续居住使用。但是，无论是人民法院保管，还是法院委托他人，以及申请保全人对保全的财产进行保管时，都不得使用。应注意不存在有偿使用的问题，原因在于：一是防止利用公权

① 该司法解释于2020年12月进行修正，修正后条文为第十条。

力牟取私利；二是防止损害被保全的财产，进而损害被保全人的利益。

【审判实践中应当注意的问题】

本条规定了“死封”变“活封”的内容，实践中应当注意发挥物的效用，对于被保全人保管的财产继续使用对其价值无重大影响的，允许被保全人继续使用；但人民法院保管或者人民法院委托他人、申请保全人保管时，不论继续使用是否对财产价值造成影响，他们都不得对保管的财产进行使用。

【条文】

第一百五十六条

人民法院采取财产保全的方法和措施，依照执行程序相关规定办理。

【条文主旨】

本条是关于财产保全方法和措施依照执行程序规定办理的规定。

【条文理解】

实践中，无论是诉讼中的财产保全还是诉前财产保全，都可以适用查封、扣押、冻结措施或者法律规定的其他方法。根据民事诉讼法第一百零六条的规定，财产保全采取查封、扣押、冻结和法律规定的其他办法。由于保全的方法与措施与执行程序中的控制性执行措施并无不同。执行程序中，《查封、扣押、冻结财产规定》对财产执行方法与措施已有明确具体规定。本司法解释起草中，充分借鉴司法实务的做法和要求，明确无论是诉中财产保全还是诉前财产保全，都可以依照执行程序相关规定办理，即可适用《执行规定（试行）》《查封、扣押、冻结财产规定》等司法解释规定的方法与执行措施。

【条文】

第一百五十七条

人民法院对抵押物、质押物、留置物可以采取财产保全措施，但不影响抵押权人、质权人、留置权人的优先受偿权。

【条文主旨】

本条是关于保全担保物权的优先受偿权的规定。

【条文理解】

对已在先设定担保物权的财产实施查封、扣押措施的效力问题，在 1998

年《执行规定（试行）》中首次明确。1998年《执行规定（试行）》第40条[①]规定："人民法院对被执行人所有的其他人享有抵押权、质押权或留置权的财产，可以采取查封、扣押措施。财产拍卖、变卖后所得价款，应当在抵押权人、质押权人或留置权人优先受偿后，其余额部分用于清偿申请执行人的债权。"本条包含以下内容：第一，人民法院对抵押权人、质权人、留置权人享有抵押权、质权、留置权的财产，可基于民事诉讼程序的需要采取查封、扣押等保全措施。上述权利人不能以其财产设立了担保为由对抗法院的保全行为。第二，法院在对抵押物、质押物、留置物采取保全措施后进行拍卖等处理时，抵押权人、质权人、留置权人就拍卖等处理所得价款享有优先受偿的权利。

【审判实践中应当注意的问题】

第一，《执行规定（试行）》中确定了由首先查封、扣押或冻结的法院主持进行分配的规则，当多个债权均为普通债权时，该规则有利于保护首先采取查封等措施的债权人权益。但如所查封的资产已设定抵押权等担保物权的，首先查封、扣押或冻结的法院要与对抵押权人申请处置的抵押物有管辖权的法院进行协调，妥善保护好抵押权人的优先受偿权。

第二，为解决法院首封处分权与债权人行使优先受偿债权冲突问题，最高人民法院于2016年4月12日作出《关于首先查封法院与优先债权执行法院处分查封财产有关问题的批复》（法释〔2016〕6号），从四个方面进行了明确，在采取保全措施时可依照其进行办理。（1）执行过程中，应当由首先查封、扣押、冻结（以下简称查封）的法院负责处分查封财产。但已进入其他法院执行程序的债权对查封财产有顺位在先的担保物权、优先权（该债权以下简称优先债权），自首先查封之日起已超过六十日，且首先查封法院就该查封财产尚未发布拍卖公告或者进入变卖程序的，优先债权执行法院可以要求将该查封财产移送执行。（2）优先债权执行法院要求首先查封法院将查封财产移送执行的，应当出具商请移送执行函，并附确认优先债权的生效法律文书及案件情况说明。首先查封法院应当在收到优先债权执行法院的商请移送执行函之日起十五日内出具移送执行函，将查封财产移送优先债权执行法院执行，并告知当事人。移送执行函应当载明将查封财产移送执行及首先查封债权的相关情况等内容。（3）财产移送执行后，优先债权执行法院在处分或继续查封该财产时，可以持首先查封法院移送执行函办理相关手续。优先债权执行法院对移送的财产变价后，应当按照法律规定的清偿顺序分配，

① 该司法解释于2020年12月进行修正，修正后条文为第31条。

并将相关情况告知首先查封法院。首先查封债权尚未经生效法律文书确认的，应当按照首先查封债权的清偿顺位，预留相应份额。(4) 首先查封法院与优先债权执行法院就移送查封财产发生争议的，可以逐级报请双方共同的上级法院指定该财产的执行法院。共同的上级法院根据首先查封债权所处的诉讼阶段、查封财产的种类及所在地、各债权数额与查封财产价值之间的关系等与案件有关的具体情况，认为由首先查封法院执行更为妥当的，也可以决定由首先查封法院继续执行，但应当督促其在指定期限内处分查封财产。

【条文】

第一百五十八条

人民法院对债务人到期应得的收益，可以采取财产保全措施，限制其支取，通知有关单位协助执行。

【条文主旨】

本条是关于保全债务人到期收益的规定。

【条文理解】

人民法院对债务人到期应得的收益，可以采取财产保全措施。首先要明确的是，采取保全的对象是债务人对其具有资本性质的投资所应获得的利益，而且期限已至。其次，对债务人到期应得收益采取的保全措施是裁定限制债务人支取。最后，以通知书形式通知债务人到期应得收益的相对人有关单位予以协助。

【条文】

第一百五十九条

债务人的财产不能满足保全请求，但对他人有到期债权的，人民法院可以依债权人的申请裁定该他人不得对本案债务人清偿。该他人要求偿付的，由人民法院提存财物或者价款。

【条文主旨】

本条是关于债务人的到期债权限制向债务人偿付的规定。

【条文理解】

法院对债务人的到期债权采取诉讼保全具有实际意义，即通过法院的保全，可以使他人停止向债务人支付款项，从而使债权人实现权利多了一种可能性。根据本司法解释的规定，人民法院对到期债权进行保全时必须把握好以下几个点：第一，保全必须由债权人申请；第二，所保全的债权必须为债务人所应得的债权利益，且已到期，对未到期的债权原则上不能进行保全。第三，享有到期债权的他人要求偿付的，裁定不得清偿。该他人要求偿付给债务人的，由人民法院提存财物或者价款。

【审判实践中应当注意的问题】

审判实践中应注意对分期履行的债权如何保全的问题。人民法院在采取保全措施时，只能保全已到期的对他人的部分债权，对未到期债权原则上不得保全。但可以在保全之前征求该他人的意见，如果该他人同意一次性保全的，可以一次性保全；如果该他人只同意对已到期部分债权保全的，则法院只能分期保全，不得一次性将未到期部分债权予以保全。

【条文】

第一百六十条

当事人向采取诉前保全措施以外的其他有管辖权的人民法院起诉的，采取诉前保全措施的人民法院应当将保全手续移送受理案件的人民法院。诉前保全的裁定视为受移送人民法院作出的裁定。

【条文主旨】

本条是关于作出诉前保全裁定法院与受理案件法院不一致时保全裁定效力衔接的规定。

【条文理解】

本条主要是解决实践中存在作出诉前保全裁定法院与受理案件法院不一致时保全裁定的效力衔接问题。所谓诉前保全，是指人民法院在民事案件受理前，因情况紧急，为了不使利害关系人的合法权益受到难以弥补的损害，根据利害关系人的申请，对被申请人的财产进行保全，或者责令被申请人作出一定行为或禁止其作出一定行为的民事强制措施。根据民事诉讼法第一百零四条的规定，为方便利害关系人申请，法律除了将被保全财产所在地法院作为受理法院外，还将被申请人住所地法院也明确规定为受理法院。同时，还考虑到一些情况下，财产所在地和被申请人所在地并非实施保全措施的最佳地点，规定了对案件有管辖权的法院作为受理法院，以便申请人作出最合适保全实施的选择。所谓对案件有管辖权的法院，是指根据民事诉讼法对将要提起的诉讼具有管辖权的法院，例如，侵权案件可以由侵权行为或者被告住所地法院管辖，合同纠纷案件可以由被告住所地或者合同履行地法院管辖，因不动产纠纷提起的诉讼应由不动产所在地法院管辖等。

民事诉讼法第一百零四条第三款规定，申请人在人民法院采取保全措施后三十日内应当依法提起诉讼或者申请仲裁，否则，人民法院应当解除保全。然而，对人民法院采取诉前保全后，当事人是否只能向作出诉前保全措施的法院提起诉讼，法律并没有明确规定。《92 年意见》第 31 条第 2 款规定："在人民法院采取诉前保全后，申请人起诉的，可以向采取诉前财产保全的人民法院或者其他有管辖权的人民法院提起。"它确定了申请人起诉的人民法院，可以是采取诉前财产保全的人民法院，也可以是其他有管辖权的人民法院。由于《92 年意见》第 31 条第 1 款是关于诉前保全法院的规定，与民事诉讼法的规定相冲突而被本司法解释所废止，而该条第 2 款是关于保全后的起诉法院的规定，此与受理保全的法院是不同的规定，一并将其废止，并非十分妥当。因而本司法解释并没有明确规定申请人可以向哪家有管辖权的人民法院提起诉讼。由于民事诉讼法将受理诉前保全申请的法院明确为"被保全财产所在地、被申请人住所地或者对案件有管辖权的人民法院"，这是否意味着被保全财产所在地法院、被申请人住所地法院都对就此提起的诉讼拥有了管辖权呢？对此，还要结合 1998 年《最高人民法院关于如何理解〈关于适用《中华人民共和国民事诉讼法》若干问题的意见〉第 31 条第 2 款的批复》来处理，该批复指出："在人民法院采取诉前财产保全后，申请人起诉的，应当向有管辖权的人民法院提起。采取诉前财产保全的人民法院对该案有管辖权的，应当依法受理；没有管辖权的，应当及时将采取诉前财产保全的全部材料移送有管辖权的受诉人民法院。"也就是说，我国民事诉讼法所列利害关系人可以选择的法院（被保全财产所在地法院、被申请人住所地法院或者对案件有管辖权的法院）之间是并列关系，也就意味着，当事人选择所列的哪个法院法律都是支持的，司法解释赋予利害关系人在申请诉前保全后选择起诉法院的范围比较宽松，既可以选择被保全财产所在地法院，也可以选择被申请人住所地法院，还可以根据需要选择其他对案件有管辖权的法院，目的是有利于法院及时有效地受理利害关系人的起诉。当然，上述批复并未随着《92 年意见》第 31 条被废止而失效，而是被 2020 年 12 月 29 日公布的《最高人民法院关于废止部分司法解释及相关规范性文件的决定》明确废止，并自 2021 年 1 月 1 日起施行。

根据上述批复的规定，人民法院采取诉前保全措施后当事人提起诉讼的，应当向有管辖权的人民法院提起，并没有规定申请人只能向采取诉前保全措施的人民法院提起诉讼。收到申请人起诉状的人民法院，还必须遵循民事诉讼法关于一般管辖标准审查本院是否有管辖权，即根据符合级别管辖和专属管辖的规定，来确定案件的管辖法院。这样一来，采取诉前保全措施的法院与实际受理诉讼的法院可能为同一法院，也可能不是同一法院。如果采取诉前保全措施的法院与实际受理诉讼的法院是同一法院，其所采取的诉前保全措施就继续有效，也不会产生任何异议。如果采取诉前保全措施的法院与实际受理诉讼的法院不是同一法院，采取诉前保全措施的法院对其所采取的诉前保全措施是否需要解除？是否继续有效？如何处理较为妥当？

为妥善解决因采取诉前保全措施的法院与实际受理诉讼的法院不一致而造成司法资源浪费，增加当事人的诉累等问题，尤其是解决好保全裁定的效力衔接问题，公平合理地保护好各方当事人利益，对此，我们经过研究认为，保全属于当事人诉讼活动中的一部分，是处理案件实体争议的附属部分，人民法院在实际取得审理案件争议权后，应一并取得与诉讼有关的附随权力。可借鉴移送管辖的实质是对案件进行移送的精神，推出受移送的法院对在受理案件前的诉前财产保全裁定享有相关决定权。也就是当案件被移送后，移送前法院所实施的法律行为和采取的法律措施，对当事人继续有效，对受移送的法院有约束力。同时，受移送的法院有权依法对移送前法院所实施的行为和措施进行审查和处理。参照《最高人民法院关于诉前财产保全几个问题的批复》（法释〔1998〕29 号）“采取财产保全措施的人民法院受理申请人的起诉后，发现所受理的案件不属于本院管辖的，应当将案件和财产保全申请费一并移送有管辖权的人民法院。案件移送后，诉前财产保全裁定继续有效。因执行诉前财产保全裁定而实际支出的费用，应由受诉人民法院在申请费中返还给作出诉前财产保全的人民法院”的规定，本条解释明确规定：“当事人向采取诉前保全措施以外的其他有管辖权的人民法院起诉的，采取诉前保全措施的人民法院应当将保全手续移送受理案件的人民法院。诉前保全的裁定视为受移送人民法院作出的裁定。”对此，可从三个方面进行理解：一是采取保全措施的人民法院在采取诉前保全措施后三十日，不得因为申请人没有向其提起诉讼就解除保全；二是受理案件的人民法院告知采取保全措施的人民法院申请人已提起诉讼后，采取保全措施的人民法院应将所采取诉前保全措施的手续、材料、保全费以及担保金等移送受理案件的人民法院，不得无故拒绝办理相关事宜。三是虽然采取诉前保全措施的法院与实际受理诉讼的法院不一致，但采取诉前保全措施法院所作诉前保全裁定的效力得以延续有效，等同于受移送人民法院作出的裁定，也就是说受移送人民法院无须重新对该保全作出新的裁定。受移送人民法院有权依法对诉前保全裁定予以变更或解除。

【审判实践中应当注意的问题】

第一，由于法律没有明确规定申请人（利害关系人）只能向采取诉前保全措施的法院提起诉讼，因此，申请人（利害关系人）有权选择采取诉前财产保全措施的法院，也有权选择其他有管辖权的法院。采取诉前保全措施的法院不得因申请人（利害关系人）没有在该法院起诉，就不按要求移送相关采取诉前保全措施的手续、材料、保全费以及担保金等。

第二，关于受移送人民法院在原财产保全期限届满后的续封、续冻效力的问题。本司法解释明确规定诉前保全的裁定视为受移送人民法院作出的裁定，不仅效力等同，而且时间等同。受移送人民法院作出保全续封裁定、续冻手续时，不能将此续封手续视为轮候查封，特别是有另案法院轮候查封时，此续封手续也不能排在另案法院的轮候查封之后。

【条文】

第一百六十一条

对当事人不服一审判决提起上诉的案件，在第二审人民法院接到报送的案件之前，当事人有转移、隐匿、出卖或者毁损财产等行为，必须采取保全措施的，由第一审人民法院依当事人申请或者依职权采取。第一审人民法院的保全裁定，应当及时报送第二审人民法院。

【条文主旨】

本条是关于上诉期间保全措施的衔接和实施的规定。

【条文理解】

对当事人不服一审判决提起上诉的案件，在二审法院接到一审法院报送的案件之前，当事人有转移、隐匿、出卖或者毁损财产等行为，必须采取保全措施的，为保证当事人的权利处于司法保护状态，本条明确由一审法院依当事人申请或依职权采取保全强制措施，即上诉期间的保全措施仍由一审法院负责制作裁定和实施。同时，一审法院制作的财产保全裁定，应及时报送二审法院，以便二审法院及时掌握情况。

【审判实践中应当注意的问题】

当事人没有上诉或不上诉，而在上诉期间，当事人有转移、隐匿、出卖或者毁损财产等行为，必须采取保全措施的，也可以参照本司法解释的精神，由一审法院采取保全措施。

【条文】

第一百六十二条

第二审人民法院裁定对第一审人民法院采取的保全措施予以续保或者采取新的保全措施的，可以自行实施，也可以委托第一审人民法院实施。

再审人民法院裁定对原保全措施予以续保或者采取新的保全措施的，可以自行实施，也可以委托原审人民法院或者执行法院实施。

【条文主旨】

本条是关于二审、再审中保全措施的衔接和实施的规定。

【条文理解】

本条的目的是解决审判实践中“续保”由哪级法院实施的问题。本条第一款规定二审法院续保或采取新的保全措施的，可以自行实施，也可以委托一审法院实施。第二款规定再审法院续保或采取新的保全措施的，可以自行实施，也可以委托原审法院或者执行法院实施。根据民事诉讼法第一百零三条的规定，人民法院依当事人的申请或依职权采取保全措施，只要符合该规定的条件，当事人即可申请保全，并没有严格限定只有一审法院才能采取保全措施。保全分为诉前保全和诉讼保全。诉前保全是在诉讼开始前的保全措施，这是在一审诉讼尚未开始前进行的，而诉讼保全是在诉讼中所进行的保全，不局限于一审程序。二审属于正常的诉讼程序，因此，案件在二审期间，法院若不能进行保全，显然不符合法律的规定。因此，本条明确规定，二审法院既可以对一审法院采取的保全措施予以续保，也可以根据当事人申请或依职权采取新的保全措施。二审期间的保全措施由哪一级法院采取？在调研中，存在不同观点。第一种观点认为，法院采取保全措施属于诉讼活动之一，案件一审判决后，一审程序已终结，一审法院未经二审法院授权便无权再进行该案件的诉讼活动，因此，应由二审法院采取保全措施。第二种观点认为，一审宣判后，终结的仅是一审审判程序，并不包括执行程序。保全措施不属审判程序范畴，而应视为执行的前置程序，诉讼中保全作为判决执行的一种保障性的手段或方法，应按执行的管辖规定由一审法院采取。因此，二审期间的保全措施应由一审法院采取。第三种观点认为，应根据原审案卷当时所在地法院确定保全法院。没有案卷的法院不好采取保全措施，案卷移送至二审法院前案卷尚在一审法院，此期间的保全措施应由一审法院采取；案卷移送后案卷已在二审法院，应由二审法院采取。最后经研究，本司法解释明确规定，二审法院裁定对于一审法院采取的保全措施予以续保或者采取新的保全措施的，二审法院可根据实际情况决定实施法院，既可以由二审法院自行实施，也可以委托一审法院实施。理解本条第一款时，可从以下几个方面把握：第一，二审期间续保或者新保全的裁定，均由二审法院作出。第二，采取保全措施是由二审法院实施还是由一审法院实施，由二审法院决定。第三，二审法院决定续保或者新保全的措施由一审法院实施的，应当向一审法院出具委托书，同时将续保或者新保全裁定一同交给一审法院。

再审程序与二审程序均属于诉讼程序，只是其诉讼的目的不同。同理，本条第二款明确规定，在再审程序中，再审法院既可以对原审法院采取的保全措施予以续保，也可以根据当事人申请或依职权采取新的保全措施。由于案件到再审程序时，有的案件可能已进行执行程序，而执行法院既可以是财产所在地法院，也可以是一审法院，并不一定都是一审法院。因此，再审法院续保或采取新的保全措施的，可实施的法院要比二审法院要多，既可以由再审法院自行实施，也可以委托原审法院实施，还可以委托执行法院实施。

【审判实践中应当注意的问题】

第一，在二审程序或再审程序中当事人申请保全，因为一审或原生效裁判的卷宗材料在二审法院或再审法院，所以由二审法官或再审法官根据具体案件情况作出裁定。也就是说，二审期间或再审期间的裁定由二审法院或再审法院作出，不同于上诉期间的裁定均由一审法院作出。

第二，案件在二审或再审法院审理期间需要办理续封、续冻手续时，为避免有关金融机构、国土、房地产管理部门误将其视为轮候查封，在办理保全措施的续封、续冻手续时，应尽可能委托原作出保全裁定的法院办理续封、续冻手续。当然，无论是二审法院或再审法院自行办理续封、续冻手续，还是委托一审法院实施或委托原审法院以及执行法院实施，都不能将其作为轮候查封对待；即使有另案法院在前轮候查封，也不能将其作为轮候查封对待。

【条文】

第一百六十三条

法律文书生效后，进入执行程序前，债权人因对方当事人转移财产等紧急情况，不申请保全将可能导致生效法律文书不能执行或者难以执行的，可以向执行法院申请采取保全措施。债权人在法律文书指定的履行期间届满后五日内不申请执行的，人民法院应当解除保全。

【条文主旨】

本条是关于法律文书生效后执行前保全的规定。

【条文理解】

本条是对民事诉讼法第一百零三条规定进行解释而作出的，其目的是解决审判实践中出现的法律文书生效后进入执行程序前，当事人提出保全申请如何处理的问题。

民事诉讼法规定了诉前保全和诉讼保全，目的在于防止债务人转移财产，以利于将来判决的执行。但在司法实践中，由于许多当事人受到诉讼能力的限制，在诉讼前与诉讼中均没有及时向法院申请保全对方当事人的财产，而当法律文书（包括民事调解书、判决书、仲裁裁决书等）生效后，当事人履行给付义务期限届满前，一方面，由于该案件尚未进入执行程序，法院暂不能对被执行人的财产予以强制执行；另一方面，目前实行“立执分离”，立案部门的审查需要时间，立案并移交执行部门后，执行部门又必须先发执行通知书，同样需要时间。一些不诚信的当事人利用此时机转移、隐匿财产，严重损害了债权人的合法权益。本条的规定就是明确给债权人及时保护自身权益提供一个救济机会。

1. 保全措施的提起条件

民事诉讼法第二百四十七条规定：“执行员接到申请执行书或者移交执行书，应当向被执行人发出执行通知，并可以立即采取强制执行措施。”1998 年《执行规定（试行）》第 26 条第 2 款①规定：“在执行通知书指定的期限内，被执行人转移、隐匿、变卖、毁损财产的，应当立即采取执行措施。”按照上述规定，法院采取执行措施的最早日期是发出执行通知书后。而法律文书生效后到法院发出执行通知书这段时间可能要经过申请执行期间，在两年的时间内当出现义务人恶意转移、隐匿、毁灭财产，可能致使生效裁判不能执行的情形时，如不及时采取保全措施将导致权利人无法通过强制执行程序实现合法权利。为保持司法解释前后的一致性，本司法解释规定，法律文书生效后，进入执行程序前，债权人可以向执行法院申请保全债务人的财产，但并未规定在任何情况下都允许债权人随意地提起保全申请，而是有条件的。因为，在司法实践中，许多案件通过法院的调解，当事人在诉讼中自愿达成协议，对债务约定一次性履行或者分期履行，当事人之间的纠纷得到解决，双方之间的对抗得到弱化，债务人也准备诚信地按期履行义

① 该司法解释于 2020 年 12 月进行修正，修正后该款被删除。

务。此时，如果不加限制地允许债权人在法律文书生效后至申请执行前，随时无条件地向执行法院申请保全债务人的财产，这不仅会加剧当事人之间、当事人与法院之间的对抗，而且会损害债务人的合法利益，甚至严重损害诉讼诚信原则。故本条规定，只有当债务人出现故意转移财产等紧急情况，故意规避法律，逃避执行，不申请保全将可能导致生效法律文书不能执行或者难以执行的，才允许债权人向执行法院申请保全。否则，法院对此保全申请不予受理。

可见，适用此类保全应当同时具备以下几个条件：第一，申请此类保全，当事人必须向法院提交书面申请。法院一般不主动依职权采取诉讼保全措施。第二，当事人应当提供生效的法律文书，且采取保全措施的案件必须是给付之诉，即该案的判决或调解结果具有财产给付内容；在法律文书生效之后至法律文书送达之前这一期间，当事人申请保全的，可以不提供法律文书。第三，申请人申请保全的范围应当是判决内容，即判决确定债务人履行义务的范围，法院应根据判决内容予以保全。第四，申请保全的时间点必须在法律文书生效之后，案件尚未进入执行程序。第五，必须基于对方当事人转移财产等行为或者其他原因等紧急情况，可能导致将来生效法律文书不能执行或难以执行。所谓对方当事人转移财产等行为，是指恶意将争议的诉讼标的物或者与案件有关财产毁损、变卖、转移、挥霍或者抽逃资金等。所谓其他原因，主要是客观上的原因，如自然规律、变质、腐坏等使争议的标的物无法保存，必须及时处理，保存价款，以减少当事人的损失。同时，应当注意此处的可能，不是主观猜测的可能性，而是要具有客观现实性的可能性。

2. 管辖法院的确定

民事诉讼法第二百三十一条第一款规定："发生法律效力的民事判决、裁定，以及刑事判决、裁定中的财产部分，由第一审人民法院或者与第一审人民法院同级的被执行的财产所在地人民法院执行。"从上述规定可见，享有执行管辖权的法院为两类：一是案件的一审法院，二是与一审法院同级的被执行的财产所在地法院。本条规定，债权人可以向执行法院申请采取保全措施。这里的执行法院不能简单理解为执行受理法院，应当理解为有执行管辖权的法院。如果是法院裁判文书生效后，进入执行程序之前的情形，由于这种保全措施发生在法院裁判之后与执行程序开始之间，审判程序已结束，而执行程序尚未启动，此时的执行法院尚未确定。故将司法解释规定的执行法院理解为有执行管辖权的法院，是合适的。也就是说，债权人申请保全债务人的财产，可以向一审法院申请保全，此时由一审法院负责实施保全措施。债权人也可以向与一审法院同级的债务人财产所在地法院申请保全，由该法院负责受理与实施保全措施。

3. 督促债权人及时申请执行

本条明确规定，人民法院采取保全措施后，债权人在法律文书指定的履行期间届满后五日内不申请执行的，人民法院应当解除保全。这就要求债权人应当在申请财产保全后尽快向法院提出执行申请。法院采取保全措施后，申请人在法定申请执行期限内没有向法院申请执行的，法院应当裁定解除保全措施。这里的法定申请执行期限是在法律文书确定的履行期届满后五日内。例如，法律文书确定的履行期间为2015年1月15日前债务人履行债务100万元，如果在法律文书生效后，进入执行程序前，一审法院根据债权人的申请，对债务人的财产采取了保全措施，但债权人在法律文书确定的履行期间届满后五日内没有申请执行，即2015年1月21日前债权人不申请执行的，法院应当解除对债务人的财产采取的保全措施。

【审判实践中应当注意的问题】

第一，关于“法律文书生效后，进入执行程序前”这一期间的把握，主要是涉及四个期间：一是终审判决宣判之日起至最后收到送达裁判文书的当事人签收时止的期间。二是法律文书生效后至文书确定履行期间届满之前的期间；此期间判决内容已确定，但义务人履行期间还未届满，裁判文书还未发生强制执行效力。三是执行案件立案后到发出执行通知书期间，这一期间可采取相应的执行措施，如采取查封、扣押、冻结等措施。四是对履行期间届满后，在执行时效期间内，至申请执行立案前。“法律不保护权利上的睡眠者”，当履行期间届满后，出现对方当事人转移财产等紧急情况，债权人完全可以通过申请执行，由执行法院采取查封、扣押、冻结等措施来解决。但从“债权人在法律文书确定的履行期间届满后五日内不申请执行的，人民法院应当解除保全”来看，似乎可以倒推出当出现法律文书确定的履行期届满超出五日后，在执行时效期间才申请执行的，不能适用该规定解除保全。因此，在期限的把握上主要是前两种。

第二，保全费用的承担。对于当事人申请财产保全，按照民事诉讼法以及《诉讼费用交纳办法》规定，应由申请人交纳相关的保全费用。对于这项保全费用，人民法院在裁判案件时，一并决定由当事人负担。但是本条规定的采取保全措施，是在法院裁判作出之后才由债权人主动提起，债权人交纳保全费用后，该费用最终由谁承担？我们认为，可根据公平原则，由实施该项保全的法院根据案件的实际情况作出书面决定，该保全费用是由债务人承担，或是债权人承担，或是债务人和债权人共同承担。对此决定，当事人不可提起上诉。

第三，债权人根据本条司法解释，在进入执行程序前申请采取保全措施的，一般情况下，不需要由申请人提供担保。因为，双方的权利义务已经由生效法律文书确定，当事人之间的债权债务关系已经明确，不存在因申请错误而给被申请人造成损失的情况。为防止执行中出现不同做法，《财产保全规定》第九条第二款对此进行了明确："法律文书生效后，进入执行程序前，债权人申请财产保全的，人民法院可以不要求提供担保。"

第四，根据《财产保全规定》第一条第三款的规定，法律文书生效后，进入执行程序前，债权人申请财产保全的，应当写明生效法律文书的制作机关、文号和主要内容，并附生效法律文书副本。

【条文】

第一百六十四条

对申请保全人或者他人提供的担保财产，人民法院应当依法办理查封、扣押、冻结等手续。

【条文主旨】

本条是关于对保全担保财产予以保全的规定。

【条文理解】

保全是人民法院根据申请人的申请采取的一种紧急的强制性措施。申请人申请财产保全的目的是在法院作出判决之前使财物完好地保存下来，待胜诉后实现自己的权利。从保护双方当事人合法权益的角度出发，为保证被申请人不因保全不当所遭受的损失得不到赔偿，申请人在提出诉讼保全时，应当同时提供担保，拒绝提供担保或担保不符合要求的，法院可以驳回申请。为保全提供的担保，就是申请人或第三人将自己所有的财产，提供给人民法院作担保。具体而言，申请人提供的担保也可以是多样化的，既可以是人的担保，也可以是物的担保；既可以是实物担保，也可以以无形财产权等权利作为担保。申请人既可以用自己的财产提供担保，也可以用第三人的财产提供担保。为担保所提供的财产，既可以是实物、现金或有价证券，也可以是银行账户上的存款。申请人胜诉之后，取回其所提供担保的财产；申请人败诉之后，以其提供的财产抵偿被申请人因保全所造成的损失。之所以要责令申请人提供担保，是因为人民法院对被申请人财产采取保全措施后，被申请人的账户被冻结、财产被扣押或被查封，被保全的标的物价值有可能降低，效益有可能受到影响，被申请人的经济利益将受到损失，因此，法律和司法解释均要求责令申请人提供担保。这样做的好处是，一方面，可以促使申请人慎重提出保全申请；另一方面，如果申请人败诉，被申请人因保全所造成的损失，可以申请人所提供的担保来赔偿。

《担保法解释》（已废止）第一百三十二条规定："在案件审理或者执行程序中，当事人提供财产担保的，人民法院应当对该财产的权属证书予以扣押，同时向有关部门发出协助执行通知书，要求其在规定的时间内不予办理担保财产的转移手续。"其目的是保证财产安全，方便申请人败诉后可对该财产进行执行。从严格意义上讲，《担保法解释》只是实体法的司法解释，但为解决审判工作中存在的具体问题，对程序问题亦作出了相关规定。为解决审判工作中有关担保财产被申请人随意处置、被申请人因保全所造成的损失不能及时得到赔偿的问题，同时，也为保持司法解释的连贯性，本司法解释起草调研中，听取了法院、律师等各方要求对申请人提供的担保财产予以公权力限制，即予以查封、扣押、冻结的意见，本条明确规定："对申请保全人或者他人提供的担保财产，人民法院应当依法办理查封、扣押、冻结等手续。"人民法院通过对申请人所提供用来作保全担保的财产予以查封、扣押、冻结等，以达到人民法院易于控制和可供执行，确保担保财产的所有权及使用权在保全期间不能发生转移，不易发生损耗变质。

人民法院对申请保全人或者他人提供的担保财产依法办理查封、扣押、冻结等手续，与对被申请人采取保全措施是相同的。我们认为，通常情况下，对被申请人采取保全措施所作出的裁定，应当将担保财产予以载明，便于被申请人一方监督，在裁定查封、扣押、冻结被申请人财产的同时，裁定查封、扣押、冻结申请人提供的担保财产。第一，对于申请人或其担保人提供有权属证书作担保的不动产和动产，要责令申请人或其担保人将权属证书提交法院保管，例如，提供担保的是土地、房屋、车辆或证券等，则要求申请人或其担保人将土地、房屋、车辆或证券等的权利凭证交由法院保管。同时办理查封、扣押、冻结手续，要向不动产、动产或证券等有关登记部门，如向房地产、车辆、证券等管理部门依法送达财产保全裁定书、协助执行通知书等法律文书，对土地、房屋、车辆实施保全登记，限制其转让，避免申请人或其担保人以权利凭证遗失为由恶意申请补发权利凭证或将该担保财产转让或设定抵押登记。第二，对于申请人或其担保人提供其他没有权属证书不动产和动产作担保的也要办理查封、扣押、冻结手续，并在适当的范围内以一定的形式向社会进行公示。第三，申请人或其担保人提供银行存款作担保的，要责令申请人或其担保人将存折或存单提交法院保管，人民法院应当对其进行核实，同时要到银行办理冻结手续，限制其支付。

【审判实践中应当注意的问题】

第一，本条是对民事诉讼法第一百零三条第二款规定进行解释而作出的，主要是解决司法实践中，人民法院对申请人所提供担保财产如何控制的问题。

第二，法律和司法解释对申请人提供担保的方式没有限制，既可以是实物担保，也可以是信誉担保。只能对申请保全人或者他人提供担保的财物依法办理查封、扣押、冻结等手续，对信誉等非财产等则不得采取查封、扣押、冻结等措施。

第三，人民法院对于申请人提供的担保财产采取查封、扣押、冻结等手续，其保全期间、方法和措施与对被申请人财产所采取的保全措施相同。

【条文】

第一百六十五条

人民法院裁定采取保全措施后，除作出保全裁定的人民法院自行解除或者其上级人民法院决定解除外，在保全期限内，任何单位不得解除保全措施。

【条文主旨】

本条是关于非经法院决定外不得解除保全措施的规定。

【条文理解】

根据本条的规定，人民法院裁定采取保全措施后，有权解除保全裁定的主体只能是作出保全裁定的人民法院或者其上级人民法院，排斥除此以外的其他法院对非本院保全裁定的解除，同时也将其他行政机关、企事业单位等排除在外。

【审判实践中应当注意的问题】

关于原作出诉中保全裁定的人民法院移送管辖后，受移送人民法院是否有权解除保全裁定的问题，实践中存在不同认识。对此，需要结合本条和本解释第一百六十条进行体系化解读。本解释第一百六十条规定：“当事人向采取诉前保全措施以外的其他有管辖权的人民法院起诉的，采取诉前保全措施的人民法院应当将保全手续移送受理案件的人民法院。诉前保全的裁定视为受移送人民法院作出的裁定。”根据该条规定，当作出诉前保全裁定法院与受理案件法院不一致时，前者应当向后者移送保全手续，且诉前保全裁定视为受移送人民法院作出的裁定。尽管该条规定的是诉前财产保全，但该条规定精神可参照适用于诉中财产保全。原作出诉中保全裁定的人民法院移送管辖，其实质是对案件进行移送。财产保全属于当事人诉讼活动的一部分，是处理案件实体争议的附属部分，受移送人民法院在实际取得审理案件争议权后，也应一并取得与诉讼有关的附随权力。也就是说，受移送人民法院依法取得对原保全裁定予以变更或解除的权力。

【条文】

第一百六十六条

裁定采取保全措施后，有下列情形之一的，人民法院应当作出解除保全裁定：

（一）保全错误的；

（二）申请人撤回保全申请的；

（三）申请人的起诉或者诉讼请求被生效裁判驳回的；

（四）人民法院认为应当解除保全的其他情形。

解除以登记方式实施的保全措施的，应当向登记机关发出协助执行通知书。

【条文主旨】

本条是关于解除保全裁定情形的规定。

【条文理解】

由于现实情况的复杂性，在诉讼过程中，除被申请人提供了相应数额可供执行的财产担保人民法院应当解除财产保全外，还会出现一些需要解除保全措施的情形，人民法院应当及时作出裁定解除保全措施，避免被申请人因其财产或者行为被采取保全措施而遭受损失。本条是对法律规定进行的扩张解释，规定了应当依法及时解除保全的其他情形。

1. 应当解除保全裁定的情形

（1）保全错误的。对于保全，法律已经明确规定了申请的方式、保全的内容等事项，因此，人民法院在实施保全时，只能采取法律规定的查封、扣押、冻结或法律规定的其他方法。违反法律规定所采取的保全就属于保全错误，其通常是指人民法院根本不应当作出保全，或作出保全后继续保全的条件已不存在。对于保全错误，有观点认为，造成保全错误的主要原因是当事人申请保全错误，包括诉请错误、申请对象错误和申请金额错误。我们认为，就保全错误可从两个方面来把握：一是从申请人的角度，申请人根据法律或司法解释的规定，向人民法院提交保全申请、提供保全担保、提供财产线索等，法院对申请人提交的上述内容进行审查。如果程序存在问题或申请人的申请不符合法律规定，人民法院不应作出保全的裁定，也就无所谓保全错误。既然法院已作出保全的裁定，即使保全错误也不应是申请人在申请程序上的错误，只能是法院决定的错误或者非保全程序上的错误。二是从法院的角度，由于法院裁定保全具有非对审性特点，法院只需从形式上审查当事人申请保全是否符合程序法规定的条件，不可能对申请人是否能胜诉予以审查，并以之确定应否准许采取保全措施，只要按照相关法律规定履行了程序上的义务，就不会出现程序上的裁定错误。在这种情况下，如果出现裁定保全错误，从程序上讲只能是申请人的申请错误。如申请人申请保全与本诉无关的案外人的财产，从而侵犯了案外人的合法权利，该保全错误是基于申请人的错误申请而导致的。同时，根据民事诉讼法的相关规定，一般情况下，人民法院裁定保全应当依据申请人的申请。只有当诉讼争议的财产有毁损、灭失的风险或有证据表明被告可能隐匿、转移、出卖其财产的，人民法院方可依职权裁定采取保全措施。如果法院的裁定违反了法律强制性规定，就是保全错误。因法院的原因造成保全错误的情形主要有：①保全了与诉讼无关的，根本不可能承担实体责任的案外人财产，从而侵犯了案外人的合法权利，如根据申请应保全甲的财产，却错误保全了乙的财产；②保全财产数额或范围超出了申请保全方诉讼请求的数额或范围；③重复保全；等等。应当注意的是，法院裁定保全后，在执行的过程中，如果所采取的保全方式、保全的对象等方面超出法律规定的范围，构成保全实施行为不当而非保全错误。当出现保全错误时，人民法院应当依法解除保全。

（2）申请人撤回保全申请的。由于申请保全属于申请人的诉讼行为，以产生、变更诉讼法律关系为目的，通常情况下，该诉讼行为符合法律规定，只产生诉讼法律关系，不产生实体法律关系。申请人自愿申请解除保全措施或申请人撤回保全申请的，则采取保全措施的目的和意义已不复存在，人民法院亦应及时解除保全措施。

（3）申请人的起诉或者诉讼请求被生效裁判驳回的。当事人之间的权利义务在依照审判程序作出判决之前都处于未定状态，需要通过判决才能确定。为了保证日后生效判决的执行，或者避免当事人遭受不可弥补的损害，当事人一方申请保全，其申请保全的前提和基础是该当事人诉讼请求具有合法性和合理性，而该当事人诉讼请求的合法性和合理性需要通过审判，并以最终生效的判决来确认。若当事人（申请人）的诉讼请求获得生效判决的支持，则当事人（申请人）申请保全的目的就不存在问题，也就不存在保全错误。若当事人（申请人）的起诉或者诉讼请求因无事实或法律依据而没有得到法院生效判决的支持，即被生效裁判驳回，无论是全部被驳回还是部分被驳回，均说明申请人申请保全的合法性和合理性不充分，要么是违法地保全了不应承担实体责任人的财产，要么就超额保全了被申请人的财产。因此，法院应当根据实际情况予以解除。如果当事人的起诉或诉讼请求被生效裁判全部驳回的，则应当对全部保全予以解除。如果当事人的诉讼请求被生效裁判部分驳回的，则应当对超额保全的部分予以解除。

（4）人民法院认为应当解除保全的其他情形。该项规定是兜底条款，也是人民法院依职权解除保全的弹性条款。实践中应当解除保全的其他情形主要包括：第一，申请人没有在法定期限内向法院起诉或申请仲裁。由于采取保全措施限制了财产的流转，若利害关系人申请保全后不在一定期限内起诉或申请仲裁，双方的法律关系仍处于不稳定状态，无法通过法院或仲裁机构的裁决明确其权利义务，从而无法达到保全的目的，因此，利害关系人申请保全后未在法定期限内提起诉讼或者申请仲裁，而继续采取保全措施的，人民法院应当依职权解除保全。第二，申请人在诉讼过程中已申请撤诉并经人民法院裁定准许。此时，由于当事人之间的诉讼基于裁定准许撤诉已不存在，继续采取保全措施的目的也已不存在。第三，对案外人善意取得的与案件有关的财产，一般也不得采取保全措施，采取了保全措施的，应当解除。因为保全应当限于与本案有关的财物，即当事人争议的财产，或被告的应承担实体责任的财产。为维护交易的稳定和安全，保护善意第三人的利益，第三人善意取得了与案件有关的财产后，即成为该财产的合法所有权人，如果不解除对案外人（第三人）财产的保全，将损害案外人（第三人）的利益。第四，双方当事人同意和解的。在诉讼过程中，当事人有权在法律规定的范围内处分自己的民事权利和诉讼权利，双方当事人同意和解的，人民法院应当及时作出裁定解除保全措施。第五，人民法院确认被申请人申请复议意见成立，而作出新裁定，撤销原保全裁定的。

2. 办理财产权证照转移手续

本条第二款规定："解除以登记方式实施的保全措施的，应当向登记机关发出协助执行通知书。"由于对于以登记方式实施的保全措施，在人民法院采取保全措施时，均会向登记机关发出协助执行通知书。因为房产、土地等财产权证照管理部门都属于有义务协助调查、执行的单位，该协助单位根据人民法院的协助执行通知书实施行政行为，履行法定协助义务。因此，有协助义务的单位接到协助执行通知书后必须办理，否则，法院可以依法对其主要负责人或直接责任人员予以罚款、拘留。在实际执行中，对需要办理房产、土地等财产权证照保全登记手续的，房产、土地等登记部门都会要求法院提供裁定书及协助执行通知书，房产、土地等登记部门依据法院的裁定书和协助执行通知书办理财产权证照保全登记手续，起到公示作用。故在办理房产、土地等财产权证照保全登记手续时必须向协助单位发出协助执行通知书。同理，对于保全中已办理财产权证照登记手续的，要解除保全时，协助解除单位在没有人民法院的解除保全裁定和协助通知书时，同样是不能解除登记的。因此，人民法院解除保全时，对于已办理财产权证照登记手续的，还必须向有关单位发出协助执行通知书。

【审判实践中应当注意的问题】

第一，本条第一款第三项中关于驳回申请人起诉或者诉讼请求，强调的是生效裁判驳回申请人起诉或者诉讼请求，而不包括未生效裁判驳回的情形。

第二，有本条第一款第四项规定的其他应当解除保全措施情形发生的，如当事人已自觉履行了调解书或判决书所确定的给付义务，或作出财产保全裁定的人民法院或上级法院发现采取保全措施明显错误时等，均应依法及时解除财产保全。

第三，关于超过查封、扣押、冻结期限，查封、扣押、冻结效力自行消失的问题。查封、扣押、冻结超过规定期限，人民法院未办理继续查封、扣押、冻结手续的，如果案件未执行完毕，应当继续查封、扣押、冻结；已执行完毕的案件，即使未超过查封期限，人民法院亦应按解除查封、扣押、冻结的法定程序办理。

第四，《财产保全规定》第二十三条规定："人民法院采取财产保全措施后，有下列情形之一的，申请保全人应当及时申请解除保全：（一）采取诉前财产保全措施后三十日内不依法提起诉讼或者申请仲裁的；（二）仲裁机构不予受理仲裁申请、准许撤回仲裁申请或者按撤回仲裁申请处理的；（三）仲裁申请或者请求被仲裁裁决驳回的；（四）其他人民法院对起诉不予受理、准许撤诉或者按撤诉处理的；（五）起诉或者诉讼请求被其他人民法院生效裁判驳回的；（六）申请保全人应当申请解除保全的其他情形。人民法院收到解除保全申请后，应当在五日内裁定解除保全；对情况紧急的，必须在四十八小时内裁定解除保全。申请保全人未及时申请人民法院解除保全，应当赔偿被保全人因财产保全所遭受的损失。被保全人申请解除保全，人民法院经审查认为符合法律规定的，应当在本条第二款规定的期间内裁定解除保全。"可见，本条解释内容与《财产保全规定》第二十三条所规定的内容之间存在相互补充的关系，在适用时应当把握好以下几点：一是法定期限内不依法提起诉讼或者申请仲裁的，民事诉讼法第一百零四条第三款只规定法院应当解除保全，没有明确是依职权还是依申请，《财产保全规定》第二十三条明确申请保全人应当申请解除且未及时申请解除的应赔偿损失，实际上明确此类情形下解除保全的前提为依申请保全人的申请。《财产保全规定》施行后，适用其第二十三条的规定。二是其他未进入诉讼、仲裁程序情形，本条第一款第三项只规定起诉或者诉讼请求被生效裁判驳回的情形，《财产保全规定》第二十三条第一款第二项至第五项的情形，不仅涉及诉讼还包括仲裁的各种情形。《财产保全规定》施行后，以该条为准。三是关于保全错误的解除保全情形、申请人撤回保全申请的解除保全情形，适用本条。四是注意解除保全期限，本条只明确应当向登记机关发出协助执行通知书，而《财产保全规定》第二十三条明确了裁定解除保全的期限，即“人民法院收到解除保全申请后，应当在五日内裁定解除保全；对情况紧急的，必须在四十八小时内裁定解除保全”。《财产保全规定》施行后，以该条为准。

【条文】

第一百六十七条

财产保全的被保全人提供其他等值担保财产且有利于执行的，人民法院可以裁定变更保全标的物为被保全人提供的担保财产。

【条文主旨】

本条是关于可对保全标的物予以置换的规定。

【条文理解】

采取财产保全措施，对及时有效地执行生效法律文书确定的债务人义务提供了可靠的保证和基础。当事人在诉前或诉讼中，甚至在判决生效后，进入执行程序前都可向人民法院申请财产保全。申请人申请财产保全，通常是向人民法院提供被申请人较为容易兑现价值的财产，以便及时有效地实现自己的合法利益。但有的被申请人从有利于自己利益的角度出发，提供一些虽然具有一定价值，但难兑现的财产作为财产保全的担保，向人民法院提出解除财产保全申请。此时，按照民事诉讼法第一百零七条的规定，人民法院依法应当解除财产保全，对被申请人提供的担保财产予以保全。这样一来，虽然保护了被申请人的合法利益，但对申请人的利益是否尽到保护职责，如何进一步保护好申请人的利益，法律没有规定。从申请人利益的角度而言，在申请财产保全时，申请人为交纳保全费、提供担保、查找被申请人的财产费了不少周折，而在财产保全后却因为被申请人提供了担保，特别是被申请人提供了不易兑现的财产而被解除保全措施，确实存在对申请人不利的因素。此时，人民法院如果不解除财产保全，缺乏相应的法律依据；如果解除财产保全，也容易造成有些被申请人借解除财产保全，逃避债务。为平衡两者之间的利益，更好地为执行提供有利的条件，更加公平公正地维护双方当事人的合法利益，本条明确规定："财产保全的被保全人提供其他等值担保财产且有利于执行的，人民法院可以裁定变更保全标的物为被保全人提供的担保财产。"根据上述规定，人民法院根据申请人的申请保全了被申请人的财产，被申请人可提供与被保全的财产等值的且有利于执行的其他财产作为担保，根据相关法律规定，人民法院应当解除保全。但为方便执行，人民法院不能简单地解除查封，而是视条件将保全标的物进行置换，应先对被保全人提供的担保财产进行保全，然后对被申请人保全财产予以解除。对保全标的物进行置换，应当具备以下条件：第一，要求将保全标的物置换为被保全人提供担保的财产，一般应由被保全人书面提出申请，可征求申请人的意见，但人民法院不宜依职权进行。第二，被保全人提供担保的财产应真实可靠，在该财产上没有权利瑕疵和负担。同时，被保全人提供担保财产的价值与人民法院已采取保全措施财产的价值相当或等值。但不能是被保全人自己或他人的基本生产、生活资料，如唯一住房、生产设施设备等。第三，被保全人提供担保的财产要容易兑现，不能是明显不能兑现，或者兑现难度大，包括兑现所需时间长、程序复杂、成本较高等。例如，财产保全措施为冻结存款，但被保全人提供的担保财产为房地产，此种情况下，不宜将保全物进行置换。又如，在诉讼中，法院依法查封了被申请人相应价值的房地产，而该房地产上存在建设工程价款等优先权，人民法院对该房地产处理时，应当按法定程序评估拍卖，而此时，被申请人或其他担保人提供了相当于保全房地产价值的银行存款进行担保，由于现金的执行较为便捷，此种情况下，人民法院可将保全标的物进行置换，即可以裁定变更原保全标的物房地产为被保全人提供的担保财产即银行存款。总之，被保全人提供担保要做到：担保财产应为其他等值财产和有利于执行；不是解除担保，而是变更保全标的物。

【审判实践中应当注意的问题】

第一，被保全人或其他担保人提供担保财产的价值与法院已保全财产的价值等值，并且提供担保的财产易于执行，或者执行的成本要比处理先前保全财产的成本低，上述两个条件应当同时具备才能变更保全标的物。

第二，人民法院根据实际情况决定是否变更保全标的物为被保全人提供的担保财产时，可以裁定变更，并非必须裁定变更，要以是否便捷、有利于实现债权人利益为要件。

【条文】

第一百六十八条

保全裁定未经人民法院依法撤销或者解除，进入执行程序后，自动转为执行中的查封、扣押、冻结措施，期限连续计算，执行法院无需重新制作裁定书，但查封、扣押、冻结期限届满的除外。

【条文主旨】

本条是关于诉讼中的保全与执行中的查封、扣押、冻结相衔接的规定。

【条文理解】

法律设立保全制度的目的是保证将来法院作出的生效判决能够得到执行；而设立执行程序制度的目的是将已生效的法律文书通过强制性执行措施的运用而得以执行，从而实现判决确定的内容，最终实现法律的权威性和尊严。对两者进行比较分析可知，两种制度在司法实践中的表现形式都是人民法院裁定书；所采取的措施都是查封、扣押、冻结等方式；所追求的最终目的都是实现生效法律文书确定的权利。正是由于两者的这些相通之处，本条明确诉讼保全与执行中的强制措施可以自动转化。

对于本条规定的内容，应当从以下几个方面把握。

第一，由于保全的目的在于保证整个诉讼活动将来能够有财产可供执行，所以保全裁定未经人民法院依法撤销或者解除的，其法律效力应维持到生效法律文书进入执行程序。

第二，已采取保全措施，而保全裁定没有被人民法院依法撤销或者解除的，案件进入执行程序后，已采取的保全措施自动转为执行中的查封、扣押、冻结，查封等保全措施，并不是因为进入执行程序失去其效力，而是得以延续。同时，执行法院也不需重新制作裁定书。

第三，关于动产和不动产的保全措施的期限，民事诉讼法和司法解释未具体规定，而关于单位存款的冻结，中国人民银行、最高人民法院、最高人民检察院、公安部曾在其发布的《关于查封、冻结、扣划企事业单位、机关、团体银行存款的通知》中明确冻结单位存款的期限不得超过六个月，有特殊情形需要延长的，每次续冻期限不得超过六个月。也就是说，在2004年《查封、扣押、冻结财产规定》出台之前，司法实务中，保全裁定只写明对标的采取何种保全措施，如对银行账户上的存款予以“冻结”、对不动产（房地产等）予以“查封”、对动产（如车辆、电器等）予以“扣押”，但不写明保全何时到期。无论是法官，还是协助执行单位（协助执行人）以及申请人都认为，只要保全措施未被法院解除均有效。2004 年《查封、扣押、冻结财产规定》出台之后，对有关期限的理解不一，存在争议，为了统一执法尺度，2006 年 7 月 11 日发布了《最高人民法院关于民事执行中查封、扣押、冻结财产有关期限问题的答复》（法函〔2006〕76 号），该答复明确："《最高人民法院关于人民法院民事执行中查封、扣押、冻结财产的规定》施行前采取的查封、扣押、冻结措施，除了当时法律、司法解释及有关通知对期限问题有专门规定的以外，没有期限限制。但人民法院应当对有关案件尽快处理。"2004 年《查封、扣押、冻结财产规定》第二十九条①规定："人民法院冻结被执行人的银行存款及其他资金的期限不得超过六个月，查封、扣押动产的期限不得超过一年，查封不动产、冻结其他财产权的期限不得超过二年。法律、司法解释另有规定的除外。申请执行人申请延长期限的，人民法院应当在查封、扣押、冻结期限届满前办理续行查封、扣押、冻结手续，续行期限不得超过前款规定期限的二分之一。"如果申请人在财产保全措施期限届满前不申请续行保全的，人民法院不续行保全。案件进入执行程序后，保全裁定自动转为执行中的查封、扣押、冻结措施，保全措施期限只要没有到期（届满）就继续延续到执行程序，并且连续计算，不中断。

第四，本司法解释第四百八十五条对查封、扣押、冻结期限进行了调整。即"人民法院冻结被执行人的银行存款的期限不得超过一年，查封、扣押动产的期限不得超过两年，查封不动产、冻结其他财产权的期限不得超过三年。申请执行人申请延长期限的，人民法院应当在查封、扣押、冻结期限届满前办理续行查封、扣押、冻结手续，续行期限不得超过前款规定的期限"。就查封、扣押、冻结期限较 2004 年《查封、扣押、冻结财产规定》的期限要长，原第二十九条规定已失效，在今后的司法实践中，应当适用本司法解释的第四百八十五条规定。

【审判实践中应当注意的问题】

第一，法院在裁定书中应写明保全措施的期限，并说明保全裁定在超过保全期限后就失去法律效力，以提示申请人到时是否申请续行保全。

第二，注意续行保全期限的变化。2004 年《查封、扣押、冻结财产规定》第二十九条②规定，人民法院未能在查封、扣押、冻结期限内执结的，申请人可以申请续行查封、扣押、冻结，续行期限不得超过法律规定查封、扣押、冻结期限的二分之一。可见，上述司法解释对续行次数未作规定，法

① 该司法解释于 2020 年 12 月进行修正，修正后该条内容因被本解释所吸收，故删除。

② 该司法解释于 2020 年 12 月进行修正，修正后该条被删除。

院可考虑案件的复杂性和保全标的物变价的艰难等因素，决定续行次数，注意不应限制次数。本司法解释第四百八十五条对查封、扣押、冻结续行期限进行了调整。修改了 2004 年规定的每次续行期限不得超过法律规定查封、扣押、冻结期限的二分之一的规定，明确续行冻结被执行人的银行存款的期限不得超过一年，续行查封、扣押动产的期限不得超过两年，续行查封不动产、冻结其他财产权的期限不得超过三年。

第三，《财产保全规定》第十七条规定："利害关系人申请诉前财产保全，在人民法院采取保全措施后三十日内依法提起诉讼或者申请仲裁的，诉前财产保全措施自动转为诉讼或仲裁中的保全措施；进入执行程序后，保全措施自动转为执行中的查封、扣押、冻结措施。依前款规定，自动转为诉讼、仲裁中的保全措施或者执行中的查封、扣押、冻结措施的，期限连续计算，人民法院无需重新制作裁定书。"因此，诉前、诉讼保全措施在进入执行程序后，自动转为执行中的查封、扣押、冻结措施，且期限连续计算，不需要重新出具裁定书。《财产保全规定》施行后，应适用该条规定。

【条文】

第一百六十九条

民事诉讼法规定的先予执行，人民法院应当在受理案件后终审判决作出前采取。先予执行应当限于当事人诉讼请求的范围，并以当事人的生活、生产经营的急需为限。

【条文主旨】

本条是关于先予执行作出的时间和范围的规定。

【条文理解】

就本条而言，可从两个方面把握，第一，采取先予执行的期限是有严格限制的，即必须在受理案件后终审判决作出前。第二，先予执行应当限于当事人诉讼请求的范围，并以当事人的生活、生产经营的急需为限。也就是说，人民法院裁定先予执行的范围同时受到两个限制：一是受诉讼请求范围的限制，二是应以当事人的生活、生产经营的急需为限。

【条文】

第一百七十条

民事诉讼法第一百零九条第三项规定的情况紧急，包括：

（一）需要立即停止侵害、排除妨碍的；

（二）需要立即制止某项行为的；

（三）追索恢复生产、经营急需的保险理赔费的；

（四）需要立即返还社会保险金、社会救助资金的；

（五）不立即返还款项，将严重影响权利人生活和生产经营的。

【条文主旨】

本条是关于民事诉讼法第一百零九条第三项“因紧急情况需要先予执行的”情形的规定。

【条文理解】

2012年民事诉讼法修改时，增加了行为保全，但仍然保留了先予执行。由于本条中第一项、第二项的内容与行为保全的内容有交叉，在起草本司法解释征求意见时，全国人大常委会法工委提出了不同意见。我们认为，本条第一项、第二项既可以是先予执行的情形，也可以是行为保全的情形，可以由当事人进行选择。人民法院也可以根据当事人的选择进行适用。但是应当注意的是，如果利害关系人在诉前申请，所采取的措施就是行为保全。

民事诉讼法第一百零九条第三项规定“因紧急情况需要先予执行的”人民法院可以根据当事人申请裁定先予执行。是否属于情况紧急，需要由审理案件的人民法院结合案件具体情况认定，如果不立即通过先予执行将申请人请求的权利予以实现，将严重影响其生活或者生产经营的，可认定为情况紧急。

1. 需要立即停止侵害、排除妨碍的

如果不立即责令对方停止侵害或排除妨碍，将会使当事人的权利遭受现实的损害、扩大或加重已经造成的损害等情形，人民法院可以认定为情况紧急，并根据当事人的申请，裁定先予执行。

2. 需要立即制止某项行为的

对于一方当事人正在实施侵害另一方当事人财产或人身的某项行为，已严重威胁或损害另一方当事人正常的生产经营或生活的，经另一方当事人申请其停止侵害行为，人民法院认为有必要立即制止的，可以裁定先予执行。

3. 追索恢复生产、经营急需的保险理赔费的

对恢复生产、经营急需的保险理赔费裁定先予执行，这有利于充分发挥

保险对经济损失的补偿作用，使被保险人尽快获得经济补偿，避免对当事人生产、经营造成严重不利影响，最大限度地降低事故造成的损失。

4. 需要立即返还社会保险金、社会救助资金的

社会保险是指通过国家立法的形式，以劳动者为保障对象，以劳动者的年老、疾病、伤残、失业、死亡等特殊事件为保障内容、以政府强制实施为特点的一种保障制度。社会保险属于强制性保险。社会保险金是指由被保险人缴纳的保险费而形成的一种基金，当被保险人遇到不幸或遭受损失时，即可用此保险基金进行补偿。社会保险金主要用于参与社会保险的劳动者的社会保障和社会福利，是为参保人员的未来生活提供的最基本保障的“养老金”和未来生命意外抢救或医治的“救命钱”。就资金的来源而言，社会保险金主要通过国家、地方、单位集体和个人等多渠道筹集。从内容上来说，社会保险金主要是指“五险一金”，即养老保险、医疗保险、失业保险、生育保险和工伤保险，以及住房公积金。社会救助是最古老最基本的社会保障方式，体现了浓厚的人道主义思想，是社会保障的最后一道防护线和安全网。社会救助是国家和其他社会主体对于遭受灾害、失去劳动能力或者其他低收入公民给予物质帮助或精神救助，以维持其基本生活需求，保障其最低生活水平的各种措施。2014 年 2 月 21 日，国务院发布了《社会救助暂行办法》(国务院令第 649 号)。这是我国第一次以行政法规形式明确社会救助制度体系的内容，主要包括最低生活保障、特困人员供养、受灾人员救助、医疗救助、教育救助、住房救助、就业救助、临时救助等八项制度。社会救助作为我国社会保障的核心内容之一，主要是对社会成员提供最低生活保障，最根本的目的是扶危济贫，救助社会脆弱群体。可见，社会保险金和社会救助资金是政府和社会用于解决困难群众面临的生存风险等的社会公益性资产。如果不立即返还，将导致严重损害困难群体的正常生活，人民法院可根据当事人的申请裁定先予执行。

5. 不立即返还款项，将严重影响权利人生活和生产经营的

当事人用于购置生活用品、生产资料、生产工具的款项，是保生活、保生产、保稳定的资金，也就是人们经常所说的“救命钱”，如失业工人救济费、疾病或因工负伤救济费、供养直系亲属救济费。如果不立即返还，可能导致当事人生活、生产经营活动无以为继，停产甚至破产，为防止造成对当事人生活、生产经营严重不利影响，人民法院可以裁定先予执行。

【审判实践中应当注意的问题】

实践中应注意本条第四项中的社会救助资金要与执行救助金相区别。执

行救助金，是指人民法院受理的执行案件因穷尽执行手段，被执行人仍无履行法定义务的能力，导致案件无法执行，对生活确有困难、迫切需要救助的当事人进行必要救助而设立的专用资金。执行救助金为了是解决执行程序中的问题，不宜与先予执行的相关资金相混淆。

【条文】

第一百七十一条

当事人对保全或者先予执行裁定不服的，可以自收到裁定书之日起五日内向作出裁定的人民法院申请复议。人民法院应当在收到复议申请后十日内审查。裁定正确的，驳回当事人的申请；裁定不当的，变更或者撤销原裁定。

【条文主旨】

本条是关于当事人对保全或先予执行裁定不服予以救济的规定。

【条文理解】

为保障、促使当事人积极、正确地行使自己的诉权，同时防止当事人滥用权利，避免保全和先予执行裁定的效力长期处于不确定状态，本条明确规定："当事人对保全或者先予执行裁定不服的，可以自收到裁定书之日起五日内向作出裁定的人民法院申请复议。"强调复议申请期限为当事人自收到裁定书之日起五日内。也就是说，当事人申请复议的，必须自收到裁定书之日起五日内申请，超过五日就丧失了申请复议的权利。当然这是当事人的权利，既可以行使，也可以放弃。应当注意的是此处的当事人既包括申请人，也包括被申请人，还包括诉前保全的利害关系人。理解上述规定时应当注意：(1) 本条中规定的是向作出裁定的人民法院申请，并不是向上一级人民法院申请；(2) 申请人和被申请人均有权申请复议。

为防止一些法院怠于行使职权，使申请复议的救济途径流于形式，本司法解释也明确规定，"人民法院应当在收到复议申请后十日内审查"。这里规定的"十日内"，应当理解为在十日内审查完毕，并不是开始审查。因为，如果认为只是审查的起始时间，将没有截止期限，与过去没有期限规定无异。同时，结合上下文的内容来看，紧接着就是对审查结论处理的要求："裁定正确的，驳回当事人的申请；裁定不当的，变更或者撤销原裁定。"也可以得出，该"十日内"为人民法院的审查期间。同时，本条也明确了复议的受理法院，即作出保全、先予执行裁定的人民法院。

【审判实践中应当注意的问题】

一是应当将五日的申请复议期限在保全和先予执行裁定书中写明，法院在送达裁定时，应告知当事人逾期不申请，则丧失申请复议的权利。

二是对申请人复议申请的审查。对申请人不符合要求的申请，法院应当先以通知要求其补充，再以裁定驳回。法院可以书面审方式进行审查。

三是对被申请人复议申请的审查。可组织双方当事人提供相应的证据，不宜仅进行书面审，宜采取传唤双方当事人以言词辩论的方式进行审查。

四是《财产保全规定》第二十五条规定："申请保全人、被保全人对保全裁定或者驳回申请裁定不服的，可以自裁定书送达之日起五日内向作出裁定的人民法院申请复议一次。人民法院应当自收到复议申请后十日内审查。对保全裁定不服申请复议的，人民法院经审查，理由成立的，裁定撤销或变更；理由不成立的，裁定驳回。对驳回申请裁定不服申请复议的，人民法院经审查，理由成立的，裁定撤销，并采取保全措施；理由不成立的，裁定驳回。"在适用时应当注意：（1）关于申请复议期限的变化。《财产保全规定》第二十五条将本条的"收到裁定书之日起五日内"修改为"裁定书送达之日起五日内"，将"收到"改为"送达"，虽然都是五日，但实质上是有差别的。因此，《财产保全规定》施行后，应适用该条规定。（2）关于审查结论的处理。本条只是作了笼统规定，而《财产保全规定》第二十五条区分了保全裁定和驳回申请裁定，作了进一步细化规定，同时明确了与保全措施的衔接问题。因此，在《财产保全规定》施行后，应适用该条规定。

【条文】

第一百七十二条

利害关系人对保全或者先予执行的裁定不服申请复议的，由作出裁定的人民法院依照民事诉讼法第一百一十一条规定处理。

【条文主旨】

本条是关于利害关系人对保全或先予执行裁定不服予以救济的规定。

【条文理解】

鉴于保全裁定和先予执行裁定属于中间性程序性裁定，对于因保全、先予执行错误造成利害关系人损害的，一致意见认为应当给予救济。但如何进行救济，存在两种不同的观点。第一种观点认为，利害关系人因保全或先予执行错误受到损害，赋予利害关系人申请复议的救济权利就足够了，不应适用执行阶段的案外人异议制度。理由是保全或先予执行是法院根据一方申请人或利害关系人的申请或依职权，对另一方被申请人或利害关系人的财产等采取的强制措施，其不属于执行阶段，不能适用执行程序中处理案外人异议的有关法律规定，而应适用民事诉讼法第一百一十一条的规定，由利害关系人向法院申请复议。第二种观点认为，除赋予利害关系人申请复议的救济权利外，还应当赋予利害关系人依照民事诉讼法第二百三十二条和第二百三十四条规定提出异议和执行异议之诉的权利。理由是保全、先予执行措施可视为对生效法律文书的执行，属于执行行为。经研究，并征求全国人大常委会法工委等单位和有关专家学者的意见，我们采纳了第一种意见。主要理由是：第一，民事诉讼法第一百一十一条规定："当事人对保全或者先予执行的裁定不服的，可以申请复议一次。复议期间不停止裁定的执行。"可见，当事人对保全或者先予执行裁定不服的，民事诉讼法只是规定可以申请复议，并未规定其他救济渠道。赋予利害关系人复议以外的救济途径没有法律依据。第二，保全裁定和先予执行裁定虽然涉及当事人民事权利和义务，但不是对民事主体权利义务关系的最后决定，其主要功能仍在于解决诉讼程序中发生的事项，故保全、先予执行裁定只是中间性的裁定，而非终局裁定，赋予利害关系人与当事人相同的申请复议权利即可，不宜赋予其异议之诉的权利。第三，诉讼程序要兼顾权利救济的充分性和诉讼的效率性，如果赋予利害关系人过多的救济环节和手段，保全和先予执行程序将变得冗长和低效，严重影响整个案件的审理。第四，对于保全和先予执行实施中发生的问题，利害关系人有异议的，可按执行程序中的相关规定处理。因此，本条明确规定，"利害关系人对保全或者先予执行的裁定不服申请复议的，由作出裁定的人民法院依照民事诉讼法第一百一十一条规定处理"。理解本条，应着重把握以下几点。

1. 应向作出保全、先予执行裁定的法院申请复议

保全裁定和先予执行裁定的复议由原作出裁定的法院审查处理。此处的复议应与终局执行程序中的复议相区分：第一，阶段不同。前者是在诉讼开始前或诉讼过程中。后者是在保全和先予执行裁定的具体实施过程中，以及终局执行程序中。第二，对象不同。前者针对的是人民法院作出的保全和先予执行裁定；后者针对的是强制执行行为。第三，审查法院不同。前者只能向原作出裁定的法院申请复议，不能向该法院的上一级法院直接申请复议；后者是就执行行为的合法性向执行法院提出执行异议后，不服执行法院的处理结果，可向上一级法院申请复议。

2. 应在规定的期限内向申请复议

虽然民事诉讼法没有规定当事人申请复议的期限，但本司法解释第一百七十一条和《财产保全规定》第二十五条已作出了明确规定，即当事人对保全或者先予执行裁定不服的，可以自裁定书送达之日起五日内向作出裁定的人民法院申请复议。人民法院应当在收到复议申请后十日内进行审查。上述规定对利害关系人也应有约束力，利害关系人应参照上述规定，从知道或应当知道裁定内容之日起五日内申请复议。

3. 申请复议应以一次为限

参照民事诉讼法第一百一十一条的规定，利害关系人对保全裁定或先予执行裁定不服，也可以申请复议一次。对同一保全裁定或先予执行裁定，利害关系人再次申请复议的，人民法院不再予以受理。如果保全裁定或先予执行裁定的内容是可分的，利害关系人仅对裁定中的部分内容申请复议后，又对其他内容申请复议的，或者人民法院先后作出多份保全或先予执行裁定，利害关系人仅对部分或某份裁定申请复议后，又对其他部分或其他裁定申请复议的，人民法院只对重复申请的部分或者已经复议审查的部分裁定不再审查，但对裁定的其他内容或其他未经复议审查的裁定，仍应在复议程序中作出处理。

4. 复议期间，不停止裁定的执行

民事诉讼法对于当事人不服法院裁定规定了不同的救济途径。当事人对不予受理、管辖权异议、驳回起诉的裁定，可以上诉。其他裁定一经作出，立即生效。保全裁定和先予执行裁定属于一经作出即发生法律效力的裁定，当事人不能提起上诉。因此，由于保全和先予执行都是在紧急情况下采取的临时性救济措施，复议属于事中救济，复议的过程不能对裁定的效力产生影响，为了防止当事人利用申请复议的期间转移财产、损害申请人的合法利益，法律特别规定，复议期间不停止裁定的执行。因此，利害关系人申请复议，不能阻却生效裁定的执行，复议期间不停止裁定的执行。

【审判实践中应当注意的问题】

人民法院对保全裁定和先予执行裁定的复议应与对保全、先予执行实施行为的异议相区分。根据《最高人民法院关于执行权合理配置和科学运行的若干意见》第16条和第17条规定，保全裁定和先予执行裁定由审判机构适用民事诉讼法有关保全和先予执行的规定作出；保全和先予执行的实施由执行机构负责，适用民事诉讼法执行程序的相关规定。同时，对于当事人的权利救济途径也分别适用不同的法律程序。基于当事人对保全裁定或先予执行裁定不服申请复议与对保全、先予执行的实施行为不服提出执行异议之间存在差异，人民法院在处理此类问题时，应对当事人的请求进行区分。如果当事人、利害关系人对保全、先予执行的裁定不服申请复议的，由作出裁定的立案机构或者审判机构按照民事诉讼法规定的复议程序进行审查；如果当事人、利害关系人、案外人对保全、先予执行的实施行为提出异议的，由执行机构根据异议事项的性质按照程序异议和实体异议进行审查。所谓程序异议，又称执行异议，是因执行行为本身违反程序性规定，损害了执行案件当事人或者利害关系人的合法权益，由利益受损的当事人或者利害关系人以法院违反执行程序为由提出的异议。所谓实体异议，又称案外人异议，是案外人认为法院的执行行为侵害了其实体权利，基于对执行标的主张实体权利而提出的异议。如果当事人、利害关系人、案外人的异议既指向保全、先予执行的裁定，又指向执行实施行为的，由作出裁定的立案机构或者审判机构分别按照民事诉讼法关于保全裁定、先予执行裁定的复议程序，以及执行异议或案外人异议的相关规定审查。

【条文】

第一百七十三条

人民法院先予执行后，根据发生法律效力的判决，申请人应当返还因先予执行所取得的利益的，适用民事诉讼法第二百四十条的规定。

【条文主旨】

本条是关于因先予执行取得利益返还的规定。

【条文理解】

人民法院裁定先予执行后，案件应当继续审理，案件最终判决存在两种可能：一是申请人胜诉，自始不存在执行回转的问题。二是申请人全部或部分败诉。案件经人民法院审理终结后，申请人败诉或者虽然胜诉但生效判决所确定给付的数额小于先予执行裁定确定的数额，那么申请人在先予执行程序中获得的全部利益或部分利益失去了法律依据，原申请人通过先予执行获得的财产构成不当得利，申请人应当返还基于先予执行所取得的利益。

【审判实践中应当注意的问题】

执行回转裁定的内容以申请人依先予执行裁定从被申请人处取得的财产及其孳息为限。如果当事人之间对孳息的数额或范围有争议，在执行回转程序中由执行机构进行确定，存在事实和法律障碍的，可由当事人就孳息的数额或范围问题另行提起诉讼。

八、对妨害民事诉讼的强制措施

【条文】

第一百七十四条

民事诉讼法第一百一十二条规定的必须到庭的被告，是指负有赡养、抚育、扶养义务和不到庭就无法查清案情的被告。

人民法院对必须到庭才能查清案件基本事实的原告，经两次传票传唤，无正当理由拒不到庭的，可以拘传。

【条文主旨】

本条是关于拘传适用对象的规定。

【条文理解】

1. 必须到庭的被告的含义

民事诉讼法第一百一十二条规定："人民法院对必须到庭的被告，经两次传票传唤，无正当理由拒不到庭的，可以拘传。"对于该条的适用，审判实践中需要明确的问题是何为必须到庭的被告。在 2015 年本司法解释的起草调研过程中，曾有法院反映，审判实践中拘传措施很少适用，原因是程序严格，需要经两次传票传唤后方可适用，实践中很难做到；而且被告被拘传到庭后，通常会消极应对庭审，拘传的效果并不理想。按照民事诉讼法关于"当事人有权在法律规定的范围内处分自己的民事权利和诉讼权利"的规定，被告拒不到庭，是对其享有的提出反驳、抗辩、提供证据、进行质证等诉讼权利的放弃，并非属于拒不履行诉讼义务，按照 2012 年民事诉讼法第一百四十四条（现为 2021 年民事诉讼法第一百四十七条）的规定，对此类案件可以缺席判决，而不必拘传被告到庭。因此，建议删除或限缩对"不到庭就无法查清案情的被告"的解释，适用证据规则和缺席判决来解决被告拒不到庭的问题。经研究后我们认为，尽管拘传措施在审判阶段适用的比较少，且存在不易适用的问题，但为了保障人民法院对一些案件的依法及时审理和公正裁判，明确拘传措施的适用对象，对其适用范围作出合理界定还是必要的。

将负有赡养、抚育、扶养义务的被告明确列举为必须到庭的被告的考虑是，追索赡养费、抚养费、扶养费的案件属于给付之诉，这类案件的被告是对原告负有赡养、抚育和扶养法定义务的人，其按照法院传唤及时出庭应诉，不仅有利于案件的及时解决，及时兑付原告的生活费用，保障原告的基本生活，也有利于人民法院对被告进行说服教育，避免此类情况的再次发生，如果对这类案件适用缺席判决将影响案件的正确处理或审理效果。需要进一步强调的是，人民法院在追索赡养费、抚养费、扶养费的案件中对被告进行说服教育，本身也是在审判工作中倡导家庭美德，促进家庭关系和谐，弘扬社会主义核心价值观的必然要求。

对于不到庭就无法查清案情的被告也要强制其到庭，同样是基于适用缺席判决将影响案件的正确处理或审理效果的考虑。比如离婚、解除收养关系的案件，涉及的是当事人之间的身份关系，解除还是维持这种身份关系，对当事人未来的生活影响深远，意义重大，而且在一定程度上还影响着社会秩序的稳定。在这两类案件中，被告若不明确表态是否同意离婚，是否同意解除收养关系，法官是无法作出合乎理性而又具有说服力的裁判的，也无法开展调解工作。再比如因亲子鉴定引发的身份关系案件、因交通事故导致的损害赔偿案件以及追索抚恤金、劳动报酬案件等，如被告拒不到庭，有些情况很难查明，因此对这类案件的审理应当十分慎重，不能简单适用缺席判决来解决纠纷。

另需注意的是，2015年本解释第六十七条规定："无民事行为能力人、限制民事行为能力人造成他人损害的，无民事行为能力人、限制民事行为能力人和其监护人为共同被告。"根据该条的规定，未成年人属于无民事行为能力人或者限制民事行为能力人，给他人造成损害的，其监护人应为共同被告，如果该法定代理人属于必须到庭的被告，人民法院可直接适用本条第一款的规定拘传其到庭。

2. *对原告适用拘传措施的条件*

本条规定对原告的拘传措施的考虑是：有些案件需要原告到庭才能查清案件基本事实，但原告拒不到庭，此时如果依据民事诉讼法第一百四十六条的规定，按撤诉处理，可能会损害国家利益、社会公共利益或者他人合法权益，因此有必要拘传其到庭，以查清案件基本事实。比如，对于民事诉讼法第一百一十五条规定的双方当事人恶意串通侵害他人合法权益提起诉讼的案件或者原告冒充他人提起诉讼的案件，在诉讼过程中，原告如果认为人民法院已有所察觉，就会采取拒不到庭的方式来逃避追究，这时如果人民法院不能拘传其到庭，就不能在查清案件基本事实的基础上，依法处理这类案件，以维护国家利益、社会公共利益或者他人合法权益，并依法对原告等相关责任人采取罚款、拘留等强制措施，维护人民法院正常的诉讼秩序。

这里需要注意的是，对原告适用拘传措施的前提条件是原告拒不到庭不能查清案件基本事实。案件基本事实，是2012年民事诉讼法新增的概念，即案件的关键事实，可能影响案件最终裁判的事实。在不能查清这些事实的情况下，如果按照撤诉处理，会损害国家利益、社会公共利益或者他人合法权益，人民法院即可拘传原告到庭。

3. 理解本条应注意的问题

理解本条应注意以下几点：第一，拘传的对象必须是符合本条规定的原、被告；第二，必须经过人民法院两次传票传唤，只经过一次传票传唤不能拘传；第三，必须是无正当理由拒不到庭。这里的到庭是指按照人民法院传票通知到指定地点应诉、接受询问、参与庭审及调解等。无正当理由一般是指没有不可抗力、意外事件等使原、被告无法到庭的特殊情况。是否属于正当理由，需要根据案件具体情况进行判断。

妨害民事诉讼的强制措施适用于民事诉讼的全过程，既包括审判阶段也包括执行阶段。在执行阶段，如果被执行人经两次传票传唤拒不到场的，人民法院也可以拘传其到场。对此，我国台湾地区的“强制执行法”也有类似规定，该法第21条规定，“债务人受合法通知，无正当理由而不到场者，执行法院得拘提之”。

【审判实践中应当注意的问题】

拘传是短时间限制被拘传人人身自由的强制措施，其适用是以保障民事诉讼活动的顺利进行为依据的，尽管本条对拘传的适用对象进行了界定，但并不意味着只要是本条所指的这些类型案件的被告，或者符合本条规定条件的原告，在经人民法院两次传票传唤，无正当理由拒不到庭时就必须拘传。实际上，是否拘传还要由审判人员根据案件具体情况来决定，特别是对于原告适用拘传措施，要严格按照本条的规定执行，不能扩大适用，否则不仅会影响当事人的人身权利，也会给司法权威造成损害。

【条文】

第一百七十五条

拘传必须用拘传票，并直接送达被拘传人；在拘传前，应当向被拘传人说明拒不到庭的后果，经批评教育仍拒不到庭的，可以拘传其到庭。

【条文主旨】

本条是关于拘传适用程序的规定。

【条文理解】

拘传是限制人身自由的强制措施，必须谨慎适用并严格遵照程序执行。民事诉讼法第一百一十九条规定，拘传必须经院长批准，并应当发拘传票，但对于如何执行拘传没有详细规定。本条旨在明确拘传的适用程序。拘传当事人的目的是促使其到庭，因此在拘传前应当向其宣讲法制，说明拒不到庭的后果。如果经批评教育仍拒不到庭的，可以拘传其到庭。

【审判实践中应当注意的问题】

拘传是手段，不是目的，因此在执行拘传的过程中，应首先对被拘传人进行批评教育，只有对经批评教育仍拒不到庭的，方可拘传其到庭。同时，对抗拒拘传的被拘传人可以采取适当的强制方法，包括使用戒具，迫使其到庭。在拘传事由结束后，应及时恢复被拘传人的人身自由。

【条文】

第一百七十六条

诉讼参与人或者其他人有下列行为之一的，人民法院可以适用民事诉讼法第一百一十三条规定处理：

（一）未经准许进行录音、录像、摄影的；

（二）未经准许以移动通信等方式现场传播审判活动的；

（三）其他扰乱法庭秩序，妨害审判活动进行的。

有前款规定情形的，人民法院可以暂扣诉讼参与人或者其他人进行录音、录像、摄影、传播审判活动的器材，并责令其删除有关内容；拒不删除的，人民法院可以采取必要手段强制删除。

【条文主旨】

本条是关于扰乱法庭秩序行为的认定及其处理的规定。

【条文理解】

法庭是人民法院审理案件的场所，良好的法庭秩序是审判活动得以顺利进行的重要保障，而保持良好的法庭秩序，则需要通过诉讼参与人和其他人严格遵守法庭规则来实现。民事诉讼法第一百一十三条规定：“诉讼参与人和其他人应当遵守法庭规则。人民法院对违反法庭规则的人，可以予以训诫，责令退出法庭或者予以罚款、拘留。人民法院对哄闹、冲击法庭，侮辱、诽谤、威胁、殴打审判人员，严重扰乱法庭秩序的人，依法追究刑事责任；情节较轻的，予以罚款、拘留。”

本条第一款前两项列举的未经准许进行录音、录像、摄影以及以移动通信等方式现场传播审判活动的行为，是比较典型的扰乱法庭秩序的行为。实践中，扰乱法庭秩序的行为方式多种多样，比如未经审判人员许可中途退庭、故意打断其他诉讼参与人的陈述或者答辩、当庭损毁证据、当事人或者代理人之间互相谩骂和攻击，甚至在庭审过程中自杀、自残等。这些行为不可能在本条款中逐一列举规定，故在第一款中设置了第三项“其他扰乱法庭秩序，妨害审判活动进行的”内容，以便人民法院能够及时处置各种扰乱法庭秩序的行为，保障庭审活动的顺利进行。在具体理解适用第三项的“其他扰乱法庭秩序，妨害审判活动进行的”时，可以结合 2016 年修正《人民法院法庭规则》的相关规定。如其第十七条规定的全体人员在庭审活动中不得实施的行为，除了对庭审活动进行录音、录像、拍照或者使用移动通信工具等传播庭审活动外，还包括鼓掌、喧哗，吸烟、进食，拨打或接听电话等危害法庭安全或妨害法庭秩序的行为。其第二十条还规定：“行为人实施下列行为之一，危及法庭安全或扰乱法庭秩序的，根据相关法律规定，予以罚款、拘留；构成犯罪的，依法追究其刑事责任：（一）非法携带枪支、弹药、管制刀具或者爆炸性、易燃性、放射性、毒害性、腐蚀性物品以及传染病病原体进入法庭；（二）哄闹、冲击法庭；（三）侮辱、诽谤、威胁、殴打司法工作人员或诉讼参与人；（四）毁坏法庭设施，抢夺、损毁诉讼文书、证据；（五）其他危害法庭安全或扰乱法庭秩序的行为。”

本条第二款是对扰乱法庭秩序行为人使用的器材及所获取的违法音像资料的处置规定。司法实践中，如果仅对扰乱法庭秩序的行为人进行处理，而对其违法获取的音像资料不予处置，就会导致这些音像资料外传，造成不良后果。有些扰乱法庭秩序行为人，在人民法院责令其删除有关音像内容时，能够主动配合，有些人则拒不配合，在此情况下，人民法院就可以暂扣其进行录音、录像、摄影、传播审判活动的器材，并采取必要手段强制删除。

理解和适用本条时应注意以下几个方面：第一，本条的适用对象是扰乱法庭秩序的人，因此其适用范围是庭审活动，包括由人民法院主持的调解、询问、听证、证据交换等诉讼活动，而对于发生在法庭之外或者在庭审开始前或者结束后实施的一些妨害民事诉讼行为，则不能适用本条规定进行处理，而应该依照民事诉讼法第一百一十四条等相关规定进行处理。第二，这里的诉讼参与人包括当事人、诉讼代理人、证人、勘验人、鉴定人等参与审判活动的主体。其他人包括旁听人员等诉讼参与人以外的人。第三，对哄闹、冲击法庭，侮辱、诽谤、威胁、殴打审判人员等严重扰乱法庭秩序的人，首先应当追究刑事责任。只有情节较轻时，才作为一般违法行为采用罚款、拘留措施。第四，法庭规则是维持法庭秩序，保证人民法院审判活动的正常进行，要求到庭当事人、其他诉讼参与人及旁听人员等共同遵守的具体规定，因此在开庭审理前应由书记员将有关法庭规则的内容告知诉讼参与人和旁听人员，以便遵照执行。第五，人民法院对违反法庭规则的人采取责令退出法庭等强制措施，如果被责令退出法庭者不能主动退出法庭的，应由司法警察强制其退出法庭。强制删除录音、录像等器材中的音像资料应由专业人士进行，以防删除不彻底或者损毁相关器材。

【审判实践中应当注意的问题】

第一，在当前的司法实践中，干扰庭审活动、严重影响审判工作严肃性的行为时有发生，因此审判人员在开庭审理案件时，要敢于适用强制措施制止扰乱法庭秩序的行为，充分发挥强制措施的作用，以维护法庭秩序，保障司法权威；特别是对严重扰乱法庭秩序的人，应依法追究其刑事责任。

第二，对违反法庭规则的人，要依法适用训诫、责令退出法庭、罚款、拘留等强制措施，即要根据违反法庭规则行为的性质、情节以及造成的后果等，适用相应的强制措施，防止畸轻畸重。

第三，要加强庭审安全检查，及时查找各种隐患和漏洞，将风险防范关口前移；同时要着力构建、优化庭审秩序管理的长效机制，对敏感案件、当事人积怨较深的民事案件，要提前做好预案、管控风险，确保庭审活动的顺利进行。

【条文】

第一百七十七条

训诫、责令退出法庭由合议庭或者独任审判员决定。训诫的内容、被责令退出法庭者的违法事实应当记入庭审笔录。

【条文主旨】

本条是关于训诫和责令退出法庭适用主体的规定。

【条文理解】

民事诉讼法第一百一十三条第二款规定，对违反法庭规则的人，可以予以训诫，责令退出法庭或者予以罚款、拘留。对拘传、罚款、拘留措施的适用，民事诉讼法第一百一十九条规定必须要经院长批准，而对于训诫和责令退出法庭措施的适用主体和程序，民事诉讼法没有作出规定。2016 年修正《人民法院法庭规则》在第十九条中规定，审判长或者独任审判员对违反法庭纪律的人可以训诫、责令退出法庭。在司法实践中训诫和责令退出法庭的强制措施，也是由审判人员来决定的。

训诫是以批评、警告的方式，指出行为人的违法事实和错误，并责令其不许再犯，其强制性在所有强制措施中是最弱的，仅适用于诉讼参与人和其他人违反法庭规则且情节显著轻微，尚不需要采取责令退出法庭、罚款、拘留措施的情况。责令退出法庭是指命令违反法庭规则、扰乱法庭秩序的人离开法庭或者依法强制其离开法庭。责令退出法庭与训诫的区别是：训诫只是口头的批评、教育，还允许行为人留在法庭；而责令退出法庭则强行命令行为人退出法庭，其严厉程度和制裁力度要强于训诫。训诫和责令退出法庭这两种强制措施均要当场进行，以达到纠正行为人违反法庭规则行为的目的。具体实施训诫和责令退出法庭时，可以依照《人民法院法庭规则》第十九条的规定，由合议庭审理的由审判长作出决定；由独任审判员审理的，则由独任审判员决定。在适用程序上，本条规定要将训诫的内容、被责令退出法庭者的违法事实记录在案，确保强制措施的适用于法有据。

在 2015 年制定本司法解释的调研过程中，曾有单位建议要进一步明确责令退出法庭的适用对象，规定对于那些必须出庭参加诉讼而违反法庭规则的人，不宜采取责令其退出法庭的强制措施，以保障诉讼程序的顺利进行。本条没有采纳该建议，因为民事诉讼法对于违反法庭规则的人，规定的是可以责令其退出法庭，而不是必须适用。实践中，对于当事人、诉讼代理人等违反法庭规则而不适宜采取责令退出法庭措施的，人民法院可以采取训诫、罚款等其他强制措施来制止和制裁妨害民事诉讼的行为，而不必责令其退出法庭。

【审判实践中应当注意的问题】

第一，训诫和责令退出法庭均是即时性的强制措施，其适用对象均是违反法庭规则的人，因此在适用这两项强制措施时应注意及时性和有效性，如果对违反法庭规则的人在采取训诫措施无效的情况下，即应采取更进一步的责令退出法庭，甚至罚款、拘留等措施，而不宜反复训诫，影响庭审活动的严肃性和权威性。

第二，训诫要有针对性，要简明扼要，同时要让被训诫人清楚明了其行为的违法性和对庭审秩序造成的损害，并责令其认识和改正错误，作出不再实施扰乱法庭秩序行为的承诺。

第三，如果被责令退出法庭者不主动退出法庭的，应由司法警察强制其退出。

第四，训诫的内容以及被责令退出法庭者的违反法庭秩序的事实应当记入庭审笔录，以确保对强制措施的适用有据可查。

【条文】

第一百七十八条

人民法院依照民事诉讼法第一百一十三条至第一百一十七条的规定采取拘留措施的，应经院长批准，作出拘留决定书，由司法警察将被拘留人送交当地公安机关看管。

【条文主旨】

本条是关于拘留适用程序的规定。

【条文理解】

拘留是指人民法院对妨害民事诉讼情节严重的行为人予以强行关押，在一定的期限内限制其人身自由的一种强制措施，也是对妨害民事诉讼行为人采取的一种最严厉的强制措施。民事诉讼法第一百一十九条第一款规定，采取拘留措施必须经院长批准。但对于拘留的程序，其没有作出规定。按照本条的规定，采取拘留措施除了必须经院长批准外，还应制作拘留决定书。执行拘留，应由司法警察进行，执行拘留的地点应当是当地公安机关。

【审判实践中应当注意的问题】

拘留作为最严厉的妨害民事诉讼强制措施，对其适用要慎之又慎，并应依法进行。民事诉讼法第一百一十八条第二款规定，拘留的期限为十五日以下，因此在适用拘留措施时，要根据妨害民事诉讼行为人实施的妨害民事诉讼行为的性质、情节等因素合理确定拘留期限，并应在拘留决定书中写明采取拘留措施的具体理由和法律依据。

【条文】

第一百七十九条

被拘留人不在本辖区的，作出拘留决定的人民法院应当派员到被拘留人所在地的人民法院，请该院协助执行，受委托的人民法院应当及时派员协助执行。被拘留人申请复议或者在拘留期间承认并改正错误，需要提前解除拘留的，受委托人民法院应当向委托人民法院转达或者提出建议，由委托人民法院审查决定。

【条文主旨】

本条是关于异地拘留执行程序的规定。

【条文理解】

拘留是限制人身自由的强制措施，人民法院作为国家机关行使对人身实施强制措施的权力，一般应限制在本辖区范围内；而司法实践中，有些被拘留人的住所地或者经常居住地并不在作出拘留决定的人民法院辖区内，此时采取拘留措施，就要由作出拘留决定的人民法院派员到被拘留人所在地的人民法院，请该院协助执行。由于被拘留人被关押在其所在地公安机关，因此当其对拘留决定申请复议，或者在拘留期间承认并改正错误，需要提前解除拘留的，受委托人民法院即应转达给委托人民法院。受委托人民法院对是否可以提前解除拘留有建议权，但无决定权，只有委托人民法院才有权决定能否提前解除拘留。

【审判实践中应当注意的问题】

审判实践中，作出拘留决定的人民法院在遇到需要异地采取拘留措施的情形时，不能将被拘留人带离其所在地执行拘留，而要严格按照本条的规定办理委托执行手续，受委托人民法院也应当积极予以协助和配合，不能推诿或者拖延办理。

【条文】

第一百八十条

人民法院对被拘留人采取拘留措施后，应当在二十四小时内通知其家属；确实无法按时通知或者通知不到的，应当记录在案。

【条文主旨】

本条是关于采取拘留措施后通知家属程序的规定。

【条文理解】

拘留作为最严厉的一种强制措施，涉及公民的人身自由和民主权利。按照民事诉讼法第一百一十八条第二款的规定，拘留的期限最长可达十五日。在拘留期间，由于被拘留人没有人身自由，无法告知家属自己的去向，而亲友之间知晓彼此的安危是公民一项基本的人身权利，此时作出拘留决定的人民法院有义务通知被拘留人的家属，使被拘留人的家属知晓被拘留人被拘留的原因和处所等情况，尽快消除被拘留人的家属因亲友“下落不明”而产生的不必要的惊恐和焦虑。这也是被拘留人能够与外界保持联络，并及时就有关事项进行咨询、委托以及其家属能够就其被限制人身自由的事实及时作出相应的安排，包括申请会见、受其委托提出复议等的保障措施。

采取限制人身自由强制措施后应及时通知其家属，是国际社会的通行做法。2006年联合国《保护所有人免遭强迫失踪国家公约》等国际性法律文件，均将通知程序作为一项原则性规定，并将其作为保障人权和公民基本自由的一项重要制度。我国目前在刑事拘留和行政拘留执行程序中，均有通知被拘留人家属的规定。刑事诉讼法第八十五条第二款规定，除无法通知或者涉嫌危害国家安全犯罪、恐怖活动犯罪通知可能有碍侦查的情形以外，应当在拘留后二十四小时以内，通知被拘留人的家属。有碍侦查的情形消失以后，应当立即通知被拘留人的家属。治安管理处罚法第九十七条第一款规定，决定给予行政拘留处罚的，应当及时通知被处罚人的家属。本条参考了刑事诉讼法有关通知时间的规定，将通知被拘留人家属的时间规定为二十四小时内。

此外，考虑到会有无法通知或者超过二十四小时通知到被拘留人家属的情况，比如被拘留人拒绝提供其家属的联系方式，需要人民法院通过其他途径查找；或者虽然被拘留人提供了其家属的联系方式，但人民法院无法及时联系上其家属；等等。本条规定，对此种情况人民法院应记录在案。需要明确的是，此种情况应当属于极其例外的情形，因此当发生此类特殊情况时，人民法院必须详细记录无法通知或者通知不到的原因，而不能以此规定来规避履行通知义务，侵害被拘留人的权益。

【审判实践中应当注意的问题】

本条是保障被拘留人及其家属人身权利的一项重要程序规定，人民法院在采取拘留措施时必须不折不扣地予以执行，并将通知情况详细记录在案，以充分发挥该通知程序在尊重和保障人权中的作用。

【条文】

第一百八十一条

因哄闹、冲击法庭，用暴力、威胁等方法抗拒执行公务等紧急情况，必须立即采取拘留措施的，可在拘留后，立即报告院长补办批准手续。院长认为拘留不当的，应当解除拘留。

【条文主旨】

本条是关于紧急情况下采取拘留措施的程序的规定。

【条文理解】

按照民事诉讼法的规定，采取拘留措施由合议庭或独任审判员提出意见，报法院院长批准决定。而司法实践中存在一些紧急情况，如果按照上述程序执行必然会延误时机，不利于及时制止妨害民事诉讼的行为，甚至可能导致事态扩大或者产生无法挽回的后果，因此有必要赋予在场的审判人员或者执行人员紧急情况下采取拘留措施的权力。但在采取拘留措施后，必须要立即报告院长并按照民事诉讼法的规定补办批准手续。如果院长在批准过程中认为不应采取拘留措施的，应当即刻解除拘留。

【审判实践中应当注意的问题】

本条属于紧急情况下采取拘留措施的程序的规定，由于将审批程序置后，故对其适用应严格控制在本条规定的哄闹、冲击法庭，用暴力、威胁等方法抗拒执行公务等紧急情况，不能滥用或者扩大适用；且在发现采取拘留措施不当时，要及时纠错，以充分维护被拘留人的人身权利。

【条文】

第一百八十二条

被拘留人在拘留期间认错悔改的，可以责令其具结悔过，提前解除拘留。提前解除拘留，应报经院长批准，并作出提前解除拘留决定书，交负责看管的公安机关执行。

【条文主旨】

本条是关于提前解除拘留的适用条件和程序的规定。

【条文理解】

拘留作为限制人身自由的强制措施，是妨害民事诉讼强制措施中最为严厉的一项措施，其适用目的是保障审判和执行工作的顺利进行。因此，在被拘留人认错悔改的情况下，可以提前解除拘留。在提前解除拘留前，可以责令被拘留人具结悔过。提前解除拘留应在报经院长批准后，作出提前解除拘留决定书，并交负责看管的公安机关执行。

【审判实践中应当注意的问题】

提前解除拘留的适用前提是被拘留人认错悔改，如果被拘留人不认错悔改就不能提前解除拘留，否则将破坏拘留措施适用的严肃性，损害司法权威。同时，提前解除拘留的时间也应根据被拘留人认错悔改的具体表现以及案件的具体情况等确定，不能使拘留措施流于形式。

【条文】

第一百八十三条

民事诉讼法第一百一十三条至第一百一十六条规定的罚款、拘留可以单独适用，也可以合并适用。

【条文主旨】

本条是关于对同一妨害民事诉讼行为可否合并适用罚款、拘留的规定。

【条文理解】

罚款是对妨害民事诉讼行为人的一种经济制裁措施，其适用对象既可以是个人，也可以是单位。拘留是限制妨害民事诉讼行为人人身自由的强制措施，也是最严厉的一种强制措施。对实施同一妨害民事诉讼行为的诉讼参与人或者其他人，既可以单独适用罚款、拘留措施，也可以合并适用，但如何适用应视具体情况确定。

【审判实践中应当注意的问题】

罚款、拘留均是对实施严重妨害民事诉讼行为人采取的惩罚措施，因此只有在单独适用一种惩罚措施不足以制裁违法行为的情况下，才可以合并适用，以保障审判和执行工作的顺利进行。

【条文】

第一百八十四条

对同一妨害民事诉讼行为的罚款、拘留不得连续适用。发生新的妨害民事诉讼行为的，人民法院可以重新予以罚款、拘留。

【条文主旨】

本条是关于对同一妨害民事诉讼行为限制重复适用罚款、拘留的规定。

【条文理解】

诉讼参与人或者其他人实施一次妨害民事诉讼的行为，只应受到一次处罚，因此对于同一妨害民事诉讼行为的罚款、拘留不得连续适用。但如果被罚款、拘留人在实施本次妨害民事诉讼行为后，又实施了新的妨害民事诉讼行为的，则人民法院可以根据妨害民事诉讼强制措施的有关规定重新对其予以罚款、拘留。

【审判实践中应当注意的问题】

审判实践中，特别是在执行程序中要防止以拘代执，对于不履行执行义务的被执行人连续适用拘留措施有悖于本条规定的精神。如果被执行人有履行能力而拒不履行执行义务，在人民法院采取罚款、拘留等强制措施后依然拒不履行，构成犯罪的，人民法院应依法追究其刑事责任。

【条文】

第一百八十五条

被罚款、拘留的人不服罚款、拘留决定申请复议的，应当自收到决定书之日起三日内提出。上级人民法院应当在收到复议申请后五日内作出决定，并将复议结果通知下级人民法院和当事人。

【条文主旨】

本条是关于罚款、拘留复议程序的规定。

【条文理解】

民事诉讼法第一百一十九条第三款规定，被罚款、拘留人对罚款、拘留决定不服的，可以向上一级人民法院申请复议一次。本条规定了被罚款、拘留人申请复议的期限及上级人民法院的决定程序。被罚款、拘留人对人民法院作出的罚款、拘留决定不服申请复议，应递交复议申请书，上级人民法院在收到复议申请后，应当在五日内作出决定，确定下级人民法院采取的强制措施是否正确，并应将复议结果通知下级人民法院和申请复议的被罚款、拘留人。

【审判实践中应当注意的问题】

民事诉讼法第一百一十九条第三款规定对罚款、拘留强制措施可以申请复议，是为了保障罚款、拘留措施的依法适用，以维护被罚款、拘留人的合法权益。由于复议期间不停止罚款、拘留措施的执行，因此上级人民法院在对罚款、拘留复议申请进行复议时，要依法及时进行，确保及时有效纠正不当的强制措施。

【条文】

第一百八十六条

上级人民法院复议时认为强制措施不当的，应当制作决定书，撤销或者变更下级人民法院作出的拘留、罚款决定。情况紧急的，可以在口头通知后三日内发出决定书。

【条文主旨】

本条是关于上级法院撤销或变更罚款、拘留决定的程序的规定。

【条文理解】

按照本条的规定，上级人民法院经复议认为下级人民法院作出的罚款、拘留决定不当的，应当以决定书的形式撤销或者变更下级人民法院的决定。但如果情况紧急，比如需要立即解除拘留措施的，可以先口头通知下级人民法院改变错误决定，然后再在三日内发出决定书，其目的是及时停止对申请复议的被罚款、拘留人的不当强制措施，使其免受不当强制措施的继续侵害。

【审判实践中应当注意的问题】

上级人民法院撤销或者变更下级人民法院作出的罚款、拘留决定，应当依法制作决定书，写明撤销或者变更的理由，并及时通知下级人民法院和被罚款、拘留人。只有在情况紧急这一特殊情况下，才能先通知而后再作出书面决定。

【条文】

第一百八十七条

民事诉讼法第一百一十四条第一款第五项规定的以暴力、威胁或者其他方法阻碍司法工作人员执行职务的行为，包括：

（一）在人民法院哄闹、滞留，不听从司法工作人员劝阻的；

（二）故意毁损、抢夺人民法院法律文书、查封标志的；

（三）哄闹、冲击执行公务现场，围困、扣押执行或者协助执行公务人员的；

（四）毁损、抢夺、扣留案件材料、执行公务车辆、其他执行公务器械、执行公务人员服装和执行公务证件的；

（五）以暴力、威胁或者其他方法阻碍司法工作人员查询、查封、扣押、冻结、划拨、拍卖、变卖财产的；

（六）以暴力、威胁或者其他方法阻碍司法工作人员执行职务的其他行为。

【条文主旨】

本条是关于以暴力、威胁或者其他方法阻碍司法工作人员执行职务的行为的规定。

【条文理解】

民事诉讼法第一百一十四条对司法实践中多发的伪造、毁灭重要证据，妨害作证，非法处置人民法院保全的财产，对司法工作人员等进行侮辱、诽谤、诬陷、殴打或者打击报复，拒不履行生效判决裁定等妨害民事诉讼行为规定了相应的制裁措施，以维护正常的诉讼秩序，保障诉讼活动顺利进行。其中，根据该条第一款第五项的规定，诉讼参与人或者其他人以暴力、威胁或者其他方法阻碍司法工作人员执行职务的，人民法院可以根据情节轻重予以罚款、拘留；构成犯罪的，依法追究刑事责任。司法实践中，以暴力、威胁等方法阻碍司法工作人员执行职务的行为表现多种多样，成为妨害审判和执行工作顺利进行的多发行为。有地方法院反映，一些当事人法律意识淡薄，为对抗诉讼或发泄不满，公然当场撕毁人民法院向其送达的起诉状、传票、判决、裁定等法律文书，还有的当庭撕毁庭审笔录等，严重影响了审判工作的顺利进行；还有的审判人员或者执行人员在保全、勘验、执行现场遭到当事人、被执行人或者其他人的围困、扣押，致使相应的保全、勘验等工作无法正常进行。这些妨害司法工作人员执行职务的行为极大损害了司法权威，有必要对一些主要行为类型加以梳理、总结，以加大打击和制裁力度，维护审判和执行工作秩序。本解释针对司法实践中存在的情况，对审判、执行阶段的一些妨害司法工作人员执行职务的行为作出规定，涵盖了整个诉讼过程。

在实践中，各地法院反映比较多的是一些诉讼参与人或者其他人在人民法院开庭前后与对方当事人等互相吵闹、谩骂，也有的在人民法院哄闹、滞留不走，甚至冲击人民法院办公场所，又不听从司法工作人员的劝阻，妨害了案件的正常审理，影响了人民法院的正常工作秩序。为解决此问题，本解释在本条第一项中对此类行为作出了规定，将在人民法院哄闹、滞留，不听从司法工作人员劝阻的行为明确规定为民事诉讼法第一百一十四条第一款第五项规定的以暴力、威胁或者其他方法阻碍司法工作人员执行职务的行为。在适用该项规定时需注意，如果诉讼参与人或者其他人在人民法院开庭审理过程中实施了相互谩骂、攻击等行为，人民法院对其进行处理和制裁，就不能适用本项的规定，而应适用民事诉讼法第一百一十三条有关违反法庭规则的强制措施。此外，“不听从司法工作人员劝阻”是适用本项规定的一个必要条件，如果诉讼参与人或者其他人虽然实施了相互谩骂、攻击、哄闹等行为，但只要司法工作人员出来制止后，立即听从司法工作人员劝阻的，也不能适用本项规定。

理解本条内容需注意以下几点：第一，本条的“司法工作人员”包括审判人员、执行人员、书记员、司法警察等。第二，构成本条第二项的毁损、抢夺人民法院法律文书、查封标志的行为，必须在主观上是故意的，如果不是故意而为之，则不属于本项规定的情形。第三，本条第三项规定的“执行公务现场”，是指保全财产或者证据的现场、勘验现场、执行现场等。“协助执行公务的人员”，是指协助人民法院进行证据保全、现场勘验、现场执行等的人员，比如人民法院聘请的参与现场勘验的技术人员等。

【审判实践中应当注意的问题】

第一，妨害民事诉讼强制措施针对的必须是从起诉到执行程序终结这一诉讼期间实施的行为，因此如果诉讼参与人或者其他人在案件已经审理或者已执行完毕后的上访等过程中在人民法院哄闹、滞留等，就不能作为妨害民事诉讼行为适用本条规定进行处理，而应按照有关法律的规定，交由有关部门处理。比如，对扰乱人民法院工作秩序的，可依照治安管理处罚法的规定，交由公安机关对其进行处理，如果构成犯罪的，可由公安机关立案侦查，依法追究其刑事责任。

第二，司法实践中，以暴力、威胁或者其他方法阻碍司法工作人员执行职务的情形不仅限于本条第一项至五项规定的情形，对于诉讼参与人或者其他人实施的不属于本条第一项至五项规定的阻碍司法工作人员执行职务行为的，人民法院可以适用本条第六项的规定进行处理。

第三，本条规定的行为均是在司法工作人员执行职务时直接施加于司法工作人员的妨害民事诉讼行为，如果不是在司法工作人员执行职务时所实施的行为，即使采取了暴力、威胁等方法，也不适用本条的规定，而应适用民事诉讼法和本解释其他条款的规定对行为人进行处理。比如，当事人在法庭审理结束后离开法院前对审判人员进行威胁、殴打的，即应适用民事诉讼法第一百一十四条第一款第四项关于对司法工作人员进行侮辱、诽谤、诬陷、殴打或者打击报复的规定对其进行处理。

【条文】

第一百八十八条

民事诉讼法第一百一十四条第一款第六项规定的拒不履行人民法院已经发生法律效力的判决、裁定的行为，包括：

（一）在法律文书发生法律效力后隐藏、转移、变卖、毁损财产或者无偿转让财产、以明显不合理的价格交易财产、放弃到期债权、无偿为他人提供担保等，致使人民法院无法执行的；

（二）隐藏、转移、毁损或者未经人民法院允许处分已向人民法院提供担保的财产的；

（三）违反人民法院限制高消费令进行消费的；

（四）有履行能力而拒不按照人民法院执行通知履行生效法律文书确定的义务的；

（五）有义务协助执行的个人接到人民法院协助执行通知书后，拒不协助执行的。

【条文主旨】

本条是关于拒不履行人民法院已经发生法律效力的判决、裁定的行为的规定。

【条文理解】

实践中存在的以规避执行为目的的转移财产的情形具有多样性，并且随着经济社会的发展不断涌现出新的情形。本条第一项列举了隐藏、转移、变卖、毁损财产或者无偿转让财产、以明显不合理的价格交易财产、放弃到期债权、无偿为他人提供担保等旨在恶意降低履行能力、规避执行等的情形，但仍不能涵盖所有情形，因此该项在列举转移财产、降低履行能力行为之后加入的“等”字系“等外等”，旨在解决当事人和其他人存在的除本项列举的行为之外的逃避履行执行义务行为的法律适用问题，为处理实践中存在的各种各样的拒不履行判决、裁定的行为预留空间。

关于隐藏、转移、毁损或者处分已向人民法院提供担保的财产，影响人民法院执行的情形。根据民事诉讼法第一百一十四条的规定，诉讼参与人或者其他人拒不履行人民法院已经发生法律效力的判决、裁定的行为构成犯罪的，要依法追究刑事责任。《全国人民代表大会常务委员会关于〈中华人民共和国刑法〉第三百一十三条的解释》将“担保人或者被执行人隐藏、转移、故意毁损或者转让已向人民法院提供担保的财产，致使判决、裁定无法执行的”情形，规定为拒不执行判决、裁定罪的情形之一，考虑到民事诉讼法第一百一十四条与刑法第三百一十三条规定的衔接问题，本条参考上述规定，增加了第二项规定的情形。

关于违反人民法院限制高消费令进行消费的情形。《限制被执行人高消费规定》第十一条第一款规定：“被执行人违反限制消费令进行消费的行为属于拒不履行人民法院已经发生法律效力的判决、裁定的行为，经查证属实的，依照《中华人民共和国民事诉讼法》第一百一十一条①的规定，予以拘留、罚款；情节严重，构成犯罪的，追究其刑事责任。”鉴于被执行人在没有按照执行通知的规定履行法律文书确定的义务，并在人民法院向其发出限制高消费令的情况下依然进行高消费，明显属于拒不履行人民法院已经发生法律效力的判决、裁定的行为，故本条将其规定在第三项中。

关于民事诉讼法第一百一十四条第一款第六项规定的判决、裁定的范围。实践中，作为人民法院执行依据的不仅有人民法院自己作出的判决书、裁定书、调解书、支付令，还有当事人依法申请人民法院执行的仲裁裁决、公证债权文书等。依照民事诉讼法第三编有关执行程序的规定，人民法院在接到申请执行书后，应当向被执行人发出执行通知，被执行人要按照执行通知的规定履行法律文书确定的义务，也即人民法院在执行各类生效文书，包括仲裁裁决、公证债权文书等时，首先要向被执行人发出执行通知，被执行人有履行能力却未按执行通知规定履行法律文书确定的义务的，即属于拒不

① 现为2021年民事诉讼法第一百一十四条。

履行的行为。为此，根据民事诉讼法关于执行程序的规定，本条第四项将“有履行能力而拒不按照人民法院执行通知履行生效法律文书确定的义务”的行为，列为属于拒不履行已经发生法律效力的判决、裁定的行为。

关于有义务协助执行的个人拒不协助执行的情形。对该类行为的处理民事诉讼法没有作出明确规定，民事诉讼法第一百一十七条规定了关于单位协助调查、执行的问题，但对于个人不协助调查、执行的问题，民事诉讼法没有作出规定。对个人不协助执行的问题，《全国人民代表大会常务委员会关于〈中华人民共和国刑法〉第三百一十三条的解释》在第三项中作出了规定，即协助执行义务人接到人民法院协助执行通知书后，拒不协助执行，致使判决、裁定无法执行的，应以拒不执行判决、裁定罪论处。《制裁规避执行行为意见》第 15 条规定，协助执行义务人拒不协助执行或者妨碍执行，给申请执行人造成损失的，应当依法对其予以罚款、拘留。考虑到与刑法第三百一十三条的衔接问题，并参考《制裁规避执行行为意见》第 15 条的规定，本条在第五项中规定了个人拒不协助执行的情形。民事诉讼法第一百一十七条只对单位不协助调查规定了强制措施，不涉及个人不协助调查的问题，刑法也没有将个人不协助调查纳入有关的条文中，故对于实践中存在的个人不协助调查的问题，本解释没有作出规定。但如果个人不履行协助调查义务，涉嫌以暴力、威胁等方法阻碍司法工作人员执行职务的，则可依照民事诉讼法第一百一十四条第一款第五项的规定进行处理。

理解本条需要注意以下几个问题：(1) 本条的适用对象不仅包括被执行人，而且包括其他人，比如被执行人的亲属、朋友、有义务协助执行的人等。(2) 被执行人或者其他人构成本条第一项所述情形必须同时具备以下三个条件：一是必须在法律文书发生法律效力后。二是必须存在隐藏、转移、变卖、毁损财产或者无偿转让财产、以明显不合理的价格交易财产、放弃到期债权、无偿为他人提供担保等行为。其中，“以明显不合理的价格交易财产”是指交易财产的价格与市场价格相比过高或者过低，不在市场价格浮动的合理范围内。三是必须存在导致人民法院无法执行的后果。比如，将应给付申请执行人的特定物毁损、变卖的；因放弃到期债权导致其履行能力降低，无法履行生效法律文书确定的义务的。如果被执行人放弃到期债权并不影响其履行生效法律文书确定的义务的，则不属于本项规定的情形。(3) 第二项的“未经人民法院允许处分已向人民法院提供担保的财产”，是指该处分行为没有经过人民法院允许，如果被执行人或者其他人处分担保财产是经过人民法院允许的，则不属于该项规定的情形。(4) 构成第四项拒不履行生效法律文书确定义务行为的前提，必须是被执行人有履行能力而拒不履行；被执行人因确无履行能力而未履行，则不属于本项规定的情形。(5) 第五项中的拒不协助执行，是指有义务协助执行的个人在接到人民法院协助执行通知书后，以种种理由拒不协助执行的情形。属于该种情形的个人，必须是有义务协助执行的人。这里的协助执行既包括交出有关财物、证件，也包括协助为一定的行为等。

【审判实践中应当注意的问题】

拒不履行人民法院发生法律效力的判决、裁定的行为不仅使权利人的合法利益不能及时兑现，也影响了生效裁判的权威性和执行力，因此依法制裁此类行为是确保执行工作顺利进行的重要保障。司法实践中，适用本条对妨害民事诉讼行为人采取强制措施时，应注意以下几点。第一，采取的强制措施应与妨害民事诉讼行为的情节轻重相适应，情节较轻的可以罚款；情节较重的可拘留；构成犯罪的，应依法追究其刑事责任，以充分发挥强制措施的作用。第二，对同一拒不履行判决、裁定的行为，不能重复适用罚款、拘留措施，更不能以拘代执。第三，如果单位实施拒不履行判决、裁定行为的，人民法院可以对其主要负责人或者直接责任人予以罚款、拘留；构成犯罪的，依法追究其刑事责任。

【条文】

第一百八十九条

诉讼参与人或者其他人有下列行为之一的，人民法院可以适用民事诉讼法第一百一十四条的规定处理：

（一）冒充他人提起诉讼或者参加诉讼的；

（二）证人签署保证书后作虚假证言，妨碍人民法院审理案件的；

（三）伪造、隐藏、毁灭或者拒绝交出有关被执行人履行能力的重要证据，妨碍人民法院查明被执行人财产状况的；

（四）擅自解冻已被人民法院冻结的财产的；

（五）接到人民法院协助执行通知书后，给当事人通风报信，协助其转移、隐匿财产的。

【条文主旨】

本条是关于适用民事诉讼法第一百一十四条规定的妨害民事诉讼强制措施处理的其他行为的规定。

【条文理解】

民事诉讼法第一百一十四条规定了对于诉讼参与人或者其他人实施的六类妨害民事诉讼行为，人民法院可以采取一定的强制措施，包括根据情节轻重予以罚款、拘留等。在司法实践中，除民事诉讼法第一百一十四条规定的六类行为之外，诉讼参与人或者其他人还可能存在其他妨害民事诉讼的行为，对此人民法院可以适用民事诉讼法第一百一十四条的规定处理。

1. 关于冒充他人提起诉讼或者参加诉讼

审判实践中，有当事人为实现非法利益，通过伪造证件、伪造代理手续等手段，冒充他人提起诉讼，或者冒充他人参加诉讼。这种诉讼欺诈行为，不仅直接侵害了被冒名者的合法权益，也严重破坏了人民法院的正常审判秩序，影响和阻碍了社会诚信体系的建设。因此，对于该种行为，人民法院可以依照民事诉讼法第一百一十四条的规定，对冒名者予以罚款、拘留；构成犯罪的，应依法追究其刑事责任。在理解本条第一项规定时，要注意冒名诉讼行为与民事诉讼法第一百一十五条规定的恶意诉讼行为的区别：前者是冒充他人名义提起诉讼或者参加诉讼，也即冒名诉讼；后者是当事人之间恶意串通提起诉讼，当事人之间有恶意串通的意思联络。

2. 关于证人作伪证，妨碍人民法院审理案件

民事诉讼法第一百一十四条第一款第一项规定了对伪造、毁灭重要证据，妨碍人民法院审理案件行为的强制措施。在本司法解释起草调研中，有意见提出，证人对案件事实故意作虚假证言，妨碍人民法院审理案件的情况比较突出，对这样的行为应赋予人民法院按照妨害民事诉讼行为给予制裁的权力。本条针对司法实践中存在的上述问题，在第二项中作出规定。实际上，对证人提供虚假证言进行制裁，早已体现在我国现行法律中，如治安管理处罚法第六十条第二项就规定，对伪造、隐匿、毁灭证据或者提供虚假证言、谎报案情，影响行政执法机关依法办案的，要处五日以上十日以下拘留，并处200元以上500元以下罚款。本条第二项规定证人在签署保证书后作虚假证言，妨碍人民法院审理案件的，按照妨害民事诉讼行为进行处理，实质是强调证人在保证所作证言是真实的情况下再作假证，有很强的主观恶意，因此对这样的证人必须要给予必要的制裁。如果证人没有签署保证书，一方面人民法院不能准予其作证；另一方面，如其提供虚假证言，也不能按照本条第二项规定进行处理，即适用本条第二项规定的一个前置条件就是证人要签署保证书。

3. 关于伪造、隐藏、毁灭或者拒绝交出有关被执行人履行能力的重要证据，妨碍人民法院查明被执行人财产状况

执行程序中，人民法院为查明被执行人的财产状况会采取一些调查措施，比如要求被执行人提供其持有的债权、股票、股份等情况的凭证，提供企业的财务会计凭证等，但被执行人为逃避执行，会拒绝交出或提供虚假的凭证，甚至会销毁有关凭证，给人民法院查明被执行人的财产状况制造障碍。根据《执行规定（试行）》的相关规定，被执行人或其他人有伪造、隐藏、毁灭有关被执行人履行能力的重要证据，妨碍人民法院查明被执行人财产状况的行为的，人民法院可以依照民事诉讼法第一百一十四条处理；根据《制裁规避执行行为意见》第15条规定，被执行人既不履行义务又拒绝报告财产或者进行虚假报告、拒绝交出或者提供虚假财务会计凭证，给申请执行人造成损失的，应当依法对相关责任人予以罚款、拘留。基于上述规定，本条第三款明确了对于伪造、隐藏、毁灭或者拒绝交出有关被执行人履行能力的重要证据，妨碍人民法院查明被执行人财产状况的行为，人民法院可以按照民事诉讼法第一百一十四条的规定处理。本款的适用对象，既包括被执行人，也包括其他人，如被执行人的亲属、朋友等，被执行人是企业的，还可能包括企业的员工等。适用本款时，要注意本款与本解释第一百八十八条第五项的区别：二者均适用于执行阶段，但前者是通过伪造、隐藏、毁灭或者拒绝交出有关被执行人履行能力的重要证据，妨碍人民法院查明被执行人的财产状况；后者是拒不协助执行。前者的行为主体既可以是个人，也可以是单位；后者的行为主体仅限于个人。

4. 关于擅自解冻已被人民法院冻结的财产

擅自解冻已被人民法院冻结的财产，一般指向的是银行、证券公司等金融机构，或者是房产、车辆等财产的登记部门。人民法院冻结与诉讼有关的财产，是保障当事人的合法权益能够得以实现的一项执行措施。对于人民法院冻结的财产，任何人均不得擅自解冻，如果银行等部门擅自解除对财产的冻结措施，允许财产所有人转移、处置被冻结的财产的，即可按照妨害民事诉讼行为予以罚款、拘留；构成犯罪的，依法追究其刑事责任。

5. 关于接到人民法院协助执行通知书后，给当事人通风报信，协助其转移、隐匿财产

有义务协助执行的单位或者个人，在接到人民法院协助执行通知书后，知道人民法院要对当事人的财产进行查封、扣押、冻结等，就私自给当事人通风报信，协助其转移、隐匿财产，从而导致人民法院的查封、扣押、冻结

等执行措施落空，妨碍案件的审理和执行，损害对方当事人的合法权益和司法权威。对实施上述行为的诉讼参与人或者其他人，人民法院可以予以罚款、拘留；构成犯罪的，依法追究其刑事责任。

【审判实践中应当注意的问题】

第一，诉讼参与人或者其他人有本条规定行为的，人民法院可以直接适用民事诉讼法第一百一十四条的规定进行处理。单位有本条规定行为的，人民法院可以对其主要负责人或者直接责任人员予以罚款、拘留；构成犯罪的，依法追究刑事责任。

第二，对于当前审判实践中一些多发性的妨害民事诉讼行为，要依法处理，以维护司法权威。比如，对证人作伪证的，除了对其证言不予采信外，还应依法对其采取罚款、拘留等强制措施。

第三，要注意本条内容与适用民事诉讼法第一百一十四条的规定予以处理的其他妨害民事诉讼行为的区别，比如诉讼参与人或者其他人妨碍人民法院查明被执行人的财产状况时使用了暴力、威胁方法的，则应适用本解释第一百八十七条的规定处理。

【条文】

第一百九十条

民事诉讼法第一百一十五条规定的他人合法权益，包括案外人的合法权益、国家利益、社会公共利益。

第三人根据民事诉讼法第五十九条第三款规定提起撤销之诉，经审查，原案当事人之间恶意串通进行虚假诉讼的，适用民事诉讼法第一百一十五条规定处理。

【条文主旨】

本条第一款是关于民事诉讼法第一百一十五条规定的“他人合法权益”含义的规定；第二款是关于对在第三人撤销之诉中查明的恶意串通虚假诉讼行为进行处理的法律依据的规定。

【条文理解】

1. 关于“他人合法权益”的理解问题

民事诉讼法第一百一十五条规定：“当事人之间恶意串通，企图通过诉讼、调解等方式侵害他人合法权益的，人民法院应当驳回其请求，并根据情节轻重予以罚款、拘留；构成犯罪的，依法追究刑事责任。”其目的在于严厉打击恶意串通虚假诉讼的行为，维护人民法院的正常诉讼秩序，提升社会诚信理念。针对近年来关于虚假诉讼案件日益增加的情况，规制虚假诉讼相关文件相继出台。2016 年出台的《最高人民法院关于防范和制裁虚假诉讼的指导意见》第一条对虚假诉讼包含要素进行了总结：（1）以规避法律、法规或国家政策谋取非法利益为目的；（2）双方当事人存在恶意串通；（3）虚构事实；（4）借用合法的民事程序；（5）侵害国家利益、社会公共利益或者案外人的合法权益。2021 年最高人民法院出台了《关于深入开展虚假诉讼整治工作的意见》，对虚假诉讼的整治打击力度进一步加大。

恶意串通虚假诉讼是指当事人之间合谋串通，虚构事实提起诉讼，侵害他人合法权益的行为。其构成要件包括三个方面：当事人恶意串通，通过诉讼、调解等方式，侵害他人合法权益。这里的他人合法权益中的“他人”指的是诉讼外的特定或者不特定对象，而非作为当事人的原告、被告等。“合法权益”既包括物权，也包括债权、知识产权等。“他人合法权益”在权利类型上包括案外人的合法权益、国家利益和社会公共利益。案外人合法权益是指除当事人之外的公民、法人和其他组织的合法权益。当事人恶意串通进行虚假诉讼，侵害案外人合法权益的表现形式多种多样，比如当事人合谋虚构债务，转移债务人财产，降低其偿债能力等，但究其实质都是想通过合法形式来掩盖非法目的，因此在司法实践中要注意甄别，以及时发现和制止虚假诉讼行为，防止司法权被滥用，维护司法权威。

关于国家利益和社会公共利益的内涵。一般将国家利益定义为，满足或者能够满足国家以生产发展为基础的各方面需要并且对国家在整体上具有好处的事物。国家利益以国家为利益主体，不同于政府利益、统治者利益、被统治者利益、国民利益等。社会公共利益这一概念主要是从利益性质角度强调利益的公开性而与私人利益相区别。社会公共利益是指为特定范围的广大公民所能享受的利益，不是单指哪一个单位、部门或集团的利益，更不是某个个人的利益。社会公共利益具有广泛性和群众性，维护该利益将有利于公众的生活、学习和工作。上述有关国家利益和社会公共利益概念的分析，均属于学理上的解释，在法律上，我国目前并没有关于国家利益和社会公共利益的具体定义。在司法实践中，对国家利益、社会公共利益的内涵一般要从宏观利益的角度去审视。

当事人恶意串通进行虚假诉讼的目的，有时指向的是特定的对象，比如在离婚诉讼前，一方当事人与亲友串通，以假借条等形式虚构夫妻关系存续期间的共同债务，侵害对方的利益。但有些恶意串通虚假诉讼的行为，侵害的可能是国家利益或者社会公共利益，比如国家的财产权等，对于这样的虚假诉讼行为，人民法院除依法驳回当事人的请求外，还应根据情节轻重予以罚款、拘留；构成犯罪的，依法追究刑事责任，以维护国家利益和社会公共利益，维护正常的诉讼秩序。

2. 关于对第三人撤销之诉中的恶意串通虚假诉讼行为人的处理问题

根据民事诉讼法第五十九条第三款的规定，第三人因不能归责于本人的事由未参加诉讼，但有证据证明发生法律效力的判决、裁定、调解书的部分或者全部内容错误，损害其民事权益的，可以自知道或者应当知道其民事权益受到损害之日起六个月内，向作出该判决、裁定、调解书的人民法院提起诉讼。在当事人之间恶意串通进行的虚假诉讼中，由于被侵害的案外人并没有参加到诉讼之中，因此这样的行为很难在立案受理环节和审理环节中被人民法院发现，在相关的判决、裁定或者调解书作出之后，第三人按照民事诉讼法第五十九条第三款的规定提起撤销之诉，人民法院经审查发现原案当事人系恶意串通进行虚假诉讼的，即应按照民事诉讼法第一百一十五条的规定对有关当事人予以罚款、拘留；构成犯罪的，依法追究刑事责任。

【审判实践中应当注意的问题】

第一，人民法院只要发现当事人之间恶意串通进行虚假诉讼，即应对其采取强制措施，即一经发现就要给予处理，不能选择性适用强制措施，对行为人不予处理。

第二，当事人之间恶意串通进行虚假诉讼，不管其侵害的是案外人的合法权益，还是国家利益、社会公共利益，均应对其予以制裁。

第三，恶意串通虚假诉讼是严重妨碍民事诉讼的行为，人民法院在驳回当事人诉讼请求的同时，必须要用好用足强制措施，依法打击诉讼欺诈行为，保障审判和执行秩序，维护司法权威。

【条文】

第一百九十一条

单位有民事诉讼法第一百一十五条或者第一百一十六条规定行为的，人民法院应当对该单位进行罚款，并可以对其主要负责人或者直接责任人员予以罚款、拘留；构成犯罪的，依法追究刑事责任。

【条文主旨】

本条是关于单位有民事诉讼法第一百一十五条或第一百一十六条规定的行为如何处理的规定。

【条文理解】

民事诉讼法第一百一十五条规定："当事人之间恶意串通，企图通过诉讼、调解等方式侵害他人合法权益的，人民法院应当驳回其请求，并根据情节轻重予以罚款、拘留；构成犯罪的，依法追究刑事责任。"第一百一十六条规定："被执行人与他人恶意串通，通过诉讼、仲裁、调解等方式逃避履行法律文书确定的义务的，人民法院应当根据情节轻重予以罚款、拘留；构成犯罪的，依法追究刑事责任。"民事诉讼法第一百一十一四条、第一百一十七条均规定在单位实施了妨害民事诉讼行为时，可以对其主要负责人或者直接责任人员予以罚款、拘留；构成犯罪的，依法追究刑事责任。民事诉讼法第一百一十五条和第一百一十六条规定的恶意串通进行虚假诉讼，侵害他人合法权益的行为以及恶意串通逃避执行义务行为的主体既可以是个人，也可以是单位。因此，当单位有恶意串通进行虚假诉讼或者逃避履行执行义务行为时，也有必要在本解释中明确对单位的处理方式以及对其主要负责人或者直接责任人员的强制措施。本条参照民事诉讼法第一百一十四条第二款、第一百一十七条第二款的规定，对此作出解释。

理解本条时应注意，只要单位实施了民事诉讼法第一百一十五条、第一百一十六条规定的行为时，人民法院即应当对单位予以罚款，同时可以对其主要负责人或者直接责任人员予以罚款、拘留；构成犯罪的，依法追究刑事责任。

【审判实践中应当注意的问题】

人民法院对于存在恶意串通进行虚假诉讼或者逃避执行义务行为的单位，一经发现即应采取罚款的强制措施，不能选择性适用强制措施，对单位不予处理；如果单位的行为构成犯罪的，应按照民事诉讼法第一百一十五条或者第一百一十六条的规定，依法追究单位的刑事责任。而对于单位的主要负责人或者直接责任人员不是必须要采取罚款、拘留的强制措施，也即是否采取强制措施以及采取何种强制措施，由人民法院根据实际情况决定。但如果主要负责人或者直接责任人员的行为构成犯罪的，必须要依法追究其刑事责任。此外，恶意串通进行虚假诉讼或者逃避执行义务是严重妨碍民事诉讼的行为，人民法院必须要用好用足强制措施，维护司法权威。

【条文】

第一百九十二条

有关单位接到人民法院协助执行通知书后，有下列行为之一的，人民法院可以适用民事诉讼法第一百一十七条规定处理：

（一）允许被执行人高消费的；

（二）允许被执行人出境的；

（三）拒不停止办理有关财产权证照转移手续、权属变更登记、规划审批等手续的；

（四）以需要内部请示、内部审批，有内部规定等为由拖延办理的。

【条文主旨】

本条是关于有关单位不履行协助义务情形的规定。

【条文理解】

民事诉讼法第一百一十七条第一款规定："有义务协助调查、执行的单位有下列行为之一的，人民法院除责令其履行协助义务外，并可以予以罚款：（一）有关单位拒绝或者妨碍人民法院调查取证的；（二）有关单位接到人民法院协助执行通知书后，拒不协助查询、扣押、冻结、划拨、变价财产的；（三）有关单位接到人民法院协助执行通知书后，拒不协助扣留被执行人的收入、办理有关财产权证照转移手续、转交有关票证、证照或者其他财产的；（四）其他拒绝协助执行的。"按照该条规定，协助执行义务主体为"有关单位"。关于"有关单位"具体含义，可结合案件所涉具体事实及法律、司法解释和司法文件的有关规定进行理解。如，根据2020年修正《最高人民法院关于审理期货纠纷案件若干问题的规定（二）》第八条的规定，人民法院在办理案件过程中，依法需要通过期货交易所、期货公司查询、冻结、划拨资金或者有价证券的，期货交易所、期货公司应当予以协助。应当协助而拒不协助的，按照2017年修正民事诉讼法第一百一十四条①之规定办理。因此在期货纠纷案件中，有关单位主要指"期货交易所、期货公司"，但根据案件事实也不排除其他有关单位。又如，中纪委、中组部、中宣部、中央综治办、最高人民法院等印发的《关于建立和完善执行联动机制若干问题的意见》除了规定有关单位要履行协助查询、冻结、扣划被执行人财产等协助执行作为义务外，还规定有关单位要履行停止为被执行人办理有关财产转移登记、权属变更登记、规划审批等手续的不作为义务，同时规定有关单位不依照该意见履行职责的，人民法院可以依照2007年修正民事诉讼法第一百零三条②的规定处理。该意见第六条规定，公安机关有协助限制被执行人出境的义务，因此在该类案件中，"有关单位"系指公安机关。

---

①② 现为2021年民事诉讼法第一百一十七条。

关于允许被执行人高消费。根据《限制被执行人高消费规定》第十一条第二款规定："有关单位在收到人民法院协助执行通知书后，仍允许被执行人进行高消费及非生活或者经营必需的有关消费的，人民法院可以依照《中华人民共和国民事诉讼法》第一百一十四条①的规定追究其法律责任。"根据上述规定，限制被执行人高消费是人民法院采取的一项加大执行力度的执行举措，有助于督促被执行人履行义务，防止被执行人的高消费行为降低其履行能力，保障申请执行人的权益。有义务协助执行的单位在接到人民法院协助执行通知书后，允许被执行人高消费，属于不履行协助执行义务的行为，对该行为民事诉讼法第一百一十七条没有在第一款前三项中列举出来，这一行为可以归入第四项中的"其他拒绝协助执行"的行为。为保障这一执行举措的有效适用，本条将该行为明确列举出来。根据《限制被执行人高消费规定》第三条的规定，高消费及非生活和工作必需的消费主要包括的情形有：(1) 乘坐交通工具时，选择飞机、列车软卧、轮船二等以上舱位；(2) 在星级以上宾馆、酒店、夜总会、高尔夫球场等场所进行高消费；(3) 购买不动产或者新建、扩建、高档装修房屋；(4) 租赁高档写字楼、宾馆、公寓等场所办公；(5) 购买非经营必需车辆；(6) 旅游、度假；(7) 子女就读高收费私立学校；(8) 支付高额保费购买保险理财产品；(9) 乘坐 G 字头动车组列车全部座位、其他动车组列车一等以上座位等其他非生活和工作必需的消费行为。被执行人为单位的，被采取限制消费措施后，被执行人及其法定代表人、主要负责人、影响债务履行的直接责任人员、实际控制人不得实施上述行为。限制被执行人高消费，不仅需要被执行人能够自觉执行人民法院的限制性规定，更需要有义务协助调查、执行的单位能够发挥监督和约束作用，不向被执行人提供高消费项目，如果有关单位在接到人民法院的协助执行通知书后，仍然向被执行人提供高消费项目，允许其高消费的，人民法院就可以按照民事诉讼法第一百一十七条的规定对其进行处理。

关于允许被执行人出境。在执行程序中，为督促被执行人履行执行义务，防止其采取出境等措施来逃避执行或者到境外进行高消费，人民法院会向公安机关发出协助执行通知书，阻止被执行人出境。公安机关在接到人民法院的协助执行通知书后，应阻止被执行人出境。

关于拒不停止办理有关财产权证照转移手续、权属变更登记、规划审批等手续。人民法院因审理和执行案件的需要，通知自然资源管理部门等部门

① 现为 2021 年民事诉讼法第一百一十七条。

停止办理土地使用权、采矿权、探矿权等权属变更登记手续、房屋所有权转移登记、规划审批等手续，有关部门不停止办理的，人民法院除责令其停止办理外，还可以依照民事诉讼法第一百一十七条的规定对有关单位以及其主要负责人或者直接责任人员予以罚款、拘留。

关于拖延协助执行。人民法院到有关单位调查取证、查询当事人的财产状况、采取查封、冻结、扣押等保全措施，有关单位虽然不拒绝，但却以需要请示领导、有内部规定需要进行审批等理由搪塞，拖延办理，给当事人转移、隐匿财产等提供可乘之机，导致人民法院调取证据、查封财产等目的无法实现，妨碍审判和执行工作的顺利进行，因此对有关单位拖延协助执行的行为，人民法院应给予必要的制裁，以确保令行禁止。

【审判实践中应当注意的问题】

人民法院对有本条规定的行为之一的单位及其主要负责人或者直接责任人员可以予以罚款；在采取上述强制措施后，有关单位的主要负责人或者直接责任人员仍不履行协助义务的，人民法院可对其予以拘留，并可以向监察机关或者有关机关提出予以纪律处分的司法建议。也即，对单位的主要负责人或者直接责任人员采取拘留措施的条件是适用罚款措施没有效果；如果适用罚款措施后，有关单位纠正了违法行为，就不能再对其主要负责人或者直接责任人员予以拘留。此外，单位不履行协助调查、执行义务的，民事诉讼法第一百一十七条没有规定可以追究刑事责任，这是我们要加以注意的。

【条文】

第一百九十三条

人民法院对个人或者单位采取罚款措施时，应当根据其实施妨害民事诉讼行为的性质、情节、后果，当地的经济发展水平，以及诉讼标的额等因素，在民事诉讼法第一百一十八条第一款规定的限额内确定相应的罚款金额。

【条文主旨】

本条是关于罚款金额确定标准的规定。

【条文理解】

民事诉讼法第一百一十八条第一款规定：“对个人的罚款金额，为人民币十万元以下。对单位的罚款金额，为人民币五万元以上一百万元以下。”民事诉讼法根据我国经济社会发展水平及惩罚妨碍民事诉讼行为的需要确定了罚款数额，其中对个人的罚款金额为人民币 10 万以下，对单位的罚款金额为人民币 5 万元以上 100 万以下，适用空间较大。在具体案件中，为保障罚款措施的公平合理适用，应在民事诉讼法规定范围内根据妨害民事诉讼行为的性质、情节、后果，当地的经济发展水平，以及诉讼标的额等因素来确定具体罚款金额，使之与行为人因实施妨害民事诉讼行为而获得的利益以及所造成的后果和不良影响成比例，以有效制止妨害民事诉讼行为的出现，使试图通过恶意诉讼等行为获得利益、逃避执行的人付出应有的代价，使其不敢为，不愿为，以树立司法权威。

在 2015 年司法解释调研论证中，有意见提出，应按照行为人实施的妨害民事诉讼行为的情节由轻到重划定几个罚款档次，以避免随意性过大，畸轻畸重。还有意见提出，不应划定具体档次，而应由各地法院根据本地的经济发展情况、被罚款人实施的妨害民事诉讼行为的性质、情节、危害后果等因素自行划线，避免因划定档次影响适用的灵活性和适用效果。我们认为，由于全国各地的经济发展水平不一，个案的具体情况也千差万别，很难统一划线，故采纳了后一种意见，不对罚款数额划定档次，但规定一个采取罚款措施时应考虑的因素，即行为人实施妨害民事诉讼行为的性质、情节、后果，当地的经济发展水平，以及诉讼标的额等，以确保在具体案件具体分析的基础上，使罚款措施的适用适度有效，发挥其应有的威慑作用。

在理解本条文时，应注意以下几点：第一，要在综合考虑诉讼参与人或者其他人实施妨害民事诉讼行为的性质、情节、后果，当地的经济发展水平，以及诉讼标的额等各个因素的基础上，合理确定罚款金额。特别是准确判定妨害民事诉讼行为的性质、情节和后果，是合理确定罚款金额的前提。第二，要在民事诉讼法第一百一十八条第一款规定的罚款限额内确定罚款金额，不能超出限额罚款。第三，对于情节严重，构成犯罪的妨害民事诉讼行为人不能以罚款代替刑事制裁，而应依法追究其刑事责任。

【审判实践中应当注意的问题】

适用罚款措施的目的是制止和制裁妨害民事诉讼行为，树立司法权威，保障诉讼程序的顺利进行，因此人民法院在对妨害民事诉讼行为人决定予以罚款时，应从制止和制裁妨害民事诉讼行为这一根本目的出发，依法适用罚款措施，合理适当确定罚款金额，既要达到适用这一措施的目的，又要避免因该措施的适用给被罚款人带来沉重的经济负担，使其生产、生活陷入困境，进一步激化矛盾。

九、诉讼费用

【条文】

第一百九十四条

依照民事诉讼法第五十七条审理的案件不预交案件受理费，结案后按照诉讼标的额由败诉方交纳。

【条文主旨】

本条是关于人数不确定的共同诉讼案件是否预交诉讼费用的规定。

【条文理解】

民事诉讼法第五十七条是对人数不确定的涉及多数人权益的共同诉讼制度的规定。该类诉讼的特点是人数众多，诉讼标的属于同一种类，起诉时原告人数尚不能确定。根据《诉讼费用交纳办法》第二十条的规定，诉讼费用实行预交规则，即由原告、有独立请求权的第三人、上诉人等预交，以便启动程序。同时，预交诉讼费用可以进一步约束法院及当事人的行为，防止当事人滥用诉讼权利。但人数不确定的共同诉讼在起诉时由于原告人数众多，无法确定，诉讼标的额在起诉时亦无法确定，同时，诉讼请求所涉价额或金额也一时难以查明，案件受理费不易计算。因此，根据人数不确定的共同诉讼案件的特点，本条规定此种诉讼原告可以不预交诉讼费用，待审结时按照诉讼标的额计算由败诉方交纳。

【审判实践中应当注意的问题】

一是此类案件在审结时按照诉讼标的额计算案件受理费，应当在裁判文书中明确由败诉方交纳；二是根据《诉讼费用交纳办法》第十四条第一项第三目的规定，符合民事诉讼法第五十七条第四款规定，共同诉讼案件中，未参加登记的权利人在诉讼时效期间提起诉讼的，按照该项规定的标准交纳申请费，不再交纳案件受理费。

【条文】

第一百九十五条

支付令失效后转入诉讼程序的，债权人应当按照《诉讼费用交纳办法》补交案件受理费。

支付令被撤销后，债权人另行起诉的，按照《诉讼费用交纳办法》交纳诉讼费用。

【条文主旨】

本条是关于督促程序终结转入诉讼程序的以及支付令被裁定撤销后，债权人另行起诉的，如何交纳诉讼费用的规定。

【条文理解】

督促程序是指债权人要求债务人给付金钱、有价证券，人民法院根据债权人的请求发布支付令，催促债务人履行债务的程序。该程序是专门针对社会生活中一些简单债务如给付金钱或者有价证券等纠纷所设定的程序，这类纠纷案情相对比较简单、事实清楚，给付金钱数额具体明确，在实践中广为债权人所适用。根据《诉讼费用交纳办法》第十四条第三项的规定，申请支付令的，比照财产案件受理费标准的三分之一交纳，且《诉讼费用交纳办法》第二十条第二款规定，申请费由申请人预交。据此，债权人申请人民法院发出支付令的，应当按上述规定预交申请费。如果债务人对督促程序未提出异议，申请费由债务人负担。司法实践中，债务人出于各种目的，往往对督促程序提出异议，以拖延履行，因此而导致督促程序终结，此时根据《诉讼费用交纳办法》第三十六条的规定，申请费应由申请人负担，申请人另行起诉的，可以将申请费列入诉讼请求。支付令失效后，根据民事诉讼法第二百二十四条的规定，可直接转入诉讼程序，无须债权人另行起诉，除非债权人不同意。但对于是否交纳诉讼费用，《诉讼费用交纳办法》并没有作出规定。因此，有必要加以规定。由特殊程序审理的案件转为普通程序的诉讼案件，因督促程序申请费仅为财产案件受理费的三分之一，因此，债权人应当按照财产案件标准补交不足部分的案件受理费。

本条第二款规定的情况是指人民法院根据债权人的申请向债务人发出支付令，债务人没有在法定期限内提出异议，支付令生效。后因债务人或案外人对支付令申请再审，通过人民法院审判监督程序裁定撤销了支付令。在此情况下，因支付令并非自行失效，案件并不能直接转入诉讼程序，如债权人另行起诉的，则是一个新的诉讼案件，故依据《诉讼费用交纳办法》的规定，债权人作为原告的，应当预先交纳诉讼费用。

【审判实践中应当注意的问题】

支付令失效后案件自动转入诉讼程序，无须债权人另行起诉，但要补交案件受理费。债权人原预交的申请费，根据《诉讼费用交纳办法》第三十六条的规定，债务人提出异议导致督促程序终结，并非败诉，因此，支付令申请费只能先由申请支付令的债权人负担，但其可将申请费作为一项新的债权在普通诉讼程序中提出主张。

【条文】

第一百九十六条

人民法院改变原判决、裁定、调解结果的，应当在裁判文书中对原审诉讼费用的负担一并作出处理。

【条文主旨】

本条是关于人民法院改变原裁判结果的，应对原审诉讼费用的负担一并作出处理的规定。

【条文理解】

根据《诉讼费用交纳办法》第二十九条第一款、第二款的规定，诉讼费用由败诉方负担，胜诉方自愿承担的除外。部分胜诉、部分败诉的，人民法院根据案件的具体情况决定当事人各自负担的诉讼费用数额。审判实践中，案件经过一审、二审的，若二审裁判改变一审裁判结果的，二审裁判主文要对一审、二审案件受理费的负担一并作出处理。若二审裁判维持一审裁判结果的，二审裁判主文仅对二审案件受理费作出处理即可。有些案件经过一审和二审后，通过审判监督程序使案件进入再审程序，再审中作出判决、裁定、调解时，有的法院未对之前发生的所有诉讼费用一并作出处理，使当事人对诉讼费用的最终负担缺少执行依据，极易因此引发争议。《诉讼费用交纳办法》第三十条虽然规定“第二审人民法院改变第一审人民法院作出的判决、裁定的，应当相应变更第一审人民法院对诉讼费用负担的决定”，但案件经过再审程序作出再审裁判、调解的，或者再审裁判后案件又进入再审程序的，后一程序作出的裁判、调解应当对原审程序中所有的诉讼费用一并作出处理。因此，根据审判实践的需要，为避免遗漏诉讼费用的最终负担，保护当事人的诉讼权利，有必要加以规定。

【审判实践中应当注意的问题】

审判实践中，案件经过人民法院多次审理作出裁判的情形并非偶见，案件经过一审、二审后，经再审审查进入再审审理，被再审发回重审，或再审裁判后案件因种种原因又可能进入再审程序。无论案件经过几次再审，凡是改变原裁判、调解结果的，在后裁判都应对之前所有程序中所发生的诉讼费用一并作出处理。

【条文】

第一百九十七条

诉讼标的物是证券的，按照证券交易规则并根据当事人起诉之日前最后一个交易日的收盘价、当日的市场价或者其载明的金额计算诉讼标的金额。

【条文主旨】

本条是关于证券的诉讼标的金额如何计算的规定。

【条文理解】

审判实践中，经常遇到当事人起诉的标的物是特定物，且要求返还原物的情形。此种情形，如何计算特定物的价额以确定诉讼费用，《诉讼费用交纳办法》对此并没有规定，而且如何计算特定物价额还关涉人民法院级别管辖的确定。在起诉受理阶段，当事人主张的标的物是特定物的，不能要求当事人对其主张的特定物进行鉴定来确定价额，不能以此增加当事人的负担。因此，对特定物如何计算价额在案件受理审查阶段尤为重要。审判实践中常见的特定物如证券，包括资本证券、货物证券、货币证券等。本条对于诉讼标的物是证券的，如何计算诉讼标的金额进行了规定，即根据证券交易规则并按照当事人起诉之日前最后一个交易日的收盘价、当日的市场价或者载明的金额来计算诉讼标的金额。这里的交易日的收盘价是针对资本证券而言的，当日的市场价是针对货物证券而言的，载明的金额是针对货币证券而言的。

【条文】

第一百九十八条

诉讼标的物是房屋、土地、林木、车辆、船舶、文物等特定物或者知识产权，起诉时价值难以确定的，人民法院应当向原告释明主张过高或者过低的诉讼风险，以原告主张的价值确定诉讼标的金额。

【条文主旨】

本条是关于特定物或知识产权的诉讼标的金额如何计算的规定。

【条文理解】

在司法解释的调研论证中，关于如何确定特定物的价值还有另外两种观点。一种观点认为，特定物的价值应由人民法院按照市场价确定。对此，实践中大多数的特定物有市场价来参考，但有些特定物如特定文物或世上独一无二的标的物，没有市场价，也没有参考价，这些特定物的价值如何确定？该观点没有给出解答。显然这种价值确定方法不能解决实践中存在的问题。还有一种观点认为，由于争议标的物是特定物，价值不易确定，因此不按财产案件标准计算，而按件交纳案件受理费，即确定一个固定数额，如 5000 元。这种价值确定方式对于法院来说，确实简便易行，容易操作，但并不符合客观实际。无论特定物是房屋、土地还是文物、知识产权，有的特定物价值远远超过了百万甚至千万，如按件收取诉讼费用并不能反映出特定物的实际价值，且根据《诉讼费用交纳办法》第十三条关于按件交纳案件受理费费用的规定，没有争议金额或者价额的知识产权民事案件每件交纳 500 元至 1000 元，其他案件只有 50 元至 100 元，该费用远远低于财产案件计算标准。可见，该观点不符合客观实际。因此，原告起诉时，能按照市场价值确定金额的，应予以初步确定；不能确定的，以原告主张的价值确定诉讼标的金额。同时，因诉讼费用最终由败诉方负担，此规定亦能约束原告，以防其在起诉时脱离实际，“漫天要价”，甚至滥诉。

【审判实践中应当注意的问题】

按原告主张的价值确定特定物的价额，有一定的诉讼风险，因此，实践中如存在本条适用情形的，人民法院应当向原告进行释明，告知其主张过高过低的诉讼风险，避免其随意提出主张，有理性地诉讼。

【条文】

第一百九十九条

适用简易程序审理的案件转为普通程序的，原告自接到人民法院交纳诉讼费用通知之日起七日内补交案件受理费。

原告无正当理由未按期足额补交的，按撤诉处理，已经收取的诉讼费用退还一半。

【条文主旨】

本条是关于简易程序转为普通程序的案件如何交纳诉讼费用及未按期足额补交诉讼费用后果的规定。

【条文理解】

适用简易程序审理的案件是指基层人民法院和它派出的法庭审理的事实清楚、权利义务关系明确、争议不大的简单的民事案件。除此之外的民事案件，根据民事诉讼法第一百六十条第二款的规定，当事人双方也可以约定适用简易程序。审判实践中简易程序在基层人民法院广为适用。简易程序相对于普通程序，在起诉条件、传唤当事人方式、审理程序、审限以及送达等方面都作了简化，是一种简化了的普通程序。对于诉讼费用，《诉讼费用交纳办法》第十六条规定，适用简易程序审理的案件减半交纳案件受理费。审判实践中，人民法院发现案件不宜适用简易程序的，可以裁定转为普通程序，此时往往需要原告补交诉讼费用，以便启动普通诉讼程序。但《诉讼费用交纳办法》对由简易程序转为普通程序的，并没有规定补交诉讼费用和不补交的后果，因此有必要对此加以规定，即应当按照《诉讼费用交纳办法》的规定补交相应的诉讼费用。如果当事人在规定的期限内不补交的，表明其放弃了诉讼权利，人民法院应当裁定按其自动撤诉处理。对于已按简易程序交纳的诉讼费用，因此时尚未转为普通程序，因此，应当按照简易程序交纳的诉讼费用减半退回当事人。

【审判实践中应当注意的问题】

简易程序转为普通程序审理的案件在审判实践中比较常见，相比其他案件，因开始适用的是简易程序，所以收取的诉讼费用相对比较低。需注意的是，人民法院不应因补交诉讼费用数额小、需通知交费等原因而放弃通知当事人补交。

【条文】

第二百条

破产程序中有关债务人的民事诉讼案件，按照财产案件标准交纳诉讼费，但劳动争议案件除外。

【条文主旨】

本条是关于破产程序中有关债务人的民事诉讼案件如何交纳诉讼费用的规定。

【条文理解】

破产程序中有关债务人的民事诉讼案件通常是指与破产案件相关的小额债权纠纷、债务人履行合同纠纷、追收债务人对外债权纠纷、撤销债务人处分财产行为纠纷、确认债务人处分财产行为无效纠纷、取回权纠纷、别除权纠纷和抵销权纠纷等，这类案件如何交纳诉讼费，是按照财产案件标准还是按照非财产案件按件交纳，《诉讼费用交纳办法》并无规定。这类案件如何收费在审判实践中争议较大，有的法院按财产案件收取，有的法院为便于操作则按件收取。从调研情况看，较多意见认为应按照财产案件标准交纳诉讼费，理由是，这类案件实质是关于债权应否清偿的财产争议，当事人之间权利义务涉及财产权益，因此，应当按照财产案件标准交纳诉讼费。而且诉讼费在一定意义上具有调节诉讼的作用，既能够减少滥诉情况的发生，也能够有效督促破产管理人尽职审查债权，及时实现破产债权。但存在例外情况，即劳动者与破产企业之间发生的劳动争议，这类案件的收费标准，《诉讼费用交纳办法》第十三条第四项已有明确规定，即劳动争议案件每件交纳10元，而非按财产案件标准交纳诉讼费，因此，这类案件应排除在外。

【审判实践中应当注意的问题】

破产程序中有关债务人的民事诉讼案件，并不仅限于上文中提到的案件类型，凡是涉及财产利益的诉讼，均应按财产案件标准交纳诉讼费，除非是劳动争议案件。

【条文】

第二百零一条

既有财产性诉讼请求，又有非财产性诉讼请求的，按照财产性诉讼请求的标准交纳诉讼费。

有多个财产性诉讼请求的，合并计算交纳诉讼费；诉讼请求中有多个非财产性诉讼请求的，按一件交纳诉讼费。

【条文主旨】

本条是关于复合性案件如何交纳诉讼费用的规定。

【条文理解】

审判实践中，当事人向人民法院提出的诉讼请求并不是单一的或者唯一的，往往既有财产性质，也有非财产性质，或者诉讼请求中涉及多个财产性诉求，或者多个非财产性诉求。此时，如何交纳诉讼费用，《诉讼费用交纳办法》并没有具体规定，审判实践中各地做法不一。有的法院对非财产部分和财产部分分别计算后相加计算；也有的法院只计算财产性诉求，非财产诉求不再计算；还有的法院就财产性诉求和非财产性诉求计算后采纳较高标准计算。为解决审判实践中做法不一的问题，本条对其予以明确。如果当事人有多项财产性诉求，比较合理的做法是合并计算后确定诉讼费。如果当事人的诉讼请求中有多项非财产性诉求的，因为非财产案件是按件交费，不宜重复计算，应只按一件交纳诉讼费用。如果当事人的诉讼请求中既有财产性诉求，也有非财产性诉求的，按照财产性诉求的标准交纳诉讼费。这是因为按财产案件标准交纳是诉讼费用交纳的一个重要计算方法，且财产案件标准有一定比例，诉讼请求标的额越大，交纳的诉讼费则越多。而非财产案件是按件交纳诉讼费，且固定的诉讼费用数额往往较低。既有财产性诉求也有非财产性诉求的，较大的数额应当吸收较小的数额，因此，仅按财产性诉求交纳诉讼费即可。

【审判实践中应当注意的问题】

审判实践中，当事人的诉讼请求多种多样，财产性诉求中不仅涉及债权，而且还涉及物权的，也应当合并计算诉讼标的额。如果涉及特定物的，应当按照本解释的规定对原告进行释明后，按其主张计算价额，再加上其他诉讼请求数额，合并计算诉讼标的额。

【条文】

第二百零二条

原告、被告、第三人分别上诉的，按照上诉请求分别预交二审案件受理费。

同一方多人共同上诉的，只预交一份二审案件受理费；分别上诉的，按照上诉请求分别预交二审案件受理费。

【条文主旨】

本条是关于当事人分别上诉以及当事人一方多人上诉的，如何交纳二审案件受理费的规定。

【条文理解】

本条解决的是多人上诉时如何预交二审案件受理费的问题。《诉讼费用交纳办法》第二十二条第二款只规定了双方当事人都提出上诉的，分别预交案件受理费，但没有规定同一方当事人多人提出上诉时如何交纳，是交纳一份二审案件受理费，还是按当事人人数分别预交二审案件受理费。对于一审原告、被告、第三人分别上诉的，因其诉讼地位、诉讼请求、诉讼利益不同，应当分别预交二审案件受理费。但对于同一方多人共同上诉，应当区别情况对待。以当事人提出的诉讼请求为标准，同一方当事人基于共同的诉讼请求，因其诉讼利益相同，可以只预交一份二审案件受理费；如果同一方当事人多人分别提出上诉，诉讼请求并不完全相同，即诉讼利益不同，应当分别预交二审案件受理费。如一审时以同一份起诉状、同一个诉讼标的起诉的两个以上的原告，对一审裁判不服，仍然共用一份上诉状，对共同的诉讼请求提起上诉的案件，几个上诉人应共同交纳一份二审案件受理费即可。一审时多个被告被判承担连带赔偿责任，后共同提出上诉的，亦应共同交纳一份二审案件受理费。

【审判实践中应当注意的问题】

适用本条需注意的是，在同一方当事人存在多人提出上诉的情况下，应当以各当事人的诉讼请求是否相同作为诉讼费交纳的判断标准。如果诉讼请求虽然相同，但当事人的诉讼地位不同、利益不同，分别提出上诉的，仍然应分别预交二审案件受理费。

【条文】

第二百零三条

承担连带责任的当事人败诉的，应当共同负担诉讼费用。

【条文主旨】

本条是关于承担连带责任当事人共同负担诉讼费用的规定。

【条文理解】

诉讼费用由败诉方负担是世界各国民事诉讼立法的通例。我国《诉讼费用交纳办法》第二十九条第一款规定，诉讼费用由败诉方负担。此条确定了败诉方负担诉讼费用的基本规则。无论何种原因导致的败诉，当事人都有过错和责任，因诉讼产生的费用自然应当由其负担。但对于承担连带责任的当事人是否对诉讼费用承担连带责任，《诉讼费用交纳办法》并没有作出规定。该办法第二十九条第三款仅规定了“共同诉讼当事人败诉的，人民法院根据其对诉讼标的的利害关系，决定当事人各自负担的诉讼费用数额”。连带责任是指具有特定法律关系的多数债务人中的任何一人，均须对债权人承担违反法律规定或约定义务后所产生的全部强制性法律后果的一种共同责任。承担连带责任的当事人在实体法上承担连带责任，则意味着案件共同败诉，在诉讼程序上也应承担连带责任。因此，承担连带责任的当事人应对诉讼费用负有连带承担义务。

【审判实践中应当注意的问题】

在裁判文书的表述上，确定具体诉讼费用由败诉方负担的同时，应明确承担连带责任的当事人共同负担诉讼费用。同时，还应注意，根据《诉讼费用交纳办法》第六条的规定，诉讼费用不仅包括案件受理费，申请费，还包括证人、鉴定人、翻译人员、理算人员在人民法院指定日期出庭发生的交通费、住宿费、生活费和误工补贴。

【条文】

第二百零四条

实现担保物权案件，人民法院裁定拍卖、变卖担保财产的，申请费由债务人、担保人负担；人民法院裁定驳回申请的，申请费由申请人负担。

申请人另行起诉的，其已经交纳的申请费可以从案件受理费中扣除。

【条文主旨】

本条是关于实现担保物权案件诉讼费用负担的规定。

【条文理解】

担保物权是以直接支配特定财产的交换价值为内容，以确保债权实现为目的而设立的物权。担保物权的实现是指在债务人不履行债务时，担保物权人经法定程序，通过将担保财产折价、拍卖、变卖等方式，使其债权得到优先受偿的过程。为了更好地保护担保物权人的合法权益，便利担保物权的实现，节约诉讼资源，民事诉讼法在第十五章特别程序中设立了实现担保物权案件一节，对担保物权实现的相关程序性问题作出了规定。本条是对实现担保物权案件诉讼费用负担原则的规定。

实现担保物权案件是2012年民事诉讼法新增的内容，《诉讼费用交纳办法》对其如何收费并未规定。对此，实践中有两种不同的意见。一种意见认为，《诉讼费用交纳办法》第八条明确规定，依据民事诉讼法规定的特别程序审理的案件，不交纳案件受理费。鉴于实现担保物权案件规定在特别程序中，因此，按诉讼标的额收取案件受理费没有依据。《诉讼费用交纳办法》第十条、第十四条对交纳申请费的案件范围和交费标准分别采取列举的方式进行了规定，均未设兜底条款。且上述办法出台时，民事诉讼法已有关于特别程序的规定，因此，实现担保物权案件按件收取申请费、收费标准均无相关依据。另一种意见认为，在对实现担保物权案件进行审查时，人民法院不仅要审查申请人提供的相应材料，如担保物权是否成立的证明文件（包括主合同、担保合同、抵押权登记证明或者他项权利证书等）、担保的债务是否已经届满、担保物的现状等事实，必要时还要依职权调查相关事实并询问相关当事人。与诉讼程序相比，司法成本并未因其是特别程序案件而减少。而担保物权人为了缩短案件审理时间，不支出或少支出诉讼费，大多会将原来符合担保物权实现条件准备起诉的案件，改为申请适用特别程序审理，可能使债务人、抵押人合法地逃避承担诉讼费用的民事制裁，与立法的原意并不完全吻合，同时造成了国家财产流失。因此，实现担保物权案件不收费或按件收取极少的诉讼费，都是不符合民事诉讼基本原则的。

实现担保物权案件程序的规定是为了更好地保护担保物权人的合法权益，便利担保物权的实现，节约诉讼资源，但并不意味着不诚信的人可以不受诉讼费用制度的制约。实现担保物权案件虽然规定在民事诉讼法第十五章“特别程序”中，但此类案件一般标的额较大，完全按件收费不符合司法资源合理利用的实际，因此，建议以申请实现抵押物权标的额为依据，按照诉讼费用交纳标准的二分之一收取。具体的收费标准，还应当依赖修订《诉讼费用交纳办法》，增加实现担保物权案件收费的内容。

【审判实践中应当注意的问题】

第一，申请实现担保物权案件应当交纳诉讼费用。本条明确申请实现担保物权案件，人民法院裁定拍卖、变卖担保财产的，申请费由债务人、担保人负担；人民法院裁定驳回申请的，申请费由申请人负担。这里的申请人是指抵押权人、质权人、留置权人以及其他有权申请人；其他有权申请人是指出质人、财产被留置的债务人或者所有权人等法律规定有权请求实现担保物权的人。

第二，实现担保物权的申请被人民法院裁定驳回后，申请人另行起诉的，其已经交纳的申请费可以从案件受理费中扣除，不必退还。

【条文】

第二百零五条

拍卖、变卖担保财产的裁定作出后，人民法院强制执行的，按照执行金额收取执行申请费。

【条文主旨】

本条是关于拍卖、变卖担保财产的裁定生效后，申请人民法院强制执行诉讼费用的规定。

【条文理解】

实现担保物权案件规定在民事诉讼法特别程序一章中，该类案件应认定为特别程序诉讼案件。《诉讼费用交纳办法》第十四条规定："申请费分别按照下列标准交纳：（一）依法向人民法院申请执行人民法院发生法律效力的判决、裁定、调解书，仲裁机构依法作出的裁决和调解书，公证机关依法赋予强制执行效力的债权文书，申请承认和执行外国法院判决、裁定以及国外仲裁机构裁决的，按照下列标准交纳：1. 没有执行金额或者价额的，每件交纳 50 元至 500 元。2. 执行金额或者价额不超过 1 万元的，每件交纳 50 元；超过 1 万元至 50 万元的部分，按照 1. 5%交纳；超过 50 万元至 500 万元的部分，按照 1%交纳；超过 500 万元至 1000 万元的部分，按照 0. 5%交纳；超过 1000 万元的部分，按照 0. 1%交纳……"人民法院就实现担保物权申请作出裁定准许拍卖、变卖担保财产，该裁定属于具有强制执行效力的裁定。人民法院作为执行案件受理此类案件后，应当收取申请执行费。费用标准可以参照上述标准确定。《诉讼费用交纳办法》修订后有明确规定的，从其规定。

【条文】

第二百零六条

人民法院决定减半收取案件受理费的，只能减半一次。

【条文主旨】

本条是关于案件受理费减半次数的规定。

【条文理解】

诉讼费用包括案件受理费，申请费，以及证人、鉴定人、翻译人员、理算人员在人民法院指定日期出庭发生的交通费、住宿费、生活费和误工补贴。根据《诉讼费用交纳办法》的规定，调解、撤诉以及适用简易程序审理的案件，当事人都减半交纳案件受理费。如果一个案件存在多种减半交纳诉讼费用的情形时，是否多次减半，对此《诉讼费用交纳办法》并没有作出规定。以劳动争议案件为例，该类案件受理费现行规定为 10 元。若适用简易程序审理，按现行规定，案件受理费减半交纳则为 5 元，如调解结案或当事人撤诉，再减半交纳则为 2.5 元。此费用极低，与国家司法资源的付出不成比例，也不能发挥诉讼费用调节案件、惩罚违法（违约）者的功能。因此，从现有规定以及审判实践出发，为保障当事人行使诉讼权利，维护人民法院正常诉讼秩序，制裁违法行为，发挥诉讼费用各项功能，应当对减半交纳诉讼费用的次数加以限制。

【审判实践中应当注意的问题】

现行《诉讼费用交纳办法》设定的案件受理费标准较符合我国实际，但个别案件收费标准较低，如劳动争议案件。审判实践中这类案件一旦起诉到人民法院，就可能出现减半交纳案件受理费的情形。如果适用简易程序而又调解结案的是否再减半，各地做法不一。如再减半，不符合《诉讼费用交纳办法》规定的原则，亦与审判实践需要不相适应。此外还应注意，仅案件受理费存在减半情形，并不包括申请费。

【条文】

第二百零七条

判决生效后，胜诉方预交但不应负担的诉讼费用，人民法院应当退还，由败诉方向人民法院交纳，但胜诉方自愿承担或者同意败诉方直接向其支付的除外。

当事人拒不交纳诉讼费用的，人民法院可以强制执行。

【条文主旨】

本条是关于人民法院如何向胜诉方退回诉讼费用的规定。

【条文理解】

审判实践中人民法院经常面临向当事人退费的情况。《诉讼费用交纳办法》实施后，扩大了减半收取案件受理费的范围，加之审判实践中大量案件通过调解解决，因此，每年案件退费的比例大幅度增加。而退费程序烦琐、退费时间长，往往导致当事人对人民法院不满。目前实践中存在的问题：一是退费数额较大，容易导致法院垫费较多，增加经费压力。调研中发现有的法院每年垫付费用达千万元，诉讼费用收取的多，垫付的也多。而诉讼费用数额较少时，部分当事人不愿来法院办理退费手续，导致法院退费无法进行，既造成资金沉淀在法院无法处理，也影响案件结案归档。二是退费方式各地做法不一，有的地方退费后上缴国库，有的地方从财政直接办理退费手续，还有的地方由财政以拨入经费方式拨付法院，委托法院退费。三是如给胜诉方退费，再向败诉方收取时存在难以收回的情形，强制执行也难以保证收入国库。存在上述问题的原因，主要是《诉讼费用交纳办法》规定不明，该办法第五十二条第二款规定："依法应当向当事人退费的，人民法院应当按照国家有关规定办理。诉讼费用缴库和退费的具体办法由国务院财政部门商最高人民法院另行制定。"但截至目前，财政部没有商最高人民法院制定出具体退费规定。

最高人民法院曾在2007年4月20日发布《关于适用〈诉讼费用交纳办法〉的通知》，该通知第三条"关于诉讼费用的负担"中规定："对原告胜诉的案件，诉讼费用由被告负担，人民法院应当将预收的诉讼费用退还原告，再由人民法院直接向被告收取，但原告自愿承担或者同意被告直接向其支付的除外。当事人拒不交纳诉讼费用的，人民法院应当依法强制执行。"当事人预交诉讼费用，虽是人民法院代国家向当事人收取，但收取的诉讼费用并非归属于人民法院，而是上缴国库，即我国实行收支两条线。但因这种代收关系，使当事人与人民法院之间建立了诉讼费用上的权利义务关系，因此，在退还诉讼费用问题上，不能收回诉讼费用的风险应由国家承担，而不能转嫁给当事人。其目的在于保护胜诉方当事人的利益，及时退还不应由其负担的诉讼费用，除非胜诉方自愿承担或者同意败诉方直接向其支付。败诉方拒不交纳诉讼费用的，人民法院可强制执行。若不能强制执行回诉讼费用，该风险最终也应由国家负担。

【审判实践中应当注意的问题】

尽管目前向当事人退费在审判实践中存在一定的困难，但在《诉讼费用交纳办法》未修改前，各地法院应当尽快协调财政部门，建立诉讼费用备用金制度，简化审批程序，加大执行力度，确保及时向胜诉方退费，向败诉方追缴，保障当事人的合法权益。

十、第一审普通程序

【条文】

第二百零八条

人民法院接到当事人提交的民事起诉状时，对符合民事诉讼法第一百二十二条的规定，且不属于第一百二十七条规定情形的，应当登记立案；对当场不能判定是否符合起诉条件的，应当接收起诉材料，并出具注明收到日期的书面凭证。

需要补充必要相关材料的，人民法院应当及时告知当事人。在补齐相关材料后，应当在七日内决定是否立案。

立案后发现不符合起诉条件或者属于民事诉讼法第一百二十七条规定情形的，裁定驳回起诉。

【条文主旨】

本条是关于登记立案程序的规定。

【条文理解】

《中共中央关于全面推进依法治国若干重大问题的决定》将立案审查制改为立案登记制，意义重大，体现了党中央充分运用法治思维和法治方式解决社会矛盾纠纷、畅通矛盾纠纷化解渠道、发挥人民法院在国家治理体系中的职能作用的理念和决心。各级人民法院要将思想统一到该决定上来，变立案审查制为立案登记制，依法保障当事人诉权，充分发挥人民法院化解社会矛盾作用，切实解决人民群众反映的“立案难”问题。

1. 立案登记制的基本原则

实施立案登记制度必须坚持以下基本原则：一是依法保障当事人诉讼权利原则。对当事人符合诉讼法规定条件的起诉，均应登记立案并予以书面回复，坚决杜绝不收取材料、不予答复、不作书面裁定的“三不”现象。二是坚持便利诉讼原则。既要便利当事人参与诉讼，又要方便人民法院公正高效审判。三是公开透明、及时高效原则。将登记、立案等活动纳入群众监督之下，增强司法公信力。

2. 立案登记制的法律依据

民事诉讼法第一百二十二条规定："起诉必须符合下列条件：（一）原告是与本案有直接利害关系的公民、法人和其他组织；（二）有明确的被告；（三）有具体的诉讼请求和事实、理由；（四）属于人民法院受理民事诉讼的范围和受诉人民法院管辖。"第一百二十六条规定："人民法院应当保障当事人依照法律规定享有的起诉权利。对符合本法第一百二十二条的起诉，必须受理。符合起诉条件的，应当在七日内立案，并通知当事人；不符合起诉条件的，应当在七日内作出裁定书，不予受理；原告对裁定不服的，可以提起上诉。"第一百二十七条规定："人民法院对下列起诉，分别情形，予以处理：（一）依照行政诉讼法的规定，属于行政诉讼受案范围的，告知原告提起行政诉讼；（二）依照法律规定，双方当事人达成书面仲裁协议申请仲裁、不得向人民法院起诉的，告知原告向仲裁机构申请仲裁；（三）依照法律规定，应当由其他机关处理的争议，告知原告向有关机关申请解决；（四）对不属于本院管辖的案件，告知原告向有管辖权的人民法院起诉；（五）对判决、裁定、调解书已经发生法律效力的案件，当事人又起诉的，告知原告申请再审，但人民法院准许撤诉的裁定除外；（六）依照法律规定，在一定期限内不得起诉的案件，在不得起诉的期限内起诉的，不予受理；（七）判决不准离婚和调解和好的离婚案件，判决、调解维持收养关系的案件，没有新情况、新理由，原告在六个月内又起诉的，不予受理。"行政诉讼法第五十一条第一款、第二款规定："人民法院在接到起诉状时对符合本法规定的起诉条件的，应当登记立案。对当场不能判定是否符合本法规定的起诉条件的，应当接收起诉状，出具注明收到日期的书面凭证，并在七日内决定是否立案。不符合起诉条件的，作出不予立案的裁定。"该法还对行政诉讼中不接受诉状、诉状的补正等问题作了明确规定。上述法律是立案登记制的法律依据。

3. 登记立案的程序

第一，人民法院在接到民事案件起诉状时，对是否符合民事诉讼法规定的起诉条件进行形式审查，符合规定的，应当予以登记立案。

第二，人民法院认为当事人的起诉不符合法律规定条件的，应当向当事人释明和指导。能够当场补正的，应当指导当事人当场补正；不能当场补正的，应当书面告知当事人及时补正。当事人补正后，即予以登记立案。人民法院不得未经指导和释明即以起诉不符合条件为由不接收起诉材料。

第三，对当场不能判定是否符合法律规定的起诉条件的，应当接收起诉材料，并出具注明收到起诉状日期的书面凭证，在七日内决定是否登记立案。对不符合起诉条件的，应当在七日内作出不予受理的裁定，载明明确具体的不予受理的理由。在七日内不能确定是否符合起诉条件的，应当先行登记立案，进入审理程序以确定是否符合起诉条件，及是否应保护当事人的诉讼请求。

第四，立案后发现不符合起诉条件或者属于民事诉讼法第一百二十七条规定情形的，裁定驳回起诉。

【审判实践中应当注意的问题】

审判实践中要注意区分诉的成立要件与诉讼成立要件的关系。[①] 民事诉讼法第一百二十二条规定的起诉要件为诉讼成立要件，系判断当事人提起诉讼能否成立的形式要件。若原告起诉不符合该起诉要件，法院应以原告之诉不合法为由通过裁定形式驳回起诉。但若案件实质涉及原告的权利保护要件是否成立时，应由法院对案件进行实体审理后加以判断。如果其提起的诉讼请求缺乏权利保护要件，即诉讼请求不能成立的，则法院应以原告之诉不能得到支持为由通过判决形式驳回。

另外，如果当事人起诉主张的法律关系的性质或民事法律行为的效力与法院根据案件事实作出的认定不一致，法院应向当事人释明，由其变更诉讼请求；如当事人经释明后，仍坚持原诉讼请求的，法院应就当事人主张的法律关系和合同效力进行实体审理并作出判断。在此判断基础上也应以实体判决的形式对当事人的诉讼请求进行判断，而不能以裁定驳回当事人起诉的形式认定当事人无诉权。

【条文】

第二百零九条

原告提供被告的姓名或者名称、住所等信息具体明确，足以使被告与他人相区别的，可以认定为有明确的被告。

起诉状列写被告信息不足以认定明确的被告的，人民法院可以告知原告补正。原告补正后仍不能确定明确的被告的，人民法院裁定不予受理。

【条文主旨】

本条是关于如何认定“有明确的被告”的规定。

---

① 参见最高人民法院（2020）最高法民终605号民事判决书。

【条文理解】

根据民事诉讼法第一百二十二条第二项的规定，“有明确的被告”是原告起诉的条件之一。实践中对于如何判断原告的起诉“有明确的被告”，是多年以来困扰人民法院民事案件立案阶段的一个重要问题；特别在我国当前经济形势下，人口流动频繁，经常发生被告不明确，无法送达，进而影响人民法院查明案件事实等审判问题。本条的规定就是对该问题的处理。

1. 本条规定之前的相关法律、司法解释规定

2003年《简易程序规定》第八条第二项规定：“原告不能提供被告准确的送达地址，人民法院经查证后仍不能确定被告送达地址的，可以被告不明确为由裁定驳回原告的起诉。”该规定要求原告必须提供能够送达的被告的地址，不利于保护原告的诉权。因此，2004年12月2日起施行的《最高人民法院关于依据原告起诉时提供的被告住址无法送达应如何处理问题的批复》对上述规定进行了修正，规定人民法院依据原告起诉时所提供的被告住址无法直接送达或者留置送达，应当要求原告补充材料。原告因客观原因不能补充或者依据原告补充的材料仍不能确定被告住址的，人民法院应当依法向被告公告送达诉讼文书。人民法院不得仅以原告不能提供真实、准确的被告住址为由裁定驳回起诉或者裁定终结诉讼。该条规定了即使被告不能够通过直接送达或者留置送达，人民法院也应该受理，这对于保护原告的诉权明显是一种进步。

2. 对“有明确的被告”的理解

如果从民事案件实体处理的角度而言，“明确的被告”应包括两个层面的内容：一是形式上有“明确”的可识别的被告，即既要有具体的告诉相对方，即明确相对方是谁，又要有具体相对方确切的所在，即明确相对方的地址、住所，通过身份和空间处所两个要素把相对方固定成为“明确”的被告。二是实质上有合适的“被告”，即不仅要明确告诉相对方形式上的身份（姓名、性别、年龄等），还要明确相对方与原告之间法律关系、法律事实及相关证据。

第一，立案阶段“明确的被告”的形式标准。对于起诉要有具体的告诉相对方，明确相对方的姓名、年龄、性别等形式要素这一点毋庸置疑。而对于是否要有明确的被告所在，也即是否要明确被告具体、真实的空间处所，实践中存在不同的处理意见。一种意见认为，原告只要提供了“明确的”被告所在即可，至于这个“明确的”所在是否客观真实，均不影响原告的起诉。另一种意见认为，明确具体且客观的被告所在是“明确的被告”的基本

要素，不可或缺。

对此，本条认为，从民事诉讼法的立法本意而言，确定原告的起诉是否符合条件中的“有明确的被告”主要在于确定被告的身份能够被识别，从而避免被告同他人的身份相混淆。故只要能够通过姓名、性别、住所等内容将被告独立识别出来，则原告的起诉就是符合条件的，而没有必要要求在识别出被告之外，原告还必须提供准确无误的住所，从而能够找到被告，向被告直接送达起诉状。因此，明确被告确切无误的住所并不是民事诉讼法所规定的“明确的被告”之精神。对此，前述2004年最高人民法院的批复中关于人民法院依据原告起诉时所提供的被告住址无法直接送达或者留置送达的进一步处理意见体现的就是上述处理思路，即在依据原告所提供的住址无法达的情况下，人民法院应当要求原告补充材料以供人民法院进一步向被告送达起诉状，而对于原告因客观原因不能补充或者依据原告补充的材料仍不能确定被告住址的，人民法院不能裁定驳回起诉或者裁定终结诉讼，而应当依法向被告公告送达诉讼文书。

第二，起诉阶段“明确的被告”不等于“适格被告”。原告起诉是因为其权利受到侵犯或其权利需要确认，为程序意义上的权利主体；被告被诉则是因为被指控使原告的权利受到了威胁或损害。人民法院在审查立案时只要明确谁是被告就可以了，至于这个被告是不是符合条件及是否为应承担责任的合适被告，在起诉时无须确定，因为被告是否符合条件，一般只有经过实体审理才能确定。也就是说，法律要求“有明确的被告”，该条件的重点在“有”字；至于该被告是否必须是恰当的被告，需要人民法院经民事实体审理后才能作出判断。人民法院不能在立案阶段在未经审理的情况下即裁定对于案件不予受理。在原告起诉符合起诉条件的情况下，人民法院如果发现原告的起诉与被告并没有法律关系的，即被告与原告起诉不具有实质上的法律关系，或者原告的诉讼请求不成立的，则已经属于诉讼成立的要件，应通过判决驳回的形式驳回原告的诉讼请求，而不能通过裁定驳回原告的起诉。

综合上述两个方面的分析，在立案阶段，对“有明确的被告”的判断主要考察被告是否符合可识别的标准。从民事诉讼法第一百二十二条和第一百二十四条及本条司法解释的规定来看，人民法院在确定是否受理原告起诉的问题上，主要应从被告的身份、住所地两方面去审查。原告是否有证据证明其与被告存在某种法律关系，不是立案阶段审查的问题，而是审理阶段实体裁判的内容。至于明确的被告，其审查标准在于能否将被告同其他单位或者自然人区别开来。故本条第一款规定了原告在起诉时，必须提交能够证明被告身份的相关材料，如被告的姓名或者名称、住所、联系方式、身份证件号码或组织机构代码等，这既便于送达诉讼文书，也便于在执行阶段建立诚信系统。本条第二款规定了若原告不能提供被告的详细信息，从而无法识别被告身份的，可视同被告不明确，人民法院应当通知当事人限期补正，当事人在合理期限内未补正的，可以被告不明确为由裁定不予受理。当然，原告因客观因素限制无法准确提供被告的身份、住所信息的，人民法院可以依职权进行核查。

3. 可识别性标准在实践中的作用

从本条规定来看，原告只要能够通过提供被告的姓名或者名称、住所等信息，使被告与他人相区别，则被告就是能够被识别的，即可以认定为有明确的被告。而对于起诉状列写的被告信息不足以认定明确的被告的，人民法院可以告知其补正。比如，原告起诉张三偿还借款，为此提供了张三系某村人的信息，但是经人民法院审查，该村有三个张三，而原告并不能明确是哪一个张三向其借款，在此情况下，人民法院应告知原告予以补正。如果原告能够提供该张三的身份证件号码，则原告的补正是符合被告可区别于他人的可识别标准。如果原告补正后仍不能确定明确的被告的，人民法院则应裁定不予受理。

【审判实践中应当注意的问题】

根据本条的要求，只要原告能够提供可以识别被告的信息，即使其不能提供被告的住所，或者提供的被告的住所并非客观、准确的住所，人民法院也应予以受理。在被告的住所并不明确，且法院查证不能的情况下，人民法院应向当事人释明通过公告方式向被告送达。

另外，在人民法院实施立案登记制的情况下，对于案件的实体审理属于立案之后的处理，因此，在立案阶段，无论原告与被告是否实质上具有某种法律关系，即被告是否是与原告具有法律关系的合适的应当承担责任的被告，均不影响人民法院受理该案。至于人民法院在立案后，经过实体审理，认定原告所起诉的被告并不合适，被告与原告并无相应的法律关系，则应判决驳回原告的诉讼请求，在此情况下则属于人民法院实体审理之后的处理问题。

【条文】

第二百一十条

原告在起诉状中有谩骂和人身攻击之辞的，人民法院应当告知其修改后提起诉讼。

【条文主旨】

本条是关于原告在起诉状中有谩骂和人身攻击之辞如何处理的规定。

【条文理解】

实践中，原告同被告由于已经产生纠纷，冲突往往非常激烈。在原告向人民法院起诉时，这种激烈的冲突往往直接表现为原告所写作的起诉状中的谩骂和人身攻击。对于原告在起诉状中的此种谩骂和人身攻击的语言，其实质上已经构成了侵权行为，严重的可能构成犯罪。人民法院应该杜绝此类行为的发生，以免进一步通过诉讼行为产生新的民事纠纷。

对于原告在起诉状中有谩骂和人身攻击之辞的，人民法院如何处理，在本司法解释起草过程中有不同意见：一种意见认为，规定"告知其修改后提起诉讼"即可；另一种意见认为要明确不予受理。本条明确原告修改之后才能提起诉讼。虽然本条规定并没有明确提出人民法院不予受理的处理，但是其内涵的逻辑是对于存在谩骂和人身攻击之辞的起诉状，人民法院不予登记立案，只有当事人修改之后人民法院才予以立案，否则，就不存在"修改后提起诉讼"的问题。人民法院告知原告修改起诉状，原告拒不修改的，人民法院不予立案。

【审判实践中应当注意的问题】

原告在起诉状中有谩骂和人身攻击之辞，人民法院不存在向被告送达起诉状副本的问题，而是直接告知原告修改后再行向人民法院提起诉讼，即人民法院对于原告的起诉不予立案。如果经人民法院的告知，原告拒不修改的，人民法院则应采取不予立案的方式处理。

【条文】

第二百一十一条

对本院没有管辖权的案件，告知原告向有管辖权的人民法院起诉；原告坚持起诉的，裁定不予受理；立案后发现本院没有管辖权的，应当将案件移送有管辖权的人民法院。

【条文主旨】

本条是关于人民法院依职权审查管辖权的规定。

【条文理解】

《92年意见》第141条规定："对本院没有管辖权的案件，告知原告向有管辖权的人民法院起诉；原告坚持起诉的，裁定不予受理；立案后发现本院没有管辖权的，应当将案件移送有管辖权的人民法院。"该条规定实际上赋予了人民法院可依职权对管辖权进行审查。

民事诉讼法第一百三十条第一款规定："人民法院受理案件后，当事人对管辖权有异议的，应当在提交答辩状期间提出。人民法院对当事人提出的异议，应当审查。异议成立的，裁定将案件移送有管辖权的人民法院；异议不成立的，裁定驳回。"依据该条规定，对于原告起诉后，被告并未提出管辖权异议的，人民法院是否一概不得依据职权进行审查，实践中存在不同的处理意见。对此，本条规定对该问题进行了回应，即对本院没有管辖权的案件，告知原告向有管辖权的人民法院起诉；原告坚持起诉的，裁定不予受理；立案后发现本院没有管辖权的，应当将案件移送有管辖权的人民法院。

【审判实践中应当注意的问题】

根据民事诉讼法第一百三十条的规定，人民法院依职权加以审查的管辖权仅限于级别管辖和专属管辖，对于级别管辖、专属管辖之外的管辖权问题，当事人未提出管辖异议，并应诉答辩的，则应视为受诉人民法院有管辖权。

【条文】

第二百一十二条

裁定不予受理、驳回起诉的案件，原告再次起诉，符合起诉条件且不属于民事诉讼法第一百二十七条规定情形的，人民法院应予受理。

【条文主旨】

本条是关于裁定不予受理、驳回起诉的案件原告再次起诉如何处理的规定。

【条文理解】

民事诉讼法第一百二十七条规定："人民法院对下列起诉，分别情形，予以处理：（一）依照行政诉讼法的规定，属于行政诉讼受案范围的，告知原告提起行政诉讼；（二）依照法律规定，双方当事人达成书面仲裁协议申请仲裁、不得向人民法院起诉的，告知原告向仲裁机构申请仲裁；（三）依照法律规定，应当由其他机关处理的争议，告知原告向有关机关申请解决；（四）对不属于本院管辖的案件，告知原告向有管辖权的人民法院起诉；（五）对判决、裁定、调解书已经发生法律效力的案件，当事人又起诉的，告知原告申请再审，但人民法院准许撤诉的裁定除外；（六）依照法律规定，在一定期限内不得起诉的案件，在不得起诉的期限内起诉的，不予受理；（七）判决不准离婚和调解和好的离婚案件，判决、调解维持收养关系的案件，没有新情况、新理由，原告在六个月内又起诉的，不予受理。”对于人民法院根据上述法律规定已经裁定不予受理、驳回起诉的案件，如果原告再次起诉且原告的再次起诉符合该七项规定的条件，则人民法院仍然不予受理；已经受理的，应裁定驳回起诉。

【审判实践中应当注意的问题】

民事诉讼法第一百二十二条规定了起诉的条件；第一百二十六条规定，对于不符合起诉条件的起诉，应当不予受理；第一百二十七条规定，对于当事人针对一些特殊情形的起诉，应分别情形处理。因此，对于人民法院不予受理或者驳回起诉的案件，当事人再次起诉的，根据本条的规定，人民法院经审查只要符合起诉条件的，原则上应根据民事诉讼法第一百二十六条的规定，在七日内立案，并通知当事人。但是对于当事人的起诉存在民事诉讼法第一百二十七条规定的情形的，则应分别情形处理，而不应作为民事案件立案受理。

【条文】

第二百一十三条

原告应当预交而未预交案件受理费，人民法院应当通知其预交，通知后仍不预交或者申请减、缓、免未获批准而仍不预交的，裁定按撤诉处理。

【条文主旨】

本条是关于原告未预交案件受理费如何处理的规定。

【条文理解】

《诉讼费用交纳办法》第二条规定：“当事人进行民事诉讼、行政诉讼，应当依照本办法交纳诉讼费用。本办法规定可以不交纳或者免予交纳诉讼费用的除外。”第二十条规定：“案件受理费由原告、有独立请求权的第三人、上诉人预交。被告提起反诉，依照本办法规定需要交纳案件受理费的，由被告预交。追索劳动报酬的案件可以不预交案件受理费。申请费由申请人预交。但是，本办法第十条第（一）项、第（六）项规定的申请费不由申请人预交，执行申请费执行后交纳，破产申请费清算后交纳。本办法第十一条规定的费用，待实际发生后交纳。”《最高人民法院关于适用〈诉讼费用交纳办法〉的通知》第二条“关于当事人未按照规定交纳案件受理费或者申请费的后果”规定：“当事人逾期不按照《办法》第二十条规定交纳案件受理费或者申请费并且没有提出司法救助申请，或者申请司法救助未获批准，在人民法院指定期限内仍未交纳案件受理费或者申请费的，由人民法院依法按照当事人自动撤诉或者撤回申请处理。”根据上述规定，由原告预交案件受理费是《诉讼费用交纳办法》及相关司法解释的规定；对于原告未预交案件受理费，或者人民法院通知后仍不预交或者申请减、缓、免未获人民法院批准而仍不预交的，人民法院应按照撤诉处理。之所以本条未使用“自动”撤诉的表述，主要理由在于：实践中，对于人民法院裁定按撤诉处理的，系人民法院对于当事人意思的一种拟制，其显然并不是“自动”撤诉。

【审判实践中应当注意的问题】

民事诉讼法第一百二十一条第一款、第二款规定：“当事人进行民事诉讼，应当按照规定交纳案件受理费。财产案件除交纳案件受理费外，并按照规定交纳其他诉讼费用。当事人交纳诉讼费用确有困难的，可以按照规定向人民法院申请缓交、减交或者免交。收取诉讼费用的办法另行制定。”上述法律规定对于案件受理费的交纳时间并无规定，本条规定在结合《诉讼费用交纳办法》及相关司法文件规定的基础上，保留了先行预交案件受理费的规定，仍然是立案诉讼费交纳问题的原则性规定。

【条文】

第二百一十四条

原告撤诉或者人民法院按撤诉处理后，原告以同一诉讼请求再次起诉的，人民法院应予受理。

原告撤诉或者按撤诉处理的离婚案件，没有新情况、新理由，六个月内又起诉的，比照民事诉讼法第一百二十七条第七项的规定不予受理。

【条文主旨】

本条是关于撤诉后再次起诉如何处理的规定。

【条文理解】

当事人提起民事诉讼后又撤诉或者人民法院按撤诉处理的，当事人的诉权并未消失，当事人仍然可以同一诉讼请求再次起诉。本条第一款对此予以明确。

在离婚诉讼中，需要考虑离婚诉讼的特殊性加以处理。对此民事诉讼法第一百二十七条第七项规定："判决不准离婚和调解和好的离婚案件，判决、调解维持收养关系的案件，没有新情况、新理由，原告在六个月内又起诉的，不予受理。"故本条第二款规定："原告撤诉或者按撤诉处理的离婚案件，没有新情况、新理由，六个月内又起诉的，比照民事诉讼法第一百二十七条第七项的规定不予受理。"

【审判实践中应当注意的问题】

本条第一款的规定属于一般原则性的规定，第二款的规定属于针对离婚诉讼的特殊规定，在离婚诉讼案件涉及本条适用时，应优先适用本条第二款的规定。

【条文】

第二百一十五条

依照民事诉讼法第一百二十七条第二项的规定，当事人在书面合同中订有仲裁条款，或者在发生纠纷后达成书面仲裁协议，一方向人民法院起诉的，人民法院应当告知原告向仲裁机构申请仲裁，其坚持起诉的，裁定不予受理，但仲裁条款或者仲裁协议不成立、无效、失效、内容不明确无法执行的除外。

【条文主旨】

本条是关于当事人在书面合同订有仲裁条款或发生纠纷后达成书面仲裁协议，一方向人民法院起诉如何处理的规定。

【条文理解】

仲裁和人民法院审判属于解决纠纷的不同形式，当事人协议约定了仲裁的，人民法院不再对纠纷享有管辖权；当事人向人民法院起诉的，人民法院不予受理。只有当仲裁条款或者仲裁协议不成立、无效、失效、内容不明确无法执行时，人民法院才有管辖权。人民法院在当事人针对管辖权问题进行诉辩时，应重点审查仲裁条款、仲裁协议的效力，一旦认定仲裁条款、仲裁协议系当事人真实意思表示，则不应受理原告的起诉。

【条文】

第二百一十六条

在人民法院首次开庭前，被告以有书面仲裁协议为由对受理民事案件提出异议的，人民法院应当进行审查。

经审查符合下列情形之一的，人民法院应当裁定驳回起诉：

（一）仲裁机构或者人民法院已经确认仲裁协议有效的；

（二）当事人没有在仲裁庭首次开庭前对仲裁协议的效力提出异议的；

（三）仲裁协议符合仲裁法第十六条规定且不具有仲裁法第十七条规定情形的。

【条文主旨】

本条是关于仲裁与诉讼的衔接的规定。

【条文理解】

本条是对民事诉讼法第一百二十七条第二项的解释。仲裁和诉讼作为现代社会民事纠纷解决机制，当事人之间发生民事纠纷时，既可以通过仲裁解决，亦可以通过诉讼解决。当事人一旦选择通过仲裁解决纠纷，就意味着排斥法院的管辖权。当事人向人民法院提起诉讼，人民法院立案受理后首次开庭前，被告以有书面仲裁协议为由对受理民事案件提出异议的，人民法院应当进行审查。被告提出异议的时间限于首次开庭前。人民法院经审查符合以下情形的，应裁定驳回原告的起诉：第一，仲裁机构或者人民法院已经确认仲裁协议有效的；第二，当事人没有在仲裁庭首次开庭前对仲裁协议的效力提出异议的；第三，仲裁协议符合仲裁法第十六条①规定的形式和内容要件且不具有仲裁法第十七条②规定的仲裁协议无效情形的。

【审判实践中应当注意的问题】

适用本条规定时，应注意时间节点。如果被告在人民法院受理案件阶段提出异议，可应适用本解释第二百一十五条的规定予以处理。如果被告在首

① 仲裁法第十六条规定：“仲裁协议包括合同中订立的仲裁条款和以其他书面方式在纠纷发生前或者纠纷发生后达成的请求仲裁的协议。仲裁协议应当具有下列内容：（一）请求仲裁的意思表示；（二）仲裁事项；（三）选定的仲裁委员会。”

② 仲裁法第十七条规定：“有下列情形之一的，仲裁协议无效：（一）约定的仲裁事项超出法律规定的仲裁范围的；（二）无民事行为能力人或者限制民事行为能力人订立的仲裁协议；（三）一方采取胁迫手段，迫使对方订立仲裁协议的。”

次开庭后提出异议，人民法院应当继续审理。

【条文】

第二百一十七条

夫妻一方下落不明，另一方诉至人民法院，只要求离婚，不申请宣告下落不明人失踪或者死亡的案件，人民法院应当受理，对下落不明人公告送达诉讼文书。

【条文主旨】

本条是关于夫妻一方下落不明，另一方只要求离婚不申请宣告失踪或死亡的案件，人民法院应否受理的规定。

【条文理解】

夫妻一方下落不明，另一方向人民法院起诉仅要求离婚的案件，符合民事诉讼法第一百二十二条规定的起诉条件，人民法院应当受理，对下落不明人通过公告送达的方式送达诉讼文书。

【审判实践中应当注意的问题】

本条明确了对夫妻一方下落不明，另一方向人民法院起诉仅要求离婚的案件，人民法院应当受理。但如果另一方申请宣告失踪或死亡的案件，应符合民事诉讼法第一百九十条、第一百九十一条规定的限制条件，即申请宣告失踪，被申请人下落不明应满二年；申请宣告死亡，被申请人下落不明应满四年，或者因意外事件下落不明满二年，或者因意外事件下落不明，经有关机关证明该公民不可能生存的。

【条文】

第二百一十八条

赡养费、扶养费、抚养费案件，裁判发生法律效力后，因新情况、新理由，一方当事人再行起诉要求增加或者减少费用的，人民法院应作为新案受理。

【条文主旨】

本条是关于赡养费、扶养费、抚养费案件，裁判发生法律效力后，一方当事人以新情况、新理由为由再行起诉，人民法院应否受理的规定。

【条文理解】

因2021年民事诉讼法修改时，为了与民法典的规定保持一致，将原条文中使用的“抚育费”统一修改为“抚养费”，故本解释在2022年修改时对照民事诉讼法的规定，将本条中的“抚育费”修改为“抚养费”。根据一事不再理的民事诉讼原则，对于已经发生法律效力的裁判，当事人不得再次提起诉讼。一般认为，发生法律效力的裁判即具有拘束力、执行力、形成力和确定力。但应注意的是，本条对赡养费、扶养费、抚养费的案件作为新案受理，只涉及赡养费、扶养费、抚养费的增加或减少的问题，并不涉及前案的事实和法律关系的重新认定问题。

【审判实践中应当注意的问题】

现实中，因物价上涨、消费支出增加、收入下降、遭灾遇难及其他原因，致使生效裁判判定的赡养费、扶养费、抚养费数额与现实不平衡，为了保护双方当事人的合法权益，维护安定的社会秩序，当事人向人民法院起诉仅要求增加或减少费用的，人民法院应当作为新案受理。但当事人起诉要求无关增加或减少费用的，人民法院不予受理。

【条文】

第二百一十九条

当事人超过诉讼时效期间起诉的，人民法院应予受理。受理后对方当事人提出诉讼时效抗辩，人民法院经审理认为抗辩事由成立的，判决驳回原告的诉讼请求。

【条文主旨】

本条是关于当事人超过诉讼时效期间起诉，人民法院应否受理的规定。

【条文理解】

根据民事诉讼理论，起诉阶段当事人行使的是程序意义上的诉权，法院仅审查原告是否具有程序意义上的诉权，法院的审查是一种形式审查。诉讼时效期间是否经过，均不影响法院受理案件。因此，当事人超过诉讼时效期间提起的诉讼，人民法院应予受理。

关于诉讼时效的效力，学界通说认为，我国关于诉讼时效的效力应采抗辩权发生说。抗辩权发生说意味着，如果义务人援引抗辩权，权利人的权利将转化为自然权利，法院不予保护。如果义务人不援引抗辩权，则权利人的权利仍然是一种完整的权利，法院仍予以保护。基于此，《最高人民法院关于审理民事案件适用诉讼时效制度若干问题的规定》第二条规定："当事人未提出诉讼时效抗辩，人民法院不应对诉讼时效问题进行释明。"本条亦规定，在对方当事人提出诉讼时效抗辩的情况下，人民法院经审理认为抗辩事由成立的，判决驳回原告的诉讼请求。

【条文】

第二百二十条

民事诉讼法第七十一条、第一百三十七条、第一百五十九条规定的商业秘密，是指生产工艺、配方、贸易联系、购销渠道等当事人不愿公开的技术秘密、商业情报及信息。

【条文主旨】

本条是关于民事诉讼法中商业秘密的规定。

【条文理解】

本条对民事诉讼法中的商业秘密的内涵和外延进行了较完整界定。商业秘密的特点在其秘密性、价值性，不仅包括商业情报、信息，还包括技术秘密，具体的表现形式有生产工艺、配方、贸易联系、购销渠道等。

【审判实践中应当注意的问题】

商业秘密不仅在侵权民事案件，还在其他如技术合同、加工承揽、货物买卖等诉讼案件中涉及，当事人的生产工艺、购销渠道等对当事人的价值比案件本身的价值更大，法院在民事诉讼中应注意保护商业秘密，根据民事诉讼法第七十一条、第一百三十七条、第一白五十九条的规定，涉及商业秘密的证据需要在法庭出示的，不得在公开开庭时出示；涉及商业秘密的案件，当事人申请不公开审理的，可以不公开审理；公众对涉及商业秘密案件的生效裁判文书的查阅权应受到限制。此外，对涉及商业秘密的卷宗应限制阅卷权。

【条文】

第二百二十一条

基于同一事实发生的纠纷，当事人分别向同一人民法院起诉的，人民法院可以合并审理。

【条文主旨】

本条是关于诉的客观合并的规定。

【条文理解】

一个完整的诉通常由三方面要素构成：诉的主体、诉的客体和诉的原因。诉的主体包括原告与被告；诉的客体包括诉讼标的与诉讼请求。诉讼标的是指民事当事人之间争议的、请求法院审判的民事实体法律关系或者民事实体权利。我国根据诉讼标的来确定案由。一个诉只有一个诉讼标的，若同一个诉讼程序中存在两个以上的诉讼标的，则为两个以上的诉（即诉的客观合并）。诉的合并是指法院将两个或两个以上彼此之间有牵连的诉合并到同一法院管辖，并适用同一个诉讼程序审判。诉的合并有狭义和广义之分：狭义的诉的合并专指诉的客体合并，即诉的客观合并；广义的诉的合并，除包括诉的客体合并外，还包括诉的主体合并，即诉的主观合并。此外，还存在诉的主客观合并的情形。

关于诉的合并，民事诉讼法主要有如下规定：民事诉讼法第五十五条第一款规定，当事人一方或者双方为二人以上，其诉讼标的是共同的，或者诉讼标的是同一种类、人民法院认为可以合并审理并经当事人同意的，为共同诉讼。该条包括必要共同诉讼及普通共同诉讼两种类型，必要共同诉讼属于诉的主观合并，普通共同诉讼属于诉的主观及客观合并。民事诉讼法第一百四十三条规定，原告增加诉讼请求，被告提出反诉，第三人提出与本案有关的诉讼请求，可以合并审理。被告提出反诉，第三人提出参加之诉既是诉的主观合并，又是诉的客观合并。

司法实践中，基于同一事实发生的纠纷，当事人分别起诉的情况时有发生。例如，甲乙双方因加工承揽关系发生纠纷，甲方起诉要求乙方支付加工款，乙方起诉要求甲方赔偿加工物质量不合格给乙方造成的损失，两个案件基于同一事实，但是诉讼请求相互排斥。具有共同事实基础的不同的诉由不同的审判组织审理，容易出现相互矛盾的事实认定和判决结果，损害司法统一性。现行法律规范对反诉与本诉的合并以及第三人之诉与本诉的合并有明确的规定，但是对同一法院受理的基于同一事实发生的不同的诉讼是否可以合并审理未予规定，使该类案件的合并缺乏程序保障。本条规定使诉的合并制度更为完善。

对于本条的理解应把握以下几点。

1. 诉的合并的标准

法律事实是法律规范所规定的能够引起法律关系产生、变更或消灭的现象，可以合并的诉讼应“基于同一事实”发生，各单纯之诉所依据的事实关系或者法律关系应有牵连，具有一致性或者重叠性。如果各单纯之诉所依据的事实关系或者法律关系并不具有一致性，或者重叠性较小以至于不足以产生相互矛盾的裁判，则认为各单纯之诉并不符合合并的要件。

从司法实践看，存在下述情形时可以认为诉的牵连性较为紧密：(1) 各个诉的当事人诉求指向同一法律关系，如基于同一个合同关系，合同甲方请求继续履行合同，而合同乙方起诉请求确认合同无效或者申请撤销合同；或者合同甲方请求支付价款，合同乙方主张履行不符合约定，甲方应赔偿损失。(2) 各个诉的当事人诉求基于同一事实而产生，但是存在多个法律关系，例如基于同一交通事故，有多个受害人和责任人，成立多个人身损害赔偿法律关系，有可能发生多起诉讼，但是各案在事实认定及对当事人在侵权事件中的责任比例划分应具有一致性，故宜合并审理。又如，在离婚诉讼中，因离婚行为产生三个法律关系——离婚关系，子女抚养关系以及财产分割关系，通常应在一个案件中合并审理。除非财产分割纠纷过于复杂，为避免拖延婚姻关系的处理，则可以分别处理。(3) 各个诉之间涉及的法律关系存在主从关系。如在借款纠纷中，借款人与出借人、担保人分别签订借款合同和担保合同，出借人分别起诉借款人和担保人。担保合同纠纷中担保人的责任与借款合同中出借人的责任具有一致性，应合并审理。(4) 各个诉之间的当事人存在不真正连带债务。产生不真正连带债务是因存在不同的法律关系，基于同一损害事实，数个债务人对债权人负有同一给付义务。例如，劳动者在工作时间、工作地点因工作原因遭受第三人的人身侵害，劳动者可以基于侵权行为向第三人主张赔偿，同时，劳动者可以基于劳动合同关系，向用人单位主张赔偿，用人单位赔偿后可以向第三人追偿。如果劳动者同时提起两个诉讼，则可以合并审理，有助于确定终局责任承担者。

2. 诉的合并的启动和决定

诉讼的启动权在当事人，当事人对程序问题亦有处分权，例如申请撤诉，但是为了保证诉讼的公正及效率，法院对诉讼程序有控制权，对程序事项有裁决权。当事人可以向法院申请合并诉讼，由法院根据案件的牵连程度等考量因素作出决定；在当事人未申请合并情况下，法院认为有必要合并的，也可以自行决定合并审理。根据本司法解释第二百三十二条的规定，当事人提出反诉，第三人提出与本案有关的诉讼请求的时间为法庭辩论结束前，参照该规定，当事人应在法庭辩论结束前提出诉的合并申请。

【审判实践中应当注意的问题】

在案件的审理过程中，应注意如下问题：(1) 做好释明工作，发现存在相互关联的案件，应及时向当事人释明是否申请合并案件。(2) 注意审查需要合并的案件是否属于同一诉讼程序。如果发现当事人申请合并的诉讼不能适用同一诉讼程序，法院应分别审理。例如，股东请求解散公司诉讼属于诉讼案件中的变更之诉，适用普通程序；公司清算属于非诉案件。公司解散案件和公司清算案件不能合并审理。(3) 合并审理的方式。对于合并审理的内涵，学理上有不同的认识，一般包括共同开庭，适用同一诉讼程序，由同一审判组织审理，共同调解、宣判等。我们认为，诉的合并可以是两个诉合并为一个案件，如本诉、反诉的合并；也可以由同一审判组织审理，而仍为两个独立的案件。合并审理的本质应为由同一审判组织审理，一般应共同开庭，共同调解和判决。在两个诉合并为一个案件时，可以作出合一的判决。如果一个案件对另一个案件有先决效力，可以对有先决效力的案件先行宣判。(4) 法院在决定是否合并多个诉讼时应从立法目的出发，审查合并诉讼是否有利于查清案件事实、厘定当事人具体责任，防止相互矛盾的事实认定和裁判结果。如果诉的合并无法实现上述程序功能和价值，则应避免将缺乏牵连性的诉讼合并，导致不必要的诉讼拖延。

【条文】

第二百二十二条

原告在起诉状中直接列写第三人的，视为其申请人民法院追加该第三人参加诉讼。是否通知第三人参加诉讼，由人民法院审查决定。

【条文主旨】

本条是关于原告在起诉状中直接列写第三人如何处置的规定。

【条文理解】

1. 原告在起诉状中列写第三人视为原告申请追加第三人

根据民事诉讼法第五十九条第二款的规定，无独立请求权的第三人可以申请参加诉讼，或由人民法院通知他参加诉讼。即无独立请求权的第三人参加诉讼的方式有申请参加和法院通知参加两种。申请参加，是案外人以书面或口头的形式向法院提出参加诉讼的申请；通知参加，是指法院依职权主动发出通知，要求案外人参加诉讼。司法实践中有些原告直接在起诉状中列写第三人，对此应视为原告申请追加第三人参加诉讼。

2. 法院通知第三人参加诉讼的审查方式

原告在起诉状中所列写的第三人通常为无独立请求权的第三人。有独立请求权的第三人对讼争的诉讼标的有独立的请求权，排斥原告的诉讼请求，通常主动参加或者由被告申请追加。无独立请求权的第三人参加诉讼有利于厘定纠纷当事人的具体责任，简化诉讼程序，提高诉讼效率。如果原告申请追加的第三人与案件无利害关系则不能实现上述程序功能和价值，导致诉讼的拖延，并损害本诉当事人的利益。因此法院在立案阶段应对原告在诉状中列写的第三人是否符合追加条件予以审查决定，并向当事人释明。对于符合无独立请求权第三人条件的，法院立案时列其为第三人，由审判组织通知第三人参加诉讼。对于不符合无独立请求权第三人条件的，向原告释明。法院可对列写的第三人询问，以确定第三人与原、被告之间的实体法律关系，以及其与原、被告之间的法律关系是否有直接的牵连性，根据询问情况决定是否通知第三人参加诉讼。

3. 通知无独立请求权第三人参加诉讼的条件

根据民事诉讼法第五十九条的规定，无独立请求权的第三人对案涉纠纷当事人的诉讼标的没有独立请求权，但是案件处理结果与他有法律上的利害关系。无独立请求权的第三人与案件当事人有实体上的权利义务关系，但是无权在原告已经起诉的案件中对原、被告提出诉讼请求，在程序上有依附性。

通常认为，“利害关系”指的是一种牵连关系，即原、被告之间的法律关系和第三人与本诉当事人之间的法律关系在主体、客体或者标的上有同一性，且原、被告之间的诉讼对第三人与当事人之间的诉讼会产生预决效力。学理上对利害关系有不同的理解，有的认为与无独立请求权的第三人有法律关系的当事人如果败诉，第三人对该当事人或者双方当事人应承担民事责任，可以认为有法律上的利害关系。有的认为利害关系是指诉讼的裁判结果或者认定的事实将直接或者间接地影响到第三人的民事权益或者法律地位。对于无独立请求权第三人的种类，学理上亦有不同的认识，有的认为应分为两类，辅助型第三人和被告型第三人，有的认为还应包括权利型第三人。辅助型第三人是为了辅助法院查明案件事实的第三人，不需要承担责任；被告型第三人是对案件当事人一方负有义务的第三人，如果该当事人败诉，可能导致第三人承担义务。权利型第三人则是裁判结果和事实认定会影响到其权利的第三人，如在以破产管理人为被告的案件中，案件结果会影响到其他债权人的利益，债权人希望以第三人身份参加到案件中去，监督双方的诉讼行为。原告申请追加的第三人通常是辅助型第三人或者被告型第三人。

设立无独立请求权第三人制度的目的主要有：维护参加人自身利益；彻底解决纠纷，促进诉讼经济；为第三人提供程序保障；等等。法院在审查决定是否通知第三人参加诉讼时，应审查是否符合无独立请求权第三人制度的目的。实践中，应通知原告列写第三人参加诉讼的情况主要有：因债权转让、债务承担以及债权债务概括转让引发的诉讼，将转让人列为第三人；代位权诉讼中，债权人以次债务人为被告提起诉讼，将债务人列为第三人；撤销权诉讼中，债权人以债务人为被告提起诉讼，将受让人列为第三人；产品责任案件中，消费者起诉销售者，将生产者列为第三人；等等。

【审判实践中应当注意的问题】

由于案件处理结果同第三人有法律上利害关系，因此，一般情况下，第三人会主动参加诉讼。如果第三人不同意参加诉讼，法院是否可以直接通知其参加诉讼？从比较法看，大陆法系及英美法系的民事诉讼法律规范及实践中均未规定法院依职权追加第三人，当然国外诉讼法中所称第三人与我国诉讼法中第三人的内涵仍有区别。而学界认为，依职权追加无独立请求权的第三人是公权力对私权的过度干预，且无独立请求权的第三人无权提出管辖权异议，对案件当事人无权提出诉讼请求，却可能承担义务，权利义务不对等。对此，我们认为，根据现行法律规定，为了提高诉讼效率，如果无独立请求权的第三人符合参加诉讼的条件，法院可以依职权通知第三人参加诉讼。但是，如果案外人与当事人一方存在仲裁条款、约定管辖条款或者属于专属管辖范围时，法院不应通知该案外人作为无独立请求权的第三人参加诉讼。法院应准确甄别无独立请求权的第三人，防止错误通知给案外人造成诉累，甚至损害案外人的诉讼权利。司法实践中有的原告起诉时对法律关系的判断不准确，将其他诉讼参与人列为第三人，如在企业系签约主体情况下，将实际签约或者收付款项的工作人员列为第三人，该工作人员并不符合法律规定的第三人条件，应将其作为证人。有的当事人为了规避管辖规定，将真正的被告作为无独立请求权的第三人追加到虚构的诉讼中，对此种情况，法院应注意甄别。

【条文】

第二百二十三条

当事人在提交答辩状期间提出管辖异议，又针对起诉状的内容进行答辩的，人民法院应当依照民事诉讼法第一百三十条第一款的规定，对管辖异议进行审查。

当事人未提出管辖异议，就案件实体内容进行答辩、陈述或者反诉的，可以认定为民事诉讼法第一百三十条第二款规定的应诉答辩。

【条文主旨】

本条是关于应诉管辖认定的规定。

【条文理解】

一般认为，应诉管辖，又称默示协议管辖，是指双方当事人没有管辖协议，一方当事人在法院起诉，另一方当事人对该法院行使管辖权不提出异议并应诉答辩的，视为承认受诉人民法院为有管辖权的法院。2007 年民事诉讼法中没有应诉管辖的规定，但在涉外民事诉讼部分规定了默示协议管辖制度。2012 年民事诉讼法将涉外默示协议管辖的规定删除，在第一百二十七条第二款增加了应诉管辖的规定："当事人未提出管辖异议，并应诉答辩的，视为受诉人民法院有管辖权，但违反级别管辖和专属管辖规定的除外。"经过该次修改，民事诉讼法中有关应诉管辖的内容，不只适用于涉外民事案件的审理程序，而是作为一项基本制度在第一审普通程序中得以适用。将应诉管辖的适用范围由原来的涉外民事案件扩大到非涉外民事案件，不仅能为当事人减少讼累，也为法院的管辖赋予正当的法律依据，能够节省司法资源。由于增加了应诉管辖的规定，2012 年民事诉讼法第二百条规定的再审事由中，相应地删除了"违反法律规定，管辖错误的"这一再审事由。若当事人在一审程序中未对管辖提出异议，并应诉答辩的，受诉人民法院即获得了案件的管辖权。而且，当事人不得在判决生效后以管辖错误为由申请再审。此外，1994 年仲裁法中也有应诉管辖的相关内容，该法第二十六条规定："当事人达成仲裁协议，一方向人民法院起诉未声明有仲裁协议，人民法院受理后，另一方在首次开庭前提交仲裁协议的，人民法院应当驳回起诉，但仲裁协议无效的除外；另一方在首次开庭前未对人民法院受理该案提出异议的，视为放弃仲裁协议，人民法院应当继续审理。"2009 年、2017 年仲裁法修正以及 2021 年民事诉讼法修正时，均保留了前述应诉管辖的规定。

本条第一款是对当事人提出管辖异议又应诉答辩的情形如何处理的规定。司法实践中，经常出现的一种情形就是，当事人一方面认为受理案件法院没有管辖权，因此提出管辖异议；另一方面，当事人又担心管辖异议被人民法院裁定驳回后，来不及提交书面答辩状。故当事人往往会同时提交管辖权异议申请书和书面答辩状或先后提交管辖权异议申请书和书面答辩状。此种情况下，当事人针对起诉状的内容进行了答辩，是否应当视为应诉答辩，则应结合民事诉讼法第一百三十条第二款进行分析。该款内容为“当事人未提出管辖异议，并应诉答辩的，视为受诉人民法院有管辖权，但违反级别管辖和专属管辖规定的除外。”从文义解释和体系解释可知，立法者认为，应诉管辖必须同时满足两个条件，缺一不可：一是当事人未提出管辖异议；二是应诉答辩。显然，前述同时提交管辖权异议申请书和书面答辩状的情形不符合应诉管辖的条件。至于在提交答辩状期间内，当事人先提交书面答辩状后提交管辖权异议申请书的，也应认定为不符合上述应诉管辖的条件。因此，当事人只要在提交答辩状期间提出了管辖异议，无论其是否针对起诉状的内容进行答辩，都应当认为其行使了管辖异议的诉讼权利，人民法院应当依照民事诉讼法第一百三十条第一款的规定，对管辖异议进行审查。

本条第二款是对民事诉讼法第一百三十条规定的应诉答辩表现形式的规定。针对民事诉讼法第一百三十条第二款规定的“当事人未提出管辖异议，并应诉答辩的，视为受诉人民法院有管辖权”，本条第二款对应诉答辩的具体情形进行了规定。关于答辩应具有什么内容，《民事诉讼证据规定》第四十九条规定：“被告应当在答辩期届满前提出书面答辩，阐明其对原告诉讼请求及所依据的事实和理由的意见。”依该条规定，答辩状主要包括两方面的内容：一是被告对原告的诉讼请求的认诺、否认或部分否认，对于否认的部分应当提出依据的事实理由或法律理由；二是被告对原告所依据的事实及理由的自认、否认或部分否认，对于否认的部分也应当提出依据的事实理由或法律理由。司法实践中，常有被告答辩的范围超过原告主张及请求的范围，由于法院仅在原告的请求及主张的事实范围内进行审理，因此，被告的答辩也应限于该范围内。因此，不管答辩是针对诉讼请求的认诺、否认或部分否认，还是针对原告所依据的事实及理由的自认、否认或部分否认，都是在案件实体范围内进行的，不涉及案件审理的程序事项。一旦当事人就案件是否属于法院主管、是否属于受理案件法院管辖等程序性事项发表答辩意见，则说明其已事实上通过答辩形式提出了管辖异议，自然就不属于本条所指应诉答辩的范畴。因此，本条将应诉答辩限定在就案件实体内容进行答辩、陈述或者反诉的范围内，只有针对案件实体方面内容的答辩才可认定为民事诉讼法规定的应诉答辩。而且有必要强调的是，依据民事诉讼法第一百三十条的规定，应诉管辖不得违反级别管辖和专属管辖的规定，当人民法院的管辖违反民事诉讼法第十八条、第十九条、第二十条、第二十一条及第三十四条等有关级别管辖和专属管辖的规定时，受诉法院就不能因当事人的应诉答辩获得管辖权。

【审判实践中应当注意的问题】

第一，关于第三人是否有权提出管辖权异议。根据1990年《最高人民法院关于第三人能否对管辖权提出异议问题的批复》可知，有独立请求权的第三人主动参加他人已开始的诉讼，应视为承认和接受了受诉法院的管辖，因而不发生对管辖权提出异议的问题；无独立请求权的第三人参加他人已开始的诉讼，是通过支持一方当事人的主张，维护自己的利益。由于他在诉讼中始终辅助一方当事人，并以一方当事人的主张为转移。所以，他无权对受诉法院的管辖权提出异议。另外，由于民事诉讼法第五十九条第二款规定人民法院判决承担民事责任的无独立请求权第三人，有当事人的诉讼权利义务。该条反向解释即为，人民法院未判决承担民事责任之前，无独立请求权第三人就不是当事人。而根据民事诉讼法第一百三十条的规定，只有当事人才可以提出管辖权异议，故无独立请求权第三人是不能提出管辖权异议的。

第二，关于管辖权异议审理期间原告申请撤诉的处理。实践中，可能出现被告提出管辖权异议后，原告提出撤诉的情形。此时，从法理而言，受理案件法院应先对管辖权异议这一程序性事项进行处理，然后再由有管辖权的法院审查撤诉申请是否合法。但是为提高司法效率，个案中也可以考虑让被告先撤回管辖权异议，然后再准许原告撤回起诉。

【条文】

第二百二十四条

依照民事诉讼法第一百三十六条第四项规定，人民法院可以在答辩期届满后，通过组织证据交换、召集庭前会议等方式，作好审理前的准备。

【条文主旨】

本条是关于审理前准备方式的规定。

【条文理解】

证据交换是20世纪90年代后期至今，地方各级人民法院适用普通程序审理第一审案件所采取的整理争议焦点和固定证据的通常方法，其对于实现审理集中化，促进诉讼的公平和秩序有十分明显的积极作用。2012年民事诉讼法修改时对证据交换也在立法上给予肯定。为细化民事诉讼法的规定，本条司法解释明确在答辩期届满后，人民法院可以通过组织证据交换、召集庭前会议等方式作好审理前的准备。但对于是否召集庭前会议，人民法院可以根据案件的具体情况选择采取召集庭前会议、单纯的证据交换或者其他方式进行审理前准备。2021 年民事诉讼法对证据交换相关内容未作修改，故 2022 年本司法解释修改时，仅对引用的民事诉讼法条文序号作了调整，其他内容未修改。

人民法院决定立案受理民事诉讼以后，在开庭审理之前，为保证审理的顺利进行和案件的及时、正确处理，法官需要预先作一些必要的准备工作。我国民事诉讼法称之为“审理前的准备”，这是第一审普通程序的一个必经阶段。

审前准备程序对于庭审程序而言，在形式上具有独立性，但究其根本，设置审前准备程序的目的在于为庭审程序的有效运行服务。在审前准备程序中，法官处于中立地位，主要负责指导双方当事人交换与固定证据、整理固定争议焦点，为随后庭审程序的顺利进行打好基础。而在功能上，审前准备程序并不具有独立性，它对庭审程序具有高度的依赖性，审前准备程序中的准备是为庭审程序而作的准备。离开了庭审程序，审前准备程序也就缺少了发挥的空间，因此审前准备程序不能独立存在。

审前程序不仅具有交换证据、整理争议焦点等审前准备程序的传统功能，还具有一定的独立的功能，即组织当事人双方和解或法院调解，以此完成民事诉讼的任务并终结整个民事诉讼程序。由此可知，审前程序的独立功能的目的并不是为庭审程序的顺利进行提供服务，而是力求将有待庭审程序解决的问题提前到审前程序中解决，只要解决成功，整个诉讼程序即可宣告结束。与审前准备程序相比，审前程序无论在形式上还是在功能上，它都具备了鲜明的完整性和独立性。审前程序，是整个民事诉讼程序的重要组成部分，是建设以庭审为中心的现代化民事诉讼程序的结构的重要基础。虽然两大法系主要国家对于开庭前的准备程序有着不同的理解，但是作为与开庭审理相区别的一个阶段性程序，其具有如下特性：其一，该程序具备功能多元化的特点，兼有实体法和程序法的意义，如法院组织双方交换证据、整理争议焦点等具有程序法上的意义，而法院对民事纠纷进行调解或双方当事人进行和解就具有实体审理特征；其二，主要的参加主体是当事人，两大法系中都是由当事人决定需要判断的案件事实，由当事人收集、提出并与对方交换证据，以此形成对庭审有约束力的争议焦点，同时为法官断案提供基础。完善的庭前程序，对庭审的辅助功能主要体现在整理争议焦点、确定无争议的事实、交换证据、固定证据、排除没有证明力的证据，使当事人在相互充分了解的基础上对簿公堂，增加庭审活动的针对性和有效性。此外，根据我国社会的现实需要，审前准备程序具备繁简分流及多元化解决纠纷的功能。

审判的目的就是最终解决纠纷，但是解决纠纷的方法并不仅限于诉讼。自从审前程序从审判程序中分离出来而成为一个相对独立或完全独立的程序以来，就各国近年来的发展趋势来看，审前程序并不仅仅发挥着为正式庭审活动进行必要的准备的单一功能，由于将原本在诉讼审理程序中所做的事项提前至审前阶段，使审前程序功能日益完善。在此程序中为明确事实争议焦点而进行的证据的收集、发现及信息的交换有可能对当事人的诉讼立场和观点带来实质性的影响。

我国 2001 年《民事诉讼证据规定》实施后，有不少法院对庭前程序特别是庭前证据交换程序进行了大胆的改革和探索。2019 年，根据实践中出现的新情况、新问题，《民事诉讼证据规定》进行了修正，对证据交换规则作出了相应修改和完善。通过庭前证据交换，明确争议焦点，提高质证的效果，有利于法官正确判断和认定事实，从而提高案件的质量，减少二审和再审的可能，使纠纷得到迅速及时的处理。此外，通过证据交换，双方所持有的证据及审理结果胜败预期一目了然，法官稍加推动，就很有可能使纠纷在进入庭审前得到解决。

审判人员确定后，应当认真审核案件的诉讼材料。通过对诉讼材料的审核，了解案件的基本情况、双方当事人对案件的基本态度和争议焦点，为开庭审理作好必要的准备。必要时，可以召集庭前会议，庭前会议一般包括如下内容：明确原告的诉讼请求与被告的答辩意见；根据当事人的申请决定调查收集证据，委托鉴定，要求当事人提供证据以及进行证据保全；审查处理当事人申请增加、变更诉讼请求和提出的反诉，以及第三人提出的与本案有关的诉讼请求；组织当事人交换证据；归纳当事人之间的争议焦点；根据案件的具体情况进行调解。

一般来讲，审理前的准备开始的时间为答辩期届满后，因为这时才能根据起诉与答辩的情况，确认双方当事人的争议焦点，并围绕争议焦点展开庭前准备活动。

【审判实践中应当注意的问题】

在证据交换的具体操作方面，《民事诉讼证据规定》作出了明确规定。根据《民事诉讼证据规定》，通过组织证据交换进行审理前准备的，证据交换之日举证期限届满。证据交换的时间可以由当事人协商一致并经人民法院认可，也可以由人民法院指定。当事人申请延期举证经人民法院准许的，证据交换日相应顺延。证据交换应当在审判人员的主持下进行。在证据交换的过程中，审判人员对当事人无异议的事实、证据应当记录在卷；对有异议的证据，按照需要证明的事实分类记录在卷，并记载异议的理由。通过证据交换，确定双方当事人争议的主要问题。在实际操作中，双方当事人应当对其提交的证据材料逐一分类编号，对证据材料的来源、证明对象和内容作简要说明，并提供给对方查验和发表意见。当事人可以就证据的来源询问对方，并可就复印件与原物原件进行比对、发表意见。通过证据交换，双方当事人可以互相了解对方的证据和理由，也便于针对对方的证据进一步提供反驳的证据和理由。①

在当事人交换证据过程中，一方当事人收到对方交换的证据后提出反驳证据的，应当允许对方当事人就反驳证据再次举证反驳。为平等保护当事人的诉讼权利，应当再次组织证据交换。关于证据交换的次数，2001 年《民事诉讼证据规定》曾作出了一般不得超过两次的限制。但是考虑到实践中，案件情况差别较大，重大、疑难和案情特别复杂的案件，证据繁杂，事实查明难，允许多次证据交换是必然的。至于是多次交换还是一次交换，由法官根据案件事实和证据交换的情况自行决定。因此 2019 年修正《民事诉讼证据规定》取消了对证据交换次数的限制性规定，在第五十八条规定了“当事人收到对方的证据后有反驳证据需要提交的，人民法院应当再次组织证据交换”。

另外，需要注意的是，审前准备程序的构筑理念主要基于当事人主义的模式选择和价值取向，即法官处于一种消极的裁判者的地位，法官在庭前一般不应当受到来自任何一方证据、观点的不当影响，一般不参与收集和调查证据，否则，法官的中立性和客观性就不能得到真正的维护。因此，在审前程序的设置上应仅限于对案件有关证据材料的提出和双方争议焦点的发现，从而亦为法官提供一种形式审查的契机。因此，必须弱化法官调查取证的职能作用，避免法官对案件进行实质审查的任何倾向。

【条文】

第二百二十五条

根据案件具体情况，庭前会议可以包括下列内容：

① 参见最高人民法院民事审判第一庭编著：《最高人民法院新民事诉讼证据规定理解与适用》（下），人民法院出版社 2020 年版。

（一）明确原告的诉讼请求和被告的答辩意见；

（二）审查处理当事人增加、变更诉讼请求的申请和提出的反诉，以及第三人提出的与本案有关的诉讼请求；

（三）根据当事人的申请决定调查收集证据，委托鉴定，要求当事人提供证据，进行勘验，进行证据保全；

（四）组织交换证据；

（五）归纳争议焦点；

（六）进行调解。

【条文主旨】

本条是关于庭前会议主要内容的规定。

【条文理解】

本条在民事诉讼法第一百三十六条第四项的基础上，对于审理前准备阶段的内容进行了适当扩展，将为实现法庭审理集中化需要进行的必要准备工作均纳入其中。包括明确双方当事人的诉讼请求和答辩意见，收集整理证据，保全，处理诉讼请求增加、变更，交换证据，归纳争点以及进行开庭前的调解。

在开庭审理前，人民法院应当提前作好开庭准备，以便为顺利进行开庭审理奠定基础。庭前准备程序的功能除送达传票、通知合议庭组成人员等事务性工作外，应着重于证据的收集、交换及案件争点的归纳，庭前准备程序应当以此为中心展开。庭前会议是庭前准备工作的一个重要形式。庭前会议对于庭审的顺利开展起着至关重要的作用，具体如下：（1）加速诉讼程序的进程；（2）及早建立对程序的控制，避免因缺乏管理而拖延诉讼；（3）减少不必要的审判活动；（4）通过更彻底的准备活动提高审判质量；（5）促进和解。

是否召开庭前会议，由法官根据案情自行决定。需要召开庭前会议的，庭前会议应当包括哪些内容，民事诉讼法缺乏明确具体的规定，因此，本司法解释对此作出明确的规定。庭前会议大体包括以下内容。

第一，明确原告的诉讼请求和被告的答辩意见。这是庭前会议的首要内容，也是比较重要的一个内容。因为整个审判过程均是围绕原告的诉讼请求进行的。只有明确原告的诉讼请求和被告的答辩意见，才能确立案件审理的争议焦点问题，从而为庭审奠定良好的基础。既要重视原告的诉讼请求，也要重视被告的答辩意见。实践中有些当事人出于诉讼策略的考虑，在开庭前故意不答辩，在开庭时进行答辩突袭。原告的意见和证据在起诉时已经明确，被告有足够的时间研究进行对抗的理由、证据和法律规定，由于被告在开庭时答辩突袭，使原告丧失了深入研究被告答辩意见的机会，容易导致原告在法律依据上认识不充分，从而可能败诉。被告若不答辩会使法庭对争议焦点的归纳不全面，导致庭审效率低下，给人民法院解决诉讼争端设置障碍。因此，庭前会议应当明确原告的诉讼请求和被告的答辩意见，如果被告未及时提交答辩意见，应当敦促被告尽快提交答辩意见。

第二，审查处理当事人申请增加、变更诉讼请求和提出的反诉，以及第三人提出的与本案有关的诉讼请求。在庭前会议中应当对于当事人申请增加、变更的诉讼请求进行审查，对于被告提出的反诉亦应进行审查。第三人提出的与本案有关的诉讼请求在庭前会议中法院也应当依职权进行审查。

第三，根据当事人的申请决定调查收集证据，委托鉴定，要求当事人提供证据，进行勘验，进行证据保全。这也是庭前会议的一个重要内容。对于一些案件，可能当事人无法自行提供证据，会申请法院调查取证，或者案件需要鉴定，进行证据保全，进行勘验，当事人会向法院提出申请，为节省开庭时间，提高庭审效率，有必要在庭前会议中对上述事项予以明确。

第四，组织当事人交换证据。这是庭前会议最为重要的一个内容。在民事诉讼中，法院对案件事实的认定及最终裁判结果的作出，均须以证据为根据。故证据在整个民事诉讼中居于核心地位是不容置疑的。正因为证据在民事诉讼中具有如此重要的作用，所以，我国民事诉讼将法院调查收集证据作为审前准备程序的一项“核心环节”。关于证据交换的方式，在《民事诉讼证据规定》中规定得较为详细。审前准备程序目的主要在于为开庭审理作程序上的准备，如果案件根据审理进度需要进入开庭审理阶段，审前准备程序应有严格的限制，即在审前准备程序中对案件证据只是收集整理，而不能对证据效力等作出认定或提出意见。证据交换最终形成证据决议，并引导双方保证他们在案件审理中将用来作证的证据文件随时可得，证人（包括专家证人）随时可到，从而提高庭审的效率。

第五，归纳当事人之间的争议焦点。合议庭或者独任审判员阅读过双方的起诉状与答辩状后，主持双方当事人对案件事实及相应法律问题交换意见，并根据当事人的诉讼请求、答辩意见以及证据交换的情况，归纳争议焦点。就归纳的争议焦点应征求当事人的意见并引导双方当事人围绕争议焦点交换证据。

第六，根据案件的具体情况进行调解。法官在接受诉状后不应机械地送达被告或排期开庭，对于案情简单、能够调解或促进自行和解的案件，可以考虑确定直接进行调解。如果双方不能达成调解（或和解）协议，案件即可进入庭审程序。根据案件的具体情况进行调解是指：一是根据案件性质、矛盾缓急、是否经过事先处理等情况予以分类，对离婚等家事纠纷先行调解；对民事侵权等矛盾较大的案件实行优先调解；对经过民间调解组织等事先处理过的案件，根据规定进行程序性审查。二是对事实清楚、证据充分、当事人争议不大的简单民事案件，在送达、保全过程中进行调解。三是对重大、疑难和复杂的案件，以及证据较多、当事人争议较大、专业性较强的案件，在答辩和证据交换基础上推动双方达成调解协议。但是，庭前调解应当贯彻效率优先的原则，防止造成案件在庭前准备环节的过分拖延。

【审判实践中应当注意的问题】

第一，关于庭前人民法院依职权调查证据的范围，除法律明确规定法院依职权调查收集证据的情形外，应限定为当事人及其诉讼代理人因客观原因不能自己收集的证据，且在法院调查取证的启动方式上应当以当事人及其诉讼代理人提出申请，受诉人民法院予以审查决定为前提条件。

第二，法官在答辩期间以及举证期限届满后组织当事人进行证据交换，对双方提交的证据不进行实体性审查，只作程序上的归纳和整理。对当事人交换的证据，法官就有异议的事实证据以及无异议的事实证据进行分类固定。证据交换结束后，法官形成书面笔录和证据清单，由法官和当事人共同签名确认。需要指出的是，法官在起诉与答辩阶段，对双方提交的证据不能进行实体性审查，只能做程序上的归纳与整理，只能就有异议的事实证据进行分类固定，不能作出实体上的认定。

第三，庭前会议由法官主持，由双方当事人及其诉讼代理人、证人参加。会议的主要内容是由法官组织各方当事人交换证据材料及清单，由提供证据一方说明证据所要证明的主要问题，明确案件的争执点，并告知双方当事人对没有争执的事实不再质证，以及法庭开庭调查的事项及重点。其目的在于帮助当事人双方快速形成争议焦点；为当事人提供收集证据的手段，以便使开庭审理时双方的对抗和防御能够建立在具体充分材料的基础上，并防止任何一方在开庭时“突袭”，使法庭审理陷于被动状态；使当事人双方在充分知悉彼此证据基础上对诉讼结果进行预测，并进一步选择和解。

【条文】

第二百二十六条

人民法院应当根据当事人的诉讼请求、答辩意见以及证据交换的情况，归纳争议焦点，并就归纳的争议焦点征求当事人的意见。

【条文主旨】

本条是关于归纳争议焦点的操作性问题的规定。

【条文理解】

民事诉讼法第一百三十六条规定："人民法院对受理的案件，分别情形，予以处理：（一）当事人没有争议，符合督促程序规定条件的，可以转入督促程序；（二）开庭前可以调解的，采取调解方式及时解决纠纷；（三）根据案件情况，确定适用简易程序或者普通程序；（四）需要开庭审理的，通过要求当事人交换证据等方式，明确争议焦点。"但对于争议焦点如何明确，是否需要征求当事人的意见，民事诉讼法均未作出规定，本司法解释要求人民法院应当根据当事人的诉讼请求、答辩意见以及证据交换的情况，归纳争议焦点，并明确指出，就归纳的争议焦点应当征求当事人的意见。

归纳案件的争议焦点是很重要的一项内容。因为所有的庭审活动，都是围绕当事人之间的争议焦点展开的。如果争议焦点不明确，会导致庭审辩论的空洞化和形式化，使案件呈现分割式的审理方式，当事人之间缺乏真正的对抗，严重影响诉讼的效率和效益，并在一定程度上损害诉讼的公正性。同时，争议焦点的确定也是区分简易程序与普通程序的一个标准。根据民事诉讼法的相关规定，目前法院将案件主要划分为简易案件和普通案件，但对于如何区分案件繁简，立法上还没有明确规定。案件的繁与简通常并不能直观地看出，在实际的审理过程中很多案件由简易程序转入普通程序即是明证。区分案件的繁与简，通常从诉讼标的额大小、是否存在争议焦点、争议焦点的分歧大小以及案件的复杂程度及其影响范围等方面加以明确。因此，考验法官业务能力一个很重要的方面，就是能否准确地归纳案件的争议焦点。通常来讲，争议焦点在开庭审理前就应当确立下来，一般是通过审前程序来确定案件的争议焦点。人民法院适用普通程序审理案件，以开庭审理的方式进行。庭前准备工作是否充分，决定了开庭的质量。在审前准备阶段，重点工作就是做好证据交换，明确双方当事人的争议焦点。如果原告和被告双方缺乏充分的交涉，将会导致双方当事人在起诉和答辩中难以全部表达对案件和对对方观点的理解。为了解决这一问题，在诉讼之初设置了诉答程序。但诉答程序的首要功能是启动诉讼，其次才是整理争议焦点，所以过多地寄希望于诉答程序是不现实的，要达成整理争议焦点的目的，还需要通过建立证据交换、审前会议等制度来实现。

审前程序设置的目的在于简化程序，使案件得到及时、有效的解决，基于诉讼经济原则，其自身可分为复杂程序和简化程序。在司法实践中，对于简单的案件，法院认为双方当事人的争议焦点明确，案件事实比较简单、清楚，便可确定开庭审理的日期，无须法官对双方的争议焦点进行整理；对于争议焦点不明确、事实关系比较复杂的案件，则可进入争议焦点整理程序。

争议焦点的明确，应当在法院的引导下进行。具体而言，是否需要在开庭审理前明确争议焦点，是通过要求当事人以证据交换的形式还是以其他形式明确争议焦点，都是法院根据案件的具体情况作出判断，并在其主导下组织当事人及其他诉讼参与人完成的，方式方法可以灵活掌握。争议焦点明确后，非经当事人同意，不得变更。

【审判实践中应当注意的问题】

审前程序中，应尽量要求被告提交答辩状，若被告庭前不提交答辩状，审前准备阶段无法确定双方争议焦点，无法有效组织证据交换，会使审前程序失去存在意义。民事诉讼活动属于公法调整的范围，原告的起诉状通过法院的送达已经由私法意志转化为公法意志，被告在法定期限内对起诉状进行答辩，除了及早形成自认事实之外，还有利于促进争议焦点的形成，这些程序价值都系正当程序所预期取得的法律效果。否则，在法定期限内被告不提出答辩状，除了妨碍对方当事人为庭审提供补充证据、就事实问题进行充分的准备以外，还妨碍了法院在审前确定审理范围、掌握争议焦点、了解证据情况，使法院以及争议双方均处于茫然状态便步入庭审阶段。如果在被告拒不提出书面答辩的情况下，要求当事人交换证据、明确争议焦点，就会显得无的放矢。因此，如果被告未及时提交答辩状，法官应当督促被告尽早提交答辩状。

【条文】

第二百二十七条

人民法院适用普通程序审理案件，应当在开庭三日前用传票传唤当事人。对诉讼代理人、证人、鉴定人、勘验人、翻译人员应当用通知书通知其到庭。当事人或者其他诉讼参与人在外地的，应当留有必要的在途时间。

【条文主旨】

本条是关于适用普通程序审理案件传唤诉讼参与人的规定。

【条文理解】

法院适用普通程序审理案件，应当在开庭三日前用传票传唤当事人。对当事人之外的诉讼参与人如诉讼代理人、证人等应使用通知书，而不得使用传票。当事人或者其他诉讼参与人在外地的，应当留有必要的在途时间。

【审判实践中应当注意的问题】

司法实践中有的法院不向诉讼代理人、证人送达开庭通知，用传票传唤诉讼代理人、证人，或者用电话通知诉讼参与人，开庭时在送达回证上补签字，这些通知方式均与法律规定不符。

【条文】

第二百二十八条

法庭审理应当围绕当事人争议的事实、证据和法律适用等焦点问题进行。

【条文主旨】

本条是关于法庭审理范围与争议焦点关系的规定。

【条文理解】

关于法庭审理范围与争议焦点的关系，1993 年《第一审经济纠纷案件适用普通程序开庭审理的若干规定》第 19 条、第 30 条中已经作了初步说明。[①] 2003 年《简易程序规定》第二十一条也规定："开庭时，审判人员可以根据当事人的诉讼请求和答辩意见归纳出争议焦点，经当事人确认后，由当事人围绕争议焦点举证、质证和辩论。当事人对案件事实无争议的，审判人员可以在听取当事人就适用法律方面的辩论意见后迳行判决、裁定。"上述条文只从当事人举证、质证应围绕争议焦点进行作了规定，但并未正面回答人民法院的审理范围是否应受到争议焦点的约束。有鉴于此，2015 年本司

① 1993 年《第一审经济纠纷案件适用普通程序开庭审理的若干规定》第 19 条规定："审判长宣布进行法庭调查后，应当告知当事人法庭调查的重点是双方争议的事实。当事人对自己提出的主张，有责任提供证据，反驳对方主张的，也应提供证据或说明理由。"第 30 条规定："审判长宣布法庭辩论开始，当事人及其诉讼代理人就本案争议的问题进行辩论。辩论应当实事求是，以理服人。必要时，审判长可以根据案情限定当事人及其诉讼代理人每次发表意见的时间。"

法解释制定时以本条对人民法院开庭审理的范围与争议焦点之间的关系作了规定。

虽然我国民事审判方式改革趋向是从超职权主义模式转向当事人主义与法院职权主义兼容模式，但少部分法院审理民事案件时，仍存在既核实当事人提供的证据，又直接收集并审查当事人未提交的证据，甚至超越当事人诉讼请求、事实和理由，对当事人争议焦点以外的事实进行主动审查的超职权主义倾向。

一般而言，在审理前的准备阶段，人民法院会组织双方当事人通过进行证据交换或者召集庭前会议等方式为开庭审理作好准备。在准备过程中，人民法院会审查处理当事人的诉讼请求，听取对方的答辩意见，调查收集证据、委托鉴定或者进行证据保全，组织当事人之间交换证据，并根据以上情况归纳争议焦点，如果在这一过程中不能调解结案，则案件将进入庭审阶段。此时，从提高庭审效率、保障诉讼顺利进行角度而言，有必要在当事人主张的纷繁复杂的案件事实、诉辩内容中合理确定法庭审理的范围。按照辩论主义的要求，法院不得自行将当事人没有主张的主要事实（要件事实）作为审判对象。就此而言，具体包括三项内容：（1）主要事实必须由某一方当事人提出明确的主张，对于当事人没有主张的事实法院既不得自行提出进行审理，也不得作出判断。（2）如果对于一方当事人提出的主要事实，另一方当事人给予了明确承认，则法院只能认定该事实存在或属实，而不得另行审理并作出其他判断；当然存在允许自认的例外，如人身关系通常需要证据证明，不限于当事人的承认。（3）对于自己所主张的主要事实，当事人负有提出证据加以证明的责任，法院原则上不得自行收集并审查证据。[①] 但何谓当事人主张的主要事实？从当事人主张主要事实的目的而言，其是为了说明其诉讼请求的合理性。也即，与所主张的诉讼请求相关的事实一般都可归类为当事人主张的主要事实。这些事实一般都在审理前的准备阶段通过双方当事人的诉答行为、证据交换行为由人民法院通过归纳争议焦点方式加以固定。争议焦点是当事人之间就具体的案件事实、法律、证据、程序所产生的争执。换言之，争议焦点所及范围就是人民法院审理的范围。由于在审理前的准备过程中，法官已经归纳出在事实、证据和法律适用方面的争议焦点，并就争议焦点征求过当事人的意见，故庭审应当直接围绕这些争议焦点进行。具体而言，在当事人陈述阶段，法官可以令当事人就双方之间的争议事实进

① 参见王亚新：《对抗与判定日本民事诉讼的基本结构》，清华大学出版社 2002 年版，第 42 页、第 104 页。

行陈述。针对当事人的陈述，法官可以围绕争议焦点进行询问。在质证环节，已经在审理前准备过程中无异议的证据，由审判人员在庭审中进行说明，不再组织质证，对于当事人有异议的证据，法官可以令当事人具体说明异议的内容及理由，如认为该证据不具备真实性或者认为该证据与待证事实之间没有关联性的理由。前述整个法庭调查的顺序仍然按照当事人陈述，告知证人的权利义务，证人作证，宣读未到庭的证人证言，出示书证、物证、视听资料和电子数据，宣读鉴定意见，宣读勘验笔录的步骤进行。在辩论阶段，当事人要围绕争议焦点，包括事实、证据和法律适用争点，在法庭调查阶段已经查明的事实和证据的基础上，针对对方当事人对于争点问题的陈述中所存在的漏洞陈述己方的意见，直到双方都没有新意见为止。如果当事人没有新证据，人民法院根据案件具体情况并征得当事人同意，可以将法庭调查和法庭辩论合并进行。对争议焦点之外的问题原则上不进行审理。本条规定明确人民法院开庭审理的范围与争议焦点之间的关系，使庭审内容更加具有针对性，由于审前准备工作较充分，庭审也可以更加深入和靠近争议焦点的本质。因为从开始确定争议焦点就反映了法官的审理目标：何种事实或证据、法律适用是对判决作出有意义的，就把何问题作为争议焦点，之后的庭审也会围绕这些争议焦点，故整个准备过程和庭审都比之前的庭审更有效率。相应地，人民法院处理案件的过程，包括审前准备阶段和庭审阶段，才能将案件剖析得更加充分和透彻，而且保障了当事人程序主体性地位。可见，人民法院审理范围围绕争议焦点进行，无论是从实体角度还是从程序角度，都有利于提高庭审效率、树立司法权威。

【审判实践中应当注意的问题】

第一，开庭时告知当事人，庭审只会围绕审理前准备阶段所确定的争议焦点进行，其余问题一般不再审理，故当事人的意见应在审理前准备阶段提出，不能抱有突袭的心态而有所保留。

第二，对于当事人所提出的事实争议焦点，法官应释明属于哪一类事实争点，如当事人就“是否尽了注意义务”争辩，那么此事实可能属于间接事实，而主要事实则是“是否有过失”，人民法院应提示当事人围绕主要事实提供证据材料、发表意见。

第三，法官要引导当事人围绕争议焦点来陈述或辩论。首先，若当事人重复陈述争点以外的事实，法官可以引导其围绕争议焦点陈述。比如，当事人一直在陈述对方动机的恶劣性，或者重复强调自己受到损害后的悲惨境遇，或其他无法律意义的事实，此时法官应引导当事人陈述有法律意义的事实。其次，如果法庭在审理某一确定争点，但是当事人在陈述过程中又提到了对另外的争点的意见，为了避免混乱，此时法官应引导其按正确的争点顺序陈述意见，当然如果两争点联系紧密，或者从属于同一主要事实争点，法官也可视情况允许。

第四，如果当事人在辩论中对某些争点如被忽略的法律适用争点没有提及，法官可询问当事人对该争点是否发表意见。第五，开庭审理时，对双方当事人在审理前准备阶段已经确认无异议的事实，在作出说明后，一般可不再审理。但涉及身份关系、国家利益、社会公共利益等的除外。

【条文】

第二百二十九条

当事人在庭审中对其在审理前的准备阶段认可的事实和证据提出不同意见的，人民法院应当责令其说明理由。必要时，可以责令其提供相应证据。人民法院应当结合当事人的诉讼能力、证据和案件的具体情况进行审查。理由成立的，可以列入争议焦点进行审理。

【条文主旨】

本条是关于禁反言原则的规定。

【条文理解】

随着人民法院民事审判方式改革，以庭审为中心的民事诉讼制度正在完善，其中开庭审理前准备过程的实体法意义和程序法意义愈发引起重视。民事诉讼法第一百三十六条针对开庭前准备阶段不同案件处理作出不同规定，包括转入督促程序、调解、确定简易程序或普通程序、交换证据明确争议焦点等。就审判实践而言，绝大多数一审民事案件以普通程序审理为主，对此类案件，开庭审理前准备过程主要包括庭前证据交换、庭前会议等。庭前证据交换，是指人民法院在案件开庭审理前，组织当事人及其诉讼代理人在指定的时间和地点交换已经持有的、证明各自诉讼主张的各种证据的活动。庭前会议是为实现法庭审理集中化需要在开庭前进行的包括明确诉讼请求及答辩意见、收集整理证据、保全、委托鉴定、勘验等综合必要准备工作的会议。

开庭审理前的准备工作，需要当事人及其诉讼代理人的参与，而当事人及其诉讼代理人在此阶段做出的诉讼行为，特别是对于事实和证据的认可应该予以规范和限制，即无论是大陆法系抑或英美法系普遍认可的禁反言原则当有所体现，本条规定意即在此。当事人对其在审理前的准备阶段认可的事实和证据，在庭审中提出相反的意见和观点，应当说明理由。

1. 禁反言是民事诉讼诚信原则的要求

民事诉讼法第十三条规定，民事诉讼应当遵循诚信原则。诚信原则最早起源于罗马法中的诚信契约和诚信诉讼，被称为现代民法的“帝王原则”，是当事人和其他诉讼参与人应当遵守的基本原则，贯穿民事诉讼活动全过程。就其具体内容而言，包括：（1）禁止滥用诉讼权利，当事人及其他诉讼参与人依法善意地行使法律赋予的诉讼权利，不得滥用起诉权、管辖异议权、回避申请权、提出证据等权利，或者不按照规定的程序行使权利，意图拖延诉讼、阻挠诉讼的进行；（2）当事人一方怠于行使诉讼权利，长期没有行使的意思表示和实施相应的行为，致使对方当事人误认为不会行使后，再行使该权利并导致对方利益受损的行为，法院不能支持；（3）当事人及其他诉讼参与人负有真实陈述事实和主张的义务，当事人不得在诉讼中提供虚假证据、不得在诉讼中作虚假陈述，证人不得提供虚假证言等；（4）禁反言，一方当事人有义务从事对方所预期的一定行为，实际上实施的却是完全违背对方预期的行为时，这种行为就被认为是背信行为而应当受到禁止。禁反言主要是为了防止一方当事人以及其他诉讼参与人出现前后相互矛盾的诉讼行为，从而损害对方当事人的利益，破坏民事诉讼的整体进展。构成禁反言，应当具备当事人及其他诉讼参与人实施了前后矛盾的诉讼行为损害了对方当事人的利益的条件。

2. 禁反言是现代民事诉讼制度改革发展的趋势

从国际上有关民事诉讼制度改革的最新发展来看，为追求诉讼机制的效率与公正，当前世界各国日益重视对审前程序的改革与完善，尤其是采取法院职权主义诉讼模式的大陆法系国家，开始借鉴以当事人主义主导的英美法系诉讼模式审前程序体现出的效率价值，从原来偏重开庭审理转向庭前准备与开庭审理并重。比如，德国曾实行证据随时提出主义，后进行庭审程序改革，将“一步到庭”改为审前准备和审理程序两个阶段，设立口头辩论或交换书证两种准备方式供法官选择，并将证据随时提出主义改为适时提出主义，加强证据失权效力。

在强化庭前审理程序同时，禁反言原则得以进一步被重视。禁反言本是来自英美法系的原则。英美法系国家一直适用宣誓制度，并逐步发展出禁反言原则。当事人在民事诉讼进行当中，其实施的诉讼行为必须前后一致，如果该当事人变更其诉讼行为会给对方当事人造成不公平的结果时，对前后矛盾的行为应予禁止。《元照英美法词典》将禁反言的内涵划分为三个层次：(1) 不容否认，指禁止当事人提出与其以前的言行相反的主张，即对于当事人先前的行为、主张或者否认，禁止其在此后的法律程序中反悔，否则，将会对他人造成损害；(2) 再诉禁止，既判事项不容否认，即禁止对同一当事人或相同争点再次诉讼；(3) 主张因对他人的误导性陈述存在善意信赖而受有损害的答辩。① 在大陆法系国家，禁反言原则被视为诉讼法中诚信原则的一种具体表现形态，比如有日本学者认为，禁反言的法理意味着，一方当事人有义务从事对方所预期的一定行为时，实际上实施的却是完全违背对方预期的行为，这种行为被视为违反信义原则的背信行为而予以禁止。② 以上两种论述的基本内容具有一致性。

3. 禁反言是庭前准备阶段程序及实体的价值体现

民事诉讼法并未明确规定禁反言原则，更未规定庭前准备过程中当事人对其认可的事实与证据庭审中予以否认的处理，但参照海事诉讼特别程序法第八十五条的规定，“当事人不能推翻其在《海事事故调查表》中的陈述和已经完成的举证，但有新的证据，并有充分理由说明该证据不能在举证期间内提交的除外”，结合民事诉讼法诚信原则的确立，应认可当事人在审理前准备阶段无异议的事实和证据的证明力，在此后庭审中，当事人对此予以否认的，应负有说明理由义务，并由法院进行必要的审查。

【审判实践中应当注意的问题】

第一，民事诉讼法第一百三十六条第四项规定通过要求当事人交换证据等方式，明确争议焦点。这从立法层面明确了庭前证据交换程序，是建设以庭审为中心的现代民事诉讼程序结构的重要基础。在证据交换过程中，审判人员对当事人无争议的事实、证据应当记录在卷；对有异议的证据，按照需要证明的事实分类记录在卷，并记载异议的理由，通过证据交换，确定双方当事人争议的主要问题。

第二，禁反言原则主要是从衡平法发展来的，除了考虑对方当事人利益损害外，还应该考虑对诉讼程序完整性的影响程度，考虑和平衡当事人之间的利益状态。当事人在庭审中对于此前庭前准备阶段认可的事实和证据予以否认的，人民法院应当责令其说明理由，必要时责令其提供支持其理由的证据。

---

① 参见薛波主编：《元照英美法词典》，法律出版社 2003 年版，第 495 页。

② 参见［日］谷口安平：《程序的正义与诉讼》（增补本），王亚新、刘荣军译，中国政法大学出版社 2002 年版，第 175 页。

第三，从我国目前实际情况看，司法实践中律师代理诉讼尚不普遍充分，有的当事人对自身程序利益认识还比较模糊，一些相关的配套制度，包括法官阐明义务制度还不完善，当事人诉讼能力有待提高，对于当事人庭审中对于此前准备过程中认可的证据和事实的否认，不宜“一刀切”地机械适用禁反言原则予以否定，应当结合当事人诉讼能力、相应的证据和案件具体情况对当事人的理由进行审查，理由成立的，可以列入争议焦点进行审理。

【条文】

第二百三十条

人民法院根据案件具体情况并征得当事人同意，可以将法庭调查和法庭辩论合并进行。

【条文主旨】

本条是关于法庭调查和法庭辩论合并进行的规定。

【条文理解】

庭审是案件审理的中心环节，无论在制度设计层面、理论认识层面还是司法实践层面，庭审在审判活动中都占据突出地位，是审判活动的中心。而法庭调查和法庭辩论又是庭审的核心。从立法论角度而言，民事诉讼法第十二章开庭审理一节中，并未明确规定一审庭审各个阶段，仅罗列了宣布开庭、法庭调查、法庭辩论、调解、宣判几个环节的具体规范，并具体规定了法庭调查和法庭辩论的顺序。

1. 法庭调查

法庭调查是指人民法院依照法定程序，在法庭上对案件事实进行调查，对各种证据予以核实的诉讼活动。法庭调查是开庭审理的核心，是案件进入实体审理的主要阶段，主要任务是进一步明确当事人的诉讼请求，在当事人均在场的情况下，通过法院的直接审理，查明案件事实、审查核实证据，从而全面揭示案情，为认定案件事实、正确适用法律提供依据，为后来的法庭辩论、合议庭评议等奠定基础。

民事诉讼法第一百四十一条规定了法庭调查的顺序：（1）当事人陈述；（2）告知证人的权利义务，证人作证，宣读未到庭的证人证言；（3）出示书证、物证、视听资料和电子数据；（4）宣读鉴定意见；（5）宣读勘验笔录。

2. *法庭辩论*

法庭辩论是在法庭调查的基础上，双方当事人运用法庭调查已经查实的证据和有关法律规定，对认定案件事实、确定诉讼请求等方面仍有争议的问题进行辩论，反驳对方的意见，阐明自己主张的正确性。法庭辩论，有利于认定事实，辩明是非，使人民法院作出正确的裁判。法庭辩论是民事诉讼法第十二条规定的当事人辩论权的直接体现。

民事诉讼法第一百四十四条规定了法庭辩论的顺序：（1）原告及其诉讼代理人发言；（2）被告及其诉讼代理人答辩；（3）第三人及其诉讼代理人发言或者答辩；（4）互相辩论。法庭辩论终结，由审判长或者独任审判员按照原告、被告、第三人的先后顺序征询各方最后意见。

3. *法庭调查和法庭辩论的合并*

如前所述，民事诉讼法并未严格规定一审庭审程序特别是作为庭审核心的法庭调查与法庭辩论的关系，理论及实务中对于二者是否严格按照先后顺序截然分开观点不一。有学者认为，从认识论角度而言，裁判过程应分为事实认定与法律适用阶段，将法庭调查与法庭辩论截然分开的庭审程序，符合"查明事实（小前提）——寻找法律（大前提）——适用法律裁判（结论）"的逻辑思路，是裁判方法程序性体现，应该严格遵守。亦有学者认为，将法院开庭审理的程序分为调查和辩论两个彼此不能重合的阶段，其基本认识是基于案件事实本身与人们对案件事实的认识问题和法律认识问题的分离及其可能性。①

我们认为，理论是灰色的，而实践之树常青，应该允许庭审程序中法庭调查与法庭辩论的合并，理由为：第一，庭审方式无法取代庭审内容。法庭调查与法庭辩论是庭审最为基本、最为重要的阶段，尽管二者任务有别：法庭调查以查明案件事实、审查核实证据为基本任务；法庭辩论以根据查明事实阐明自己观点、相互进行言词辩论为基本任务；但从目的而言，二者难以严格区分。以刻板的庭审程序影响庭审功能的发挥不符合庭审的价值取向。第二，事实问题与法律问题难以截然分开。事实的认定与法律的适用，二者界限模糊，特别是对于作为当事人诉求基础的要件事实和据以支持其权利请求的法律规范，往往被反复论证和强调。期望当事人严格按照将"事实"与"道理"区分后的意见陈述于法庭，无疑过于理想化。

在审判实践中，对一些争议较多的案件，审判人员为避免法庭调查与法

① 参见张卫平：《法庭调查与辩论：分与合之探究》，载《法学》2001 年第 4 期。

庭辩论在一些问题上的重复、辩论的问题分散、庭审时间过长，往往在法庭调查中合并一部分法庭辩论内容。就当事人而言，为避免前说后忘，也愿意每调查一个问题，先就这个问题进行辩论。法庭调查与法庭辩论往往以下列形式结合：法庭调查阶段，一方当事人认为另一方当事人陈述的某些事实不清，或者认为其他证据需要向另一方当事人进行证实等，在征得审判长或者独任审判员同意后，向另一方当事人发问，审判长或者独任审判员认为一方当事人的请求合理，应当允许其向另一方当事人发问或者与另一方当事人进行辩论，并应指挥当事人的发问或者辩论。审判长或者独任审判员一旦发现当事人所提的问题或者辩论的问题超出了本案的范围，应当及时制止。当事人之间的发问或者辩论终结后，审判人员继续进行法庭调查。

所以，本条规定，人民法院可根据案件具体情况，在征得当事人同意前提下，将法庭调查与法庭辩论合并进行。

【审判实践中应当注意的问题】

第一，既要追求庭审的规范化，又要克服庭审形式化倾向，不能简单刻板地落于程序窠臼，应立足于庭审价值功能发挥，妥善处理法庭调查与法庭辩论程序关系。法院可根据案件的不同情况和特点，从有利于发挥开庭审理的效率和提高审理的质量角度出发，合理处理。

第二，审判人员认为法庭调查和法庭辩论可以合并的，应在征得当事人同意前提下合并进行。

第三，应注意当事人辩论权的行使。民事诉讼法第十二条规定，人民法院审理民事案件时，当事人有权进行辩论。对当事人而言，辩论是当事人享有的一项平等的诉讼权利，对法院而言，保障当事人平等进行辩论也是司法民主的体现。一方面，人民法院应当按照程序安排双方当事人进行辩论并保障当事人辩论权的行使；另一方面，对于违反辩论程序、妨碍诉讼进行的，有权依法作出处理。

【条文】

第二百三十一条

当事人在法庭上提出新的证据的，人民法院应当依照民事诉讼法第六十八条第二款规定和本解释相关规定处理。

【条文主旨】

本条是关于当事人在法庭上提出新的证据的规定。

【条文理解】

举证期限制度，是指负有举证责任的当事人应当在法律规定的或者法院指定的期限内提出证据，否则，将承担不利后果的法律制度。我国2012年民事诉讼法并未规定举证期限，仅在一审开庭审理阶段规定："当事人在法庭上可以提出新的证据。"此即所谓的"证据随时提出主义"，意味着当事人在诉讼的任何阶段都可以随时提出证据。然而，这一规定在司法实践中存在诸多弊端：一是当事人滥用举证权利，进行"证据突袭"，损害诉讼公平和司法公正。二是当事人随时提出证据，对当事人而言，须为此收集对抗证据、进行质证和法庭辩论等，增加不必要的负担、提高诉讼成本；对法院而言，重复开庭、延期开庭现象经常发生，案件久拖不决，影响审判效率。三是当事人故意在二审或者再审阶段提出新的证据，致使本来正确的一审或者二审裁判被改判或发回重审，既浪费有限的司法资源，也损害法院裁判的权威性和稳定性。

为实现程序公正、提高诉讼效率、完善民事诉讼法证据制度，有必要对举证期限及其法律后果予以规范。

2001年《民事诉讼证据规定》第一次对举证期限的内涵、后果、例外情形等作出比较系统的规定，但其实施效果并不理想。究其原因，是多方面的：一是司法解释关于举证期限的规定立法依据并不充分，举证期限与民事诉讼法的规定在衔接上存在障碍；二是司法解释对于举证期限的后果规定过于单一，没有区分当事人逾期举证的不同情况，对于因无过失或者轻微、一般过失没有在期限内提供证据的当事人一概适用证据失权后果过于严厉；三是司法解释关于举证期限的规定，对于当事人权利的保障并不充分，没有设置保障逾期举证的当事人陈述理由和辩解的程序。

立法部门对此问题高度重视，在2012年民事诉讼法修正时，吸收了2001年《民事诉讼证据规定》的规定，确立了"证据适时提出主义"，明确规定"当事人对自己提出的主张应当及时提供证据。人民法院根据当事人的主张和案件审理情况，确定当事人应当提供的证据及其期限。当事人在该期限内提供证据确有困难的，可以向人民法院申请延长期限，人民法院根据当事人的申请适当延长。当事人逾期提供证据的，人民法院应当责令其说明理由；拒不说明理由或者理由不成立的，人民法院根据不同情形可以不予采纳该证据，或者采纳该证据但予以训诫、罚款。"对此，可以从四个方面予以理解。

第一，规定了当事人负有及时提供证据的义务。在民事诉讼中，当事人应当根据诉讼进行情况，在合理、适当的期间内对自己的主张提供证据。当事人违反及时提供证据义务的，根据不同情形应当承担一定的法律后果。

第二，从立法层面解决了司法解释为当事人设定举证期限依据不足的问题。关于举证期限，民事诉讼法的表述为“及时”，但何为“及时”尚无统一标准。实践中举证期限的规定一般有三种方式：一是具体的法定期限，二是双方当事人协商确定的期限，三是协商不成时人民法院指定的期限，同时对期限的延长和期限外允许举证的情形作出明确规定。就实践而言，由人民法院根据当事人的主张和案件审理情况，确定当事人的举证期限，更具有合理性和可操作性，民事诉讼法为人民法院指定举证期限提供了上位法律依据。对此，人民法院应当根据当事人的主张和案件审理情况来确定举证期限，并向当事人说明举证的要求及法律后果，促使当事人在合理期限内积极、全面、正确、诚实地完成举证，但人民法院要确定的一般是具体证据的举证期限，而不是对整个案件的所有证据笼统确定一个举证期限。

当事人在举证期限内提供证据确有困难的，可以向人民法院申请延长期限，人民法院应当对当事人是否存在举证期限内提供证据确有困难的具体情形进行审查。如果不属于确有困难的情况，即不符合延长举证期限的适用条件。对于当事人存在确有困难情形的，延长的举证期限需要人民法院根据案件情况和审理的需要以及当事人申请的内容酌情确定。

第三，立足我国司法实践中律师诉讼代理尚不普遍充分、当事人对于自身程序利益认识比较模糊、相关配套制度还不完善的现实，对于逾期举证采取相对宽容态度。当事人逾期提供证据的，人民法院应当责令其说明理由，当事人应当向人民法院说明其逾期提供证据的理由。比如，该证据是在举证期限届满后才出现的。人民法院经审查核实后，认为当事人提出的理由成立的，对当事人提供的逾期证据应当予以采纳，对该当事人不予处罚。

第四，分层设置了逾期举证的后果。参考国外立法例，当事人未及时提供证据的，一般需承担的法律后果包括训诫、罚款、赔偿拖延诉讼造成的损失、对该证据不予采纳等。如果当事人拒不说明逾期提供证据的理由或者人民法院经审查后，认为当事人逾期提出的理由不能成立的，应当根据不同情形处理：可以不采纳该证据，或者采纳该证据但对当事人予以训诫、罚款。这些“不同情形”包括该证据在该民事案件中的作用、当事人主观恶意的大小、逾期提供证据造成的损害等，人民法院应当在充分考虑案件的整体情况后作出合理决定。

【审判实践中应当注意的问题】

如前所述，民事诉讼法关于举证期限的规定仍过于原则，本条为指引性规定，2019年修正《民事诉讼证据规定》对举证期限作了进一步细化。以下问题需要在审判实践中注意。

1. 关于举证期限的确定

2012年民事诉讼法第六十五条规定“人民法院根据当事人的主张和案件审理情况，确定当事人应当提供的证据及其期限”，并没有采纳2001年《民事诉讼证据规定》第三十三条第二款关于“举证期限可以由当事人协商一致，并经人民法院认可”的规定，主要是考虑到司法实践中当事人协商确定举证期限难以达成一致意见、可操作性差，以及民事案件类型多样、复杂程度差别很大，在不同审判阶段要求当事人提供证据的时间也有差异。因此，不宜由法律统一规定，而应由人民法院根据当事人的主张和案件审理情况确定。① 2019年修正《民事诉讼证据规定》充分尊重当事人的程序权利，贯彻民事诉讼的处分原则，仍然规定了由人民法院指定和当事人协商并经人民法院准许两种举证期限确定方式。同时，根据民事诉讼法修改试点精神，根据不同的审理程序确定了不同的举证期限：人民法院指定举证期限的，适用第一审普通程序审理的案件不得少于十五日，当事人提供新的证据的第二审案件不得少于十日。适用简易程序审理的案件不得超过十五日，小额诉讼案件的举证期限一般不得超过七日。另外，举证期限届满后，当事人提供反驳证据或者对已经提供的证据的来源、形式等方面的瑕疵进行补正的，人民法院可以酌情再次确定举证期限，该期限不受前述期间的限制。

2. 关于逾期举证的处理

对于逾期提供证据的，人民法院应当为逾期提供证据的当事人和对方当事人提供程序上的保障，使当事人对于逾期提供证据的原因有陈述和质疑的机会。只要当事人在举证期限内提供证据确有困难向人民法院申请延长举证期限的，人民法院应当适当延长举证期限。人民法院对当事人申请的审查，限于是否存在期限内提供证据“确有困难”的情形，是否导致诉讼迟延。是否妨碍诉讼效率不再是人民法院决定延长举证期限的考量因素。对于当事人逾期提供证据的理由，在理解上应当以是否存在客观原因作为理由是否正当的标准。关于逾期举证的后果，应当根据逾期提供证据的当事人的主观过错程度确定，即过错程度轻微的，对应的后果较轻，反之亦然。当事人逾期提

① 参见王胜明主编：《中华人民共和国民事诉讼法释义》，法律出版社2012年版，第153页。

供证据情节较轻的，人民法院可以合并采取民事诉讼法第六十八条第二款规定的训诫、罚款的强制措施，即当事人由于一般过失逾期提供证据的，人民法院在采纳该证据的同时可以对其并处训诫和罚款；但当事人由于故意或者重大过失逾期提供证据的，发生证据失权的后果，当事人提供的证据将不被采纳，此时当事人已经承担最为严厉的后果，无再采取训诫、罚款措施的必要。①

【条文】

第二百三十二条

在案件受理后，法庭辩论结束前，原告增加诉讼请求，被告提出反诉，第三人提出与本案有关的诉讼请求，可以合并审理的，人民法院应当合并审理。

【条文主旨】

本条是关于增加诉讼请求或反诉的时限的规定。

【条文理解】

2012年民事诉讼法第一百四十条规定："原告增加诉讼请求，被告提出反诉，第三人提出与本案有关的诉讼请求，可以合并审理。"但未规定增加诉讼请求或反诉的时限。《92年意见》第156条对此作了明确的规定，即将增加诉讼请求、提出反诉以及与本诉有关的诉讼请求的时限限制在案件受理后、法庭辩论结束前。如果是在法庭辩论结束后提出，则应按当事人提出一个新诉处理。2015年《民事诉讼法解释》保留了《92年意见》的规定。2022年本司法解释修正并未对本条内容进行修改。

【条文】

第二百三十三条

反诉的当事人应当限于本诉的当事人的范围。

反诉与本诉的诉讼请求基于相同法律关系、诉讼请求之间具有因果关系，或者反诉与本诉的诉讼请求基于相同事实的，人民法院应当合并审理。

反诉应由其他人民法院专属管辖，或者与本诉的诉讼标的及诉讼请求所

① 参见最高人民法院民事诉讼法修改研究小组编著：《〈中华人民共和国民事诉讼法〉修改条文理解与适用》，人民法院出版社2012年版，第143页。

依据的事实、理由无关联的，裁定不予受理，告知另行起诉。

【条文主旨】

本条是关于反诉的主体方面和客观构成要件的规定。

【条文理解】

民事诉讼中的反诉，是指在已经开始的民事诉讼程序中，被告针对原告提出的与本诉有牵连的诉讼请求。被告反诉，旨在通过反诉，抵消或者吞并本诉的诉讼请求，或者使本诉的诉讼请求失去意义。① 提起反诉是被告的一项诉讼权利，民事诉讼法规定反诉制度的目的，一方面是便于法院通过对反诉与本诉的合并审理，以同一诉讼程序解决相关民事纠纷，提高诉讼效率；另一方面则是避免因分别审理而造成的裁判矛盾。

民事诉讼法涉及反诉的条文有：第五十四条、第六十二条第二款、第一百四十三条、第一百四十六条和第一百六十六条第五项。具体为，第五十四条规定："原告可以放弃或者变更诉讼请求。被告可以承认或者反驳诉讼请求，有权提起反诉。"第六十二条第二款规定："授权委托书必须记明委托事项和权限。诉讼代理人代为承认、放弃、变更诉讼请求，进行和解，提起反诉或者上诉，必须有委托人的特别授权。"第一百四十三条规定："原告增加诉讼请求，被告提出反诉，第三人提出与本案有关的诉讼请求，可以合并审理。"第一百四十六条规定："原告经传票传唤，无正当理由拒不到庭的，或者未经法庭许可中途退庭的，可以按撤诉处理；被告反诉的，可以缺席判决。"第一百六十六条第五项规定：当事人提出反诉的案件，不适用小额诉讼的程序。民事诉讼法仅是规定了被告有权提起反诉，但并没有规定反诉的构成要件，导致实践中哪些构成反诉、哪些不构成反诉比较混乱，需要明确。本条即规定了反诉的主体要求和客观构成要件，理解本条应当注意把握以下四个方面。

1. 反诉的主体要求

反诉的主体要求即反诉中的原、被告主体资格，主要包括两方面：一是提起反诉的主体，即谁有资格提起反诉；二是提起反诉的对象，即向谁提起。关于反诉的主体，各国的规定有所不同。大陆法系传统理论认为，反诉只能由本诉的被告向本诉的原告提起，不允许向本诉原告之外的第三人提起。因为反诉与本诉合并审理，从而达到一次性解决纠纷实现诉讼效益、防

① 参见全国人大常委会法制工作委员会民法室编：《中华人民共和国民事诉讼法条文、立法理由及相关规定》，北京大学出版社 2007 年版，第 239 页。

止矛盾判决产生的功能会随着引入第三人而减弱，增加案件的复杂性的同时给法院的审理带来困难，错案出现的概率加大。而英美法系对于反诉的被告作了适当扩张，规定除了可以向本诉原告提起反诉外，还可以同时向案外第三人提起反诉，将反诉的当事人向第三人扩张。

从我国民事诉讼法的相关规定来看，立法并未具体涉及反诉制度的当事人问题。我国理论界通说认为，反诉的当事人应当限定于本诉的当事人。反诉、本诉的当事人必须相同，反诉的原告只能是本诉的被告，反诉的被告只能是本诉的原告，反诉的当事人和本诉的当事人不增加也不减少，只是诉讼地位互换。① 也就是说，反诉只能由本诉的被告向本诉的原告提起，反诉实际上是变更原诉当事人的相互地位，原告变为被告，被告变为原告。反诉与本诉并存于同一诉讼程序之中，使双方当事人都同时居于原告与被告的双重诉讼地位。反诉的当事人包含了反诉的原告与被告两方面，无论是提起反诉的主体，抑或是反诉的对象，如果超越了本诉当事人的范围，则均不构成反诉，需要另行起诉。由于我国民事诉讼中的第三人制度可为当事人之外的第三人参与诉讼提供一定的路径，所以理论上禁止第三人提起反诉。

2. 反诉的客观构成要件

（1）构成反诉的实质要件。反诉的实质要件是指反诉与本诉之间必须具有牵连关系，它是构成反诉的核心要件。所谓反诉与本诉有牵连关系，是指反诉标的及请求与本诉标的及请求有牵连，这种牵连包括法律上的牵连和事实上的牵连，即反诉与本诉的诉讼请求必须在事实或法律上有牵连关系。只有具备了这种牵连性，反诉才能成立，因而反诉实质要件就是决定被告提出的反请求是否属于反诉范畴的条件。主流观点认为，反诉与本诉的牵连关系包括反诉的诉讼请求与本诉的诉讼请求基于同一法律事实或者属于同一法律关系，由于这种牵连，反诉与本诉就可以相互排斥、抵消、吞并。具体来讲，本诉与反诉的牵连关系主要表现为：一是诉讼请求基于相同法律关系。例如，在买卖合同纠纷中，一方以对方短少货款为由请求给付货款并支付利息，对方以货物质量不符合约定为由请求修理、更换、重作并赔偿损失。二是诉讼请求之间具有因果关系。通常表现为诉讼请求相互冲突或抵消，如原告起诉离婚，被告反诉确认婚姻无效。三是本诉与反诉的诉讼请求建立在相同事实基础上。例如，两人互殴，一方诉请损害赔偿，对方反诉损害赔偿。这也是判断构成反诉的主要标准。

---

① 参见房保国：《论反诉》，载《比较研究》2002 年第 4 期。

（2）构成反诉的程序性要件。除了上述实质要件外，构成反诉的程序性要件也必不可少，具体包括以下四个方面。

第一，反诉起诉条件的要求。反诉同本诉一样，首先必须符合民事诉讼法第一百二十二条规定的起诉条件：原告是与本案有直接利害关系的公民、法人和其他组织；有明确的被告；有具体的诉讼请求和事实、理由；属于人民法院受理民事诉讼的范围和受诉人民法院管辖。

第二，反诉管辖法院的要求。管辖权是法院对特定诉讼行使审判权的前提，故受诉法院须对反诉具有管辖权。反诉只能向受理本诉的同一人民法院提起，且不能违反法律对专属管辖的规定。反诉是在本诉进行中提起的，并且要利用本诉的诉讼程序一并进行审理，因此反诉只能向受理本诉的法院提起。审理本诉的法院对反诉的管辖权，可以基于牵连管辖而获得，但如果反诉属于另一法院专属管辖，受理本诉的法院则无权管辖，本诉的被告只能向有专属管辖权的法院另行起诉。专属管辖多因涉及公共利益而具有强制性，不允许随意变更，具有不可改变性、排他性，由某一法院专属管辖的案件，其他任何法院都无权管辖。这是法律强制性规定，不得违反。

第三，反诉程序上的要求。反诉与本诉应当适用同种诉讼程序，以便于合并审理。这里的同一程序是指普通程序和简易程序，不包括非诉讼程序，因为在非诉讼程序中被告不能提起反诉。只有反诉和本诉适用同一程序，才能将反诉与本诉合并审理，以达到简化诉讼程序之目的。

第四，提起反诉的时间要求。反诉的提起是以本诉的存在为前提的，当然应当在本诉的进行中提起，但最迟什么时间提起才有效，民事诉讼法对此并没有明确的规定。根据本司法解释第二百三十二条的规定，在案件受理后，法庭辩论结束前，被告提出反诉，可以合并审理的，人民法院应当合并审理。即反诉应当在法庭辩论结束之前提起，这样法庭可以将本诉与反诉合并审理，集中进行法庭调查，在查明案件事实、分清是非的基础上进行裁判，这样较之于将两诉分别审理可以省去许多重复程序，既能提高诉讼效率又能准确有效地解决民事纠纷。需要注意的是，这里的“法庭辩论结束前”既包括一审程序中的法庭辩论结束前，也包括二审程序中的法庭辩论结束前。换言之，本诉被告在本诉的一审程序、二审程序和再审程序中均可提起反诉。根据本司法解释第三百二十六条的规定，在第二审程序中，原审被告提出反诉的，第二审人民法院可以根据当事人自愿的原则就反诉进行调解，调解不成的，告知当事人另行起诉。

3. 本诉与反诉应当合并审理

合并审理，就是把两个或两个以上的诉合并在一个程序中进行审理。合并审理既能贯彻“两便”原则，减轻当事人和人民法院不必要的讼累，从而节约司法资源；又能防止法院在处理有关联的问题中作出相互矛盾的裁判，从而保证法院裁判的正确性和统一性。关于反诉的审理，我国民事诉讼法的规定是可以合并审理。民事诉讼法第一百四十三条规定：“原告增加诉讼请求，被告提出反诉，第三人提出与本案有关的诉讼请求，可以合并审理。”从立法字面含义理解，反诉与本诉可以合并审理，也可以不合并审理。可见合并审理并非反诉的目的，只是一种解决纠纷的方式，分开审理也不应影响反诉的成立。我国立法没有对本诉与反诉的合并审理程序加以明确和细化。本司法解释第二百三十二条明确规定，本诉与反诉可以合并审理的，应当合并审理。本条则特别强调，当反诉与本诉的请求基于相同法律关系、具有因果关系或基于相同事实时，应当合并审理。① 因为这类反诉与本诉联系紧密，在事实认定和责任的归属等方面容易处于交叉重叠状态，合并审理有利于事实的认定、纠纷的解决和裁判矛盾的剔除。

4. 不构成反诉的处理

由于构成反诉必须具有上述主客观要件，对于被告提出的诉讼请求应由其他法院专属管辖，或者与本诉的诉讼标的及诉讼请求所依据的事实、理由无关联的，则不能构成反诉，被告主张的，人民法院不予受理，告知其另行起诉。

【审判实践中应当注意的问题】

如前所述，人民法院受理反诉后，应当在同一程序中合并审理本诉和反诉。当然，在审理过程中，人民法院根据案件具体情况可以合并辩论，也可以分开辩论。对于本诉和反诉，人民法院应当分别作出裁判，各裁判可以同时作出也可以分别作出。

【条文】

第二百三十四条

无民事行为能力人的离婚诉讼，当事人的法定代理人应当到庭；法定代

① 事实上，本诉与反诉之间所涉及的实体法律关系愈为密切，在客观上就会愈加产生对与此相关的两种请求借助一个相同的程序加以一并解决的必要性。尤其在一些特别类型的案件中，如果将与某种法律关系相关的两个诉求加以分离，其裁判效果有时不可避免会显得近乎相悖，因此，立法上往往规定将两个诉求合并审理且一并作出判决。本诉与反诉一并审理在对证据的发现以及事实的认定上或许会有新的定位与思维走向，由此决定了这种合并审理所产生的裁判效果更为公平与妥当，且更有助于节约诉讼成本与司法资源。参见毕玉谦：《试论反诉制度的基本议题和调整思路》，载《法律科学》2006 年第 2 期。

理人不能到庭的，人民法院应当在查清事实的基础上，依法作出判决。

【条文主旨】

本条是关于无民事行为能力人离婚诉讼的规定。

【条文理解】

无民事行为能力人没有诉讼行为能力，其参与诉讼活动须由其监护人作为法定代理人代为诉讼。法定代理人参加诉讼，既是其依法享有的一项权利，又是对被代理人和社会应尽的一项义务。由于离婚案件较普通民事案件具有特殊性，需要当事人亲自到庭说明情况，因此对于无民事行为能力人的离婚诉讼，其法定代理人应当到庭参加诉讼，维护无民事行为能力人的合法权益。如果法定代理人不能到庭的，人民法院应当在查清事实的基础上，依法作出判决。

【审判实践中应当注意的问题】

在离婚案件中，无民事行为能力人无论是作为原告还是被告，其第一顺序监护人系配偶，如果其作为法定代理人参加诉讼，就会出现配偶的代理人身份和诉讼主体身份相冲突的情况，即配偶自己和自己打离婚官司的情况，此为法律所禁止。故在审判实践中，可由其第二顺序监护人（即父母、子女）代为起诉或应诉，以维护无民事行为能力人的婚姻权、财产权及其他合法权益。

【条文】

第二百三十五条

无民事行为能力的当事人的法定代理人，经传票传唤无正当理由拒不到庭，属于原告方的，比照民事诉讼法第一百四十六条的规定，按撤诉处理；属于被告方的，比照民事诉讼法第一百四十七条的规定，缺席判决。必要时，人民法院可以拘传其到庭。

【条文主旨】

本条是关于无民事行为能力当事人的法定代理人参加诉讼的规定。

【条文理解】

民事诉讼法第六十条规定“无诉讼行为能力人由他的监护人作为法定代理人代为诉讼”。法定代理人是基于法律确定的监护权而代理当事人的人，其代理既不是基于当事人的意思表示，也不是基于他自己的意思表示，而是基于法律规定。法定代理人制度也是基于未成年人和不能辨认或者不能完全辨认自己行为的成年人不能正确分辨是非和表达自己意志而设立，法定代理人在诉讼中的行为应视为当事人的行为，与当事人行为具有同等法律效力，人民法院和对方当事人对无民事行为能力的当事人所为的诉讼行为，应向其法定代理人进行。本条规定无民事行为能力的当事人的法定代理人，应视同当事人，遵守法庭规定，经传票传唤无正当理由拒不到庭的，人民法院可以分别按撤诉处理或径行缺席判决。对于必须到庭的法定代理人，经人民法院两次传票传唤无正当理由拒不到庭的，人民法院可以根据民事诉讼法的有关规定，对其采取拘传的强制措施。

【条文】

第二百三十六条

有独立请求权的第三人经人民法院传票传唤，无正当理由拒不到庭的，或者未经法庭许可中途退庭的，比照民事诉讼法第一百四十六条的规定，按撤诉处理。

【条文主旨】

本条是关于有独立请求权的第三人拒不到庭或中途退庭按撤诉处理的规定。

【条文理解】

民事诉讼法第一百四十六条规定："原告经传票传唤，无正当理由拒不到庭的，或者未经法庭许可中途退庭的，可以按撤诉处理。"有独立请求权的第三人，是对当事人之间争议的诉讼标的的全部或者一部分，以独立的实体权利人的资格，提出诉讼请求而参加诉讼的人。即有独立请求权的第三人，也是独立起诉的主体，只是由于本诉的存在，其才以第三人身份参加到本诉的审理中。第三人的诉讼权利和相关义务在其请求范围内与原告相同，对经人民法院传票传唤，无正当理由拒不到庭的，或者未经法庭许可中途退庭的有独立请求权第三人，可以按撤诉处理。

【条文】

第二百三十七条

有独立请求权的第三人参加诉讼后，原告申请撤诉，人民法院在准许原告撤诉后，有独立请求权的第三人作为另案原告，原案原告、被告作为另案被告，诉讼继续进行。

【条文主旨】

本条是关于有独立请求权的第三人参加诉讼案件原告申请撤诉的规定。

【条文理解】

有独立请求权的第三人的诉讼地位相当于原告，与原告的诉讼权利义务相同。其对案涉诉讼标的有独立的请求权，参加到原告与被告已经开始的诉讼中。有独立请求权的第三人参加诉讼后，形成了两个单纯之诉的合并，属于诉的主客观合并。原告可以申请撤诉，法院经审查符合撤诉条件的，应裁定准许原告撤诉。原告撤诉后，不影响有独立请求权的第三人的参加之诉继续进行，但是应另行立案，继续审理，实质上形成诉的分离。法院和当事人已经进行的诉讼行为，在诉讼分离后仍然有约束力。

【审判实践中应当注意的问题】

有独立请求权的第三人的案件另行立案，系对已经进行的诉讼的继续审理。如果原告在法庭辩论终结后申请撤诉且符合撤诉条件，而有独立请求权第三人已经参与了全部诉讼活动的，法院无须在另立的案件中重复审理，可以直接作出裁判。

【条文】

第二百三十八条

当事人申请撤诉或者依法可以按撤诉处理的案件，如果当事人有违反法律的行为需要依法处理的，人民法院可以不准许撤诉或者不按撤诉处理。

法庭辩论终结后原告申请撤诉，被告不同意的，人民法院可以不予准许。

【条文主旨】

本条是关于当事人申请撤诉的规定。

【条文理解】

撤诉权属于当事人的处分权，但是该权利受到一定限制，即应在法律准许的范围内行使，不得违反法律，不得损害国家、集体、第三人的利益。

根据民事诉讼法第一百四十五条的规定，法庭辩论终结后法院应以判决或者调解方式结案。因当事人对诉讼程序有处分权，如果被告同意原告撤诉，且不违反法律规定，法院可以准许。如被告不同意，人民法院可以不准许。

【审判实践中应当注意的问题】

根据现行法律规定，原告撤诉后其实体权利并不受影响，其仍可以搜集证据再次提起诉讼。但是被告参加诉讼的成本得不到弥补，且面临重新被起诉的风险，造成诉累。因此，审判实践中法院应询问被告是否同意原告撤诉，避免原告滥用权利损害被告的利益。

【条文】

第二百三十九条

人民法院准许本诉原告撤诉的，应当对反诉继续审理；被告申请撤回反诉的，人民法院应予准许。

【条文主旨】

本条是关于本诉撤诉对反诉的影响的规定。

【条文理解】

1. 本诉原告撤诉符合法定条件

撤诉是当事人享有的一项诉讼权利，同时也是当事人行使处分权的具体表现，亦是人民法院结案的重要方式。处分权是当事人在不违反法律的强制性规定的情况下，自由地处分自己的民事实体权利和诉讼权利的权利，其包括三个方面的内容：一是诉讼请求的范围由当事人决定，二是诉讼程序的提起由当事人决定，三是案件的事实材料和证据材料由当事人决定。[①] 原告申请撤诉，处分的是诉讼权利，而非实体权利。人民法院对于当事人的权利行使应当予以充分的尊重，对于当事人符合法定条件的撤诉，人民法院应当予以准许。[②]

民事诉讼法没有对当事人撤诉的具体条件作出规定，结合司法实践，可将撤诉的条件概括为以下几个方面：（1）原告申请撤回起诉，主观上必须是原告主动、自愿所为，而不能是被动、违心所致，必须基于自己真实的意思表示。任何人既不得强迫或者变相强迫原告撤回起诉，也不得说服、动员原告撤回起诉。（2）原告申请撤回起诉，必须以书面或者口头方式向受诉人民法院提出内容明确的申请。申请撤诉是当事人行使处分权对自己的诉讼权利

① 参见张卫平：《转换的逻辑——民事诉讼体制转型的分析》，法律出版社2007年版，第298页。

② 参见姜群、李丽峰主编：《民事诉讼程序要点精释与裁判依据》，人民法院出版社2010年版，第231页。

加以处分的具体体现，故必须有内容明确的意思表示，才有可能产生相应的法律效果。(3）原告申请撤回起诉的目的必须正当、合法。申请撤诉不得规避法律或者损害国家、集体利益或他人的合法权益，不得有其他违法行为。由此，原告撤回起诉的申请并不会必然地产生撤诉的效果，而须由受诉人民法院进行审查，并在此基础上裁定是否准许原告撤回起诉。(4）原告撤回起诉的申请最迟应在受诉人民法院宣告判决前提出。不论是当庭宣判，还是定期宣判，均应如此。这样既可使原告有较为充分的斟酌时间，慎重地考虑实施撤诉行为，同时又可避免因原告于宣判后再提出撤诉申请而损及受诉人民法院所作判决的严肃性和权威性。① 对于符合上述条件的撤诉申请，人民法院审查后，没有发现存在本司法解释第二百三十八条规定情形的，应当裁定准许原告撤诉。

2. 本诉撤诉不影响反诉的审理

对于人民法院准许本诉原告撤诉后，被告所提起的反诉该如何处理，实践中存在较大争议。一种观点主张裁定驳回反诉之起诉，主要理由为：反诉是在一个已经开始的民事诉讼程序中，本诉的被告以本诉原告为被告，向受诉法院提出的与本诉在事实或者法律上有牵连关系的独立的反请求。反诉旨在抵消或吞并原告提起的本诉，使原告的诉讼目的无法实现或无法全部实现。被告在本诉审理过程中提出反诉，以便人民法院将本诉与反诉合并审理，基于本诉与反诉的牵连性，当本诉原告撤诉后，反诉的对抗目的将不复存在，反诉即不再称为“反诉”，仅属于一般之诉，如此一来，再在程序上将“本诉”与“反诉”捆绑起来已毫无必要和意义，据此有观点主张裁定驳回反诉原告的起诉，如果反诉原告坚持诉讼，可以重新立案。

另一种观点主张继续审理反诉，主要理由为：反诉只要符合诉成立的条件，就是一种独立的诉。反诉虽然是在本诉的诉讼程序中被告向原告提出的具有牵连关系的反请求，但是它并不因此必然地依赖本诉而存在。被告提出的反诉本身符合起诉的条件，因此即使本诉撤回，反诉也能够独立存在，也能够作为独立的案件由法院审理裁判。在诉讼地位上，本诉原告又被称为“反诉被告”，而本诉被告又被称为“反诉原告”，这彰显了原、被告诉讼地位的平等，即本诉、反诉当事人是平等的。民事诉讼法第一百四十三条规定：“原告增加诉讼请求，被告提出反诉，第三人提出与本案有关的诉讼请求，可以合并审理。”由此可推出，被告提出反诉的案件，人民法院可以与

① 参见姜群、李丽峰主编：《民事诉讼程序要点精释与裁判依据》，人民法院出版社 2010 年版，第 232 页。

本诉合并审理，也可以不合并审理，如果不合并审理，即意味着反诉可以单独审理。司法实践中，尽管撤诉是当事人的诉讼权利，但本诉原告撤诉的，反诉原告不一定会撤诉；同样，反诉原告撤回反诉的，本诉原告也不必然会撤回本诉。此种情况下，若简单驳回本诉或反诉，案结事未了，当事人之间的矛盾依然存在，人民法院定分止争的功能没有发挥出来。因此，为了从根本上处理案件，解决纠纷，又不增加当事人的诉累，在原告撤诉的情况下，反诉应继续审理。

我们认为，根据反诉的构成理论和立法精神，显然第二种观点更具合理性，更符合立法本意，也是目前司法实践的主流观点。虽然本诉与反诉两者之间具有牵连性，但是两者又是相互独立之诉，两者之间并不存在相互依存性，本诉与反诉具有程序上的相对性。① 一方面，反诉具有其自身的独立性。反诉是诉的一种，是被告提出的独立的诉讼请求，这项诉讼请求的提起同样需要被告具有提起诉讼的权利，并要按照起诉的基本要求向法院提起，反诉提起后并不因本诉的撤回而消灭，法院可就反诉继续审理。另一方面，反诉对本诉具有一定的依赖性是反诉相对独立的体现。反诉的独立性只是在一定程度上的相对独立而并非“完全独立”。反诉的启动依附于本诉，若没有本诉，则“反”字无从提起，当本诉撤回后，反诉即失去了针对性，演变成一种特殊形式的起诉，人民法院应当继续审理。根据民事诉讼法第一百四十六条的规定，原告经传票传唤，无正当理由拒不到庭的，或者未经法庭许可中途退庭的，可以按撤诉处理；被告反诉的，可以缺席判决。也就是说，在原告存在按撤诉处理的情形下，如果被告提起了反诉，人民法院应当继续审理反诉并可缺席判决。可见，本诉原告撤诉，并不影响反诉的继续审理。人民法院应对本诉部分作出裁定，准许原告撤回本诉；对于反诉部分应继续审理并依法作出裁判。

3. 被告申请撤回反诉的，人民法院应予准许

前文已述，本诉与反诉的当事人具有平等的诉讼权利，既然撤诉是原告的诉讼权利，被告当然也享有撤回反诉的权利。在原告申请撤回本诉被依法准许的情况下，被告主动撤回反诉是“应当准许”，还是“是否准许，由人民法院裁定”，即是否还需要人民法院审查被告是不是具有不准许撤回反诉的情形？答案是否定的。本司法解释第二百三十八条规定了人民法院不予准许原告撤诉的情形，即当事人有违反法律的行为需要依法处理

---

① 参见毕玉谦：《试论反诉制度的基本议题和调整思路》，载《法律科学》2006 年第 2 期。

的，不予准许原告撤诉。如果没有违反法律的行为，人民法院应当依法准许其撤诉。从本司法解释本条规定来看，人民法院已经准许原告撤回本诉，说明该案当事人并无违反法律的行为，基于反诉构成理论，反诉也应当是无违反法律的行为，因此，被告申请撤回反诉是否存在违反法律的行为也就无审查之必要，应当予以准许，这体现了人民法院对当事人自由处分其诉讼权利的尊重。

【审判实践中应当注意的问题】

1. 本诉原告未撤诉，被告申请撤回反诉的处理

实践中，除原告申请撤诉，被告申请撤回反诉的情形外，还有本诉原告不撤诉而反诉原告撤回反诉的情形。对于被告撤回反诉的申请，人民法院不能直接准许，仍然应当按照本司法解释第二百三十八条的规定审查被告撤回反诉是否存在违反法律的行为而不应准许撤诉的情形。如果不存在违反法律的行为，则应当准许被告撤回反诉；如果经审查存在违反法律的行为，则应当裁定不予准许撤诉。此外，被告（反诉原告）在反诉法庭辩论终结后申请撤回反诉，原告（反诉被告）不同意的，人民法院也可以裁定不予准许。人民法院裁定不准撤回反诉的，原告（反诉被告）经传票传唤，无正当理由拒不到庭的，可以缺席判决。

2. 反诉继续审理的案号问题

法院审理案件，当事人及其律师查询案件，最主要的识别依据即为该案的案号，故我国法院的案号编制规则极为重要。司法实践中案号编制的规则主要是“四个一”的编制规则，即一个案件一个法院一个程序一个编号，具体而言，就是每一个民事案件在同一个受理的法院在一个特定的诉讼程序（一审、二审、再审）中会编制一个唯一的案号。案号一般由受理年份、受理法院简称、具体办案部门（或案件类型）、所处诉讼程序、年内编号共五个部分组成。本诉立案后，人民法院即给该案编制一个案号，因反诉并没有经过起诉程序，法院也没有给反诉编一个案号。反诉后，本诉与反诉合并审理，本诉与反诉共同使用一个案号，共同使用一个案由，双方互为原、被告，本诉与反诉在程序上相互牵连。本诉撤诉后，人民法院应当以该案号作出撤诉裁定。由于本诉的撤回不影响反诉的审理，而反诉又没有独立的案号，这时反诉继续审理仍然使用本诉的案号，并作出判决，不必另行更换案号。

【条文】

第二百四十条

无独立请求权的第三人经人民法院传票传唤，无正当理由拒不到庭，或者未经法庭许可中途退庭的，不影响案件的审理。

【条文主旨】

本条是关于无独立请求权的第三人拒不出庭或中途退庭不影响案件继续审理的规定。

【条文理解】

在民事诉讼中，经人民法院传票传唤，当事人有义务按时到庭，以保证诉讼活动及时、顺利地进行，明确当事人的权利义务关系，保护当事人的合法权益，维护法律的严肃性和人民法院的权威。无独立请求权的第三人接到人民法院传票传唤后，应当按时出庭参加诉讼。由于无独立请求权第三人没有独立的请求权，仅是案件处理结果同其有法律上的利害关系，因此，如果无独立请求权第三人无正当理由拒不出庭或者未经法庭许可中途退庭的，不影响案件的审理。当然，如果人民法院判决无独立请求权的第三人承担民事责任的，其有权依法上诉。根据民事诉讼法第五十九条第二款的规定，人民法院判决承担民事责任的第三人，有当事人的诉讼权利义务。因此，当人民法院判决无独立请求权第三人承担民事责任时，其享有当事人的诉讼权利义务。而根据民事诉讼法第一百七十一条的规定，当事人不服地方人民法院一审判决或者裁定，可以在法定上诉期内上诉。可见，上诉权是当事人享有的非常重要的诉讼权利，承担民事责任的无独立请求权第三人当然享有。

【条文】

第二百四十一条

被告经传票传唤无正当理由拒不到庭，或者未经法庭许可中途退庭的，人民法院应当按期开庭或者继续开庭审理，对到庭的当事人诉讼请求、双方的诉辩理由以及已经提交的证据及其他诉讼材料进行审理后，可以依法缺席判决。

【条文主旨】

本条是关于被告缺席的案件如何审理的规定。

【条文理解】

1. 缺席判决的适用情形

缺席判决是我国民事诉讼法规定的一种重要审判形式，是人民法院对那些无故不到庭或到庭后未经法庭许可中途退庭，故意拖延诉讼，藐视国家法律的行为，及时行使审判权的一种法律手段，也是促使案件当事人积极参加庭审，充分行使诉讼权利的重要措施。缺席判决在公平保护当事人的合法权益，保证庭审正常进行，提高审判效率和维护司法权威等方面起着重要作用。缺席判决其实是相对于双方当事人都到庭的对席判决而言的，是对对席判决的补充。缺席判决作出后，与对席判决具有同等法律效力。①

根据民事诉讼法以及相关司法解释的相关规定，缺席判决主要包含以下几种：（1）原告无故不出庭或者未经法庭许可中途退庭，被告提出反诉的；（2）被告经传票传唤无正当理由拒不到庭的，或未经法庭许可中途退庭的；（3）法院裁定不准撤诉，原告经传票传唤，无正当理由拒不到庭的；（4）无民事行为能力的被告的法定代理人，经传票传唤无正当理由拒不到庭的。由此可以看出，我国的缺席可以从两个方面加以把握：首先，缺席的主体为被告和被裁定不准撤诉的原告；其次，缺席的形式主要指的是在庭审中的缺席，而不考虑庭审前的情况。也就是说，在我国只能是开庭审理期间的被告和被裁定不准撤诉的原告没有到庭，或两者未经允许中途退庭，才按缺席判决处理，而没有明确地说明在答辩期间和证据交换期间原、被告是否可以按缺席判决处理。

本条仅就被告缺席的案件如何审理作出规定，其他情形的缺席案件均应按照本条规定内容予以审理。

2. 缺席判决制度的两种模式

依据各国规定的不同，目前缺席判决制度主要被划分成两大模式——缺席审判主义和一方辩论主义。② 两者各有优势和劣势。

（1）缺席审判主义。缺席审判主义是指原告缺席时，拟认为原告撤销诉讼，由法院判决驳回原告的诉讼请求；被告缺席时，拟认为被告自认原告的事实主张，根据原告的申请，由法院依法作出缺席判决。缺席审判主义最初产生的基础是为了推动诉讼程序的进行，有对阻碍程序进行的当事人施加惩罚的意味。缺席审判主义更注重的是诉讼的经济价值，但以牺牲公正性价值

① 参见江伟主编：《民事诉讼法学》，复旦大学出版社 2002 年版，第 348 页。

② 参见江平主编：《民事审判方式改革与发展》，中国法制出版社 1998 年版，第 305 页。

为代价。

（2）一方辩论主义。一方辩论主义主要是指没有出庭的被告或者原告在答辩期或者其他期间曾向法院提交了与案件有关的事实资料，则法院必须要考虑这些书面材料，并将到庭一方当事人已辩论的事实、已调查的证据一同作为判决的基础，依到庭一方当事人的申请作出判决。一方辩论主义不再是对缺席一方所提交的证据等资料置之不理，直接断定其缺席的行为是对出席一方诉讼请求的自认，从而避免使缺席一方因此承担不利的诉讼后果。

任何一种法律制度的建立，都反映了一定的价值取向。依据缺席审判主义，当被告缺席时，拟制为被告自认原告的诉讼主张，即便被告已经在答辩状中陈述自己的抗辩事实和理由，且完全成立，法官也不予考虑，这等于剥夺了缺席被告的答辩权，显然与诉讼公正的要求背道而驰。同时，仅凭原告方提出的事实和主张即直接作出判决，而不对其进行必要审查，这本身就使判决缺乏公信力。而依一方辩论主义，在一方当事人缺席的情况下，并不直接对缺席方作出不利判决，而是对其提交的诉讼材料进行审查，并将其中主张的事实和理由视为缺席方所作陈述，通过建立这种“虚拟辩论”努力使双方当事人接近攻击和防御的平等对抗状态，以增加双方保护自我权利的诉讼机会，从而使判决结果在一定程度上获得了正当性。从这个意义上讲，一方辩论主义使判决结果更接近事实真相和符合公平正义，更符合现代民事诉讼理念。

（3）我国缺席判决模式的选择。通过分析可以看出，缺席审判主义和一方辩论主义各有优劣，随着社会的发展，两种模式也在不断地融合。目前，除了日本和我国台湾地区实行典型的一方辩论主义模式外，其他国家和地区都已经不再是完全意义上的缺席审判主义或一方辩论主义了。从我国缺席判决制度的形式上看，立法理念不可避免地渗透着两大模式的内容。在我国，缺席判决是由法院决定适用的，在案件的审理中不仅要审查出席一方当事人提供的证据，对缺席一方当事人曾提交的材料也需要进行审查，在特殊的情况下，由于曾经受到浓厚的职权主义的影响，法官甚至要参与到取证的环节中来，为了最大限度地发现案件的真实而主动调查证据。因此，我国的缺席判决基本上属于一方辩论主义，但是在程序的启动和证据的调查方面又有别于一方辩论主义，是一种较为特殊的缺席判决制度。①

3. 当事人缺席案件的审理

（1）司法实践中对证据审查的常见方式。民事诉讼的基本法理要求所有

① 参见金明辉：《我国民事缺席判决制度研究》，华东政法大学2011年硕士学位论文。

的证据都应当在法庭上出示，由当事人进行陈述、辩论、质证，未经质证的证据不能作为法官认定事实的依据。但一方当事人缺席，给另一方当事人质证和法官认定证据都带来不便。法庭对到庭一方当事人或者缺席一方当事人提供的证据材料以及缺席一方当事人提出的答辩意见，必须明确采纳与否，并且在此基础上作出裁判，这就涉及对缺席判决的证据是进行形式审查还是实质审查的问题。司法实践中，意见并不统一。综合审判实践，法官对于缺席判决中证据的审查方法大体分为以下三种：第一种是形式审查，只要原告提供的证据形式要件具备，即认定其证明力，并在此基础上作出不利于被告的裁决；第二种是实质审查，即对原告所举证据必须进行实质审查，全面审核原告提供的证据，有时法官还必须亲自调查取证，核实证据；第三种做法是根据具体案件的具体情况区分对待。由于缺席一方未能提出任何质证意见，法官只能进行形式上的审查，此时，应适当降低原告的证明标准，多数情况下，原告提供的证据只要符合证据的基本形式要件，就应当认定证据具有真实性和合法性，并结合证据的关联性和证明力大小，作出案件事实认定，即对缺席判决案件的证据应该进行一定的实质审查；而对于有些缺席审理的案件（如涉及人身关系的案件）则不能完全适用上述证据审核认定方式，必要时，应由法院依职权进行调查取证。①

我们认为，在对证据的审查认定上，缺席判决与对席判决一样，法官都应对证据的形式要件与实质要件一并进行审查判断。根据被告缺席的时间不同，可以将缺席判决分为被告不完全应诉的缺席判决和被告完全不应诉的缺席判决。前者主要指被告在收到原告起诉状副本等起诉材料后，向法院递交了书面答辩状，或者参加了庭前证据交换并提出口头意见，但后来又因为案件的进展或其他原因在开庭的当日无正当理由未参加庭审；后者主要指被告收到原告的起诉状和开庭传票后，无正当理由拒绝参加诉讼、提出意见。两者在证据的审查认定上存在一定差别。

（2）被告不完全应诉时的证据审查。被告不完全应诉表现为被告已知悉诉讼的存在，并提交了证据资料而于开庭当日缺席，在这种情形下，法庭审理如期进行。由于被告在诉讼开始之初即提交了答辩状及相关证据材料，参加了庭前的诉讼活动，此时应认为其已经实际应诉。被告开庭前提交的答辩状以及证据材料应该视为其诉讼主张，纳入法庭调查的范围，要求原告针对被告的答辩状和证据材料进行辩论，原告应当对其进行陈述、发表意见，法

① 参见李西川：《缺席审判中的认证相关问题探讨》，载中国法院网，2009年4月14日访问。

院可以将其作为裁判的基础。如果被告对原告在起诉状中陈述的事实在答辩状中没有否认，也没有提交反证材料，不应当简单视为被告对原告主张的认可；如果被告单纯否定原告主张，原告须对这些事实承担举证责任；如果被告提出了积极的主张予以抗辩，被告则须对自己的积极主张承担举证责任。庭审后，法官应当对原、被告提交的证据进行综合审查，作出缺席判决。

（3）被告完全不应诉时的证据审查。被告已经收到了起诉状副本等起诉材料，知道了诉讼的存在，经传票传唤，不但不提交答辩状，在庭审日也不出庭，视为被告放弃了在法庭上进行答辩、举证、质证以及辩论的权利。在这种情形下，法院应当如期审理，对出庭一方当事人提交的资料，法官应从职业道德出发，运用逻辑推理和经验法则进行全面、客观的审查。因被告缺席，无人对原告提供的证据的真实性提出异议，法官对证据的审查应当重在证据的关联性、合法性，并对证据的证明力及其大小作出判断。只要当事人提供的证据与本案有关联，且内容、形式、来源不违法，均应作为认定案件事实的依据。

此外，为确保诉讼程序的安定性，法官在审理这类案件时，不但要对原告的证据进行形式和实质的全面审查，还应放宽依职权调查取证的范围，必要时，法官可以不局限于原告的申请，对于不收集则会导致案件处理明显不公的证据依职权主动调查收集，以利于审查核实原告所提供的证据和主张的事实，力争做到最后所认定的法律事实尽量接近于客观事实，使公正和效率都真正得到体现。

【审判实践中应当注意的问题】

审判实践中，应尽量避免在缺席判决的判决书中有“被告经传票传唤无正当理由未到庭，放弃质证的权利，应视为对原告起诉的认可”“因被告未到庭，放弃质证权利，法院对原告提供的证据应予以认定”等类似内容的表述。这种表述是不正确的。被告经传票传唤无正当理由未到庭，可以视为其放弃了当庭陈述、举证和质证的权利，但并不能视为其对原告的诉讼请求或主张的事实的承认，也不能视为对自己实体权利的处分，法院不能当然地据此对原告提供的证据予以认定，完全按照原告的主张来判决，仍要结合到庭当事人和双方已经提交的证据及其他诉讼材料进行审理。

【条文】

第二百四十二条

一审宣判后，原审人民法院发现判决有错误，当事人在上诉期内提出上诉的，原审人民法院可以提出原判决有错误的意见，报送第二审人民法院，由第二审人民法院按照第二审程序进行审理；当事人不上诉的，按照审判监督程序处理。

【条文主旨】

本条是关于一审裁判后发现判决有错误如何处理的规定。

【条文理解】

一审宣判后，原审法院发现判决存在错误，存在两种解决途径：一是原审法院发现判决错误时，当事人在上诉期限内提起上诉，启动二审程序，原审法院应当提出原判决有错误的意见，报送二审法院，由二审法院在二审程序中与当事人的上诉请求一并处理；二是一审判决后，当事人并未提起上诉，一审判决生效，此时原审法院虽然发现判决有错误，但无法通过提报二审法院在二审程序中解决，只能按照审判监督程序处理。通常情况是，由原审法院以“院长发现”形式提交本院审判委员会讨论决定再审，纠正错误。

【条文】

第二百四十三条

民事诉讼法第一百五十二条规定的审限，是指从立案之日起至裁判宣告、调解书送达之日止的期间，但公告期间、鉴定期间、双方当事人和解期间、审理当事人提出的管辖异议以及处理人民法院之间的管辖争议期间不应计算在内。

【条文主旨】

本条是关于审限扣除的规定。

【条文理解】

审限，是指法律规定的人民法院审理案件必须遵守的期限。设定审限是提高司法效率的需要，2000 年和 2001 年最高人民法院连续两年出台有关司法解释，严格重申了有关审限的规定。按照法律和有关司法解释的规定，案件的审理期限是从立案之日起至裁判宣告、调解书送达之日止的期间。民事诉讼法虽然规定了适用普通程序审理的一审案件审限为六个月，并规定特殊情况可以延长审限六个月，还需延长的，报请上一级人民法院批准，可以再延长三个月，即一审案件审限最长为十五个月。但在一些特殊情况下，有些诉讼活动不能正常进行，其占用的期间不应计入审限，需要予以扣除。根据《最高人民法院关于严格执行案件审理期限制度的若干规定》第九条的规定，公告期间、鉴定期间、审理当事人提出的管辖权异议和处理法院之间的管辖争议的期间等不应计算在审限内。本司法解释本条对此予以重申。

另外，当事人和解的期间也不计入审限，可以扣除。根据《民事调解工作规定》第二条的规定，双方当事人申请庭外和解的期间，不计入审限。对于适用该规定扣除审限时，应当注意规范庭外和解启动的程序和次数，及时为当事人制作笔录或者要求当事人提交书面申请，在调解不成时及时恢复审理。要防止随意启动庭外和解程序以规避正常的审理期限，造成隐性超期，案件久“和”不审、久“调”不判。

【条文】

第二百四十四条

可以上诉的判决书、裁定书不能同时送达双方当事人的，上诉期从各自收到判决书、裁定书之日计算。

【条文主旨】

本条是关于上诉期起算时间的规定。

【条文理解】

民事诉讼法第一百七十一条规定：“当事人不服地方人民法院第一审判决的，有权在判决书送达之日起十五日内向上一级人民法院提起上诉。当事人不服地方人民法院第一审裁定的，有权在裁定书送达之日起十日内向上一级人民法院提起上诉。”当事人未在法定期限内提出上诉，判决和裁定即发生法律效力。因此，上诉期的起算时间直接影响当事人实体权利与诉讼权利。本条明确上诉期限应从每个有上诉权的当事人各自收到判决书、裁定书之日计算，任何一方均可在自己的上诉期内上诉，只有在所有有上诉权的当事人的上诉期限都届满而没有提起上诉情况下，判决和裁定才发生法律效力。

【条文】

第二百四十五条

民事诉讼法第一百五十七条第一款第七项规定的笔误是指法律文书误写、误算，诉讼费用漏写、误算和其他笔误。

【条文主旨】

本条是关于法律文书笔误的规定。

【条文理解】

在审判实践中，由于各种原因，法官在法律文书中会出现笔误，但是实体处理结果并无问题，此时，应当作出补正裁定。如果实体处理结果出现问题，应当提起审判监督程序。因此，应正确区分笔误和错误。对于笔误应作一个界定。笔误仅指法律文书误写、误算，诉讼费用漏写、误算以及其他的笔误。2015 年《民事诉讼法解释》保留了《92 年意见》第 166 条的规定，仅调整了条文序号。本司法解释 2022 年修正时根据 2021 年民事诉讼法对条文序号又作了调整，其他内容未修改。

【条文】

第二百四十六条

裁定中止诉讼的原因消除，恢复诉讼程序时，不必撤销原裁定，从人民法院通知或者准许当事人双方继续进行诉讼时起，中止诉讼的裁定即失去效力。

【条文主旨】

本条是关于恢复诉讼程序的规定。

【条文理解】

当案件出现中止诉讼的情形时，法院应当裁定中止诉讼，但当中止诉讼的原因消除时，法院是否还需要再出具裁定恢复诉讼程序，民事诉讼法并没有作出明确规定，《92 年意见》第 167 条明确规定，恢复诉讼程序时，不必撤销原裁定。法院原来所出的中止诉讼的裁定，从人民法院通知或者准许当事人双方继续进行诉讼时起，就失去了效力。2015 年《民事诉讼法解释》保留了《92 年意见》第 167 条的规定，并对个别文字作出修改。2022 年本司法解释修正时对本条内容未修改。

【条文】

第二百四十七条

当事人就已经提起诉讼的事项在诉讼过程中或者裁判生效后再次起诉，同时符合下列条件的，构成重复起诉：

（一）后诉与前诉的当事人相同；

（二）后诉与前诉的诉讼标的相同；

（三）后诉与前诉的诉讼请求相同，或者后诉的诉讼请求实质上否定前诉裁判结果。

当事人重复起诉的，裁定不予受理；已经受理的，裁定驳回起诉，但法律、司法解释另有规定的除外。

【条文主旨】

本条是关于民事诉讼中一事不再理原则及判断标准的规定。

【条文理解】

1. 本条的制定背景

一般认为，现代诉讼法上的一事不再理原则起源于罗马法上的“一案不二讼”制度。“根据当时人们的观点，所谓诉权消耗，是指所有诉权都会因诉讼系属而消耗，对同一诉权或请求权，不允许二次诉讼系属。一旦限制同一诉权或请求权只能有一次诉讼系属，那么即使允许当事人对同一案件提出诉讼请求，被告也可以实施既决案件的抗辩或者诉讼系属的抗辩，使当事人的诉讼请求不至于诉讼系属。”① 罗马法上的一事不再理的观念和制度对后世法律的发展产生了深远的影响。在大陆法系国家，民事诉讼法学者在对判决效力理论进行研究的基础上，逐步创造出了以既判力为核心的一事不再理原则的理论体系。大陆法系的法国、德国、日本，均在民事诉讼法上明确规定了一事不再理原则的实质内容。在普通法系国家，源于罗马法“一案不二讼”原则的既决事项作为一项诉讼的原则与先例判决、禁反言规则相配合，逐步形成了普通法系国家富有特色的一事不再理原则及规则。

无论大陆法系国家还是普通法系国家，一事不再理原则都包括两个方面的内容：其一是在诉讼系属中，阻止相同当事人再行提起后诉；其二是在判决确定后，禁止相同当事人对相同诉讼对象的再次讼争。只是由于法律传统

① 张卫平：《程序公正实现中的冲突与衡平》，成都出版社1993年版，第350页。

和思维方式的差异，普通法系国家以既决事项规则和滥用程序规则来实践一事不再理原则的内容，而大陆法系国家则通过诉讼系属效力和既判力的消极效力承担起一事不再理原则的功能。

一般认为，民事诉讼法第一百二十七条第五项“对判决、裁定、调解书已经发生法律效力的案件，当事人又起诉的，告知原告申请再审”的规定，是我国关于一事不再理原则的法律渊源。我国虽非大陆法系国家，但受大陆法系影响较深，一事不再理原则在民事诉讼实践中是不言自明的观念和普遍适用的规则。但由于关于一事不再理原则的内涵和判断标准不明确，审判实践中一事不再理原则的适用，大多凭审判人员的朴素的理解，适用的状况和效果比较混乱，实有加以规范的必要。

2. 本条内容的理解

本条借鉴大陆法系国家的理论，对一事不再理原则的适用标准作出规定。大陆法系国家遵循从主观和客观两个方面来判断一事不再理原则的构成。主观方面，即考察当事人的同一性；客观方面，即考察审理对象（诉讼对象）是否相同。这也是本条的基本思路。

（1）一事不再理原则的主观方面：当事人相同。一般而言，形式当事人和正当当事人（实质当事人、适格当事人）的区分对于一事不再理原则下确定同一当事人的范围没有意义。无论当事人在诉讼中仅为形式当事人，还是正当当事人，都要承受作为诉讼结果的判决的既判力约束，不能就相同的诉讼标的或审理对象再次提起诉讼。具有同一性的当事人包括以下六种。

一是通常当事人。通常当事人是判决效力所及的最直接的主体，因此，其受一事不再理原则的约束，自不待言。

二是诉讼担当人。诉讼担当人，是指就他人的诉讼标的的权利义务有当事人的诉讼实施权，从而为他人担当诉讼的人。[①] 以诉讼实施权行使的依据为标准，诉讼担当可分为法定诉讼担当和任意诉讼担当两种情形。前者是指有法律特别明文规定的诉讼担当，后者是指在法律规定的范围内，通过约定的方式产生的诉讼担当。我国企业破产法规定的破产管理人、民法典合同编中的代位权人即属于法定诉讼担当人，民事诉讼法第五十六条、第五十七条规定的代表人诉讼中的诉讼代表人属于任意诉讼担当人。诉讼担当人的诉讼结果对被担当人具有约束力，在判断一事不再理的构成时，诉讼担当人与被担当人具有同一性。

---

① 参见骆永家：《既判力之研究》，我国台湾地区三民书局1999年版，第138页。

三是诉讼参加人。一个诉讼提起后，原、被告双方之外的第三人参与到诉讼之中的情形，称为诉讼参加。该参加到他人诉讼中的人为诉讼参加人。我国民事诉讼法中规定的有独立请求权第三人相当于大陆法系国家的主参加人，因其以独立诉讼的方式参加到他人的诉讼之中，在诉讼中具有当事人的地位，当然受一事不再理原则的约束。我国的无独立请求权第三人在实践中则存在辅助当事人诉讼和独立诉讼两种情况。前者相当于大陆法系的从参加人，在诉讼中仅仅处于辅助地位，故不受一事不再理原则的约束；后者因其独立参加诉讼，实质上具有当事人的地位，应当受一事不再理原则的约束。

四是当事人的继受人。当事人的继受人，是指通过继受而承受诉讼标的的权利义务关系，从而承受当事人地位的人。包括因自然人当事人死亡或者法人、设有代表人或管理人的非法人组织当事人合并，而发生的继受情形；也包括因法律行为或者法律规定或法院拍卖等国家公法行为而受让诉讼标的的权利义务的人。

五是为当事人或者其继受人占有请求的标的物的人。其是指在诉讼标的为以给付特定物为目的的请求权时，如该特定物被诉讼外的他人为当事人或其继受人占有而非为自己占有的情形。

六是既判力效力所及的一般第三人。其主要指在有关身份关系的人事诉讼和公司关系的诉讼中所作出的具有形成效力的判决，具有对世效力，在原告胜诉时任何人均不得再次起诉。

（2）一事不再理原则的客观方面：诉讼对象的同一性。一事不再理原则的客观方面，即所谓一事不再理中“一事”的问题，是一事不再理原则的核心问题。它是一事不再理原则中最为核心和本质的内容。诉讼对象又称诉讼标的或诉讼物，是指法院在民事诉讼中审理和判断的对象。关于诉讼标的，存在多种理论上的学说，概括起来大致有实体法诉讼标的理论（旧实体法说）、新诉讼标的理论（诉讼法说，包括二分肢说、一分肢说等）、新实体法说、诉讼标的相对论等观点。不同的诉讼标的理论决定着对诉讼内容不同的理解，也决定着一事不再理原则的作用范围。我们认为，依实体法诉讼标的理论来理解，比较符合我国民事诉讼的实际状况。实体法诉讼标的理论（旧实体法说）从实体法上的请求权出发来界定诉讼标的，认为诉讼标的乃是原告在诉讼上所为一定具体实体法之权利主张。原告起诉时，在诉状中必须具体表明其所主张之实体权利或法律关系。这与我国民事诉讼实践中长期以来对审判对象的理解是一致的。将诉讼标的理解为当事人在实体法上的权利义务或者法律关系，简便易行，法院审理范围十分明确，诉讼程序秩序稳定，当事人攻击防御目标集中。至于旧实体法说中遭到批判的请求权竞合情况下出现复数诉讼标的的问题，可以结合实体法的规定，通过诉讼法上的特别处理加以解决。至于当事人一次纠纷不能一次性解决的问题，则可以通过扩展法官释明义务，在一定程度上予以缓解。旧实体法说所具有的这种优势及其与我国民事诉讼实践需求的契合度，是其他诉讼标的理论所无法比拟的。

诉讼请求是建立在诉讼标的基础上的具体声明，在采旧实体法说理解诉讼标的的前提下，具体的请求内容对于诉讼中识别诉讼标的及厘清其范围具有实际意义。因此，本条将诉讼请求的同一性也作为一事不再理原则适用的判断标准。本条第一款第三项中的“后诉的诉讼请求实质上否定前诉裁判结果”主要是指后诉提起相反请求的情况。

【审判实践中应当注意的问题】

第一，当事人相同，不受当事人在前诉与后诉中的诉讼地位的影响，即使前后诉原告和被告地位完全相反，仍然应当认定当事人为同一。[①] 例如，甲起诉乙要求确认房屋所有权，乙又起诉甲同样要求就房屋使用权进行确认，两诉之间的当事人是相同的。

第二，在前诉与后诉当事人相同、诉讼标的同一的情形下，后诉提起与前诉相反的诉讼请求的，如甲起诉乙请求确认法律关系有效，乙又起诉甲请求确认法律关系无效的，构成一事不再理。

第三，一般而言，给付之诉中隐含确认之诉的内容，如果甲起诉乙请求依法律关系进行给付，乙又起诉甲请求确认法律关系无效的，属于后诉的请求实质上否定前诉裁判结果的情形。

【条文】

第二百四十八条

裁判发生法律效力后，发生新的事实，当事人再次提起诉讼的，人民法院应当依法受理。

【条文主旨】

本条是关于不适用一事不再理原则的情况的规定。

① 参见陈荣宗、林庆苗：《民事诉讼法》，我国台湾地区三民书局1996年版，第388页。

【条文理解】

一事不再理原则是民事诉讼的基本原则，其基本要求是裁判发生法律效力后，当事人不得对争议事实再次提起诉讼。我国民事诉讼法对一事不再理原则并未明确规定。一般认为，民事诉讼法第一百二十七条第五项“对判决、裁定、调解书已经发生法律效力的案件，当事人又起诉的，告知原告申请再审”的规定，是一事不再理原则在我国法律上的渊源。然而，理论和经验表明，任何法律制度设计的原则通常都存在例外，一事不再理原则也应当如此。因此，应允许不适用一事不再理原则的情况存在。从法律及司法解释的相关规定看，民事诉讼法第一百二十七条规定：“人民法院对下列起诉，分别情形，予以处理：……（七）判决不准离婚和调解和好的离婚案件，判决、调解维持收养关系的案件，没有新情况、新理由，原告在六个月内又起诉的，不予受理。”上述规定体现了不适用一事不再理原则的内容。故裁判发生法律效力后，发生新的事实，应当允许当事人再次提起诉讼解决争议，而对于当事人基于新的事实而提起的诉讼，人民法院应当依法受理。

本条是关于不适用一事不再理原则的情况的规定。当事人再次提起诉讼的条件为发生新的事实。从民事诉讼法理论上看，判决生效后，当事人不得就已经判决的同一案件再行起诉，即判决具有既判力。而从既判力的效力范围看，既判力具有主观范围、客观范围和时间范围。既判力的时间范围，即既判力的基准时或标准时，是法院确定终局判决所判断的当事人之间诉争事实状态或权利状态存在的特定时间点。既判力基准时所针对的是确定判决对所判断事项产生既判力的时间点问题。从大陆法系的理论主张看，通说认为，“发生既判力的判决只确认特定时刻的权利状态，而不是确认所有未来的权利状态……涉及实质既判力的时刻与双方当事人在诉讼进行中能提起新的事实主张的截止时刻相同”①。也就是说，既判力的基准时为“事实审言词辩论终结时”。因确定判决是对特定时点上当事人之间的实体法律关系状态的判断，故确定判决仅对基准时之前发生的事项具有既判力，对基准时之后的事项没有既判力。基准时后发生新的事实，不受既判力的拘束，当事人可再次提起诉讼。

从我国民事诉讼法的规定看，在“有错必纠”司法观念的影响下，既判力制度在民事诉讼法上未有明确规定。因既判力决定着一事不再理原则作用的范围，在既判力制度缺位的情况下，一事不再理原则的效力范围较难以明

① ［德］奥特马·尧厄尼希：《民事诉讼法》，周翠译，法律出版社2003年版，第332页。

确，亦导致审判实践中对一事不再理原则适用的不一致。在此情况下，结合司法实践，并借鉴域外既判力基准时的相关理论，本条对不适用一事不再理原则的情况进行了规定。本条明确了裁判发生法律效力后，发生新的事实，当事人再次提起诉讼的，不适用一事不再理原则，人民法院应当依法受理。因确定判决仅对基准时之前发生的事项具有既判力，对基准时之后的事项没有既判力。裁判发生法律效力后发生新的事实，为既判力基准时之后发生，并未被生效判决所确认，不在诉讼系属中，亦不应受既判力的拘束。因发生了新的事实，从而使确定判决所认定的权利发生变动，当事人基于该事实再次提起的诉讼，不适用一事不再理原则，法院对此应予以受理。

需注意的是，新的事实为生效裁判发生法律效力后发生的事实，而不是原生效裁判未查明或涉及的事实，亦不是当事人在原审中未提出的事实。应当指出的是，原审结束前就已经存在的事实，当事人应当主张而未主张的事实，也不属于新的事实。

【审判实践中应当注意的问题】

实务中，在裁判发生法律效力后，当事人以发生新的事实为由，再次向法院提起诉讼的，人民法院对原告的起诉应当依法受理。但当事人的起诉应符合民事诉讼法规定的起诉和受理的条件，人民法院对此也应当依法进行审查。人民法院的审查仅是一种形式审查，仅审查“新的事实”是否有证据，至于该“新的事实”是否属实，在起诉的受理阶段无须审查，而有待受理后进行审查处理。当事人主张的新的事实不成立的，人民法院应裁定驳回起诉。

【条文】

第二百四十九条

在诉讼中，争议的民事权利义务转移的，不影响当事人的诉讼主体资格和诉讼地位。人民法院作出的发生法律效力的判决、裁定对受让人具有拘束力。

受让人申请以无独立请求权的第三人身份参加诉讼的，人民法院可予准许。受让人申请替代当事人承担诉讼的，人民法院可以根据案件的具体情况决定是否准许；不予准许的，可以追加其为无独立请求权的第三人。

【条文主旨】

本条是关于当事人恒定和诉讼承继原则的规定。

【条文理解】

当事人将民事权利义务转移给第三人为我国法律所许可。从实体法上看，民法典对民事权利义务的转移进行了规定。从程序法上看，在权利义务发生转移以后，在诉讼程序上当事人的诉讼资格和诉讼地位如何，生效的裁判对受让人是否具有法律效力，民事诉讼法对此并未有明确的规定。借鉴域外立法，结合我国民事审判实践的经验，从维护诉讼秩序的稳定出发，本条确立了以当事人恒定原则为基础，以诉讼承继原则为例外的模式。

1. 当事人恒定原则与诉讼承继原则概述

当事人恒定，指在民事诉讼过程中，当事人将诉讼标的转移于第三人时，转让人的诉讼当事人资格并不因此而丧失，诉讼仍在原当事人之间进行。该规则排斥受让人接替转让人承继诉讼，但它不禁止受让人以诉讼第三人资格参加诉讼，尽管受让人不是本诉当事人，但判决效力及于该受让人。① 当事人恒定原则不承认实体权利义务的主体变动给诉讼主体带来变动，以保证当事人恒定和诉讼程序的稳定。

诉讼承继，有学者称之为"诉讼继受""诉讼承当"等，又分为一般诉讼承继和特定诉讼承继。一般诉讼承继是在诉讼进行中，因发生了法定事由，一方当事人将其诉讼权利转移给案外人，由该案外人续行原当事人已经开始的诉讼。特定诉讼承继是指在民事诉讼进行中，当事人将诉讼标的转移于第三人时，转让人的诉讼当事人资格因此而丧失，为受让人所替代，前者完全脱离诉讼，不再享有任何诉讼权利和义务，但其所为诉讼行为对后者发生效力，视为后者本人所为。② 诉讼承继原则承认权利义务的受让人的诉讼主体地位，使权利义务受让人的程序利益得到保障，符合诉讼经济原则，有利于节约司法资源。

从历史渊源上看，关于诉讼进行中诉讼标的转移对当事人诉讼资格的影响先后出现过禁止转移主义、允许转移主义、诉讼消亡主义、当事人恒定主义、诉讼承当主义及当事人恒定与诉讼承当的折中主义。罗马法时期，由于贯彻"作为诉讼对象的权利关系因诉讼系属而得以固定"的原则，所以在诉讼系属发生以后一概禁止诉讼标的物的转让。但是在诉讼期间一概禁止转让诉讼标的物的做法存在很大的弊端，它不但给人们的日常交易制造了障碍，也为一些人滥用该规定、借起诉名义迫使他人中止交易提供了可乘之机。因

① 参见王强义：《论民事诉讼中的当事人恒定和诉讼承当》，载《中国法学》1990 年第 5 期。

② 参见王强义：《论民事诉讼中的当事人恒定和诉讼承当》，载《中国法学》1990 年第 5 期。

此，人们逐渐放弃了这种做法。不但诉讼标的物转让问题为立法所认可，而且允许转让的范围也从诉讼标的物扩大到了处于诉讼系属中的其他可转让权利和义务。

允许争议的民事权利义务转移给第三人也给诉讼程序带来了一系列的问题。在争议的民事权利义务转移给第三人后，作为原告或被告的当事人就丧失了据以诉讼的实体法依据，原告的诉讼请求将不能成立而被法院驳回。在此情况下，权利义务的受让人将因此而提起新的诉讼以维护自己的权利，致使当事人和法院因诉讼而陷入繁重的诉累当中。为避免这种不经济的后果，德国采用了实体法和诉讼法相分离的立法技术，规定系争物的转让或者请求权的转移对诉讼不发生影响，由原来的当事人继续进行诉讼，只不过判决的效力及于权利或者义务受让人。这一规定在学理上被概括为当事人恒定主义。《日本民事诉讼法》最初沿袭了《德国民事诉讼法》的做法，采用当事人恒定主义，但在1926年修法时却将其放弃，转而采用诉讼承继主义，即让权利义务受让人成为新的当事人继续进行诉讼并承受此前的诉讼状态。①

作为两个不同的诉讼规则，不论是当事人恒定原则还是诉讼承继原则，均是解决民事诉讼中诉讼标的转移后的程序问题的规则，两者各有优劣。当事人恒定主义，由让与人继续实施诉讼，虽较能维持诉讼程序之安定，但对受让人之程序保障较为不周。诉讼承继主义，由受让人承继诉讼，对受让人之程序保障较为周到，但若频繁发生诉讼承继，将影响诉讼程序之安定。②

2. 条文内容的理解

（1）转让人诉讼资格和诉讼地位的认定。在民事诉讼过程中，当事人将争议的民事权利义务转移的，其诉讼资格和诉讼地位问题，法律并未明确规定。但从《审判监督程序解释》第二十九条“民事再审案件的当事人应为原审案件的当事人。原审案件当事人死亡或者终止的，其权利义务承受人可以申请再审并参加再审诉讼”的规定看，应当认定我国采纳的是一般诉讼承继主义，即限定当事人死亡或者终止情形下的权利义务承受人（一般继受人），其他权利义务承受人（特定继受人）应不具备申请再审权。《最高人民法院关于判决生效后当事人将判决确认的债权转让债权受让人对该判决不

① ［日］高桥宏志：《重点讲义民事诉讼法》，张卫平、许可译，法律出版社2007年版，第388页。

② 参见骆永家：《诉讼系属中诉讼标的法律关系之转移》，载我国台湾地区《台湾法学》2002年第2期。

服提出再审申请人民法院是否受理问题的批复》（法释〔2011〕2号）对法院能否受理受让人提出的再审申请进行了明确规定：判决生效后当事人将判决确认的债权转让，债权受让人对该判决不服提出再审申请的，因其不具有申请再审人主体资格，人民法院应依法不予受理。然而，对特定继受人的诉讼资格和地位，现行法律规定并不明确。关于诉讼过程中争议的民事权利义务转移的，当事人的诉讼资格和诉讼地位的问题，本条采纳了当事人恒定原则，规定了争议的民事权利义务转移不影响当事人的诉讼资格和诉讼地位，法院的生效裁判对于受让人具有拘束力。该规定有利于保护原诉讼的对方当事人的利益，有利于诉讼秩序的安定，节约司法资源。

争议的民事权利义务发生转移虽不影响当事人的诉讼主体资格和诉讼地位，即受让人不具有当事人的诉讼主体资格和地位，但生效判决、裁定对其具有约束力。此规定突破了既判力的相对性，使生效的判决、裁定对受让人具有法律效力。受让人受生效判决、裁定约束的依据主要有四种理论主张：一是基于特定继受人（受让人）与让与人的同一性；二是基于一般诉讼经济要求的诉讼法律政策的考量；三是基于受让人与让与人之间的从属关系；四是基于让与人对特定继受人的诉讼担当。虽然各观点的理论依据不同，但都承认生效判决、裁定对受让人具有拘束力。

（2）受让人诉讼资格和诉讼地位的认定。受让人在受让争议的民事权利义务后，对正在诉讼的案件具有法律上的利害关系，具有无独立请求权的第三人身份。根据民事诉讼法的有关规定，可以向法院申请参加诉讼。如受让人申请参加诉讼，其诉讼地位为第三人。对受让人申请替代当事人承担诉讼的，根据诉讼承继原则，受让人可以主动或被申请参加诉讼，但应有一定的限制性规定。国外法律大多对受让人替代当事人承担诉讼规定了条件。如《日本民事诉讼法》规定，在言词辩论终结后，第三人才继受当事人的实体权利义务或诉讼标的物的，该继受人不参加诉讼，但是当事人所获判决的效力可直接及于该继受人。也就是说，在言词辩论终结后，诉讼标的的权利义务已经确定，当事人即为恒定，判决效力扩张于继受人，既判力即执行力及于继受人。从《德国民事诉讼法》关于当事人恒定原则的例外规定看，权利义务受让人得取代原诉讼当事人而成为当事人应经对方当事人同意。借鉴国外的立法规定，结合我国审判实践，人民法院在决定是否准许受让人申请替代当事人承担诉讼的，可考虑对方当事人的意愿、诉讼所处的进程及是否有损国家利益、集体利益、第三人利益等情况。人民法院准许后，转让人则退出诉讼，其诉讼地位由受让人替代。对受让人申请替代当事人承担诉讼不予准许的，人民法院可以追加受让人为无独立请求权第三人参加本案诉讼。

【审判实践中应当注意的问题】

实务中，应注意区分受让人以何种身份申请参加诉讼。该身份会影响人民法院准许其参加诉讼的方式。对于受让人申请以无独立请求权第三人身份参加诉讼，人民法院决定准许的，实践中多采用书面通知或笔录告知的形式。应当注意的是，对于受让人申请替代当事人承担诉讼，人民法院决定准许的，应当作出裁定。

对于受让人申请替代当事人承担诉讼的，人民法院应对受让人的申请进行审查。人民法院审查的主要内容为诉讼标的的转移是否存在，有必要时，人民法院可询问当事人、第三人等。

【条文】

第二百五十条

依照本解释第二百四十九条规定，人民法院准许受让人替代当事人承担诉讼的，裁定变更当事人。

变更当事人后，诉讼程序以受让人为当事人继续进行，原当事人应当退出诉讼。原当事人已经完成的诉讼行为对受让人具有拘束力。

【条文主旨】

本条是关于受让人替代当事人承担诉讼的程序与效力的规定。

【条文理解】

本司法解释第二百四十九条规定了当事人恒定和诉讼承继原则，采取的是以当事人恒定为基本原则、诉讼承继为例外的立法例。第二百四十九条第二款“受让人申请替代当事人承担诉讼的，人民法院可以根据案件的具体情况决定是否准许”，是关于诉讼承继的规定。本条分两款对诉讼承继的程序与效力作出规定：第一款规定了人民法院准许诉讼承继的方式，即应当作出裁定；第二款规定了诉讼承继的法律效力，即原当事人已经完成的诉讼行为对受让人有效。

1. 诉讼承继的内涵与立法例

诉讼承继是实体法律关系的承继在诉讼上的反映，是否承认诉讼承继关系着诉讼中当事人地位是否变更，既判力主观范围能否扩张以及如何扩张。

权利义务的移转，即继受，包括一般继受和特定继受。一般继受是指权利义务主体如自然人或法人、其他组织死亡或终止，权利义务由其他人承担的情形，如民事诉讼法第一百五十三条第一款第一项、第三项关于诉讼中止事由的规定。即“一方当事人死亡，需要等待继承人表明是否参加诉讼的”“作为一方当事人的法人或者其他组织终止，尚未确定权利义务承受人的”，中止诉讼。特定继受则是指实体权利义务主体把其权利或义务转移给其他人，由其他人享有或承担，如债权转让或债务承担的情况。对于一般继受，无论发生在诉讼系属中，还是诉讼系属后，判决既判力均对一般继受人产生拘束力，一般继受人属于既判力主体范围之列。然而，在诉讼系属中或诉讼系属后，如发生特定继受，特定继受人能否替代出让人作为适格当事人而续行诉讼，既判力能否扩张及于特定继受人，如能及于，特定继受人能获得何种救济，这些问题既是司法实践中经常遇到且亟待解决的问题，也是关乎公正、效率、程序保障的重大理论问题，本条对特定继受的程序与效力作出规定。

诉讼承继是《德国民事诉讼法》的用语，《日本民事诉讼法》称之为诉讼继受，而我国有学者称之为诉讼承担。一般认为，诉讼承继是指在诉讼进行过程中，因发生了法定事由，一方当事人将其诉讼权利转移给案外人，由该案外人续行原当事人已经开始的诉讼。虽然《德国民事诉讼法》采用了诉讼承继的概念，但其却是以当事人恒定主义为基本原则，仅在例外情形下承认诉讼承继，即“如果转让人和对方当事人都同意受让人承继时，受让人可以承继诉讼。如果是对已登记不动产物权或在建的船舶的诉讼，受让人则有权承继诉讼”。美国也采用当事人恒定主义，例外承认诉讼承继主义。《美国联邦民事诉讼规则》第25条规定：在利害关系人转移利益时，诉讼仍旧在原当事人间继续进行，除非法院基于动议允许受让人替代原当事人或与原当事人合并。但是，与上述国家以当事人恒定为基本原则、例外承认诉讼承继的态度不同，日本和英国则采用诉讼承继主义。1999年《英国民事诉讼规则》第19.2（4）条规定，如果现有当事人的利益或责任已经转移给新的当事人，并且，由新的当事人进行替代是良好的，以便法院能在诉讼程序中解决争议事项，则法院可以命令新的当事人代替现有的当事人。《日本民事诉讼法》允许受让人以当事人参加的方式继受诉讼，原当事人脱离诉讼。根据继受人是主动参加还是依原当事人的声请，诉讼继受分为参加继受和承担继受。前者是指继受人主动参加诉讼，原当事人脱离诉讼；后者是指根据原当事人的承担声请，法院允许继受人参加诉讼，原当事人得到对造同意后脱离诉讼。根据我国民事诉讼法第一百五十三条的规定，作为一方当事人的自然人死亡以及作为一方当事人的法人或其他组织终止时，法院应当按诉讼中止处理，待中止诉讼的原因消除后，恢复诉讼。《92 年意见》第 44 条、第 50 条、第 51 条对上述当事人主体消灭的诉讼承继问题作了具体规定，但上述规定仅涉及一般继受问题，并未涉及因债权转让等原因产生的特定继受。

2. 受让人替代当事人承担诉讼应由法院作出裁定

承继原因发生后，须立即将其反映到诉讼程序上。《日本民事诉讼法》第 50 条规定："诉讼系属中，第三人继受该诉讼标的全部或部分义务时，根据当事人的申请，法院可以以裁定使该第三人承担诉讼。"本条借鉴《日本民事诉讼法》的上述规定，规定"人民法院准许受让人替代当事人承担诉讼的，裁定变更当事人"。

之所以规定以"裁定"方式准许受让人替代当事人承担诉讼，是因为民事裁定主要是处理民事审判与执行中的程序问题，而诉讼承继是为了解决民事诉讼中诉讼标的转移后的程序问题，符合裁定的适用范围，且有国外立法可资借鉴。民事诉讼法第一百五十七条第一款第十一项规定了适用裁定的兜底条款，目的在于适应民事审判中的新情况和新问题，故本条规定人民法院以"裁定"方式准许受让人替代当事人承担诉讼，有法律依据。

3. 受让人替代当事人承担诉讼的法律效力

本条第二款规定了受让人替代当事人承担诉讼的法律效力。根据诉讼承继主义的要求，对于诉讼及其结果，不论有利或不利，特定继受人均须继受，即让与人的辩论、证据调查结果、中间判决等对特定继受人具有拘束力。同时，诉讼标的法律关系移转后，让与人就丧失了当事人适格的基础，变为非适格当事人，让与人不再具有诉讼实施权，而特定继受人伴随着标的物或权利的取得而成为适格的当事人。因此，本条第二款规定："变更当事人后，诉讼程序以受让人为当事人继续进行，原当事人应当退出诉讼。原当事人已经完成的诉讼行为对受让人具有拘束力。"作为适格当事人，特定继受人可以就案件事实展开攻击和防御，并就诉讼标的法律关系进行辩论，在此程序保障下作出的判决当然及于特定继受人，其应受判决既判力的拘束，不存在本解释第二百四十九条第一款规定的当事人恒定主义下生效裁判的既判力主体扩张问题。

应注意的是，受让人替代当事人承担诉讼，在第一审程序、第二审程序和再审程序中都可能发生。在民事诉讼中，不论何时发生诉讼权利义务的承继，都是新的当事人继续原当事人已经开始的诉讼，诉讼程序是继续进行，而不是重新开始，原当事人所实施的一切诉讼行为对承继诉讼的新当事人有拘束力。

【审判实践中应当注意的问题】

本解释第二百四十九条所规定的诉讼承继，其内涵要比《日本民事诉讼法》中的诉讼承继范围更窄。第二百四十九条规定的诉讼承继原因，仅限于“受让人申请替代当事人承担诉讼”的情形，并不包括原当事人申请承担的情形。也就是说，人民法院作出变更当事人的裁定，针对的是受让人提出的替代当事人承担诉讼的申请。在人民法院和对方当事人对权利义务的转移不知情，且受让人（特定继受人）未提出替代当事人承担诉讼的申请时，仍应由原当事人（让与人）进行诉讼并终结。即使原当事人（让与人）提出了诉讼权利义务转移的声明，但受让人（特定继受人）不申请续行诉讼的，人民法院不得裁定变更当事人。

受让人申请替代当事人承担诉讼，并非必然导致当事人变更，是否准许应由法院审查决定。人民法院应综合考虑受让人替代当事人承担诉讼是否影响对方当事人的预期、是否符合诉讼经济原则、是否有利于判决的执行等因素，决定是否裁定变更当事人。

【条文】

第二百五十一条

二审裁定撤销一审判决发回重审的案件，当事人申请变更、增加诉讼请求或者提出反诉，第三人提出与本案有关的诉讼请求的，依照民事诉讼法第一百四十三条规定处理。

【条文主旨】

本条是关于二审发回重审的案件，当事人申请变更、增加诉讼请求或者提出反诉，第三人提出与本案有关诉讼请求时，应如何处理的规定。

【条文理解】

2012 年民事诉讼法第五十四条规定了原告可以放弃或者变更诉讼请求，被告有权提起反诉。但该条并未明确原、被告何时提出诉讼请求或反诉。该法第一百四十三条规定：原告增加诉讼请求，被告提出反诉，第三人提出与本案有关的诉讼请求，可以合并审理。《92 年意见》第 156 条规定，在案件受理后，法庭辩论结束前，原告增加诉讼请求，被告提出反诉，第三人提出与本案有关的诉讼请求，可以合并审理的，人民法院应当合并审理。2001 年《民事诉讼证据规定》第三十四条第三款规定，当事人增加、变更诉讼请求或者提起反诉的，应当在举证期限届满前提出。2015 年《民事诉讼法解释》

制定时，根据2012年民事诉讼法并结合相关司法解释，对二审发回重审的案件，当事人申请变更、增加诉讼请求或者提出反诉，第三人提出与本案有关诉讼请求时，应如何处理作出了规定。2021年民事诉讼法修正时条文序号发生变化，本次解释修正时仅对引用的民事诉讼法条文序号作了调整，其他内容未修改。

二审发回重审是二审法院对一审上诉案件进行审理后，认为一审法院的判决认定基本事实不清，或者存在遗漏当事人、诉讼请求或者违法缺席判决等严重违反法定程序的情形，由二审法院作出撤销一审判决的裁定，将案件发回一审法院，由一审法院另行组成合议庭按照第一审程序进行重新审理的一种制度。设立这项制度，一方面，是为了让二审法院更好地监督一审法院，发现严重违反法定程序、影响公正审判情况的，可以及时督促一审法院作出纠正；另一方面，也可以避免一审法院在案件事实认定、法律适用上的错误。既然发回重审后，案件由一审法院按一审程序重新进行审理，那么民事诉讼法关于当事人一审中诉讼权利义务的规定应该可以适用于发回重审情形。换言之，民事诉讼法第一百四十三条关于诉的合并审理的规定，当然也适用于发回重审的情形。

2015年《民事诉讼法解释》起草过程中，对于当事人变更诉讼请求能否合并审理有不同观点。一种观点认为，二审发回重审后，对当事人变更后的诉讼请求应该可以合并审理。理由是：一则从尊重当事人程序主体性原则出发，应允许当事人处分其程序权利和实体权利；二则现行法律和司法解释已对当事人变更诉讼请求有明确规定。2012年民事诉讼法第五十一条规定了原告可以放弃或变更诉讼请求。2001年《民事诉讼证据规定》第三十四条第三款规定，当事人增加、变更诉讼请求或者提起反诉的，应当在举证期限届满前提出。本司法解释第二百二十五条也规定，庭前会议可以包括审查处理当事人增加、变更诉讼请求的申请和提出的反诉，以及第三人提出的与本案有关的诉讼请求。另一种观点则认为，变更诉讼请求不存在合并审理的问题。理由是变更诉讼请求意味着以新的诉讼请求替换原诉讼请求，从而将原诉替换为新诉。既然原诉讼请求已不存在，也就不存在合并审理的问题。我们认为，变更诉讼请求包括两种情形：一种是量的增减，即诉讼请求在数量上发生变更，例如，原告将原诉讼请求2万元增加到3万元或由3万元减少到1万元；另一种是质的变化，即诉讼请求发生质的变化，例如，将侵权损害赔偿请求变更为违约责任请求。第一种关于诉讼请求量的增减，一般不涉及争议基础法律关系的变动，当事人将原诉讼请求进行量的增减，即意味着用变动后的诉讼请求替代变动前的诉讼请求，原诉讼请求不复存在，故不存在诉的合并审理问题。第二种关于诉讼请求质的变化，意味着诉讼请求性质的变更。关于诉讼请求性质的变更能否准许的问题，2001年《民事诉讼证据规定》第三十五条已经作了肯定回答。司法解释之所以认可当事人诉讼请求的变更，也许是考虑到纠纷解决的效率和成本问题。因为如果法院直接驳回原告的诉讼请求，其后果将可能是原告在败诉以后，又重新起诉，提出新的诉讼请求。这种情形，一方面会造成司法资源过多的消耗；另一方面也会导致当事人诉讼成本的增加。[①] 在发回重审允许变更诉讼请求的情形下，其具体变更可能有两种情形：一是原诉讼请求变更为新诉讼请求，但诉讼请求的个数维持不变。例如，原来只有一个诉讼请求，变更后也只有一个新的诉讼请求。二是原诉讼请求变更为多个新的诉讼请求。对于第一种情形，由于变更后的诉讼请求个数没有增加，故不存在合并审理的问题。至于第二种情形，由于变更后的诉讼请求有两个以上，故不排除合并审理的适用。另外，还应当明确，诉的客体合并，只是程序上对各个诉进行合并审理，当事人提出的各个诉讼请求，并不因合并审理而失去独立意义，人民法院应当对每个诉分别进行审理，并在最后裁判中对各个诉讼请求均作出裁判。

【审判实践中应当注意的问题】

第一，本条中的主体范围较广，至少包括：（1）原告作为申请主体，可以在一审诉讼请求基础上增加或变更诉讼请求；（2）被告作为申请主体，既包括一审时未提出反诉的被告在一审重审中提出反诉，也包括被告在原一审反诉请求基础上申请变更、增加诉讼请求；（3）第三人作为申请主体，既包括一审时未提出诉讼请求的无独立请求权第三人在一审重审中提出与本案有关的诉讼请求；也包括已在原一审中提出诉讼请求的有独立请求权第三人在一审重审中申请变更、增加诉讼请求。

第二，可以合并不等于必须合并。民事诉讼法第一百四十三条的规定已将是否合并审理的决定权交给法院。换言之，人民法院根据案件审理需要，有权自行决定是否合并审理。如果法院决定不合并审理，则应仅对原诉讼请求是否成立进行审理。

第三，关于增加、变更诉讼请求以及提出反诉时的举证期限问题。当事人在一审举证期限届满前增加、变更诉讼请求或者提出反诉，或者依照《民

① 参见江伟主编：《民事诉讼法》，高等教育出版社2007年版，第62页。

事诉讼证据规定》第五十三条①的规定根据法庭审理情况变更诉讼请求的，人民法院应当根据案件的具体情况重新指定举证期限。当事人对举证期限有约定的，应依照《民事诉讼证据规定》第五十一条的规定处理。

【条文】

第二百五十二条

再审裁定撤销原判决、裁定发回重审的案件，当事人申请变更、增加诉讼请求或者提出反诉，符合下列情形之一的，人民法院应当准许：

（一）原审未合法传唤缺席判决，影响当事人行使诉讼权利的；

（二）追加新的诉讼当事人的；

（三）诉讼标的物灭失或者发生变化致使原诉讼请求无法实现的；

（四）当事人申请变更、增加的诉讼请求或者提出的反诉，无法通过另诉解决的。

【条文主旨】

本条是关于再审发回重审案件准许当事人变更、增加诉讼请求、提出反诉的特殊情形的规定。

【条文理解】

关于二审发回重审，民事诉讼法第一百七十七条第一款第三项、第四项规定：“（三）原判决认定基本事实不清的，裁定撤销原判决，发回原审人民法院重审，或者查清事实后改判；（四）原判决遗漏当事人或者违法缺席判决等严重违反法定程序的，裁定撤销原判决，发回原审人民法院重审。”该条第二款又规定：“原审人民法院对发回重审的案件作出判决后，当事人提起上诉的，第二审人民法院不得再次发回重审。”本解释二审程序的相关条文对此作了进一步的规定。对按二审程序再审的案件何种情形下可以发回重审，法律和本解释均没有规定，应当适用《最高人民法院关于民事审判监督程序严格依法适用指令再审和发回重审若干问题的规定》（法释〔2015〕7号），该司法解释明确了再审发回重审的条件。

---

① 《民事诉讼证据规定》第五十三条规定：“诉讼过程中，当事人主张的法律关系性质或者民事行为效力与人民法院根据案件事实作出的认定不一致的，人民法院应当将法律关系性质或者民事行为效力作为焦点问题进行审理。但法律关系性质对裁判理由及结果没有影响，或者有关问题已经当事人充分辩论的除外。存在前款情形，当事人根据法庭审理情况变更诉讼请求的，人民法院应当准许并可以根据案件的具体情况重新指定举证期限。”

再审发回重审与按照一审程序再审不同。前者是法院对该案所作出的裁判已被全部撤销，当事人的诉讼争端回到原一审宣判前的状况，原审当事人诉讼地位恢复，由一审法院对当事人之间的争议重新进行审理；后者是在原生效裁判没有被撤销的情形下，对该案件再次审理。就审理范围而言，按一审程序再审案件的当事人的再审请求不能超出原审，而再审发回重审案件当事人的诉讼请求在一定条件下允许超出原审。

本条规定涉及裁定撤销原判决、发回一审法院重审案件的审理范围问题。关于发回重审案件的性质，有观点认为，案件虽然撤销了原一、二审判决，但毕竟是曾有过生效判决的，根据程序不可逆的基本原理，适用再审之后诉讼程序的都是再审案件；也有观点认为，发回重审的案件视同全新案件，适用普通一审程序。我们认为，发回重审案件的定性关系到对于相关程序问题的理解与适用，目前一般认为基本可参照适用普通一审程序审理，但也有特殊情形，例如，需另行组成合议庭，有限地允许当事人变更或者增加请求、提出反诉等。

2008 年《审判监督程序解释》第三十三条第二款规定："经再审裁定撤销原判决，发回重审后，当事人增加诉讼请求的，人民法院依照民事诉讼法第一百二十六条[①]的规定处理。"该规定将发回重审案件的审理范围完全等同于全新的一审案件。但有观点认为，从逻辑上讲，再审发回重审的后果应当不能重于不发回的再审改判，如果允许当事人变更、增加诉讼请求，那么发回重审后的判决结果甚至可能超过最彻底的再审改判，所以发回重审案件的诉讼请求不能超出发回之前的再审请求。我们认为，对当事人的诉讼请求一概允许或一概不允许其增加或变更，都不利于案件的公正处理。本条改变了《审判监督程序解释》的做法，对当事人变更、增加诉讼请求或提出反诉作了一定限制。基于这一改变以及其他内容已被本解释所吸收，在 2020 年修正《审判监督程序解释》时删除了第三十三条。

理解本条应注意以下问题：第一，当事人经合法传唤到庭行使诉讼权利是程序正义的重要体现，违法缺席判决既是裁定发回重审的法定情形，也是重审中允许未到庭当事人变更、增加诉讼请求或提出反诉的情形。第二，依法追加的新的诉讼当事人当然可以提出自己的诉讼请求，如其提出的诉讼请求导致原审诉辩双方不得不相应地改变原先的诉讼请求，对此应予允许。第三，诉讼标的物灭失或者发生变化，如不变更诉讼请求，裁判生效后要么无

① 现为 2021 年民事诉讼法第一百四十三条。

法执行，要么只能替代执行，与其如此，不如在重审中让当事人自己作出是否变更诉讼请求的决定。第四，一般情况下，能够提起反诉的情形都可以另诉，提起反诉还是采取另诉，由本诉被告作出选择。但某些案件另诉可能要承受本诉判决不利影响或相应效力，尤其是在有关身份诉讼案件中，法对于“以一个诉讼为契机，全面解决关联纠纷”之利益与必要，予以了特别强调，一旦被告没有提起反诉，则大致丧失了对该请求予以审判的权利。[①] 故在案件已经被发回重审的前提下，对无法或不适宜另诉解决的诉讼请求，赋予当事人在重审中提出反诉的权利。

【审判实践中应当注意的问题】

第一，再审发回重审的情形与发回重审后准许当事人增加、变更诉讼请求，提出反诉的情形有重叠，但两者性质有别，并不完全相同。

第二，根据诉讼诚信原则，再审发回重审案件的当事人在之前程序中的诉讼主张、质证及辩论意见等仍然有效；当事人反悔的，应说明理由并提交相应的证据，但因审判组织的组成不合法或者依法应当回避的审判人员没有回避而发回重审的案件除外。

第三，按一审程序再审的案件和再审发回重审的案件作出裁判后，当事人有权对该裁判提起上诉，但按一审程序再审的案件为再审案件，当事人对此不再享有申请再审权，而发回重审案件可以被申请再审。

第四，接受再审发回重审案件的人民法院，应当将重审后的结案裁判文书，在送达当事人的同时报送上级人民法院。

第五，再审发回重审案件的重审结果可能与原审一致，但不能以维持原判形式下判，必须重新作出判项。

【条文】

第二百五十三条

当庭宣判的案件，除当事人当庭要求邮寄发送裁判文书的外，人民法院应当告知当事人或者诉讼代理人领取裁判文书的时间和地点以及逾期不领取的法律后果。上述情况，应当记入笔录。

【条文主旨】

本条是关于当庭宣判案件的裁判文书送达的规定。

---

① 参见［日］新堂幸司：《新民事诉讼法》，林剑锋译，法律出版社2008年版，第534页。

【条文理解】

1991 年民事诉讼法第一百三十四条第二款确立了当庭宣判制度。在历次民事诉讼法修改中，该条款内容都未发生变动，后因 2012 年民事诉讼法修改，变更条文序号为第一百四十八条第二款。但是，民事诉讼法并未对当庭宣判如何送达裁判文书作出规定。《92 年意见》对当庭宣判的裁判文书送达问题也没有规定。只有 2003 年《简易程序规定》第二十八条[①]对此问题有所涉及。2015 年《民事诉讼法解释》制定时，在遵循民事诉讼法立法精神的前提下，在 2003 年《简易程序规定》第二十八条的基础上形成了本条，对当庭宣判案件的裁判文书送达作出了规定。2021 年民事诉讼法第一百五十一条第二款沿用了 2012 年民事诉讼法相关条文内容，未作修改，故 2022 年本司法解释修正时，对本条内容未作修改。

当庭宣判又称“立即宣判”，是指在独任审判员休庭并作出裁判后或合议庭休庭评议并作出裁判后，立即复庭由独任审判员或合议庭审判长口头宣告判决结果的诉讼活动。经过当庭宣判，当事人均已了解人民法院的裁判理由和裁判内容，进而能自行判断是否提出上诉。此时，上诉期限起算点的确定就与当事人的权利救济息息相关。根据民事诉讼法第一百七十一条的规定，对一审判决、裁定不服的上诉期限分别为十五日和十日，均从裁判文书送达之日起开始计算。相应地，裁判文书送达之日的重要性就凸显出来。关于裁判文书的送达方式，民事诉讼法规定了直接送达、留置送达、电子送达、委托送达、邮寄送达、转交送达、公告送达等七种。适用简易程序审理的案件基本以直接送达、留置送达、邮寄送达以及电子送达为主，很少使用委托送达、转交送达、公告送达的方式。从调研情况来看，人民法院审理案件，不能快审快结的主要原因之一是送达阶段的拖延，特别是在当庭宣判的情形下，败诉一方已经知道裁判结果，经常会千方百计躲避送达人员、拒绝签收裁判文书。本条规定的目的即是更好地解决实践中的送达难问题。

在具体理解本条时，应着重把握以下三点。

第一，告知当事人到人民法院领取裁判文书应以当庭宣判为前提。这是

---

① 2003 年《简易程序规定》第二十八条规定：“当庭宣判的案件，除当事人当庭要求邮寄送达的以外，人民法院应当告知当事人或者诉讼代理人领取裁判文书的期间和地点以及逾期不领取的法律后果。上述情况，应当记入笔录。人民法院已经告知当事人领取裁判文书的期间和地点的，当事人在指定期间内领取裁判文书之日即为送达之日；当事人在指定期间内未领取的，指定领取裁判文书期间届满之日即为送达之日，当事人的上诉期从人民法院指定领取裁判文书期间届满之日的次日起开始计算。”

因为当事人在当庭宣判时，已经知道了裁判文书的内容，败诉一方当事人必然会开始考虑有无必要上诉。如果败诉一方认为上诉胜诉无望，可能会想方设法逃避人民法院对裁判文书的送达，从而造成送达难。只有此时，才有必要在当事人不选择邮寄送达的前提下，通过告知当事人或者诉讼代理人领取裁判文书的期间和地点的方式直接送达。

第二，告知当事人到人民法院领取裁判文书还应以当事人放弃邮寄送达为前提。只要当事人在当庭宣判时明确要求邮寄送达的，人民法院就应按其提供的送达地址邮寄送达，而不用审查其要求邮寄送达的理由是否正当。这一方面是尊重当事人送达方式选择权的表现；另一方面，邮寄送达可以缓解送达难。根据《法院专递邮寄送达文书规定》第十一条第一款的规定，因受送达人自己提供或者确认的送达地址不准确、拒不提供送达地址、送达地址变更未及时告知人民法院、受送达人本人或者受送达人指定的代收人拒绝签收，导致诉讼文书未能被受送达人实际接收的，文书退回之日视为送达之日。

第三，在当事人放弃邮寄送达并选择领取裁判文书的前提下，当事人在指定的期间和指定地点领取裁判文书并不违反送达的相关规定。既然当事人没有选择邮寄送达，那么人民法院指定其领取裁判文书的期间和地点以及就逾期不领取裁判文书的法律后果所作的告知，其本身即已在当事人与人民法院之间建立了类似“契约”的约定并确立了相应的诉讼秩序，当事人违反该约定理应承担约定业已确定的后果。之所以规定应将逾期不领取的法律后果告知当事人及其诉讼代理人并记入宣判笔录，就是让这种“契约”有据可循。不如此，前述的送达难就无法克服。当事人如果不希望不利于己的局面成为现实，完全可以通过适当的“领取”予以避免。①

【审判实践中应当注意的问题】

1. 人民法院应将逾期不领取的法律后果明确告知当事人

从本条规定目的是解决送达难的角度来看，该逾期不领取的法律后果应是裁判文书视为送达。也就是说，人民法院应主动告知当事人，在指定期间内未领取的，指定领取裁判文书期间届满之日即为送达之日，当事人的上诉期限从人民法院指定领取裁判文书期间届满之日起开始计算。

2. 人民法院可以通过电子送达方式送达裁判文书

民事诉讼法第九十条规定：“经受送达人同意，人民法院可以采用能够

① 参见最高人民法院民事审判第一庭编著：《最高人民法院关于简易程序司法解释的理解与适用》，法律出版社2003年版，第262页。

确认其收悉的电子方式送达诉讼文书。通过电子方式送达的判决书、裁定书、调解书，受送达人提出需要纸质文书的，人民法院应当提供。采用前款方式送达的，以送达信息到达受送达人特定系统的日期为送达日期。”民事诉讼法2021年修正以前，人民法院不能通过电子方式送达裁判文书。随着科技的不断进步和人员流动性的加快，以及法院受理案件数量的快速增长，传统的送达方式已经无法满足提高司法效率的要求。因此，2021年修正民事诉讼法时，完善了电子送达的条件，至此，满足法律规定的条件时，人民法院可以通过电子方式送达裁判文书。

【条文】

第二百五十四条

公民、法人或者其他组织申请查阅发生法律效力的判决书、裁定书的，应当向作出该生效裁判的人民法院提出。申请应当以书面形式提出，并提供具体的案号或者当事人姓名、名称。

【条文主旨】

本条是关于申请查阅发生法律效力的判决书、裁定书的规定。

【条文理解】

民事诉讼法第一百五十九条规定：“公众可以查阅发生法律效力的判决书、裁定书，但涉及国家秘密、商业秘密和个人隐私的内容除外。”民事诉讼法的这一条文是关于裁判文书公开的重要规定。需要强调的是，2013年《最高人民法院关于人民法院在互联网公布裁判文书的规定》对人民法院裁判文书上网工作作出了系统规定。该司法解释第四条规定：“人民法院的生效裁判文书应当在互联网公布，但有下列情形之一的除外：（一）涉及国家秘密、个人隐私的；（二）涉及未成年人违法犯罪的；（三）以调解方式结案的；（四）其他不宜在互联网公布的。”2016年8月，最高人民法院又对这一司法解释进行全面修订。修订后的司法解释第三条详细列举了应当在互联网公布的裁判文书的类型，并在兜底条款中明确要求“有中止、终结诉讼程序作用或者对当事人实体权益有影响、对当事人程序权益有重大影响的裁判文书”原则上均应在互联网公布。同时，第四条规定：“人民法院作出的裁判文书有下列情形之一的，不在互联网公布：（一）涉及国家秘密的；（二）未成年人犯罪的；（三）以调解方式结案或者确认人民调解协议效力的，但为保护国家利益、社会公共利益、他人合法权益确有必要公开的除外；（四）离婚诉讼或者涉及未成年子女抚养、监护的；（五）人民法院认为不宜在互联网公布的其他情形。”第十条第一款规定：“人民法院在互联网公布裁判文书时，应当删除下列信息：（一）自然人的家庭住址、通讯方式、身份证号码、银行账号、健康状况、车牌号码、动产或不动产权属证书编号等个人信息；（二）法人以及其他组织的银行账号、车牌号码、动产或不动产权属证书编号等信息；（三）涉及商业秘密的信息；（四）家事、人格权益等纠纷中涉及个人隐私的信息；（五）涉及技术侦查措施的信息；（六）人民法院认为不宜公开的其他信息。”与民事诉讼法第一百五十九条侧重规定公众查阅生效裁判文书的权利不同，《最高人民法院关于人民法院在互联网公布裁判文书的规定》侧重规定人民法院应当主动通过互联网公开生效裁判文书。可以说，两方面规定殊途同归、相互补充。在互联网公布裁判文书是落实民事诉讼法第一百五十九条规定的最经济、最便捷、最有效的途径和方式。因此，在起草本司法解释时，我们对在互联网公布裁判文书与接受公众查阅之间的关系进行了明确，将在互联网公布裁判文书作为满足公众查阅权首要和最主要的途径。

（1）申请查阅的主体。由于本条主要是从司法公开和社会公众监督人民法院的司法活动的角度作出的规定，因此，无论与本案是否有利害关系，公众均可根据本条的规定依法查阅生效的判决书、裁定书。为避免司法实践中对“公众”产生不同理解，本条将“公众”进一步具体化为“公民、法人或者其他组织”。

（2）申请查阅的范围。根据民事诉讼法第一百五十九条的规定，公众可以查阅发生法律效力的判决书、裁定书。判决书、裁定书以外的法律文书，如调解书、决定书等不属于本条规定的公众查阅的范围；另外，法院已经作出，但尚未发生法律效力的判决书、裁定书，也不属于本条规定的公众查阅的范围。

（3）提出查阅申请的具体对象。为确保公众的查阅权得到切实保障，本条明确规定申请查阅需向作出该生效裁判的人民法院提出。换言之，作出生效裁判的人民法院有义务满足公众查阅生效判决书、裁定书的要求。

（4）申请查阅的程序。查阅发生法律效力的判决书、裁定书，是公众享有的权利。裁判文书公开是人民法院必须遵守的法律规定，人民法院可以根据实际情况依法采取多种方式公开裁判文书，但前提是应当依法保障公民的查阅权，不能设置不合理的条件，限制公众依法查阅生效的裁判文书。因此，只要申请人依据民事诉讼法第一百五十九条通过书面形式提出了查阅请求，并提供了具体的案号或者当事人姓名、名称，人民法院就应当提供查阅。

【审判实践中应当注意的问题】

审判实践中应当尤其注意处理好裁判文书主动在互联网公布与裁判文书被动接受查阅的关系。如果人民法院均能按照司法解释的要求，及时在中国裁判文书网上传生效的裁判文书，社会公众可以直接通过互联网及时、便捷查阅判决书、裁定书，根本无须向人民法院提出查阅申请。从这个角度讲，明确公众查阅生效判决书、裁定书的权利，可以有效建立裁判文书在互联网公布的监督机制，可以有效倒逼裁判文书在互联网公布工作的顺利开展。而裁判文书在互联网公布工作的顺利开展，最终又能以较低的成本将社会公众的查阅权落到实处。

【条文】

第二百五十五条

对于查阅判决书、裁定书的申请，人民法院根据下列情形分别处理：

（一）判决书、裁定书已经通过信息网络向社会公开的，应当引导申请人自行查阅；

（二）判决书、裁定书未通过信息网络向社会公开，且申请符合要求的，应当及时提供便捷的查阅服务；

（三）判决书、裁定书尚未发生法律效力，或者已失去法律效力的，不提供查阅并告知申请人；

（四）发生法律效力的判决书、裁定书不是本院作出的，应当告知申请人向作出生效裁判的人民法院申请查阅；

（五）申请查阅的内容涉及国家秘密、商业秘密、个人隐私的，不予准许并告知申请人。

【条文主旨】

本条是关于人民法院对查阅判决书、裁定书申请进行审查后区分不同情形作出不同处理的规定。

【条文理解】

对于第一项，如果申请查阅的判决书、裁定书已经通过信息网络公开，则没有必要再向申请人提供其他渠道的查阅。2013 年，最高人民法院建立了全国法院统一的裁判文书公开平台——中国裁判文书网。自 2014 年起，全国各级法院作出的生效裁判文书都要及时上传到这一网站。截至 2021 年 3 月，全国法院已在该网站上传裁判文书超过 1.3 亿篇。随着裁判文书上网工作的深入推进，判决书、裁定书将在生效以后及时上传到中国裁判文书网，社会公众可以依托互联网随时随地进行查阅。因此，在互联网公布裁判文书将成为落实公众查阅权最主要的渠道，绝大多数的查阅需求将通过该渠道得到满足。对于不熟悉、不了解裁判文书上网工作的申请人，人民法院应当指定专门人员负责引导申请人自行查阅，并根据实际情况提供必要的设备和技术支持。

对于第二项，如果申请查阅的判决书、裁定书尚未通过信息网络向社会公开，且申请符合要求，人民法院应当及时提供便捷的查阅服务。本项针对的是生效判决书、裁定书未及时在互联网公开的例外情形。对于人民法院而言，最理想的方式仍然是在接到查阅申请后及时将相关裁判文书在互联网公布，之后再引导申请人通过信息网络自行查阅。如果确有特殊情况不能及时通过信息网络公开判决书、裁定书，则应根据审判工作实际情况及时采用替代措施满足申请人的查阅请求。

对于第三项，如果申请查阅的判决书、裁定书尚未发生法律效力，或者已失去法律效力，人民法院可以不提供查阅，并将具体原因告知申请人。需要指出的是，如果判决书、裁定书发生法律效力后已经按规定在互联网公开，即使之后因再审改判而失去法律效力，也无须将已经公开的裁判文书撤回，而只需要通过技术手段标记出裁判文书的效力状态即可。对于这些裁判文书，社会公众仍可通过互联网进行查阅。

对于第四项，如果申请人申请查阅的生效判决书、裁定书并非本院作出，人民法院应当详细解释说明，并积极引导申请人通过中国裁判文书网自行检索。如果申请人申请查阅的判决书、裁定书尚未在互联网公开，人民法院也应根据申请人提供的信息，积极予以指导，尽量提供帮助。

对于第五项，如果申请人申请查阅的内容涉及国家秘密、商业秘密、个人隐私，人民法院则不予准许，并应当向申请人详细告知具体原因。根据 2016 年《最高人民法院关于人民法院在互联网公布裁判文书的规定》第四条、第八条和第十条的规定，涉及国家秘密、未成年人犯罪、离婚诉讼或者涉及未成年子女抚养、监护的裁判文书不在互联网公开。人民法院在互联网公布裁判文书时，应当删除下列信息：（1）自然人的家庭住址、通讯方式、身份证号码、银行账号、健康状况、车牌号码、动产或不动产权属证书编号等个人信息；（2）法人以及其他组织的银行账号、车牌号码、动产或不动产权属证书编号等信息；（3）涉及商业秘密的信息；（4）家事、人格权益等纠纷中涉及个人隐私的信息；（5）涉及技术侦查措施的信息；（6）人民法院认为不宜公开的其他信息。人民法院在互联网公布裁判文书时，还应当隐去下列人员的姓名：（1）婚姻家庭、继承纠纷案件中的当事人及其法定代理人；（2）刑事案件被害人及其法定代理人、附带民事诉讼原告人及其法定代理人、证人、鉴定人；（3）未成年人及其法定代理人。结合法律和司法解释的规定，如果申请人申请查阅的判决书、裁定书涉及商业秘密或者个人隐私，也应当在隐去相关内容后提供查阅；向申请人提供查阅时，应当隐去自然人个人信息、未成年人相关信息、法人以及其他组织的银行账号等内容；对于是否涉及国家秘密、商业秘密、个人隐私应当严格界定，于法有据，切忌滥用该理由损害社会公众的查阅权；案件当事人明确提出不允许社会公众查阅裁判文书的请求的，如申请查阅的内容并不涉及国家秘密、商业秘密或个人隐私，仍应优先保障社会公众的查阅权。

【审判实践中应当注意的问题】

对于国家秘密、商业秘密和个人隐私的理解是准确适用本条的关键。

第一，国家秘密是指某些涉及重大国家安全、经济以及政治利益的信息，应当严格按照保守国家秘密法及《保守国家秘密法实施条例》予以认定。

第二，商业秘密是指不为公众所知悉、具有商业价值并经权利人采取保密措施的技术信息和经营信息，应当根据反不正当竞争法第九条、《最高人民法院关于适用〈中华人民共和国反不正当竞争法〉若干问题的解释》等规范性法律文件予以认定。

第三，目前法律关于个人隐私的概念尚无明确规定。一般认为，个人隐私是指公民个人生活中不愿向他人公开或为他人知悉的秘密，应当根据各相关民事法律法规及司法解释予以认定。在调研过程中，有些地方法院认为，对于个人隐私的判断应当以当事人的主观认识为准，我们认为，这种观点是不可取的。个人隐私的判断有其客观标准，并不以当事人的认识为转移。需要明确的是，以国家秘密、商业秘密和个人隐私为由拒绝公众查阅生效判决书、裁定书的申请，是一种极其例外的情形，应当适用非常严格的标准，并经过严格的内部审批程序。此外，公开审理的案件，既然庭审允许社会公众旁听，其生效判决书、裁定书原则上也应允许社会公众查阅。

十一、简易程序

【条文】

第二百五十六条

民事诉讼法第一百六十条规定的简单民事案件中的事实清楚，是指当事人对争议的事实陈述基本一致，并能提供相应的证据，无须人民法院调查收集证据即可查明事实；权利义务关系明确是指能明确区分谁是责任的承担者，谁是权利的享有者；争议不大是指当事人对案件的是非、责任承担以及诉讼标的争执无原则分歧。

【条文主旨】

本条是关于事实清楚、权利义务关系明确、争议不大的简单的民事案件的规定。

【条文理解】

1991年民事诉讼法在第一百四十二条第一次规定了简易程序适用的案件类型为事实清楚、权利义务关系明确、争议不大的简单的民事案件。与之配套，《92年意见》第168条对何谓“事实清楚、权利义务关系明确、争议不大”作了细化规定。即“事实清楚”，是指当事人双方对争议的事实陈述基本一致，并能提供可靠的证据，无须人民法院调查收集证据即可判明事实、分清是非；“权利义务关系明确”，是指谁是责任的承担者，谁是权利的享有者，关系明确；“争议不大”是指当事人对案件的是非、责任以及诉讼标的争执无原则分歧。从历次民事诉讼法修改情况来看，关于简易程序适用案件类型的文字表述从未发生变化。2021年民事诉讼法第一百六十条第一款仍规定：“基层人民法院和它派出的法庭审理事实清楚、权利义务关系明确、争议不大的简单的民事案件，适用本章规定。”从司法实践反馈情况来看，《92年意见》关于“事实清楚、权利义务关系明确、争议不大”的解释对准确适用民事程序、统一司法标准发挥了重要作用，但囿于文字表述的不周延、不精确，在个别案件是否适用简易程序的问题上，仍存在争议。为此，本条在《92年意见》原有条文基础上对部分文字表述进行了修改。

第一，关于“事实清楚”的表述，将原有条文中的“并能提供可靠的证据”修改为“并能提供相应的证据”。其理由是，证据是否可靠涉及对证据真实性、合法性、关联性的评判，一般需要通过庭审质证后，人民法院方能判断，将“可靠”修改为“相应”则可有效缓和对证据上述三性的要求。根据一般诉讼流程，人民法院是先决定审理程序，再通知当事人到庭，参加庭审。显然，庭审质证阶段发生在审理程序确定之后。换言之，人民法院作出证据是否可靠的判断应当是简易程序适用之后而不是决定是否适用简易程序之前。另外，将原有条文中的“判明事实、分清是非”修改为“查明事实”。其理由是案件的相关事实，只能由人民法院经审理查明，而不能由人民法院判决明确。人民法院判决的结果只能是判项部分。该部分是有既判力的，非经审判监督程序不能被撤销或变更。而人民法院在裁判文书中查明的案件相关事实则没有既判力，不必然作为其他案件审理的依据。至于删除原条文中“分清是非”的理由在于“分清是非”意味着双方当事人必有对有错。但在很多案件中，双方当事人并无对错之分，故使用“分清是非”这一表述过于绝对，应予删除。

第二，关于“权利义务关系明确”的表述，将原有条文中的“谁是责任的承担者，谁是权利的享有者，关系明确”修改为“能明确区分谁是责任的承担者，谁是权利的享有者”，其理由在于，增加“能明确区分”可以使原有条文表述更加符合语法及行文逻辑。

第三，关于“争议不大”的表述，只在原有条文中“责任”后面增加了“承担”二字。原有条文中的“责任”表述本意是指当事人对由谁承担责任无原则分歧，但原有表述没有“承担”二字则容易让人误解为是指当事人对案件的责任性质（如是侵权责任抑或违约责任）无原则分歧。故2015年《民事诉讼法解释》增加“承担”二字，以避免可能的理解分歧。司法解释调研论证过程中，有单位提出建议将“‘争议不大’是指当事人对案件的是非……”修改为“‘争议不大’是指当事人对案件的基本事实……”，因为“是非”一词是否属于规范的法律用语值得商榷，且是非是否包括道德判断不明确。对此，多数意见认为，如果将“是非”二字替换为“基本事实”则与本条中“事实清楚”的表述有所重复。考虑到“是非”一词已在司法实践中长期使用，通俗易懂且没有歧义，故未采纳上述修改建议。

【审判实践中应当注意的问题】

第一，人民法院在决定案件是否适用简易程序审理时，只要当事人对争议事实的陈述基本相同，就不应过多地审查当事人所提交证据的真实性、合法性和关联性。

第二，人民法院适用简易程序审理案件，仍可调查收集证据。本条中虽有“无须人民法院调查收集证据即可查明事实”的表述，但这仅指人民法院在立案阶段确定审理程序时的判断，该判断是依据当时对案件情况的了解而作出的，并不意味着案件适用简易程序审理后，人民法院就不能调查收集证据。调查收集证据是人民法院查明事实的手段之一，仍可适用于适用简易程序审理的案件，以帮助人民法院查明案件事实。

第三，在理解本条中规定的“责任承担”时，应注意这里所指对责任承担争议不大强调的是当事人对谁是责任承担者不存在根本性、原则性分歧，而不仅指对责任的性质争议不大。

【条文】

第二百五十七条

下列案件，不适用简易程序：

（一）起诉时被告下落不明的；

（二）发回重审的；

（三）当事人一方人数众多的；

（四）适用审判监督程序的；

（五）涉及国家利益、社会公共利益的；

（六）第三人起诉请求改变或者撤销生效判决、裁定、调解书的；

（七）其他不宜适用简易程序的案件。

【条文主旨】

本条是关于不适用简易程序审理的案件类型的规定。

【条文理解】

在1991年民事诉讼法第一百四十二条原则规定了简易程序审理的案件范围后，《92年意见》第168条和2003年《简易程序规定》第一条先后对简易程序适用的案件范围作了细化规定。2012年民事诉讼法实施以来，司法实践中对一些特殊类型案件是否适用简易程序仍存在争议。特别是在当前司法改革构建法官员额制，法官人数将进一步减少而案件数量和类型却与日俱增的背景下，不排除出现个别基层人民法院及其派出法庭为缓解结案压力，不当扩大简易程序适用案件范围的情形。为此，本条在2003年《简易程序规定》第一条基础上作了如下修改。

第一，在原条文基础上增加了第五项“涉及国家利益、社会公共利益的”。所谓国家利益就是满足或能够满足国家以生存发展为基础的各方面需要并且对国家在整体上具有好处的事物。而社会公共利益则是指为广大公民所能享受的利益。这里的广大公民，是指特定范围内的广大，既有全国性的广大，又有地区性的广大。为了维护国家利益、社会公共利益，维护正常的社会经济秩序，对于损害社会公共利益、扰乱社会经济秩序的行为，立法都作出了否定性评价。例如民法典关于民事行为无效的规定。但人民法院要在具体案件审理中查明国家利益、社会公共利益是否被损害并非易事。特别是在当事人双方恶意串通，通过虚假诉讼损害国家利益、社会公共利益的情形下，人民法院要作出相应判断更为困难。因此，涉及国家利益、社会公共利益的案件已不属于简单的民事案件范畴，不能适用简易程序进行审理。

第二，在原条文基础上增加了第六项“第三人起诉请求改变或者撤销生效判决、裁定、调解书的”。2012 年民事诉讼法新增了第三人撤销之诉制度。由于立法将第三人撤销之诉定位为与原诉完全不同的新诉，且以生效判决作出法院为一审法院，故在生效判决由基层人民法院及其派出法庭作出的情形下，对第三人提起的新诉能否适用简易程序审理，实务中存在争议：少数意见认为，既然是新诉，那么只要符合简单的民事案件这一特点，该案就能适用简易程序进行审理；多数意见则认为，第三人撤销之诉案件涉及原生效判决、裁定、调解书的稳定性，人民法院在审理时应持审慎态度，不宜由法官通过简易程序独任审理。我们最后采纳了多数意见，在本条中规定了第三人撤销之诉案件不适用简易程序。

第三，删除了原条文第四项中关于法律规定应当适用特别程序、督促程序、公示催告程序和企业法人破产还债程序的规定。其理由在于，特别程序、督促程序、公示催告程序都属于与诉讼程序并列的非诉讼程序，而简易程序属于诉讼程序的一种。进而，司法实践中，特别程序、督促程序、公示催告程序不可能适用简易程序进行审理。故没有必要再在本条中作出排除规定。至于企业法人破产还债程序，则已被专门的企业破产法替代，属于已被废止程序，亦应从原条文中删除。

第四，第三项将原条文中“共同诉讼中一方或者双方当事人人数众多的”修改为“当事人一方人数众多的”。涉及众多当事人利益的案件，往往社会影响较大，如处理稍加不慎则可能会影响社会稳定。故早在 2003 年《简易程序规定》中已明确规定该类案件不适用简易程序。在本条司法解释起草过程中，曾试图明确人数众多的标准，拟规定十人或三人以上为人数众多，但后来考虑到固定为特定数字未免有些机械，不适应当前司法实践的复杂性，故最终未采纳。另外，在本条征求意见时，有单位建议应在“当事人一方人数众多的”后增加“追索劳动报酬的除外”。理由是虽然一方当事人人数众多，但是法律关系简单，完全可以适用简易程序。对此，我们认为，追索劳动报酬是民事案由之一，如本条反向规定从民事案由角度来作规定难免挂一漏万。因此，上述建议亦未采纳。

【审判实践中应当注意的问题】

第一，对于简单的民事案件并非必须适用简易程序。对于新类型案件、辖区内类似案件较多需要统一裁量标准的案件等，即便案情简单，人民法院也可以依据本条第七项之规定，适用普通程序进行审理。

第二，起诉后原告下落不明的，一般可适用简易程序审理。本条并未对起诉后原告下落不明是否仍可适用简易程序作出规定。司法实践中，原告向人民法院起诉，都会填写送达地址确认书。该确认书通常明确如果提供的地址不确切，或不及时告知变更后的地址，使诉讼文书无法送达或未及时送达，原告将自行承担由此可能产生的法律后果。因此，原告起诉后下落不明时，一般不需要进行公告送达，不会因此造成诉讼迟延，可以适用简易程序进行审理。

第三，被告收到开庭传票后下落不明的，可以适用简易程序。本条规定了起诉时被告下落不明的，不应适用简易程序。其理由是被告下落不明需要公告送达会造成审理拖延，不符合简易程序快审快结特点。但被告收到了开庭传票后下落不明的，已不存在公告送达开庭传票的问题，人民法院可以适用简易程序进行审理。

【条文】

第二百五十八条

适用简易程序审理的案件，审理期限到期后，有特殊情况需要延长的，经本院院长批准，可以延长审理期限。延长后的审理期限累计不得超过四个月。

人民法院发现案件不宜适用简易程序，需要转为普通程序审理的，应当在审理期限届满前作出裁定并将审判人员及相关事项书面通知双方当事人。

案件转为普通程序审理的，审理期限自人民法院立案之日计算。

【条文主旨】

本条是关于简易程序审理期限及程序转换后审理期限的规定。

【条文理解】

2021年民事诉讼法修法时，对简易程序审限、审限延长条件以及审理程序转换等内容作了较大幅度的修改。为与修改后的民事诉讼法保持一致，本条作了相应修改。

1991年民事诉讼法第一百四十六条规定，人民法院适用简易程序审理案件，应当在立案之日起三个月内审结。2012年民事诉讼法第一百六十一条规定沿用了该条内容。《92年意见》第170条对此进一步解释为“适用简易程序审理的案件，审理期限不得延长”。之所以如此规定，是基于这样一个判断，如果案件三个月内没有审结，那么本身就可以说明案件确实复杂，不适宜再按简易程序审理。但司法实践中，确实存在个别适用简易程序审理的案件虽已临近三个月审限，但审判人员已经查明案件事实，可以作出裁判，只是由于出差、生病等非主观原因无法在三个月内作出裁判的情形，或已基本查明事实，只是因需要调查核实个别证据而无法在三个月内作出裁判的情形。此时，如果将简易程序一律转为普通程序另行开庭，将增加当事人诉讼成本和占用更多司法资源。2012年民事诉讼法第一百五十七条增加了第二款关于当事人双方可以对本来应适用普通程序审理的案件约定适用简易程序的规定。本条2015年起草时，我们认为，既然民事诉讼法第一百五十七条从尊重当事人程序选择权出发，已经允许当事人选择案件审理程序，那么“举重以明轻”，在出现上述情形时，也应允许当事人选择延长简易程序的审限而不是转为普通程序。正是基于上述考虑，本解释在制定时借鉴2012年民事诉讼法第一百四十九条，新增了双方当事人同意情形下延长审限的规定和程序转换后案件审理期限起算的规定。但是，2021年修正的民事诉讼法对简易程序审限、审限延长条件以及审理程序转换等内容进行了修改，还规定了普通程序独任制，本条内容应当对照2021年民事诉讼法进行修改。

关于本条第一款。2021年民事诉讼法第一百六十四条规定：“人民法院适用简易程序审理案件，应当在立案之日起三个月内审结。有特殊情况需要延长的，经本院院长批准，可以延长一个月。”该条对适用简易程序案件延长审限作了明确限制，规定只有出现特殊情况需要延长的，经批准，方可延长。可见，2015年《民事诉讼法解释》将当事人同意继续适用简易程序作为审限延长的条件已经不符合新的法律规定，故我们将本条第一款中的“双方当事人同意继续适用简易程序的”修改为“有特殊情况需要延长的”。关于简易程序的最长审限问题，鉴于2021年民事诉讼法已经明确规定只能延长一个月，因此，我们将简易程序的最长审限由六个月修改为四个月。在适用本条第一款的过程中应当注意：第一，适用简易程序审理的案件，审限的延长不再以双方当事人同意为要件，如遇特殊情况需要延长的，人民法院可以依法延长，但应当充分保障当事人的知情权。第二，这里的“特殊情况”一般是指不能预见和不可避免，受到客观因素制约的情形。比如，因疫情防控等因素影响案件的正常审结，法院依职权调取关键性证据，需与关联案件统筹协调等。[①] 第三，2021 年民事诉讼法仅规定了可以延长的最长期限，并没有规定报批延长的次数，实践中可灵活掌握，但需要把握的是，适用简易程序案件的最长审限不得超过四个月。

关于本条第二款。本条第二款原规定为：“人民法院发现案情复杂，需要转为普通程序审理的，应当在审理期限届满前作出裁定并将合议庭组成人员及相关事项书面通知双方当事人。”由于 2021 年民事诉讼法第四十条新增规定了普通程序独任制，本解释 2022 年修改中，关于如何设定“简转普”的条件认识不一。有意见认为，该款中的“案情复杂”仅是普通程序合议制的适用条件，简易程序案件不仅可能转换为普通程序合议制，也有可能转换为普通程序独任制，故应当将普通程序独任制的适用条件增加为“简转普”的条件之一，即应当将“案情复杂”修改为“人民法院发现案件符合民事诉讼法第四十条的规定或者案情复杂”。也有意见认为，2021 年民事诉讼法第四十条第二款规定的“基本事实清楚、权利义务关系明确”仅是一审适用普通程序独任制的法定条件。案情复杂是转为普通程序的最重要原因，至于适用普通程序独任制还是适用普通程序合议制，要看是否满足“基本事实清楚、权利义务关系明确”的条件。我们认为，前述两种观点均有一定道理，二者的分歧点在于对“案情复杂”外延的理解不同。“案情复杂”是一个弹性标准，司法解释并未明确其具体外延，审判实践中也难以把握。由于 2021 年民事诉讼法新增了普通程序独任制，对“简转普”条件设定的科学性提出了更高要求。如继续将“案情复杂”作为“简转普”的唯一条件，除非对“案情复杂”广义解读为“不符合 2021 年民事诉讼法第一百六十条所规定的简单案件”的“复杂案件”，才能实现逻辑上的周延，否则本解释中的“案情复杂”将限缩 2021 年民事诉讼法第一百七十条的“不宜适用简易程序”的规定，不符合立法本意。如将“案情复杂”与“基本事实清楚、权利义务关系明确”并列作为“简转普”的条件，则此处的“案情复杂”主要指的是“基本案件事实不清或者权利义务关系不明确”，一定意义上又限缩了

① 参见刘峥、何帆、李承运：《正确贯彻实施新民事诉讼法需重点把握的七个问题》，载《人民司法》2022 年第 10 期。

2015年《民事诉讼法解释》本条的"案情复杂"的范围。可见，对于"案情复杂"的界定直接影响了本条对"简转普"条件的设定。根据2021年民事诉讼法第一百六十条第一款的规定，适用简易程序审理的案件是"事实清楚、权利义务关系明确、争议不大的简单的"民事案件，只要不符合上述条件之一的（当事人约定适用的除外），均不宜适用简易程序审理。该法第一百七十条规定："人民法院在审理过程中，发现案件不宜适用简易程序的，裁定转为普通程序。"因此，从法律层面看，"简转普"条件的设定应以2021年民事诉讼法第一百六十条为标准。为避免上述外延之争，在全国人大常委会法工委的指导下，我们依据2021年民事诉讼法第一百七十条的规定，将"案情复杂"修改为"不宜适用简易程序"，不仅周延涵盖简易程序转换为普通程序独任制和合议制的条件，也为下一步细化程序转换条件特别是新形势下"案情复杂"的具体判定标准预留空间。适用时应当注意，尽管本条并未明确简易程序转为普通程序独任制或者合议制的具体适用标准，依据2021年民事诉讼法规定并结合繁简分流改革试点的经验做法，可以在依据2021年民事诉讼法第一百七十条规定的前提下，将"基本事实清楚、权利义务关系明确"作为实践中简易程序转为普通程序独任制的标准。其中，"基本事实清楚"主要是指案件的核心和关键事实总体清楚，但部分次要事实或者关联事实需要进一步查实，相关事实的查明需要经过当事人补充举证质证、评估、鉴定、审计、调查取证等程序和环节，有必要进行更充分的陈述辩论、适用更完备的审理程序。"权利义务关系明确"即法律适用明确，是指案件法律关系清晰明了，有明确的法律规范与之对应，在解释和适用上不存在空白与争议。[①] 对于既不符合2021年民事诉讼法第一百六十条规定的适用简易程序要件，也不符合"基本事实清楚、权利义务关系明确"的适用普通程序独任制审理的案件，则应当转换为普通程序合议制程序审理。

本条第三款规定，案件转为普通程序审理的，审理期限自人民法院立案之日起算。关于程序转换后的审理期限起算点问题，在本解释起草过程中，曾有不同观点：一种观点认为，既然是程序转换，即意味着案件适用新的程序进行审理，审理期限自然应从转换之日起重新计算。而且，普通程序审理案件需要组成合议庭，而成为合议庭成员的新审判人员并未参与案件之前的审理，故其熟悉案件乃至重新开庭等事项都需要耗费时间，故有必要对审理期限重新计算。我们认为，在通常情况下，原来适用简易程序进行审理的独

① 参见刘峥、何帆、李承运：《正确贯彻实施新民事诉讼法需重点把握的七个问题》，载《人民司法》2022年第10期。

任审判员一般都是合议庭成员，而且往往还是案件的主要承办人，对案件的进展情况比较了解，适用简易程序审理时已经作了大量工作。因此，由简易程序转为普通程序审理的案件，审理期限应当从立案之日起计算，而不是从转入普通程序之日起计算。[①] 而且，程序转换后审理期限从立案之次日起计算的规定早在《92 年意见》第 170 条中就有规定，经过多年司法实践，也从未出现过大的问题。基于上述考虑，2015 年制定本解释时，本条仍延续了《92 年意见》关于程序转换后审理期限起算规定，只不过将“从立案的次日起计算”修改为“自人民法院立案之日计算”。2022 年修正本解释时对本款未作修改。

【审判实践中应当注意的问题】

第一，根据民事诉讼法第一百七十条及本解释第二百六十九条的规定，人民法院将案件由适用简易程序审理转为适用普通程序审理的，必须作出裁定。裁定可以是书面的或者口头的，口头裁定的，应当记入笔录。

第二，人民法院转换审理程序时应向当事人书面告知相关事项。这些事项包括：《民事诉讼证据规定》第五十条、第五十一条中要求向当事人告知的举证责任的分配原则与要求、可以向人民法院申请调查取证的情形、人民法院根据案件情况指定的举证期限以及逾期提供证据的法律后果。[②] 通知必须以书面形式进行。这是因为案件转换为普通程序审理，对当事人而言，意味着案件审理期限将会延长，诉讼成本将会增加，涉及当事人的程序利益。因此，有必要以书面形式通知以显示其正式性，而且客观上能使当事人的诉讼权利和义务得到更好保障。

【条文】

第二百五十九条

当事人双方可就开庭方式向人民法院提出申请，由人民法院决定是否准许。经当事人双方同意，可以采用视听传输技术等方式开庭。

【条文主旨】

本条是关于适用简易程序审理的案件，当事人选择开庭方式的规定。

---

① 参见马原主编：《〈民事诉讼法适用意见〉释疑》，中国检察出版社 1994 年版，第 112 页。

② 参见最高人民法院民事审判第一庭编著：《最高人民法院关于简易程序司法解释的理解与适用》，法律出版社 2003 年版，第 138 页。

【条文理解】

简易程序的特点就是在案件审理程序方面较普通程序要简单一些，具体来说表现为：一方面，人民法院可以不必遵从像普通程序那样复杂、冗长的诉讼程序规定；另一方面，当事人也可以充分行使程序选择权，省去一些不必要的程序性事项。简易程序相对于普通程序而言，在诉讼目的上更加青睐诉讼便利以及诉讼效率，在诉讼模式上更加贴近于当事人主义。正是基于以上简易程序在程序性质、诉讼目的、诉讼模式上的特点，本条规定了当事人可以提出具体的开庭方式的申请以及人民法院可以采用视听传输技术等方式开庭，进一步彰显了当事人的程序选择权以及程序的便利性。关于本条的理解，可具体阐述如下。

1. 当事人在开庭方式上的选择权

本条前半部分规定："当事人双方可就开庭方式向人民法院提出申请，由人民法院决定是否准许。"关于对该语段的理解：首先，双方当事人必须就开庭方式达成意思一致，否则其不能向人民法院提出相应申请。这是因为，选择哪种开庭方式与双方当事人程序利益有关。例如，在原告方选择周六晚间开庭，而被告方因在国外度假无法赶回的情形下，如果法院按原告要求在周六晚间开庭，被告则可能因无法出庭而被缺席判决。显然，这变相侵害了被告一审期间的辩论权。实务中，如果双方当事人没有就开庭的方式达成统一意见，要么是只有一方当事人有开庭方式的意见，要么是双方当事人各自持有不同的开庭方式的意见。此时，人民法院采纳任何一方的意见都可能给对方当事人造成偏袒的印象，甚至会因此损害对方当事人的利益，因而是不可取的。所以，涉及双方当事人的共同程序利益的开庭方式的选择必须由双方达成共同的意思表示。其次，本条虽然规定了当事人可以提出开庭方式的申请，但是否可行还取决于人民法院决定是否准许。也就是说人民法院如何审理案件、庭审如何展开，最终还是由人民法院决定。可见，人民法院享有对庭审的诉讼指挥权。所谓诉讼指挥权是指人民法院为了保证程序的顺利进行而依据法定职权运行诉讼程序的权能，是人民法院在整个诉讼过程中，为了保证诉讼程序的公正、高效，而对诉讼参与人及其他案外有关人员进行指导、监督、约束的权力。人民法院的诉讼指挥权主要体现在诉讼进程的控制方面，主要包括程序管理权，如期间控制权，期日指定权，程序中止、合并、分离决定权，系争点管理权，庭审方式选择权，庭审保障权，司法成本控制权等。之所以要赋予人民法院诉讼指挥权，是因为司法实践中，为了在诉讼过程中充分地说服裁判者，获得对自己有利的结果，当事人一般会利用各种手段详细地阐述案件事实，纠缠于诉讼的各种细节，从而将诉讼的过程尽可能地延长。尤其是对于可能败诉的当事人来说，更有一种拖延诉讼的强烈欲望。此时，如果不赋予人民法院对诉讼活动进行指挥和管理的权力，整个诉讼过程将会无休止地进行下去，造成当事人诉讼成本增加、司法资源浪费。这不仅有损于当事人的诉讼利益，而且还会降低社会对人民法院的信赖和期待。因此，为了保证诉讼活动迅速地进行并充分有效地发挥作用，人民法院需要有诉讼指挥权。进而，基于诉讼指挥权，人民法院有权决定是否准许双方当事人关于庭审方式的申请。

2. 适用简易程序审理案件可以采用视听传输技术等方式开庭

本条后半部分规定："经当事人双方同意，可以采用视听传输技术等方式开庭。"随着电信、网络技术的迅猛发展和快速普及，视听传输技术诸如语音通信、视频通信已经十分普及，社会经济生活各个领域都开始适应并积极利用这一技术，人民法院也在积极推进在线诉讼，并取得了很好的成效。特别是在适用简易程序审理的案件中，采用视听传输技术极具价值。适用简易程序审理的案件，具有事实清楚、权利义务明确、争议不大的特点。大多数情形下，当事人不到庭也能查清案件事实、分清对错。司法实践中，经常出现的一种情形是，一方当事人不在受理法院所在地，如其到受理法院参加开庭，其为开庭要支出的交通、食宿费用、误工费用总和甚至都可能超过争议标的金额。此时，当事人将作出理性选择：要么不起诉，要么不应诉。显然，两者都不是我们所愿见到的结果。有鉴于此，本条司法解释开创性地承认了视听传输技术等开庭方式。但人民法院采用视听传输技术等方式开庭，要尊重当事人的程序选择权，即必须经过双方当事人的同意。另外，补充说明一点，本条司法解释还用"等"字作出了一个非封闭式列举的兜底规定，这是为了适应将来司法实践中日新月异的开庭方式的革新。应当注意的是，当前，在线诉讼已经是一种不可或缺的诉讼方式。在民事诉讼程序繁简分流改革试点工作中，人民法院对电子诉讼规则进行了探索和试点，取得了很好的成效。2021 年，为推进和规范在线诉讼活动，完善在线诉讼规则，最高人民法院制定了《人民法院在线诉讼规则》，该规则第四条第一款规定："人民法院开展在线诉讼，应当征得当事人同意，并告知适用在线诉讼的具体环节、主要形式、权利义务、法律后果和操作方法等。"2021 年民事诉讼法第十六条规定："经当事人同意，民事诉讼活动可以通过信息网络平台在线进行。民事诉讼活动通过信息网络平台在线进行的，与线下诉讼活动具有同等法律效力。"根据前述规定，包括在线开庭在内的在线诉讼适用于不同程序的民事案件和诉讼的各个程序环节。

【审判实践中应当注意的问题】

第一，作为新型开庭审理方式的视听传输技术，不宜由审判人员依职权直接决定，而应当由当事人选择。为了防止审判人员强迫当事人采用视听传输技术开庭，应严格限定仅在双方当事人同意的情况下，人民法院才考虑是否适用。人民法院适用这种庭审方式，应该向双方当事人释明优劣所在，方便当事人在充分了解这种庭审方式的情况下自行选择。

第二，如果双方当事人同意采用视听传输技术方式进行庭审，人民法院应在相关笔录中对该同意意思表示作出记录或由当事人及其诉讼代理人出具相关同意函后入卷备查。另外，考虑到不是所有当事人对视听传输技术都熟悉，故在利用视听传输技术开庭前，应对当事人做好庭审注意事项辅导工作，即对采用这种方式进行庭审应当注意的问题诸如无正当理由不得随意切断通信信号等进行告知。

第三，严格依照相关规定，对特定案件不得采用视听传输技术方式开庭。对此，《人民法院在线诉讼规则》第二十一条规定："人民法院开庭审理的案件，应当根据当事人意愿、案件情况、社会影响、技术条件等因素，决定是否采取视频方式在线庭审，但具有下列情形之一的，不得适用在线庭审：（一）各方当事人均明确表示不同意，或者一方当事人表示不同意且有正当理由的；（二）各方当事人均不具备参与在线庭审的技术条件和能力的；（三）需要通过庭审现场查明身份、核对原件、查验实物的；（四）案件疑难复杂、证据繁多，适用在线庭审不利于查明事实和适用法律的；（五）案件涉及国家安全、国家秘密的；（六）案件具有重大社会影响，受到广泛关注的；（七）人民法院认为存在其他不宜适用在线庭审情形的。采取在线庭审方式审理的案件，审理过程中发现存在上述情形之一的，人民法院应当及时转为线下庭审。已完成的在线庭审活动具有法律效力。在线询问的适用范围和条件参照在线庭审的相关规则。"因此，对具有该条规定情形的案件，不得适用在线庭审即视听传输技术开庭。

第四，人民法院对当事人提出的关于采用视听传输技术进行开庭的申请，不予准许的，应用决定形式，而非裁定形式。这是因为是否采用视听传输技术方式开庭只是开庭方式的选择，不属于重大程序性事项，故不需用裁定形式。

第五，妥善处理庭审突发情况。当庭审中出现视听传输技术障碍导致庭审不能进行时，法官应休庭并请技术人员重新调试设备，待障碍消除后继续开庭；若障碍无法排除或审理中发现本案不适宜采用视听传输技术方式开庭的，应立即终止视听传输技术开庭，将庭审转换为传统审理模式，并另行通知当事人开庭时间、开庭地点。有必要强调的是，终止视听传输技术开庭前，双方当事人已确认的事实及已承认的对方诉讼请求，在后续庭审中无须再进行举证、质证。

【条文】

第二百六十条

已经按照普通程序审理的案件，在开庭后不得转为简易程序审理。

【条文主旨】

本条是关于禁止适用普通程序审理的案件在开庭后转为适用简易程序审理的规定。

【条文理解】

关于普通程序是否能转为简易程序的问题，《92 年意见》对已经按普通程序审理的案件再转化为适用简易程序审理持否定态度，其主要理由在于：一是既然人民法院已经按普通程序审理案件，说明人民法院之前已认定该案件并非简单的民事案件。即便人民法院事后发现案件不应按普通程序审理，也间接说明了案件本身的复杂性。此时，案件也已不适宜按简易程序审理。二是第一审普通程序是审理民事案件的标准程序，对当事人的诉讼权利保障最为充分。因此，从保护当事人诉讼权利出发，既然案件已经按第一审普通程序进行审理，就没有必要再转为简易程序审理，以免降低对当事人诉讼权利的保障程度。从《92 年意见》第 171 条是对 1991 年民事诉讼法第一百四十二条的解释而言，上述论断并无大碍。至于应当适用第一审普通程序审理的案件尚未确定适用第一审普通程序审理时，当事人能否选择适用简易程序的问题，《92 年意见》则未明确规定。

2012 年民事诉讼法第一百五十七条[①]在 1991 年民事诉讼法第一百四十二条基础上增加一款规定“基层人民法院和它派出的法庭审理前款规定以外的民事案件，当事人双方也可以约定适用简易程序”。这样规定一方面吸收了 2003 年《简易程序规定》第二条允许当事人选择适用简易程序的合理部分，另一方面放宽了当事人可以选择适用简易程序的阶段。即便对人民法院

① 现为 2021 年民事诉讼法第一百六十条。

已经按照普通程序审理的案件，也允许当事人选择适用简易程序。对此，在2015年制定本司法解释时，我们认为，《92年意见》第171条和《简易程序规定》第二条的规定已与2012年民事诉讼法第一百五十七条第二款立法精神产生矛盾，有必要作如下修改。

第一，将已按第一审普通程序审理的案件转为简易程序审理由绝对禁止修改为相对限制。本条遵循2012年民事诉讼法第一百五十七条第二款的立法精神，对已按第一审普通程序审理的案件规定为在开庭前可以根据当事人的约定裁定转为简易程序审理。

第二，将当事人约定选择已按第一审普通程序审理的案件转为简易程序审理的最晚期限限定在开庭审理前。其理由在于，案件如果已按第一审普通程序进行开庭审理，说明审判组织成员和当事人均已参加庭审。如果适用普通程序合议制审理的案件再转为适用简易程序审理，则首先要解决的是审判组织由合议庭变成独任审判员的问题。也即，审理该案的合议庭至少有两位法官需要退出案件审理。相应地，庭审将因此中断，这无疑与不间断审理原则（又称集中审理原则）的要求不一致。而且，案件转为适用简易程序审理后可能还需要重新开庭，这又会额外增加当事人的诉讼成本、造成司法资源的浪费。因此，本条规定当事人双方在开庭后不能再约定选择将案件由适用第一审普通程序审理转为适用简易程序审理。

第三，人民法院将案件由适用第一审普通程序审理转为适用简易程序审理，应当作出裁定。其理由在于，虽然简易程序是对第一审普通程序的简化，但从民事诉讼法章节结构来看，第一审普通程序与简易程序仍是并列的两个程序，两者之间在审判组织、庭审方式、审理期限等方面存在很多差异。因此，第一审普通程序转为简易程序涉及两个程序的转化，属于程序性事项。对程序性事项的处理，人民法院一般应通过裁定形式作出。故人民法院进行上述程序转化时，应当适用民事裁定形式。

另外，在2015年本司法解释起草时，征求意见稿中曾有“但案件符合民事诉讼法第一百六十二条①规定的适用条件的除外”的表述，从反馈的意见来看，多数意见不赞同对于符合小额诉讼条件的案件，可以在开庭后由第一审普通程序转为小额诉讼程序。除了上述第一审普通程序开庭后不得转简易程序的理由之外，还有一个重要的理据就是，案件转为小额诉讼程序后，将实行一审终审。这对当事人的诉讼权利影响过大。我们接受了上述意见，

① 现为2021年民事诉讼法第一百六十五条。

最后删除了征求意见稿中关于但书条款的规定。

相较于 2012 年民事诉讼法，2021 年民事诉讼法在审判组织方面作出了重大改变。2021 年民事诉讼法第四十条第二款规定：“适用简易程序审理的民事案件，由审判员一人独任审理。基层人民法院审理的基本事实清楚、权利义务关系明确的第一审民事案件，可以由审判员一人适用普通程序独任审理。”因此，基层人民法院适用普通程序审理民事案件可能由合议庭审理，也有可能由独任审判员审理。但前述对于普通程序转为简易程序的认识依然是正确的，即使是适用普通程序独任制审理的案件，如果在开庭后转为简易程序，则仍旧会额外增加当事人的诉讼成本、造成司法资源的浪费。

【审判实践中应当注意的问题】

第一，人民法院不宜主动将已适用普通程序审理的案件裁定转为简易程序审理。本条司法解释是以民事诉讼法第一百六十条第二款规定的当事人约定选择简易程序的规定为依据的。也即人民法院裁定程序转化一般应以当事人双方有约定为前提。人民法院在审理民事案件时，应当特别尊重当事人的程序选择权，尊重当事人的意愿，不得通过自行决定方式强迫当事人适用简易程序。而且基于程序不可逆性原则，人民法院在当事人双方对此没有约定的前提下，也不宜主动进行程序转化。对此，《简易程序规定》第二条第二款“人民法院不得违反当事人自愿原则，将普通程序转为简易程序”即为例证。

第二，人民法院进行程序转化必须以口头或书面裁定形式作出，而不能以决定、通知等形式告知当事人。这是因为程序转化涉及当事人重大程序利益，如果以决定、通知等形式告知程序转化，一是过于随意，不够严谨，二是可能会变相剥夺当事人寻求救济的权利。

第三，人民法院应对当事人转化程序的选择进行审查。只有符合法律和司法解释规定可以适用简易程序的案件才能裁定转化为简易程序。对发回重审的案件、第三人撤销之诉案件等本司法解释规定不能适用简易程序的案件均不能裁定转为简易程序。

第四，对按第一审普通程序审理的案件，转为小额诉讼程序审理应慎重。相较 2012 年民事诉讼法，2021 年民事诉讼法通过五个条文对小额诉讼程序作了如下规定：一是完善小额诉讼程序适用范围和方式；二是明确不得适用小额诉讼程序的案件类型；三是简化小额诉讼案件的审理方式；四是明确小额诉讼的审理期限；五是明确了程序转化并赋予当事人程序异议权。其中，2021 年民事诉讼法第一百六十五条增加了当事人合意选择适用小额诉讼的程序的规定，该条规定：“基层人民法院和它派出的法庭审理事实清楚、权利义务关系明确、争议不大的简单金钱给付民事案件，标的额为各省、自治区、直辖市上年度就业人员年平均工资百分之五十以下的，适用小额诉讼的程序审理，实行一审终审。基层人民法院和它派出的法庭审理前款规定的民事案件，标的额超过各省、自治区、直辖市上年度就业人员年平均工资百分之五十但在二倍以下的，当事人双方也可以约定适用小额诉讼的程序。”根据该条规定，适用简易程序审理的简单金钱给付案件，如果标的额符合一定条件，当事人可以约定适用小额诉讼的程序。可见，2021 年民事诉讼法依然没有直接规定适用普通程序审理的案件当事人是否可以约定适用小额诉讼的程序。因此，基层人民法院对按第一审普通程序审理的案件转为小额诉讼程序审理仍应慎重。

【条文】

第二百六十一条

适用简易程序审理案件，人民法院可以依照民事诉讼法第九十条、第一百六十二条的规定采取捎口信、电话、短信、传真、电子邮件等简便方式传唤双方当事人、通知证人和送达诉讼文书。

以简便方式送达的开庭通知，未经当事人确认或者没有其他证据证明当事人已经收到的，人民法院不得缺席判决。

适用简易程序审理案件，由审判员独任审判，书记员担任记录。

【条文主旨】

本条是关于人民法院适用简易程序审理民事案件采取简便方式传唤当事人、通知证人和送达诉讼文书及其效力的规定。

【条文理解】

2021 年民事诉讼法第九十条改变了原第八十七条的内容，规定在受送达人同意的前提下，人民法院可以依法适用电子方式送达包括判决书、裁定书、调解书在内的诉讼文书，故本条对照民事诉讼法的规定进行了修改。关于本条的理解，应着重把握以下几个方面。

1. 关于用简便方式传唤当事人、通知证人

1991 年民事诉讼法第一百四十四条第一次规定了人民法院适用简易程序审理民事案件可以用简便方式随时传唤当事人、证人。此后，《92 年意见》第 172 条则将简便方式细化为“口头或者其他简便方式”。1993 年《最高人

民法院经济纠纷案件适用简易程序开庭审理的若干规定》第三条则进一步细化规定“被告在本地的，可以用书面、电话、请基层组织工作人员捎信等简便方式”传唤。2003 年《简易程序规定》第六条规定：“原告起诉后，人民法院可以采取捎口信、电话、传真、电子邮件等简便方式随时传唤双方当事人、证人。”2012 年民事诉讼法第一百五十九条规定的仍是“用简便方式传唤当事人和证人”。上述条文中，关于传唤当事人，并无争议。可能存在的分歧意见是对证人是否可以用传唤方式。虽然 2012 年民事诉讼法第一百五十九条规定可以传唤证人，但该法第七十三条则规定的是“经人民法院通知，证人应当出庭作证”。由上，对证人到庭用传唤方式还是用通知方式，成为本条起草时需要解决的问题之一。我们认为，既然民事诉讼法对传唤规定了相应法律后果，如拘传、撤诉和缺席判决等，那么可以理解为传唤是一种能导致相应后果的诉讼保障措施。由于我国现行法律只强调出庭作证是证人的法定义务，对拒绝作证和拒不到庭作证的行为却没有相应的处罚规定，法庭因此也无法对证人采取有效的强制措施，故我们认为对证人出庭更适宜采用通知形式。事实上，司法实践中，对证人出庭也多数采用的是通知形式。该做法也早已被《审判方式改革规定》第二十九条①所肯定。由上，本司法解释最终将 2003 年《简易程序规定》第六条中“传唤证人”修改为“通知证人”。

2. 关于用简便方式送达诉讼文书

电子方式送达属于简便方式送达的一种。2012 年民事诉讼法第八十七条第一款规定：“经受送达人同意，人民法院可以采用传真、电子邮件等能够确认其收悉的方式送达诉讼文书，但判决书、裁定书、调解书除外。”根据该条规定，人民法院可以适用电子方式进行送达，但应当满足法定条件，包括：第一，必须经受送达人同意；第二，适用的电子送达方式必须能够确认受送达人收悉；第三，电子方式送达不适用于判决书、裁定书、调解书这三类诉讼文书。该法第一百五十九条相较于 1991 年、2007 年民事诉讼法第一百四十四条，增加规定了“用简便方式送达诉讼文书”，故 2015 年制定本条司法解释时，依照 2012 年民事诉讼法的规定，在原有司法解释基础上，增加规定可以用简便方式送达诉讼文书，还根据上述 2012 年民事诉讼法第八十七条之规定，将裁判文书排除在简便方式送达范围之外。然而，2021 年民事诉讼法第九十条修改了电子送达的规则，第九十条第一款规定：“经受送

① 《审判方式改革规定》第二十九条规定：“当事人提供的证人在人民法院通知的开庭日期，没有正当理由拒不出庭的，由提供该证人的当事人承担举证不能的责任。”

达人同意，人民法院可以采用能够确认其收悉的电子方式送达诉讼文书。通过电子方式送达的判决书、裁定书、调解书，受送达人提出需要纸质文书的，人民法院应当提供。”与2012年民事诉讼法第八十七条相比，主要修改了如下规则：一是允许电子送达裁判文书，将“但判决书、裁定书、调解书除外”删除，鉴于这三类裁判文书的特殊性，还增加规定了“受送达人提出需要纸质文书的，人民法院应当提供”，充分保障受送达人的权益；二是扩展了可以适用的电子送达方式的范围，将“采用传真、电子邮件等能够确认其收悉的方式送达诉讼文书”修改为“采用能够确认其收悉的电子方式送达诉讼文书”。由于2021年民事诉讼法的如上修改，本条司法解释第一款应当进行对照修改。最初，我们拟定的条文内容是：“适用简易程序审理案件，人民法院可以采取捎口信、电话、短信、传真、电子邮件等简便方式传唤双方当事人、通知证人和送达诉讼文书。通过电子方式送达诉讼文书的，应当征得受送达人同意。”主要考虑是解除对于电子方式送达裁判文书的限制，但是，经过研究后我们认为，简便方式不仅包括电子送达，还包括捎口信等其他简便方式，虽然2021年民事诉讼法规定前述三类裁判文书可以适用电子送达，但对捎口信等其他简便方式送达诉讼文书特别是裁判文书并未作出明确规定，考虑到捎口信在一定程度上缺少严谨性，为了防止错误理解司法解释规定，保护受送达人的合法权益，我们最终采取了更加严谨的表述方式，将2021年民事诉讼法第九十条和第一百六十二条引入本条司法解释，将本条第一款修改为：“适用简易程序审理案件，人民法院可以依照民事诉讼法第九十条、第一百六十二条的规定采取捎口信、电话、短信、传真、电子邮件等简便方式传唤双方当事人、通知证人和送达诉讼文书。”

3. 关于用短信方式传唤、通知、送达

鉴于目前部分人民法院已采用短信方式传唤、通知、送达并取得了良好效果，本条还增加规定将短信方式纳入简便方式的范畴。

4. 关于简便方式传唤与缺席判决的关系

通过捎口信、电话、短信、传真、电子邮件等多种形式向当事人发送开庭通知，当事人收到开庭通知的，就产生使得诉讼程序得以继续进行下去的法律效果，当然前提是当事人确实知道这一开庭通知内容。为此，2003年《简易程序规定》第十八条规定：“以捎口信、电话、传真、电子邮件等形式发送的开庭通知，未经当事人确认或者没有其他证据足以证明当事人已经收到的，人民法院不得将其作为按撤诉处理和缺席判决的根据。”从司法实践来看，该条规定的适用取得了积极效果，但由于目前原告起诉时，人民法院一般都会要求其提供送达地址确认书并明确相应后果，故只要人民法院按送达地址确认书的记载向原告送达了开庭通知，原告无正当理由拒不到庭，人民法院可以按撤诉处理。因此，2015 年本条司法解释制定时基本保留了 2003 年《简易程序规定》第十八条规定内容，只是删除了“人民法院不得将其作为按撤诉处理”部分。

5. 关于简易程序的审判组织

民事诉讼法规定了简单的民事案件由审判员一人独任审理，但未规定由谁担任记录。《92 年意见》第 172 条规定，适用简易程序审理案件，由审判员独任审判，书记员担任记录，不得自审自记。从这些年的实践情况来看，审记分开有利于减轻审判员庭审工作负担，增强当事人对裁判过程公开性、公正性的认知，故 2015 年本条司法解释制定时保留了原有司法解释的相关内容。

【审判实践中应当注意的问题】

1. 简便方式传唤与“未经传票传唤，缺席判决的”这一法定再审事由的关系

1991 年民事诉讼法中并未将“未经传票传唤，缺席判决的”作为法定再审事由。因此，2003 年《简易程序规定》第十八条只强调了以简便方式发送的开庭通知，未经当事人确认或者没有其他证据足以证明当事人已经收到的，人民法院不得将其作为按撤诉处理和缺席判决的根据。该条文另一种表述可为，只要经当事人确认或者其他证据足以证明当事人已经收到的，人民法院可以作出缺席判决。司法实践中，确实有部分缺席判决就是依据该条作出。显然，这类缺席判决事先并没有经过传票传唤这一程序。2007 年民事诉讼法在第一百七十九条将“未经传票传唤，缺席判决的”增加规定为法定再审事由。2012 年民事诉讼法、2017 年民事诉讼法和 2021 年民事诉讼法均保留了该再审法定事由。由此，实务中有观点认为，如果人民法院以不采用传票的简便方式送达开庭通知后，在当事人未到庭的情形下作出缺席判决，则败诉一方当事人有权以上述法定再审事由申请再审。我们认为，无论是通过书面的传票方式，还是通过捎口信等其他简便方式，目的都是传唤当事人，让其得知开庭相关事项。因此，这些简便方式只要得到当事人的确认，或者有证据证明当事人已经收到或知悉开庭相关事项的，就具有与用传票传唤当事人一样的效果。而且，从民事诉讼法条文设置上来看，2021 年民事诉讼法关于传票传唤法律效果的条文分别为第一百四十六条和第一百四十七条，位于第十二章第一审普通程序第三节开庭审理部分，而关于简便方式传

唤的条文位于第十三章简易程序部分，可见，传票传唤一般用于普通程序，简易程序中的传唤则无传票形式的强制要求。由于简易程序是与普通程序并列的程序，故适用于普通程序的传票传唤对于简易程序而言不是必然要求。相应地，2021 年民事诉讼法第二百零七条中“未经传票传唤，缺席判决的”，一般也应解释为，该法定再审事由应限定在适用普通程序审理的案件范围内，而不包括适用简易程序审理的案件。

2. 关于利用 QQ、微信、微博等即时通信工具传唤、通知、送达是否属于本条简便方式范畴的问题

在 2015 年起草本条司法解释的过程中，曾有意见建议将 QQ、微信等传唤、通知、送达纳入简便方式范畴，在当时，我们认为，这些方式多为特定公司自行研发的产品，并不具备全社会的普适性，故在本司法解释中并未特别列明，但本司法解释并不排斥上述方式的采用。但是，根据 2021 年民事诉讼法第九十条规定，只要受送达人同意，人民法院就可以采用能够确认受送达人收悉的电子方式送达诉讼文书。

3. 要注意本条第二款与《人民法院在线诉讼规则》第三十一条之间的衔接

本条第二款规定：“以简便方式送达的开庭通知，未经当事人确认或者没有其他证据证明当事人已经收到的，人民法院不得缺席判决。”《人民法院在线诉讼规则》第三十一条第一款、第二款规定：“人民法院向受送达人主动提供或者确认的电子地址送达的，送达信息到达电子地址所在系统时，即为送达。受送达人未提供或者未确认有效电子送达地址，人民法院向能够确认为受送达人本人的电子地址送达的，根据下列情形确定送达是否生效：（一）受送达人回复已收悉，或者根据送达内容已作出相应诉讼行为的，即为完成有效送达；（二）受送达人的电子地址所在系统反馈受送达人已阅知，或者有其他证据可以证明受送达人已经收悉的，推定完成有效送达，但受送达人能够证明存在系统错误、送达地址非本人使用或者非本人阅知等未收悉送达内容的情形除外。”实践中所采用的简便方式为电子方式，且符合《人民法院在线诉讼规则》第三十一条第一款、第二款所规定情形的，应当认定为有效送达，不属于“未经当事人确认或者没有其他证据证明当事人已经收到”的情形。

【条文】

第二百六十二条

人民法庭制作的判决书、裁定书、调解书，必须加盖基层人民法院印章，不得用人民法庭的印章代替基层人民法院的印章。

【条文主旨】

本条是关于不得用人民法庭的印章代替基层人民法院印章在人民法庭制作的裁判文书上盖印的规定。

【条文理解】

根据宪法的相关规定，人民法院是国家的审判机关，只有人民法院才有权作出具有法律效力的裁判文书。此外，根据人民法院组织法的规定，人民法庭是基层人民法院的组成部分，并不具备独立的审判权。它的判决和裁定就是基层人民法院的判决和裁定。因此，派出法庭不能以自己的名义对外发布裁判文书，不能加盖人民法庭的印章，而应该统一加盖基层人民法院的印章。这样的裁判文书才符合裁判文书的形式要件，进而具备裁判效力。

【条文】

第二百六十三条

适用简易程序审理案件，卷宗中应当具备以下材料：

（一）起诉状或者口头起诉笔录；

（二）答辩状或者口头答辩笔录；

（三）当事人身份证明材料；

（四）委托他人代理诉讼的授权委托书或者口头委托笔录；

（五）证据；

（六）询问当事人笔录；

（七）审理（包括调解）笔录；

（八）判决书、裁定书、调解书或者调解协议；

（九）送达和宣判笔录；

（十）执行情况；

（十一）诉讼费收据；

（十二）适用民事诉讼法第一百六十五条规定审理的，有关程序适用的书面告知。

【条文主旨】

本条是关于适用简易程序审理的案件卷宗内容的规定。

【条文理解】

所谓当事人身份证明材料是指原告为自然人的，应提交身份证明材料复印件，一般是身份证复印件。原告为法人或个体工商户的，应提交营业执照副本复印件，其他组织应提交证明其有效成立的法律文件复印件。法人或其他组织的代表人或主要负责人应提交职务证明原件、身份证明复印件。清算人为权利主体起诉的，应提交具有清算人身份的证明材料复印件。诉讼代表人提起诉讼的，除提交全部原告身份证明材料复印件外，还应提交其他共同原告推选其为诉讼代表人的证明材料。

至于当事人委托律师或者其他人员担任自己的诉讼代理人，在简易程序中书面的授权委托书不是必需的，但当事人必须表达授权委托的意思。一般来说，在庭审开始时审判人员均会询问委托相关事宜，简易程序有相关庭审笔录即可。由于小额诉讼程序是简易程序的再简化，有其一审终审等特殊性，故适用小额诉讼程序时要书面告知当事人，之后还应将该告知材料纳入案件卷宗。另外，本条中的证据是指能够以书面形式体现出来的证据，如书面的证人证言、书证、勘验笔录、鉴定意见等。不能以书面形式体现出来的证据是不可能被纳入案件卷宗的。《92 年意见》规定的是“必要的证据”，2015 年《民事诉讼法解释》制定时将“必要的”删除，其主要理由是：一是司法实务中，卷宗的整理多为书记员完成。书记员不是审判员，未必清楚哪些是案件必要的证据。二是适用简易程序审理的案件仍是二审终审，故不排除当事人上诉的可能。如果卷宗中只放所谓“必要的证据”，将可能导致二审法院因个别证据未附卷，而无法通过阅卷查清案件事实。另外，本条所规定的内容均属于正卷中的材料，是可以被公开的。

【条文】

第二百六十四条

当事人双方根据民事诉讼法第一百六十条第二款规定约定适用简易程序的，应当在开庭前提出。口头提出的，记入笔录，由双方当事人签名或者捺印确认。

本解释第二百五十七条规定的案件，当事人约定适用简易程序的，人民法院不予准许。

【条文主旨】

本条是关于当事人对本应适用普通程序的民事案件，合意选择适用简易程序的形式和期限的规定。

【条文理解】

从司法统计情况来看，简易程序实际上已经成为各地基层人民法院审理一审民商事案件所适用的最主要程序，但当事人对司法效率的需求并未得到完全满足。一些不符合法定简易程序适用条件的案件的当事人希望通过民事简易程序迅速解决纠纷的情形时有出现。对于是否允许其他案件当事人选择适用简易程序，1991 年、2007 年民事诉讼法并未作出明确规定。任何人基于程序上的基本人权，对于关涉其利益、权利、地位或责任的审判受听审请求权之保障，即所谓程序主体性原则。程序主体性原则的重要意义在于使那些与法院裁判结果有利害关系的当事人能因此拥有独立的诉讼主体地位，能够积极参加诉讼进程，并对裁判结果产生积极影响。因此，程序主体性原则要求确保冲突主体以及他们之间有关改变冲突解决方式或程序的要求或合意，如果不与法律的规定相违背，也能够得到司法者的支持。具体到民事审判程序中，当事人基于程序主体性原则，应有权合意选择适用简易程序，通过简化收案、庭审及送达等诉讼环节促使法庭在查明案件事实的基础上作出有利于自己的裁判。这种选择是一项权利而非义务，法院亦应尊重当事人的这种权利。2012 年民事诉讼法及 2003 年《简易程序规定》均回应了程序主体性原则要求，规定了基层人民法院和它派出的法庭审理不符合适用简易程序法定条件的民事案件，当事人双方也可以约定适用简易程序，2021 年民事诉讼法修改时保留了相关内容。虽然民事诉讼法及《简易程序规定》均规定了当事人可以约定适用简易程序，但是均未对当事人行使适用简易程序的程序选择权的形式及其期限等作出规定。为此，本条专门对此作了规定。在理解和适用本条时，应着重把握以下几点。

1. 当事人向人民法院提出选择适用简易程序的最晚期限为开庭前

司法实践中，当事人双方达成选择适用简易程序的合意并向人民法院提出案件适用简易程序审理的时间情况各异：有的当事人在起诉和受理阶段就向人民法院提出案件适用简易程序审理；有的当事人在审理前的准备阶段向人民法院提出案件适用简易程序审理；还有的在开庭审理之后才向人民法院提出案件适用简易程序审理；甚至个案中还有在庭审结束后才向人民法院提出案件适用简易程序审理。实践中，对上述不同时间节点究竟应以哪个为准，争议较大。我们认为，从保障当事人程序选择权角度出发，应准许当事人在起诉和受理阶段以及审理前的准备阶段提出选择适用简易程序，但在案件已经开庭审理后，则不应允许当事人再选择适用简易程序。其理由在于，允许当事人对适用普通程序审理的案件在起诉和受理阶段、审理前的准备阶段选择适用简易程序审理可以降低当事人诉讼成本，节约司法资源。与普通程序相比较，简易程序在起诉、答辩、送达、举证期限、审判组织、庭审形式等方面均有所简化。这一方面可以直接减少当事人参加诉讼的时间、金钱成本支出，符合当事人对诉讼效率的要求；另一方面，诉讼周期的缩短、审判组织、庭审方式的简化可以使有限的司法资源发挥出最大潜能，最大程度节省人力、物力、财力，有效缓解案多人少的矛盾。但如果适用普通程序审理的案件，当事人在开庭后才提出选择适用简易程序，则无法达到上述效果。所谓开庭审理是指人民法院于确定的日期在当事人和其他诉讼参与人的参加下，依照法定的程序和形式，在法庭上对案件进行实体审理的诉讼活动。开庭审理是普通程序中最基本和最主要的阶段，是当事人行使诉权进行诉讼活动和人民法院行使审判权进行审判活动最集中、最生动的体现。适用普通程序审理的案件，一旦开庭审理，则意味着已按普通程序走完了起诉、答辩、送达、举证期限确定、审判组织确定等阶段。此时已无法再通过转为简易程序对上述阶段简化处理，无法实现简易程序减低诉讼成本、节约司法资源的功能。而且，如果案件在开庭后转为适用简易程序审理，可能还需要重新开庭，这又会增加当事人的诉讼负担和占用更多的司法资源。

2. 当事人可以口头形式向受理法院提出选择适用简易程序

选择适用简易程序审理案件，关系到当事人的程序利益和人民法院对案件的程序处理，是一种程序性较强的活动，一般应以书面形式提出。但是，我国东西部之间、沿海与内陆之间以及城乡之间在经济、文化方面发展并不均衡，在欠发达地区仍有不少文化程度不高、法律知识欠缺的群体。他们因纠纷诉至法院时，往往不会书写申请书等书面材料，只能以口头形式提出。此外，一些因身体残疾不能书写的当事人，也需要以口头形式提出。基于上述现实国情，我们在本条解释中规定允许当事人口头向受理法院提出选择简易程序。另外，为防止当事人将来在是否曾提出适用简易程序上出现争议，本条同时还规定对口头提出的，人民法院应记入笔录，由双方当事人签名或者捺印确认。

3. 当事人选择适用简易程序的案件不属于本解释第二百五十七条规定的案件

虽然民事诉讼法第一百六十条第二款对民事简易程序选择适用的案件类型并未作出任何限制，但这并不意味着任何民事案件都有可能适用民事简易程序进行审理。事实上，部分案件由于自身特殊性，如果一味适用简易程序追求司法的效率将可能适得其反，不仅不利于保护当事人的正当权益，而且可能会造成诉讼的不当拖延。至于哪些案件不适用简易程序，本司法解释第二百五十七条已有列举，因此，本解释第二百五十七条规定的不适用简易程序的案件，当事人不得约定适用简易程序。

【审判实践中应当注意的问题】

第一，当事人不能合意将简易程序转为普通程序。司法实践中简易程序转为普通程序主要有两种情况：（1）法院在适用简易程序审理案件过程中，发现案件不适宜适用简易程序的可以转为普通程序审理。由于案件是否适宜适用简易程序，在立案阶段不能完全加以区分，故不排除适用简易程序的案件事实上却很复杂的情形。从确保当事人的程序利益出发，受理法院应将案件转入普通程序进行审理。具体可细分两种情况：第一种情况是，人民法院主动将案件转为普通程序。根据民事诉讼法第一百七十条的规定，人民法院在审理过程中，发现案件不宜适用简易程序的，裁定转为普通程序。第二种情况是，当事人异议成立，将案件转为普通程序。根据《简易程序规定》第三条和第十三条及本司法解释第二百六十九条的规定，当事人就适用简易程序提出异议，人民法院认为异议成立的，应当裁定将案件转入普通程序审理，并将审判人员及相关事项以书面形式通知双方当事人。（2）人民法院适用简易程序审理的案件，在三个月的审理期限内不能结案的，转为普通程序继续审理。这种情况并无法律条文规定，却是基层人民法院一种较为普遍的做法。上述两种简易程序转为普通程序的情形都不是当事人约定选择的结果。我们认为，当事人不能对应适用简易程序审理的案件约定选择适用普通程序审理。其主要理由在于当事人的程序选择权不能违反强制性规定，民事诉讼法第一百六十条第一款属于强制性规定，只要符合该款规定的案件，就应适用简易程序审理。因此，人民法院依据该款规定适用简易程序审理的案件，当事人不能选择适用普通程序审理。

第二，关于发回重审的案件和适用审判监督程序审理的案件是否可由双方当事人选择适用简易程序的问题。一种观点认为，既然民事诉讼法没有限制当事人选择适用简易程序的案件类型，那么法无禁止即自由，故应允许当事人对符合上述情形的案件选择适用简易程序。我们认为，依据本条第二款的规定，本解释第二百五十七条规定的案件，当事人约定适用简易程序的，人民法院不予准许。第二百五十七条第二项、第四项规定发回重审的及适用审判监督程序的案件不适用简易程序。究其原因，主要在于一旦对上述案件适用简易程序，就应实行法官独任制审理。而根据民事诉讼法第四十一条的规定，人民法院审理发回重审的案件和适用审判监督程序审理的案件应另行组成合议庭。这显然与民事简易程序的独任审判要求不一致。

第三，人民法院对当事人的申请应作出准许或不准许的裁定。由于当事人提出适用简易程序的申请，涉及审判程序的转化，属于程序性事项范畴，故人民法院应以裁定形式及时作出回应。

【条文】

第二百六十五条

原告口头起诉的，人民法院应当将当事人的姓名、性别、工作单位、住所、联系方式等基本信息，诉讼请求，事实及理由等准确记入笔录，由原告核对无误后签名或者捺印。对当事人提交的证据材料，应当出具收据。

【条文主旨】

本条是关于口头起诉的条件以及相关程序的规定。

【条文理解】

口头起诉，是指原告本人不能书写起诉状，委托他人代写起诉状又确有困难时，将自己的诉讼请求、事实与理由、相关证据以口述方式诉至人民法院，并由人民法院记录、登记和核对的一种起诉方式。[①] 我国民事诉讼法简易程序中关于口头起诉的规定最早见于 1991 年民事诉讼法第一百四十三条第一款："对简单的民事案件，原告可以口头起诉。"该条款在随后的历次民事诉讼法修改中都未作变动。《92 年意见》第 175 条规定："适用简易程序审理案件，卷宗中应当具备以下材料：（1）诉状或者口头起诉笔录；……"从该条文可推出适用简易程序审理民事案件，人民法院应制作口头起诉笔录，但对口头起诉具体程序则没有涉及。直到 2003 年《简易程序规定》第四条才规定："原告本人不能书写起诉状，委托他人代写起诉状确有困难的，可

① 参见最高人民法院民事审判第一庭编著：《最高人民法院关于简易程序司法解释的理解与适用》，法律出版社 2003 年版，第 65 页。

以口头起诉。原告口头起诉的，人民法院应当将当事人的基本情况、联系方式、诉讼请求、事实及理由予以准确记录，将相关证据予以登记。人民法院应当将上述记录和登记的内容向原告当面宣读，原告认为无误后应当签名或者捺印。”从司法实践情况看，该条文规定操作性较强，适用情况良好。因此，本条司法解释内容基本援引了2003年《简易程序规定》第四条规定。在具体适用本条时，需要重点把握以下几点。

1. 口头起诉的条件

首先，口头起诉的原告应当是自然人。民事诉讼法虽未明确规定口头起诉的主体范围，但从口头起诉制度设立的目的就是保障诉讼能力低下的主体参与诉讼这一角度而言，法人、其他组织一般比自然人具有更强的诉讼能力，没有必要通过口头起诉制度加以保护。其次，原告本人不能书写起诉状。这里的“不能”主要有两种情形：一是原告本人文化程度很低，不识字或不会写字，不能用文字形式表达自己的诉求和理由；二是原告本人因身体残疾不能书写起诉状。这里的身体残疾与不能书写起诉状之间应有因果关系。至于个案中原告只是担心写不好起诉状而要求口头起诉，原告不愿支付打印起诉状费用而要求口头起诉，以及原告因字写得不好看而要求口头起诉等情形都不能成为原告要求口头起诉的理由。最后，委托他人代写确有困难。司法实践中，原告即便本人不能书写起诉状，也可以委托他人代写。只有在委托他人代写确有困难时才能口头起诉。这里委托他人代写确有困难主要指原告因客观原因不能委托亲朋好友代写，又因经济困难无法委托律师代写的情形。这样可以将一部分文化程度低但收入高的主体从口头起诉主体中排除，将有限司法资源提供给更需要司法救助的人。

2. 口头起诉记录的要求

口头起诉笔录应准确记载当事人的基本信息、诉讼请求、事实及理由等内容。本条司法解释制定时将2003年《简易程序规定》第四条中的“当事人的基本情况、联系方式”细化罗列为“当事人的姓名、性别、工作单位、住所、联系方式等基本信息”，使其更具有操作性。当事人的基本信息、诉讼请求、事实及理由等事项都属于口头起诉必备内容，涉及当事人程序权和实体权的保护，必须准确记载。从现有情况来看，口头起诉最大的问题在于法官在作笔录时，对当事人的诉讼请求、事实及理由部分过滤、转化导致内容失真。这是因为，将当事人口头表述的内容转为文字记载，客观上无法完全避免记录者的主观认识、情感等因素。如果对当事人的口头起诉进行记录时，过多地对起诉理由进行概括和归纳，将会使后期的审理和判决颇显被动。一旦原告的诉讼请求被驳回，原告一方可能将败诉的理由归结为口头起诉记录的理由不充分；一旦被告败诉，被告一方会将败诉的理由归结为口头起诉记录的理由有失偏颇。[①] 因此，为避免当事人事后归咎于法院，法院工作人员应尽量客观、准确反映当事人最真实的意思表示，特别是在可能涉及案件处理结果的诉讼请求、事实及理由等事项上不能人为夸大、缩小乃至不实记载。

3. 口头起诉笔录应经原告核对

由原告核对人民法院记录的内容并签名或者捺印确认是确保口头起诉笔录能准确、全面反映原告真实意思表示的重要环节。这是因为，设立口头起诉制度的目的就是保护当事人的诉权不受自身条件或其他因素的限制，人民法院工作人员制作的口头起诉笔录本质上仍是原告行使诉权的表现，其相应法律后果也应由原告承担。因此，由原告核对口头起诉笔录无误后签名或捺印也是应有之义。本条司法解释制定时删除了2003年《简易程序规定》第四条中的“将上述记录和登记的内容向原告当面宣读”。其理由在于，从以往司法实践来看，强制当面宣读记录和登记内容因过于机械，用得较少，更多的还是当事人自行核对后，直接签名或捺印确认。因此，本条删除了当面宣读的强制性规定。但要注意的是，本条删除当面宣读，并不意味着当事人不能要求人民法院工作人员当面宣读口头起诉笔录。在当事人无法阅读理解口头起诉笔录的情形下，要求法院工作人员当面宣读，是保障其诉权的有效手段。对此，人民法院应予以尊重和配合。另外，本条还删除了2003年《简易程序规定》第四条中的“将相关证据予以登记”，这是因为本条增加规定了“对当事人提交的证据材料，应当出具收据”。这足以避免提交人民法院的证据遗失可能给当事人造成的不利影响。增加“出具收据”是2012年民事诉讼法新增内容，2021年民事诉讼法予以保留，在本解释中再次对此作了强调。

【审判实践中应当注意的问题】

司法实践中，关于本条的理解与适用，还应注意平等保护被告等当事人的口头答辩权。民事诉讼法对被告等当事人的口头答辩没有作出规定，只在该法第一百二十八条第二款规定了“被告不提出答辩状，不影响人民法院审理”。这是因为我国尚不承认答辩失权制度和律师强制代理制度，但并不能

---

① 参见最高人民法院民事审判第一庭编著：《最高人民法院关于简易程序司法解释的理解与适用》，法律出版社2003年版，第71页。

因此得出被告等当事人没有口头答辩的权利的结论。从简易程序简易特点、适用简易程序案件的性质以及当事人自身法律素养等情况来看，允许被告等当事人提出口头答辩既有其现实合理性，又符合人民法院对当事人的诉讼权利平等保护的要求。而且，2003 年《简易程序规定》第七条规定："双方当事人到庭后，被告同意口头答辩的，人民法院可以当即开庭审理；被告要求书面答辩的，人民法院应当将提交答辩状的期限和开庭的具体日期告知各方当事人，并向当事人说明逾期举证以及拒不到庭的法律后果，由各方当事人在笔录和开庭传票的送达回证上签名或者捺印。" 2020 年《简易程序规定》修改时仅对该条的个别文字进行了修改，基本精神未变化。本解释第二百六十三条规定："适用简易程序审理案件，案卷中应当具备以下材料：……（二）答辩状或者口头答辩笔录；……"这些司法解释事实上已经间接允许被告进行口头答辩。

【条文】

第二百六十六条

适用简易程序案件的举证期限由人民法院确定，也可以由当事人协商一致并经人民法院准许，但不得超过十五日。被告要求书面答辩的，人民法院可在征得其同意的基础上，合理确定答辩期间。

人民法院应当将举证期限和开庭日期告知双方当事人，并向当事人说明逾期举证以及拒不到庭的法律后果，由双方当事人在笔录和开庭传票的送达回证上签名或者捺印。

当事人双方均表示不需要举证期限、答辩期间的，人民法院可以立即开庭审理或者确定开庭日期。

【条文主旨】

本条是关于适用简易程序审理案件时举证期限和答辩期间的规定。

【条文理解】

民事诉讼中设置简易程序主要是为了高效解决民事纠纷、便利当事人诉讼、降低当事人诉讼成本。为了实现这一目的，民事诉讼法规定，审理简单的民事案件，可以用简便方式传唤当事人和证人、送达诉讼文书、审理案件，但应当保障当事人陈述意见的权利。这里的用简便方式审理案件，就包括对审理前准备阶段的简化处理。2003 年《简易程序规定》第七条、第二十二条规定了适用简易程序审理案件中审理前准备阶段的口头答辩、当庭举证、协商举证等问题。本条就是在上述条文基础上修改而成的。具体而言，本条文可从以下几个方面理解：第一，当庭举证有困难时的处理；第二，被告要求书面答辩的处理；第三，人民法院告知举证期限和开庭日期的程序；第四，当事人双方均表示不需要举证期限、答辩期间时的处理。

1. 当庭举证确有困难及被告要求书面答辩的处理

如果双方当事人中至少有一方还没有为立即开庭做好准备，人民法院就不能立即开庭。此时，人民法院应该根据具体情况进行处理：首先，如果当事人表示当庭举证确有困难就需要确定举证期限。举证期限的决定权在人民法院，但途径有两种：其一是人民法院直接指定；其二是双方当事人协商一致并经人民法院准许。但是，由于本解释第九十九条第二款已经将第一审普通程序的举证期限限定为十五日，那么在简易程序中不管采用何种途径确定举证期限，最长也不得超过十五日。但是应当注意，根据本解释第二百七十五条以及2019年修正《民事诉讼证据规定》第五十一条的规定，小额诉讼案件的举证期限无论是由人民法院确定，还是由当事人协商一致并经人民法院准许，一般不得超过七日。其次，被告要求书面答辩的，人民法院应准许其为答辩做准备。答辩期间的决定权仍然在人民法院，但人民法院确定答辩期间有两个条件：其一是答辩期要合理；其二是事先要征得被告的同意。

2. 人民法院告知举证期限和开庭日期的程序

如果当事人表示需要时间准备举证的，人民法院准许后要将举证期限告知双方当事人。告知举证期限要遵守以下程序要求：第一，告知举证期限的同时要向双方当事人说明逾期举证的法律后果；第二，告知举证期限和逾期举证法律后果要记入笔录，并由双方当事人在笔录上签名或捺印，以确认双方当事人已知晓被告知的内容。

另外，人民法院不便立即开庭审理时，应当另行确定开庭的具体日期。开庭日期确定后，应当用简便方式向双方当事人送达开庭通知，告知具体开庭日期，同时说明拒不到庭的法律后果。由于当事人是否知悉开庭日期对当事人诉讼权利乃至实体权利都影响甚大，因此对于开庭日期的告知事项及其程序，本条采用了与举证期限同样的处理。

3. 双方均表示不需要举证期限、答辩期间的处理

本条第三款规定的是对当事人双方均表示不需要举证期限、答辩期间情况的处理。根据第三款的规定，只有在当事人双方一致表示不需要举证期间准备证据材料，同时，被告也表示不需要答辩期间准备答辩意见的情况下，人民法院才可以立即开庭审理或者确定开庭日期。这是双方当事人对自己的

举证期限、答辩期间程序利益的明确放弃，人民法院一般都应当准许。当然，由于双方当事人的上述表示涉及其重大诉讼权利的处分，人民法院应记入笔录，由双方当事人签名、盖章或捺印确认。鉴于在有些情况下，当事人双方到法院或派出法庭要求解决纠纷时，人民法院未必能安排出开庭时间，所以 2015 年司法解释制定时增加规定了人民法院也可以不立即开庭审理，而是确定开庭日期择日开庭。这既是人民法院诉讼指挥权在庭审指挥上的体现，也考虑了现实中人民法院工作量大，开庭档期紧密的实际情况。

【审判实践中应当注意的问题】

第一，除被告明确表示不需要时间准备书面答辩之外，被告的书面答辩权应当受到保护。原告是做好了充分准备才来法院提起诉讼的，但被告却不一定已经做好口头答辩的准备。此时，审判人员不能为了迅速解决纠纷，提高结案率而要求被告立即口头答辩。

第二，被告要求书面答辩的，人民法院应该确定合理的答辩期间。具体而言，人民法院应该根据案件的性质、案情的复杂程度、被告的文化水平及是否有诉讼代理人参与等具体情况，确定合理的答辩期间，但是不能超过十五日，这是因为民事诉讼法第一百二十八条已经规定了第一审普通程序被告提交答辩状的期间为十五日。显然，简易程序的简易特点决定了人民法院能确定的答辩期间应不超过十五日。

第三，当事人当庭举证确有困难的，举证期限由人民法院指定，也可以由当事人协商一致并经人民法院准许，但不得超过十五日，小额诉讼案件的举证期限一般不得超过七日。

【条文】

第二百六十七条

适用简易程序审理案件，可以简便方式进行审理前的准备。

【条文主旨】

本条是关于适用简易程序审理案件可以简化审理前的准备的规定。

【条文理解】

广义的案件审理既包括审理前的准备又包括开庭审理两个阶段。在目前的民事诉讼法框架下，审理前的准备是指在受理原告的起诉后到开庭审理之前，人民法院依法进行的一系列准备工作的总称。而开庭审理指受诉人民法院在完成审前准备后，在各方当事人及其他诉讼参与人的参加下，依法定程序，在法庭上对民事案件进行审理的诉讼活动。民事诉讼法规定，基层人民法院和它派出的法庭审理简单的民事案件，可以用简便方式审理案件，这就意味着适用简易程序审理的案件不但开庭审理阶段可以简化，而且审理前的准备阶段也可以简化。

根据我国民事诉讼法及其司法解释的规定，普通一审程序中，审理前的准备大致包括以下几项内容：（1）起诉状副本和答辩状副本的发送。通过发送起诉状副本和答辩状副本，让当事人在开庭前了解对方主张，从而更有针对性地进行诉讼的准备。（2）开庭相关事项的告知。通过履行该告知程序，可以让当事人全面了解自身诉讼权利义务和开庭具体时间、地点，并及时行使回避申请权。（3）组织当事人进行证据交换。开庭前，合议庭或者独任审判员可以召集各方当事人及其诉讼代理人针对争议事项提供并互相交换证据材料等。为了落实开庭前的证据交换制度，最高人民法院还在《民事诉讼证据规定》中对举证期限及证据交换方式作了详细规定。之所以民事诉讼法对审理前的准备有如此规定，主要是基于保障法院诉讼顺利进行和保护当事人程序利益的需要。这对于复杂的民事案件而言，确有其合理性，但就适用简易程序审理的简单民事案件来说，则未必。简单民事案件强调快捷、低成本地解决纠纷。因此，简易程序的审前准备可以作出适当简化。

第一，起诉状副本和答辩状副本的送达可以简化。由于案件法律关系的简单性，原告一般不需要提交详细的书面起诉状即可用口头方式将自身诉请及其理据阐释清楚。而被告方一般也不需要为此专门提供书面答辩状，只需开庭时当庭说明抗辩事由即可，也不会因此影响原告的诉讼准备。

第二，开庭通知的送达可以简化。案件法律关系的简单性决定了开庭审理前当事人不需要做长时间的准备，因此，不必严格遵守开庭三日前向当事人送达开庭通知书的规定。开庭通知可以捎口信、电话、传真、电子邮件等形式发送给当事人，不需要遵循严格的送达程序。

第三，诉讼权利告知可以简化。人民法院适用简易程序审理民事案件，开庭前可以口头告知当事人诉讼权利义务。如果当事人各方均委托律师代理诉讼，审判人员除告知当事人申请回避的权利外，可以不再告知当事人其他的诉讼权利义务。即使是对于没有委托律师代理诉讼的当事人，审判人员也只需对回避、自认、举证责任等相关内容向其作必要的解释或者说明，并在庭审过程中适当提示当事人正确行使诉讼权利、履行诉讼义务即可。

第四，开庭前举证期限及其证据交换可以简化。关于举证期限，在普通一审程序的审前准备中，人民法院可根据案件情况确定举证期限并告知当事人逾期提供证据的法律后果。举证期限可以由当事人协商一致，并经人民法院准许。由人民法院指定举证期限的，期限不得少于十五日。当事人在举证期限内提交证据材料确有困难的，人民法院可以多次延长举证期限。但在简易程序中，如果当事人未协商举证期限，或者被告一方经简便方式传唤到庭的，当事人在开庭审理时要求当庭举证的，应予准许；当事人当庭举证有困难的，举证的期限由当事人协商确定，但最长不得超过十五日；协商不成的，由人民法院确定。关于证据交换，在普通一审程序中，人民法院对于证据较多或者复杂疑难的案件，应当组织当事人在答辩期届满后、开庭审理前交换证据。交换证据的时间可以由当事人协商一致并经人民法院认可，也可以由人民法院指定。当事人申请延期举证经人民法院准许的，证据交换日相应顺延。在简易程序中，人民法院则可以在举证期限届满后立即组织当事人进行庭前证据交换，原则上不允许当事人申请延期举证。特别是对于当事人双方到庭均表示不需要举证期限和答辩期间的情形，人民法院可以当庭组织进行证据交换。换言之，普通程序审理前准备中的庭前证据交换环节此时可以省略。

第五，审理前准备阶段的简化与法院调解的关系。《简易程序规定》第十四条规定："下列民事案件，人民法院在开庭审理时应当先行调解：（一）婚姻家庭纠纷和继承纠纷；（二）劳务合同纠纷；（三）交通事故和工伤事故引起的权利义务关系较为明确的损害赔偿纠纷；（四）宅基地和相邻关系纠纷；（五）合伙合同纠纷；（六）诉讼标的额较小的纠纷。但是根据案件的性质和当事人的实际情况不能调解或者显然没有调解必要的除外。"实务中，有观点认为，该条司法解释对调解的时点要求是在开庭审理时。因此，在开庭审理前的准备阶段，人民法院没有必要组织调解。而且，在审理前的准备阶段如组织调解，将可能造成案件迟迟不能进入庭审阶段，这显然与审理前的准备阶段要简化的价值取向不一致。我们认为，审理前准备阶段的简化并不必然与法院组织调解相冲突。审理前准备阶段简化是为了降低当事人诉讼成本、力促纠纷早日解决。在这一点上，调解与其具有异曲同工之效。"大多数案例中，自由谈判达成的诉讼和解具有较高的审判质量，它费时既短，损失又少。这种迹象足以引起我们的深思：在解决民事纠纷中通过当事人的自治和自律获得的解决可能具有更高的社会价值。"① 有鉴于此，民事诉讼法第一百三十六条规定："人民法院对受理的案件，分别情形，予以处理：……

① 范愉：《非诉讼纠纷解决机制研究》，中国人民大学出版社2000年版，第148页。

（二）开庭前可以调解的，采取调解方式及时解决纠纷；……”因此，适用简易程序审理的案件，人民法院在审理前的准备阶段，对有调解可能的案件应尽量进行调解。

【审判实践中应当注意的问题】

第一，本条司法解释规定的是“可以”简便方式进行审理前的准备而非必须以简便方式进行。例如，司法实务中，可能会出现当事人双方对适用简易程序审理的案件均要求进行庭前证据交换的情形。此时，人民法院如果一味追求简化审理前的准备，不组织庭前证据交换，则可能会引发当事人的不满，不利于案结事了。因此，人民法院简化审理前的准备应根据案情，确定是否简化以及简化哪些环节。

第二，对审理前的准备的简化，应保障当事人陈述意见的权利。民事诉讼法第一百六十二条规定：“基层人民法院和它派出的法庭审理简单的民事案件，可以用简便方式传唤当事人和证人、送达诉讼文书、审理案件，但应当保障当事人陈述意见的权利。”这里的当事人陈述意见的权利属于广义的辩论主义范畴。将提出“确定作为裁判基础之事实”所必需资料的（主张事实、提出证据申请）权能及责任赋予当事人行使及承担的原则就是辩论主义。[①] 可见，当事人有权就对方当事人提出的事实、法律主张及其相应证据进行答辩、反驳和陈述自己对争议事项的意见。在具体司法实践中，对适用简易程序审理的民事案件，法院在开庭前应确保当事人知晓诉讼的开始、发表答辩意见、出庭参加诉讼等。换言之，应保障原、被告知晓诉讼的启动和进展。在简易程序中，为了实现程序的简便快捷，往往采用电话通知、短信通知、电子邮件、传真等直接告知当事人的方式。这些告知方式虽然有即时性，但作为接收方的当事人是否收到或是否及时收到则取决于当事人提供的信息是否真实以及人民法院是否事先向当事人告知不及时接收可能存在的法律风险。但部分人民法院在履行告知义务时，由于工作的疏忽往往并未认真核实当事人提供信息是否准确也未提前告知未及时接收的风险，从而导致当事人可能因此错过答辩或开庭，无法充分陈述自己意见。因此，人民法院在采用上述联系方式通知当事人时，可优先采用电话通知本人并录音存档的方式。即便出现电话无法联系的情形，也应尽量同时采用多种方式并保留相关证据。

---

① 参见［日］高桥宏志：《民事诉讼法制度与理论的深层分析》，林剑锋译，法律出版社2003年版，第329页。

【条文】

第二百六十八条

对没有委托律师、基层法律服务工作者代理诉讼的当事人，人民法院在庭审过程中可以对回避、自认、举证证明责任等相关内容向其作必要的解释或者说明，并在庭审过程中适当提示当事人正确行使诉讼权利、履行诉讼义务。

【条文主旨】

本条是关于在当事人没有委托律师、基层法律服务工作者代理诉讼的情况下，审判人员如何指导当事人进行诉讼的规定。

【条文理解】

在适用简易程序审理的案件中，部分当事人一方面法律知识欠缺、诉讼能力低下；另一方面由于经济、观念上的原因又不愿委托律师代理诉讼。面对不断创新的诉讼模式和陌生的诉讼术语，当事人往往不知所措，不能积极有效行使程序权利保护自身合法权益。同时，也不利于人民法院查明案情、解决纠纷。因此，在适用简易程序审理案件时，人民法院就案件诉讼事项作必要的解释或说明，并适当提示当事人正确行使诉讼权利、履行诉讼义务确保庭审正常进行就显得尤为重要。人民法院上述行为属于学理上释明权范畴。释明权，又称阐释权，是指法院为救济当事人在举证和质证过程中存在的能力上的不足或缺陷，通过发问、指导等方式澄清或落实当事人所主张的某些事实，以引导和协助当事人对案件的主要事实和主要证据进行有效和积极辩论的权力。释明权是大陆法系民事诉讼制度中的概念，其设立的初衷是平衡当事人在辩论能力上的差异，从而实现程序正义和实体正义的结合。虑及纯粹的对抗制下缺乏法官对诉讼的引导和控制，极易导致诉讼效率低下、诉讼费用高昂等弊端，释明权后被多数大陆法系国家所接受。释明权设立之初是为了运用国家权力对当事人进行救济，后来演变为法院对当事人所承担的一种义务。①

关于本条的理解应着重把握以下几点。第一，人民法院适用本条行使释明权的前提是当事人没有委托律师、基层法律服务工作者代理诉讼。律师、

① 参见最高人民法院民事审判第一庭：《民事诉讼证据司法解释的理解与适用》，中国法制出版社 2002 年版，第 25 页。

基层法律服务工作者作为法律专业人士，对回避、自认、举证证明责任等相关术语及其内涵都很了解，故当其代理案件时，人民法院没有必要向当事人释明。当然，这里释明的主要是有关基本诉讼权利义务的事项，法律或者司法解释规定的人民法院应当释明的其他事项，无论当事人是否委托了律师或基层法律服务工作者，人民法院均应释明。第二，本条司法解释虽规定人民法院在庭审过程中可以对回避、自认、举证证明责任等相关内容向当事人作必要的解释或者说明，但并不意味着在开庭审理前的准备阶段，人民法院不能就回避、自认、举证证明责任等相关内容向当事人作必要的解释或说明。本条之所以加上在庭审过程中这一时间限定，主要是因为回避、自认、举证证明责任等相关内容大多发生在庭审阶段，但如果个案中，人民法院组织庭前证据交换，则在证据交换时人民法院也应类推适用本条向当事人作必要的解释和说明。第三，如果当事人提出的诉讼请求不明确，没有穷尽手段获取对自己有利的证据，审判人员在明确当事人的真实意思后，可以用疑问、引导语气，提示当事人按照真实意思表达其主张，正确行使诉讼权利、履行诉讼义务。

【审判实践中应当注意的问题】

第一，解释及说明限于回避、自认、举证证明责任概念及其相关内容。不能随意扩大解释或说明的范围，使简易程序丧失简易的特征。解释或说明应以肯定的语气提出，使当事人明确了解解释、说明的内容，不能以疑问或提问的方式进行解释或说明，否则，达不到审判人员通过解释、说明使当事人明确了解解释、说明内容的效果，即当事人不至于因为文化知识、诉讼技巧和法律常识的欠缺而承担不利的裁判结果。

第二，审判人员的提示义务应当适度。审判人员的提示义务不是代替当事人进行诉讼。当事人的陈述没有某种意思表示，审判人员就不能予以提示，例如，当事人在借款纠纷中没有要求给付借款利息的诉讼请求，审判人员则不能提示其享有主张借款利息的请求权，因该种权利属于当事人自行处分的范畴，审判人员不能干预。①

① 参见最高人民法院民事审判第一庭编著：《最高人民法院关于简易程序司法解释的理解与适用》，法律出版社 2003 年版，第 189 页。

【条文】

第二百六十九条

当事人就案件适用简易程序提出异议，人民法院经审查，异议成立的，裁定转为普通程序；异议不成立的，裁定驳回。裁定以口头方式作出的，应当记入笔录。

转为普通程序的，人民法院应当将审判人员及相关事项以书面形式通知双方当事人。

转为普通程序前，双方当事人已确认的事实，可以不再进行举证、质证。

【条文主旨】

本条是关于当事人就案件适用简易程序提出异议如何处理的规定。

【条文理解】

由于2021年民事诉讼法规定了普通程序独任制，还规定在普通程序独任制和小额诉讼程序的转换中，驳回当事人的程序异议应当使用裁定的形式，故2022年本司法解释修改时，按照前述规定精神，对本条进行了对照修改。

司法实践中，由于案情是否适宜适用简易程序，在立案阶段不能完全加以区分，故不排除适用简易程序审理的案件实际上不宜适用该程序的可能。此时，从确保当事人的程序利益出发，应将案件转入普通程序进行审理。关于程序转化的路径有两个：一是人民法院依职权主动转为普通程序。《92年意见》第170条、1993年《最高人民法院经济纠纷案件适用简易程序开庭审理的若干规定》第三条第二款以及2003年《简易程序规定》第二十六条等条文对此都有规定。其中，2003年《简易程序规定》第三条规定："当事人就适用简易程序提出异议，人民法院认为异议成立的，或者人民法院在审理过程中发现不宜适用简易程序的，应当将案件转入普通程序审理。"2007年民事诉讼法并未明确规定人民法院依职权主动转为普通程序，2012年民事诉讼法则将之前司法解释规定的内容上升为法律，该法第一百六十三条增加规定："人民法院在审理过程中，发现案件不宜适用简易程序的，裁定转为普通程序。"2021年民事诉讼法予以保留，仅对条文序号作出调整。二是当事人异议成立导致的程序转化。本条正是对当事人异议成立情形下，程序转化相关事项作出的规定。

在具体理解本条时，应着重把握以下几点。

第一，关于“当事人就案件适用简易程序提出异议”。首先，程序异议权是一项程序权利，涉及当事人的程序利益，故案件当事人都有权向人民法院就案件适用简易程序提出异议。其次，当事人提出异议的时间一般应在开庭前。在司法解释起草过程中，一种观点认为，从保护当事人程序权利角度出发，对当事人提出异议的时间不应作出限定，只要当事人在裁判作出前提出异议即可。另一种观点认为，当事人提出异议的时间应限定在开庭前。理由是，在已经适用简易程序开庭审理的情形下，已无必要再转为普通程序审理，否则会造成当事人诉讼成本增加、浪费有限的司法资源。我们认为，虽然民事诉讼法和本司法解释未明确规定当事人行使程序异议权的时间限制，但是，从诉讼经济原则和诚信原则的角度考量，应当对提出异议的权利作出一定限制，且从司法实践情况来看，2003 年《简易程序规定》将提出异议的时间限定在审理前的准备阶段，也即开庭前，这一安排在适用过程中未出现大的问题。但是，限制不应当过于严苛，因为简易程序和普通程序相比，审理期限更短，审理程序更为简化，涉及当事人的重大利益，如果发现案件确实不适宜通过简易程序审理，特别是根据法律、司法解释规定不应适用简易程序审理的，应当依法转为普通程序审理。具体而言，当事人的程序异议一般应当在开庭前提出，如果在开庭过程中或者开庭后认为案件不符合简易程序的适用条件的，也可以在法庭辩论终结前提出，但应当提供相应的理由，防止当事人在庭审结束后为了拖延诉讼进程而提出程序异议。虽然本司法解释没有明确规定当事人提出异议的方式，但既然适用简易程序审理的案件允许当事人口头起诉，那么当事人提出异议当然也可以采用口头形式。

第二，关于“人民法院经审查，异议成立的”。人民法院对异议是否成立的审查应以民事诉讼法第一百六十条第一款为基础结合本司法解释相关规定进行。除了司法解释已有规定之外，如果因当事人增加诉讼请求、申请追加当事人，被告提出反诉，有独立请求权第三人申请参加诉讼等使纠纷由争议不大变成争议较大的，也可考虑认定异议成立。

第三，人民法院进行程序转化只能以裁定方式作出。在 2012 年民事诉讼法修改之前，关于简易程序转为普通程序究竟采用何种形式实践中做法不一：有的采用通知形式，有的采用决定形式，也有的采用裁定形式。2003 年《简易程序规定》第二十六条规定：“审判人员在审理过程中发现案情复杂需要转为普通程序的，应当在审限届满前及时作出决定，并书面通知当事人。”我们认为，简易程序转为普通程序属于程序性事项，涉及当事人重大程序利益，统一采用裁定形式可以确保程序转化行为的正式性、权威性，更有利于维护当事人的程序权利，正是基于这种考虑，2012 年民事诉讼法第一百六十三条规定："人民法院在审理过程中，发现案件不宜适用简易程序的，裁定转为普通程序。"2021 年民事诉讼法予以保留。

第四，转为普通程序的，人民法院应当将审判人员及相关事项以书面形式通知双方当事人。书面通知首先应告知审判人员，因 2021 年民事诉讼法新增普通程序独任制，导致由简易程序转为普通程序审理的案件可能由审判员一人独任审理，故本司法解释进行了对应修改，将本条原第二款中的"合议庭组成人员"修改为"审判人员"。除了应当告知审判人员外，人民法院还应当告知其他事项，包括《民事诉讼证据规定》要求的向当事人告知的举证责任的分配原则与要求、可以向人民法院申请调查取证的情形、举证期限以及逾期举证的法律后果、审理期限自立案之日计算等。

第五，适用简易程序审理时双方当事已确认的事实，应予确认。由于案件由简易程序转为普通程序后继续审理而非重新审理，故之前在适用简易程序审理案件时双方当事人已经过举证、质证环节确认的事实没有必要在普通程序中再行确认。

【审判实践中应当注意的问题】

第一，人民法院应严格审查当事人异议是否成立。司法实践中，部分当事人为了拖延诉讼可能会通过增加或变更诉讼请求、申请追加当事人、提出反诉等方式营造案件复杂、争议较大的假象以期达到转化程序拖延诉讼的目的。因此，如果当事人一方实施上述行为后又以该行为作为案情复杂、争议较大的理由，人民法院在具体审查异议是否成立时，应结合案件已查明其他事实综合进行判断，而不应拘泥于当事人的陈述。

第二，案件转为普通程序前，双方当事人已确认的事实不再举证、质证的例外情况。本条司法解释对案件转为普通程序前，双方当事人已确认的事实，规定的是"可以"不再进行举证、质证。也即，不排除在特别情形下，案件转为普通程序审理后，双方当事人确定的事实还有举证、质证的必要。例如，《民事诉讼证据规定》第三条规定："在诉讼过程中，一方当事人陈述的于己不利的事实，或者对于己不利的事实明确表示承认的，另一方当事人无需举证证明。在证据交换、询问、调查过程中，或者在起诉状、答辩状、代理词等书面材料中，当事人明确承认于己不利的事实的，适用前款规定。"但《民事诉讼证据规定》第九条规定了当事人可以撤销自认，该条规定："有下列情形之一，当事人在法庭辩论终结前撤销自认的，人民法院应当准许：（一）经对方当事人同意的；（二）自认是在受胁迫或者重大误解情况下作出的。人民法院准许当事人撤销自认的，应当作出口头或者书面裁定。”因此，当事人撤销自认并且人民法院准许的，不能免除对方的举证责任，对相关事实，还应当进行举证、质证。

【条文】

第二百七十条

适用简易程序审理的案件，有下列情形之一的，人民法院在制作判决书、裁定书、调解书时，对认定事实或者裁判理由部分可以适当简化：

（一）当事人达成调解协议并需要制作民事调解书的；

（二）一方当事人明确表示承认对方全部或者部分诉讼请求的；

（三）涉及商业秘密、个人隐私的案件，当事人一方要求简化裁判文书中的相关内容，人民法院认为理由正当的；

（四）当事人双方同意简化的。

【条文主旨】

本条是关于适用简易程序审理的案件，可以简化裁判文书情形以及简化对象的规定。

【条文理解】

简易程序设置的目的就是要通过简化诉讼程序，改革程序规则，从而达到消减诉讼拖延、降低诉讼成本的作用。裁判文书的制作是诉讼程序的最后阶段，也是人民法院审理案件的最终成果，直接决定着当事人之间的利益分割和社会评价。因此，裁判文书的制作通常都比较严谨。一般来说，裁判文书正文主要分为首部、事实、理由、裁判依据、裁判主文以及尾部六个部分，其中事实和理由的篇幅是最长的，内容是最多的，因为其涉及审判人员心证的公开，事关裁判文书的说服力和司法权威的树立。与之相应的是，裁判文书格式越复杂，陈述事实、论证说理越充分，就意味着耗费的司法资源越多，诉讼过程越长。鉴于当前案件数量的急剧增加以及当事人希望迅速解决纠纷的期待，我们认为，在简易程序案件中，适当简化裁判文书的内容有利于提高诉讼效率，节省司法资源。因此，本条规定在某些情况下允许人民法院在制作裁判文书时对事实认定或者裁判理由部分予以简化，具体体现如下。

1. 当事人达成调解协议并需要制作民事调解书的

当事人达成调解协议，说明双方的对立情绪并不强烈，且因为调解本身就是对案件事实及裁判理由的一种妥协，所以调解书没必要写的像普通程序抑或简易程序中的判决书那样详尽清楚。此外，调解书也不会向公众公开，所以不必为了便于公民对裁判文书内容进行监督而在事实认定以及裁判理由方面写的十分详尽清楚。这里之所以只列举需要制作调解书的情形是因为如果不需要制作调解书，自然也不存在撰写事实认定和裁判理由部分的可能了。

2. 一方当事人明确表示承认对方全部或部分诉讼请求的

对此，有以下几点需要明确：第一，当事人的承认必须是在诉讼过程中，也就是说应当在诉讼内承认，而不是在诉讼外，这是对承认阶段的规定，与诉讼中的自认相同；第二，承认方式是明确表示承认，也就是说不能是模糊承认或者以行为推定承认；第三，承认的对象是对方的全部或者部分诉讼请求，这是与诉讼中的自认不同之处，后者是对案件事实的承认。之所以规定在这种情况下可以简化裁判文书的制作，是因为当事人已经明确承认对方诉讼请求了，人民法院不用在裁判文书的事实认定、裁判理由方面再费笔墨来说服当事人接受裁判。

3. 当事人有正当理由要求简化涉密内容的

本条第三项规定，“涉及商业秘密、个人隐私的案件，当事人一方要求简化裁判文书中的相关内容，人民法院认为理由正当的”，人民法院可以适当简化裁判文书。该项的适用有三个条件：第一，案件涉及需要保密的内容，本项限定为涉及商业秘密、个人隐私，但是，应当注意，2020 年修改《简易程序规定》时，将第三十二条第四项修改为“涉及自然人的隐私、个人信息，或者商业秘密的案件，当事人一方要求简化裁判文书中的相关内容，人民法院认为理由正当的”。因此，除了商业秘密和自然人的个人隐私外，如果案件涉及自然人的个人信息，且符合本项规定的其他条件，人民法院也可以适当简化。第二，当事人要求简化裁判文书中的相关内容。第三，人民法院认为理由正当。也就是说，不是凡涉及秘密的案件人民法院都要简化裁判文书，而是至少一方当事人应提出请求。并且，只有在当事人提出请求，人民法院认为其请求理由正当时，才能够简化裁判文书的事实认定、裁判理由部分。

4. 当事人双方同意简化的

由于争议涉及的是当事人之间的私权纠纷，当事人享有相当一定的处分权。双方当事人同意简化裁判文书中事实认定和裁判理由部分就是其行使处分权的表现，这种处分是合法的，人民法院没有理由不准许。

【审判实践中应当注意的问题】

第一，本条采取的是有限列举的方式，这就说明除了上述四种情况外，其他情况下即使适用简易程序审理也不能随意简化裁判文书的内容。尤其要注意，本司法解释并未采纳2020年修正《简易程序规定》第三十二条第三项规定的“当事人对案件事实没有争议或争议不大”的情形，理由是，适用简易程序的案件，本身就是争议不大的案件，该规定易导致诉讼文书简化的泛化和随意，因此，在这种情况下对于案件事实认定和裁判理由仍然要详尽说明。

第二，简化的部分仅限于事实认定和裁判理由部分，其他部分诸如当事人信息、裁判主文部分均不可简化，尤其是后者必须准确、详尽地写明，否则可能造成执行过程中出现执行不便的问题，如判决主文只写明被告应当赔礼道歉，但并没有写明赔礼道歉的方式、期限等，就会给执行造成操作困难。

十二、简易程序中的小额诉讼

【条文】

第二百七十一条

人民法院审理小额诉讼案件，适用民事诉讼法第一百六十五条的规定，实行一审终审。

【条文主旨】

本条是关于符合民事诉讼法第一百六十五条规定的简单民事案件适用小额诉讼程序审理，实行一审终审的规定。

【条文理解】

2012 年民事诉讼法确立小额诉讼程序制度，旨在通过小额诉讼程序方便快捷、低成本、一次性终局解纷的制度特点，积极满足人民群众高效便捷解纷的司法需求，统筹兼顾司法公正与效率。但 2012 年民事诉讼法对小额诉讼仅用一个条文作原则性规定，其适用条件相对严格，并且在审理流程、审理方式、审理期限、诉讼收费等方面与简易程序基本一致，程序设计优势不明显，实践适用状况长期不理想。为此，2021 年民事诉讼法对小额诉讼程序作出了系统完善，在第一百六十五条中对小额诉讼程序适用案件类型、适用模式、适用标的额标准等作出明确规定，明确了小额诉讼程序的制度定位，进一步凸显其程序特点和制度优势。

对本条司法解释的理解适用，应注意以下四个方面。

1. 关于小额诉讼程序适用的案件类型

2021 年民事诉讼法第一百六十五条将小额诉讼程序适用案件类型从原来的“简单的民事案件”限定为“简单金钱给付民事案件”，使小额诉讼程序聚焦适用于“小额钱债”纠纷。这类案件法律关系明确、诉求单一、审理难度不大，能有效契合小额诉讼程序一审终审的制度设计，保障程序适用正当性基础，提升当事人对小额诉讼程序接受度，实现快速审理。实践中，如果当事人除给付金钱请求外，还提出其他诉讼请求，原则上就不适用小额诉讼程序，但如果双方当事人均同意适用，且案件符合小额诉讼程序其他适用条件，也可以考虑适用该程序审理。

2. 关于小额诉讼程序标的额标准

2021年民事诉讼法将适用小额诉讼程序的标的额标准，从原来的各省、自治区、直辖市上年度就业人员年平均工资“百分之三十以下”提升到“百分之五十以下”。这主要是根据前期民事诉讼程序繁简分流改革情况和诉讼发展趋势确定的，具有合理性和可行性。试点期间，为便于评估试点效果和操作，小额诉讼程序适用标准采取定额制，法定适用标准为标的额5万元以下，合意适用标准为标的额5万元至10万元。而对于全国而言，因各地经济发展水平不均衡，采取比例制更为妥当。经测算，2019至2021年，全国就业人员年平均工资的百分之五十分别为4.2万元、4.7万元和4.9万元，与试点适用的5万元标准基本相当，按此标准初步计算，经济较为发达地区适用标的额平均将达到6万元至7万元，欠发达地区适用标的额平均将达到3万元至4万元。同时，随着经济水平的发展，小额案件对应的标的额“水涨船高”是客观现象，但其并不必然引发小额案件数量的增多，造成小额案件占比过高，其变化趋势应当和其他较大标的额的案件是一致的。总体上看，百分之五十的比例设置所对应的数额较为适中，与各地经济发展水平相适应，符合社会对小额的一般认知，也有助于形成科学的案件结构。此外，从域外实司法实践看，各国小额案件标的额总体上会随着社会经济发展而同步提高，2012年到2019年，英国小额诉讼适用标的额从5000英镑提高到1万英镑，折合人民币约8.67万元。美国各州小额诉讼适用的金额标准从约1000美元至7500美元调整为2000美元至15000美元，折合人民币约1.38万元至10.36万元。截至2019年，各国小额案件适用标准折合为人民币后也大致在5万元左右。

3. 关于小额诉讼程序的法定适用

民事诉讼法第一百六十五条第一款规定了小额诉讼程序的法定适用条件和标准。小额诉讼程序的法定适用具有强制性，案件一旦符合适用条件，人民法院“应当”适用小额诉讼程序，而非“可以”适用。对于是否适用小额诉讼程序，当事人没有选择权，但有异议权。实践中，应当遵循“该用即用”原则，依法加大适用力度。

4. 关于小额诉讼程序的约定适用

2021年民事诉讼法在小额诉讼程序法定适用模式的基础上，确立了约定适用模式，明确了“标的额超过各省、自治区、直辖市上年度就业人员年平均工资百分之五十但在二倍以下的，当事人双方也可以约定适用小额诉讼的程序"。立法上确立小额诉讼程序约定适用模式，对于进一步发挥小额诉讼程序功能，充分保障当事人诉讼权益具有重要意义。一是从程序功能看，小额诉讼程序旨在更好地平衡当事人对诉讼效率与程序保障的价值取舍，应当充分尊重当事人程序利益处分权，赋予其程序适用选择权。而且，既然简易程序可以合意选择适用，小额诉讼程序作为简易程序的内置程序，合意选择适用则更具有正当理由。二是从域外立法情况看，允许合意选择适用小额诉讼较为普遍，英国、美国等国家均允许当事人合意选择适用小额诉讼程序。三是从试点效果看，民事诉讼程序繁简分流改革试点工作明确了对5万元以上10万元以下的案件，当事人可以选择适用小额诉讼程序。试点人民法院审结合意适用小额诉讼程序案件13万件，占一审民事案件审结数的百分之二左右，取得了积极效果。

【审判实践中应当注意的问题】

1. 要避免小额诉讼程序的不当扩张适用

小额诉讼程序适用于"小额"且"简单"的金钱给付案件，适用标准中包含了标的额的客观标准和"事实清楚、权利义务关系明确、争议不大"的主观标准。司法实务中应注意避免仅考虑客观标准而忽视主观标准，不能仅以标的额大小确定是否适用小额诉讼程序，而应结合案件情况，根据本解释的相关规定，判断案件是否符合主观标准。

2. 要防止规避适用小额诉讼程序

对于应当适用小额诉讼程序却未适用，而案件又提起上诉的，考虑到小额诉讼程序本身的性质和特点，二审不宜发回重审，二审人民法院应当将应当适用而未适用小额诉讼程序的情况及时反馈给一审法院，由一审人民法院通过案件评查、绩效考评等制度机制加强规范和约束。

3. 要正确适用当事人约定适用模式

当事人双方约定可以是原告与被告在诉前约定适用，也可以是立案后原告与被告达成一致意见适用。人民法院也可以在开庭审理前，充分告知小额诉讼程序一审终审等相关事项后，征询当事人双方意见，当事人一致同意适用小额诉讼程序的，可以适用。当事人已经作出约定的原则上不得反悔，以保证程序的稳定性和诉讼的有序性。当事人认为程序适用不当的，仍可以提出异议，说明正当理由并提供相应证据后，由人民法院审查确定是否继续适用小额诉讼程序。当事人通过格式合同的格式条款约定适用小额诉讼程序，诉讼中一方当事人提出该约定无效的，人民法院应当依照民法典第四百九十六条的规定认定其效力。因在诉讼中是否适用小额诉讼程序，涉及当事人重要诉讼利益，如果提供格式条款的一方未采取合理方式履行提示说明义务，对方当事人可以主张该条款不成为合同的内容。

【条文】

第二百七十二条

民事诉讼法第一百六十五条规定的各省、自治区、直辖市上年度就业人员年平均工资，是指已经公布的各省、自治区、直辖市上一年度就业人员年平均工资。在上一年度就业人员年平均工资公布前，以已经公布的最近年度就业人员年平均工资为准。

【条文主旨】

本条是关于适用小额诉讼程序的案件标准中各省、自治区、直辖市上年度就业人员年平均工资如何确定的规定。

【条文理解】

一般而言，对“小额”的界定又可细分为两个层面问题：一是是否在立法中明确相对具体的金额；二是“小额”应限定在什么范围。一种观点认为，既然小额诉讼程序主要适用于小额案件，那么就必须在立法上对“小额”明确相对具体的金额，以便于防止片面强调高效而侵蚀当事人的程序利益，进而给当事人实体权益造成贬损。对此，德国、日本和我国台湾地区的小额诉讼程序规定都明确了具体的诉讼金额或价额。另一种观点则认为，我国在对小额诉讼程序进行具体立法时，可以原则上规定小额诉讼程序只适用于给付一定金额范围内的财产纠纷，而具体金额可根据各地经济发展水平，在立法中确定一个最高值，在该金额以下的案件可适用小额诉讼程序，同时还可规定各省可以根据本省的具体情况在该最高值以下确定本省的受理范围。我们认为，第一种观点虽然有助于明确小额诉讼程序的适用边界，但不具备可操作性。因为其没有考虑到我国地域广阔，各地经济发展不平衡的实际情况。如果立法统一规定的数额过低则可能面临经济发达地区符合适用小额诉讼程序条件的案件过少，不能缓解当地法院案多人少、诉讼效率不高等问题。反之，如果规定数额过高，则可能压缩普通程序的适用范围，使本应通过普通程序、简易程序解决的案件也纳入小额诉讼程序的范畴，违背案件类型与诉讼程序相适应原则。第二种观点考虑到了地区经济发展水平差异，但没有考虑社会经济进一步发展和通货膨胀带来的货币贬值等因素。如果因上述原因导致立法规定的最高值与现实需求脱节，则必须通过修改民事诉讼法来解决两者之间的不适宜。而修改法律本身的程序复杂性又可能导致法律新的滞后性。另外，频繁的修法本身也不利于保持民事诉讼法本身的稳定性。立法机关认为，各国（地区）在适用小额诉讼程序的案件之标的数额标准的界定上都有一个递增的过程，立法在确定标的数额标准时，也应具有适当的超前性，以确保当事人预期的相对稳定。2021年民事诉讼法修改后对标的金额采用了“各省、自治区、直辖市上年度就业人员年平均工资百分之五十以下”的表述。① 这样可以使小额诉讼程序适用案件标的金额能保持与各省、自治区、直辖市人均年收入水平同步的趋势。由于各省、自治区、直辖市上年度就业人员年平均工资数据公布时间不一致，有的是下一年度年初就公布，有的甚至晚到下一年度七八月份才公布，这就会出现一个衔接的问题。即在下一年度开始后，上一年度就业人员年平均工资统计数据尚未公布前，人民法院如何确定“上年度就业人员年平均工资”标准的问题。本条将立法中规定的“上年度”扩张解释为包括“最近年度”。这里的“最近年度”指在上一年度就业人员年平均工资统计数据公布前已公布数据的最近年度。

【审判实践中应当注意的问题】

1. 关于“就业人员年平均工资”统计口径的选用

目前国家统计局和各地发布的统计口径中并无“就业人员年平均工资”的专门统计项，与之对应的有“城镇非私营单位就业人员年平均工资”“城镇私营单位就业人员年平均工资”“全口径城镇单位就业人员年平均工资”三类统计口径。实践中，各省份对统计口径的选用有所不同，不同统计口径所对应的“就业人员年平均工资”数额差异明显。为避免因统计口径不一导致各地小额诉讼案件标的额标准差异过大，未来有必要统一相关统计口径和政策标准。在此之前，各地可以继续沿用之前的统计口径和方式。

2. 关于适用“就业人员年平均工资”确定审理程序的时间点

实践中，是否以已公布的最近年度就业人员年平均工资为标准，取决于人民法院在决定适用何种程序审理案件时，所在省、自治区、直辖市上一年度就业人员年平均工资数额是否已经公布。如果人民法院在决定案件适用程序的时间点，所在省、自治区、直辖市上一年度就业人员年平均工资尚未公布，只能以已公布的最近年度就业人员年平均工资作为标准判断案件标的金额是否符合适用小额诉讼程序的条件。一旦根据已公布的最近年度就业人员年平均工资标准决定案件适用小额诉讼程序审理后，即便案件审理过程中，

① 关于各省、自治区、直辖市上年度从业人员年平均工资的具体数额可通过当地统计部门查询。

所在省、自治区、直辖市公布了上一年度就业人员年平均工资数额且该数额的百分之五十低于案件标的金额，也不宜再将案件裁定转为普通程序或简易程序审理。

【条文】

第二百七十三条

海事法院可以适用小额诉讼的程序审理海事、海商案件。案件标的额应当以实际受理案件的海事法院或者其派出法庭所在的省、自治区、直辖市上年度就业人员年平均工资为基数计算。

【条文主旨】

本条是关于海事法院能否够适用小额诉讼程序以及如何适用小额诉讼程序的规定。

【条文理解】

根据2021年民事诉讼法第一百六十五条的规定，本条对部分表述作出相应修改。

海事法院是指为行使海事司法管辖权而设立的专门审判一审海事、海商案件的专门人民法院。与一般民事案件的四级两审终审制不同，海事案件的审级为三级两审终审制，即各海事法院、海事法院所在地高级人民法院和最高人民法院三级法院两审终审。根据海事案件的性质、标的以及社会影响程度等方面的不同，海事法院所在地的高级人民法院和最高人民法院可以受理第一审海事案件。为方便当事人诉讼和解决海事纠纷，各海事法院陆续在沿海各大港口设立派出机构——派出法庭。海事法院由内设的海事审判庭、海商审判庭和派出法庭审理第一审海事案件。

1984年《最高人民法院、交通部关于设立海事法院的通知》规定："海事法院与中级人民法院同级，审理国内和涉外的第一审海事案件和海商案件，不受理刑事案件和一般民事案件。其上诉审法院为所在省、市高级人民法院。有关审判业务事宜，由上级人民法院监督和指导。"可见，目前我国的海事法院属于与中级人民法院平级的法院。而民事诉讼法第一百六十五条规定适用小额诉讼程序审理案件的法院是基层人民法院及其派出法庭。随之而来的问题就是，海事法院能否适用小额诉讼程序审理简单的海事、海商案件。有观点认为，小额诉讼程序主要解决普通民事纠纷领域的大量简单、小额金钱给付案件，以实现降低诉讼成本、提高诉讼效率之目的。而海事、海商案件所涉及领域相对专业、争议相对复杂，并不具有适用小额诉讼程序的条件。而且，海事法院与中级人民法院平级的体制现状也不符合民事诉讼法第一百六十五条关于小额诉讼案件由基层人民法院及其派出法庭审理的要求。我们认为，海事法院适用小额诉讼程序审理简单的海事、海商案件，既符合小额诉讼程序价值取向，又有现实需求，还有立法依据。

第一，海事法院适用小额诉讼程序审理简单的海事、海商案件，符合小额诉讼程序制度价值取向。小额诉讼程序的主要价值取向为保障当事人“接近正义”的机会平等。在法治社会，不论争议所涉及标的额的大小，都有权诉诸法院，请求司法救济以获得司法平等保护。相应地，为保障当事人能便利接近司法，国家有义务不断完善民事诉讼制度，减少民众走向法院的困难和障碍，使所有民众不论地位高低、贫富，均有平等接近、适用民事诉讼程序的机会。小额诉讼程序以其更加简易化的程序设计、低廉的诉讼成本以及便捷高效的裁判过程，对解决小额简单纠纷具有独一无二的优势。司法实践中，海事、海商案件也确有相当部分是标的额较小、事实清楚、权利义务关系明确、争议不大的纠纷，对这部分案件适用小额诉讼程序，可以让当事人有更多机会走进法院、接近司法。

第二，海事法院适用小额诉讼程序审理简单的海事、海商案件，符合海事审判现状的要求。任何国家，在一定时期的司法资源总是有限的。因此，必须用有限的资源，实现司法制度收益的最大化——即最大限度地解决纠纷。而要实现这一目的有赖于司法资源的科学合理配置。这一点在我国目前尤为重要。目前，海事法院受理的海事、海商案件不但总量大，而且还增长迅速，随着海事、海商案件数量持续上升，海事审判资源相对有限的问题则将日益凸显。而小额诉讼程序一审终审、庭审简化、庭审时间自由、审限压缩等独特制度设计，都服务于“快收、快审、快结”这一主题，可以有效节省司法成本，提高法院审理海事、海商案件效率，加快当事人实体权利的实现。由此，有必要通过规定海事法院适用小额诉讼程序审理简单海事、海商案件，有效地繁简分流，更合理地配置司法资源，更快捷、更及时、更有效地维护当事人的合法权益，实现社会的整体公平和正义。

第三，海事法院适用小额诉讼程序审理简单的海事、海商案件，可以优化海事审判的审级功能。根据 1984 年 11 月 14 日通过的《全国人民代表大会常务委员会关于在沿海港口城市设立海事法院的决定》可知，对海事法院的判决和裁定的上诉案件由海事法院所在地的高级人民法院管辖。相应地，对高级人民法院二审裁判不服申请再审则要向最高人民法院提出，即理论上数千元标的额的纠纷都有可能占用最高人民法院的审判资源。而如果通过适用小额诉讼程序，实行一审终审，可以完善海事审判审级制度，有利于将更多的海事、海商纠纷化解在“基层”。

第四，海事法院适用小额诉讼程序审理简单的海事、海商案件有立法依据。2021 年民事诉讼法将规定小额诉讼程序的第一百六十五条放在第十三章简易程序就说明，立法者认为小额诉讼程序是简易程序的再简化，在程序性质上仍属于简易程序。同时，海事诉讼特别程序法第九十八条规定：“海事法院审理事实清楚、权利义务关系明确、争议不大的简单的海事案件，可以适用《中华人民共和国民事诉讼法》简易程序的规定。”综合上述两个法律条文可知，海事法院审理一审海事、海商案件适用小额诉讼程序并不违反法律的规定。2013 年，最高人民法院曾以批复的形式对海事法院可以适用小额诉讼程序审理简单的海事、海商案件予以明确，取得较好效果，故本条司法解释专门对此问题作出规定。

2021 年民事诉讼法一方面调整了小额诉讼程序法定适用的标的额标准，另一方面也确立了小额诉讼程序约定适用模式，这就要求本司法解释对照作出相应调整。本条 2022 年修改主要是确定了海事法院适用小额诉讼程序的案件标的额基数，具体标的额应当以民事诉讼法第一百六十五条所规定的各省、自治区、直辖市上年度就业人员年平均工资的百分之五十为上限，对于案件标的额超过各省、自治区、直辖市上年度就业人员年平均工资百分之五十但在二倍以下，当事人双方约定适用小额诉讼的程序的，海事法院也可以适用小额诉讼的程序审理。

【审判实践中应当注意的问题】

司法实践中，关于本条的适用需要注意关于派出法庭受理的案件，如何确定“上年度就业人员年平均工资百分之五十”标准的问题。由于目前我国海事法院实行跨行政区划管辖模式，部分海事法院在不同的省级行政区内设有派出法庭，例如，武汉海事法院负责审理发生在四川省宜宾市合江门至江苏省太仓市浏河口之间长江干线及支流的海事、海商案件，管辖区域跨越四川、重庆、湖北、湖南、江西、安徽、江苏等七省市；设有重庆、宜昌、南京、南通、常熟五个派出法庭，分别位于重庆、湖北、江苏三个省（直辖市）范围内。此时，派出法庭审理案件的小额标准是按照海事法院所在地的省级标准还是派出法庭所在地的省级标准，存在一定争议。我们认为，民事诉讼法立法之所以对适用小额诉讼程序审理的民事案件不规定全国统一标准，而以各省、自治区、直辖市为标准，就是要让适用小额诉讼程序的案件因地制宜，符合各地实际情况。因此，本条明确案件的标的额应当以实际受理案件的派出法庭所在的省、自治区、直辖市上年度就业人员年平均工资百分之五十为限。

【条文】

第二百七十四条

人民法院受理小额诉讼案件，应当向当事人告知该类案件的审判组织、一审终审、审理期限、诉讼费用交纳标准等相关事项。

【条文主旨】

本条是关于人民法院受理小额诉讼案件应当向当事人告知的事项的规定。

【条文理解】

在民事诉讼中，告知是指人民法院依法将有关事项在特定时间、以特定方式告诉当事人让其知道的一种制度。从民事诉讼法相关规定来看，法院的告知多是以义务形式出现的。[①] 民事诉讼法之所以规定法院的告知义务，主要价值取向有：一是通过规定告知义务，督促法院审判人员积极办案。诉讼中，审判人员应当根据法律规定将每个阶段的相关事项告知当事人，方便当事人采取相应诉讼行为，客观上对审判人员认真履行审判职责起到督促作用。二是通过规定告知义务，保障当事人的程序利益。司法实践中，很多当事人参加诉讼时，既不请律师，也不具备相应法律知识，如果法院没有依法向其告知相关诉讼权利义务，这些当事人的程序利益将无法得到保障。三是通过规定告知义务，提高案件审理效率。面对案多人少的司法现状，人民法院履行告知义务有助于当事人清楚相关诉讼事项后，积极主动行使诉讼权利和履行诉讼义务，与法院之间形成良性互动，推进诉讼顺利进行。四是通过规定告知义务，降低当事人诉讼成本。如果法院能在诉讼中告知当事人相关诉讼事项，则不少案件当事人就可以亲自出庭参加诉讼，从而免除了律师费用的支出，降低了诉讼成本。

虽然规定人民法院告知义务有以上优点，但在本司法解释起草过程中，对于适用小额诉讼程序审理的案件，要不要增加规定人民法院的告知义务，

① 民事诉讼法第一百二十七条、第一百二十九条、第一百五十一条均对人民法院告知相关事项作了规定，尤其是第一百五十一条规定了人民法院必须告知当事人上诉权利、上述期限和上诉的法院等。这说明民事诉讼法已明确将此规定为一种法定义务。

争议较大。有观点认为，既然民事诉讼法在第一审普通程序中已经规定了应当在受理案件通知书和应诉通知书中向当事人告知有关的诉讼权利义务，那么就没有必要在小额诉讼程序部分的司法解释中再作重复规定。而且，如果增加规定人民法院告知义务，则可能因增加人民法院工作负担，造成案件审理的拖延。我们认为，第一审普通程序虽然规定了人民法院的告知义务，但小额诉讼程序毕竟与第一审普通程序在审理方式、审理期限、当事人救济等方面存在较大差别，不宜直接套用后者，必须要考虑相对普通程序而言，当事人对小额诉讼程序更为陌生这一现状。为了让当事人能更多了解小额诉讼的特殊性，并在此基础上正确行使诉讼权利、履行诉讼义务，提高人民法院审理效率，实现案结事了的目标，本条司法解释对人民法院在适用小额诉讼程序时应告知当事人的事项作了规定。

关于告知的内容，最高人民法院曾在2011年《最高人民法院关于部分基层人民法院开展小额速裁试点工作的指导》（法〔2011〕129号）和2020年《民事诉讼程序繁简分流改革试点实施办法》中作了详细规定。从试点情况看，关于人民法院告知义务的规定起到了较好效果。因此，本条司法解释保留了上述文件中的审判组织、一审终审、审理期限、诉讼费用交纳标准等主要告知内容。实务中，人民法院至少应向当事人明确告知以下事项：该类案件的审判组织为审判员独任制审理；一审判决即为生效判决，当事人不得上诉；审理期限一般为两个月最长不超过三个月；诉讼费用减半收取。除此之外，人民法院还可以向当事人告知当地适用小额诉讼程序审理的案件标的额上限、适用的案件类型、不适用小额诉讼程序的情形、当事人可以提出异议以及申请再审救济裁判文书将会简化等事项。

至于告知的方式，从目前司法实践来看，不少法院都通过在立案大厅或诉讼服务中心内设置小额诉讼专题宣传栏、放置小额诉讼程序指南等方式介绍上述小额诉讼案件的特殊之处，但我们认为，从避免“案结事不了”角度出发，有必要对每一个小额诉讼案件的当事人进行专门告知。而且，建议尽量使用小额诉讼须知等类似书面形式告知当事人，并要求当事人签收后收回存档；只有在极特殊情况下（如当事人不能正常阅读文字），可以采用口头告知形式，但仍应将告知内容记入笔录存档。

另外，本条虽然没有规定人民法院告知相关事项的时间，但我们认为最晚应在开庭审理前告知，否则，不利于当事人行使程序异议等相关诉讼权利。

【审判实践中应当注意的问题】

1. 人民法院告知义务与人民法院释明权的区别

释明一般是指法院对当事人进行发问、提醒、启发，让当事人把不明确的予以澄清、把不充足的予以补充、把不当的予以排除、修正。应该说，人民法院告知与人民法院释明具有很多相近之处。但两者也有很多区别：首先，两者方式不同。告知多为书面形式，少见口头形式。而释明则一般为口头形式，通过发问、提示等方式进行。其次，两者立法层次不同。告知义务已为民事诉讼法明确规定，而释明问题则多出自司法解释的规定。再次，告知的范围是否确定不同。告知的范围一般由法律、司法解释规定，比较明确具体；而释明的范围则有模糊性。由于个案情形差别很大，法律很难通过完全列举方式穷尽人民法院应释明的范围。最后，两者实施阶段不同。本条所指告知义务，人民法院应在适用小额诉讼程序审理的案件开庭前，向当事人告知；而人民法院的释明行为则原则上可以在裁判作出前的任何阶段实施。

2. 人民法院未尽到告知义务的后果

本条司法解释实施后，可能会出现当事人以人民法院未按本条规定对相关事项进行告知为由，主张程序违法，申请再审。我们认为，对于适用小额诉讼程序审结的案件申请再审的事由是否成立，仍应严格依据民事诉讼法第二百零七条以及相应司法解释作出认定。从现有规定来看，即便人民法院适用小额诉讼程序审理案件时，未向当事人履行本条规定的告知义务，也不能仅以此为由启动再审。

【条文】

第二百七十五条

小额诉讼案件的举证期限由人民法院确定，也可以由当事人协商一致并经人民法院准许，但一般不超过七日。

被告要求书面答辩的，人民法院可以在征得其同意的基础上合理确定答辩期间，但最长不得超过十五日。

当事人到庭后表示不需要举证期限和答辩期间的，人民法院可立即开庭审理。

【条文主旨】

本条是关于小额诉讼案件审理中当事人举证期限和答辩期间的解释性规定。

【条文理解】

举证期限是指负有举证责任的当事人应当在法律规定和法院指定的期限内提出证明其主张的相应证据，逾期不举证则承担证据失权的法律后果的一项民事诉讼制度。① 设定举证期限有利于防止证据突袭，平等保护当事人诉讼权利，有利于提高诉讼效率，节约当事人诉讼成本，防止诉讼拖延。2012年民事诉讼法第六十五条第一次在立法层面规定了举证期限。由于民事诉讼法没有明确规定举证期限的长短，2019 年修正《民事诉讼证据规定》第五十一条规定，举证期限可以由当事人协商，并经人民法院准许。人民法院指定举证期限的，适用第一审普通程序审理的案件不得少于十五日，当事人提供新的证据的第二审案件不得少于十日。适用简易程序审理的案件不得超过十五日，小额诉讼案件的举证期限一般不得超过七日。

举证期限涉及当事人证据失权，对当事人诉讼权利和实体权利均有重大影响，本司法解释分别对普通程序、简易程序的举证期限作了规定。相应地，对于简易程序的特殊形式小额诉讼程序，也应明确举证期限。考虑到小额诉讼案件是比适用简易程序审理的案件更简易的案件，对其审理强调的是快审快结，故在本司法解释规定简易程序举证期限不得超过十五日的基础上进一步压缩举证期限即为应有之义。几经权衡，我们在本条中最终将适用小额诉讼程序的案件中当事人协商确定举证期限和人民法院指定举证期限统一规定为一般不超过七日。另外，从尊重当事人程序主体性，充分发挥小额诉讼程序简易、高效特点出发，本条第三款规定当事人可以放弃举证期间并将其作为立即开庭审理的条件之一。

答辩是被告针对原告、有独立请求权第三人的诉讼请求以及所依据的事实和理由所作出的一种答复和辩驳。学理认为，答辩具有双重属性，既是当事人的一项诉讼权利也是一项诉讼义务。从诉讼权利角度而言，应当尊重当事人程序主体性，允许当事人放弃答辩期间选择口头答辩以及与人民法院协商确定答辩期间；作为一项诉讼义务，则意味着当事人对答辩期间的选择应在法定范围内，并经人民法院同意。根据答辩形式的不同，答辩分为口头答辩和书面答辩两种形式。口头答辩一般是指当庭以口头方式进行的答辩。由于适用简易程序审理的简单民事案件一般具有事实清楚、权利义务关系明确、争议不大的特征，因此，口头答辩在简易程序中占较大比例。被告同意

---

① 参见最高人民法院民事审判第一庭：《民事诉讼证据司法解释的理解与适用》，中国法制出版社 2002 年版，第 193 页。

口头答辩的，等于自愿放弃了书面答辩和要求给予答辩期间的权利。[①] 这在简易程序和小额诉讼程序中较常见。书面答辩是被告在约定或指定答辩期间通过书面方式所作的答辩。关于书面答辩的答辩期间，历次民事诉讼法修改均保留了答辩期间为十五日的规定。需要指出的是，在推进民事诉讼繁简分流改革试点工作中，《民事诉讼程序繁简分流改革试点实施办法》第七条第二款曾对小额诉讼案件答辩期间作出规定，明确“当事人明确表示不放弃答辩期间的，人民法院可以在征得其同意的基础上，合理确定答辩期间，但一般不超过七日”，将人民法院指定答辩期间的最长期间从“十五日”缩短为“七日”。从试点情况看，绝大多数小额诉讼案件均在七日内完成了答辩，该规定在实践中取得了良好效果。在 2021 年民事诉讼法修改过程中，我们曾就此问题征求全国人大常委会法工委意见，法工委表示，“十五日”为答辩最长期间，实践中人民法院可以在征得当事人同意基础上灵活指定，为加强小额诉讼案件当事人权利保障，最长答辩期间不宜再缩短。为此，本司法解释仍然保留了此前关于协商确定答辩期最长不得超过十五日的规定。

【审判实践中应当注意的问题】

第一，特殊情形下，当事人协商确定的举证期限可以超过七日，但不得超过十五日。从尊重当事人程序的主体性角度和小额诉讼程序高效、简便特性出发，本条对当事人协商确定举证期限作了一般不超过七日的规定。有一般即不排除特殊，这意味着人民法院在特殊情形下可以对个案中当事人协商确定举证期限超过七日的情形予以准许。至于本条中举证期限的上限，本司法解释简易程序部分规定了当事人对适用简易程序的案件，可以在协商一致并经人民法院准许后约定不超过十五日的举证期限。由于小额诉讼程序目前仍属于简易程序范畴，故以此类推，小额诉讼案件当事人协商一致确定的举证期限也不得超过十五日。

第二，本条第三款规定了当事人到庭后表示放弃答辩期间的，人民法院可立即开庭审理。对本款不能狭义理解为只有当事人到庭后表示放弃答辩期间的，人民法院才可以立即开庭审理。事实上，早在 1998 年，《审判方式改革规定》第七条就规定了当事人明确表示不提交答辩状、在答辩期届满前已经答辩、同意在答辩期间开庭等三种情形下可以在答辩期间届满前开庭。这三种情形均未要求到庭后才发生。事实上，即便当事人未到庭也可以在收到

① 参见最高人民法院民事审判第一庭编著：《最高人民法院关于简易程序司法解释的理解与适用》，法律出版社 2003 年版，第 87 页。

起诉状后，通过电话、传真、电子邮件等方式向人民法院表示不需要答辩期间。这里的表示不需要答辩期间也可通过明确表示不提交答辩状、在答辩期届满前已经答辩、同意在答辩期间开庭等形式间接作出。

【条文】

第二百七十六条

当事人对小额诉讼案件提出管辖异议的，人民法院应当作出裁定。裁定一经作出即生效。

【条文主旨】

本条是关于当事人对小额诉讼案件提出管辖异议，人民法院作出的裁定能否上诉的规定。

【条文理解】

一般而言，管辖权异议是指当事人向受理案件法院提出的该院对案件无管辖权的主张。民事诉讼中，管辖权异议制度的完善与否直接关系到当事人诉讼目的的实现和实体权益的保障。司法实践中，各地法院在审判过程中的理念、效率乃至质量存在差异。相应地，管辖法院不同，则当事人为此支出的时间、精力、金钱成本乃至诉讼便利程度皆有不同。即便同一地区法院，一审受理法院的级别不同，也将直接影响二审法院的层级，进而，决定了当事人二审救济是否保障到位。因此，民事诉讼过程中，当事人之间经常因案件受理法院是否有管辖权发生争议。当事人对小额诉讼案件提出管辖异议，人民法院作出管辖权异议裁定的，当事人能否对管辖权异议裁定提起上诉，实践中存在争议。一种观点认为，管辖权异议裁定上诉制度的设立有助于平衡当事人的诉讼地位、纠正法院的不当管辖，应该在包括小额诉讼程序在内的所有诉讼程序中适用。另一种观点则认为，小额诉讼程序内含的“快立快审快结、提高诉讼效率”价值取向与管辖权异议裁定上诉制度所带来的诉讼延缓之间存在冲突，应通过否定管辖权异议裁定上诉制度来确保小额诉讼程序所追求的诉讼效率。我们认为，管辖权异议制度确实在当事人程序利益保障方面发挥了重要作用，但与此同时也带来了弊端。司法实践中，由于对管辖权异议裁定不服提起上诉不需要交纳诉讼费，部分当事人以不服管辖权异议裁定为由，恶意提起上诉，拖延诉讼时间，以便于转移财产或逼迫对方当事人在实体权益方面作出让步。如果说在标的金额较大、法定审理期间较长的普通程序中，给予当事人对管辖权异议裁定不服的上诉权还有其必要性的话，在标的金额较小、审理期限较短的小额诉讼程序中仍允许当事人对该裁定提起上诉，则可能因此造成诉讼拖延，使得小额诉讼程序所追求的方便、快捷、低成本解决纠纷的立法目的无法实现。为了推动和落实小额诉讼程序的实施，本条司法解释规定当事人对小额诉讼案件提出管辖权异议的，人民法院对小额诉讼案件管辖权异议所作的裁定，实行一审终审，不得上诉。就小额诉讼案件的管辖权异议，可具体从以下几个方面把握。

首先，小额诉讼案件中当事人提出管辖权异议的期限不限定为提交答辩状期间。民事诉讼法第一百三十条第一款规定，“人民法院受理案件后，当事人对管辖权有异议的，应当在提交答辩状期间提出”。但该条规定是仅针对按第一审普通程序审理的案件而言的。由于本司法解释已明确规定适用小额诉讼程序审理的案件，当事人可以放弃答辩期间，立即开庭审理，故实践中可能出现适用小额诉讼程序审理的案件本身就没有提交答辩状期间的情形。对此，我们认为，人民法院可以在开庭审理时，就管辖权异议的问题向当事人作简要释明、询问其是否提出管辖权异议并记入庭审笔录。一旦当事人明确表示不提出管辖权异议，则不能再就管辖权问题提出异议。必须强调的是，对于当事人放弃答辩期间到庭答辩的行为，不能理解为民事诉讼法第一百三十条第二款所规定的应诉管辖。如果当事人要求书面答辩的，则应类推适用前述民事诉讼法的规定，严格限定当事人应在提交答辩状期间提出管辖权异议。

其次，关于管辖权异议裁定的形式。根据民事诉讼法第一百三十条的规定，管辖权异议裁定包括两种：一是异议成立，移送案件的裁定；二是异议不成立，驳回异议的裁定。本司法解释起草过程中，对于上述两种裁定究竟应采用何种形式，观点不一。有的认为，既然小额诉讼案件强调效率、快审快结且对该管辖权异议裁定不能上诉，那么就没有必要一律采用书面形式，应该规定以口头裁定为主，书面裁定为辅；有的则认为，裁定作为一种很重要的法律文书，与当事人程序利益休戚相关，应通过书面形式彰显其权威性和正式性，故一般应以书面裁定为主，口头裁定只有在紧急情况下才能采用。我们倾向于第一种观点，既然不存在对裁定上诉问题，那么为顺利推进诉讼进程，应以简单快捷的口头裁定为主，但考虑到部分当事人对书面裁定的特殊需求（例如要将裁定存档等），我们最终对两种裁定并未作出区分主次的规定。

再次，管辖权异议期间届满后，当事人增加、变更诉讼请求或提出反诉，导致违反级别管辖、专属管辖规定的，当事人仍有权提出管辖权异议。

司法实践中，经常出现当事人为达到将案件交由当地基层人民法院及其派出法庭受理目的，故意在起诉时提出较少金额的诉讼请求，等对方当事人管辖权异议期满后，再增加、变更诉讼请求的情形。此时，应允许对方当事人就此提出管辖权异议。同理，如果被告在管辖权异议期满后提出反诉，致使案件违反级别管辖、专属管辖的，也应允许原告提出管辖权异议。

最后，应严格限定管辖权异议裁定作出时间。民事诉讼法只规定了人民法院应对异议进行审查，但没有规定审查期限。这就造成了实践中出现久审不裁的情形。我们认为，人民法院对当事人在法定期限内提出管辖权异议的，应当认真进行审查，并在十五日内作出异议是否成立的裁定。

【审判实践中应当注意的问题】

第一，关于当事人提出管辖权异议后的举证期限问题。依照2019年修正《民事诉讼证据规定》，当事人在一审答辩期间提出管辖权异议的，举证期限中止，自驳回管辖权异议的裁定生效之日起恢复计算。这一规定改变了《举证时限规定通知》中关于重新指定举证期限的规定，将管辖权异议从举证时限的“中断事由”修改为“中止事由”，实践中需加以注意。

第二，关于驳回管辖权异议裁定作出后但生效判决尚未作出前，发现原审法院确无管辖权的处理问题。一种观点认为，应根据民事诉讼法第二百零五条第一款的规定，并参照《最高人民法院关于上级法院对下级法院就当事人管辖权异议的终审裁定确有错误时能否纠正问题的复函》[法（经）〔1993〕14号] 的精神，在原审法院驳回当事人管辖异议裁定已发生法律效力但未作出生效判决前，发现原审法院确无地域管辖权，原审法院可以依职权裁定撤销该错误裁定并将案件移送有管辖权的人民法院审理。我们认为，在民事诉讼法已经不再将管辖错误作为再审事由的情形下，不宜再对该管辖权异议裁定通过再审方式撤销。

【条文】

第二百七十七条

人民法院受理小额诉讼案件后，发现起诉不符合民事诉讼法第一百二十二条规定的起诉条件的，裁定驳回起诉。裁定一经作出即生效。

【条文主旨】

本条是关于人民法院受理小额诉讼案件后，发现起诉不符合法定起诉条件所作出的驳回起诉裁定能否上诉的规定。

【条文理解】

民事诉讼过程中，案件受理与否直接关系到当事人能否充分行使诉权和人民法院能否正确行使审判权。如果应当受理的起诉没有受理，当事人行使诉权的行为就会因此受阻，当事人的司法救济就会落空；反过来，如果不应受理的起诉得到受理，人民法院就无法正确行使审判权，也就难免发生错案。因此，民事诉讼法要求人民法院应对当事人的起诉是否符合民事诉讼法第一百二十二条规定的四个条件，逐项进行审查。对符合该条规定的起诉，人民法院必须予以受理。反之，对不符合上述条件的起诉，则应在七日内裁定不予受理。如果人民法院立案后才发现起诉不符合起诉条件的，裁定驳回起诉。所谓裁定驳回起诉是指人民法院在受理案件后审理过程中，发现当事人的起诉不符合法定起诉条件而裁定予以驳回的司法行为，是对当事人程序意义上的诉权的否定。由于裁定驳回起诉直接影响到当事人诉权的行使，关系到当事人能否得到审判权的保护，为充分保障当事人的诉权，民事诉讼法第一百五十七条赋予了当事人对该裁定的上诉权。对于小额诉讼案件中当事人能否就驳回起诉裁定提起上诉问题，存在一定争议。第一种观点认为，既然允许当事人对驳回起诉裁定提起上诉有利于保护当事人的诉权，且民事诉讼法又未明确将小额诉讼案件中的驳回起诉裁定排除在允许上诉的裁定之外，故应允许小额诉讼当事人不服驳回起诉裁定时，提起上诉。第二种观点认为，人民法院对当事人不服驳回起诉裁定提起上诉的审理周期较长，最长甚至需要两个月以上。相对于适用普通程序审理的案件一、二审期限可达九个月以上而言，允许当事人对驳回起诉的裁定提起上诉的期限并不算长。但对小额诉讼案件审理所追求的快捷、高效解决纠纷目的而言，如允许当事人在此类案件审理中，也对驳回起诉的裁定提起上诉，则难免会造成小额诉讼程序进程的拖延。因此，没有必要允许小额诉讼案件当事人对驳回起诉的裁定提起上诉。我们认为，小额诉讼制度是2012年民事诉讼法新增加的一项重要制度，对于降低当事人诉讼成本、促进司法大众化、节约司法资源都有重大意义。如果仅仅因赋予当事人对驳回起诉裁定的上诉救济，而使小额诉讼程序变得拖沓、低效，反而不利于该项制度的顺利实施。而且，退一步而言，即便不允许当事人对驳回起诉裁定提起上诉，原告也可以根据本司法解释相关条文的规定再次起诉、申请再审或申请检察监督等。基于上述考虑，本条规定小额诉讼当事人对人民法院作出的驳回起诉裁定，不得提起上诉。

【审判实践中应当注意的问题】

审判实践中，应注意正确适用驳回起诉裁定的形式。本司法解释起草过程中，对驳回起诉裁定，究竟应采用何种形式，有两种意见。一种意见认为，小额诉讼案件强调审理效率，追求快审快结，故审理中各个环节能简则简。既然包括小额诉讼案件在内的简易程序案件的裁判文书都可以简化且应当简化，那么驳回起诉的裁定也应作同样处理。换言之，驳回起诉裁定就没有必要一律采用书面形式，应该规定以口头裁定为主，书面裁定为辅。另一种意见则认为，在小额诉讼案件审理中，驳回起诉裁定意味着审理进程的终结，与当事人程序利益休戚相关，理应通过书面形式彰显其权威性。我们倾向于第二种观点。理由在于，虽然本条司法解释规定驳回起诉的裁定，一经作出即生效，但并未限制当事人就该裁定申请再审。本司法解释已经规定，当事人认为发生法律效力的驳回起诉的裁定错误的，可以申请再审。申请再审自然需要有原审裁定书作为依据，且本司法解释在再审部分已有条文对此作出明确要求。显然，如果允许人民法院通过口头裁定形式驳回起诉，那么当事人申请再审时就只能提交记载口头裁定的笔录复印件，这显然是不妥当的，也是不严肃的。

【条文】

第二百七十八条

因当事人申请增加或者变更诉讼请求、提出反诉、追加当事人等，致使案件不符合小额诉讼案件条件的，应当适用简易程序的其他规定审理。

前款规定案件，应当适用普通程序审理的，裁定转为普通程序。

适用简易程序的其他规定或者普通程序审理前，双方当事人已确认的事实，可以不再进行举证、质证。

【条文主旨】

本条是关于适用小额诉讼程序审理的案件因当事人的原因转为按简易程序其他规定审理或普通程序审理以及程序转化后举证、质证的规定。

【条文理解】

小额诉讼程序适用有严格的标准和条件，一审终审的制度设计对当事人审级利益和诉讼权利有重大影响，因此在案件审理过程中必须确保程序适用的合法性、合理性和妥当性。完善小额诉讼程序的转换机制，有利于避免实践中小额诉讼程序的不当适用，充分保障当事人诉讼权利。实践中理解与适用本条应当注意以下三个方面。

1. 小额诉讼程序与简易程序在适用规则上的转换

小额诉讼程序属于简易程序的特殊类型，原则上与简易程序之间并不存在程序转换的问题，但两者在适用标准、适用范围、审理期限、生效规则等方面均有差异，客观上也确实存在规则适用的转换问题。实践中存在小额诉讼与简易程序适用规则的双向转换：一是当案件审理过程中出现不得适用小额诉讼程序的情形，或者因案情、诉讼请求变化等原因，导致不符合适用小额诉讼程序条件，但仍符合适用简易程序条件的，人民法院应当适用简易程序其他规定审理案件，并向当事人发送书面通知，告知适用程序、审理期限、生效规则等方面的变化。二是由于简易程序与小额诉讼程序的主观适用标准一致，适用差异主要在于标的额等客观标准，因此在简易程序案件审理过程中，出现因诉讼请求金额变化、当事人达成合意等原因，致使案件符合小额诉讼程序适用条件的，人民法院可以视情况对案件适用小额诉讼程序审理，并以书面形式告知审判组织、审理期限、审理方式、一审终审等相关事项。

2. 小额诉讼程序向普通程序的转换

2021 年民事诉讼法修改建立了普通程序独任制审理模式，因此实践中根据案件情况，小额诉讼程序既可以转为普通程序独任制，也可以转为普通程序合议制。一是小额诉讼程序转为普通程序独任制。其应当同时满足三个条件：（1）案件出现增加诉讼请求、诉讼请求金额变化、需要评估鉴定、提出反诉等情形，致使案件不符合小额诉讼程序适用条件；（2）案件不符合小额诉讼程序“事实清楚”的标准，或者查明事实的程序较烦琐，审理周期较长，不宜适用小额诉讼程序；（3）案件符合普通程序独任制“基本事实清楚、权利义务关系明确”的适用标准。二是小额诉讼程序转为普通程序合议制。案件审理过程中发现存在案情疑难复杂、类型新颖、社会影响大及其他不得适用独任制审理情形的，应当转为普通程序合议制审理。

3. 程序转换的方式和效力

程序转换应当以裁定方式作出，可以采用口头或者书面形式。采用口头形式的，应以笔录或录音录像的方式记录。小额诉讼案件转为适用简易程序的其他规定审理或者普通程序审理前，双方当事人已确认的事实，可以不再举证、质证。开庭后小额诉讼程序转换为普通程序的，一般应当再次开庭审理。

【审判实践中应当注意的问题】

第一，人民法院依据本条将案件转化为普通程序审理时，应采用裁定形式，以合议庭名义作出，口头或书面在所不限，但采用口头形式的，应以笔录或录音录像的方式记录，对于合议庭组成人员及其他相关事项应当同时书面通知双方当事人。小额诉讼程序案件转为适用简易程序的其他规定审理的，属于简易程序内部的调整，不属于程序变更，因此不必以裁定形式作出，故本条表述为“应当适用简易程序的其他规定审理”，但应当充分告知适用规则变化的相关事项，充分保障当事人诉讼权利。同时，实践中应当注意防止程序多次转换，影响诉讼的安定性和连续性，对于由小额诉讼程序转为适用简易程序其他规定审理的案件，一般不得再转为普通程序，院庭长对此类程序转换事项应当严格把关审批。

第二，无论是将小额诉讼案件转为简易程序的其他规定审理，还是转为普通程序审理，都是案件的继续审理，而不是案件重新开始审理。因此，在之前适用小额诉讼程序审理过程中，双方当事人经过举证、质证确认的事实，可以不再进行举证、质证。注意，这里用的是“可以”而不是必须。这意味着如果当事人认为其确有新证据足以推翻之前确认的事实，人民法院也可再组织进行质证。需要注意的是，小额诉讼案件开庭后转换为普通程序的，合议庭一般应当再次开庭审理，以确保司法的亲历性。

【条文】

第二百七十九条

当事人对按照小额诉讼案件审理有异议的，应当在开庭前提出。人民法院经审查，异议成立的，适用简易程序的其他规定审理或者裁定转为普通程序；异议不成立的，裁定驳回。裁定以口头方式作出的，应当记入笔录。

【条文主旨】

本条是关于当事人对按照小额诉讼程序审理案件有异议时人民法院如何处理的规定。

【条文理解】

2021 年民事诉讼法第一百六十九条第二款明确规定了当事人对小额诉讼程序的异议权，本条司法解释根据该规定对当事人异议权的具体行使和人民法院的处理方式作出细化规定。

在 2012 年修改民事诉讼法时，新增第一百六十三条对简易程序向普通程序转化作了规定。其中，对是否能由当事人通过异议方式启动程序转化持开放态度。2015 年《民事诉讼法解释》第二百八十一条对当事人异议权的行使作出了具体规定，相关内容被吸收到 2021 年民事诉讼法第一百六十九条第二款中，成为当事人对小额诉讼程序的异议权明确的法律依据。本条根据民事诉讼法的最新规定，对 2015 年《民事诉讼法解释》作出完善，明确了异议不成立的，应当以裁定形式驳回，裁定可以通过口头方式作出。正确理解适用本条规定，需注意把握以下几点。

1. 当事人异议的事由

民事诉讼法第一百六十九条第二款明确了异议的事由为“违反法律规定”。具体而言，主要包括以下三种情形：（1）案件不符合适用小额诉讼程序的主客观标准；（2）案件并非“金钱给付”案件或者属于不得适用小额诉讼程序的情形；（3）案件属于不得适用独任制审理的范围。

2. 当事人提出异议的时间应以开庭前为限

当事人提出不应适用小额诉讼程序的异议，对程序的后续进程可能产生重大影响。因此，从程序安定性角度出发，应给异议提出设定期限，尽早将审理程序固定下来。但考虑到小额诉讼案件审理方式简便的要求，实务中多数适用小额诉讼程序审理的案件没有举证期限、答辩期间、庭前会议以及证据交换环节。因此，很难将异议提出期间类推普通程序中管辖权异议的提出期间，限定在提交答辩状期间。考虑到小额诉讼案件都很简单，适用的法定条件也相对明确，再加上立案后人民法院的告知，当事人对是否应当适用小额诉讼程序应该说在开庭前就会有清醒的认识。如果开庭前，当事人还不提出异议，就可以推定其已接受案件适用小额诉讼程序审理的事实。由上，本条司法解释将提出异议的时间限定在了开庭前。

3. 异议不成立的应当以裁定形式驳回

为充分保障当事人诉讼权利，增加对异议审查的审慎性和规范性，避免随意驳回当事人异议申请，2021 年民事诉讼法明确规定，“异议不成立的，裁定驳回”。即是说当事人提出一旦提出异议，无论是认为应当适用简易程序的其他规定审理，还是认为应当适用普通程序审理，人民法院审查后认为异议不成立的，都应当通过裁定形式予以驳回，以确保人民法院依法审慎审查当事人异议。此类裁定属于不可上诉的裁定，一经作出即产生法律效力。同时考虑到小额诉讼案件的自身特点，本条明确了裁定可以通过口头形式作出，但需要记入笔录。

【审判实践中应当注意的问题】

第一，在裁定将案件转为普通程序后，人民法院应当向当事人书面告知合议庭成员及“相关事项”。告知当事人合议庭成员是为了保障当事人申请回避的权利。而“相关事项”则包括：举证责任的分配原则与要求、可以向人民法院申请调查取证的情形、人民法院根据案件情况指定的举证期限以及逾期提供证据的法律后果。之所以要用书面形式，是为了督促人民法院提高对当事人程序异议权的重视程度，保障程序转化后当事人的诉讼权利义务能落到实处。

第二，因当事人异议导致适用简易程序其他规定或转为普通程序审理不是程序的重新开始，而是程序的继续。因此，之前双方当事人已经确认的事实，可以不再进行举证、质证。

第三，本条所指“当事人”包括各方当事人在内。因此，人民法院不能因为已经对一方当事人的异议进行审查并作出处理，就对另一方提出的异议不予处理，而应当对所有当事人的异议权一体保护。

【条文】

第二百八十条

小额诉讼案件的裁判文书可以简化，主要记载当事人基本信息、诉讼请求、裁判主文等内容。

【条文主旨】

本条是关于小额诉讼案件裁判文书简化的规定。

【条文理解】

民事裁判文书是民事裁判的书面形式，是记载有关当事人信息、诉辩主张、事实、证据以及论证理由和裁判结果的司法文书，是人民法院审理案件结果的载体，也是人民法院确定双方当事人之间权利义务和分配责任的法定凭证，关系到当事人的切身利益以及能否服判息诉和社会稳定。一般而言，裁判文书包括判决书、裁定书和调解书三种文书形式。裁判文书的基本结构由首部、正文、尾部三个部分组成，特别是其几个基本的部分，如首部、事实、理由、审判组织等内容，对于裁判文书是必不可少的。我们认为，对于一些案件事实复杂、适用法律有难度的案件来说，强调裁判文书形式要件的完备性、释法说理的透彻性、用语的规范性确有必要，但对于适用简易程序案件乃至适用小额诉讼程序案件而言，如果在其裁判文书的制作上仍严格遵循上述要求则可能适得其反。近年来，全国法院受理的民事案件总量日益增加，为了提高司法效率、降低当事人诉讼成本，各地法院不断提高简易程序适用比例，在简易程序已成为一审案件的主要审理程序的司法现状下，如果还对适用简易程序审理的案件，在裁判文书制作上与适用普通程序审理的案件看齐，不仅会拖延诉讼，增加当事人诉讼成本和法院司法成本，还会抹杀简易程序和普通程序的区别。因此，在制作裁判文书时，要考虑到简单案件以及复杂案件的差异，实现裁判文书的繁简分流。小额诉讼案件往往法律适用非常简单，有的案件甚至不需要法律说理，因为根据生活常识就可得出结论。因此，在这种案件中，只需给当事人一个结论，不需要反复说理。

2016年，最高人民法院印发了《人民法院民事裁判文书制作规范》《民事诉讼文书样式》，其中对小额诉讼案件的简式裁判文书样式作出明确，包括令状式、要素式、表格式三种类型的简式裁判文书。一是令状式裁判文书，是指只包含诉讼当事人基本情况、原告诉讼请求、案件基本事实和法院裁判主文，不详细记载被告抗辩主张和裁判理由的法律文书。令状式文书删除了传统文书的原告诉称、被告辩称、法院查明和法院认为等四个部分，仅包含诉讼参与人称谓和法院裁判主文。应该说令状式文书自身特点契合了小额纠纷快审快结的要求。二是要素式裁判文书，是指对于能够概括出固定要素的案件，在撰写裁判文书时不再分开陈述当事人诉辩意见、本院查明和本院认为部分，而是围绕争议的特定要素，陈述当事人诉辩意见、相关证据以及法院认定的理由和依据的法律文书。当事人双方需要首先各自填写相应的要素，法院开庭时将双方填写的要素进行对比，庭审主要针对有争议的要素部分进行。在裁判文书中，对于没有争议的要素，法院直接认定，一笔带过；而对于争议的要素，法院才写明诉辩意见及证据和法院认定的事实、理由和依据。对于争议的部分，不区分事实和说理，而采取“夹叙夹议”的比较符合阅读习惯的写作方式。三是表格式裁判文书，其内容与要素式基本一致，只是将要素用表格方式列明。对适用小额诉讼程序案件裁判文书的内容、要素表格化，只对个案变动内容要素进行填充，就可以当庭完成判决书的制作。这不仅能减少出错率，还提高了当庭宣判率。我们认为，上述几种裁判文书简化模式均可以适用于小额诉讼案件的裁判文书制作，各地可结合当地司法实际情况，选择适用。

【审判实践中应当注意的问题】

1. 裁判文书的简化应有底线

实践中，有些法官为了实现小额诉讼快速审理案件的目的，在制作小额诉讼案件裁判文书时走向了另一极端，即彻底简化裁判文书，将裁判文书中一些不该简化的内容进行简化或省略，致使裁判文书的公正性与权威性受到影响。我们认为，裁判文书中应当“繁简结合”，但裁判文书的“繁”与“简”都是相对的。有观点认为，裁判过程中一些概念性和程式性的内容不太为人所关心，因而对其省略，不会对当事人产生很大影响。但从当事人的诉权保障、裁判文书的可执行性角度而言，小额诉讼案件的裁判文书不管如何简化，一般都应保留当事人基本信息、诉讼请求、裁判主文等内容。

2. 裁判文书简化与庭审笔录细化

选择适用要素式裁判文书的案件，当事人已在开庭审理前填写要素表的，法院在审理时对双方无争议的要素予以确认并记入庭审笔录；当事人在开庭前未填写要素表的，法院在审理时可以要素表的基本要素为线索，逐项当庭征求双方当事人意见，对双方无争议的要素予以确认并记入庭审笔录。适用令状式裁判文书的案件的庭审笔录应包括如下内容：（1）开庭时间、地点、审判组织、记录人员、当事人出庭情况；（2）庭审过程；（3）宣判过程，包括法院认定的事实、详细裁判理由、依据和判决主文；（4）告知当事人宣判后法院不出具记载详细判决理由的裁判文书，只出具令状式裁判文书。当庭宣判时，法官应当庭认定案件基本事实，对判决理由与依据进行阐述，并记录于庭审笔录。对于当庭即时履行的案件，人民法院经征得各方当事人同意，可以不出具裁判文书，但应在庭审笔录中记载相关情况；也可根据当事人申请，责令接受履行的一方出具相应的书面证明。

【条文】

第二百八十一条

人民法院审理小额诉讼案件，本解释没有规定的，适用简易程序的其他规定。

【条文主旨】

本条是关于小额诉讼程序与简易程序关系的规定。

【条文理解】

2021年民事诉讼法对小额诉讼程序的规定从原来的一个条文增加为五个条文，对小额诉讼程序立法作出了系统性完善。2021年民事诉讼法修改过程中，最高人民法院曾建议小额诉讼程序增设专章，将小额诉讼程序作为与简易程序、普通程序并列的程序类型，释放其便捷、高效、一次性终局解纷的制度优势。研究论证过程中，大多数观点认为，设置专章对于现行诉讼制度体系冲击较大，独立成“章”还需进一步论证，最终决定仍将小额诉讼程序规定置于第十三章简易程序，进一步系统明确小额诉讼程序相关规定。既然立法本意认为小额诉讼程序仍属于简易程序范畴，那么除了民事诉讼法和本解释对小额诉讼程序作出特别规定的内容以外，其他未作规定的就应当适用简易程序的相关规定。

十三、公益诉讼

【条文】

第二百八十二条

环境保护法、消费者权益保护法等法律规定的机关和有关组织对污染环境、侵害众多消费者合法权益等损害社会公共利益的行为，根据民事诉讼法第五十八条规定提起公益诉讼，符合下列条件的，人民法院应当受理：

（一）有明确的被告；

（二）有具体的诉讼请求；

（三）有社会公共利益受到损害的初步证据；

（四）属于人民法院受理民事诉讼的范围和受诉人民法院管辖。

【条文主旨】

本条是关于公益诉讼的起诉条件的规定。

【条文理解】

民事诉讼法2012年修正时增加了民事公益诉讼制度，包括环境公益诉讼和消费公益诉讼等，后民事诉讼法2017年修正时增加了检察机关对破坏生态环境和资源保护、食品药品安全领域侵害众多消费者合法权益等损害社会公共利益的行为可以提起公益诉讼的规定 。公益诉讼与私益诉讼在立法目的上有所区别，公益诉讼目的在于维护不特定人之公共利益，是在私益诉讼不足以保护相关利益或者保护力度不足时的一种特殊救济方式。鉴于民事诉讼法未对公益诉讼的起诉条件作出明确的规定，《环境公益诉讼解释》第一条对环境民事公益诉讼的起诉条件作了规定："法律规定的机关和有关组织依据民事诉讼法第五十五条①、环境保护法第五十八条等法律的规定，对已经损害社会公共利益或者具有损害社会公共利益重大风险的污染环境、破坏生态的行为提起诉讼，符合民事诉讼法第一百一十九条②第二项、第三项、

① 现为2021年民事诉讼法第五十八条。

② 现为2021年民事诉讼法第一百二十二条。

第四项规定的，人民法院应予受理。”《检察公益诉讼解释》第十五条规定：“人民检察院依据民事诉讼法第五十五条[1]第二款的规定提起民事公益诉讼，符合民事诉讼法第一百一十九条[2]第二项、第三项、第四项及本解释规定的起诉条件的，人民法院应当登记立案。”本司法解释在民事诉讼起诉条件的一般规定的基础上，结合公益诉讼基本要求，对提起公益诉讼的起诉条件作了进一步的完善。依据本条解释规定，除原告应当符合法律规定具有提起民事公益诉讼的原告主体资格这一条件外，在其提起公益诉讼时还应当符合以下四项条件。

1. 有明确的被告

无论是一般民事诉讼，还是公益诉讼，都是为了解决争议。因此，原告提起公益诉讼，首先应明确与谁发生了民事争议，要求谁承担民事责任。只有明确了被告，人民法院才能受理原告的起诉，通知被告参加诉讼。有明确的被告的具体要求是起诉状中应当列明被告的姓名、性别、工作单位、住所等信息，法人或者其他组织的名称、住所等信息。

2. 有具体的诉讼请求

公益诉讼的具体诉讼请求，是指原告必须明确其起诉所要解决的问题，也就是向人民法院提出保护社会公共利益的具体内容。比如，对污染环境，已经损害社会公共利益或者具有损害社会公共利益重大风险的行为，原告可以根据具体案情提出停止侵害、排除妨碍、消除危险、恢复原状、赔偿损失、赔礼道歉等全部或者部分诉讼请求。人民法院认为原告提出的诉讼请求不足以保护社会公共利益的，可以向其释明变更或者增加停止侵害、恢复原状等诉讼请求。

原告在向人民法院提出诉讼请求时，还应当对其诉讼请求的合理性提交书面说明。根据本条规定，保护社会公共利益是原告提起公益诉讼的起诉条件。但是，法律关于社会公共利益的内涵和外延并不明确，实践中认识也极不统一。为了避免不具有可诉性的请求纳入诉讼，浪费司法资源，有必要对公益诉讼的诉讼请求进行限制：第一，要求原告提供其诉讼请求的法律依据和事实依据；第二，诉讼请求具有合理性，即具有现实可行性；第三，诉讼请求符合保护社会公共利益的需要。应当注意的是，在起诉阶段，对于原告提出的诉讼请求、事实和理由等证据材料，法院应当以形式审查为主，只要证据材料能够说明争议存在并非毫无根据即可。

---

① 现为2021年民事诉讼法第五十八条。

② 现为2021年民事诉讼法第一百二十二条。

3. 有社会公共利益受到损害的初步证据

社会公共利益受到损害是能够提起公益诉讼的最核心条件。需要注意的是，“社会公共利益受到损害”，不但包括现实的已经存在的“不利后果”（现实损害），还包括构成现实威胁的“不利后果”（损害的重大风险、具有危及人身或者财产安全危险）。特别是环境公益诉讼案件，由于环境污染、生态破坏往往具有不可逆转性，事后的补救耗资巨大甚至不可修复。基于预防侵权行为的原则，原告对被告实施的具有损害社会公共利益重大风险的污染环境、破坏生态或者危及众多不特定消费者人身或财产安全的行为，也可以向人民法院提起公益诉讼。《环境公益诉讼解释》第一条和《消费公益诉讼解释》第一条已对此作出了明确规定。

这里要求的是初步证据而非充分证据，只要提交的证据材料能够认定公共利益受到损害或者具有损害风险即可。对于环境民事公益诉讼，只要提供被告实施了污染环境、破坏生态的行为已经损害社会公共利益或者具有损害社会公共利益重大风险的证据即可。对于消费民事公益诉讼，则要提供被告实施了侵害众多不特定消费者合法权益或者具有危及消费者人身、财产安全危险等损害社会公共利益的行为的证据。

4. 属于人民法院受理民事诉讼的范围和受诉人民法院管辖

属于人民法院受理民事诉讼的范围，主要是指符合民事诉讼法第三条规定的平等主体的公民之间、法人之间、其他组织之间以及他们相互之间因财产关系和人身关系提起的民事诉讼。如果起诉事项不属于人民法院受理民事诉讼的范围，受诉人民法院应当告知起诉人向有关机关申请解决。

属于受诉人民法院管辖，是指原告提起诉讼，除属于民事诉讼的范围外，还应当根据民事诉讼法第二章管辖的有关规定以及本解释和《环境公益诉讼解释》《消费公益诉讼解释》《检察公益诉讼解释》等司法解释的规定，属于受理该案的人民法院管辖。

本解释第二百八十三条对公益诉讼的管辖作出了一般性规定，其规定的内容既适用于环境公益诉讼，也适用于消费者公益诉讼。主要包括：（1）第一审公益诉讼案件由侵权行为地或者被告住所地中级人民法院管辖，但法律、司法解释另有规定的除外。（2）对同一侵权行为分别向两个以上人民法院提起公益诉讼的，由最先立案的人民法院管辖，必要时由它们的共同上级人民法院指定管辖。

《环境公益诉讼解释》第六条、第七条对环境公益诉讼案件的管辖作出了专门性规定。主要包括：（1）第一审环境公益诉讼案件由污染环境、破坏生态行为发生地、损害结果地或者被告住所地的中级以上人民法院管辖。中级人民法院认为确有必要的，可以在报请高级人民法院批准后，裁定将本院管辖的第一审环境民事公益诉讼案件交由基层人民法院审理。（2）经最高人民法院批准，高级人民法院可以根据本辖区环境和生态保护的实际情况，在辖区内确定部分中级人民法院受理第一审环境公益诉讼案件。中级人民法院管辖环境公益诉讼案件的区域由高级人民法院确定。

《消费公益诉讼解释》第三条规定："消费民事公益诉讼案件管辖适用《最高人民法院关于适用〈中华人民共和国民事诉讼法〉的解释》第二百八十五条①的有关规定。经最高人民法院批准，高级人民法院可以根据本辖区实际情况，在辖区内确定部分中级人民法院受理第一审消费民事公益诉讼案件。"

《检察公益诉讼解释》第二十条第二款规定："人民检察院提起的刑事附带民事公益诉讼案件由审理刑事案件的人民法院管辖。"

【审判实践中应当注意的问题】

1. 公益诉讼与私益诉讼起诉条件的区别

民事诉讼法第一百二十二条规定了私益诉讼的起诉条件：原告是与本案有直接利害关系的公民、法人和其他组织；有明确的被告；有具体的诉讼请求和事实、理由；属于人民法院受理民事诉讼的范围和受诉人民法院管辖。这四项条件，除第一项之外，其他三项均适用于公益诉讼。"直接利害关系规则"是建立在任何民事权益都有积极的捍卫者，一旦其权益受损，那么权利人必然会向法院寻求救济的假设基础之上的。但是，公益诉讼案件中，由于社会公共利益具有公共性以及受害者具有不特定等特点，如果严格遵循"直接利害关系规则"，就有可能出现没有直接利害关系人，或者直接利害关系人因不知、不能、不敢等原因而未提起诉讼，以致无人起诉的局面。这不利于对公共利益的保护。因此，本条明确规定，公益诉讼的原告并不要求一定与本案有法律上的直接利害关系，如被告污染环境、破坏生态的行为即使没有直接损害某一环保组织的利益，该环保组织只要具备法律规定的原告主体资格，也可以提起公益诉讼。但能够提起公益诉讼的主体受到法律的严格限制，即应当是具有公益诉讼原告主体资格的法律规定的机关或者有关组织，一般的公民、法人和其他组织不具有提起公益诉讼的原告主体资格。

2. 公益诉讼的起诉主体

从我国的现行管理体制和减少滥诉风险的角度看，为了使公益诉讼制度

① 现为2022年修正后本解释第二百八十三条。

既能在我国适度开展，同时又能有序进行，目前提起公益诉讼的主体不宜过宽。为此，民事诉讼法第五十八条规定“法律规定的机关和有关组织”可以向人民法院提起公益诉讼。本条考虑到其他法律以及司法解释已对或者将对公益诉讼的起诉主体资格作出进一步解释，故直接延续了民事诉讼法的表述。

关于环境公益诉讼的起诉主体，包括法律规定的机关和有关组织。其中，法律规定的机关，是指提起公益诉讼的机关，要有明确的法律依据。对于提起环境公益诉讼的“有关组织”，根据环境保护法以及《环境公益诉讼解释》等的规定，应当符合下列条件。

（1）依法在设区的市级以上人民政府民政部门登记的社会团体、社会服务机构以及基金会等。设区的市级以上人民政府民政部门，包括设区的市，自治州、盟、地区，不设区的地级市，直辖市的区以上人民政府民政部门。

（2）专门从事环境保护公益活动连续五年以上且无违法记录。对于该条件，应准确把握以下两点：第一，社会组织章程确定的宗旨和主要业务范围是维护社会公共利益，且从事环境保护公益活动的，可以认定为专门从事环境保护公益活动。需要注意的是，社会组织提起的诉讼所涉及的社会公共利益，应与其宗旨和业务范围具有关联性。第二，社会组织在提起诉讼前五年内未因从事业务活动违反法律、法规的规定受过行政、刑事处罚的，可以认定为无违法记录。因此，社会组织提起环境公益诉讼的，应当提交社会组织登记证书、章程、起诉前连续五年的年度工作报告书或者年检报告书，以及由其法定代表人或者负责人签字并加盖公章的无违法记录的声明。

消费公益诉讼的起诉主体也包括法律规定的机关和有关组织。依《消费公益诉讼解释》第一条规定，包括中国消费者协会以及在省、自治区、直辖市设立的消费者协会，还包括法律规定或者全国人大及其常委会授权的机关和社会组织。

2017 年民事诉讼法修正时增加了人民检察院在履行职责中发现破坏生态环境和资源保护、食品药品安全领域侵害众多消费者合法权益等损害社会公共利益的行为，在没有法律规定的机关、社会组织或者法律规定的机关、社会组织不提起公益诉讼时，可以提起公益诉讼。

3. 提起公益诉讼应当提交的资料

人民检察院提起公益诉讼，除本条司法解释规定的应提交资料外，还要依《检察公益诉讼解释》第十四条规定，提交下列材料：（1）民事公益诉讼起诉书，并按照被告人数提出副本；（2）被告的行为已经损害社会公共利益的初步证明材料；（3）已经履行公告程序、征询英雄烈士等的近亲属意见的证明材料。

法律规定的机关或者有关组织提起环境民事公益诉讼的，依《环境公益诉讼解释》第八条规定，应当提交下列材料：（1）符合民事诉讼法第一百二十四条规定的起诉状，并按照被告人数提出副本；（2）被告的行为已经损害社会公共利益或者具有损害社会公共利益重大风险的初步证明材料；（3）社会组织提起诉讼的，应当提交社会组织登记证书、章程、起诉前连续五年的年度工作报告书或者年检报告书，以及由其法定代表人或者负责人签字并加盖公章的无违法记录的声明。

法律规定的机关或者组织提起消费公益诉讼的，依《消费公益诉讼解释》第四条规定，应当提交下列材料：（1）符合民事诉讼法第一百二十四条规定的起诉状，并按照被告人数提交副本；（2）被告的行为侵害众多不特定消费者合法权益或者具有危及消费者人身、财产安全危险等损害社会公共利益的初步证据；（3）消费者组织就涉诉事项已按照消费者权益保护法第三十七条第四项或者第五项的规定履行公益性职责的证明材料。

【条文】

第二百八十三条

公益诉讼案件由侵权行为地或者被告住所地中级人民法院管辖，但法律、司法解释另有规定的除外。

因污染海洋环境提起的公益诉讼，由污染发生地、损害结果地或者采取预防污染措施地海事法院管辖。

对同一侵权行为分别向两个以上人民法院提起公益诉讼的，由最先立案的人民法院管辖，必要时由它们的共同上级人民法院指定管辖。

【条文主旨】

本条是关于公益诉讼案件的管辖的规定。

【条文理解】

1. 公益诉讼案件的地域管辖

地域管辖是按照人民法院的主管范围和当事人住所地来划分同级人民法院之间审理第一审民事案件的权限。地域管辖首先遵循原告就被告原则，即由被告住所地法院管辖。同时，根据合同、侵权、公司、保险、票据等各种不同民事案件的特点，民事诉讼法又确定了不同的地域管辖连接点。民事诉讼法第五十八条规定的公益诉讼针对的是污染环境、破坏生态、侵害众多不特定消费者合法权益等损害社会公共利益的行为，从性质上看，属于侵权行为。因此，公益诉讼案件的地域管辖应当适用民事诉讼法第二十九条关于因侵权行为提起的诉讼的管辖的规定，由侵权行为地或者被告住所地人民法院管辖。其中，侵权行为地，包括侵权行为实施地和侵权结果发生地。

2. 公益诉讼案件的级别管辖

级别管辖，是指上、下级人民法院之间受理第一审民事案件的分工和权限。民事诉讼法第十八条、第十九条、第二十条、第二十一条对四级人民法院的第一审民事案件的级别管辖分别作了规定。公益诉讼案件涉及社会公共利益，往往涉及人数众多，审理程序复杂，审理执行难度大，社会关注度高，由中级人民法院管辖更为妥当。《检察公益诉讼解释》第五条第一款规定："市（分、州）人民检察院提起的第一审民事公益诉讼案件，由侵权行为地或者被告住所地中级人民法院管辖。"《环境公益诉讼解释》第六条第二款进一步规定，即"中级人民法院认为确有必要的，可以在报请高级人民法院批准后，裁定将本院管辖的第一审环境民事公益诉讼案件交由基层人民法院审理"。《消费公益诉讼解释》第三条第二款进一步规定，消费公益诉讼案件"经最高人民法院批准，高级人民法院可以根据本辖区实际情况，在辖区内确定部分中级人民法院受理第一审消费民事公益诉讼案件"。

3. 海洋环境污染案件的专门管辖

根据海事诉讼特别程序法第七条第二项的规定，因船舶排放、泄漏、倾倒油类或者其他有害物质，海上生产、作业或者拆船、修船作业造成海域污染损害提起的诉讼，与一般的环境污染案件不同，由污染发生地、损害结果地或者采取预防污染措施地海事法院专属管辖。第一，污染发生地，是指发生污染事故的地域。第二，损害结果发生地，是指因污染事故遭受损害的地域。损害结果通常是指油类或者其他有害物质对海水质量、海水生物、滨海旅游等所造成的损害。第三，采取预防污染措施地，是指为了预防污染损害后果发生而采取的预防措施的地域。规定这一连接点主要是考虑到油类等海上污染物具有漂浮流动的特性，在某些海洋污染案件中，如果不采取预防措施，可能会造成严重的污染损害后果。规定采取预防污染措施地海事法院对海洋污染案件具有管辖权，符合方便诉讼和审理的原则。

4. 公益诉讼案件的集中管辖

依照现有法律规定，公益诉讼案件的原告往往有两个以上。民事诉讼法和其他法律对这些主体针对同一案件提起诉讼没有限制，这样必然形成重复诉讼。特别是不同法院受理不同原告针对同一侵权行为提起的公益诉讼，既严重浪费了司法资源，也可能存在作出不同或者矛盾裁判的弊端。因此，有必要对公益诉讼的管辖法院进行限制，由同一法院集中管辖。这也符合诉讼一次性解决的实践需求。

本条第三款规定有以下三方面的含义：一是对同一侵权行为分别向两个以上人民法院提起公益诉讼，包括同一原告分别向不同法院提起诉讼的情形，也包括不同原告分别向不同法院提起诉讼的情形。二是由最先立案的人民法院管辖的依据是民事诉讼法第三十六条关于共同管辖的规定。即依照法律规定两个或者两个以上的人民法院对同一诉讼案件都有管辖权的情形下，由原告选择向其中任一法院起诉，如果原告向两个以上有管辖权的人民法院起诉，由最先立案的人民法院管辖。三是必要时由它们的共同上级人民法院指定管辖的依据是民事诉讼法第三十八条第二款关于人民法院之间发生管辖权争议时指定管辖的规定。即两个以上人民法院，可能由于对最先立案的时间等问题产生争议，协商不成的，报请它们的共同上级人民法院指定管辖。共同上级人民法院，是指如果同属于一个辖区内的高级人民法院的两个中级人民法院，它们的共同上级人民法院就是该高级人民法院；如果是分属于两个省、自治区、直辖市的两个中级人民法院，它们的共同上级人民法院就是最高人民法院。报请上级人民法院指定管辖时，应当逐级进行。需要注意的是，上级人民法依照本条规定指定管辖，应当书面通知报送的人民法院和被指定的人民法院。报送的人民法院接到通知后，应及时告知当事人。

【审判实践中应当注意的问题】

1. 公益诉讼案件的管辖权转移

公益诉讼案件一般由中级人民法院管辖。但是，根据民事诉讼法第三十九条关于管辖权转移的规定，上级人民法院可以将本院管辖的第一审公益诉讼案件交下级人民法院审理，以及下级人民法院对它所管辖的第一审公益诉讼案件，认为需要由上级人民法院审理的，报请上级人民法院审理。《环境公益诉讼解释》第六条对此作出明确规定：中级人民法院认为确有必要的，可以在报请高级人民法院批准后，裁定将本院管辖的第一审环境民事公益诉讼案件交由基层人民法院审理。之所以这样规定，主要是考虑到贵州省清镇市人民法院等开展环境公益诉讼较早的基层人民法院已经积累了一定的审判经验，取得了较好的效果。但是，需要注意的是，中级人民法院在交由基层人民法院管辖时，必须履行一案一授权的报批程序，事先报请高级人民法院批准。

另外，虽然本条规定公益诉讼案件由中级人民法院审理，但这并不排斥各基层人民法院已经设立的环境法庭正常开展工作，其仍然可以依法受理环境民事私益诉讼案件以及环境污染行政、刑事案件等。

2. 环境公益诉讼案件跨行政区划集中管辖

由于环境资源固有的整体性，往往与行政区划人为的分割性存在着天然的冲突，一旦发生区域性、流域性的污染，提起环境公益诉讼程序，首先面临的是管辖权冲突的问题。《环境公益诉讼解释》第七条规定："经最高人民法院批准，高级人民法院可以根据本辖区环境和生态保护的实际情况，在辖区内确定部分中级人民法院受理第一审环境民事公益诉讼案件。中级人民法院管辖环境民事公益诉讼案件的区域由高级人民法院确定。"这是人民法院贯彻中央司法改革和人民法院四五改革纲要精神，根据环境公益诉讼案件跨区域、跨流域的特点，规定经最高人民法院批准，高级人民法院可以根据本辖区环境和生态保护的实际情况，在辖区内确定部分中级人民法院受理第一审环境民事公益诉讼案件，并确定各中级人民法院的辖区。另外，关于由最高人民法院直接对跨省、跨流域案件指定管辖问题，因法律对此未进行限制，不需专门规定，最高人民法院可以根据实际需要直接指定管辖法院。

3. 刑事附带民事公益诉讼的特别管辖规定

依《检察公益诉讼解释》第二十条规定，人民检察院对破坏生态环境和资源保护，食品药品安全领域侵害众多消费者合法权益，侵害英雄烈士等的姓名、肖像、名誉、荣誉等损害社会公共利益的犯罪行为提起刑事公诉时，可以向人民法院一并提起附带民事公益诉讼，由人民法院同一审判组织审理。人民检察院提起的刑事附带民事公益诉讼案件由审理刑事案件的人民法院管辖。

【条文】

第二百八十四条

人民法院受理公益诉讼案件后，应当在十日内书面告知相关行政主管部门。

【条文主旨】

本条是关于公益诉讼程序与社会公共利益的行政保护程序相衔接的规定。

【条文理解】

公益诉讼是通过司法方式维护社会公共利益的制度，也是最后一道救济程序。无论是环境保护还是消费者权益保护，现行法律都规定了行政救济程序和司法救济程序。从性质和功能上看，行政救济程序是一种主动、高效的程序，通常在司法程序启动前发挥作用。但如何处理两种程序的关系，无论在立法时，还是在执法中，争议都很大。从国外公益诉讼程序的设置上看，大多数国家在承认司法救济的有限性和最终性前提下，强调公益诉讼的前置程序。例如，美国法律规定，公民提起环境公益诉讼时，应当先请求有关主管机关进行处置或者先行向侵害社会公共利益的人要求进行补救。再如，德国法律规定，涉及环境公益诉讼时，不能提起民事公益诉讼，只能提起行政公益诉讼，其目的就在于使行政机关依职权实现对公共利益的救济，而不是通过司法进行救济。从我国实践来看，例如三鹿奶粉事件，通过行政机关先行处置，效果很好。司法解释起草中，专家和法官也普遍认为，应当衔接好行政程序和司法程序，保护社会公共利益应主要靠行政手段来实现，建议规定公益诉讼的前置程序。但在征求全国人大常委会法工委和国家有关部委的意见时，有关部门认为，鉴于立法时争议很大，法律中没有明确规定行政前置程序，司法解释作规定有设定起诉条件和诉讼义务的嫌疑。因此，本解释最终没有规定行政前置程序。本条规定了人民法院在受理公益诉讼案件后向相关行政主管部门通报制度，有利于实现行政机关和司法机关共享案件信息和相互配合，形成良性互动，并督促行政主管部门依法及时行使职权，共同促进社会公共利益的保护。

本条规定是对受理公益诉讼案件的人民法院的强制性要求，人民法院只要受理公益诉讼案件，就应在受理之日起十日内书面通知相关行政主管部门。书面通知应当明确记载公益诉讼的基本情况，并附公益诉讼的起诉书及必要的相关材料。

本条规定的相关行政主管部门，是指对公益诉讼的被告行为依法负有监督管理职责的行政机关。在环境公益诉讼中，主要是生态环境、林业和草原、自然资源等相关行政主管部门。在消费公益诉讼中，主要是市场监督管理或者负有市场监督管理职能的其他行政主管部门。《环境公益诉讼解释》第十二条规定，人民法院受理环境民事公益诉讼后，应当在十日内告知对被告行为负有环境资源保护监督管理职责的部门。

本条未对人民法院将受理公益诉讼的情况书面通知行政机关的法律后果，或者后续处理程序作出规定。因此，人民法院的书面通知并不具有法律上的约束力。一般而言，行政机关接到人民法院通知后，会及时依法执法，对侵害社会公共利益的行为作出处理，一般社会公共利益保护的目的已经达到。此时，原告可以申请撤诉，人民法院准许后即可结案。原告不申请撤诉的，人民法院可以继续审理，并作出裁判。《环境公益诉讼解释》第二十六条规定："负有环境资源保护监督管理职责的部门依法履行监管职责而使原告诉讼请求全部实现，原告申请撤诉的，人民法院应予准许。"

【审判实践中应当注意的问题】

民事公益诉讼虽然是独立的对社会公共利益进行保护的司法救济程序，但鉴于司法在解决社会公共利益纠纷方面存在专业技术、措施手段、救济方式等方面的局限性，在很多方面都需要相关行政机关的配合、支持和协助。因此，审理好民事公益诉讼案件，人民法院应当高度重视与行政机关的协调和配合，努力取得行政机关的支持和协助。2014年，最高人民法院和原环境保护部就环境公益诉讼案件相互配合专门下发了《关于贯彻实施环境民事公益诉讼制度的通知》（法〔2014〕352号），在审理环境公益诉讼案件时可以依该通知规定办理。在办理其他公益诉讼案件时，人民法院也可以按照该通知规定精神，与相关行政主管部门进行沟通和协调。特别要注重做好以下几个方面。

一是要尽力推动相关行政主管部门依法采取行政措施，及时执法，更好地解决社会公共利益保护问题。人民法院在书面通知相关行政主管部门已受理公益诉讼案件后，要及时跟踪和督促。行政主管部门未及时予以回复的，人民法院可以及时了解情况，必要时，可以通过司法建议的方式督促行政主管部门采取措施。行政主管部门接到人民法院通知时，对案件开展调查处理的，人民法院应当积极配合，提供相关资料和情况。行政主管部门依法对损害社会公共利益的行为予以处理的，处理结果应当及时通报人民法院。

二是充分发挥行政主管部门的监管作用。人民法院因审理案件需要，可以依法向相关行政主管部门调取涉及被告行为的检测报告、处理报告、处理意见及其他证据材料如环境影响评价文件及其批复、污染物排放情况依据等。行政主管部门在履行职责过程中形成的书面证据为公文书证，无相反证据的，其内容视为真实。本解释第一百一十四条规定，国家机关或者其他依法具有社会管理职能的组织，在其职权范围内制作的文书所记载的事项推定为真实，但有相反证据足以推翻的除外。必要时，人民法院可以要求制作文书的机关或者组织对文书的真实性予以说明。

三是人民法院对公益诉讼作出判决后，需要执行的，应当积极商请相关行政主管部门协助执行。特别是需要长时间进行执行的环境修复责任，可以判决被告自行组织修复生态环境，也可以委托第三方修复生态环境，还可以由环境保护主管部门共同组织修复生态环境。

【条文】

第二百八十五条

人民法院受理公益诉讼案件后，依法可以提起诉讼的其他机关和有关组织，可以在开庭前向人民法院申请参加诉讼。人民法院准许参加诉讼的，列为共同原告。

【条文主旨】

本条是关于依法可以提起诉讼的其他机关和有关组织参加公益诉讼的规定。

【条文理解】

民事诉讼法第五十八条和本解释第二百八十三条已经对民事公益诉讼的原告作了规定，只有符合环境保护法和消费者权益保护法规定条件的组织和法律规定的机关才可以提起公益诉讼。目前，消费者权益保护法和环境保护法虽然对提起公益诉讼的有关组织的范围作了严格的限制，但由于损害消费者权益和污染环境、破坏生态的行为，往往涉及面很大，横跨数地，甚至涉及全国，因此，对同一损害社会公共利益的行为，能够提起公益诉讼的原告一般都有两个以上，依法都可以独立提起公益诉讼，按照现有的管辖确定方式，很可能在多个法院形成不同的独立诉讼。如果对同一损害社会公共利益的行为，因不同原告起诉而作为多个案件审理，会有两种弊端：一是浪费司法资源，完全可以一案解决的，重复诉讼无实质意义；二是多头诉讼，极有可能出现同案不同判的弊端。为解决这一问题，本解释第二百八十三条第三款明确规定，对同一损害社会公共利益的侵权行为提起的公益诉讼实行集中管辖，原则上由最先立案的法院管辖，后起诉的，移送至最先立案的法院。在必要时，可以由受理案件的共同上级人民法院指定某一法院集中管辖。但集中管辖规定只是解决了作为一个案件审理的问题，如果只靠原告起诉的先后而采取移送最先立案的法院管辖，会有两种弊端：一是时间上将导致大量浪费，每移送一次，就得重新组织交换证据，甚至重新确定举证期限，召开庭前会议，诉讼效率将大大降低；二是原告参加诉讼完全依靠起诉这一种方式，程序烦琐，负担过重。因此，本条规定了参加诉讼的制度。《消费公益诉讼解释》《环境公益诉讼解释》都作了如是规定。例如，《消费公益诉讼解释》第七条规定："人民法院受理消费民事公益诉讼案件后，依法可以提起诉讼的其他机关或者社会组织，可以在一审开庭前向人民法院申请参加诉讼。人民法院准许参加诉讼的，列为共同原告；逾期申请的，不予准许。”

本条规定依法可以提起诉讼的其他机关和有关组织，可以在开庭前向人民法院申请参加诉讼：一是申请参加公益诉讼的其他机关和有关组织必须对人民法院已经受理的公益诉讼具有起诉的原告资格；二是要在公益诉讼案件一审开庭之前申请参加，这是时间上的限制。依法可以提起诉讼的其他机关和有关组织，主要指除本案原告以外的，符合消费者权益保护法第四十七条、环境保护法第五十八条、《环境公益诉讼解释》第一条至第二条规定的机关或者社会组织，《消费公益诉讼解释》第一条规定的消费者协会，以及民事诉讼法规定的人民检察院。在其他机关和有关组织提出参加诉讼的申请后，人民法院应在收到申请后及时审查是否符合法定条件。符合条件的，人民法院应当将其列为共同原告。不符合条件的，人民法院应当裁定不予受理。

对于其他机关和有关组织一审开庭后向人民法院申请参加公益诉讼，人民法院如何处理，本解释未作规定。《环境公益诉讼解释》《消费公益诉讼解释》均规定“逾期申请的，不予准许”。

【审判实践中应当注意的问题】

1. 公益诉讼案件的公告

《环境公益诉讼解释》第十条第一款、第二款规定：“人民法院受理环境民事公益诉讼后，应当在立案之日起五日内将起诉状副本发送被告，并公告案件受理情况。有权提起诉讼的其他机关和社会组织在公告之日起三十日内申请参加诉讼，经审查符合法定条件的，人民法院应当将其列为共同原告；逾期申请的，不予准许。”

公益诉讼案件公告程序的设定，主要为了满足公益诉讼保护社会公共利益的需要。公益诉讼与私益诉讼的差异主要体现在两个方面：一是公益诉讼涉及不特定多数人的利益，但具有直接利益关系的人不能作为公益诉讼的当事人参加诉讼；二是公益诉讼的原告必须是与案件没有直接利害关系且限定在特定范围内的机关或者组织，诉讼中原告是社会公共利益的代表。正是因为公益诉讼具有代表诉讼的性质，为避免代表人诉讼中的不正当行为，确保诉讼保护公共利益目的实现，各国在设计公益诉讼制度时大多设置了相关通知或者公告程序。美国、英国等国家的集团诉讼，要求原告在起诉后应当依必要方式将案件起诉情况通知全体已知的受害人，对于不特定的受害人要以公告方式予以通知。日本法律规定，适格消费者团体提起团体诉讼之前应当向法务省（其主管机关）报告，并通知其他适格消费者团体。我国民事诉讼法第五十七条第一款规定：“诉讼标的是同一种类、当事人一方人数众多在起诉时人数尚未确定的，人民法院可以发出公告，说明案件情况和诉讼请求，通知权利人在一定期间向人民法院登记。”该条规定，可以作为公益诉讼公告制度的法律依据。在征求全国人大常委会法工委意见时，法工委对设立公益诉讼公告程序并没有不同意见。从实务的角度看，设立公益诉讼立案公告制度具有积极的作用：一是可以让其他具有起诉权的机关或者组织知悉，既可以避免重复起诉，也可以让其能够知悉公益诉讼情况而及时申请参加诉讼，更好地维护社会公益利益；二是让其他法院知悉，避免重复立案，落实集中管辖制度；三是公告可以有效促使经营者、污染企业主动纠正违法行为；四是可以让受害人了解诉讼，便于受害人通过行政或者司法程序及时获得赔偿。

本解释起草过程中，曾在本条第一款规定了公益诉讼的公告程序，但最终没有规定。当时主要是考虑到，如果一律强制要求对公益诉讼受理进行公告，一些案件当事人可能会利用这种方式恶意损害被告利益。虽然本解释没有规定，但并非说公益诉讼案件不能进行公告，《环境公益诉讼解释》有规定的当然应当按照规定进行公告。《消费公益诉讼解释》没有规定公告制度，但人民法院受理消费公益诉讼案件后，只要符合公开审理案件条件的，也可以进行公告。在人民检察院提起公益诉讼时，由于其他机关或者组织不提起公益诉讼是前置程序，所以司法解释也规定了特殊的公告制度，《检察公益诉讼解释》第十三条规定：“人民检察院在履行职责中发现破坏生态环境和资源保护，食品药品安全领域侵害众多消费者合法权益，侵害英雄烈士等的姓名、肖像、名誉、荣誉等损害社会公共利益的行为，拟提起公益诉讼的，应当依法公告，公告期间为三十日。公告期满，法律规定的机关和有关组织、英雄烈士等的近亲属不提起诉讼的，人民检察院可以向人民法院提起诉讼。人民检察院办理侵害英雄烈士等的姓名、肖像、名誉、荣誉的民事公益诉讼案件，也可以直接征询英雄烈士等的近亲属的意见。”人民检察院此种事前公告，具有与人民法院受理公益诉讼后公告同等的效力。《检察公益诉讼解释》第十七条规定：“人民法院受理人民检察院提起的民事公益诉讼案件后，应当在立案之日起五日内将起诉书副本送达被告。人民检察院已履行诉前公告程序的，人民法院立案后不再进行公告。”对于人民检察院在刑事诉讼中附带提起的民事公益诉讼，同样也规定了公告程序。《最高人民法院、最高人民检察院关于人民检察院提起刑事附带民事公益诉讼应否履行诉前公告程序问题的批复》（法释〔2019〕18 号）规定：“人民检察院提起刑事附带民事公益诉讼，应履行诉前公告程序。对于未履行诉前公告程序的，人民法院应当进行释明，告知人民检察院公告后再行提起诉讼。因人民检察院履行诉前公告程序，可能影响相关刑事案件审理期限的，人民检察院可以另行提起民事公益诉讼。”

2. 公益诉讼原告参加诉讼与起诉后移送管辖

本解释和《环境公益诉讼解释》《消费公益诉讼解释》均同时规定了集中管辖和申请参加诉讼制度，但对两种制度的适用关系未作明确。正确处理两者的关系要解决的主要问题是：如果超过申请参加公益诉讼的期限后，原告能否另行提起公益诉讼。

这一问题的核心在于原告的起诉权是否会因其他原告行使起诉权而受影响。原告分别向不同的人民法院对同一损害社会公共利益的行为提起公益诉讼的，由最先立案的人民法院管辖，这主要依据民事诉讼法第三十六条的规定，即“两个以上人民法院都有管辖权的诉讼，原告可以向其中一个人民法院起诉；原告向两个以上有管辖权的人民法院起诉的，由最先立案的人民法院管辖”。该条规定适用于私益诉讼时，由于诉讼的当事人完全相同，因此，分别向两个以上法院起诉的，案件已经受理时，后一起诉可以按照一事不再理的规定处理，即后诉人民法院可以裁定不予受理。但公益诉讼如果是不同原告分别起诉，则无法适用一事不再理原则，不能按照重复起诉而不受理后诉公益诉讼案件。

本解释第二百八十九条和《环境公益诉讼解释》第二十八条第一款，只是规定对公益诉讼案件作出生效判决后，依法有权对同一损害社会公共利益行为提起诉讼的机关和有关组织再提起公益诉讼的，人民法院一般不予受理，并没有规定在公益诉讼审理过程中，其他有权提起公益诉讼的原告是否可以提起诉讼。

从国外的立法规定来看，对同一损害社会公共利益的行为，一原告提起公益诉讼后，其他适格原告再提起诉讼的，一般允许，以充分保护原告的诉权；同时，为避免因此可能出现的重复诉讼，规定了强制合并的制度。

我们认为，鉴于我国现行法律和司法解释均未明确规定后诉原告起诉时不予受理，为保护原告的诉权，特别是考虑到各原告的诉讼请求不一定完全相同的情况，人民法院不宜作严格的限制。本解释起草过程中，曾经专门针对此问题，在本条规定增加一款规定，原告另行提起公益诉讼的，根据诉讼请求的情况，可以合并审理。但应当注意，按照本解释集中管辖的规定，其他适格原告再行提起诉讼的，应当向受理公益诉讼案件的人民法院提起，向其他人民法院起诉的，其他人民法院不能受理。

【条文】

第二百八十六条

人民法院受理公益诉讼案件，不影响同一侵权行为的受害人根据民事诉讼法第一百二十二条规定提起诉讼。

【条文主旨】

本条是关于公益诉讼与私益诉讼关系的规定。

【条文理解】

对同一侵权行为的公益诉讼和私益诉讼关系如何处理，由于国内司法实践经验较少，各国规定也不一致，认识上有较大的分歧。因此，本条对此问题作了明确规定："人民法院受理公益诉讼案件，不影响同一侵权行为的受害人根据民事诉讼法第一百二十二条规定提起诉讼。"《消费公益诉讼解释》第九条规定："人民法院受理消费民事公益诉讼案件后，因同一侵权行为受到损害的消费者申请参加诉讼的，人民法院应当告知其根据民事诉讼法第一百一十九条[①]规定主张权利。"《环境公益诉讼解释》第十条第三款规定："公民、法人和其他组织以人身、财产受到损害为由申请参加诉讼的，告知其另行起诉。"

1. 公益诉讼不影响依法提起私益诉讼

对侵害众多消费者权益行为提起的公益诉讼，必然涉及众多受害的消费者，污染环境的公益诉讼，往往也存在具体受害人。污染环境行为或者侵害消费者权益行为的受害人可以依法起诉请求损害赔偿。从性质和功能上看，公益诉讼是为了维护社会公共利益，私益诉讼是为了维护私人利益，两者并不冲突，公益诉讼不能取代私益诉讼，私益诉讼也无法完全取代公益诉讼，当然在私益诉讼能够维护公共利益时，私益诉讼案件裁判后，公益诉讼则无须再起诉。其他国家在处理公益诉讼与私益诉讼关系时，原则上采用了并行的办法。公益诉讼立案后，不影响受害人提起私益诉讼的权利。

2. 私益诉讼的受理也不影响公益诉讼的提起

虽然本解释没有规定私益诉讼受理后对公益诉讼的影响，但两者诉讼目的和保护的利益不同，所以，私益诉讼受理不应影响公益诉讼的提起。但应当注意，实践中私益诉讼的请求也可以包括停止侵权、排除妨害等内容，这

---

① 现为2021年民事诉讼法第一百二十二条。

有时会与公益诉讼请求相同，也即私益诉讼能够代行公益诉讼之目的。在研究中，有学者认为，如果能够通过私益诉讼解决的，原则上不再提起公益诉讼。但本解释对此没有明确规定，因此，私益诉讼受理后，对公益诉讼在案件受理上不应当有所限制，如果未进入审理过程中，可以按照案件的具体情况予以协调。

【审判实践中应当注意的问题】

1. 公益诉讼和私益诉讼并行时程序的处理

对于就同一侵权行为，法律规定的机关和有关组织提起公益诉讼，受害人提起私益诉讼，两个程序之间必须进行协调，不能分别进行，否则可能会出现就同一事实作出不同判决的矛盾。对此有两种观点：一种观点认为，私益诉讼应当优先。理由是：第一，公益诉讼是在私益诉讼无法实现对权利的救济时才可以适用的一种诉讼程序，如果能够通过私益诉讼进行救济，则应当优先适用私益诉讼程序；第二，私人权益受到损害时，应当优先保护私人权益，这是私益保护优先于公益保护原则的要求；第三，公益诉讼往往费时耗力，如果公益诉讼优先，对私益保护往往不够及时。另一种观点认为，公益诉讼应当优先。理由是：第一，公益诉讼的主体为有关机关和社会组织，它们往往都有专业人员和专业能力，能更好地完成诉讼；第二，公益诉讼保护的是社会公共利益，而私益诉讼保护的私人权益，公益诉讼实现了社会公共利益的保护时，同时也就救济了私人权益；第三，涉及社会公共利益的案件，受害人人数往往众多，有时诉讼标的额很小，整个私益诉讼完成周期过长，而且诉讼成本过高。一旦公益诉讼完成后，对受害人救济将非常简单和迅捷。本解释草案中曾经有两个方案，但最终我们认为，两者如何协调，不能简单地“一刀切”，目前实践经验不够，司法解释先不作规定。

实践中，可以考虑依当事人的申请而对两个案件先后处理。私益诉讼的原告以公益诉讼已经提起为由申请中止审理的，人民法院可以准许。《消费公益诉讼解释》第十条对此作了明确规定：“消费民事公益诉讼案件受理后，因同一侵权行为受到损害的消费者请求对其根据民事诉讼法第一百一十九条①规定提起的诉讼予以中止，人民法院可以准许。”公益诉讼的原告以私益诉讼已经提起为由申请中止诉讼，人民法院可以先待私益诉讼审理完再恢复审理。另一个可以考虑的因素是在先受理的案件的审理阶段，如果先诉已经开完庭，即将作出裁判的，原则上人民法院不宜再中止诉讼。

① 现为2021年民事诉讼法第一百二十二条。

2. 私益诉讼能否与公益诉讼合并审理

本解释起草过程中，对于在公益诉讼中能否对私益诉讼一并予以处理，同时实现公益和私益的保护问题，有很大的争议，最终没有规定。《环境公益诉讼解释》第十条第三款规定："公民、法人和其他组织以人身、财产受到损害为由申请参加诉讼的，告知其另行起诉。"《消费公益诉讼解释》第九条规定："人民法院受理消费民事公益诉讼案件后，因同一侵权行为受到损害的消费者申请参加诉讼的，人民法院应当告知其根据民事诉讼法第一百一十九条①规定主张权利。"可见，二者均排除了私益诉讼并入公益诉讼处理的可能。

从其他国家及地区的情况来看，大陆法系国家及地区对团体公益诉讼大多作出了规定，美国、英国、加拿大、澳大利亚等英美法系国家则主要采用的是集团诉讼和代表诉讼的公益诉讼制度。对于公益诉讼中能否提起损害赔偿请求，以及能否为受害人利益提起损害赔偿请求，大陆法系团体诉讼中基本上只允许提起不作为之诉，包括停止侵权和撤销违法合同条款两类诉讼请求。对于受害人之损害，部分国家及地区允许通过受让请求权的方式由团体以自己名义为授权的受害人提起赔偿之诉。英美法系国家的消费者集团诉讼主要就是损害赔偿之诉，能够代表提起集团诉讼的必须是受害人，其主要目的就是获得损害赔偿。

德国法律规定，消费者中心或其他受政府资助的消费者团体，于其业务范围内，在有保护消费者利益的必要时，除可提供消费者于法院外的法律咨询服务外，还可以就消费者的债权，以收取为目的而受让该债权，以自己名义提起诉讼，以便在扩散性或小额损害之情形下能够促进权利的实现。据此，在消费者由于其请求额过少而不能刺激其提起各个诉讼的场合，消费者的支付请求权可以作为债权加以让渡，而作为其受让人的消费者团体有权在裁判上对该请求权加以主张。

《意大利消费者法》则允许某些有代表资格的团体代表不公平商业行为或不正当竞争行为的受害者（包括消费者和最终用户）提起请求赔偿的集合诉讼。

法国团体诉讼明确区分集合性损害赔偿和受害人损害赔偿，对于集合性损害赔偿，有关团体可以提起赔偿之诉。对于受害人损害赔偿，不能提起赔偿之诉。经受害人授权的，可以为受害人利益提起赔偿之诉。《法国消费者

① 现为2021年民事诉讼法第一百二十二条。

法》规定："数名已确定身份的消费者因同一行为人的行为而遭受具有共同原因的损害时，任何已获批准的在全国范围内具有代表资格的消费者团体，如果得到其中至少两名消费者的授权，可以代表该消费者向法院提起损害赔偿之诉。"

我国台湾地区"消费者保护法"规定："消费者保护团体对于同一之原因事件，致使众多消费者受害时，得受让 20 人以上消费者损害赔偿请求权后，以自己名义，提起诉讼。消费者得于言词辩论终结前，终止让与损害赔偿请求权，并通知法院。"2010 年修正的"个人资料保护法"规定，对于同一原因事实造成多数当事人权利受侵害的事件，财团法人或公益社团法人经受有损害之当事人二十人以上以书面授予诉讼实施权者，得以自己的名义，提起损害赔偿诉讼。当事人得于言词辩论终结前以书面撤回诉讼实施权之授予，并通知法院。

从近年人民法院审理的环境类公益诉讼案件来看，许多案件都是将公益诉讼请求和私益诉讼请求合并进行了审理，其处理效果也很好。另外，我国台湾地区"民事诉讼法"规定的经受害人之授权而一并在公益诉讼中由原告代为请求损害赔偿，一并作出处理的做法，无疑具有很好的借鉴意义。特别是消费公益诉讼，主要是为了保护众多受到侵害的消费者利益，解决单个消费者由于请求赔偿数额过低，诉讼成本过高，很难提起诉讼的问题，如果不允许在公益诉讼中合并审理私益损害，则立法之目的将受到极大的影响。人民法院可以在实践中进行相应的尝试，先积累经验，为今后对该问题的进行立法或者司法解释做准备。

【条文】

第二百八十七条

对公益诉讼案件，当事人可以和解，人民法院可以调解。

当事人达成和解或者调解协议后，人民法院应当将和解或者调解协议进行公告。公告期间不得少于三十日。

公告期满后，人民法院经审查，和解或者调解协议不违反社会公共利益的，应当出具调解书；和解或者调解协议违反社会公共利益的，不予出具调解书，继续对案件进行审理并依法作出裁判。

【条文主旨】

本条是关于公益诉讼和解、调解的规定。

【条文理解】

本条对公益诉讼的和解和调解问题作了三方面规定。

第一款明确民事公益诉讼，当事人可以和解，人民法院可以调解。关于公益诉讼是否允许调解与和解的问题，有学者认为，社会公共利益是不可处分的，原则上应禁止和解，防止利益勾兑。考虑到经济发展和化解矛盾的需要，在查清事实、维护社会公共利益，保证环境恢复责任履行的前提下，对于双方在环境恢复责任的费用数额、履行时间、方式上达成一致并申请以调解方式结案的，应当在严格审查基础上予以准许。

第二款规定公益诉讼的调解协议或者和解协议在审查确认前应当公告。普通民事诉讼中，如果当事人调解过程中确实达成了保密协议，法院应当尊重当事人的意思自治，履行保密的义务。但是公益诉讼事关社会公共利益，原告的处分权必须在不损害社会公共利益的前提下行使，协议内容应当接受社会监督。因此，本条规定双方达成的和解或者调解协议应当公告，目的是使公众知晓协议内容，以便及时对于损害社会公共利益的行为行使监督权。如果其他主体认为和解或者调解协议损害国家利益、社会公共利益和他人合法权益的，可以向人民法院提出异议，该异议是法院审查协议合法性的参考资料。为避免程序过于复杂，本条未明确规定异议权以及对于异议的审查处理程序。

第三款明确公益诉讼当事人达成的调解协议或者和解协议不损害国家利益、社会公共利益或者他人合法权益的，人民法院才可以审查确认。人民法院在公告期满后，结合其他主体提出的异议，依法对协议内容进行审查，对于不违反社会公共利益的协议，出具调解书予以确认。双方当事人达成的调解协议或者和解协议虽然不违反社会公共利益，但如果法院认为出具判决书更有利于维护社会公共利益的，也可以不予确认。

【审判实践中应当注意的问题】

审判实践中应当注意公益诉讼当事人达成和解协议或者调解协议后，申请撤诉的，人民法院是否准许的问题。民事诉讼法第一百四十八条第一款规定："判决宣告前，原告申请撤诉的，是否准许，由人民法院裁定。"据此，对于私益诉讼案件，当事人申请撤诉的，一般人民法院会予以准许。特别是当事人达成和解协议或者调解协议的，通过撤诉结案的比例还是非常高的。但对于公益诉讼案件当事人达成调解协议或者和解协议后能否撤诉的问题，本解释起草过程中曾有争议。《环境公益诉讼解释》草案中曾明确规定，于此情形下，当事人申请撤诉的，人民法院可以准许。但经研究我们认为，因和解或者调解达成协议后申请撤回公益诉讼的，人民法院不宜准许。主要理由是：公益诉讼是为了维护社会公共利益，原告与该社会公共利益之间并无利害关系，一旦达成和解或者调解协议后再撤诉，则社会公共利益的实现将处于诉讼程序之外，即使不了了之，人民法院也没有程序可以予以纠正。私益诉讼则不会存在这个问题，当事人可以自由处分其权利，能否实现，人民法院不需要干预。另外，按照本解释第二百八十九条的规定，一旦作出生效判决，其他有权提起公益诉讼的机关或者有关组织就同一侵权行为再行提起公益诉讼的，人民法院不再受理，那么社会公共利益可能因前诉撤回而得不到任何保护。如果将撤诉作为重复起诉的例外情况，允许其他适格原告再行起诉，仍然有重复诉讼、浪费司法资源的弊端。因此，《环境公益诉讼解释》最终删除了公益诉讼当事人达成和解或者调解协议后申请撤诉，人民法院可以准许的规定。

【条文】

第二百八十八条

公益诉讼案件的原告在法庭辩论终结后申请撤诉的，人民法院不予准许。

【条文主旨】

本条是关于公益诉讼案件法庭辩论终结后不准许撤诉的规定。

【条文理解】

本条对公益诉讼案件的撤诉条件作了严格的限制。对于普通民事案件，本解释第二百三十八条规定：“当事人申请撤诉或者依法可以按撤诉处理的案件，如果当事人有违反法律的行为需要依法处理的，人民法院可以不准许撤诉或者不按撤诉处理。法庭辩论终结后原告申请撤诉，被告不同意的，人民法院可以不予准许。”本条规定是由公益诉讼实现社会公共利益的特点所决定的。

一是法庭辩论终结前原告申请撤诉的，是否准许，由法院裁定。如果不违反社会公共利益的，可以予以准许，否则，可以裁定不予准许撤诉。

二是法庭辩论终结后，因案件事实已经查清，已经具备判决条件，不应允许原告随意撤诉，否则，既不利于维护社会公共利益，也不利于兼顾被告的程序利益。

《环境公益诉讼解释》第二十六条规定："负有环境保护监督管理职责的部门依法履行监管职责而使原告诉讼请求全部实现，原告申请撤诉的，人民法院应予准许。"《检察公益诉讼解释》第十九条规定："民事公益诉讼案件审理过程中，人民检察院诉讼请求全部实现而撤回起诉的，人民法院应予准许。"则进一步对公益诉讼撤诉问题提供了明确的标准，即民事公益诉讼的诉讼请求得到满足时，公益诉讼之诉讼目的已经实现，诉讼继续进行已无必要，故原告申请撤诉的，人民法院应当予以准许。

【条文】

第二百八十九条

公益诉讼案件的裁判发生法律效力后，其他依法具有原告资格的机关和有关组织就同一侵权行为另行提起公益诉讼的，人民法院裁定不予受理，但法律、司法解释另有规定的除外。

【条文主旨】

本条是关于公益诉讼裁判效力的规定。

【条文理解】

公益诉讼裁判的效力包括两个方面：一是对当事人之间的效力，通常是指既判力。裁判一经生效，即具有确定力和执行力，当事人应当按照该裁判履行义务；同时，当事人应受一事不再理原则的限制，如果重复起诉的，人民法院不予受理。二是对当事人之外的因同一诉讼标的之诉讼的效力。因对同一侵害社会公共利益的行为有多个不同的原告依法都可以提起公益诉讼，一旦已经提起的公益诉讼作出了生效裁判，如果再允许其他适格原告重复起诉，没有任何实益。因此，其他适格主体在生效裁判作出后，也不得再提起诉讼，这是禁止重复起诉原则的扩张适用。因同一侵害社会公共利益的行为遭受损害的受害人，在公益诉讼裁判生效后，提起私益诉讼的，公益诉讼中认定的事实和裁判结果对私益诉讼也会有预决效力。

本条只是原则规定，其中的"但法律、司法解释另有规定的除外"，目前来看，没有法律对此作出规定，司法解释只有《环境公益诉讼解释》第二十八条规定："环境民事公益诉讼案件的裁判生效后，有权提起诉讼的其他机关和社会组织就同一污染环境、破坏生态行为另行起诉，有下列情形之一的，人民法院应予受理：（一）前案原告的起诉被裁定驳回的；（二）前案原告申请撤诉被裁定准许的，但本解释第二十六条规定的情形除外。环境民事公益诉讼案件的裁判生效后，有证据证明存在前案审理时未发现的损害，有权提起诉讼的机关和社会组织另行起诉的，人民法院应予受理。”该解释规定了三种例外：一是前案被裁定驳回起诉的；二是前案被裁定准许撤诉的；三是有证据证明存在前案审理时未发现的损害的。

1. 公益诉讼裁判生效后其他适格原告可以另行提起公益诉讼的情形

一是前公益诉讼案件因程序问题终结，并未作出实体处理的，包括驳回起诉及因原告原因而终结诉讼的情况。本解释第二百一十二条规定：“裁定不予受理、驳回起诉的案件，原告再次起诉，符合起诉条件且不属于民事诉讼法第一百二十七条规定情形的，人民法院应予受理。”在此种情形下，其他机关和有关组织提起公益诉讼符合起诉条件的，人民法院应当受理。

二是因准许撤销而结案的，也因并未作出实体处理，可以允许其他适格原告再提起公益诉讼。但是因社会公益利益保护目的已经实现而准许撤诉结案的，不能允许再次提起公益诉讼。《环境公益诉讼解释》第二十六条规定：“负有环境保护监督管理职责的部门依法履行监管职责而使原告诉讼请求全部实现，原告申请撤诉的，人民法院应予准许。”既然保护社会公共利益的目的已经实现，再允许提起公益诉讼已经没有意义，所以不宜再允许起诉。

2. 公益诉讼生效裁判对后诉案件的效力

本解释未对公益诉讼生效裁判对后诉案件的效力作出规定。《环境公益诉讼解释》第三十条规定：“已为环境民事公益诉讼生效裁判认定的事实，因同一污染环境、破坏生态行为依据民事诉讼法第一百一十九条①规定提起诉讼的原告、被告均无需举证证明，但原告对该事实有异议并有相反证据足以推翻的除外。对于环境民事公益诉讼生效裁判就被告是否存在法律规定的不承担责任或者减轻责任的情形、行为与损害之间是否存在因果关系、被告承担责任的大小等所作的认定，因同一污染环境、破坏生态行为依据民事诉讼法第一百一十九条②规定提起诉讼的原告主张适用的，人民法院应予支持，但被告有相反证据足以推翻的除外。被告主张直接适用对其有利的认定的，人民法院不予支持，被告仍应举证证明。”

一是前诉确认的事实，后诉不需要再举证的效力。本解释第九十三条对此有明确的规定。

二是前诉生效裁判对后诉讼当事人片面扩张适用的效力。原则上公益诉讼裁判不具有扩张效力，不能直接适用于其他案件，包括受害人的损害赔偿

①② 现为2021年民事诉讼法第一百二十二条。

私益诉讼。为了加强对消费者权益的保护，各国多承认消费者援引公益诉讼裁判支持自己请求的做法，事实上承认了公益诉讼裁判效力的片面扩张。同时，对被告援引公益诉讼裁判反驳消费者损害赔偿请求的，不予准许。从其效果上看，有利于受害人的权益保护，有利于对违法行为的制裁。民事诉讼法对不特定多数人代表诉讼的生效裁判也规定了代表人诉讼未登记的当事人后提起的诉讼，直接适用代表人诉讼生效裁判的规定。基于上述两点，《环境公益诉讼解释》对公益诉讼生效裁判规定了片面扩张适用的效力。如此规定并不会对被告造成不公平。因为前诉案件，被告已经参加并依法行使了相应的诉讼权利，前诉案件对于事实的认定和裁判，是被告充分进行了辩论的，所以，受害人援引生效的裁判支持其损害赔偿请求显然没有损害被告权益。我们认为，《环境公益诉讼解释》第三十条的规定，可以扩张适用于全部公益诉讼案件。

司法解释理解与适用丛书

最高人民法院
新民事诉讼法司法解释
理解与适用

〔下〕

最高人民法院民法典贯彻实施工作领导小组办公室　编著

人 民 法 院 出 版 社
PEOPLE'S COURT PRESS

凡　例

一、法律、法规、规章和规范性文件名称中的“中华人民共和国”省略。例如，《中华人民共和国民事诉讼法》简称民事诉讼法。必要时在名称前注明其制定或修改年份。例如，2007 年民事诉讼法、2012 年民事诉讼法。

二、全文引用法律条文时，一个条文的各个款、项之间不分段、不分行。

三、对于本书以下出现较多的司法解释和司法文件，使用缩略语。

1.《最高人民法院关于适用〈中华人民共和国民事诉讼法〉的解释》，简称本解释或本司法解释。《最高人民法院关于适用〈中华人民共和国民事诉讼法〉的解释》（法释〔2015〕5 号），简称 2015 年《民事诉讼法解释》。

2.《最高人民法院关于贯彻执行〈中华人民共和国民法通则〉若干问题的意见（试行）》[法（办）发〔1988〕6 号]，简称《民通意见》。

3.《最高人民法院关于适用〈中华人民共和国民事诉讼法〉若干问题的意见》（法发〔1992〕22 号），简称《92 年意见》。

4.《最高人民法院关于民事经济审判方式改革问题的若干规定》（法释〔1998〕14 号），简称《审判方式改革规定》。

5.《最高人民法院关于人民法院执行工作若干问题的规定（试行）》（法释〔1998〕15 号，2020 年 12 月 23 日修正），简称《执行规定（试行）》。

6.《最高人民法院关于适用〈中华人民共和国合同法〉若干问题的解释（一）》（法释〔1999〕19 号），简称《合同法解释（一）》。

7.《最高人民法院关于审理票据纠纷案件若干问题的规定》（法释〔2000〕32 号，2020 年 12 月 23 日修正），简称《票据纠纷规定》。

8.《最高人民法院关于适用〈中华人民共和国担保法〉若干问题的解释》（法释〔2000〕44 号），简称《担保法解释》。

9.《最高人民法院关于适用督促程序若干问题的规定》（法释〔2001〕

2号)，简称《督促程序规定》。

10.《最高人民法院关于确定民事侵权精神损害赔偿责任若干问题的解释》(法释〔2001〕7号，2020年12月23日修正)，简称《精神损害赔偿解释》。

11.《最高人民法院关于限制被执行人高消费的若干规定》① (法释〔2001〕8号，2015年7月6日修正)，简称《限制被执行人高消费规定》。

12.《最高人民法院关于民事诉讼证据的若干规定》(法释〔2001〕33号，2019年10月14日修正)，简称《民事诉讼证据规定》。

13.《最高人民法院关于适用简易程序审理民事案件的若干规定》(法释〔2003〕15号，2020年12月23日修正)，简称《简易程序规定》。

14.《最高人民法院关于人民法院民事调解工作若干问题的规定》(法释〔2004〕12号，2020年12月23日修正)，简称《民事调解工作规定》。

15.《最高人民法院关于以法院专递方式邮寄送达民事诉讼文书的若干规定》(法释〔2004〕13号)，简称《法院专递邮寄送达文书规定》。

16.《最高人民法院关于人民法院民事执行中查封、扣押、冻结财产的规定》(法释〔2004〕15号，2020年12月23日修正)，简称《查封、扣押、冻结财产规定》。

17.《最高人民法院关于人民法院民事执行中拍卖、变卖财产的规定》(法释〔2004〕16号，2020年12月23日修正)，简称《拍卖、变卖财产规定》。

18.《最高人民法院关于涉外民事或商事案件司法文书送达问题若干规定》(法释〔2006〕5号，2020年12月23日修正)，简称《涉外送达规定》。

19.《最高人民法院关于适用〈中华人民共和国公司法〉若干问题的规定(二)》(法释〔2008〕6号，2020年12月23日修正)，简称《公司法解释(二)》。

20.《最高人民法院关于适用〈中华人民共和国民事诉讼法〉执行程序若干问题的解释》(法释〔2008〕13号，2020年12月23日修正)，简称《执行程序解释》。

21.《最高人民法院关于适用〈中华人民共和国民事诉讼法〉审判监督程序若干问题的解释》(法释〔2008〕14号，2020年12月23日修正)，简称《审判监督程序解释》。

---

① 修正后名称修改为《最高人民法院关于限制被执行人高消费及有关消费的若干规定》。

22.《最高人民法院关于适用〈中华人民共和国合同法〉若干问题的解释（二）》（法释〔2009〕5号），简称《合同法解释（二）》。

23.《最高人民法院关于人民调解协议司法确认程序的若干规定》（法释〔2011〕5号），简称《人民调解协议司法确认程序规定》。

24.《最高人民法院关于审判人员在诉讼活动中执行回避制度若干问题的规定》（法释〔2011〕12号），简称《回避规定》。

25.《最高人民法院关于审理侵害信息网络传播权民事纠纷案件适用法律若干问题的规定》（法释〔2012〕20号，2020年12月23日修正），简称《侵害信息网络传播权纠纷规定》。

26.《最高人民法院关于适用〈中华人民共和国刑事诉讼法〉的解释》（法释〔2012〕21号），简称2012年《刑事诉讼法解释》。

27.《最高人民法院关于适用〈中华人民共和国涉外民事关系法律适用法〉若干问题的解释（一）》（法释〔2012〕24号，2020年12月23日修正），简称《涉外民事关系法律适用法解释（一）》。

28.《最高人民法院关于公布失信被执行人名单信息的若干规定》（法释〔2013〕17号，2017年1月16日修正），简称《公布失信名单规定》。

29.《最高人民法院关于审理环境民事公益诉讼案件适用法律若干问题的解释》（法释〔2015〕1号，2020年12月23日修正），简称《环境公益诉讼解释》。

30.《最高人民法院关于人民法院办理执行异议和复议案件若干问题的规定》（法释〔2015〕10号，2020年12月23日修正），简称《执行异议复议规定》。

31.《最高人民法院关于审理消费民事公益诉讼案件适用法律若干问题的解释》（法释〔2016〕10号，2020年12月23日修正），简称《消费公益诉讼解释》。

32.《最高人民法院关于民事执行中变更、追加当事人若干问题的规定》（法释〔2016〕21号，2020年12月23日修正），简称《变更、追加当事人规定》。

33.《最高人民法院关于人民法院办理财产保全案件若干问题的规定》（法释〔2016〕22号，2020年12月23日修正），简称《财产保全规定》。

34.《最高人民法院关于执行和解若干问题的规定》（法释〔2018〕3

号，2020 年 12 月 23 日修正），简称《执行和解规定》。

35.《最高人民法院关于执行担保若干问题的规定》（法释〔2018〕4 号，2020 年 12 月 23 日修正），简称《执行担保规定》。

36.《最高人民法院、最高人民检察院关于检察公益诉讼案件适用法律若干问题的解释》（法释〔2018〕6 号，2020 年 12 月 23 日修正），简称《检察公益诉讼解释》。

37.《最高人民法院关于适用〈中华人民共和国刑事诉讼法〉的解释》（法释〔2021〕1 号），简称《刑事诉讼法解释》。

38.《最高人民法院关于适用〈中华人民共和国民法典〉总则编若干问题的解释》（法释〔2022〕6 号），简称《民法典总则编解释》。

39.《最高人民法院关于进一步发挥诉讼调解在构建社会主义和谐社会中积极作用的若干意见》（法发〔2007〕9 号），简称《发挥诉讼调解作用意见》。

40.《最高人民法院关于适用〈关于民事诉讼证据的若干规定〉中有关举证时限规定的通知》（法发〔2008〕42 号），简称《举证时限规定通知》。

41.《中央政法委、最高人民法院关于规范集中清理执行积案结案标准的通知》（法发〔2009〕15 号），简称《清理执行积案结案标准通知》。

42.《最高人民法院关于建立健全诉讼与非诉讼相衔接的矛盾纠纷解决机制的若干意见》（法发〔2009〕45 号），简称《诉讼与非诉讼衔接机制意见》。

43.《最高人民法院关于依法制裁规避执行行为的若干意见》（法〔2011〕195 号），简称《制裁规避执行行为意见》。

44.《最高人民法院、最高人民检察院关于对民事审判活动与行政诉讼实行法律监督的若干意见（试行）》（高检会〔2011〕1 号），简称《民行法律监督意见》。

45.《最高人民法院关于扩大诉讼与非诉讼相衔接的矛盾纠纷解决机制改革试点总体方案》（法〔2012〕116 号），简称《诉讼与非诉讼衔接机制试点方案》。

46.《最高人民法院关于进一步加强民事送达工作的若干意见》（法发〔2017〕19 号），简称《民事送达意见》。

47.《最高人民法院关于完善四级法院审级职能定位改革试点的实施办法》（法〔2021〕242 号），简称《审级职能定位改革试点办法》。

目录
CONTENTS

（下册）

十四、第三人撤销之诉

第二百九十条 …… 633

［条文主旨］本条是关于第三人撤销之诉的起诉条件的规定。

第二百九十一条 …… 640

［条文主旨］本条是关于第三人撤销之诉的受理审查程序的规定。

第二百九十二条 …… 644

［条文主旨］本条是关于第三人撤销之诉审判组织形式的规定。

第二百九十三条 …… 645

［条文主旨］本条是关于第三人因不能归责于本人的事由未参加诉讼的规定。

第二百九十四条 …… 648

［条文主旨］本条是关于第三人撤销之诉的撤销对象的规定。

第二百九十五条 …… 651

［条文主旨］本条是关于不适用第三人撤销之诉情形的规定。

第二百九十六条 …… 654

［条文主旨］本条是关于第三人撤销之诉的当事人的规定。

第二百九十七条 …… 654

［条文主旨］本条是关于第三人撤销之诉受理后，原生效法律文书是否中止执行的规定。

第二百九十八条 …… 656

［条文主旨］本条是关于第三人撤销之诉的裁判的规定。

第二百九十九条 …… 661

［条文主旨］本条是关于第三人撤销之诉与原审诉讼当事人申请再审关系的规定。

第三百条 …… 662

［条文主旨］本条是关于第三人撤销之诉并入再审程序后如何审理的规定。

第三百零一条 …… 663

［条文主旨］本条是关于第三人撤销之诉与民事诉讼法第二百三十四条规定的案外人执行异议程序关系的规定。

十五、执行异议之诉

第三百零二条 …… 665

［条文主旨］本条是关于执行异议之诉管辖的规定。

第三百零三条 …… 669

［条文主旨］本条是关于案外人执行异议之诉起诉条件和立案审查期限的规定。

第三百零四条 …… 677

［条文主旨］本条是关于申请执行人提起执行异议之诉的条件和立案审查期限的规定。

第三百零五条 …… 679

［条文主旨］本条是关于案外人执行异议之诉当事人的规定。

第三百零六条 …… 683

［条文主旨］本条是关于申请执行人执行异议之诉当事人的规定。

第三百零七条 …… 684

［条文主旨］本条是关于被执行人无权提起执行异议之诉的规定。

第三百零八条 …… 686

［条文主旨］本条是关于执行异议之诉案件审理程序的规定。

第三百零九条 …………………………………………………… 687

[条文主旨] 本条是关于执行异议之诉中举证证明责任分配的规定。

第三百一十条 …………………………………………………… 690

[条文主旨] 本条是关于案外人执行异议之诉判决的规定。

第三百一十一条 ………………………………………………… 692

[条文主旨] 本条是关于申请执行人执行异议之诉判决的规定。

第三百一十二条 ………………………………………………… 693

[条文主旨] 本条是关于案外人执行异议之诉判决作出后，执行异议裁定如何处理的规定。

第三百一十三条 ………………………………………………… 695

[条文主旨] 本条是关于案外人执行异议之诉审理期间能否处分执行标的以及案外人与被执行人恶意串通、阻碍执行如何处理的规定。

第三百一十四条 ………………………………………………… 698

[条文主旨] 本条是关于中止执行裁定作出后，申请执行人未在规定的期限内提起执行异议之诉，原执行行为如何处理的规定。

十六、第二审程序

第三百一十五条 ………………………………………………… 700

[条文主旨] 本条是关于二审程序中如何确定当事人诉讼地位的规定。

第三百一十六条 ………………………………………………… 701

[条文主旨] 本条是关于民事诉讼法第一百七十三条、第一百七十四条中所规定的“对方当事人”范围的规定。

第三百一十七条 ………………………………………………… 703

[条文主旨] 本条是关于必要共同诉讼人提起上诉时如何列明当事人诉讼地位的规定。

第三百一十八条 ………………………………………………… 704

[条文主旨] 本条是关于上诉的期限、形式、上诉费用交纳等相关要件的规定。

第三百一十九条 …………………………………………………………… 705

[条文主旨] 本条是关于无民事行为能力人、限制民事行为能力人的法定代理人能否代理无民事行为能力人、限制民事行为能力人提起上诉的规定。

第三百二十条 ……………………………………………………………… 705

[条文主旨] 本条是关于上诉案件当事人死亡或终止的，人民法院如何处理的规定。

第三百二十一条 …………………………………………………………… 708

[条文主旨] 本条是关于民事诉讼法第一百七十五条规定的二审审理范围的规定。

第三百二十二条 …………………………………………………………… 709

[条文主旨] 本条是关于二审开庭审理的上诉案件开庭前准备程序的规定。

第三百二十三条 …………………………………………………………… 714

[条文主旨] 本条是关于民事诉讼法第一百七十七条第一款第四项规定的可以发回重审的“严重违反法定程序”事由的规定。

第三百二十四条 …………………………………………………………… 715

[条文主旨] 本条是关于二审法院对一审判决遗漏当事人诉讼请求如何处理的规定。

第三百二十五条 …………………………………………………………… 716

[条文主旨] 本条是关于二审法院对于一审程序中遗漏当事人及有独立请求权的第三人如何处理的规定。

第三百二十六条 …………………………………………………………… 717

[条文主旨] 本条是关于二审程序中当事人增加诉讼请求或提出反诉如何处理的规定。

第三百二十七条 …………………………………………………………… 718

[条文主旨] 本条是关于不准离婚案件上诉如何处理的规定。

第三百二十八条 …………………………………………………………… 719

[条文主旨] 本条是关于一审受理错误，二审如何处理的规定。

第三百二十九条 …………………………………………………… 720

[条文主旨] 本条是关于二审法院发现一审法院违反专属管辖情形如何处理的规定。

第三百三十条 …………………………………………………… 723

[条文主旨] 本条是关于对不予受理和驳回起诉裁定提起上诉处理的规定。

第三百三十一条 …………………………………………………… 724

[条文主旨] 本条是关于民事诉讼法第一百七十六条规定的可以不开庭审理情形的规定。

第三百三十二条 …………………………………………………… 725

[条文主旨] 本条是关于原判决、裁定认定事实或者适用法律有瑕疵，但裁判结果正确的情形下，如何适用法律的规定。

第三百三十三条 …………………………………………………… 728

[条文主旨] 本条是关于民事诉讼法第一百七十七条第一款第三项规定的“基本事实”的规定。

第三百三十四条 …………………………………………………… 731

[条文主旨] 本条是关于二审程序中当事人分立、合并处理的规定。

第三百三十五条 …………………………………………………… 733

[条文主旨] 本条是关于上诉人申请撤回起诉处理的规定。

第三百三十六条 …………………………………………………… 735

[条文主旨] 本条是关于原审原告在二审程序中申请撤回上诉处理的规定。

第三百三十七条 …………………………………………………… 741

[条文主旨] 本条是关于二审期间达成和解应如何处理的规定。

第三百三十八条 …………………………………………………… 742

[条文主旨] 本条是关于二审法院的宣判方式的规定。

第三百三十九条 …………………………………………………… 743

[条文主旨] 本条是关于裁定的上诉案件审限及其延长的规定。

第三百四十条 …………………………………………………………… 745

［条文主旨］本条是关于当事人在一审程序中所作行为效力的规定。

十七、特别程序

第三百四十一条 …………………………………………………………… 750

［条文主旨］本条是关于宣告失踪、宣告死亡案件特别程序中下落不明人财产管理以及指定财产管理人、代管人的规定。

第三百四十二条 …………………………………………………………… 751

［条文主旨］本条是关于宣告失踪、宣告死亡案件特别程序中财产代管人变更的规定。

第三百四十三条 …………………………………………………………… 751

［条文主旨］本条是关于宣告失踪、宣告死亡案件特别程序中宣告失踪和宣告死亡程序衔接的规定。

第三百四十四条 …………………………………………………………… 752

［条文主旨］本条是关于宣告失踪、宣告死亡案件特别程序中多个利害关系人同时提出申请应当如何处理的规定。

第三百四十五条 …………………………………………………………… 753

［条文主旨］本条是关于民事诉讼法第一百九十二条第一款规定的寻找下落不明人的公告内容的规定。

第三百四十六条 …………………………………………………………… 754

［条文主旨］本条是关于宣告失踪、宣告死亡案件特别程序中申请人撤回申请应当如何处理的规定。

第三百四十七条 …………………………………………………………… 755

［条文主旨］本条是关于利害关系人或者有关组织在普通程序中申请认定作为当事人的自然人无民事行为能力或者限制民事行为能力如何处理的规定。

第三百四十八条 …………………………………………………………… 756

［条文主旨］本条是关于认定财产无主案件特别程序中公告期间有人提出财产请求如何处理的规定。

第三百四十九条 …………………………………………………………………… 756

[条文主旨] 本条是关于被指定的监护人不服指定应如何处理的规定。

第三百五十条 ……………………………………………………………………… 758

[条文主旨] 本条是关于民事诉讼法第一百九十六条第一款规定的为被申请人指定代理人的补充规定。

第三百五十一条 …………………………………………………………………… 759

[条文主旨] 本条是关于调解协议司法确认案件申请主体、申请范围及案件管辖的规定。

第三百五十二条 …………………………………………………………………… 766

[条文主旨] 本条是关于调解协议司法确认案件共同管辖问题的规定。

第三百五十三条 …………………………………………………………………… 767

[条文主旨] 本条是关于调解协议司法确认案件申请形式的规定。

第三百五十四条 …………………………………………………………………… 768

[条文主旨] 本条是关于调解协议司法确认案件当事人提交申请材料的规定。

第三百五十五条 …………………………………………………………………… 769

[条文主旨] 本条是关于调解协议司法确认案件受理申请的规定。

第三百五十六条 …………………………………………………………………… 773

[条文主旨] 本条是关于调解协议司法确认案件审查程序的规定。

第三百五十七条 …………………………………………………………………… 778

[条文主旨] 本条是关于撤回调解协议司法确认申请的规定。

第三百五十八条 …………………………………………………………………… 779

[条文主旨] 本条是关于调解协议司法确认案件裁定驳回申请情形的规定。

第三百五十九条 …………………………………………………………………… 791

[条文主旨] 本条是关于实现担保物权案件申请主体的规定。

第三百六十条 ……………………………………………………………………… 797

[条文主旨] 本条是关于实现权利质权案件管辖法院的规定。

第三百六十一条 …………………………………………………………… 800

[条文主旨] 本条是关于专门法院能否管辖实现担保物权案件的规定。

第三百六十二条 …………………………………………………………… 804

[条文主旨] 本条是关于同一笔债权有多个担保物时实现担保物权案件管辖法院的规定。

第三百六十三条 …………………………………………………………… 806

[条文主旨] 本条是关于人保与物保并存时申请实现担保物权如何受理的规定。

第三百六十四条 …………………………………………………………… 808

[条文主旨] 本条是关于同一财产上设有多个担保物权的，登记在先的担保物权尚未实现的情况下，后顺位的担保物权人申请实现担保物权应否受理的规定。

第三百六十五条 …………………………………………………………… 808

[条文主旨] 本条是关于申请实现担保物权所应提交材料的规定。

第三百六十六条 …………………………………………………………… 811

[条文主旨] 本条是关于人民法院受理实现担保物权申请后向被申请人送达相关法律文书的期限和被申请人提出异议期限的规定。

第三百六十七条 …………………………………………………………… 813

[条文主旨] 本条是关于实现担保物权案件审查主体的形式的规定。

第三百六十八条 …………………………………………………………… 813

[条文主旨] 本条是关于人民法院对实现担保物权案件审查是否进行询问和调查核实相关事实的规定。

第三百六十九条 …………………………………………………………… 815

[条文主旨] 本条是关于人民法院对申请实现担保物权案件审查内容的规定。

第三百七十条 ……………………………………………………………… 818

[条文主旨] 本条是关于人民法院对申请实现担保物权案件审查后处理结果的规定。

第三百七十一条 …………………………………………………………… 820

［条文主旨］本条是关于申请实现担保物权程序中适用财产保全的规定。

第三百七十二条 …………………………………………………………… 821

［条文主旨］本条是关于适用特别程序作出的判决、裁定如何救济的规定。

十八、审判监督程序

第三百七十三条 …………………………………………………………… 825

［条文主旨］本条是关于当事人权利义务承继者以及债权受让人申请再审的规定。

第三百七十四条 …………………………………………………………… 829

［条文主旨］本条是关于民事诉讼法第二百零六条规定的“当事人一方人数众多或者当事人双方为公民的案件”的规定。

第三百七十五条 …………………………………………………………… 835

［条文主旨］本条是关于当事人申请再审应当“提交再审申请书等材料”的规定。

第三百七十六条 …………………………………………………………… 837

［条文主旨］本条是关于再审申请书应当记明的事项的规定。

第三百七十七条 …………………………………………………………… 838

［条文主旨］本条是关于一方人数众多或者当事人双方为公民的案件当事人分别向原审人民法院和上一级人民法院申请再审管辖法院确定的规定。

第三百七十八条 …………………………………………………………… 841

［条文主旨］本条是关于当事人不得申请再审案件范围的规定。

第三百七十九条 …………………………………………………………… 843

［条文主旨］本条是关于可以申请再审的裁定范围的规定。

第三百八十条 ……………………………………………………………… 843

［条文主旨］本条是关于当事人就解除婚姻关系案件中的财产分割问题申请再审的规定。

第三百八十一条 …… 844

［条文主旨］本条是关于申请再审与检察监督衔接的规定。

第三百八十二条 …… 847

［条文主旨］本条是关于对调解书申请再审期限的规定。

第三百八十三条 …… 849

［条文主旨］本条是关于人民法院发送受理通知书等材料的规定。

第三百八十四条 …… 850

［条文主旨］本条是关于人民法院对申请再审案件审查范围的规定。

第三百八十五条 …… 854

［条文主旨］本条是关于再审新证据实质性认定标准及未在原审提供证据的法律后果的规定。

第三百八十六条 …… 856

［条文主旨］本条是关于未在原审提供证据正当理由的规定。

第三百八十七条 …… 859

［条文主旨］本条是关于民事诉讼法第二百零七条第四项“主要证据未经质证”再审事由的规定。

第三百八十八条 …… 861

［条文主旨］本条是关于民事诉讼法第二百零七条第六项“原判决、裁定适用法律确有错误”再审事由的规定。

第三百八十九条 …… 865

［条文主旨］本条是关于民事诉讼法第二百零七条第九项“违反法律规定，剥夺当事人辩论权利”再审事由的规定。

第三百九十条 …… 868

［条文主旨］本条是关于民事诉讼法第二百零七条第十一项“原判决、裁定遗漏或者超出诉讼请求”再审事由的规定。

第三百九十一条 …… 870

［条文主旨］本条是关于民事诉讼法第二百零七条第十二项“法律文书”范围的规定。

第三百九十二条 …………………………………………………………………… 873

［条文主旨］本条是关于民事诉讼法第二百零七条第十三项“审判人员审理该案件时有贪污受贿、徇私舞弊、枉法裁判行为”事由适用条件的规定。

第三百九十三条 …………………………………………………………………… 875

［条文主旨］本条是关于裁定再审标准的规定。

第三百九十四条 …………………………………………………………………… 878

［条文主旨］本条是关于依照民事诉讼法第二百一十三条决定再审需要中止执行的，如何作出裁定的规定。

第三百九十五条 …………………………………………………………………… 881

［条文主旨］本条是关于人民法院审查申请再审案件可以“询问有关事项”的规定。

第三百九十六条 …………………………………………………………………… 882

［条文主旨］本条是关于被申请人及原审其他当事人提出再审申请如何处理的规定。

第三百九十七条 …………………………………………………………………… 883

［条文主旨］本条是关于再审审查期间当事人申请法院委托鉴定、勘验如何处理的规定。

第三百九十八条 …………………………………………………………………… 885

［条文主旨］本条是关于再审申请人撤回再审申请以及按撤回再审申请处理的规定。

第三百九十九条 …………………………………………………………………… 887

［条文主旨］本条是关于当事人撤回再审申请或者按撤回再审申请处理后当事人再次提出再审申请如何处理的规定。

第四百条 ……………………………………………………………………………… 889

［条文主旨］本条是关于人民法院审查再审申请期间可以裁定终结审查情形的规定。

第四百零一条 ………………………………………………………………………… 893

［条文主旨］本条是关于再审以开庭为原则、不开庭为例外的规定。

第四百零二条 …… 895

［条文主旨］本条是关于不同主体启动再审案件的庭审诉辩顺序的规定。

第四百零三条 …… 897

［条文主旨］本条是关于再审审理范围的规定。

第四百零四条 …… 901

［条文主旨］本条是关于终结再审审理程序情形的规定。

第四百零五条 …… 904

［条文主旨］本条是关于再审审理结果的规定。

第四百零六条 …… 906

［条文主旨］本条是关于按二审程序再审裁定驳回起诉的规定。

第四百零七条 …… 906

［条文主旨］本条是关于不应当裁定再审的调解书在再审程序中如何处理的规定。

第四百零八条 …… 908

［条文主旨］本条是关于再审审理程序中一审原告撤回起诉如何处理的规定。

第四百零九条 …… 910

［条文主旨］本条是关于提交再审新证据的当事人补偿其他当事人必要费用的规定。

第四百一十条 …… 913

［条文主旨］本条是关于在再审判决中确认调解协议内容的规定。

第四百一十一条 …… 916

［条文主旨］本条是关于检察机关依职权监督民事诉讼的规定。

第四百一十二条 …… 918

［条文主旨］本条是关于再审检察监督案件范围的规定。

第四百一十三条 …… 920

［条文主旨］本条是关于检察机关监督再审裁判的规定。

第四百一十四条 …………………………………………………………… 921

［条文主旨］ 本条是关于再审检察建议如何审查受理的规定。

第四百一十五条 …………………………………………………………… 922

［条文主旨］ 本条是关于人民法院在收到抗诉书之日起三十日内作出再审裁定的情况的规定。

第四百一十六条 …………………………………………………………… 925

［条文主旨］ 本条是关于对抗诉案件指令再审的规定。

第四百一十七条 …………………………………………………………… 927

［条文主旨］ 本条是关于办理再审检察建议的规定。

第四百一十八条 …………………………………………………………… 930

［条文主旨］ 本条是关于驳回当事人再审申请裁定对再审有无影响力的规定。

第四百一十九条 …………………………………………………………… 935

［条文主旨］ 本条是关于抗诉再审开庭相关事宜的规定。

第四百二十条 ……………………………………………………………… 937

［条文主旨］ 本条是关于被遗漏的必要共同诉讼人申请再审的规定。

第四百二十一条 …………………………………………………………… 940

［条文主旨］ 本条是关于案外人申请再审程序的规定。

第四百二十二条 …………………………………………………………… 943

［条文主旨］ 本条是关于因案外人申请而裁定再审后处理的规定。

第四百二十三条 …………………………………………………………… 944

［条文主旨］ 本条是关于再审程序准用二审程序自行宣判、委托宣判的规定。

第四百二十四条 …………………………………………………………… 945

［条文主旨］ 本条是关于小额案件裁判再审救济的规定。

十九、督促程序

第四百二十五条 …………………………………………………………… 947

［条文主旨］ 本条是关于管辖选择权和地域管辖问题的规定。

第四百二十六条 …… 952

[条文主旨] 本条是关于民事诉讼法对不符合要求的支付令申请书通知债权人限期补正的规定。

第四百二十七条 …… 956

[条文主旨] 本条是关于民事诉讼法第二百二十一条第一款规定的申请支付令条件的规定。

第四百二十八条 …… 964

[条文主旨] 本条是关于支付令审查主体以及驳回申请的条件和期限的规定。

第四百二十九条 …… 966

[条文主旨] 本条是关于支付令留置送达方式的规定。

第四百三十条 …… 966

[条文主旨] 本条是关于民事诉讼法第二百二十四条规定的裁定终结督促程序的规定。

第四百三十一条 …… 968

[条文主旨] 本条是关于民事诉讼法第二百二十三条第二款有关支付令的异议期限的规定。

第四百三十二条 …… 970

[条文主旨] 本条是关于民事诉讼法第二百二十三条第二款规定的涉及终结督促程序之前对支付令部分异议进行审查的规定。

第四百三十三条 …… 973

[条文主旨] 本条是关于可分之债的支付令异议效力的规定。

第四百三十四条 …… 976

[条文主旨] 本条是关于设有担保的债务案件如何适用支付令的规定。

第四百三十五条 …… 980

[条文主旨] 本条是关于债务人异议成立和终结督促程序的规定。

第四百三十六条 …… 982

[条文主旨] 本条是关于书面异议审查、处理及口头异议的规定。

第四百三十七条 …………………………………………………… 985

[条文主旨] 本条是关于债务人撤回异议的规定。

第四百三十八条 …………………………………………………… 988

[条文主旨] 本条是关于民事诉讼法第二百二十四条第二款但书“申请支付令的一方当事人不同意提起诉讼的除外”的规定。

第四百三十九条 …………………………………………………… 991

[条文主旨] 本条是关于支付令因债务人异议失效后，申请人未在法定期限向受理法院提出不同意提起诉讼及起诉时间的规定。

第四百四十条 ……………………………………………………… 993

[条文主旨] 本条是关于申请执行支付令期限的规定。

第四百四十一条 …………………………………………………… 996

[条文主旨] 本条是关于裁定撤销支付令的规定。

二十、公示催告程序

第四百四十二条 …………………………………………………… 998

[条文主旨] 本条是关于民事诉讼法第二百二十五条规定的“票据持有人”即公示催告申请人的规定。

第四百四十三条 …………………………………………………… 1006

[条文主旨] 本条是关于公示催告申请应否受理的规定。

第四百四十四条 …………………………………………………… 1007

[条文主旨] 本条是关于人民法院应审查哪些证据以决定是否受理公示催告申请的规定。

第四百四十五条 …………………………………………………… 1008

[条文主旨] 本条是关于民事诉讼法第二百二十六条“发出公告”所载内容的规定。

第四百四十六条 …………………………………………………… 1010

[条文主旨] 本条是关于民事诉讼法第二百二十六条“发出公告”的载体以及在不同载体上发布公告时间的规定。

第四百四十七条 …… 1013

[条文主旨] 本条是关于民事诉讼法第二百二十六条“公示催告的期间”的规定。

第四百四十八条 …… 1018

[条文主旨] 本条是关于利害关系人在申报期届满后、判决作出之前申报权利法律后果的规定。

第四百四十九条 …… 1019

[条文主旨] 本条是关于人民法院对利害关系人申报权利如何进行审查以及处理方式的规定。

第四百五十条 …… 1020

[条文主旨] 本条是关于可以申请作出除权判决的法律情形、期间以及法律后果的规定。

第四百五十一条 …… 1022

[条文主旨] 本条是关于公示催告申请人依据除权判决行权时间以及除权判决效力的规定。

第四百五十二条 …… 1023

[条文主旨] 本条是关于适用公示催告程序审理的案件以及判决宣告票据时审判组织组成方式的规定。

第四百五十三条 …… 1023

[条文主旨] 本条是关于公示催告申请人撤回申请的规定。

第四百五十四条 …… 1024

[条文主旨] 本条是关于停止支付的性质以及支付人拒不执行的法律后果的规定。

第四百五十五条 …… 1026

[条文主旨] 本条是关于申请人和申报人提起的票据纠纷案件如何确定管辖法院的规定。

第四百五十六条 …… 1028

[条文主旨] 本条是关于依民事诉讼法第二百二十八条制作终结公示催告程序的裁定书署名和印章问题的规定。

第四百五十七条 …………………………………………………………… 1028

[条文主旨] 本条是关于民事诉讼法第二百三十条规定的票据纠纷适用何种程序的规定。

第四百五十八条 …………………………………………………………… 1029

[条文主旨] 本条是关于民事诉讼法第二百三十条规定的“正当理由”的规定。

第四百五十九条 …………………………………………………………… 1032

[条文主旨] 本条是关于撤销之诉的被告以及进行除权判决效力认定的规定。

二十一、执行程序

第四百六十条 ……………………………………………………………… 1035

[条文主旨] 本条是关于民事诉讼法特别程序和督促程序产生的几类执行依据执行管辖的规定。

第四百六十一条 …………………………………………………………… 1036

[条文主旨] 本条是关于执行依据确定原则的规定。

第四百六十二条 …………………………………………………………… 1040

[条文主旨] 本条是关于民事诉讼法第二百三十四条“执行过程中”案外人提出异议期限的规定。

第四百六十三条 …………………………………………………………… 1042

[条文主旨] 本条是关于民事诉讼法第二百三十四条“案外人对执行标的提出书面异议”如何审查的规定。

第四百六十四条 …………………………………………………………… 1045

[条文主旨] 本条是关于执行和解后，申请执行人对执行程序运行选择权的规定。

第四百六十五条 …………………………………………………………… 1048

[条文主旨] 本条是关于执行和解协议不履行后恢复执行的规定。

第四百六十六条 …………………………………………………………… 1050

[条文主旨] 本条是关于执行和解后恢复执行期间的规定。

第四百六十七条 …………………………………………………… 1051
［条文主旨］本条是关于执行担保的期限以及担保责任的规定。
第四百六十八条 …………………………………………………… 1053
［条文主旨］本条是关于执行担保方式的规定。
第四百六十九条 …………………………………………………… 1056
［条文主旨］本条是关于执行担保关系确立后，执行担保财产和担保人的财产的规定。
第四百七十条 ……………………………………………………… 1058
［条文主旨］本条是关于被执行人分立、合并、被撤销等情形下变更、追加被执行人的规定。
第四百七十一条 …………………………………………………… 1059
［条文主旨］本条是关于其他组织作为被执行人时如何执行的规定。
第四百七十二条 …………………………………………………… 1060
［条文主旨］本条是关于被执行人名称变更情形下变更被执行人的规定。
第四百七十三条 …………………………………………………… 1061
［条文主旨］本条是关于作为被执行人的公民死亡情形下如何变更被执行人的规定。
第四百七十四条 …………………………………………………… 1062
［条文主旨］本条是关于作为执行依据的其他法律文书被撤销后，适用执行回转规定的规定。
第四百七十五条 …………………………………………………… 1063
［条文主旨］本条是关于仲裁裁决的事项部分存在不予执行情形时法院的处理原则的规定。
第四百七十六条 …………………………………………………… 1065
［条文主旨］本条是关于人民法院裁定不予执行仲裁裁决后，当事人的救济途径的规定。
第四百七十七条 …………………………………………………… 1067
［条文主旨］本条是关于将人民法院查封、扣押冻结的财产确权或者分割给案外人的仲裁裁决与案外人异议程序关系的规定。

第四百七十八条 …………………………………………………………… 1071

[条文主旨] 本条是关于具有强制执行效力的公证债权文书确有错误的情形及公证债权文书被裁定不予执行后，当事人、利害关系人的救济途径的规定。

第四百七十九条 …………………………………………………………… 1074

[条文主旨] 本条是关于当事人请求不予执行仲裁裁决或者公证债权文书的申请期限的规定。

第四百八十条 ……………………………………………………………… 1078

[条文主旨] 本条是关于执行通知发出时间以及通知内容的规定。

第四百八十一条 …………………………………………………………… 1079

[条文主旨] 本条是关于申请执行时效期间届满后执行申请的受理、时效抗辩审查以及履行义务后禁止反悔等具体问题的规定。

第四百八十二条 …………………………………………………………… 1083

[条文主旨] 本条是关于执行程序中适用拘传措施的规定。

第四百八十三条 …………………………………………………………… 1085

[条文主旨] 本条是关于执行法院调查权与协助执行人协助调查义务的规定。

第四百八十四条 …………………………………………………………… 1089

[条文主旨] 本条是关于人民法院取得被执行财产处分权的条件的规定。

第四百八十五条 …………………………………………………………… 1092

[条文主旨] 本条是关于查封、扣押、冻结期限的规定。

第四百八十六条 …………………………………………………………… 1096

[条文主旨] 本条是关于司法拍卖主体及人民法院具体如何行使拍卖权的规定。

第四百八十七条 …………………………………………………………… 1100

[条文主旨] 本条是关于司法拍卖评估程序中强制检查、勘验的规定。

第四百八十八条 …………………………………………………………… 1103

[条文主旨] 本条是关于变卖财产的规定。

第四百八十九条 …… 1104

［条文主旨］本条是关于不经拍卖、变卖，直接以物抵债制度的规定。

第四百九十条 …… 1105

［条文主旨］本条是关于被执行人财产无法拍卖、变卖情况下如何处理的规定。

第四百九十一条 …… 1107

［条文主旨］本条是关于执行程序中拍卖成交裁定、以物抵债裁定的物权变动效力的规定。

第四百九十二条 …… 1109

［条文主旨］本条是关于民事诉讼法第二百五十六条第一款“法律文书指定交付的财物或者票证”如何执行的规定。

第四百九十三条 …… 1111

［条文主旨］本条是关于民事诉讼法第二百五十六条第二款、第三款中他人持有法律文书指定交付的财物或者票证时如何处理的规定。

第四百九十四条 …… 1112

［条文主旨］本条是关于被执行人隐匿财产如何处理的规定。

第四百九十五条 …… 1113

［条文主旨］本条是关于搜查时着装及出示证件的规定。

第四百九十六条 …… 1113

［条文主旨］本条是关于搜查措施具体要求的规定。

第四百九十七条 …… 1114

［条文主旨］本条是关于搜查过程中发现财产时如何处理的规定。

第四百九十八条 …… 1115

［条文主旨］本条是关于搜查笔录的规定。

第四百九十九条 …… 1115

［条文主旨］本条是关于对被执行人到期债权执行的规定。

第五百条 …… 1117

［条文主旨］本条是关于民事诉讼法第二百五十八条“有关财产权证

照”具体类型的规定。
第五百零一条 ………………………………………………………………… 1118
[条文主旨] 本条是关于民事诉讼法第二百五十九条中人民法院可以“委托有关单位或者其他人完成”行为的解释，是关于如何执行“可以替代履行行为”的具体规定。
第五百零二条 ………………………………………………………………… 1121
[条文主旨] 本条是关于民事诉讼法第二百五十九条中“费用由被执行人承担”的规定。
第五百零三条 ………………………………………………………………… 1122
[条文主旨] 本条是关于民事诉讼法第二百五十九条中“人民法院可以强制执行”内容的解释，是关于不可替代行为执行的具体规定。
第五百零四条 ………………………………………………………………… 1123
[条文主旨] 本条是关于民事诉讼法第二百六十条“迟延履行期间的债务利息”“迟延履行金”的计算起点的规定。
第五百零五条 ………………………………………………………………… 1124
[条文主旨] 本条是关于民事诉讼法第二百六十条“迟延履行金”计算标准的规定。
第五百零六条 ………………………………………………………………… 1125
[条文主旨] 本条是关于参与分配程序的一般性条款的规定。
第五百零七条 ………………………………………………………………… 1126
[条文主旨] 木条是关于当事人申请参与分配的程序性规定。
第五百零八条 ………………………………………………………………… 1127
[条文主旨] 本条是关于分配程序中的清偿顺序的规定。
第五百零九条 ………………………………………………………………… 1128
[条文主旨] 本条是关于参与分配应当制作分配方案以及对分配方案提出异议的规定。
第五百一十条 ………………………………………………………………… 1129
[条文主旨] 本条是关于分配方案异议处理程序及分配方案异议之诉的规定。

第五百一十一条 …………………………………………………………… 1131
[条文主旨] 本条是关于民事诉讼法第二百六十三条第一款第五项“人民法院认为应当中止执行的其他情形”的规定。
第五百一十二条 …………………………………………………………… 1134
[条文主旨] 本条是关于民事诉讼法第二百六十三条第一款第五项“人民法院认为应当中止执行的其他情形”的进一步规定。
第五百一十三条 …………………………………………………………… 1138
[条文主旨] 本条是关于民事诉讼法第二百六十三条第二款“中止的情形消失后，恢复执行”、第二百六十四条第六项“人民法院认为应当终结执行的其他情形”的规定。
第五百一十四条 …………………………………………………………… 1142
[条文主旨] 本条是关于被执行人无法进入破产程序时债权受偿顺序的规定。
第五百一十五条 …………………………………………………………… 1145
[条文主旨] 本条是关于民事诉讼法第二百六十一条“债权人发现被执行人有其他财产的，可以随时请求人民法院执行”情形下申请执行时效的规定。
第五百一十六条 …………………………………………………………… 1146
[条文主旨] 本条是关于民事诉讼法第二百六十二条关于“在征信系统记录、通过媒体公布不履行义务信息以及法律规定的其他措施”的规定，是关于对被执行人的信用惩戒措施的规定。
第五百一十七条 …………………………………………………………… 1149
[条文主旨] 本条是关于终结本次执行程序的规定。
第五百一十八条 …………………………………………………………… 1153
[条文主旨] 本条是关于申请人撤销申请的能否再次申请执行及终结执行制度的规定。
第五百一十九条 …………………………………………………………… 1156
[条文主旨] 本条是关于执行终结后的一段时间内排除对执行标的妨害的规定。

二十二、涉外民事诉讼程序的特别规定

第五百二十条 …………………………………………………………… 1158

[条文主旨] 本条是关于如何认定“涉外民事案件”的规定。

第五百二十一条 ………………………………………………………… 1159

[条文主旨] 本条是关于外国当事人身份材料公证、认证的规定。

第五百二十二条 ………………………………………………………… 1161

[条文主旨] 本条是关于外国当事人身份材料可以办理第三国认证的规定。

第五百二十三条 ………………………………………………………… 1162

[条文主旨] 本条是关于外国当事人授权委托手续可以在法院当面办理的规定。

第五百二十四条 ………………………………………………………… 1162

[条文主旨] 本条是关于外国当事人授权委托手续可以在我国境内办理公证的规定。

第五百二十五条 ………………………………………………………… 1163

[条文主旨] 本条是关于在我国进行的民事诉讼中如何就有关材料翻译的规定。

第五百二十六条 ………………………………………………………… 1164

[条文主旨] 本条是关于外国人诉讼代理的规定。

第五百二十七条 ………………………………………………………… 1166

[条文主旨] 本条是关于外交代表可以为其本国国民聘请民事诉讼代理人的规定。

第五百二十八条 ………………………………………………………… 1166

[条文主旨] 本条是关于涉外民事案件调解结案可以制发判决书的规定。

第五百二十九条 ………………………………………………………… 1167

[条文主旨] 本条是关于涉外民事案件当事人可以协议选择法院的规定。

第五百三十条 …………………………………………………… 1169

[条文主旨] 本条是关于我国法院对有管辖权的案件可以不方便为由不行使管辖权的规定。

第五百三十一条 …………………………………………………… 1170

[条文主旨] 本条是关于如何解决国际间平行诉讼问题的规定。

第五百三十二条 …………………………………………………… 1171

[条文主旨] 本条是关于人民法院通过公告方式送达开庭传票当事人拒不应诉，缺席判决后仍应通过公告方式送达裁判文书以及在通过公告方式送达裁判文书的情况下如何认定一审判决生效的规定。

第五百三十三条 …………………………………………………… 1172

[条文主旨] 本条是关于向在我国领域内的外国自然人或者外国企业、组织的代表人、主要负责人直接送达问题的规定。

第五百三十四条 …………………………………………………… 1173

[条文主旨] 本条是关于民事诉讼法第二百七十四条第六项规定的邮寄送达涉及问题的规定，特别是对如何认定不能通过邮寄方式送达作出的规定。

第五百三十五条 …………………………………………………… 1175

[条文主旨] 本条是关于人民法院对一审时采取公告方式送达的当事人，二审时是否可以径行采取公告方式向其送达的规定。

第五百三十六条 …………………………………………………… 1177

[条文主旨] 本条是关于区分当事人在我国领域内是否有住所而对其享有的不同上诉期限问题的规定。

第五百三十七条 …………………………………………………… 1178

[条文主旨] 本条是关于对涉外民商事案件再审审查期限的特殊性规定。

第五百三十八条 …………………………………………………… 1180

[条文主旨] 本条是关于当事人向人民法院申请执行涉外仲裁机构裁决（即我国仲裁机构作出的涉外仲裁裁决）的程序性规定。

第五百三十九条 ······ 1181

［条文主旨］本条是关于涉外仲裁机构裁决（即我国仲裁机构作出的涉外仲裁裁决）在执行程序中，被执行人可以就裁决提出不予执行抗辩的规定。

第五百四十条 ······ 1183

［条文主旨］本条是关于涉外仲裁保全的规定。

第五百四十一条 ······ 1184

［条文主旨］本条是关于当事人根据民事诉讼法第二百八十八条规定向人民法院申请承认和执行外国法院生效判决、裁定时应提交的材料的规定。

第五百四十二条 ······ 1188

［条文主旨］本条是关于在外国法院所在国和我国既没有相互承认和执行法院裁决的条约关系，也没有互惠关系时，人民法院应当裁定驳回申请，但当事人申请承认外国法院生效离婚判决的除外的规定。

第五百四十三条 ······ 1190

［条文主旨］本条是关于申请承认和执行外国临时仲裁裁决的规定。

第五百四十四条 ······ 1192

［条文主旨］本条是关于区分承认程序和执行程序的规定。

第五百四十五条 ······ 1194

［条文主旨］本条是关于外国法院判决、裁定以及外国仲裁裁决承认和执行申请期间的规定。

第五百四十六条 ······ 1196

［条文主旨］本条是关于申请承认和执行外国法院判决、裁定以及外国仲裁裁决案件的程序的规定。

第五百四十七条 ······ 1200

［条文主旨］本条是关于外国法院请求司法协助的规定。

第五百四十八条 ······ 1201

［条文主旨］本条是关于出具我国法院判决书、裁定书的法律效力证明书以便该判决书、裁定书在我国领域外使用的规定。

第五百四十九条 …………………………………………………… 1203

［条文主旨］本条是关于涉我国港、澳、台地区民事案件参照适用涉外民事诉讼程序特别规定的规定。

二十三、附　　则

第五百五十条 ……………………………………………………… 1204

［条文主旨］本条是关于本解释时间效力的规定。

第三部分　附录

《最高人民法院关于适用〈中华人民共和国民事诉讼法〉的解释》修改内容及其理解与适用 ……… 郭　锋　陈龙业　贾玉慧　牛晓煜 1213

民事诉讼法修改前后对照表 …………………………………………… 1225

《民事诉讼法解释》修改前后对照表 ……………………………………… 1238

十四、第三人撤销之诉

【条文】

第二百九十条

第三人对已经发生法律效力的判决、裁定、调解书提起撤销之诉的，应当自知道或者应当知道其民事权益受到损害之日起六个月内，向作出生效判决、裁定、调解书的人民法院提出，并应当提供存在下列情形的证据材料：

（一）因不能归责于本人的事由未参加诉讼；

（二）发生法律效力的判决、裁定、调解书的全部或者部分内容错误；

（三）发生法律效力的判决、裁定、调解书内容错误损害其民事权益。

【条文主旨】

本条是关于第三人撤销之诉的起诉条件的规定。

【条文理解】

2012 年民事诉讼法第五十六条增加了第三款，规定了第三人撤销之诉制度。该制度被置于民事诉讼法第五章诉讼参加人部分，且仅有一个条款。从第三人撤销之诉制度功能来看，主要是为了保护受错误生效裁判损害的未参加原诉的第三人的权益。

第三人撤销之诉是赋予案外人对错误生效裁判进行自我救济的程序，相对于再审程序而言，二者的相同点在于都否认生效裁判的效力；不同点在于，再审既是纠正错误，也是对原案件的继续审理，第三人撤销之诉是基于新的事实主张撤销原生效裁判，是一个新的诉讼。从其他国家和地区为数不多的规定来看，第三人撤销之诉都定位为不同于普通民事诉讼的程序：在法国法中，第三人撤销之诉与再审并列为特别上诉程序；我国台湾地区规定，第三人撤销之诉是再审程序后的特别程序。起草本解释过程中对此认识也不一致。一种观点认为，第三人撤销之诉应当作为再审程序的特别程序，而不宜列为普通诉讼程序。理由有：第一，第三人撤销之诉和再审程序的诉讼标的都是已经生效的裁判，都是事后救济程序；第二，第三人撤销之诉与再审程序的区别在于申请再审的主体是原审的当事人，而第三人撤销之诉的提起主体为未参加原审的案外第三人，在制度功能上与案外人申请再审相同；第三，从处理的结果来看，都是对生效的裁判的效力进行评价，或者维持或者撤销或者改变原裁判的内容；第四，从其他国家和地区为数不多的第三人撤销之诉规定来看，都是把第三人撤销之诉作为与再审程序并列的救济程序。另一种观点认为，第三人撤销之诉是不同于再审程序的独立的诉讼程序，是一种新诉。理由是：第一，第三人提起的撤销之诉是依据新事实提起的新诉，而不是民事诉讼法规定的再审事由；第二，第三人撤销之诉是当事人基于新的事实提起的诉讼，应当保护其审级利益，可以上诉；第三，第三人撤销之诉由作出原生效裁判的法院管辖，再审原则上应当由上一级人民法院管辖。本解释采纳了第二种观点。

因此，本解释将第三人撤销之诉规定在第一审程序后面，作为单独一节，未特别规定的，适用普通程序的规定。但在具体程序设定上，充分考虑了第三人撤销之诉与审判监督程序之间的共性，确立了审判监督程序优先适用的原则：凡是能够通过审判监督程序解决的，原则上按照审判监督程序解决；不能按照审判监督程序解决的，适用第三人撤销之诉程序，第三人撤销之诉程序作为最后的司法救济程序。

本解释虽然将第三人撤销之诉规定在第一审普通程序之后作为一部分单独规定，但第三人撤销之诉是不同于普通程序的民事诉讼，其起诉条件不适用民事诉讼法第一百二十二条的规定，应当独立适用民事诉讼法第五十九条规定。因此，本条解释对第三人撤销之诉的起诉条件作了明确的规定，包括主体条件、程序条件、实体条件和管辖法院。

1. 主体条件

提起第三人撤销之诉的主体限于民事诉讼法第五十九条规定的第三人。第三人分为有独立请求权的第三人和无独立请求权的第三人。民事诉讼法第五十九条第一款规定的是有独立请求权的第三人。有独立请求权的第三人是指对当事人之间的诉讼标的的全部或者一部分，以独立的实体权利人的资格提出诉讼请求进而参加诉讼的人。有独立请求权的第三人提出的诉讼请求既不同于原告，也不同于被告；其诉讼地位相当于原告，以本诉的原告、被告作为被告。

民事诉讼法第五十九条第二款规定了无独立请求权的第三人，即对当事人双方的诉讼标的，第三人虽然没有独立请求权，但案件处理结果同他有法律上的利害关系的，可以申请参加诉讼，或者由人民法院通知他参加诉讼。人民法院判决承担民事责任的第三人，有当事人的诉讼权利义务。学者一般将无独立请求权的第三人分为三类：第一种是辅助型第三人，其在诉讼中纯粹是辅助法院查明案件事实并防止判决对己不利的裁判结果，其并不承担民事责任；第二种是被告型第三人，其实际上是应当参加诉讼，并最终需要承担部分或全部民事责任的第三人；第三种是原告型第三人，其作为第三方原告参与诉讼，是与原诉的原告享有共同权益的第三人。

在实践中，有独立请求权的第三人，因其对诉讼标的具有独立的请求权，无论是在从实体要件方面还是形式要件方面，都比较容易审查判断。无独立请求权的实质要件“案件处理结果同他有法律上的利害关系”判断标准较难把握。一种观点认为，该第三人与案件所涉法律关系有密切联系，因而案件处理结果对他的利益有直接影响。另有观点认为，无须考虑第三人与案件法律关系的关联性，只要案件处理结果影响到他的利益，即可以认定案件处理结果同他有法律上的利害关系。对此，原则上案件的处理结果影响到第三人的利益的，该第三人都可以作为无独立请求权的第三人，但在判决中被要求承担民事责任的无独立请求权的第三人，应当与案件的法律关系有关联，否则，法院不宜判决其承担民事责任。

在本解释起草过程中，曾有意见认为，应当对能够提起第三人撤销之诉的第三人的范围进行明确，以方便操作。经过研究，我们认为，如何界定第三人，特别是无独立请求权的第三人，难以通过列举的方式予以明确。尤其对于哪些第三人能够提起第三人撤销之诉，仅从第三人概念及类型方面也无法判断。在确定提起第三人撤销之诉的主体资格时，除了要按照民事诉讼法第五十九条第一款、第二款规定判断第三人外，还要结合民事诉讼法第五十九条第三款规定的实体要件来判断，即生效判决、裁定、调解书的内容是否损害其民事权益，如果没有损害其合法权益，则当然不能提起第三人撤销之诉。如果损害其民事权益，再判断其是否符合民事诉讼法第五十九条规定的第三人条件，符合的属于第三人撤销之诉的适格原告。

2. 程序条件

第一，第三人因不能归责于本人的事由未参加诉讼。

民事诉讼法设立第三人制度的目的在于，为第三人提供参加诉讼的主体地位，依法行使诉讼权利，并承担诉讼义务，维护自身的权益。第三人权益保障程序分为事前救济程序和事后救济程序。前者指通知第三人以起诉或者参加的方式，进入他人之间的诉讼中，通过正常的诉讼程序提出有利于自己的主张和证据以影响诉讼结果，使第三人之利益诉求一并解决。后者指第三人由于特定的原因未参加诉讼而无法通过诉讼程序维护其权益时，赋予其对生效法律裁判提起撤销之诉的权利。

第三人未参加诉讼，是指没有成为前一诉讼的第三人，而不是指第三人未实际参与诉讼的过程。根据民事诉讼法第五十九条第一款和第二款规定，本解释第八十一条和第八十二条规定，提起诉讼或者参加诉讼的第三人，在诉讼中依法享有诉讼权利，承担诉讼义务。进入诉讼后，第三人就成为案件的当事人，即使其在诉讼中放弃自己的诉讼权利，未实际参与诉讼过程，也不能认为其未参加诉讼。对此，本解释第二百三十六条、第二百四十条对第三人经人民法院传票传唤，无正当理由拒不到庭，或者未经法庭许可中途退庭的情形，分别作了规定。

第三人因不能归责于本人的事由未参加诉讼，是指第三人未参加诉讼不是由于其自身过错造成，而是由其他客观事由造成。对此，该第三人应当承担举证责任。如果第三人因为其本人的过错未参加诉讼，视为其行使处分权的结果，依法不能提起撤销之诉。

第二，自知道或者应当知道其民事权益受到损害之日起六个月内提出。

民事诉讼法第五十九条第三款规定的六个月与当事人申请再审的期间一样，都是不变期间，不适用延长、中止、中断的规定。对此，本解释第一百二十七条已经明确作了规定。

提起撤销之诉的期间，自第三人知道或者应当知道其民事权益受到侵害之日起算。知道或者应当知道，是以第三人知悉生效判决、裁定、调解书损害其民事权益事实为标准，应当根据生效判决、裁定、调解书是否送达第三人，执行时是否涉及第三人，以及第三人与案件当事人之间的关系等具体情形判断。撤销之诉期间的起算，可能晚于法院判决、裁定、调解书生效时间，但不能早于生效时间。超过六个月期间，第三人提起撤销之诉的，人民法院不予受理。对于是否超过六个月期间，提起撤销之诉时，第三人应当提供相应的证据材料，没有证据材料的，应当作出说明。

3. 实体条件

第一，撤销的对象是已经发生法律效力的判决、裁定和调解书。

第三人只能针对已经发生法律效力的判决、裁定或者调解书提起撤销之诉。对于正在审理中的案件，或者未生效的判决、裁定和调解书，不得提起第三人撤销之诉。否则，人民法院不予受理。生效的判决，既包括一审生效判决，也包括二审生效判决。虽然民事诉讼法对于再审生效判决、裁定和调解书是否适用未作规定，但从第三人撤销之诉与再审之诉的关系来看，两者都是对错误裁判的纠正程序，再审是赋予当事人的救济程序，第三人撤销之诉是赋予案外第三人的救济程序。因此，再审判决、裁定和调解书，符合民事诉讼法第五十九条第三款和本条规定的条件的，第三人也可以提起撤销之诉。调解书，也包括根据民事诉讼法第一百零一条的规定，达成调解协议后未出具调解书的情形。

第二，发生法律效力的裁判、裁定、调解书部分或者全部内容错误。

发生法律效力的判决、裁定、调解书内容错误，是指判决、裁定、调解书中的裁决事项有错误，主要是指因为事实认定和法律适用错误导致的实体处理错误。判决、裁定、调解书内容错误，应当仅限于实体处理内容，不应当包括程序内容。这是第三人撤销之诉与当事人申请再审在事由方面最主要的区别，不能简单地按照民事诉讼法第二百零七条规定的当事人申请再审的事由，认定此处的判决、裁定、调解书的内容错误。

起诉时应当提交证明生效判决、裁定、调解书内容错误的证据材料。虽然第三人撤销之诉被称为独立的诉讼，但第三人撤销之诉不同于普通的民事诉讼，其基本内容在于撤销已经生效的裁判内容，在效果上其与审判监督程序基本相同，这也是我国台湾地区将第三人撤销之诉规定在再审程序部分的主要原因。因此，民事诉讼法第五十九条明确规定第三人要有证据证明生效裁判内容错误。第三人向人民法院提起撤销之诉时，不能简单地适用民事诉讼法第一百二十二条的起诉条件，第三人除了要提出其诉讼请求外，还必须同时提供证明其主张事实的证据。但应当注意，起诉时提交的证据材料，不能等同于经审理以后，查证属实足以证明生效裁判内容错误的证据，要强调的是要在起诉时提供相应的证据材料，但并非要求在立案时要对这些证据材料查证属实。

第三，生效的判决、裁定、调解书内容错误损害第三人的民事权益。

生效的判决、裁定、调解书内容错误损害第三人的民事权益，也即生效的判决、裁定、调解书内容错误造成了第三人民事权益的损害。作为第三人提起撤销之诉的实体要件，这就要求生效的判决、裁定、调解书的内容与第三人民事权益损害之间要有因果关系。这一起诉条件，实质上是指第三人与生效裁判内容要有法律上的利害关系。

本条所规定的民事权益，其范围原则上限于民法典总则编第五章所列举的民事权益，包括生命权、健康权、姓名权、名誉权、荣誉权、肖像权、隐私权、婚姻自主权、监护权、所有权、用益物权、担保物权、著作权、专利权、商标专用权、股权、继承权等人身、财产权益。对于普通债权，原则上不适用第三人撤销之诉保护。对于法律明确规定给予特别保护的债权，可以适用第三人撤销之诉：一是法律规定的享有法定优先权的债权，主要有民法典第八百零七条规定的建设工程价款优先权，海商法第二十一条、第二十二条规定的船舶优先权。二是法律明确规定享有法定撤销权的债权，主要有民法典第五百三十八条规定的债权人的撤销权，企业破产法第三十一条、第三十二条规定的破产债权撤销权。

4. 管辖法院

民事诉讼法第五十九条对第三人撤销之诉的管辖法院作了特别的规定，由作出生效判决、裁定、调解书的法院专属管辖，不适用民事案件地域管辖、级别管辖的规定。作出生效判决、裁定、调解书的法院，既可能是一审法院，也可能是二审法院。

【审判实践中应当注意的问题】

1. 诉讼程序上的第三人和提起撤销之诉的第三人的关系

从民事诉讼法第五十九条规定来看，诉讼程序中的第三人与提起撤销之诉的第三人在概念上完全相同，但从第三人参加诉讼和第三人提起撤销之诉的立法目的和司法实务来看，两者有根本区别。

第一，从立法目的来看，第三人参加诉讼制度是为了一次性解决纠纷，提高诉讼效率和保证裁判之间的一致性；第三人撤销之诉制度是为了保护因客观原因未参加前诉讼程序而受生效裁判损害的第三人的程序权利和实体权利。因此，在第三人参加诉讼情形，第三人只要符合民事诉讼法第五十九条第一款和第二款规定条件，均可以作为第三人参加诉讼，在其范围上不宜作限制。在第三人撤销之诉情形，因针对生效裁判提起撤销之请求，在其范围上应当予以严格的限制。民事诉讼法第五十九条第三款规定多项起诉程序条件和实体条件，其目的就在于限制第三人撤销之诉的适用范围，当然包括能够提起第三人撤销之诉的第三人范围。

第二，从程序功能来看，第三人参加诉讼是一种事先的权利保护程序，而第三人撤销之诉是一种事后的救济程序。第三人参加诉讼的条件相对宽松，只要与案件有法律上的利害关系，即可以参加诉讼，以此为第三人提供予以救济的机会。第三人撤销之诉的条件非常严格，除与案件有利害关系以外，还必须具备生效裁判内容错误且损害其民事权益的实体性要件。所以，对于第三人撤销之诉的原告主体资格和范围，在与裁判有法律上的利害关系判断上，要比第三人参加诉讼的标准更高，必须结合第三人撤销之诉的实体条件，同时具备时才是适格的第三人撤销之诉的主体。

第三，在实务操作中，要注意及时转变第三人制度的司法理念。在诉讼中包括一审和二审中，都要尽可能地将符合法律规定条件的第三人追加进诉讼，即使是有独立请求权的第三人，一旦发现，也宜依一定方式告知其依法参加诉讼，以避免生效裁判作出后，第三人再提起第三人撤销之诉，从而维护生效裁判的安定性，也有利于提高诉讼效率，及时化解社会纠纷。对此，本解释第八十一条规定："根据民事诉讼法第五十八条的规定，有独立请求权的第三人有权向人民法院提出诉讼请求和事实、理由，成为当事人；无独立请求权的第三人，可以申请或者由人民法院通知参加诉讼。第一审程序中未参加诉讼的第三人，申请参加第二审程序的，人民法院可以准许。"第三百二十五条规定："必须参加诉讼的当事人或者有独立请求权的第三人，在第一审程序中未参加诉讼，第二审人民法院可以根据当事人自愿的原则予以调解；调解不成的，发回重审。"

2. 遗漏的必要共同诉讼当事人能否提起第三人撤销之诉

民事诉讼法第五十五条规定了共同诉讼制度。《92 年意见》按照诉讼标的将共同诉讼分为必要的共同诉讼和普通的共同诉讼。民事诉讼法第一百三十五条又进一步规定"必须共同进行诉讼的当事人没有参加诉讼的，人民法院应当通知其参加诉讼"，明确提出了必须共同参加诉讼的当事人的概念。民事诉讼法规定第三人撤销之诉制度后，立法机关在民事诉讼法释义中曾明确提出，实践中，第三人提起撤销之诉的撤销事由包括原诉遗漏了必要共同诉讼当事人损害其利益的情形。在本解释起草过程中，对原诉遗漏的必要共同诉讼当事人是否可以提起第三人撤销之诉的问题有不同的意见。经过研究，本解释规定的可以提起第三人撤销之诉的第三人，不包括必要共同诉讼当事人。理由是：第一，必要共同诉讼当事人的诉讼地位，只能是当事人，而不可能是第三人，即使其未参加原诉讼，符合广义的案外人的概念，但也不属于民事诉讼法第五十九条前两款规定的第三人的范畴。第二，民事诉讼法第二百零七条第八项规定，应当参加诉讼的当事人因不能归责于本人或者其诉讼代理人的事由未参加诉讼的，可以作为当事人申请再审的事由。应当参加诉讼的当事人，因不能归责于其本人或者其诉讼代理人事由未参加诉讼的，可以通过申请再审的方式来救济自己的权利。此处的应当参加诉讼的当事人，应当是指民事诉讼法第一百三十五条规定的必须共同进行诉讼的当事人，其意与必要共同诉讼当事人相同。在此要特别强调的是，民事诉讼法和本解释规定的共同诉讼人，并非均指必要共同诉讼当事人。

应当注意，民事诉讼法第一百三十五条规定的必须共同进行诉讼的当事人意义上的必要共同诉讼当事人，才是真正的必要共同诉讼当事人，只有所有共同诉讼人都参加诉讼，作为共同原告或者共同被告，才是符合法定的诉讼条件的诉讼。除了诉讼标的是同一的要件外，共同诉讼人之间具有不可替代或者分割之法律关系，实践中经常作为必要共同诉讼当事人对待的连带责任人，因其各自独立地承担全部责任，则不属于必要共同诉讼当事人。原告同时起诉了连带责任人的，也为共同诉讼，但一般称为类似的必要共同诉讼。从实践中看，典型的必要共同诉讼，也即必须共同进行诉讼的当事人有遗产分割前各继承人为一方的诉讼、第三人撤销合同诉讼、第三人主张合同无效诉讼、第三人主张婚姻无效诉讼等。

对遗漏的必要共同诉讼当事人的权利保护，本解释规定了两种申请再审的程序。一是在执行过程中，遗漏的必要共同诉讼当事人提出执行标的异议后，则可以按照民事诉讼法第二百三十四条的规定，申请再审。本解释第四百二十一条规定："根据民事诉讼法第二百三十四条规定，案外人对驳回其执行异议的裁定不服，认为原判决、裁定、调解书内容错误损害其民事权益的，可以自执行异议裁定送达之日起六个月内，向作出原判决、裁定、调解书的人民法院申请再审。"二是在执行程序之外，遗漏的必要共同诉讼当事人，可以根据民事诉讼法第二百零七条申请再审。本解释第四百二十条规定："必须共同进行诉讼的当事人因不能归责于本人或者其诉讼代理人的事由未参加诉讼的，可以根据民事诉讼法第二百零七条第八项规定，自知道或者应当知道之日起六个月内申请再审，但符合本解释第四百二十一条规定情形的除外。"

【条文】

第二百九十一条

人民法院应当在收到起诉状和证据材料之日起五日内送交对方当事人，对方当事人可以自收到起诉状之日起十日内提出书面意见。

人民法院应当对第三人提交的起诉状、证据材料以及对方当事人的书面意见进行审查。必要时，可以询问双方当事人。

经审查，符合起诉条件的，人民法院应当在收到起诉状之日起三十日内立案。不符合起诉条件的，应当在收到起诉状之日起三十日内裁定不予受理。

【条文主旨】

本条是关于第三人撤销之诉的受理审查程序的规定。

【条文理解】

依照民事诉讼法第五十九条第三款的规定，第三人提起撤销之诉除主体为第三人、向作出原生效裁判的法院起诉外，还应当同时符合以下条件：(1) 因不能归责于本人的事由未参加诉讼，是指第三人不知道或者不应当知道诉讼已经存在，而造成未参加诉讼的；(2) 发生法律效力的判决、裁定、调解书的部分或者全部内容错误，是指发生法律效力的一审、二审判决和再审判决、裁定和调解书的部分或全部的实体裁决事项有错误；(3) 发生法律效力的判决、裁定、调解书损害其民事权益，是指发生法律效力的判决、裁定、调解书与损害合法权益之间有因果关系；(4) 自知道或者应当知道其民事权益受到损害之日起六个月内提起民事诉讼。对此，实践中并无争议。争议最大的是第三人撤销之诉立案审查是实质审查还是按照普通起诉进行形式审查？一种观点认为：第三人撤销之诉应当进行实质审查。理由如下：第一，根据民事诉讼法的规定，提起第三人撤销之诉应当提供证据证明符合上述条件，其意即为实质审查；第二，第三人撤销之诉不同于普通的起诉，是针对生效裁判提起的诉讼，涉及生效裁判的既判力和稳定，立案关应当把严；第三，第三人撤销之诉与再审除主体不同外，诉讼对象和制度功能相同，因此，在立案审查上应当比照再审案件的审查进行；第四，从域外有限的第三人撤销之诉的立法及实践来看，第三人撤销之诉的提起，都采用了较为严格的标准，不能按照普通的新诉对待；第五，最高人民法院在贯彻民事诉讼法工作会议上，相关负责人也多次指出，对第三人撤销之诉应当从严把关，适度进行实质审查。另一种观点认为，第三人撤销之诉的立案应当进行形式审查。理由如下：第一，全国人大常委会法工委在设计第三人撤销之诉制度时，明确指出由于再审程序入门过于严格，不利于第三人合法权益的保护，如果进行实质审查，则立案门槛将提高；第二，第三人撤销之诉为新诉，其审查标准不能等同于再审审查，应当按照普通民事诉讼进行立案审查；第三，立案机关进行实质审查，对立案法官要求较高，任务较重；第四，实质审查通常应当在审理程序中经过双方举证和质证后方能明确。有关专家和地方法院多数都赞成在立案时应当进行实质审查，并相应地设定有关审查程序和审查期限。经研究，本解释采纳了实质审查的标准。

1. 第三人提交起诉状

第三人提起撤销之诉，应当提交起诉状。撤销之诉起诉状应当包括以下内容：一是原告的基本信息，第三人应当作为第三人撤销之诉的原告；二是被告的基本信息，原生效判决、裁定、调解书的当事人原则上为共同被告，原无独立请求权的第三人可以继续列为第三人；三是请求撤销的生效判决书、裁定书、调解书等基本材料；四是请求撤销的生效判决、裁定和调解书的内容，内容应当限于判决、裁定的主文和调解书的实体处理内容；五是证明原生效判决、裁定、调解书错误的事由及证据；六是在法定的提出撤销之诉的申请期间内的声明及证据。

2. 第三人提交证据材料

依照本解释第二百九十条的规定，第三人提起撤销之诉时应当提供存在下列情形的证据材料：（1）因不能归责于本人的事由未参加诉讼；（2）发生法律效力的判决、裁定、调解书的全部或者部分内容错误；（3）发生法律效力的判决、裁定、调解书内容错误损害其民事权益。这三方面的证据材料，必须要提供。如果起诉时未提供的，应当予以补交。

除上述三方面的证据材料外，还要对其未参加原诉情况和知道生效判决、裁定、调解书内容错误损害其民事权益的时间予以说明。

3. 人民法院审查程序

本条第一款规定："人民法院应当在收到起诉状和证据材料之日起五日内送交对方当事人，对方当事人可以自收到起诉状之日起十日内提出书面意见。"在接到第三人提交的第三人撤销之诉起诉状及证据材料后，人民法院并不直接审查立案，而应当在五日内向全体对方当事人送交起诉状和证据材料，对方当事人对第三人撤销之诉可以在收到起诉状和证据材料之日起十日内提出书面意见。这样做的主要目的是全面了解第三人未参加原诉的情况，以及生效判决、裁定、调解书内容对第三人造成损害的事实等情况。对方当事人提交书面意见与否，不影响人民法院对第三人撤销之诉起诉的审查和受理。

本条第二款规定："人民法院应当对第三人提交的起诉状、证据材料以及对方当事人的书面意见进行审查。必要时，可以询问双方当事人。"人民法院审查的对象，既包括第三人提交的起诉状和证据材料，也包括对方当事人提交的书面意见，当然对方当事人提交证据材料的，也应当一并进行审查。如果对第三人撤销之诉条件的有关内容需要在当事人提交的材料基础上进一步了解的，人民法院可以在受理之前向一方或者双方当事人进行询问。

本条第三款规定："经审查，符合起诉条件的，人民法院应当在收到起诉状之日起三十日内立案。不符合起诉条件的，应当在收到起诉状之日起三十日内裁定不予受理。"本款明确规定了第三人撤销之诉的立案审查期限为自接到第三人提交的起诉状之日起三十日，人民法院应当在该期限内作出是否立案的决定。符合起诉条件的，应当向当事人发送受理通知书；不符合起诉条件的，应当作出不予受理的裁定。该裁定当事人可以依法上诉。接到第三人提交的起诉状后，需要第三人补充证据材料或者补正起诉状的，立案期间自第三人补交材料或者补正起诉状之日起算。此处规定的三十日，既不同于普通民事诉讼的七日立案审查期间，也不同于当事人申请再审案件的审查期间，而是应当能够满足第三人撤销之诉立案审查的需要。立案后，发现第三人撤销之诉不符合起诉条件的，也可以裁定驳回起诉。

【审判实践中应当注意的问题】

1. 第三人撤销之诉立案审查与登记立案的关系

本解释第二百零八条第一款规定了登记立案制度："人民法院接到当事人提交的民事起诉状时，对符合民事诉讼法第一百二十二条的规定，且不属于第一百二十七条规定情形的，应当登记立案；对当场不能判定是否符合起诉条件的，应当接收起诉材料，并出具注明收到日期的书面凭证。"但登记立案并非接到当事人起诉无条件予以登记立案，也需要对起诉进行审查，符合法律规定的起诉条件的才能受理，不符合起诉条件的，裁定不予受理。第三人撤销之诉的立案审查是否适用该条规定？从本解释第二百零八条的规定来看，该规定适用于普通的民事诉讼，也即按照民事诉讼法第一百二十二条审查立案的案件才适用，而第三人撤销之诉的起诉条件适用的是民事诉讼法第五十九条规定，其起诉条件应当依照本解释第三百八十八条规定，其立案程序应当适用本条规定。从本条规定来看，人民法院接到第三人撤销之诉的起诉状和证据材料时，不能当场登记立案，而应当先按照本条第一款和第二款规定向对方当事人送交起诉状和证据材料，并等待对方当事人在十日内提交书面意见。

2. 第三人撤销之诉的证据材料的审查问题

本条规定了对第三人撤销之诉要进行适当的实质审查，即第三人提起撤销之诉时必须提交本解释第三百八十八条规定的相关证据材料，对这些材料立案时要进行相应的审查。如果提交的证据材料明显不能证明生效裁判内容错误、生效裁判内容损害其民事权益的，不予受理。但立案阶段的审查，不同于对证据的审理，不需要对证据进行质证，也无须达到审查属实的程度。对此，立案法官应当准确地把握，既不能让立案证据材料的审查流于形式，也不能按照审理程序进行，这一点难度较大。

【条文】

第二百九十二条

人民法院对第三人撤销之诉案件，应当组成合议庭开庭审理。

【条文主旨】

本条是关于第三人撤销之诉审判组织形式的规定。

【条文理解】

第三人撤销之诉案件涉及对生效裁判的判定，对原生效裁判的当事人以及第三人的权利义务而言，关系重大。第三人撤销之诉案件一旦进入审理程序应当谨慎处理。因此，第三人撤销之诉案件应当组成合议庭且开庭审理，不适用书面审理，更不得不经开庭径行裁判。

第三人撤销之诉适用普通程序，不适用简易程序进行审理。

第三人撤销之诉应当作为一审案件审理。在这一点上，与我国台湾地区第三人撤销之诉的审理程序不同，按照我国台湾地区“民事诉讼法”的规定，其审理程序按照作出生效判决的审理程序确定，是一审作出的生效判决，第三人撤销之诉按照一审程序审理；是二审作出的生效判决，第三人撤销之诉按照二审程序审理。本解释将第三人撤销之诉规定在一审程序之后，其意在只能适用一审程序审理。除本解释有特别规定的以外，可以适用民事诉讼法和本解释关于普通程序的相关规定进行。

【审判实践中应当注意的问题】

适用本条规定，需要特别注意的是：第三人撤销之诉既然是向原审人民法院提起的诉讼，组成合议庭时，原审的审判人员是否可以参加？在本解释起草过程中，曾经对此进行过研究。一种意见认为，应当参照再审案件的审理，应当另行组成合议庭 ，原审的审判人员不得参与合议庭。其主要理由在于：第三人撤销之诉是纠错程序，是一种事后的救济程序，为了确保审理结果的公正，应当排除原审的审判人员。另一种意见认为，审理第三人撤销之诉时，不应当排除原审的审判人员参加合议庭。其主要理由在于：第三人撤销之诉是基于第三人提出的新事实和新理由进行的诉讼，而且是对新的实体内容的审理，这与再审对原审审理的内容进行再次审理并予以纠正不同，原审的审判人员参加合议庭审理，有利于更好地查明案件的全部事实，更准确和更高效地作出裁判。很显然，即使撤销了原生效裁判，也并不意味着原审裁判是一个错案，而且也不能作为错案追究审判人员的责任，所以原审审判人员参与第三人撤销之诉的审理并不会影响裁判结果的公正。例如，《法国民事诉讼法》第 587 条规定，以起诉提起之第三人撤销之诉，应向系争判决作成法院为之。其裁判亦可由同一法官为之。我国台湾地区“民事诉讼法”规定，第三人撤销之诉的审理程序适用原诉讼审理程序的规定，在审判组织上根据不同审级的程序规定而有所不同，同时也未明确要求应当另行组成合议庭审理。

综上，本条并没有明确要求另行组成合议庭进行审理，其意在：人民法院根据具体情况，既可以另行组成合议庭审理，也可以允许原审的审判人员参加合议庭审理。对此，民事诉讼法和本解释关于回避的规定中也没有明确规定。本解释第四十五条规定：“在一个审判程序中参与过本案审判工作的审判人员，不得再参与该案其他程序的审判。发回重审的案件，在一审法院作出裁判后又进入第二审程序的，原第二审程序中审判人员不受前款规定的限制。”该条规定实际上对于重新审理的案件，在不影响审理公正的前提下，可以允许原审的审判人员继续对案件进行审理。

【条文】

第二百九十三条

民事诉讼法第五十九条第三款规定的因不能归责于本人的事由未参加诉讼，是指没有被列为生效判决、裁定、调解书当事人，且无过错或者无明显过错的情形。包括：

（一）不知道诉讼而未参加的；

（二）申请参加未获准许的；

（三）知道诉讼，但因客观原因无法参加的；

（四）因其他不能归责于本人的事由未参加诉讼的。

【条文主旨】

本条是关于第三人因不能归责于本人的事由未参加诉讼的规定。

【条文理解】

民事诉讼法明确规定，第三人提起撤销之诉必须符合因不能归责于本人的事由未参加原诉的条件。第三人因不能归责于本人的事由未参加诉讼的情形，在实践中极易引起争议，不好把握，有必要在司法解释中予以明确。

依本条规定，第三人因不能归责于本人的事由未参加诉讼应当从以下三个方面审查判断。

第一，第三人不属于原审诉讼中列明的当事人。如果第三人已经被列入原诉讼的当事人之中，即使其根本没有参加原审诉讼程序，也不能认为其未参加原审诉讼。从这一点来看，能够提起第三人撤销之诉的，只能是案外第三人，而不是实质上没有参加诉讼的第三人。对于已经列为原诉当事人的第三人，如果认为生效判决、裁定、调解书错误损害其民事权益，其可以以当事人的名义，按照审判监督程序的规定救济自己的权利。

第二，第三人未参加原诉讼程序。对此应当从宽掌握，第三人申请参加诉讼未获人民法院准许的，或者原审当事人申请追加第三人参加诉讼，人民法院未准许的，都不能认为第三人参加了原诉讼程序。法院依职权追加第三人参加诉讼，第三人未参加，人民法院也未列其为原审的第三人的，也属于未参加原诉程序的情形。

第三，第三人未参加原诉讼自己没有明显的过错。不能归责于本人的事由未参加诉讼，一般是指第三人未参加原诉讼没有过错的情形。既包括第三人因客观原因无法参加原诉讼的情形，也包括第三人未参加原诉讼没有过错的其他情形。但本条并未规定以第三人“无过错”为必要，而是规定“无明显过错”。这主要是考虑到我国当前诉讼当事人法律知识和诉讼能力尚待加强，如果要求第三人无过错，则不利于保护案外第三人的合法权益。当然，本条规定所称的“无明显过错”，是指第三人未参加原诉讼不属于故意、重大过失的情形。第三人仅为轻微过失的，原则上不限制其提起第三人撤销之诉。

本条根据审判实践中最为常见的第三人因不能归责于本人的事由未参加诉讼情形，列举了四项：（1）不知道诉讼而未参加的；（2）申请参加未获准许的；（3）知道诉讼，但因客观原因无法参加的；（4）因其他不能归责于本人的事由未参加诉讼的。

第三人因不知道原诉讼而未参加诉讼和第三人申请参加诉讼未获人民法院准许是最为常见的第三人未参加诉讼不能归责于本人的两种情形。这两种情形下，第三人没有过错，当然可以提起第三人撤销之诉。

第三人知道诉讼但因客观原因无法参加诉讼，也应当认定第三人未参加原诉讼没有过错，其有权提起第三人撤销之诉。但客观原因如何把握，是实践中比较难掌握的。就本条规定来看，客观原因即指非因第三人本身的原因参加原诉讼的情形，如不可抗力。对于第三人丧失行为能力等原因导致其未参加诉讼的，也应当认为属于客观原因导致无法参加诉讼的情形。

其他不能归责于本人的事由未参加诉讼情形，是一项兜底条款。但该兜底条款与前三项情形之间并非完全的并列关系，该兜底条款实质包括了其他第三人有一般过失的情形下未参加诉讼的情形。判断第三人的过错程度，历来就是民事法律中非常复杂的事项，而对于是否属于明显过错，在判断上可能更加困难，需要具体案件具体分析。一般而言，明显过错首先是程度较重的过错形态，按民法理论应当是一般过失以上的过错，以故意、重大过失为主；其次，明显过错的认定，应当考虑第三人的基本情况，包括法律知识、诉讼能力以及相关的经验等；最后，明显过错更强调其主观上的过错状态，原则上应当排除过错推定以及客观过错的形态。如通常在判断有无过错的“知道或者应当知道”而言，“应当知道”即属于客观过错的范畴，一般不宜认定为有明显过错。

【审判实践中应当注意的问题】

1. 有独立请求权第三人和无独立请求权第三人在过错认定上的区别问题

民事诉讼法第五十九条对有独立请求权的第三人和无独立请求权的第三人参加诉讼的方式作了不同的规定。有独立请求权的第三人参加诉讼的方式只有一种即“提起诉讼”，其可以向原审法院起诉提出对诉讼标的的请求，成为案件的当事人。无独立请求权的第三人参加诉讼有两种方式：一是第三人申请参加诉讼；二是由人民法院通知其参加诉讼。由人民法院通知第三人参加诉讼，主要是当事人申请人民法院通知第三人参加诉讼，也有少数是人民法院依职权通知第三人参加诉讼。正是因为参加诉讼的方式不同，在有独立请求权的第三人和无独立请求权的第三人未参加诉讼是否有明显过错的认定上，有明显的区别。

有独立请求权的第三人只能通过提起诉讼参与到诉讼中，人民法院不能依职权通知其参加诉讼，其他当事人也无权申请其参加诉讼，其是否参加诉讼，完全取决于自己的意愿。同时，有独立请求权的第三人参加诉讼，是其对系争的诉讼标的有全部或者部分的独立请求权，在判断其自身权利是否会因为诉讼而受到损害时，一般情况下在诉讼提起后就很容易判断。因此，有独立请求权的第三人知道诉讼的存在，且能够了解到诉讼标的的基本情况，就应当参加诉讼，如未参加诉讼，又无妨碍提起诉讼之客观事由的，通常可以认定其有明显的过错。例如，夫妻双方离婚并分割财产，诉讼中丈夫的父母作为案件的证人出庭作证，对分割财产情况也有很清楚，判决生效后认为其中分割给女方的房屋是其出资购买的，侵害了其民事权益，提起了第三人撤销之诉。人民法院则认定第三人未参加诉讼，属于归责于其本人的原因，因此没有支持其请求。

无独立请求权的第三人对诉讼标的没有独立的请求权，案件的处理结果与其有法律上的利害关系，因此在诉讼进行过程中，处理结果出来之前，通常难以判断。无独立请求权的第三人即使知道诉讼已经存在，人民法院未通知其参加诉讼，当事人也未申请该第三人参加诉讼，则其未申请参加诉讼的，一般不能认定其有明显的过错。

2. 人民法院未通知第三人参加诉讼是否构成不能归责于第三人本人的事由问题

在本解释起草过程中，曾经有意见认为，在人民法院未通知第三人参加诉讼的情形中，应当认定第三人未参加诉讼没有明显过错。经研究，本解释没有采纳这种意见。从实践情况来看，人民法院未通知第三人参加诉讼，是最为常见的第三人提出其未参加诉讼没有过错的事由。但由人民法院通知第三人参加诉讼，只适用于无独立请求权的第三人，而不适用于有独立请求权的第三人参加诉讼情形，有独立请求权的第三人以此证明其无过错，不能成立。无独立请求权的第三人参加诉讼，可以由人民法院通知其参加诉讼，也可以申请参加诉讼，仅以人民法院未通知其参加诉讼为由即认定其无过错也不妥当。通常情况下，无独立请求权的第三人在人民法院未通知其参加诉讼时，可以作为其无过错的初步标准，同时，还要看无独立请求权的第三人对诉讼的了解情况以及其参加诉讼的必要性。如果能够证明无独立请求权的第三人对诉讼非常清楚，对诉讼结果与其利害关系能够作出判断，其未参加诉讼的，应当视为其有明显过错。

【条文】

第二百九十四条

民事诉讼法第五十九条第三款规定的判决、裁定、调解书的部分或者全部内容，是指判决、裁定的主文，调解书中处理当事人民事权利义务的结果。

【条文主旨】

本条是关于第三人撤销之诉的撤销对象的规定。

【条文理解】

第三人撤销之诉的撤销的内容，是指第三人请求撤销的生效判决、裁定和调解书的内容。民事诉讼法第五十九条明确规定对于已经发生法律效力的判决、裁定和调解书的错误内容可以通过提起撤销之诉予以撤销或者改变，但对于能够通过撤销之诉撤销的判决、裁定、调解书的内容是指其全部内容，包括事实认定、理由、法律适用和裁判的判项，还是限定于裁判的判项部分，未作明确规定。对此问题，理论上有争议，实务中亟须明确，因此，本条对此问题作了规定。

本条明确规定了第三人撤销之诉的撤销对象，仅限于生效的判决、裁定的主文内容，调解书中处理当事人民事权利义务的结果部分，排除了裁判文书中事实认定、理由等内容。判决主文是指民事诉讼法第一百五十五条第一款第三项规定的“判决结果和诉讼费用的负担”部分，即有关判项部分内容。裁定的主文是指民事诉讼法第一百五十七条第三款规定的“裁定结果”部分。调解书中处理当事人民事权利义务内容的结果是指调解书确认的当事人达成的调解协议中关于民事权利义务处分的内容部分。

本解释对第三人撤销之诉撤销的对象作如此之限定，主要是考虑以下因素。第一，裁判内容对第三人民事权益造成损害的可能性。生效裁判之所以能够对第三人民事权益造成不利益，源于生效判决的判决事项具有法律上的确定力和执行力，从而约束当事人及案外人。依大陆法通说，裁判的既判力主要是指裁判主文内容，事实部分一般不发生既判力，说理部分有关争点的效力原则上限于诉讼当事人之间，一般不及于案外人。对第三人不具有法律约束力的说理部分内容，自然很少对其民事权益造成损害可能。我国台湾地区对第三人撤销之诉的撤销的对象是否仅限于判决的主文，个别学者认为判决理由系形成判决主文之基础，如其理由之形成对于第三人不利益，似不能谓“第三人未受不利益”。依我国台湾地区司法实务和学者见解，判决理由中就诉讼标的以外当事人主张之重要争点，已经为判断时，其效力范围限于该诉讼事件同一当事人之间，并不及于诉讼事件当事人之外的第三人，因此，该第三人在此实务动作之情况下，并无提起第三人撤销之诉的必要。第二，赋予第三人提起撤销之诉予以救济的必要性。第三人撤销之诉作为对生效裁判稳定性提出挑战的事后救济程序，为维护裁判安定和司法权威，应当以第三人缺乏其他通常的救济程序，切实需要通过撤销之诉对第三人权益进行救济为必要。如裁判文书中关于事实认为的部分，虽然该认定以后，可能会对相关第三人利益产生相应影响，依本解释第九十三条、《民事诉讼证据规定》第十条规定，已为人民法院发生法律效力的裁判所确认的事实，在后续的诉讼中当事人无须再举证，但当事人有相反证据足以推翻的除外。前诉裁判中确定的事实，在后续的诉讼中具有当事人免证的效力，但这种效力是相对的，即当事人可以通过反证予以推翻。因此，事实认定的内容原则上当事人可以在新的诉讼中通过举证即可以推翻，实无提起第三人撤销之诉的必要。

【审判实践中应当注意的问题】

1. 关于可撤销判决主文内容问题

第一，并非判决主文的所有内容都可以成为第三人撤销之诉撤销的对象。根据民事诉讼法第一百五十五条第一款第三项的规定，判决主文包括两部分内容：一是判决结果内容；二是诉讼费用负担内容。前者作为判决确定当事人民事权利义务的内容，具有实体法上的确定性，可以成为第三人撤销之诉的对象并无疑问。而后者，虽然属于当事人应当承担之民事义务内容，但诉讼费用仅为程序上发生之事项，仅在当事人之间有法律效力，不会对案外人的利益产生影响，因此，不宜作为第三人撤销之诉的撤销对象。

第二，并非所有类型的判决都可以作为第三人撤销之诉的撤销对象。判决分为确认判决、形成判决和给付判决三类。确认判决和给付判决具有实体法上的确定性，判决结果产生既判力，因此，可以作为第三人撤销之诉的对象。有观点认为，形成判决其目的在于变更某一法律关系，此种判决不具有既判力，因此，不宜作为第三人撤销之诉的撤销对象。

2. 关于裁定能否作为第三人撤销之诉的对象问题

虽然民事诉讼法规定第三人可以对生效裁定提起撤销之诉，但从《法国民事诉讼法》和我国台湾地区“民事诉讼法”的规定来看，并没有将裁定作为第三人撤销之诉的对象。从我国第三人撤销之诉救济第三人实体权益的立法目的和司法实务来看，裁定一般不宜作为撤销之诉的对象。

我国民事诉讼法第一百五十七条规定适用裁定的事项主要有：不予受理、对管辖权有异议、驳回起诉、保全和先予执行、准许或者不准许撤诉、中止或者终结诉讼、补正判决书中的笔误、中止或者终结执行、撤销或者不予执行仲裁裁决、不予执行公证机关赋予强制执行效力的债权文书。民事诉讼法特别程序中还有确认调解协议的裁定和准许实现担保物权的裁定。从整体上来看，裁定主要适用于程序事项，涉及民事实体权利的裁定并不多。关于程序事项的裁定，如有错误，因其不具有既判力，自然也不会损害第三人的利益，也无适用第三人撤销之诉的必要。涉及实体内容的裁定，如特别程序中涉及实体内容的裁定，本解释已经明确规定不适用第三人撤销之诉；财产保全的裁定、行为保全的裁定和先予执行的裁定，虽然发生错误时，可能侵害第三人的合法权益，但也没有必要通过提起第三人撤销之诉予以撤销。保全的裁定如果错误，如将第三人的财产进行保全，第三人可以直接请求实施保全措施的法院撤销关于该财产保全的裁定；如果诉讼程序已经终结，第三人可以直接起诉要求保全申请人承担损害赔偿责任，而不必对裁定提起撤销之诉。民事诉讼法第五十九条之所以把裁定作为撤销之诉的对象，有学者认为，也许是以再审的客体作为参照而作出的。

但也应当注意，对于人民法院作出的具有实体内容的裁定，如果损害第三人的合法权益且无其他救济途径时，则有赋予第三人提起第三人撤销之诉的必要。如民事诉讼法第二百八十九条规定的人民法院作出的承认和执行外国法院作出的发生法律效力的判决、裁定的裁定，本解释第四百九十一条规定的发生所有权转移的拍卖成交裁定或者以物抵债裁定，裁定内容具有实体法内容，如果损害第三人权益，有必要赋予其提起第三人撤销之诉的机会。

【条文】

第二百九十五条

对下列情形提起第三人撤销之诉的，人民法院不予受理：

（一）适用特别程序、督促程序、公示催告程序、破产程序等非讼程序处理的案件；

（二）婚姻无效、撤销或者解除婚姻关系等判决、裁定、调解书中涉及身份关系的内容；

（三）民事诉讼法第五十七条规定的未参加登记的权利人对代表人诉讼案件的生效裁判；

（四）民事诉讼法第五十八条规定的损害社会公共利益行为的受害人对公益诉讼案件的生效裁判。

【条文主旨】

本条是关于不适用第三人撤销之诉情形的规定。

【条文理解】

民事诉讼法第五十九条第三款对第三人撤销之诉的案件适用范围未作规定，但从第三人撤销之诉作为最后救济程序的定位，其他立法例规定，以及司法实务来看，并非所有的民事案件都可以适用。经研究，本条对不适用第三人撤销之诉的情形作了规定。

1. 非讼案件不适用第三人撤销之诉

民事诉讼法规定了两类案件处理程序：一是诉讼程序，即适用一审、二审、审判监督程序的案件，多数民事案件都属于诉讼程序案件；二是非讼程序①，即针对非讼案件规定的特殊程序，包括特别程序、督促程序、公示催告程序和破产程序等。特别程序包括：选民资格案件，宣告失踪、死亡案件，认定公民无民事行为能力、限制民事行为能力案件，认定财产无主案件，确认调解协议案件和实现担保物权案件。非讼程序案件，基本采用书面审理，所作的裁判不具有既判力，在其救济上无论是当事人还是有利害关系的第三人，都适用特别规定，不适用诉讼案件的审判监督程序，也不适用第三人撤销之诉程序。对此，民事诉讼法和破产法等法律都有专门的规定，如民事诉讼法第一百九十三条规定："被宣告失踪、宣告死亡的公民重新出现，经本人或者利害关系人申请，人民法院应当作出新的判决，撤销原判决。"第一百九十七条规定："人民法院根据被认定为无民事行为能力、限制行为能力人本人、利害关系人或者有关组织的申请，证实该公民无民事行为能力或者限制民事行为能力的原因已经消除的，应当作出新判决，撤销原判决。"第二百条规定："判决认定财产无主后，原财产所有人或者继承人出现，在民法典规定的诉讼时效期间可以对财产提出请求，人民法院审查属实后，应当作出判决，撤销原判决。"第二百三十条规定："利害关系人因正当理由不能在判决前向人民法院申报的，自知道或者应当知道判决公告之日起一年内，可以向作出判决的人民法院起诉。"为进一步明确非讼程序不适用诉讼案件的救济程序，本解释第三百七十二条专门对特别程序案件裁判错误的救济作了明确规定："适用特别程序作出的判决、裁定，当事人、案外人认为有错误的，可以向作出该判决、裁定的人民法院提出异议。人民法院经审查，异议成立或者部分成立的，作出新的判决、裁定撤销或者改变原判决、裁定；异议不成立的，裁定驳回。对人民法院作出的确认调解协议、准许实现担保物权的裁定，当事人有异议的，应当自收到裁定之日起十五日内提出；案外人有异议的，应当自知道或者应当知道其民事权益受到侵害之日起六个月内提出。"本条虽未列明执行程序裁定不适用第三人撤销之诉，但从其性质上看也无原则上的适用之必要，但如前文所述，具有实体权利义务内

① 《民事案件案由规定》第十部分规定了以下非讼程序案件案由，包括：选民资格案件，宣告失踪、宣告死亡案件，认定自然人无民事行为能力、限制民事行为能力案件，指定遗产管理人案件，认定财产无主案件，确认调解协议案件，实现担保物权案件，监护权特别程序案件，督促程序案件，公示催告程序案件，公司清算案件，破产程序案件，申请诉前停止侵害知识产权案件，申请保全案件，申请人身安全保护令案件，申请人格权侵害禁令案件，仲裁程序案件，海事诉讼特别程序案件，申请承认与执行法院判决、仲裁裁决案件。第十一部分规定了特殊诉讼程序案件案由，包括：与宣告失踪、宣告死亡案件有关的纠纷，公益诉讼，第三人撤销之诉，执行程序中的异议之诉。

容的执行裁定，应属于例外。

2. 婚姻无效、撤销或者解除婚姻关系等判决、裁定、调解书中涉及身份关系的内容，不适用第三人撤销之诉

民事诉讼法第二百零九条明确规定，当事人对已经发生法律效力的解除婚姻关系的判决、调解书，不得申请再审。这是基于婚姻关系解除后即允许当事人另行结婚，进行再审将严重影响社会关系稳定。确认婚姻无效、撤销婚姻与解除婚姻关系具有相同法律后果，也应当参照适用。同理，如果允许第三人提起撤销之诉，也不利于社会关系之稳定。其他身份关系的内容，包括解除收养关系、解除监护关系等，也不适用第三人撤销之诉。

3. 民事诉讼法第五十七条规定的未参加登记的权利人对代表人诉讼案件的生效裁判不得提起第三人撤销之诉

民事诉讼法第五十六条和第五十七条规定了代表人诉讼，由当事人推选代表人进行诉讼。其中，根据第五十七条的规定，在起诉时当事人人数尚未确定的，由向人民法院登记的当事人推选代表人参加诉讼，未参加登记的当事人在诉讼时效期间提起诉讼的，适用代表人诉讼的判决、裁定。这就明确了未参加登记的当事人要受代表人诉讼裁判的约束。但未经登记的当事人只能通过单独起诉的方式来保护自己的权利，如果认定人民法院裁定适用代表人诉讼的裁判错误的，应当通过上诉或者申请再审予以救济，不得提起第三人撤销之诉。同理，民事诉讼法第五十七条规定当事人虽然由其代表人参加诉讼，但其属于诉讼的当事人，也不得对代表人诉讼的裁判提起第三人撤销之诉。

4. 民事诉讼法第五十八条规定的损害社会公共利益行为的受害人对公益诉讼案件的生效裁判不得提起第三人撤销之诉

民事诉讼法第五十八条规定的民事公益诉讼案件，是为保护社会公共利益新增加的制度，目前看主要有环境民事公益诉讼和消费者权益公益诉讼两类案件，相关环境保护法和消费者权益保护法也有规定。根据民事诉讼法的规定，公益诉讼和私益诉讼立法目的和起诉条件均不同，公益诉讼的生效裁判对损害社会公共利益行为遭受损失的法人、公民和其他组织不具有约束力，受害人保护自身民事权益的诉讼不受公益诉讼的影响，其自无提起第三人撤销之诉的必要。对此，本解释第二百八十六条明确规定："人民法院受理公益诉讼案件，不影响同一侵权行为的受害人根据民事诉讼法第一百二十二条规定提起诉讼。"

【条文】

第二百九十六条

第三人提起撤销之诉，人民法院应当将该第三人列为原告，生效判决、裁定、调解书的当事人列为被告，但生效判决、裁定、调解书中没有承担责任的无独立请求权的第三人列为第三人。

【条文主旨】

本条是关于第三人撤销之诉的当事人的规定。

【条文理解】

2012 年民事诉讼法增加第三人撤销之诉后，就该诉讼当事人如何列入有不同的方式。实践中争议较大的问题有两个：一是按照普通诉讼列原告、被告，还是按照审判监督程序列为申请人与被申请人；二是原生效裁判的当事人是否全部列为第三人撤销之诉的对方当事人。其他国家和地区的做法也不同，如《法国民事诉讼法》第 584 条规定，若被攻击之判决涉及不可分之数人时，第三人撤销之诉亦应通知全部当事人到庭，始被准许。我国台湾地区"民事诉讼法"第 507 条之 1 规定，得以两造为共同被告提起撤销之诉。

本解释明确规定，第三人撤销之诉的当事人按照诉讼案件的当事人来列，即原告和被告。原诉讼的当事人包括原告、被告、第三人，一般列为共同被告。

例外的是生效判决、裁定、调解书中没有承担责任的无独立请求权的第三人列为第三人，这主要考虑不承担民事责任的无独立请求权的第三人如果列为被告，第三人撤销之诉作出的裁判，即使不让其承担民事责任，会存在仍有上诉权，但其实无上诉之利益的情形，所以应当排除其上诉，仍然列为第三人更为妥当。

【条文】

第二百九十七条

受理第三人撤销之诉案件后，原告提供相应担保，请求中止执行的，人民法院可以准许。

【条文主旨】

本条是关于第三人撤销之诉受理后，原生效法律文书是否中止执行的规定。

【条文理解】

关于第三人撤销之诉受理后是否影响原裁判的执行问题，各方观点差异较大。《法国民事诉讼法》对是否停止执行，完全交由法官自由裁量，其第590条规定："以起诉或在诉讼中提起之第三人撤销诉讼之承审法官，得将系争判决之执行予以停止。"我国台湾地区"民事诉讼法"规定以不停止执行为原则，以停止执行为例外，其第507条之3规定："第三人撤销之诉无停止原确定判决执行之效力。但法院因必要情形或依声请定相当并确实之担保，得于撤销之诉声明之范围内对第三人不利部分以裁定停止原确定判决之效力。"

经反复研究，本条最终规定："受理第三人撤销之诉案件后，原告提供相应担保，请求中止执行的，人民法院可以准许。"即本条明确规定了原告提供担保后，人民法院可以中止执行的唯一一种情形。

第一，第三人撤销之诉原则上无中止执行原生效裁判的效力，是当然之义。第三人撤销之诉乃系赋予非因可归责于己之事由而未参与诉讼之利害关系人救济机会之特别程序，原则上并不影响该生效判决在原当事人间之效力，故原判决当事人依该生效判决申请执行时，并不因第三人提起撤销之诉而受影响。在本解释草案中曾明确规定，第三人撤销之诉受理后，不停止原生效裁判的执行。后又将该规定删除，主要是考虑第三人撤销之诉采用适当实质审查立案制度后，在一定程度上收紧了入口，在中止原生效裁判的执行中可以考虑适当放宽标准；如果一律规定不中止原生效裁判的执行，会排除人民法院根据案件情况依职权中止执行的可能。为防止恶意提起撤销之诉规避执行，第三人撤销之诉案件受理后不中止原裁判的执行，但如果原告提供充分、有效的担保后，请求人民法院中止执行的，人民法院可以中止执行。

第二，原告提供相应担保后，人民法院可以准许中止执行属于常态。第三人撤销之诉受理后，原生效裁判的中止执行，通常情况下应当由原告提出申请，如果原告未申请中止执行的，原生效裁判应当执行。这主要是为了避免执行程序于第三人撤销之判决确定前即已终结，致第三人之权益受损。原告申请中止执行原生效裁判，必须提供相应的担保，即充分、有效的担保，具体担保数额由人民法院依案件情况确定。具体可以参照民事诉讼法和本解释关于诉讼保全担保的有关规定。

第三，人民法院依职权中止执行原生效裁判可以在特殊情况下例外适用。本条规定并没有排除人民法院可以根据案件的实际需要，依职权中止执行原生效判决，确有必要时，人民法院可以依职权中止执行。人民法院依职权中止执行原生效裁判，一是要严格限制适用，只有在确有必要时才适用；二是在中止执行时，可以要求原告提供相应担保。

关于中止执行原生效裁判的范围问题。第三人撤销之诉案件，裁定中止执行原生效裁判的，既可以部分中止执行，也可以全部中止执行，但不得超出第三人撤销之诉请求撤销的原生效裁判的内容，超出的部分，人民法院不予准许。第三人撤销之诉原告请求撤销原生效裁判的部分内容的，人民法院不得中止对原生效裁判的全部执行。

【条文】

第二百九十八条

对第三人撤销或者部分撤销发生法律效力的判决、裁定、调解书内容的请求，人民法院经审理，按下列情形分别处理：

（一）请求成立且确认其民事权利的主张全部或部分成立的，改变原判决、裁定、调解书内容的错误部分；

（二）请求成立，但确认其全部或部分民事权利的主张不成立，或者未提出确认其民事权利请求的，撤销原判决、裁定、调解书内容的错误部分；

（三）请求不成立的，驳回诉讼请求。

对前款规定裁判不服的，当事人可以上诉。

原判决、裁定、调解书的内容未改变或者未撤销的部分继续有效。

【条文主旨】

本条是关于第三人撤销之诉的裁判的规定。

【条文理解】

根据民事诉讼法第五十九条第三款的规定，第三人撤销诉讼请求成立的，人民法院应当改变或者撤销原判决、裁定、调解书；诉讼请求不成立的，驳回诉讼请求。本条第一款对上述规定进行了相应的细化，明确分为三种情形。

1. 请求成立且确认其民事权利的主张全部或部分成立的，改变原判决、裁定、调解书内容的错误部分

第三人撤销之诉的“诉讼请求成立”，即经人民法院审理，确认第三人提出的原判决、裁定、调解书的全部内容或者部分内容错误，且因之而损害第三人民事权益主张的成立，因而第三人撤销或者改变原判决、裁定、调解书的请求应当予以支持。“确认其民事权利的主张全部或者部分成立的”，是

指经人民法院审理，对第三人撤销之诉中用以否定原判决、裁定、调解书内容的独立的民事权利主张符合法律规定，应当予以支持。第三人的民事权利主张，既可以是独立于撤销原判决、裁定、调解书的请求，也可以是改变原判决、裁定、调解书请求的内容。上述两方面请求均成立的，人民法院应当作出改变判决，先撤销原判决、裁定、调解书的错误内容，并作出新的判决。

2. 请求成立，但确认其全部或部分民事权利的主张不成立，或者未提出确认其民事权利请求的，撤销原判决、裁定、调解书内容的错误部分

本项规定的请求成立与前项规定一致。如果第三人撤销中同时提出的自己独立于原判决、裁定、调解书内容的民事权利主张，不符合法律规定条件，或者第三人未提出独立的民事权利主张的，人民法院应当作出判决，只撤销原判决、裁定、调解书。撤销原判决、裁定、调解书可以全部撤销，也可以部分撤销，但应当以第三人撤销之请求为限。

3. 请求不成立的，驳回诉讼请求

对于第三人提起的撤销之诉讼请求，于实体条件不具备时，第三人撤销之诉请求即为不成立，人民法院应当判决驳回第三人的诉讼请求。应当注意，如果经审理，第三人提起的撤销之诉不符合其起诉条件中的程序条件时，应当裁定驳回起诉。

本条第二款规定，对第三人撤销之诉的法院判决，当事人可以上诉。依本款规定，人民法院对第三人撤销之诉的一审判决，当事人可以依法上诉，而未规定第三人撤销之诉审理过程中，人民法院所作的裁定能否上诉。对此，第三人撤销之诉既然适用第一审普通程序进行审理，那么，依照民事诉讼法第一百五十七条的规定，对于不予受理、管辖权异议、驳回起诉的裁定，当事人也可以上诉。当事人提起上诉的期间，应当适用民事诉讼法第一百七十一条的规定，对于判决，应当自判决书送达之日起十五日内提起，对于裁定应当自裁定书送达之日起十日内提起。

本条第三款是对第三人撤销之诉判决作出后，原判决、裁定、调解书效力的规定。一是原判决、裁定、调解书的内容未改变或者未撤销的部分继续有效，对于人民法院部分改变或者撤销原判决、裁定、调解书内容的，未撤销或者未改变的原有内容，对原诉讼当事人仍然有效，可以申请强制执行；另行起诉的，人民法院按照重复起诉的规定处理。二是原判决、裁定、调解书中被改变或者撤销的内容对原诉讼当事人失去效力。在这一点上，与我国台湾地区“民事诉讼法”的规定不同，其第 507 条之 4 规定：“法院认第三

人撤销之诉为有理由者，应撤销原确定终局判决对该第三人不利部分，并依第三人之声明，于必要时，在撤销之范围内为变更原判决之判决。前项情形，原判决于原当事人间仍不失其效力。但诉讼标的对于原判决当事人及提起撤销之诉之第三人必须合一确定者，不在此限。”

【审判实践中应当注意的问题】

1. 关于撤销判决与改变判决的关系问题

虽然民事诉讼法第五十九条第三款规定，第三人撤销之诉的诉讼请求成立时，人民法院应当作出改变或者撤销判决，且改变排在撤销之前。这是否意味着，第三人撤销之诉应当以改变判决为主，或者改变判决和撤销判决可以任意选择适用？对此，应当把握以下几点。

（1）以撤销判决为原则。第三人撤销之诉，从性质上讲是形成之诉，这是共识。第三人撤销之诉的目的在于去生效判决、裁定、调解书中损害第三人合法民事权益的内容，从而保护第三人的合法民事权利。因此，在第三人撤销之诉的诉讼请求成立时，只要撤销原判决、裁定、调解书的相应内容即足以达成第三人撤销之诉的目的。如果将第三人其他民事权利主张与撤销诉讼请求合并审理，虽然有利于一次性解决纠纷，但势必造成第三人撤销之诉的审理内容更为繁杂，审理程序复杂，严重影响第三人撤销之诉的诉讼效率。另外，由于多数第三人撤销之诉是针对二审生效判决提起的，如果将第三人的其他民事权利主张合并审理，而且作为一审程序审理，实质上在审级上提了一级，这既会增加上级法院特别是最高人民法院和高级人民法院的审判压力，也不符合四级法院的职能定位。在本解释起草过程中，对这一问题基本形成了共识。就近两年司法实务情况来看，第三人提起撤销之诉时，除请求撤销之外，大多还提出了有关实体权利义务具体安排的请求，但法院仅判决撤销的却占据了压倒性的多数。目前发现有基层人民法院改变原审判决，直接对当事人实体权利义务作出安排的判决较为少见，绝大多数只是作出撤销判决。第三人撤销之诉的判决原则上只撤销前诉裁判文书的部分或全部内容，关于撤销后如何重新安排实体权利义务则要求第三人另行起诉解决，是一种相当合理的做法。

（2）改变判决的适用应当有严格的条件限制。首先，作出改变判决的，必须以第三人撤销诉讼请求为限。第三人没有请求改变原判决、裁定、调解书错误内容的，人民法院不得作出改变判决，只能作撤销判决。其次，第三人撤销之诉的诉讼请求改变原判决、裁定、调解书的内容，提出的独立的民事权利主张应当与撤销内容直接关联，即与原诉讼标的相关。如果是与原诉讼标的没有直接关系的新的民事权利主张，人民法院不宜一并审理。如原审将某物所有权判归原审原告，第三人主张其是该物的所有权人的，该权利主张实质上是第三人撤销之诉成立的基础，审理第三人撤销之诉时必须以确定第三人对该物的所有权为前提，于此情形下，可以在撤销原判决的同时，确认第三人对该物的所有权。如原审当事人之间就某买卖合同关系予以诉争，第三人以民法典第五百三十八条、第五百三十九条、第五百四十条规定的撤销权为由主张撤销原判决，同时提出请求原审当事人向其履行他们之间另一债权的，则不能认定两个债权之间直接关联而一并审理。

（3）适用改变判决时，可以根据原生效判决是一审生效判决和二审生效判决而有所区别。如果第三人撤销之诉是对一审生效判决提起的，对于第三人提出的民事权利主张，如果认为应当直接改变原审裁判文书全部或部分内容有必要的，可以直接作出改变判决。如此，当事人提起上诉后二审法院完全可以维持原判、改判或者发回重审，也不会带来审级方面的问题。如果第三人撤销之诉是对二审生效判决提起的，对第三人提出的新的民事权利主张，原则上可以仅作撤销判决，特殊情况作改变判决更为妥当。换言之，可以对民事诉讼法第五十九条第三款关于法院“改变”前诉裁判文书的规定作一定程度的限缩解释，即只有在原审当事人并未上诉，针对一审即生效的裁判文书而提起的第三人撤销之诉由前诉一审法院管辖的情况下，法院才可能作出改变原审裁判文书的判决。因为根据民事诉讼法第五十九条第三款关于管辖的规定，很多情况下是前诉二审法院作为一审法院，受理并审理第三人撤销之诉案件，如果决定撤销后直接就各方当事人的实体权利义务重新加以认定并作出安排，往往会带来审级上移和上级法院负担过重等弊端。如果法院仅仅判决撤销原审裁判文书，则不论上诉到哪个层级的法院，都可只就撤销与否作出判断，各方权利义务的重新安排则留待当事人向有管辖权的一审法院另行主张，这就不会产生管辖上移及增加上级法院负担等问题。当然，在这样的情形之下，如果法院认为确有必要在作出撤销裁判的同时直接重新安排当事人之间的权利义务，也可以考虑采用上文讨论过的裁定终结撤销之诉程序，作出对本案进行再审的裁定，并由审理撤销之诉的合议庭继续进行再审案件的实体审理这种做法。

2. 关于调解书的撤销与改变问题

民事诉讼法将调解书作为第三人撤销之诉的对象，主要考虑到调解书内容具有安排当事人之间民事权利义务的内容，一旦错误，也可能损害第三人的合法权益，特别是考虑到近年来当事人恶意串通损害第三人合法权益的案件数量有上升趋势，为保护第三人的实体权利，适用第三人撤销之诉是合理的。当然，这与我国台湾地区“民事诉讼法”规定第三人仅可以对判决提起撤销之诉不同。但调解书与判决是两种完全不同性质的法律文书，判决是法院以国家或地区名义作出的决定，是对案件事实和当事人主张审理后依法作出的判断；调解书是当事人自行处分民事权利义务的结果，其基础是当事人之间的调解协议。调解书因损害第三人合法权益而被撤销具有合理性，但因损害第三人合法权益即在第三人撤销之诉中判决改变调解书的内容显然不妥：一则调解书内容是当事人之间的协议内容，判决则是法院决定内容，以法院决定代替当事人之间的协议内容，有违调解之当事人处分和自愿原则；二则调解协议往往是当事人之间对整体民事权利义务的一种安排，从保护第三人利益角度而言予以撤销足矣，再对原诉当事人之间的民事权利义务重新安排，不利于原诉当事人之间纠纷的解决。因此，对于调解书提起的第三人撤销之诉，原则上以撤销调解书为合理做法。

第三人撤销之诉请求成立时，撤销整个调解书自无疑问，但第三人仅请求撤销调解书部分内容的，人民法院能否判决撤销调解书的部分内容，则应当根据具体情况来处理。如果调解书的内容各部分不可分的，则不能只撤销调解书的部分内容，应当全部撤销调解书。如果调解书的内容可分，撤销部分后不影响其他部分继续有效的，人民法院可以撤销调解书的部分内容。

3. 关于原诉讼当事人对被撤销或者改变的内容是否可以另行提起诉讼问题

从本条第三款规定来看，第三人撤销之诉判决撤销或者改变原判决、裁定、调解书以后，未撤销或者未改变的内容对原当事人继续有效，撤销或者改变的内容失去效力，如此就会带来一个问题：如果原诉当事人对被撤销或者改变的内容仍有民事争议，如何救济？是否允许另行提起诉讼？我们认为，对于第三人撤销之诉判决撤销的部分，如果因撤销判决而使其失去效力，当事人之间就该部分内容涉及的民事权利义务，符合民事诉讼法一百二十二条规定条件的，可以另行提起诉讼解决，不受“一事不再理”原则的限制。如果不符合民事起诉条件的，如原诉当事人恶意串通损害第三人合法权益的，原本即不存在可诉之利益，自无从另行起诉。对于第三人撤销之诉判决改变的内容，对第三人与原诉讼当事人具有法律上的效力，仅于原诉当事人之间也无法再行起诉。

【条文】

第二百九十九条

第三人撤销之诉案件审理期间，人民法院对生效判决、裁定、调解书裁定再审的，受理第三人撤销之诉的人民法院应当裁定将第三人的诉讼请求并入再审程序。但有证据证明原审当事人之间恶意串通损害第三人合法权益的，人民法院应当先行审理第三人撤销之诉案件，裁定中止再审诉讼。

【条文主旨】

本条是关于第三人撤销之诉与原审诉讼当事人申请再审关系的规定。

【条文理解】

本条确立的原则是当再审审理程序与第三人撤销之诉程序并行时，再审审理程序吸收第三人撤销之诉程序。依照民事诉讼法的规定，第三人撤销之诉与当事人申请再审两种程序依法可以分别启动，相互之间并不影响。但第三人撤销之诉程序和再审程序都启动以后，由于两诉的对象为同一生效判决、裁定或者调解书，审理范围上就会交叉，如果完全独立进行，既可能会出现裁判矛盾的情况，也可能因另一诉讼标的发生变更而使诉讼变得不确定。同时对于当事人来说，同一诉讼对象却要同时进行两个不同的程序，诉讼负担也会增大。因此，本解释明确规定如果第三人撤销之诉和当事人之间再审程序均启动的，通过诉的合并方式一次性解决两诉。对第三人而言，无论通过第三人撤销之诉，还是再审之诉，只要其权利得到充分救济，则无诉讼上的实质差异。而通过再审一揽子解决三方之争议，完全符合第三人权利保护以事前程序为主的原则，也符合纠纷解决彻底性的要求。

第一，再审审理吸收第三人撤销之诉，是以两个案件均已经受理为前提，即作出生效判决的人民法院受理了第三人撤销之诉，再审案件已经进入再审程序。如果第三人撤销之诉还没有立案，生效判决、裁定、调解书只是启动了再审审查程序，还没裁定再审的，均不发生案件合并的问题。裁定再审在前的，对第三人提起的撤销之诉，人民法院可以告知其申请参加再审程序；第三人坚持起诉的，人民法院可以在受理后再移送到再审案件一并审理。

第二，第三人撤销之诉请求并入再审程序审理，应当在再审裁判作出之前进行，而对于第三人撤销之诉审理的阶段，本解释没有明确规定。从实践来看，第三人撤销之诉在一审终结前并入再审程序没有问题，但在第三人撤销之诉一审判决已经作出后，是否还需要并入再审程序，值得进一步研究。人民法院可以根据案件的具体情况作出妥当的安排。

第三，第三人撤销之诉的诉讼请求并入再审程序一并审理的方式，如果属于同一法院审理的，可以通过诉的合并处理；如果分属不同法院审理的，第三人撤销之诉案件的审理法院应当作出裁定，将案件送交审理再审案件的人民法院。

第四，第三人撤销之诉的诉讼请求并入再审程序的例外，即有证据证明原诉当事人之间恶意串通损害第三人利益的情况，应当先行审理第三人撤销之诉案件，再审案件应当中止诉讼。

【条文】

第三百条

第三人诉讼请求并入再审程序审理的，按照下列情形分别处理：

（一）按照第一审程序审理的，人民法院应当对第三人的诉讼请求一并审理，所作的判决可以上诉；

（二）按照第二审程序审理的，人民法院可以调解，调解达不成协议的，应当裁定撤销原判决、裁定、调解书，发回一审法院重审，重审时应当列明第三人。

【条文主旨】

本条是关于第三人撤销之诉并入再审程序后如何审理的规定。

【条文理解】

本条明确规定，第三人撤销之诉并入再审程序后，应当区分两种不同情况进行审理。

再审案件按照一审程序审理的，人民法院应当对第三人的诉讼请求一并审理，所作的判决可以上诉。此种情况下，应当将该第三人直接列为第三人，其在撤销诉讼请求的范围内，具有当事人的权利义务。人民法院作出判决时，应当同时对再审诉讼请求和第三人撤销请求作出裁判。

再审案件按照二审程序审理的，人民法院可以调解，调解达不成协议的，应当裁定撤销原判决、裁定、调解书，发回一审法院重审，重审时应当列明第三人。在按照二审程序进行调解时，应当将该第三人列为案件的第三人，可以分别对再审请求和第三人撤销诉讼请求进行调解，必要时可以一并进行调解。调解不成发回重审时，应当在裁定中载明第三人情况。重审时，人民法院应当直接将该第三人列为案件的第三人，对第三人的民事权利主张与原诉当事人之诉讼请求一并进行审理。

【条文】

第三百零一条

第三人提起撤销之诉后，未中止生效判决、裁定、调解书执行的，执行法院对第三人依照民事诉讼法第二百三十四条规定提出的执行异议，应予审查。第三人不服驳回执行异议裁定，申请对原判决、裁定、调解书再审的，人民法院不予受理。

案外人对人民法院驳回其执行异议裁定不服，认为原判决、裁定、调解书内容错误损害其合法权益的，应当根据民事诉讼法第二百三十四条规定申请再审，提起第三人撤销之诉的，人民法院不予受理。

【条文主旨】

本条是关于第三人撤销之诉与民事诉讼法第二百三十四条规定的案外人执行异议程序关系的规定。

【条文理解】

根据民事诉讼法第二百三十四条的规定，执行程序中，案外人对执行标的提出书面异议，对人民法院驳回其异议的裁定不服，认为原判决、裁定错误的，依照审判监督程序办理，明确规定了此种情况下，案外人享有申请再审的权利。如果该案外人又符合民事诉讼法第五十九条关于第三人撤销之诉的规定条件时，案外人是走第三人撤销之诉程序还是走再审程序？在研究过程中，曾有不同观点。一种观点认为，于此情形下，应当赋予当事人选择权。主要理由是：第一，民事诉讼法于此情形下明确规定了第三人撤销之诉和再审两种救济程序，都属于当事人的权利；第二，第三人撤销之诉与再审程序是两种不同的程序，各有其程序利益，如何适用，应由权利人自行选择。另一种观点认为，不宜由当事人选择，应当优先适用再审程序。主要理由是：第一，第三人撤销之诉是一般性规定，民事诉讼法第二百三十四条规定的再审程序是特别规定，特别规定应当优先于一般规定适用。第二，救济程序应当是有限的，原则上对同一情形只能适用同一救济程序。如果允许当事人选择，程序适用上将较为混乱，而且容易形成程序上的扯皮现象，反而不利于对案外人权益的保护。第三，再审程序相比第三人撤销之诉程序，具有一次性解决纠纷的制度优势，有利于提高纠纷的效率。在征求各地法院和专家学者意见时，多数意见也认为不宜由当事人选择适用程序，应当优先适用再审程序。

本条综合了以上两种意见，明确规定按照启动程序的先后，当事人只能选择一种相应的救济程序，不能同时启动两种程序，一旦选定则不允许再审变更。先启动执行异议程序的，如果对驳回其执行异议裁定不服，按照民事诉讼法第二百三十四条的规定通过审判监督程序救济；先启动第三人撤销之诉程序的，即使第三人又在执行程序中提出执行异议，第三撤销之诉继续进行，第三人也不能再按照民事诉讼法第二百三十四条的规定申请再审，以提高诉讼效率，也便于当事人诉讼和法院审理案件。

【审判实践中应当注意的问题】

关于第三人提起撤销之诉与依照民事诉讼法第二百三十四条规定申请再审的条件问题。本解释第四百二十一条对案外人依照民事诉讼法第二百三十四条规定申请再审的条件作了明确规定："根据民事诉讼法第二百三十四规定，案外人对驳回其执行异议的裁定不服，认为原判决、裁定、调解书内容错误损害其民事权益的，可以自执行异议裁定送达之日起六个月内，向作出原判决、裁定、调解书的人民法院申请再审。"该规定关于申请再审的条件与第三人提起撤销之诉的条件相比，就实体条件而言，完全相同，都是生效裁判、裁定、调解书内容错误且损害第三人的民事权益；在程序条件上，两者有所不同，单就权利保护的期间看，申请再审的期间起算点始自人民法院驳回其执行异议裁定送达之日，较之于第三人撤销之诉的自知道或者应当知道生效判决、裁定、调解书内容错误损害其民事权益之日，更有利于第三人。就管辖法院来看，两类诉讼也完全相同。在审查两类案件时，在实体条件上应当注意保持完全一致。

十五、执行异议之诉

【条文】

第三百零二条

根据民事诉讼法第二百三十四条规定，案外人、当事人对执行异议裁定不服，自裁定送达之日起十五日内向人民法院提起执行异议之诉的，由执行法院管辖。

【条文主旨】

本条是关于执行异议之诉管辖的规定。

【条文理解】

1991年4月9日，第七届全国人民代表大会第四次会议通过了民事诉讼法，第二百零八条规定："执行过程中，案外人对执行标的提出异议的，执行员应当按照法定程序进行审查。理由不成立的，予以驳回；理由成立的，由院长批准中止执行。如果发现判决、裁定确有错误，按照审判监督程序处理。"根据该规定，案外人虽然有权对执行标的提出异议，但案外人异议由执行员进行审查，而非由审判部门进行审查，也未规定具体的审查程序。这种做法虽有利于提高执行效率，操作便捷，但难以有效保障当事人和其他利害关系人的程序权利和实体权益，也未充分认识到审判权与执行权的关系，在执行程序中对当事人的实体权益进行判断，不妥当。鉴于此，第十届全国人民代表大会常务委员会第三十次会议于2007年10月28日通过《关于修改〈中华人民共和国民事诉讼法〉的决定》，将1991年民事诉讼法第二百零八条改为第二百零四条，内容修改为："执行过程中，案外人对执行标的提出书面异议的，人民法院应当自收到书面异议之日起十五日内审查，理由成立的，裁定中止对该标的的执行；理由不成立的，裁定驳回。案外人、当事人对裁定不服，认为原判决、裁定错误的，依照审判监督程序办理；与原判决、裁定无关的，可以自裁定送达之日起十五日内向人民法院提起诉讼。"第一次明确规定了执行异议之诉。2012年8月31日，第十一届全国人民代表大会常务委员会第二十八次会议通过了《关于修改〈中华人民共和国民事诉讼法〉的决定》，保留了执行异议之诉相关内容，仅对条文序号作了修改。

2007 年全国人大常委会修改民事诉讼法时，仅规定了执行异议之诉，对于执行异议之诉案件管辖等具体程序问题没有作出规定。为便于人民法院适用该规定，最高人民法院制定了《执行程序解释》，对执行异议之诉的程序作了具体规定。该司法解释第十八条规定："案外人依照民事诉讼法第二百零四条规定提起诉讼的，由执行法院管辖。"第二十二条也规定："申请执行人依照民事诉讼法第二百零四条规定提起诉讼的，由执行法院管辖。"本解释保留了 2008 年《执行程序解释》对案外人、当事人所提执行异议之诉均由执行法院管辖的规定。

1. 执行异议之诉概述

执行异议之诉包括案外人执行异议之诉和当事人执行异议之诉。案外人执行异议之诉，是指案外人就执行标的享有足以排除强制执行之权利，请求法院不许对该标的实施执行之诉讼。当事人执行异议之诉是指申请执行人对人民法院中止对特定标的执行的裁定不服，认为案外人不享有足以排除强制执行之权利，请求法院继续对该执行标的进行执行的诉讼。执行异议之诉的目的是请求人民法院排除或者继续对特定执行标的的执行行为，而当事人所基于的理由是案外人对执行标的是否享有实体权益以及人民法院的执行行为是否损害了其所享有的实体权益。因此，执行异议之诉是一种较为特殊的诉讼。

关于案外人执行异议之诉的性质，主要有以下几种学说：一是形成诉讼说。此说认为，案外人提起异议之诉的权利在性质上属于形成权，目的是请求撤销执行机构的错误执行行为，变更现有的执行法律关系，因此属于形成之诉。该学说为德国和日本的通说。二是确认诉讼说。此说认为，案外人执行异议之诉的目的是请求法院确认案外人有排除执行的权利，一旦法院确认该权利，执行机关即得停止实施强制执行，并撤销已采取的执行措施。因此执行异议之诉属于确认之诉。三是给付诉讼说。此说认为，执行异议之诉的诉讼标的是案外人要求申请执行人不作为的给付请求权，当事人要求法院命令债权人不得为强制执行，或者返还执行财产等就是给付请求的内容。四是诉讼救济说。此说认为，异议之诉既不是单一的确认之诉，也不是单一的形成之诉，而是二者之合成，既具有确认的法律效果，也具有排除执行的法律效果。五是命令诉讼说。此说认为，案外人执行异议之诉的胜诉判决为执行机关设定了相应义务，即宣告执行机关须为一定行为，故其不属于任何一种既有的诉讼类型。这里的命令并非指职务关系上的命令，而是设定特定的义务。[①] 与传统的诉讼类型相比，执行异议之诉有其特殊性。引发执行异议之诉的原因是案外人认为申请执行人申请人民法院对特定标的进行强制执行侵害了其实体权益。这类争议在形式上体现为法院强制执行行为是否侵害案外人合法权益，是否应当停止并撤销法院的强制执行行为；在实质上是申请执行人请求人民法院对特定执行标的进行强制执行的主张与案外人对该执行标的的权利主张相互冲突，是平等主体之间的民事纠纷。在实体权属纠纷层面，申请执行人请求人民法院强制执行特定执行标的的行为实际上是实现生效裁判文书等所确定的债权的行为，申请执行人对执行标的并不享有排他性权利，对执行标的的权属纠纷只发生在被执行人和案外人之间。因此，执行异议之诉在形式上体现为是否排除强制执行行为的纠纷，在实质上是案外人与被执行人对该执行标的的权属纠纷和案外人对执行标的所享有权益与申请执行人在生效裁判文书等执行依据项下请求权的优先效力纠纷。可见，执行异议之诉并不能简单地归属于形成诉讼、确认诉讼或者给付诉讼，而是一种具有复合性的新类型诉讼。

民事诉讼法第二百三十四条规定的执行异议之诉制度，放在了执行程序中。本解释起草过程中，对执行异议之诉的解释条文是应当放在执行程序部分还是放在诉讼程序部分，有两种意见：一种意见认为，执行异议之诉在性质上属于民事诉讼，虽然民事诉讼法规定在执行程序中，但此类案件的审理，应当依照诉讼程序进行，不属于执行程序的内容，因此，应当放在诉讼程序中。执行异议之诉也要经过一审、二审，当事人也可以申请再审，放在一审程序之后单独列为一节更为合适。另一种意见认为，执行异议之诉虽然是诉讼程序，但民事诉讼法是在执行程序中规定的，而且与执行程序中的其他事项密切相关，具以执行异议审查程序为前提，目的也是解决能不能执行的问题，因此，放在执行程序中更为合理。最后考虑到执行异议之诉本质上是一个诉讼，一个新的审判程序，而非执行程序，故将其放在一审程序之后，单独列为一节。在适用执行异议之诉的相关规定时，首先应当注意其在性质上属于民事诉讼，是一个审判问题，同时，又要注意其与执行程序的紧密联系。

2. 执行异议之诉的管辖

本条沿用了 2008 年《执行程序解释》对案外人、当事人对执行异议裁

① 参见张先科、杨巍：《案外人异议之诉的程序构建》，载《人民司法·应用》2009 年第 13 期；张卫平：《案外人执行异议之诉》，载《法学研究》2009 年第 1 期。

定不服所提起执行异议之诉，由执行法院管辖的规定。执行异议之诉由执行法院专属管辖是大陆法系国家和地区的通例，例如《德国民事诉讼法》第771条规定，第三人向实施强制执行的地区法院提起异议之诉。《日本民事诉讼法》第38条、我国台湾地区“强制执行法”第15条均有相同规定。

在本解释起草过程中，有观点认为，完全由执行法院专属管辖，可能带来的弊端是对案外人权利保护不周，特别是实践中案外人执行异议主要针对不动产提出，从有利于查明不动产状况、妥善处理争议、方便诉讼等方面考虑，还是应当适用民事诉讼法关于不动产专属管辖的规定。而且通过司法解释排除法律规定的专属管辖的适用也不妥当。对于重大的不动产纠纷，完全由执行法院管辖，也可能会违背级别管辖的规定。另外，执行异议之诉的审理范围，既包括权利确认，也包括排除执行，不仅仅是处理执行问题，因此有普通确权之诉的特点。据此，在规定“案外人、当事人对执行异议裁定不服所提起执行异议之诉，由执行法院管辖”的基础上，应当增加例外规定，即“但不得违反级别管辖和专属管辖的规定”。另有人提出，案外人执行异议之诉应向作出生效裁判的上一级法院提出，因为上一级法院可直接决定原裁判是否中止执行，原裁判是否应予取消或者变更，能及时保护案外人的合法权益，提高程序上的效率。①

最后，本条规定执行异议之诉由执行法院管辖，主要基于以下几点考虑：第一，执行异议之诉直接影响执行程序的进行，由执行法院进行审理，更有利于沟通信息，提高效率，防止案外人和被执行人恶意串通逃避执行，同时也方便当事人和案外人参加诉讼。如果执行异议之诉不由执行法院专属管辖，则会割裂本诉与已进行的执行的关系，容易造成审判和执行的混乱。第二，执行异议之诉由执行法院的审判部门审理，并非由执行部门审查，审理的核心内容是当事人之间的权属纠纷，并不存在执行人员自己审查自己的执行行为的问题。第三，当事人对执行法院作出的执行异议之诉判决、裁定不服的，有权提起上诉，因此，由执行法院管辖并不会影响司法公正和当事人权益保护。第四，如果按照民事诉讼法第二章关于管辖的一般规定确定管辖法院，执行异议之诉的管辖法院可能是执行法院的下级法院，如果当事人提起上诉，反而要由执行法院作出终审判决，不利于保护当事人权利。第五，执行异议之诉由执行法院管辖是大陆法系国家和地区的通例。

---

① 董少谋：《执行程序中案外人之救济途径》，载《中国法学》2009年第5期。

【审判实践中应当注意的问题】

1. 本条解释既包含了级别管辖，也包含了地域管辖

民事诉讼法第三十四条所规定的专属管辖属于地域管辖，需和级别管辖的规则结合才能确定具体的管辖法院。根据本条规定，执行异议之诉由执行法院管辖。由于执行法院是确定的，因此管辖法院也是确定的，无须与其他管辖规则配合来确定具体的管辖法院。在审判实践中，曾有一些中级人民法院以执行异议之诉争议标的金额达不到中级人民法院级别管辖的标准为由，将案件指定到基层人民法院审理，导致执行异议之诉管辖法院和执行法院相分离，这种做法是不正确的。

2. 委托执行时专属管辖法院的确定

本条所称的执行法院，是具体实施强制执行行为的法院。执行异议之诉的目的在于通过审判排除执行，所针对的是具体的执行行为，由采取强制执行措施的法院进行审理才有利于执行和审判的开展。在委托执行的情况下，执行异议之诉由采取执行措施的受托人民法院管辖。案外人或者当事人向委托人民法院提起执行异议之诉的，委托人民法院应当告知其向受托人民法院起诉。受托人民法院收到案外人或者当事人的起诉材料后，不能再转委托法院处理。在指定执行的情况下，执行异议之诉也应由受指定法院管辖。

【条文】

第三百零三条

案外人提起执行异议之诉，除符合民事诉讼法第一百二十二条规定外，还应当具备下列条件：

（一）案外人的执行异议申请已经被人民法院裁定驳回；

（二）有明确的排除对执行标的执行的诉讼请求，且诉讼请求与原判决、裁定无关；

（三）自执行异议裁定送达之日起十五日内提起。

人民法院应当在收到起诉状之日起十五日内决定是否立案。

【条文主旨】

本条是关于案外人执行异议之诉起诉条件和立案审查期限的规定。

【条文理解】

1. 规定案外人执行异议之诉起诉条件的必要性

实践中，案外人执行异议之诉与案外人申请再审之诉、第三人撤销之诉

容易混淆。因此，有必要对案外人执行异议之诉的起诉条件作出明确规定。案外人执行异议之诉最直接的功能在于排除对执行标的的强制执行，具有形成之诉的性质。同时，案外人所主张的实体法律关系是异议权的先决问题，案外人执行异议之诉中须对此问题先行解决，否则难以作出是否排除执行的判决。故案外人执行异议之诉同时具有确认案外人所主张的实体权益的功能，兼具确认之诉的性质。案外人执行异议之诉特殊的性质决定了其特殊的起诉条件。为明确案外人执行异议之诉兼具确认之诉的功能，有必要对案外人在执行异议之诉中提起的诉讼请求予以明确，以便于区分执行异议之诉与原判决、裁定有关的案外人申请再审之诉，以及与不直接产生阻止执行效果的第三人撤销之诉。

此外，案外人执行异议之诉制度的建立虽有利于保护案外人的诉讼权利和实体权益，但也为被执行人与案外人恶意串通、利用案外人执行异议之诉阻挠执行提供了可能。如果不明确案外人执行异议之诉的起诉条件，案外人只要提起诉讼就予受理，可能导致人民法院的执行行为难以进行，申请执行人的权益不能及时实现。

2. 案外人执行异议之诉各起诉条件的理解

本条第一款规定，案外人提起执行异议之诉，除符合民事诉讼法第一百二十二条规定外，还应当具备下列三个条件：（1）案外人的执行异议申请已经被人民法院裁定驳回；（2）有明确的排除对执行标的执行的诉讼请求，且诉讼请求与原判决、裁定无关；（3）自执行异议裁定送达之日起十五日内提起。依据本款规定，案外人提起执行异议之诉，应当符合下列条件。

首先，要符合民事诉讼法第一百二十二条规定的起诉条件，即原告是与本案有直接利害关系的公民、法人和其他组织，有明确的被告，有具体的诉讼请求和事实、理由，以及属于人民法院受理民事诉讼的范围和受诉人民法院管辖。这是所有民事诉讼中原告起诉均必须符合的条件，案外人执行异议之诉作为民事诉讼之一种，当然应当符合这些条件。这不难理解，故不赘述。

其次，案外人的执行异议申请已经被人民法院裁定驳回。根据民事诉讼法的规定，在执行程序中，案外人（利害关系人）有权提起两类执行异议：一是根据民事诉讼法第二百三十二条的规定，利害关系人认为执行行为违反法律规定的，可以向负责执行的人民法院提出书面异议；二是根据民事诉讼法第二百三十四条的规定，在执行过程中，案外人有权对执行标的提出书面异议。利害关系人对执行行为提出异议，人民法院作出裁定后，利害关系人如果不服，可以自裁定送达之日起十日内向上一级人民法院申请复议，不能提起执行异议之诉。案外人对执行标的提出异议，人民法院作出裁定后，案外人如果不服，不能申请复议，但可以提起执行异议之诉。在审判实践中，要注意区分案外人（利害关系人）是对执行行为提出异议，还是对执行标的提出异议。

案外人提起执行异议之诉是否需要以其对执行标的提出异议并被裁定驳回为前提，在理论上存在争议。反对设置前置程序的观点认为，前置程序使得案外人权利救济程序更为拖沓；案外人执行异议之诉通常法律关系较为复杂，前置的执行异议审查程序难以查清复杂的法律关系；案外人异议本质上是案外人与当事人之间的实体权益纠纷，由执行机构对其进行审查有悖于“审执分离”的原则；从比较法的角度看，《德国民事诉讼法》第771条以及《日本民事执行法》第38条第1款中对于执行异议程序的规定均未对异议诉讼设置前置程序。有人建议借鉴我国台湾地区的做法，将前置程序予以简化：案外人异议应首先向执行机构提出异议，但执行机构不作任何审查，只负责征求申请执行人的意见，申请执行人同意撤销对异议标的强制执行的，执行法院应尊重其意愿撤销执行，反之，如果申请执行人不同意撤销执行的，则案外人可以提起诉讼。[①] 根据我国民事诉讼法第二百三十四条之规定，案外人提起执行异议之诉必须以其对执行标的提出书面异议被裁定驳回为前提。人民法院在受理执行异议之诉案件时，对此应予注意。民事诉讼法之所以这样规定，目的是减少案外人诉累，节约司法资源，提高执行效率。在实践中，案外人对执行标的提出异议的情形多样，繁简不一，将执行机构的异议审查程序前置，可以过滤掉一大批不必进入诉讼程序的争议，有利于提高执行效率。

再次，有明确地排除对执行标的执行的诉讼请求，且诉讼请求与原判决、裁定无关。作为起诉的一般条件，原告必须提出具体的诉讼请求。但案外人提起执行异议之诉，不仅要有具体的诉讼请求，而且要有明确的排除对执行标的执行的诉讼请求。因为案外人执行异议之诉的目的是排除人民法院对特定执行标的的执行，所以案外人必须提出这一诉讼请求。案外人在明确提出排除对执行标的执行的诉讼请求时，还可以就其对执行标的所享有的权利提起确权之诉，但不能在执行异议之诉中单独就执行标的提起确权之诉。在后一种情况下，案外人所提起之诉讼属于另诉的范畴，不属于执行异议之

① 葛奕超：《案外人执行异议之诉的研究——存在的问题与完善构想》，载《社会与法治》2012年第12期。

诉，不应由执行法院管辖，而应当按照民事诉讼法关于管辖的规定来确定管辖法院。在案外人另诉的情况下，其起诉只需符合民事诉讼法第一百二十二条规定的起诉条件即可，不必符合本条所规定的其他条件。

案外人所提出的诉讼请求须与原判决、裁定无关。执行标的与执行依据所确定的标的可能并不相同。如果执行标的与执行依据所确认标的相同，如原判决判令被执行人向申请执行人交付特定物，此时执行标的错误实质上不是执行行为本身存在错误，而是执行依据存在错误，仅仅排除执行行为并不足以保护案外人对该标的所享有的实体权益。这种情况需要对错误的执行依据进行纠正。因此，案外人所提出的诉讼请求如果与原判决、裁定有关，就应当提起案外人申请再审之诉，请求撤销原判决、裁定。只有案外人所提出的诉讼请求与原判决、裁定无关时，方可提起执行异议之诉。例如，原判决判令被执行人向申请执行人偿还借款，被执行人无法用现金偿还，执行法院误以为本属于案外人的车辆系被执行人所有，对该车辆采取强制执行措施的，此时案外人就可以提起执行异议之诉。

最后，案外人应当自执行异议裁定送达之日起十五日内提起执行异议之诉。案外人对执行标的的书面异议被裁定驳回后，如果不服，应当尽快提起执行异议之诉，否则会影响执行效率，妨害申请执行人及时实现权利。因此，民事诉讼法第二百三十四条规定案外人必须在十五日内起诉。这里需要注意两点：第一，十五日的起算点应当是案外人收到执行异议裁定之日。案外人只有在收到执行异议裁定之后，才知道其对执行标的的书面异议是否得到支持，进而才能决定是否提起执行异议之诉。第二，十五日是不变期间。有观点认为，从文义来看，民事诉讼法使用的是“可以”而非“应当”在十五日内起诉，故应当将十五日起诉期限扩大解释为“提起执行异议之诉的最后期限应该为执行程序终结之前”。[①] 该观点似不妥当。虽然民事诉讼法第二百三十四条规定，案外人可以自裁定送达之日起十五日内向人民法院提起诉讼。但本条所谓“可以”，是指案外人可以选择起诉，也可以选择不起诉，而不是说案外人既可以选择在十五日内起诉，也可以选择在十五日后起诉。

3. 案外人执行异议之诉的审查期限

依照民事诉讼法第一百二十六条的规定，对于普通民事案件，人民法院应当自收到起诉状之日起七日内决定是否立案。案外人执行异议之诉与普通民事诉讼相比，起诉条件更为复杂，而且案外人执行异议之诉对生效裁判的

---

① 葛奕超：《案外人执行异议之诉的研究——存在的问题与完善构想》，载《法制与社会》2012 年第 23 期。

执行、申请执行人权利的保护具有重要影响，因此，对于案外人执行异议之诉的审查应当较为严格。故本条规定人民法院对执行异议之诉案件的立案审查期限为十五日，比普通民事案件的立案审查期限更长。

【审判实践中应当注意的问题】

1. 注意区分案外人执行异议之诉与案外人申请再审之诉和第三人撤销之诉的起诉条件

案外人执行异议之诉发生在执行过程中，以案外人执行异议被裁定驳回为前提，如果案外人没有对执行标的提起书面异议、书面异议未被驳回或者执行程序已经终结，案外人就不能提起执行异议之诉。而案外人申请再审之诉和第三人撤销之诉则没有此限制。案外人执行异议之诉所针对的是对特定执行标的的执行行为，案外人对作为执行依据的生效判决、裁定、调解书并无异议，只是对执行行为所指向的执行标的有异议，目的是排除对特定执行标的的强制执行行为。而案外人申请再审之诉和第三人撤销之诉所针对的是生效的判决、裁定、调解书，目的是推翻生效的判决、裁定、调解书。当然，推翻生效的判决、裁定、调解书后，由于执行依据被撤销，相应的执行行为也应停止、撤销或者变更。

2. 注意正确处理执行异议之诉和另行起诉的关系

案外人提起执行异议之诉时，必须提出明确的排除对执行标的执行的诉讼请求，也可以同时提出对执行标的进行确权或者给付的诉讼请求。但是，关于案外人是否可以不提出排除对执行标的执行的诉讼请求，仅就执行标的确权或者给付进行起诉的问题，实践中存在不同认识。《制裁规避执行行为意见》第9条规定："严格执行关于案外人异议之诉的管辖规定。在执行阶段，案外人对人民法院已经查封、扣押、冻结的财产提起异议之诉的，应当依照《中华人民共和国民事诉讼法》第二百零四条和《最高人民法院关于适用民事诉讼法执行程序若干问题的解释》第十八条的规定，由执行法院受理。案外人违反上述管辖规定，向执行法院之外的其他法院起诉，其他法院已经受理尚未作出裁判的，应当中止审理或者撤销案件，并告知案外人向作出查封、扣押、冻结裁定的执行法院起诉。"第11条规定："对于当事人恶意诉讼取得的生效裁判应当依法再审。案外人违反上述管辖规定，向执行法院之外的其他法院起诉，并取得生效裁判文书将已被执行法院查封、扣押、冻结的财产确权或者分割给案外人，或者第三人与被执行人虚构事实取得人民法院生效裁判文书申请参与分配，执行法院认为该生效裁判文书系恶意串通规避执行损害执行债权人利益的，可以向作出该裁判文书的人民法院或者其上级人民法院提出书面建议，有关法院应当依照《中华人民共和国民事诉讼法》和有关司法解释的规定决定再审。”《最高人民法院关于执行权合理配置和科学运行的若干意见》第二十六条规定：“审判机构在审理确权诉讼时，应当查询所要确权的财产权属状况，发现已经被执行局查封、扣押、冻结的，应当中止审理；当事人诉请确权的财产被执行局处置的，应当撤销确权案件；在执行局查封、扣押、冻结后确权的，应当撤销确权判决或者调解书。”《最高人民法院关于人民法院立案、审判与执行工作协调运行的意见》第八条规定：“审判部门在审理确权诉讼时，应当查询所要确权的财产权属状况。需要确权的财产已经被人民法院查封、扣押、冻结的，应当裁定驳回起诉，并告知当事人可以依照民事诉讼法第二百二十七条的规定主张权利。”《执行异议复议规定》第二十六条规定：“金钱债权执行中，案外人依据执行标的被查封、扣押、冻结前作出的另案生效法律文书提出排除执行异议，人民法院应当按照下列情形，分别处理：（一）该法律文书系就案外人与被执行人之间的权属纠纷以及租赁、借用、保管等不以转移财产权属为目的的合同纠纷，判决、裁决执行标的归属于案外人或者向其返还执行标的且其权利能够排除执行的，应予支持；（二）该法律文书系就案外人与被执行人之间除前项所列合同之外的债权纠纷，判决、裁决执行标的归属于案外人或者向其交付、返还执行标的的，不予支持；（三）该法律文书系案外人受让执行标的的拍卖、变卖成交裁定或者以物抵债裁定且其权利能够排除执行的，应予支持。金钱债权执行中，案外人依据执行标的被查封、扣押、冻结后作出的另案生效法律文书提出排除执行异议的，人民法院不予支持。非金钱债权执行中，案外人依据另案生效法律文书提出排除执行异议，该法律文书对执行标的权属作出不同认定的，人民法院应当告知案外人依法申请再审或者通过其他程序解决。申请执行人或者案外人不服人民法院依照本条第一、二款规定作出的裁定，可以依照民事诉讼法第二百二十七条规定提起执行异议之诉。”虽然法律并不禁止案外人在人民法院已对执行标的物采取强制执行措施后，以被执行人为被告就执行标的物另行提起确权之诉，但司法机关更倾向于由案外人提起执行异议之诉，而非另行提起确权之诉。司法机关采取这一政策的背景是，实践中有的被执行人在其财产被采取强制执行措施后，为逃避强制执行，与案外人恶意串通，通过另行提起确权诉讼获得生效法律文书，用以对抗强制执行。这里需要注意确权之诉与执行异议之诉的区别，前者只涉及案外人与被执行人双方当事人的权属关系，后者涉及申请执行人、被执行人和案外人三方当事人的多个法律关系。执行异议之诉中，处于对抗地位的当事人通常是申请执行人和案外人。鉴于我国民事诉讼制度以当事人之间的对抗、辩论来发现事实，通过执行异议之诉来解决各方当事人之间的纠纷，更有利于查清事实、解决纠纷，也更有利于遏制虚假诉讼。

3. 对诉前财产保全、诉讼财产保全和先予执行措施不能提起执行异议之诉

在本解释起草过程中，有人提出对诉讼财产保全、诉前财产保全和先予执行措施是否能够提起执行异议之诉，应当作出明确规定。本解释第一百七十一条规定："当事人对保全或者先予执行裁定不服的，可以自收到裁定书之日起五日内向作出裁定的人民法院申请复议。人民法院应当在收到复议申请后十日内审查。裁定正确的，驳回当事人的申请；裁定不当的，变更或者撤销原裁定。"故当事人对保全和先予执行裁定不服，只能申请复议，不能提起执行异议和执行异议之诉。

4. 注意区分执行异议之诉与代位权诉讼

本解释第四百九十九条规定："人民法院执行被执行人对他人的到期债权，可以作出冻结债权的裁定，并通知该他人向申请执行人履行。该他人对到期债权有异议，申请执行人请求对异议部分强制执行的，人民法院不予支持。利害关系人对到期债权有异议的，人民法院应当按照民事诉讼法第二百三十四条规定处理。对生效法律文书确定的到期债权，该他人予以否认的，人民法院不予支持。"该条确立了执行被执行人的到期债权的制度。需要注意的是，被执行人对他人是否享有债权、该债权是否到期、"该他人"是否享有抗辩权等问题均未经过审判，未经生效法律文书确定，因此，直接强制执行被执行人对他人的到期债权面临较高的侵害他人权利的风险。在制定本解释第四百九十九条时，为保护"该他人"的合法权益，在执行效率与保护民事主体诉讼和实体权利上取得平衡，该条在规定强制执行被执行人对他人的到期债权时，赋予了"该他人"对到期债权的异议权。该异议是程序异议，无论实体上是否成立，都应当停止对被执行人的到期债权的强制执行措施。如果申请执行人对"该他人"的异议有异议，认为其有权主张被执行人对他人的到期债权，应当通过代位权诉讼获得救济，而不应当通过执行异议之诉，也无权要求继续申请执行被执行人对他人的到期债权。这一点在实践中存在两个较为突出的问题：一是个别执行法院并没有按照该条规定的"该他人对到期债权有异议，申请执行人请求对异议部分强制执行的，人民法院不予支持"处理，而是对"该他人"对到期债权的异议进行审查后认为不能成立，继续执行被执行人对他人的到期债权。这种情况下，"该他人"应当通

过执行程序获得救济，在执行程序中纠正错误的执行行为。但实践中，有的“该他人”通过执行异议之诉寻求救济。此种情形并不属于执行异议之诉的救济范围。执行异议之诉需要审查的是案外人（“该他人”）是否对执行标的享有权利、享有何种权利、该种权利是否能够排除强制执行，而且应当由案外人就其对执行标的享有权利且其所享有的权利足以排除强制执行承担举证责任。而“该他人”与申请执行人争议的标的是被执行人是否对“该他人”享有到期债权，按照“谁主张，谁举证”的原则，应当由申请执行人对被执行人对“该他人”享有到期债权承担举证责任。这与代位权诉讼中，债权人应当对债务人对次债务人享有到期债权承担举证责任的理由相同。因此，二者的诉讼标的不同，举证责任分担也不相同。个别法院将此类纠纷作为执行异议之诉办理，并要求“该他人”就其对执行标的享有权利且其所享有的权利足以排除强制执行承担举证责任，由于诉讼标的不同，“该他人”无法完成这一举证责任，面临败诉结果。二是“该他人”对到期债权有异议，执行法院不予执行后，申请执行人提起申请执行人执行异议之诉。这种情况下，人民法院应当不予受理，向申请执行人释明其应当提起代位权诉讼。但仍有个别法院受理此类案件，作为执行异议之诉办理，并要求“该他人”就其对执行标的享有权利且其所享有的权利足以排除强制执行承担举证责任，最终导致“该他人”败诉。造成上诉问题的根本原因在于没有准确理解本解释第四百九十九条关于“该他人对到期债权有异议，申请执行人请求对异议部分强制执行的，人民法院不予支持”的含义，没有准确把握执行异议之诉与代位权诉讼的区分及执行异议之诉的起诉条件。实践中需要特别注意执行异议之诉的起诉条件以及执行异议之诉特殊的诉讼规则，不宜无限扩张执行异议之诉的范围。各个民事诉讼程序共同构成一个有机整体，对当事人权利进行救济，如果将其他诉讼作为执行异议之诉办理，不仅容易产生错误裁判，还容易导致案外人权利受到损害。

5. 注意区分对执行行为的异议与对执行标的的异议

民事诉讼法第二百三十二条规定：“当事人、利害关系人认为执行行为违反法律规定的，可以向负责执行的人民法院提出书面异议。当事人、利害关系人提出书面异议的，人民法院应当自收到书面异议之日起十五日内审查，理由成立的，裁定撤销或者改正；理由不成立的，裁定驳回。当事人、利害关系人对裁定不服的，可以自裁定送达之日起十日内向上一级人民法院申请复议。”第二百三十四条规定：“执行过程中，案外人对执行标的提出书面异议的，人民法院应当自收到书面异议之日起十五日内审查，理由成立的，裁定中止对该标的的执行；理由不成立的，裁定驳回。案外人、当事人对裁定不服，认为原判决、裁定错误的，依照审判监督程序办理；与原判决、裁定无关的，可以自裁定送达之日起十五日内向人民法院提起诉讼。”这两条分别规定了对案外人（利害关系人）对执行行为的异议与对执行标的的异议。从严格意义上讲，对执行行为的异议与对执行标的的异议本质上都是针对强制执行行为的。民事诉讼法第二百三十二条规定的对执行行为的异议，理解为对执行行为的方式、期限等程序性事项的异议更为准确。民事诉讼法第二百三十四条规定的对执行标的有异议，则属于案外人对执行标的的权属、权利属性、效力等实体权利存在争议，均因存在对实体权利的争议，才需要通过“诉”来解决。而对执行行为的异议，并不涉及实体权利争议，应当在执行程序中通过执行异议和复议来解决。

【条文】

第三百零四条

申请执行人提起执行异议之诉，除符合民事诉讼法第一百二十二条规定外，还应当具备下列条件：

（一）依案外人执行异议申请，人民法院裁定中止执行；

（二）有明确的对执行标的继续执行的诉讼请求，且诉讼请求与原判决、裁定无关；

（三）自执行异议裁定送达之日起十五日内提起。

人民法院应当在收到起诉状之日起十五日内决定是否立案。

【条文主旨】

本条是关于申请执行人提起执行异议之诉的条件和立案审查期限的规定。

【条文理解】

1. 执行异议之诉的类型

根据民事诉讼法第二百三十四条的规定，执行过程中，案外人对执行标的提出书面异议之后，人民法院应当自收到书面异议之日起十五日内审查，根据案外人异议理由是否成立，相应作出中止对执行标的执行的裁定或者驳回裁定。如果人民法院经审查作出驳回裁定，案外人关于排除执行的主张未得到支持，如又与原判决、裁定无关，无法提起案外人申请再审之诉，人民法院可以对争议的执行标的继续执行。为救济案外人对执行标的所享有的实体权益，其有权提起案外人执行异议之诉。如果人民法院经审查作出中止对执行标的执行的裁定，又与原判决、裁定无关，申请执行人无法申请再审，其关于执行特定标的物的请求就会落空。为救济申请执行人在执行依据项下的请求权，申请执行人也有权提起执行异议之诉。因此，执行异议之诉可分为案外人执行之诉和申请执行人执行异议之诉。

2. 案外人执行异议之诉和申请执行人执行异议之诉起诉条件的异同

在执行异议和执行异议之诉中，案外人的权益与申请执行人的权益是相对的：案外人请求排除对特定执行标的的执行，而申请执行人请求继续对该执行标的的执行；案外人主张其对该执行标的享有实体权益，而申请执行人主张案外人对该执行标的不享有实体权益，或者虽享有实体权益但不足以排除强制执行。

由于案外人执行异议之诉和申请执行人执行异议之诉均为执行异议之诉，故二者的起诉条件有相同之处。二者相同之处有三个方面：一是均应符合民事诉讼法第一百二十二条规定的起诉条件；二是诉讼请求与原判决、裁定无关，否则就应当通过审判监督程序进行权利救济；三是均应自执行异议裁定送达之日起十五日内提起。

由于案外人与申请执行人在执行异议之诉中的利益相对，故案外人执行异议之诉和申请执行人执行异议之诉的起诉条件又有相反之处。二者相反之处有两点：一是案外人提起执行异议之诉以其执行异议申请已经被人民法院裁定驳回为条件，而申请执行人提起执行异议之诉则相反，需依案外人执行异议申请，人民法院裁定中止执行；二是案外人提起执行异议之诉需有明确的排除对执行标的执行的诉讼请求，而申请执行人提起执行异议之诉亦相反，需有明确的对执行标的继续执行的诉讼请求。二者还有一个不同点，案外人在提起执行异议之诉时，可一并对执行标的提起确权之诉。而申请执行人虽可以被执行人对执行标的享有权利为由请求继续执行，但不能代被执行人之位提出对执行标的进行确权的诉讼请求。

3. 申请执行人执行异议之诉的立案审查期限

申请执行人执行异议之诉的立案审查期限是十五日，理由与案外人执行异议之诉相同，此不赘述。

申请执行人执行异议之诉和案外人执行异议之诉的起诉条件既有相同之处，又有相反之处，在理解和适用本条时，可参照前条规定。

【审判实践中应当注意的问题】

虽然民事诉讼法第二百三十四条规定，案外人、当事人均有权提起执行异议之诉，从文义上理解，被执行人似也可以提起执行异议之诉，但由于被执行人在执行异议之诉中无诉讼利益，其无权提起执行异议之诉，相关理由将在下文阐述。

【条文】

第三百零五条

案外人提起执行异议之诉的，以申请执行人为被告。被执行人反对案外人异议的，被执行人为共同被告；被执行人不反对案外人异议的，可以列被执行人为第三人。

【条文主旨】

本条是关于案外人执行异议之诉当事人的规定。

【条文理解】

2008年《执行程序解释》第十七条对案外人执行异议之诉的当事人作了规定，但只规定了原告和被告，未对第三人作出规定。本条在该条司法解释的基础上进行了完善，对第三人作了规定。

1. 案外人执行异议之诉的原告

案外人执行异议之诉由案外人提起，当然应当以案外人为原告。这里的案外人是指执行依据之执行力所及主体范围之外的人，亦即执行当事人以外的其他人。执行依据执行力所及主体不仅包括原判决、裁定的原告、被告、享有权利的有独立请求权的第三人和承担民事责任的无独立请求权的第三人等当事人，还包括在执行中承继或者承担执行依据中权利义务的人。这些主体都应当排除在案外人的范畴之外。案外人认为其对执行标的享有实体权益，而人民法院的强制执行行为妨害了其所享有的实体权益的，就可以提起执行异议之诉，排除执行行为对其权益的妨害。案外人只需认为强制执行措施妨害其实体权益即可，至于是否能够证明该事实存在，则不影响其原告资格。此外，根据民事诉讼法第二百三十四条的规定，案外人执行异议之诉原告还应当是对相同执行标的提出过书面异议并被人民法院裁定驳回的案外人。

2. 案外人执行异议之诉的被告

案外人执行异议之诉的目的主要是排除对特定执行标的的强制执行，阻却执行的进行。而申请执行人的目的是请求人民法院对该执行标的采取强制执行措施，以实现自己的权利。因此，申请执行人与案外人的主张相对，应当作为案外人执行异议之诉的被告。

被执行人是否应当作为被告，则应当视其对案外人诉讼请求的态度而定。根据本条之规定，案外人提起执行异议之诉，必须有明确的排除对执行标的执行的诉讼请求，而案外人这一诉讼请求的依据是其对执行标的享有实体权益，且人民法院的强制执行措施会妨害其所享有的实体权益。故无论案外人是否在排除对执行标的执行的诉讼请求之外提出对执行标的进行确权的诉讼请求，人民法院均会对案外人对执行标的是否享有实体权益进行审查。案外人执行异议之诉的诉讼标的表现为人民法院的强制执行措施是否妨害了案外人的实体权益，实质是对同一执行标的，案外人所享有的实体权益与申请执行人所享有的债权谁应当优先保护，而这一诉讼标的通常与案外人和被执行人对该执行标的的权属纠纷相联系。案外人提起执行异议之诉后，必然会涉及执行标的的权属问题，如果被执行人对案外人的权属主张无异议，则不必作为该案被告；如果被执行人对案外人的权属主张有异议，则应当作为该案的被告。需要特别注意的是，这里所说案外人的权属主张既包括案外人对该执行标的提出的确权诉讼请求，也包括案外人虽未对该执行标的提出确权诉讼请求，但将其对该标的享有实体权益作为支持其排除执行诉讼请求的理由。本条所谓“被执行人反对案外人异议”，实质是指被执行反对案外人对该执行标的主张实体权益。只要案外人提起执行异议之诉，就要审查被执行人对案外人起诉所持态度，并根据被执行人态度决定是否将其作为共同被告。

从比较法的角度看，在案外人执行异议之诉中，各大陆法系国家和地区对被告范围的规定并不一致。《德国民事诉讼法》第 771 条第 2 款规定，异议之诉对债权人和债务人提起时，应以债权人及债务人为共同被告。《日本民事执行法》第 38 条规定，第三人执行异议之诉，既可以债权人为被告，也可以债权人和债务人为共同被告。《韩国民事执行法》第 48 条第 1 款规定，第三人对于强制执行的标的物主张所有权或者主张具有阻止标的物让渡或者引渡的权利时，可将债权人作为对象，提出强制执行异议之诉。但是，如果债务人争执该异议，把债务人作为共同被告。异议之诉由执行法院管辖。我国台湾地区“强制执行法”第 15 条规定，第三人就执行标的物有足以排除强制执行之权利者，得于强制执行程序终结前，向执行法院对债权人提起异议之诉。如债务人亦否认其权利时，并得以债务人为被告。本条借鉴韩国和我国台湾地区的相关规定，主要理由是案外人执行异议之诉的直接目的在于排除对特定执行标的的强制执行，与申请执行人的主张相反，而与被执行人没有直接关系，如果被执行人对案外人主张没有异议，就没有必要将其列为共同被告。

在被执行人反对案外人异议的情况下，被执行人是否为必要共同诉讼人，不同国家和地区采取了不同的做法。例如，根据《日本民事执行法》第38条的规定，案外人（第三人）既可以分别向执行债权人和执行债务人提起诉讼，法院分别审理、裁判，也可以同时向执行债权人和执行债务人提起诉讼，如果同时起诉，法院可以合并审理，但仍然应当分别判决，而非合一判决。申请执行人和被执行人不是必要共同诉讼人。而我国台湾地区理论界和实务界的通识是，虽然第三人对债权人和债务人的诉讼是两个不同的诉讼，但为了防止两个诉讼裁判之间的相互矛盾，应当共同诉讼，合一裁判，其性质应为类似必要共同诉讼。根据本条解释规定，如果被执行人反对案外人异议，应将其与申请执行人作为共同被告。如果案外人同时提起排除对执行标的执行的诉讼请求和对执行标的进行确权的诉讼请求，应当作为必要的共同诉讼，一并审理。这对于查清案件事实，防止出现矛盾裁判，高效解决纠纷具有积极意义。

3. 案外人执行异议之诉的第三人

2008年《执行程序解释》第十七条并未对执行异议之诉中的第三人作出规定。如果被执行人不反对案外人异议，其不应作为被告，但是否可以作为第三人？或者不将其作为本案当事人？针对这一问题，本条作了规定，即“被执行人不反对案外人异议的，可以列被执行人为第三人”。由于案外人执行异议之诉必然会涉及执行标的的权属问题，即使被执行人不反对案外人异议，从查清案件事实、彻底解决纠纷的角度考虑，有必要将被执行人列为第三人。虽然本条规定的是“可以列被执行人为第三人”，但人民法院原则上还是应当将被执行人作为第三人。

【审判实践中应当注意的问题】

1. 人民法院对被执行人的通知义务

在案外人执行异议之诉中，人民法院应当将案外人提起执行异议之诉的事实告知被执行人，以便于其作出是否反对案外人异议的表示，保护其诉讼权利和实体权益。案外人异议之诉所指执行标的涉及多个被执行人的，应当征求每一位相关被执行人的意见。

2. 无法通知被执行人时，被执行人诉讼地位的确定

在无法通知被执行人的情况下，是应当将被执行人列为被告、第三人还是不将其列为当事人呢？有观点认为，应当将被执行人列为共同被告。理由

是，案外人执行异议之诉必然要对案外人与执行债务人之间围绕执行标的物的实体法律关系作出判断，这是法院决定对执行标的物的执行是否撤销的前提和基础。在执行债务人由于下落不明或者故意回避诉讼而使其态度不能探明的情况下，根据纠纷一次性解决和防止前后判决矛盾的原则要求，法院对第三人关于执行标的的权利主张的裁判具有既判力，第三人和执行债务人日后不能就执行标的物根据同一法律关系再次起诉。该观点值得商榷，对于这一问题，应当区别情形对待。如果案外人在提出排除对执行标的执行的诉讼请求的同时，还提出了对执行标的进行确权的诉讼请求，就应当将被执行人列为被告，以保护其诉讼权利。因为在这种情况下，执行法院必然要对执行标的的权属作出裁判，被执行人与案外人对执行标的的权属纠纷受到生效裁判拘束，被执行人不能再另行提起确权诉讼，应当将其列为被告，以保护其诉讼权利。被告知道执行异议之诉后，可以参加诉讼，即使执行异议之诉的裁判已经生效，被执行人作为当事人也可以通过审判监督程序获得救济。如果案外人并未提出对执行标的确权的诉讼请求，则应当将被执行人列为第三人。因为这种情况下人民法院并不对执行标的的权属作出判决，即使人民法院在执行异议之诉判决书的事实认定和说理部分对执行标的的权属作了分析认定，该分析认定也只具有证明效力，而不具有既判力。被执行人仍可就执行标的权属纠纷另行起诉。

3. 申请执行人为数人时其诉讼地位的确定

实践中，申请执行人为两人或者两人以上的，应当将多个申请执行人作为共同被告。值得讨论的是，该诉讼究竟属于必要共同诉讼还是普通共同诉讼？对此，学者有不同观点。一种观点认为，不论各债权人的债权系个别存在的债权，还是共有一个债权，诉讼标的为第三人的异议权，对全体债权人应合一确定，因此，该种诉讼应当属于必要共同诉讼。另一种观点认为，该诉讼的性质因是否依同一执行依据执行而不同，如果数个债权人系依同一个执行依据申请执行，则为必要的共同诉讼；如果数个债权人分别依不同的执行依据申请执行，则为普通的共同诉讼。案外人提起执行异议之诉的目的是排除对特定标的的执行行为，数个申请执行人的债权不论是基于同一执行依据还是数个执行依据，在诉讼中应当合一确定。因此，该种诉讼应当属于必要共同诉讼。

【条文】

第三百零六条

申请执行人提起执行异议之诉的，以案外人为被告。被执行人反对申请执行人主张的，以案外人和被执行人为共同被告；被执行人不反对申请执行人主张的，可以列被执行人为第三人。

【条文主旨】

本条是关于申请执行人执行异议之诉当事人的规定。

【条文理解】

2008年《执行程序解释》第二十一条对申请执行人执行异议之诉的当事人作了规定，但只规定了原告和被告，未对第三人作出规定。本条在该司法解释的基础上进行了完善，对第三人作了规定。

案外人对执行标的提出书面异议，人民法院经审查，认为理由成立的，应当裁定中止对该标的的执行。如果申请执行人对该裁定不服，但与原判决、裁定无关的，可以自裁定送达之日起十五日内向人民法院提起诉讼。这就是申请执行人执行异议之诉。在申请执行人执行异议之诉和案外人执行异议之诉中，原告所提诉讼请求相反，当事人的诉讼地位也相反。申请执行人执行异议之诉的原告是申请执行人，被告是案外人。被执行人的地位亦因其态度而定。被执行人反对申请执行人主张的，以案外人和被执行人为共同被告；被执行人不反对申请执行人主张的，可以列被执行人为第三人。一般情况下，在执行异议之诉中，被执行人与申请执行人的利益是一致的。申请执行人提出的对执行标的继续执行的诉讼请求，须以被执行人对执行标的享有实体权益为基础，而被执行人在执行异议之诉中的利益诉求主要是确认其对执行标的所享有的权利。但二者的主张却未必一致。实践中，申请执行人认为被执行人对执行标的享有权利，申请强制执行，但实际上被执行人并不享有该权利，或者虽然被执行人享有该权利但案外人也同时对该执行标的享有不相排斥的其他权利，而对该标的强制执行会损害案外人所享有的权利。在这种情况下，被执行人就可能反对申请执行人的主张，而支持案外人排除强制执行的主张，其在申请执行人执行异议之诉中就处于被告的地位。如果被执行人不反对申请执行人主张，就不应列为被告。虽然本条规定的是“可以列被执行人为第三人”，但为保护被执行人的利益、查清案件事实、及时化解纠纷，原则上应当将被执行人列为第三人。被执行人作为第三人，通常是支持申请执行人进行诉讼。

本条与前条内容相近，只是提起执行异议之诉的主体不同，在理解与适用本条时，可参考前条。

【审判实践中应当注意的问题】

申请执行人提起执行异议之诉被人民法院驳回后，被执行人可以就执行标的确权另行起诉。因为申请执行人对执行标的不享有排他性权利，无权在提起对执行标的继续执行的诉讼请求的同时，提起对执行标的确权诉讼。人民法院不能在申请执行人执行异议之诉中对执行标的权属作出判决。被执行人就执行标的权属另行起诉的，不违反“一事不再理”原则。

【条文】

第三百零七条

申请执行人对中止执行裁定未提起执行异议之诉，被执行人提起执行异议之诉的，人民法院告知其另行起诉。

【条文主旨】

本条是关于被执行人无权提起执行异议之诉的规定。

【条文理解】

1. 被执行人为何不具有执行异议之诉原告资格

被执行人能否成为执行异议之诉的原告？这一问题在本解释制定过程中存在争议。认为被执行人有权提起执行异议之诉的理由包括：第一，民事诉讼法第二百三十四条规定，案外人、当事人对人民法院就案外人异议作出的裁定不服，又与原判决、裁定无关的，可以自裁定送达之日起十五日内向人民法院提起诉讼。从字面上理解，民事诉讼法并未限定只有案外人、申请执行人才有权提起执行异议之诉，没有排除被执行人的原告资格。第二，执行机构认为案外人对执行标的享有实体权益，裁定中止执行的，可能不仅影响申请执行人的利益，而且损害被执行人的合法权益。为保证被执行人能够获得有效的救济，应当通过司法解释明确赋予被执行人诉权。第三，如果执行机构认为案外人对执行标的所提异议成立，人民法院就会中止对该标的的执行，转而执行被执行人的其他财产，损害了被执行人的利益，应当通过执行异议之诉予以救济。

本条规定被执行人不能在中止执行裁定作出后提起执行异议之诉，主要基于以下考虑：第一，执行程序系由申请执行人发动，对执行标的的执行异议系由案外人提出，对是否执行特定标的的争议发生在申请执行人和案外人之间。无论案外人对执行标的的异议是否被驳回，只要没有进入执行异议之诉，就与被执行人的利益没有直接关系。如果被执行人认为应当继续执行，其可以主动履行，但无权请求人民法院对该执行标的强制执行；如果被执行人认为有债权消灭等阻却执行的实体理由，应当终结执行的，可依据本解释有关规定，对执行行为提出执行异议，但该执行异议是基于债权已经实现、被抵销等阻却执行的实体理由，而不是因为人民法院强制执行的执行标的错误。第二，案外人对执行标的提出执行异议，人民法院经审查裁定中止对该标的的执行的，如果申请执行人未在法定期限内提起执行异议之诉，表明申请执行人对中止执行裁定没有异议，人民法院应当裁定解除已经采取的执行措施。由于人民法院已经依法解除了对执行标的所采取的执行措施，即针对该执行标的的执行程序已经终结，此时申请执行人可以请求执行法院对被执行人的其他财产继续执行，被执行人无权要求人民法院继续执行该标的。第三，在被执行人未主动履行执行依据所确定的义务时，除非执行依据所确定的给付是交付特定物或者为特定行为，申请执行人有权申请人民法院执行被执行人的任何可供执行的责任财产，而无须限定于案外人所提异议的执行标的。第四，案外人对执行标的提出执行异议，人民法院经审查裁定中止对该标的的执行后，如果被执行人与案外人对该执行标的权属产生争议，应当另行起诉，不影响申请执行人继续对被执行人其他责任财产申请强制执行。第五，本条与最高人民法院之前的司法解释和审判实践并不矛盾。2008 年《执行程序解释》只规定了案外人执行异议之诉和申请执行人执行异议之诉，前者由案外人提起，后者由申请执行人提起，没有规定被执行人可以提起执行异议之诉。《民事案件案由规定》也只规定了案外人执行异议之诉和申请执行人执行异议之诉两种案由。综上，被执行人不能依据民事诉讼法第二百三十四条的规定提起执行异议之诉。

2. 被执行人权利的救济途径

在执行程序中，如果被执行人认为其应当履行的债务因清偿、抵销等原因已经全部或者部分消灭，强制执行程序应当全部或者部分终结，如何予以救济呢？有观点认为应当建立债务人异议之诉制度，允许被执行人以申请执行人为被告向执行法院提起诉讼。本解释在起草过程中也考虑过这一办法，但由于民事诉讼法未建立债务人异议之诉制度，本解释最终规定被执行人可参照民事诉讼法第二百三十二条之规定提出异议，但依法应当对执行依据申请再审的除外。

案外人对执行标的提出执行异议，人民法院经审查裁定中止对该标的的执行，被执行人与案外人对该执行标的权属产生争议的，应当另行起诉。因此，申请执行人未对中止执行裁定提起异议之诉，而被执行人主张案外人异议不成立提起执行异议之诉的，人民法院不予受理，告知被执行人可以对其与案外人就执行标的存在的争议另行起诉。

【审判实践中应当注意的问题】

关于是否建立债务人异议之诉的问题，争议较大。目前民事诉讼法没有对此作出规定，故在审判实践中应对债务人提起的异议之诉予以限制。此外，债务人异议之诉要解决的是否应当强制执行生效裁判文书等执行依据中的债权问题，与民事诉讼法第二百三十四条规定的执行异议之诉要解决的执行标的错误的问题并非一回事，对此也应予注意。

【条文】

第三百零八条

人民法院审理执行异议之诉案件，适用普通程序。

【条文主旨】

本条是关于执行异议之诉案件审理程序的规定。

【条文理解】

1. 执行异议之诉属于一种民事诉讼，应按普通程序审理

执行异议之诉是为了保护案外人和申请执行人的利益而设立的制度，尽管案外人执行异议之诉有其特殊性，但其毕竟属于诉之一种，从目前世界上大多数国家和地区的相关规定看，执行异议之诉均按普通程序审理。也就是说，审理执行异议之诉适用一般民事案件的审理方式和程序，适用其关于审判组织组成，审判人员回避，举证、质证，辩论等程序规定，而且执行异议之诉涉及实体权益争议，需要通过普通的审理程序来查明相关事实，因此，适用普通程序审理执行异议之诉符合诉讼的一般原理。此外，从我国目前审判实践来看，执行异议之诉案件均由各审判业务庭按照普通诉讼程序进行审理。基于此，案外人执行异议之诉应依普通诉讼程序审理，无须另行设置专门的诉讼程序。

2. 执行异议之诉不适用简易程序

民事诉讼法规定的民事诉讼案件一审程序包括第一审普通程序和简易程序。执行异议之诉涉及申请执行人、被执行人和案外人等，当事人人数多，

且利益冲突大，事实较为复杂。执行异议之诉不仅涉及平等民事主体之间的权益纠纷，还涉及人民法院的执行行为是否应当排除等问题，牵涉多种法律关系，诉讼标的通常具有复合性。故执行异议之诉不属于事实清楚、权利义务关系明确、争议不大的简单民事案件，不符合民事诉讼法第一百六十条关于简易程序的规定。此外，本条规定为强制性规定，不能由当事人约定排除适用。因此，案外人、申请执行人和被执行人不能依据民事诉讼法第一百六十条的规定，约定适用简易程序。

【审判实践中应当注意的问题】

1. 执行异议之诉应由审判部门审理

执行异议之诉案件是由审判部门审理还是由执行部门审理，民事诉讼法没有作出明确的规定。实践中，有的法院由审判部门审理，有的法院由执行部门审理。这里需要注意的是，执行异议之诉应由执行法院的审判部门负责审理，而不应由执行部门审理。这符合审执分离原则，有利于保护执行异议之诉中各方当事人合法权益，促进司法公正。

2. 执行异议之诉案件不能实行一审终审

根据民事诉讼法第一百六十五条的规定，基层人民法院和它派出的法庭审理事实清楚、权利义务关系明确、争议不大的简单金钱给付民事案件，标的额为各省、自治区、直辖市上年度就业人员年平均工资百分之五十以下的，适用小额诉讼的程序审理，实行一审终审。基层人民法院和它派出的法庭审理前款规定的民事案件，标的额超过各省、自治区、直辖市上年度就业人员年平均工资百分之五十但在二倍以下的，当事人双方也可以约定适用小额诉讼的程序。在审判实践中，人民法院在审理执行异议之诉案件时，有些案件的诉讼标的额在各省、自治区、直辖市上年度就业人员年平均工资百分之五十以下，不能将其作为小额诉讼案件审理，实行一审终审。

【条文】

第三百零九条

案外人或者申请执行人提起执行异议之诉的，案外人应当就其对执行标的享有足以排除强制执行的民事权益承担举证证明责任。

【条文主旨】

本条是关于执行异议之诉中举证证明责任分配的规定。

【条文理解】

1. 执行异议之诉中由案外人承担举证证明责任

本条规定，在执行异议之诉中，案外人应当就其对执行标的享有足以排除强制执行的民事权益承担举证证明责任，主要基于以下理由。第一，执行异议之诉因案外人或者当事人不服执行异议裁定而提起，审理对象是案外人对执行标的是否享有足以排除人民法院的强制执行的权利，应由对执行标的主张权利的案外人对其主张承担举证证明责任。这符合“谁主张，谁举证”的举证证明责任分配原则。第二，人民法院在执行程序中对执行标的采取查封、扣押、冻结等执行措施的依据为判断权属的一般标准或者常态，如不动产登记、动产占有、银行账户名称等。即人民法院对执行标的采取强制执行措施一般意味着从执行标的的权利外观看，被执行人享有权利。案外人主张其享有阻止执行的权利，理应承担举证证明责任。第三，从与证据的接近程度来看。执行异议之诉的标的是案外人是否有权请求排除对执行标的采取的强制执行措施，而这一诉讼标的的基础是案外人与被执行人谁对该执行标的享有实体权利，二者的权利是否相互排斥，谁的权利具有优先性。但申请执行人并不掌握案外人和被执行人之间对该执行标的权属法律关系的证据。相对于申请执行人而言，案外人距离权利相关证据更近，举证更易。第四，当事人原则上不应对消极事实承担举证证明责任。无论是案外人执行异议之诉还是申请执行人执行异议之诉，申请执行人主张应当继续执行，均以否定案外人对执行标的的权利主张为前提。而对于案外人对执行标的的权利主张不成立这一消极事实，不应由申请执行人承担举证证明责任。即使申请执行人举出相关证据，目的也是对抗案外人的权利主张，性质为抗辩。故由案外人承担举证证明责任符合举证证明责任分配的一般原理。

2. 本条适用于所有的执行异议之诉

本条既适用于案外人提出的执行异议之诉，亦适用于申请执行人提出的执行异议之诉。即在执行异议之诉中，无论申请执行人是原告还是被告，案外人如果不能举证证明其对执行标的享有足以排除强制执行的民事权利，就应当承担相应的不利后果。

3. 案外人在执行异议和执行异议之诉中举证证明责任的异同

案外人在对执行标的提起书面异议和执行异议之诉中均应就其对执行标的享有足以排除强制执行的民事权益承担举证证明责任，但二者的证明标准并不相同。在执行异议中，由于人民法院只有十五天的审查期限，而执行机构不属于审判机构，执行异议审查程序也不是审判程序，一般情况下执行机构只需对执行标的权利归属的外观进行审查，并作出案外人对执行标的是否享有权利和该权利是否足以排除强制执行的判断。在执行异议之诉中，案外人对于其就执行标的享有民事权益且足以排除强制执行所要达到的证明标准则高得多，只有让人民法院认为其对执行标的享有足以排除强制执行的民事权益具有高度可能性时，才算完成了举证证明责任。

【审判实践中应当注意的问题】

1. 案外人在申请执行人执行异议之诉中承担举证证明责任不违反“谁主张，谁举证”的原则

在申请执行人提起执行异议之诉的情况下，按照“谁主张，谁举证”的原则，似应由申请执行人对其诉讼请求所依据的事实承担举证证明责任。这时应当将民事诉讼法第二百三十四条规定的执行异议与执行异议之诉结合起来理解。申请执行人之所以提起执行异议之诉，是因为案外人在执行过程中对执行标的提出书面异议，执行异议和执行异议之诉实际上均由案外人中止执行的主张而引起。案外人在申请执行人执行异议之诉中的举证证明责任可视为其在执行异议中举证证明责任的延伸。

2. 被执行人承认案外人对执行标的享有足以排除强制执行的民事权益并不能免除案外人的举证证明责任

在执行异议之诉中，利益和主张相对的双方首先是案外人和申请执行人，被执行人对案件事实的承认可以作为认定案件事实的证据，但并不能据此当然免除案外人的举证证明责任。因此，只要从执行标的的权利外观判断，被执行人对执行标的享有民事权益，该执行标的就可以作为执行对象，即使被执行人对案外人的权利主张表示承认，亦不能免除案外人的举证证明责任。这里还要特别注意防止被执行人与案外人恶意串通、通过虚假诉讼逃避执行，妨害申请执行人权利实现的情况发生。

3. 人民法院在执行程序和执行异议中调取的证据可以作为执行异议之诉中的证据

执行异议之诉的诉讼标的与执行程序的执行标的具有很强的关联性，执行异议之诉与执行行为和对执行标的的异议紧密相关。因此，人民法院执行程序中取得的证据材料和双方当事人在执行异议中提交的证据材料可在执行异议之诉中交由双方当事人质证并作为认定案件事实的依据。

【条文】

第三百一十条

对案外人提起的执行异议之诉，人民法院经审理，按照下列情形分别处理：

（一）案外人就执行标的享有足以排除强制执行的民事权益的，判决不得执行该执行标的；

（二）案外人就执行标的不享有足以排除强制执行的民事权益的，判决驳回诉讼请求。

案外人同时提出确认其权利的诉讼请求的，人民法院可以在判决中一并作出裁判。

【条文主旨】

本条是关于案外人执行异议之诉判决的规定。

【条文理解】

2008年《执行程序解释》第十九条规定："案外人依照民事诉讼法第二百零四条规定提起诉讼的，执行法院应当依照诉讼程序审理。经审理，理由不成立的，判决驳回其诉讼请求；理由成立的，根据案外人的诉讼请求作出相应的裁判。"本条借鉴该规定，对案外人执行异议之诉判决作了规定。

1. 人民法院应对是否执行特定执行标的作出判决

案外人提起执行异议之诉的目的是排除对特定执行标的的执行。本解释第三百零五条规定，案外人提起执行异议之诉必须具备的条件之一，是有明确的排除对执行标的执行的诉讼请求。对于该诉讼请求，人民法院应当审查，并对是否支持该诉讼请求作出裁判。经审查，如果案外人就该执行标的享有足以排除强制执行的民事权益，应当判决不得执行该执行标的；如果案外人就该执行标的不享有足以排除强制执行的民事权益，应当判决驳回诉讼请求。

在作出判决前，人民法院首先要判断案外人对该执行标的是否享有实体权益。案外人对该执行标的享有实体权益的，则需要进一步判断案外人对执行标的所享有的实体权益是否足以排除强制执行。对于后一问题，可以按以下三个步骤进行审查：第一步，要判断被执行人是否对执行标的享有实体权益，如果被执行人对执行标的不享有实体权益，则应判决不得执行该执行标的。第二步，如果被执行人对执行标的也享有实体权益，则要判断案外人对该执行标的所享有的实体权益对于申请执行人依据执行依据所享有的债权是否具有优先效力。如果案外人对执行标的所享有的权利在效力上并不优先于申请执行人的债权，则应当判决驳回诉讼请求。一般而言，所有权、共有权、他物权、优先权等权利的效力优先于普通债权。有观点认为，案外人对执行标的所享有的足以排除强制执行的权利，应以现实存在者为限。如其权利仅有实现的希望，例如，第三人主张的权利所附停止条件尚未成就或者始期尚未届至，或者仅能证明或者主张执行标的物非债务人所有者，均不能排除强制执行。① 这一观点有其合理性，可资借鉴。第三步，如果案外人对执行标的所享有的权利在效力上优先于申请执行人的债权，则要判断申请执行人实现债权的行为（即申请人民法院对特定执行标的强制执行的行为）是否会妨害案外人对该执行标的所享有的权利。如果人民法院的强制执行并不妨害案外人对执行标的享有的实体权益，则应判决驳回。例如，案外人对执行标的物享有抵押权，人民法院依据申请执行人申请准备将该执行标的物拍卖，以所得价款清偿申请执行人。在这种情况下，案外人只能请求就拍卖价款优先受偿，或者在担保债权的范围内进行提存，如果案外人提起执行异议之诉，请求排除对该执行标的的强制执行，就应当判决驳回诉讼请求。再如，根据买卖不破租赁原则，租赁权优先于普通买卖合同项下买受人的权利，但租赁权的行使并不受租赁物所有权转移的影响，人民法院的强制执行行为只要不影响租赁人对租赁物的使用，租赁人就无权请求排除对该租赁物的强制执行。

2. 案外人同时提出确认其权利的诉讼请求的，人民法院可以在判决中一并作出裁判

根据传统大陆法系的理论，案外人执行异议之诉只解决能否排除执行的问题，不解决权利归属的问题，对于权属争议第三人可以另诉。在本解释起草过程中，另有观点认为，权属问题是认定能否阻却执行的前提，诉讼应将当事人之间实体法律关系及阻止执行之问题一并解决，否则既浪费司法资源，造成案外人讼累，难以避免判决的冲突，也不符合普通民众的法律观念。这种观点更符合我国审判实际和国情。无论案外人是否提出了确认其权利的诉讼请求，人民法院都需要对执行标的的权属作出认定，才能就能否支持案外人排除对该执行标的的执行的诉讼请求作出判断。因此，执行标的的“真实权属”和“能否阻止执行”两项内容都应纳入执行异议之诉的审查范围。不过，毕竟本诉的直接目的在于解决执行问题，对于权属的判决受限于当

① 刘学在、朱建敏：《案外人异议制度的废弃与执行异议之诉的构建——兼评修改后的〈民事诉讼法〉第204条》，载《法学评论》2008年第6期。

事人的诉讼请求，所以，2008年《执行程序解释》第十九条规定应该根据案外人的诉讼请求作出相应的裁判。本解释也坚持了这一原则，规定如果案外人同时提出确认其权利的诉讼请求的，人民法院可以在判决中一并作出裁判。

【审判实践中应当注意的问题】

在审判实践中，即使从权利外观看，案外人就执行标的享有足以排除强制执行的民事权益，但申请执行人证明存在下列两种情形之一的，人民法院应当判决驳回诉讼请求：第一，被执行人与案外人恶意串通，逃避执行，即案外人之所以对执行标的享有实体权益，是因为被执行人为逃避执行将其财产转移给案外人，这种故意妨害和阻止民事裁判执行的行为不仅不能支持，反而应当根据民事诉讼法的相关规定对案外人和被执行人进行处罚；第二，案外人根据同一执行依据也承担给付该标的的义务。例如，案外人与被执行人是共同债务人，或者连带责任人。出于诉讼经济和执行效率的考虑，这种情况下应当判决驳回诉讼请求。如果人民法院判决停止对该执行标的的执行，申请执行人也有权随时申请人民法院强制执行案外人的财产，其效果仍然是继续对该执行标的强制执行。

【条文】

第三百一十一条

对申请执行人提起的执行异议之诉，人民法院经审理，按照下列情形分别处理：

（一）案外人就执行标的不享有足以排除强制执行的民事权益的，判决准许执行该执行标的；

（二）案外人就执行标的享有足以排除强制执行的民事权益的，判决驳回诉讼请求。

【条文主旨】

本条是关于申请执行人执行异议之诉判决的规定。

【条文理解】

2008年《执行程序解释》第二十四条规定：“申请执行人依照民事诉讼法第二百零四条规定提起诉讼的，执行法院应当依照诉讼程序审理。经审理，理由不成立的，判决驳回其诉讼请求；理由成立的，根据申请执行人的诉讼请求作出相应的裁判。”本条借鉴该规定，对案外人执行异议之诉判决作了规定。

根据民事诉讼法第二百三十四条的规定，执行过程中，案外人对执行标的提出书面异议后，人民法院经审查，认为异议理由成立的，裁定中止对该标的的执行。申请执行人对裁定不服，但又与原判决、裁定无关的，可以自裁定送达之日起十五日内向人民法院提起诉讼。对该诉讼，有人称为“申请执行人执行异议之诉”，有人称为“恢复执行之诉”。与案外人执行异议之诉一样，人民法院应当对是否对特定执行标的强制执行作出判决。在理解本条时，应当注意以下两点。

首先，人民法院是否判决许可对执行标的的执行取决于案外人所提的书面异议中所称“对执行标的享有足以排除强制执行的权益”的观点是否成立。如果成立，则判决驳回申请执行人的许可执行请求；如果不成立，则判决许可对该执行标的的执行。

其次，申请执行人在执行异议之诉中，仅就是否对执行标的继续执行有诉讼利益，故只能提出对执行标的继续执行的诉讼请求。如果申请执行人在执行异议之诉中提出对执行标的进行确权等其他诉讼请求，人民法院不应对此作出实体判决。

【审判实践中应当注意的问题】

在申请执行人执行异议之诉中，申请执行人虽是原告，但案外人应当就其对执行标的享有足以排除强制执行的民事权益承担举证证明责任，而申请执行人只需对案外人关于其对执行标的享有足以排除强制执行的民事权益的主张进行抗辩。举证证明责任的负担会直接影响申请执行人能否胜诉，人民法院在判决时应当注意这一点。

【条文】

第三百一十二条

对案外人执行异议之诉，人民法院判决不得对执行标的执行的，执行异议裁定失效。

对申请执行人执行异议之诉，人民法院判决准许对该执行标的执行的，执行异议裁定失效，执行法院可以根据申请执行人的申请或者依职权恢复执行。

【条文主旨】

本条是关于案外人执行异议之诉判决作出后，执行异议裁定如何处理的规定。

【条文理解】

无论是案外人执行异议之诉还是申请执行人执行异议之诉，均由于案外人或者申请执行人不服执行异议裁定而提起，因此，当人民法院对执行异议之诉作出判决后，需要对之前的执行异议裁定作出处理。对案外人执行异议之诉而言，人民法院经审查，要么判决驳回诉讼请求，要么判决不得执行特定执行标的。如果判决驳回案外人的诉讼请求，则应当继续执行，执行法院之前作出的驳回案外人执行异议裁定继续有效。如果判决不得执行特定执行标的，则应终结执行程序并解除执行措施，需要对执行法院之前作出的驳回案外人执行异议裁定作出处理。对申请执行人执行异议之诉而言，人民法院经审查，要么判决驳回诉讼请求，要么判决准许执行该执行标的。如果判决驳回诉讼请求，执行法院之前作出的中止执行裁定继续有效，人民法院应当终结执行程序并解除执行措施；如果判决准许执行该执行标的，需要对执行法院之前作出的中止执行裁定作出处理。

人民法院对执行异议之诉作出判决后，需要对之前的执行异议裁定作出处理的，可以采取两种方式处理：一是在执行异议之诉判决中一并判决撤销执行异议裁定；二是不在许可执行之诉判决中撤销该裁定，直接规定该裁定失效即可。这两种处理方式的法律效果相同，但后一方式更符合诉讼经济原则，本解释采取了后一种处理方式。

在申请执行人执行异议之诉中，人民法院判决准许对该执行标的执行的，执行异议裁定失效。但还存在许可执行判决生效后，如何继续执行的问题。本条参照1998年《执行规定（试行）》第104条的规定："中止执行的情形消失后，执行法院可以根据当事人的申请或者依职权恢复执行。恢复执行应当书面通知当事人。"即执行法院可以根据申请执行人的申请或者依职权恢复执行。

【审判实践中应当注意的问题】

在申请执行人执行异议之诉中，人民法院判决准许对特定执行标的执行的，执行异议裁定失效，需要恢复对执行标的的执行。依据本条规定，恢复执行既可以根据申请执行人的申请进行，也可以由人民法院依职权进行。一些当事人对自己的诉讼权利和执行程序并不了解，可能不会主动申请恢复执行。因此，在申请执行人未申请恢复执行的情况下，人民法院应当在准许对该执行标的执行的判决生效后，及时依职权恢复执行。

【条文】

第三百一十三条

案外人执行异议之诉审理期间，人民法院不得对执行标的进行处分。申请执行人请求人民法院继续执行并提供相应担保的，人民法院可以准许。

被执行人与案外人恶意串通，通过执行异议、执行异议之诉妨害执行的，人民法院应当依照民事诉讼法第一百一十六条规定处理。申请执行人因此受到损害的，可以提起诉讼要求被执行人、案外人赔偿。

【条文主旨】

本条是关于案外人执行异议之诉审理期间能否处分执行标的以及案外人与被执行人恶意串通、阻碍执行如何处理的规定。

【条文理解】

2008 年《执行程序解释》第二十条规定："案外人依照民事诉讼法第二百零四条规定提起诉讼的，诉讼期间，不停止执行。案外人的诉讼请求确有理由或者提供充分、有效的担保请求停止执行的，可以裁定停止对执行标的进行处分；申请执行人提供充分、有效的担保请求继续执行的，应当继续执行。案外人请求停止执行、请求解除查封、扣押、冻结或者申请执行人请求继续执行有错误，给对方造成损失的，应当予以赔偿。"本条对上述规定作了修改。

1. 关于执行异议之诉审理期间是否应当停止执行的问题

关于执行异议之诉审理期间是否应当停止执行的问题，审判实践中和理论上争议很大。2008 年《执行程序解释》第二十条第一款曾规定："案外人依照民事诉讼法第二百零四条规定提起诉讼的，诉讼期间，不停止执行。"当时作此规定主要基于以下两个理由：一方面，在案外人异议审查期间，已经通过停止处分执行标的，给予了案外人一定的救济，在案外人执行异议之诉审理期间，如果继续停止处分异议标的，对案外人的救济就有过度之嫌；另一方面，执行异议之诉一般历时较长，诉讼期间停止执行将导致债权实现过分拖延，不利于充分保护债权人的利益，也难以防止被执行人与案外人串通，利用执行异议之诉拖延执行。同时，为避免案外人的财产因继续执行遭受难以弥补的损害，2008 年《执行程序解释》第二十条第二款又作了例外规定，即案外人的诉讼请求确有理由，或者提供充分有效担保请求停止对执行标的进行处分的，执行法院可以根据案件的具体情况，审查决定是否准许；但申请执行人提供充分有效的担保请求继续执行的，则应当继续执行。上述规定符合大陆法系国家和地区的惯例。大陆法系民事诉讼法理论一般认为，案外人提起执行异议之诉，原则上不应停止强制执行，但法院认为确有必要或者案外人申请停止执行并提供相应担保的，可以停止强制执行。《德国民事诉讼法》第775条、《日本民事执行法》第36条、我国台湾地区"强制执行法"第18条都遵循了这一原则。

在本解释起草过程中，有观点认为应当对该规定进行修改，经研究，将原来的规定修改为："案外人执行异议之诉审理期间，人民法院不得对执行标的进行处分。申请执行人请求人民法院继续执行并提供相应担保的，人民法院可以准许。"这一修改主要基于以下四个理由：第一，执行实践中，案外人提起执行异议之诉的，多数法院都会停止执行；第二，从停止执行与不停止执行的后果来看，停止执行可以有效避免法院判决支持案外人诉讼请求时的执行回转问题，也可以避免因为不能执行回转给案外人造成不可挽回的损失的问题；第三，既然法院已经受理了案外人的执行异议之诉，能否继续执行需视法院的裁判结果而定，从理论上来讲，停止执行更为合适；第四，我国社会信用体系尚不健全，财产权属登记也不健全、不统一，而民事主体和财产流动性增大，权属关系更加复杂，导致很多时候财产权利外观与权利实际归属并不一致，且执行回转的难度很大。人民法院在执行程序中确实需要特别注意保护案外人权益。

本条在规定"案外人执行异议之诉审理期间，人民法院不得对执行标的进行处分"的同时，也作了除外规定，即"申请执行人请求人民法院继续执行并提供相应担保的，人民法院可以准许"。此处的"相应担保"不宜机械地理解为与执行标的等价值的担保，而应结合执行标的的价值、性质、可能造成的损失、案外人诉讼请求的合理性等因素，根据个案情况确定。

2. 对案外人与被执行人恶意串通、阻碍执行的规制

民事诉讼法第一百一十六条规定："被执行人与他人恶意串通，通过诉讼、仲裁、调解等方式逃避履行法律文书确定的义务的，人民法院应当根据情节轻重予以罚款、拘留；构成犯罪的，依法追究刑事责任。"被执行人与案外人恶意串通，通过执行异议、执行异议之诉妨害执行的，属于该条规定的"逃避履行法律文书确定的义务"的行为，人民法院应当根据情节轻重处以罚款、拘留，构成犯罪的，应当依法追究刑事责任。人民法院在处以罚款、拘留时，应当依照民事诉讼法的相关规定进行。案外人或者被执行人的行为构成犯罪，依法应当追究刑事责任的，也应当依照刑事诉讼法等法律的

规定进行。

3. 被执行人与案外人恶意串通，通过执行异议、执行异议之诉妨害执行造成申请执行人损失的，应当承担相应的民事责任

案外人恶意提起执行异议、执行异议之诉，造成申请执行人权利无法实现，除了可以在依法纠正的基础上采取执行回转措施外，还可以要求赔偿损失。这符合大陆法系国家和地区的立法及审判实践。例如，《法国民事执行程序法》就规定了对于执行错误的返还之诉和赔偿之诉。2008 年《执行程序解释》第二十条第三款曾规定："案外人请求停止执行、请求解除查封、扣押、冻结或者申请执行人请求继续执行有错误，给对方造成损失的，应当予以赔偿。"但该规定未明确受害人应通过什么途径获得救济。从文义上理解，似乎应由执行机构在执行程序中处理因错误执行造成的损失赔偿问题。申请执行人以被执行人与案外人恶意串通，通过执行异议、执行异议之诉妨害执行造成其损失为由，请求赔偿损失，已不属于执行原生效法律文书的范畴，而是基于新的事实而产生的新纠纷。因此，申请执行人应当通过另诉的方式请求赔偿损失。鉴于此，本条规定，申请执行人可以"提起诉讼要求被执行人、案外人赔偿"。

本条规定案外人执行异议之诉审理期间，人民法院不得对执行标的进行处分，倾向于保护案外人对执行标的享有的实体权益，但客观上也为案外人与被执行人恶意串通、妨害执行提供了条件，不利于及时实现申请执行人的权利。为平衡各方当事人利益，本条同时也对被执行人与案外人恶意串通，通过执行异议、执行异议之诉妨害执行行为的规制和申请执行人救济途径作了规定。

【审判实践中应当注意的问题】

根据本条第一款规定，案外人执行异议之诉审理期间，人民法院不得对执行标的进行处分。对此应注意两点：一是只要案外人执行异议之诉被受理后，人民法院即应停止对执行标的的处分，既不需要审查案外人的诉讼请求是否确有理由，也不需要案外人申请停止执行并提供充分、有效的担保；二是人民法院仅不得对执行标的进行处分，本条规定并不禁止人民法院采取查封、扣押、冻结等非处分性执行措施。

人民法院不仅在案外人执行异议之诉审理期间不得处分执行标的，根据本解释第四百六十三条第二款的规定，人民法院驳回案外人执行异议裁定送达案外人之日起十五日内，也不得对执行标的进行处分。即如果案外人提起执行异议之诉，人民法院在立案审查期间，不得处分执行标的；如果案外人

没有提起执行异议之诉，人民法院在驳回案外人执行异议裁定送达案外人之日起十五日内，也不得处分执行标的。此外，根据2020年修正《执行程序解释》第十五条第一款的规定，案外人异议审查期间，人民法院不得对执行标的进行处分。虽然人民法院不能处分执行标的，但已采取的查封扣押等保全性执行措施不受影响。

【条文】

第三百一十四条

人民法院对执行标的裁定中止执行后，申请执行人在法律规定的期间内未提起执行异议之诉的，人民法院应当自起诉期限届满之日起七日内解除对该执行标的采取的执行措施。

【条文主旨】

本条是关于中止执行裁定作出后，申请执行人未在规定的期限内提起执行异议之诉，原执行行为如何处理的规定。

【条文理解】

2008年《执行程序解释》第二十三条规定："人民法院依照民事诉讼法第二百零四条规定裁定对异议标的中止执行后，申请执行人自裁定送达之日起十五日内未提起诉讼的，人民法院应当裁定解除已经采取的执行措施。"本条吸纳了该规定的内容，同时进一步规定了人民法院采取解除措施的时限。

1. 裁定中止执行后，已采取执行措施的处理方式

执行过程中，案外人对执行标的提出书面异议，人民法院经审查认为异议理由成立，作出中止对该标的执行的裁定后，如果申请执行人对裁定不服，又与原判决、裁定无关的，可以自裁定送达之日起十五日内向人民法院提起诉讼。在申请执行人起诉前，对该执行标的的强制执行中止，是否需要解除已经作出的执行措施，则需要看申请执行人是否提起执行异议之诉。如果申请执行人提起执行异议之诉，则人民法院需要对该诉讼进行审理，审理期间继续中止处分执行标的，在作出是否继续执行的判决后，再根据判决内容采取相应的执行措施。如果申请执行人在裁定送达之日起十五日内没有提起执行异议之诉，则丧失了诉权，对该执行标的已无强制执行的必要。此外，通常情况下，人民法院是应申请执行人的申请而对执行标的采取的执行措施，如果申请执行人对执行标的已经中止执行的事实未主张异议，当然视

为其对该项执行行为申请的放弃，故人民法院应当解除对该执行标的的执行措施。可见，人民法院解除执行措施的条件有两个：一是依照民事诉讼法第二百三十四条的规定裁定中止对执行标的的执行；二是申请执行人在法律规定的期间内未提起执行异议之诉。

2. 人民法院解除执行措施的期限

2008 年《执行程序解释》第二十三条只规定了人民法院应当解除执行措施，未规定人民法院采取解除措施的时限。为了进一步规范执行行为，保护案外人合法权益，本条规定人民法院应当在七日解除执行措施。之所以规定解除执行措施的期限为七日，是基于以下两方面考虑：一方面，只要中止执行裁定作出后，申请执行人未在规定的期限内提起执行异议之诉，即应解除执行标的上的执行措施，需要审查的内容简单，无须规定较长的时间；另一方面，有些执行措施的解除需要作出相应的裁定，通知协助执行人，这需要一定时间。从执行工作实际情况看，规定人民法院在七日内解除执行措施较为合理。

【审判实践中应当注意的问题】

在审判实践中应当注意的是，只要人民法院对执行标的裁定中止执行和申请执行人在法律规定的期间内未提起执行异议之诉这两个条件具备，人民法院就应当自起诉期限届满之日起七日内解除对该执行标的采取的执行措施，无须案外人另行申请解除执行措施。

十六、第二审程序

【条文】

第三百一十五条

双方当事人和第三人都提起上诉的，均列为上诉人。人民法院可以依职权确定第二审程序中当事人的诉讼地位。

【条文主旨】

本条是关于二审程序中如何确定当事人诉讼地位的规定。

【条文理解】

在双方当事人和第三人都提起上诉的情况下，由于上诉请求既可能针对一审裁判的全部判项提出，也可能仅针对所涉部分权利义务关系提出，因此，各方当事人并不一定互为被上诉人，而是可能存在复杂的对应关系，难以在诉讼程序和在裁判文书中一一列明，故为了诉讼便利和文书简洁，作出本条规定。此外，由于人民法院没有判决承担民事责任的无独立请求权第三人并无上诉的权利，如果其他当事人都提起上诉，则除该无独立请求权第三人以外的当事人亦均应列为上诉人。

在部分当事人提起上诉的情况下，难以在司法解释中统一规定第二审程序中当事人的诉讼地位，对当事人诉讼地位的确定应当根据具体情况进行，尤其在必要共同诉讼中，当事人诉讼地位较为复杂。

由于上述情况的存在，诉讼实践中经常发生上诉状列明的当事人诉讼地位不准确的情况。而当事人诉讼地位的确定关涉人民法院对当事人权利义务关系的正确判定，对于裁判具有重要意义。故基于上述规范依据和纠正当事人错列诉讼地位的需要，人民法院可以依职权确定第二审程序中当事人诉讼地位。

【审判实践中应当注意的问题】

人民法院在依职权确定第二审程序中当事的诉讼地位时，应注意：第一，要充分尊重当事人的诉讼权利。由于我国民事诉讼法上并未就上诉利益或者上诉权作出原则性规定，因此，不应依据本条规定剥夺上诉人的诉讼地位。即使按照法律或者司法解释明确规定认为上诉人不适格，亦应裁定驳回其上诉，而不能直接剥夺其上诉人地位。第二，在确定被上诉人诉讼地位时，要以是否为上诉请求提出的权利义务分担异议所指向的对象为判断的基本依据。

【条文】

第三百一十六条

民事诉讼法第一百七十三条、第一百七十四条规定的对方当事人包括被上诉人和原审其他当事人。

【条文主旨】

本条是关于民事诉讼法第一百七十三条、第一百七十四条中所规定的“对方当事人”范围的规定。

【条文理解】

民事诉讼法第一百七十三条规定：“上诉状应当通过原审人民法院提出，并按照对方当事人或者代表人的人数提出副本。当事人直接向第二审人民法院上诉的，第二审人民法院应当在五日内将上诉状移交原审人民法院。”第一百七十四条规定：“原审人民法院收到上诉状，应当在五日内将上诉状副本送达对方当事人，对方当事人在收到之日起十五日内提出答辩状。人民法院应当在收到答辩状之日起五日内将副本送达上诉人。对方当事人不提出答辩状的，不影响人民法院审理。原审人民法院收到上诉状、答辩状，应当在五日内连同全部案卷和证据，报送第二审人民法院。”如何理解该两条法律规定中提及的对方当事人，涉及民事诉讼的当事人结构特点和辩论原则的贯彻等问题。

对非讼案件以外的民事诉讼而言，两造或者三造对立是基本的当事人结构。离开当事人的对抗便无民事诉讼的存在。在第一审程序中，当事人之间的对立主要体现为原告、被告和第三人之间的对立。对于任何一方当事人，其他各方当事人均为对方当事人。在第二审程序中，当事人之间的争议进一步聚焦和深入，第一审程序没有化解的争议双方可能继续对立，同时，原来同为一方的当事人之间也可能出现新的利益分化和争议，互相成为对方当事人。但无论如何，从两造对抗这一民事诉讼的基本特点出发，严格意义上的对方当事人应仅指相对一方当事人而言存在权利和利益对立的当事人。对于第二审程序中的上诉人而言，其对方当事人应仅指与其上诉请求存在权利和利益对立的当事人，亦即其上诉请求所指向的权利义务分担争议的相对方，其诉讼地位应为被上诉人。

但从民事诉讼法第一百七十三条和第一百七十四条关于上诉和答辩程序的规定来看，其立法宗旨包含了贯彻民事诉讼法的辩论原则，保障当事人辩论权的内容，对对方当事人的解释亦应符合该立法宗旨的要求。所谓辩论，即在人民法院的主持下，民事诉讼各方当事人就诉讼程序、案件事实和法律适用问题陈述诉讼主张、事实与理由，并相互反驳和答辩，以维护自己的合法权益。辩论原则是民事诉讼的一项基本原则。民事诉讼法第十二条规定："人民法院审理民事案件时，当事人有权进行辩论"，即对辩论原则作出了明确规定。该原则至少包含以下几个方面的内容：第一，当事人对自己提出的诉讼请求有权提出事实和理由，对其他当事人提出的诉讼请求和事实与理由有权提出反驳和答辩；第二，辩论原则贯穿于民事诉讼一审、二审和再审程序的全过程；第三，辩论包括法庭辩论等口头辩论，也包括起诉状、上诉状、再审申请书、答辩状等书面辩论；第四，辩论的内容既包括案件实体方面的争议，也包括程序方面的争议，当事人对案件的事实和法律适用问题均可充分表达自己的意见；第五，人民法院在诉讼过程中应当保障当事人充分行使辩论权。根据辩论原则的要求，对上诉状进行答辩不仅是被上诉人的辩论权，也是其他当事人的辩论权，因此，民事诉讼法第一百七十三条和第一百七十四条所称的对方当事人应当既包括被上诉人，也包括原审其他当事人。

在民事诉讼中坚持辩论原则，依法保障当事人辩论权，不仅符合尊重当事人诉讼权利这一民事诉讼制度的本质要求，而且可以防止超出当事人预期的"突然袭击"，避免先入为主的偏见，对于促进民事案件裁判的公正具有重要意义。依据民事诉讼法第一百七十三条和第一百七十四条的规定，保障被上诉人及原审其他当事人及时接受上诉状并提出答辩的权利，在一定意义上有利于弥补我国民事诉讼法对保障当事人攻防平衡在制度设计上的不足。由于我国第二审程序对上诉期限作出了严格规定，且第二审程序的审理范围严格限定在上诉请求的范围内，而未规定附带上诉、二审反诉等制度，因此，对于未在上诉期内提出上诉的原审当事人，只能处于守势，而无进攻的机会，在此情形下保障其答辩权的意义更加凸显。事实上，在一段时期以来的民事诉讼实践中，一些人民法院已经要求上诉人按照被上诉人和原审其他当事人人数提交上诉状副本并依法送达。这次修改民事诉讼法司法解释将实践中成熟的做法制度化，有利于进一步保障当事人的诉讼权利。

【审判实践中应当注意的问题】

本条规定明确了上诉状送达的当事人范围，对被上诉人以外的原审其他当事人送达上诉状成为原审人民法院的法定职责，原审人民法院应当按照民事诉讼法的规定予以送达。

【条文】

第三百一十七条

必要共同诉讼人的一人或者部分人提起上诉的，按下列情形分别处理：

（一）上诉仅对与对方当事人之间权利义务分担有意见，不涉及其他共同诉讼人利益的，对方当事人为被上诉人，未上诉的同一方当事人依原审诉讼地位列明；

（二）上诉仅对共同诉讼人之间权利义务分担有意见，不涉及对方当事人利益的，未上诉的同一方当事人为被上诉人，对方当事人依原审诉讼地位列明；

（三）上诉对双方当事人之间以及共同诉讼人之间权利义务承担有意见的，未提起上诉的其他当事人均为被上诉人。

【条文主旨】

本条是关于必要共同诉讼人提起上诉时如何列明当事人诉讼地位的规定。

【条文理解】

必要的共同诉讼是指民事诉讼法第五十五条规定的当事人一方或者双方为二人以上，其诉讼标的是共同的民事诉讼。根据本条规定，必要共同诉讼人的一人或者部分人提起上诉时，判断上诉人以外的原审其他当事人诉讼地位是否为被上诉人的标准在于上诉是否对其提出了权利义务分担的异议。上诉列明的当事人诉讼地位与本条规定不符的，人民法院应当依职权确定。

【审判实践中应当注意的问题】

必要共同诉讼中出现多个上诉时，应综合适用本条规定确定当事人诉讼地位。如对于双方均为二人以上的必要共同诉讼，双方均有一人或者部分人就共同诉讼人之间的权利义务分担提起上诉的，未提起上诉的其他当事人均为被上诉人。

【条文】

第三百一十八条

一审宣判时或者判决书、裁定书送达时，当事人口头表示上诉的，人民法院应告知其必须在法定上诉期间内递交上诉状。未在法定上诉期间内递交上诉状的，视为未提起上诉。虽递交上诉状，但未在指定的期限内交纳上诉费的，按自动撤回上诉处理。

【条文主旨】

本条是关于上诉的期限、形式、上诉费用交纳等相关要件的规定。

【条文理解】

由于上诉要由原审法院向上级法院进行转达和移交，为保证转达上诉请求和事实与理由的准确性，提交书面的上诉状是一个有效的上诉的必要构成要件。民事诉讼法第一百七十二条就此明确规定："上诉应当递交上诉状。上诉状的内容，应当包括当事人的姓名，法人的名称及其法定代表人的姓名或者其他组织的名称及其主要负责人的姓名；原审人民法院名称、案件的编号和案由；上诉的请求和理由。"本条规定从三个方面就该规定的适用进行了解释：第一，一审宣判时或者判决书、裁定书送达时，当事人口头表示上诉的，人民法院负有告知其在法定上诉期内递交上诉状的义务。对人民法院履行该告知义务的方式并无明确要求，一般即时口头告知即可，但应将当事人口头表示的意思及人民法院履行告知义务的情况在有关笔录上进行记载。第二，未在法定上诉期间内递交上诉状的，视为未提起上诉。法律上的视为即可依法直接认定之意。在上诉期间内没有上诉的判决、裁定，自上诉期满之日的次日发生法律效力。第三，虽递交上诉状，但未在指定的期限内交纳上诉费的，按自动撤回上诉处理。指定的期限应当根据《诉讼费用交纳办法》的规定确定。交纳上诉费应指按照《诉讼费用交纳办法》规定的收费标准足额预交。没有足额预交上诉费，又未获批准减缓免交的，其对上诉效力的影响应与未交纳的后果相同，但已预交的上诉费应予退还。

【审判实践中应当注意的问题】

民事诉讼法第一百七十二条对上诉状的内容作了明确规定，原审人民法院应当对上诉状内容进行审查，对不符合规定要求的上诉状，应指定合理期限要求当事人进行完善。但无论上诉状是否规范，均应将当事人第一次递交书面上诉状的日期作为其提起上诉的日期。

【条文】

第三百一十九条

无民事行为能力人、限制民事行为能力人的法定代理人，可以代理当事人提起上诉。

【条文主旨】

本条是关于无民事行为能力人、限制民事行为能力人的法定代理人能否代理无民事行为能力人、限制民事行为能力人提起上诉的规定。

【条文理解】

法定代理人可以代理无民事行为能力人、限制民事行为能力人提起上诉，系基于民法典等法律赋予的监护权，系法定代理权，而非受当事人委托形成的委托代理权。因此，第一，法定代理人代为提起上诉时仅需证明其法定代理人身份，而无须提交委托代理手续；第二，法定代理人可以委托诉讼代理人代为提起上诉。

【审判实践中应当注意的问题】

人民法院在对法定代理人身份进行核实时，一方面，要审查其与无民事行为能力人、限制民事行为能力人的关系；另一方面，要核实其诉讼行为能力，以确保法定代理人身份真实合法，维护无民事行为能力人、限制民事行为能力人的合法权益。

【条文】

第三百二十条

上诉案件的当事人死亡或者终止的，人民法院依法通知其权利义务承继者参加诉讼。

需要终结诉讼的，适用民事诉讼法第一百五十四条规定。

【条文主旨】

本条是关于上诉案件当事人死亡或终止的，人民法院如何处理的规定。

【条文理解】

关于当事人死亡或者终止的诉讼案件如何衔接和继续问题，在德国法上属于法定的当事人变更的范畴，与意定的当事人变更一起被统称为当事人变更；日本学者则称之为诉讼承继，与任意的当事人变更一起被统称为当事人变更。如《德国民事诉讼法》第239条规定：“（1）当事人一方死亡时，在承继人承受诉讼以前，诉讼程序中断；（2）承继人迟延承受时，依对方当事人的申请，应传唤承继人命其承受诉讼并同时进行本案辩论；（3）传票应与申请书状一并送达给承继人本人。传唤期间由审判长定之；（4）承继人在期日不出庭时，依申请，应视为承继人已自认对方当事人所主张的诉讼承继，并即进行本案辩论；（5）继承人在承认继承前，没有续行诉讼的义务。”《日本民事诉讼法》第124条规定：“诉讼程序有以下各项所列事由时中断。在此情况下，由各项所规定的人，应当承继诉讼程序。（一）当事人死亡：继承人、继承财产管理人或根据其他法律规定继续进行诉讼的人。（二）当事人的法人合并而终止、合并而设立的法人或者合并后存续的法人。（三）当事人丧失诉讼能力或者法定代理人死亡或代理权终止：法定代理人或者已成为有诉讼能力的当事人，等等。”美国和英国的诉讼制度也规定了类似的当事人承继制度。这些国家对诉讼承继的程序也作出了规定。为了方便阐述，这里将关于当事人死亡或者终止的诉讼案件如何衔接和继续问题称之为诉讼承继。

在现行有效的法律规定中，仅在民事诉讼法第一百五十三条第一款第一项、第三项规定了两种有关的中止诉讼的情形，分别是：一方当事人死亡，需要等待继承人表明是否参加诉讼的；作为一方当事人的法人或者其他组织终止，尚未确定权利义务承受人的。但对如何获知诉讼承继的事由、如何确定承继诉讼的当事人、如何启动诉讼承继的程序等问题仍无具体规定。

本条规定明确了诉讼承继的启动事由和程序。

1. 诉讼承继的事由

当事人死亡，是指作为当事人的自然人死亡和或被宣告死亡。当事人终止，是指可以作为民事诉讼当事人的法人和其他组织的终止。法人，是指具有民事权利能力和民事行为能力，依法独立享有民事权利和承担民事义务的组织。法人资格被注销登记时法人终止，其事由包括被破产清算，或者因合并、分立、被吊销营业执照、公司僵局等原因被解散清算。其他组织，是指有代表人或管理人，有组织名称，有相应活动场所，依照法律或者经有关主管部门批准或者认可进行某种业务活动的没有取得法人资格的组织。法律修订或有关主管部门决定撤销批准或许可时，其他组织即终止。

在当事人未委托代理人而亲自参加诉讼的情况下，人民法院在诉讼过程中可能较容易发现当事人死亡或者终止的事实。在当事人委托代理人参加诉讼的情况下，通常难以发现当事人死亡或者终止的事由。但一般认为，知道或者应当知道当事人死亡或终止事实的诉讼代理人负有及时如实告知人民法院的义务。诉讼代理人不履行此项告知义务的，人民法院应当给予适当惩戒或依据相关法律规定追究其相应责任。

2. 诉讼承继的启动

依据本条规定，上诉案件的当事人死亡或者终止的，启动诉讼承继的主体是人民法院，其负有依法通知权利义务承继者参加诉讼的职责。这与一些国家关于当事人变更中法院作用的定位是一致的，如《日本民事诉讼法》第126条和第129条的规定，另一方当事人可以提出申请，在当事人不提出承继诉讼程序申请的情况下，法院也可依职权命令诉讼程序继续进行。《英国民事诉讼规则》也有类似规定。当然，虽然本条规定启动诉讼承继的主体是人民法院，但不影响权利义务承继者向人民法院申请参加诉讼或者另一方当事人申请人民法院通知权利义务承继者参加诉讼的权利。

3. 诉讼承继的主体

在确定诉讼承继者时应当区分不同类型的被承继当事人。（1）当事人死亡的，其诉讼承继者可以是法定继承人、遗嘱继承人、受遗赠人或遗产管理人。法定继承人参加诉讼，不得以其已经实际取得遗产为由进行抗辩，但法定继承人可以申请撤回上诉或者声明放弃诉讼权利。（2）法人合并或分立后，由合并后的企业承继诉讼或者分立后企业共同承继诉讼。法人依法破产、解散而被清算并注销的，有关诉讼应在清算过程中终结，不发生诉讼承继的问题；法人未经依法清算而注销登记，有关主体依据公司法等法律规定应当承担债务清偿责任的，应当承继诉讼。（3）其他组织终止后，出资设立该组织的主办单位或者主管部门应当承继诉讼。

4. 诉讼承继的通知

（1）通知的方式。本规定没有明确人民法院通知权利义务承继者参加诉讼的方式，但由于诉讼主体变更属于民事诉讼的重大变更，对当事人权益有重大影响，应当以采取书面通知的方式为宜。（2）通知的内容及效果。如果没有民事诉讼法第一百五十四条规定的终结诉讼情形，上诉人死亡或者终止的，人民法院应当通知其权利义务承继者在指定的合理期限内决定是否承继诉讼，其明确表示放弃诉讼权利，或者逾期不作表示的，应当视为撤回上诉。被上诉人死亡或者终止的，人民法院应当通知其权利义务承继者参加诉讼，但当事人为自然人时继承人明确表示放弃实体法上的继承权并拒绝参加诉讼的除外。

5. 诉讼承继的后果

诉讼承继者依据人民法院通知参加诉讼后，即承担当事人的权利义务，被承继者之前的诉讼行为对承继者继续有效。依法应当参加诉讼的被上诉人的诉讼承继者拒不参加诉讼的，应当视为放弃诉讼权利，人民法院应当继续审理并依法作出裁判。

民事诉讼法第一百五十四条规定了应当终结诉讼的几种情形：(1) 原告死亡，没有继承人，或者继承人放弃诉讼权利的；(2) 被告死亡，没有遗产，也没有应当承担义务的人的；(3) 离婚案件一方当事人死亡的；(4) 追索赡养费、扶养费、抚养费以及解除收养关系案件的一方当事人死亡的。在第二审程序中发现或者当事人举证证明上列情形之一者，人民法院应当终结第二审程序。

【审判实践中应当注意的问题】

本条规定赋予了人民法院在第二审程序中确定并依法通知诉讼承继者参加诉讼的职责和权力，其行使对当事人的诉讼权利影响重大。人民法院在行使这一职权时，一方面，应当依职权充分调查可能的诉讼承继者，以及是否存在应当终结诉讼的情形；另一方面，应当充分听取各方当事人意见，以准确确定诉讼承继者，提高诉讼效率。

【条文】

第三百二十一条

第二审人民法院应当围绕当事人的上诉请求进行审理。

当事人没有提出请求的，不予审理，但一审判决违反法律禁止性规定，或者损害国家利益、社会公共利益、他人合法权益的除外。

【条文主旨】

本条是关于民事诉讼法第一百七十五条规定的二审审理范围的规定。

【条文理解】

关于二审审理范围问题，1991 年、2007 年民事诉讼法第一百五十一条，2012 年、2017 年民事诉讼法第一百六十八条、第一百七十五条均规定：“第二审人民法院应当对上诉请求有关的事实和适用法律进行审查”；《92 年意见》第 180 条规定：“第二审人民法院依据民事诉讼法第一百五十一条的规定，对上诉人上诉请求的有关事实和适用法律进行审查时，如果发现在上诉请求以外原判确有错误的，也应予以纠正”；1998 年《审判方式改革规定》

第三十五条进一步补充规定："第二审案件的审理范围应当围绕当事人上诉请求的范围进行，当事人没有提出请求的，不予审查。但判决违反法律禁止性规定，侵害社会公共利益或他人利益的除外。"

二审审理范围主要涉及尊重当事人处分权和确保法律贯彻执行两者之间关系的协调问题，涉及二审程序的纠纷解决和纠错功能的定位问题。在二审程序的价值取向和功能定位上，对当事人处分权的尊重与法律严肃性的确保、对解决纠纷的追求和对纠正错误的重视，都是不可偏废的，必须综合平衡。因此，本条吸收了《审判方式改革规定》第三十五条规定的合理内容，对《92 年意见》第 180 条进行了相应修改完善：原则上，二审人民法院应当围绕当事人的上诉请求进行审理，当事人没有提出请求的，不予审理，以尊重当事人的处分权，实现二审程序的纠纷解决功能；但例外情况则是，如果一审判决违反法律禁止性规定，或者损害国家利益、社会公共利益、他人合法权益的，二审人民法院应当依职权予以纠正，以确保法律的贯彻执行，实现二审程序的纠错功能。

【审判实践中应当注意的问题】

第一，二审审理范围应限制在一审诉讼请求和审理范围之内，在一审中没有提出的诉讼请求或者虽提出但一审法院未予审理的诉讼请求，不属于二审审理范围，有本解释第三百二十四条至第三百二十七条规定情形的，按照相应规定处理。

第二，在对上诉请求的有关事实和适用法律进行审查时，如果发现一审法院对非上诉部分审理有错误的，应区别情况予以处理：如果非上诉部分的错误属于违反法律禁止性规定，或者损害国家利益、社会公共利益、他人合法权益的，二审应当直接予以纠正；如果非上诉部分的错误并非上述情形的，二审一般不予干预。

【条文】

第三百二十二条

开庭审理的上诉案件，第二审人民法院可以依照民事诉讼法第一百三十六条第四项规定进行审理前的准备。

【条文主旨】

本条是关于二审开庭审理的上诉案件开庭前准备程序的规定。

【条文理解】

根据民事诉讼法第一百七十六条第一款的规定，第二审人民法院对于上诉案件原则上都应当开庭审理，开庭审理是二审审理的“常态”，而不开庭审理则是特殊情况下的“非常态”。但是对于二审开庭审理案件如何进行开庭前的准备工作，民事诉讼法并未规定，本解释则明确可依据民事诉讼法第一百三十六条第四项的规定进行，即“需要开庭审理的，通过要求当事人交换证据等方式，明确争议焦点”。

1. 证据交换制度在我国的立法历程

1991年民事诉讼法在有关审理前的准备程序中并未对证据交换制度加以规定，在证据的提出上采取的是最广泛意义上的随时提出主义。1993年11月16日最高人民法院印发的《第一审经济纠纷案件适用普通程序开庭审理的若干规定》第5条规定：“开庭前，合议庭可以召集双方当事人及其诉讼代理人交换、核对证据，核算账目。对双方当事人无异议的事实、证据应当记录在卷，并由双方当事人签字确认。在开庭审理时如双方当事人不再提出异议，便可予以认定……”这是首次在民事诉讼中提到证据交换，但该司法文件并未对当事人怠于交换证据可能产生的诉讼后果加以规定，以至于证据交换在司法实践中流于形式。1998年7月6日最高人民法院出台了《审判方式改革规定》，对我国民事证据制度进行了改革，其中第五条规定“案情比较复杂、证据材料较多的案件，可以组织当事人交换证据”，这对证据交换适用的案件范围作出了界定。1999年10月20日最高人民法院印发的《人民法院五年改革纲要》第16条规定：“民事、经济审判方式改革要进一步完善举证制度，除继续坚持主张权利的当事人承担举证责任的原则外，建立举证时限制度，重大、复杂、疑难案件庭前交换证据制度，完善人民法院收集证据制度，进一步规范当事人举证、质证活动。”这第一次明确提出了要建立重大、复杂、疑难案件庭前交换证据制度。2001年12月21日，最高人民法院出台了《民事诉讼证据规定》，共用十五个条文对举证期限和证据交换作了规定，搭建了我国证据交换制度的基本框架。2007年民事诉讼法对1991年民事诉讼法进行了第一次全面修正，但对证据交换规则进行了搁置。2008年12月11日发布的《举证时限规定通知》又重点针对《民事诉讼证据规定》第三部分“举证时限和证据交换”在审判实践中存在的问题，提出了相应的解决方案。2012年民事诉讼法第一百三十三条则明确规定：“人民法院对受理的案件，分别情形，予以处理……需要开庭审理的，通过要求当事人交换证据等方式，明确争议焦点。”至此证据交换制度在法律层面上予以确立。2019 年 12 月 25 日，最高人民法院公布《关于修改〈关于民事诉讼证据的若干规定〉的决定》，对 2001 年施行的《民事诉讼证据规定》首次进行全面修改。此次修改是在 2015 年《民事诉讼法解释》的基础上，根据审判实践需要，对原《民事诉讼证据规定》进行的修改、完善和补充，其中对第三部分"举证时限和证据交换"部分内容也进行了完善。

2. 证据交换制度的功能

（1）明确双方当事人的争议焦点，做好开庭准备。《民事诉讼证据规定》第五十七条规定，通过证据交换，确定双方当事人争议的主要问题；民事诉讼法第一百三十六条规定："……需要开庭审理的，通过要求当事人交换证据等方式，明确争议焦点。"可见，庭前证据交换程序的主要功能，一方面，是使当事人各方彼此明了对方所拥有的证据或者证据材料，为当事人有目的地收集证据提供可能，使证据调查更为彻底、全面，避免证据突袭；另一方面，通过举证行为可以确定当事人的事实主张、诉讼请求，并进而确定当事人争议的焦点问题，为正式的开庭审理活动奠定基础。

（2）促成诉讼和解与调解。通过证据交换，证据能够及早公开，当事人可以对诉讼结果作出合理的预期，增加了当事人之间以和解或者调解方式解决纠纷的可能性。法官可以在证据交换中借双方当事人都大致了解己方强弱的时机当场进行调解，也可以根据程序的进展状况另行指定或商定时间地点，专就促使双方和解而举行庭前会议。这也符合我国民事诉讼法规定的调解贯穿于民事诉讼全过程的立法精神。

（3）判断二审案件是否必须开庭审理。二审案件是否必须开庭审理，判断的标准是当事人在二审中是否提出了新的事实、证据或者理由，也就是说，二审的首要任务就是审查上诉人是否提出了新的事实、证据或者理由，进而决定是否开庭审理。在本解释调研过程中，下级法院反映，很多上诉人以所谓的"新的事实、证据、理由"提起的上诉，经审查并非"新的事实、证据、理由"，其上诉的目的就是以此为借口拖延诉讼时间。鉴于此，通过庭前证据交换可以审查上诉人提出的事实、证据或者理由是否为"新的事实、证据、理由"，据此决定二审是否正式开庭审理。

3. 证据交换制度的主要内容

（1）主持证据交换的主体。根据民事诉讼法第一百三十六条的规定，证据交换由人民法院组织当事人进行。《民事诉讼证据规定》第五十七条规定："证据交换应当在审判人员的主持下进行。"据此，人民法院的审判人员是主持证据交换的主体。但司法实践中的实际操作比较混乱，有的由承办法官和书记员主持，有的由法官助理主持，还有的由立案庭专门负责交换证据的法官主持。我们认为，主持证据交换的人员一般应当是案件的承办法官，也可以根据案件的具体情况决定由法官助理、合议庭其他组成人员或者是合议庭主持。

（2）证据交换适用的案件范围。2001 年《民事诉讼证据规定》第三十七条将适用证据交换的案件分为两种情况：一是经当事人申请，人民法院可以组织当事人在开庭审理前交换证据；二是人民法院对于证据较多或者复杂疑难的案件，应当组织当事人在答辩期届满后、开庭审理前交换证据。这是一种保障当事人自由处分权利和法官适当介入管理相结合的证据交换类型。民事诉讼法对证据交换适用的案件范围没有限制，只要案件经人民法院受理后需要开庭审理的，审判人员就可以通过要求当事人交换证据等方式，明确案件的争议焦点。两相比较，民事诉讼法更加强化了人民法院对于证据交换启动的决定权，将证据交换作为审理前准备阶段明确案件争议焦点、提高诉讼效率的一种程序制度，并在《民事诉讼证据规定》的基础上扩大了证据交换适用的案件范围。考虑到民事诉讼法及司法解释已将证据交换规定为开庭准备程序的一项内容，故 2019 年修正《民事诉讼证据规定》时删除了原第三十七条。

（3）证据交换的时间。2001 年《民事诉讼证据规定》第三十八条规定："交换证据的时间可以由当事人协商一致并经人民法院认可，也可以由人民法院指定。人民法院组织当事人交换证据的，交换证据之日举证期限届满。当事人申请延期举证经人民法院准许的，证据交换日相应顺延。"2019 年修正《民事诉讼证据规定》时，对该条进行了修改和完善，现为第五十六条："人民法院依照民事诉讼法第一百三十三条第四项的规定，通过组织证据交换进行审理前准备的，证据交换之日举证期限届满。证据交换的时间可以由当事人协商一致并经人民法院认可，也可以由人民法院指定。当事人申请延期举证经人民法院准许的，证据交换日相应顺延。"民事诉讼法第六十八条规定："当事人对自己提出的主张应当及时提供证据人民法院根据当事人的主张和案件审理情况，确定当事人应当提供的证据及其期限。当事人在该期限内提供证据确有困难的，可以向人民法院申请延长期限，人民法院根据当事人的申请适当延长……"两相比较，《民事诉讼证据规定》和民事诉讼法均将证据交换和举证时限联系起来，但在证据交换的时间问题上，2015 年《民事诉讼法解释》对 2001 年《民事诉讼证据规定》进行了修改，即当事人举证期限不再是在受理案件时确定，而是在审理前的准备阶段确定；举证期限的具体时间不再规定为不少于三十日，而是相应缩短为一审程序中的十五日和二审程序中的十日。为与2015年《民事诉讼法解释》的规定保持一致，2019年《民事诉讼证据规定》第五十条对原第三十三条第一款进行了修改，规定："人民法院应当在审理前的准备阶段向当事人送达举证通知书……"第五十一条对原第三十三条第二款、第三款进行了修改，规定："……人民法院指定举证期限的，适用第一审普通程序审理的案件不得少于十五日，当事人提供新的证据的第二审案件不得少于十日。适用简易程序审理的案件不得超过十五日，小额诉讼案件的举证期限一般不得超过七日。"

（4）证据交换的次数。2001年《民事诉讼证据规定》第四十条规定："当事人收到对方交换的证据后提出反驳并提出新证据的，人民法院应当通知当事人在指定的时间进行交换。证据交换一般不超过两次。但重大、疑难和案情特别复杂的案件，人民法院认为确有必要再次进行证据交换的除外。"2019年《民事诉讼证据规定》删除了上述第二款，即关于证据交换次数的规定。2001年《民事诉讼证据规定》规定证据交换一般不超过两次，主要考虑"设立庭前证据交换的目的之一是提高审判效率，如果不对当事人交换证据的次数加以必要合理的限制，不但削弱证据交换的积极作用，还可能对司法公正和效率产生负面影响。""规定证据交换的次数，也是为了防止有些当事人借助证据交换之机拖延诉讼，借此达到损害对方当事人合法权益的目的。"① 2019年《民事诉讼证据规定》删除了证据交换的次数，主要是因实践中案件情况差别较大，重大、疑难和案情特别复杂的案件，证据纷杂，事实查明难，允许多次证据交换是必然的。而对于事实清楚争议不大的案件，一般通过一次证据交换就完成了。至于是多次交换还是一次交换，由法官根据案件事实和证据交换的情况自行决定，这是尊重法官自由裁量权的实事求是的规定。②

【审判实践中应当注意的问题】

第一，庭前证据交换应当针对证据较多或者复杂疑难案件采用，而并非所有二审开庭案件的必经程序，就个案而言，是否采用证据交换，既可由一方当事人提出申请，也可由法院依职权决定；第二，在审前准备程序中，除了对事实上的争议焦点加以固定之外，还应对诉讼请求与事实主张加以固

① 李国光主编：《最高人民法院〈关于民事诉讼证据的若干规定〉的理解与适用》，中国法制出版社2002年版，第222页。

② 最高人民法院民事审判第一庭编著：《最高人民法院新民事诉讼证据规定理解与适用（下）》，人民法院出版社2020年版，第541页。

定；第三，涉及国家秘密、商业秘密、个人隐私或者法律规定应当保密的证据，人民法院应当根据具体情况决定是否在证据交换中进行出示，需要出示的，不应进行公开质证。

【条文】

第三百二十三条

下列情形，可以认定为民事诉讼法第一百七十七条第一款第四项规定的严重违反法定程序：

（一）审判组织的组成不合法的；

（二）应当回避的审判人员未回避的；

（三）无诉讼行为能力人未经法定代理人代为诉讼的；

（四）违法剥夺当事人辩论权利的。

【条文主旨】

本条是关于民事诉讼法第一百七十七条第一款第四项规定的可以发回重审的“严重违反法定程序”事由的规定。

【条文理解】

2007年民事诉讼法第一百五十三条第四项规定：“原判决违反法定程序，可能影响案件正确判决的，裁定撤销原判决，发回原审人民法院重审。”2012年民事诉讼法第一百七十条第一款第四项对此修改为：“原判决遗漏当事人或者违法缺席判决等严重违反法定程序的，裁定撤销原判决，发回原审人民法院重审。”2017年、2021年民事诉讼法修改均未涉及该条款内容，2021年民事诉讼法将条文序号调整为第一百七十七条。实践中，哪些情形属于除“原判决遗漏当事人或者违法缺席判决”之外的“严重违反法定程序”的情形，需要作出明确规定。

对此，《92年意见》第181条规定了四种情形：（1）审理本案的审判人员、书记员应当回避未回避的；（2）未经开庭审理而作出判决的；（3）适用普通程序审理的案件当事人未经传票传唤而缺席判决的；（4）其他严重违反法定程序的。其中，第三种情形已经被2012年民事诉讼法第一百七十条第一款第四项所吸收，表述为“违法缺席判决的”，因此，司法解释中无须再次规定。与之相关的是2012年民事诉讼法第二百条，即2021年民事诉讼法第二百零七条关于当事人申请再审事由的规定，就违反法定程序情形，该条第七项、第八项、第九项、第十项规定，“（七）审判组织的组成不合法或者依法应当回避的审判人员没有回避的；（八）无诉讼行为能力人未经法定代理人代为诉讼或者应当参加诉讼的当事人，因不能归责于本人或者其诉讼代理人的事由，未参加诉讼的；（九）违反法律规定，剥夺当事人辩论权利的；（十）未经传票传唤，缺席判决的”。根据调研论证意见，本条参考了2012年民事诉讼法第二百条申请再审事由中第七项、第八项、第九项所规定的违反法定程序情形，并进行整合后作出上述规定。

此外，本条删除了《92年意见》第181条第4项“其他严重违反法定程序”情形的兜底性规定。因多数意见认为，该条是对民事诉讼法第一百七十七条第一款第四项的细化，是在“原判决遗漏当事人或者违法缺席判决等”情形基础上，再对“严重违反法定程序”情形进行细化规定，没有必要再加上兜底性条款。

【审判实践中应当注意的问题】

第一，本条规定与《92年意见》第181条规定的情形有所不同，尤其是删除了原来的兜底条款；第二，严格适用发回重审的条件，即只有符合法律规定的“原判决遗漏当事人或者违法缺席判决”两种情形以及本条规定的四种情形的前提下，才可以发回重审，以依法保护当事人的辩论权利和审级利益，防止无原则、无条件发回重审，浪费司法资源。

【条文】

第三百二十四条

对当事人在第一审程序中已经提出的诉讼请求，原审人民法院未作审理、判决的，第二审人民法院可以根据当事人自愿的原则进行调解；调解不成的，发回重审。

【条文主旨】

本条是关于二审法院对一审判决遗漏当事人诉讼请求如何处理的规定。

【条文理解】

本条是对民事诉讼法第一百七十七条的补充规定，所要解决的是二审法院发现当事人在一审中已经提出的诉讼请求，原审法院未作审理、判决，也就是发现了通常所说的漏判应当如何处理的问题。出现漏判，本应发回重审，否则就可能使这一诉讼请求指向的当事人丧失对该项判决内容的上诉权，这对当事人来说是不公平的。但如果当事人同意调解，则表明当事人自愿放弃自己的一部分诉讼权利，这种处分自己诉权的权利是法律赋予的，应当得到充分的保护和尊重。在这种情况下，二审法院应本着自愿、合法的原则进行调解，调解不成，应将案件发回原审法院重审。

【审判实践中应当注意的问题】

第一，只有对当事人在一审中已经提出而原审法院未作处理的诉讼请求，才适用本条规定的处理方式，当事人在二审期间增加的诉讼请求不属于这一范畴；第二，这里的自愿是指双方当事人同意就原审中漏判的诉讼请求进行调解，而调解协议的达成，不仅要双方当事人自愿，还应合法。

【条文】

第三百二十五条

必须参加诉讼的当事人或者有独立请求权的第三人，在第一审程序中未参加诉讼，第二审人民法院可以根据当事人自愿的原则予以调解；调解不成的，发回重审。

【条文主旨】

本条是关于二审法院对于一审程序中遗漏当事人及有独立请求权的第三人如何处理的规定。

【条文理解】

本条是对民事诉讼法第一百七十七条的补充规定，解决的是第二审程序中经常遇到的另一个问题，即发现一审遗漏了必须参加诉讼的当事人或者有独立请求权的第三人，二审应当如何处理。必须参加诉讼的当事人应当理解为必要共同诉讼中的共同诉讼人；有独立请求权的第三人相对于无独立请求权的第三人，是指对原告、被告之间争议的诉讼标的有独立的请求权，参加到原告、被告已经开始的诉讼中进行诉讼的人。由于案件的处理涉及有独立请求权的第三人的利益，民事诉讼法赋予其当事人的诉讼地位，如第五十九条规定，对当事人双方的诉讼标的，第三人认为有独立请求权的，有权提起诉讼；人民法院判决承担民事责任的第三人，有当事人的诉讼权利义务；等等。审判实践中，对有独立请求权的当事人的诉讼地位、诉讼权利等问题亦无太多争议。鉴于此，本条在遗漏必须参加诉讼的当事人之外增加了“有独立请求权的第三人”的规定，使法条涵盖的主体更为全面。

【审判实践中应当注意的问题】

第一，无论当事人还是人民法院在二审期间发现了这一问题，都应当按照本条规定处理；第二，调解必须根据当事人的自愿，当事人不仅指原审中的原告、被告和被判决承担民事责任的第三人，还包括应当追加的当事人，调解情况应当制作笔录入卷；第三，发回原审法院重审的裁定书不列追加的当事人，但裁定书应当写明发回重审的理由。

【条文】

第三百二十六条

在第二审程序中，原审原告增加独立的诉讼请求或者原审被告提出反诉的，第二审人民法院可以根据当事人自愿的原则就新增加的诉讼请求或者反诉进行调解；调解不成的，告知当事人另行起诉。

双方当事人同意由第二审人民法院一并审理的，第二审人民法院可以一并裁判。

【条文主旨】

本条是关于二审程序中当事人增加诉讼请求或提出反诉如何处理的规定。

【条文理解】

对于当事人在上诉过程中增加诉讼请求或者提起反诉，学理上称为“上诉变化”。[①] 对于“上诉变化”，民事诉讼法没有作出明确规定。《92 年意见》第 184 条规定尽管没有明确当事人在第二审程序中不得追加、变更诉讼请求或者提起反诉，但由于规定对二审程序中原告增加的独立的诉讼请求或者被告提起的反诉，二审法院不能判决，事实上是对上诉变化的禁止。如此规定主要是出于对两审终审制以及当事人审级利益的维护，应当说是有积极意义的。但是，这一规定过于绝对化。有学者认为，上述规定是对当事人处分权和程序选择权的侵犯，不利于程序安定和纠纷的彻底解决。[②] 该条文的修改则是吸收了上述观点以及实务中的建议，提供了“上诉变化”可以在二审程序中进行调解、调解不成另行起诉之外的第三种解决方式，即在当事人均同意由二审法院一并审理的情况下，二审法院可以就原审原告新增加的诉讼请求以及原审被告提起的反诉一并进行审理和裁判。如此规定，不仅体现了对当事人处分权和程序选择权的尊重，还有利于及时解决纠纷，提高诉讼

① 毕玉谦、谭秋桂、杨路：《民事诉讼研究及立法论证》，人民法院出版社 2006 年版，第 965 页。
② 毕玉谦、谭秋桂、杨路：《民事诉讼研究及立法论证》，人民法院出版社 2006 年版，第 967 页。

效率，节省司法资源，实现程序安定。

【审判实践中应当注意的问题】

第一，二审法院进行调解必须根据当事人的自愿，并将调解的相关情况制作笔录入卷；第二，对当事人在二审中新提出的诉讼请求进行一并审理是基于当事人放弃上诉权和审级利益这一前提，因此必须在征得各方当事人明确同意的情况下，才可依本条规定处理。

【条文】

第三百二十七条

一审判决不准离婚的案件，上诉后，第二审人民法院认为应当判决离婚的，可以根据当事人自愿的原则，与子女抚养、财产问题一并调解；调解不成的，发回重审。

双方当事人同意由第二审人民法院一并审理的，第二审人民法院可以一并裁判。

【条文主旨】

本条是关于不准离婚案件上诉如何处理的规定。

【条文理解】

依照民事诉讼法第一百七十七条第一款第二项、第三项规定的精神，一审判决不准离婚的案件，如果二审法院认为应当判决离婚，本可依法改判，但婚姻案件一般都和子女抚养、财产分割问题合并审理，由于一审判决不准离婚，判决自然不涉及子女抚养和财产分割问题，如果二审法院在改判离婚的同时，将子女抚养和财产分割问题一并判决，就无形中剥夺了当事人对子女抚养、财产分割问题的上诉权。因此，该类案件有着与其他案件不同的处理原则。本条与《92 年意见》第 185 条规定相比较，增加了“双方当事人同意由第二审人民法院一并审理的，第二审人民法院可以一并裁判”之内容作为第二款，与前一条文的修改原因相同，即调研中理论及实务界均反映，《92 年意见》第 185 条的规定过于绝对，不利于纠纷的化解和诉讼经济；如果双方当事人均提出或者经二审法院释明均同意由二审法院予以审理的，二审法院可以一并进行审理，而不必发回重审。

【条文】

第三百二十八条

人民法院依照第二审程序审理案件，认为依法不应由人民法院受理的，可以由第二审人民法院直接裁定撤销原裁判，驳回起诉。

【条文主旨】

本条是关于一审受理错误，二审如何处理的规定。

【条文理解】

根据本条规定，出现一审法院受理错误的情形，二审法院应当直接裁定驳回起诉，不必撤销一审裁判，发回重审。这样规定的优点如下：一是强化上级人民法院对下级人民法院的监督，二审法院发现一审法院受理错误，可以直接改判。如果规定只能由一审法院驳回起诉，一审法院接到重审裁定后坚持原意见，则二审法院因为没有直接驳回起诉的权利，将导致上级法院的监督权形同虚设。二是符合民事诉讼"两便"原则，二审法院发现案件不属于人民法院受理范围，可以尽快作出相应结论，使当事人尽早采用其他方式保护自己的权利，减少当事人的诉累，避免司法资源的浪费。

《92 年意见》相关条文的表述是"原判"，司法实践中，人民法院对裁定的处理都是参考对判决处理的条文进行处理。在讨论的过程中，有意见认为，由于民事诉讼法规定了可以上诉的裁定（例如关于管辖权异议的裁定），应当明确对裁定的处理，使人民法院在处理原判决、裁定时都能有法可依，2015 年《民事诉讼法解释》将原条款中"原判"修改为"原裁判"，涵盖了判决和裁定，内容更加完整和准确。本条沿用了 2015 年《民事诉讼法解释》的规定。

【审判实践中应当注意的问题】

二审法院作出的不予受理裁定是生效裁定，如出现错误，只能通过审判监督程序纠正。为避免影响当事人的诉讼权利，应当严格依据民事诉讼法第一百二十七条的规定，慎重作出认定。

本条的表述是"依照第二审程序审理案件"，而不仅仅是"审理二审案件"，因此，依照审判监督程序提审或者再审时依照二审程序审理的案件，也应当适用本条。

【条文】

第三百二十九条

人民法院依照第二审程序审理案件，认为第一审人民法院受理案件违反专属管辖规定的，应当裁定撤销原裁判并移送有管辖权的人民法院。

【条文主旨】

本条是关于二审法院发现一审法院违反专属管辖情形如何处理的规定。

【条文理解】

应诉管辖，一般是指原告向无管辖权的法院起诉，被告没有抗辩受理诉讼的法院无管辖权而应诉答辩的，则该法院视为有管辖权的法院。民事诉讼法第一百三十条第二款规定："当事人未提出管辖异议，并应诉答辩的，视为受诉人民法院有管辖权，但违反级别管辖和专属管辖规定的除外。"该条款的主要内容来自2007年民事诉讼法第二百四十三条关于涉外案件应诉管辖的规定，2015年《民事诉讼法解释》将原来仅针对涉外案件的应诉管辖制度扩展到第一审普通程序。从有关专家的说明看，作出这样的规定"主要是为了减少当事人诉累，为法院管辖赋予正当的法律依据，节省司法资源，体现公正与效率"①。但我国民事诉讼法中关于立案审查以及移送管辖的相关规定具体、明确，故目前应诉管辖的适用还存在一些限制。民事诉讼法第三十七条规定："人民法院发现受理的案件不属于本院管辖的，应当移送有管辖权的人民法院，受移送的人民法院应当受理。受移送的人民法院认为受移送的案件依照规定不属于本院管辖的，应当报请上级人民法院指定管辖，不得再自行移送。"第一百二十二条规定："起诉必须符合下列条件：……（四）属于人民法院受理民事诉讼的范围和受诉人民法院管辖。"根据前述规定，一方面，人民法院是否具有管辖权，在法院依职权调查的权限范围之内，无须当事人申请，法院应当主动进行调查，错误受理的，人民法院应当在发现受理的案件不属于本院管辖时，移送有管辖权的人民法院；另一方面，原告起诉和人民法院受理案件的条件之一是起诉的案件应当属于受诉法院管辖，对于原告的起诉，法院审查发现没有管辖权的，应告知原告不予受理，如果原告坚持起诉，法院应当以不符合起诉条件而裁定不予受理。因

① 全国人大常委会法制工作委员会民法室编著：《〈中华人民共和国民事诉讼法〉释解与适用》，人民法院出版社2012年版，第210页。

此，在目前民事诉讼起诉与受理制度框架下，应诉管辖的实际适用范围相对较小。需要说明的是，党的十八届四中全会通过的《中共中央关于全面推进依法治国若干重大问题的决定》提出，要“改革法院案件受理制度，变立案审查制为立案登记制，对人民法院依法应该受理的案件，做到有案必立、有诉必理，保障当事人诉权”。民事起诉制度由“立案审查”转为“立案登记制”，将会使应诉管辖制度发挥更大的作用。

民事诉讼法第一百三十条还特别规定应诉管辖不得违反级别管辖和专属管辖，说明专属管辖、级别管辖是排斥应诉管辖的，但这种排斥对于二审程序而言，在法律层面没有相应的条款，二审法院发现一审法院违反专属管辖、级别管辖的规定如何处理，法律没有直接规定。本条规定了二审法院发现一审法院违反专属管辖的处理。

专属管辖，一般指法律规定某些类型的案件只能由特定的法院管辖，其他法院无管辖权，当事人也不得以协议改变法律确定的管辖。一般认为，专属管辖具有排他效力和排除效力。排他效力是指当法律规定某类案件专属于某一或者某些法院管辖，唯有法律规定的法院才有权受理和裁判这类案件，其他法院均无权管辖这类案件，当事人不得向其他法院提起诉讼，其他法院也不得以任何理由来受理这类案件。排他性是相对于法院而言的。排除效力是指排除当事人以协议选择管辖法院的权利。由于专属管辖的案件只能专属于法律规定的法院管辖，故不允许当事人以协议的方式改变专属管辖。排除效力是相对于当事人而言的。需要说明的是，当事人通过协议的方式在两个有专属管辖权的法院中选择管辖法院，不违反专属管辖的排除效力。从理论分析，各国设立专属管辖制度的主要原因有：（1）案件标的利益的特殊性。某些类型的案件涉及国家利益，或者国家为了确保某些利益不轻易被外国人攫取，需要最大限度地利用本国法院审理的优势。（2）案件所涉领域的专业性。有些案件涉及一定的专业领域，交由普通法院、法官审理难度较大，将同类案件归属于有专业能力的法院管辖既便于审理，又能够提高诉讼效率，节约审判资源。（3）案件标的自身的特殊性。有些案件标的具有特殊性，这类案件由特定法院审理，便于收集证据查清事实和执行，从而节省诉讼公共成本和当事人诉讼私人成本，提高诉讼效率。

应诉管辖允许当事人通过实际应诉行为使原本不具有管辖权的法院获得管辖权，具有较大的灵活性。而专属管辖的内容由民事诉讼法直接规定，严格限制当事人的自由选择权，具有确定性和不可变更性，特定的案件必须由民事诉讼法规定的特定法院审理，体现了国家的某种意志导向。从德国、日本等国的立法情况看，都强调应诉管辖不得违反专属管辖的规定。从相关专家的说明看，在修订民事诉讼法关于应诉管辖的条文时，就已经注意到“……从上述国家的规定情况来看，应诉管辖的适用范围并未区分涉外案件与国内案件，在可选择法院的范围限制上，除去不违反专属管辖的规定外，并无特殊要求”[①] 这个问题。因此，从诉讼理论并结合各国的立法实践来分析，专属管辖是绝对排斥应诉管辖的。因此，在二审程序中，明确规定一审法院违反专属管辖的后果即二审法院撤销一审判决并直接移送有管辖权的法院是符合应诉管辖、专属管辖原理的。

本条没有规定违反级别管辖的处理，但不意味着司法解释变更了民事诉讼法关于级别管辖排斥应诉管辖的规定。在征求意见稿中曾草拟过二审法院发现一审法院违反级别管辖的类似规定，但在讨论过程中，有意见认为，现阶段在二审程序中，参照专属管辖的规定，规定审查后发现违反级别管辖的即撤销一审判决并移送管辖的条件尚不成熟，理由如下：（1）无论由哪一个、哪一级人民法院受理和审理案件，在理论上都是代表国家司法机关公正行使司法裁判权，因此，管辖上的一般错误甚至级别管辖错误，对实质上公正行使审判权的直接影响是否已经大到需要撤销一审判决，还存在较大争议。（2）民事诉讼法对级别管辖的标准是结合案件性质、繁简程度、影响范围三方面确定，尽管从理论上讲是合理、周密的，但是作为实际工作的标准而言却过于原则、笼统。《92 年意见》第 3 条[②]曾规定，各高级人民法院可根据案情繁简、诉讼标的金额大小、在当地的影响等方面因素综合确定当地标准，但司法实践中，诉讼标的金额大小往往成为最主要的判断依据，且由于各个地区经济发展水平标准不一、观念存在差异等原因，各地标准差别较大。此外，对标的额的计算方法亦有不同理解，因而存在多种不确定因素。上述情形说明，级别管辖相对于专属管辖而言，具有一定的弹性。（3）根据《最高人民法院关于案件级别管辖规定几个问题的批复》的规定，当事人在诉讼中增加诉讼标的额，致使诉讼标的额超过受诉法院级别管辖权限的，一般不再变动，但是当事人故意规避级别管辖的除外。从这一规定所体现的管辖恒定原理分析，如果当事人没有故意规避级别管辖的故意，也没有提出管辖权异议，二审法院不宜因级别管辖问题发回重审。经过反复讨论，尽管我

① 全国人大常委会法制工作委员会民法室编著：《〈中华人民共和国民事诉讼法〉释解与适用》，人民法院出版社 2012 年版，第 210 页。

② 该规定已经被《最高人民法院关于调整高级人民法院和中级人民法院管辖第一审民商事案件标准的通知》废止。但从前述通知的内容看，诉讼标的的金额大小依然是判断的重要标准。

国民事诉讼法规定的级别管辖对应诉管辖的排斥毋庸置疑，但进入二审程序后，对于违反级别管辖的案件是否需要撤销一审判决，尚存在争议。因此，在本解释起草过程中，对于二审法院发现一审法院违反级别管辖的情形不作规定形成共识，最终删去了关于违反级别管辖相关规定的条文。

【审判实践中应当注意的问题】

本条的表述是“依照第二审程序审理案件”，而不仅仅是“审理二审案件”，因此，依照审判监督程序提审或者再审时依照二审程序审理的案件，也应当适用此条。尽管2012年民事诉讼法删去了2007年民事诉讼法中“违反法律规定，管辖错误”这一再审申请事由，但考虑到专属管辖的特殊性，二审法院依照审判监督程序提审或者再审时，依照二审程序审理案件，发现一审法院违反专属管辖的，也应当撤销原判，移送有管辖权的法院。

从本条的文义分析，移送的主体是二审法院。二审法院裁定撤销原裁判后，应当直接移送有管辖权的法院，无须发回一审法院并由一审法院移送。

【条文】

第三百三十条

第二审人民法院查明第一审人民法院作出的不予受理裁定有错误的，应当在撤销原裁定的同时，指令第一审人民法院立案受理；查明第一审人民法院作出的驳回起诉裁定有错误的，应当在撤销原裁定的同时，指令第一审人民法院审理。

【条文主旨】

本条是关于对不予受理和驳回起诉裁定提起上诉处理的规定。

【条文理解】

适用本条的前提是不予受理、驳回起诉裁定确有错误。

本条规定在二审法院撤销原裁定时，对一审法院如何进一步处理作了明确规定，避免出现推诿和拖延。查明不予受理裁定有错误的，由于该案尚未立案受理，故应当立案受理；查明驳回起诉裁定有错误的，由于该案已经受理，故应当进行审理。

【审判实践中应当注意的问题】

衡量一审法院裁定是否确有错误，应当严格以民事诉讼法第一百二十二条、第一百三十条的规定为依据。

二审法院在处理具体案件时，应当理解本条依据的诉讼法原理，区分原裁定的内容，作出准确处理。

【条文】

第三百三十一条

第二审人民法院对下列上诉案件，依照民事诉讼法第一百七十六条规定可以不开庭审理：

（一）不服不予受理、管辖权异议和驳回起诉裁定的；

（二）当事人提出的上诉请求明显不能成立的；

（三）原判决、裁定认定事实清楚，但适用法律错误的；

（四）原判决严重违反法定程序，需要发回重审的。

【条文主旨】

本条是关于民事诉讼法第一百七十六条规定的可以不开庭审理情形的规定。

【条文理解】

不开庭审理案件四种情形的共同点是：二审审理所依据的事实清楚，没有出现新的事实、证据或者理由，不需要通过开庭审理查证；同时，人民法院不开庭审理案件，不妨碍和影响当事人依法行使诉权。因此，合议庭不能在没有进行必要的调查和询问工作之前就决定不开庭审理，更不能在事实不清的情况下作出裁判。

【审判实践中应当注意的问题】

二审法院审理上诉案件，应当组成合议庭进行审理，即使决定不开庭审理，合议庭也应通过阅卷、调查和询问当事人，将案件事实调查清楚之后作出的决定。

开庭审理是上诉案件审理的基本方式，对当事人而言能直观地体现言词原则、辩论原则，有利于增强当事人对裁判结果的信服感。因此，二审法院不得自行扩大不开庭审理的适用范围，应当严格把握不开庭审理的情形，根据民事诉讼法第一百七十六条的规定，决定不开庭审理的，须以当事人没有提出新的事实、证据或者理由为前提。

【条文】

第三百三十二条

原判决、裁定认定事实或者适用法律虽有瑕疵，但裁判结果正确的，第二审人民法院可以在判决、裁定中纠正瑕疵后，依照民事诉讼法第一百七十七条第一款第一项规定予以维持。

【条文主旨】

本条是关于原判决、裁定认定事实或者适用法律有瑕疵，但裁判结果正确的情形下，如何适用法律的规定。

【条文理解】

对于当事人不服一审判决上诉后，二审法院的处理方式，民事诉讼法第一百七十七条规定了维持原判决、裁定，改判、撤销或者变更，发回重审三种情形。在司法实践中，下述三种情形是否应该维持原判，是否可以引用民事诉讼法第一百七十七条第一款第一项的规定，一直是一个难题。这三种情形是：（1）原判决结果正确，但认定事实存在瑕疵；（2）原判决结果正确，但判决理由不恰当；（3）原判决结果正确但认定事实与适用法律均有瑕疵。

上述情形如何处理，司法实践中有不同的做法，我们就该问题进行了调研，从调研、讨论情况来看，大多数情况下，二审法院采取纠正一审判决瑕疵并适用民事诉讼法第一百七十七条第一款第一项的规定维持原判的方式。由于民事诉讼法第一百七十七条的规定较为原则，在没有司法解释明确规定的情形下，尽管实践中此种情形已经大量存在，但当事人甚至普通公众往往会认为这是突破法律规定的"变通办法"或者是"土办法"，而产生疑虑。例如，某地法院一份二审判决在网络公开后，因判决中有"……的上诉理由不能成立，本院不予支持。原审判决认定事实不清，适用法律错误，但处理结果正确，予以维持"的表述，二审系援引民事诉讼法第一百七十七条第一款第一项的规定维持原判，曾引起不同的理解和争议。

反对观点认为该案应当发回重审或者改判。有观点认为，该判决结果明显违反法律规定。因为如果援引民事诉讼法第一百七十七条第一款第一项的规定，前提必须是原判决、裁定认定事实清楚，适用法律正确的，这是法律的明确规定，不宜作扩张解释。有观点认为，二审法院认定一审判决认定事实不清，适用法律错误，意味着整个法律推理的大小前提都发生变化，即使判决结果在实现具体权利义务过程中类似（而不是相同），也属于改判而不是维持。还有观点认为，不改变处理结果并不等于维持原判。判决作为司法行为，由认定事实、适用法律、裁判结论构成，且不同部分有不同效力。一审法院认定基本事实不清、法律适用错误，二审法院应撤销原判，查清事实后改判或者发回重审。还有观点认为，二审法院得出维持结论，但理由却是上诉人的上诉理由均不能成立以及原审判决认定事实不清，适用法律错误，是毫无逻辑的“负负得正”。

折中观点认为可以不发回或者改判。有观点认为，考虑到民事诉讼法第一百七十七条第一款第一项的规定相对明确，在认定事实不清、适用法律错误的情形下直接适用有难度，基于“限制发回重审”的理念，可以从民事诉讼法第一百七十七条第一款第二项所规定的“变更”判决入手，变更一审判决查明事实和所适用的法律，最终判决“驳回上诉，维持一审判决结果”，并援引第一百七十七条第一款第二项的规定。

支持方认为判决并无错误。有观点认为，二审判决在阐述理由部分，已经纠正了一审判决事实认定不清和适用法律不当之处，维持的是一审的判项主文即实体处理结果，事实认定和法律适用不同，不必然导致实体处理结果不同，殊途同归的情形也是存在的。例如美国法院判决的协同意见，说理不同甚至相反，但是结论是一致的。有观点认为，维持的是判决结果，因为结果并无错误，撤销和变更都不妥当。一个判决中，涉及众多繁杂的事实，如果某个细节认定不当，是否需要撤销、改判？事实上，民事诉讼法中“认定基本事实不清”“认定事实错误”所隐含的原意就是导致或者将导致影响案件正确处理的。事实认定瑕疵，判决处理结果正确的，应当维持。

经过长时间调研和反复讨论，对于前述情形，我们认为，二审法院可以在判决、裁定中纠正一审判决瑕疵后，依照民事诉讼法第一百七十七条第一款第一项规定予以维持，理由如下。

首先，在审判实践中，二审案件的处理结果中维持原判的比例历来是最高的。对于本条规定的特殊情形，从调研情况看，审判实践中，按照纠正瑕疵后依据民事诉讼法第一百七十七条第一款第一项的规定予以维持的做法，比例也是最高的。在前后两份判决的结果都正确的情形下，发回重审后，重新作出的判决结果并无变化，而延长诉讼时间、增加诉讼成本所获取的只是一审法院对判决瑕疵的纠正，而这种纠正由二审法院作出，并不影响当事人的诉讼权利。

其次，从理论上分析，司法裁判与一般的科学推理不同，其中不但包括作为客观规律的逻辑推理方法，还包括作为人类社会伦理基础的价值判断，这就进一步加大了从不同途径达到同一结果的可能。[①] 因此，一个正确的判决理由可以导致正确的结果，但是存在瑕疵的判决理由并不一定导致错误的结果。[②] 从理论分析，认定事实、适用法律存在瑕疵而判决结果正确并不必然矛盾。

再次，尽管理论界和司法实践中对维持原判是维持判决主文还是维持整个判决内容有不同的理解，但我们认为，维持原判应是对整个判决主文即判决结果的维持。判决主文是判决结果，裁判文书所具有的强制力、确定力和约束力，集中体现在裁判结果部分。认定事实、适用法律以及阐述理由都属于裁判理由，裁判理由和裁判结果的作用并不相同。对于司法实践中大量存在的维持一审判决的二审案件而言，并不要求二审判决的理由阐述完全与一审相同，二审判决所维持的“原判”，实际是判决结果。此外，一审判决事实认定和适用法律有瑕疵，既不影响一审法院作出正确的判决，也未影响二审法院纠正瑕疵并作出正确判决，说明该部分事实和适用法律的瑕疵仅仅是削弱了判决结果正当性的基础，而不能推翻判决结果的正当性，故二审法院认为一审判决结果正确，对事实和理由阐述部分的瑕疵予以纠正，依据民事诉讼法第一百七十七条第一款第一项的规定维持原判，不违反法律的规定。

最后，在审判监督程序中，对于判决结果正确，但认定事实、适用法律、阐述理由方面有瑕疵的案件，也适用维持判决。《审判监督程序解释》第二十六条规定：“人民法院经再审审理认为，原判决、裁定认定事实清楚、适用法律正确的，应予维持；原判决、裁定在认定事实、适用法律、阐述理由方面虽有瑕疵，但裁判结果正确的，人民法院应在再审判决、裁定中纠正上述瑕疵后予以维持。”该条第二种情形与本条规定的情形极为类似，该情形下再审维持判决在纠正瑕疵后，需要同时引用该司法解释和民事诉讼法第一百七十七条第一款第一项的规定。[③] 从该司法解释的规定以及实际运行情况看，已有司法解释对维持“原判”的实际含义是维持“原判决结果”这一观点进行了阐述，该观点也得到了广泛的理解和赞同。

---

① 江必新主编：《最高人民法院适用民事诉讼法审判监督程序司法解释理解与适用》，人民法院出版社 2008 年版，第 293 页。

② 江必新主编：《最高人民法院适用民事诉讼法审判监督程序司法解释理解与适用》，人民法院出版社 2008 年版，第 293 页。

③ 江必新主编：《最高人民法院适用民事诉讼法审判监督程序司法解释理解与适用》，人民法院出版社 2008 年版，第 295 页。注：引用文字因条文变化作了相应修改。

【审判实践中应当注意的问题】

本条中的“瑕疵”是指较小的错误、缺陷，但这种错误、缺陷不属于文字性缺陷，无法通过裁定补正的办法予以纠正。同时，存在瑕疵的部分仅限于认定事实、适用法律以及阐述理由部分，即裁判三段论中的大、小前提部分。裁判结果有错误的，无论错误大小，都不能适用本条的规定。

尽管二审法院对于一审法院存在瑕疵的判决、裁定，可以适用民事诉讼法第一百七十七条第一款第一项的规定维持原判，但由于生效裁判文书确认的事实是无须证明的事实，为了避免影响当事人、案外人在其他案件中的权利，二审法院对于发现的瑕疵和缺陷，必须在二审判决、裁定阐述理由部分予以纠正，不能置之不理。

【条文】

第三百三十三条

民事诉讼法第一百七十七条第一款第三项规定的基本事实，是指用以确定当事人主体资格、案件性质、民事权利义务等对原判决、裁定的结果有实质性影响的事实。

【条文主旨】

本条是关于民事诉讼法第一百七十七条第一款第三项规定的“基本事实”的规定。

【条文理解】

规定本条的主要目的是进一步规范发回重审的标准。尽管民事诉讼法修改时确定了认定事实错误的，应当依法改判、撤销或者变更，不能再发回重审，但司法实践中，二审法院通过任意解释“基本事实”概念的方式，滥用发回重审这一处理方式的现象仍然存在，特别是在调研过程中，一些地方法院反映，“认定基本事实不清”某种情形下演变成了二审法院的“挡箭牌”。由于进入二审程序的一些案件关系复杂，矛盾尖锐，处理起来比较棘手或受外界干扰较多，甚至可能存在案件当事人诉讼纠缠、威胁恐吓等情形，迫于这些案外因素的压力，一些地方的二审法院往往以认定基本事实不清为由，借机将案件发回一审法院重审，以此推卸责任、转嫁矛盾。如果二审法院审理上诉案件，对于关系相对简单、矛盾相对缓和的案件就改判，对于关系复杂、矛盾尖锐的案件就裁定发回重审，不但降低了人民法院的威信，也浪费了有限的司法资源。例如，有的基层法院提出，在绝大多数的案件都集中在基层法院且收案数呈逐年递增的形势下，对于发回重审的案件一审法院要另行组成合议庭进行审理。因此，不适当地发回重审对司法资源浪费较大，应当限制以“基本事实不清”为借口错误发回重审的情形。这样，基层法院的法官在六个月内办理简易案件，能多办不少案件。此外，还有地方人民法院反映，“发回重审案件数量”这一数据，是人民法院审判管理考核时的主要指标之一，发回重审案件数量过多，对其考核评价有较大负面效果。还有学者意见认为，不适当地发回重审，人为地延长了诉讼时间，增加了诉讼成本（包括诉讼公共成本和诉讼私人成本）。基于以上因素，在本条的讨论过程中，对“基本事实”的认定应当从严掌握基本形成共识。

民事诉讼中的事实认定，是指人民法院通过确定的证据按照法定规则推导出案件法律事实的过程。在“事实认定”过程中所认定的事实并不是普通事实，而是对案件裁判有法律意义的事实，同时，基本事实的认定又是案件事实认定的核心，并不是所有事实都是民事诉讼法第一百七十七条第一款第三项规定的“基本事实”。本条从民事诉讼法律关系以及民事法律关系的要素出发，将用以确定当事人主体资格、案件性质、民事权利义务等对原判决、裁定的结果有实质性影响的事实认定为案件的“基本事实”。

理论上，基本事实又称为主要事实，是指对于权利发生、变更或消灭法律效果有直接作用的事实。因为其能够直接导致一定法律效果的产生，故一般又称之为直接事实。从内容分析，基本事实是用以确定当事人主体资格、案件性质、民事权利义务等主要内容所依据的事实。①

关于涉及当事人主体资格的事实。当事人主体资格是指当事人作为民事诉讼的重要主体在诉讼程序中享有诉讼权利和承担诉讼义务，并有权行使诉讼程序发生、变更或消灭等诉讼行为的可能性。如果参与民事诉讼的一方没有当事人主体资格，则整个诉讼活动将无法进行、不能顺利进行或没有必要进行。因此，如果确定当事人主体资格的事实缺乏证据证明，则整个民事诉讼活动就没有向前推进的必要。

关于涉及案件性质的事实。案件性质主要是指民事法律关系的性质，是指如何给以民事权利和民事义务为内容的某一法律关系定性。如何给某一具体的民事法律关系定性，是人民法院处理民事案件的关键问题。不给案件定

① 江必新主编：《最高人民法院适用民事诉讼法审判监督程序司法解释理解与适用》，人民法院出版社2008年版，第90~91页。

性或者不能准确地给案件定性，就无法确定适用某一具体法律、怎样适用法律。民事法律关系的性质不同，则适用的具体法律不同，当事人民事权益实现的效果也不同。因此，确定民事法律关系性质的事实缺乏证据证明的话，人民法院就难以准确地作出裁判。

关于涉及民事权利义务的事实。民事权利和民事义务是对立统一的关系，二者构成民事法律关系的内容。所谓民事权利，是民法规范赋予当事人实现其利益的可能性，或者说是法律所保护的民事利益。所谓民事义务，是民事法律关系的一方当事人为满足对方当事人利益的必要性，或者说是义务主体为满足权利主体的利益，应当为一定行为或不为一定行为的拘束力。如果具体民事权利义务不确定，则民事法律关系的内容就不确定。因此，确定民事法律关系内容的事实缺乏证据证明的话，作出裁判时就无法确定各方的权利义务，也就无法清晰地认定各方应当承担的法律后果。

基本事实是对原判决、裁定的结果有实质性影响的事实。从因果关系上分析，基本事实是原因，查清了该事实才能使原判决、裁定的结果正确，缺乏该事实的认定将影响原判决、裁定结果的公正性，因此，该事实与裁判结果存在直接因果关系，有明显的实质性影响。从逻辑关系上看，该事实是裁判结果正确与否的充分条件，如果该事实缺乏证据证明，则裁判将可能得出错误结论。

理解本条，应当结合民事诉讼法第一百七十七条的规定。尽管民事诉讼法没有直接规定二审法院在一审法院未查清不属于基本事实的一般事实的情况下如何处理，但举重以明轻，二审法院不能以此为由发回重审，而应当直接查清事实。一般事实是除了基本事实以外的其他事实，一般包括间接事实、辅助性事实和背景事实。间接事实又称为次要事实，是指对当事人之间民事法律关系的性质、各自的权利义务和民事责任等主要内容存在与否起到推定作用的事实，是借助经验规则、理论原理能够推定主要事实真伪或存在与否的事实。间接事实对案件性质以及当事人权利义务和责任不起决定作用。辅助性事实是指用来推定证据的可靠性或者证明力的事实，例如，证人与当事人的关系等。背景事实是指案件纠纷发生的原因、经过、当事人动机等背景情况的事实。上述事实往往可以作为认定基本事实的参考和辅助，但对判决、裁定的结果没有实质性影响，因此，二审法院不能以一般性事实未查清为由发回重审，只有在基本事实不清的情况下，才能在“发回重审”和“查清事实后改判”之间作出选择。

【审判实践中应当注意的问题】

对于一审法院认定基本事实不清的，二审法院应当“查清事实后改判”还是“发回重审”的问题，是长期困扰司法实践的难题。从诉讼经济的原则看来，如果二审法院能查清的，则宜依法直接改判。因为二审法院在审理上诉案件后直接行使审判权调整一审裁判内容，其所花费的成本相对而言要比发回重审的成本要低，符合诉讼经济的原则，有助于提高诉讼效率。正是因为依法改判相对于发回重审有较多优势，目前在大陆法系国家和地区出现了由“发回重审”向“依法改判”转变的趋势。在这种转变的过程中，许多国家和地区通过立法规定，除非有特殊情形，二审法院对一审法院的判决，在审核后通常以“维持原判”和“依法改判”两种方式加以处理，尽量限制“发回重审”的适用率。特别是针对适用法律错误的裁判上，更是如此。如德国、意大利等国家都采取措施，强化了二审法院在通常情况下自行改判的责任，以减少发回重审导致诉讼成本的增加。如果二审法院难以“查清事实”或者“查清事实”的诉讼成本较大的，才可以将案件发回原审法院重审。因为按照诉讼法法理和人对客观事物的认识原理，离案件发生的事实时点越近，其查证的准确度就会越高。按此原理，二审法院对案件事实的调查比一审法院的调查更加远离事实发生的时点，故二审法院重新认定事实的结果未必较一审法院所认定查证的事实更加正确可靠，所以对于一些基于基本事实方面的原因而提出上诉的，如果由一审法院调查核实该证据或者事实更有效率和经济等情形，才应当将案件发回重审，否则二审法院应在自行查清事实的基础上进行改判。

本条于“基本事实”的解释，还涉及对民事诉讼法其他条文的理解，例如，民事诉讼法第二百零七条规定：“当事人的申请符合下列情形之一的，人民法院应当再审：……（二）原判决、裁定认定的基本事实缺乏证据证明的”，但本条解释与《审判监督程序解释》的规定有所不同，应当加以注意。

【条文】

第三百三十四条

在第二审程序中，作为当事人的法人或者其他组织分立的，人民法院可以直接将分立后的法人或者其他组织列为共同诉讼人；合并的，将合并后的法人或者其他组织列为当事人。

【条文主旨】

本条是关于二审程序中当事人分立、合并处理的规定。

【条文理解】

在二审程序中，作为当事人的法人或其他组织可能出现分立或合并，在此情形下，人民法院应根据不同情况分别处理。所谓法人或其他组织的分立，是指一个法人或其他组织分为两个或两个以上的法人或其他组织，分立又可分为新设分立和派生分立两种方式。新设分立是指原法人或其他组织分立为两个或者两个以上新的法人或其他组织，原法人或其他组织不复存在。派生分立则是指原法人或其他组织存续，但从中分立出来一个新的法人或其他组织。总之，分立后原法人或其他组织消灭或变更，新法人或其他组织设立。

所谓法人或其他组织的合并，是指原存的两个或两个以上的法人或其他组织合并为一个法人或一个其他组织，合并又可分为吸收合并和新设合并。吸收合并是指一个法人或其他组织合并到另一个现存的法人或其他组织中去，参加合并的两者之一消亡，另一继续存在并吸收已消灭的法人或其他组织。实践中，企业法人兼并或者事业单位法人合并多属此种形式，其特殊形式为一个法人分成若干部分并入其他法人之中，吸收已消灭的法人的，并不限于一个而系多个法人。新设合并是指两个以上的法人或其他组织合并为一个新法人或其他组织，原法人或其他组织即告消灭。

法人或其他组织的分立或合并并不影响其权利义务的继受，依据我国民法典第六十七条之规定，法人合并的，其权利和义务由合并后的法人享有和承担。法人分立的，其权利和义务由分立后的法人享有连带债权，承担连带债务，但是债权人和债务人另有约定的除外。因法人或其他组织的合并系由两个或两个以上主体合并为一个，且合并前的权利义务均由合并后的主体概括承受，故应将合并后的法人或其他组织列为当事人。而法人或其他组织的分立系由一个主体分立为两个或两个以上的主体，且该多个主体因共同承担分立前的权利义务，其诉讼标的具有同一性，故人民法院可直接将其列为共同诉讼人。

需要注意的是，在分立之情形下，依据公司法第一百七十六条、民法典第六十七条之规定，原则上分立后的债务人对原债权债务承担连带责任，但债权人和债务人达成协议的除外。即法人或其他组织分立后的主体虽原则上承受权利义务，但不排除可能出现的约定除外情形，从而影响其实体权利义务的承担。

2015 年《民事诉讼法解释》制定时，沿用《92 年意见》第 189 条的规定，删去了其中“不必将案件发还原审人民法院重审”的规定。因其时民事诉讼法第一百七十条第一款第四项（现为民事诉讼法第一百七十七条第一款第四项）明确规定了仅在原判决遗漏当事人或者违法缺席判决等严重违反法定程序时，可裁定撤销原判决，发回原审人民法院重审。本解释第三百二十三条亦对严重违反法定程序的事项作出逐一列举，而法人或其他组织合并分立后当事人的相应变更并不妨碍当事人行使诉权，显然并不属于违反法定程序需发还原审人民法院重审之列，故“不必将案件发还原审人民法院重审”应属当然之义，无须特殊强调，否则其或可能产生无端不必要的揣测，故 2015 年《民事诉讼法解释》对此予以删除。

【审判实践中应当注意的问题】

首先，应明确仅在二审程序中作为法人或者其他组织的当事人发生分立、合并的，才得以适用本条直接变更相应当事人，若在原审中当事人已经发生合并分立而未予变更的，则应属于遗漏当事人之情形，需将案件发回重审。其次，二审程序中因法人或其他组织分立、合并发生当事人变更的，应充分保障变更后当事人的各项诉讼权利，且需将当事人变更情况及时通知对方当事人。[①] 最后，本条系对二审程序中作为当事人的法人或其他组织分立、合并情形下其诉讼地位的处理意见，其实体权利义务的承担还需经审理方可明确，尤其在分立之情形下，需特别注意分立前债权人与分立当事人间是否另有约定。同时，虽 2015 年《民事诉讼法解释》删除了《92 年意见》“不必将案件发还原审人民法院重审”之明确规定，但并非表示在当事人分立、合并时可将案件发还原审人民法院重审，其标准需严格依照现行民事诉讼法第一百七十七条第一款第四项及本解释第三百二十三条执行。

【条文】

第三百三十五条

在第二审程序中，当事人申请撤回上诉，人民法院经审查认为一审判决确有错误，或者当事人之间恶意串通损害国家利益、社会公共利益、他人合

---

① 杨立新主编：《〈最高人民法院关于适用〈民事诉讼法〉若干问题的意见〉释义》，吉林人民出版社 1992 年版，第 163~164 页。

法权益的，不应准许。

【条文主旨】

本条是关于上诉人申请撤回起诉处理的规定。

【条文理解】

上诉是指当事人不服原审人民法院尚未生效的裁判，在法定期间内向上级人民法院申请重新审判的诉讼行为。上诉权系公民民主权利在诉讼中的表现，是当事人依法享有的一项重要诉讼权利。法律赋予当事人上诉权的目的在于使一审法院对民事案件的错误判决、裁定及时、有效地得到纠正，保证当事人的合法权益不因原审的错误裁判而丧失。[①] 既然上诉系当事人的诉讼权利，自应依法行使或放弃。因此，当事人出于各方因素考量而申请撤回上诉的，亦是其依法处分自身诉讼权利的表现，但是这种处分行为是否产生诉讼上的效果，并不仅仅取决于当事人的行为本身，而需经人民法院依法裁定。民事诉讼法第一百八十条即对此作出明确规定，撤回上诉要求合格的诉讼主体（上诉人）在法定期限内（二审法院判决宣告前）行使，是否准许，由二审法院裁定。由此可见，撤回上诉涉及当事人行使上诉权和人民法院行使审查权的结合。民事诉讼程序的公法性特征奠定了审判权对处分权适当干预的理论基础，为了维护程序的顺利进行以及涉诉当事人的合法权益，防止处分权的滥用，审判权须对处分权的行使予以监督、限制。[②] 在二审程序中撤回上诉，一般认为二审诉讼即告终结，一审裁判发生法律效力，因此，为维护一审判决的正确性、权威性以及当事人的合法权益，人民法院应对当事人撤回上诉的诉讼行为予以审查，经审查认为一审判决确有错误，或者当事人之间恶意串通损害国家利益、社会公共利益、他人合法权益的，不应准许。尽管从形式上人民法院否定了当事人撤回上诉处分权的自由行使，但其对确有错误一审判决的纠正及社会公共利益的维护，实为在本质上保障了当事人的诉讼权利，最大限度地实现司法的公正和效率。

相较于《92 年意见》第 190 条，2015 年《民事诉讼法解释》将条文中原“双方当事人串通”的表述修改为“当事人之间恶意串通”，理由如下：一是考虑到可能存在多方当事人的现实因素，仅限制为双方当事人有失全面精准；二是对当事人的主观意愿予以定性，强调为恶意串通。另外，因他人

---

① 全国人大常委会法制工作委员会民法室编著：《〈中华人民共和国民事诉讼法〉释解与适用》，人民法院出版社 2012 年版，第 275 页。

② 江伟主编：《民事诉讼法》，高等教育出版社 2013 年版，第 51 页。

合法权益即可涵盖集体利益之意蕴，亦为与社会经济和司法实践的发展相适用，故2015年《民事诉讼法解释》对损害集体利益之情形予以删除，直接规定为"损害国家利益、社会公共利益、他人合法权益的，不应准许"。本解释沿用2015年《民事诉讼法解释》的规定。

【审判实践中应当注意的问题】

二审程序中当事人申请撤回上诉系其行使处分权的表现，故首先应确认系当事人真实意思表示，在此基础上人民法院应依据本条规定对其申请作出审查，实践中较为常见的一审法院在认定事实和适用法律方面确实存在错误的情形包括基本事实认定不清、适用的法律与案件性质明显不符、确定民事责任明显违背当事人约定或者法律规定、适用已经失效或尚未施行的法律、违反法律溯及力规定、违反法律适用规则及明显违背立法本意等。对于当事人之间恶意串通损害国家利益、社会公共利益及他人合法权益情形的审查则需结合当事人申请撤回上诉的动机、各方当事人之间的利益关联、可能产生的诉讼结果及诉讼利益分配、对其他相关权益主体的影响等各方因素综合考量。人民法院对是否准许撤回上诉的处理是对程序问题的确定，应采用裁定方式，且该裁定一经作出即产生法律效力。经人民法院审查准许当事人撤回上诉后，二审程序即告终结，当事人不得再行上诉。

【条文】

第三百三十六条

在第二审程序中，原审原告申请撤回起诉，经其他当事人同意，且不损害国家利益、社会公共利益、他人合法权益的，人民法院可以准许。准许撤诉的，应当一并裁定撤销一审裁判。

原审原告在第二审程序中撤回起诉后重复起诉的，人民法院不予受理。

【条文主旨】

本条是关于原审原告在二审程序中申请撤回上诉处理的规定。

【条文理解】

在二审程序中撤回起诉系根据2012年民事诉讼法第一百七十三条（2021年民事诉讼法第一百八十条）并结合民事诉讼实践需要，在2015年《民事诉讼法解释》制定时予以新增的条文内容。

撤诉又称诉的撤回，广义上应泛指当事人向法院撤回诉之请求，不再要求法院继续对案件进行审理的诉讼行为。按照不同分类标准可区分为撤回起诉、撤回上诉、撤回本诉、撤回反诉及撤回第三人之诉等。而狭义的撤诉则仅表征为原告撤回起诉，即原告在发动诉讼后又向法院撤回诉讼，使诉讼程序得以终止的行为。基于处分原则，当事人有权在法律规定的范围内处分自身的民事权利和诉讼权利，相较于提起诉讼，撤回起诉从逆向、消极的角度体现了当事人行使诉权的效果，是当事人意思自治在诉讼程序上的体现。

依据民事诉讼法第一百四十八条第一款的规定，宣判前，原告申请撤诉的，是否准许，由人民法院裁定。因该条系在一审普通程序中作出的规定，在二审程序中可否直接予以适用，即在二审程序中能否撤回起诉，理论界与实务界向来存有争议。肯定意见认为，从理论上而言，允许原告在二审程序中撤回起诉系遵循当事人意思自治原则的应有之义，民事诉讼制度中的处分权即为意思自治在公法上的延伸，当事人作为其权利主体，仅在其自愿诉至法院时才得以形成民事诉讼，撤回起诉系其自主行使处分权的表现，无论其在一审或二审程序中均得以自由行使。从法律依据来看，民事诉讼法第十三条第二款明确规定了“当事人有权在法律规定的范围内处分自己的民事权利和诉讼权利”，第一百八十一条则规定“第二审人民法院审理上诉案件，除依照本章规定外，适用第一审普通程序”。由此可见，一审普通程序中宣判前原告可申请撤回起诉的规定在二审程序中仍可适用。另外，允许一审原告在第二审程序中撤回起诉亦是司法实践的需求。

否定意见则认为，从诉的基本原理而言，民事起诉作为原告引起法院裁判的申请行为，只能在一审程序中行使，相应的撤回起诉的权利亦仅存在于一审诉讼程序中，一审判决的宣判标志着一审民事诉讼程序的结束，原告享有的申请撤回起诉的权利也就此终止。二审程序基于上诉而始，故二审程序中只有上诉权而并无起诉权的存在，当事人无从撤回起诉。从法条依据而言，民事诉讼法第十三条强调的是在“法律规定的范围内”处分诉讼权利，既然法律并未明确规定二审可以撤回起诉，就不可如此处理，且民事诉讼法第一百八十一条中的“适用第一审普通程序”并非指一审所有程序均可适用于二审，如二审程序中对被告提起反诉的禁止。故民事诉讼法第一百四十八条第一款规定原告于宣判前可以申请撤诉，应理解为“一审宣判前”，而非生效判决宣判前，此时间限制与当事人撤诉之后允许其再起诉的规定是相互衔接的，否则两者将相悖并造成诉讼资源的浪费。再则，从利益衡量角度考量，允许一审原告在第二审程序中撤回起诉，将侵害被告的程序利益，有违实体正义。尤其当一审原告在二审程序中为被上诉人又撤回起诉的，不仅被告支出的诉讼成本无法得到补偿，还可能再次被原告起诉，双方权益明显失衡，且在二审程序中，一审法院已经对当事人的实体争议作出了裁决，如允许当事人撤诉，不仅造成大量人力、物力损失，违背诉讼效益原则，亦会对法院判决的严肃性和稳定性造成影响。①

在 2015 年《民事诉讼法解释》起草中，司法解释起草小组采用了肯定说，增加了在二审程序中允许原审原告撤回起诉的规定，除考虑到尊重当事人的意思自治及法律无禁止性规定之两项主要因素以外，另出于以下几种因素考量。

其一，基于处分原则，对于特定民事纠纷之解决，是否启动或终结诉讼程序，当事人可自主处分其诉讼权利。理论上通常将当事人行使诉权作为诉讼的起点，将既判力作为诉讼的终点，故撤回起诉作为一种处分权，亦应贯穿于诉讼程序始终，即便是在诉讼程序启动后，只要在判决确定前，若当事人出于各方因素考量不愿再通过诉讼解决纠纷救济权利，均可向法院提出撤回诉讼申请。诚然，由于程序法的公法属性，审判权可对处分权予以适当的监督，但只要在合理范围之内，当事人撤回起诉的权利行使即应得到保障。审判权对当事人的诉讼权利不应予以限制，而是应客观衡量各方主体的程序利益，作出合理的制度安排。

其二，否定观点中对于利益衡量方面的顾虑建立在对原告撤回起诉无相应监督、规范之前提下，以上种种不利益均可通过制度设计予以规避或弥补，如本条中规定需经其他当事人同意，以避免因原告撤回起诉给被告带来的诉讼权利失衡，在此情形下，事实上系诉讼当事人之间形成合意使诉的撤销成立，而非仅以原告的申请为撤回起诉的生效要件。另外，即便各方当事人之间达成合意，人民法院亦需对该申请予以审查，在不损害国家利益、社会公共利益、他人合法权益之情形下，依据具体案情作出是否准许撤回起诉的裁定。在此过程中，即便一审裁判因准许撤诉而撤销，亦是二审法院行使审级监督职权的体现，并不存在损害人民法院权威和稳定的担忧。同时，本

① 关于二审能否撤回起诉问题的主要观点，参见梁书文主编：《民事诉讼法实施问题研究》，人民法院出版社 2000 年版，第 290 页；肖建华主编：《民事诉讼法学》，厦门大学出版社 2011 年版，第 360 页；朱福勇：《民事原告在二审期间撤回起诉问题探究》，载《法学杂志》2010 年第 3 期；朱福勇：《析二审过程中撤回起诉程序的处理》，载《人民司法》2010 年第 4 期；李海涛：《论民事二审程序中原告申请撤回起诉的几个问题——以现行法律框架下的民事审判实践为视角》，载《法律适用》2011 年第 2 期；王亚新：《二审中申请撤诉的处理》，载《中国审判新闻月刊》2013 年第 2 期；严仁群：《二审和解后的法理逻辑：评第一批指导案之“吴梅案”》，载《中国法学》2012 年第 4 期。

条第二款亦对原审原告在二审程序中撤回起诉后重复起诉的情形予以限制，以避免诉累，保障诉讼效益。

其三，从其他国家及地区的规定看，允许原审原告在二审程序中申请撤回起诉有制度经验可资借鉴。在多数大陆法系国家和地区的相关规定中均有类似规定，如《德国民事诉讼法》规定，一旦诉讼程序事实上发生诉讼系属且只要其还处于诉讼系属，就可以撤诉，即一旦起诉被送达（即使是不生效的送达）并且不管诉讼前提条件是否成立，就可以撤诉，但发生既判力以后就不再允许撤诉。起诉状送达之前不可能进行真正的撤诉。发生既判力之前，可以在所有审级中撤回诉讼。唯一的要求是，上诉"本身是允许的"并且还没有被驳回。下一审级的起诉在判决作出之后还可以撤回，或者甚至在判决送达之后也可以撤回，只要还未提起上诉。但在被告进行本案应诉之后，则需要征得其许可。撤回和许可必须在发生既判力之前进行表示。[①]《日本民事诉讼法》第261条对撤诉作了规定，依其规定，在针对诉的终局判决[②]获得确定前，可以撤诉。在终局判决宣告后，自案件被移送至上一审级法院起，也可以撤诉。基于原告撤诉的意思表示，诉讼系属的效果将溯及性地发生消灭，诉讼程序也告终结。在撤诉中，由于纠纷的解决并未获得程序上的保障，因此，有可能使被告此前展开的防御活动变得无意义，因而法律亦规定，若被告已经对诉进行了某种防御，进而产生获得驳回请求判决的利益，那么不经被告的同意，撤诉将不产生效力。对于终局判决后的撤诉，将产生禁止再诉的效果。[③] 我国台湾地区对此亦有类似规定，[④] 案件只要经终局判决，该终局判决不论在哪一审级，无论是第一审终局判决或第一审是裁定而第二审经终局判决后才将诉撤回，一旦撤回生效，即产生诉讼系属溯及的消灭之效力。经终局判决后将诉撤回的，不得重复提起同一之诉。[⑤]

其四，允许当事人在二审程序中申请撤回起诉系司法实践之现实需要。审判实践中经常发生在二审程序中，原审原告申请撤回起诉的情形，由于对

---

① 参见［德］罗森贝克、施瓦布、戈特瓦尔德：《德国民事诉讼法》，李大雪译，中国法制出版社2007年版，第964页。

② 《日本民事诉讼法》上的终局判决，系以判决是否完结某审级的审理为标准，与中间判决相对应的概念。"随着诉讼审理之进行，当达到可以对诉或上诉作出结论之状态时，法院应当及时终结辩论，并作出终局判决。"由此可知，终局判决可存在于各审级之中，而非与终审判决同一语义。有关终局判决的定义可参见［日］新堂幸司：《新民事诉讼法》，林剑锋译，法律出版社2008年版，第455页。

③ 参见［日］新堂幸司：《新民事诉讼法》，林剑锋译，法律出版社2008年版，第239~243页。

④ 具体可见我国台湾地区"民事诉讼法"第262条至第264条。

⑤ 参见李木贵：《民事诉讼法》，我国台湾地区元照出版有限公司2007年版，第7页。

现行法律规定认识上的不一致，实务中做法不尽相同，有必要确立统一规范，该必要性在某些特殊案件中尤为凸显。如离婚案件的双方当事人在二审程序中虽未和好，但均表示愿意暂不离婚，原告申请撤回起诉，此时双方并未调解和好，不能或双方不同意以调解方式结案，但若以二审程序中不能撤回起诉为由予以否定，致使一审法院的离婚判决生效，则有违法理人情。① 因此，出于审判实务的现实需要，在现行法律框架下，亟须对二审程序中撤回起诉问题统一认识，制定相应规范，这对充分化解社会矛盾、缓解法院受案压力亦有所裨益。

综上，在本解释起草过程中，明确了二审程序中原审原告可申请撤回起诉，同时借鉴其他国家和地区的相关规定并结合我国现实国情，确立了撤回起诉需经其他当事人同意、人民法院审查、一审裁判的撤销、禁止再诉等相应规则。

【审判实践中应当注意的问题】

1. 需区分撤回起诉与撤回上诉之异同

撤回上诉和撤回起诉不仅名称有别，在实质上亦存有不同。其一，主体不同。撤回上诉的主体为在法定期限内依法定条件提起上诉的上诉人，可为原审原告，亦可为原审被告，而狭义的撤回起诉在一审程序中只能由诉讼发起者原告提起，二审程序中则只能由原审原告提起。其二，撤回后产生的法律效果不同。撤回起诉使诉讼系属整体发生消灭，将导致诉讼程序的终结，即便在二审程序中撤回起诉，一审裁判也将因此失效。而撤回上诉则系撤回要求二审法院对案件进行重新审理、裁判的请求，因而仅导致二审的系属溯及性地发生消灭，即二审程序终结，原审裁判生效。其三，当事人的权利处分有所不同。撤回起诉仅表明当事人处分其自身的诉讼权利，而并非放弃其实体权利，因此通常原告撤回起诉以后即被视为自始未起诉（诉讼系属视为自始不存在)，其仍有权再次提起诉讼。但在二审程序中，出于诉讼效益原则的考虑，我们作出了撤回起诉后禁止再诉的规定。然而上诉人撤回上诉后，通说认为该上诉人即丧失了上诉权，即使其上诉期间尚未届满，亦不得

① 参见李海涛：《论民事二审程序中原告申请撤回起诉的几个问题——以现行法律框架下的民事审判实践为视角》，载《法律适用》2011 年第 2 期。

再行上诉。[①] 同时，两者之间亦存在共通之处，如均为向法院提出撤回审判的要求，均需人民法院审查裁定。另需注意的是，在权利的行使时间上，按照此前狭义的一审程序中撤回起诉，依照民事诉讼法第一百四十八条第一款之规定，应在宣判前提出，而撤回上诉则依据民事诉讼法第一百八十条的规定，在二审法院判决宣告前提出申请，本条中并未明确限制二审程序中撤回起诉的权利行使时限，依据民事诉讼法第一百八十一条之规定，在权利行使的具体方式上，亦应按照一审程序中撤回起诉的相关规定执行。

2. 需明确一审程序中撤回起诉与二审程序中撤回起诉之异同

撤回起诉的基本原理适用于任何审级，只是在二审程序中撤回的制度设计上更多考量各方利益权衡及诉讼效益原则，具体表现为：其一，一审程序中撤回起诉仅为原告对自身权利的处分，而案件进入二审程序，已经一审法院作出审理和裁判，势必对案涉相关当事人的权利义务产生影响，若相关当事人只能对原告的起诉、撤诉被动接受而无任何提出异议的权利，双方权益显然有所失衡，故在二审程序中原审原告申请撤回起诉应经其他当事人同意。其二，一审程序中人民法院准许原告撤回起诉仅就该申请作出裁定即可，二审程序则需一并裁定撤销一审裁判。其三，一审程序中原告撤回起诉后可再行起诉，而在第二审程序中，一审法院已经进行审理及裁判，若允许当事人自由地因撤诉而使该判决无效，进而使此前所有程序归于无效，无疑有悖于诉讼效益原则，故在尊重当事人撤诉自由的前提下，亦应对其撤诉后的再诉权利作出必要的限制，原审原告在二审程序中撤回起诉后重复起诉的，人民法院不予受理。值得注意的是，在原告无正当理由撤回起诉其后又提起的再诉显然在本条第二款的规制范围之内，但同时为保障当事人的诉权，避免不当剥夺当事人接受裁判的权利，必须对重复起诉作出更为明确的解释，一般而言，该重复系指诉的同一性，即当事人及作为诉讼标的的权利关系是相同的，且诉的利益也应当相同。[②]

---

① 关于上诉人在上诉期间内撤回上诉后能否再上诉的问题目前尚存争议，本文采通说观点。另有观点认为，在上诉期间届满以前，一审判决、裁定不会自动生效，上诉程序应当从上诉期限届满之日起开始，而非从上诉人提起上诉之日起。因此，在上诉期间内上诉人撤回上诉又提起上诉的应视为并未启动程序，只要在上诉期间届满之前即应予允许。具体可参见张卫平：《民事诉讼法》，法律出版社 2009 年版，第 317 页；江伟主编：《民事诉讼法》，高等教育出版社 2013 年版，第 379 页；宋朝武主编：《民事诉讼法学》，中国政法大学出版社 2012 年版，第 321 页。

② 参见［日］新堂幸司：《新民事诉讼法》，林剑锋译，法律出版社 2008 年版，第 247 页。

【条文】

第三百三十七条

当事人在第二审程序中达成和解协议的，人民法院可以根据当事人的请求，对双方达成的和解协议进行审查并制作调解书送达当事人；因和解而申请撤诉，经审查符合撤诉条件的，人民法院应予准许。

【条文主旨】

本条是关于二审期间达成和解应如何处理的规定。

【条文理解】

本条主要针对二审程序中当事人达成和解协议后的处理方式作出规定。和解系当事人自行协商，就其自身实体权利处分达成协议从而解决纠纷的活动。一般而言，依据法院的参与程度，和解协议可区分为诉讼外的和解及诉讼中的和解。诉讼外的和解主要针对民事主体在诉讼外进行的民事行为，可将其视为当事人间为终止争议达成的契约。诉讼中的和解则是指当事人在诉讼中就诉讼标的的主张相互协商，各为让步，进而达成合意，终结诉讼解决纠纷的行为。从其性质上看，和解既是当事人的民事法律行为，即变更或消灭民事法律关系，结束实体权利争执或停止侵害，从而使诉讼终结的行为，也是一种诉讼行为，即在诉讼过程中发生、旨在终结诉讼程序的行为。① 当事人在二审程序中达成和解协议后，有两种处理方式：第一种，可以请求人民法院根据和解协议制作调解书，人民法院应对和解协议进行审查，在确认其合法有效的前提下制作调解书送达当事人，此时则产生调解结案的法律后果，调解书与判决书具有同等法律效力，当事人不得上诉；第二种，当事人亦可因达成和解而申请撤诉，人民法院需对其撤诉申请作出审查，经审查符合撤诉条件的则应予准许。值得注意的是，因在2015年《民事诉讼法解释》制定时，增加了在二审程序中撤回起诉的规定，故应明确当事人“因和解而申请撤诉”系申请撤回上诉抑或撤回起诉，并在此前提下分别适用相关法律条文予以审查。

【审判实践中应当注意的问题】

适用本条应注意的问题有：其一，对和解协议进行审查并制作调解书送达当事人，应当根据当事人的请求；其二，需让当事人明确系撤回起诉还是

① 参见宋朝武主编：《民事诉讼法学》，中国政法大学出版社2012年版，第241页。

撤回上诉，撤回上诉可由上诉人（原审原告或原审被告）提出，撤回起诉只能由原审原告提出；其三，应根据当事人提出的撤回上诉或撤回起诉申请分别予以审查并作出相应裁定；其四，应明确当事人撤回起诉或撤回上诉后的不同法律后果。若当事人因达成和解协议申请撤回上诉，引发的法律后果为二审程序终结。若因达成和解协议原审原告申请撤回起诉，其法律后果为诉讼系属自始溯及消灭，诉讼程序终结，当事人应依约履行其自行达成的和解协议，但若一方不履行和解协议，当事人不能就原争议事项再行提起诉讼，因依据本解释第三百三十六条之规定，原审原告在第二审程序中撤回起诉后重复起诉的，人民法院不予受理。因此，在此意义上，原审原告为保障自身权益，通常不会选择撤回起诉。

【条文】

第三百三十八条

第二审人民法院宣告判决可以自行宣判，也可以委托原审人民法院或者当事人所在地人民法院代行宣判。

【条文主旨】

本条是关于二审法院的宣判方式的规定。

【条文理解】

公开审判制度要求人民法院在审理民事案件时，除法律规定的特殊情形外，均应向社会和群众公开。同时，人民法院对公开审理或者不公开审理的所有案件，一律公开宣告判决，宣告判决可分为当庭宣判和定期宣判，民事诉讼法第一百五十一条第一款对此作出了明确规定，而依据第一百八十一条之规定，二审程序中人民法院宣告判决亦适用以上规定。因考虑到二审法院与当事人所在地往往不在一处，为减少当事人诉累，提高司法效率，二审法院除自行宣判外，亦可委托原审人民法院或者当事人所在地人民法院代行宣判。

【审判实践中应当注意的问题】

二审法院应在减少当事人诉累、提高诉讼效益的原则指导下，视情委托原审人民法院或者当事人所在地人民法院代行宣判，并出具相应的委托手续。委托宣判系由原审人民法院或当事人所在地人民法院宣判二审法院判决，亦应遵循公开宣判的相关规定，如告知当事人本判决为终审判决，不得上诉，并说明判决后即发生法律效力，当事人必须按照判决内容履行法律义务等。

【条文】

第三百三十九条

人民法院审理对裁定的上诉案件，应当在第二审立案之日起三十日内作出终审裁定。有特殊情况需要延长审限的，由本院院长批准。

【条文主旨】

本条是关于裁定的上诉案件审限及其延长的规定。

【条文理解】

人民法院对于裁定提起的上诉案件，应当在第二审立案之日起三十日内作出终审裁定。将作出终审裁定的时间规定在三十日的审限内，主要考虑到以下几个方面。

其一，从人民法院行使审判权的宏观角度而言，有必要对审理期限作出一定的限制。公正、高效地审理民事案件是人民法院最基本和最重要的职能定位，人民法院严格依照民事诉讼法的宗旨及时审理民商事案件是及时行使国家审判权，保护当事人的合法权益的重要体现。否则，大量民事关系长期处于未决的不稳定状态，不但损害当事人的合法权益，亦有碍社会安定，不利于维护正常经济、生活秩序。因此，为提高审判工作效率，充分贯彻落实民事诉讼法对社会经济的规范和保障作用，及时、有效地实现公民、法人的正当权益，有必要对人民法院审理案件的时限作出必要规定。

其二，确定审理期限时应将不同审级、不同裁判类型等各方因素予以综合考量。首先，因二审案件的审理是一审程序的继续与发展，在一审程序中已经进行的大量事实核查与调查取证工作的基础上，二审法院的审理重点在于当事人上诉请求中所涉及的相关事实和适用法律问题，相对而言查明事实的工作任务较轻，甚至对一些权利义务关系清楚、当事人在二审程序中亦未提出新的事实、证据或者理由的，二审法院经合议可不开庭审理，故相较于一审程序，二审程序中对上诉案件的审理期限较短。其次，相较于对案件的实体问题作出权威性判定的判决，裁定是指人民法院对民事诉讼程序问题以及个别实体问题所作出的权威性判定。所谓程序问题，是指不直接涉及实体权利义务的问题，主要以裁定的方式来解决，如中止诉讼或终结诉讼的裁定等。裁定广泛适用于审判、执行程序中，民事诉讼法第一百五十七条第一款集中列举了适用裁定的法定情形：（1）不予受理；（2）对管辖权有异议的；（3）驳回起诉；（4）保全和先予执行；（5）准许或者不准许撤诉；（6）中止或者终结诉讼；（7）补正判决书中的笔误；（8）中止或者终结执行；（9）撤销或者不予执行仲裁裁决；（10）不予执行公证机关赋予强制执行效力的债权文书；（11）其他需要裁定解决的事项。另有一些事项分散在不同的诉讼阶段中，如二审中原判决、裁定认定事实错误或者适用法律错误的，以判决、裁定方式依法改判、撤销或者变更；再审中，人民法院应当自收到再审申请书之日起三个月内审查，符合法律规定的裁定再审等，均属于其他需要裁定解决的事项。其中，对不予受理、管辖权异议、驳回起诉所作出的裁定，当事人不服的，可以提起上诉。

不予受理，是指人民法院不受理当事人向法院提起的诉讼。通常表现为提起诉讼的事项非属人民法院行使民事审判权的范围，原告不适格、被告不明确或没有具体诉讼请求和事实理由等不符合起诉条件的情况，依据民事诉讼法第一百二十六条之规定，人民法院应裁定不予受理。当事人对该裁定不服的，可以提起上诉。

管辖权异议，是指当事人向受诉法院提出的该院对案件无管辖权的主张。通常是在原告提起诉讼后，被告认为案件不符合地域管辖、级别管辖等管辖权规定，向受诉法院提出异议。人民法院认为当事人提出的异议不能成立的，依据民事诉讼法第一百三十条裁定驳回，当事人对该裁定不服，可提起上诉。

驳回起诉，是指人民法院在审理案件过程中，发现原告起诉不符合起诉条件的，应通知原告撤诉，原告不予撤诉，则人民法院可裁定驳回起诉。当事人对该裁定不服，可提起上诉。

由此可见，二审法院在审理当事人对裁定不服提起的上诉案件中，相对而言并无太多的事实查证工作，大多并不涉及实体权利义务确认，而是关系到一审案件的审理能否开始进行的程序问题，需要及时作出最终判定，故将作出终审裁定的审限规定为三十日。

但是应明确的是，有原则即有例外，一些疑难复杂的特殊案件不能在三十日内审结，有必要综合考量案件的不同情况，允许适当地延长审限，同时亦应严格遵照审批机制。本条规定有特殊情况需要延长审限的，由本院院长批准。

【审判实践中应当注意的问题】

二审法院对不服裁定的上诉案件应当查明原审裁定所依据的事实和法

律，判断原审裁定是否正确，若一审法院查明事实清楚、适用法律正确，当事人亦未在二审程序中提出新的事实、证据和理由，则应及时裁定驳回上诉，维持原裁定；若认为原审裁定存在事实不清、适用法律错误的，则应区分不同情形依法分别予以处理。

人民法院审理对裁定的上诉案件，原则上应在二审立案之日起三十日内作出终审裁定。审判实践中应严格把握特殊情况的适用，在案件确有重大疑难等客观原因时，切实履行报批手续，由本院院长对延长审限的申请予以审批。

【条文】

第三百四十条

当事人在第一审程序中实施的诉讼行为，在第二审程序中对该当事人仍具有拘束力。

当事人推翻其在第一审程序中实施的诉讼行为时，人民法院应当责令其说明理由。理由不成立的，不予支持。

【条文主旨】

本条是关于当事人在一审程序中所作行为效力的规定。

【条文理解】

1. 诉讼行为的含义、范围和类别

民事诉讼中存在法院和当事人之间的诉讼关系，作为诉讼主体的法院和当事人在诉讼程序中之所为即为诉讼行为。关于诉讼行为的范围是否仅限于诉讼法所规定的诉讼要件及效果，学说上存有争议。有观点认为，不应限于诉讼法规定范围，只要伴随着诉讼法上效果的行为皆应属诉讼行为。传统观点及目前通说则认为，为保持程序的连续性，不宜赋予诉讼行为自由的内容和形式，故诉讼行为的要件效果均应遵循诉讼法的规定。[①] 换言之，民事诉讼主体所实施的能够引起一定的诉讼法上效果的行为才可称之为诉讼行为，若非诉讼法所规定，即便诉讼主体进行的行为亦不属于诉讼行为。当然，如果不是诉讼主体所为的构成诉讼程序的行为，即便诉讼法有所规定，也并非真正意义上的诉讼行为。

---

① 参见［日］中村英郎：《新民事诉讼法讲义》，陈刚、林剑锋、郭美松译，法律出版社2001年版，第159页。

依主体之不同，诉讼行为可区分为法院的诉讼行为和当事人的诉讼行为。法院的诉讼行为主要可分为裁判行为、执行行为和其他行为。裁判行为是法院就当事人间争议的权利义务作出归属性判断，是法院最主要的诉讼行为。执行行为则是人民法院运用国家司法执行权，迫使执行人履行生效法律文书内容的诉讼行为。其他行为内容较多，主要包括调查取证、接受当事人诉讼行为以及源于诉讼指挥权产生的法院主持和维持诉讼程序和执行程序有序进行的行为，如制定期日、传唤当事人等各项行为。[①]

当事人诉讼行为种类繁多，并可依据不同区分原理形成多种类型。以民法理论为区分，可分为意愿表示、准意愿表示和事实行为三类；在诉讼程序上亦可分为申诉、陈述、诉讼法律行为等。目前大陆法系国家和地区比较通行的分类方法系以当事人诉讼行为与审判的关系为基准，分为期待通过法院的裁判以产生其效果的行为和直接产生诉讼法上效果的行为，前者称为“作因诉讼行为”（亦称之为“取效性诉讼行为”），后者称为“作用诉讼行为”（亦称之为“与效性诉讼行为”）。在“作因诉讼行为”中，当事人无法单独直接获取起诉要求的诉讼效果，必须积极向法院进行诉讼活动，寻求审判产生的效果，如提起诉讼、向法院提出调查取证的申请、有关案件的事实主张和举证等。与此相对的是，“作用诉讼行为”无须法院介入即可直接发生诉讼效果，其范围较为广泛，基本上在作因诉讼行为之外的诉讼行为均可归入此列。当事人实施的作用诉讼行为既可为单方行为，如当事人的自认、原告放弃或变更诉讼请求等，亦可为当事人双方的共同行为，如管辖协议、协议不上诉等。

2. 诉讼行为与法律行为之异同

由于在适用法律和法律效果上的重大差异，有必要对当事人的行为是诉讼行为还是民事法律行为予以区分，从而决定应适用民法上有关法律行为的规定还是适用民事诉讼法上有关诉讼行为的规定。总体而言，诉讼行为在构成要件上与法律行为存在共通之处，亦是基于当事人的某诉讼行为的意思（表示意愿），伴随着表示行为（外部状态）时才得已成立。同时两者间又存在诸多区别：在法律规范方面，民法对所有的法律行为予以一般性规定，而民事诉讼法则并无一般性规定；在主体能力上，诉讼行为要求当事人能力

① 参见江伟主编：《民事诉讼法》，高等教育出版社 2013 年版，第 14 页。另外，《德国民事诉讼法》中亦有观点将法院诉讼行为区分为裁判行为、有助于程序内部继续发展的行为（如调查取证）、服务于程序的外部进展行为（如指定期日）等三种类型。参见［德］奥特马·尧厄尼希：《民事诉讼法》，周翠译，法律出版社 2003 年版，第 163 页。

和诉讼能力，必须由具备诉讼能力的主体有效进行，而法律行为则要求当事人权利能力和行为能力，且亦可以由限制行为能力的主体作出；在意思表示上，对于错误的或意思表示不自由的意思表示行为，民事主体可以撤销，而诉讼行为则无明确规定，但在一定范围内当事人可以自由撤回诉讼行为；在行为方式上，诉讼行为大多是单方行为，其合法性受到强制的诉讼法的限制，当事人间约定改变诉讼或上诉途径不具有合法性，而民事法律行为则在法律框架内尊重当事人合意；从表现形式上看，因诉讼行为是连续诉讼程序的一环，若任意附加条件会妨碍诉讼程序的稳定进行，故诉讼行为不能随意附条件和日期，而民事法律行为则可任意附条件和期限。

实践中，有时会出现某些行为在正常情况下系法律行为，但其在诉讼进行中作出，如抵销，或者某一行为的效力诉讼法和民法中均有所规定，如当事人按照民事诉讼法之规定提起诉讼，依据民法典第一百九十五条则产生时效中断的法律效力。在以上类似情况中，当事人的行为应被视为实体法律行为还是仅作为诉讼行为存有异议和争议，对其行为进行归类不仅必要且意义重大。通常情况下，应考虑该行为的基本诉讼效力，其前提要件是否依照诉讼法而确定，且产生的效果是否首要属于诉讼领域，如果符合以上要素，则认为其属于诉讼行为。但在不能区分和确认该行为的基本效力应属诉讼法还是实体法时，则应该以适用何种法律能更好地适应程序要求为审查标准。需要注意的是，当法律行为已经发生的情况下，只有当其在诉讼中被主张后才得以在诉讼上予以考虑，如当事人可能已经实施了抵销，但只有其在诉讼中对此进行主张时，才具有诉讼上的重要性。且通常在诉讼中仅法律行为的主张即可引起诉讼的效力，而并不要求该法律行为必须合法有效，具有实体效力，这是在实体裁判中所需解决的问题。

3. 诉讼行为的拘束力及特例

诉讼行为不同于法律行为的单独存在，其构成诉讼程序中的一环，只局限于诉讼程序上诉讼法所规定的效果内，因此，当事人所为的诉讼行为未必能够产生其所希望的诉讼程序上的效果，但为维护诉讼程序的系统性和连续性，即便当事人欠缺效果意思，或者该意思存有瑕疵，通常而言亦不影响诉讼行为的成立和生效，即诉讼行为以表示主义为原则。例如，即使没有起诉的意愿，但只要将诉状递交法院，便产生了起诉的效力；事实上的陈述和法律上的主张也是一样，即便当事人陈述的内容是虚假的，也不会妨碍诉讼行为的成立和生效，且依据民事诉讼法中的诚信原则，当事人对其自身的诉讼行为负有真实陈述、促进诉讼及禁反言、禁止诉讼权利滥用等义务。具体而言，当事人在诉讼上不能主张已知不真实的事实或自己认为不真实的事实，亦不得干扰诉讼，滥用诉讼法赋予的权利，对相信其作出的行为并基于此行为而实施诉讼活动的其他人，不得随意通过否定自己先前言行的方法，损害其合法权益。因此，当事人在一审程序中实施的诉讼行为，已经作出意思表示，并在诉讼程序中发生法律效果，亦应符合诚信原则，故在二审程序中对该当事人具有当然的拘束力。

有原则亦有例外。虽然诉讼行为采表示主义原则，一般不会产生民法法律行为中的因意思表示不真实引起的无效或可撤销等问题，但在不同情形下亦存在撤回其表示的可能性。按照之前对当事人诉讼行为的分类，在作因诉讼行为场合下，当事人通过法院审判来寻求其效果的产生，因而法院应对此种诉讼行为进行审理，要求其在法定期限之前补充、修正其诉讼行为的瑕疵，或认可该行为的撤回，例如，只涉及程序的申请（如申请延期、申请指定期日等）以及不变更诉讼标的的实体申请。在作用诉讼行为的场合下，一旦行为发生则可直接获得诉讼法上的效果，故原则上不认可因形式上的瑕疵而引起的失效，但亦应予以考量的是，从本质上而言，诉讼法律行为是依照当事人的意愿所产生的诉讼效果，当事人的效果意思是该诉讼行为的根本，若为了程序稳定的需要而贯彻形式主义则无疑会强求当事人作出过度的牺牲，反而会使诉讼丧失其意义。[①] 因此，有必要在程序的稳定和行为当事人利益之间进行权衡，在形式主义原则下亦应考量因效果意思的瑕疵而导致的无效撤销情形。有观点认为，只在使对方当事人获得一定法律地位的诉讼行为，如自认、认诺、诉之舍弃和上诉之舍弃，在一定界限内的诉之撤回和上诉之撤回等，才应具有约束力，不可自由撤回，而其他诉讼行为在弹性实施诉讼的目的指引下则是可以自由撤回、可被纠正和被补充的。另外，如果诉讼行为建立在明显的疏忽基础上（如建立在明显的书写错误或者计算错误基础上）则可以对之进行纠正，但这不是撤回。[②] 因此，当事人在二审程序中推翻其在一审程序中实施的诉讼行为时，人民法院应当责令其说明理由，判断该诉讼行为是否具有撤回的事由，一般而言，对作因诉讼行为应审查其合法性和合理性，对作用诉讼行为则应审查其有效性，并在此基础上作出判断，若理由不成立的，则不予支持。

---

① 参见［日］中村英郎：《新民事诉讼法讲义》，陈刚、林剑锋、郭美松译，法律出版社 2001 年版，第 162 页。

② 参见［德］奥特马·尧厄尼希：《民事诉讼法》，周翠译，法律出版社 2003 年版，第 169 页。

【审判实践中应当注意的问题】

第一，应对民事法律行为与诉讼行为予以区分，明确系当事人在一审程序中实施的诉讼行为才具有拘束力，若双方在诉讼程序之外达成的合意契约则不属规制范围之内。

第二，实践中出现较多的情形应表现为当事人的自认，应注意的是，一般而言，自认是当事人在诉讼的口头辩论或辩论程序中作出的与对方当事人主张一致且于己不利的陈述。诉讼中一旦成立自认，则法院应受该自认的拘束。作出自认的当事人也受自认的拘束，进而不能自由地撤回该自认。[①]

第三，人民法院对当事人推翻其诉讼行为的理由具有审查权，经审查认为其违反诚信原则，违背诉讼行为的合法性、合理性及有效性，理由不成立的，不予支持。

---

① 参见［日］高桥宏志：《民事诉讼法制度与理论的深层分析》，林剑锋译，法律出版社2003年版，第385页。

十七、特别程序

【条文】

第三百四十一条

宣告失踪或者宣告死亡案件，人民法院可以根据申请人的请求，清理下落不明人的财产，并指定案件审理期间的财产管理人。公告期满后，人民法院判决宣告失踪的，应当同时依照民法典第四十二条的规定指定失踪人的财产代管人。

【条文主旨】

本条是关于宣告失踪、宣告死亡案件特别程序中下落不明人财产管理以及指定财产管理人、代管人的规定。

【条文理解】

由于宣告失踪、宣告死亡案件一般要经过较长的公告期间，因此，有必要根据申请人的申请，解决在案件审理期间下落不明公民的财产管理问题，以便使下落不明人的财产范围、数量、价值得到确认，避免在诉讼期间因利害关系人之间的争议或无人管理等原因而使财产失散或遭受其他损失。下落不明的公民被宣告失踪后，其法律后果主要体现在失踪人的财产管理方面，应当同时依照民法典第四十二条之规定指定财产代管人。

【审判实践中应当注意的问题】

第一，财产管理人和财产代管人是两个不同概念。财产代管人是依据民法典第四十二条的规定设立的，代管期间是从设定代管人起至被宣告失踪的公民重新出现或被宣告死亡时止，财产代管人对代管财产有一定的处分权，如从失踪人财产中支付失踪人所欠税款、债务和应付的其他费用；而特别程序中的财产管理人资格不受民法典第四十二条之限制，其管理期间仅限于特别程序审理期间，其责任仅限于保管财产，并没有处分此项财产的权利。第二，对于失踪人为无民事行为能力人、限制民事行为能力人的，其监护人即为财产代管人，无须另行指定。

【条文】

第三百四十二条

失踪人的财产代管人经人民法院指定后，代管人申请变更代管的，比照民事诉讼法特别程序的有关规定进行审理。申请理由成立的，裁定撤销申请人的代管人身份，同时另行指定财产代管人；申请理由不成立的，裁定驳回申请。

失踪人的其他利害关系人申请变更代管的，人民法院应当告知其以原指定的代管人为被告起诉，并按普通程序进行审理。

【条文主旨】

本条是关于宣告失踪、宣告死亡案件特别程序中财产代管人变更的规定。

【条文理解】

人民法院指定失踪人的财产代管人后，代管人可能因丧失代管能力或其他原因而申请变更，其他利害关系人也可能主张代管权。这两种情况在性质上是不同的：前一种情况，申请人只是请求人民法院确认其不再是财产代管人这一事实，而不是请求解决其与他人的民事权益争议，这符合特别程序的适用条件，可以比照特别程序进行审理；后一种情况，其他利害关系人是就代管权与被指定的财产代管人发生争议，这不符合特别程序的适用条件，应依普通程序审理。

【审判实践中应当注意的问题】

人民法院适用特别程序，是为了确定某种法律事实是否存在，确认某种权利的实际状态；而适用普通程序，是为了解决当事人之间的民事权利义务争议。因此，对于财产代管人自己向人民法院申请变更的情况，应当按照特别程序审理；对于其他利害关系人要求人民法院变更财产代管人的情况，应当按照普通程序审理。

【条文】

第三百四十三条

人民法院判决宣告公民失踪后，利害关系人向人民法院申请宣告失踪人死亡，自失踪之日起满四年的，人民法院应当受理，宣告失踪的判决即是该公民失踪的证明，审理中仍应依照民事诉讼法第一百九十二条规定进行公告。

【条文主旨】

本条是关于宣告失踪、宣告死亡案件特别程序中宣告失踪和宣告死亡程序衔接的规定。

【条文理解】

人民法院宣告公民失踪和宣告公民死亡是两个独立的程序，但也存在一定的联系，比如都需要对同一个被申请人下落不明的事实进行确认。因此，应当明确宣告失踪程序对宣告死亡程序的影响以及两者如何衔接。

【审判实践中应当注意的问题】

第一，宣告失踪并非宣告死亡的必经程序；第二，利害关系人向人民法院申请宣告死亡时，宣告失踪的判决即是该公民失踪的证明；第三，虽然在宣告失踪程序中已经进行了公告，但为慎重起见，在宣告死亡程序中仍应依法公告。

【条文】

第三百四十四条

符合法律规定的多个利害关系人提出宣告失踪、宣告死亡申请的，列为共同申请人。

【条文主旨】

本条是关于宣告失踪、宣告死亡案件特别程序中多个利害关系人同时提出申请应当如何处理的规定。

【条文理解】

根据《民法典总则编解释》第十四条之规定，申请宣告失踪的利害关系人包括：（1）被申请人的近亲属；（2）依据民法典第一千一百二十八条、第一千一百二十九条规定对被申请人有继承权的亲属；（3）债权人、债务人、合伙人等与被申请人有民事权利义务关系的民事主体，但是不申请宣告失踪不影响其权利行使、义务履行的除外。根据民法典第一千零四十五条之规定，配偶、父母、子女、兄弟姐妹、祖父母、外祖父母、孙子女、外孙子女为近亲属。这些利害关系人并不存在申请顺序，每位利害关系人的申请权都是平等的。有的利害关系人申请宣告失踪，有的不同意申请宣告失踪的，人民法院应当受理申请。多个利害关系人提出宣告失踪申请的，应当列为共同申请人。

根据《民法典总则编解释》第十六条之规定，申请宣告死亡的利害关系人包括：(1) 被申请人的配偶、父母、子女，以及依据民法典第一千一百二十九条规定对被申请人有继承权的亲属；(2) 在被申请人的配偶、父母、子女均已死亡或者下落不明，或者不申请宣告死亡不能保护其相应合法权益情形下，被申请人的其他近亲属，以及依据民法典第一千一百二十八条规定对被申请人有继承权的亲属；(3) 不申请宣告死亡不能保护其相应合法权益的被申请人的债权人、债务人、合伙人等民事主体。该条规定贯彻民法典立法原意，不再规定申请宣告死亡的利害关系人的申请顺序，只要符合《民法典总则编解释》第十六条的规定，相关利害关系人均可以申请宣告死亡，并被列为共同申请人。即使《民法典总则编解释》第十六条第一款中规定的近亲属不同意申请宣告死亡，并不影响该条后两款规定的利害关系人申请宣告死亡。

【审判实践中应当注意的问题】

申请宣告失踪、申请宣告死亡的利害关系人不存在申请顺序的问题，是否可以列为共同申请人，只需要根据《民法典总则编解释》第十四条、第十六条规定的利害关系人范围加以判断，属于该范围的数个利害关系人提出申请的，即应列为共同申请人。

【条文】

第三百四十五条

寻找下落不明人的公告应当记载下列内容：

（一）被申请人应当在规定期间内向受理法院申报其具体地址及其联系方式。否则，被申请人将被宣告失踪、宣告死亡；

（二）凡知悉被申请人生存现状的人，应当在公告期间内将其所知道情况向受理法院报告。

【条文主旨】

本条是关于民事诉讼法第一百九十二条第一款规定的寻找下落不明人的公告内容的规定。

【条文理解】

民事诉讼法第一百九十二条第一款规定，“人民法院受理宣告失踪、宣告死亡案件后，应当发出寻找下落不明人的公告”，但对公告内容未作具体规定。公告是人民法院审理宣告公民失踪、宣告公民死亡案件的必经程序步骤，意义重大，一方面表明人民法院对这类案件的慎重态度，另一方面也使下落不明人及知悉其生存现状的人了解到有关利害关系人已经向人民法院申请宣告失踪或宣告死亡，以便其向人民法院报告被申请人下落和行踪。为规范法院公告行为，促使被申请人生存状态的查明，有必要对公告内容予以明确。

【审判实践中应当注意的问题】

本条所规定的两项内容只是寻找下落不明人公告的必要记载事项，并非全部记载事项。除上述内容外，公告还应当包括以下内容：下落不明人的基本情况；申请人的基本情况及其与被申请人的关系；下落不明的事实、时间；公告期间；等等。

【条文】

第三百四十六条

人民法院受理宣告失踪、宣告死亡案件后，作出判决前，申请人撤回申请的，人民法院应当裁定终结案件，但其他符合法律规定的利害关系人加入程序要求继续审理的除外。

【条文主旨】

本条是关于宣告失踪、宣告死亡案件特别程序中申请人撤回申请应当如何处理的规定。

【条文理解】

本条规定主要明确两个问题：一是人民法院受理宣告失踪、宣告死亡案件后，作出判决前，申请人申请撤回的，人民法院应当如何处理；二是申请人撤回申请，其他符合法律规定的利害关系人加入程序要求继续审理时，人民法院应当如何处理。对于第一个问题，需要与普通程序中的撤诉相区别。在普通程序中，按照民事诉讼法第一百四十八条的规定，宣判前，原告申请撤诉的，是否准许，由人民法院裁定。人民法院裁定不准许撤诉的，原告经传票传唤，无正当理由拒不到庭的，可以缺席判决。但是，特别程序不涉及民事权利义务争议的处理，撤回申请不会损害国家、集体利益或者他人的合法权益，不需要对撤回申请是否正当、合法进行审查，故应当直接裁定终结案件。对于第二个问题，根据《民法典总则编解释》第十四条、第十六条之规定，申请宣告失踪或者申请宣告死亡的利害关系人之间并不存在申请顺序的问题，当申请人撤回申请，其他符合上述条文规定的利害关系人加入程序要求继续审理的，人民法院应当继续审理。

【审判实践中应当注意的问题】

第一，申请人撤回申请的，人民法院不应当对申请进行审查，而应当直接裁定终结案件；第二，申请人撤回申请而其他符合法律规定的利害关系人加入程序要求继续审理的，人民法院应当继续审理。

【条文】

第三百四十七条

在诉讼中，当事人的利害关系人或者有关组织提出该当事人不能辨认或者不能完全辨认自己的行为，要求宣告该当事人无民事行为能力或者限制民事行为能力的，应由利害关系人或者有关组织向人民法院提出申请，由受诉人民法院按照特别程序立案审理，原诉讼中止。

【条文主旨】

本条是关于利害关系人或者有关组织在普通程序中申请认定作为当事人的自然人无民事行为能力或者限制民事行为能力如何处理的规定。

【条文理解】

本条延续了2020年《民事诉讼法解释》第三百四十九条的思路，但结合民法典第二十四条规定进行了修改。

2020年《民事诉讼法解释》第三百四十九条规定："在诉讼中，当事人的利害关系人提出该当事人患有精神病，要求宣告该当事人无民事行为能力或者限制民事行为能力的，应由利害关系人向人民法院提出申请，由受诉人民法院按照特别程序立案审理，原诉讼中止。"而民法典第二十四条第一款规定："不能辨认或者不能完全辨认自己行为的成年人，其利害关系人或者有关组织，可以向人民法院申请认定该成年人为无民事行为能力人或者限制民事行为能力人。"为与民法典规定保持一致，本解释将条文中的"利害关系人"修改为"利害关系人或者有关组织"，将"提出该当事人患有精神病"修改为"提出该当事人不能辨认或者不能完全辨认自己的行为"，并对条文序号进行了调整。根据民法典第二十四条第三款的规定，本条中的有关组织包括：居民委员会、村民委员会、学校、医疗机构、妇女联合会、残疾人联合会、依法设立的老年人组织、民政部门等。

人民法院在适用普通程序审理民商事案件时，当事人有无民事行为能力往往对案件的实体处理起决定性作用。对于诉讼当事人的利害关系人或者有关组织提出该当事人不能辨认或者不能完全辨认自己的行为，要求宣告该当事人无民事行为能力或者限制民事行为能力的情况，为了保护当事人依法行使诉讼权利，并便于人民法院对案件的审理，应当由原受诉人民法院裁定中止原案件的审理，并直接受理利害关系人的申请，按照民事诉讼法特别程序规定对被申请人的民事行为能力予以确认。

【审判实践中应当注意的问题】

本条所规定的情况，不是一个案件适用两种不同的程序，也不是普通程序中包含了特别程序，而是两个不同性质的案件，应分别适用不同的程序。

【条文】

第三百四十八条

认定财产无主案件，公告期间有人对财产提出请求的，人民法院应当裁定终结特别程序，告知申请人另行起诉，适用普通程序审理。

【条文主旨】

本条是关于认定财产无主案件特别程序中公告期间有人提出财产请求如何处理的规定。

【条文理解】

财产所有权是一项重要的民事权益，公告期间有人认领财产，表明认领人与申请人就该项财产的所有权发生了争议。对于民事权利义务争议，人民法院只能适用普通程序审理。由于争议是在适用特别程序的案件立案以后出现的，因此，人民法院应当裁定终结特别程序，告知申请人另行起诉。

【审判实践中应当注意的问题】

本条所谓对财产提出请求，即是对财产主张所有权的请求。如果有人在承认财产无主的前提下请求将财产收归己有，则不属于对财产提出请求的范围。

【条文】

第三百四十九条

被指定的监护人不服居民委员会、村民委员会或者民政部门指定，应当自接到通知之日起三十日内向人民法院提出异议。经审理，认为指定并无不当的，裁定驳回异议；指定不当的，判决撤销指定，同时另行指定监护人。判决书应当送达异议人、原指定单位及判决指定的监护人。

有关当事人依照民法典第三十一条第一款规定直接向人民法院申请指定监护人的，适用特别程序审理，判决指定监护人。判决书应当送达申请人、判决指定的监护人。

【条文主旨】

本条是关于被指定的监护人不服指定应如何处理的规定。

【条文理解】

民法典第三十一条第一款规定："对监护人的确定有争议的，由被监护人住所地的居民委员会、村民委员会或者民政部门指定监护人，有关当事人对指定不服的，可以向人民法院申请指定监护人；有关当事人也可以直接向人民法院申请指定监护人。"《民法典总则编解释》第十条规定："有关当事人不服居民委员会、村民委员会或者民政部门的指定，在接到指定通知之日起三十日内向人民法院申请指定监护人的，人民法院经审理认为指定并无不当，依法裁定驳回申请；认为指定不当，依法判决撤销指定并另行指定监护人。有关当事人在接到指定通知之日起三十日后提出申请的，人民法院应当按照变更监护关系处理。"但民事诉讼法没有相应的程序性规定。从被指定的监护人提出异议，以及有关当事人直接向人民法院申请指定监护人的性质看，其并非要求解决与他人就监护权发生的争执，而只是请求确认自己不适宜担任监护人的事实，或者直接请求法院指定监护人，符合民事诉讼法第一百八十六条关于特别程序不解决民事权益争议的规定，应当按照特别程序审理。

【审判实践中应当注意的问题】

第一，对于被指定的监护人不服指定提出异议，以及有关当事人直接申请人民法院指定监护人的，均应当适用特别程序处理；第二，人民法院如果认为原指定单位指定监护人不当，在判决撤销指定的同时，还应当另行指定监护人；第三，人民法院判决撤销指定的，判决书不但要送达异议人，还要送达原指定单位和判决指定的监护人，人民法院直接指定监护人的，判决书应当送达申请人和判决指定的监护人。

【条文】

第三百五十条

申请认定公民无民事行为能力或者限制民事行为能力的案件，被申请人没有近亲属的，人民法院可以指定经被申请人住所地的居民委员会、村民委员会或者民政部门同意，且愿意担任代理人的个人或者组织为代理人。

没有前款规定的代理人的，由被申请人住所地的居民委员会、村民委员会或者民政部门担任代理人。

代理人可以是一人，也可以是同一顺序中的两人。

【条文主旨】

本条是关于民事诉讼法第一百九十六条第一款规定的为被申请人指定代理人的补充规定。

【条文理解】

本条解决被申请人没有近亲属的情况下，是否指定代理人以及如何指定的问题。

民事诉讼法第一百九十六条第一款规定："人民法院审理认定公民无民事行为能力或者限制民事行为能力的案件，应当由该公民的近亲属为代理人，但申请人除外。近亲属互相推诿的，由人民法院指定其中一人为代理人。该公民健康情况许可的，还应当询问本人的意见。"该条款仅对在近亲属中指定代理人作出了规定，对被申请人没有近亲属的情况下人民法院是否应当指定以及如何指定代理人未作规定，需要司法解释予以补充规定。

在认定公民无民事行为能力、限制民事行为能力案件特别程序中，代理人对维护被申请人的合法权益非常重要，其作用类似于诉讼程序中无民事行为能力人、限制民事行为能力人的法定代理人。因此，无论被申请人是否有近亲属，人民法院都应当为其指定代理人。根据民事诉讼法第六十条之规定，无诉讼行为能力人由他的监护人作为法定代理人代为诉讼。因此，在申请认定公民无民事行为能力或者限制民事行为能力的案件中，人民法院应当依照民法典有关监护的规定指定被申请人的代理人。

民法典第二十八条规定："无民事行为能力或者限制民事行为能力的成年人，由下列有监护能力的人按顺序担任监护人：（一）配偶；（二）父母、子女；（三）其他近亲属；（四）其他愿意担任监护人的个人或者组织，但是须经被监护人住所地的居民委员会、村民委员会或者民政部门同意。"民法典第三十二条还规定："没有依法具有监护资格的人的，监护人由民政部门担任，也可以由具备履行监护职责条件的被监护人住所地的居民委员会、村民委员会担任。"这两条既规定了有资格作监护人的范围，也规定了承担监护责任的顺序。参照上述规定，在申请认定公民无民事行为能力或者限制民事行为能力的案件中，应当将被申请人的代理人的范围和顺序确定为：配偶；父母、子女；其他近亲属；其他愿意担任监护人的个人或者组织，但是须经被监护人住所地的居民委员会、村民委员会或者民政部门同意；民政部门，或者具备履行监护职责条件的被申请人住所地的居民委员会、村民委员会。此外，民事诉讼法第六十一条第一款规定，当事人、法定代理人可以委托一至二人作为诉讼代理人。参照此规定，结合代理人的顺序性，应当明确代理人可以是一人，也可以是同一顺序中的两人。

【审判实践中应当注意的问题】

第一，在认定公民无民事行为能力、限制民事行为能力案件特别程序中，被申请人必须有代理人；第二，指定代理人有顺序要求，只有当前一顺序的人不存在或无法履行代理职责时，才可以指定后一顺序的人或组织担任代理人；第三，代理人有人数限制，最多不超过两人。

【条文】

第三百五十一条

申请司法确认调解协议的，双方当事人应当本人或者由符合民事诉讼法第六十一条规定的代理人依照民事诉讼法第二百零一条的规定提出申请。

【条文主旨】

本条是关于调解协议司法确认案件申请主体、申请范围及案件管辖的规定。

【条文理解】

2021 年民事诉讼法修改时，对司法确认调解协议的管辖规则作了大幅修改，不再是仅由调解组织所在地的基层人民法院管辖的模式。为与修改后的民事诉讼法保持一致，本解释作了相应修改。

确认调解协议案件也可以称为"司法确认案件"，是指对于涉及当事人之间民事权利义务的纠纷，经行政机关、人民调解组织、商事调解组织、行业调解组织或者其他依法设立的调解组织调解达成具有民事合同性质的协议后，由双方当事人共同到人民法院申请确认调解协议的法律效力的一种新的案件类型。该类案件的构成要素如下。(1) 司法确认案件的前提是纠纷双方当事人在调解组织主持下已经达成了调解协议。(2) 司法确认案件的管辖法院应当根据民事诉讼法第二百零一条的规定予以确定，对于人民法院邀请调解组织开展先行调解的，按照“谁邀请，谁受理”的原则确定管辖法院。对于调解组织自行开展调解的，除调解组织所在地外，还增加了当事人住所地、标的物所在地两个管辖连接点；按照诉讼案件级别管辖和专门管辖标准，调解协议所涉纠纷应当由中级人民法院或者专门人民法院管辖的，由相应的中级人民法院和专门人民法院受理司法确认申请。(3) 司法确认案件必须由双方当事人共同提出申请。(4) 司法确认案件提起的时限是调解协议生效之日起三十日内。

本条中所规定的调解是指在依法设立的中立第三方调解组织的主持下，促使争议双方当事人之间就纠纷达成调解协议的纠纷解决方式。这里的调解不包括人民法院的诉讼调解，它与审判和仲裁的最大区别在于调解员没有权力对争执的双方当事人施加外部的强制力，也没有权利和义务对争议事项作出判断和决定。

司法确认制度是随着人民法院建立健全诉讼与非诉讼相衔接的矛盾纠纷解决机制改革的不断深入而发展起来的。2002 年 9 月，《最高人民法院关于审理涉及人民调解协议的民事案件的若干规定》(法释〔2002〕29 号) 第一条规定：“经人民调解委员会调解达成的、有民事权利义务内容，并由双方当事人签字或者盖章的调解协议，具有民事合同性质。当事人应当按照约定履行自己的义务，不得擅自变更或者解除调解协议。”该规定第一次以司法解释的形式将人民调解协议确定为具有民事合同性质的协议。2004 年《民事调解工作规定》(法释〔2004〕12 号) 第三条规定：“根据民事诉讼法第八十七条的规定，人民法院可以邀请与当事人有特定关系或者与案件有一定联系的企业事业单位、社会团体或者其他组织，和具有专门知识、特定社会经验、与当事人有特定关系并有利于促成调解的个人协助调解工作。经各方当事人同意，人民法院可以委托前款规定的单位或者个人对案件进行调解，达成调解协议后，人民法院应当依法予以确认。”该规定第一次以司法解释的形式明确了对调解协议进行司法确认的程序。

2008 年年底，中央部署了深化司法体制和工作机制改革的任务，安排了“法院做好诉调对接、中央出台相关政策、改革成果转化为立法”的“三步走”改革进程，最高人民法院被中央确定为“建立健全诉讼与非诉讼相衔接的矛盾纠纷解决机制”改革项目的牵头单位。最高人民法院在 2008 年 5 月确定了吉林高院、河北廊坊中院、上海浦东新区法院、重庆渝中区法院、福建莆田中院、福建厦门同安区法院、广东东莞第二法院、云南曲靖中院、甘肃定西中院等九个法院开展多元纠纷解决机制改革的试点工作，为改革方案的制定和深化提供了有力的实践支持。甘肃定西中院探索建立了司法确认案件的程序机制。2009 年 9 月，最高人民法院发布了《诉讼与非诉讼衔接机制意见》，增加了对调解协议进行司法确认的程序，并重述了 2002 年、2004 年司法解释中已有的内容。《诉讼与非诉讼衔接机制意见》规定由行政机关、人民调解组织、商事调解组织、行业调解组织或者其他具有调解职能的组织调解达成的具有民事合同性质的协议，当事人可以申请有管辖权的人民法院确认其效力。为了保证这种具有“非诉”性质的司法确认机制在程序上的可操作性，该意见还进一步明确了司法确认制度的案件范围、管辖法院、申请和受理审查程序、裁判文书及法律效力等内容。这些规定促进了司法实务中法院主导推行的多元化纠纷解决机制及诉调对接改革的规范化、制度化和体系化。

2010 年人民调解法颁布施行。人民调解法是我国第一部专门、系统地规范人民调解的法律，规范了人民调解的性质、任务和原则，人民调解的组织形式和人民调解员的选任，人民调解的程序、效力，人民调解的指导和保障等各个方面的内容。人民调解法的制定颁布，有利于充分调动广大人民调解组织和人民调解员的积极性，突出了基层调解组织化解纠纷的功能，使矛盾及时有效化解在基层、解决在萌芽状态，有利于促进社会和谐。人民调解法从立法上明确了人民调解协议的效力，规定了调解协议具有法律约束力，当事人应当按照约定履行。人民调解法第三十三条规定，经人民调解委员会调解达成调解协议后，双方当事人认为有必要的，可以自调解协议生效之日起三十日内共同向人民法院申请司法确认。该法的实施意味着司法确认制度正式入法，被确定为国家司法制度，标志着我国多元化纠纷解决机制改革进入了一个新的发展阶段。2011 年 3 月 21 日，最高人民法院审判委员会第 1515 次会议通过了《人民调解协议司法确认程序规定》，对司法确认的程序及效力等作出明确规定，主要包括：司法确认案件的管辖法院、当事人申请司法确认时应当提交的材料、司法确认案件的受理、法院办理司法确认案件的期限、审查方式、不予确认的情形、确认方式及效力等内容。2012 年民事诉讼法修改时进一步吸收和巩固司法改革的成果，增加了调解协议司法确认案件的内容，从诉讼法层面上为多元化纠纷解决机制的发展提供充分的法律依据。2012 年最高人民法院下发《诉讼与非诉讼衔接机制试点方案》，在全国法院确定了42个试点法院，再次强调了落实调解协议司法确认制度。2016年，为贯彻落实《中共中央关于全面推进依法治国若干重大问题的决定》以及《中共中央办公厅、国务院办公厅关于完善矛盾纠纷多元化解机制的意见》，最高人民法院印发《关于人民法院进一步深化多元化纠纷解决机制改革的意见》，就人民法院进一步深化多元化纠纷解决机制改革、完善诉讼与非诉讼相衔接的纠纷解决机制提出工作意见，要求各级人民法院要将诉调对接平台建设与诉讼服务中心建设结合起来，建立集诉讼服务、立案登记、诉调对接等多项功能为一体的综合服务平台，并配备专门人员从事诉调对接工作，建立诉调对接长效工作机制，推动诉讼与非诉讼纠纷解决方式在程序安排、效力确认、法律指导等方面的有机衔接。同年，为加强诉讼与非诉讼纠纷解决方式的有效衔接，维护当事人合法权益，最高人民法院审判委员会第1684次会议通过《最高人民法院关于人民法院特邀调解的规定》，该规定第一条明确“特邀调解是指人民法院吸纳符合条件的人民调解、行政调解、商事调解、行业调解等调解组织或者个人成为特邀调解组织或者特邀调解员，接受人民法院立案前委派或者立案后委托依法进行调解，促使当事人在平等协商基础上达成调解协议、解决纠纷的一种调解活动”，第十九条第二款规定“委派调解达成的调解协议，当事人可以依照民事诉讼法、人民调解法等法律申请司法确认。当事人申请司法确认的，由调解组织所在地或者委派调解的基层人民法院管辖”，进一步促进特邀调解制度规范运行。

2019年，习近平总书记在中央政法工作会议上指出“要深化诉讼制度改革，推进案件繁简分流、轻重分离、快慢分道”。党的十九届四中全会对完善正确处理新形势人民内部矛盾有效机制作出部署，要求完善人民调解、行政调解、司法调解联动工作体系。为贯彻落实党中央决策部署，最高人民法院积极推进民事诉讼程序繁简分流改革工作。2019年12月，第十三届全国人民代表大会常务委员会第十五次会议通过了《全国人民代表大会常务委员会关于授权最高人民法院在部分地区开展民事诉讼程序繁简分流改革试点工作的决定》，授权最高人民法院在北京、上海市辖区内中级人民法院、基层人民法院，南京、苏州、杭州、宁波、合肥、福州、厦门、济南、郑州、洛阳、武汉、广州、深圳、成都、贵阳、昆明、西安、银川市中级人民法院及其辖区内基层人民法院，北京、上海、广州知识产权法院，上海金融法院，北京、杭州、广州互联网法院，就优化司法确认程序等开展为期两年的民事诉讼程序繁简分流改革试点工作。随后，最高人民法院印发《民事诉讼程序繁简分流改革试点实施办法》，该办法第二条至第四条进一步优化了司法确认程序，强调试点法院建立和管理特邀调解名册的责任，建立了特邀调解与司法确认的衔接机制，扩大了可以申请司法确认的调解协议范围，同时明确中级法院和专门法院也可以适用司法确认程序。2021年，中央全面深化改革委员会第十八次会议审议通过了《关于加强诉源治理推动矛盾纠纷源头化解的意见》，为贯彻落实诉源治理工作要求，深入推进民事诉讼程序繁简分流改革试点工作，最高人民法院先后印发了《关于深化人民法院一站式多元解纷机制建设推动矛盾纠纷源头化解的实施意见》《最高人民法院关于进一步健全完善民事诉讼程序繁简分流改革试点法院特邀调解名册制度的通知》，进一步健全完善特邀调解制度，有效发挥了司法确认程序对推动矛盾纠纷源头化解的保障作用。2021年民事诉讼法根据民事诉讼程序繁简分流改革试点成效，对司法确认的适用范围和管辖进行了大幅修改，虽然仅涉及一个条文，但对于推进多元化纠纷解决机制发展具有重要意义。本条司法解释是对民事诉讼法第二百零一条司法确认程序启动中申请主体、申请范围以及案件管辖等几个方面内容的具体解释。

1. 关于司法确认案件的启动前提

司法确认案件的启动前提是纠纷双方当事人在依法设立的调解组织的主持下达成了调解协议。只有达成调解协议，才符合提起司法确认案件的前提条件。

2. 关于司法确认案件的申请主体

（1）申请主体。本条规定："申请司法确认调解协议的，双方当事人应当本人或者由符合民事诉讼法第六十一条①规定的代理人依照民事诉讼法第二百零一条的规定提出申请。"根据民事诉讼法第二百零一条的规定，申请司法确认的，由双方当事人共同提出。根据民事诉讼法第六十一条的规定，当事人可以委托代理人代理诉讼。同样，在司法确认案件中，当事人也可以委托他人代为申请，但受托人必须是符合民事诉讼法第六十一条规定的代理人，且必须向人民法院提交由委托人签名或者盖章的授权委托书。

（2）共同申请。根据民事诉讼法第二百零一条的规定，当事人共同向有管辖权的人民法院提出确认申请。司法实践中，双方当事人共同申请，与一方当事人申请而另一方当事人同意情形均存在。绝大多数案件是一方当事人向法院提出司法确认申请，由法院征求另一方当事人的意见，另一方当事人

① 民事诉讼法第六十一条规定："当事人、法定代理人可以委托一至二人作为诉讼代理人。下列人员可以被委托为诉讼代理人：（一）律师、基层法律服务工作者；（二）当事人的近亲属或者工作人员；（三）当事人所在社区、单位以及有关社会团体推荐的公民。"

表示同意即可。极少数部分的案件是双方当事人手拉手一起申请确认。为了更灵活地适用司法确认程序，我们认为，一方当事人申请而另一方当事人表示同意的，可以视为双方当事人共同申请。

（3）申请期限。调解协议达成后，双方当事人申请司法确认的，应当在调解协议生效之日起三十日内，按照民事诉讼法第二百零一条规定的管辖规则，共同向有管辖权的人民法院提出申请。

3. 关于申请确认的调解协议范围

根据民事诉讼法第二百零一条的规定，经依法设立的调解组织调解达成调解协议，申请司法确认的，由双方当事人自调解协议生效之日起三十日内，共同向有管辖权的人民法院提出。关于申请确认的调解协议范围，2021年民事诉讼法草案稿充分吸收民事诉讼程序繁简分流改革试点的做法，将司法确认的主体范围从“人民调解委员会”扩展至“依法设立的调解组织”和“依法任职的调解员”，但在审议过程中，有的部门、专家提出，经法院确认的调解协议具有强制执行力，相关范围的扩大应当严格、谨慎。考虑到目前调解员的选用、任命尚缺乏统一规范，调解质量参差不齐，如果一步到位扩大到调解员，可能存在较大虚假调解和不当确认的风险，因此，2021年民事诉讼法最终删除了“依法任职的调解员”的表述，目的在于强化调解组织的监督管理作用，增强调解协议的质量和公信力。

关于“依法设立”的“法”，根据立法法相关规定，主要包括以下四种类型：一是全国人大及其常委会制定的法律，如人民调解法等，以及未来可能制定的调解法、多元化解纠纷促进法、商事调解法等法律；二是国务院制定的行政法规，如《民办非企业单位登记管理暂行条例》等；三是地方人大制定的地方性法规、自治条例和单行条例；四是国务院各部、委员会、中国人民银行、审计署和具有行政管理职能的直属机构，以及省、自治区、直辖市和设区的市、自治州的人民政府制定的规章。调解组织依照上述规定设立的，可以认定为“依法设立”。除此之外，中央有关职能部门也会根据工作需要，就推进特定领域矛盾纠纷多元化解单独或联合发布规范性文件，如最高人民法院、司法部发布的《关于开展律师调解试点工作的意见》《关于扩大律师调解试点工作的通知》，最高人民法院、中国证监会发布的《关于全面推进证券期货纠纷多元化解机制建设的意见》，最高人民法院、中国侨联发布的《关于在部分地区开展涉侨纠纷多元化解试点工作的意见》等。调解组织依照上述文件规定设立的，也可以视为“依法设立”。

4. 关于司法确认案件的管辖

2021年民事诉讼法结合民事诉讼程序繁简分流改革试点实践成效，明确了司法确认案件三种管辖情形：一是明确了人民法院邀请特邀调解组织进行调解的，遵循“谁邀请，谁管辖”的原则确定司法确认案件管辖法院，这样规定既简单清晰，不会产生管辖争议，也方便人民法院审查和执行；二是对于调解组织自行开展调解的，除保留调解组织所在地这一管辖连接点外，还增加了当事人住所地和标的物所在地的新规定，主要考虑在于，随着多元化纠纷解决机制的发展，各类行业性、专业性和调解组织体系逐步健全完善，当事人自行选择调解组织可能不再仅限“本地”，为避免出现虚假调解风险和后续执行困难，增加当事人住所地和标的物所在地两个连接点，既方便当事人提起司法确认，也有助于调解协议标的物所在地法院有效开展司法确认的审查和后续执行工作；三是明确调解协议涉及的纠纷，依照法律规定由中级人民法院管辖的，也可以向该中级人民法院申请司法确认，这一规定同样适用于专门人民法院。同时，本条删除了“人民法庭”的表述，理由在于，人民法庭是人民法院的派出机构，是人民法院的组成部分，当事人向人民法院申请司法确认，自然包含了向人民法庭提出司法确认的情形，故而无须进行特别强调。

【审判实践中应当注意的问题】

1. 关于调解员主持达成的调解协议的处理

2021 年民事诉讼法未将“依法任职的调解员调解达成的调解协议”纳入司法确认范围，旨在强调非诉调解的严肃性和规范性，强化调解组织的监督管理作用，增强调解协议的权威性和公信力，防止虚假调解和不当确认。因此，在司法实践中，对于调解员以个人名义主持达成的调解协议，不能再予以司法确认。实践中，可以鼓励调解员加入依法设立的调解组织，以调解组织名义开展调解工作。

2. 关于司法确认案件管辖规则的适用

实践中需重点把握以下三个方面。

一是“邀请调解组织开展先行调解”的含义。2021 年民事诉讼法第二百零一条第一项中的“邀请”是指人民法院特邀调解制度的“特邀”，“先行”是指“诉前”，实质含义即“人民法院诉前委派调解”。考虑到民事诉讼法中未出现过“特邀”和“委派”的概念，而“邀请”和“先行调解”先前已有规定，其含义可以直接对应“特邀”和“委派调解”，所以在修改后的条文中采纳了现有概念和表述，意为“诉前委派调解的，向作出委派的人民法院提出司法确认申请”。需要注意的是，中级人民法院委派调解的纠纷也可以适用该规则。

二是“调解组织自行调解”的管辖规则应遵循实际联系原则。“调解组织自行调解”是指非经人民法院委派，由当事人自主申请或调解组织主动调解的调解类型。针对这类调解协议，2021 年民事诉讼法在坚持遵循实际联系原则的基础上，将管辖连接点从“调解组织所在地”扩展到“当事人住所地”和“标的物所在地”，增加管辖连接点，为当事人申请司法确认提供了便利，也通过坚持实际联系原则，便于人民法院审查和执行调解协议，有利于加强对调解组织的监督和指导。需要指出的是，司法确认作为特别程序，并不以法院对纠纷具有诉讼管辖权为前提，只需考虑符合管辖连接点要求。司法实践中，双方当事人向符合管辖连接点的多个法院申请司法确认的，由最先受理申请的法院管辖。

三是中级法院受理调解组织自行调解的司法确认申请管辖规则。民事诉讼法第二百零一条第二项规定：“……调解协议所涉纠纷应当由中级人民法院管辖的，向相应的中级人民法院提出。”司法实践中，金融法院、知识产权法院、海事法院等专门人民法院也可以适用该条。法条中未单独列明“专门人民法院”，主要是考虑到民事诉讼法的立法表述惯例，并未将专门人民法院排除在适用范围之外。该条中的“调解协议所涉纠纷应当由中级人民法院管辖的”，主要是指该纠纷如果提起诉讼，其标的额、案件类型等，符合级别管辖或专门管辖标准的，应当由中级或专门人民法院管辖。“向相应的中级人民法院提出”，并非指向具有诉讼管辖权的中级或专门人民法院提出，而是应当遵循本项前半句的管辖连接点的规定，向“调解组织所在地、当事人住所地、标的物所在地”的中级或专门人民法院提出。

【条文】

第三百五十二条

调解组织自行开展的调解，有两个以上调解组织参与的，符合民事诉讼法第二百零一条规定的各调解组织所在地人民法院均有管辖权。

双方当事人可以共同向符合民事诉讼法第二百零一条规定的其中一个有管辖权的人民法院提出申请；双方当事人共同向两个以上有管辖权的人民法院提出申请的，由最先立案的人民法院管辖。

【条文主旨】

本条是关于调解协议司法确认案件共同管辖问题的规定。

【条文理解】

本条关于共同管辖的规定参照了民事诉讼法第三十六条的规定。

司法确认案件的共同管辖，是指依照法律规定两个或者两个以上的人民法院对同一司法确认案件都有管辖权。实践中，有时存在几个调解组织联合调处纠纷的情况，如果这几个调解组织所在地不在同一个人民法院辖区内，就会发生这种共同管辖的冲突问题。

如何处理共同管辖冲突问题？民事诉讼法第三十六条规定："两个以上人民法院都有管辖权的诉讼，原告可以向其中一个人民法院起诉；原告向两个以上有管辖权的人民法院起诉的，由最先立案的人民法院管辖。"这里是根据立案的先后顺序来解决地域管辖的冲突问题。

参照民事诉讼法关于诉讼的共同管辖处理原则，本条第一款规定："调解组织自行开展的调解，有两个以上调解组织参与的，符合民事诉讼法第二百零一条规定的各调解组织所在地人民法院均有管辖权。"在两个以上人民法院对同一司法确认案件都有管辖权的情况下，有两种处理方式：一是双方当事人可以共同向其中一个调解组织所在地的人民法院提出申请，则由收到申请的人民法院管辖；二是双方当事人共同向两个以上调解组织所在地人民法院提出申请的，由最先立案的人民法院管辖。诉讼程序中解决管辖权冲突的最主要办法，是赋予原告选择权，原告可以向其中任何一个法院提起诉讼。如果原告向两个以上有管辖权的人民法院起诉，由最先立案的人民法院管辖。同理，申请司法确认的案件，如果双方当事人共同向两个以上调解组织所在地人民法院提出申请的，由最先立案的人民法院管辖。

【审判实践中应当注意的问题】

审判实践中，如果发生几个都有管辖权的法院立案先后时间无法区分的情形，则由这几个法院共同协商，确定其中一个法院行使管辖权。如果这几个法院经协商未能确定具体由哪个法院行使管辖权，则由这几个法院报请其共同的上一级人民法院来指定管辖。

【条文】

第三百五十三条

当事人申请司法确认调解协议，可以采用书面形式或者口头形式。当事人口头申请的，人民法院应当记入笔录，并由当事人签名、捺印或者盖章。

【条文主旨】

本条是关于调解协议司法确认案件申请形式的规定。

【条文理解】

当事人申请司法确认调解协议，既可以采用书面形式，也可以采用口头形式。之所以这样规定，主要是考虑到当事人文化程度不同，一律规定采用书面形式提出申请恐有难度。从便民利民的角度出发，本条规定当事人也可以口头形式提出确认申请。但为了固定当事人提出的确认申请，确保该申请出自当事人的自愿，本条规定：口头申请的，人民法院应当记入笔录，并由当事人签名、捺印或者盖章。这就把确认程序的便民性与司法程序的严谨性进行了有机的结合。口头提出申请是一项灵活规定，是对书面形式的补充。本条规定也是为了鼓励当事人选择非诉讼的调解方式解决自身纠纷，促进多元化纠纷解决机制建设。当事人可以采取口头形式提出申请，在一定程度上方便基层人民群众对调解协议提出司法确认，保护自身的权益。在这里，应当注意此处当事人对人民法院所做的笔录要签名、捺印或者盖章。这三种方式可以选择适用，并具有同等效力。

【审判实践中应当注意的问题】

本条并没有规定当事人只有在书写申请书确有困难的情况下，才可以口头提出申请，而是当事人可以自行选择申请形式，这一点与民事诉讼法第一百二十三条的规定有所不同。也就是说，当事人提出司法确认的申请，究竟是采取书面形式还是口头形式，当事人享有选择权，法院不能干预。

【条文】

第三百五十四条

当事人申请司法确认调解协议，应当向人民法院提交调解协议、调解组织主持调解的证明，以及与调解协议相关的财产权利证明等材料，并提供双方当事人的身份、住所、联系方式等基本信息。

当事人未提交上述材料的，人民法院应当要求当事人限期补交。

【条文主旨】

本条是关于调解协议司法确认案件当事人提交申请材料的规定。

【条文理解】

本条吸纳了《人民调解协议司法确认程序规定》第三条的相关内容。

根据本条规定，当事人申请确认调解协议，应当向人民法院提交下列材料：（1）调解协议；（2）调解组织主持调解的证明；（3）与调解协议相关的财产权利证明；（4）双方当事人的身份、住所、联系方式等基本信息。委托代理人代为申请的，还应当向人民法院提交由委托人签名或者盖章的授权委托书。当事人申请司法确认时，应当提供调解协议书。如果当事人达成的是口头调解协议，则应当提供已经达成调解协议的有效证明，如调解组织制作的调解记录。对于当事人提交材料不齐全的，人民法院应当一次性告知当事人限期补齐。

本条规定是司法确认案件质量的一个基本保证。因为司法确认程序是一种非讼性的审查程序，在突出便捷性的同时，当事人之间的对抗和辩论不足，法官对调解协议相关内容的审查更多停留在形式性审查的层面，这对司法确认案件的质量是有一定影响的。为了满足司法确认案件书面审查的基本要求，本条规定了当事人向人民法院提出司法确认申请时必须提交的相关材料。这些材料主要包括以下几类：一是调解协议。这是当事人需要提交的核心材料，也是人民法院进行司法审查和确认的对象。二是调解组织主持调解的证明。调解协议必须经由第三方调解组织主持达成，这是司法确认制度的基本要求。司法确认系人民法院对非诉调解组织调解工作的支持和保障，该制度是建立在对非诉调解组织的基本信任基础之上的。故当事人向人民法院申请确认调解协议时，必须提供材料证明该份协议系由调解组织主持达成的。这样规定可以防止部分当事人恶意串通，以损害第三人利益为目的，制造虚假调解协议提交人民法院进行确认。三是与调解协议相关的财产权利证明。这样规定也是防止当事人通过调解协议处置第三人的财产，属于确保案件质量的条款。四是双方当事人的身份、住所、联系方式等基本信息。这是人民法院开展司法确认工作需要的基本材料，是送达相关法律文书的基本要求。

【审判实践中应当注意的问题】

当事人未提交上述材料的，人民法院应当要求当事人限期补交。如果当事人超过限期未补充提交相关材料的，属于申请不适格，也反映出当事人对申请司法确认的意愿不强，人民法院应当对其按撤回申请处理。

【条文】

第三百五十五条

当事人申请司法确认调解协议，有下列情形之一的，人民法院裁定不予受理：

（一）不属于人民法院受理范围的；

（二）不属于收到申请的人民法院管辖的；

（三）申请确认婚姻关系、亲子关系、收养关系等身份关系无效、有效或者解除的；

（四）涉及适用其他特别程序、公示催告程序、破产程序审理的；

（五）调解协议内容涉及物权、知识产权确权的。

人民法院受理申请后，发现有上述不予受理情形的，应当裁定驳回当事人的申请。

【条文主旨】

本条是关于调解协议司法确认案件受理申请的规定。

【条文理解】

本条吸纳了《人民调解协议司法确认程序规定》第四条的相关内容。

人民法院收到当事人的司法确认调解协议申请后，有两种处理方式：一是符合受理条件的，应当受理；二是不符合受理条件的，不予受理，并裁定驳回当事人的申请。

1. 关于受理条件

参照民事诉讼法第一百二十二条诉讼案件受理的相关规定，司法确认案件的受理条件包括：（1）主体方面，申请人和被申请人均应当与本案有直接利害关系，双方当事人的主体均应适格（如具有相应的民事权利能力和行为能力等）；（2）审查内容方面，申请人需有具体的申请司法确认的请求、标的（调解协议）和理由；（3）主管和管辖方面，当事人的申请应当属于人民法院受理调解协议司法确认的范围和受诉人民法院管辖。对此，需要注意的是，本解释第三百五十四条所列举的当事人申请时应当向人民法院提交的材料，属于法院受理申请的必要条件。当事人在提出申请时如果材料不齐的，人民法院应当给予其补充提交的机会，但如果当事人在限期内未能补充提交相关材料的，人民法院可以对其作撤回申请处理。

2. 关于不予受理的情形

本条重点规定了不予受理调解协议司法确认申请的几种情形。

第一，不属于人民法院受理范围的。本条所指的“不属于人民法院受理范围的”涉及法院主管问题，主要是指不属于人民法院民事案件的受理范围。对此，人民法院可以告知当事人向有权管理的机关或部门提出申请。

第二，不属于收到申请的人民法院管辖的。本条所指的“不属于收到申请的人民法院管辖的”，不是民事诉讼法所规定的级别管辖和地域管辖，而是本解释所规定的管辖。按照2021年民事诉讼法第二百零一条的规定，经依法设立的调解组织调解达成调解协议，申请司法确认的，由双方当事人自调解协议生效之日起三十日内，共同向下列人民法院提出：（1）人民法院邀请调解组织开展先行调解的，向作出邀请的人民法院提出；（2）调解组织自行开展调解的，向当事人住所地、标的物所在地、调解组织所在地的基层人民法院提出；调解协议所涉纠纷应当由中级人民法院管辖的，向相应的中级人民法院提出。因此，具有司法确认申请管辖权的人民法院包括：一是作出诉前特邀调解邀请的人民法院；二是调解组织自行调解的情况下，当事人住所地、标的物所在地、调解组织所在地的基层人民法院；三是根据诉讼管辖标准，调解协议所涉纠纷本应由中级或专门人民法院管辖的，对该调解协议的司法确认申请，应由当事人住所地、标的物所在地、调解组织所在地的中级或专门人民法院管辖。不属于上述法院管辖的纠纷，当事人提出申请确认调解协议效力的，人民法院不予受理。

第三，申请确认身份关系无效、有效或者解除的。人民法院不受理确认婚姻关系、亲子关系、收养关系等身份关系无效、有效或者解除的调解协议的司法确认申请。这是因为确认身份关系的无效、有效或者解除，不仅对当事人本人，而且对其他社会关系都具有重要影响，当事人应当慎重处理。如果确实需要对上述关系的无效、有效进行认定，确实需要解除上述关系，则应当通过诉讼或者其他法定方式解决。以婚姻关系为例，如果当事人协议解除婚姻关系，可以到民政部门办理离婚手续。如果对离婚涉及的财产分割等问题有争议，可以通过诉讼方式解决。当事人在办理离婚手续后就财产纠纷达成调解协议的，则可以申请司法确认。

第四，涉及适用其他特别程序、公示催告程序、破产程序审理的。对于“涉及适用其他特别程序、公示催告程序、破产程序审理的”确认申请，人民法院不予受理。这里所指的“其他特别程序”，是指除确认调解协议案件程序之外的其他特别程序。民事诉讼法规定了选民资格案件，宣告失踪、宣告死亡案件，认定公民无民事行为能力、限制民事行为能力案件，认定财产无主案件，确认调解协议案件，实现担保物权案件等六种特别程序，确认调解协议案件程序是与其他特别程序相并列的，如果当事人的申请需要适用其他种类的特别程序，自然不能再适用司法确认的程序。至于公示催告程序和破产程序，则是与特别程序相并列的专门程序，亦不得同时适用。

第五，调解协议内容涉及物权、知识产权确权的。之所以规定“调解协议内容涉及物权、知识产权确权的”人民法院不予受理，其主要原因在于：

一是物权确权问题涉及当事人的重大利益，不适宜适用司法确认这类比较简易的程序处理。物权确权之争是指因物权的归属、内容发生争议的，利害关系人要求法院确认其物权的情况。物权确权之诉是确认之诉的一种形态，在性质上属于诉讼程序，即由平等主体之间的一方当事人针对另一方当事人就物权的权属争议提起的诉讼。物权的确认包括两方面的内容：一是对物权归属的确认。它既是保护物权的前提，也是对他物权的确认。例如，房屋设定抵押以后，在拍卖时发生争议，即债权人对该房屋之上是否有抵押权、谁享有抵押权发生了争议时，也涉及他物权的确权。他物权的设定虽有登记，但登记记载的内容也会有错误，因此也有必要确权。二是对物权的内容的确认。即当事人对物权的内容发生争议时，请求人民法院对物权的内容加以确认。例如，登记机构将他人的房屋面积登记错误，或者将抵押权所担保的债权数额记载错误，权利人向登记机构提出更正申请遭到拒绝后，可以请求法院确认其物权。因为物权确权的标的往往涉及房屋等不动产，标的额大，关涉当事人的重大经济利益，适用司法确认程序处置显得过于轻率。同时物权确权问题涉及较为复杂的法律关系和较多的证据材料，双方当事人的争议也可能比较多，适用诉讼程序审理才能承载人民法院对事实审查的需要。故本解释规定，对于调解协议涉及物权确权问题的，人民法院不得以司法确认程序受理。

二是知识产权的确权问题专业性强，需由有权机关根据法律的规定确认权利的存在及其效力。知识产权的确权，既包括对权利的审查与授予，也包括授予之后对权利效力的再次确认。调解协议的内容涉及知识产权确权的，人民法院在审查时受两个方面的限制：（1）管辖权的限制，司法确认案件均由基层人民法院或人民法庭管辖，但并不是所有的基层人民法院都有知识产权案件的管辖权，故没有知识产权管辖权的法院是不能受理这类案件的；（2）审理方式的限制，因为知识产权确权问题比较复杂，人民法院一般应适用普通程序对其进行审查，有的还要采取证据保全等诉讼措施，适用司法确认程序达不到法院审查该类问题的基本要求。受上述因素的限制，本解释规定，当调解协议涉及知识产权确权的，人民法院不得以司法确认案件予以受理。

【审判实践中应当注意的问题】

一是不予受理裁定。人民法院受理申请后，发现有上述不予受理情形的，应当在三日内作出不予受理裁定，并及时向当事人送达；人民法院受理申请后，发现该案属于诉前调解案件，已经由人民法院先行邀请的调解组织调解成功的，当事人申请司法确认的，应当编立“诉前调确”文号，并及时向当事人送达受理通知书，出具司法确认民事裁定书。如果诉前调解案件调解成功的，依法需要出具调解书的，编立“诉前调书”文号，出具民事调解书。[①] 对于依法设立的调解组织自行开展调解，当事人依法向人民法院申请司法确认调解协议效力的，因未编立“诉前调”文号，故编立“民特”案号。对不属于人民法院受理民事案件范围的，应当告知当事人按照相应的程序解决纠纷；对不属于本院管辖的，人民法院应告知当事人向有管辖权的人民法院提出申请。

二是司法确认案件的案由。根据民事诉讼法和本解释的规定，案由应当确定为“申请确认调解协议效力”。这类案件应当在特别程序中单独列出，便于人民法院掌握处理此类案件的基本状况。

【条文】

第三百五十六条

人民法院审查相关情况时，应当通知双方当事人共同到场对案件进行核实。

人民法院经审查，认为当事人的陈述或者提供的证明材料不充分、不完备或者有疑义的，可以要求当事人限期补充陈述或者补充证明材料。必要时，人民法院可以向调解组织核实有关情况。

【条文主旨】

本条是关于调解协议司法确认案件审查程序的规定。

【条文理解】

本条吸纳了《人民调解协议司法确认程序规定》第六条的相关内容。人民法院收到当事人提交的司法确认申请后，应当对确认申请进行审查。

1. 审查的具体形式

关于确认调解协议案件的审查方式，究竟是形式审查，还是实体审查，实践中一直存在争议。民事诉讼法对此也没作出具体规定。本条明确规定，法院对调解协议的审查采取的是形式审查和有限的实体审查相结合的方式，

① 最高人民法院印发《关于“诉前调确”“诉前调书”相关问题答复口径》的通知，要求自2022年1月1日起启用“诉前调确”“诉前调书”文号。

也就是书面审查和到庭审查相结合的方式。

本条之所以这样规定，主要是因为，如果仅仅对调解协议进行程序性审查，即仅审查是否超过申请期限，申请确认的事项是否属于法院的管辖范围，当事人是否具有相应行为能力等事项，不足以排除一些违法或者违背社会公序良俗的调解协议，也不利于调解工作健康发展。人民法院如果因为审查不严而确认了违法的调解协议，不仅会损害人民法院的司法权威，还会损害国家、集体或社会公共利益以及当事人、利害关系人的合法权益，同时也不利于彻底化解矛盾纠纷和维护社会和谐。当然，如果每个司法确认案件都投入大量的司法资源进行实体审查，也不利于提高司法确认案件的效率，不符合设立司法确认程序便捷高效解决纠纷的目的。因此，法院应当针对具体情况采取灵活的处理方式。对于案情相对简单的确认案件，法院可以在书面审查后直接作出裁定；对于案情复杂或者涉案标的较大的案件，应当采取实质审查方式进行审查，必要时通知双方当事人到庭进行询问，并辅以必要的证据调查。

一些国家或地区对调解协议的审查方式也存在差异。例如，法国对和解协议的审查确认方式属于形式审查类。《法国民事诉讼法》第 130 条规定，和解协议的内容，以笔录见证确认，笔录由法官及各方当事人签字。对于向法官提交协议的人是否遵守法律规则，协议是否违法，法官并不进行任何监督。在我国台湾地区，法院对乡、镇、市公所送交审核的调解书进行实体审查，不仅要审查调解的程序性事项，而且要审查调解协议是否是当事人的真实意思表示，是否违反法律、行政法规的强制性规定，是否损害国家、集体利益及第三人的合法权益，是否损害社会公序良俗，等等。

根据本条规定，人民法院受理司法确认申请后，应当指定审判人员对调解协议进行审查。如果审判人员认为通过书面审查尚不能审查清楚，可以通知双方当事人同时到场。本条中所说的审查“相关情况”，一般属于与双方当事人都有利害关系的情况和事实，尤其是涉及当事人作出一些利益上的让步或妥协的情况，需要进行重点核实。针对这些情况，法院有必要通知双方当事人到场核实，当事人是否理解所达成协议的内容、是否接受因此而产生的后果、是否愿意由人民法院通过司法确认程序赋予该协议强制执行的效力。

当事人在接受人民法院询问时，应当如实陈述申请确认的调解协议的有关情况，保证提交的证明材料真实、合法。人民法院在审查中，应当明确告知当事人恶意串通申请确认可能要承担的法律后果，并可以在认为当事人的陈述或者提供的证明材料不充分、不完备或者有疑义时，要求当事人限期补充陈述或者补充证明材料。当事人无正当理由未按时补充或者拒不接受询问的，表明当事人没有申请司法确认的真实意愿，人民法院可以按撤回司法确认申请处理。

必要时，人民法院可依职权主动向调解组织相关人员了解和核实相关情况。人民法院在核实过程中，可以调取调解组织留存的相关材料，或向调解人员调查了解调解时的具体情况，但不得对当事人之间的纠纷再行主持调解。

2. 审查的具体内容

民事诉讼法对司法确认案件的审查内容和审查程度比较关注。根据司法实践和借鉴最高人民法院发布的《诉讼与非诉讼衔接机制意见》和《人民调解协议司法确认程序规定》，结合本解释第三百五十五条和第三百五十八条的规定，人民法院对司法确认申请的审查内容分为形式审查与实质审查两个方面。

（1）形式审查内容主要包括以下几个方面：是否属于人民法院受理范围；是否属于收到申请的人民法院管辖；是否属于申请确认婚姻关系、亲子关系、收养关系等身份关系无效、有效或者解除的；是否涉及适用其他特别程序、公示催告程序、破产程序审理的；调解协议内容是否涉及物权、知识产权确权的。人民法院受理当事人司法确认调解协议的申请后，发现有上述不予受理情形的，应当裁定驳回当事人的申请。

（2）实质审查内容重点围绕调解协议的自愿性和合法性展开，具体包括：当事人是否具有民事行为能力，代理人参加调解的，代理人是否有代理权；协议内容是否违反法律强制性规定；协议内容是否损害国家利益、社会公共利益、他人合法权益；协议内容是否违背公序良俗；调解协议是否违反自愿原则，因违背自愿原则而不予确认的情形主要包括当事人在违背真实意思的情况下签订调解协议，调解协议显失公正，调解组织、调解员与案件有利害关系的情况等；调解协议的内容是否明确，确认调解协议的目的之一是使调解协议获得现实的强制执行力，强制执行的前提是执行的内容明确具体，如果执行内容不明确、不清楚，那么确认调解协议也就失去了意义；是否存在其他不能进行司法确认的情形，如调解协议内容是否属于当事人处分权的范围，调解组织、调解员是否与案件有利害关系，是否存在强迫调解或者其他严重违反职业道德准则的行为等。

3. 关于调解协议瑕疵的处理

对于调解协议内容存在瑕疵的，人民法院应当进行释明。当事人同意修改瑕疵内容的，应该在修改后的调解协议书或补正的调解条款上签字后，由调解组织或调解员盖章或签名，人民法院按照修改或补正的调解协议进行确认。

但如果原调解协议仅存在语言不规范的问题，人民法院可以在征得当事人同意后，在不改变调解协议原意和实质内容的情况下对原协议进行修改，以提高调解协议的规范性、明确性，使得调解确认裁定书具有可执行性。调解协议修改后交当事人签字认可，并将相关情况记入笔录，人民法院按照修改后的调解协议进行确认。这也符合司法确认程序便捷性、高效性的特点，但必须注意控制人民法院直接更改调解协议内容的范围，对于除用语规范以外的其他实体方面瑕疵的变更，应该由当事人进行协商修改后，由原调解组织或调解员签名或者盖章。

在审查过程中，当事人合意变更调解协议实质内容的，人民法院可以建议当事人撤回申请，由调解组织重新调解，达成新的调解协议后，再向法院申请司法确认。

【审判实践中应当注意的问题】

1. 关于调解协议申请司法确认的具体情形

实践中，当事人之间的纠纷经由人民调解组织、行政调解组织、商事调解组织、行业调解组织及其他调解组织处理后达成的调解协议，当事人申请法院进行司法确认的情形，大致可以分为以下四种情形。

第一种情形，当事人的纠纷在诉讼外接受各种调解组织调解并达成协议后，到法院申请确认。对于这一类案件，法院应当通知双方当事人同时到场并当面进行询问。

第二种情形，立案前人民法院委派有关调解组织进行调解达成协议的，当事人申请法院确认。这主要是当前法院主导推动的“委派调解”，也称为“诉前调解”。通常是当事人到法院起诉时，人民法院在收到起诉状或者口头起诉之后、正式立案之前，可以依职权或者经当事人申请，委派行政机关、人民调解组织、商事调解组织、行业调解组织或者其他具有调解职能的组织进行调解，达成协议后，当事人可以向法院申请司法确认。这类案件由于法院前期指导得比较到位，审查程序可以相应简化。实践中，有的法院建立了“诉调对接中心”等组织机构，由法院特邀调解组织或者特邀调解员进驻法院，专门处理法院分流出来的适宜调解的民事案件。《诉讼与非诉讼衔接机制意见》及《诉讼与非诉讼衔接机制试点方案》也对此作出了明确规定。

第三种情形，立案后人民法院再把案件委托给特邀调解组织或者特邀调解员进行调解达成协议的。这种情形称为“委托调解”。针对这类案件，当事人达成调解协议后，有两种处理方式：一是当事人达成调解后申请撤诉；二是当事人达成调解协议，申请法院审查后制作调解书。需要注意的是，立案前已经委派给相关调解组织调解的案件，立案后不宜再委托调解，以免使当事人误认为法院在拖延诉讼，但当事人同意委托调解的除外。

无论是立案前的委派调解，还是立案后的委托调解，尊重当事人的意愿和选择至关重要。对于立案前，当事人不同意调解或者在商定、指定时间内不能达成调解协议的，人民法院应当依法及时立案。立案后委托调解结束后，有关机关或者组织应当将调解结果告知法院，调解不成的，法院应当及时审判，不得拖延诉讼。

第四种情形，立案后由审判组织指派法院专职调解员对当事人的纠纷主持调解。法院专职调解员可以是法官，也可以是有调解经验的司法辅助人员。法院专职调解员就当事人之间的纠纷调解达成协议后，可以由担任专职调解员的法官制作民事调解书。许多法院在诉调对接改革中通过这种新机制，分流大量民事纠纷，减少了进入审判程序的案件数量。

2. 关于司法确认案件的审查部门

人民法院受理司法确认申请后，可以根据案件类型交由立案部门、各审判业务部门或专门的审查部门负责进行审查。司法确认案件的审查可由一名审判人员独任进行，审判人员如果具有民事诉讼法规定的回避情形的，参照民事诉讼法有关回避的规定执行。

本解释没有明确具体由哪个部门的审判人员负责对调解协议的司法审查和确认工作。实践中，各地法院的做法不一，司法确认案件的审查部门既有立案庭、审判庭，也有诉调对接工作办公室、调解办公室等专门部门。为保证程序的公正，按照“立审分离”的原则，《诉讼与非诉讼相衔接机制试点方案》要求各试点法院建立诉调对接中心，由诉调对接中心的审判业务人员办理司法确认案件。对于没有设立诉调对接中心的法院，可以由立案部门专门审查办理司法确认案件。同时，从方便当事人的角度以及便利与调解组织联系的角度，也可以由人民法庭受理当事人的司法确认申请案件，这也符合《最高人民法院关于全面加强人民法庭工作的决定》第 9 条关于“经基层人民法院同意，人民法庭可以直接受理案件”的规定。

3. 关于司法确认案件的审查期限

司法确认案件适用特别程序。根据民事诉讼法第一百八十七条的规定，

"人民法院适用特别程序审理的案件，应当在立案之日起三十日内或者公告期满后三十日内审结。有特殊情况需要延长的，由本院院长批准。但审理选民资格的案件除外"，所以司法确认案件也应当适用特别程序的一般规定，人民法院适用司法确认程序审理案件时，应当自受理司法确认申请之日起三十日内审结。有特殊情况需要延长的，由本院院长批准。

【条文】

第三百五十七条

确认调解协议的裁定作出前，当事人撤回申请的，人民法院可以裁定准许。

当事人无正当理由未在限期内补充陈述、补充证明材料或者拒不接受询问的，人民法院可以按撤回申请处理。

【条文主旨】

本条是关于撤回调解协议司法确认申请的规定。

【条文理解】

本条吸纳了《人民调解协议司法确认程序规定》第五条、第六条的相关内容。

向人民法院提出调解协议司法确认申请，是当事人的一项民事程序权利，当事人既可行使权利，也可放弃权利。故在人民法院受理申请后，作出是否予以司法确认的裁定前，一方或者双方当事人撤回司法确认申请的，人民法院应当准许，并出具终结确认程序通知书。撤回确认申请的，双方当事人仍可在协议生效三十日内向有管辖权的人民法院重新申请司法确认。

当事人无正当理由未在限期内补充陈述、补充证明材料或者拒不接受询问的，表明当事人向人民法院申请确认调解协议的意愿不强，人民法院可以按撤回申请处理。

【审判实践中应当注意的问题】

在人民法院受理确认申请后、作出是否予以司法确认的裁定前，一方当事人就调解协议的履行或者调解协议的内容另行提起诉讼的，人民法院应当告知当事人可以选择确认程序或诉讼程序主张权利，但不能同时启动两种程序；如果当事人坚持起诉的，人民法院可以按撤回司法确认申请处理。

人民调解法第三十二条和第三十三条分别规定了调解协议当事人的救济途径，即向人民法院提起诉讼或申请确认调解协议的效力。实践中存在着当事人同时选择两种程序的可能。由于这两种程序存在着重复和冲突，因此，人民法院在当事人申请司法确认的同时又提出民事诉讼的，应当告知当事人不能够同时适用这两种救济方式，如果当事人坚持同时采取两种救济方式的，可以视为双方当事人并未就申请司法确认事宜达成一致意见，人民法院可以按撤回司法确认申请处理。

【条文】

第三百五十八条

经审查，调解协议有下列情形之一的，人民法院应当裁定驳回申请：

（一）违反法律强制性规定的；

（二）损害国家利益、社会公共利益、他人合法权益的；

（三）违背公序良俗的；

（四）违反自愿原则的；

（五）内容不明确的；

（六）其他不能进行司法确认的情形。

【条文主旨】

本条是关于调解协议司法确认案件裁定驳回申请情形的规定。

【条文理解】

本条吸收了《诉讼与非诉讼衔接机制意见》第24条、《人民调解协议司法确认程序规定》第七条的相关内容。

1. 司法确认案件裁定驳回申请的具体情形

司法确认案件审查后有两种不同的处理方式：一是调解协议经审查符合法律规定的，人民法院可以裁定确认调解协议有效；二是调解协议经审查不符合法律规定的，人民法院可以裁定驳回当事人的申请。裁定驳回申请的具体情形包括以下几种。

（1）违反法律强制性规定的。这主要是审查调解协议是否存在违法的情形。虽然调解是以利益为导向、以当事人的自治因素促进争议解决的一种技术或活动，其优点体现在当事人之间重新相互信任，当事人的自愿与自我负责，程序保密、信息对称以及结果的开放等方面。但是，调解合法原则也是调解协议达成的基础条件。法官依职权审查调解协议时，发现调解协议存在违反法律强制性规定的情形时，应当裁定驳回申请。之所以在此取消了《人民调解协议司法确认程序规定》中“违反行政法规强制性规定”的内容，是因为调解是以化解纠纷为目的的，有必要设定一个“规范”的最低门槛，即不得违反法律强制性规定。至于行政法规、地方性法规等，不应当作为限制当事人自愿达成调解的“规范”条件。

（2）损害国家利益、社会公共利益、他人合法权益的。调解协议虽然是双方当事人合意解决纠纷处分其权利义务的结果，但当事人的合意也不得损害国家利益、社会公共利益、他人合法权益的。司法实践中，经常会发生当事人双方达成调解协议，却损害了国家利益、社会公共利益，尤其是损害了他人合法权益的情形。为了防止虚假调解和通过调解侵害他人合法权益的情况发生，法官在审查调解协议时必须重点审查调解协议是否侵害他人合法权益。实践中有这样的案例：李某与张某系夫妻，婚姻关系存续期间，李某立借据向其父借款120万元，约定用于归还银行的按揭购房款，但张某并不知情。两人离婚后，李某和李父通过人民调解组织签订调解协议，约定用李某和张某的共同财产偿还债务。法院在办理司法确认案件时如果只对李某及其父亲的合意进行审查，张某的权利就可能被侵犯。因此，在司法审查中，法院需要着重注意涉及第三人权利的情形，不能仅以当事人的合意及表面证据进行判断。

（3）违背公序良俗的。公序良俗是指民事主体的行为应当遵守公共秩序，符合善良风俗，不得违反国家的公共秩序和社会的一般道德。民法之所以规定公序良俗原则，是因为立法当时不能预见一切损害国家利益、社会公益和道德秩序的行为而作出详尽的禁止性规定，故设立公序良俗原则，以弥补禁止性规定之不足。公序良俗虽然没有成为法律规范，但对引导人们行为模式发挥着长久的作用。调解协议如果违背公序良俗，也会错误地引导人们的行为模式，导致社会秩序的破坏。因此，经审查，违背公序良俗的调解协议，人民法院应当裁定驳回申请。

（4）违反自愿原则的。调解以当事人的自愿为基本原则。这种自愿主要体现在：一是程序选择权。除少数强制调解外，当事人对是否调解有选择权。即便是法定强制调解，也仅仅是调解程序前置，原则上不会剥夺当事人的诉权。二是规则选择权。在不违反法律强制性、禁止性规范的前提下，当事人可以选择适用的规范，并最大限度地寻求合理圆满的纠纷解决结果。例如，将复杂的关系和纠纷合并解决、寻找法律之外的合理方案、超越时效的限制等。三是处分权。调解最终是否达成和解，完全取决于当事人的处分权，调解组织或调解人只能做劝说、说服、协调等工作，可以提出协议方案供当事人参考，但不得替当事人作出决定，更无强制裁判权。调解协议的达成必须出于当事人的自愿，当事人经过协商，对他们之间的权利义务关系取得了一致的意见。自愿性是保证当事人的自主参与、制约调解的正当性的基本保障，也是调解纠纷解决非对抗性的基础，同时也是保证纠纷解决结果圆满彻底的原因。[①] 违背自愿原则的情形主要是违反上述程序选择权、规则选择权或处分权的情形，主要体现为：在违背当事人真实意思表示的情况下签订调解协议，强迫当事人签订调解协议，调解协议显失公正，调解组织、调解员与案件有利害关系导致偏袒一方当事人而损害另一方当事人的利益等情况。

（5）内容不明确的。确认调解协议的目的在于使调解协议获得现实的强制执行力，强制执行的前提是执行的内容明确具体，如果内容不明确导致无法执行，则失去确认调解协议的实质意义。但司法实践中，如果发现调解协议内容有瑕疵，可以通过释明的途径并根据当事人意愿决定是否予以确认，或者在发现调解协议语言不规范后，可以征得当事人同意在不改变调解协议意愿和实质内容情况下对原协议进行修改等。由此，在实践中可以根据具体情况给予双方当事人消除不明内容的机会，这对有效发挥调解的司法减负功能具有重要意义。

（6）其他不能进行司法确认的情形。本条司法解释第一项至第五项的内容已经基本涵盖了当前司法确认实践中遇到的一些应当驳回申请的情形，但考虑到现实情况的复杂性，随着社会的发展、科技的进步和各类新型社会关系的不断涌现，规定一个兜底性的条款还是很有必要的。该项规定其实是一个授权性的条款，即对一些可能出现的新情形，授予法官自由裁量权，由法官参照前五项的规定和民事诉讼的基本原理，发挥司法智慧自主作出判断，既丰富司法实践，也为今后完善立法积累素材。

关于调解协议的实质审查内容，国外一些国家的规定与我国规定有很大差异。如法国实行有限的形式与实质审查，仅审查协议是否出于善意达成、当事人在知晓自身权利的基础上是否完全同意协议、协议在履行或实施方面是否不存在任何问题、协议是否违反强制性规定或侵犯第三人权利等。在司法实践中，法国法官往往只依职权审查调解笔录或调解协议是否违背公共秩序。此外，虽然大审法院院长在可执行宣告程序中拥有一定的裁量空间，但其一般只需注意诉讼外和解协议属于法律意义上的和解协议且明显不违反强制性法律规定即足够。德国将"诉讼和解协议"视为执行名义，却规定了"律师和解协议"需由法院或公证员宣告可执行，故德国法官在可执行宣告

---

① 参见范愉、史长青、邱星美：《调解制度与调解人行为规范——比较与借鉴》，清华大学出版社2010年版，第13~14页。

程序中主要审查如下内容：律师和解协议是否依法被记载于相关法院，和解协议是否包含屈服执行的声明，和解协议是否违反公共秩序，待宣告执行的请求权是否具备和解能力，和解协议是否具备执行能力，和解协议是否有效，等等。[①] 德国的和解协议属于确认法律行为，其以创设法和平、法确定性为目的。确认性质亦表明，尽管协议为其所确认或重新创设的义务创造了新诉由，但是通常并不意味着债务更新，因为原始的债权债务关系对于判断协议所确认的法律关系性质与内容至关重要。

法国、德国的和解协议与我国的调解协议还有一点很大的差别，即法国和德国均要求和解协议包含“互相妥协”的内容。《德国民法典》第779条第1款要求和解协议具备互相妥协内容。《法国民法典》第2044条第1款规定，和解协议需满足互相妥协的要件。在德国，“互相妥协”是指向着有利于对方的方向完全或者部分放弃此前的立场。一般而言，微小的让步即足够，也即双方的让步无须具备同等程度，而且互相让步还必须消除了双方关于法律关系的争执或不确定状态。如果涉及单方让步，例如债务人承认债权、债权人全部或者部分免除债务、一方部分给付、许可延期或撤诉等，而无须对方当事人做出牺牲，在此基础上达成的协议就不被视为和解协议。[②] 德国、法国之所以规定和解协议必须要有“互相妥协”内容的主要目的是抑制虚假调解。该做法对我国的司法实践具有一定借鉴意义。

2. *司法确认案件的法律文书形式*

关于司法确认案件的法律文书形式，在民事诉讼法修改过程中一直争议较大。司法实践中主要有四种不同形式：一是决定书；二是确认书；三是调解书；四是裁定书。支持调解书的意见认为，这样无须改变现有司法统计体系，且民事调解书的效力等同于判决书具有相应法律依据，并且已为社会公众所熟知，更易被接受。但是，调解书不能反映司法确认程序的特点，也在一定程度上模糊了纠纷解决的过程。支持决定书的意见认为，决定书有着灵活的特点，既可以作出确认决定书，也可以作出不确认决定书。反对者则认为，根据民事诉讼法的规定，决定书仅仅适用于程序性事项，而司法确认中必然会对调解协议内容进行实体审查，适用决定书不合适。支持确认书的观点认为，确认书符合司法确认程序的特点，比较贴切。但是，确认书难以适

---

① 参见周翠：《司法确认程序之探讨——对民事诉讼法第194—195条的解释》，载《当代法学》2014年第2期。

② 参见周翠：《司法确认程序之探讨——对民事诉讼法第194—195条的解释》，载《当代法学》2014年第2期。

用于不予确认的情况。

主张采用裁定书的意见认为：第一，裁定书作为执行依据在各地法院的认同度较高，便于申请人实现实体权利；第二，在现行民事诉讼法框架下，裁定书与决定书、调解书等其他文书相比更为适宜，既体现司法确认案件的实质审查特点，也不同于法院诉讼调解后制作的调解书。最后，民事诉讼法采纳了司法确认案件适用裁定书的意见。

裁定主要有两种情形：一是裁定调解协议有效。该裁定针对经审查符合法律规定的调解协议。二是裁定驳回申请。驳回申请的裁定针对不符合法律规定、不符合确认条件的调解协议。如调解协议违反法律强制性规定的；损害国家利益、社会公共利益，他人合法权益的；违背公序良俗的；违反自愿原则的；内容不明确的；其他不能进行司法确认的情形等，人民法院应当裁定驳回当事人的申请。

人民调解法第三十三条第三款规定，人民法院依法确认调解协议无效的，当事人可以通过人民调解方式变更调解协议或者签订新的调解协议，也可以向人民法院提起诉讼。民事诉讼法规定司法确认案件适用驳回申请的裁定，而不适用确认调解协议无效或者不予确认决定书的形式，其主要理由有以下几点：第一，当事人申请确认调解协议效力，并未申请确认其无效。法院直接确认无效，不符合司法被动性的要求。第二，未经当事人申请，法院就确认调解协议无效，导致当事人不能就相关事项充分表达意见，其诉讼权利难以得到有效保障。第三，由人民法院直接确认无效意味着法院需要进行更多的实体审查，而在司法确认程序中法院不宜对当事人提起的实体抗辩进行审理，这与司法确认程序属于非诉程序的性质和特点不符，不利于发挥司法确认程序简便快捷的优势。第四，人民法院裁定驳回申请后，当事人对调解协议还有补救措施。如当事人对调解协议的履行或调解协议的内容有异议，可以再次协商，通过调解方式变更原调解协议或者达成新的调解协议。如果不愿意调解解决，也可以向人民法院提起诉讼。因此，裁定驳回申请，是为当事人预留了下一步解决纠纷的空间。

3. 司法确认案件审查后的法律后果

人民法院受理司法确认案件的申请后，经审查会产生两种不同的法律后果。第一种法律后果是产生强制执行力。法院经审查后认为申请确认的调解协议符合法律规定的，裁定调解协议有效。如果一方当事人拒绝履行或者未全部履行的，对方当事人可以向人民法院申请强制执行。需要明确的是，此时的执行依据是法院作出的确认调解协议有效的裁定书，调解协议不能直接作为执行依据。

第二种法律后果是调解协议经审查发现不符合法律规定的，裁定驳回当事人申请，又回到当事人纠纷未达成协议的初始状态。针对这种情况，当事人可以有两种选择：一种选择是当事人可以通过调解组织重新对纠纷进行调解，在当事人自愿的基础上变更原调解协议或者就有关争议达成新的调解协议，然后再申请法院确认变更后的或者新达成的调解协议；另一种选择是当事人可以向法院提起诉讼。这里的诉讼通常是指当事人之间就调解协议的履行或者调解协议的内容发生争议，一方当事人请求履行调解协议、请求变更、撤销调解协议或者请求确认调解协议无效的情形。2002 年《最高人民法院关于审理涉及人民调解协议的民事案件的若干规定》对上述有关调解协议的诉讼案件的审理作出了具体规定。人民调解法、《诉讼与非诉讼衔接机制意见》以及《人民调解协议司法确认程序规定》再次重申了“当事人之间就调解协议的履行或者调解协议的内容发生争议的，当事人可以向法院提起诉讼”的规定。至此，关于调解协议的非诉讼和诉讼程序的制度框架初步建立，分别对应当事人合意后的确认程序和当事人存在争议后的诉讼程序两种不同情形。

就诉讼层面而言，针对调解协议提起的诉讼，法院到底是审查调解协议的合法性，还是审理当事人之间原纠纷，在司法实践中一直存在着争论。按照民事诉讼法学的普通分类，当事人请求履行调解协议、请求变更、撤销调解协议或者请求确认调解协议无效这三种情形可以理解为调解协议的给付之诉、形成之诉和确认之诉。①

首先，针对当事人请求履行调解协议的给付之诉。原告的请求是以调解协议为诉讼标的，而被告以调解协议的撤销或者无效事由为抗辩，法院的审理范围肯定以调解协议本身为限。审查的重点是签订调解协议的当事人是否具有完全民事行为能力；调解协议是否是当事人的真实意思表示；调解协议是否违反法律强制性规定或者社会公共利益等内容。如果法院支持了原告的诉讼请求，裁判内容自然包含着对调解协议本身效力的诉讼确认。但如果被告抗辩理由成立，法院则可以驳回原告的诉讼请求。如果原告请求法院解决原纠纷，法院则可以依据原告新增加的请求把审理范围扩展到原纠纷。

其次，针对当事人请求变更、撤销调解协议的形成之诉。如果法院没有支持原告的诉讼请求而裁判驳回，其本身也就是对调解协议的诉讼确认。如

① 参见王亚新：《民事诉讼法修改与调解协议的司法审查》，载《清华法学》2011 年第 3 期。

果法院经审理认为调解协议是因重大误解订立的，或者在订立调解协议时显失公平，或者被告以欺诈、胁迫的手段或者乘人之危，使原告在违背真实意思的情况下订立调解协议，从而支持了原告的诉讼请求。此时，虽然调解协议被撤销后，当事人可以将纠纷再交由调解组织处理。但从一次性解决纠纷的效率性原理出发，法院也可以依据原告新增加的解决原纠纷的请求对原纠纷进行审理并作出裁判。

最后，针对当事人请求确认调解协议无效的确认之诉。该确认之诉与司法确认案件的程序不同。如果法院经审理后认为调解协议损害国家、集体、社会公共利益或者第三人合法权益，以合法形式掩盖非法目的，或者违反法律强制性规定，可以支持原告的诉讼请求，裁定调解协议自始无效。当事人可以重新选择调解组织处理纠纷，也可以提起诉讼请求法院解决原纠纷。如果法院审理后驳回原告的诉讼请求，驳回请求的裁判也可以视为对调解协议的诉讼确认。

综上，在针对调解协议的诉讼程序中法院究竟是审理调解协议，还是审理当事人之间的原纠纷，主要考虑当事人的诉讼请求。如果当事人仅仅是请求履行调解协议、请求变更、撤销调解协议或者请求确认调解协议无效等，法院的审理重点就是调解协议的有效性和合法性。在人民调解法第三十二条规定的诉讼与司法确认程序竞合的情况下，当事人一般应在调解协议生效之日起的三十日期间内优先考虑和选择司法确认程序，在三十日期间届满后未启动司法确认程序的情形下才可提起第三十二条规定的诉讼。这主要是基于诉讼经济、程序集中以及避免矛盾判决的考虑，当然也应当考虑当事人的意愿，但法院应当做好释明引导工作。

4. 司法确认裁定的效力

人民法院作出确认调解协议有效的裁定具有法律执行力。如果一方当事人拒绝履行或者未全部履行的，对方当事人可以向人民法院申请执行。那么，确认裁定书为什么具有执行力呢？在现行民事诉讼法的架构内，具有执行力的法律文书的效力来源主要有两类：一类是国家司法权的行使，主要体现在判决、裁定、调解书等司法文书上；另一类是法律的拟制，主要体现在仲裁裁决、公证机关依法赋予强制执行效力的债权文书等文书上。具体到确认裁定书，从其性质和相关制度设计上看，其执行力的效力来源属于前一类。正是通过司法审查程序，调解协议从程序开始时只有合同效力的调解协议，转变为程序终结时具有强制执行力的司法确认裁定书。

调解协议经法院司法审查并以裁定书的形式赋予强制执行力，接下来的问题是确认裁定的内容是否具有既判力的问题。如果司法确认裁定的既判力不明确，司法确认之后，当事人就同一事件又起诉，法院该不该受理？确认裁定书所确认的内容，在以后的诉讼中是否应该无须审理而一律认可？确认裁定书对于将来其他的诉讼会有何种影响？司法确认之后，双方当事人之间争议是否完全了结？司法确认驳回当事人申请后，当事人如何救济？对于这些问题的不同理解，将直接影响当事人在是否利用司法确认程序这一问题上的判断，并导致法院和当事人在具体程序运行中的不同选择。因此，既判力的有无在很大程度上影响着司法确认制度的运行价值，有必要对此作出明确回应。

关于既判力的问题，按照民事诉讼理论分析，作为前诉约束后诉的法律效果，可以分为“一事不再理”的消极效力和先决事项约束此后其他诉讼中法官判断的积极效力这两个方面。① 关于既判力的判断标准和正当性根据，理论界目前主要有四种观点：一是民事诉讼制度性效力说。该说认为，既判力是民事诉讼制度为实现其解决纠纷目的所不可或缺的结构性装置，是民事诉讼制度性的效力。如果没有既判力，确定裁定的判断就会随时被推翻，败诉的当事人就可以对纠纷反复地进行争议，纠纷就永远不会得到解决。② 二是程序保障下的自我责任说。该说认为，当事人一旦在前诉中获得程序保障，就产生了在前诉中应当尽力提出主张及证据的自我责任，如果当事人不能把握此种法律所赋予的程序保障的机会，就应当自己承担责任。③ 三是制度性效力与程序保障自我责任二元根据说。该说是一种将既判力的根据视为民事诉讼制度性效力与程序保障二元论的观点。④ 四是国家审判权说。该说主张，既判力是形成确定的终局判决“内容”判断的效力，而终局判决的判断是根据国家审判权作出的。因此，国家审判权是既判力产生的根据。⑤

当前学界的主流观点是第三种观点，即制度性效力及程序保障自我责任二元根据说。⑥ 以上述理论分析为基础，结合司法确认制度自身的结构和特

---

① 参见王亚新：《民事诉讼法修改与调解协议的司法审查》，载《清华法学》2011 年第 3 期。

② 参见刘荣军：《程序保障的理论视角》，法律出版社 1999 年版，第 280 页。

③ 参见［日］高桥宏志：《民事诉讼法制度与理论的深层分析》，林剑锋译，法律出版社 2003 年版，第 481 页。

④ 参见［日］高桥宏志：《民事诉讼法制度与理论的深层分析》，林剑锋译，法律出版社 2003 年版，第 480~481 页。

⑤ 参见邓辉辉：《既判力理论研究》，中国政法大学出版社 2005 年版，第 16 页。

⑥ 参见［日］高桥宏志：《民事诉讼法制度与理论的深层分析》，林剑锋译，法律出版社 2003 年版，第 482 页；廖永安、胡军辉：《论法院调解的既判力》，载《烟台大学学报（哲学社会科学版）》2009 年第 1 期；张大海：《诉讼调解既判力论》，载《政法论坛》2008 年第 5 期。

点，是否赋予确认裁定书以既判力及赋予何种程度的既判力，应该着重考量以下因素：其一，是否符合司法确认制度设立的根本目的。这是一个先决性和基础性的要素，是判断和检验赋予确认裁定书既判力妥当与否的首要标准。其二，司法确认制度中程序保障的程度。包括是否为发现和查明事实规定了严格的程序、是否为当事人充分展开证据对质提供了程序保障、是否在程序中严格遵循法律规定。其三，司法确认制度中是否具备当事人自我责任的基础。其四，调解协议对司法确认最终效果的影响程度。

根据上述因素的考量，司法确认裁定应当具有一定的消极意义的既判力，即法院对调解协议内容进行确认后，当事人不得就相关内容再行起诉，法院也不得受理相关内容的起诉。其主要基于以下两点理由。

一是司法确认制度本身化解纠纷的制度性效力。司法确认制度设立的主要目的是方便民众简便、快捷、经济和彻底地解决纠纷，同时促进调解的发展，使其在纠纷解决方面发挥更大作用。如果作为司法确认程序最终成果的确认裁定书不具有消极意义上的既判力，那么就意味着当事人在确认程序结束后，依然可以就同一纠纷再行起诉。换句话说，就是调解协议经过确认程序之后，除了增加了强制执行力外，依然与普通民事合同无异。当事人之间的纠纷并未得到彻底解决，依然处于一种待定状态，随时可能陷入纷争再起的境地。对当事人而言，将造成其时间和精力上无谓的消耗，最后导致当事人失去利用司法确认程序的兴趣和热情；于法院而言，也是一种极大的司法资源的浪费。这显然与司法确认制度设置的目的背道而驰。

二是司法确认中当事人程序保障的自我责任。尽管司法确认程序并不具有普通审判程序一样的程序保障，但依然存在产生当事人自我责任的基础，即双方当事人的合意。既然当事人自愿达成调解协议，并共同自愿地选择将协议交由法院确认，那么就应该承认法院作出的确认裁定书，并自觉接受其对自己的拘束。这是民事领域处分原则的应有之义，也是诚信原则的必然要求。因此，赋予确认裁定书以消极意义上的既判力，是一种必然选择。

确认裁定书是否具有积极意义上的既判力，即确认裁定是否对后诉中法官的判断产生拘束力。我们认为确认裁定书不具有积极意义上的既判力。主要理由有以下三点。

一是司法确认的程序保障程度较弱。司法确认程序以双方当事人合意提起，审查程序较为简便快捷，主要以书面审查为主，当事人之间很少进行辩论。这种弱化对抗、强调合作、简便快捷的特点，无法确保司法确认的内容完全是纠纷的本来面目。

二是司法确认并不要求调解协议恪守法律规定，只要求协议内容不违法。一些具有地域性特色的乡规民约或风俗习惯等，只要不违法都可作为调解规范，但在这种规范下被确认的调解协议，显然不适合对将来所有的纠纷产生普遍约束力。

三是司法确认的绝大部分调解协议，都是当事人双方相互让步的结果，而当事人为了让步一般不会去追究案件事实的本来面目。因此，司法确认调解协议所依据的事实，很可能并非纠纷的真实状况，那么，在此基础上产生的确认裁定书，自然不适合对后诉的审判产生预决的效力。如果赋予确认裁定书积极意义上的既判力，不利于司法确认制度目的的实现。一方面，法院进行司法审查时，为了尽量避免确认错误对将来的诉讼造成不利的影响，会选择加大实质审查力度，甚至可能产生确认程序诉讼化趋势，导致确认程序原有的优势荡然无存；另一方面，当事人在调解时，会慎重考虑其在纠纷中是否让步，担心他的让步经过司法确认后，会对其将来与此纠纷相关的诉讼造成不利影响，从而放弃达成调解协议或者放弃申请司法确认。综上所述，不宜赋予确认裁定书积极意义的既判力。

既然确认裁定书具有一定程度上的消极意义的既判力，故对于人民法院作出的驳回申请裁定，没有赋予当事人上诉的权利。主要理由如下：一是当事人自愿共同申请确认，没有必要在法院予以确认后设置上诉程序，如果裁定驳回申请，当事人可以通过提出异议、调解、诉讼等途径解决纠纷，其诉讼权利的行使没有受到阻碍；二是体现司法确认程序便捷高效的特点。司法确认程序的核心价值之一是赋予调解协议强制执行力，因此，人民法院依法裁定调解协议有效后，当事人就应当全部履行调解协议，否则对方当事人可以申请法院强制执行。

【审判实践中应当注意的问题】

1. 确认裁定书的生效时间

确认裁定书和驳回申请裁定书送达双方当事人后发生法律效力。当事人收到确认裁定书和驳回申请裁定书后，不得上诉，也不能申请再审。民事诉讼法第一百八十五条规定，依照特别程序审理的案件，实行一审终审。

司法确认程序属于特别程序中的一种，理应实行一审终审。其主要理由如下：一方面，是司法确认程序便捷性、快速稳定社会关系的要求。另一方面，当事人自愿共同申请确认，且法院的审查程序不涉及对当事人实体请求的判断，没有必要设置上诉程序；对于驳回申请的，当事人可以再次通过调解、诉讼等途径解决纠纷，其诉讼权利行使没有受到限制。

国外相关制度对此有不同的规定。比如，《日本民事调停法》第16条规定，调停中当事人之间达成协议，并记载在笔录上，就作为调停成立，原记载的笔录同审判上的和解具有同等效力。调解决定允许当事人在规定期限内提出异议，逾期未提出的，则决定生效，当事人可以提出上诉。而《法国民事诉讼法》则规定，以笔录方式对和解协议的确认不具有既判力，当事人可以经本诉途径对其提出诉讼，但不能向上诉法院提出上诉。

2. 关于确认裁定错误的救济问题

司法确认案件实行一审终审，但实践中的确存在司法确认裁定发生错误的情形，当事人或者利害关系人如何救济？民事诉讼法对此没有作出明确规定。《人民调解协议司法确认程序规定》第十条仅规定了案外人在确认裁定错误时的救济途径，而没有规定当事人的救济途径。本司法解释第三百七十二条规定："适用特别程序作出的判决、裁定，当事人、利害关系人认为有错误的，可以向作出该判决、裁定的人民法院提出异议。经审查，异议成立或者部分成立的，作出新的判决、裁定撤销或者改变原判决、裁定；异议不成立的，裁定驳回。对人民法院作出的确认调解协议、准许实现担保物权的裁定，当事人有异议的，应当自收到裁定之日起十五日内提出；利害关系人有异议的，自知道或者应当知道其民事权益受到侵害之日起六个月内提出。"

结合有关法律、司法解释的精神和司法实践中的做法，我们认为确认裁定错误的救济有以下三种途径。

一是当事人确有证据证明原确认裁定存在错误的，可以提出异议申请法院撤销原确认裁定。本司法解释第三百七十二条对该项救济途径作出了规定。从以往赋予利害关系人救济途径的规定和司法实践中的做法分析，也应当赋予当事人申请撤销错误裁定的救济途径。提出异议的期限为当事人收到确认裁定之日起十五日内。

二是利害关系人认为法院确认裁定错误，其确认的调解协议侵害其合法权益，可以提出异议申请法院撤销确认裁定。该救济途径在《人民调解协议司法确认程序规定》中有明确规定。在此，首先必须明确的是，利害关系人向法院申请撤销对他人之间达成调解协议而作出的司法确认裁定，只能以调解协议侵害了其自身的合法权益作为申请事由。实践中通常有两种情形：第一种情形，利害关系人是与确认的调解协议中处理的涉案财物具有直接利害关系的人。实践中，有时会发生调解协议的双方当事人恶意串通损害第三人利益而谋取自身不正当或者非法利益的情形，即法院在审查调解协议时未发现恶意串通情形，作出了确认调解协议有效的裁定。这时，受损害的利害关系人可以依据本司法解释第三百七十二条，自知道或者应当知道其民事权益受到侵害之日起六个月内，向作出确认裁定的人民法院提出异议，申请撤销确认裁定。第二种情形，在调解过程中利害关系人并未参与，当事人之间达成的调解协议实质上却涉及甚至处分了其利益。法院在收到利害关系人主张调解协议侵害其合法权益并申请撤销的书面材料之后，应当告知利害关系人和双方当事人共同到法院接受询问。如果双方当事人均对利害关系人的主张无异议，法院则可以撤销原来的司法确认裁定。如果双方当事人对利害关系人的主张有异议，或者利害关系人一开始即以调解协议双方当事人通谋侵害自身合法权益作为申请事由的，法院应当告知利害关系人作为原告，以调解协议的双方当事人为共同被告，按照诉讼程序处理其三方之间的争议。这里需要强调的是，利害关系人提起异议申请撤销确认裁定的期限为利害关系人知道或者应当知道其民事权益受到侵害之日起六个月内，且必须向作出确认裁定的人民法院提出。

三是人民法院发现确认裁定确有错误的，应当如何处理？民事诉讼法和本司法解释对此没有作出明确规定。但按照本司法解释第三百七十八条的规定，适用特别程序、督促程序、公示催告程序、破产程序等非诉程序审理的案件，当事人不得申请再审。这也就意味着人民法院发现确认裁定确有错误的，不能启动再审程序予以纠错。实践中的确存在当事人或利害关系人都未提出撤销确认裁定的申请，而法院发现确认裁定错误的情形。针对这种情形，我们认为可以参照其他特别程序的处理方式。如民事诉讼法第一百九十三条、第一百九十七条、第二百条规定，被宣告失踪、宣告死亡的重新出现，无民事行为能力人或限制行为能力的原因已经消除，或者财产认定无主后原财产所有人或者继承人出现的，人民法院应当作出新判决，撤销原判决。同理，人民法院作出司法确认裁定后，发现原确认裁定确有错误的，或者出现新情况、新事实的，可以参照特别程序中的这些规定，通过审查程序作出新裁定，撤销原裁定。人民法院发现确认裁定确有错误予以纠正时没有期限限制，即不受当事人十五日和利害关系人六个月的期限限制。

3. 关于司法确认案件的收费问题

民事诉讼法和本司法解释对人民法院办理司法确认案件是否收取费用均没有作出规定。但《人民调解协议司法确认程序规定》第十一条对人民调解协议的司法确认案件是否收费的问题作出了规定，即“人民法院办理人民调解协议司法确认案件，不收取费用”。随着多元化纠纷解决机制的发展，该条规定适用的范围可以拓展到人民调解协议之外的其他所有非诉讼的调解协议。司法确认案件不收费的主要目的是鼓励当事人通过非诉讼方式解决纠纷，这体现了司法确认程序便民利民和降低成本的特点。

【条文】

第三百五十九条

民事诉讼法第二百零三条规定的担保物权人，包括抵押权人、质权人、留置权人；其他有权请求实现担保物权的人，包括抵押人、出质人、财产被留置的债务人或者所有权人等。

【条文主旨】

本条是关于实现担保物权案件申请主体的规定。

【条文理解】

1. 实现担保物权案件程序

担保物权制度是规范市场经济秩序的重要民事法律制度，是保障市场安全、维护市场秩序的有效工具。担保物权是以支配特定财产的交换价值为内容，以确保债权实现为目的而设定的物权。担保物权包括抵押权、质权和留置权。担保物权的实现，主要是指在债务人不能履行债务时，担保物权人经法定程序，通过将担保标的物拍卖、变卖等方式，使债权得到优先受偿。担保物的实现是担保物权最为重要的效力，是担保物权制度发挥效用的直接体现。

在我国，担保物权的实现程序经历了一个从“诉讼”到“非讼”的立法转变过程。1995 年施行的担保法第五十三条第一款规定，抵押权人以及其他有权请求实现担保物权的人需要实现担保物权时，可以向人民法院提起诉讼。但该种实现方式存在程序复杂、成本高、效率低等不足。自 2007 年 10 月 1 日起施行的物权法规定，抵押权人与抵押人未就抵押权实现方式达成协议的，抵押权人可以请求人民法院拍卖、变卖抵押财产。但是，物权法对于抵押权实现的程序并未作出明确的法律规定。2012 年民事诉讼法借鉴了其他国家和地区的司法实践经验，在担保物权实现的程序上实现了重大突破与创新，在第十五章特别程序中增加了第七节“实现担保物权案件”程序。2021 年修改后的民事诉讼法对第十五章特别程序中的第七节“实现担保物权案件”程序条文内容未作修改，仅是将条文序号进行了变更。2021 年修改后的民事诉讼法第二百零三条、第二百零四条规定，申请实现担保物权，由担保物权人以及其他有权请求实现担保物权的人依照民法典等法律，向担保财产所在地或者担保物权登记地基层人民法院提出；人民法院受理申请后，经审查，符合法律规定的，裁定拍卖、变卖担保财产，当事人依据该裁定可以向人民法院申请执行；不符合法律规定的，裁定驳回申请，当事人可以向人民法院提起诉讼。上述规定，明确了实现担保物权的程序规则，为民法典中的“申请法院拍卖、变卖”提供了程序性支持，确立了我国“诉讼程序”与“非讼程序”相衔接的担保物权实现模式，改变了以往债权人只能通过诉讼程序实现担保物权的传统做法，为债权人快速实现担保物权提供了一条低成本、高效率的“非讼途径”。

2. 关于实现担保物权申请人的范围

主体适格是启动民事诉讼程序的前提，也是人民法院立案受理的关键。实现担保物权案件申请人范围的界定，即哪些主体可以成为实现担保物权的申请主体，是此类案件立案审查与审理中首先需要明确的问题。对于申请人的范围，依据民事诉讼法第二百零三条规定，包括“担保物权人”以及“其他有权请求实现担保物权的人”。但是，对于该法“担保物权人”和“其他有权请求实现担保物权的人”的具体范围，并没有作出明确规定。本司法解释进一步明确为，“担保物权人”包括“抵押权人、质权人、留置权人”；“其他有权请求实现担保物权的人”包括“抵押人、出质人、财产被留置的债务人或者所有权人”等。也就是说，抵押权人、质权人、留置权人、抵押人、出质人、财产被留置的债务人均可以作为实现担保物权的申请人，有资格向人民法院申请实现担保物权。本条司法解释最后加了个“等”字，就是为将来随着社会的发展，其他主体也成为适格的申请人留有余地。

关于实现担保物权案件申请人的范围，即哪些主体可以成为实现担保物权案件的申请人，从2012年修正的民事诉讼法实施以来全国法院的审判实践来看，主要有以下三种意见。

第一种意见认为，实现担保物权程序主要是针对民法典等实体法中担保物权实现规则作出的程序性规定，故对于“担保物权人”和“其他有权请求实现担保物权的人”范围界定，应该以民法典等实体法为依据加以确定。依据民法典的规定，有权向人民法院申请实现担保物权的主体仅限于“抵押权人”“出质人”和“财产被留置的债务人”。因此，民事诉讼法第二百零三条规定的担保物权人主要是指民法典第四百一十条规定的抵押权人，其他有权请求实现担保物权的人主要是指民法典第四百三十七条规定的出质人和第四百五十四条规定的财产被留置的债务人，以及民法典第八百零七条规定的"建设工程合同中的承包人"。该意见认为，抵押人、质权人、留置权人三类主体应排除在申请人之外，尤其是质权人和留置权人已实际占有担保财产，不必依赖公权力实现担保物权。①

第二种意见认为，担保物权人包括"抵押权人""质权人"和"留置权人"；其他有权申请实现担保物权的人包括"出质人"和"财产被留置的债务人"，当然也包括民法典第八百零七条中规定的"建设工程合同中的承包人"。该种意见与第一种意见相比，主要是将"质权人"和"留置权人"赋予适格申请主体范围，仅将"抵押人"排除在外。将"质权人"和"留置权人"为适格申请人的理由是：民法典第四百三十六条第二款、第四百五十三条第一款规定，"质权人""留置权人"可以就拍卖、变卖担保财产所得价款优先受偿，虽然上述条款对于拍卖、变卖是否必须向人民法院申请没有明确规定，且从民法典第四百一十条第一款、第四百三十三条、第四百三十六条第二款和第四百五十三条的规定来看，我国对于质权和留置权的实现能否私力救济并未明确规定，但从民法典物权编的整体立法意图来看，我国担保物权的实现采取私力救济和公力救济两种方式，在私力救济无法实现或不能实现的情况下，应当允许当事人请求人民法院拍卖、变卖担保财产或者通过诉讼的方式实现担保物权。此外，允许"质权人"和"留置权人"作为申请人是基于相同法理采用相同规则的理论，既然允许抵押权人作为申请人，那么就应当允许"质权人"和"留置权人"作为申请人。而将"抵押人"排除在适格申请主体之外的理由是，就担保物权而言，抵押物仍由抵押人占有、使用、收益，不会产生抵押权人怠于行使权利损害抵押人的情况。同时，抵押权人实现抵押权为其权利而非义务，若允许抵押人申请抵押权人行使抵押权，无异于将实现抵押权视为抵押权人之义务，有悖法理。

第二种意见认为，担保物权人包括"抵押权人""质权人"和"留置权人"；其他有权申请实现担保物权的人包括"出质人""财产被留置的债务人"以及"抵押人"等。该种意见与第二种意见相比，是将"抵押人"也作为有权申请实现担保物权的主体。其理由是，若债务履行期届满后债务人无力清偿债务，抵押权人又不对抵押物进行变现，则可能导致债务人承担高额的逾期利息，而且抵押物的变现价格也受到市场影响，因此，为了平衡抵

① 参见高民智：《关于实现担保物权案件程序的理解与适用》，载《人民法院报》2012年12月9日；李相波：《贯彻新民事诉讼法之四——实现担保物权案件程序的理解与适用》，载《商事审判指导》总第31辑，人民法院出版社2013年版；全国人大常委会法制工作委员会民法室编著：《〈中华人民共和国民事诉讼法〉释解与适用》，人民法院出版社2012年版，第316页。

押人和抵押权人之间的利益关系，应当允许抵押人基于对自身利益的判断，当其就抵押物的变现无法与抵押权人协商一致时，请求人民法院拍卖、变卖抵押财产。自 2012 年修正的民事诉讼法施行以来，部分人民法院出台的相关指导意见中也赋予了“抵押人”申请人的地位。[①] 此外，之所以将“质权人”与“留置权人”以及“出质人与留置债务人”规定为具有申请人的资格，是因为现实中有时会出现质权人、留置权人怠于行使权利，从而侵害“出质人”“债务人”合法权益的两种情形：一是债务履行期满后债务人未履行债务，而质权人控制着质物又不及时行使质权，其结果可能是质物价格下跌，甚至发生毁损、灭失等情况；二是留置权人长期持续占有留置财产而不实现留置权，造成留置财产自然损耗或者贬值。[②]

多数意见认为第三种意见更符合审判实践的需要，即赋予“质权人”“留置权人”和“抵押人”申请实现担保物权的主体资格，赋予“抵押人”实现担保物权的申请人资格并不表明其是担保物权人，而是赋予其通过该程序保障其权益的权利和目的。故本司法解释规定，担保物权实现程序中的申请人主要包括“抵押权人”“质权人”“留置权人”，以及特定情形下的“抵押人”“出质人”“财产被留置的债务人”和“所有权人”等。

关于民法典第八百零七条规定的“建设工程承包人”是否可以作为申请人申请实现建设工程价款优先权？民法典第八百零七条规定：“发包人未按照约定支付价款的，承包人可以催告发包人在合理期限内支付价款。发包人逾期不支付的，除根据建设工程的性质不宜折价、拍卖外，承包人可以与发包人协议将该工程折价，也可以请求人民法院将该工程依法拍卖。建设工程的价款就该工程折价或者拍卖的价款优先受偿。”2002 年 6 月 20 日《最高人民法院关于建设工程价款优先受偿权问题的批复》规定：“人民法院在审理房地产纠纷案件和办理执行案件中，应当依照《中华人民共和国合同法》第二百八十六条[③]的规定，认定建筑工程的承包人的优先受偿权优于抵押权和其他债权。”基于此，有的意见认为，行使优先受偿权的建设工程承包人属于法律明确规定的可以请求人民法院拍卖建设工程的权利主体，也应当包含在有权申请实现担保物权的人概念范畴之内。对此，我们认为，民法典第八百零七条中的“申请人民法院将该工程依法拍卖”，并非担保法第五十三条

---

① 如《浙江省高级人民法院关于审理担保物权案件的意见》《黑龙江省高级人民法院关于审理实现担保物权案件若干法律适用问题解答》等就采纳此意见。

② 参见李相波：《实现担保物权程序适用中的相关法律问题》，载《法律适用》2014 年第 8 期。

③ 现为民法典第八百零七条。

第一款所规定的“向人民法院提起诉讼”。合同法关于建设工程款优先权的规定，可以说是优先权实现途径的破冰之举。但对于建设工程款优先权是否为法定抵押权，理论界和实务界存有争议。有的学者认为系法定抵押权，有的学者则认为应为法定留置权。也正是基于此，本司法解释并未明确建设工程款优先权可以适用该程序。

【审判实践中应当注意的问题】

1. 关于实现担保物权被申请人的范围

关于担保物权实现程序中的被申请人，民事诉讼法没有明文规定。按照诉讼及非讼法理，与申请人直接对应的主体即是被申请人，如“抵押权人”与“抵押人”相对应、“质权人”与“出质人”相对应、“留置权人”与“财产被留置的债务人”相对应，因此，“抵押人”“出质人”和“财产被留置的债务人”作为被申请人应无异议；当“抵押人”“出质人”“财产被留置的债务人”申请实现担保物权时，“抵押权人”“质权人”“留置权人”作为被申请人也无异议。

但是，在物的担保人与主债务人非为同一人时，是否应将主债务人列为被申请人或追加为第三人？有的意见认为此种情形下可以不将主债务人列为被申请人或追加为第三人，理由如下：一方面，主债务人并非担保物权法律关系的主体，与实现担保物权案件的申请事项无直接法律关系；另一方面，因实现担保物权案件程序为非讼程序，法院采职权主义，可依职权向主债务人或其他案外人调查、询问与案件有关的事实情况，因此，没有必要将主债务人列为被申请人。相反的意见则认为，由于担保物权是以特定物或权利为客体，该特定物或权利上可能还存在其他权利人，这些不同权利人之间很可能存在利害冲突，担保物权的实现程序可能使得潜在的利害冲突明朗化。为避免不同利害关系人之间的权利冲突，应当尽可能地将相关利害关系人作为实现担保物权案件中的被申请人。若未将相关利害关系人作为被申请人，人民法院裁定对担保物权进行变现时，极易损害相关利害关系人的利益，引起其他诉讼，进而影响担保物权实现程序的效率价值。此时，利害关系人提起新的诉讼，使得担保物权实现程序的制度价值被弱化或消解。基于减少纠纷，避免不同利害关系人之间的权利冲突，节约司法资源的考虑，应当尽可能将相关利害关系人作为实现担保物权案件中的被申请人。但鉴于对被申请人的范围并未形成一致意见及情况的复杂性，本司法解释未对此作出明确规定。

2. 申请实现抵押权，是否以“抵押权人”与“抵押人”就抵押权的实现方式先行协商且未达成协议为前提

民法典第四百一十条第一款、第二款规定：“债务人不履行到期债务或者发生当事人约定的实现抵押权的情形，抵押权人可以与抵押人协议以抵押财产折价或者以拍卖、变卖该抵押财产所得的价款优先受偿。协议损害其他债权人利益的，其他债权人可以请求人民法院撤销该协议。抵押权人与抵押人未就抵押权实现方式达成协议的，抵押权人可以请求人民法院拍卖、变卖抵押财产。”有人据此认为，协商是通过非讼程序实现担保物权的前提。我们认为，抵押权人申请实现抵押权，不必以民法典第四百一十条第二款规定的“抵押权人与抵押人未就抵押权的实现方式达成协议”为前提。主要理由是：无论是抵押权人与抵押人协议，还是抵押权人向人民法院申请通过非讼程序实现担保物权，都是民法典赋予抵押权人的权利，而不是民法典施加给抵押权人的义务。抵押权人即使不与抵押人协商，亦可以直接向人民法院申请拍卖、变卖抵押财产，以实现其抵押权。通过确定非讼程序实现担保物权的主要目的是便捷、经济地实现担保物权。如果将协商作为通过非讼程序实现担保物权的前提，就与通过非讼程序实现担保物权的主要目的相悖。

3. 被申请人下落不明的是否可以公告送达

对申请实现担保物权程序中被申请人下落不明时能否采取公告送达的问题，实践中争议很大，主要有以下几种不同意见：第一种意见认为，应保障被申请人的知情权和程序参与权，送达系案件审理的必经程序，被申请人下落不明导致无法送达的，应直接裁定驳回申请；第二种意见认为，送达系案件审理的必经程序，被申请人下落不明导致无法送达的，应比照普通诉讼程序采公告送达，公告送达后特别程序可继续适用；第三种意见认为，实现担保物权程序是非讼特别程序，不必比照普通诉讼程序以送达为前提，人民法院可根据对不同案件事实的心证判断，酌情作出准予实现担保物权或驳回申请的裁定。以上三种意见，都有一定的合理性。第一种意见考虑到了该类案件涉及实体权利处分，且作为抵押物的不动产往往价值较大，故应当保障被申请人的知情权和程序参与权。如果被申请人下落不明或故意逃避的，则说明案件存在争议，不符合特别程序非争议性的特点，应直接裁定驳回申请。第二种意见的理由是民事诉讼法不仅未禁止在特别程序中适用公告送达，相反还在第一百八十七条中规定了“人民法院适用特别程序审理的案件，应当在立案之日起三十日内或者公告期满后三十日内审结”，故对实现担保物权

案件在被申请人下落不明的情形下进行公告送达，有相应的法律依据。前两种观点虽有一定道理，但我们更倾向于第三种意见，即人民法院可不经公告送达，依法酌情作出裁定，主要理由如下：首先，采取耗时较长的公告送达方式有悖于实现担保物权特别程序快速实现权利的立法本意；其次，对于实践中被申请人明显属恶意逃避送达而担保法律关系又十分清楚的案件，如果简单地以被申请人下落不明为由一律裁定驳回申请，可能会导致该程序的设立目的落空，为不诚信的被申请人提供了恶意逃避、拖延义务的途径；最后，法院在特别程序中采职权主义审查，有权在内心确信判断的基础上进行自由裁量。当然，如果在被申请人下落不明的情况下，人民法院经过审查后对于申请人的申请是否成立不能确信，则应该驳回申请，告知申请人另行起诉，通过诉讼的方式实现权益。总之，对于下落不明的申请人是否公告送达，应由人民法院经过审查后根据案件事实和具体情况决定，以防止被申请人以下落不明为由而一律驳回申请人的申请导致被申请人恶意逃避义务。①

【条文】

第三百六十条

实现票据、仓单、提单等有权利凭证的权利质权案件，可以由权利凭证持有人住所地人民法院管辖；无权利凭证的权利质权，由出质登记地人民法院管辖。

【条文主旨】

本条是关于实现权利质权案件管辖法院的规定。

【条文理解】

依据民法典的规定，担保物权包括“抵押权”“质权”和“留置权”，而在“质权”中又包括“权利质权”和“动产质权”。民事诉讼法第二百零三条规定，申请实现担保物权，由担保物权人以及其他有权请求实现担保物权的人依照民法典等法律，向担保财产所在地或者担保物权登记地基层人民法院提出。相对而言，“抵押权”和“动产质权”以及“留置权”的管辖法院容易确定。但对于“权利质权”的管辖法院如何确定，民事诉讼法并未作

① 参见浙江省高级人民法院民二庭课题组：《审理实现担保物权案件若干实务问题探析》，载《法律适用》2014 年第 2 期。

出明确规定。鉴于“权利质权”的特殊性，有必要对实现“权利质权”的管辖法院予以明确。

本条规定：“实现票据、仓单、提单等有权利凭证的权利质权案件，可以由权利凭证持有人住所地人民法院进行管辖；无权利凭证的权利质权，由出质登记地人民法院管辖。”对于有权利凭证的汇票、支票、本票、债券、存款单、仓单、提单等证券化权利，由权利凭证持有人住所地人民法院管辖；无权利凭证的权利质权，由出质登记地人民法院管辖。对于有权利凭证的汇票、支票、本票、债券、存款单、仓单、提单等证券化权利，权利凭证持有人住所地可以理解为担保财产所在地。但鉴于权利凭证所在地易于变动，考虑到管辖法院的确定性以及权利人实现担保物权的便利性，确定有权利凭证的由权利凭证持有人住所地人民法院管辖。根据民法典第四百四十一条、第四百四十三条、第四百四十四条以及第四百四十五条的规定，对于没有权利凭证的财产权利，其质权均需进行相应出质登记后方可设立。具体而言，以无权利凭证的汇票、支票、本票、债券、存款单、仓单、提单出质的，以基金份额、股权出质的，以注册商标专用权、专利权、著作权等知识产权中的财产权出质的，以及以应收账款出质的，质权均自办理相应出质登记时设立。实现这些无权利凭证的权利质权的案件，确定由担保物权登记地人民法院管辖。

从世界各国和地区的实践来看，申请实现担保物权案件一般采取由担保财产所在地和担保物权登记地法院管辖的地域管辖标准，但以担保财产所在地法院管辖的做法更为普遍。[①] 民事诉讼法第二百零三条规定，申请实现担保物权，由担保物权人向担保财产所在地或者担保物权登记地基层人民法院提出。由于担保物权种类的多样性以及我国关于担保物权登记程序本身的特殊性和各地区的差异性，导致一些特殊类型的担保物权实现案件如何确定管辖法院存在疑问。关于不动产抵押权，依据民法典第二百一十条之规定，不动产登记由不动产所在地的登记机构办理。实践中不动产所在地和不动产抵押登记地重合的情况下，管辖法院容易确定。但客观上，我国有些地区不动产抵押权登记机关的设置存在着一定的特殊性，不动产所在地与不动产抵押登记地不在同一地域管辖的范围内。此种情况下，是两地法院均有管辖权还是只能由一地法院管辖？我们认为，应当参照民事诉讼管辖的一般原则处理，可以由登记地人民法院管辖。至于作为法定担保物权“留置权”，

① 参见肖建国、陈文涛：《论抵押权实现的非讼程序构建》，载《北京科技大学学报（社会科学版）》2011年第1期。

其设立以债权人事先合法占有债务人的动产为要件，无须办理标的动产的登记，属于非登记物权。因此，实现留置权案件，由留置财产所在地法院管辖。

实现担保物权案件是否适用约定管辖，是否适用应诉管辖及管辖权异议？我们认为，虽然法律条文没有使用“专属管辖”的用语，但依据法理，非讼管辖的目的在于追求迅速及符合公益目的之需求，且经常涉及第三人权益，其管辖似有定性为专属管辖的必要；依其性质，不适用约定管辖及应诉管辖和管辖异议制度。[①] 在实践中，对于被申请人提出的管辖权异议，人民法院应通过释明方式予以解决，无须出具书面裁定。

实现担保物权案件是否涉及级别管辖？依据民事诉讼法第二百零三条的规定，申请实现担保物权案件应向担保财产所在地或者担保物权登记地基层人民法院提出。实践中，有的实现担保物权案件的标的额较大，按照现行诉讼案件级别管辖的规定，应由中级人民法院或者高级人民法院管辖。此种情况下，是依照法律规定一律由基层人民法院管辖，抑或是由中级人民法院或高级人民法院管辖？我们认为，民事诉讼法第二百零三条对此已有明确规定，此类案件一律由基层人民法院管辖。如此规定，主要是考虑到申请实现担保物权案件的非讼程序特征。依照世界各国和地区的一般做法，非讼案件由基层人民法院管辖。有的意见认为，此类案件超过基层人民法院诉讼案件级别管辖范围的，可以依据民事诉讼法第三十九条的规定上移给上级人民法院管辖，这种认识是违反法律规定的。

【审判实践中应当注意的问题】

第一，当财产登记地与财产所在地不一致时，是否专属于财产所在地人民法院管辖？如同一笔债权的抵押物系分布于某市 A、B、C 三个区的三处房产，而登记机关在该市 A 区。A 区人民法院受理后，被申请人向人民法院提出了管辖权异议，认为财产所在地在 B、C 区，不应该由 A 区人民法院管辖。此种情况下，到底由哪个区的人民法院管辖？这里涉及民事诉讼法第三十四条与第二百零三条规定如何适用的问题。民事诉讼法第三十四条规定，因不动产纠纷提起的诉讼，由不动产所在地人民法院专属管辖。民事诉讼法第二百零三条规定，申请实现担保物权案件由担保财产所在地或者担保物权登记地基层人民法院管辖。对此问题，有不同意见。一种意见认为，不动产专属管辖系民事诉讼法之特别规定，应当予以适用；另一种意见认为，2012

① 参见姜世明：《非讼事件法新论》，我国台湾地区新学林出版股份有限公司 2011 年版，第 57 页。

年民事诉讼法增设了实现担保物权的特别程序，并以方便当事人行使权利为原则，兼采了两种地域管辖标准，其本身亦系特别程序中的特殊规定，不适用诉讼程序中的不动产专属管辖之规定。如为实现一笔债权还要分别向多个抵押房产所在地人民法院提出实现担保物权申请，则无法体现实现担保物权案件程序关注抵押权实现的便捷需求，降低抵押权实现的成本的立法本意。我们认为，民事诉讼法第三十四条规定的不动产专属管辖，主要是指因不动产的权利确认、分割、相邻关系等引起的物权纠纷，而实现不动产抵押权等担保物权的案件是特别程序案件，应适用第二百零三条的特别规定，由不动产登记地人民法院管辖。

第二，实现担保物权案件是否属于民事诉讼法第二百零三条规定的“担保财产所在地或者担保物权登记地基层人民法院”专属管辖？换句话说，当事人是否可以对此类案件适用约定管辖及应诉管辖？我们认为，依据非讼法理，非讼案件的管辖，虽然在法律条文中没有“专属管辖”的用语，但由于非讼管辖的目的在于追求迅速及符合公益目的的需求，且其经常涉及第三人的权益，其管辖似有定性为专属管辖的必要；且依其性质，并不能适用约定管辖及应诉管辖。此外，在实现担保物权的案件中原主合同中约定的管辖法院与民事诉讼法第二百零三条规定的管辖法院不一致时，是否以第二百零三条规定为准？我们认为，实现担保物权案件是特别程序，主合同中约定的管辖法院并不必然就对实现担保物权的案件适用，此时应按民事诉讼法第二百零三条的规定处理。

第三，实现担保物权案件的管辖法院是否恒定？在司法实践中可能存在担保物权人在担保财产所在地申请立案后，担保财产被转移出立案法院辖区的情形，此时是否还由立案受理人民法院管辖？我们认为依据本司法解释第三十七条的规定，管辖是恒定的。本司法解释第三十七条规定：“案件受理后，受诉人民法院的管辖权不受当事人住所地、经常居住地变更的影响。”参照诉讼案件的管辖原理，受理人民法院可以继续受理案件的审查，不受担保物变动的影响，这不但可以减少当事人的诉累，同时也能够避免被申请人通过不断变更担保物的所在地来规避法院的审查。

【条文】

第三百六十一条

实现担保物权案件属于海事法院等专门人民法院管辖的，由专门人民法院管辖。

【条文主旨】

本条是关于专门法院能否管辖实现担保物权案件的规定。

【条文理解】

根据民法典第三百八十六条的规定，担保物权是指担保物权人在债务人不履行到期债务或者发生当事人约定的实现担保物权的情形，依法享有就担保财产优先受偿的权利，但法律另有规定的除外。担保物权包括"抵押权""质权""留置权"，在海事审判领域，担保物权包括"船舶优先权""船舶抵押权""船舶留置权""货物留置权""提单质权"等。依据民事诉讼法第二百零三条的规定，申请实现担保物权，应向担保财产所在地或者担保物权登记地基层人民法院提出。那么，海事法院等专门人民法院能否管辖实现船舶抵押权等担保物权案件？

海商法第十一条规定："船舶抵押权，是指抵押权人对于抵押人提供的作为债务担保的船舶，在抵押人不履行债务时，可以依法拍卖，从卖得的价款中优先受偿的权利。"关于船舶抵押权如何实现，该条仅规定"可以依法拍卖"，是否可以不经诉讼程序直接申请人民法院拍卖，还是可以进行自力救济，抑或是先经诉讼再走拍卖程序？海商法对此未作明确规定。在民事诉讼法设立实现担保物权案件程序之前的审判实践中，船舶抵押权作为担保物权的一种，其实现方式也是经过诉讼程序。在2012年民事诉讼法实施后，船舶抵押权的实现是否适用该法第二百零三条、第二百零四条的规定，对此实践中有不同的意见。

对此问题，首先，应该明确我国的哪些法院属于专门人民法院。依据宪法第一百二十九条的规定，中华人民共和国设立最高人民法院、地方各级人民法院和军事法院等专门人民法院，而依据《全国人民代表大会常务委员会关于在沿海港口城市设立海事法院的决定》以及《全国人民代表大会常务委员会关于在北京、上海、广州设立知识产权法院的决定》[①] 和《全国人民代表大会常务委员会关于设立上海金融法院的决定》《全国人民代表大会常务委员会关于设立北京金融法院的决定》《全国人民代表大会常务委员会关于

① 1984年11月14日第六届全国人民代表大会常务委员会第八次会议通过《全国人民代表大会常务委员会关于在沿海港口城市设立海事法院的决定》以及2014年8月31日第十二届全国人民代表大会常务委员会第十次会议通过《全国人民代表大会常务委员会关于在北京、上海、广州设立知识产权法院的决定》。

设立成渝金融法院的决定》[①] 可知，目前我国的专门人民法院有军事法院、海事法院、知识产权法院、金融法院等。在上述专门人民法院中，关于海事法院能否受理此类案件的问题最为突出。对此，在司法解释制定过程中也有不同意见。反对的意见认为，海事法院不是民事诉讼法第二百零三条规定的基层人民法院，该条明确规定了该类案件由基层人民法院管辖，故海事法院不能受理并管辖此类案件。有的意见认为，船舶担保物权有其特有属性，该特有属性也决定了实现担保物权程序并不适用于船舶担保物权的实现案件。比如，船舶是参照不动产管理的特殊动产，船舶担保物权除了船舶留置权和船舶抵押权以外，还存在一种特殊的船舶担保物权——船舶优先权。海商法第二十一条规定："船舶优先权，是指海事请求人依照本法第二十二条的规定，向船舶所有人、光船承租人、船舶经营人提出海事请求，对产生该海事请求的船舶具有优先受偿的权利。"多数学者认为船舶优先权是一种实体权利，而且是一种以船舶为客体的物权，即船舶担保物权的一种。船舶优先权具有法定性、依附性、秘密性、优先性的特征。对适用实现担保物权程序产生影响的，主要是船舶优先权的依附性和秘密性。所谓依附性，是指船舶优先权具有追及当事船舶的效力。海商法第二十六条对此作了明确规定："船舶优先权不因船舶所有权的转让而消灭……"所谓秘密性，是指船舶优先权在主债权产生之时，自动产生无须经过登记，除船舶优先权人与债务人之外，对于任何第三人，都是不可知的。为此，如果"船舶留置权人"或"抵押权人"申请实现船舶担保物权，管辖法院就不能依据拍卖船舶裁定将船舶变价后所得款项在担保范围内优先偿付给担保物权人，因为法院不知该船舶是否附有船舶优先权。即使是船舶优先权人申请实现船舶优先权，法院也不能依据拍卖船舶裁定将船舶变价后所得款项在担保范围内优先偿付给担保物权人。因为法院不知该船舶是否附有其他船舶优先权，其他船舶优先权的清偿顺序是否排在申请人之前，变价所得款是否足以清偿所有的船舶优先权。依附在船舶上的优先权，必须通过专门程序予以实现和消灭。我国海事诉讼特别程序法第一百二十条规定："船舶转让时，受让人可以向海事法院申请船舶优先权催告，催促船舶优先权人及时主张权利，消灭该船舶附有的

① 2018年4月27日第十三届全国人民代表大会常务委员会第二次会议通过的《全国人民代表大会常务委员会关于设立上海金融法院的决定》；2021年1月22日第十三届全国人民代表大会常务委员会第二十五次会议通过的《全国人民代表大会常务委员会关于设立北京金融法院的决定》；2022年2月28日第十三届全国人民代表大会常务委员会第三十三次会议通过的《全国人民代表大会常务委员会关于设立成渝金融法院的决定》。

船舶优先权。”为此，海事法院裁定强制拍卖船舶，也应发布公告，催促与拍卖船舶有关的债权人申请债权登记，以消灭该船舶附有的船舶优先权。根据海商法第二十八条的规定，具有船舶优先权的债权人行使船舶优先权，应当通过法院扣押产生船舶优先权的船舶来行使，并通过拍卖船舶后的债权分配程序予以实现。而秘密附有的其他船舶优先权，则需要通过债权登记、确权诉讼和债权分配的方式得以实现。因此，债权登记、确权诉讼及债权分配，是实现包括船舶优先权在内的船舶担保物权的必经程序。这些必经程序，决定了船舶担保物权不能通过适用民事诉讼法所规定的实现担保物权程序，直接拍卖船舶并以船舶变价后所得款项在担保范围内优先偿付给船舶担保物权人。因此，鉴于船舶担保物权中船舶优先权的特殊性，船舶担保物权不能通过适用实现担保物权程序来实现。而海事诉讼特别程序法对包括船舶优先权在内的船舶担保物权的实现有较为详尽的程序规定，同时，与船舶相关的海事海商案件依法由海事法院专门管辖。为避免管辖权的冲突、实现担保物权操作上存在的问题及法律适用上的争议，实现船舶担保物权案件不适用民事诉讼法第十五章第七节所规定的实现担保物权程序，由海事法院依照海事诉讼特别程序法的规定进行处理。此外，因海事法院属于中级人民法院的级别，也不应该受理此类案件。[①]

赞成海事法院可以受理实现担保物权案件的观点则认为，2018 年修订后的人民法院组织法第十三条规定，地方各级人民法院分为：高级人民法院、中级人民法院和基层人民法院。人民法院组织法第二十四条规定：“基层人民法院包括：（一）县、自治县人民法院；（二）不设区的市人民法院；（三）市辖区人民法院。”根据人民法院组织法，海事法院不属基层人民法院，但海事法院的设立晚于该法的制定和修订，故海事法院是否属基层人民法院不能根据该法进行判断。《全国人民代表大会常务委员会关于在沿海港口城市设立海事法院的决定》仅规定海事法院审理一审海事海商案件，其上诉审法院为高级法院，并未明确海事法院是否属基层人民法院还是中级法院。关于海事法院的级别，仅有设立之初发布的《最高人民法院关于设立海事法院的通知》（已失效）涉及，即通知指出海事法院与中级人民法院同级。该说法应只是针对海事法院的行政级别，通常的理解是海事法院因审理第一审案件故属基层人民法院，但又享有中级人民法院的行政级别。[②] 故海

① 参见吴勇奇：《实现担保物权程序并不适用于船舶担保物权的实现》，载《人民法院报》2013 年 11 月 20 日。

② 参见许俊强：《适用非讼程序实现船舶抵押权》，载《人民法院报》2014 年 8 月 7 日。

事法院作为专门人民法院，根据《最高人民法院关于海事法院受理案件范围的若干规定》，审理涉及海事海商的普通程序、简易程序和特别程序案件，审级为第一审，民事诉讼法第二百零三条的规定并没有排除海事法院的专门管辖，因此，海事法院受理申请实现船舶抵押权的案件符合法律规定，应该受理。根据民事诉讼法第二百零三条的规定，担保物权人有权向担保财产所在地法院提出实现担保物权申请。

经过研究和论证，因专门人民法院管辖案件的特殊性以及民事诉讼法为一般法，海事海商作为特别法的情况，属于专属法院管辖业务范围内涉及的担保物权实现案件，可以由各专门人民法院管辖，故我们认为特别法院等专门人民法院可管辖与专门人民法院相关的担保物权实现案件。

在本条司法解释的条文中之所以加入“等”字，主要是考虑随着社会的发展，有可能会设立新的专门人民法院，如 2017 年民事诉讼法修正后新设立了知识产权法院、金融法院、互联网法院，将来还有可能设立破产法院等，法条中采用“等”字就是为将来其他专门人民法院管辖该类案件留有余地，体现了司法解释的前瞻性。

【审判实践中应当注意的问题】

司法解释规定海事法院等专门人民法院可以管辖申请实现担保物权的案件。依据民事诉讼法第二百零三条和第二百零四条的规定，案件由担保财产所在地或者担保物权登记地人民法院管辖，在审判实践中如何确定船舶抵押的船舶所在地？我们认为，船舶抵押权的实现应该向船舶抵押登记地或抵押船舶所在地海事法院提出申请，并由该海事法院进行审查。因为船舶登记港为船籍港，船籍港一般由船舶所有人依据其住所或主营业所所在地就近选择，船舶抵押登记向船籍港的船舶登记机关登记，船舶抵押登记地人民法院实为船籍港所在地的海事法院。按照海商法第十四条的规定，建造中的船舶可以设定船舶抵押权，在建船舶抵押权登记机关为船籍港所在地船舶登记机关。

【条文】

第三百六十二条

同一债权的担保物有多个且所在地不同，申请人分别向有管辖权的人民法院申请实现担保物权的，人民法院应当依法受理。

【条文主旨】

本条是关于同一笔债权有多个担保物时实现担保物权案件管辖法院的

规定。

【条文理解】

在审判实践中，经常存在同一笔债权有多个担保物且所在地不同的情况，此时，担保物权人申请实现担保物权是向各个担保物所在地的人民法院分别提出申请还是向其中一个担保物所在地人民法院提出申请，该人民法院管辖权的效力是否及于同一笔债权下多个担保物？本条规定，同一债权的担保物有多个且在不同地区的，申请人可以分别向有管辖权的人民法院提出申请，各人民法院都应当依法受理。

对于同一笔债权有多个担保物担保，且多个担保物分散在各个法院辖区内，如何确定管辖法院，各地法院的做法不一。有的法院的做法是，申请人可以向有管辖权的各人民法院分别提出申请，但由立案在先的人民法院集中管辖。而有的法院则允许申请人向有管辖权的人民法院分别提出申请，分别由各人民法院单独管辖。在2015年《民事诉讼法解释》的起草过程中，对于此情形下是集中管辖还是分别管辖，曾有过激烈的争论。客观上说，分别管辖与集中管辖各有利弊。主张集中管辖的一方认为，同一债权的担保物有多个且所在地不同的，如果实行分别管辖，则会给申请人造成了极大不便，而集中管辖可以减少讼累、方便当事人。[①] 主张分别管辖的一方则认为，法律并未限制申请人必须向其中一个担保物所在地人民法院提出申请及由一个人民法院集中管辖，集中管辖并不符合“两便”的原则，而且同一债权的担保物有多个且所在地不同，应该可以由申请人自由选择，这样才方便当事人。此外，也有的人民法院采取如下做法的，即同一债权的担保财产为多个且分散在不同人民法院辖区内的，申请人与被申请人可以协商由其中一个有管辖权的人民法院集中管辖。申请人与被申请人协商不一致的，申请人则可以向有管辖权的人民法院分别提出申请。也可以由申请人向其中一个有管辖权的人民法院提出申请，申请的效力及于所有担保财产。如果其他人民法院已经立案的，应该移送先立案的人民法院管辖。经过充分的研究和论证，我们认为，由于我国幅员辽阔，各地区经济发展不平衡，对于案件管辖的确定，要从方便申请人实现其权利的角度出发。对同一债权的担保物有多个且分散在不同人民法院辖区内的，申请人既可以向其中一个担保物所在地的基层人民法院申请实现担保物权，也可以向各个担保物所在地的基层人民法院分别提出申请。而本条规定主要强调同一债权的担保物有多个且分散在不同

① 参见李相波：《实现担保物权程序适用中的相关法律问题》，载《法律适用》2014年第8期。

人民法院辖区内的，申请人向有管辖权的人民法院分别提出的，人民法院应当依法受理。也就是说，上述情形下，人民法院不允许不受理，而且对于申请人向同一个法院申请实现全部担保物权的，人民法院也应当受理。

【审判实践中应当注意的问题】

对于同一债权的担保物有多个且所在地不同，申请人向有管辖权的人民法院分别提出申请实现担保物权申请的，人民法院不能以该债权有多个担保物且各担保物分散在不同的法院管辖区内，要向各人民法院申请实现担保物权为借口而拒绝受理。同时，对于同一债权的担保物有多个且所在地不同，申请人向其中一个担保物所在地的基层人民法院提出申请实现该债权项下的所有担保物权的，人民法院也应当受理。此种情形，就应由一个担保物所在地人民法院集中审查该债权项下的担保物权，也就是说，对于此种情形，因是基于同一笔债权而发生的担保，该人民法院可以一并进行审查处理，不允许该人民法院以担保物不完全在其管辖区内为由而拒绝受理和审查。

【条文】

第三百六十三条

依照民法典第三百九十二条的规定，被担保的债权既有物的担保又有人的担保，当事人对实现担保物权的顺序有约定，实现担保物权的申请违反该约定的，人民法院裁定不予受理；没有约定或者约定不明的，人民法院应当受理。

【条文主旨】

本条是关于人保与物保并存时申请实现担保物权如何受理的规定。

【条文理解】

民法典第三百九十二条规定，被担保的债权既有物的担保又有人的担保的，债务人不履行到期债务或者发生当事人约定的实现担保物权的情形，债权人应当按照约定实现债权；没有约定或者约定不明确，债务人自己提供物的担保的，债权人应当先就该物的担保实现债权；第三人提供物的担保的，债权人可以就物的担保实现债权，也可以要求保证人承担保证责任。那么当人保和物保并存时，担保物权人向人民法院申请实现担保物权，人民法院是否应该受理？

从全国的审判实践来看，部分人民法院认为，在被担保的债权既有“物的担保”又有“人的担保”的情况下，由于不同担保主体所承担的担保责任份额可能不同，担保责任的次序也可能不同。如担保责任份额及担保责任顺序不明确，还是应当通过诉讼程序加以确定，不宜通过实现担保物权特别程序处理。

我们认为，对于人保和物保并存的，担保物权人是否可以向人民法院申请实现担保物权，还是应该根据民法典第三百九十二条的规定进行具体处理。如果当事人对“物的担保”和“人的担保”的担保范围及实现顺序等有明确约定，担保物权人提出的实现担保物权申请不违反该约定的，人民法院应当适用实现担保物权程序。如果当事人对“物的担保”和“人的担保”的担保范围及实现顺序等没有约定，又区分为两种情形：“人的担保”和主债务人自己提供的“物的担保”并存的，债权人应当先就“物的担保”实现债权，其提出的实现担保物权申请，人民法院应适用实现担保物权程序；“人的担保”和第三人提供的“物的担保”并存时，债权人可自由选择行使“物的担保”或“人的担保”，债权人选择申请实现担保物权的，人民法院也应适用实现担保物权程序。

【审判实践中应当注意的问题】

当实现担保物权案件完结后，债权人能否就担保财产拍卖、变卖后不足清偿债务部分再起诉债务人及保证人？我们认为，应予准许。即通过担保物权实现程序拍卖、变卖担保物仍不足以清偿债务的，债权人对债务人和保证人仍有求偿权，可再行通过普通诉讼程序主张权利。

此外，当“人的担保”与“物的担保”并存而实现担保物权案件尚未完结时，对于保证部分可否同时提起民事诉讼？实践中，有个别人民法院在实现担保物权案件未完结之前，以“由于保证人需要承担多少债务尚无法确定，故不能在此时就对保证人同时提起诉讼，须待实现担保物权案件处理完毕后，方可起诉保证人”为由，拒绝受理债权人对承担连带保证责任的保证人的诉讼。我们认为，实现担保物权案件作为特别程序，其最终目的与诉讼程序基本相同，即取得执行依据。当连带责任保证和“物的担保”并存时，债权人可选择行使“物的担保”和“人的担保”，抵押人提起实现担保物权程序，可同时对承担连带责任保证的保证人提起民事诉讼，人民法院对于既申请实现担保物权又同时对保证部分提起诉讼的，都应该受理，但对于诉讼部分可先行中止审理，待担保物权实现程序结束后再行恢复。

【条文】

第三百六十四条

同一财产上设立多个担保物权，登记在先的担保物权尚未实现的，不影响后顺位的担保物权人向人民法院申请实现担保物权。

【条文主旨】

本条是关于同一财产上设有多个担保物权的，登记在先的担保物权尚未实现的情况下，后顺位的担保物权人申请实现担保物权应否受理的规定。

【条文理解】

对于同一财产上设立多个担保物权的，登记在先的担保物权尚未实现的情况下，后顺位的担保物权人向人民法院申请实现担保物权的，人民法院应否受理，审判实践中有不同做法。经过论证，我们认为，此种情形下，在保障先顺位担保物权的前提下，可以允许后顺位担保物权人先行申请实现担保物权。执行法院可将拍卖、变卖价款按顺位在先的担保物权人优先受偿的金额予以留存，剩余款项则可清偿给后顺位担保物权人。因此，本条规定同一财产上设立多个担保物权，登记在先的担保物权尚未实现的，不影响后顺位的担保物权人向人民法院申请实现担保物权，也就是说，此种情形下，后顺位的担保物权人在登记在先的担保物权未实现的情况下，向人民法院申请实现担保物权的，人民法院应当受理。由于先顺位担保物权所担保的主债务是否已清偿、是否已到期等问题无法在本案中一并查明，故裁定主文可表述为："对被申请人×××的×××担保财产准予采取拍卖、变卖等方式依法变价，申请人×××对变价后所得款项超出顺位在先的×××担保债权的部分，在×××元的范围内优先受偿。"

【审判实践中应当注意的问题】

实践中，要防止同一财产上设有多个担保物权的，登记在先的担保物权尚未实现的情况下，后顺位的担保物权人向人民法院申请实现担保物权人民法院不予受理的情况的发生。

【条文】

第三百六十五条

申请实现担保物权，应当提交下列材料：

（一）申请书。申请书应当记明申请人、被申请人的姓名或者名称、联系方式等基本信息，具体的请求和事实、理由；

（二）证明担保物权存在的材料，包括主合同、担保合同、抵押登记证明或者他项权利证书，权利质权的权利凭证或者质权出质登记证明等；

（三）证明实现担保物权条件成就的材料；

（四）担保财产现状的说明；

（五）人民法院认为需要提交的其他材料。

【条文主旨】

本条是关于申请实现担保物权所应提交材料的规定。

【条文理解】

申请人申请实现担保物权应当向人民法院提交哪些材料，民事诉讼法并未作出明确规定。参照国外立法例以及 2012 年修正的民事诉讼法施行以来的审判实践做法，本条规定申请人申请实现担保物权应提交的材料应当包括以下几方面。

第一，申请书。申请书是申请人向人民法院提出申请实现担保物权的书面材料，申请书的内容主要包括申请人和被申请人的姓名、名称等基本情况和联系方式，申请的具体请求、事实和理由等。

第二，证明担保物权存在的材料，包括主合同、担保物权合同、抵押权登记证明或他项权利证书，权利质权的权利凭证或者出质登记证明等。担保物权的有效存在是担保物权行使的前提，也是申请实现担保物权的必备条件。在基于合同设立担保物权的情形下，是指担保合同成立并生效，而且依法需要公示的，已经完成了担保物权设立所需的公示要件。在基于法律规定直接取得担保物权的情形下，是指具备了法定的取得担保物权的条件。具体来说，证明抵押权存在的证明材料需区分抵押权的类型。如果抵押权是须登记才能设立的不动产抵押权，应当提供抵押权登记证明或者他项权利证书等。如果抵押权是非经登记即可设立的动产抵押权或者动产浮动抵押权，则应当提供抵押合同；如果动产抵押权或者动产浮动抵押权办理了抵押登记，则也应提供抵押权登记证明或者他项权利证书。对于证明质权存在的证明材料，须区分"动产质权"或"权利质权"。其中，"动产质权"存在的证明材料包括质权合同、交付出质财产的证明。至于"权利质权"，则须进一步区分是否需要办理出质登记。以有权利凭证的汇票、支票、本票、债券、存款单、仓单、提单等证券化权利出质的，交付权利凭证后质权就设立，因此，证明质权存在的证明材料包括质权合同及权利凭证。如果是须登记才能设立的权利质权，质权存在的证明材料包括质权合同及出质登记证明。留置权利存在的证明材料则包括债权合同以及申请人依法占有留置财产的证据材料。

第三，证明实现担保物权条件成就的材料。担保物权实现条件成就，主要是指债务人不履行到期债务或者发生了当事人约定的实现担保物权的情形。所谓当事人约定的实现担保物权的情形，指债务人不履行债务以外的、当事人特别约定的实现担保物权的情形。当事人约定的债务人不履行到期债务之外的实现担保物权的情形，常见于浮动抵押。比如，某企业以其仓库中现有及将有的所有产品设定浮动抵押向银行贷款，银行为保全抵押财产在实现抵押权时能够达到一定的数量及价值，与企业在抵押合同中约定，企业不得以其库存的产品从事低价交易，一旦出售价格低于约定比例，银行即有权宣布贷款提前到期并实现抵押权。申请人应提供其申请符合其中任一种情形的材料。当然，对于留置权而言，情况有些差异。依照民法典的规定，债务人不履行到期债务，不是债权人实现留置权的条件，而只是债权人留置已经合法占有的债务人的动产的条件。债权人留置债务人财产后，应当与债务人约定留置财产后的债务履行期间；没有约定或者约定不明确的，除留置物为鲜活易腐等不易保管的动产之外，留置权人应当给债务人充足的履行债务的期间。因此，证明实现留置权条件成就的材料，应当包括债务人在留置权人留置财产后的债务履行期间届满仍不履行债务。

第四，担保财产现状的说明。提供担保财产的现状的证明主要是为了让人民法院了解担保财产处于何种状态，说明内容通常包括担保财产名称、数量、质量、状况、所在地、所有权归属或者使用权归属等。担保财产的名称，指担保财产是何种类型的财产，比如，房屋、建设用地使用权、机器设备，还是汇票、支票、本票等。数量，是指担保财产的多少，尤其在浮动抵押场合，抵押权的实现以抵押财产的确定为前提条件，需要明确各种动产的类型及具体数量。质量，是指担保财产的品质，比如浮动抵押的企业产品的质量标准。状况，是指担保财产的现时状态，比如抵押的汽车行驶了多少公里。所在地，是指担保财产现在何处。所有权归属或者使用权归属，是指担保财产归谁所有或者由谁依法使用。

第五，人民法院认为需要提交的其他材料。这是兜底性的规定，主要是受理人民法院根据案件的具体情况，为了查明事实需要申请人提供的其他材料。

【审判实践中应当注意的问题】

对申请人提出的实现担保物权的案件，人民法院遇到材料不齐或不符合规定的，应该通知申请人在适当的时间内补充材料；如果申请人在规定时间不能补充材料或补充材料不符合条件的，应该依据民事诉讼法第一百二十六条关于案件受理之规定，裁定不予受理。

另外，民法典第四百一十条第二款规定："抵押权人与抵押人未就抵押权的实现方式达成协议的，抵押权人可以请求人民法院拍卖、变卖抵押财产。"在审判实践中，有的人民法院在受理申请实现担保物权案件时，也要求申请人提交证明抵押权人与抵押人未就抵押权的实现方式达成协议的材料。对此，我们认为，民法典的上述规定只是赋予了抵押权人更多的抵押权的实现途径，而不是申请人向人民法院申请实现担保物权的前提条件，故申请人不需要提交证明抵押权人与抵押人就抵押权实现方式未能达成一致的材料。同理，在出质人和债务人申请实现质权和留置权的场合，也不必提交出质人请求质权人在债务履行期届满后及时行使质权，以及债务人请求留置权人在债务履行期届满后行使留置权的材料。

【条文】

第三百六十六条

人民法院受理申请后，应当在五日内向被申请人送达申请书副本、异议权利告知书等文书。

被申请人有异议的，应当在收到人民法院通知后的五日内向人民法院提出，同时说明理由并提供相应的证据材料。

【条文主旨】

本条是关于人民法院受理实现担保物权申请后向被申请人送达相关法律文书的期限和被申请人提出异议期限的规定。

【条文理解】

人民法院受理申请人提交的实现担保物权的申请后，应当在五日内向被申请人送达申请书副本、异议权利告知书等文书。被申请人收到人民法院送达的申请书后，如果对申请人的申请有异议的，也应当在五日内向人民法院提出，同时应该说明理由并提供相应的材料来证明其异议。

实现担保物权案件属于"非讼案件"或"非讼事件"，实现担保物权案件的程序是"非讼特别程序"。对于人民法院受理非讼特别程序案件后，是否应该向被申请人送达相关法律文书有不同意见。有的意见认为，实现担保物权案件程序是“非讼程序”，向被申请人送达相关法律文书是申请人的事情，应该由申请人自行送达，不应该由人民法院依职权向当事人送达。相反意见则认为，“非讼程序”是申请人借助公权力实现其权益的程序，是各国和地区赋予当事人对其权益进行救济的方式之一，应该由人民法院向被申请人送达相应的法律文书。从世界各国和地区的规定来看，对于纠纷的解决基本上是“诉讼法理”和“非讼法理”交错适用的，“非讼程序”也常常借助“诉讼程序”的基本法理和做法。因而，实现担保物权案件程序中可以依照诉讼程序的规定由人民法院向被申请人送达相应的法律文书，而且由人民法院向当事人或申请人送达相应的法律文书也是我国的通常做法，这样也才能保证该程序的效率和有效性。也正是基于上述原因，本条规定受理人民法院应该向被申请人送达相应的法律文书。

受理人民法院应于何时向被申请人送达相应的文书？民事诉讼送法第一百二十八条规定，人民法院应当在立案之日起五日内将起诉状副本发送被告，被告应当在收到之日起十五日内提出答辩状，答辩状应当记明被告的姓名、性别、年龄、民族、职业、工作单位、住所、联系方式；法人或者其他组织的名称、住所和法定代表人或者主要负责人的姓名、职务、联系方式。人民法院应当在收到答辩状之日起五日内将答辩状副本发送原告。可见，在诉讼程序中，人民法院向被告送达文书的时间是收到起诉状、答辩状等法律文书之日起五日内。而对于实现担保物权案件是“非讼程序”，民事诉讼法第一百八十七条规定，人民法院适用特别程序审理的案件，应当在立案之日起三十日内或者公告期满后三十日内审结。基于上述原因，本条规定人民法院向被申请人送达相关文书和被申请人提出异议的时间均为五日。此外，为防止被申请人以提出异议的方式拖延时间，从而导致该程序的虚化，本条同时规定，被申请人提出异议的，应该同时说明理由以及提交相应的证据材料。

【审判实践中应当注意的问题】

被申请人应当在收到人民法院送达的申请书等五日内提出异议，如果其不提异议应视为其认可申请人的申请。此外，为防止被申请人以异议为理由而拖延时间或者恶意逃避债务，被申请人提出异议的，人民法院应当要求被申请人说明理由并提供相应的证据材料予以证明。而且，人民法院也应当对被申请人提出异议的理由和相应的证据材料进行审查，避免被申请人一提出异议并提供了相应证据材料，人民法院不对异议的相应材料进行审查就直接驳回申请人申请的简单做法。

【条文】

第三百六十七条

实现担保物权案件可以由审判员一人独任审查。担保财产标的额超过基层人民法院管辖范围的，应当组成合议庭进行审查。

【条文主旨】

本条是关于实现担保物权案件审查主体的形式的规定。

【条文理解】

关于人民法院审理申请实现担保物权的案件是独任审理还是组成合议庭审理问题，基于实现担保物权案件设在民事诉讼法第十五章特别程序中，该法第一百八十五条规定关于“依照本章程序审理的案件，实行一审终审。选民资格案件或者重大、疑难的案件，由审判员组成合议庭审理；其他案件由审判员一人独任审理”的规定是第十五章中的“一般性的规定”，应该适用于实现担保物权案件的程序。因此，实现担保物权的案件可以由审判员一人独任审查。但民事诉讼法第二百零三条又规定，申请实现担保物权向基层人民法院提出，而实践中，有的担保物权实现案件的标的额较大，可能超过了基层人民法院的受案管辖的数额。考虑到上述客观情形，本条同时也规定，对于重大、疑难案件以及担保财产标的额超过基层人民法院管辖范围的，应当组成合议庭进行审查。

【审判实践中应当注意的问题】

对审查实现担保物权案件的审判组织的形式，是法官独任审查还是组成合议庭审查，我们认为要根据案件具体情况来定，避免简单地“一刀切”。既要防止一律组成合议庭进行审查，也要防止为提高效率而一律由审判员独任审查的情况。

【条文】

第三百六十八条

人民法院审查实现担保物权案件，可以询问申请人、被申请人、利害关系人，必要时可以依职权调查相关事实。

【条文主旨】

本条是关于人民法院对实现担保物权案件审查是否进行询问和调查核实

相关事实的规定。

【条文理解】

民事诉讼法规定，人民法院对实现担保物权案件是“审查”而非“审理”。之所以将二者区分，主要是为了减少担保物权人的诉累，让担保物权人能快捷、便利地实现债权。因而，人民法院在审查时主要应对相关证明材料的“三性”进行审查，但为了查清申请能否成立，如有必要，可将申请人、被申请人或者利害关系人等相关人员传唤到庭进行询问并核实相关事实，也可以依职权调查担保物权是否存在、实现担保物权的条件是否成就等相关事实。人民法院经过综合审查评判后，认为事实清楚，符合法律规定的，可以直接裁定准许申请人的申请，准许对抵押财产进行拍卖或变卖。

司法实践中有意见认为，实现担保物权程序设立的目的就是迅速、经济地实现担保物权，因而人民法院无须依职权调查核实相应的事实；仅审查申请人的申请是否符合法律规定即可，不符合法律规定的则直接驳回。我们认为，虽然“非讼程序”强调简易、快捷，但这并不等同于人民法院对有关事实消极放任、毫无作为。而且，由于目前审判实践中虚假诉讼大量存在，人民法院如果在审查中不依职权调查核实相关的事实，就不能查清申请人的申请是否符合法律规定，此种情况下驳回申请人的申请则可能会使该程序虚置，反而不符合立法目的和精神。此外，从制度层面而言，非讼程序制度设计是对简易审理辅之以法官职权探知原则，让法官利用职权进行事实调查，审酌当事人未提出的诉讼材料，以期在简易、迅速而经济地达成裁判的同时，实现裁判过程的慎重和结果的正确。如果实现担保物权制度仅强调裁判的简易快捷，摒弃职权探知作为发现客观真实之重要途径，必然有损裁判的正确性。因此，实现担保物权作为典型的争讼型非讼事件之一，在法院依职权探知情况下，应坚持实质真实的观点，[①] 对事实和证据的收集属于法院职责，法院对于证据调查的种类、范围具有决定权，人民法院认定事实的依据不限于当事人所提供的证据，允许法院调查核实相关事实后作出最终裁判。概言之，人民法院应就实现担保物权构成要件的事实进行调查，必要时，可对利害关系人加以询问。

【审判实践中应当注意的问题】

人民法院审查实现担保物权案件，要根据案件的实践情况决定是否传唤申请人、被申请人或者相关利害关系人到庭进行询问，以防止当事人相互串

① 参见姜世明：《非讼事件法新论》，我国台湾地区新学林出版有限公司2011年版，第26~27页。

通损害其他人的合法权益。此外，“非讼程序”本身适用职权主义，人民法院在审查过程中，可不限于当事人提供的材料，必要时可依职权调查相关事实以便查清相应的事实。

【条文】

第三百六十九条

人民法院应当就主合同的效力、期限、履行情况，担保物权是否有效设立、担保财产的范围、被担保的债权范围、被担保的债权是否已届清偿期等担保物权实现的条件，以及是否损害他人合法权益等内容进行审查。

被申请人或者利害关系人提出异议的，人民法院应当一并审查。

【条文主旨】

本条是关于人民法院对申请实现担保物权案件审查内容的规定。

【条文理解】

人民法院申请实现担保物权案件时，应该就主合同的效力、期限、履行情况，担保物权是否有效设立、担保财产的范围、被担保的债权范围、被担保的债权是否已届清偿期，担保物权实现的条件是否具备等内容进行审查。上述内容是审查申请人的申请是否符合法律规定的最主要、最核心的内容，只有上述规定的内容具备了，人民法院才能作出准许拍卖、变卖的裁定。当然，实现担保物权程序是“非讼程序”，被申请人明确表示同意申请人的申请的情况下，人民法院应该着重审查申请人的申请是否损害他人、案外人的合法权益，如果损害了其他人、案外人合法权益的，应该作出不予准许的裁定。此外，被申请人或者利害关系人提出异议的，人民法院也应当一并对申请人或者利害关系人异议进行审查。

对实现担保物权案件的上述内容的审查，是形式审查还是实质审查？民事诉讼法第二百零四条规定：“人民法院受理申请后，经审查，符合法律规定的，裁定拍卖、变卖担保财产，当事人依据该裁定可以向人民法院申请执行；不符合法律规定的，裁定驳回申请，当事人可以向人民法院提起诉讼。”对于申请实现担保物权案件的审查标准，立法仅仅规定了符合法律规定的裁定拍卖、变卖担保财产，审判实践中各地的做法也不尽一致。一种做法是进行实质审查，坚持该做法的理由是认为民事诉讼法规定的实现担保物权案件程序主要是针对民法典等实体法作出的程序性规定，“符合法律规定”应该理解为必须满足民法典等实体法规定的实现担保物权的条件。另一种做法是进行有限的形式审查。坚持该做法的理由是实现担保物权案件只需要对申请人提交的材料进行有限形式审查，而无须对实现担保物权案件涉及的主合同、担保物权的效力等基础法律关系进行实质审查。对此，我们认为，申请实现担保物权案件程序属于“非讼程序”，依据非讼法理，此类程序无须进行实质审查。实质审查虽然有利于人民法院全面、准确地查明案件事实，公正作出裁判，但该做法不符合实现担保物权案件程序的非讼的属性和原理，忽视了实现担保物权非讼程序快捷、高效实现担保物权的立法本意，可能导致实现担保物权程序的“休眠化”。此外，从国外的立法例来看，很多国家和地区对实现担保物权案件的审查均为形式审查。因此，对此类案件应当进行形式审查而非实质审查。具体而言，我们认为，人民法院的形式审查主要是审查担保物权实现的条件是否成就（包括担保物权是否有效成立、履行期是否届满、担保物权的实现条件是否成就等）。为此，本条规定了“就主合同的效力、期限、履行情况，担保物权是否有效设立、担保财产的范围、被担保的债权范围、被担保的债权是否已届清偿期等担保物权实现的条件是否成就，以及是否损害他人合法权益等内容进行审查”的审查标准。

人民法院审查的目的在于从形式上确认权利存在，然后作出担保物权实现的执行依据，即拍卖、变卖担保财产的裁定。那么，审判实践中如何审查呢？我们认为，对已经登记的担保物权，基于登记的公信效力，人民法院对担保物权人提交的权属证书及登记证明只需作形式审查，只要其担保物权已经合法登记，债务已届清偿期，并且无法律限制行使担保物权情形的，即可作出准许拍卖、变卖担保财产的裁定；而未登记的担保物权，其效力及实现条件均无法依据权属证书及登记簿登记证明确定，担保物权人申请拍卖、变卖担保财产的，人民法院可以询问担保物权人与债务人。在审查方法上，可以根据案件的不同情况采取书面审查或调查核实相关事实的做法。在审限的问题上，人民法院应依据第十五章特别程序中的一般规定，即应在立案之日起三十日内审结。当然，对于重大、疑难的案件应该组成合议庭进行审查，对于特殊情况需要延长审限的，应由本院院长批准。

【审判实践中应当注意的问题】

第一，关于对申请人的申请能否成立以及被申请人提出有关主债权或者担保物权真实性、合法性等实体异议，人民法院应当如何审查问题，目前实践中主要有两种做法：一是对于被申请人提出实体异议且提供相应证据证明的，经审查后发现确属存在民事权益争议的，直接驳回担保物权实现的申请并告知申请人向人民法院起诉；经审查异议不成立的，直接作出拍卖、变卖担保财产的裁定。对于被申请人仅笼统提出或表示异议但没提供证据证明的，人民法院应驳回其异议。二是被申请人提出实体异议的，人民法院应书面通知当事人于限定期限内向有管辖权的人民法院提起诉讼，当事人于限定期限内不提起诉讼的，人民法院仍得继续裁定对抵押财产进行拍卖、变卖。当事人如果提起诉讼，人民法院应裁定终结申请实现担保物权的非讼程序。第一种做法便于权利人尽快实现权利，防止被申请人通过异议阻却该程序。第二种做法则给予了被申请人充分的权利保障。目前，审判实践中采纳第一种做法的更多。我们认为，不管采用哪一种做法，在审判实践中都要防止被申请人滥用异议或抗辩的权利，致使程序设立的目的落空。因此，人民法院只有在对被申请人提出的异议进行审查后确认确实存在明确、具体的民事权益争议的，才能裁定驳回申请。当然，在人民法院审查实现物权担保程序过程中，被申请人出于或为自身真实权利的保护，或为拖延担保物权的实现，通常会提出异议。要避免一有异议就终结程序，把异议等同于民事权益争议的做法。所以，只有在人民法院全面审核调查全部相关证据材料之后，才能最终确认是否存在民事权益争议。

第二，关于申请实现担保物权程序是否能调解的问题。《民事调解工作规定》（法释〔2004〕12号）第二条规定："对于有可能通过调解解决的民事案件，人民法院应当调解。但适用特别程序、督促程序、公示催告程序、破产还债程序的案件，婚姻关系、身份确认案件以及其他依案件性质不能进行调解的民事案件，人民法院不予调解"，该条后被2015年《民事诉讼法解释》第一百四十三条所吸收，该条规定："适用特别程序、督促程序、公示催告程序的案件，婚姻等身份关系确认案件以及其他根据案件性质不能进行调解的案件，不得调解。"依照此条规定，特别程序不适用调解程序。因此，实现担保物权案件不应进行调解，如果申请人与被申请人之间能够达成调解，则证明双方之间对于实现担保物权不存争议，其完全可以自行履行，无须通过人民法院的公权力实现其权益。

第三，人民法院对于实现担保物权案件的审查为"形式审查"并不意味着法院仅就当事人提交的材料进行书面审查，而放弃依职权调查核实相关的事实的职责，形式审查与法院的依职权调查核实相关的事实并不相互对立。

【条文】

第三百七十条

人民法院审查后，按下列情形分别处理：

（一）当事人对实现担保物权无实质性争议且实现担保物权条件成就的，裁定准许拍卖、变卖担保财产；

（二）当事人对实现担保物权有部分实质性争议的，可以就无争议部分裁定准许拍卖、变卖担保财产；

（三）当事人对实现担保物权有实质性争议的，裁定驳回申请，并告知申请人向人民法院提起诉讼。

【条文主旨】

本条是关于人民法院对申请实现担保物权案件审查后处理结果的规定。

【条文理解】

民事诉讼法第二百零四条规定，人民法院受理申请后，经审查，符合法律规定的，裁定拍卖、变卖担保财产。何谓“符合法律规定”，这是审判实践中亟待明确的。首先应该明确，实现担保物权申请是否成立，应以民法典规定的实现担保物权的构成要件事实是否成就为判断依据，人民法院审查范围也应以此为准。人民法院审查申请人的申请后，应按不同的情形分别作出处理。

第一，申请人与被申请人之间对于实现担保物权无实质性争议，而且实现担保物权条件成就的，人民法院应当裁定准许拍卖、变卖担保财产。何谓“实质性争议”？主要是指申请人与被申请人之间对于担保物权是否有效成立，债权是否已到清偿期等基本事实存有的争议。

第二，申请人与被申请人对实现担保物权有部分实质性争议的，人民法院可就无争议部分裁定准许拍卖、变卖担保财产。对双方之间的争议之所以区分“全案争议”和“部分争议”，目的就在于防止因申请担保物权实现案件仅存在“部分争议”就驳回申请人的申请，进而影响该制度的适用。因此，为了达到立法目的，对于担保物权部分有争议部分无争议的，人民法院可以就无争议部分先行作出准许拍卖、变卖的裁定。以抵押权为例，如抵押人与债务人仅对债务利息有异议但对债务本金没有异议，人民法院可就无争议部分先行作出准许拍卖、变卖的裁定。

第三，申请人与被申请人对实现担保物权有实质性争议的，因实现担保物权案件是非讼程序，适用该程序的前提是双方之间对于事实不存在“实质性争议”，若双方之间对于该事实存有“实质性争议”，就应该通过诉讼程序予以解决，故人民法院应当裁定驳回申请人的申请，并告知申请人向人民法院提起诉讼。

为了保障当事人的权利，本条明确规定，在人民法院驳回申请人的申请时应当明确告知其可以提起诉讼，通过诉讼程序来查明相关事实后实现其权益。以抵押权为例，对于一般抵押权，人民法院应根据抵押合同、抵押登记等材料确定抵押权是否成立，以及是否发生债务人不履行到期债务或当事人约定的实现抵押权的情形。债务人或抵押人对债权是否存在、数额、时效等提出异议并经审查异议成立的，应为存在“实质性争议”，人民法院应裁定驳回申请，告知申请人另行起诉解决纠纷。对于存在抵押权受让情况的，受让人未进行登记的，应区分抵押权随主债权一并移转和抵押权法定移转两种情形。在上述两种情况下，人民法院无须审查有关抵押权的登记情况，只需查明债权转让真实即可。另外，“物的担保”和“人的担保”并存的，应审查当事人之间对于担保物权的实现是否有特别的约定，有约定的从约定，无约定的按照民法典的规定进行审查。最高额抵押是担保一定法律关系所产生的现有及将来发生的债权而设定的抵押权，其登记一般也仅就债权范围、存续期间、债权人、债务人等内容予以记载，被担保债权在抵押登记时也未必成立，在最高额抵押权存续期间，因清偿或其他事由减少或消灭债权也不必进行登记涂销，因此其与一般抵押权不同。抵押权人欲实现该抵押权时，必须以实际存在的债权额为准，故抵押权人另需提供证明主债权成立及数额的证据。人民法院应注意对被担保债权范围的审查，如果抵押人或债务人否认登记之前已有债权存在（或已进行清偿）、登记之后有债权发生，从抵押权人提供的证据材料进行审查又不能确定被担保债权成立的，应认定双方有实质性民事权益争议，裁定驳回申请，告知申请人通过起诉解决。

关于人民法院准许拍卖、变卖担保财产裁定书的内容。我们认为，裁定书应明确准予拍卖、变卖的对象及担保物权人可以就担保物权优先受偿的债权数额。如可表述为：准予对××进行拍卖、变卖，用于优先清偿申请人对被申请人的××债权。

【审判实践中应当注意的问题】

如果人民法院裁定准许拍卖、变卖担保财产后，被申请人没有自动履行该义务的，申请人可向人民法院申请强制执行。在执行过程中，担保物被人民法院拍卖或变卖后，不足以清偿本案申请执行标的额，对于不足部分如何处理，是由人民法院继续执行被申请人的其他财产，还是申请人另行诉讼后再进入执行程序？对此，实践中有两种意见：一种意见认为，由执行法院直接裁定执行被执行人其他可供执行的财产，这样做有利于提高执行效率，减少当事人诉累；另一种意见认为，受生效裁定文书确定性的限制，以及实现担保物权标的物的特定性，人民法院不宜直接裁定执行其他可供执行的财产。经实现担保物权后不足清偿的债权，需要经申请人向人民法院提起新的诉讼，通过诉讼程序解决，形成新的执行依据后，再由债权人向人民法院申请执行。我们认为，第一种意见违背了裁判确定性和既定性原则，扩大了执行范围。在缺乏新的执行依据前提下，不能为了提高执行效率而置当事人合法权益于不顾，直接扩张实现担保物权裁定的执行范围。因此，在经执行不足以清偿本案申请执行标的额的，申请人应该另行通过诉讼等途径取得对于剩余债权的执行依据后再行申请强制执行。

【条文】

第三百七十一条

人民法院受理申请后，申请人对担保财产提出保全申请的，可以按照民事诉讼法关于诉讼保全的规定办理。

【条文主旨】

本条是关于申请实现担保物权程序中适用财产保全的规定。

【条文理解】

关于实现担保物权程序是否可以采取财产保全措施，民事诉讼法并未作出规定，实践中各地法院的做法也不一致。有意见认为，由于担保财产上已经设定了抵押等权利负担，通常情况下担保物权人的权利已经得到保障，没有再进行财产保全之必要，如果人民法院最后准予实现担保物权，则容易因申请保全所增加的保全费用是由申请人承担还是由被申请人承担引起争议，因此，人民法院对申请人提出的财产保全申请不应支持。但是，从我国审判实践来看，法院“首封权”对实际执行效果的影响较大。如果不允许在特别程序中采取财产保全措施，按照目前的执行做法，担保财产若被其他执行普通债权的人民法院查封在先，那么，在特别程序中执行担保财产往往会遇到障碍。换言之，若其他普通债权人通过诉讼程序对担保物进行了财产保全，即使担保物权人通过实现担保物权程序率先取得执行依据，审理法院由于没有直接处置权，需要和首查封的人民法院协商，不但增加沟通成本，也会影响担保财产整体处置效率。因此，按照法无禁止即自由的原则，财产保全应当可以适用于实现担保物权程序。而且，现实中也确实存在担保人或财产占有人恶意转移财产的情形，如不允许在实现担保物权程序中提起财产保全，不诚信的债务人很可能在案件审查期间转移资产，造成申请人实现权利困难，不利于该程序的实施。允许申请人提出保全申请，尤其是对于易于转移、隐匿的财产采取保全措施，才能保障对担保财产的执行，保障准许拍卖、变卖的裁定的效力。基于上述考虑，本司法解释规定允许在实现担保物权案件中对财产进行保全。

【审判实践中应当注意的问题】

为了避免申请人或其他人侵害被申请人的权益，申请人提出保全申请的，人民法院要在进行审查后根据情况来决定。当然，对申请人的保全申请，必要时也可以要求申请人提供担保。

【条文】

第三百七十二条

适用特别程序作出的判决、裁定，当事人、利害关系人认为有错误的，可以向作出该判决、裁定的人民法院提出异议。人民法院经审查，异议成立或者部分成立的，作出新的判决、裁定撤销或者改变原判决、裁定；异议不成立的，裁定驳回。

对人民法院作出的确认调解协议、准许实现担保物权的裁定，当事人有异议的，应当自收到裁定之日起十五日内提出；利害关系人有异议的，自知道或者应当知道其民事权益受到侵害之日起六个月内提出。

【条文主旨】

本条是关于适用特别程序作出的判决、裁定如何救济的规定。

【条文理解】

当事人、案外人认为适用特别程序所作出的判决、裁定有错误或者有异议的，该如何进行救济？本条有两款规定：第一款是关于当事人、利害关系人认为适用特别程序中作出的判决、裁定有错误的，该如何救济的总括性的规定；第二款是对确认调解协议、准许实现担保物权的裁定有异议的，如何救济的规定。

1. 异议向哪个法院提出

当事人、利害关系人认为适用特别程序作出的判决、裁定错误或有异议的，应当向作出该判决、裁定的人民法院提出，即只能向作出该判决、裁定的人民法院提出，而不能向其他人民法院提出。这是因为非讼裁判变更程序性质上并不是新程序，而是一种附随程序，是作出判决、裁定的人民法院发现裁判不当或裁判基础变化时的一种自我调整程序。裁判不当是指裁判生效后因同一事实关系在事后因新事实的出现作出了与原裁判完全不同的评价所形成的。裁判基础变化是指构成裁判基础的事实在裁判作出后发生了情事变更，这种情况发生在继续性法律关系中。我国特别程序中无民事行为能力或限制行为能力事实的消除就是情事变更。此外，由于作出判决、裁定的法院对裁判相对更加熟悉，基于程序迅速、经济以及便利的考量，上述情形出现时由作出判决、裁定的法院进行变更更符合非讼程序的设立目的。①

2. 提出异议的期限

民事诉讼法规定的特别程序中包括选民资格案件、宣告失踪或者宣告死亡案件、认定公民无民事行为能力或者限制民事行为能力案件、认定财产无主案件、确认调解协议案件和实现担保物权案件。其中，对于选民资格案件、宣告失踪或者宣告死亡案件、认定公民无民事行为能力或者限制民事行为能力案件、认定财产无主案件，没有提出异议期限的限制，只要裁判作出后，出现了新的事实，当事人或者利害关系人就可以提出。而对于确认调解协议和实现担保物权的裁定，因上述两种类型的裁定一经作出即对双方当事人具有拘束力。而且，上述两种裁定还有履行期限的问题，如果一方逾期不履行，另一方可以向人民法院寻求公权力的保障。所以，为了保障社会的安定和各方当事人利益，对上述两种裁定，本条规定提出异议的时间为当事人“自收到判决、裁定之日起十五日内提出；利害关系人有异议的，应当自知道或者应当知道其民事权益受到侵害之日起六个月内提出”。将当事人提出异议的时间规定为“自收到判决、裁定之日起十五日内”，是因为当事人是该事件的参与者，其完全知晓该事件，而对于利害关系人则给其“六个月”的时间。

3. 提出异议的主体

依特别程序作出的裁决的变更，须依申请才能进行。也就是说，裁判变更程序的启动须由关系人申请，这里的关系人包括当事人和利害关系人。当事人主要是指原裁判的申请人、被申请人。利害关系人主要是指裁判直接影响其权利的主体，或者虽非直接影响其权利但依照法律可以申请变更裁判的

① 参见郝振江：《非讼裁判的效力和变更》，载《国家检察官学院学报》2014年第2期。

人。前者如认定无主财产案件中的财产所有人或继承人，后者如申请变更代管人的失踪人财产管理人。不过，利害关系人提出异议申请只是启动了裁判变更程序，是否变更要由人民法院审查决定。

4. 异议的处理结果

当事人、利害关系人认为原判决、裁定有错误的，提出异议。人民法院经审查，异议成立或者部分成立的，作出新的判决、裁定撤销或者改变原判决、裁定；异议不成立的，裁定驳回。

本条第二款主要是针对2012年民事诉讼法增加的“确认调解协议”和“实现担保物权”两类案件作出的。担保物权实现的裁定具有特殊性，故对该部分内容须作特殊说明。依据民事诉讼法的规定，在人民法院裁定不准予拍卖、变卖担保财产的情况下，只有申请人才有救济程序，即当人民法院对其申请不予准许时，其可通过诉讼方式主张权利。而对于被申请人以及利害关系人有无救济程序，法律则并未明文规定。从权利对等的角度来讲，既然申请人对人民法院作出的相关裁定不服有救济程序，那么被申请人、利害关系人对裁定不服同样应当有救济程序。而且，人民法院准予拍卖、变卖担保财产的裁定是通过公权力来实现其权益的行为，对于这种公权力应当有制约程序或者约束机制。

被申请人不服或者利害关系人认为该两类裁定侵害了其权利时，该通过何种途径进行救济，是上诉，还是申请再审？对此，2015年《民事诉讼法解释》制定过程中曾有三种意见：意见一认为，应当通过向原审法院提出复议的方式进行救济；意见二认为，应当通过审判监督程序救济，也就是说，应允许被申请人通过申请再审的形式予以救济；意见三认为，应主要通过第三人撤销之诉对案外人进行救济。我们认为，按照特别程序的一般规定，依照特别程序审理的案件不适用审判监督程序，在裁判发生法律效力以后，如果发现原裁判在事实认定或适用法律方面有错误，或者是出现了新情况、新事实，人民法院根据有关人员的申请查证属实之后，依特别程序的规定撤销原裁判，作出新裁判。这样处理的法理依据在于非讼案件本身的基础事实是没有民事争议的，因此，在适用非讼程序的过程中不会造成对实体权利义务的变更，那么它的裁判结果也就没有既判力，可以直接撤销或者改变原判决、裁定。不过应该注意的是，这里的撤销或者改变原判决、裁定的理由应与在审查过程中提出异议区别开来，不能把存在争议作为撤销裁决的理由，否则会造成当事人滥用权利导致该程序或制度的设立流于形式。对于是否可以适用第三人撤销之诉？我们认为，第三人撤销之诉针对的是具有既判力的法律文书。担保物权实现程序是非讼程序，非讼程序作出的裁定不具有诉讼程序中裁决的既判力，不适用第三人撤销之诉。因此，基于确认调解协议和实现担保物权两类案件的特殊性，对被申请人和相关利害关系人的救济只能通过原审法院进行，这样既方便各方当事人，也有利于法院开展审查工作。

【审判实践中应当注意的问题】

法院在适用本条过程中应当注意相关期限的要求。按照本条的规定，对人民法院作出的确认调解协议、准许实现担保物权的裁定，当事人有异议的，应当自收到判决、裁定之日起十五日内提出；利害关系人有异议的，应当自知道或者应当知道其民事权益受到侵害之日起六个月内提出。如果超过了上述异议期限，不再保护其权利。

十八、审判监督程序

【条文】

第三百七十三条

当事人死亡或者终止的，其权利义务承继者可以根据民事诉讼法第二百零六条、第二百零八条的规定申请再审。

判决、调解书生效后，当事人将判决、调解书确认的债权转让，债权受让人对该判决、调解书不服申请再审的，人民法院不予受理。

【条文主旨】

本条是关于当事人权利义务承继者以及债权受让人申请再审的规定。

【条文理解】

本条第一款参照系2008年《审判监督程序解释》第四十一条作出规定，第二款系依据《最高人民法院关于判决生效后当事人将判决确认的债权转让债权受让人对该判决不服提出再审申请人民法院是否受理问题的批复》（法释〔2011〕2号）增加，并根据实践需要增加了调解书内容，作了相应修改。

民事诉讼法第二百零六条规定："当事人对已经发生法律效力的判决、裁定，认为有错误的，可以向上一级人民法院申请再审；当事人一方人数众多或者当事人双方为公民的案件，也可以向原审人民法院申请再审。当事人申请再审的，不停止判决、裁定的执行。"第二百零八条规定："当事人对已经发生法律效力的调解书，提出证据证明调解违反自愿原则或者调解协议的内容违反法律的，可以申请再审。经人民法院审查属实的，应当再审。"根据上述规定，享有申请再审权利的主体是当事人，依法提出再审申请的当事人为再审申请人，与再审申请人提出的再审诉讼请求有直接的利益冲突，需要通过再审调整双方民事权利义务关系的当事人为被申请人，与再审诉讼请求没有利益冲突的其他当事人应当按照原审地位列明。但民事诉讼法并未规定在裁判文书确定的权利义务发生转移情形下，哪些主体有权申请再审。本条对此予以解释。

裁判文书生效后权利义务发生转移主要有两种情况：一是因当事人死亡或者终止而发生的权利义务的概括转移；二是因签订合同等民事行为而发生的权利义务的特定转移。

关于因当事人死亡或者终止而发生权利义务转移时的申请再审主体问题，2008年《审判监督程序解释》第四十一条关于“民事再审案件的当事人应为原审案件的当事人。原审案件当事人死亡或者终止的，其权利义务承受人可以申请再审并参加再审诉讼”的规定，明确了当事人的权利义务承继者享有申请再审权利。[①] 裁判文书生效后，作为原审案件当事人的自然人死亡，或者作为原审案件当事人的法人或其他组织终止的，当事人的继承人或者权利义务承受人取代了当事人行使权利或者履行义务，应当享有相应的程序和实体权利，理论和司法实践中对于此类情形下当事人的承继者享有申请再审权利认识一致，故本条第一款明确规定当事人死亡或者终止后的权利义务承继者可以依照民事诉讼法第二百零六条、第二百零八条的规定申请再审。

关于因签订合同等民事行为而发生权利义务转移时的申请再审主体问题，理论和实务中存在一定争议。对此，大陆法系有当事人恒定主义与诉讼承继主义两种不同观点，而诉讼承继主义又有一般诉讼承继主义与特定诉讼承继主义之分。再审当事人原则上限于原审当事人，其他人不能作为再审当事人，否则即为再审当事人不适格，法院应当以诉不合法为由裁定驳回。这是当事人恒定主义的严格要求。基于着重保护原诉讼的对方当事人利益的立场，德国和我国台湾地区民事诉讼原则上采当事人恒定主义，规定特定承继者非经原诉讼双方当事人同意，不得代一方当事人承担诉讼。我国台湾地区“民事诉讼法”采当事人恒定主义的同时，认为诉讼系属后死亡的当事人的一般继承人，由于受既判力拘束，故有再审当事人资格，但受让诉讼标的权利义务关系的特定继受人有无再审原告适格，学者虽有不同观点，但实务上多持反对态度。《日本民事诉讼法》则较为特殊，其基于着重保护特定承继者利益的立场，采特定诉讼承继主义，特定承继者可以原诉讼的对方当事人为再审被告提起再审之诉，无须原审当事人的同意。本司法解释征求意见中对此问题有两种观点：一种观点认为，实体权利转让的同时诉讼权利发生转移，对申请再审权利作出限制没有依据；另一种观点认为，受让人所受让的是生效裁判确定的权利，从维持法律关系稳定性和对方当事人合法权益角度

① 2020年修正的《审判监督程序解释》第二十九条保留了该规定。

出发，不应允许受让人申请再审。《最高人民法院关于判决生效后当事人将判决确认的债权转让债权受让人对该判决不服提出再审申请人民法院是否受理问题的批复》（法释〔2011〕2号）采纳了后一种观点，该批复规定："判决生效后当事人将判决确认的债权转让，债权受让人对该判决不服提出再审申请的，因其不具有再审申请人主体资格，人民法院应依法不予受理。"本条第二款基本沿用该批复精神，增加了调解书内容并作了修改，明确受让已为生效判决、调解书确认债权的人提出再审申请的，不予受理。主要理由如下：一是维护生效裁判的既判力；二是保护原审诉讼中对方当事人的诉讼信赖利益；三是债权让与人转让的是判决、调解书确定的债权，不是原审诉讼争议诉讼标的所涉及的债权，因此，不受理债权受让人的再审申请，并不损害其正当利益；四是若受理受让人提出的再审申请，对方当事人提出债权债务转让无效的抗辩，因该项事实系原判生效后新发生的事实，不属原判既判力时间范围之内，不是再审审查程序或者再审审理程序能够解决的事项。若将债权债务受让人纳入再审申请人范围之内，不利于再审程序的依法进行。

【审判实践中应当注意的问题】

第一，生效判决、裁定、调解书列明的当事人以外的其他主体申请再审的，应当注意审查其与当事人和案件之间的关系，区分不同情况判断是否应予认可其申请再审主体地位。归纳而言，主要有以下四种情况：一是本条第一款规定的原审案件当事人的权利义务承继者申请再审；二是本条第二款规定的债权受让人申请再审；三是本司法解释第四百二十条规定的被遗漏的必要共同诉讼人申请再审；四是本司法解释第四百二十一条规定的执行异议被裁定驳回后的案外人申请再审。上述第一种情况，人民法院应当要求再审申请人提交原审案件当事人死亡或者终止，以及其系当事人继承人或者权利义务承受人的证据材料，审查属实的应予受理。上述第二种情况，人民法院应当根据本条第二款的规定告知不予受理。上述第三种和第四种情况，应当根据本司法解释第四百二十条和第四百二十一条的规定对于申请再审主体资格以及是否符合受理条件进行审查。

第二，作为当事人的自然人死亡的，除非部分继承人明确放弃权利，应当由其全部继承人作为共同申请人提出再审申请。案件裁定再审后，也应当由全部继承人共同参加再审诉讼。

第三，民事诉讼法第一百五十三条关于中止诉讼的规定适用于再审审查程序。人民法院在再审审查过程中查明一方当事人死亡，需要等待继承人表明是否参加诉讼的，或者作为一方当事人的法人或者其他组织终止，尚未确定权利义务承受人的，可以依照民事诉讼法第一百五十三条的规定裁定中止审查。

第四，关于再审申请人是否必须享有再审利益的问题。本司法解释起草过程中，有意见建议应明确规定享有申请再审权的条件是享有再审利益，原审全部胜诉或者未被判决承担实体义务的当事人不享有申请再审的权利。经研究，我们认为诉讼利益并非我国现行立法概念，虽然该规定具有学理上的合理性，但毕竟法律依据尚不足，故未规定。对此，可以在司法实践中继续探索，并根据个案情况作出合理判断。

第五，关于未上诉的当事人是否有权申请再审的问题。关于这一问题，实践中存在不同观点。一种观点认为，无正当理由未上诉的当事人一般不应享有申请再审权利。再审程序是针对生效判决可能出现的重要错误而赋予当事人的特别救济程序。如在穷尽了常规救济途径之后，当事人仍然认为生效裁判有错误的，其可以向人民法院申请再审。对于无正当理由未提起上诉且二审判决未改变一审判决对其权利义务判定的当事人，一般不应再为其提供特殊的救济机制，否则将变相鼓励或放纵不守诚信的当事人滥用再审程序，从而使得特殊程序异化为普通程序。这不仅是对诉讼权利的滥用和对司法资源的浪费，也有违两审终审制的基本原则。① 另一种观点认为，可以申请再审的裁判包括一审未上诉生效的裁判，民事诉讼法并未否定未上诉当事人申请再审的权利，以当事人无正当理由未上诉为由直接否定当事人申请再审的权利缺乏充分法律依据。对此问题，在 2012 年民事诉讼法修改过程中，我们曾就再审程序提交立法修改建议稿，其中一个建议即为参考大陆法系民事诉讼再审程序立法，确立再审的补充性原则，促使当事人充分运用一审、二审程序中的诉讼权利寻求救济。② 具体建议为，增加规定“当事人可以通过异议、复议或者上诉的方式提出不服原裁判的理由而未提出，在申请再审时再提出该理由的，不予支持”。主要理由如下：（1）防止当事人滥用诉讼权

---

① 参见最高人民法院（2016）民申字第 2505 号民事裁定书。

② 《德国民事诉讼法》第 579 条规定，在第 1 项和第 3 项的情形，如果可以通过上诉而主张原判决无效时，不能提起取消之诉。第 582 条规定，回复原状之诉，只有在当事人非因自己的过失而不能在前诉讼程序中，特别是不能用声明异议或控诉的方法，或者不能用附带控诉的方法提出回复原状的理由时，才准许提起。

《日本民事诉讼法》第 420 条规定，对于已确定的终局判决，以再审的诉讼声明不服。但当事人已经依据上诉主张其事由时，或明知其事由而不主张时，不在此限。

《法国民事诉讼法》第 595 条规定，再审申请仅能以下列理由提出：（1）……在所有情况下，仅在提出再审申请的人自己无过错，未能在原裁判决定产生既判力以前提出其援用的理由时，再审申请始予受理……

利、拖延诉讼，节约司法资源，减少当事人讼累，防止大量法律关系处于不稳定之中，也体现了商品经济环境下人民群众对诉讼效率和安定的法律秩序的更高需求；（2）处分原则是民事诉讼的基石之一，当事人有权决定是否主张权利、如何主张权利。当事人明知存在申请再审事由，却不上诉或在上诉中不主张，表明其认可并接受一审判决、裁定对该部分的分析认定或判决、裁定结果。即使一审判决、裁定确有错误，在不损害公共利益的前提下，也应尊重当事人的选择。这是民事权利私权性质的基本要求，也是意思自治原则的基本要求。当事人明知存在申请再审事由，不上诉或在上诉中不主张，却在申请再审时主张，有违诉讼诚信原则和禁止反言原则，实际上是滥用诉讼权利。民事诉讼法在保护当事人诉讼权利时也应防止当事人不讲诚信、滥用权利、任意反复的行为。但上述意见经综合考虑后未予采纳。因此，在现行民事诉讼法再审程序未明确规定再审程序的补充性原则情况下，单纯以当事人未上诉为由驳回其再审申请尚欠缺充分的法律依据，需要结合全案情况特别是当事人诉讼行为是否违反诉讼诚信原则、二审裁判结果等予以综合考量。对于该问题可以在司法实践中继续探索积累经验。

【条文】

第三百七十四条

民事诉讼法第二百零六条规定的人数众多的一方当事人，包括公民、法人和其他组织。

民事诉讼法第二百零六条规定的当事人双方为公民的案件，是指原告和被告均为公民的案件。

【条文主旨】

本条是关于民事诉讼法第二百零六条规定的“当事人一方人数众多或者当事人双方为公民的案件”的规定。

【条文理解】

2007 年民事诉讼法将 1991 年民事诉讼法第一百七十八条中当事人可以向原审人民法院申请再审的内容删去，仅规定当事人可以向上一级人民法院申请再审，明确了申请再审案件的管辖法院是作出生效裁判法院的上一级法院，对于改变当事人向不同级别法院重复申请再审，防止上下级法院之间对于申请再审案件相互推诿，切实保障当事人申请再审权发挥了积极意义。另外，该规定的实施使上级法院特别是高级法院和最高人民法院受理的申请再审案件增多，审查质量效率难以充分保证，当事人申请再审成本增加等问题。2012年民事诉讼法在坚持“申请再审上提一级”再审管辖制度的基础上，为便利当事人行使申请再审权利，降低申请再审成本，便于查清事实，就地解决矛盾纠纷，对申请再审案件的管辖制度进行了一定调整，规定当事人一方人数众多和当事人双方为公民的案件也可以向原审人民法院申请再审，确立了以上提一级为原则、以原审人民法院管辖为补充的申请再审管辖制度，即原则上申请再审可以向上一级人民法院提出，符合法定条件的两类案件，可以向原审人民法院申请再审。由于民事诉讼法未规定当事人一方人数众多和当事人双方为公民的案件的具体认定标准，为引导当事人依法行使权利，便于各级法院准确把握申请再审案件管辖规定，有必要通过制定司法解释予以明确。

1. 关于当事人一方人数众多的案件

根据本条第一款以及本司法解释第七十五条的规定，确定当事人一方人数众多的案件范围，要注意以下几个问题。

（1）关于人数众多一方当事人的类型。关于人数众多一方当事人的类型，因民事诉讼法第二百零六条规定的是“人数众多”，实践中产生人数众多的一方当事人是否仅限于公民的疑问，故本条对此予以明确，即人数众多的一方当事人包括公民、法人和其他组织，不限于公民，只要当事人的数量达到众多的标准，即可作为当事人一方人数众多的案件确定管辖，当事人选择原审法院提出再审申请的，原审法院应当及时受理。

（2）关于人数众多的标准。关于一方当事人人数众多案件的人数标准，本司法解释起草过程中存在不同观点。主要有两种观点：一种观点认为，民事诉讼法第五十六条、第五十七条规定的代表人诉讼人数标准是“当事人一方人数众多”，《92年意见》将该人数标准界定为“十人以上”，该人数标准已为理论及实务界普遍认可，因此，建议民事诉讼法第二百零六条规定的“当事人一方人数众多”的人数标准与代表人诉讼的人数标准相一致；另一种观点认为，立法赋予一方人数众多和双方为公民的案件当事人选择申请再审法院权利的主要目的，一是便利当事人参加诉讼，二是便利法院查明事实，就地解决纠纷。[①] 为实现这一立法目的，要求在法律具体适用中应尽量扩大享有管辖法院选择权的当事人范围，充分尊重当事人选择原审法院申请再审的意愿，尽量降低人数众多的标准，保障更大范围的案件当事人享有向

① 参见王胜明主编：《中华人民共和国民事诉讼法释义》（最新修正版），法律出版社2012年版，第474页。

原审法院和上一级法院申请再审的选择权。2013 年《全国法院民事再审审查工作座谈会纪要》（法办〔2013〕36 号）第 2 条规定："原告或者被告一方为三人以上的案件，为民事诉讼法第一百九十九条[①]规定的当事人一方人数众多的案件。原审人民法院受理的三件以上的劳动争议、物业服务合同纠纷等一方当事人相同且诉讼标的是同一种类的案件，其中三件以上案件当事人申请再审的，可以作为当事人一方人数众多的案件。"该座谈会纪要将一方当事人人数众多的标准界定为三人以上，并将原审法院受理的三件以上一方当事人相同且诉讼标的是同一种类的"串案"也作为一方当事人人数众多的案件，体现了扩大当事人申请再审管辖法院选择权范围的价值取向。同时，该座谈会纪要还对保障当事人选择权作了规定，即对于当事人不同意向原审法院申请再审的，原审法院应当在一个月内将申请再审材料、案件全部卷宗和释明情况一并报送上一级人民法院。本司法解释征求意见过程中曾将当事人一方人数众多的标准规定为三人以上。全国人大常委会法工委提出，民事诉讼法规定的"人数众多"主要是指群体性纠纷，将"人数众多"界定为"三人以上"是否妥当，建议进一步研究。经认真研究，综合考虑民事诉讼法第二百零六条的立法原意、司法实践中申请再审管辖制度运行的情况、立法机关的意见以及民事诉讼法条文解释前后一致性的要求，本司法解释第七十五条规定，"民事诉讼法第五十六条、第五十七条和第二百零六条规定的人数众多，一般指十人以上"，从而将民事诉讼法第二百零六条规定的人数众多的标准，与该法第五十六条、第五十七条规定的代表人诉讼的标准统一起来，明确一般情况下以十人以上作为判断当事人一方人数众多案件的数量标准。

2. 关于当事人双方是公民的案件

根据本条第二款的规定，确定当事人双方是公民的案件，主要有两方面的标准。

（1）审级标准，即依据一审时双方当事人的类型确定。由于不同审级当事人的诉讼地位不同，案件在不同审级和阶段，双方当事人类型可能发生变化，同一案件在一审阶段原告和被告均为公民，但在二审或者申请再审时可能由于第三人上诉、申请再审，而使上诉人和被上诉人、再审申请人和被申请人并非均为公民。因此，需要明确判断当事人双方均为公民应当以哪一审级为准。经研究我们认为，以一审阶段当事人的类型为标准，可以使案件在

① 现为 2021 年民事诉讼法第二百零六条。

起诉时即确定申请再审管辖法院，避免因二审或者申请再审阶段双方当事人类型的变化而变更申请再审阶段的管辖法院，标准明确，易于判断。同时，从不同审级的目的和功能来看，与二审和再审相比，一审阶段能够较为客观地反映纠纷涉及的双方当事人类型，以一审阶段作为判断双方当事人均为公民案件的审级标准，有利于实现便利当事人申请再审，把纠纷解决在当地的立法目的。

（2）范围标准，即依据原告和被告的主体类型确定。原告和被告是本诉双方当事人，是民事诉讼两造对审模式的基本诉讼参加人。第三人，包括有独立请求权的第三人和无独立请求权的第三人，是参加之诉的当事人，并非必须共同进行诉讼的一方主体。与参加之诉相比，本诉能够更为直接地体现案件涉及的当事人类型，故一般应当以本诉原告和被告均为公民作为判断标准。原告和被告均为公民的案件主要包括两种情况：一是一审生效的裁判，原告和被告均为公民的；二是二审生效的裁判，其一审阶段的原告和被告均为公民的。第三人不是公民的，不影响原审法院依法受理原告和被告均为公民的申请再审案件，上述案件中有独立请求权的第三人和被判决承担民事责任的无独立请求权的第三人也享有向原审法院申请再审的权利。

【审判实践中应当注意的问题】

第一，要注意保障两类案件当事人对于申请再审管辖法院的选择权。民事诉讼法第二百零六条规定当事人一方人数众多和当事人双方均为公民的案件也可以向原审人民法院申请再审，目的是赋予一定范围案件当事人选择向原审法院申请再审的权利，并非要求当事人只能向原审法院申请再审。当事人明确表示向上一级法院申请再审的，原审法院应当充分尊重当事人的意愿，及时将申请再审的材料和原审卷宗报送上一级法院。

第二，要注意便利两类案件当事人行使申请再审的权利。当事人一方人数众多和公民之间的案件大多为劳动争议、损害赔偿、婚姻家庭、民间借贷、邻里纠纷等案件，一般争议标的额不大，法律关系简单，为便于当事人申请再审，减轻当事人申请再审的诉讼成本，2013 年《全国法院民事再审审查工作座谈会纪要》第 1 条规定：“当事人一方人数众多或者当事人双方为公民的案件，当事人申请再审的，应当向原审人民法院提交申请再审材料，原审人民法院应当及时接收。当事人向原审人民法院提交申请再审材料时间为其申请再审时间。原审人民法院接收上述案件材料后，区分下列情形处理：（1）当事人选择向原审人民法院申请再审的，依法受理；（2）当事人选择向上一级人民法院申请再审，经释明，当事人同意向原审人民法院申请再审的，依法受理；（3）当事人选择向上一级人民法院申请再审，经释明，当事人不同意向原审人民法院申请再审的，在一个月内将申请再审材料、案件全部卷宗和释明情况一并报送上一级人民法院。对于原审人民法院报送的申请再审案件材料，上一级人民法院认为符合法定条件的，应当及时受理。”该规定的目的如下：一是便于当事人申请再审，减轻当事人讼累；二是统一申请再审案件入口，避免发生当事人多方申请，上下级法院重复审查的问题；三是便于原审法院掌握申请再审情况，及时发现问题改进审判工作；四是便于原审法院开展释明工作及时化解矛盾。本司法解释在征求意见过程中，曾参照上诉案件的受理程序及该座谈会纪要的上述规定对于申请再审材料的提交程序进行上诉化改造，规定：“当事人依据民事诉讼法第一百九十九条①的规定向原审人民法院或者上一级人民法院申请再审的，应当通过原审人民法院提交再审申请书等材料。当事人直接向上一级人民法院提交再审申请书等材料的，上一级人民法院应当在五日内移交原审人民法院。当事人提交的再审申请书等材料不符合本解释规定的，人民法院应当告知当事人补正。原审人民法院接收再审申请书等材料后，对于当事人依法向上一级人民法院申请再审的案件，应当在三十日内将申请再审材料、案件全部卷宗报送上一级人民法院。”征求意见过程中，有意见认为，上下级法院之间卷宗材料的移转属于内部工作程序，似不必在司法解释中规定。全国人大常委会法工委提出，民事诉讼法对此没有规定，这种做法是否妥当，建议进一步研究。考虑到上述意见，本司法解释未就再审申请书等材料通过原审法院提交作出规定。实践中，要注意便利一方人数众多和当事人双方为公民案件的当事人行使申请再审权利，减轻其申请再审的成本，减少上下级法院重复受理同一案件的情况，完善上下级法院的材料移转程序，并注意保障当事人申请再审权利。

第三，要注意四级法院审级职能定位改革试点工作中对于民事诉讼法第二百零六条的调整适用。2021 年 5 月中央全面深化改革委员会审议通过《关于完善四级法院审级职能定位的改革方案》，提出改革民事、行政申请再审标准和程序的改革举措。第十三届全国人大常委会第三十次会议作出《关于授权最高人民法院组织开展四级法院审级职能定位改革试点工作的决定》，授权在最高人民法院和北京、天津、辽宁、上海、江苏、浙江、山东、河南、广东、重庆、四川、陕西 12 个省、直辖市开展为期两年的试点，同意

① 现为 2021 年民事诉讼法第二百零六条。

试点法院在试点期间调整适用民事诉讼法第二百零六条。最高人民法院印发的《审级职能定位改革试点办法》第十一条至第十六条调整了民事诉讼法关于再审申请原则上“上提一级”的规定，进一步完善了向最高人民法院申请再审的标准和程序。一是调整了向最高人民法院申请再审案件的范围。依据《审级职能定位改革试点办法》第十一条规定，试点工作启动后，当事人对高级人民法院作出的民事、行政生效裁判，认为有错误的，应当向高级人民法院申请再审。符合下列情形之一的，才可以向最高人民法院申请再审：（1）再审申请人对原判决、裁定认定对基本事实、主要证据和诉讼程序无异议，但认为适用法律有错误的案件；（2）原判决、裁定经高级人民法院审判委员会讨论决定的案件。二是建立将申请再审案件交高级人民法院审查的机制。依据《审级职能定位改革试点办法》第十三条规定，在以下两种情况下，最高人民法院可以将民事、行政申请再审案件交原审高级人民法院审查：（1）案件可能存在基本事实不清、诉讼程序违法、遗漏诉讼请求等情形的；（2）原判决、裁定适用法律可能存在错误，但不具有法律适用指导意义的。三是明确最高人民法院应当提审的案件范围。依据《审级职能定位改革试点办法》第十四条规定，原判决、裁定适用法律确有错误，且符合下列情形之一的，最高人民法院应当裁定提审：（1）具有普遍法律适用指导意义的；（2）最高人民法院或者不同高级人民法院之间近三年裁判生效的同类案件存在重大法律适用分歧，截至案件审理时仍未解决的；（3）最高人民法院认为应当提审的其他情形。四是完善高级人民法院对申请再审案件的审查处理程序。依据《审级职能定位改革试点办法》第十五条规定，高级人民法院在审查过程中，认为原判决、裁定适用法律确有错误，且符合最高人民法院再审提审标准的，经审判委员会讨论决定后，可以报请最高人民法院审理。需要明确的是，《审级职能定位改革试点办法》第十一条至第十六条关于再审制度改革的内容，适用于最高人民法院和各高级人民法院，而非仅局限于12个试点省市。概言之，试点工作期间，当事人对全国各高级人民法院对生效民事、行政裁判，认为有错误的，应当向高级人民法院申请再审。符合《审级职能定位改革试点办法》第十一条规定的，才可以向最高人民法院申请再审。同时，最高人民法院也相应配套完善将申请再审案件交相关高级人民法院审查机制、受理高级人民法院报请提审工作机制。[①] 待试点工作结束时，将总结试点工作成效，提炼制度规则，适时启动诉讼法等相关法律修改工作。

---

① 参见刘峥、何帆：《〈最高人民法院关于完善四级法院审级职能定位改革试点的实施办法〉的理解与适用》，载最高人民法院微信公众号，2021年9月27日。

【条文】

第三百七十五条

当事人申请再审，应当提交下列材料：

（一）再审申请书，并按照被申请人和原审其他当事人的人数提交副本；

（二）再审申请人是自然人的，应当提交身份证明；再审申请人是法人或者其他组织的，应当提交营业执照、组织机构代码证书、法定代表人或者主要负责人身份证明书。委托他人代为申请的，应当提交授权委托书和代理人身份证明；

（三）原审判决书、裁定书、调解书；

（四）反映案件基本事实的主要证据及其他材料。

前款第二项、第三项、第四项规定的材料可以是与原件核对无异的复印件。

【条文主旨】

本条是关于当事人申请再审应当“提交再审申请书等材料”的规定。

【条文理解】

本条旨在指引当事人申请再审应提交的基本材料，为人民法院受理及再审审查工作打好基础，并在第二款明确除再审申请书外其他材料可以是与原件核对无异的复印件，保障当事人申请再审的权利。上述材料分三类：一是再审申请书、身份证明及授权委托书；二是原审判决书、裁定书、调解书，包括一审、二审、发回重审的一审及其二审等程序形成的判决书、裁定书、调解书；三是证据材料，当事人以有新的证据足以推翻原判决、裁定为由申请再审的，还应当按对方当事人的人数提交新证据材料。

【审判实践中应当注意的问题】

根据民事诉讼法第十六条第一款规定：“经当事人同意，民事诉讼活动可以通过信息网络平台在线进行。”第二款规定：“民事诉讼活动通过信息网络平台在线进行的，与线下诉讼活动具有同等法律效力。”即民事诉讼法第十六条确立了在线诉讼的法律效力，明确了在线诉讼适用条件，有力推动了民事诉讼方式与信息化时代相适应，为未来在线诉讼发展拓展了制度空间。[①]

① 参见刘峥、何帆、李承运：《正确贯彻实施新民事诉讼法需重点把握的七个问题》，载《人民司法》2022 年第 10 期。

根据自2021年8月1日起施行的《人民法院在线诉讼规则》第九条①第三款的规定，当事人提交再审申请书等材料可以采取在线方式提交。对此，需要注意以下问题：一是根据《人民法院在线诉讼规则》第四条②的规定，当事人主动选择在线方式提交申请再审材料的，人民法院可以不再另行征得其同意；二是依法在线提交材料与线下诉讼活动具有同等法律效力，产生确定的法律后果和约束力；三是在线诉讼活动的规范性要求提交申请再审材料应当依法进行，提交材料不符合要求的，及时通知其补正，并一次性告知补正内容和期限。既有效促进司法便民利民，又切实维护司法的严肃性和权威性，避免诉讼随意化和自由化。③ 此外，如存在当事人欠缺在线诉讼能力、不具备在线诉讼条件或者相应诉讼环节不宜在线办理等情形之一，或者当事人线下提交申请再审材料的，人民法院对符合本条形式要求的材料应当予以接收。

提交申请再审材料的规范性要求主要包括以下几方面。

第一，对再审申请人提交的身份证明、营业执照、授权委托书、法律文书及有原件的证据材料等，应当注意与原件核实。

第二，当事人申请再审应当在判决、裁定发生法律效力后六个月内提出，有民事诉讼法第二百零七条第一项、第三项、第十二项、第十三项规定情形的，自知道或者应当知道之日起六个月内提出。该期间一般从当事人签收判决、裁定送达回证，判决、裁定生效之日起至再审申请人到人民法院线上、线下申请再审或者向人民法院寄出再审申请书之日止。上述申请再审期

---

① 《人民法院在线诉讼规则》第九条规定："当事人采取在线方式提交起诉材料的，人民法院应当在收到材料后的法定期限内，在线作出以下处理：（一）符合起诉条件的，登记立案并送达案件受理通知书、交纳诉讼费用通知书、举证通知书等诉讼文书；（二）提交材料不符合要求的，及时通知其补正，并一次性告知补正内容和期限，案件受理时间自收到补正材料后次日重新起算；（三）不符合起诉条件或者起诉材料经补正仍不符合要求，原告坚持起诉的，依法裁定不予受理或者不予立案；当事人已在线提交符合要求的起诉状等材料的，人民法院不得要求当事人再提供纸质件。上诉、申请再审、特别程序、执行等案件的在线受理规则，参照本条第一款、第二款规定办理。"

② 《人民法院在线诉讼规则》第四条规定："人民法院开展在线诉讼，应当征得当事人同意，并告知适用在线诉讼的具体环节、主要形式、权利义务、法律后果和操作方法等。人民法院应当根据当事人对在线诉讼的相应意思表示，作出以下处理：（一）当事人主动选择适用在线诉讼的，人民法院可以不再另行征得其同意，相应诉讼环节可以直接在线进行；（二）各方当事人均同意适用在线诉讼的，相应诉讼环节可以在线进行；（三）部分当事人同意适用在线诉讼，部分当事人不同意的，相应诉讼环节可以采取同意方当事人线上、不同意方当事人线下的方式进行；（四）当事人仅主动选择或者同意对部分诉讼环节适用在线诉讼的，人民法院不得推定其对其他诉讼环节均同意适用在线诉讼。对人民检察院参与的案件适用在线诉讼的，应当征得人民检察院同意。"

③ 参见刘峥、何帆、李承运：《正确贯彻实施新民事诉讼法需重点把握的七个问题》，载《人民司法》2022年第10期。

间均为除斥期间，不适用中止、中断、延长的规定，故当事人提交申请再审材料时，人民法院应当审查当事人申请再审是否超过上述法定申请再审期间，对于不符合法定条件的再审申请，告知当事人不予受理；受理后发现超期的，可裁定驳回。

第三，当事人向检察机关、行政机关等提交材料进行申诉或者通过其他途径反映情况，不属于申请再审。

第四，注意对法律文书性质和内容的审查，对于依法不得申请再审的案件，不予受理。

第五，当事人提交的证据材料不全，但已提交反映案件基本事实的主要证据及其他材料的，人民法院应当依法受理，在审查过程中可以要求双方当事人及时补充有关材料。

第六，为平等保护双方当事人的权利，贯彻辩论原则，本条规定的再审申请书副本等要在人民法院受理申请再审案件之后，随应诉通知书向被申请人及原审其他当事人及时发送。

【条文】

第三百七十六条

再审申请书应当记明下列事项：

（一）再审申请人与被申请人及原审其他当事人的基本信息；

（二）原审人民法院的名称，原审裁判文书案号；

（三）具体的再审请求；

（四）申请再审的法定情形及具体事实、理由。

再审申请书应当明确申请再审的人民法院，并由再审申请人签名、捺印或者盖章。

【条文主旨】

本条是关于再审申请书应当记明的事项的规定。

【条文理解】

再审申请书是当事人依据法定申请再审事由对原生效判决、裁定、调解书声明不服，请求推翻或者改变原判决、裁定或调解书的诉讼文书。再审申请书决定了审查程序和再审程序的对象和范围，应当具备以下基本内容：一是当事人基本信息。当事人是自然人的，应列明姓名、性别、民族、年龄、职业、工作单位、住所及有效联系电话、邮寄地址；当事人是法人或者其他组织的，应列明名称、住所和法定代表人或者主要负责人的姓名、职务及有效联系电话、邮寄地址。由于审查程序有可能启动再审，对案件全体当事人的实体、程序权利义务都有影响，故审查程序的当事人应当包括再审申请人、被申请人及原审其他当事人，除再审申请人之外的其他当事人均属于对方当事人。二是原审法院名称、原审裁判文书案号。作出生效裁判的原审法院是确定申请再审案件管辖权的审查依据之一，确定原审裁判文书案号可以使审查对象特定化。三是具体的再审请求。这是明确再审审理范围的必要内容。再审审理范围根据当事人声明不服的范围确定，对于当事人没有争议的事项不予审理。四是申请再审的法定情形及具体事实、理由。民事诉讼法第二百零七条细化列举再审事由的目的在于明确动摇原生效裁判既判力的程序和实体事项范围，法律规定以外的事由不能启动再审程序，既指引当事人依据法定事由申请再审，又可以倒逼一审、二审程序的规范化和裁判结果的公正。五是明确向哪个法院提出再审申请，以确定该院是否具有管辖权。同时由再审申请人签名、捺印或者盖章。这是确保再审申请书真实性以及是否为再审申请人真实意思表示的要素。再审申请书不具备上述内容的，应当告知当事人补正。

【审判实践中应当注意的问题】

第一，接收再审申请书时应特别提示再审申请人务必提供其与对方当事人的准确地址和有效联系方式，以便于立案后向对方当事人发送应诉通知书等材料，审查、审理期间要求当事人补充材料、召集询问以及审查终结后向当事人送达裁定文书等后续工作的开展。

第二，要求再审申请人明确其申请再审的法定事由，即依据民事诉讼法第二百零七条规定的具体条款申请再审，引导当事人在法律的框架下申请再审，对方当事人亦可有针对性地提出意见，平等保护双方当事人合法权益。立案阶段不审查当事人主张的申请再审事由是否成立。

第三，再审申请人在审查过程中以重新提交再审申请书或者提交补充材料的形式增加、变更申请再审事由的，应当在法定的申请再审期限之内提出，人民法院可视情处理；超过申请再审期限的，不予审查。

【条文】

第三百七十七条

当事人一方人数众多或者当事人双方为公民的案件，当事人分别向原审人民法院和上一级人民法院申请再审且不能协商一致的，由原审人民法院受理。

【条文主旨】

本条是关于一方人数众多或者当事人双方为公民的案件当事人分别向原审人民法院和上一级人民法院申请再审管辖法院确定的规定。

【条文理解】

民事诉讼法第二百零六条规定："当事人对已经发生法律效力的判决、裁定，认为有错误的，可以向上一级人民法院申请再审；当事人一方人数众多或者当事人双方为公民的案件，也可以向原审人民法院申请再审。当事人申请再审的，不停止判决、裁定的执行。"实践中，需要对当事人一方人数众多或者当事人双方为公民的案件，当事人分别向原审人民法院和上一级人民法院申请再审且不能协商一致的，由哪个法院受理作出明确规定。

对此，最高人民法院立案二庭的原意见是由上一级人民法院受理。理由是，由于两类法定案件当事人享有向原审人民法院和上一级人民法院申请再审的选择权，实务中出现了管辖权冲突问题。因民事诉讼法对于申请再审确立的是以上提一级为原则，为保障当事人的选择权，提高当事人对于再审审查裁定结果的信服度，应当由上一级法院受理。

2015 年《民事诉讼法解释》征求意见时，本条的表述是"由申请再审在先的当事人选择的人民法院受理。"对于各方面的反馈意见，综合起来有以下六种观点：（1）上一级法院受理；（2）由原审法院受理；（3）由上一级法院决定；（4）由申请再审在先的当事人选择的人民法院受理；（5）增加规定，在无法确定先后的情况下，应由哪个法院受理；（6）删去本条。应当说，上述各种观点都有一定的道理。我们在研究了以上各种观点的利弊以后，基于以下原因，最终采纳的观点是由原审法院受理。

第一，这种观点更符合 2012 年民事诉讼法的精神。根据 2007 年民事诉讼法第一百七十八条的规定，当事人对已经发生法律效力的判决、裁定，认为有错误的，可以向上一级人民法院申请再审，而不能向原审人民法院申请再审。2012 年民事诉讼法修改时，立法机关认为，2007 年民事诉讼法的规定效果总体是好的；但是从方便公民申请再审的角度看，还有两方面的情况需要考虑：一是有些发生法律效力的判决、裁定，涉及的当事人都是公民，有的向上一级人民法院申请再审时会遇到交通不便、开销较大等不便因素，愿意选择向原审人民法院申请再审；二是有些发生法律效力的判决、裁定，涉及的当事人一方人数众多，由原审人民法院再审，这样有利于查清事实，将纠纷解决在当地。因此，2012 年民事诉讼法规定，这两类案件的当事人也可以向原审人民法院申请再审。在双方当事人分别向原审人民法院和上一级人民法院申请再审且不能协商一致的情况下，如何确定受理法院，就应当考虑到的确会有公民因为交通不便、开销较大等因素，不愿到上一级人民法院申请再审的情况。因此，这种情况下确定原审人民法院为受理法院，符合 2012 年修改民事诉讼法的精神。当事人一方人数众多的申请再审案件，如果一方当事人愿意在原审人民法院申请再审，相信原审人民法院能够纠正错误，而另一方向上一级人民法院申请再审，在双方不能协商确定管辖法院的情况下，将这类案件确定由原审人民法院受理，的确有利于将纠纷解决在当地。因此，相比较而言，由原审人民法院受理比由上一级法院受理更符合立法本意和立法精神。

第二，由上一级人民法院决定谁受理的观点，对于合理调配辖区内审判资源，在方便法院方面，当然有一定的好处。但问题在于，无论上一级法院是决定自己受理还是由原审法院受理，没有申请该法院审查的另一方当事人都可能会持不信任态度，不利于这两类案件的公正审查和当事人信服审查结果。

第三，由申请在先的当事人选择的法院受理的观点，在法律上有参考依据。2012 年民事诉讼法第三十五条规定，两个以上人民法院都有管辖权的诉讼，原告可以向其中一个人民法院起诉；原告向两个以上有管辖权的人民法院起诉的，由最先立案的人民法院管辖。但是，本条是双方当事人分别向原审人民法院和上一级人民法院申请再审，而前述第三十五条规定的是原告一方向两个以上有管辖权的人民法院起诉。换言之，根据前述第三十五条的规定，无论哪个有管辖权的法院受理，都不违背原告的意愿，都是原告选择的结果。但是，本条规定的情形，无论确定哪个法院受理，都与没有向该院申请再审的一方当事人的意愿相悖。此外，由申请在先的当事人选择的法院受理的观点，容易使当事人竞相申请再审，人为增加法院的工作量，同时也为对方当事人留下了此案审查可能不公正的想象空间。就法院自身来说，如果登记不规范，可能出现先申请的当事人登记在后、后申请的当事人登记在先的情况，还可能出现无法确定谁先申请、谁后申请的情形，如同一天立案。因此，这一观点容易在究竟谁先申请这个问题上发生争议。因此，本条未采纳该方案。

第四，删去本条的观点，实际上是对这类情况不予以规范。我们认为，出现本条规定的情况时，如果没有司法解释对此进行规范，结果就是放任自流，很可能出现争管辖的情况。为避免这类情况的发生，使受理法院有司法解释可依，避免当事人怀疑法院的公正性，有必要对此问题明确规则。

综合考虑2012年民事诉讼法规定精神，两类案件双方当事人的意愿、规定的实际效果、法院工作实际等因素，本条的规定是目前相对来说比较完善的方案。2017年、2021年民事诉讼法修正时均未修改审判监督程序，故前述考量仍然符合2021年民事诉讼法的规定。对于本条的适用，可以从以下几个方面把握。

第一，适用的对象。本条只适用于民事诉讼法第二百零六条规定的两类案件，即当事人一方人数众多或者当事人双方为公民的案件，其他案件无适用余地。

第二，适用的情形。当事人双方分别申请再审，一方向原审人民法院申请再审，另一方向上一级人民法院申请再审。

第三，充分尊重当事人的选择权，在双方当事人不能协商确定管辖法院时适用本条。

【审判实践中应当注意的问题】

第一，当事人分别向原审人民法院和上一级人民法院申请再审，这里的“分别”，指的是在没有收到对方当事人的再审申请书副本的情况下，向有管辖权的人民法院申请再审。换言之，在一方当事人已经向有管辖权的法院之一申请再审，法院已经受理并向对方当事人发送再审申请书副本，对方当事人已经收到该副本的情况下，还向另一具有管辖权的法院申请再审，这种情况属于规避已经受理的法院管辖，不属于本条规定的情况，应由已经受理的法院审查。

第二，当事人分别向原审人民法院和上一级人民法院申请再审，两受理法院应及时征求双方当事人意见，由当事人协商确定管辖权。协商不成的，由原审人民法院受理。

【条文】

第三百七十八条

适用特别程序、督促程序、公示催告程序、破产程序等非讼程序审理的案件，当事人不得申请再审。

【条文主旨】

本条是关于当事人不得申请再审案件范围的规定。

【条文理解】

特别程序、督促程序、公示催告程序、破产程序的性质均为非讼程序，程序功能并非解决民事权益争议，与再审系民事争讼程序的性质存在根本差异。非讼程序的裁判文书作为申请再审的对象，既无必要，也与其价值功能相悖，故本条明确对于上述四类案件，当事人不得申请再审。

特别程序包括选民资格案件，宣告失踪、宣告死亡案件，认定公民无民事行为能力、限制民事行为能力案件，认定财产无主案件，确认调解协议案件，实现担保物权案件。民事诉讼法第一百九十三条、第一百九十七条、第二百条分别对宣告失踪、宣告死亡案件，认定公民无民事行为能力、限制民事行为能力案件，认定财产无主案件，出现新情况后，人民法院作出新判决撤销原判决作了规定，但并未就特别程序裁判确有错误如何救济的问题作出规定。考虑到特别程序的性质系非讼程序，不适用再审程序，本司法解释第三百七十二条对于特别程序裁判有错误的救济程序作了专门规定，即适用特别程序作出的判决、裁定，当事人、利害关系人认为有错误的，可以向作出该判决、裁定的人民法院提出异议。人民法院经审查，异议成立或者部分成立的，作出新的判决、裁定撤销或者改变原判决、裁定；异议不成立的，裁定驳回。对人民法院作出的确认调解协议、准许实现担保物权的裁定，当事人有异议的，应当自收到裁定之日起十五日内提出；利害关系人有异议的，自知道或者应当知道其民事权益受到侵害之日起六个月内提出。因此，本条明确规定适用特别程序的案件当事人不得申请再审。

【审判实践中应当注意的问题】

第一，本条所规定的不得申请再审的案件是基于案件性质不得申请再审的案件类型，而按照审判监督程序审理的案件属于因经过法定程序后法院不再受理再审申请的情况，因此，本条规定的是当事人不得申请再审，本司法解释第三百八十一条规定的是当事人申请再审的，人民法院不予受理，对此应有明确认识。

第二，当事人对于本条规定的案件申请再审的，应不予受理其再审申请，告知其依照法律和司法解释规定的其他程序行使权利。审查过程中发现不应受理再审申请的，则属于不符合申请再审条件的情况，应当按照本司法解释第三百九十三条第二款的规定，裁定驳回再审申请。

【条文】

第三百七十九条

当事人认为发生法律效力的不予受理、驳回起诉的裁定错误的，可以申请再审。

【条文主旨】

本条是关于可以申请再审的裁定范围的规定。

【条文理解】

不予受理、驳回起诉的裁定是终局性裁定，除非当事人通过另行起诉获得救济，裁定生效后即产生当事人不得再以同样的请求、事实理由起诉的效力。不予受理、驳回起诉的裁定存在错误，则可能损害当事人请求司法救济的诉权，涉及当事人的基本程序保障，当事人可以申请再审。

对于按自动撤回上诉处理的裁定能否申请再审的问题，本司法解释起草过程中存有争议。考虑到当事人可以直接针对一审判决申请再审获得救济，若允许对按自动撤回上诉处理的裁定申请再审，则已经生效甚至执行完毕的一审判决又恢复到未生效状态，程序难以操作，故最终未规定对该类裁定可以申请再审。

关于管辖权异议裁定能否申请再审的问题，本解释起草过程中存有争议。考虑到管辖权异议的救济已经通过一审程序及二审程序来保障，从程序稳定性而言，如若允许对该类裁定申请再审将严重拖延诉讼，且实体判决错误的，可以通过对判决申请再审予以救济，故最终未规定对该类裁定可以申请再审。

【审判实践中应当注意的问题】

发回重审、中止诉讼等其他针对诉讼程序问题作出的非终局性裁定，并未影响当事人基本诉讼权利和实体权利义务，也不能申请再审。为避免挂一漏万，本司法解释没有就不允许申请再审的裁定逐一明确。

【条文】

第三百八十条

当事人就离婚案件中的财产分割问题申请再审，如涉及判决中已分割的财产，人民法院应当依照民事诉讼法第二百零七条的规定进行审查，符合再审条件的，应当裁定再审；如涉及判决中未作处理的夫妻共同财产，应当告知当事人另行起诉。

【条文主旨】

本条是关于当事人就解除婚姻关系案件中的财产分割问题申请再审的规定。

【条文理解】

根据民事诉讼法第二百零九条的规定，当事人对已经发生法律效力的解除婚姻关系的判决、调解书，不得申请再审。原因在于解除婚姻关系的判决生效后当事人可以另行结婚，若允许当事人申请再审，将导致婚姻人身关系的矛盾和混乱。但离婚案件判决中的财产分割问题不涉及人身关系，当事人可以对该问题申请再审，不受民事诉讼法第二百零九条的限制。如果当事人申请再审涉及的是判决未作处理的财产，因该争议尚未经过审判，故应当告知当事人另行提起诉讼。

【审判实践中应当注意的问题】

如果解除婚姻关系案件是以调解方式结案，当事人就财产分割问题申请再审的，应当依照民事诉讼法第二百零八条以及本条的规定进行审查处理，即如涉及调解书中已分割的财产，人民法院应当依照民事诉讼法第二百零八条的规定进行审查，符合再审条件的，应当裁定再审；如涉及调解书中未作处理的夫妻共同财产，应当告知当事人另行起诉。

【条文】

第三百八十一条

当事人申请再审，有下列情形之一的，人民法院不予受理：

（一）再审申请被驳回后再次提出申请的；

（二）对再审判决、裁定提出申请的；

（三）在人民检察院对当事人的申请作出不予提出再审检察建议或者抗诉决定后又提出申请的。

前款第一项、第二项规定情形，人民法院应当告知当事人可以向人民检察院申请再审检察建议或者抗诉，但因人民检察院提出再审检察建议或者抗诉而再审作出的判决、裁定除外。

【条文主旨】

本条是关于申请再审与检察监督衔接的规定。

【条文理解】

根据民事诉讼法第二百一十六条的规定，对于人民法院驳回再审申请的，人民法院逾期未对再审申请作出裁定的，再审判决、裁定有明显错误的三种情形，当事人可以向人民检察院申请再审检察建议或者抗诉，人民检察院对当事人的申请应当在三个月内进行审查，作出提出或者不予提出检察建议或者抗诉的决定。当事人不得再次向人民检察院申请检察建议或者抗诉。该条系2012年民事诉讼法修改新增条文，目的是解决人民法院和人民检察院对于同一生效裁判重复审查的问题，更合理地配置司法资源，切实解决重复申请、多头审查的弊端，限制反复申请、“终审不终”。[①] 为落实民事诉讼法第二百一十六条有限再审的立法目的，本条就申请再审和检察监督的衔接作出规定，进一步明确了民事诉讼法确立的一审、二审、申请再审、检察监督的“三加一”的诉讼程序终结机制。

根据本条第一款的规定，以下三种情况当事人申请再审的，人民法院不予受理。

1. 再审申请被驳回后再次提出申请的

根据民事诉讼法第二百一十六条第一款第一项的规定，人民法院驳回当事人再审申请的，当事人可以向人民检察院申请再审检察建议或者抗诉，本条第一款第一项进一步明确再审申请被人民法院驳回后，当事人再次向人民法院申请再审的不予受理。需要注意的是，被申请人及其他当事人并未行使过申请再审权利，再审申请人的再审申请被裁定驳回，不影响被申请人及其他当事人依法申请再审。

2. 对再审判决、裁定提出申请的

民事诉讼法第二百一十六条第一款第三项规定，再审判决、裁定有明显错误的，当事人可以向人民检察院申请再审检察建议或者抗诉。据此，本条第一款第二项明确当事人不服再审判决、裁定申请再审的，人民法院不予受理。征求意见过程中，有意见认为，对于再审判决、裁定能否申请再审应区分因当事人申请再审、检察院抗诉还是法院依职权启动的不同情况，法院依职权启动的，应允许当事人就再审判决、裁定申请再审，并且一概不受理对再审判决、裁定的再次申请再审过于绝对。经研究，鉴于民事诉讼法第二百一十六条第一款第三项并未区分再审程序的启动方式，应理解为再审判决、裁定均应适用该项规定。同时，如果允许对于法院依职权启动的再审判决、

① 参见王胜明主编：《中华人民共和国民事诉讼法释义》，法律出版社2012年版，第505~506页。

裁定再次申请再审，不利于引导当事人首先通过依法申请再审寻求救济，不利于规范申请再审秩序。如果再审裁判生效后发现有明显错误，可以通过申请检察监督解决。因此，本项规定的再审判决、裁定包括了依据当事人再审申请、依据人民检察院再审检察建议或抗诉、人民法院依职权启动三种途径启动的再审程序作出的判决、裁定。

3. 在人民检察院对当事人的申请作出不予提出再审检察建议或者抗诉决定后又提出申请的

依据民事诉讼法第二百一十六条第二款的规定，人民检察院作出提出或者不予提出再审检察建议或者抗诉的决定后，当事人不得再次向人民检察院申请再审检察建议或者抗诉。向人民法院申请再审是申请再审检察建议或者抗诉的前置程序，当事人在人民检察院未予支持其申请的情况下，既然不能再次向检察机关提出申请，当然不能再次向人民法院申请再审。故本条第一款第三项对此予以明确规定。

本条第二款依据民事诉讼法第二百一十六条第一款，规定了人民法院应向当事人告知可以申请再审检察建议和抗诉，进行法律释明和指引。同时，因民事诉讼法第二百一十六条第二款明确规定在人民检察院作出提出或者不予提出再审检察建议或者抗诉的决定后，当事人不得再次向人民检察院申请再审检察建议或者抗诉，故本条第二款将因人民检察院提出再审检察建议或者抗诉而再审作出的判决、裁定排除在告知当事人向人民检察院申请检察监督范围之外。

【审判实践中应当注意的问题】

第一，关于再审申请被裁定驳回后当事人发现新的事由能否再次申请再审的问题。2015 年《民事诉讼法解释》起草过程中，有意见认为本条第一款第一项增加但书规定，即当事人被裁定驳回后发现存在民事诉讼法第二百零七条第一项、第三项、第十二项、第十三项情形的，可以再次申请再审。经研究，该意见考虑到当事人在裁定驳回后发现新事由的特殊情况，具有一定合理性，但也可能产生较为随意地引用上述四项事由重复申请再审而拒绝向检察机关申请再审检察建议或者抗诉的问题。鉴于民事诉讼法第二百一十六条第一款第一项并未规定例外情况，仅规定“人民法院驳回再审申请的”，应当理解为法院审查驳回再审申请当事人后，当事人即应向人民检察院申请检察监督，若申请被驳回后当事人新发现再审事由，可以通过申请再审检察建议或者抗诉寻求救济。实务中对于当事人再审申请被裁定驳回后又向法院申请再审的，人民法院应当告知其向检察机关申请检察监督。

第二，关于再审判决、裁定的范围问题。本司法解释起草过程中，有同志建议明确再审撤销原判发回重审后作出的判决、裁定，以及按照一审程序再审的案件当事人上诉后作出的判决、裁定是否允许申请再审。对此，2015 年《民事诉讼法解释》起草过程中曾参考 2013 年《全国法院民事再审审查工作座谈会纪要》第 5 条的规定建议增加关于再审判决、裁定范围的条文，内容为："有下列情形之一的，应当认定为民事诉讼法第二百零九条第一款第三项①规定的再审判决、裁定：(1) 第一审人民法院对于生效第一审判决、裁定，由本院再审后作出的、当事人未在法定期间内上诉的判决、裁定；(2) 第二审人民法院对于生效第二审判决、裁定，由本院再审后作出的判决、裁定；(3) 上级人民法院对于生效判决、裁定提审后作出的判决、裁定。"该条文的目的是明确再审判决、裁定的范围，且并未将再审撤销原判发回重审的裁判和按照一审程序再审案件当事人提出上诉后作出的裁判纳入再审判决、裁定范围，未否定对这两种裁判可以申请再审。2015 年《民事诉讼法解释》起草组研究后认为，该建议条文所列举的三种情形属于再审判决、裁定不存在争议，规定意义不大。但关于再审发回重审的裁判和按照一审程序再审上诉后的裁判是否属于再审判决、裁定的问题，情况较为复杂，还存在一定争议，故最终未就再审判决、裁定的范围作出规定。讨论过程中，多数意见认为该两类裁判属于重审裁判或者二审裁判，可能存在追加当事人、变更增加诉讼请求、提交新证据等情况变化，不应一概不予受理当事人的再审申请。鉴于情况复杂，司法解释对此问题未作出明确规定，可根据实践情况进一步研究。可供参考的是，本司法解释施行后，最高人民法院于 2017 年 8 月 2 日作出《关于再审撤销一、二审裁判发回重审的案件当事人对重审的生效裁判是否有申请再审权利的答复》(〔2016〕最高法民他 118 号)，就山东省高级人民法院请示作出答复，内容为"再审后将案件发回重审作出的生效裁判，当事人不服的，可以根据民事诉讼法第一百九十九条②的规定申请再审。"

【条文】

第三百八十二条

当事人对已经发生法律效力的调解书申请再审，应当在调解书发生法律效力后六个月内提出。

① 现为 2021 年民事诉讼法第二百一十六条。

② 现为 2021 年民事诉讼法第二百零六条。

【条文主旨】

本条是关于对调解书申请再审期限的规定。

【条文理解】

1991年民事诉讼法第一百八十二条规定："当事人申请再审，应当在判决、裁定发生法律效力后二年内提出。"因该条没有明确规定对于调解书申请再审的期限，《92年意见》第204条专门规定："当事人对已经发生法律效力的调解书申请再审，适用民事诉讼法第一百八十二条的规定，应在该调解书发生法律效力后二年内提出"。2007年民事诉讼法修改了1991年民事诉讼法关于申请再审期限的规定，该法第一百八十四条规定："当事人申请再审，应当在判决、裁定发生法律效力后二年内提出；二年后据以作出原判决、裁定的法律文书被撤销或者变更，以及发现审判人员在审理该案件时有贪污受贿，徇私舞弊，枉法裁判行为的，自知道或者应当知道之日起三个月内提出。"该规定区分事由对判决、裁定申请再审期限作出了规定，一般情况下是裁判生效后二年，在两种特定事由情况下自知道或应当知道之日起三个月内。而适用三个月申请再审期限的两项事由系对于判决、裁定申请再审的法定事由，不适用于调解书，因此，直接规定对于调解书申请再审适用民事诉讼法关于申请再审期限的条文，易产生调解书亦可适用特殊申请再审期限的误解，有必要予以修改。

2012年民事诉讼法修改了该规定，第二百零五条规定："当事人申请再审，应当在判决、裁定发生法律效力后六个月内提出；有本法第二百条第一项、第三项、第十二项、第十三项规定情形的，自知道或者应当知道之日起六个月内提出。"民事诉讼法第二百一十二条作了相同规定。由于该条仍仅规定了当事人不服判决、裁定申请再审的期限，为了明确调解书申请再审的期限，本条规定调解书申请再审的期限为调解书发生法律效力后六个月内。同时本条删除了《92年意见》第204条中引用民事诉讼法的条款，避免产生调解书申请再审也适用民事诉讼法第二百一十二条规定的四种特殊情形申请再审期限的误解。

【审判实践中应当注意的问题】

对于调解书申请再审只能依据民事诉讼法第二百零八条规定的调解违反自愿原则、调解协议内容违反法律两项事由，不适用民事诉讼法第二百零七条规定的再审事由。

【条文】

第三百八十三条

人民法院应当自收到符合条件的再审申请书等材料之日起五日内向再审申请人发送受理通知书，并向被申请人及原审其他当事人发送应诉通知书、再审申请书副本等材料。

【条文主旨】

本条是关于人民法院发送受理通知书等材料的规定。

【条文理解】

本条根据民事诉讼法第二百一十规定作出并进行了细化。

1. 五日期限的起算点

当事人申请再审是法律赋予当事人的一项诉讼权利，但当事人也有义务提交符合条件的再审申请书等材料，再审申请书等材料不符合有关条件，人民法院难以准确、有效地进行审查，对方当事人也难以提出有针对性的意见，甚至会激化矛盾，故本条规定人民法院应当自收到符合条件的再审申请书等材料之日起五日内发送相关诉讼文书。再审申请书内容符合本司法解释第三百七十六条规定的，应当认为符合条件。这些事项包括：(1) 再审申请人与被申请人及原审其他当事人的基本信息；(2) 原审人民法院的名称，原审裁判文书案号；(3) 具体的再审请求；(4) 申请再审的法定情形及具体事实、理由。同时，再审申请书应当明确申请再审的人民法院，并由再审申请人签名、捺印或者盖章。除再审申请书外，当事人还应当提交本司法解释第三百七十五条规定的其他材料。人民法院收到符合条件的再审申请书等材料即应当办理案件受理手续，并且应当在五日内向当事人发送相关诉讼文书。再审申请书等材料不符合条件的，人民法院应当要求再审申请人补充或者改正，自收到补充或者改正后的再审申请书等材料之日起五日内向当事人发送相关诉讼文书。

2. 人民法院向当事人发送诉讼文书的内容

人民法院应向再审申请人发送受理通知书，向被申请人及原审其他当事人发送应诉通知书及再审申请书副本等材料。如果再审申请人提交了新证据的，还应要求其按照对方当事人人数提交新证据复印件，并将新证据材料发送对方当事人。

【审判实践中应当注意的问题】

第一，不管是应由原审法院受理还是上一级法院受理的申请再审案件都要按照本条的规定发送有关诉讼文书。属于原审法院受理的申请再审案件，由原审法院发送有关诉讼文书，属于上一级法院受理的申请再审案件，由上一级法院发送有关诉讼文书。

第二，再审申请书需要补充或改正，不影响当事人申请再审时间的确定。当事人提交再审申请书的时间为其申请再审时间，该时间不超过法定期间的，即符合申请再审期限要求。

第三，人民法院应将应诉通知书及再审申请书副本发送而不是送达被申请人及原审其他当事人。故只要人民法院按照要求发送了应诉通知书及再审申请书副本，被申请人及原审其他当事人是否收到，不影响人民法院对案件的审查，实务中也不要求通过公告方式送达应诉通知书及再审申请书副本。

【条文】

第三百八十四条

人民法院受理申请再审案件后，应当依照民事诉讼法第二百零七条、第二百零八条、第二百一十一条等规定，对当事人主张的再审事由进行审查。

【条文主旨】

本条是关于人民法院对申请再审案件审查范围的规定。

【条文理解】

本条最初制定时系在2008年制定的《审判监督程序解释》第九条的基础上，结合民事诉讼法第二百一十一条的规定进行了修改。2020年《审判监督程序解释》修改时，将原第九条调整为第八条，内容未作变更。2021年民事诉讼法修改时变更了条文序号，本条司法解释亦对照修改了引用的民事诉讼法条文序号。

审判监督程序是一种事后的补救程序，关系生效裁判的稳定性和法律秩序的安定性，启动该程序应有严格的限制，必须具备法定的再审事由。立法规定再审事由的目的就是在审判监督程序依法纠错与维护裁判权威之间求得平衡。再审事由成立，表明生效裁判确有错误或有重大程序问题，应当启动再审；再审事由不成立，就应当维护裁判权威，不启动再审。因此，人民法院审查申请再审案件，应当围绕再审事由是否成立这一关键来审查。民事诉讼法第二百零七条规定了判决、裁定的再审事由，第二百零八条规定了调解书的再审事由，下面分别进行解读。

第一，根据民事诉讼法第二百零七条的规定，当事人的申请符合下列情形之一的，人民法院应当再审。

（1）有新的证据，足以推翻原判决、裁定的。这一事由如何理解，可参看本司法解释第三百八十五条、第三百八十六条的规定及对该规定的解读。

（2）原判决、裁定认定的基本事实缺乏证据证明的。对原裁判的结果有实质影响、用以确定当事人主体资格、案件性质、具体权利义务和民事责任等主要内容所依据的事实，可以认定为民事诉讼法第二百零七条第二项规定的基本事实。

（3）原判决、裁定认定事实的主要证据是伪造的。在审查这一事由时，应当注意民事诉讼法规定的是认定事实的“主要证据”是伪造的，这里强调的是“主要证据”，而不是所有证据。对原裁判结果有实质影响，用于认定案件基本事实的证据为主要证据。

（4）原判决、裁定认定事实的主要证据未经质证的。这一事由如何理解，可参看本司法解释第三百八十七条的规定及对该规定的解读。

（5）对审理案件需要的主要证据，当事人因客观原因不能自行收集，书面申请人民法院调查收集，人民法院未调查收集的。关于这一申请再审事由，理解时需要注意，2007 年民事诉讼法第一百七十九条第五项规定的是“对审理案件需要的证据”，2012 年民事诉讼法将其修改为“对审理案件需要的主要证据”，2021 年民事诉讼法与 2012 年民事诉讼法规定内容一致。换言之，如果不是主要证据，当事人因客观原因不能自行收集，书面申请人民法院调查收集，人民法院未调查收集的，不构成民事诉讼法第二百零七条第五项规定的再审事由。

（6）原判决、裁定适用法律确有错误的。这一事由如何理解，可参看本解释第三百八十八条的规定及对该规定的解读。

（7）审判组织的组成不合法或者依法应当回避的审判人员没有回避的。对这一事由，可结合民事诉讼法和本司法解释关于审判组织和回避的规定进行把握。

（8）无诉讼行为能力人未经法定代理人代为诉讼或者应当参加诉讼的当事人，因不能归责于本人或者其诉讼代理人的事由，未参加诉讼的。对这一事由的第二种情形，应结合本司法解释第四百二十条、民事诉讼法第二百三十四条及相关司法解释的规定理解把握。

（9）违反法律规定，剥夺当事人辩论权利的。这一事由如何理解，可参看本司法解释第三百八十九条的规定及对该规定的解读。

（10）未经传票传唤，缺席判决的。这一事由强调，缺席判决是在没有用传票传唤的情况下作出的。

（11）原判决、裁定遗漏或者超出诉讼请求的。这一事由如何理解，可参看本司法解释第三百九十条的规定及对该规定的解读。

（12）据以作出原判决、裁定的法律文书被撤销或者变更的。这一事由如何理解，可参看本司法解释第三百九十一条的规定及对该规定的解读。

（13）审判人员审理该案件时有贪污受贿，徇私舞弊，枉法裁判行为的。这一事由如何理解，请参看本司法解释第三百九十二条的规定及对该规定的解读。

第二，根据民事诉讼法第二百零八条的规定，当事人的申请符合下列情形之一的，人民法院应当再审。

（1）调解违反自愿原则。当事人申请再审提出这一理由后，人民法院应当就调解程序及调解协议的内容是否系基于再审申请人自愿进行审查。

（2）调解协议的内容违反法律。当事人申请再审提出这一理由后，人民法院应当就调解协议的内容是否违法进行审查。这里规定的违反法律，指的是违反法律的禁止性规定。

第三，人民法院审查申请再审案件，关键是对再审事由进行审查。但在这之前，应当根据民事诉讼法第二百一十一条等法律规定以及本司法解释的有关规定审查以下四方面的内容：（1）再审申请人是否享有申请再审权利；（2）是否符合法定申请再审期限的规定；（3）是否符合可以申请再审范围的规定；（4）受理法院有无管辖权。

2007 年民事诉讼法第一百八十一条第一款规定："人民法院应当自收到再审申请书之日起三个月内审查，符合本法第一百七十九条规定情形之一的，裁定再审；不符合本法第一百七十九条规定的，裁定驳回申请。……" 2012 年民事诉讼法修改时，将该条款修改为第二百零四条第一款："人民法院应当自收到再审申请书之日起三个月内审查，符合本法规定的，裁定再审；不符合本法规定的，裁定驳回申请。……" 2021 年民事诉讼法保留了前述规定。这意味着，人民法院审查再审申请案件，不能仅适用民事诉讼法第二百零七条和第二百零八条的规定，同时还要审查当事人的申请是否符合民事诉讼法及司法解释的其他有关规定，主要包括以下几方面。

（1）关于申请再审主体的规定。根据民事诉讼法第二百零六条，可以申请再审的主体是当事人。根据本司法解释第三百七十三条的规定，当事人死亡或者终止后的权利义务承继者可以依照民事诉讼法第二百零六条、第二百零八条的规定申请再审。判决、调解书生效后当事人将判决、调解书确认的债权转让，债权受让人对该判决、调解书不服申请再审的，不予受理。

（2）关于法定申请再审期限的规定。民事诉讼法第二百一十二条规定："当事人申请再审，应当在判决、裁定发生法律效力后六个月内提出；有本法第二百零七条第一项、第三项、第十二项、第十三项规定情形的，自知道或者应当知道之日起六个月内提出。"根据本司法解释第三百八十二条的规定，当事人对已经发生法律效力的调解书申请再审，应当在调解书发生法律效力后六个月内提出。

（3）关于可以申请再审的判决、裁定、调解书范围的规定。根据本司法解释第三百七十八条的规定，适用特别程序、督促程序、公示催告程序、破产程序等非讼程序审理的案件，当事人不得申请再审。根据本司法解释第三百七十九条的规定，当事人认为发生法律效力的不予受理、驳回起诉的裁定错误的，可以申请再审。根据本司法解释第三百八十一条第一款的规定，当事人申请再审，有下列情形之一的，人民法院不予受理：一是再审申请被驳回后再次提出申请的；二是对再审判决、裁定提出申请的；三是在人民检察院对当事人的申请作出不予提出再审检察建议或者抗诉决定后又提出申请的。

（4）关于受理法院是否有管辖权的规定。根据民事诉讼法第二百零六条的规定，只有当事人一方人数众多或者当事人双方为公民的案件当事人申请再审，上一级人民法院和原审人民法院才都有管辖权。其他案件的当事人申请再审的，只有上一级人民法院有管辖权。

第四，再审审查的范围是当事人主张的再审事由，当事人未予主张的事由不予审查。民事诉讼法第二百零七条、第二百零八条规定的再审事由涵盖了证据、审判程序、法律适用等多方面情形，当事人申请再审时可能依据其中一项或者多项，人民法院应当尊重当事人的处分权，围绕当事人主张的再审事由进行审查，当事人未予主张的事由不应依职权进行审查。

【审判实践中应当注意的问题】

第一，对于申请再审案件，人民法院应当首先审查再审申请人是否适格，是否符合法定再审期限，是不是可以申请再审的裁判，受理法院有无管辖权。只有符合民事诉讼法及本司法解释规定的申请再审条件，人民法院才能受理并对再审事由进行审查。

第二，对于判决、裁定，法定再审事由只有民事诉讼法第二百零七条规定的十三项，不是这十三项事由之一的，人民法院不予审查。对于调解协议，法定再审事由也只有调解违反自愿原则或者调解协议的内容违反法律这两项，不是这两项事由的，人民法院不予审查。

第三，本条规定要结合本司法解释第三百九十三条的规定理解。

【条文】

第三百八十五条

再审申请人提供的新的证据，能够证明原判决、裁定认定基本事实或者裁判结果错误的，应当认定为民事诉讼法第二百零七条第一项规定的情形。

对于符合前款规定的证据，人民法院应当责令再审申请人说明其逾期提供该证据的理由；拒不说明理由或者理由不成立的，依照民事诉讼法第六十八条第二款和本解释第一百零二条的规定处理。

【条文主旨】

本条是关于再审新证据实质性认定标准及未在原审提供证据的法律后果的规定。

【条文理解】

本条根据民事诉讼法第二百零七条第一项、第六十八条规定作出并进行了细化。

1. 新的证据足以推翻原判决、裁定的认定标准

根据民事诉讼法第二百零七条第一项的规定，有新的证据，足以推翻原判决、裁定的，才符合再审的条件。对“足以推翻”如何界定，民事诉讼法没有给予明确规定，各地法院在司法实践中把握的标准参差不齐，以致提起再审的门槛高低不一，不利于维护生效裁判既判力，对司法权威造成了损害。根据本条规定，再审申请人提供的新证据能够证明原审判决、裁定认定的基本事实或者裁判结果错误的，该证据才可以被认为是“足以推翻原判决、裁定”。因此，再审申请人提供的新证据如果只是证明原判决、裁定存在一般瑕疵，就不应认定为足以推翻原判决、裁定。基本事实是指对原判决、裁定的结果有实质性影响、用以确定当事人主体资格、案件性质、具体权利义务和民事责任等主要内容所依据的事实。

2. 再审申请人未在原审提交证据的法律后果

再审申请人未在原审提交证据，根据本条和民事诉讼法第六十八条的规定，产生以下法律后果。

（1）再审申请人未在原审提交证据的，人民法院应当责令其说明理由，当事人应当向人民法院说明其未在原审提交证据的理由。民事诉讼法第六十八条第一款规定："当事人对自己提出的主张应当及时提供证据。"这是对当事人及时提供证据义务的明确规定。在整个民事诉讼过程中，当事人都应当根据诉讼进行情况，在合理、适当的期间内对自己的主张提供证据。再审申请人未在原审提交证据的，人民法院应当责令其说明理由。

（2）再审申请人拒不说明理由或者理由不成立的，人民法院根据不同情形可以不予采纳该证据，或者采纳该证据但予以训诫、罚款。再审申请人未在原审提交证据，在申请再审阶段提交新证据，仍应适用民事诉讼法第六十八条的规定，根据理由是否成立的不同情况作出不同处理，从而把民事诉讼法各个阶段新证据的法律适用统一起来。对于再审申请人提交的新证据是否采纳，人民法院依据再审申请人所说明的理由，根据不同情形决定。再审申请人提出的理由成立的，对再审申请人提供的新证据应当采纳，对该再审申请人不予处罚。再审申请人拒不说明在原审未提交证据的理由或者人民法院经审查认为再审申请人在原审未提交证据的理由不能成立的，应当根据不同情形处理，可以不予采纳该证据，或者采纳该证据但对当事人予以训诫、罚款。这些不同情形包括该证据在该民事案件中的作用、在原审未提供证据造成的损害等。人民法院应当在充分考虑案件的整体情况后依法作出合理决定。

【审判实践中应当注意的问题】

第一，对再审新证据实质性要件的判断，和对再审申请人未在原审提供证据所作理由的判断，孰先孰后？民事诉讼法第六十八条所确立的证据失权制度并非一概否定逾期提交的证据，而是根据逾期提交理由的正当性区分处理。因此，对于当事人在申请再审阶段才提供的证据，也应以未在原审提供的理由是否正当作为是否采纳的重要标准，而不应轻易以其未在原审提供为由否定其证据资格。但由于再审新证据事由的实质要件为足以推翻原判决、裁定，只有符合这一实质要件，才有进一步判断当事人未在原审提供理由正当性的必要，因此，对于当事人申请再审阶段提交的证据，应当先判断其是否足以推翻原判决、裁定，然后对于足以推翻原判决、裁定的证据，再判断再审申请人未在原审提供证据的理由是否成立。

第二，再审申请人以新证据事由申请再审的，在案件受理时要注意适度审查。民事诉讼法第二百一十二条规定："当事人申请再审，应当在判决、裁定发生法律效力后六个月内提出；有本法第二百零七条第一项、第三项、第十二项、第十三项规定情形的，自知道或者应当知道之日起六个月内提出。”根据该规定，以新证据等四种事由申请再审的，申请再审的期限从知道或者应当知道之日起算，而以其他九项事由申请再审的，申请再审期限从判决、裁定发生法律效力开始计算。实务中，一些当事人明知申请再审期限已过，却在众多事由中加上新证据事由，以规避申请再审期限。因此，在当事人以新证据事由申请再审，特别是在判决、裁定发生法律效力六个月后提出再审申请的，在受理案件时就应对新证据作适度审查。一般应要求再审申请人书面说明知道或者应当知道该新证据的时间，并书面说明该证据为新证据的理由。在案件受理阶段，不宜对新证据审查得过严，否则会损害当事人申请再审的权利；但也不能不审查，否则会使法律关于申请再审期限的规定成为一纸空文。

第三，在再审审查阶段如何把握“足以推翻”的标准。实务中有两种做法：一是采取必然性标准，即再审后必须改变原裁判；二是采取盖然性标准，即该证据可能推翻原裁判。我们认为，申请再审审查阶段的主要目的是审查生效裁判是否具备法定的再审事由，不能用再审审理的功能取代再审审查的功能，不能用再审审理的目的取代再审审查的目的。因此，在再审审查阶段，对“足以推翻”的把握，宜以高度盖然性为标准，而不能要求新证据必须推翻原裁判，否则很可能导致应该再审的案件没有进入再审或者再审审理程序形式化。

【条文】

第三百八十六条

再审申请人证明其提交的新的证据符合下列情形之一的，可以认定逾期提供证据的理由成立：

（一）在原审庭审结束前已经存在，因客观原因于庭审结束后才发现的；

（二）在原审庭审结束前已经发现，但因客观原因无法取得或者在规定的期限内不能提供的；

（三）在原审庭审结束后形成，无法据此另行提起诉讼的。

再审申请人提交的证据在原审中已经提供，原审人民法院未组织质证且未作为裁判根据的，视为逾期提供证据的理由成立，但原审人民法院依照民事诉讼法第六十八条规定不予采纳的除外。

【条文主旨】

本条是关于未在原审提供证据正当理由的规定。

【条文理解】

本条根据民事诉讼法第二百零七条第一项、第六十八条的规定作出，并进一步进行了细化。

根据民事诉讼法第六十八条第二款以及本司法解释第三百八十五条的规定，再审申请人未在原审提供证据应当向人民法院说明理由，再审申请人拒不说明理由或者理由不成立的，人民法院根据不同情形可以不予采纳该证据，或者采纳该证据但予以训诫、罚款。对于再审申请人未在原审提供证据的理由是否成立，本条作了指引性的规定。对于本条所列举的四种情形，人民法院应当认定再审申请人所说明的理由成立。

第一，该证据在原审庭审结束前已经存在，因客观原因于庭审结束后才发现。我们可以将此种证据称为新发现的证据。例如，甲起诉乙偿还借款 10 万元，乙承认有欠款的事实，但辩称已经还款 4 万元，并称甲当时写过收条，但因自己保管不善，收条丢失。一审、二审诉讼过程中，乙未能提供还款收条，二审法院判决乙偿还 10 万元借款。时隔一年，乙申请再审，并提供甲当时书写的 4 万元收条，称近期搬家，其母亲在收拾东西时刚发现。再审审查过程中，甲对该收条的真实性不否定，但称该证据在诉讼前已经存在，现在提交，证据失权，法院不应启动再审程序。再审审查法院认为，该证据确实在原审庭审前已经存在，乙提供该证据对其只有利益，没有损失，乙未提供该证据没有主观过错，该证据应认定为新证据，故裁定再审。

第二，该证据在原审庭审结束前已经发现，但因客观原因无法取得或者在规定的期限内不能提供。我们可以将此种证据称为新取得的证据。假设前例中，乙在二审审理过程中已经发现该收条，但由于该收条当年留学时留在了美国，又没有办法及时取回。二审判决后，乙找到美国房东取回了该收条。这种情况就属于本项规定的情形，属于新证据。

第三，该证据在原审庭审结束后形成，无法据此另行提起诉讼。我们可以将此种证据称为新形成的证据。对于新形成的证据，《审判监督程序解释》规定了"原审庭审结束后原作出鉴定结论、勘验笔录者重新鉴定、勘验，推翻原结论的证据"可以作为再审新证据。实践中，原审庭审结束后新出现的证据并不止这些，比如，当事人自行委托鉴定机构作出的新的鉴定意见、与原判有关的刑事案件的判决（可能会影响合同的效力）等，这些证据均可能对原判的正确性产生影响。民事诉讼法第一百二十七条第五项规定，对判决、裁定、调解书已经发生法律效力的案件，当事人又起诉的，告知原告申请再审，但人民法院准许撤诉的裁定除外。据此，对于新形成的证据，如果与原判具有不可分性，当事人另行起诉，人民法院可能不予受理，导致当事人的权利无法得到保障。因此，本条扩大了《审判监督程序解释》中新出现的证据的范畴，将证据系原审庭审结束后形成且无法据此另行提起诉讼的情形规定为未在原审提供证据的正当理由。

第四，该证据在原审中已经提供，原审人民法院未组织质证且未作为裁判根据的，可以视为理由成立，但原审人民法院依据民事诉讼法第六十八条规定不予采纳的除外。我们可以将此种证据称为未质证的证据。因该情形毕竟不同于前述三种情况，事实上当事人已经在原审诉讼中提交了证据，系因人民法院的原因未予质证，故将其视为理由成立。但原审人民法院依据民事诉讼法第六十八条规定未予采纳的证据，即使未组织质证且未作为裁判依据，也不应视为逾期提供证据理由成立。如，当事人在二审中才提供该证据，人民法院责令当事人说明逾期的理由，当事人拒不说明理由或者理由不成立，人民法院没有组织质证，决定不予采纳该证据。这种情况下，在申请再审阶段，再审申请人以原审人民法院未组织质证且未作为裁判依据为由，要求将该证据作为再审新证据从而启动再审程序的，人民法院不予支持。

【审判实践中应当注意的问题】

第一，对于非因当事人自身主观原因未在原审提供证据以及已经提供证据但法院未予组织质证的情形应当认定为逾期举证的理由成立，并不存在异议。对于因当事人自身主观原因未在原审提供证据应否作为逾期举证理由成立的情形存有争议。一种观点认为，再审审查的对象是生效裁判，在证据的审核上应当采取更为严格的标准，不应因当事人自身的原因轻易动摇生效裁判；民事诉讼法第六十八条已经对当事人因自身原因逾期举证的行为给予了救济途径，即只要当事人说明了逾期举证的合理理由或者承担了训诫、罚款的处罚后，其证据仍可以被采信，因此，生效裁判作出后，当事人因自身主观原因在原审中未能提交证据的不应作为逾期举证理由成立的情形。另一种观点认为，既然民事诉讼法第六十八条确立了根据当事人逾期举证的原因判断证据应否采纳的标准，则除当事人因恶意或重大过失不及时举证的情形外，都应作为再审新证据。本条采用了第一种观点，认为审判监督程序设置的目的，是救济权利义务严重失衡、严重背离社会公平正义准则的错误裁判，在保障当事人合法权益的同时，也要考虑裁判既判力和司法成本，在逾期举证正当理由的设定标准上，既要与民事诉讼证据制度的基本原则保持一致，也要体现督促当事人在一审、二审程序中及时举证、将诉讼权利用尽的原则。因此，本条将逾期举证理由成立的情形限定为当事人因客观原因未能举证的范畴。

第二，在再审审查阶段，人民法院对新证据的审查要有一定的程序要求。因为是新证据，原审中并未组织质证，所以在再审审查过程中，对于可能推翻原判决、裁定的新证据，人民法院应当按照本解释第三百九十五条的规定询问双方当事人，不宜简单地进行书面审查，以便更准确地认定是否符合民事诉讼法第二百零七条第一项规定的新证据事由。

【条文】

第三百八十七条

当事人对原判决、裁定认定事实的主要证据在原审中拒绝发表质证意见或者质证中未对证据发表质证意见的，不属于民事诉讼法第二百零七条第四项规定的未经质证的情形。

【条文主旨】

本条是关于民事诉讼法第二百零七条第四项“主要证据未经质证”再审事由的规定。

【条文理解】

根据民事诉讼法第二百零七条第四项的规定，原判决、裁定认定事实的主要证据未经质证的，人民法院应当再审。在人民法院的再审审查实践中，真正出现原判决、裁定认定事实的主要证据未经质证的情形并不多，有的当事人在人民法院要求其对对方当事人逾期提交的证据发表质证意见时，拒绝发表意见或没有对证据的真实性、合法性、关联性予以回答。2001 年《民事诉讼证据规定》第三十四条第二款规定：“对于当事人逾期提交的证据材料，人民法院审理时不组织质证。但对方当事人同意质证的除外。”迟延举证一方的对方当事人常常援引该规定拒绝对逾期提交的证据进行质证，各地法院对此处理也不尽一致。有的法院依据 2001 年《民事诉讼证据规定》第三十四条的规定对逾期举证的证据不予采纳。有的法院仍进行实质审查并作为裁判依据。对于前者，迟延举证一方常以民事诉讼法第二百条第一项、第二项为由申请再审。对于后者，则常常出现对方当事人以“原判决、裁定认定事实的主要证据未经质证”为由申请再审的情况。

民事诉讼法第六十八条第二款规定：“人民法院根据当事人的主张和案件审理情况，确定当事人应当提供的证据及其期限。当事人在该期限内提供证据确有困难的，可以向人民法院申请延长期限，人民法院根据当事人的申请适当延长。当事人逾期提供证据的，人民法院应当责令其说明理由；拒不说明理由或者理由不成立的，人民法院根据不同情形可以不予采纳该证据，或者采纳该证据但予以训诫、罚款。”据此，人民法院有权对逾期提供的证据作出是否组织质证的决定。若人民法院决定组织质证的，对方当事人应当对这些证据进行质证。此时，如果对方当事人对一方逾期提交的证据拒绝质证，就是对质证权利的放弃，其在裁判生效后又以判决、裁定认定事实的主要证据未经质证为由申请再审的，不应支持。进入质证程序后，当事人对原裁判认定事实的主要证据没有发表质证意见的，换言之，没有对证据的合法性、真实性、关联性发表意见的，也是对质证权利的放弃，不属于民事诉讼法第二百零七条第四项规定的“未经质证”情形。

本解释征求意见时，有意见提出本条没有规定的必要。从上述分析可以看出，规定本条是有必要的。一是规范了法院的裁判行为。审判实践中有的当事人援引 2001 年《民事诉讼证据规定》第三十四条第二款的规定拒绝质证，而各地法院对此处理结果截然不同。本条规定就是对司法实践中出现的上述裁判标准不一致问题进行的规范。二是本条规定具有重要的指引作用。当事人看到本条解释时，就知道今后在法院开庭时，凡是法院对逾期提交的证据组织质证的，都应当质证，都应当对证据的三性发表意见。如果当事人拒绝质证，或者虽然名为质证，但却不对证据的三性发表意见，判决生效后，又以“原判决、裁定认定事实的主要证据未经质证”为由申请再审，人民法院将不予支持。

【审判实践中应当注意的问题】

第一，2001 年《民事诉讼证据规定》是依据 1991 年民事诉讼法制定的，2019 年修改《民事诉讼证据规定》时，已经根据 2012 年民事诉讼法关于证据的相关规定删除了原第三十四条第二款关于“对于当事人逾期提交的证据材料，人民法院审理时不组织质证。但对方当事人同意质证的除外”的规定，该原条文不再适用。根据民事诉讼法第六十八条第二款和本解释第一百零一条、第一百零二条的规定，当事人逾期提交证据的，人民法院应当责令其说明理由，并区分情形予以处理：如果当事人因客观原因逾期提供证据，或者对方当事人对逾期提供证据未提出异议，则视为未逾期，人民法院应当依法组织质证；如果当事人因故意或者重大过失逾期提供证据的，人民法院还应当对证据进行审查，如果是与案件基本事实有关的证据，人民法院应当采纳，依法组织质证；如果当事人非因故意或者重大过失逾期提供证据的，人民法院应当采纳，依法组织质证。

第二，民事诉讼法第二百零七条第四项规定的是认定事实的“主要证据”未经质证，如果不是认定事实的主要证据，即使未经质证，也不属于本项规定的再审事由，不应当再审。

【条文】

第三百八十八条

有下列情形之一，导致判决、裁定结果错误的，应当认定为民事诉讼法第二百零七条第六项规定的原判决、裁定适用法律确有错误：

（一）适用的法律与案件性质明显不符的；

（二）确定民事责任明显违背当事人约定或者法律规定的；

（三）适用已经失效或者尚未施行的法律的；

（四）违反法律溯及力规定的；

（五）违反法律适用规则的；

（六）明显违背立法原意的。

【条文主旨】

本条是关于民事诉讼法第二百零七条第六项“原判决、裁定适用法律确有错误”再审事由的规定。

【条文理解】

原判决、裁定适用法确有错误是当事人申请再审经常援引的再审事由，对该事由进行合理适当解释确有必要。对法律适用错误进行合理解释，其目的是指导人民法院对再审申请案件的审查，同时也有利于引导人民法院一审和二审案件的审理正确适用法律。法律适用的内涵丰富，法律适用错误的情形多样。本条首先明确适用法律错误必须导致裁判结果错误，才能构成“适用法律确有错误”事由，避免因法律适用瑕疵而轻易动摇生效裁判稳定性。

1. 适用的法律与案件性质明显不符的

案件性质为当事人之间法律关系的性质。一般来说民事案件可划分为确权、合同、侵权、不当得利、无因管理、婚姻家庭继承、劳动争议等几大类。故法院审理民事案件，法律适用方面首要的任务就是根据事实和证据确定当事人之间的法律关系，准确给案件定性。如果适用的法律与案件性质不符，导致裁判结果错误的，则构成适用法律确有错误的再审事由。

2. 确定民事责任明显违背当事人约定或者法律规定的

民事审判的主要任务之一就是确定案件当事人的民事责任。依照民法典

第一百七十六条“民事主体依照法律规定或者按照当事人约定，履行民事义务，承担民事责任”的规定，民事责任是指民事主体违反法律规定或者未按照合同约定，不履行或者不完全履行民事义务应当依法承担的不利后果。民事责任既是违反民事义务所承担的法律后果，也是救济民事权利损害的必要措施，还是保护民事权利的直接手段。民法典第四百六十五条第一款规定“依法成立的合同，受法律保护。”第二款规定“依法成立的合同，仅对当事人具有法律约束力，但是法律另有规定的除外。”合同具有法律拘束力意味着人民法院裁判中确定的当事人的民事责任除应当遵循法律规定外，同样不能违背当事人之间有效合同的约定。人民法院在适用本项规定时，一要审查原判决、裁定是否正确认定民事法律行为的效力，正确解释合同条款；二要审查原判决、裁定是否正确适用有关归责原则、诉讼时效、责任构成、免责事由、责任形式与范围、第三人责任等事项的法律规定；三要审查原判决、裁定确定当事人承担民事责任的方式是否符合民法典等法律的规定和合同的约定，并结合相应单行法的特别规定，进行综合审查。如果生效裁判确定民事责任明显违背了当事人之间的有效约定或者法律的规定，导致裁判结果错误的，则构成适用法律确有错误再审事由。

3. 适用已经失效或者尚未施行的法律的

“适用已经失效或者尚未施行的法律”是由于对法律的时间效力认识错误。法律开始生效的时间，通常有自公布之日起开始生效和公布后经过一段时间生效两种情况。法律终止生效的时间，通常有四种情况：其一，新法取代旧法，旧法终止生效。其二，法律完成其历史任务而自然失效。其三，有权机关发布特别决议、命令宣布废止。例如全国人大常委会及国务院对其制定的法律和行政法规不定期地进行清理，并且以决定或者决议的形式公布。其四，法律本身规定了终止生效的日期，如期限届满又无延期规定，便自行终止生效。如果判决和裁定适用了已经失效或者尚未施行的法律，致使裁判结果错误的，则构成适用法律确有错误再审事由。

4. 违反法律溯及力规定的

法律的溯及力，指法律颁布后对它生效前所发生的事件和行为可加以适用的效力。法律是规范和指引人们现时行为的准则，一般只适用于其生效后发生的行为，不适用于其生效前的行为，不应有溯及既往的效力。此即法不溯及既往的原则。但这一原则并不是绝对的。立法者在特定情况下，可在法律中作出法律有溯及力或有一定溯及力的规定。2015 年修正的立法法第九十三条规定：“法律、行政法规、地方性法规、自治条例和单行条例、规章不溯及既往，但为了更好地保护公民、法人和其他组织的权利和利益而作的特别规定除外。”最高人民法院的一些司法解释体现了立法法这一内容。例如，《最高人民法院适用〈中华人民共和国民法典〉时间效力的若干规定》第二条规定：“民法典施行前的法律事实引起的民事纠纷案件，当时的法律、司法解释有规定，适用当时的法律、司法解释的规定，但是适用民法典的规定更有利于保护民事主体合法权益，更有利于维护社会和经济秩序，更有利于弘扬社会主义核心价值观的除外。”如果判决、裁定适用法律违反了该法律溯及力的规定，不应适用而适用于法律施行之前的行为，或者应适用而未适用于法律施行之前的行为，导致裁判结果错误的，则构成适用法律确有错误的再审事由。

5. 违反法律适用规则的

法律适用规则指在司法实践中，法院在适用相互冲突的法律规范时的解决冲突路径。立法法对法律适用规则作了基本规定。根据该法的规定，法律适用规则通常包括：法律的顺位规则，即上位法优于下位法；特别法优于普通法的适用规则；后法优于前法规则或者新法优于旧法规则。此外，法律适用规则还应包括：强行性规范优于任意性规范和属地优先规则。判决、裁定违反法律适用规则，错误适用了不应适用的法律，导致裁判结果错误的，构成适用法律确有错误再审事由。

6. 明显违背立法原意的

立法原意即立法意图，是指一部法律在制定时的意旨。对法条的立法原意作出正确的解释需根据各种历史性因素来探求立法者的立法目的。所谓历史性因素，包括颁布法律时的法律环境和社会环境、立法的动机、立法者所追求的目的、先例、法律制定者的说明、草案等立法素材。探讨立法原意，并非局限于立法者当时的立法目标，而是探讨在现今的社会环境下，立法者所追求的目的和意旨。对法律进行正确的理解适用必须建立在对立法意图适当理解基础上，如果裁判适用法律明显违背立法原意，则必然导致裁判结果错误，应予启动再审纠正。

【审判实践中应当注意的问题】

第一，应注意准确认定案件性质。《民事案件案由规定》规定的案由，虽然绝大部分都属于合同纠纷和侵权责任，但每一种案由所对应的案件性质还是有差别的，应适用不同的法律，例如，建设用地使用权出让合同纠纷与专利权转让合同纠纷所应适用的法律明显不同。对案件性质认定不准，适用法律就可能出现偏差，影响案件的正确处理。

第二，关于如何认定确定民事责任“明显违背”当事人约定或者法律规定。“明显违背”主要是指原判决、裁定确定的民事责任与当事人的约定或者法律规定完全相反、与当事人的主要意思或者根本目的完全不符，原判决、裁定确定的主次责任颠倒等情况。主次责任颠倒包括将次要责任认定为主要责任或者全部责任，将主要责任认定为次要责任或者免除责任。只有达到“明显违背”的程度才构成本条第二项规定的情形。

第三，应注意法律修改或者新法出台后对法律适用的影响。随着我国法治进程的推进，立法机关近年来修法、出台新法的力度加大。修改后的法律和新法实施之后，人民法院应当谨慎援引旧法的相关法条。民法典自2021年1月1日起施行后，婚姻法、继承法、民法通则、收养法、担保法、合同法、物权法、侵权责任法、民法总则同时废止。对此，《最高人民法院适用〈中华人民共和国民法典〉时间效力的若干规定》第一条第一款规定：“民法典施行后的法律事实引起的民事纠纷案件，适用民法典的规定。”第二款规定：“民法典施行前的法律事实引起的民事纠纷案件，适用当时的法律、司法解释的规定，但是法律、司法解释另有规定的除外。”第三款规定：“民法典施行前的法律事实持续至民法典施行后，该法律事实引起的民事纠纷案件，适用民法典的规定，但是法律、司法解释另有规定的除外。”此外，民法典颁布后，最高人民法院将中华人民共和国成立以来至2020年5月28日现行有效的591件司法解释全部纳入清理。包括民事司法解释380件，刑事司法解释159件，行政司法解释37件，国家赔偿司法解释15件。对全部司法解释的所有条文进行精细化清理，具体到每个条文的“废、改、留”。对所有指导性案例，逐一甄别研究。2020年12月23日，最高人民法院审委会第1823次全体会议对《关于为确保民法典实施进行司法解释全面清理的工作情况报告》进行了初次审议，并决定对现行有效的591件司法解释，废止116件，修改111件，继续有效适用364件；决定对139件指导性案例，不再参照适用2件，继续参照适用137件。为确保民法典统一、正确实施，最高人民法院提出按照“统一规划、分批制定，急用先行、重点推进，先易后难、确保质量”的原则，在民法典正式施行前后，出台一批司法解释。为此，制定并经审委会审议通过与民法典配套的第一批共7件新的司法解释，修订并经审委会审议通过1件非司法解释类规范性文件，于2021年1月1日与民法典同时施行。一是制定、审议通过民法典时间效力司法解释。二是修订、审议通过非司法解释类规范性文件《民事案件案由规定》。三是按照“废旧立新”方式，制定、审议通过关于物权、担保、婚姻家庭、继承、建设工程施工合同、劳动争议 6 件司法解释。①

第四，要特别注意新出台法律的溯及力。实务中，违反法律溯及力规定而造成法律适用错误的情况往往发生在新法公布后，因考虑新法的规定容易解决纠纷而忽视了法律一般不具有溯及力的规则。

第五，理解法律适用规则时，还应当注意既要严格适用法律规定和维护法律规定的严肃性，确保法律适用的确定性、统一性和连续性，又要避免刻板僵化地理解和适用法律条文。

第六，由于“明显违背立法原意”这一判断标准内涵比较丰富，可以作为判断生效裁判适用法律是否确有错误的一般性或概括性条款，但必须慎用。

【条文】

第三百八十九条

原审开庭过程中有下列情形之一的，应当认定为民事诉讼法第二百零七条第九项规定的剥夺当事人辩论权利：

（一）不允许当事人发表辩论意见的；

（二）应当开庭审理而未开庭审理的；

（三）违反法律规定送达起诉状副本或者上诉状副本，致使当事人无法行使辩论权利的；

（四）违法剥夺当事人辩论权利的其他情形。

【条文主旨】

本条是关于民事诉讼法第二百零七条第九项“违反法律规定，剥夺当事人辩论权利”再审事由的规定。

【条文理解】

本条吸收了 2008 年《审判监督程序解释》第十五条的规定，并增加了应当开庭审理而未开庭审理的情形。

2007 年民事诉讼法第一百七十九条第一款第十项规定了“违反法律规定，剥夺当事人辩论权利的”这一再审事由，2012 年民事诉讼法沿用该规

① 参见最高人民法院民法典贯彻实施工作领导小组、最高人民法院研究室编：《最高人民法院实施民法典清理（立改废）司法解释文件汇编》，人民法院出版社 2021 年版；最高人民法院民法典贯彻实施工作领导小组、最高人民法院研究室编：《最高人民法院实施民法典继续有效适用的司法解释文件汇编》，人民法院出版社 2021 年版。

定，仅对条文序号作了更改。2008年《审判监督程序解释》第十五条对于该项再审事由的含义作了明确，即“原审开庭过程中审判人员不允许当事人行使辩论权利，或者以不送达起诉状副本或上诉状副本等其他方式，致使当事人无法行使辩论权利的，人民法院应当认定为民事诉讼法第一百七十九条第一款第十项[①]规定的‘剥夺当事人辩论权利’。但依法缺席审理，依法径行判决、裁定的除外。”[②] 本解释条文吸收了2008年《审判监督程序解释》第十五条的规定，并采用列举的方式对剥夺当事人辩论权的三种情形予以明确，为期周延，还规定了兜底条款。

民事诉讼法第十二条规定，人民法院审理民事案件时，当事人有权进行辩论。辩论原则是民事诉讼法的基本原则，贯穿于民事诉讼的整个过程，从起诉、答辩至法庭辩论终结，当事人双方均可就案件的实体和程序问题以言词或书面方式进行辩论，法院则应保障当事人充分行使辩论权，并承担维持辩论秩序的职责。赋予当事人辩论权利旨在通过当事人双方的攻击防御，将案件争议的事实呈现在处于中立地位的法官面前，是法院核实证据、查明案件事实、正确适用法律、准确作出裁判以及当事人自我负责机制的正当性基础。若没有保障当事人辩论权利，将难以查清案件事实，也无法保证正确适用法律，裁判的公正性也将遭到质疑。对于本项再审事由的适用，审查的重点在于是否存在剥夺当事人辩论权利的情形。

1. 不允许当事人发表辩论意见的

辩论原则集中体现在开庭审理的法庭调查和法庭辩论阶段，只有在当事人在庭审中就案件的基本事实、主要证据材料和相关法律问题进行了充分的陈述和辩论的基础上，案件的裁判才有正当的程序保障。因此，原审开庭过程中审判人员不允许当事人行使辩论权利的，应当认定为剥夺当事人辩论权利。这里的关键问题在于如何理解“不允许”当事人行使辩论权利。《审判方式改革规定》（现已失效）第十七条规定：“审判人员应当引导当事人围绕争议焦点进行辩论。当事人及其诉讼代理人的发言与本案无关或者重复未被法庭认定的事实，审判人员应当予以制止。”据此，为了保障庭审的顺利进行，在当事人及其诉讼代理人作出与案件无关的陈述或者重复陈述时，审判人员是可以行使诉讼指挥权而加以制止的，此种情形显然不属于剥夺当事人的辩论权利。只有审判人员行使诉讼指挥权明显不当严重阻碍当事人行使辩论权利的或者根本不让当事人行使辩论权利的，才能认定为不允许当事人

① 现为2021年民事诉讼法第二百零七条。

② 2020年修正的《审判监督程序解释》删除了该条规定。

行使辩论权利。

2. 应当开庭审理而未开庭审理的

开庭审理是诉讼程序的中心，是民事诉讼直接、言词、公开、集中原则的实现载体，也是确保当事人充分发表辩论意见的重要制度安排之一。依据民事诉讼法第一百三十六条的规定，第一审程序中除转入督促程序以及开庭前能够调解结案的外，案件一律都要开庭审理。依据民事诉讼法第一百七十六条的规定，二审以开庭审理为原则，只有经过阅卷、调查和询问当事人，对没有提出新的事实、证据或理由，合议庭认为不需要开庭审理的案件，才可以不开庭审理。因此，原审如存在应当开庭审理而未开庭审理的情况，应当认定为剥夺当事人辩论权利。

3. 违反法律规定送达起诉状副本或者上诉状副本，致使当事人无法行使辩论权利的

当事人在民事诉讼中的诉讼地位和诉讼权利义务是平等的，原告有提出诉讼请求的权利，被告有针对起诉进行答辩的权利。虽然被告可以选择提交答辩状或者不提交答辩状，不提交答辩状不影响法院对案件的审理，但是，法院必须依法将起诉状副本送达给被告，使被告了解起诉的内容，从而进行应诉的准备。同样，在上诉案件中，法院必须依法向被上诉人和原审其他当事人送达上诉状副本。如果法院未依法向对方当事人送达起诉状副本或上诉状副本，将导致对方当事人无从知悉程序的开始和进行情况，无从针对起诉理由和上诉理由行使辩论权利。因此，原审如违反法律规定送达起诉状副本或者上诉状副本，致使当事人无法行使辩论权利的，人民法院应当认定为剥夺当事人辩论权利的情形。

【审判实践中应当注意的问题】

对于本条第三项，要特别注意公告送达的情形。实践中，人民法院未穷尽常规送达方式而直接采取公告送达的情形并不乏见。根据民事诉讼法的规定，人民法院只有在受送达人下落不明或者采取其他方式都无法送达时，才能采用公告送达方式。因此，如果再审申请人提交的证据足以证明原审法院在不符合公告送达条件时直接采用公告方式送达起诉状副本或上诉状副本的，应当认定为送达违反法律规定。但是，对于因当事人自身原因，如当事人离开工商登记的住所地到新的住所地营业，应到工商登记机关办理变更登记，若其怠于履行申请变更登记义务致使其未获送达的，则应自行承担相应的法律后果，其依据本项事由申请再审的，不予支持。

【条文】

第三百九十条

民事诉讼法第二百零七条第十一项规定的诉讼请求，包括一审诉讼请求、二审上诉请求，但当事人未对一审判决、裁定遗漏或者超出诉讼请求提起上诉的除外。

【条文主旨】

本条是关于民事诉讼法第二百零七条第十一项“原判决、裁定遗漏或者超出诉讼请求”再审事由的规定。

【条文理解】

依据民事诉讼法第二百零七条第十一项的规定，原判决、裁定遗漏或者超出诉讼请求的，人民法院应当再审。遗漏诉讼请求是指对当事人提出的诉讼请求，原判决、裁定不予审理、不予裁判的情形。超出诉讼请求是指原判决、裁定对当事人未提出的诉讼请求进行裁判或超出当事人诉讼请求的范围进行裁判。正确适用该项再审事由的前提是明确诉讼请求的范围。实践中主要有两个问题：一是这里的诉讼请求是否仅指当事人一审中提出的诉讼请求，是否包括上诉请求；二是如果一审判决遗漏或者超出当事人诉讼请求，当事人上诉时对此未予主张，在二审判决生效后，又以一审判决遗漏或者超出诉讼请求为由申请再审的，是否应予支持。本条对上述两个问题予以明确。

1. 关于诉讼请求的范围

本条明确，民事诉讼法第二百零七条第十一项中的诉讼请求既包括一审诉讼请求，又包括二审上诉请求。如果当事人申请再审不服的是一审生效的判决、裁定，则须审查裁判是否遗漏或者超出了一审原告的诉讼请求。如果当事人申请再审不服的是二审生效的判决、裁定，主张一审、二审裁判存在遗漏或者超出诉讼请求问题的，则既须审查裁判是否遗漏或者超出了一审原告的诉讼请求，也须审查裁判是否遗漏或者超出了上诉人的上诉请求。当事人依法增加、变更、放弃诉讼请求、上诉请求的，应以变更后的诉讼请求和上诉请求为依据确定生效判决、裁定是否遗漏或超出诉讼请求。需要说明的是，当事人对再审判决、裁定申请再审的，人民法院不予受理，故本条未把再审请求纳入民事诉讼法第二百零七条第十一项规定的诉讼请求范围。

2. 关于当事人在上诉中未主张一审判决遗漏或者超出诉讼请求，二审判决生效后又以此为由申请再审的，是否应予支持

这个问题在2015年《民事诉讼法解释》起草过程中存在一定争议，争议焦点在于判断遗漏或者超出诉讼请求的范围是否包括生效裁判之前审理程序中诉讼请求的问题，以及该问题是否为法院应当依职权审查的事项。如一审判决遗漏了诉讼请求，当事人上诉中未提出这一理由，二审判决生效后，当事人又以一审判决遗漏诉讼请求为由申请再审，经审查确实存在该情形的，是否应当再审。对于这个问题有两种意见：第一种意见认为，遗漏或超出诉讼请求是人民法院依职权审查事项，一审遗漏或超出诉讼请求，即使当事人没有对此提出上诉，二审法院也应当纠正，否则二审判决即为错误判决，当事人以原判决、裁定超出诉讼请求为由申请再审的，应当支持；第二种意见认为，一审遗漏或超出诉讼请求，当事人未以此为由提起上诉，说明当事人认可一审判决、裁定的裁判内容。人民法院应当尊重当事人的处分权，二审应当围绕上诉请求进行审理，除非涉及国家利益或社会公共利益，二审法院不应当依职权审查一审判决是否遗漏或超出诉讼请求。经研究认为，民事诉讼程序应当尊重当事人的处分权，如果当事人对于一审判决遗漏或者超出诉讼请求的问题并未在上诉中提出，除非该案件涉及国家利益、社会公共利益，二审法院应当尊重当事人的处分权，针对当事人上诉请求涉及的事实和理由进行审理，所作出的判决、裁定为生效裁判。故本条把当事人未对一审判决、裁定遗漏或者超出诉讼请求提起上诉的作为例外情形，即当事人以一审判决、裁定遗漏或者超出诉讼请求为由，对于二审判决、裁定申请再审的，如果该事由在上诉时并未提出，并未纳入二审审理范围，则不予支持。被上诉人以一审判决、裁定遗漏或者超出诉讼请求为由申请再审的，因其并未提出上诉主张该问题，该问题未纳入二审审理范围，亦应不予支持。

【审判实践中应当注意的问题】

第一，如果当事人在上诉中已经主张了一审判决、裁定存在遗漏或者超出诉讼请求的问题，二审经审理未予支持，当事人申请再审时再次提出该理由，经审查理由成立，一审判决、裁定确实遗漏或者超出诉讼请求的，应予裁定再审。

第二，应根据当事人诉讼请求的性质是确认之诉、给付之诉，还是变更（形成）之诉区别对待。对于单纯的确认之诉、给付之诉或变更（形成）之诉，原裁判没有在判项里裁判的，应视为遗漏了当事人的诉讼请求。而如果当事人同时提出确认之诉和给付之诉，且确认之诉是给付之诉的前提条件

的，原裁判在判项里仅对给付之诉进行了裁判，但在裁判文书理由中对确认之诉进行了分析认定的，可视为没有遗漏诉讼请求。

第三，应注意审查当事人变更诉讼请求、一审被告提出反诉以及有独立请求权第三人提出诉讼请求的情况，防止出现技术性失误。

第四，应当注意的是，审查工作中不能遗漏当事人提出的申请再审事由，同时，当事人也不能在申请再审过程中提出超出原诉讼请求范围的新的诉讼请求。

【条文】

第三百九十一条

民事诉讼法第二百零七条第十二项规定的法律文书包括：

（一）发生法律效力的判决书、裁定书、调解书；

（二）发生法律效力的仲裁裁决书；

（三）具有强制执行效力的公证债权文书。

【条文主旨】

本条是关于民事诉讼法第二百零七条第十二项“法律文书”范围的规定。

【条文理解】

本条系根据《92年意见》第75条、2001年《民事诉讼证据规定》第九条作出。

2007年民事诉讼法第一百七十九条第一款第十三项规定了“据以作出原判决、裁定的法律文书被撤销或者变更的”这一再审事由，2012年民事诉讼法沿用了该规定，仅对条文序号作了更改。2008年《审判监督程序解释》第十六条规定，原判决、裁定对基本事实和案件性质的认定系根据其他法律文书作出，而上述法律文书被撤销或者变更的，人民法院可以认定为民事诉讼法第一百七十九条第一款第十三项规定的情形（即2021年民事诉讼法第二百零七条第十二项）。[①] 该条规定对该项再审事由的适用条件作了明确，即原判决、裁定依据其他法律文书认定的哪些内容改变才会对认定再审事由有影响，但对于法律文书的具体种类则未予明确列举。实践中，对于该

① 2020年修正的《审判监督程序解释》第十条保留了该条规定，仅作文字修改。修改后的该条规定为：“原判决、裁定对基本事实和案件性质的认定系根据其他法律文书作出，而上述其他法律文书被撤销或变更的，人民法院可以认定为民事诉讼法第二百条第（十二）项规定的情形。”

规定中的“法律文书”到底包括哪些法律文书，需要予以规范。

对于本项再审事由，大陆法系和英美法系国家和地区的相关规定中多有涉及。我国台湾地区“民事诉讼法”第 496 条规定：“有下列各款情形之一者，得以再审之诉对于确定终局判决声明不服。但当事人已依上诉主张其事由或知其事由而不为主张者，不在此限：……11. 为判决基础之民事、刑事、行政诉讼判决及其他裁判或行政处分，依其后之确定裁判或行政处分已变更者……”

《德国民事诉讼法》第 580 条规定：“在下列各种情形，可以提起回复原状之诉：……6. 判决是以某一普通法院，或原特别法院或某一行政法院的判决为基础时，而这些判决已由另一确定判决所撤销……”

《日本民事诉讼法》第 338 条规定：“第一款在有下列事由的情况下，对于确定的终局判决，可以以再审之诉提出不服声明。但是，当事人已经以控诉或上告主张该事由时，不在此限。……（八）作出判决基础的民事或刑事判决及其他的裁判或行政处分，根据其后的裁判或行政处分而变更的……”

《韩国民事诉讼法》第 451 条第 1 款第 8 项规定：“作为判决基础的民事判决、刑事判决及其他裁判或行政处分，依据其他裁判或行政处分予以变更的。”

《俄罗斯联邦民事诉讼法》第 392 条规定：“根据新发现的情节对已经发生法律效力的法律判决、裁定进行再审的根据：……2. 根据新发现的情节对已经发生法律效力的法院判决、裁定进行再审的根据是：……（4）作出法院判决、裁定所依据的法院民事判决、刑事判决或裁定以及国家机关或地方自治机关的决议被撤销……”

《美国联邦民事诉讼规则》第 60 条第 2 款规定：“错误；疏忽；可原谅的过失；新发现的证据；欺诈等等。根据申请和正当的条件，法院可以以下列理由给予当事人或其法定代理人以终局判决、命令或程序的救济：……（5）判决被履行、被放弃或被解除，或者作为判决基础的前一判决已被推翻或以其他方式被撤销，或者该判决将来适用会不公正……”

综上，对于据以作出原裁判的法律文书的范围规定不一，大致可以分为以下三类：第一类是将法律文书的范围局限于法院作出的裁判文书，通常包括民事、行政和刑事裁判文书，采取此种方式的有美国、德国；第二类是法律文书不仅包括法院作出的裁判文书，还包括行政处分，采取此种方式的有韩国、日本以及我国台湾地区；第三类比较特殊，法律文书除了法院作出的裁判文书外，还包括国家机关或地方自治机关的决议，采取此种方式的有俄罗斯。

在 2015 年《民事诉讼法解释》起草调研过程中，大多数法院认为应参考《92年意见》第75条和2001年《民事诉讼证据规定》第九条的规定对法律文书的范围加以明确。《92年意见》第75条规定，当事人无须举证的事实包括“已为人民法院发生法律效力的裁判所确定的事实”和“已为有效公证书所证明的事实”等。2001年《民事诉讼证据规定》第九条对于当事人无须举证证明的事实除了《92年意见》第75条规定的两类事实外，还增加规定了“已为仲裁机构的生效裁决所确认的事实”。2019年《民事诉讼证据规定》第十条亦将已为仲裁机构的生效裁决所确认的事实，已为人民法院发生法律效力的裁判所确认的基本事实，已为有效公证文书所证明的事实纳入当事人无须举证证明的事实范围。根据上述规定，已为生效裁判文书、仲裁裁决书、公证文书所确认的事实是当事人无须举证证明的事实，理应可以作为裁判案件的依据。当作为裁判依据的上述法律文书被撤销时，原判决、裁定所认定的基本事实或案件性质就失去依据和基础。因此，原判决、裁定所依据的法律文书被撤销或变更的法律事实，会直接导致裁判认定的案件事实或案件性质缺乏依据，在此情况下，应当对已发生法律效力的判决、裁定再审。

本条部分吸收了上述意见，明确法律文书的范围包括“发生法律效力的判决书、裁定书、调解书”以及“发生法律效力的仲裁裁决书”。但是，对于《92年意见》和《民事诉讼证据规定》中规定的有效公证文书，本司法解释作了限缩规定，即将可以纳入民事诉讼法第二百零七条第十二项规定的法律文书范围的公证文书仅限定为具有强制执行效力的公证债权文书。因为虽然依据民事诉讼法第七十二条和《民事诉讼证据规定》的规定，公证文书的证明效力高于其他种类的证据，且经有效公证文书确认的事实属于免证事实，但由于公证机构出具的公证文书主要是依据一方或者双方当事人提交的证明材料，只有对按照有关公证规则需要核实或者有疑义问题的才进行核实，并无审判或者仲裁情形下双方当事人之间的争讼性，因此，相对于生效裁判、仲裁裁决而言，公证文书出现错误的可能性也相对较大，司法实践中，就同一事项存在内容相互矛盾的公证文书的情形也不乏见。因此，为维护生效裁判的既判力，本司法解释并未将全部公证文书纳入法律文书的范围，而仅将可以作为执行依据的具有强制执行效力的公证债权文书纳入民事诉讼法第二百零七条第十二项再审事由规定的法律文书范围。如果作为裁判依据的其他公证文书被撤销或者变更，影响裁判认定的基本事实或裁判结果的，可以依据民事诉讼法第二百零七条第一项规定的再审新证据事由申请再审。

民事诉讼法第二百零七条第十二项事由中的法律文书是否包括行政裁决文书，是起草过程中争议较大的问题。所谓行政裁决，主要是指行政机关根据法律授权，对平等主体之间发生的民事纠纷作出裁决的具体行政行为。司法实践中比较常见的行政裁决文书有交通事故责任认定书、消防事故责任认定书等。本条文起草之初曾将“行政机关作出的影响当事人之间民事权利义务关系的裁决文书”纳入法律文书范围，主要理由是行政机关所作出的行政裁决文书，虽然没有法院裁判那样的既判力，但如果根据相关法律规定，能够确定当事人之间权利义务关系的，或者能够起到事实证明作用的，应可以作为裁判案件的依据，相应地，该行政裁决文书被撤销或变更的，也应属于本项事由规定的情形。经过反复研究，我们认为，鉴于对行政裁决文书的种类、称谓、程序以及是否具有强制执行效力等事项并无统一规范，目前还不宜将之纳入法律文书范围，如果司法实践中出现据以作出原判决、裁定的行政裁决文书被撤销或者变更的情形，可以适用民事诉讼法第二百零七条第一项再审新证据事由予以救济。

【审判实践中应当注意的问题】

第一，当事人依据民事诉讼法第二百零七条第十二项规定的事由申请再审的，除了据以作出原判决、裁定的法律文书必须是生效裁判、仲裁裁决或具有强制执行效力的公证债权文书外，还必须同时满足以下两个条件：一是原判决、裁定认定的案件基本事实和案件性质系依据上述法律文书作出的，如果该法律文书不涉及案件基本事实和案件性质的认定，则不构成该项再审事由；二是上述法律文书已经被依法撤销或变更，导致认定案件基本事实和案件性质的依据丧失。

第二，当事人依据民事诉讼法第二百零七条第十二项规定的事由申请再审的，依据民事诉讼法第二百一十二条的规定，应当适用特殊的申请再审期间起算点，即从知道或者应当知道该事由之日起六个月内申请再审。

【条文】

第三百九十二条

民事诉讼法第二百零七条第十三项规定的审判人员审理该案件时有贪污受贿、徇私舞弊、枉法裁判行为，是指已经由生效刑事法律文书或者纪律处分决定所确认的行为。

【条文主旨】

本条是关于民事诉讼法第二百零七条第十三项“审判人员审理该案件时有贪污受贿、徇私舞弊、枉法裁判行为”事由适用条件的规定。

【条文理解】

审判人员在审理案件时有贪污受贿、徇私舞弊、枉法裁判行为，属于重大的程序瑕疵，严重损害了司法公信力。正是基于其危害性，大陆法系国家均将该情形列为再审事由之一。民事诉讼法虽将“审判人员审理该案件时有贪污受贿、徇私舞弊、枉法裁判行为的”情形列为再审事由，但是对该事由的适用条件未作规定，需要在司法解释中进一步明确。2008 年《审判监督程序解释》第十八条规定：“民事诉讼法第一百七十九条第二款规定的‘审判人员在审理该案件时有贪污受贿，徇私舞弊，枉法裁判行为’，是指该行为已经相关刑事法律文书或者纪律处分决定确认的情形。”该规定符合立法精神，可以引入到本司法解释中。一方面，为贯彻无罪推定这一刑法基本原则，同时也为避免当事人滥用权利，影响正常审判秩序，在人民法院生效判决、裁定、检察机关不起诉决定书等相关法律文书，或者纪检监察部门或机构相关纪律处分决定作出之前，对当事人仅仅指出审判人员因贪污受贿、徇私舞弊、枉法裁判行为而正在接受纪检监察部门或机构处理或者进入刑事司法程序的，应认定尚不符合本项事由的适用条件；另一方面，虽然大陆法系主要国家和地区的做法基本上是将法院的生效裁判作为认定本项事由成立的唯一依据，但考虑到如仅以此作为认定依据过于严苛，不利于保护当事人的合法权益，本条对“贪污受贿、徇私舞弊、枉法裁判行为”并未要求其一定达到须刑事制裁的程度，纪检监察部门或机构的相关纪律处分决定认定审判人员在审理案件过程中存在上述行为的，亦应认定符合本项再审事由的条件。虽然 2020 年年底，根据审判实践需要，经最高人民法院审判委员会第 1823 次会议决定，对《民事调解工作规定》等十九件司法解释修改时，《审判监督程序解释》删除了第十八条。但主要考虑是本解释已有相关规定，《审判监督程序解释》无须再行规定。该司法解释删除条文，不影响本条的理解。

【审判实践中应当注意的问题】

审判实践中应当注意依据本项事由申请再审期间的特殊规定。根据民事诉讼法第二百一十二条的规定，当事人申请再审，应当在判决、裁定发生法律效力后六个月内提出，但是该条同时对于有新的证据足以推翻原判决、裁定的，原判决、裁定认定事实的主要证据是伪造的，据以作出原判决、裁定的法律文书被撤销或者变更以及发现审判人员在审理该案件时有贪污受贿、徇私舞弊、枉法裁判行为等四种情况作了例外规定，当事人可以自知道或者应当知道上述事由之日起六个月内提出再审申请。据此，依据民事诉讼法第二百零七条第十三项规定的事由申请再审的，适用特殊的申请再审期间起算点，即可以自知道或者应当知道上述事由之日起六个月申请再审。

【条文】

第三百九十三条

当事人主张的再审事由成立，且符合民事诉讼法和本解释规定的申请再审条件的，人民法院应当裁定再审。

当事人主张的再审事由不成立，或者当事人申请再审超过法定申请再审期限、超出法定再审事由范围等不符合民事诉讼法和本解释规定的申请再审条件的，人民法院应当裁定驳回再审申请。

【条文主旨】

本条是关于裁定再审标准的规定。

【条文理解】

本条系根据民事诉讼法第二百一十一条、2008 年《审判监督程序解释》第十九条、第二十四条，并结合审判实践需要作出。

裁定再审的标准可以分为形式标准和实质标准两方面。形式标准是指申请再审的案件是否符合民事诉讼法和本司法解释规定的申请再审条件。实质标准则是指再审申请人主张的再审事由是否成立。

1. 关于形式标准

2008 年《审判监督程序解释》第十九条规定："人民法院经审查再审申请书等材料，认为申请再审事由成立的，应当径行裁定再审。当事人申请再审超过民事诉讼法第一百八十四条[①]规定的期限，或者超出民事诉讼法第一百七十九条[②]所列明的再审事由范围的，人民法院应当裁定驳回再审申请。"[③] 第二十四条规定："人民法院经审查认为申请再审事由不成立的，应当裁定驳回再审申请。驳回再审申请的裁定一经送达，即发生法律效力。"[④] 本条吸收了上述规定精神。鉴于 2008 年《审判监督程序解释》第十九条只规定了超出法定申请再审期限以及超出法定再审事由范围两种情形，不能涵盖所有不符合申请再审条件的情形，故本条规定对不符合民事诉讼法和本司

---

① 现为 2021 年民事诉讼法第二百二十条。

② 现为 2021 年民事诉讼法第二百零七条。

③ 2020 年修正的《审判监督程序解释》第十一条保留了该条规定。

④ 2020 年修正的《审判监督程序解释》第十六条保留了该条规定。

法解释规定的申请再审条件的情形均规定应裁定驳回，同时，在应当裁定再审的标准中增加规定了形式标准。据此，对于当事人提交的再审申请书等材料，人民法院经审查后如认为不符合申请再审法定条件的，应当向再审申请人释明，如受理后发现不符合法定条件的，则应裁定驳回其再审申请。

2. 关于实质标准

关于裁定再审的实质标准，司法实践中存在较大分歧，各地的裁定再审率也差异较大。有的以“事由成立”作为裁定再审标准，有的以“可能改判”作为裁定再审标准，还有的以“原裁判确有错误”作为裁定再审标准。此外，对“事由成立”标准也存在审查尺度宽严不一的问题。审查标准和尺度的不统一，不仅不利于保护当事人依法申请再审的权利，还可能严重影响司法权威和司法公信力，有必要在本司法解释中加以明确。

（1）应准确理解和把握民事诉讼法第二百零七条、第二百零八条的立法精神，将“事由成立”作为裁定再审的实质标准。主张“确有错误”或者“可能改判”标准的，往往是以再审审理的标准来替代再审审查的标准，将保障当事人申请再审权利与维护生效裁判的既判力截然对立起来，否认再审审查所具有的独特程序功能。再审审查程序和再审审理程序是审判监督程序中两个相对独立的阶段，再审审查程序的目的是决定是否启动再审审理程序，再审审理程序则是对案件作出实体裁判。目的、任务的不同，决定了再审审查与再审审理所采取的审查标准也存在重大区别。法院审查再审申请，以能够确认再审事由是否成立为必要限度，如果经审查已足以确认当事人主张的再审事由成立，则应裁定再审。而再审审理应当围绕再审申请人提出的再审请求以有关事实认定和法律适用等理由进行审理，依法作出再审裁判。因此，应以民事诉讼法规定的再审事由成立作为裁定再审的实质标准，不应将裁定再审的标准与再审改判标准相等同。

（2）正确区分违反法定程序性事由与实体性事由的不同，统一“事由成立”的裁判尺度。根据再审事由的内容，可以将民事诉讼法第二百零七条规定的十三项再审事由分为实体性事由与程序性事由两大类，其中第一项至第六项以及第十二项属于实体性事由，第七项至第十一项以及第十三项属于程序性事由。

首先，对于程序性事由，如果存在民事诉讼法第二百零七条列举的违反法定程序的事由，原裁判的结论即使是正确的，也应裁定再审。这是因为民事诉讼法规定的程序性再审事由属于严重的程序错误，启动再审的目的是贯彻程序正义的理念，体现正当程序的独立价值。同时，也要兼顾再审的补充性原则。所谓再审的补充性原则，是指再审相对于上诉等救济途径而言，是一种补充性的救济方式，造成裁判错误的事由，有些在第一审程序中就已经存在，对此，当事人可以通过上诉、提出异议这些常规的方式寻求救济，而不应当等到判决生效后再来申请再审，如果当事人明明能以上诉等方式提出却没有提出，则会产生失权的效果，即不允许当事人再以申请再审的方式提出。[①] 依据本司法解释第三百九十条规定，一审判决、裁定存在遗漏或者超出诉讼请求的情形，当事人如未在二审中对此提出上诉，依据民事诉讼法第二百零七条第十一项申请再审的，不予支持，即体现了再审补充性原则。

其次，对于涉及事实认定、法律适用等实体性事由的判断，应当审查原生效裁判在证据采信、事实认定、法律适用等方面是否存在影响基本事实、案件性质、裁判结果等情形。要注意处理好维护生效裁判既判力与监督纠错、保护当事人合法权益与减少当事人讼累、诉讼公正与诉讼效益之间的关系，准确把握实体性再审事由的成立要件。对于法律适用存在争议，或者法律适用的瑕疵不影响结果公平的，应当衡量再审价值，做好当事人的释明工作，慎重启动再审；对于事实认定有问题的案件，要区分基本事实和次要事实，综合考虑是否对当事人的权利义务造成实质影响等因素，具体问题具体分析。另外，参考《最高人民法院关于在审判执行工作中切实规范自由裁量权行使保障法律统一适用的指导意见》（法发〔2012〕7号）的规定，只有原审人民法院行使自由裁量权显著不当的，才能按照审判监督程序予以撤销或变更。因此，对于涉及下级法院行使自由裁量权的情形，上级法院应予以尊重，除非构成明显不公，一般不宜启动再审。

此外，对于生效调解书的审查标准，民事诉讼法第二百零八条单独作了规定。据此，当事人对已经发生法律效力的调解书申请再审，只能依据“调解违反自愿原则”或者“调解协议内容违反法律”这两个事由提出。

【审判实践中应当注意的问题】

第一，依据民事诉讼法和本司法解释的规定，不符合申请再审条件的情形主要有以下六种：一是再审申请人主体不适格。有权申请再审的主体包括原审案件当事人、本司法解释第三百七十三条第一款规定的当事人的权利义务承继者、本司法解释第四百二十条规定的被遗漏的必要共同诉讼人、第四百二十一条规定的案外人，其他主体不享有申请再审的权利。二是不符合申请再审案件管辖的规定。即除民事诉讼法第二百零六条规定的当事人一方人

① 参见李浩：《再审的补充性原则与民事再审事由》，载《法学家》2007年第6期。

数众多以及当事人双方为公民的两类案件外，再审申请人未向上一级人民法院提出申请的。需要注意的是，依据《审级职能定位改革试点办法》第十一条规定，试点工作期间，当事人对高级人民法院作出的民事、行政生效裁判，认为有错误的，应当向高级人民法院申请再审。符合下列情形之一的，可以向最高人民法院申请再审：(1) 再审申请人对原判决、裁定认定的基本事实、主要证据和诉讼程序无异议，但认为适用法律有错误的案件；(2) 原判决、裁定经高级人民法院审判委员会讨论决定的案件。三是原审裁判系民事诉讼法和本司法解释规定不得申请再审的裁判，主要包括民事诉讼法第二百零九条规定的已经发生法律效力的解除婚姻关系的判决、调解书，本司法解释第三百七十八条规定的适用特别程序、督促程序、公示催告程序、破产程序等非诉程序审理的案件，以及本解释第三百八十一条第一款规定的三种情形等。四是申请再审的裁判尚未生效或已被再审裁判撤销。五是再审申请书列明的再审事由超出民事诉讼法第二百零七条、第二百零八条规定的再审事由范围。需要注意的是，司法实践中有不少当事人囿于法律知识的局限，提交的再审申请书中未列明再审事由或者所列再审事由与具体理由不对应，对于上述情形，人民法院不宜直接裁定驳回，而是应向当事人进行释明，由其自行补正。六是再审申请不符合民事诉讼法第二百一十二条规定的申请再审期间要求。

第二，对于他人未经授权，以当事人名义提出再审申请的情形，即冒充当事人的代理人申请再审的情形，依据本司法解释第四百条的规定，人民法院应裁定终结审查，主要理由是裁定驳回再审申请会影响当事人行使申请再审的权利。

【条文】

第三百九十四条

人民法院对已经发生法律效力的判决、裁定、调解书依法决定再审，依照民事诉讼法第二百一十三条规定，需要中止执行的，应当在再审裁定中同时写明中止原判决、裁定、调解书的执行；情况紧急的，可以将中止执行裁定口头通知负责执行的人民法院，并在通知后十日内发出裁定书。

【条文主旨】

本条是关于依照民事诉讼法第二百一十三条决定再审需要中止执行的，如何作出裁定的规定。

【条文理解】

2007年民事诉讼法第一百八十五条规定："按照审判监督程序决定再审的案件，裁定中止原判决的执行。裁定由院长署名，加盖人民法院印章。"这一规定沿袭自1991年民事诉讼法。再审案件不加区分、一律中止原裁判执行的做法虽有一定合理性，但也带来一些负面效应。至2012年再次修改民事诉讼法时，经过多方调研论证，权衡比较了多个方案，最后将上述规定修改为第二百零六条①："按照审判监督程序决定再审的案件，裁定中止原判决、裁定、调解书的执行，但追索赡养费、扶养费、抚育费、抚恤金、医疗费用、劳动报酬等案件，可以不中止执行。"也就是说，再审案件以中止执行为原则，不中止执行为例外。这是因为作为执行依据的原审裁判存在再审事由，通常情况下，继续执行可能会损害再审申请人的利益，并且造成司法资源的浪费。

之所以将上述六类案件作为再审可以不中止执行的特殊类型案件，理由在于：一是这些案件权利义务关系相对明确，给付流向较为清晰。二是民事诉讼法第一百零九条②规定了可以先予执行的案件类型，上述六类案件属于可先予执行的案件。也就是说，人民法院根据法律的直接规定，在没有任何生效裁判的情形下，即可先予执行该六类案件，那么，当案件已经有了生效裁判（尽管被提起了再审），不中止执行，也符合"举重明轻"的法律逻辑。三是该六类案件，要么原告是老人、妇女、儿童等一些弱势群体，要么涉及当事人本人及其家属的基本生计、健康保障等利益，对此，我国法律需要体现人文关怀和友善的社会主义核心价值观。

在本司法解释起草过程中，有意见认为应当对法条列举的六类案件之外的"等案件"作一扩张性解释。我们认为，尽管立法机关考虑到将来可能出现的特殊情况，在民事诉讼法中为司法实践的探索发展留出了空间，将"原裁判没有可执行内容或者已经执行完毕的""原裁判确定的权利人部分胜诉后，该权利人申请再审的"等情形，纳入再审可以不中止原裁判执行的案件范围，似乎也是合适的。但就前一种情形而言，是否中止执行在实践中无任何影响；就后一种情形而言，往往需要甄别原裁判是否可部分执行，在多人申请再审时，情况将更加复杂。对上述情形的判断会影响再审审查工作的效

---

① 现为2021年民事诉讼法第二百一十三条。

② 2021年民事诉讼法第一百零九条规定："人民法院对下列案件，根据当事人的申请，可以裁定先予执行：（一）追索赡养费、扶养费、抚养费、抚恤金、医疗费用的；（二）追索劳动报酬的；（三）因情况紧急需要先予执行的。"

率，特别是对于一个月就要作出裁定的抗诉案件，客观上也无法在裁定再审前加以审查核实；对于审查法官而言，审查权力过大，责任过重。而且，再审案件的原审裁判要么程序严重违法，要么在实体上缺乏法律或事实依据，不中止执行，一定程度上也缺乏正当性。因此，本条未对此专门作解释，对是否需要中止执行的裁判类型，应依照民事诉讼法第二百一十三条的规定。

2012 年民事诉讼法在特别程序中新增了确认调解协议案件和实现担保物权案件，这两类案件的裁定都可能涉及实体执行内容，如果需要对该两类裁定纠正，那么要中止对原裁定的执行，这也是 2021 年民事诉讼法第二百一十三条增加中止执行“裁定”的原因。[①] 理论上，适用特别程序的案件为非讼案件，不能适用再审程序，法律对上述两类裁判作可中止执行的规定，为对非讼案件个别情形的特别处理，本司法解释亦予以规定。

理解本条时还要注意以下几点：第一，《92 年意见》第 200 条仅适用于法院依职权启动再审的情形，本解释则将其适用范围扩张至所有再审案件，包括因当事人申请启动再审、因检察监督或者法院依职权启动再审的案件；第二，再审裁定由从事再审审查或者依职权复查的合议庭署名，院长不再署名，避免经再审由合议庭署名维持原判，出现所谓“小法官改大法官意见”的弊端；第三，对六类案件的再审一般情况下不中止对生效裁判的执行，但如有特殊情况，也可以中止执行；第四，对六类案件不需要中止执行的，再审裁定仅有一项决定再审的内容，不再写明“中止原判决（裁定、调解书）的执行”；第五，民事诉讼法第二百零六条明确规定，当事人申请再审的，不停止生效裁判的执行，故口头通知执行法院中止执行的，应当是已经依法决定再审，但限于尚未制作裁定书，且情况紧急，不中止执行将造成重大损失或严重不公的案件。

【审判实践中应当注意的问题】

第一，实践中，有少量案件因各种原因，由上级法院指定至与原审人民法院同级的其他法院再审，对此，关于是否应当中止执行以及裁定书的主文、署名等，可以参照指令原审法院再审裁定；第二，对于执行法院而言，再审裁定中只有写明“中止原判决（裁定、调解书）的执行”的，才能中止执行，没有写的，即继续执行生效裁判；第三，对中止执行裁定的口头通知方式应当严格控制，把好审批关口，上级法院和执行法院的有关人员都要

① 全国人大常委会法制工作委员会民法室编著：《〈中华人民共和国民事诉讼法〉释解与适用》，人民法院出版社 2012 年版，第 339 页。

做好工作记录，将有关材料入卷，并在十日内向执行法院发出裁定书。

【条文】

第三百九十五条

人民法院根据审查案件的需要决定是否询问当事人。新的证据可能推翻原判决、裁定的，人民法院应当询问当事人。

【条文主旨】

本条是关于人民法院审查申请再审案件可以“询问有关事项”的规定。

【条文理解】

申请再审案件审查期间，为尽快了解案情、听取当事人意见、促使当事人和解，人民法院可以根据审查案件的需要采用听证等形式询问一方或者各方当事人，以贯彻辩论原则，保障当事人对于案件的知情权和参与权，规范审查程序，提升司法公信力。询问由审判人员主持进行，一般包括以下阶段。一是通知阶段。人民法院决定询问后，应当及时通知当事人，通知的方式可以是电话等多种方式。二是准备阶段。询问开始时，应当查明当事人是否到场，还是采用线上的方式参与询问，核对当事人身份和委托手续，确认诉讼文书送达地址，并询问当事人是否申请回避。三是当事人陈述阶段。由各方当事人对申请再审事由和具体事实理由陈述意见。四是调查阶段。法官根据案情调查相关事由。五是主持和解阶段。由主持人遵循合法、自愿原则主持各方进行和解。六是核对笔录阶段。询问结束后，由当事人核对询问笔录并签字。

司法实践中发现，再审申请人所提交的“新证据”有很多是有利害关系人的证人证言，真实性、关联性、合法性存在严重瑕疵的材料复印件，含糊不清的录音资料以及已向原审法院提交的、依法不应采信的证据材料等，显然不能成立，对于上述显然不属于新证据，理由不能成立的再审申请，如果全部组织询问将显著增加对方当事人的诉累，浪费司法资源，故本条规定，新的证据可能推翻原判决、裁定的，人民法院应当询问当事人，适当限缩了询问的范围。

【审判实践中应当注意的问题】

第一，决定询问的案件，一般应当在询问五日前将询问的时间、地点、联系人及联系方式通知当事人。根据《人民法院在线诉讼规则》第五条第二款、第三款的规定，当事人已同意对相应诉讼环节适用在线诉讼，但诉讼过程中又反悔的，应当在开展相应诉讼活动前的合理期限内提出。经审查，人民法院认为不存在故意拖延诉讼等不当情形的，相应诉讼环节可以转为线下进行。一方当事人要求其他当事人及诉讼参与人在线下询问的，应当提出具体理由。经审查，人民法院认为案件存在案情疑难复杂、需证人现场作证、有必要线下的，可以转为线下进行询问。当事人路途较远的，应当留出必要的在途时间。经各方当事人同意的，提前通知的时间可以适当缩短。通知当事人参加询问时，当事人是自然人的，应当通知自然人本人；当事人是法人或其他组织的，应当通知法定代表人或主要负责人；当事人的委托代理人经合法授权的，也可以通知委托代理人。

第二，询问由审判人员主持。询问应当围绕申请再审事由，着重就上述事由涉及的相关证据采信、事实认定、法律适用、诉讼程序以及裁判结果等问题进行。询问过程中，应当遵循自愿合法原则组织当事人进行和解。询问结束后应由书记员制作笔录，由参加询问的当事人核对无误后逐页签名确认。询问笔录应当如实、全面、准确记录询问内容。

第三，通知当事人询问时，可以告知其补充证据材料。因此，若法院通知要组织询问，当事人可以将需要补充的材料在参加询问时送交并予以说明。

【条文】

第三百九十六条

审查再审申请期间，被申请人及原审其他当事人依法提出再审申请的，人民法院应当将其列为再审申请人，对其再审事由一并审查，审查期限重新计算。经审查，其中一方再审申请人主张的再审事由成立的，应当裁定再审。各方再审申请人主张的再审事由均不成立的，一并裁定驳回再审申请。

【条文主旨】

本条是关于被申请人及原审其他当事人提出再审申请如何处理的规定。

【条文理解】

案件的各方当事人都享有平等的诉讼权利，在一方当事人申请再审使案件进入再审审查程序后，被申请人及其他当事人也有可能提出再审申请，只要其再审申请符合法定条件，在民事诉讼法第二百一十二条规定的法定申请再审期限内提出，法院即应将其列为再审申请人，对于其再审事由一并审查。为充分保障在后申请再审的当事人的诉讼权利，本条规定审查期限重新计算。法院经审查后，只要有一方再审申请人的申请事由成立的，即应裁定再审。如若各方再审申请人主张的再审事由均不成立，则一并裁定驳回。

【审判实践中应当注意的问题】

第一，关于当事人的诉讼地位问题。在审查过程中，被申请人或者其他当事人也提出符合条件的再审申请的，也应列为再审申请人，即一个案件可能存在多方再审申请人。相应地，一旦案件裁定再审，各方再审申请人提出的再审请求均应纳入再审审理范围。

第二，关于在部分当事人申请再审理由成立，案件应当裁定再审情况下，是否应在裁定书中驳回申请再审理由不成立的再审申请人的再审申请问题。该问题在本司法解释起草过程中存在一定争议，主要有两种观点：一种观点认为，既然申请再审的理由不成立，该方当事人就不能作为再审申请人，裁定中应当明确驳回其再审申请，其再审请求也不应纳入再审审理范围；另一种观点认为，再审审查的目的在于确定裁判是否存在再审事由，是否应当裁定再审，一旦案件进入再审审理阶段，各方已经提出再审申请的当事人均应享有平等的诉讼权利，对其诉讼请求应当一并审理，以利于纠纷的一次性解决。因此，案件存在再审事由，进入再审程序的，应当将各方再审申请人提出的再审请求一并纳入再审审理范围。在此前提下，裁定中不宜直接驳回理由不成立的再审申请，以避免与再审审理结果相矛盾。对此，在多方当事人申请再审的情况下，经审查，部分当事人主张的再审事由成立，其余当事人主张的再审事由不成立的，在裁定中载明部分当事人主张的再审事由成立，对于其余当事人主张的再审事由是否成立不作结论。

【条文】

第三百九十七条

审查再审申请期间，再审申请人申请人民法院委托鉴定、勘验的，人民法院不予准许。

【条文主旨】

本条是关于再审审查期间当事人申请法院委托鉴定、勘验如何处理的规定。

【条文理解】

本条系吸收《第一次全国民事再审审查工作会议纪要》第21条的规定增加。

随着社会的进步与发展，很多案件都涉及专业知识，如建设工程施工合同纠纷案件、知识产权案件、生态环境侵权案件、产品质量纠纷案件等，经常需要对专业问题进行鉴定。鉴定意见作为一种证据形式，与其他证据相比，具有专业性和可靠性强的特点。然而，审判实践也存在以下情况：有的案件重复鉴定，出现相互矛盾的多份鉴定意见；有的案件当事人对鉴定范围、鉴定内容、鉴定方法等无法达成一致，鉴定机构对相关问题也无法判断，导致人民法院在采信证据上存在困难；有的当事人因为不愿交纳鉴定费用，在原审时不申请鉴定，一旦发现诉讼结果不利于己再申请鉴定，影响了裁判稳定性。在再审审查实践中，原审未进行鉴定或原审鉴定意见未能令当事人信服，当事人申请鉴定或者要求重新鉴定的情况比较突出，需要明确如何处理。

对此问题，本条吸收了《第一次全国民事再审审查工作会议纪要》第21条第1款关于"申请再审人申请人民法院委托鉴定、勘验，并请求以鉴定结论、勘验笔录作为新证据申请再审的，不予支持"规定的精神，明确规定在再审审查阶段，再审申请人申请人民法院委托鉴定、勘验的，人民法院不予准许。这主要基于以下考虑：（1）申请鉴定、勘验，以及申请重新鉴定、勘验是当事人在一审、二审诉讼程序中的权利，目的是对于其不能举证的事实，通过鉴定、勘验予以证明。再审申请人在原审中放弃了该项权利，则应自行承担举证不能的法律后果，其申请再审时再提出鉴定、勘验的请求的，不应予以准许。（2）再审审查阶段的功能是审查再审事由是否成立，再审申请人应当承担证明再审事由成立的责任，当事人欲通过申请鉴定、勘验或者重新鉴定、勘验推翻原裁判的，应由当事人自行委托或者向作出原鉴定意见、勘验笔录者申请重新鉴定、勘验，由人民法院判断是否符合法定再审事由。在再审审查程序中，不应由人民法院委托鉴定、勘验以证明生效判决、裁定存在再审事由，否则将不利于已为生效判决、裁定确定的民事法律关系的稳定。

【审判实践中应当注意的问题】

再审申请人以有新证据为由申请再审，但未提交新证据，而是申请人民法院委托鉴定、勘验的，不予支持。但如果当事人在原审中依法申请鉴定、勘验，原审法院应当准许而未予准许，且未经鉴定、勘验可能影响案件基本事实认定的，说明原判决、裁定认定的基本事实缺乏证据证明，可以依据民事诉讼法第二百零七条第二项的规定审查处理。

【条文】

第三百九十八条

审查再审申请期间，再审申请人撤回再审申请的，是否准许，由人民法院裁定。

再审申请人经传票传唤，无正当理由拒不接受询问的，可以按撤回再审申请处理。

【条文主旨】

本条是关于再审申请人撤回再审申请以及按撤回再审申请处理的规定。

【条文理解】

本条在2008年《审判监督程序解释》第二十三条的基础上，参照民事诉讼法第一百四十六条、第一百四十八条第一款、第一百八十条的规定作出。

根据民事诉讼法第十三条第二款的规定，当事人有权在法律规定的范围内处分自己的民事权利和诉讼权利。民事诉讼法第一百四十六条规定："原告经传票传唤，无正当理由拒不到庭的，或者未经法庭许可中途退庭的，可以按撤诉处理……"第一百四十八条第一款规定："宣判前，原告申请撤诉的，是否准许，由人民法院裁定。"第一百八十条第一款规定："第二审人民法院判决宣告前，上诉人申请撤回上诉的，是否准许，由第二审人民法院裁定。"2008年《审判监督程序解释》第二十三条对再审审查程序中再审申请人撤回再审申请以及按撤回再审申请处理等问题作出了规定，[①] 本条在沿用2008年《审判监督程序解释》规定的基础上进行了部分修改。

1. 再审申请人申请撤回再审申请时的处理

民事诉讼法对在一审、二审程序中，当事人申请撤回起诉或者上诉时如何处理均有明确规定，但未规定当事人在再审审查阶段是否可以申请撤回其再审申请。2007年民事诉讼法修改后，当事人申请再审启动的审查程序虽然与一审、二审以及再审审理程序有所不同，但属于审判监督程序的组成部分，属于法定诉讼程序的范畴，因此，当事人在再审审查期间申请撤回再审申请，虽然与撤回起诉、撤回上诉引起的法律后果不尽相同，但从本质上看，均属于通过处分自己的权利终止业已启动的诉讼程序的行为，应当比照

① 2020年修正的《审判监督程序解释》第十五条保留了该条规定。

一审、二审程序中的规定作出相应规定。本条确立的原则与民事诉讼法第一百四十八条、第一百八十条的规定一致，即“再审申请人申请撤回再审申请的，是否准许，由人民法院裁定”。

2. 按撤回再审申请处理的情形

民事诉讼法第一百四十六条规定：“原告经传票传唤，无正当理由拒不到庭的，或者未经法庭许可中途退庭的，可以按撤诉处理……”当事人通过行使诉讼权利启动诉讼程序，就应当按时参加庭审，遵守法律规定的诉讼秩序，如果原告或者上诉人无正当理由缺席庭审，将会阻碍诉讼程序的顺利进行。同时，原告或者上诉人拒绝参加庭审的行为，也可以视为其放弃继续行使诉讼权利。因此，民事诉讼法规定了在特定情形下可以按撤诉处理。根据民事诉讼法和本司法解释的规定，再审审查不需要开庭审理，人民法院可以根据审查案件的需要决定是否询问当事人。询问作为人民法院在再审审查程序中认定当事人申请再审事由是否成立的重要方式，与开庭审理所起的作用，在本质上是相同的。因此，本司法解释比照一审程序的相关规定，明确“再审申请人经传票传唤，无正当理由拒不接受询问的，可以按撤回再审申请处理”。

【审判实践中应当注意的问题】

第一，准许当事人撤回再审申请的判断标准。人民法院在决定是否准许当事人撤诉时，重点考虑的是当事人是否有规避法律的行为，或者是否有损害国家、集体和他人利益的行为。当事人在再审审查阶段申请撤回再审申请，系以其行为表明放弃通过审判监督程序对生效裁判启动再审，接受原生效裁判所确立的法律关系，因此，在再审审查阶段，人民法院不应对当事人撤回再审申请进行过多干预，只要不违反法律法规的禁止性规定，不损害国家利益、社会公共利益以及他人合法权益，均应依法准许撤回再审申请。

第二，不准许撤回再审申请时，诉讼程序如何进行。本条虽然没有规定人民法院依法不准许撤回再审申请时，诉讼程序应如何进行，但是，可以参照民事诉讼法第一百四十八条的规定，即人民法院裁定不准许撤回再审申请的，应依照民事诉讼法第二百一十一条的规定及时审查；经传票传唤，再审申请人无正当理由拒不接受询问的，可以径行作出裁定。

第三，按撤回再审申请处理需要满足的条件。人民法院在再审审查程序中作出按撤回再审申请处理的裁定，应当同时满足以下条件：一是人民法院依法向再审申请人送达了传票；二是再审申请人未在传票确定的时间接受询问；三是再审申请人缺席询问没有正当的理由。

【条文】

第三百九十九条

人民法院准许撤回再审申请或者按撤回再审申请处理后，再审申请人再次申请再审的，不予受理，但有民事诉讼法第二百零七条第一项、第三项、第十二项、第十三项规定情形，自知道或者应当知道之日起六个月内提出的除外。

【条文主旨】

本条是关于当事人撤回再审申请或者按撤回再审申请处理后当事人再次提出再审申请如何处理的规定。

【条文理解】

2008 年《审判监督程序解释》第二十三条对再审申请人撤回再审申请以及按撤回再审申请处理的问题作了规定，但对撤回再审申请或者按撤回再审申请处理后当事人再次提出再审申请时如何处理未予明确。对于当事人撤回再审申请或者按撤回再审申请处理后再次提出再审申请如何处理的问题，本司法解释起草过程中存在争议。一种观点认为，在法律没有禁止性规定的情况下，只要仍然在申请再审期间内，当事人可以依法行使其申请再审的权利，司法解释不应限制当事人再次申请再审的权利。正如当事人撤回起诉后还可以再次起诉。另一种观点认为，我国民事诉讼程序实行两审终审，允许当事人对已经发生法律效力的裁判申请再审，是民事诉讼法赋予当事人的一项特殊诉讼权利。因此，有必要对当事人撤回再审申请后再次提出再审申请作出较为严格的限制，避免当事人滥用诉权。虽然《92 年意见》第 144 条第 1 款规定："当事人撤诉或人民法院按撤诉处理后，当事人以同一诉讼请求再次起诉的，人民法院应予受理。"但在二审程序中未规定当事人撤回上诉后可以再次提出上诉。对一审和二审程序作出不同规定的原因在于：第一，当事人撤回起诉后，对有争议的民事权利义务关系，法院尚未作出裁判。允许当事人撤回起诉后再次起诉，目的是让法院对有争议的民事权利义务关系作出最终裁判，以切实保护当事人获得司法救济的权利。第二，二审法院作出准许当事人撤回上诉的裁定后，一审裁判即依法发生法律效力，当事人无权再次就一审裁判提出上诉，而只能依法申请再审。从审判监督程序的角度看，当事人申请再审的目的是启动再审审理程序，推翻原有的生效裁判，让法院重新作出对自己有利的裁判。当事人的再审申请是建立在双方的证据已经经过举证、质证，人民法院已经对各方证据进行了分析认证并对各方观点是否成立进行了论证、说理的基础之上的，再审申请人对案件可能存在的证据、争议的焦点等十分清楚。因此，再审申请人在审查过程中主动提出撤回再审申请或者经传票传唤，无正当理由拒不接受询问的，只能理解为其认可原裁判结果并放弃申请再审的权利。如果允许当事人在撤回再审申请或者按撤回再审申请处理后又申请再审，不仅会浪费有限的司法资源，也给对方当事人造成讼累，故有必要对其进行规范。

本条采纳了后一种观点，即原则上不允许当事人在撤回再审申请或者按撤回再审申请处理后再次提出再审申请，再审申请人再次提出再审申请的，人民法院不予受理，目的是促使当事人慎重行使申请再审权和撤回申请的权利，维护裁判稳定性。但是，在有新的证据，足以推翻原判决、裁定的；原判决、裁定认定事实的主要证据是伪造的；据以作出原判决、裁定的法律文书被撤销或者变更的；审判人员审理该案件时有贪污受贿，徇私舞弊，枉法裁判行为的这四种情形下，当事人自知道或者应当知道之日起六个月内再次提出再审申请的，人民法院应予受理。

【审判实践中应当注意的问题】

第一，对于当事人再次提出的再审申请，原则上不予受理。实践中经常出现当事人以证据不够充分，需要继续调查收集证据或者双方当事人正在协商达成和解协议等理由申请撤回再审申请，却在人民法院作出准许撤回再审申请的裁定后不久再次申请再审的情况。对于当事人再次提出的再审申请，此前的做法大多是予以受理，但法律效果和社会效果并不好。本条确定原则上不再受理再审申请人重新提出的再审申请，主要考虑：一是当事人继续调查收集证据或者协商达成和解协议等，并不影响再审审查程序的正常进行，没有必要以撤回再审申请为前提；二是当事人反复提出再审申请会浪费有限的司法资源；三是反复提出再审申请使对方当事人疲于应对，造成讼累；四是在六个月的申请再审期限内，当事人在撤回再审申请至重新提出再审申请期间，找到比一审、二审程序中更充分的证据的可能性并不大。

第二，四种特殊情形下允许当事人再次申请再审。本条但书条款来源于民事诉讼法第二百一十二条。该条规定："当事人申请再审，应当在判决、裁定发生法律效力后六个月内提出；有本法第二百条第一项、第三项、第十二项、第十三项规定情形的，自知道或者应当知道之日起六个月内提出。"对申请再审期间作出例外的规定，主要是考虑到司法实践中存在六个月的申请再审期间届满后才发现某些再审事由的情形，这些情形主要包括：有新的证据，足以推翻原判决、裁定的；原判决、裁定认定事实的主要证据是伪造的；据以作出原判决、裁定的法律文书被撤销或者变更的；审判人员审理该案件时有贪污受贿、徇私舞弊、枉法裁判行为的，如果一律按照裁判生效后“六个月内提出”的规定限制当事人申请再审，不利于保护当事人的合法权利。上述例外情形，在当事人撤回再审申请或者按撤回再审申请处理的情况下同样存在。比如，当事人在撤回再审申请后，发现了足以推翻原判决、裁定的新证据，如果不准许其再次提出再审申请，显然有违公平正义，无法令当事人息诉服判。但是对于何谓“足以推翻原判决、裁定的新证据”应当从严把握，不能任意扩大解释，否则当事人可能利用该条来规避撤回再审申请后不得再次申请再审的规定。又如，据以作出原判决、裁定的法律文书被撤销或者变更的，原判决、裁定就丧失了裁判的基础，此时也应受理当事人重新提出的再审申请。

第三，新的再审申请应自知道或者应当知道该事由之日起六个月内提出。2007 年民事诉讼法第一百八十四条规定：“二年后据以作出原判决、裁定的法律文书被撤销或者变更，以及发现审判人员在审理该案件时有贪污受贿，徇私舞弊，枉法裁判行为，自知道或者应当知道之日起三个月内提出。”2012 年民事诉讼法则将该条规定的申请再审的期限修改为自知道或应当知道之日起六个月，同时扩大为四种事由。本条规定的可以再次提出再审申请的期限，也是按照民事诉讼法第二百一十二条的规定，即自知道或者应当知道四种特殊情形之日起六个月。

【条文】

第四百条

再审申请审查期间，有下列情形之一的，裁定终结审查：

（一）再审申请人死亡或者终止，无权利义务承继者或者权利义务承继者声明放弃再审申请的；

（二）在给付之诉中，负有给付义务的被申请人死亡或者终止，无可供执行的财产，也没有应当承担义务的人的；

（三）当事人达成和解协议且已履行完毕的，但当事人在和解协议中声明不放弃申请再审权利的除外；

（四）他人未经授权以当事人名义申请再审的；

（五）原审或者上一级人民法院已经裁定再审的；

（六）有本解释第三百八十一条第一款规定情形的。

【条文主旨】

本条是关于人民法院审查再审申请期间可以裁定终结审查情形的规定。

【条文理解】

民事诉讼法第一百五十四条规定："有下列情形之一的，终结诉讼：（一）原告死亡，没有继承人，或者继承人放弃诉讼权利的；（二）被告死亡，没有遗产，也没有应当承担义务的人的；（三）离婚案件一方当事人死亡的；（四）追索赡养费、扶养费、抚养费以及解除收养关系案件一方当事人死亡的。"但对人民法院审查再审申请期间是否可以终结审查，在哪些情形下可以终结审查未作规定。2008年《审判监督程序解释》第二十五条规定："有下列情形之一的，人民法院可以裁定终结审查：（一）申请再审人死亡或者终止，无权利义务承受人或者权利义务承受人声明放弃再审申请的；（二）在给付之诉中，负有给付义务的被申请人死亡或者终止，无可供执行的财产，也没有应当承担义务的人的；（三）当事人达成执行和解协议且已履行完毕的，但当事人在执行和解协议中声明不放弃申请再审权利的除外；（四）当事人之间的争议可以另案解决的。"① 本条参照民事诉讼法有关终结诉讼的规定，在2008年《审判监督程序解释》第二十五条的基础上进行了修改，删除了该条原第四项规定的情形，同时增加了三项新的情形，明确了终结审查的方式和可以终结审查的具体情形。

1. 终结审查应依法作出裁定

根据民事诉讼法第一百五十七条的规定，终结诉讼应作出裁定。因此，终结再审审查程序也应当作出终结审查的裁定。

2. 终结审查的六种情形

（1）再审申请人死亡或者终止，无权利义务承继者或者权利义务承继者声明放弃再审申请的。再审审查程序的启动是基于再审申请人提出的再审申请，一旦再审申请人死亡或者终止，没有权利义务承继者或者权利义务承继者声明放弃再审申请的，即意味着再审审查程序失去了主张启动再审程序的主体，没有继续进行的必要，应当终结审查。这里需要注意的是，民事诉讼法第一百五十四条用的是"原告死亡""被告死亡""继承人""遗产"等概念，而本条第一项的规定则不限于自然人的死亡，还包括法人和其他组织的终止。由于法人或者其他组织并不存在继承人或者遗产的问题，因此，本条第一项和第二项中用"权利义务承继者""无可供执行的财产"替换了"继

① 2020年修正的《审判监督程序解释》删除了该条规定。

承人”和“遗产”的概念。

（2）在给付之诉中，负有给付义务的被申请人死亡或者终止，无可供执行的财产，也没有应当承担义务的人的。给付之诉是指原告请求被告履行一定给付义务的诉讼，包括金钱给付、物的给付以及行为给付。给付之诉的权利人申请再审的目的是要求被申请人履行给付义务，一旦被申请人死亡或者终止，没有可供执行的财产，也没有应当承担义务的人承接给付义务的情形下，再审审查程序的继续进行已经毫无意义。即便启动再审纠正原审裁判的错误，再审申请人的给付请求因义务主体的消亡且无财产可供执行，其启动再审程序的目的亦无法实现。因此，此种情形下应终结审查。

（3）当事人达成和解协议且已履行完毕的，但当事人在和解协议中声明不放弃申请再审权利的除外。当事人在执行程序或者再审审查程序中达成和解协议并履行完毕，意味着当事人通过协商达成新的协议处分自己的权利，并通过实际履行的方式了结了原有的纠纷。在此情形下，人民法院没有对生效裁判继续进行再审审查的必要，应终结审查。但考虑到实践中当事人达成和解协议的情形复杂，本条规定了但书条款，即如果当事人在和解协议中明确表示不放弃申请再审的权利的，即便和解协议已经履行完毕，其申请再审的权利仍应得到保护。对于是否保留该但书规定曾存在一定争议，我们考虑如果一律不允许当事人在执行和解中保留申请再审权利，不利于执行和解工作的开展，故予以保留。

（4）他人未经授权以当事人名义申请再审的。实践中，有时会出现他人冒充当事人的代理人，以当事人的名义申请再审的情形，如果裁定驳回该再审申请，将会影响真正的当事人行使申请再审的权利。因此，此种情形下应裁定终结审查。

（5）原审或者上一级人民法院已经裁定再审的。民事诉讼法第二百零六条规定：“当事人对已经发生法律效力的判决、裁定，认为有错误的，可以向上一级人民法院申请再审；当事人一方人数众多或者当事人双方为公民的案件，也可以向原审人民法院申请再审……”因此，实践中会出现当事人既向原审人民法院申请再审，又向上一级人民法院申请再审的情形，如果原审人民法院和上一级人民法院均受理了当事人再审申请，其中一个法院先行裁定再审的，则尚未审结案件的法院应终结审查。另外，再审审查过程中，还可能出现原审法院或者上一级法院基于检察机关提出的抗诉、再审检察建议或者依职权启动再审的情形，此种情形下审查再审申请的法院亦应裁定终结审查。

（6）有本解释第三百八十一条第一款规定情形的。本司法解释第三百八十一条第一款规定："当事人申请再审，有下列情形之一的，人民法院不予受理：（一）再审申请被驳回后再次提出申请的；（二）对再审判决、裁定提出申请的；（三）在人民检察院对当事人的申请作出不予提出再审检察建议或者抗诉决定后又提出申请的。"根据该条规定，有上述三种情形之一的，人民法院对于当事人提出的再审申请应当不予受理。但是，实践中，存在当事人申请再审时故意隐瞒其提出的再审申请曾被有关法院驳回等重要事实，导致案件受理并进入再审审查程序的情形，存在由于立案环节的疏忽，导致针对再审判决、裁定的再审申请或者对检察机关已经作出不予提出再审检察建议，不予抗诉决定的案件再次提出再审申请得以受理的情形。再审审查期间，人民法院一旦发现上述情形，即应裁定终结审查程序。

【审判实践中应当注意的问题】

第一，终结审查裁定的效力不同于终结诉讼裁定的效力。终结审查裁定的效力与第一审程序中的终结诉讼裁定有所不同。在第一审程序中终结诉讼时，并不存在确定当事人之间权利义务的裁判文书，终结诉讼的裁定作出后，诉讼程序结束。而终结审查裁定作出后，仅仅是结束了人民法院依照审判监督程序启动的审查程序，并不影响已经发生法律效力的裁判的既判力以及执行程序的正常进行。

第二，本条第二项的规定仅适用于给付之诉，在确认之诉中不适用。确认之诉是指原告请求法院确认其主张的法律关系或者法律事实存在或者不存在的诉讼。在确认之诉中，即使被申请人死亡或者终止，仍然可以通过启动再审纠正原审判决的错误，确认正确的法律关系或者法律事实。

第三，关于本条第三项规定的和解协议的范围。2008 年《审判监督程序解释》第二十五条第三项仅针对执行程序中当事人达成执行和解协议的情形作出了规定，对于再审审查过程中当事人自行达成和解协议且履行完毕，但未申请法院出具调解书或者未申请撤回再审申请的情形并未作出规定。本条第三项规定的和解协议则不仅包括当事人在执行程序中达成的执行和解协议，也包括当事人在再审审查程序中达成的和解协议。

第四，删除 2008 年《审判监督程序解释》第二十五条第四项的主要考虑。本条删除了 2008 年《审判监督程序解释》第二十五条第四项，即"当事人之间的争议可以另案解决的"应裁定终结审查的规定。主要基于以下三点考虑：一是审判实践中未发现有适用该条款作出终结审查裁定的情形。究竟哪些情形属于可以让当事人另案解决的，2008 年《审判监督程序解释》

制定时无法确定，经过几年的实践仍无法得出结论。二是如果争议的内容属于当事人在原审中已经提出的请求，理应在本案中得到解决，让当事人另案解决存在“一事不再理”的法理障碍，客观上也增加了当事人的诉累。三是如果争议的内容属于当事人在原审中未提出的请求，则该争议不属于本案的审查范围，应裁定驳回当事人的再审申请，而不是终结诉讼程序。

第五，终结审查只适用于本司法解释规定的六种情形，没有兜底条款的规定。未作兜底条款的规定是沿用了民事诉讼法第一百五十四条确立的规则，目的在于防止实践中出现滥用终结审查的方式损害当事人合法权益的情形。因此，只有在本条规定的六种情形下，人民法院方可作出终结审查裁定。当然，鉴于司法实践情况复杂多样，如果出现其他确有必要裁定终结审查的情形，可以在充分说理并注意保护当事人诉讼权利和合法权益的基础上，适用民事诉讼法第一百五十七条第一款第六项裁定终结审查。

【条文】

第四百零一条

人民法院审理再审案件应当组成合议庭开庭审理，但按照第二审程序审理，有特殊情况或者双方当事人已经通过其他方式充分表达意见，且书面同意不开庭审理的除外。

符合缺席判决条件的，可以缺席判决。

【条文主旨】

本条是关于再审以开庭为原则、不开庭为例外的规定。

【条文理解】

2020年修正的《审判监督程序解释》第二十二条第二款规定：“人民法院审理再审案件应当开庭审理。但按照第二审程序审理的，双方当事人已经其他方式充分表达意见，且书面同意不开庭审理的除外。”该规定自2008年实施以来，在审判实践中一直得到较好的执行。2007年民事诉讼法第一百八十六条规定：“人民法院按照审判监督程序再审的案件，发生法律效力的判决、裁定是由第一审法院作出的，按照第一审程序审理，所作的判决、裁定，当事人可以上诉；发生法律效力的判决、裁定是由第二审法院作出的，按照第二审程序审理，所作的判决、裁定，是发生法律效力的判决、裁定；上级人民法院按照审判监督程序提审的，按照第二审程序审理，所作的判决、裁定是发生法律效力的判决、裁定。人民法院审理再审案件，应当另行组成合议庭。”2012年民事诉讼法修正时，曾有意见认为，再审属非常规性救济程序，与原审比较，有相当多的独特之处，应当修改第二百零七条，制定独立的再审程序。但立法机关最终考虑到再审程序准用原审程序是大陆法系民事诉讼法通行的制度安排，再审的特殊性除在其他法律条文中规定外，还可以通过司法解释予以解决。为了避免与民事诉讼法的不必要重复，也为本解释能规定专门适用于再审程序的其他条文留出更多的空间，本条最终删除了2020年《审判监督程序解释》第二十二条关于“按照第一审程序或者第二审程序审理再审案件”的内容。

开庭审理是现代民事诉讼的核心环节，也是当事人行使辩论权和处分权等各项诉讼权利最为集中的阶段，越来越受到理论界和实务界的重视。除了庭前调解、适用特别程序、督促程序、公示催告程序的案件外，几乎所有的一审案件都是开庭审理的。开庭审理包括不公开和公开审理，除民事诉讼法第一百三十七条①规定了几类特殊案件之外，其他诉讼案件的一审都应当公开开庭审理。按一审程序再审的案件当然也按一审开庭程序审理，本条没有就按一审程序再审案件可以不开庭作例外规定。民事诉讼法第一百七十六条②也作了二审程序以开庭为原则，不开庭为例外的规定。本司法解释二审程序部分进一步解释了可以不开庭审理的二审案件情形。有人建议，适用二审程序的再审案件开庭，可以比照二审开庭，没有必要另立标准。我们认为，在有限再审和司法公开的原则下，应当给予当事人充分表达意见的机会，再审开庭对于查明案件事实，最终化解矛盾，彻底解决纠纷，确保再审裁判的最终权威和稳定性，重大意义。因此，本条对于按二审程序再审的案件不开庭的情形，作了较为严格的限制。

理解本条时有以下几点值得注意：第一，按一审程序再审案件都应当公开开庭审理，涉及国家秘密、个人隐私等法定情形，以及当事人对离婚案件、涉及商业秘密的案件申请不公开审理的，再审可以不公开开庭；第二，再审应当另行组成合议庭，原一审、二审合议庭成员不能参与再审，但参与过再审审查的法官可以继续参与再审审理，因为再审审理是再审审查的继

① 2021年民事诉讼法第一百三十七条规定：“人民法院审理民事案件，除涉及国家秘密、个人隐私或者法律另有规定的以外，应当公开进行。离婚案件，涉及商业秘密的案件，当事人申请不公开审理的，可以不公开审理。”

② 2021年民事诉讼法第一百七十六条规定：“第二审人民法院对上诉案件，应当组成合议庭，开庭审理。经过阅卷、调查和询问当事人，对没有提出新的事实、证据或者理由，合议庭认为不需要开庭审理的，可以不开庭审理。第二审人民法院审理上诉案件，可以在本院进行，也可以到案件发生地或者原审人民法院所在地进行。”

续，属于再审程序的两个不同阶段；第三，本条强调双方当事人，即再审申请人和被申请人，对于其他当事人是否书面同意不开庭，不是决定应否开庭的必要条件；第四，如果在再审审查阶段，人民法院已经对双方当事人进行较充分的询问，又没有新证据、新理由或新情况出现时，再审合议庭可以在征得双方当事人书面同意后不开庭；第五，损害国家利益、社会公共利益和虚假诉讼等案件，被依职权提起再审，双方当事人都不愿出庭或无法实际送达的，人民法院可以作为“特殊情况”不开庭审理；第六，再审案件的当事人经传票传唤，无正当理由拒不到庭，或者未经法庭许可中途退庭的，除应按撤诉处理之外，人民法院应当开庭审理，并作出缺席判决。

【审判实践中应当注意的问题】

第一，按二审程序再审的案件不开庭应当同时具备条文规定的两个条件；第二，如果再审审查和再审审理为同一合议庭，在审查时双方当事人的询问笔录或其他书面材料同意不开庭的，可以视为当事人的书面意见；第三，鉴于再审案件复杂性，条文将“特殊情况”予以保留，以便个案处理，但对此不能随意适用；第四，再审案件往往距纠纷发生时间久远，当事人难以查找，故在再审开庭前应当穷尽送达手段，只有最终经过公告送达，当事人仍然未到庭的，方可缺席判决。

【条文】

第四百零二条

人民法院开庭审理再审案件，应当按照下列情形分别进行：

（一）因当事人申请再审的，先由再审申请人陈述再审请求及理由，后由被申请人答辩、其他原审当事人发表意见；

（二）因抗诉再审的，先由抗诉机关宣读抗诉书，再由申请抗诉的当事人陈述，后由被申请人答辩、其他原审当事人发表意见；

（三）人民法院依职权再审，有申诉人的，先由申诉人陈述再审请求及理由，后由被申诉人答辩、其他原审当事人发表意见；

（四）人民法院依职权再审，没有申诉人的，先由原审原告或者原审上诉人陈述，后由原审其他当事人发表意见。

对前款第一项至第三项规定的情形，人民法院应当要求当事人明确其再审请求。

【条文主旨】

本条是关于不同主体启动再审案件的庭审诉辩顺序的规定。

【条文理解】

人民法院开庭审理再审案件时，应按照民事诉讼法规定的程序进行。考虑到一审、二审程序中开庭审理程序是以原被告或上诉人、被上诉人为诉辩双方加以规定的，与再审程序中当事人的表述不尽一致。且基于再审启动主体的不同，比如，法院依职权再审、检察机关抗诉再审等，再审案件开庭审理还涉及再审程序所特有的问题。因此，有必要专门针对民事诉讼法规定的三种启动再审的方式，基于各方不同的诉讼地位，分别对开庭中各方当事人的诉辩顺序作一规定。

长期以来，再审审判实践中注重实体纠错，对当事人处分权和诉讼主张重视不足，再审请求概念未得到应有的重视。再审请求是当事人处分权在再审程序中的自然延伸，与一审诉讼请求和二审上诉请求一脉相承。再审请求对于再审程序意义重大，除特殊情形外，其决定着再审审理范围和再审裁判范围。近些年来，随着民事诉讼理念的发展和民事诉讼法的修改，人民法院在审理再审案件中对当事人的再审请求越来越重视。因此，本条第二款规定，在有申请人或申诉人的情况下，应当在庭审开始时，先明确当事人的再审请求，以便归纳争议焦点和审理范围。

理解本条应注意以下几点：第一，在当事人申请再审的情况下，诉辩争议主要发生在申请人和被申请人之间。两者在再审庭审中相当于在原审程序中的原告或上诉人和被告或被上诉人的诉讼地位，应当由该对立双方先陈述意见，其他当事人随后发表意见。第二，根据民事诉讼法第二百二十条①的规定，人民检察院派员出席抗诉案件的再审法庭是其法定职责。因当事人申请抗诉而启动再审的，应当先由出庭检察院宣读抗诉书，然后再由当事人发表意见。第三，法院依职权启动再审分两种情况：一是生效裁判确有错误的，但当事人不符合申请再审条件，仍通过申诉或者检察院根据当事人申请提出再审检察建议，法院依法予以采纳的；二是生效裁判损害国家利益、社会公共利益、案外人利益等特殊情形，且没有当事人或案外人向法院申诉，法院为了在维护实质正义，依职权启动再审纠错的。这两种情况因当事人是否出庭，致使庭审诉辩及是否有明确再审请求等方面均有不同，本条对此作了区分。第四，再审检察建议是检察院的一种民事检察监督方式，因再审检察建议被采纳而启动再审的案件，归入法院依职权再审案件，按本条第一款

① 2021 年民事诉讼法第二百二十条规定："人民检察院提出抗诉的案件，人民法院再审时，应当通知人民检察院派员出席法庭。"

第三项、第四项规定开展庭审。第五，检察院对损害社会公共利益、国家利益案件，原审法官职务不廉等案件，以及依有关规定“跟进监督”的抗诉案件，如无申诉人的，可参照法院依职权提起再审的案件的相关做法。

【审判实践中应当注意的问题】

第一，在当事人明确再审请求，合议庭归纳争议焦点后，当事人应当依据开庭的一般规则，围绕各个争议焦点，在合并进行的法庭调查和法庭辩论阶段陈述事实、发表意见，其后发言顺序也依各方第一轮的诉辩顺序进行。

第二，庭审的审判长及合议庭成员，应当掌握庭审节奏和进度，维护庭审秩序，对于重复陈述、无关陈述予以提醒和制止，防止抗诉案件当事人与出庭检察官展开辩论。

第三，对于明显不合法、不合理的再审请求或无关问题，合议庭可对当事人适度释明，引导当事人围绕争议焦点展开陈述。第四，人民法院依职权提起再审，双方当事人不到庭，有必要继续审理的，可作为“特殊情况”不开庭审理。

【条文】

第四百零三条

人民法院审理再审案件应当围绕再审请求进行。当事人的再审请求超出原审诉讼请求的，不予审理；符合另案诉讼条件的，告知当事人可以另行起诉。

被申请人及原审其他当事人在庭审辩论结束前提出的再审请求，符合民事诉讼法第二百一十二条规定的，人民法院应当一并审理。

人民法院经再审，发现已经发生法律效力的判决、裁定损害国家利益、社会公共利益、他人合法权益的，应当一并审理。

【条文主旨】

本条是关于再审审理范围的规定。

【条文理解】

审理范围是人民法院将哪些事项纳入审理的制度。民事诉讼法对一审程序的审理范围并未作过多限制，以尊重当事人处分权为原则，将当事人在法庭辩论终结前变更、增加诉讼请求，提起反诉的情形均纳入了审理范围。对于二审审理范围，民事诉讼法第一百七十五条则规定：“第二审人民法院应当对上诉请求的有关事实和适用法律进行审查。”本解释第三百二十一条对此作了进一步解释，除损害国家利益、社会公共利益、他人合法权益国家等特殊情形外，第二审人民法院围绕当事人上诉请求进行审理。以上规定体现了民事诉讼“不告不理”的处分原则，符合民事诉讼本质属性和基本规律。但民事诉讼法没有就再审审理范围作专门规定，鉴于再审对象是生效裁判，当事人的处分权受到更多限制，再审面临更复杂的程序等特殊性问题，不能简单套用原一审、二审理范围的规则。为将再审程序打造成一次性纠错和彻底解决纠纷的程序，并适当维护生效裁判的安定性，故有必要单独予以规定。

首先，以当事人再审请求为标准，统一各类再审案件的审理范围。由于长期以来对再审请求、再审事由、具体理由等概念未予厘清，导致对抗诉案件的审理范围存在较大分歧。自2008年《审判监督程序解释》出台以来，实践中依然存在以下疑问：检察机关的抗诉书往往只写明具体的再审事由，并不直接表述支持当事人的哪些诉讼请求，特别是仅以程序性再审事由提出抗诉的，如何界定“抗诉支持当事人再审请求”；当事人对检察机关的抗诉事由、具体理由未提出，甚至不认可、明确反对的，如何确定审理范围。有观点认为，不管是诉讼请求，还是再审事由、具体理由及证据，都应当严格遵守“双重限制”规则，即获得检察机关和当事人双重认可的事项，才能纳入再审审理范围。另有观点认为，抗诉只是启动再审程序，无论是否获得抗诉书的支持，对于当事人主张的再审事由、具体理由及证据，法院在再审中应当进行全面审理。2012年民事诉讼法构建了“三加一”的诉讼模式，基本确立了有限再审原则。为增强解决纠纷的有效性和彻底性，本条第一款明确，再审案件应当围绕再审请求进行，即以再审请求为核心，所有与再审请求相关的事项都应予以审理，再审案件的审理范围不再因再审启动主体不同而有所不同。

其次，既尊重当事人处分权，又维护生效裁判。尊重诉讼主体的意志，弱化公权力对民事私权领域的主动干预，构建再审之诉的主旨，也是处分主义的应有之义。再审作为一审或二审程序的延续，应当继续遵循“不告不理”原则。在已经启动的再审程序中，当事人应当发挥主导性作用，有权决定主张或放弃的事项。当事人只对生效裁判中的部分判项提出再审请求，人民法院对其他判项不予审理。例外的是，生效裁判损害国家利益、社会公共利益、他人合法权益的，人民法院可主动依职权处理。同时，再审的对象为生效裁判，对其改变往往会破坏已经稳定的社会关系，应当慎重。再审性质上属对原审的特殊救济程序，审理程序虽然准用原一审、二审程序，但并不意味着当然给予当事人如同原审一样的权利。所以本条第一款规定当事人的再审请求不能超出原审诉讼请求。也就是，按一审程序再审的审理范围不能超出一审，而一审审理范围是根据原告诉讼请求或被告反诉确定的；按二审程序再审的审理范围不能超出二审，而二审的审理范围以上诉请求为限，不能超出一审审理范围。

最后，平等保护各方当事人再审请求。关于案件因一方当事人申请再审至再审庭审辩论结束前，如何对待对方及其他当事人提出再审申请的问题，实践中做法不一。有的法院不予受理，有的作为另案再次审查，有的直接裁定再审并案处理。本条第二款对最后一种方案作了一定修改，规定应当直接将该请求纳入再审审理范围，并作出裁判，但不需要针对该再审申请另作出一份提起再审的裁定。采取这一做法的理由在于：一是各方当事人都享有申请再审的权利，其他当事人并不因某一方当事人启动再审而丧失或“消耗”本来享有的诉讼权利；二是在民事诉讼“三加一”模式下，如果不允许对方及其他当事人提出再审请求，那么就意味着其将失去由法院审查、再审救济的机会，而最多只能向检察机关申请监督，这将导致对另外当事人明显不公；三是即便案件已经因再审裁定中止执行，但生效判决并未失去法律效力，仍然拘束案件所有当事人，赋予对方及其他当事人提出再审请求的权利，符合民事诉讼平等保护各方当事人的基本原则；四是在生效裁判已经进入再审的情况下，不宜重复立案进行再审审查，否则会出现对同一裁判的二次或多次中止执行，也可能出现相矛盾的审查或审理结果；五是在同一再审程序中针对各方当事人的再审请求进行合并审理，既可避免对方及其他当事人以申请再审为由拖延再审案件的审理，也可一揽子解决各方争议，节约诉讼资源，增强再审有限性。

本条起草过程中，有意见认为，可以参照大陆法系诉的预备合并制度设计，解决再审法院与原审法院对案件法律关系的性质或者民事行为的效力认定不一致，致使当事人的再审请求超出原审诉讼请求的问题。所谓诉的预备性合并，是请求权人考虑到第一元（主位）请求有可能不获得认可，于是对于第二元（副位）请求，以主请求的认可作为其解除条件来预先提出审判申请至合并情形。当法院认可主位请求时，对于副位请求的审判则变得不再必要（与撤诉一样），当驳回主位请求时，法院则必须对副位请求予以审判。①

① 参见［日］新堂幸司：《新民事诉讼法》，林剑锋译，法律出版社2008年版，第521页。

对此，我们认为，该制度需要成熟的诉的相关理论铺垫，并和其他诉讼制度相配套，目前尚难以在司法解释中构建；在一审、二审没有确立该制度的情况下，在再审程序中更无法单独构建。基于法律关系性质或民事行为效力不同，导致当事人不得不变更或增加诉讼请求的问题，不属于再审发回重审的法定情形，不宜仅仅因此撤销原判，发回一审法院重审。再审要考量变更或增加的诉讼请求能否另诉，如果可以，则在再审裁判文书中予以说明不属于本次再审审理范围，可另诉救济；如果确实无法另诉，则要斟酌原审法院是否有不当释明等特殊情形，再考虑是否纳入再审审理范围。

关于能否另诉的判断标准，在于对重复起诉的界定。对此，本司法解释第二百四十七条规定构成重复起诉的条件："（一）后诉与前诉的当事人相同；（二）后诉与前诉的诉讼标的相同；（三）后诉与前诉的诉讼请求相同，或者后诉的诉讼请求实质上否定前诉裁判结果的。"按照这一条件，再审当事人变更或增加诉讼请求的，绝大部分案件可以另诉，不构成重复起诉，即使再审不将其纳入审理范围，也并未堵塞当事人的救济途径。再审对象是生效裁判，其所审理的基本事实一般限于原审法庭辩论结束前。因此，原审判决生效后产生新的事实和法律关系，往往符合另诉的条件，但如新证据等特殊情形无法另诉，仍应在再审中一并解决。

另外，抗诉再审及法院依职权再审的再审案件一般不适用本条第二款。例外的是，非申请抗诉或再审检察建议的当事人在本次再审前，亦已向法院申请再审或在前一次再审中提出过再审请求，但这样的情形在实践中比较少见。

理解本条还要注意以下问题：第一，再审审理范围是一个相当复杂的问题，本条只作原则性规定。第二，在再审审查中，由于再审事由是开启再审的"钥匙"，因而应当围绕当事人主张的再审事由进行；进入再审之后，原审裁判结果正确与否，当事人的再审请求能否得到支持，是再审裁判必须作出回应的问题。第三，进入再审后，被申请人及其他当事人有可能提出再审请求或抗辩，法院也有职权审查原裁判是否损害国家利益、社会公共利益以及他人合法权益的情形。因此，相比原裁判，再审裁判并不必然对再审申请人更为有利。第四，被申请人及其他当事人提出的再审请求也不能超出原审诉讼请求。第五，允许被申请人及其他当事人在再审中提出再审请求，有时会与其单独申请再审的级别管辖不一致，但就再审审理的级别管辖而言，与法律规定并不冲突。第六，当事人在再审中提出原审遗漏审理的诉讼请求，并未超出原审请求。按一审程序再审发现原审遗漏诉讼请求的，直接作出实体判决；按二审程序再审发现原审遗漏诉讼请求的，可以进行调解，调解不成的，发回重审。第七，再审不因双方当事人的同意而扩大审理范围，这与二审有所不同。再审不但解决双方原有的争议，还涉及对生效裁判的评价，即便双方当事人均同意一并解决新增加的争议问题，也不能因此扩大审理范围，并以此改变生效裁判。当然，如果是调解结案，那么可以将新的争议一并纳入。

【审判实践中应当注意的问题】

第一，当事人的再审请求超出原审诉讼请求的，合议庭可以进行调解，调解不成的，依法不予审理；第二，要注意区分被申请人的抗辩和再审请求，不能将抗辩作为再审请求予以裁判；第三，对于被申请人出于诉讼技巧考虑，明显不成立的再审请求，合议庭可以予以适度释明，引导其从抗辩角度进行主张；第四，对被申请人提出再审请求的情况应在裁判文书中予以说明；第五，再审中发现生效裁判损害国家利益、社会公共利益（以下简称“两益”）的，人民法院应依法改判，维护“两益”；第六，损害他人合法权益的，人民法院可根据具体情况，通过中止再审审理，将撤销之诉并入本案再审，裁定发回重审等方式处理；第七，当事人未对生效裁判的某些判项提出再审请求的，再审法院可不予审理。另外，关于被申请人被申请的再审请求有六个月申请再审期限的规定，最初起草条文时作为单独一条置于再审审查部分，后为减少条文数量将该内容增加至本条。2015 年出台的《最高人民法院关于民事审判监督程序严格依法适用指令再审和发回重审若干问题的规定》第七条对该问题作了不同规定，即并不要求被申请人的再审请求满足六个月申请再审期限的规定。尽管本解释于 2020 年、2022 年进行了两次修正，但由于这两次修正是专门针对民事诉讼法修正内容所作，并未涉及本解释的审判监督程序内容，故基于在后司法解释优先适用原则，也为了更好地平衡各方利益留有空间，实质化解矛盾，可不再对被申请人的再审请求进行期限限制。

【条文】

第四百零四条

再审审理期间，有下列情形之一的，可以裁定终结再审程序：

（一）再审申请人在再审期间撤回再审请求，人民法院准许的；

（二）再审申请人经传票传唤，无正当理由拒不到庭的，或者未经法庭许可中途退庭，按撤回再审请求处理的；

（三）人民检察院撤回抗诉的；

（四）有本解释第四百条第一项至第四项规定情形的。

因人民检察院提出抗诉裁定再审的案件，申请抗诉的当事人有前款规定的情形，且不损害国家利益、社会公共利益或者他人合法权益的，人民法院应当裁定终结再审程序。

再审程序终结后，人民法院裁定中止执行的原生效判决自动恢复执行。

【条文主旨】

本条是关于终结再审审理程序情形的规定。

【条文理解】

在一审、二审程序中，原告或上诉人撤诉或者应按撤诉情况处理的，法院裁定准许撤诉或者缺席判决；当事人不具有原告主体资格的，裁定驳回起诉；有民事诉讼法第一百五十四条[①]规定情形之一的，终结诉讼。在再审诉讼中，由于存在着一个已经生效的判决，对于撤回再审请求、不具有再审申请权等情况无法完全参照一审、二审程序的原则处理。对此，需要本条予以明确。一般情况下，再审都应开庭审理，如果当事人不依法参加庭审活动，势必造成法院查证和认证的困难，为审理案件设置一定障碍。尤其对启动再审程序的权利人而言，不依法参加庭审，等于放弃了通过开庭审理方式主张权利的机会，既是对自身权利的漠视，也是对审判程序严肃性和权威性的挑战。本条第一款根据再审审理的特殊性，对于可终结再审审理程序的情况分为四项：当事人撤回再审请求的，按撤回再审请求处理的，检察机关撤回抗诉的以及在再审审理中出现应当终结再审审查情形的。

对于本条第一款前两项，有意见认为，再审作为特殊的纠错程序，在依法启动后，不应允许当事人以诉讼行为使再审程序终止，进而使错误的裁判依然存在。我们认为，对当事人而言，诉讼的目的是解决纠纷，在当事人自愿终结诉讼的情况下，对其处分权应予尊重，而且这样处理也与一审、二审处理原则相一致。关于第三项检察机关撤回抗诉，有意见认为，对此可以作退卷处理，但在已经因抗诉启动再审的前提下，退卷结案不具有对外效力，无法以正式法律文书告知当事人；而将其作为终结再审的一种情形，则可以

---

① 第一百五十四条规定："有下列情形之一的，终结诉讼：（一）原告死亡，没有继承人，或者继承人放弃诉讼权利的；（二）被告死亡，没有遗产，也没有应当承担义务的人的；（三）离婚案件一方当事人死亡的；（四）追索赡养费、扶养费、抚养费以及解除收养关系案件的一方当事人死亡的。"

将终结裁定送达当事人，完结整个诉讼程序。第四项指引至本司法解释第四百条[①]的四种情形。这四种情形有可能是在进入再审之前就已经存在但未被发现的，对此予以终结，实际上是对不应裁定再审而再审后的补救；也有可能是进入再审之后才出现的，客观上没有必要作出再审判决或者依法不能作出再审判决的。需要说明的是，本司法解释第四百条关于终结审查的情形共有六项，但后两项情形只能专门适用于审查阶段的终结。其中，第四百条第五项在民事诉讼“三加一”框架下，一般是不会在再审审理阶段出现的，如果极个别案件因依职权再审导致不同法院同时对同一案件再审，那么裁定并案移送；再审审理阶段如果出现第六项情形，案件可以视为依职权再审，继续审理作出实体裁判，不应作终结裁定。对前四项情形的具体理解，可参考前文对第四百条的理解说明。需要说明的是，因上述情形需要终结再审，法院也应当对原审是否存在损害“两益”及他人合法权益的情形进行审查。

本条第二款是关于对当事人向检察院申请抗诉的再审案件进行终结的规定。该类案件的再审启动主体是检察院，从诉权角度而言，不存在当事人向人民法院申请撤回再审申请，也不存在按撤回再审申请处理的问题。因为当事人是向检察院申请抗诉，并没有向法院申请再审。但是，当抗诉再审案件出现第一款规定情形时，意味着申请抗诉的当事人放弃继续通过再审程序主张权利的意思表示，应与当事人申请再审案件所适用规则基本保持一致。逻辑上，申请抗诉的当事人并不会出现第一款第三项的内容，理解上自然不会出现歧义，为了文字简练，第二款并未再专门予以排除。

本条第三款规定了终结再审程序对执行行为的影响。当案件裁定再审时，有的依法不需要中止执行，有的已经执行完毕，有的尚未开始执行等。不管案件执行到了何种阶段，再审终结时，终结裁定的效力即覆盖原来中止执行的再审裁定，执行行为按执行程序的规定继续进行。适用确认调解协议和实现担保物权这两类特别程序所作的裁定，如果因当事人或案外人异议进入特殊救济程序而中止执行的，在该特殊救济程序终结后，两类案件的裁定也可自动恢复执行。

另外，人民法院依职权再审的案件，包括因采纳人民检察院再审检察建

---

① 第四百条规定：“再审申请审查期间，有下列情形之一的，裁定终结审查：（一）再审申请人死亡或者终止，无权利义务承继者或者权利义务承继者声明放弃再审申请的；（二）在给付之诉中，负有给付义务的被申请人死亡或者终止，无可供执行的财产，也没有应当承担义务的人的；（三）当事人达成和解协议且已履行完毕的，但当事人在和解协议中声明不放弃申请再审权利的除外；（四）他人未经授权以当事人名义申请再审的；（五）原审或者上一级人民法院已经裁定再审的。（六）有本解释第三百八十三条第一款规定情形的。”

议而裁定再审的案件，其前提是原判决确有错误，但也要区分有无申诉人或申请人的情形。如有，一般情况下可参照本条处理；能够查明案情，原判确实需要改判的，也可以作出再审判决。如无，则也应作出再审判决。

【审判实践中应当注意的问题】

第一，本条针对的是启动再审后的诉讼程序终结，与终结再审审查既有联系又有区别；第二，终结再审程序应当作为其他结案方式确实无法处理时的最后手段，对该类裁定救济途径有限，应当谨慎使用；第三，终结再审裁定的法律效果类似于维持原判，但对其不能再审，如果将确实不应终结的案件裁定终结，只能通过法院依职权撤销终结裁定，恢复再审审理。

【条文】

第四百零五条

人民法院经再审审理认为，原判决、裁定认定事实清楚、适用法律正确的，应予维持；原判决、裁定认定事实、适用法律虽有瑕疵，但裁判结果正确的，应当在再审判决、裁定中纠正瑕疵后予以维持。

原判决、裁定认定事实、适用法律错误，导致裁判结果错误的，应当依法改判、撤销或者变更。

【条文主旨】

本条是关于再审审理结果的规定。

【条文理解】

本条第一款与《审判监督程序解释》第二十六条规定一致，第二款为新增加的内容。起草该条文时，有人认为，民事诉讼法第一百七十七条第一款第一项已经明确规定：一审裁判认定事实清楚，适用法律正确的，二审裁判予以维持；本解释第三百三十二条规定："对一审裁判虽有瑕疵，但结果正确的，二审也予以维持。再审准用原审程序，再审裁判标准也可参照二审，没有必要再予以规定。"我们认为，再审对该问题单独规定还是有必要的：一是按一审程序再审的案件无法直接准用上述规定；二是对于已经生效的裁判，再审改判应当严于二审改判。

民事诉讼法第一百七十七条第一款第二项、第三项分别规定，原裁判认定事实错误的或者适用法律错误的，应当依法改判、撤销或者变更；原判决认定基本事实不清的，裁定撤销原判决，发回原审人民法院重审，或查清事实后改判。这与2012年民事诉讼法修改之前所有事实问题都可发回的规定不同，立法意在限制过多地以事实问题发回重审，即使事实不清，二审或再审法院能够查明的，也不应发回重审。所以，本条第二款除了规定依法改判外，还重点强调：再审如能认定原审"事实错误"则不能发回，只能改判；即便原审"事实不清"，也只有在无法查清事实的前提下，才能发回重审。另外，经再审裁定发回重审的具体情形，准用民事诉讼法第一百七十七条第一款第三项、第四项以及本司法解释第三百二十三条关于二审程序发回重审的规定。

有意见认为，在再审程序中，有必要规定维持原判的原因和理由，但是该原因和理由应当针对申请再审的事由加以论述，即只有在再审事由不能成立的情况下，才能够维持原判，否则，即应根据申请再审的请求作出相应的改判。这一观点的理由是：诉讼在本质上是人民法院对当事人请求的判断和回应，裁判本身受到请求的约束，也有义务对请求给予有效的回应，因此，再审裁判应当针对再审事由作出。我们认为，再审事由只是再审裁判的必要条件而不是充分条件，再审应当在对有关问题进行审理的基础上，独立得出再审裁判结果，再审事由成立并不必然导致再审改判，没有必要在再审事由与再审改判之间强行寻求统一。再审事由如果是独立于裁判结果而存在的，则此种再审事由就不可能作为判断原审裁判正确与否的依据，也就不可能成为改判或者维持标准的依据。即使再审事由是直接针对裁判理由的，但是由于裁判理由与裁判结果之间仍然具有相对独立的关系，故也不排除再审维持原判的可能。另外，再审事由的主要功能在于界定启动再审的标准，案件进入启动再审后，其审理范围并不受再审事由限制。综上，本条并未将再审事由与再审裁判结果相联系。

理解本条应注意以下问题：第一，坚持再审重在依法纠错和维护生效裁判权威原则，综合考量各种法定因素，平衡再审结果；第二，对于原审存在事实表述、法律引用、说理论证、文书制作以及一般性的程序违法等问题，但不影响案件处理结果的，可以认定为本条所规定的瑕疵；第三，再审不但要评判原审裁判的事实、说理等内容，还要判断原审裁判结果，综合这两方面，才能做出再审处理结论。

【审判实践中应当注意的问题】

第一，本条不涉及再审发回重审、调解等其他再审裁判方式，未涉及的裁判方式应适用本解释其他条文和《最高人民法院关于民事审判监督程序严格依法适用指令再审和发回重审若干问题的规定》；第二，立法已经明确规定了事实认定错误只能改判、撤销或者变更，不能为了达到发回重审的目的，将"事实错误"解释为"事实不清"，将一般事实解释为"基本事实"。

【条文】

第四百零六条

按照第二审程序再审的案件，人民法院经审理认为不符合民事诉讼法规定的起诉条件或者符合民事诉讼法第一百二十七条规定不予受理情形的，应当裁定撤销一、二审判决，驳回起诉。

【条文主旨】

本条是关于按二审程序再审裁定驳回起诉的规定。

【条文理解】

民事诉讼法第一百二十二条和一百二十七条分别从正反两方面，对案件受理条件作了规定；本司法解释第二百零八条在明确登记立案原则的同时又规定，立案后发现起诉不符合受理条件的，裁定驳回起诉；本司法解释第三百二十八条对在二审程序中驳回起诉作了规定。在再审阶段，尽管原审判决已经生效，但原审受理条件仍然是再审诉讼要件的重要内容，如果再审发现案件原本不应受理的，裁定撤销原审判决，驳回起诉。

理解本条注意以下几点：第一，党的十八届四中全会作出的《中共中央关于全面推进依法治国若干重大问题的决定》明确，“改革法院案件受理制度，变立案审查制为立案登记制”，本司法解释第二百零八条也作了相应规定，再审中对于原一审受理条件的审查也要符合上述精神和规定；第二，立法已经将管辖错误从再审事由中删除，本司法解释也将管辖异议裁定排除在再审对象之外，因此，如果在再审中发现一审法院管辖错误的，不应裁定驳回起诉，而应直接作出实体判决；第三，本条针对的是按二审程序再审的案件，按一审程序再审的案件直接适用一审裁定驳回起诉的规定。

【审判实践中应当注意的问题】

第一，驳回起诉的裁定虽然是裁定书，但事关当事人诉权，而且有的受理条件在法理上相当复杂，所以该类裁定书也要注重说理；第二，文书制作中不要遗漏撤销原一审、二审判决的内容。

【条文】

第四百零七条

人民法院对调解书裁定再审后，按照下列情形分别处理：

（一）当事人提出的调解违反自愿原则的事由不成立，且调解书的内容不违反法律强制性规定的，裁定驳回再审申请；

（二）人民检察院抗诉或者再审检察建议所主张的损害国家利益、社会公共利益的理由不成立的，裁定终结再审程序。

前款规定情形，人民法院裁定中止执行的调解书需要继续执行的，自动恢复执行。

【条文主旨】

本条是关于不应当裁定再审的调解书在再审程序中如何处理的规定。

【条文理解】

民事诉讼中，当事人之间达成调解协议，人民法院据此制作调解书，这是当事人意思自治，行使处分权的体现，一般应当予以尊重。对于例外情形，民事诉讼法第二百零八条规定："当事人对已经发生法律效力的调解书，提出证据证明调解违反自愿原则或者调解协议的内容违反法律的，可以申请再审。经人民法院审查属实的，应当再审。"该条实际上明确了对调解书的再审事由不同于判决书，不适用民事诉讼法第二百零七条规定的再审事由。同样，根据民事诉讼法第二百一十五条的规定，对调解书的检察监督也仅限于调解书为"两益"的情形。法律之所以如此规定，也是基于民事诉讼的基本理念，国家公权力尽量不要过多干预当事人处分自己权利而形成的调解书。需要注意的是，因虚假诉讼损害他人利益和正常司法秩序，为发挥法检打击虚假诉讼的合力，可以将因虚假诉讼而生成的调解书视为损害"两益"情形，检察机关因此提出检察监督的，人民法院应予受理。

本条起草时，有观点认为，在对调解书已经启动再审的情况下，如果调解不违反自愿原则，且调解书内容不违反法律强制性规定，应当判决驳回再审请求，维持调解书。我们认为，用判决书来维持调解书，缺乏法律依据。尤其难以解决的一个问题是，如果原调解书是在一审程序中作出的，则提起再审后也必然是按照第一审程序来进行再审，如果以再审判决来维持原一审调解书，就会出现该再审判决能否上诉的疑问。如果允许上诉，逻辑上解释不通，该调解书实际上并不存在法定被再审的情形，不应被再审，而且已经是一审生效的；如果不允许上诉，则违反按一审程序所作的再审判决可以上诉的法律规定。因此，经过权衡考量，我们采用裁定驳回再审申请这一方式，解决了上述问题。至于人民法院因检察机关对调解书监督而裁定再审的案件，经再审审理发现调解书不存在损害"两益"，也不存在虚假诉讼情形的，则裁定终结再审程序。

理解本条应注意以下几点：第一，“调解违反自愿原则”，通常是指调解协议的达成是受欺骗、重大误解或受强迫的结果，尤其是指法官强迫甚至恐吓调解，致使当事人违反本意作出让步的情形；第二，本条将民事诉讼法规定的“调解书内容违反法律规定”强调为“违反法律强制性规定”，包括违反法律管理性强制规定和效力性强制规定，这里的“法律”包括行政法规；第三，当事人对调解书申请再审，如果调解书损害“两益”的，可以认为违反法律强制性规定；第四，本条第二款与本司法解释第四百零六条关于终结再审程序恢复执行的表述略有差异，主要是考虑调解书的内容灵活多样，一概强调自动恢复执行显得不够精确；第五，发现调解书损害案外人合法权益的，可按照第三人撤销之诉或者案外人申请再审程序处理；第六，基于有限再审、再审终局理念，本司法解释较少涉及人民法院职权再审内容，但如人民法院依职权对调解书裁定再审后，发现该调解书不应被再审，应参照本条第一款第二项规定，终结再审程序。

【审判实践中应当注意的问题】

在适用本条来处理案件时，已经不必再对案件实体处理本身进行过多的考虑了，也就是说，本条规定本质上是一种程序性的处理方式。所以，应当注意在驳回再审申请裁定书中，重点叙述有关再审申请人提出的调解违反自愿原则或者违反法律强制性规定事由不成立的内容；在终结再审的裁定中，要对调解书不损害“两益”的情况作说明。另外，不需要专门在裁定主文中写明“恢复调解书的执行”的内容，符合本条规定的调解书的执行力是自动恢复的。

【条文】

第四百零八条

一审原告在再审审理程序中申请撤回起诉，经其他当事人同意，且不损害国家利益、社会公共利益、他人合法权益的，人民法院可以准许。裁定准许撤诉的，应当一并撤销原判决。

一审原告在再审审理程序中撤回起诉后重复起诉的，人民法院不予受理。

【条文主旨】

本条是关于再审审理程序中一审原告撤回起诉如何处理的规定。

【条文理解】

申请撤回起诉与申请撤回再审申请不同。撤回再审申请是撤回启动的再审程序，恢复到原审生效裁判状态，其主体为再审申请人。撤回起诉则是一审原告申请撤回最初提起的诉讼请求，其结果是导致诉自始不存在，法院对当事人的争议也没有任何裁判。本条所要解决的是一审原告在再审审理中申请撤回起诉时该如何处理的问题。

民事诉讼法第一百四十八条①及本司法解释相关条文对一审程序中原告撤诉作了规定。鉴于再审对象为生效判决，按一审程序再审原告撤回起诉不能完全适用一审，对此专门规定具有独立价值。本司法解释第三百三十六条②对二审程序中一审原告撤回起诉作了不同于一审的规定，其条件较为严苛，可以准用于按二审程序再审的案件，所以本条不再重复规定。本条包括以下两方面内容。

一是审理再审案件时是否允许原告撤回起诉。对此，在调研论证过程中，存在两种对立观点。一种观点认为，应规定一律不准许。因再审程序不同于原审，其是对错误裁判的纠正，是对仍然生效的裁判作出评判的程序。生效判决因存在法定错误情形才可以被撤销，不能因当事人撤回起诉，就使已经生效的判决归于消灭。准许原告撤回起诉，既浪费司法资源和其他当事人的诉讼成本，也使已经生效判决确定的社会秩序重新陷入不确定状态。另一种观点认为，应规定原则上允许原告撤回起诉，但可以通过限制条件来消除撤诉可能带来的弊端。我们认为，民事诉讼毕竟是当事人之间私权性质的争议，再审案件虽然与原审不同，但只要撤诉不侵犯公益和他人利益，法院没有必要干预；原告撤回起诉的原因或目的有很多，规定一律准许或不准许都可能存在一定的片面性。最终本司法解释采纳了后一种观点，在其他当事人同意，且不损害“两益”、他人合法权益的情况下，人民法院可以准许原告撤回起诉。

二是准许撤回起诉的处理方式及效力。由于准许撤回起诉后，当事人诉讼的基础完全丧失，双方的民事关系应回归到诉前的状态，因此，应裁定两项内容：准许撤回起诉；撤销原审全部判决。至于撤诉后，一审原告能否再

① 第一百四十八规定：“宣判前，原告申请撤诉的，是否准许，由人民法院裁定。人民法院裁定不准许撤诉的，原告经传票传唤，无正当理由拒不到庭的，可以缺席判决。”

② 第三百三十六条规定：“在第二审程序中，原审原告申请撤回起诉，经其他当事人同意，且不损害国家利益、社会公共利益、他人合法权益的，人民法院可以准许。准许撤诉的，应当一并裁定撤销一审裁判。原审原告在二审程序中撤回起诉后重复起诉的，人民法院不予受理。”

次起诉的问题，有人认为，只要条件符合，可以再次起诉；我们认为，如果允许再次起诉既对其他当事人不公平，也有违诉讼诚信，不能准许。

理解本条应当注意：第一，一审原告撤回起诉，即使符合本条规定的条件，人民法院也有权进行审查，不是必然裁定准许撤诉；第二，如果人民法院不准许一审原告撤回起诉，也应作出裁定；第三，撤诉后一审原告以有新的事实重新起诉的，要根据本解释第二百四十七条①规定审查是否构成重复起诉，如不构成，按新案件受理。

【审判实践中应当注意的问题】

第一，要注意再审申请人撤回再审请求和一审原告撤回起诉的区别，分别按不同程序处理；第二，其他当事人同意一审原告撤回起诉的，再审法院要向各方当事人释明裁定撤回起诉的法律效果；第三，对原告撤回起诉的，再审法院既要尊重当事人对其诉讼权利的处分，又使得原告的撤诉权受到公权力的一定制约；第四，是否准许原告撤回起诉，再审法院要结合案情考虑撤诉的动机是否正当，即使满足本条规定的条件，法院也可不予准许；第五，本条没有规定对调解书启动再审后，如何对待原告撤诉的问题，审判实践中，这种情况较少，但也可以参照判决的情况处理；第六，再审发回一审法院重审后，原告申请撤回起诉的，重审法院应当掌握比普通一审案件撤诉更严的标准。

【条文】

第四百零九条

当事人提交新的证据致使再审改判，因再审申请人或者申请检察监督当事人的过错未能在原审程序中及时举证，被申请人等当事人请求补偿其增加的交通、住宿、就餐、误工等必要费用的，人民法院应予支持。

【条文主旨】

本条是关于提交再审新证据的当事人补偿其他当事人必要费用的规定。

【条文理解】

本条吸收了《审判监督程序解释》第三十九条，并根据审判实践作了修改。

---

① 第二百四十七条规定："当事人就已经提起诉讼的事项在诉讼过程中或者裁判生效后再次起诉，同时符合下列条件的，构成重复起诉：（一）后诉与前诉的当事人相同；（二）后诉与前诉的诉讼标的相同；（三）后诉与前诉的诉讼请求相同，或者后诉的诉讼请求实质上否定前诉裁判结果。当事人重复起诉的，裁定不予受理；已经受理的，裁定驳回起诉，但法律司法解释另有规定的除外。"

将新证据作为启动再审程序的事由是为了让案件的法律真实与客观真实更加趋同，因此，民事诉讼法第二百零七条第一项规定："有新的证据，足以推翻原判决、裁定的"，人民法院应当再审。就举证期限而言，新证据都是未在原审规定的期限内提供的。因新证据再审打破了已经稳定的法律关系，给其他当事人增加了诉讼成本，因此，需要平衡各方当事人在再审程序中的利益。

在一审、二审程序中，民事诉讼法第六十八条规定了逾期提供证据的后果："……当事人逾期提供证据的，人民法院应当责令其说明理由；拒不说明理由或者理由不成立的，人民法院根据不同情形可以不予采纳该证据，或者采纳该证据但予以训诫、罚款。"这是从证据本身应否被采信以及对提供证据的当事人进行处罚的规定，但逾期提供证据给其他当事人所带来的直接的损失，应当如何弥补，法律并没有规定；本司法解释在证据部分规定，原审逾期提交证据造成其他当事人损失应予补偿；至再审阶段，在新证据这一事由成立而裁定再审的情况下，无法通过不予采纳证据的方式使在原审中逾期提供证据的当事人承担案件的不利后果。为此，本条从平等保护被申请人等当事人利益的角度，规定再审申请人应当补偿其他当事人必要费用，将其他当事人的这一程序性利益直接转化为实体性利益（尽管很多程序性利益最终都可能体现在实体性利益上，但本条规定更加直接、明确）。

理解本条要注意以下问题。

1. 本条的新证据包括但不限于作为再审事由的"新的证据"

有意见认为，根据本解释第三百八十六条规定，再审新证据包括：原审庭审结束前已经存在，因客观原因于庭审结束后才发现的；原审庭审结束前已经存在，因客观原因无法取得或者在规定的期限内不能提供的，在原审庭审结束后形成，无法据此另行提起诉讼的；以及原审法院对已经提供的证据应当质证采信而未予质证采信的。这些新证据情形都是因客观原因造成，因此不可能存在本条规定的因当事人"过错未能在原审中及时举证"的情形。我们认为，首先，再审审理中新的证据与作为再审事由的新的证据并完全不相同，两者在诉讼功能上有所差异。在申请再审阶段，主要解决的是什么是新的证据，该证据在何种情况下可以作为启动再审程序的依据。而在再审审理中，要解决的问题是原审定案时未出现或质证的证据能否作为再审定案的依据。其次，作为再审事由的新证据也可能存在当事人主观上的过错。在再审审查阶段，认定造成证据在原审庭审结束后新发现或新取得的原因属"客观原因"，在再审审理阶段，随着诉讼的进一步展开，该"客观原因"背后仍然可能存在主观过错。再次，在再审审查阶段所认定新证据的“客观原因”其实是“无过错”，但案件已经启动再审，也不能终结再审诉讼，只能作实体裁判，同时让提交该新证据的当事人承担费用。最后，在因其他事由启动再审后，法律并没有禁止当事人提交新的证据，而该新的证据很可能是因当事人过错未能在原审中及时举证的。因此，本条规定在司法实践中有适用的空间。

2. 作为再审事由的新证据并不必然导致再审改判

根据民事诉讼法第二百条的规定，新证据应当是“足以推翻原判决、裁定”，因此，一般而言，作为再审事由的新证据原则上可以作为再审改判的依据。但是并非所有新证据事由成立就必须对原判决、裁定予以改变。案件结果是由多方面的证据、事实和法律适用问题综合得出的，某一方面的因素并不一定直接对应案件的具体结果，也就并不必然导致案件结果的变更。新证据所证明的内容与案件裁判结果直接对应，那么就可得出“足以推翻原判决、裁定”的裁判结论；如果只对应某些不足以改变案件结果的事实，那么该新证据也就不“足以推翻原判决、裁定”所认定的事实，但裁判结论不变。另外，在再审审理中当事人提交的新证据也有可能导致再审改判。

3. 当事人在原审中不及时举证情况有多种

（1）该证据对本方当事人完全不利，当事人在原审中故意不提出该项证据。在此情况下，如果原审裁判对该当事人有利，则其自然不会再举出上述证据以申请再审；如果原审裁判就相关事实的认定对该当事人不利，那么即使再举出这一证据，只能进一步补强原审生效裁判的正确性，也就不符合推翻原裁判的法定要求。

（2）该证据对本方当事人大部分不利、小部分有利，当事人在原审诉讼过程中经过权衡，认为需要以不举证的方式追求较大的利益。在案件审结后，当事人又试图利用再审围绕“再审请求审理”的规则，在固定较大部分利益不再审的基础上，以因“客观原因”未能在原审及时举证，寻求对原审不利部分的再次审理和支持。对此，本司法解释第四百零三条和《最高人民法院关于民事审判监督程序严格依法适用指令再审和发回重审若干问题的规定》第七条允许对方当事人依法提出再审请求，使双方可平等地利用该证据；本条则从补偿费用的角度予以了规范。

（3）该证据对本方当事人有利，但如果举证，会给其他相关人员（如单位的实际经办人、诉讼代理人等）造成较大不利影响。在这种情况下，相关人员就有可能在原审中不举证。我们认为，这种情况就其实质而言，并不能认为不举证是该当事人的真实意思表示，该当事人对相关人员的选任有过错，但同时也可认为有一定的客观因素导致其无法及时举证。在此情况下，案件如果再审改判，那么其他当事人可根据本条规定，要求补偿必要费用。

【审判实践中应当注意的问题】

第一，其他当事人要求提交新证据的当事人补偿必要费用的，但这是作为诉讼费用处理的，再审裁判并不会超出原审诉讼请求；第二，要求补偿的当事人应当有相应的证据证明其支出交通、住宿、就餐、误工等必要费用；第三，人民法院支持当事人补偿必要费用请求的，应在裁定文书予以阐明，并在裁判主文后，作为案件受理费、鉴定费等的一项诉讼费用，载明由提供新证据的当事人负担；第四，因当事人在再审审理中提交新证据，其他当事人要求延长举证期限或给予一定质证时间的，人民法院应当准许，实践中往往采取给予其他当事人庭后一定时间内提交书面质证意见的做法；第五，检察机关调查取得的证据导致再审改判的，不适用本条规定；第六，其他当事人请求提交新证据的当事人赔偿损失的，可以另行诉讼解决，本条只涉及费用问题。

【条文】

第四百一十条

部分当事人到庭并达成调解协议，其他当事人未作出书面表示的，人民法院应当在判决中对该事实作出表述；调解协议内容不违反法律规定，且不损害其他当事人合法权益的，可以在判决主文中予以确认。

【条文主旨】

本条是关于在再审判决中确认调解协议内容的规定。

【条文理解】

民事诉讼调解制度是通过当事人自愿、合法地处分自己的实体权利，达成协议，解决争议的诉讼活动和结案方式。调解作为我国民事诉讼的一项基本原则和制度，贯穿于一审、二审和再审。判决是人民法院对民事案件实体问题所作的权威性判断，尽管审判和调解在行为方式、对象、法律文书的制作以及法律效力等方面有不同的特点，但从性质上讲是相同的，同属于人民法院行使审判权的活动。民事诉讼法将两者熔为一炉，铸成了我国特有的诉讼程序中的调审合一的框架。这一框架为本条以判决方式确定部分当事人调解协议的规定奠定了理论基础。

由于再审案件往往距离案件事实发生时间久远，联系查找当事人难度较大，法律关系和事实也多有变化，再审程序不但要面对原审，还要面对新情况、新问题。再审审理中，有多方当事人或者当事人一方有多人时，经常出现部分当事人到庭，部分当事人经合法送达后仍不到庭的，或者到庭的部分当事人达成调解协议，部分当事人未达成调解协议的情况。此类情况尤以担保案件主债务人不参加最为常见。对于调解协议内容如何确认，其在整个案件的审理和裁判范围内处于何种地位，长期以来困扰着再审审判实践。本条明确部分当事人达成调解协议的，法院应当全案判决，但是对调解的事实应当在判决书中表述，而且调解协议的内容可以在判决主文中予以确认。本条起草过程中对以下两个问题争议较大。

1. 如何对待达成调解协议的当事人反悔的问题

在本条征求意见过程中，有观点认为，本条可修改为：再审中部分当事人到庭达成调解协议的，可另行制作调解书，该调解书内容对相关方产生法律效力，并增加由再审申请人申请撤回再审申请，使再审案件消灭的内容。理由在于：一是对民事案件，无论采取什么方式结案，其最终目的是平息矛盾，化解纠纷，尤其是再审案件；二是如果将调解内容以判决形式确认，一旦当事人不服（包括参与调解的当事人反悔），必会引起上诉或是其他程序，使案件复杂化，违反诉讼经济原则。以上意见有一定道理，但终结再审程序，生效的仍然是原审判决，这样就会出现一个案件同时存在生效的调解书和原审判决，而调解书内容与再审判决不一致，产生以哪个文书为准的疑问。

还有观点认为，除了可以不制作调解书的特殊情况外，按照民事诉讼法第一百条、第一百零二条的规定，调解书送达前允许当事人反悔，调解书只有经双方当事人签收后才产生法律效力。而未到庭的当事人往往需要公告送达，这就意味着再审判决从作出到送达会存在一段较长的时间，增加了达成调解协议的当事人反悔及上诉的可能性。对此，有人认为，判决确认调解只是在形式上取得的统一，不能影响其中判决和调解两部分各自的根本性质，因此，达成调解协议的当事人签收民事判决书的，应当视为其签收了民事调解书，判决中关于调解协议的内容已经发生了既判力和强制力，此时达成调解协议的当事人再反悔的，不应予以支持。建议增加第二款："达成调解协议的当事人签收判决书后，该判决即发生法律效力。"

我们认为，既然调解协议内容已经成为判决内容，对于同一份判决，不能部分当事人没有上诉权，而另外的当事人有上诉权。如果是按一审程序再审的案件，当事人在上诉期内反悔的，很可能会提起上诉，但这是采取判决方式所无法避免的。在再审调解中，将当事人达成调解协议至判决生效的一段时期，作为当事人的“冷静期”，符合有限再审和维护再审裁判稳定性的立法本意。

2. 判决确认部分当事人达成的调解协议的内容与相关规定是否矛盾

本司法解释第一百四十八条第一款规定：“当事人自行和解或者调解达成协议后，请求人民法院按照和解协议或者调解协议的内容制作判决书的，人民法院不予准许。”该条是指所有当事人都达成调解协议的情况，与本条只有部分当事人达成调解协议的适用条件不一致。该条之所以规定不能制作判决书，主要是考虑到，如果允许则就会出现名为判决实为调解协议的文书，由此带来以下问题：一是如果是一审案件，那么当事人在签收判决书之后的上诉期内仍有权上诉，就可能借此破坏已经达成的调解协议内容；二是如果是二审案件，由于对判决可再审的事由有十三项，而对调解书可申请再审的情形仅限于违背自愿原则和违反法律规定，因此，判决被再审的可能性大于调解书；三是尽管调解书和判决在执行力上效力等同，但两者在证据效力和既判力上有所区别，不能混同。

本条强调的是部分再审案件的当事人达成调解协议，与本司法解释第一百四十八条规定所适用的前提条件不同；从一般性规范和特殊性规范的角度看，本条属审判监督程序中特殊规定，对再审案件优先适用。有人提出，为了原审和再审的统一，建议将该条改为：“部分当事人达成调解协议，且不损害其他当事人利益的，人民法院可以另行制作调解书，并在再审判决中撤销原判决的相关判项。”尽管该意见未被采纳，但本条“可以在判决主文中予以确认”属授权性规范，是为再审提供一种较为特殊的结案方式。对于某些按一审程序再审的案件，有必要的，审判实践也可以尝试另行制作调解书，并在再审判决的判项中明确相关内容按调解书执行。

【审判实践中应当注意的问题】

第一，有关调解的其他问题可参见本书调解部分内容；第二，如果法院需要以判决确认部分当事人达成调解协议内容的，应尽快制作判决书，撤销或变更原审相关判项，将调解协议内容增加为判项，维持原审其他判项；第三，如果是按一审程序再审的案件，根据本解释第二百四十四条①的规定，达成调解协议的当事人签收了判决书，其发生法律效力的时间不会因为其他

① 第二百四十四条规定：“可以上诉的判决书、裁定书不能同时送达双方当事人的，上诉期从各自收到判决书、裁定书之日起算。”

当事人的送达而受到影响；第四，按一审程序的再审中部分当事人达成调解协议并形成再审判决的，调解协议的当事人又提起上诉，如调解协议不违反法律规定和自愿原则的，二审应当以对该上诉请求不予支持。

【条文】

第四百一十一条

人民检察院依法对损害国家利益、社会公共利益的发生法律效力的判决、裁定、调解书提出抗诉，或者经人民检察院检察委员会讨论决定提出再审检察建议的，人民法院应予受理。

【条文主旨】

本条是关于检察机关依职权监督民事诉讼的规定。

【条文理解】

1. 关于2012年民事诉讼法修改时增加对损害公益调解书的监督的背景

2012年民事诉讼法修正时，在第二百零八条中增加了检察机关可对损害公益调解书进行监督的规定，因而出现了损害国家利益、社会公共利益监督的问题。该问题需回溯到2011年最高人民法院、最高人民检察院会签文件《民行法律监督意见》的起草。检察机关在起草上述会签文件时，曾试图规定人民检察院有权对侵害国家、集体或者他人利益的调解书以及违反自愿原则、内容违法的调解书等三类情形提起抗诉。最高人民法院在会商中指出，对于调解书是否违反自愿原则和法律强制性规定，一般需要进行实质审查和听取双方当事人意见后才能查清，应由人民法院对当事人的再审申请进行审查，以避免轻易抗诉而启动再审，使违背诚信原则的当事人止步于再审启动之前。特别是调解书违反自愿原则的，只有当事人自己知道；并且公权力对调解结案的案件也不宜干预过度。同时，考虑到检察机关法律监督的主要任务应为关注损害国家利益、社会公共利益的生效裁判，在会签文件时，最高人民法院同意检察机关可以对损害国家利益、社会公共利益的生效民事调解书提出抗诉。生效调解书违反自愿原则、调解协议内容违法及损害第三人利益的事由，不属于可抗诉范围，相关当事人和案外第三人可以向人民法院申请再审，寻求救济。立法机关根据《民行法律监督意见》的规定，在修改法律时，将有损国家利益、社会公共利益的民事调解书列入民事检察监督的范围。

2. 对民事诉讼法第二百一十五条中依职权监督的理解

启动再审的渠道欠规范和协调，是导致多头申请再审、多头处理的原因之一。在2012年民事诉讼法修正之前，当事人为了保护自己的权益，同时向法院和检察院递交申请书的情况时有发生。这种“两条腿走路”的规定，导致了审判监督程序的混乱，浪费了有限的司法资源。表现为：有的案件已经形成再审判决，检察机关针对原二审判决的抗诉书才移送至法院；经当事人申请而裁定再审的案件，已经调解或当事人已经撤诉，检察机关针对原二审判决的抗诉书才移送至法院；等等。如果法院经审查认为再审事由不存在，作出驳回再审申请裁定的同时，检察机关根据申诉而提出抗诉，则易使社会公众产生迷惑，导致司法秩序混乱。有学者建议，应规定当事人只有在经过法院再审审查被驳回或经法院审判维持原判之后才可依法向检察院申请抗诉，即实行“法院纠错先行，检察抗诉断后”的顺位模式①。有鉴于此，最高人民法院根据司法实践的情形，在2012年民事诉讼法修正中，正式向立法机关提出该意见。该模式与检察机关强调的“在穷尽审判监督救济渠道之后，再启动检察监督机制”的意见一致。立法机关也意识到规范申请再审以及有限再审时机已经相对成熟，故创造性地将几个问题结合起来，在2012年民事诉讼法第二百零九条中作出了规定。这一设计，对于审判监督程序的一个显著变化是明确了检察机关监督民事诉讼的顺位。同时，在法院以及检察院各处理一次后，当事人便不得再行使诉讼法意义上的程序性权利。

然而，在执行2012年民事诉讼法第二百零八条和第二百零九条的司法实践中，有关方面出现了不同的理解。有的认为，根据第二百零九条的措辞，其中规定的检察监督在后是给当事人使用的。也就是说，当事人可以在三种情形下向人民检察院申请检察建议或者抗诉，至于检察机关本身并不受“法院纠错先行”的限制，其可以适用第二百零八条，随时提出检察监督。我们认为，2012年修法的目的之一就是解决终审不终的问题，即在二审之外设置法院和检察院各过滤一次，最终不再向当事人提供程序性保护。至于第二百零八条中关于检察机关依职权监督的规定，应当限定在合理的范围内，否则第二百零九条的努力便会付之东流。②

3. 对国家利益、社会公共利益的理解

一般认为，国家利益就是指满足或者能够满足以国家生存发展为基础的

① 对此，曾有学者提出，在申请再审的程序得到规范和相对完善的前提下，依据“程序穷尽”的原则，主张存在这类再审事由的当事人都应该向法院提出过再审申请并已被驳回，检察院不宜就当事人未经这个阶段的案件根据实体性事由提起抗诉。参见王亚新：《民事审判监督制度整体的程序设计——以〈民事诉讼法修正案〉为出发点》，载《中国法学》2007年第5期。

② 宫鸣、姜伟、孙祥壮：《民事诉讼检察监督制度的改革和发展》，载《法律适用》2013年第4期。

各方面需要并且对国家在整体上具有好处的事物。比如，外交需要等。社会公共利益是指特定范围的广大公民所能享受的利益。

【审判实践中应当注意的问题】

第一，损害国家利益、社会公共利益是指损害了概括的、不特定多数人的利益。在 2015 年本司法解释的起草、调研中，有的人认为，执法不严、适用国家法律错误也属于本条内容。我们认为，损害国家利益、社会公共利益不应理解为“违反法律”或者“适用法律错误”。

第二，本条的适用没有“法院纠错先行”的限制，即抗诉或再审检察建议移送法院时，人民法院不必审查是否符合民事诉讼法第二百一十六条的要求。

第三，依照民事诉讼法第二百一十五条的规定，检察机关依职权监督的其他案件范围，还需根据司法实际在完善有限再审制度的方向继续探索。

【条文】

第四百一十二条

人民检察院对已经发生法律效力的判决以及不予受理、驳回起诉的裁定依法提出抗诉的，人民法院应予受理，但适用特别程序、督促程序、公示催告程序、破产程序以及解除婚姻关系的判决、裁定等不适用审判监督程序的判决、裁定除外。

【条文主旨】

本条是关于再审检察监督案件范围的规定。

【条文理解】

对可以进行再审的判决、裁定，并没有明确的法律规定。根据民事诉讼法和最高人民法院先前若干司法解释的规定，本司法解释的起草者对检察机关可以再审监督的案件范围作了梳理，进一步明确了检察机关可以对哪些判决和裁定进行监督，增加了司法实践的可操作性。

1. 不得进行再审检察监督的案件范围

虽然民事诉讼法规定对人民法院的生效裁判检察机关可以再审监督，但根据诉讼法原理，并非对人民法院作出的所有生效裁判均可再审监督。依案件的性质或者法律的规定不宜适用审判监督程序案件的生效裁判，当事人不得申请再审，检察机关也不适宜进行再审监督。因此，本条规定对人民法院发生法律效力的适用特别程序、督促程序、公示催告程序、破产程序以及解除婚姻关系的判决、裁定等，人民检察院不得进行再审监督。民事诉讼法第二百零九条明确规定，对解除婚姻关系的判决、调解书当事人不得申请再审，这是因为婚姻关系解除后即允许当事人另行结婚，进行再审将严重影响社会关系稳定，因此，人民检察院不得抗诉。适用特别程序、督促程序、公示催告程序、破产程序作出的判决、裁定，都是非讼程序的判决、裁定，不适用审判监督程序，这是民事诉讼法的基本原理。非讼程序的裁判发生错误的，都依单独程序进行救济，对此民事诉讼法和本司法解释有专门规定。因此，对非讼程序的裁判，当事人不得申请再审，人民检察院也不得进行再审监督。

2. 对人民法院生效裁定再审监督的范围

裁定是民事诉讼法对程序事项进行处理后使用的文书形式。裁定从其性质来讲，只涉及程序事项，不涉及当事人的实体权利，因此不具有既判力，一般不适用审判监督程序进行救济。但对于不予受理裁定、驳回起诉裁定，因为其产生的效果涉及当事人的基本诉权，有必要进行特别的保护，所以对上述两类裁定允许适用审判监督程序，检察机关可以进行再审监督。

从 2015 年起草司法解释时征求意见情况来看，多数单位同意本条规定。最高人民检察院对本条规定原则上同意，建议增加按自动撤回上诉处理的裁定。全国人大常委会法工委认为，“对不予受理、驳回起诉等裁定，当事人可以申请再审，人民检察院对其提出抗诉或者再审检察建议的，人民法院应当受理。对其他裁定如对管辖权有异议的裁定，是否可以申请再审，人民检察院对其提出抗诉或者再审检察建议的，人民法院是否应当受理，征求意见稿的上述规定没有明确，是否就不允许申请再审或者不予受理，这样规定是否妥当，建议进一步研究”。经与全国人大常委会法工委民法室沟通并研究，本条增加了“等”字，防止但书条款中列举不全。

【审判实践中应当注意的问题】

第一，关于管辖权异议的裁定。2007 年民事诉讼法修正时将管辖错误作为再审事由。2012 年民事诉讼法修正时，各界普遍认识到，管辖制度本质上是一种分配制度，过分强调管辖错误事由的其理论前提是“司法保护假定”，不利于司法公信力的确立。故在 2012 年修法过程中，立法机关删除了管辖错误再审事由。从立法本意以及本条的“等”字出发，可以排除管辖权异议裁定可以申请再审以及抗诉或提再审检察建议。

第二，关于视为自动撤回上诉处理的裁定。在起草本条时，是否应当排除该裁定，争议较多。根据本条的措辞，应当排除了该类裁定可以依法提出抗诉。

第三，根据本司法解释中审查抗诉以及再审检察建议条款的规定。不符合受理条件的，人民法院应当建议人民检察院撤回。人民检察院不撤回的，裁定不予受理抗诉或者函告不予受理再审检察建议。

【条文】

第四百一十三条

人民检察院依照民事诉讼法第二百一十六条第一款第三项规定对有明显错误的再审判决、裁定提出抗诉或者再审检察建议的，人民法院应予受理。

【条文主旨】

本条是关于检察机关监督再审裁判的规定。

【条文理解】

本条规定再审裁判的检察监督应当符合民事诉讼法第二百一十六条第一款第三项规定的“明显错误”条件，与仅适用民事诉讼法第二百一十五条指引至第二百零七条规定的再审事由不同。何为再审判决、裁定有“明显错误”，根据立法机关相关负责人在2012年民事诉讼法修正的磋商过程中的解释，对于再审裁判“明显错误的，当事人才可以找检察机关申诉，一般的错误就不应再进行检察监督了”。

经司法解释起草小组研究，对该条草案作了文字修改。主要理由有以下几方面。

第一，再审裁判与原生效判决属于不同性质的裁判，再审裁判是经过审判监督程序予以救济作出的，不论是因当事人申请、检察机关监督还是法院依职权进行再审，比原生效判决已经多了一道再审程序，再次予以再审必须更加谨慎，以维护裁判权威和社会关系稳定。

第二，根据民事诉讼法第二百一十六条第一款第三项的规定，当事人申请对再审检察监督的条件是“再审判决、裁定有明显错误”，因此，检察机关只能对有明显错误的再审裁判提出检察监督。

第三，2012年民事诉讼法修正时建立了“三加一”的民事诉讼终结机制，即一审、二审以及申请再审，加上申请检察监督，就是了为解决反复再审造成案件久拖不决的问题，这也是党的十八届四中全会提出的再审程序重在解决依法纠错、维护裁判权威的要求，对再审裁判进行再审监督应采取更为严格的标准，既符合立法精神，又符合《中共中央关于全面推进依法治国若干重大问题的决定》的要求。

【审判实践中应当注意的问题】

检察机关对再审判决、裁定提出的抗诉和再审检察建议未指出明显错误的，即不符合受理条件，人民法院应当建议人民检察院撤回；人民检察院不撤回的，裁定不予受理抗诉或者将再审检察建议附函退回。

【条文】

第四百一十四条

地方各级人民检察院依当事人的申请对生效判决、裁定向同级人民法院提出再审检察建议，符合下列条件的，应予受理：

（一）再审检察建议书和原审当事人申请书及相关证据材料已经提交；

（二）建议再审的对象为依照民事诉讼法和本解释规定可以进行再审的判决、裁定；

（三）再审检察建议书列明该判决、裁定有民事诉讼法第二百一十五条第二款规定情形；

（四）符合民事诉讼法第二百一十六条第一款第一项、第二项规定情形；

（五）再审检察建议经该人民检察院检察委员会讨论决定。

不符合前款规定的，人民法院可以建议人民检察院予以补正或者撤回；不予补正或者撤回的，应当函告人民检察院不予受理。

【条文主旨】

本条是关于再审检察建议如何审查受理的规定。

【条文理解】

再审检察建议是2012年民事诉讼法中增加的新制度，其目的是加强同级检察机关对同级人民法院的监督。有的学者认为，立法过程中“同级抗诉”的观点催生了再审检察建议，这一制度既能增强监督的及时性，又能节约诉讼成本，可以减轻上级检察院的监督压力。

关于对再审检察建议的审查，根据本司法解释第四百一十五条对检察机关抗诉的审查程序必要性的介绍，对再审检察监督作一定的形式审查，也是同样必要的。结合《民行法律监督意见》第七条的规定，再审检察建议的使用有以下几点需要注意。

一是地方各级人民检察院可以使用。关于最高人民检察院是否能够使用没有规定。民事诉讼法第二百一十五条第二款也没有明确规定。

二是采用再审检察建议之前需要经过检察委员会讨论决定。由于再审检察建议是同级检察机关监督同级人民法院，本条沿袭了《民行法律监督意见》第七条的规定，要求再审检察建议需经过该院检察委员会研究决定后才能提出。作此规定，主要是考虑到再审检察建议提出的慎重性，其不能被滥用，一旦被滥用，就有可能损害司法秩序，影响另一方当事人及时实现其民事权利。

三是函告检察机关不予受理。由于再审检察建议定位为改进工作的建议，回复检察机关应当采用书面形式。同时，由于再审检察建议与抗诉能够产生再审的效果不同，经审查检察建议不符合形式要件时，区别于人民法院使用裁定书不予受理抗诉，对于人民检察院不予补正或者不予撤回再审检察建议的，人民法院可以使用函的形式告知相关检察机关。

此外，本条中关于提交的必要材料包括：再审检察建议书、原审当事人的申请书以及相关证据材料；建议再审对象为可以进行再审的判决、裁定，即本司法解释第四百一十二条规定的范围；列明了法定再审事由以及符合民事诉讼法第二百一十六条第一款第一项、第二项规定的“法院纠错先行”等条件。更为具体的论述，可参见本司法解释第四百一十五条关于抗诉审查条件的理解与适用。

【审判实践中应当注意的问题】

第一，本条中的再审检察建议意在启动再审，与民事诉讼法第二百一十五条第三款中的其他检察建议不同。

第二，本条仅就再审检察建议的形式审查作了规定，并不是为其设置了门槛。对于如何审查再审检察建议，审查之后如何回复人民检察院，以及如何启动再审，可参见本司法解释第四百一十七条的规定，即按照人民法院依职权发现原生效判决确有错误的办理方法，依法予以处理。

【条文】

第四百一十五条

人民检察院依当事人的申请对生效判决、裁定提出抗诉，符合下列条件的，人民法院应当在三十日内裁定再审：

（一）抗诉书和原审当事人申请书及相关证据材料已经提交；

（二）抗诉对象为依照民事诉讼法和本解释规定可以进行再审的判决、裁定；

（三）抗诉书列明该判决、裁定有民事诉讼法第二百一十五条第一款规定情形；

（四）符合民事诉讼法第二百一十六条第一款第一项、第二项规定情形。

不符合前款规定的，人民法院可以建议人民检察院予以补正或者撤回；不予补正或者撤回的，人民法院可以裁定不予受理。

【条文主旨】

本条是关于人民法院在收到抗诉书之日起三十日内作出再审裁定的情况的规定。

【条文理解】

民事诉讼法第二百一十五条、第二百一十六条的规定加强了检察机关对人民法院生效民事裁判的法律监督，同时也对检察监督进行了程序化改进，主要表现为三点：一是扩大检察监督范围，检察机关有权对损害国家利益和社会公共利益的民事调解书实施法律监督；二是增加检察监督方式，规定检察机关可以采用抗诉、再审检察建议等方式实现法律监督；三是理顺了当事人申请再审与检察监督程序的关系，并赋予检察机关在履行法律监督职责时有调查核实证据的权力。民事诉讼法第二百一十八条规定："人民检察院提出抗诉的案件，接受抗诉的人民法院应当自收到抗诉书之日起三十日内作出再审的裁定……"对于"三十日内作出再审的裁定"，司法实践中主要存在两种认识：一种观点认为，该规定作了相对较短的期限限制，目的是防止接受抗诉的人民法院拖延，不及时作出再审的裁定；另一种观点认为，该规定除有督促人民法院尽快裁定再审之意外，还包含接受抗诉的人民法院应审查抗诉是否符合形式要件之立法本意，抗诉符合形式要件的，应在该期限内作出再审的裁定。从以前的司法实践看，全国各级法院对于大多数抗诉案件进行了审查，可见后一种观点是司法实践的主流。2012年4月9日，最高人民法院发布了指导案例7号牡丹江市宏阁建筑安装有限责任公司诉牡丹江市华隆房地产开发有限责任公司、张继增建设工程施工合同纠纷案，该指导案例从立法本意出发，肯定了司法实践中的主流做法，明确了三十日内人民法院需作必要的形式审查。

从2015年本司法解释征求意见情况看，对抗诉案件进行审查，多数单位无不同意见。检察机关建议修改为"人民检察院提出抗诉的案件，人民法院应当依法受理，并在收到抗诉之日起三十日内作出再审裁定。不属于本院管辖的，应当将案件退回人民检察院"。考虑到各方意见基本一致，条文仅作了一定文字调整。可见，人民检察院对生效裁判提出抗诉是其履行法律监督职责，启动再审的重要方式。但一般观点也认为，检察监督应当依法开展，按照民事诉讼法规定的程序和条件进行，不能随意而为。根据本条规定，人民法院接受检察机关的抗诉后，在法定的期限内主要应审查以下四项内容。

第一，审查抗诉是否有必要的材料。检察机关提出抗诉的，移送的抗诉卷宗内除了抗诉书之外，还应当包括当事人的申请书、相关证据材料等。相关证据材料主要是指对应于抗诉事由的重要证据，如以基本事实缺乏证据证明事由抗诉的，需提交支持其再审请求的主要证据；以新证据事由抗诉的，需提交新证据等材料。从目前的司法实践看，还需要提交原生效裁判文书。之所以需要提交原生效裁判文书，是因为需要参照原审生效裁判文书列明的当事人的基本情况，否则仅参考抗诉书列明的当事人，再审裁定书可能会出现漏列原审裁判当事人情况的笔误。

第二，审查抗诉的裁判是否具有可抗诉性。本司法解释第四百一十二条规定了可以成为抗诉对象的裁判类型。一般来讲，有诉的内容的判决、裁定，才可以通过再审程序纠错，检察机关也因此才可以抗诉；或者说，民事诉讼法赋予当事人上诉权的判决、裁定，检察机关才可以抗诉。这也是最高人民法院在指导案例7号中对检察机关的抗诉“不予受理”或“没有法律依据”秉承的法理。

第三，审查抗诉书中是否援引法定再审事由。根据民事诉讼法第二百一十五条第一款的规定，对生效判决、裁定抗诉的，需指出有该法第二百零七条规定情形之一；对调解书抗诉或提出再审检察建议的，需指出有损害国家利益、社会公共利益的情形，并按照本司法解释第四百一十三条的规定办理。

第四，审查该案是否已经法院裁定驳回或者逾期对再审申请作出裁定。根据民事诉讼法“法院纠错先行，检察监督在后”的精神，检察机关对民事诉讼的监督居于后位，意在理顺纠错的顺位，强化法院自身纠错的有效性。当然，当事人对于法院纠错不服，仍有诉求的，申请检察院再行甄别，既可以督促法院有效、及时纠错，又可以给当事人提供额外的保护权益的机会。此处人民法院逾期未对再审申请作出裁定的，需结合民事诉讼法第二百一十一条第一款的规定予以判断，审查是否有特殊情况需要延长的情形。

上述四项条件的审查从性质上看是形式审查，如果检察机关移送而来的抗诉材料中缺乏其中之一的，人民法院一般应先行与抗诉的人民检察院沟通，建议其补正或者撤回。检察机关不予补正或者撤回的，接受抗诉的人民法院可以民事裁定书的形式，裁定不予受理。

【审判实践中应当注意的问题】

人民法院对抗诉案件的审查应属形式审查，至于抗诉理由是否应当支持，则是裁定再审之后的事。同时应当明确，抗诉权是检察机关的法律监督权，接受抗诉的人民法院一般应当裁定再审。审查不是为了限制检察机关的抗诉，而是为了减少和避免检察机关抗诉的随意性和差误，维护司法机关整体的公信力和权威。

【条文】

第四百一十六条

当事人的再审申请被上级人民法院裁定驳回后，人民检察院对原判决、裁定、调解书提出抗诉，抗诉事由符合民事诉讼法第二百零七条第一项至第五项规定情形之一的，受理抗诉的人民法院可以交由下一级人民法院再审。

【条文主旨】

本条是关于对抗诉案件指令再审的规定。

【条文理解】

本条是对民事诉讼法第二百一十八条规定所作的解释。民事诉讼法确立了民事案件救济"三加一"路线图，即当事人不服生效裁判的，可以先向人民法院申请再审，之后还可以向人民检察院申请检察建议或抗诉。这样，基本解决了"多头申诉、多头审查"的问题，使再审救济变得精准、有序和权威。一个民事案件最多经过司法机关四次处理，其诉讼程序一般就应彻底终结。根据民事诉讼法第二百零一十六条的规定，当事人申请检察监督必须存在以下情形之一：一是人民法院驳回再审申请的；二是人民法院逾期未对再审申请作出裁定的；三是再审判决、裁定有明显错误的。实践中，申请检察监督案件和因检察监督启动再审的案件以存在上述第一种情形的居多。这就意味着人民检察院或人民法院在处理大多数民事检察监督案件时，必然要面对如何看待之前人民法院对同一案件作出的驳回当事人再审申请裁定的问题。除当事人一方人数众多或者双方为公民的案件外，驳回裁定均由原生效裁判的上级法院作出，且要求有"本院认为"的说理内容，由此产生其将如何影响后续程序的疑问。本条仅就驳回裁定不影响上级法院将抗诉案件指令下一级法院再审作出规定，驳回裁定与再审裁判的关系在本司法解释第四百一十八条作了规定。

民事诉讼法第二百一十八条规定："人民检察院提出抗诉的案件，接受抗诉的人民法院应当自收到抗诉书之日起三十日内作出再审的裁定；有本法第二百零七条第一项至第五项规定情形之一的，可以交下一级人民法院再审，但经该下一级人民法院再审的除外。"本条部分内容与该法律条文有所重复，但本条的重点在于强调驳回当事人再审申请的裁定既不能成为抗诉对象，也不是作出驳回裁定的法院（即受理抗诉案件的法院）将抗诉案件指令下一级法院再审的法定障碍。理解本条应注意以下问题。

第一，一般情况下，前述民事诉讼法第二百一十六规定的情形是人民检察院提起抗诉的前置程序，实践中，又以当事人的再审申请被人民法院裁定驳回后，人民检察院提起抗诉的情况居多。根据民事诉讼法的规定，当事人人数众多或者当事人双方为公民的案件，当事人有权选择向原审法院申请再审，如果驳回裁定是由原审法院作出的，就指令再审而言，不需要特别规定。因为该驳回裁定不是上级法院作出的，上级法院在决定是否指令时，不需要考虑驳回裁定的问题。为消除该上级法院在对抗诉案件决定提审或指令再审的不当顾虑，条文指明驳回裁定是该上级法院作出的，也不影响其将案件交由下一级法院再审；本司法解释第四百一十八条规定，驳回裁定不影响抗诉案件的再审，也从再审审理和裁判角度回应了已经裁定驳回的案件可以指令再审的规定。

第二，驳回当事人再审申请裁定不能成为抗诉对象。民事诉讼法规定能够成为抗诉对象的是发生法律效力的判决和裁定，这里的判决、裁定不包括驳回当事人再审申请的裁定（关于可抗诉的裁判类型请参阅前文对本解释第四百一十四条的解读）。驳回当事人再审申请裁定既不是原审程序作出的生效裁判，也不是按原审程序进行审理作出的再审裁判。驳回当事人再审申请裁定最主要的功能是终结审查程序，而且当事人不能对原生效裁判申请再审；其对当事人的实体民事权利，并不产生既判力和执行力，不能成为抗诉对象。即使原生效裁判存在应予再审的情形，人民检察院通过对原审裁判提起抗诉，也能达到监督和纠错的目的，无须再对驳回裁定进行再审。因此，《民行法律监督意见》第八条规定："人民法院裁定驳回再审申请后，当事人又向人民检察院申诉的，人民检察院对驳回再审申请的裁定不应当提出抗诉……"

第三，驳回当事人再审申请裁定不是指令下一级法院再审的法定障碍。民事诉讼法第二百一十八条规定了上级法院不得将抗诉案件指令下一级法院再审的两种情形：一是没有该法第二百条第一款第一项至第五项再审事由的；二是抗诉对象为经该下一级法院再审作出的裁判。也就是说，抗诉事由为事实类的，或者包含事实类的“复合事由”，以及对一审、二审生效裁判的抗诉，上级法院可以根据需要决定提审或指令再审。包含事实类再审事由的案件，更多依靠下级法院发现事实、查清事实，是各国诉讼法的普遍做法，也是2007年民事诉讼法修正、再审事由法定化的成果。一级法院再审一次原则是多年来审判实践的努力，2012年修改民事诉讼法时将该原则上升为法律，明确规定已经下一级法院再审的案件不得指令原审法院再审。显然，立法没有将驳回当事人再审申请裁定视为指令再审的障碍。

起草本条时，有意见认为，上级法院指令下一级法院再审的，在指令再审裁定中应撤销本院的驳回当事人再审申请裁定。我们认为，这一方案实际上认可了驳回当事人再审申请裁定是下级法院再审的法定障碍，这与驳回当事人再审申请裁定的基本属性不符。如果驳回当事人再审申请裁定是障碍，就意味着驳回当事人再审申请裁定对后续的再审也是障碍，那么原审法院依职权启动再审或因再审检察建议启动再审，又如何看待驳回当事人再审申请裁定呢？另外，在未对案件进行实体审理便撤销驳回当事人再审申请裁定，则略显草率。

【审判实践中应当注意的问题】

第一，相当多抗诉案件的抗诉事由不但有民事诉讼法第二百条零七第一至五项，还有第六至十三项规定的情形，形成所谓的“复合事由”，对此类案件，受理抗诉的上级法院仍可以指令下级法院再审；第二，民事诉讼法第二百一十一条规定最高人民法院和高级人民法院可以指定其他人民法院再审，第二百一十八条也没有限定“下一级法院”仅为原审法院，所以，如果确有必要，上级法院也可以指定其他与原审法院同级的人民法院再审；第三，尽管驳回当事人再审申请裁定不是指令再审的法定障碍，但上级法院受理抗诉案件后，可以将此作为酌定情形，并结合其他因素，决定是否提审。

【条文】

第四百一十七条

人民法院收到再审检察建议后，应当组成合议庭，在三个月内进行审查，发现原判决、裁定、调解书确有错误，需要再审的，依照民事诉讼法第二百零五条规定裁定再审，并通知当事人；经审查，决定不予再审的，应当书面回复人民检察院。

【条文主旨】

本条是关于办理再审检察建议的规定。

【条文理解】

再审检察建议是2012年民事诉讼法新增加的检察监督方式，在法律条文中仍然使用“检察建议”，名称上并未与民事诉讼法第二百一十五条第三款规定的改进工作性质的其他检察建议作出区分。在此之前，最高人民法院、最高人民检察院于2011年3月出台了《民行法律监督意见》，其中的一些规定在2012年民事诉讼法修改时得到了立法机关的采纳，但对检察建议和再审检察建议的区分，再审检察建议的具体办理程序等更细、更具操作性的规定，民事诉讼法没有进一步规定。《民行法律监督意见》代表了最高人民法院、最高人民检察院对再审检察建议有关问题的共识，本条规定也与其相一致，在其他新的规定出台前，《民行法律监督意见》也是司法实践中的重要依据。

理解本条应注意以下问题。

第一，人民法院应当对已经受理的再审检察建议进行实质审查（关于受理条件的形式审查可参阅前文对本司法解释第四百一十四条的解读）。根据民事诉讼法的规定，除了监督的检察院级别不同之外，当事人向检察院申请再审检察建议的条件与申请抗诉条件相同，人民检察院提出抗诉或再审检察建议的条件也相同，所以人民法院也应予以认真对待，严格按照程序进行审查。本条规定人民法院应当组成合议庭，并且在三个月内进行审查。审查中可以调阅原审卷宗，可以书面审查，确有必要的（如有新证据的）也可以询问当事人。这一点可以参照审查当事人再审申请案件。

第二，采纳再审检察建议以“确有错误”为标准。在本条草案征求意见中，有观点认为，是否采纳再审检察建议应以建议书指出的再审事由是否确实存在为准。我们认为，从民事诉讼法第二百一十五条第二款的规定看，该法第二百零七条规定的再审事由是检察院提出再审检察建议的标准（结合第二百一十六条规定，再审判决则应达到“明显错误”），其应当与法院采纳标准有所不同。从2021年最高人民检察院发布的《人民检察院民事诉讼监督规则》第八十一条、第八十三条规定看，提出再审检察建议主要为法律规定的十一项再审事由，一般不包括“法律适用确有错误”和“审判人员在审理该案件时有贪污受贿、徇私舞弊、枉法裁判行为”这两种再审事由，这两种事由主要由上级检察院以抗诉的方式提出。人民法院办理的再审检察建议是针对本院已经发生法律效力的裁判，根据民事诉讼法第二百零五条的规定，应当以法院依职权再审的“确有错误”为标准，并由院长提交审委会讨论决定再审。实践中，再审检察建议的采纳率不是很高，依法对检法两家的提出和采纳再审检察建议的标准作一区分，也有助于避免不同司法机关对同一案件结论的直接冲突。

第三，人民检察院一般不派员参加因采纳再审检察建议而再审案件的庭审。尽管再审检察建议是民事检察监督的方式之一，但在法院依照民事诉讼法第一百九十八条裁定再审后，该类再审案件属法院依职权再审的案件。民事诉讼法和《人民检察院民事诉讼监督规则》均只规定，对抗诉再审案件检察院应当派员出席法庭，没有规定检察院对再审检察建议案件有出庭的职责。对此，人民法院可灵活掌握，确实有必要让检察人员出庭的，可以提前沟通，要求其派员出庭。在有检察院调查收集案件有关证据需要出示的情况下，一般可要求检察院派员出庭；如果再审检察建议书已对证据有说明，人民法院也认为没必要由检察人员出庭说明的，合议庭可以将该证据直接交由双方当事人质证；检察院要求派员在法庭出示和说明其收集的证据的，合议庭应当准予。

第四，以裁定和其他书面方式结案。人民法院采纳再审检察建议的，将再审裁定发送当事人；不采纳的，以函等方式书面回复检察院。有意见认为，无论是否采纳，法院都应出裁定。我们认为，检察院提出再审检察建议后，法院依法对建议展开实质性审查，属于对本院裁判的内部复查。在不启动再审程序的情况下，只要书面回应检察院的监督即可，没有告知当事人的法定职责；如果采用裁定这种法定裁判文书，那就应当发送给当事人，但在不启动再审的情况下，发送裁定没有必要。另外，在审查期间，在没有保障对方当事人提出意见机会的情况下，一概采用裁定这一结案方式也有失程序上的正当性。

第五，抗诉可以成为再审检察建议的“二次监督”方式。有人认为，根据有限再审原则和民事诉讼法第二百一十六条设计的“三加一”权利救济路线图，检察院无论采取抗诉还是再审检察建议之后，依法不能再次提出要求法院再审的监督；还有意见认为，可以从再审事由的角度作出限制，“二次监督”的再审事由与前一次相同的，法院可以不予受理。我们认为，检察院“二次监督”的情形很复杂，包括二次抗诉、二次建议再审、先建议再抗诉或先抗诉再建议等，不能一概而论。一般而言，同一检察院只能提一次监督，但上级检察院应当可以再次监督。具体而言：（1）法律对上级检察院的第二次抗诉没有限制，法院应予受理；上级法院因检察院的抗诉，将案件指令原审法院再审后，因该上级法院并未对案件进行实体审理，原提出抗诉的检察院仍有权再次提出抗诉。（2）同一检察院对同一案件再次提出再审检察建议的，严格讲，法院对此可以不予受理，但不妨直接按前一次处理结果予以答复，这在形式上不易引起法检过大的分歧。（3）民事诉讼法第二百一十五条规定，检察院提出再审检察建议的，“并报上级人民检察院备案”，这就隐含了抗诉可以成为再审检察建议的再次监督手段。（4）法院对抗诉案件经审理作出再审裁判后，如果同级检察院再次提出再审检察建议的，法院应当尊重本院经再审审理程序作出的再审结论，直接以该结论回检察院。2021年《人民检察院民事诉讼监督规则》也与上述观点基本一致。当然，如果是对再审判决的“二次监督”，那么应当符合民事诉讼法第二百一十六条第一款第三项规定的“再审判决、裁定有明显错误的”这一法定标准。

【审判实践中应当注意的问题】

第一，对再审检察建议应当编立专门案号，可以编“民建”号，以与其他案件相区别；第二，答复检察院的复函可根据再审检察建议内容，有针对性地展开简要论述；第三，办理再审检察建议的期限为三个月，但可参照民事诉讼法对案件审限的规定，对疑难复杂案件通过扣除、延长审限，予以适当放宽；第四，人民法院要组成合议庭办理再审检察建议案件，无论是否采纳再审检察建议，均要有评议环节。

【条文】

第四百一十八条

人民法院审理因人民检察院抗诉或者检察建议裁定再审的案件，不受此前已经作出的驳回当事人再审申请裁定的影响。

【条文主旨】

本条是关于驳回当事人再审申请裁定对再审有无影响力的规定。

【条文理解】

2007年民事诉讼法修正时，将驳回当事人再审申请的文书由之前的通知书改为裁定，此后历次民事诉讼法修正中均未再修改。由此带来了一个新问题：驳回当事人再审申请裁定应当如何定性，其对后续诉讼程序有何影响？

1. 驳回裁定的法理属性及效力

第一，驳回裁定属于偏实体性的程序性裁定。一般而言，裁定是解决程序事项的，但程序性事项的具体内容仍然存在性质上的差异。其中，绝大部分程序性事项是针对诉讼程序过程中细节性程序问题的处理，并不影响实体结果，具有临时性和独立性，我们不妨称之为纯程序性事项；另外极少数程序性事项是基于当事人实体权利义务并影响诉讼进程的重大程序性内容，与案件的最终处理结果息息相关，我们称之为偏实体性事项，其裁定为偏实体性裁定。偏实体性裁定是以程序性手段侧面影响实体处理结果，以程序性处理结果评价当事人实体权利，其影响力已超出了仅解决程序性问题的范畴。该类裁定一经作出，即具有程序准入或程序终结的效力，如受理和不予受理裁定、驳回起诉裁定、不予执行裁定、驳回案外人异议裁定、再审裁定等。再审审查程序是当事人申请再审引发的法定程序，驳回再审申请裁定的功能不但在于终结再审审查程序，否定当事人再次开启实体审理程序的意愿，而且在一定程度上进一步强化了原生效裁判实体效力。因此，驳回裁定作为民事诉讼裁定的一种，在形式上是虽然表现为程序性的，在本质上却有一定的实体性。

第二，驳回裁定具有形式既判力，却不具有实质既判力。裁判的既判力作用一方面在于阻止当事人重复起诉，另一方面约束法院在后诉中不能作出与前诉相矛盾的裁判。裁判既判力可分为形式既判力和实质既判力。“每个裁判从一开始就不可声明不服或者以后变得不可声明不服，这样它就获得了所谓的形式（或者外在的）既判力。”“实质既判力的意思内容是内容的决定性，也就是其中宣布的对一方当事人主张的法律后果存在与不存在的认定在提出相同法律后果的任何程序中都有决定性，因此也称为确定效力。”① 可见，形式既判力的作用在于阻止本身成为上诉对象，实质既判力的其中一个作用在于约束后来裁判。从我国民事诉讼法未赋予当事人对驳回裁定享有上诉权或申请再审权看，驳回裁定一定程度上体现为形式既判力，却未获得实质既判力。这也与作出驳回裁定的再审审查程序只是整个审判监督程序中的阶段性程序特征相符，只有完全的诉讼程序所作的裁判才有可能获得完全的既判力。② 一个生效裁判既判力的排除需要通过再审予以重新开启程序，驳回裁定并未打开再审程序，如果说其具有完整的既判力是不可想象的。

第三，驳回裁定的说理内容不具有既判力。一般认为，既判力是针对裁判主文而言的，裁判的理由原则上不产生既判力。“有关请求妥当与否之纠纷，是当事人直接关注的对象，且属于应解决之纠纷，因此应当将有关请求之判断，与推导出这种判断的其他判断截然区分开来，后者只不过是得出前

---

① ［德］罗森贝克等：《德国民事诉讼法》，李大雪译，中国法制出版社 2007 年版，第 1143～1144 页。

② 基于同样理由，民事诉讼法中的特别程序等非讼程序所作的裁判不具有既判力，对其救济不能适用再审程序，只能通过法律规定的重新裁判等方式进行。

者的手段，在与其他请求之关系中，判决理由之判断是无意义的。”① 尽管我国判决对事实的认定内容可以作为另案证据，但并不能说该认定内容具有既判力，何况该认定的事实还可以在另案中被其他证据所推翻。如前所述，驳回裁定毕竟本质上是程序性的，其裁判主文并不具有实质既判力；对专门就实体问题作裁判的判决而言，判决理由并不具有既判力，举重明轻，驳回裁定的说理内容对后诉实体问题判断的影响显然更加小。如果说驳回裁定的说理部分能够对生效裁判的不当之处有所改进的话，最多也只是对瑕疵的弥补。

2. *以往司法实践中对驳回当事人再审申请裁定的认识*

自 2007 年民事诉讼法修正以来，司法实践中对驳回当事人再审申请裁定认识较为模糊，存有一定争议。2010 年 12 月，最高人民法院经本院审判委员会讨论，对《福建省高级人民法院关于人民法院对上级人民检察院的民事抗诉进行再审过程中，发现上级人民法院已经裁定驳回了当事人的再审申请，应如何处理问题的请示》作出了（2010）民监他字第 9 号复函：“上级法院裁定驳回当事人的再审申请后，检察机关又以相同的理由就原审生效裁判提起抗诉的，人民法院应当依法受理，受理后可裁定驳回当事人的申诉或判决维持原判，不应再指令作出原生效裁判的人民法院再审。”同日，最高人民法院对山东省高级人民法院就类似问题的请示作出（2010）民监他字第 8 号复函，重申了前一个答复函的内容，并指出：“如认为原判确有错误，应先裁定撤销原驳回裁定，然后依再审程序进行审判。”以上两答复函还强调，复函为个案处理答复，最高人民法院将就当事人再审申请问题继续调研，并最终以司法解释的方式予以规范。

尽管上述答复并未指明，如果当事人申请再审事由与抗诉事由不一致时，驳回当事人再审申请裁定将在多大程度上影响后续程序，但因绝大部分案件两者的事由基本或实质上相同，上述答复已经有相当的针对性。因此，为了避免上述情况的发生，司法实践中一般要求，上级法院在审查抗诉案件时，应当就本院是否已经驳回当事人再审申请的情况予以查询。如果发现存在本院驳回当事人再审申请裁定的，就应当提审抗诉案件。此后，2011 年《民行法律监督意见》第八条规定：“人民法院裁定驳回再审申请后，当事人又向人民检察院申诉的，人民检察院对驳回再审申请的裁定不应当提出抗诉。人民检察院经审查认为原生效判决、裁定、调解书符合抗诉条件的，应

① ［日］新堂幸司：《新民事诉讼法》，林剑锋译，法律出版社 2008 年版，第 484 页。

当提出抗诉。人民法院经审理查明，抗诉事由与被驳回的当事人申请再审事由实质相同的，可以判决维持原判。”尽管从文字表述看，“可以判决维持原判”表明“维持”是倡导性的，如果经再审审理查明原审确实应当改判的，也可不受驳回裁定限制予以改判，但这样的指引无疑导致下级法院的再审更倾向于作出维持的裁判。可以看出，在此期间，司法实践还是一定程度上认可了驳回当事人再审申请裁定对后续诉讼的影响力。

2012年民事诉讼法确立了“三加一”路线图后，上级法院在决定提审还是指令再审抗诉案件，下级法院在审理因抗诉、再审检察建议或依职权提起的再审案件时，遇到上级法院或本院驳回当事人再审申请裁定的情况越来越多。为此，亟须司法解释予以规范、明确。

有人认为，对已经有驳回当事人再审申请裁定且应当进入再审的检察监督案件一律由上级法院裁定提审，无论是否改判，在作出再审裁判时均不撤销驳回裁定；原审法院采纳再审检察建议或依职权提起再审的案件，报上级法院撤销驳回裁定。我们认为，这一方案看似在形式上避免了下级法院对上级法院驳回裁定的评价。但该方案的问题也是显而易见的：（1）民事诉讼法明确规定对再审裁判的抗诉不得指令再审，如果将存在驳回当事人再审申请裁定的抗诉案件也全部纳入提审范围的话，那就意味着几乎所有的抗诉案件都由上级法院再审。这不但使民事诉讼法第二百一十八条规定的对抗诉案件的指令再审制度虚置，而且加剧了该类案件数量的“倒三角”结构，加重了高级法院和最高人民法院的审判压力。（2）下级法院报请上级法院撤销驳回当事人再审申请裁定的做法，不但程序烦琐、效率低下，而且报请属内部程序，不应该过度影响当事人参与诉讼程序。对部分案件的报请，实质上是让上级法院审查下级检察院的再审检察建议，有违立法对该类案件级别管辖的规定。

3. 本条规定的必要性

在本条草案征求意见过程中，有人认为，应当删除，理由是下级法院不能对上级法院的驳回当事人再审申请裁定作评价。我们认为，法律已经规定了“三加一”路线图，在制度逻辑上已经明确了这一问题，再审无须涉及评价驳回当事人再审申请裁定。将驳回当事人再审申请裁定作为经另外途径启动再审和再审审理的障碍，主要还是观念问题。正是由于实践中有不当的认识，本条才有规定的必要；有了明确规定，才能在审判实务中为践行立法本意提供强有力的支持，减少依法裁判阻力。检察机关提出抗诉的，上级法院经审查应当依法裁定提审或指令再审；检察机关提出再审检察建议，原审法院依法独立作出是否启动再审的判断；上级法院和原审法院审理再审案件应独立对其实体问题作出裁判。以上情况均不受上级法院或本院驳回当事人再审申请裁定的影响。

理解本条规定还应注意以下问题。

第一，当事人申请检察监督的前提条件是存在民事诉讼法第二百一十六条规定的情形之一。这实际上是从法律规定层面明确了驳回当事人再审申请裁定仅仅具有终结审查程序的效力，并不具有实体裁判效力；再审对象只能是原生效裁判，而不包括驳回当事人再审申请裁定。否则，在对原生效裁判提起抗诉或再审检察建议的同时也应当对驳回当事人再审申请裁定提起抗诉。但对驳回当事人再审申请裁定提出抗诉或再审检察建议不但缺乏法律依据，也与法检两家长期以来的共识及司法实践相悖。因此，上级法院指令原审法院再审前应撤销本院驳回当事人再审申请裁定的观念、做法与法律规定及立法精神不符。

第二，审查申请再审案件的目标是判断是否存在法定的再审事由，以决定是否启动再审，一般不对原判是否确有错误作确定结论，这不同于根据民事诉讼法第一百一十五条依职权复查所作的结论；审理再审案件的目标是明确原判是否有错，是否有必要改判纠错，两者判断标准及功能不同。如果驳回当事人再审申请裁定使得下级法院无法再审改判，那么类似的问题也应存在于指令再审裁定，即原审法院对于上级法院指令再审的案件，除程序问题外，均应改判。事实上，原审法院对指令再审的案件有相当比例是维持的，其维持原判的做法不但符合法律规定，而且在司法实践中也鲜有争议。因此，如果案件已经依法进入再审程序，就不用再去纠结不进入再审程序的驳回当事人再审申请裁定，它已经不构成进入再审审理的障碍了。

第三，根据民事诉讼法的规定，裁定一般适用于程序性事项，而程序具有不可逆性，故对同一事项后程序作出的裁定不同于前程序的，后裁定的效力自然覆盖前裁定，往往不需要撤销前裁定。就对实体问题的说理定性而言，判决的效力自然强于裁定，故再审判决效力能够覆盖驳回当事人再审申请裁定。

【审判实践中应当注意的问题】

尽管从法律规定和法理上，驳回当事人再审申请裁定不应当对后续诉讼程序的实体裁判产生任何影响力，但上级法院的驳回当事人再审申请裁定对下级法院的法官，在心理上会产生或多或少的影响。在审理具体案件时，特别是一方当事人也将驳回当事人再审申请裁定作为支持其主张的依据时，或者在再审改判原审裁判的情况下，应尽量引用本条，并作一定的说理释明。另外，由于本司法解释没有专门对人民法院依职权再审进行规定，故该条内容亦应适用于职权再审的情形。

【条文】

第四百一十九条

人民法院开庭审理抗诉案件，应当在开庭三日前通知人民检察院、当事人和其他诉讼参与人。同级人民检察院或者提出抗诉的人民检察院应当派员出庭。

人民检察院因履行法律监督职责向当事人或者案外人调查核实的情况，应当向法庭提交并予以说明，由双方当事人进行质证。

【条文主旨】

本条是关于抗诉再审开庭相关事宜的规定。

【条文理解】

再审案件原则上一律开庭审理，以发挥庭审解决纠纷的重要作用。对于人民检察院依法向人民法院提出抗诉的案件，人民法院原则上应当开庭审理，并无例外。本条规定了抗诉案件开庭的一些具有特殊性的程序事宜，意在使开庭快速有效运作。本条实际包含了三层含义，即人民法院的开庭通知、检察机关派员出庭以及提交证据并作说明。

1. 人民法院的开庭通知

民事诉讼法第一百三十九条规定：“人民法院审理民事案件，应当在开庭三日前通知当事人和其他诉讼参与人。公开审理的，应当公告当事人姓名、案由和开庭的时间、地点。”根据该法第二百一十四条的规定，再审程序可以准用原审程序，通知原审当事人和其他诉讼参加人这层含义应该已经包括在内。但是，由于抗诉案件还应有检察机关派员出席庭审，故本条对此特别予以明确：准备开庭的人民法院应当在开庭三日前一并通知检察机关。

2. 出庭检察人员的具体任务

2001 年最高人民检察院发布的《人民检察院民事行政抗诉案件办案规则》第四十五条规定：“检察人员出席抗诉案件再审法庭的任务是：（一）宣读抗诉书；（二）发表出庭意见；（三）发现庭审活动违法的，向再审法院提出建议。”《民行法律监督意见》第十三条作了类似的规定，其与《人民检察院民事行政抗诉案件办案规则》规定的不同之处在于：一是人民检察院依职权调查收集的证据需在法庭上予以出示，人民法院不得代为出示；二是出示的证据包括有利于和不利于申诉人的证据，体现检察机关法律监督权的中立性；三是需对当事人提出的问题予以说明，只有经过质证的证据人民法院才能作为定案的根据；四是检察人员发现庭审活动违法的，应当待庭审结束或者休庭之后，向检察长报告，以人民检察院的名义提出检察建议。民事诉讼法第二百二十条延续了原有规定："人民检察院提出抗诉的案件，人民法院再审时，应当通知人民检察院派员出席法庭。"

根据调研我们还发现，个别地方法院、检察院达成协议，检察机关可以不派员出庭，由审判人员代为宣读抗诉书，以致多数案件检察机关出具"不派员出庭函"后，不再派员参加庭审。我们认为，这种做法是不妥当的。最高人民检察院《人民检察院民事诉讼监督规则》第九十四条第一款规定："人民检察院提出抗诉的案件，人民法院再审时，人民检察院应当派员出席法庭。"该规则第九十六条规定："检察人员出席再审法庭的任务是：（一）宣读抗诉书；（二）对人民检察院调查取得的证据予以出示和说明；（三）庭审结束时，经审判长许可，可以发表法律监督意见；（四）对法庭审理中违反诉讼程序的情况予以记录。检察人员发现庭审活动违法的，应当待休庭或者庭审结束之后，以人民检察院的名义提出检察建议。出庭检察人员应当全程参加庭审。"可见，法检两家对检察院派员出席抗诉案件再审法庭是有共识的。因而根据民事诉讼法第二百二十条规定，本条予以了解释，明确同级人民检察院或者提出抗诉的人民检察院应当派员出庭。

3. 关于出庭检察人员及其诉讼地位

人民法院再审抗诉案件时，无论是自行再审，还是指令再审，都应当通知人民检察院派员出庭。实践中，人民法院作出指令再审的案件，提出抗诉的人民检察院往往会委托与接受指令再审的法院同级的人民检察院出庭支持抗诉。另外，人民检察院派员出庭，并不影响原审当事人的诉讼地位。出席法庭的检察人员既不代表原告，也不代表被告，只是作为提出抗诉的一方。其席位常常被安排在申诉人一侧。

4. 关于检察机关出示、说明证据

《民行法律监督意见》赋予了检察机关依职权调查收集证据的职权，同时规定检察机关应对其依职权调查收集的证据在庭审中予以出示、说明，该行为属于对其抗诉监督正当性依据的展示和说明，不应视为检察机关参加法庭调查和质证。最高人民法院曾根据《民行法律监督意见》的精神，向立法机关建议人民检察院调查取得的证据应当提交法庭质证后方可作为定案的根据。我们认为，检察机关调查取得的证据需要作出说明，并交双方当事人质证。只有经过当事人质证的证据，才能作为定案根据。此规定在征求意见时，检察机关并无不同意见。

【审判实践中应当注意的问题】

第一，有限的调查核实权。《民行法律监督意见》第三条规定："人民检察院对于已经发生法律效力的判决、裁定、调解，有下列情形之一的，可以向当事人或者案外人调查核实：（一）可能损害国家利益、社会公共利益的；（二）民事诉讼的当事人或者行政诉讼的原告、第三人在原审中因客观原因不能自行收集证据，书面申请人民法院调查收集，人民法院应当调查收集而未调查收集的；（三）民事审判、行政诉讼活动违反法定程序，可能影响案件正确判决、裁定的。"该文件依然有效，故应当作为审判案件时的重要参考。

第二，关于退庭问题。在司法实践中，有些地方出庭检察人员在宣读抗诉书后，即向再审合议庭要求退庭，合议庭一般都准许；有的地方出庭检察人员宣读抗诉书后，或发表意见或不发表意见，一直至开庭完毕。本条对出庭检察人员何时退庭，未作明确规定，各地可以继续探索和总结经验。

【条文】

第四百二十条

必须共同进行诉讼的当事人因不能归责于本人或者其诉讼代理人的事由未参加诉讼的，可以根据民事诉讼法第二百零七条第八项规定，自知道或者应当知道之日起六个月内申请再审，但符合本解释第四百二十一条规定情形的除外。

人民法院因前款规定的当事人申请而裁定再审，按照第一审程序再审的，应当追加其为当事人，作出新的判决、裁定；按照第二审程序再审，经调解不能达成协议的，应当撤销原判决、裁定，发回重审，重审时应追加其为当事人。

【条文主旨】

本条是关于被遗漏的必要共同诉讼人申请再审的规定。

【条文理解】

本条明确未在执行程序中提出执行异议的被遗漏的必要共同诉讼人可以依据民事诉讼法第二百零七条第八项的规定申请再审，解决第三人撤销之诉制度和案外人申请再审制度难以救济此类被遗漏的必要共同诉讼人的问题。如果被遗漏的必要共同诉讼人已经在执行程序中提出执行异议，则应按照民事诉讼法第二百三十四条和本司法解释第四百二十一条的规定申请再审。

1. 规定本条的目的

根据民事诉讼法第五十九条的规定，有权提起第三人撤销之诉的第三人是该条第一款规定的有独立请求权的第三人和第二款规定的无独立请求权的第三人。根据民事诉讼法第二百三十四条的规定，案外人在执行程序中提出执行异议被裁定驳回后，才能申请再审。被遗漏的必要共同诉讼人未在裁判文书上列为当事人，虽然从形式上看是案外人，但其系与一方当事人具有共同诉讼标的、必须共同进行诉讼的主体，本应作为当事人参加到诉讼中来。考虑到被遗漏的必要共同诉讼人并非第三人，不能通过第三人撤销之诉获得救济；在裁判未进入执行程序或者不需强制执行时，其也难以依据民事诉讼法第二百三十四条的规定申请再审。为解决被遗漏的必要共同诉讼人救济程序问题，本条将其作为实质意义上的当事人，规定其可以依据民事诉讼法第二百零七条第八项的规定申请再审。

2. 被遗漏的必要共同诉讼人申请再审的条件

根据民事诉讼法第二百零七条第八项和本条的规定，被遗漏的必要共同诉讼人依据民事诉讼法第二百零七条第八项申请再审，应当符合下列条件。

（1）再审申请人系被遗漏的必要共同诉讼人。必要共同诉讼人对诉讼标的有共同的权利和义务，必须共同参加诉讼，一旦遗漏必要共同诉讼人，则诉为不合法。因此，再审申请人依据本条申请再审需提交初步证据证明其系被遗漏的必要共同诉讼人。

（2）再审申请人未参加诉讼系因不能归责于本人或者其诉讼代理人的事由。民事诉讼法第一百三十五条规定："必须共同进行诉讼的当事人没有参加诉讼的，人民法院应当通知其参加诉讼。"如果人民法院应当通知而未通知必要共同诉讼人参加诉讼，可能导致其对诉讼无从知晓，不能参加诉讼维护其合法权益，造成诉讼主体的缺失，不能对诉争权利义务作出正确的判断，有必要通过再审来保障被遗漏的必要共同诉讼人的程序和实体利益。如果再审申请人系因本人或者其诉讼代理人的故意或者过失，没有参加诉讼行使权利的，则不能在裁判生效后以没有参加诉讼为由申请再审。

（3）自知道或者应当知道之日起六个月内申请再审。民事诉讼法第二百一十二条规定："当事人申请再审，应当在判决、裁定发生法律效力后六个月内提出；有本法第二百零七条第一项、第三项、第十二项、第十三项规定情形的，自知道或者应当知道之日起六个月内提出。”该条未将民事诉讼法第二百零七条第八项作为特殊情形予以规定。而被遗漏的必要共同诉讼人因并未接到参加诉讼的通知，并不知道案件审理裁判情况，无法在裁判生效六个月内申请再审，有必要作出特别规定，应从其知道或者应当知道之日起六个月内申请再审。

（4）案件未进入执行程序。为避免与民事诉讼法第二百三十四条和本司法解释第四百二十一条规定的案外人对驳回其执行异议裁定不服对原判决、裁定、调解书申请再审的规定发生冲突，明确不同情形下的救济程序，本条将符合案外人申请再审条件的情况排除在外，即在执行程序中提出异议的案外人应当按照第二百三十四条及本司法解释第四百二十一条的规定行使案外人申请再审权利，故在第一款作出但书规定。案件一旦进入了执行程序，被遗漏的必要共同诉讼人则应当通过提出执行异议主张权利，执行异议被裁定驳回的，则应依据本司法解释第四百二十一条的规定申请再审。

3. 因被遗漏的必要共同诉讼人申请而启动再审的审理程序

根据本条第二款的规定，因被遗漏的必要共同诉讼人申请而启动再审的，依据所适用程序的不同，作出不同的处理。按照第一审程序再审的，应当直接追加其为当事人，对于诉讼争议进行重新审理，作出新的判决、裁定，当事人不服的可以上诉。按照第二审程序再审的，应当首先进行调解。经调解达成协议的，可以出具调解书；不能达成调解协议的，则应撤销一审、二审裁判，将案件发回原一审法院重审。重审时，应当追加该被遗漏的必要共同诉讼人为当事人。

【审判实践中应当注意的问题】

第一，关于本条与案外人申请再审的区分。区分二者的依据是案件是否进入执行程序。根据民事诉讼法第二百三十四条和本司法解释第四百二十一条的规定，案外人申请再审的前置程序是其执行异议被裁定驳回；本条规定的被遗漏的必要共同诉讼人申请再审并不以执行异议被裁定驳回为前提；如果案件已经进入执行程序，被遗漏的必要共同诉讼人提出执行异议被裁定驳回的，应当依据民事诉讼法第二百三十四条和本司法解释第四百二十一条的规定，自执行异议裁定送达之日起六个月内，向作出原判决、裁定、调解书的人民法院申请再审。如果案件未进入执行程序，被遗漏的必要共同诉讼人则可依据民事诉讼法第二百零七条第八项以及本条的规定，自知道或者应当知道生效裁判之日起六个月内申请再审。实践中如果发现案件已经进入执行程序的，应当告知再审申请人依据案外人申请再审的有关规定行使权利。

第二，关于本条与第三人撤销之诉的区分。区分二者的依据是提起主体是第三人还是被遗漏的必要共同诉讼人。依据民事诉讼法第五十九条第三款的规定，有权提起撤销之诉的是有独立请求权的第三人和无独立请求权的第三人。本条规定的申请再审主体是被遗漏的必要共同诉讼人。实践中应当根据提起撤销之诉或者再审申请主体诉讼地位的不同，指引其正确行使诉讼权利。

【条文】

第四百二十一条

根据民事诉讼法第二百三十四条规定，案外人对驳回其执行异议的裁定不服，认为原判决、裁定、调解书内容错误损害其民事权益的，可以自执行异议裁定送达之日起六个月内，向作出原判决、裁定、调解书的人民法院申请再审。

【条文主旨】

本条是关于案外人申请再审程序的规定。

【条文理解】

民事诉讼法第五十九条规定的第三人撤销之诉、第二百零七条第八项规定的遗漏必须参加诉讼的当事人以及第二百三十四条规定的案外人申请再审、执行异议之诉，分别从不同角度规定了数种案外第三人权利受损时的救济途径。这虽然可以充分保护案外第三人的合法权利，但是由于民事诉讼法缺乏对相近制度冲突时应当适用的规则的规定，故在司法实践中必须厘清各种制度之间的界限和分工，因此对上述各种制度的解释一直是本次司法解释修改中的重点和难点。

1. 民事诉讼法修改时的制度选择

在2012年民事诉讼法修正的过程中，如何设立案外人合法权利受到侵害时的救济制度，一直是各方面高度关注的问题。当时，对于案外人权利救济的调研，是与打击民事诉讼欺诈行为和净化民事诉讼秩序紧密相连的。根据全国人大常委会法工委在当时调研中的介绍，对案外人权利救济的主要观点有：一是主张由再审程序解决。对于不属于遗漏必须参加诉讼的当事人的案外人，赋予申请再审的权利。该方案提供的路径存在的主要问题是，救济的范围太窄，对于虚假诉讼、恶意诉讼打击力度不够。二是主张另诉解决。比如，德国、日本民事诉讼法在自然遮断理论下，与原先的生效裁判有利害关系的案外人，可以以原裁判的双方当事人为被告提起新的诉讼，若胜诉则后判自然遮断原判的效力并取而代之。但这会导致出现我国难以接受的一审裁判替代原二审裁判的现象。三是主张规定撤销之诉，即由案外人提出撤销原判的诉讼，该路径存在的主要问题是原裁判若被撤销后，案外人提出的新主张还需要新的诉讼予以进一步解决。在调研过程中，多数人认为应当进一步完善案外人权利救济制度，采纳案外人申请再审模式。由于案外人申请再审制度与案外人申请撤销之诉制度的内涵尚未完全界分清晰，故在多数意见主张建立案外人申请再审制度的同时，也有少部分意见主张建立案外人申请撤销之诉制度。不过，也有学者认为，三种救济路径并不是非此即彼。立法机关认为，以再审程序保护案外第三人利益存在以下问题：一是案外第三人并不能直接申请再审，仅能申请法院依职权再审；二是再审的条件较为严格、门槛太高；三是再审程序不能充分保护案外第三人的审级利益。[①] 最终，民事诉讼法确立了第三人撤销之诉。但是，2012 年民事诉讼法第二百二十七条中的案外人申请再审程序并没有删除。由于针对生效裁判，案外人、第三人权利救济路径二元化，同时又缺乏必要的冲突规则，因而，司法实践中产生了问题，亟待厘清。

2. 案外人申请再审与第三人撤销之诉的识别方法

民事诉讼法第二百三十四条规定，在执行过程中，案外人对执行标的提出书面异议，对人民法院驳回其异议的裁定不服，认为原判决、裁定错误的，依照审判监督程序办理。该条明确规定了此种情况下，案外人享有申请再审的权利。如果该案外人又符合民事诉讼法第五十九条关于第三人撤销之诉的条件的，案外人是适用第三人撤销之诉程序还是适用申请再审程序？

在 2015 年本司法解释起草和研究过程中，对此曾有不同观点。一种观点认为，在此情形下，应当赋予当事人选择权。主要理由是：第一，民事诉讼法于此情形下明确规定了第三人撤销之诉和案外人申请再审两种救济程序，都属于当事人的权利；第二，第三人撤销之诉与案外人申请再审是两种不同的程序，各有其程序利益，如何适用应由权利人自行选择。另一种观点认为，不宜由当事人选择，应当优先适用案外人申请再审程序。主要理由是：第一，第三人撤销之诉是一般性规定，民事诉讼法第二百三十四条规定的再审程序是特别规定，根据法律适用规则，特别规定应当优先于一般规定适用。第二，救济程序应当是有限的，原则上对同一情形只能适用同一救济

① 参见全国人大常委会法制工作委员会民法室编著：《〈中华人民共和国民事诉讼法〉释解与适用》，人民法院出版社 2012 年版，第 82 页。

程序。如果允许当事人选择，程序适用上将较为混乱，而且容易形成程序上的扯皮现象，反而不利于对案外人合法权益的保护。第三，案外人申请再审程序相比第三人撤销之诉程序，具有一次性解决纠纷的制度优势，有利于提高纠纷的效率。第四，从司法实践看，案外人知道其合法权益受到侵害往往多数发生在原裁判文书的执行环节，这也决定了案外人申请再审优先适用的合理性。在征求各地法院和专家学者意见时，多数意见也认为不宜由当事人选择适用程序，应当优先适用案外人申请再审程序。

2015 年本司法解释起草小组综合了两种意见，明确规定按照启动程序的先后，当事人只能选择相应的救济程序。如果案外人先启动执行异议程序的，对执行异议不服的，按照民事诉讼法第二百三十四条的规定救济；先启动第三人撤销之诉程序的，即使在执行程序中又提出执行异议，第三撤销之诉继续进行，当事人不能再按照民事诉讼法第二百三十四条规定申请再审，以提高诉讼效率，也便于当事人诉讼和法院审理案件。

3. 条文的具体内涵

一是案外人申请再审以案外人提出执行异议为前置条件。即案外人行使申请再审权利的，需要对人民法院的执行行为提出异议。只有在人民法院裁定驳回其执行异议后，该案外人仍不服，认为执行行为依据的原判决、裁定、调解书内容错误且损害其民事权益的，才可提出再审申请。

二是案外人申请再审的期限为六个月。根据民事诉讼法第二百三十四条的规定，案外人对执行异议裁定不服的，认为原裁判有错误的，依照审判监督程序处理。本条比照民事诉讼法审判监督程序第二百一十二条的规定，设定了申请再审的期限为六个月，自执行异议裁定送达之日起算。

三是案外人申请再审向原审人民法院提出。在设计案外人申请再审的管辖法院时，是完全按照民事诉讼法第二百零六条的规定上提一级管辖，还是由原审法院管辖，需要认真考量。由于民事诉讼法第五十九条规定的第三人撤销之诉规定由原审人民法院管辖，第三人撤销之诉是与案外人申请再审非常接近的救济程序，为了增强两个程序的可识别性，本条规定了案外人申请再审的，可以向原审人民法院提出。

【审判实践中应当注意的问题】

第一，本条规定的案外人申请再审程序，是案外人认为执行行为依据的裁判文书主文错误，而不是认为执行行为本身错误，要求予以救济。

第二，案外第三人只能就第三人撤销之诉与案外人申请再审择一而行。该当事人不能一条救济途径结束后，再走另一条途径寻求救济。

第三，原审人民法院应当注意查询。由于案外人申请再审和第三人撤销之诉均设定为由原审人民法院受理，为了避免重复立案处理，故应注意查询和识别。

第四，本条对案外人申请再审仅作了比较原则的规定，其他事项，如案外人提交再审申请书等材料、案外人申请再审的理由成立与否以及对案外人再审申请的审查处理等，依照人民法院对当事人申请再审的具体规定执行。至于案外人申请再审中的少数个性问题，应当运用民事诉讼的相应原则和原理，具体问题具体对待。

【条文】

第四百二十二条

根据民事诉讼法第二百三十四条规定，人民法院裁定再审后，案外人属于必要的共同诉讼当事人的，依照本解释第四百二十条第二款规定处理。

案外人不是必要的共同诉讼当事人的，人民法院仅审理原判决、裁定、调解书对其民事权益造成损害的内容。经审理，再审请求成立的，撤销或者改变原判决、裁定、调解书；再审请求不成立的，维持原判决、裁定、调解书。

【条文主旨】

本条是关于因案外人申请而裁定再审后处理的规定。

【条文理解】

案外人申请再审，人民法院裁定再审后，发现该案外人属于必要共同诉讼当事人的，本司法解释第四百二十条第二款规定："人民法院因前款规定的当事人申请而裁定再审，按照第一审程序再审的，应当追加其为当事人，作出新的判决、裁定；按照第二审程序再审，经调解不能达成协议的，应当撤销原判决、裁定，发回重审，重审时应追加其为当事人。"换言之，对于原审遗漏了必要共同诉讼当事人的，应当区分不同情形作出处理。如果本次再审是按一审程序进行的，那么应当追加该案外人为当事人，在追加当事人之后，继续进行审理，并作出新的裁判。如果本次再审是按二审程序进行的，则首先应当调解。经调解各方达成调解协议的，则以调解方式结案；经调解不能达成协议的，则应当裁定撤销原有的历次裁判，将案件发回原一审法院重审。原一审法院重审时，应当追加该案外人为当事人，查清事实后依法作出新的裁判。

经再审审理，人民法院认为该案外人不属于必要共同诉讼当事人的，则仅审理该案外人对原判决提出异议部分的合法性，也就是要查明原判的特定判项是否确实侵害了该案外人的权利，且该案外人无法提起新的诉讼解决争议。如果原判的某一判项确实侵害了该案外人权利，且该案外人无法提起新的诉讼解决的，应根据审理情况撤销原判决相关判项。撤销原判决相关判项的，应当告知案外人以及原审当事人可以提起新的诉讼解决相关争议。至于原判中不涉及案外人权利的判项，则应当维持。如果经再审确认原判并未侵害案外人的权利，则应当判决驳回该案外人的再审请求，同时维持原判。本条规定主要是总结了各地审判经验，对再审程序中可以解决的以及无法解决的问题，分别予以明确，为案外人寻求司法救济提供依据。

【审判实践中应当注意的问题】

第一，在再审过程中，案外人应当以再审申请人的身份参加诉讼，享有与其他诉讼当事人同样的诉讼权利，并承担同样的义务。

第二，具体开庭审理的诉辩顺序，可参照本司法解释第四百零二条第一款第三项的规定。

【条文】

第四百二十三条

本解释第三百三十八条规定适用于审判监督程序。

【条文主旨】

本条是关于再审程序准用二审程序自行宣判、委托宣判的规定。

【条文理解】

根据民事诉讼法第二百一十四条的规定，人民法院按照审判监督程序再审的案件，准用原审的相关规定，即原生效裁判是一审生效的，按照一审程序再审；原生效裁判是二审生效的或者上级人民法院提审的，按照二审程序再审。按照民事诉讼法基本原理，本司法解释中关于一审程序、二审程序的相关规定，再审审理时应予准用。本司法解释第三百三十八条规定："第二审人民法院宣告判决可以自行宣判，也可以委托原审人民法院或者当事人所在地人民法院代行宣判。"本条明确，上述宣判的规定，准用于按照二审程序再审的案件，再审法院可以自行宣判，也可以委托原审人民法院或者当事人所在地人民法院代行宣判。

上级人民法院委托宣判的，应当填写委托宣判函，并寄送相关人民法院。相关人民法院接到委托之后，宣判送达的，应当将送达回证寄送给上级人民法院。

【条文】

第四百二十四条

对小额诉讼案件的判决、裁定，当事人以民事诉讼法第二百零七条规定的事由向原审人民法院申请再审的，人民法院应当受理。申请再审事由成立的，应当裁定再审，组成合议庭进行审理。作出的再审判决、裁定，当事人不得上诉。

当事人以不应按小额诉讼案件审理为由向原审人民法院申请再审的，人民法院应当受理。理由成立的，应当裁定再审，组成合议庭审理。作出的再审判决、裁定，当事人可以上诉。

【条文主旨】

本条是关于小额案件裁判再审救济的规定。

【条文理解】

小额诉讼程序是民事诉讼法 2012 年修正时新增的内容，立法时仅用一条即第一百六十二条[①]规定了一定数额以下的简单民事案件实行一审终审，未明确该类案件发生错误时如何救济，是否适用再审程序。在 2015 年起草本条过程中，曾有三种方案：一是小额诉讼程序一审终审，不得上诉，当事人对判决不服的，可以向上一级人民法院提出异议申请；二是小额诉讼程序不得上诉，因而不应规定可以向上一级人民法院提出异议申请，但可以向原审人民法院提出再审申请；三是可以借鉴日本小额诉讼程序的纠错办法，由原审法院直接纠错。经讨论研究后，我们认为从我国民事诉讼法立法本意看，应当采用再审程序纠错。

就本条具体内涵而言，第一款基于申请再审的管辖法院无法律明确规定，故确定为原审人民法院；适用的再审事由仍然是民事诉讼法第二百零七条的十三项事由；根据小额诉讼程序设立初衷以及简便快捷的功能，采用一裁终局。

第二款是针对不应当适用小额诉讼程序而原审予以适用的案件，因其剥

---

① 对应 2021 年民事诉讼法第一百六十五条第一款，但作了相应修改。

夺了当事人的上诉权，属适用法律确有错误情形，当事人可以以此为由向原审人民法院申请再审，再审时应当按照普通民事案件的一审程序予以再审。对该类再审裁判，当事人可以提出上诉。

【审判实践中应当注意的问题】

小额案件申请再审需要提交再审申请书以及其他材料等，以及后续的审查和再审审理等，应当按照本司法解释关于审判监督程序的相关规定处理。

十九、督促程序

【条文】

第四百二十五条

两个以上人民法院都有管辖权的，债权人可以向其中一个基层人民法院申请支付令。

债权人向两个以上有管辖权的基层人民法院申请支付令的，由最先立案的人民法院管辖。

【条文主旨】

本条是关于管辖选择权和地域管辖问题的规定。

【条文理解】

本条是对民事诉讼法第三十六条在支付令申请管辖权方面的具体化。

根据民事诉讼法第二百二十一条“债权人请求债务人给付金钱、有价证券，符合下列条件的，可以向有管辖权的基层人民法院申请支付令”的规定，结合民事诉讼法相关司法解释，按督促程序审理案件的管辖问题有以下几个特点。

第一，只能由基层人民法院受理，中级以上人民法院不能受理申请支付令的案件。依据民事诉讼法第二百二十一条关于债权人“可以向有管辖权的基层人民法院申请支付令”的规定，从级别管辖来看，当事人申请支付令的法院应当是“有管辖权的基层人民法院”。关于中级人民法院能否适用督促程序的问题，最高人民法院于1993年11月9日对内蒙古自治区高级人民法院的复函中指出：“你院内高法（1993）51号关于中级人民法院能否适用督促程序的请示收悉。经研究，我们认为，督促程序是人民法院催促债务人向债权人履行债务的一种简便的程序，它只适用于债权债务关系明确，当事人又无争议的特定的债务案件。为使此类案件能够迅速得到解决，《中华人民共和国民事诉讼法》第一百八十九条第一款①的规定，债权人‘可以向有管

① 该处指1991年民事诉讼法，对应2021年民事诉讼法第二百二十一条第一款。

辖权的基层人民法院申请支付令’。据此，我们同意你院的意见，即中级人民法院适用督促程序是不符合《中华人民共和国民事诉讼法》规定的。”即最高人民法院认为中级人民法院是不能适用督促程序，尽管该复函目前已被废止，但从督促程序设置的目的来看，其是为了能够实现繁简分流，快速厘清小额的债权债务关系，该程序应当主要用于解决小额的债权债务关系，[①]据此，根据民事诉讼法及其司法解释的规定，应当只能由基层人民法院受理，中级以上人民法院不能受理申请支付令的案件。但海事法院根据海事诉讼特别程序法可以适用督促程序。[②]

第二，支付令是人民法院督促债务人履行债务，因此案件属于债务纠纷案件，应适用民事诉讼法第二十二条关于一般地域管辖的规定，由债务人住所地的基层人民法院管辖。债务人的住所地与经常居住地不一致的，由经常居住地基层人民法院管辖。如果债务人是法人或其他组织的，由法人或其他组织所在地的基层人民法院管辖。简而言之，我国债权人申请支付令的管辖为一般地域管辖，以“原告就被告”为原则。[③]

督促程序，是债权人通过人民法院督促债务人还债的程序。也就是说，债权人请求债务人给付金钱、有价证券，在双方没有其他债务纠纷、支付令能够送达债务人的前提下，可以向人民法院申请支付令。对于债权人来说，首先应明确向哪个法院申请；对于法院来说，当债权人申请支付令，首先应确定该不该本院受理，这就是督促程序的管辖问题。依照民事诉讼法第二百二十一条的规定，债权人“可以向有管辖权的基层人民法院申请支付令”，这里的“有管辖权”与本司法解释第四百三十八条中的“有管辖权”，就其本义而言是一致的。换言之，当事人所选择的法院是否有管辖权，应当援用民事诉讼法第二章第二节关于地域管辖的规定，视其债务的性质等具体情况而定。有人提出，民事诉讼法第二百二十一条规定的“有管辖权的基层人民法院”，并没有规定具体是指哪个人民法院。其实，这里无须具体指明，因为它是一种援引性的规定，至于是否有管辖权，应当依照民事诉讼法有关管辖的规定予以认定。那么，确定有无管辖权，应当援用哪些条款呢？本司法

---

① 参见王福华：《督促程序的属性、类型与程序保障》，载《当代法学》2014年第3期。

② 可参见海事诉讼特别程序法第九十九条：“债权人基于海事事由请求债务人给付金钱或者有价证券，符合《中华人民共和国民事诉讼法》有关规定的，可以向有管辖权的海事法院申请支付令。债务人是外国人、无国籍人、外国企业或者组织，但在中华人民共和国领域内有住所、代表机构或者分支机构并能够送达支付令的，债权人可以向有管辖权的海事法院申请支付令。”

③ 参见庞晓：《电子督促程序的管辖规则》，载《中国矿业大学学报（社会科学版）》2021年第23期。

解释第二十三条规定："债权人申请支付令，适用民事诉讼法第二十二条规定，由债务人住所地基层人民法院管辖。"一是因为债权人请求债务人给付的是金钱、有价证券，而且债权人与债务人没有其他债务纠纷，这样的债务事实清楚，关系简单，属于普通债务，所以应当适用一般地域管辖的条款；二是因为督促程序是非常简便、快捷的程序，管辖也宜简不宜繁，以避免或减少管辖争议、异议。债务人住所地，既便于当事人理解，也便于人民法院把握。总之，债权人请求公民给付金钱、有价证券的，由债务人住所地人民法院管辖；债务人住所地与经常居住地不一致的，由经常居住地人民法院管辖。债权人请求法人或者其他组织给付金钱、有价证券的，由债务人的主要营业地或主要办事机构所在地人民法院管辖。几个债务人住所地、经常居住地在两个以上人民法院辖区的，各该人民法院都有权接受支付令申请。本司法解释第四百三十一条第一款规定："债务人在收到支付令后，未在法定期间提出书面异议，而向其他人民法院起诉的，不影响支付令的效力。"这是因为支付令生效的条件只是债务人在收到支付令之日起十五日内不提出异议又不履行支付令。债务人不另行起诉并不是支付令生效的条件。即使债务人在收到支付令之前的支付令送达过程中向其他人民法院起诉，也不影响支付令的效力。

在国外立法中，有关规定也不是很一致。大部分国家以被申请人的"普通审判籍"所在地的法院来确定支付令申请的管辖。例如，《德国民事诉讼法》第 689 条第 2 款规定："督促程序案件专属于申请人的普通审判籍所在地的初级法院管辖。申请人在国内没有普通审判籍的，专属于柏林舒勒堡初级法院管辖。即使在其他法规中另行规定有专属管辖时，仍应按上述规定办理。"此外，为了方便督促程序的管辖，该法第 689 条第 3 款规定："州政府有权以法令的形式把一个或几个高级州法院辖区内的督促程序安排到一个初级法院；州政府可以以法令授权给州司法行政机关办理；几个州也可以超出州界而协议决定初级法院的管辖。"可见，德国督促程序的管辖以专属管辖为原则，以政府通过法令形式安排管辖为例外。

《法国民事诉讼法》第 1406 条第 1 款规定："有关收取债权的请求，视不同情况，向初审法院院长提出，或者是在商事法院管辖权限内，向商事法院院长提出。"该条第 2 款规定："有地域管辖权的法院是债务受到追索的债务人或诸债务人的住所地法院。"第 1 款是对支付指令程序案件管辖的专属的排他规定。第 2 款规定的是地域管辖权。此外，《法国民事诉讼法》不再要求债务人必须在法国有住所或者有已知的居所，只要他在法国有办事处或者可以居住的套房，就可以对他适用支付指令程序。从以上规定可以看出，法国支付指令程序专属于初审法院或商事法院，且对债务人在法国有住所的要求是宽泛的，并不必然要求其在国内有住所或居所。

日本的支付令申请管辖地有所不同，根据《日本民事诉讼法》第383条的规定："申请支付督促，向管辖债务人的普通审判籍所在地的简易法院书记官提出。对于以下各项所列的请求督促支付的申请，可以分别向管辖各项所规定的地区简易法院书记官提出：（1）对有事务所和营业所的人，与其事务所和营业所有关的业务请求：该事务所或营业所的所在地；（2）以票据或支票支付金钱的请求及与之附带的请求：票据或支票的支付地。"可见日本督促程序的管辖是专属的，不允许合意变更管辖。不论诉讼标的额的大小，一律属于简易法院职权管辖；在地域管辖上，督促程序属于债务人的"普通审判籍"所在地管辖，或者事务所或营业所所在地，或者票据或支票的支付地。

从我国支付令的司法实践看，在1991年民事诉讼法实行初期，由于立法不够明确，故在实践中也出现了一些问题。如北京市西城区人民法院所受理中国拆船总公司诉中国银行舟山支行一案中，中国拆船总公司向法院申请发支付令，要求中国银行舟山支行支付贷款。申请人没有向中国银行舟山支行所在地之基层人民法院提出申请，而是向北京市西城区人民法院申请，得到受理。结果，债务人提出异议而使督促程序终结。假使债务人不异议而致使支付令具有强制执行效力，则北京市西城区人民法院要承担强制执行的任务，而被执行人一方远在浙江，这样无形中给法院的执行造成了极大的困难。督促程序是关于给付请求的一种特殊诉讼程序，以简易迅速为特点，法院审查无须双方当事人到场，也无须调查取证，只要债务人确定，支付令可以送达债务人且其无异议即可。至于其他因素则可不问。如在民事诉讼法总则中的地域管辖里，根据案件的性质，考虑到调查取证及执行便利的问题，除规定以被告人住所地基层法院为有管辖权的法院外，还规定合同履行地、侵权行为地、保险标的物所在地等法院均有管辖权。而在督促程序中，不进行调查取证，只以被申请人的普通审判籍所在地确定管辖法院。民事诉讼法第二十三条也确认了这一点。根据以上理解，支付令申请的地域管辖为一般地域管辖，即只有债务人住所地基层人民法院有管辖权，且这种管辖为专属管辖，不允许债权人及债务人协议变更。

第三，共同债务人住所地、经常居住地不在同一基层人民法院辖区，各有关人民法院都有管辖权的，债权人可以向其中任何一个基层人民法院申请支付令；债权人向两个以上有管辖权的人民法院申请支付令的，由最先立案的人民法院管辖。

主要依据是民事诉讼法第三十六条的规定："两个以上人民法院都有管辖权的诉讼，原告可以向其中一个人民法院起诉；原告向两个以上有管辖权的人民法院起诉的，由最先立案的人民法院管辖。"共同债务人住所地、经常居住地不在同一基层人民法院辖区，各有关人民法院都有管辖权的，债权人可以向其中任何一个基层人民法院申请支付令；债权人向两个以上有管辖权的人民法院申请支付令的，由最先立案的人民法院管辖。

【审判实践中应当注意的问题】

第一，两个以上有管辖权的人民法院在受理支付令申请时，要结合本司法解释第三十六条的内容，即"两个以上人民法院都有管辖权的诉讼，先立案的人民法院不得将案件移送给另一个有管辖权的人民法院。人民法院在立案前发现其他有管辖权的人民法院已先立案的，不得重复立案；立案后发现其他有管辖权的人民法院已先立案的，裁定将案件移送给先立案的人民法院"。

第二，当人民法院受理支付令申请后发现本法院无管辖权时，应当如何处理？是驳回申请，还是移送管辖？民事诉讼法第三十七条关于移送管辖的规定："人民法院发现受理的案件不属于本院管辖的，应当移送有管辖权的法院，受移送的人民法院认为受移送的案件依照规定不属于本院管辖的，应当报请上级人民法院指定管辖，不得自行移送。"由于移送、报请、指定程序将花费大量时间，与督促程序简单便捷的特点不符，故移送管辖不应适用于督促程序。民事诉讼法第二百二十三条第一款的规定，"人民法院受理申请后，经审查债权人提供的事实、证据，对债权债务关系明确、合法的，应当在受理之日起十五日内向债务人发出支付令；申请不成立的，裁定予以驳回"，结合本司法解释第四百二十八条"人民法院受理申请后，由审判员一人进行审查。经审查，有下列情形之一的，裁定驳回申请……人民法院受理支付令申请后，发现不符合本解释规定的受理条件的，应当在受理之日起十五日内裁定驳回申请"的规定，人民法院无管辖权，应为申请不成立的情形之一。因此，我们认为，一旦受理申请的人民法院发现自己无管辖权，应当裁定驳回申请。

【条文】

第四百二十六条

人民法院收到债权人的支付令申请书后，认为申请书不符合要求的，可以通知债权人限期补正。人民法院应当自收到补正材料之日起五日内通知债权人是否受理。

【条文主旨】

本条是关于民事诉讼法对不符合要求的支付令申请书通知债权人限期补正的规定。

【条文理解】

本条是有关人民法院通知债权人补正支付令申请书的规定，对于债权债务关系本身满足支付令的发出条件，只是债权人的申请书不符合形式要求的情况，允许人民法院通知债权人限期补正申请书，以防止债权人的支付令申请因为申请书的轻微瑕疵被轻易驳回而导致督促程序终结。

关于申请书是否符合要求的审查，即本条中"认为申请书不符合要求的"，主要根据民事诉讼法第二百二十一条的规定进行审查，即"债权人请求债务人给付金钱、有价证券，符合下列条件的，可以向有管辖权的基层人民法院申请支付令：（一）债权人与债务人没有其他债务纠纷的；（二）支付令能够送达债务人的。申请书应当写明请求给付金钱或者有价证券的数量和所根据的事实、证据"。据此，在人民法院签发支付令前，需要对债权人的申请进行形式和内容上的审查。

1. 形式上的审查

支付令的签发依据的是债权人的申请，对债权人的申请应当作以下两方面的形式审查：一是是否符合一般民事诉讼要件，如当事人的诉讼能力和代理权限；二是是否符合支付令申请书的形式要件。

（1）支付令申请书的首部包括标题和当事人及其法定代理人的基本情况两部分。首先，标题应当居中写明"支付令申请书"。其次，当事人及其法定代理人的基本情况。应当写明申请人、被申请人的姓名、性别、出生年月日、民族、籍贯、职业或工作单位和职务、住址等。当事人是无民事行为能力或限制民事行为能力者，应写明其法定代理人；如果申请人、被申请人是法人或者其他组织的，应当写明单位、住所，法定代表人或代表人姓名、职务、电话，如果有委托人的，写明委托代理人的基本情况；委托人是律师的，可只写明其姓名、工作单位和职务，不必列写其他项目。

（2）正文部分是支付令申请书的核心内容，也是判断债权债务关系是否明确、合法的直接因素。根据民事诉讼法第二百二十一条第二款“申请书应当写明请求给付金钱或者有价证券的数量和所根据的事实、证据”的规定，支付令申请书应当写明请求事项和请求的事实及理由。具体包括：首先，在请求事项部分应当写明给付金钱、有价证券的种类和数量；其次，在事实和理由部分，还要详细写明提出支付令申请的事实和理由，其中债权的发生和存在是事实，债务人不偿还到期债务则是申请支付令的理由。

具体来说，事实与理由部分应当注意以下几点：一是要写明债权标的物是金钱还是有价证券，为有价证券的又要具体指明是何种有价证券，以及确定的数额，常见的有价证券包括汇票、本票、支票、股票、债券、国库券、可转让的存款单等种类。二是要写明债权发生的时间、地点、缘由以及约定的归还期限，这些内容是人民法院审查判断债权是否已到期的直接依据。三是要写明有无债权文书及是否存在争议，要说明申请人和被申请人没有其他债务纠纷，申请支付的标的物不存在互相折抵计算等问题。人民法院适用督促程序受理债权人的申请后，仅就债权人提供的事实、证据进行审查，无须传唤债务人和开庭审理。只要债权人提出支付令申请的程序合法，支付令申请书的证据充分，债权债务关系明确、合法，人民法院就可以发出支付令，要求债务人清偿债务。四是要说明债务到期后，申请人曾向被申请人追索，被申请人应当偿还且有偿还能力，但是被申请人不予偿还的经过。五是通过引用法律条文，作为提出申请的理由和依据。

（3）支付令申请书尾部包括结尾和附项两部分。结尾应当写明致送机关的名称，即要有向特定人民法院申请支付令的表述；同时，还应当包括申请人的签名或盖章，注明申请时间。附项应当写明债权文书复印件的份数所附书证或物证的名称、件数。

2. 内容上的审查

对于债权人的申请，人民法院除了对申请书进行形式上的审查之外，还需在内容上进一步审查，例如，是否符合督促程序的要件，债权人的申请在法律上是否正当等。因为申请内容只有符合督促程序的受理条件，才有可能达到迅速简便地解决债权债务纠纷、切实保护当事人的合法权益的目的。否则，滥用督促程序，不但会增加人民法院的工作负担，浪费人力、物力，而且还会给当事人造成两次讼累，亦不符合受理条件。内容上主要是从两个方面进行审查：债权人有没有对待给付义务；支付令能否送达债务人。两个要件必须同时具备，才可签发支付令，具体可以参见本司法解释第四百二十七条的内容。

关于债权人提出支付令申请的程序，各国法律规定有所差异。例如，同属大陆法系的法国和德国，两国在支付令开始的程序截然不同。德国的督促程序以当事人申请颁发督促决定开始。首先，申请或以书面形式递交法院，或以口头形式向初级法院的书记官提出，不必通知被申请人。申请书必须有亲笔签名，申请人必须使用表格，若申请是以口头的形式提出的，则由书记官填写表格。其次，申请应当包括《德国民事诉讼法》第690条第1款规定的全部内容。最后，还要说明对争讼程序有管辖权的法院。此外，申请书中可以同时提出在被申请人及时异议的情况下，案件即进入争讼程序的申请。对于申请的审查，除进行通常的诉讼要件审查外，法院依职权审查申请是否合法以及是否已经预交诉讼费用。但是法院对督促申请审查的仅仅是所称的请求权是否能够证明存在一定金额的支付。申请不符合法律规定的条件的，作驳回处理；只有部分地方不合法的，驳回前应询问申请人，听取申请人陈述，以便于申请人补充申请或者是将申请限制在请求权中没有异议的那一部分。被驳回的申请人，可以随时再提出申请或者提起诉讼。德国对督促决定申请的审查是形式审查，且允许申请人在部分申请不合法时补充申请或限制申请范围。这样在形式审查的同时，充分考虑了债权人适用督促程序的选择权。

法国对于支付指令的请求是由债权人或其委托代理人以向法院书记室送交或寄送诉状的方式提出的，该诉状应当包括《法国民事诉讼法》第1407条规定的具体事项。如果初审法院的法官认为债权人的申请没有依据，则将驳回申请。债权人对这一决定不得经任何途径提出不服申请。唯一可以运用的途径是通过普通途径传唤债务人前往有管辖权的法院。相反，如果法院认为债权人的请求有依据，则由初审法院法官（或者商事法院院长）批准向债务人发出附有支付指令的裁定。附有支付指令的裁定由法院执达员送达，同时还应当包括《法国民事诉讼法》第1413条规定的两项催告事件，否则无效。债务人在收到裁定后一个月内，可以通过向法院书记员寄送挂号信，或者向书记室提出声明并取得回执，就支付指令提出异议，异议一旦成立，支付指令程序就会终结，并且相对于普通程序而言，有可能让债务人争取到时间。但是《法国民事诉讼法》第1408条规定："债权人可以在请求支付的诉状中要求，如有异议，案件应立即移送其认为有管辖权的法院。"这就是说，在债务人提出异议后，案件根据债权人的请求视为进入了普通诉讼程序，这条规定也会提醒债务人谨慎异议。债务人在规定的期限内没有提出异议，债权人可以请求加盖执行令印，从而赋予支付指令裁定书以既判力。

关于人民法院收到支付令申请书后的处理。其一，人民法院受理申请后，由审判员一人进行审查。其二，为迅速解决债务争议，人民法院受理申请后，应当从速审查。人民法院经过审查后，对符合我国民事诉讼法规定的申请条件的，人民法院都应当受理。其三，人民法院受理申请后，仅审查债权人提供的事实和证据，不需要询问债务人及开庭审理，并在受理之日起十五日内作出处理。其四，人民法院经审查，认为债权债务关系明确、合法的，应当在受理之日起十五日内直接向债务人发出支付令。其五，申请不成立的，应当裁定予以驳回，该裁定不得上诉。申请不成立包括债权债务关系不明确及债权债务不合法等。对于驳回裁定，债权人不能上诉和申请复议，但可以另行起诉。

3. 关于补正期限起算问题

对此主要依据本条关于“人民法院应当自收到补正材料之日起五日内通知债权人是否受理”的内容，即根据民事诉讼法关于期间规定的一般原理，对于支付令申请书不符合要求的，可以通知债权人限期补正，补正期间不计入民事诉讼法第二百二十二条规定的期限，人民法院应当自收到补正材料之日起重新计算五日的时间。即因为债权人的支付令申请书不符合要求的，人民法院可以通知债权人限期补正，期限应当从补正后的次日起算。因此，按照民事诉讼法第二百二十二条的规定，“债权人提出申请后，人民法院应当在五日内通知债权人是否受理”，即从符合支付令申请书要求的次日开始后五日内予以受理。

【审判实践中应当注意的问题】

第一，“可以通知债权人限期补正”，此处应当注意其中“限期补正”的含义。所谓“限期补正”，顾名思义即为在规定的期限内进行补正，但本司法解释并未对补正的期限进行具体规定，主要是考虑到不同地区的司法环境下当事人诉讼能力的差异。但是未规定期限，不等于不限制期限，此处“限期”二字的另一层含义则是需要当事人尽快补正申请书的内容，这主要是考虑到支付令程序简单、便捷、高效的特点。而设立支付令程序的目的，就在于方便群众诉讼、提高办案效率、完善债权制度、及时解决债权债务纠纷，加快民事流转，稳定社会主义经济秩序。因此，在司法实践中，对于当事人补正支付令申请书的期限不宜规定过长。

第二，对于人民法院提出的限期补正的要求，债权人不予补正的，实践中应当如何处理？对此，一般认为，债权人在人民法院充分行使阐明权后，仍然对支付令申请书拒绝补正的，则应当根据民事诉讼法第二百二十三条的规定，按照支付令“申请不成立的，裁定予以驳回”的要求予以处理。

第三，对支付令申请书的审查是形式审查，而非实体审查。对于债权人的申请，法院仅根据债权人提供的证据进行审查，不进行直接调查，也不会询问当事人，仅仅是通过形式上对支付令申请书的审查来确认债权债务在形式上是否合法、明确。如果债权债务合法、明确，就依据督促程序的规定签发支付令，否则裁定驳回债权人的申请。

第四，诉状补正的问题。基于督促程序的特点，支付令所载明的事实、证据必定非常简单，如果债务人提出异议，引发了普通审判程序，债权人的支付令申请可视为起诉，则可能会出现申请书记载的事项不符合民事诉讼法关于起诉书要求的情况。如果在一审程序中，将债权人关于督促程序的申请直接作为起诉状，显然不符合起诉的条件，降低了对起诉的要求。为了解决这一矛盾，可在督促程序转为普通程序之后，由受理的法院通知申请人在一定的时间内补充有关内容，过期不补充的，视为撤诉。

【条文】

第四百二十七条

债权人申请支付令，符合下列条件的，基层人民法院应当受理，并在收到支付令申请书后五日内通知债权人：

（一）请求给付金钱或者汇票、本票、支票、股票、债券、国库券、可转让的存款单等有价证券；

（二）请求给付的金钱或者有价证券已到期且数额确定，并写明了请求所根据的事实、证据；

（三）债权人没有对待给付义务；

（四）债务人在我国境内且未下落不明；

（五）支付令能够送达债务人；

（六）收到申请书的人民法院有管辖权；

（七）债权人未向人民法院申请诉前保全。

不符合前款规定的，人民法院应当在收到支付令申请书后五日内通知债权人不予受理。

基层人民法院受理申请支付令案件，不受债权金额的限制。

【条文主旨】

本条是关于民事诉讼法第二百二十一条第一款规定的申请支付令条件的规定。

【条文理解】

我国民事诉讼法在1991年第七届全国人民代表大会第四次会议通过时，在总结地方法院实践经验、借鉴我国台湾地区相关规定和国外立法例的基础上，增加规定了督促程序。督促程序开始在我国民事审判实践中适用。

督促程序由债权人申请支付令开始。有权提起支付令申请的，是依法享有债权的公民、法人及其他组织，即债权人。但不是所有的民事案件债权人都可以向法院申请支付令。依照本条的规定，支付令的申请必须同时具备如下法定条件：

1. 请求给付金钱或者汇票、本票、支票、股票、债券、国库券、可转让的存款单等有价证券

督促程序适用范围的大小，直接关系到督促程序的适用效果。各国及地区对督促程序适用范围的大小规定不一。例如，《日本民事诉讼法》规定督促程序的适用范围为金钱和其他代替物或有价证券，德国在1976年以前，督促程序的适用范围一直处于扩充趋势，但1976年修改《德国民事诉讼法》时，把督促程序的适用范围大大缩小了，只限于德国马克，1998年又加上欧元。这种逐渐扩大又骤然缩小的过程是由督促程序的性质和特点所决定的，如果范围太大，容易导致滥用，而大量复杂案件适用督促程序，必然导致债务人异议率的提高，反而影响督促程序功能的发挥。我国台湾地区“民事诉讼法”关于督促程序适用范围的规定基本上与《日本民事诉讼法》的规定相一致。一些国家或地区将适用督促程序的标的范围限定在金钱、有价证券及其他代替物上，这主要是为了适应督促程序的简捷特点，同时因为这类标的物交付方便，可以达到迅速清偿的目的。

我国吸取了其他国家和地区的立法经验，将督促程序的适用范围限定为金钱或有价证券，这个范围比日本的窄，比德国的宽。金钱是指可以作为流通手段和支付手段的货币，通常指人民币。金银及其制品并不属于这里的金钱。有价证券是指以票面货币价值表示的财产权利凭证，并被作为替代货币使用的信用工具或代表持有者资产所有权和资本收益要求权的凭证，包括汇票、本票、支票、股票、债券、国库券、可转让的存款单等。依本款规定，只有给付之诉才有适用督促程序的可能性，确认之诉或形成之诉均不得依督

促程序请求保护。但并不是所有的给付之诉都可以适用督促程序，只有以金钱和有价证券为标的物的给付之诉才可以适用督促程序。本条之所以将给付请求的标的物限定为金钱和有价证券，是因为金钱和有价证券都是可以量化的种类物，在实践中便于计算和操作，这类给付请求比其他请求有迅速清偿的必要，也更容易得到迅速清偿，造成的损失也更易于弥补。

2. 请求给付的金钱或者有价证券已到期且数额确定，并写明了请求所根据的事实、证据

理解本项规定，要把握住三层含义：

（1）请求给付的金钱或者有价证券必须已经到期。给付期限届至，债权人才有权要求给付，债务人才有给付的义务；否则，债务人享有期限利益，债权人不得提出给付请求，债权人既不得申请支付令，也不得通过诉讼程序追索。

（2）要求给付的金钱或有价证券的数额是确定的。数额是否确定，应以债权债务关系的具体内容为准，不应以债的产生原因而定。不论债权人对债务人的请求是基于何种类型的债权债务关系产生，只要能够明确计算出数额，就应认定是确定的。例如，贷款的本金及利息率在借款合同中有明确约定的，通过计算便可确定数额。如果有关文书未载明具体数额，双方对金额、数量或计算方法尚有争议的，则不能适用督促程序。

多数国家如德国、日本等都规定，不管是契约债务还是侵权行为的赔偿损失均可适用督促程序。法国和德国虽然同属大陆法系国家，规定却截然不同，《法国民事诉讼法》规定督促程序只适用于契约债权的金钱请求，而对侵权行为和准侵权行为的债权则不适用。我国也有学者认为，只有合同之债纠纷案件才可适用督促程序，而侵权之债、不当得利之债、无因管理之债，因其非基于协议而产生，且司法实践中案件均较复杂，在返还的范围、赔偿的数额等方面，诉讼前都无法确定，故不适用督促程序。我们认为，该观点过于绝对化。是否适用督促程序，不应以债的产生原因而定，不论债权人对债务人的请求基于何种类型的债权债务关系产生，只要其数额已经确定（比如，通过双方当事人私下和解），且符合其他受理条件，均不妨碍适用督促程序。

（3）申请书载明了请求所依据的事实和证据。这是对申请书形式要件的要求。即申请书应记载请求的种类属金钱或有价证券，其数量、产生的原因事实，可资证明的文书资料，履行期限等。至于事实、证据是否确凿可信，是否具有证明力以及是否引起争议，并不影响督促程序的适用及支付令的申请。

3. 债权人没有对待给付义务

在2012年民事诉讼法修改过程中，民事诉讼法修改稿对第二百一十四条第一款规定的是“没有对待给付义务”，但考虑到这个表述不好理解，后延用“债权人与债务人没有其他债务纠纷”，现如今，本司法解释中仍使用“债权人没有对待给付义务”的表述，就是为了对之准确界定。需要注意的是，这里的“债权人与债务人没有其他债务纠纷”与“债权人没有对待给付义务”具有同样的含义。

所谓对待给付，是指与债权人的请求相对应、债权人所负有的先行给付或同时给付的义务。也就是说，按照规定或合同约定，债权人只有自己一方先向债务人履行给付义务后，债务人才负有给付义务，或者债权人与债务人双方应当同时互为给付。它强调的是基于同一民事法律关系主体间诉讼地位及权利的平等，任何一方在自己未履行义务前，均不能享有优先的请求权。但它并不排除基于不同法律关系而产生的互为给付义务的存在。除日本外（《日本民事诉讼法》第430条），德国、我国民事诉讼法以及我国台湾地区“民事诉讼法”都把无对待给付义务作为适用督促程序的要件之一。这主要是基于督促程序的设置目的是快速、便捷地实现无争议的债权。同时，根据民法同时履行抗辩权原理，债务人对债权人的对待给付享有抗辩权。如果双方存在对待给付义务，就意味着该债权存在争议，不符合督促程序所要求的债权债务关系明确的条件，所以不能适用督促程序。

4. 债务人在我国境内且未下落不明

督促程序的目的在于简便迅速地解决问题，这就要求支付令可以顺利送达，以便债务人知晓支付令的内容。受送达的债务人在我国境内，包括以下几种情况：(1) 作为自然人的债务人的居所地（指公民的户籍所在地，或者其离开户籍所在地最后连续居住一年以上的地方）在我国境内；(2) 债务人的主要营业所或事务所在我国境内；(3) 作为法人、非法人团体和其他组织的法定代表人或业务主要负责人的居所地在我国境内。有学者认为，如果被申请人在中国境内有住所、代表机构或者分支机构并能够送达的仍然可以适用督促程序。[①] 我们同意上述观点，送达的目的是使债务人及时知晓债权人已经申请适用督促程序实现债权，在我国国内有住所、代表机构或者分支机构的，从送达的角度上看是可以实现其目的的。

如果债务人身在国外或者在我国港澳台地区，发布支付令，需要境外送

① 参见汤维建主编：《民事诉讼法学》，北京大学出版社2008年版，第471页。

达；如果债务人住所、居所在境内但下落不明，发布支付令，需要公告送达，而公告送达只是一种推定送达，它不能保证受送达人准确知悉公告的内容。而且，公告送达、境外送达耗时过长，使督促程序难以达到简便、迅速的诉讼意图。另外，此两种送达方式，都难以确定债务人收到支付令的时间，因而也就难以确定债务人提出异议的期限和支付令发生执行效力的时间。① 因此，凡债务人不在我国境内的，或虽在我国境内但下落不明的，不能适用督促程序。

5. 支付令能够送达债务人

支付令能够送达债务人，是指客观上事实上能够将支付令实际送达给债务人。支付令的送达是督促程序的一个重要环节，送达支付令不仅仅是向债务人告知文书的内容，也是债务人及时提出合理异议的前提条件。对这里的“能够送达债务人”，要准确理解和严格把握。我国民事诉讼法规定的送达方式有直接送达、留置送达、委托送达、转交送达、邮寄送达、公告送达、电子送达七种方式，这七种方式虽然都产生送达的法律效力，但情况却有所不同。我国支付令送达排除了域外送达和公告送达的送达方式。采用邮寄送达方式，债务人虽然可以收到，但由于往返邮寄需要较长时间，对债务人是否在法定期间内提出异议难以确定，也不宜适用。因此，我国支付令的送达在以直接送达为原则的情况下还可以采用委托送达、转交送达、留置送达等方式，但须以实际上送达为限。

6. 收到申请书的人民法院有管辖权

支付令的申请必然涉及法院的管辖问题，支付令申请需向有管辖权的人民法院提出。“有管辖权的人民法院”是指债务人住所地基层人民法院，法律依据在于民事诉讼法第二十二条的规定（参见本司法解释第二十三条），如何确定级别管辖和地域管辖，是适用督促程序时首先需要解决的问题。

民事诉讼法对支付令的级别管辖作出了规定，支付令案件应由基层人民法院管辖，中级以上人民法院不能行使管辖权。但是，对基层人民法院受理债权人依法申请支付令的案件，是否应受标的金额的限制，实践中做法不尽一致。2021 年之前，《督促程序规定》第一条对此作了明确规定：“基层人民法院受理债权人依法申请支付令的案件，不受争议金额的限制。”从而统一了认识，结束了审判实践中适用不统一的状态。此规定也在本条中予以确认，同时将“争议金额”改为“债权金额”，这样的表述更准确。之所以这

① 参见陈桂明：《程序理念与程序规则》，中国法制出版社 1999 年版，第 189 页。

样规定，原因在于：督促程序的适用限于给付请求为金钱或有价证券且双方当事人之间的债权债务关系明确的特殊案件，即使标的额超出现行有关基层人民法院受案的标的限额的规定，也只是数额的多少，并不代表案件的复杂情况。另外，从可操作性而言，对给付标的物的数额进行限制也不具有现实可能性，因为诸如股票这样的有价证券，其价格本来就是在不停变动的，对这样的标的物进行数额上的限制不甚可行。因此，适用督促程序的案件不论标的物数量、金额的多少均由基层人民法院管辖是合理的。

督促程序的地域管辖，比照“原告就被告”的一般地域管辖原则，由债务人住所地的基层人民法院管辖。债务人的住所地与经常居住地不一致的，由经常居住地的基层人民法院管辖，债务人是法人或者其他组织的，由其主要办事机构所在地的基层人民法院管辖。督促程序案件适用一般管辖的原则，符合我国的国情。由债务人住所地法院管辖，可以防止债权人滥用督促程序，且能使支付令快速及时地送达债务人，方便债务人及时地提出异议。

7. 债权人未向人民法院申请诉前保全

我国民事诉讼法对于督促程序中可否进行财产保全没有明确规定。2015年之前，根据《督促程序规定》第五条的规定，人民法院受理债权人的支付令申请后，审查发现某些情形，应当裁定驳回申请。“债权人申请支付令之前已向人民法院申请诉前保全，或者申请支付令同时又要求诉前保全”是驳回申请的一种情形。但在审判实践中，针对债权人申请支付令又申请诉前保全，不同法院甚至同一法院不同时期的处理也不一样。例如，在某文书网上，某基层法院公布了44份支付令民事裁定书，申请人都是某农村信用社，申请时间都是2014年9月22日，只是被申请人是44个不同的自然人。对于44份申请，法院均作出了驳回的裁定，理由是申请人申请支付令之前已向法院申请诉前财产保全，法律依据是《督促程序规定》第五条、《92年意见》第216条。但是，44份裁定是分两批作出的，其中38份裁定是在申请支付令第二天即2014年9月23日作出，另外6份裁定是在2014年10月15日，即申请日之后24天作出，对相同情况没有在同一时间作出处理。为解决审判实践中理解、适用法律不统一的问题，在充分调研的基础上，总结审判实践经验，2015年《民事诉讼法解释》对上述规定进行了修改，将《督促程序规定》第五条第四款规定的情形，作为不予受理的理由，而不是驳回债权人申请的理由，也就是说，法院收到支付令申请后，发现这种情形，应当及时作出不予受理的裁定，避免受理后再因该情形驳回申请。同时在文字表述上也更简洁明晰。该规定在2020年、2022年两次司法解释修正中均以保留。2015年《民事诉讼法解释》修改上述规定的原因在于：（1）债权人在申请支付令之前或同时提出保全申请，属于诉前保全，诉前保全按法律规定应在三十日内起诉，所以申请支付令又提出诉前保全实际上导致非诉程序、诉讼程序的重复适用和冲突。[①]（2）督促程序最大的特点是简便、易行、及时，适用财产保全措施，对那些本来愿意主动履行清偿义务的债务人来说，由于财产被扣押、查封，账户被冻结，也可能造成债务人在支付令发出后十五日内不能清偿债务，导致督促程序的目的难以实现。[②]（3）依本条规定，法院对支付令申请审查后，不符合条件的，应在五日内作出不予受理的裁定。在这种情况下，债权人可依诉前保全的规定及时起诉，不会影响其权利的行使与保护。按照《督促程序规定》，法院在受理支付令申请后的审查中，发现申请人申请了诉前保全，应在十五日内作出驳回申请的裁定，这样，加上受理申请前审查的五天，法院对债权人的支付令申请的审查期间实际上可能长达二十天。这么长的审查时间可能造成债权人支付令申请最终被驳回，又未能及时起诉，导致其权利难以及时有效实现。

财产保全制度是一种为了保护利害关系人和当事人的合法权益，保证生效判决得以顺利执行，而对有关财产采取保护措施的制度。财产保全制度在通常诉讼程序中得到了广泛的适用，也取得了良好的效果。但是，我国理论界对督促程序中适用财产保全程序的争议始终未停。对此，学者们提出了不同的看法：一种意见认为，在督促程序中可以采取财产保全以避免债务人恶意转移、隐匿、变卖财产给债权人带来的损失。因为债务人收到支付令后随时可能转移财产，极易给支付令生效后的执行带来困难；而且，民事诉讼法总则编中的财产保全对分则中的各种程序均具有指导作用，督促程序也不例外。[③] 另一种意见认为，在督促程序中采取财产保全不适合，也没有必要。因为督促程序的特性之一是非讼性，而财产保全只能适用于一般诉讼程序；同时，督促程序中债权债务关系亦较为明确、简单，且因其具有非讼性，法院不能在诉讼外审查保全申请的依据、条件、范围等。[④] 2021年修正民事诉讼法时，最终还是采纳了第二种意见。如果法院受理财产保全申请，实际上等同于该当事人在同一法院以同一事实和理由以两种程序提出了完全相同的

---

① 参见孙学尉：《谈督促程序中的财产保全》，载《法学与实践》1995年第2期。

② 参见欧阳光：《论督促程序的财产保全》，载《法学与实践》1994年第5期。

③ 参见吴明童主编：《民事诉讼法》，法律出版社1999年版，第346页。

④ 参见桂东、李阳、振华：《督促程序不能采取财产保全措施——兼与郭海渠、许艺杰同志商榷》，载《人民法院报》1998年5月14日。

保护权利的请求，类似于一案两诉，显然是不合法律规定的。此外，督促程序是非诉程序，因而依据民事诉讼法有关诉讼财产保全的规定，在督促程序中适用诉讼程序中的保全措施也是不适当的。

本条还对受理前的审查及审查时间作了规定。债权人提出支付令的申请后，人民法院应当对债权人提交的申请进行审查。德国、日本等国家的民事诉讼法，一般都没有规定法院对支付令的申请进行实质审查，只进行形式审查，同时，这些国家都规定对债权人支付令申请的审查是一次性的，若该申请不符合法律的规定，应予驳回。我国对支付令申请的审查也是形式审查，但分为两次：受理前审查和受理后审查。人民法院审查支付令申请是否同时具备本条规定的七个条件，认为符合条件的，应当受理并在收到支付令申请书五日内通知债权人；不符合条件的，不予受理。

【审判实践中应当注意的问题】

第一，需要注意本条第七项规定，原来在《督促程序规定》中是驳回债权人申请的理由，而此前该条是人民法院作出不予受理的理由。在司法实践中一定要准确理解、认真把握。

第二，审判实践中，在支付令申请的审查问题上应注意把握以下四点：一是申请人基于双务合同而申请支付令的，应注意审查申请人是否有证据证明申请人已先为对待给付的事实，或者能否证明债务人应先于债权人为给付；二是债权人没有对待给付义务不等于债权人就没有给付义务，不等于债权人与债务人之间不存在其他债权债务关系；三是债权人基于单务合同申请支付令的，应注意审查是否超过诉讼时效，证据是否充分、确凿；四是债权人以设有期限的有价证券为请求支付标的的，应注意审查有价证券是否已到期，数额是否确定等。[①]

第三，关于督促程序是否适用于请求给付外国货币，我国民事诉讼法没有作出明确的规定。有人认为，督促程序中的金钱仅指流通中的人民币，因为只有人民币才是我国的法定流通货币；也有人认为，既然法律对金钱的范围未作出明确的规定，就可以理解为既包括本国货币，又包括外国货币。根据我国的外汇管理法规，外汇在我国的流通受到严格的限制，因此，我们对支付令是否可以请求给付外国货币的理解应与此相一致，既然我国民事诉讼法未对支付令是否可以请求给付外国货币作出明确规定，就应当理解为主要适用人民币。但由于我国已经加入世界贸易组织，对外交流和商务往来频

① 参见曹守晔：《对督促程序中几个问题的理解》，载《人民司法》1992 年第 12 期。

繁，势必要求外国货币在我国的一定领域内具有流通性。因此，我国督促程序应当在一定领域内允许给付外国货币。

【条文】

第四百二十八条

人民法院受理申请后，由审判员一人进行审查。经审查，有下列情形之一的，裁定驳回申请：

（一）申请人不具备当事人资格的；

（二）给付金钱或者有价证券的证明文件没有约定逾期给付利息或者违约金、赔偿金，债权人坚持要求给付利息或者违约金、赔偿金的；

（三）要求给付的金钱或者有价证券属于违法所得的；

（四）要求给付的金钱或者有价证券尚未到期或者数额不确定的。

人民法院受理支付令申请后，发现不符合本解释规定的受理条件的，应当在受理之日起十五日内裁定驳回申请。

【条文主旨】

本条是关于支付令审查主体以及驳回申请的条件和期限的规定。

【条文理解】

根据民事诉讼法第二百二十三条第一款的规定，人民法院受理支付令的申请后，应当对债权人提供的事实、证据进行审查。这一阶段的审查目的是决定是否发布支付令。审查内容是债权债务关系是否明确、合法，也就是对申请人与被申请人之间的权利义务关系等实质问题的非实质性审查。督促程序的进行，是以债权债务关系明确、合法为基础的。所谓“明确”，是指债权人与债务人之间的债权债务关系事实清楚、数额确定，双方并无实质争议，债务人对债权人有给付义务。所谓“合法”，是指引起债权债务关系发生的法律事实以及债权债务的内容都不违反法律的规定。如果是这样的债权债务关系，当事人即可申请支付令，督促程序即可启动。为了在司法实践中准确理解、适用“明确”“合法”这一标准，本条作了补充规定，有下列情况之一的，应当裁定驳回申请。

（1）申请人不具备当事人资格。申请人是否具备当事人资格，是指申请人是否具有诉讼主体资格，即申请人是否为与本案有直接利害关系的公民、法人或其他组织，是否具备民事诉讼权利能力和民事诉讼行为能力。向人民法院提出支付令申请的，应当是本案债权债务关系中的债权人。如果不是本案债权债务关系的债权人以自己的名义提出申请，而是债权人的代理人、法定代表人、法人组织的下属机构或者其他不适格的自然人、法人或其他组织以自己名义向人民法院提出申请，应认定申请不成立。

（2）给付金钱或者有价证券的证明文件没有约定逾期给付利息或者违约金、赔偿金，债权人坚持要求给付利息或者违约金、赔偿金。如果有前述情况，说明债权人和债务人的债权债务关系有争议、债权数额不确定，不符合申请支付令的条件。

（3）要求给付的金钱或者有价证券属于违法所得。这说明债权人和债务人的债权债务关系不合法。

（4）给付金钱或者有价证券尚未到期或者数额不确定。给付之诉有现在给付之诉和将来给付之诉之分，而在督促程序中，债权人请求给付的金钱或者有价证券必须是已经到期且数额确定的，属于现在给付之诉，否则不能适用督促程序。

本阶段审查，实行一人审查制，无须组成合议庭。受理后的审查较之受理前的审查更加实质化，但仍不涉及实体权利义务究竟如何分配，即只要该债权债务关系形式上明确、合法即可，而不要求法院知晓该债权债务关系实际上应当如何分配，所以仍属于形式上的审查。审查是通过书面进行的，审理方式简便，具有审判员独任审理的客观基础，由独任审判员处理不仅完全胜任，而且可以保证诉讼过程的迅速进行。经审查申请不成立的，应当在十五日内裁定驳回申请。

如果债权人在申请书中向债务人提出的请求并不局限于一种，独任审判员仅仅认定请求部分成立，能否对一部分请求发布支付令呢？世界各国立法例对于能否部分驳回债权人申请的问题有两种做法：一种是否定态度，不允许部分驳回债权人申请，而只能全部驳回申请；另一种是允许对申请部分发出支付令而另一部分予以驳回。我国督促程序的立法对这一问题虽然没有直接规定，但就相关司法解释规定来看，我国更倾向于第一种做法，即申请中的一部分不能发出支付令时，应裁定驳回申请，但在驳回前应询问债权人，若债权人对该部分进行修改或放弃，使之不再影响支付令发布的，人民法院应当发布支付令。因为法院发出支付令不需询问债务人，但并不意味着不可以询问债权人，为保证法院审查工作的质量，必要时可以询问债权人，以求提高司法工作的公正性。

【条文】

第四百二十九条

向债务人本人送达支付令，债务人拒绝接收的，人民法院可以留置送达。

【条文主旨】

本条是关于支付令留置送达方式的规定。

【条文理解】

在督促程序中，人民法院依法根据债权人的申请向债务人发出支付令，支付令送达债务人后，债务人是按照支付令的要求履行债务，还是向人民法院依法提出书面异议，或者既不履行义务又不提出书面异议，都是不确定的。债务人的不同选择会带来不同的法律后果。所以对债务人而言必须是实际收到支付令，才谈得到如何决定以及产生何种明确法律后果，所以在督促程序中支付令能够送达债务人是非常重要的。

留置送达是在受送达人拒绝签收，送达人将支付令留放在受送达人处的一种法定送达方式。在这种送达方式中，虽然受送达人拒绝在送达回证上签收，但送达人将支付令留放在受送达人处，受送达人实际上是收到了支付令，意味着可以了解支付令的内容，也有了选择如何行使权利的机会。

由于支付令与其他的法律文书不同，其是否有效与债务人是不是签收支付令没有关系，债务人对支付令拒绝签收并不等于提出了合法的异议，为防止债务人通过拒绝签收的方式来逃脱法律义务，支付令在我国适用留置送达这一送达方式。依本条规定，支付令留置送达应具备两个要件：(1) 支付令必须向债务人本人送达。也即暗含着如果向债务人的同住成年家属送达时，如果该家属拒绝签收则不可用留置送达的方式。(2) 债务人拒绝接收支付令。

【条文】

第四百三十条

有下列情形之一的，人民法院应当裁定终结督促程序，已发出支付令的，支付令自行失效：

（一）人民法院受理支付令申请后，债权人就同一债权债务关系又提起诉讼的；

（二）人民法院发出支付令之日起三十日内无法送达债务人的；

（三）债务人收到支付令前，债权人撤回申请的。

【条文主旨】

本条是关于民事诉讼法第二百二十四条规定的裁定终结督促程序的规定。

【条文理解】

督促程序的终结，是指在督促程序中，因发生法律规定的情况或某种特殊原因而终结督促程序的进行。督促程序的裁定终结是督促程序的非正常终结。按照本条的规定，有下列三种情形之一的，人民法院应当裁定终结督促程序。

1. 人民法院受理支付令后，债权人就同一债权债务关系又向人民法院提起诉讼的

督促程序是一种非诉程序，在性质上，类似于特别程序。特别程序的适用范围应以民事案件的非讼性质为确定标准。特别程序是立法者规定的用来解决民事非讼案件的审判程序，它与用来解决民事诉讼案件的审判程序一起，成为民事诉讼法调整和规范的审判程序的全部内容，这样一种程序结构，用简单的等式来表达，就是审判程序等于诉讼程序与特别程序之总和。

督促程序的适用不具有强制性，债权人对此程序有选择使用的自由，即在同时符合和具备督促程序法定的适用范围和适用条件时，债权人有权选择申请适用督促程序，或者选择起诉适用诉讼程序，督促程序和诉讼程序是二者只能择其一的关系。债权人申请支付令后如果就同一法律关系向人民法院提起诉讼，实际上等同于该当事人基于同一事实和理由，以两种程序提出了完全相同的保护权利的请求，类似于一案两诉，显然是不符合法律规定的。这种情况下，人民法院应当尊重当事人自己的选择，及时终结督促程序。如果同一案件允许两种程序同时进行，就可能出现同一案件有两种不同的法律文书的现象。这显然与我国现行诉讼法律制度相违背。

2. 人民法院发出支付令之日起三十日内无法送达债务人的

民事诉讼法对支付令的送达期限未作任何规范，这对债权人及时实现债权及对人民法院的审判实践，都是一个障碍。督促程序设立的初衷在于迅速、便捷地实现债权，拖延过久就难以实现其目的。支付令无法送达债务人，不符合民事诉讼法第二百二十一条第二项规定的关于适用督促程序的条件，当然应终结督促程序的适用。但在审判实践中，因无法送达支付令，作出裁定终结督促程序的时间，不同法院甚至同一法院也不同。为解决审判实

践中这一问题，本款规定发出支付令之日起三十日内无法送达的，法院应及时裁定终结督促程序，不宜拖延过久。

3. 债务人收到支付令前，债权人撤回申请的

撤回申请是当事人一项重要的诉讼权利。当事人基于处分原则，有权在法律规定的范围内处分自己的民事权利和诉讼权利，撤回申请便是他们行使处分权对自己的诉讼权利加以处分的具体体现。人民法院应当充分尊重当事人对这一权利的正当行使。根据本条规定，“债务人收到支付令前”，债权人可以撤回申请。这就意味着，法院发出支付令前，法院发出支付令后，债权人都可以撤回申请。只要债务人没有收到支付令，支付令就没有生效，就可以撤回。这种情况下，由法院裁定终结督促程序。

人民法院裁定终结督促程序后，产生的法律后果是：人民法院发出的支付令失去法律效力，当事人可以采用诉讼方式解决纠纷。因为裁定终结督促程序后，债权人与债务人之间的债权债务关系依然存在，债权人的债权没有得到实现，债权人要想通过司法途径得到救济，只能依照诉讼程序解决纠纷。为了节约当事人的诉讼时间和成本，加强程序衔接，民事诉讼法第二百二十四条第二款结合我国司法实际情况，并借鉴国外立法经验，规定支付令失效的，案件自动转入诉讼程序，人民法院对该诉讼按普通程序审理。同时，为了充分尊重当事人处分权，第二款还规定“申请支付令的一方当事人不同意提起诉讼的除外”。这样规定的目的是要始终保持督促程序快捷方便的特点，及时了结案件，使当事人的权益合法及时地受到保护。

【条文】

第四百三十一条

债务人在收到支付令后，未在法定期间提出书面异议，而向其他人民法院起诉的，不影响支付令的效力。

债务人超过法定期间提出异议的，视为未提出异议。

【条文主旨】

本条是关于民事诉讼法第二百二十三条第二款有关支付令的异议期限的规定。

【条文理解】

支付令异议，是督促程序中的一个重要内容。支付令的异议是指债务人向人民法院申明不服支付令确定的给付义务的法律行为。它是债务人维护自

己合法权益的一项法律手段。因为支付令是以债权人一方提出的主张和理由为根据，未经债务人答辩，所以法律允许债务人以异议的方式对支付令提出自己的答辩意见。这从立法上保证了人民法院公正处理这类债务案件，平等保护双方当事人的合法权益。

债务人提出支付令异议应具备必要的条件，如不具备则异议不能成立。归纳起来提出支付令异议应具备的要件如下：(1) 异议的主体必须合格。凡是在支付令中的被申请人，即债权人请求其为给付的债务人才有权提出异议。债务人为两人以上的，他们都是享有异议权的人。(2) 异议须在法定期间提出。债务人对支付令的异议应在收到支付令之日起十五日内提出，此十五日为不变期间，超过期间提出异议的，其异议无效，期间届满未提出异议的，视为放弃异议权。但如果因为不可抗力等客观原因延误了期间，可以向法院申请延期。(3) 异议必须以书面形式提出。债务人提出异议只能是书面形式，口头异议无效。(4) 异议必须针对债权人的请求，即异议应针对债务本身。异议的格式和内容，法律并无明确规定，但异议必须是针对债权人主张的权利提出，如果债务人对债务本身没有异议，只是提出缺乏清偿能力或对清偿期限、清偿方式等提出不同意见的，不影响支付令的效力。债务人仅就债权人几项独立请求中的部分请求提出异议的，应当写明。(5) 向有管辖权的基层人民法院提出。即债务人应当向发出支付令的人民法院提出异议。依本条规定，债务人在收到支付令后，未在法定期间提出书面异议，而向其他人民法院起诉的，不影响支付令的效力。如果债务人向发出支付令的人民法院提出诉讼呢？我们认为，此时债务人的起诉构成对支付令的异议，受诉人民法院应当按照支付令异议处理。需要强调的是，债务人必须在异议期限内提起诉讼。

督促程序自 1991 年民事诉讼法增设以来，其实施效果不佳的一个重要原因是立法对债务人行使异议权的条件规定不够完善，致使债务人凭借无理的异议也能轻而易举地使支付令失效。人民法院无须审查异议是否有理由，异议一经提出，就应当直接裁定终结督促程序。在审判实践中，债务人往往利用督促程序的这一特征，随便提出异议而终结督促程序，使督促程序显得苍白无力。甚至一些被申请人为了拖延时间逃避债务，故意提出不实的书面异议，徒增申请人诉累，浪费人民法院的人力、物力。

鉴于司法实践存在不少债务人滥用异议权，导致督促程序无果而终结，债权人无法通过督促程序迅速获得执行依据的现象，2021 年民事诉讼法第二百二十四条保留了 2012 年民事诉讼法第二百一十七条的规定，明确对债务人提出的异议人民法院予以实质审查，以遏制异议权滥用。具体审查的内容包括但不限于：异议期限是否超过、理由是否充分、事实是否清楚、证据是否真实确凿、是否属于法定异议情形等。

债务人依法提出异议后，法院经审查，认为支付令异议成立，即裁定终结督促程序，支付令自行失效。认为支付令异议不成立，应当裁定驳回异议，对此债务人不得再提出异议，也不得对驳回异议的裁定上诉。对债权人来说，随着督促程序因债务人异议而终结，其请求的债权也重新陷于不确定状态，只有另行起诉，才能获得司法保护。可见，我国采用了一次异议的规定，即在法定的期限内，当事人只有一次提出异议的权利，一旦异议期满，债务人就再无异议权，支付令即产生法律效力。

【条文】

第四百三十二条

债权人基于同一债权债务关系，在同一支付令申请中向债务人提出多项支付请求，债务人仅就其中一项或者几项请求提出异议的，不影响其他各项请求的效力。

【条文主旨】

本条是关于民事诉讼法第二百二十三条第二款规定的涉及终结督促程序之前对支付令部分异议进行审查的规定。

【条文理解】

1. 设立本条的目的

督促程序是中国现行民事诉讼法中的一种特别审判程序，是指人民法院根据债权人提出的要求债务人给付一定金钱或者有价证券的申请，向债务人发出附条件的支付令，以催促债务人限制履行义务，如果债务人在法定期间内不提出异议，该支付令即具有执行力的一种程序。督促程序是当事人接近正义的简便、快捷、经济、高效的程序，是以低廉成本保障诉权、实现公正与效率的捷径。要让人民群众接近正义，[①] 1991 年民事诉讼法增设督促程序，在第一百九十二条规定："人民法院收到债务人提出的书面异议后，应当裁定终结督促程序，支付令自行失效，债权人可以起诉。"2007 年民事诉讼法第一百九十四条规定："人民法院收到债务人提出的书面异议后，应当

① 参见齐树洁：《论我国民事诉讼法的未来发展》，载《河南财经政法大学学报》2014 年第 5 期。

裁定终结督促程序，支付令自行失效，债权人可以起诉。”在设立督促程序后，由于没有设定相应的异议审查程序，在制度上缺乏对异议的限制，因而人民法院对债务人行使异议权并没有相应的制约手段，导致司法实践中，债务人对支付令提出异议的随意性较大，滥用异议权，徒增申请人讼累，极大伤害了申请人的积极性，极大浪费了法院的人力、物力，并人为“架空”了督促程序作用的发挥。2012 年民事诉讼法对异议审查机制进行了相应补充和完善，即第二百一十七条第一款[①]规定：“人民法院收到债务人提出的书面异议后，经审查，异议成立的，应当裁定终结督促程序，支付令自行失效。”通过设置相应的异议审查程序，从而让“休眠状态”的支付令制度焕发出应有的司法应用价值，及时解决债权债务纠纷，加快民事流转，便捷高效地维护债权人的合法权益，有利于遏制债务人滥用异议权的现象。

本条关于督促程序内容的修改完善，目的是跟进民事诉讼法中有关督促程序中相应条文的修改。督促程序是针对债务人欠债不还的情形，债权人通过基层人民法院督促债务人履行债务的程序，[②] 目的在于保障诉权，解决无争议的请求权。[③] 根据民事诉讼法督促程序修改时应当加大对当事人提出异议的审查力度的精神，本条根据法律关系的性质对当事人异议的效力加以适当限缩，从而更好地维护支付令制度作用的发挥，如本司法解释第四百二十七条第三款“基层人民法院受理申请支付令案件，不受债权金额的限制”之规定，与第四百三十一条“债务人在收到支付令后，未在法定期间提出书面异议，而向其他人民法院起诉的，不影响支付令的效力。债务人超过法定期间提出异议的，视为未提出异议”的相应规定，都是为了维护支付令的法律效力，积极促进督促程序有效实施，根本目的在于保障当事人的实体权利和诉权主张。让人民群众在每一个司法案件中感受到公平正义。

2. 关于支付令异议的实质审查

适用督促程序的给付之债包括单个之债和多数之债，在债务人只对债权人请求的一部分提出异议时，异议的效力范围如何确定，情况比较复杂。

（1）关于实质审查的范围。根据民事诉讼法的规定，督促程序分为申请、审理、异议的提出及审查和执行四个阶段。对于异议的提出和审查这一环节来说，存在关于人民法院是否应对债务人提出的支付令异议进行审查的

---

① 对应 2021 年民事诉讼法第二百二十四条第一款。

② 参见马原主编：《民事诉讼法的修改与适用》，人民法院出版社 1991 年版，第 175 页。

③ 参见［德］罗森贝克、施瓦布、戈特瓦尔德：《德国民事诉讼法》（下），李大雪译，中国法制出版社 2007 年版，第 1242 页。

问题，我们认为，人民法院判断债务人所提异议是否成立，应当进行实质审查。具体审查的内容包括但不限于：异议期限是否超过、理由是否充分、事实是否清楚、证据是否真实确凿、是否属于法定异议情形等。

（2）关于对多项请求的实质审查。民事诉讼法第二百二十三条第二款规定："债务人应当自收到支付令之日起十五日内清偿债务，或者向人民法院提出书面异议。"第二百二十四条第一款规定："人民法院收到债务人提出的书面异议后，经审查，异议成立的，应当裁定终结督促程序，支付令自行失效。"

①关于债务人对支付令的异议。基于民事法律关系的多样性和复杂性，适用督促程序的给付之债包括单个之债和多数之债，在债务人只对债权人请求的一部分提出异议时，可以分为不同情况进行处理。

其一，单一支付请求。债权人基于同一债权债务关系，向债务人提出单一支付请求，债务人就数量上有争议的，只对一部分提出异议，在这种情况下，异议的效力不应及于全部，不影响无争议部分的执行。

其二，多项支付请求。第一，异议及于全部的。债务人对支付令的异议有可能及于支付令的全部，也有可能只及于部分。如果债务人对支付令所确定的全部债务有异议，则导致该支付令无效，督促程序终结。第二，异议及于部分的。如果债务人并未对支付令中的全部请求提出异议，而仅就债权人请求中的一部分提出异议时，异议的效力是否及于整个支付令，应具体分析。《督促程序规定》第八条规定："债权人基于同一债权债务关系，向债务人提出多项支付请求，债务人仅就其中一项或几项请求提出异议的，不影响其他各项请求的效力。"本条在《督促程序规定》第八条的基础上，在适用范围和申请形式上增加了"在同一支付令申请中"，这样表述可以更好地避免歧义，语言表述也更加严谨规范。

②关于异议效力范围。在民事审判实践中要确定部分异议的效力范围，关键要看债务人异议所针对的请求与债权人的其他请求之间的关系，属于"非独立关系"，还是"独立关系"。

其一，"非独立关系"。如果债务人异议所直接针对的请求与债权人的其他请求之间有某种"非独立性"的依附或者派生关系，那么债务人仅对部分请求提出的异议，其效力必然会及于未指向因依附和派生关系产生的其他请求，无疑将会使整个支付令失效。例如，债权人在请求债务人偿还本金的同时，还要求债务人偿还利息，偿还利息请求是偿还本金请求所派生出来的，债务人对偿还本金请求提出异议的，其效力就自然及于整个支付令。又如，债权人基于数个不同的债权债务关系请求数个不同给付，且各个请求之间有牵连关系，债务人仅对部分请求提出异议，效力应及于全部。

其二，“独立关系”。如果债权人在支付令中提出的各项请求之间无牵连关系，而是相互独立的，债务人只对其中一项或几项请求提出异议，则异议的效力只及于异议直接针对的请求本身，不影响支付令中其他请求的效力，支付令只在异议范围内失效。例如，债权人基于同一债权债务关系，向债务人提出多项支付请求，债务人仅就其中一项或几项请求提出异议的，不影响其他各项请求的效力。又如，债权人基于不同的债权债务关系，向债务人提出多项相互独立的请求，各请求之间无牵连关系，债务人只对其中一项或几项请求提出异议，则异议对其他给付请求无效。

因此，债务人对部分请求提出异议的，应当区分不同情况予以审查，不能以只要债务人提出异议为借口“一刀切”式否定或变相否定支付令效力。如果提出异议的一项或几项请求与其他请求互相独立的，应确认该异议不影响其他各项请求的效力；如果提出异议的一项或几项请求与其他请求相互关联，则该异议影响其他各项请求的效力。[①] 从而尽可能地发挥支付令在民商事纠纷处理中追求的简便、经济、高效的立法目的。

【条文】

第四百三十三条

债权人基于同一债权债务关系，就可分之债向多个债务人提出支付请求，多个债务人中的一人或者几人提出异议的，不影响其他请求的效力。

【条文主旨】

本条是关于可分之债的支付令异议效力的规定。

【条文理解】

本条规定的内容为债权人基于同一债权债务关系，对可分之债提出异议的效力问题。对本条的理解可从以下几个方面把握：

（1）“可分之债”的界定。我国法律规定中并没有“可分之债”的明确规定。可分之债，一般是指二人以上因共同的债的发生，负担同一债务，而其给付可分别履行的债，除当事人另有约定或法律另有规定外，为可分之债。从大陆法系的法律规定来看，债法意义上的“多数人之债”可分为可分之债、不可分之债和连带之债。所谓“多数人之债”，是指债权人和债务人

① 参见张卫平主编：《司法改革论评》（第三辑），中国法制出版社2002年版，第264页。

一方或双方是二人以上的债。关于"多数人之债"的性质，通说认为，债之关系的单复数应以各主体能否独立地发生债权或债务为标准，如果各主体能够独立地发生债权或债务，其债之关系为复数债。[①] 可分之债与不可分之债的区别点在于"给付（债的标的）"是否可分别履行。

（2）可分之债的发生原因。可分之债主要基于法律行为而发生，例如，因一个侵权行为致多人受损，多个受害人的赔偿请求权为可分债权。大陆法系国家的债法大多是以可分之债为原则，以法律有特别规定或当事人有特别约定为例外。例如，《法国民法典》中，"多数人之债"列入"债"的一般规定第4章债务之种类，该章的第5节则规定了"可分之债"与"不可分之债"[②]（第1217条至第1225条）；《德国民法典》中，"债编"的第7章专设多数债务人及债权人，具体是：可分之债（第420条）；不可分之债（第431条至第432条）。其中，可分给付为标的，以可分之债为原则（第420条）。

（3）可分之债的效力。可分之债是数个独立的债权和债务，只是因为同一原因或相关联之原因而发生，使多数当事人之间有一定关联，才成为一个可分之债。因此，其各债务人仅就自己承担的债务比例部分承担义务。由于可分之债是数个独立的债权或债务，因此，就其中一个或部分当事人所发生的履行迟延、受领迟延、给付不能、不完全给付或其他关于履行之过错，对其他当事人不发生影响。

（4）我国的可分之债。我国民法典仅规定了按份之债和连带之债，没有"可分之债"和"不可分之债"这样的技术分类。民法典合同编中的第一分编通则部分的第四章"合同的履行"中，通过第五百一十七条和第五百一十八条分别规定了"按份之债"和"连带之债"。按份之债与连带之债的区别是以主体之间的相互关系为标准的划分，民法典第五百一十七条第一款规定："债权人为二人以上，标的可分，按照份额各自享有债权的，为按份债权；债务人为二人以上的，标的可分，按照各自负担债务的，为按份债务。"按份之债是指债的复数主体各自按照确定的份额分享债权或分担债务的债，按份之债的债务人只就自己的份额负担清偿义务。民法典第五百一十八条第一款规定："债权人为二人以上，部分或者全部债权人均可以请求债务人履行债务的，为连带债权；债务人为二人以上，债权人可以请求部分或者全部债务人履行全部债务的，为连带债务。"按份之债的侧重点是债的主体之间的权利义务关系。一般认为，我国关于按份之债的划分源于苏联，例如，

① 参见林诚二：《债法总论——一个体系化的解说》，中国人民大学出版社2003年版，第472页。

② 参见《法国民法典》，罗结珍译，中国法制出版社1999年版，第298~303页。

1964 颁布的《苏俄民法典》只是在“债的履行”一章内规定了按份之债和连带之债，而没有规定可分之债与不可分之债。也有学者认为，按份之债实则与大陆法系的可分之债是同一种债。① 而在按份债权，“每一债权人只能就自己的债权份额享有要求清偿的权利；未经委托，也不得代表其他债权人受偿。”在按份债务中，“每一债务人只就自己的债务份额承担清偿义务；不经债务转移，不负清偿其他债务人债务的义务”②。

从我国司法实践来看可分之债问题：

第一，从发生原因来看，司法实践中经常会出现同一债权债务关系下，可分之债的债务人以种种理由拒绝向债权人履行法定义务的情形。因此，为了便捷、高效地维护债权人的合法权益，债权人基于同一债权债务关系，就可分之债向多个债务人提出支付请求的，有必要加强在这个方面的司法保护和法律保障。

第二，从异议的原因来看，司法实践中，同一债权债务关系下的债务人滥用支付令异议的现象比较普遍和突出，导致督促程序虚设、“空转”现象严重，迫切需要运用法律手段来遏制这种滥用异议现象。

第三，从效力方面来看，债务人提出支付令异议是其法定权利，但人民法院有对其异议进行审查的权力，对于可分债务中的多个债务人中的一人或者几人提出异议的，不影响其他请求的效力。

第四，从立法目的来看，在于最大限度地减少支付令因债务人滥用异议权而随意失效情况的发生。主要针对债务人对债权债务本身无争议，但以“同一债权债务”的原因故意拖延不履行的案件，通过“不影响其他请求的效力”的明确规定，不仅可以使债权人尽快使自身合法权益获得法律保护，而且使债务人有可能选择接受支付令的形式，以实现非讼程序降低诉讼成本和解决纠纷的立法目的。

理解本条时注意以下几个关键节点：

（1）必须是可分之债。可分之债的核心是给付的“可分性”。由于可分之债是以同一可分给付为标的，其债务可以分担的数个个人之债。因此，可分之债是各个相互独立的债权和债务，只不过是基于相同的原因或者相关联的原因使数个当事人有一定的关系才得以成立。

（2）债务人异议。必须是债权人向多个可分之债的债务人提出支付请求，对于可分之债中的部分债务人提出异议的情形，异议的效力仅及于提出

① 参见张玉敏：《论我国多数人之债制度的完善》，载《现代法学》1999 年第 4 期。

② 覃有土主编：《民法学》，中国政法大学出版社 2011 年版。

异议的债务人及其所应承担的给付义务，支付令对于其他没有提出异议的债务人仍然有效。

（3）不影响其他请求的效力。可分之债中，多个主体各自按照确定的份额分担债务，因此，可分之债形式上虽为一个债的关系，实际上为数个债的集合，每个债权债务关系相互独立，原则上没有牵连，多数人一方的当事人只按自己的份额享受权利或承担义务即可，单一当事人所发生的事项对其他当事人并不能够产生影响，债权人可按各自份额对不同的债务人申请支付令而不影响其他债权人或债务人。

（4）防止异议权滥用。督促程序作为以快速解决纠纷为目的的程序，债权人可以通过申请支付令向法院主张自己的给付请求权，债务人享有提出异议的抗辩权，但并不代表这一异议的提出是毫无节制的，规定可分之债中的部分债务人行使异议权不影响其他请求的效力，就属于防止债务人滥用异议权。防止异议权滥用实质上是把司法资源作为一种稀缺资源，对其进行合理的分配以达到公平有效的利用效果。

【审判实践中应当注意的问题】

第一，债权人向可分之债的债务人申请支付令，人民法院对该申请的查清主要包括两个方面的问题：其一，该债务是否为可分之债；其二，部分债务人是否已履行了全部义务。

第二，增加支付令的生效可能性。司法实践中，债务人滥用异议权的现象比较严重，有必要在法律规定的层面上进行合理的规制。其一，可分之债的债务人行使异议权，不必终结督促程序；其二，人民法院需要审查债务人的异议是否有理由，让其提供支持其异议的理由和证据，如果属于可分之债的，应当直接作出支付令，使支付令的形成更具可实现性，增加支付令的生效可能性。

第三，有必要规范支付令异议。债务人提出书面异议应提供必要的证据材料，不能提供的，视为异议无效。债务人提出异议的内容必须为对给付请求的“实质拒绝”。但如果债务人对债务本身没有异议，只是提出缺乏清偿能力或对清偿期限、清偿方式等提出不同意见的，不影响支付令的效力。

【条文】

第四百三十四条

对设有担保的债务的主债务人发出的支付令，对担保人没有拘束力。

债权人就担保关系单独提起诉讼的，支付令自人民法院受理案件之日起失效。

【条文主旨】

本条是关于设有担保的债务案件如何适用支付令的规定。

【条文理解】

关于设有担保的债务关系如何适用支付令，民事诉讼法未作规定。《督促程序规定》第四条规定："对设有担保的债务案件主债务人发出的支付令，对担保人没有拘束力。债权人就担保关系单独提起诉讼的，支付令自行失效。"本条规定基本上沿用了该条的内容，但对第二款中的部分内容和表述进行了增加。即对"支付令自行失效"进行了细化规定，明确为支付令自人民法院受理案件之日起失效。

1. 关于第一款中的"设有担保关系的债务案件"的理解

从我国现行的法律规定来看，民法典第六百八十七条规定："当事人在保证合同中约定，债务人不能履行债务时，由保证人承担保证责任的，为一般保证。一般保证的保证人在主合同纠纷未经审判或者仲裁，并就债务人财产依法强制执行仍不能履行债务前，有权拒绝向债权人承担保证责任，但是有下列情形之一的除外：（一）债务人下落不明，且无财产可供执行；（二）人民法院已经受理债务人破产案件；（三）债权人有证据证明债务人的财产不足以履行全部债务或者丧失履行债务能力；（四）保证人书面表示放弃本款规定的权利。"第六百八十八条规定："当事人在保证合同中约定保证人和债务人对债务承担连带责任的，为连带责任保证。连带责任保证的债务人不履行到期债务或者发生当事人约定的情形时，债权人可以请求债务人履行债务，也可以请求保证人在其保证范围内承担保证责任。"第六百九十三条规定："一般保证的债权人未在保证期间对债务人提起诉讼或者申请仲裁的，保证人不再承担保证责任。连带责任保证的债权人未在保证期间请求保证人承担保证责任的，保证人不再承担保证责任。"即担保合同与主合同的关系是从属关系。对于一般保证而言，债权人一般只能向债务人主张权利，向保证人主张权利时受到限制，即保证人在主合同纠纷未经审判或者仲裁，并就债务人财产依法强制执行仍不能履行债务前，对债权人可以拒绝承担保证责任。对于连带保证而言，则债权人既可依主合同向主债务人主张权利，亦可依担保合同在主合同规定的债务履行期届满没有履行债务的，向连带保证人主张在其保证范围内承担保证责任。

2. 关于第二款“单独提起诉讼”的理解

督促程序以假定民事权利义务关系不存在民事争议为前提，即督促程序的进行是以债权债务关系明确、合法为基础的。所谓“明确”，就是指除债务人迟延向债权人给付金钱或者有价证券外，债权人与债务人关系明确，没有其他债务纠纷。可以通过直接依债权人的要求向债务人发出支付令，是作为一种诉讼外的程序来实现其目的的。但是，如果债权人提起诉讼，案件即由非讼性质转变为诉讼性质。《督促程序规定》第六条规定：“人民法院受理支付令申请后，债权人就同一债权关系又提起诉讼，或者人民法院发出支付令之日起三十日内无法送达债务人的，应当裁定终结督促程序。”关于“单独提起诉讼”与督促程序结束后的程序衔接问题，民事诉讼法第二百二十四条规定：“人民法院收到债务人提出的书面异议后，经审查，异议成立的，应当裁定终结督促程序，支付令自行失效。支付令失效的，转入诉讼程序，但申请支付令的一方当事人不同意提起诉讼的除外。”本解释第四百三十条规定：“有下列情形之一的，人民法院应当裁定终结督促程序，已发出支付令的，支付令自行失效：（一）人民法院受理支付令申请后，债权人就同一债权债务关系又提起诉讼的；（二）人民法院发出支付令之日起三十日内无法送达债务人的；（三）债务人收到支付令前，债权人撤回申请的。”

3. 关于支付令失效时间的问题

本解释第四百三十条第一项规定：“有下列情形之一的，人民法院应当裁定终结督促程序，已发出支付令的，支付令自行失效：（一）人民法院受理支付令申请后，债权人就同一债权债务关系又提起诉讼的；……”即支付令自人民法院受理案件之日起失去效力。为避免在失效的时间节点问题上对“自行失效”这一术语的理解存在着偏差，减少争议，本条将支付令的失效点明确为“自人民法院受理案件之日”，即督促程序也告终结。规定这一时间节点的目的在于使案件得到更加快速和有效的解决，压缩诉讼周期，促进督促程序与诉讼程序的衔接，在债权人和债务人之间合理地分配程序利益和诉讼风险，既可实现债权人的诉讼价值，又可防止债务滥用异议权，从而提高督促程序的利用率和使用价值，节省司法资源。

【审判实践中应当注意的问题】

1. 关于能否以保证人为被申请人发出支付令的问题

关于能否以保证人为被申请人发出支付令的问题，民事诉讼法没有明确规定，《督促程序规定》第四条规定：“对设有担保的债务案件主债务人发出的支付令，对担保人没有拘束力。债权人就担保关系单独提起诉讼的，支付令自行失效。”对于保证人能否作为支付令申请的被申请人以及将其列为被申请人后，程序应该如何具体运作，存在三种理解：一是认为保证人可以列为被申请人；二是认为保证人不能列为被申请人；三是认为是否对保证人适用督促程序要针对一般保证人和连带保证人这两种不同的保证类型区别对待。从本条的规定原意来看，保证人不能列为督促程序中的被申请人，原因就在于该保证人作为“被申请人”，与民事诉讼法第二百二十一条所规定“债权人请求债务人给付金钱、有价证券，符合下列条件的，可以向有管辖权的基层人民法院申请支付令：（一）债权人与债务人没有其他债务纠纷的；（二）支付令能够送达债务人的。申请书应当写明请求给付金钱或者有价证券的数量和所根据的事实、证据”的条件不符，因此，债权人如果对设有担保的债务申请适用支付令，只能对主债务人适用，不得对担保人适用支付令；当然，这不妨碍债权人通过诉讼程序将债务人与担保人作为被告主张诉讼权利。

2. 关于同时向主债务人和担保人主张适用支付令的问题

当债权人同时对设有担保关系的主债务人和担保人申请发出支付令时，人民法院不能适用督促程序。原因是该申请不符合民事诉讼法第二百二十一条的规定，即申请支付令时，由于与债务关系同时还存在着担保关系，不符合“债权人与债务人没有其他债务关系”的前提条件，而不能适用支付令。因此，债权人同时向主债务人和担保人主张适用支付令时，主债务人或担保人可以异议，以终结督促程序。

需要说明的是，督促程序不是诉前程序或起诉前的先行程序，也不是普通程序的附属程序。如果选择诉讼方式，债权人可以对设有担保的债务的债务人和担保人同时提起诉讼的，支付令自人民法院受理案件之日起失效。

3. 关于债权人的另行起诉问题

督促程序并非处理设有担保的债务标的案件的必经程序，法律并没有强制规定这类案件必须适用督促程序，对于选择何种方式来解决纠纷，根据民事诉讼中的程序选择权理论，当事人享有程序选择权，即可以选择诉讼程序或督促程序来解决纠纷。同时，当事人选择了督促程序之后也并不意味着丧失了通过普通诉讼程序保障其债权实现的权利，如果债权人就担保关系单独提起诉讼的，督促程序因当事人选择了诉讼程序，支付令自人民法院受理案件之日起失去效力。

【条文】

第四百三十五条

经形式审查，债务人提出的书面异议有下列情形之一的，应当认定异议成立，裁定终结督促程序，支付令自行失效：

（一）本解释规定的不予受理申请情形的；

（二）本解释规定的裁定驳回申请情形的；

（三）本解释规定的应当裁定终结督促程序情形的；

（四）人民法院对是否符合发出支付令条件产生合理怀疑的。

【条文主旨】

本条是关于债务人异议成立和终结督促程序的规定。

【条文理解】

督促程序是一种快速解决民事纠纷的非讼程序。我国在1991年民事诉讼法中增加了该程序的规定，2012年民事诉讼法修正时对督促程序进行了完善，2021年民事诉讼法对支付令相关规定未作修改。本条的初衷是在方便群众及时解决债务纠纷，提高办案效率的同时，不需要进行实质审查便可认定异议成立，及时作出高效、低成本、节约司法资源的裁定，终结督促程序，更好地维护当事人的合法权益，实现案件分流进而科学合理地配置司法资源，稳定社会主义经济秩序。

1. 关于支付令申请条件问题

设立督促程序的立法原意，在于用最少的司法资源来实现债权人的债权，因此法律规定，债权债务关系必须明确合法时，才可以适用督促程序。如果债务人提供了其他足以使人民法院对是否符合发出支付令条件产生怀疑的证据，就可能会产生申请人申请的支付令适用不当的情况，不但不能降低诉讼成本，反而会因后面提起诉讼程序而增加诉讼成本。因此，人民法院对是否符合发出支付令条件产生合理怀疑的，应当及时认定异议成立，裁定终结督促程序，支付令自行失效。

2. 人民法院只进行形式审查

督促程序是非实体性审查的程序，对于债权人的申请，法院仅根据债权人提供的证据进行审查，不进行实质性审查或直接调查，也不会询问当事人，只采取形式审查，仅仅是通过形式上的审查来确认债权债务在形式上是否合法、明确，即审查债权债务关系是否存在以及是否明确、合法。如果债权债务合法、明确，就依据程序的规定直接签发支付令，要求债务人清偿债务，否则驳回债权人的申请。如果债务人的异议属于对债权债务合法、明确的异议，则法院裁定督促程序终结。

【审判实践中应当注意的问题】

1. 终结督促程序的法定情形

本条明确终结督促程序的规定，可以使债务人更好地行使权利和履行偿还义务，有利于保护债权人的合法权益；也有利于解决大量债权债务关系明确、当事人没有争执的案件，对稳定社会经济关系、加速商品流转起到不可忽视的作用。具体而言，应当终结督促程序的法定情形主要包括：

（1）“不予受理”的法定情形。本解释第四百二十七条规定：“债权人申请支付令，符合下列条件的，基层人民法院应当受理，并在收到支付令申请书后五日内通知债权人：（一）请求给付金钱或者汇票、本票、支票、股票、债券、国库券、可转让的存款单等有价证券；（二）请求给付的金钱或者有价证券已到期且数额确定，并写明了请求所根据的事实、证据；（三）债权人没有对待给付义务；（四）债务人在我国境内且未下落不明；（五）支付令能够送达债务人；（六）收到申请书的人民法院有管辖权；（七）债权人未向人民法院申请诉前保全。不符合前款规定的，人民法院应当在收到支付令申请书后五日内通知债权人不予受理。基层人民法院受理申请支付令案件，不受债权金额的限制。”对于债务人提出符合本解释规定的书面异议后，经形式审查，人民法院应当裁定终结督促程序，支付令自行失效。

（2）“裁定驳回”的法定情形。本解释第四百二十八条规定：“人民法院受理申请后，由审判员一人进行审查。经审查，有下列情形之一的，裁定驳回申请：（一）申请人不具备当事人资格的；（二）给付金钱或者有价证券的证明文件没有约定逾期给付利息或者违约金、赔偿金，债权人坚持要求给付利息或者违约金、赔偿金的；（三）要求给付的金钱或者有价证券属于违法所得的；（四）要求给付的金钱或者有价证券尚未到期或者数额不确定的。人民法院受理支付令申请后，发现不符合本解释规定的受理条件的，应当在受理之日起十五日内裁定驳回申请。”对于债务人提出符合本解释规定的书面异议后，经形式审查，人民法院应当裁定终结督促程序，支付令自行失效。

（3）“自行失效”的法定情形。本解释第四百三十条规定：“有下列情形之一的，人民法院应当裁定终结督促程序，已发出支付令的，支付令自行失效：（一）人民法院受理支付令申请后，债权人就同一债权债务关系又提起诉讼的;(二)人民法院发出支付令之日起三十日内无法送达债务人的;(三)债务人收到支付令前,债权人撤回申请的。"对于债务人提出符合本解释规定的书面异议后,经形式审查,人民法院应当裁定终结督促程序,支付令自行失效。

2. 关于对发出支付令条件产生合理怀疑的问题

关于是否发出支付令的条件,如果债务人与债权人的债权债务关系比较复杂、非简单明了的,则不宜适用督促程序来解决纠纷。民事诉讼法第二百二十一条规定:"债权人请求债务人给付金钱、有价证券,符合下列条件的,可以向有管辖权的基层人民法院申请支付令:(一)债权人与债务人没有其他债务纠纷的;(二)支付令能够送达债务人的。申请书应当写明请求给付金钱或者有价证券的数量和所根据的事实、证据。"第二百二十三条第一款、第二款规定:"人民法院受理申请后,经审查债权人提供的事实、证据,对债权债务关系明确、合法的,应当在受理之日起十五日内向债务人发出支付令;申请不成立的,裁定予以驳回。债务人应当自收到支付令之日起十五日内清偿债务,或者向人民法院提出书面异议。"而本条第四项规定的"人民法院对是否符合发出支付令条件产生合理怀疑",主要是指债务人提供的证据,足以使审查法官对债权人的申请条件是否符合民事诉讼法第二百二十一条所规定的支付令条件和内容产生怀疑,即债务人提供的证据表明,债权人与债务人"可能"会存在其他债务纠纷的,或者支付令能够送达债务人存在疑问的等情形。从司法实践中反映的情况来看,主要是指债务人与债权人的债权债务关系比较复杂、非简单明了的,足以影响或不符合申请支付令条件的,或需要经过诉讼程序予以解决的,经过形式审查,人民法院应当裁定终结督促程序,支付令自行失效。

【条文】

第四百三十六条

债务人对债务本身没有异议,只是提出缺乏清偿能力、延缓债务清偿期限、变更债务清偿方式等异议的,不影响支付令的效力。

人民法院经审查认为异议不成立的,裁定驳回。

债务人的口头异议无效。

【条文主旨】

本条是关于书面异议审查、处理及口头异议的规定。

【条文理解】

本条旨在解决异议权滥用问题。民事诉讼法第二百二十四条第一款规定了书面异议审查和异议成立的处理方式及支付令的法律效力问题。但是，民事诉讼法对于书面异议不成立或无效的事由和方式等反面情形，没有作出规定，本条是针对民事诉讼法该规定作出的反面解释。

1. 支付令书面异议无效及审查不成立的处理

《92 年意见》第 221 条第二句规定："债务人对债务本身没有异议，只是提出缺乏清偿能力的，不影响支付令的效力。"《督促程序规定》第七条又进一步明确："债务人对债权债务关系没有异议，但对清偿能力、清偿期限、清偿方式等提出不同意见的，不影响支付令的效力。"为充分发挥督促程序效能，兼顾保护债务人利益，第十一届全国人民代表大会常务委员会第二十八次会议于 2012 年 8 月 31 日通过了《全国人民代表大会常务委员会关于修改〈中华人民共和国民事诉讼法〉的决定》，第五十一条第一款特别增设了异议审查程序，以限制债务人异议权滥用。根据这个精神，吸收督促程序适用经验，针对司法实践中存在的突出问题，最高人民法院整合了历次司法解释相关条文，重新作出了上述解释。这次解释的突出特点：（1）未使用《督促程序规定》关于"债务人对债权债务关系没有异议"的表述，恢复使用了《92 年意见》中"债务人对债务本身没有异议"的提法，进一步明确了债务人没有异议的范围，把"不影响支付令的效力"这种法律效果控制在特定事由之上，有利于平衡债权人与债务人的利益，保障督促程序恰如其分地发挥其应有效能。需要特别指出的是，这里的"债务本身"仅指支付令所载明的债务，包括债务的主体、种类、数额、期限、效力、给付方式、诉讼时效等事项，而不包括债务人对债权人所负的其他债务和债权人所负的对待给付债务。（2）将《督促程序规定》第七条关于"但对清偿能力、清偿期限、清偿方式等提出不同意见的"的表述，修改为"只是提出缺乏清偿能力、延缓债务清偿期限、变更债务清偿方式等异议的"。《督促程序规定》第七条但书是对本条前句"债务人对债权债务关系没有异议"的排除和限定，债务人对诸如此类的这些债务性状提出支付令所记载债权债务关系的不同意见，不构成 2007 年民事诉讼法第一百九十四条规定的"书面异议"，故"不影响支付令的效力"。这是因为《督促程序规定》第七条所解释的 2007 年民事诉讼法没有规定异议审查环节，只要是债务人提出的"异议"，就必然发生"终结督促程序"的法律后果。2012 年《全国人民代表大会常务委员会关于修改〈中华人民共和国民事诉讼法〉的决定》创设了异议审查环节。这个环节创立的预设是债务人所提“异议”并不必然产生督促程序终结的效力，只有经过人民法院审查，认为符合本解释第四百三十五条规定情形，才可能认定异议成立，并导致督促程序终结、支付令自行失效的后果。故此，本解释没有刻意以“不同意见”表述回避“异议”一词的使用。同时，在导致“不影响支付令的效力”事由上，也发生了根本性的转变，即仅仅限定于“缺乏清偿能力、延缓债务清偿期限、变更债务清偿方式”等这些非事关“债务本身”的异议主张，更加符合法理，也能更加准确地表述了督促程序适用实践中异议的常见情形。（3）不构成有效异议事由的裁量范围应当严格加以限制。就支付令所记载的债务关系，是不是存在实质的争点，是其他审判程序解决的问题，作为略式诉讼程序的督促程序没有相应的辩论机制加以合理判定。督促程序只解决那些没有异议，以及无须经过质证、辩论审理程序，显而易见无效或不成立的、有明文特别规定的异议。所以，本款只明确规定了不影响支付令效力的三种情形。

2. 口头异议无效

如果说本条第一款是对异议无效的内容限定，那么，本条第三款是对异议无效的形式限定。本条第三款是对民事诉讼法第二百二十三条第二款后半句关于“书面异议”的反面解释，属于当然解释。从1991年设立督促程序之日起，我国民事诉讼法就一直坚持异议提出的要式主义，要求债务人提出书面异议，目的是为异议行为提供书证，便于法院审查，并强化异议提出的严肃性，限制异议提出的随意性，防止异议权滥用，促进诚信诉讼，特别是在2012年民事诉讼法修正后，为设立的异议审查和转入后续诉讼提供可靠的、有稳定性的诉讼资料和依据。

3. 异议不成立的处理

民事诉讼法第二百二十四条明文规定了经审查异议成立的处理方式，对于异议不成立的情形如何处理，没有明文规定。究竟以何种方式解决异议不成立的问题，本款作出了明确规定。值得注意的是，本款在异议审查问题上，采用了与本解释第四百三十五条不同的表述。第四百三十五条使用的是“经形式审查”，这是对民事诉讼法第二百二十四条所作的限缩解释。本款之所以采用“经审查”，是因为这种审查既包括本解释第四百三十五条有关异议成立与否的形式审查，也包括本条第一款有关异议无效与否的实质内容审查。异议不成立，应当以裁定形式驳回异议，不影响支付令的效力；异议无效也应当以裁定形式予以确认，同样不影响支付令的效力。

【审判实践中应当注意的问题】

债务人提出口头异议的，人民法院应向债务人释明关于口头异议无效的规定，提示其可在法定异议期间内提出书面异议。如果债务人在法定异议期间内坚持口头异议，而没有提出书面异议的，人民法院应当以异议形式不合法作出驳回异议书面裁定。债务人逾期提出书面异议的，视为没有异议。

如果债务人提出如因生病、无业等原因不能即时清偿债务，请求延缓期限或分期支付，或者请求以物抵债等，根据本条第一款规定，这些主张不构成对债务本身的异议，不影响支付令的效力，属于异议不成立；人民法院根据本条第二款规定，裁定驳回异议。但是，在支付令执行过程中，人民法院根据债务人请求，召集债权人和债务人进行沟通、协商，促使他们达成执行和解协议。如果和解不成，以支付令为执行根据予以强制执行。

【条文】

第四百三十七条

人民法院作出终结督促程序或者驳回异议裁定前，债务人请求撤回异议的，应当裁定准许。

债务人对撤回异议反悔的，人民法院不予支持。

【条文主旨】

本条是关于债务人撤回异议的规定。

【条文理解】

民事诉讼法对债务人撤回异议未作规定，本条是对《督促程序规定》第十条的进一步修改。《督促程序规定》第十条规定："人民法院作出终结督促程序前，债务人请求撤回异议的，应当准许。"这条规定只是解决了经审查异议成立情形下，于裁定终结督促程序前，债务人异议可否撤回问题，没有解决异议不成立情形下，于裁定驳回异议前，异议可否撤回，以及债务人对撤回异议可否反悔的问题。本解释修改了《督促程序规定》第十条规定，分两款对这些问题作了规定。

1. 债务人请求撤回异议

债务人请求撤回异议，是指债务人向发出支付令的人民法院请求撤回其业已提出的书面异议并使该异议不发生法律效力的诉讼行为，其目的通常有：一是担心异议不成立，需要补正或重新提出异议，以达到免遭法院裁定驳回异议之命运，促成终结督促程序裁定之作出，以实现支付令自动失效的法律效果；二是放弃异议权，自觉清偿债务，或无意阻止了支付令效力。债务人撤回异议，既是当事人自主决定、自我负责原则的要求，也是当事人诚信义务、真实义务以及促进诉讼义务①的要求。债务人请求撤回异议，作为一种民事诉讼行为，在没有特别规定的前提下，应当适用民事诉讼法关于诉讼行为的一般规定。

2. 债务人撤回异议须在终结督促程序或驳回异议裁定作出之前作出

债务人向发出支付令的人民法院提出书面异议后，人民法院启动形式审查程序，产生二者必居其一的后果：一是异议成立，人民法院裁定终结督促程序，支付令自动失效；二是异议不成立，人民法院裁定驳回异议，不影响支付令的效力。就此而言，债务人撤回异议的时间界点必须在人民法院作出终结督促程序或者驳回异议裁定之前，以阻止人民法院就异议成立与否作出相应裁定，免受该裁定的拘束。终结督促程序或驳回异议裁定作出之前，是指该裁定发生法律效力之前，即公开宣示之前，而非人民法院形成裁定之前。在宣示前，即使裁定内容已确定，裁定原本已拟就，裁定仍不能意味着已发生效力。这意味着撤回异议的时间点应为裁定送达前。此后，债务人再请求撤回异议，就丧失了异议撤回所追求的程序意义。《督促程序规定》第十条只规定了异议成立情形下的撤回异议时间界点，没有规定异议不成立情形下的异议撤回时间界点，本条第一款填补了这个漏洞。

3. 裁定准许撤回异议

本条在《督促程序规定》第十条准许撤回异议的基础上，明确了使用裁定这种正式处理方式，即对于符合条件的异议撤回请求，人民法院应当准许，并以裁定形式作出。以裁定形式准许债务人撤回异议，可以强化这种诉讼行为的规范性、确定性、严肃性和有效性。当然，与撤回起诉或上诉这种诉讼行为不同，人民法院对于撤回异议请求应当一律裁定准许，而不是规定“准许与否，由人民法院裁定”。这是由适用督促程序的案件类型单一性、无争议性以及程序的便捷性等特点决定的。即使撤回异议请求有误，致使确有错误的支付令得以发生效力，还可以由本解释第四百四十一条规定的程序予以补救。

4. 异议撤回后不得反悔

《督促程序规定》第十条不仅没有规定准许撤回异议的裁定形式，也没有就异议撤回后可否反悔作出规定。债务人撤回异议后又反悔，究竟是指人

---

① 参见周翠：《电子督促程序：价值取向与制度设计》，载《华东政法大学学报》2011 年第 2 期。

民法院收到撤回异议请求后没有作出准许撤回异议裁定前债务人反悔，还是指人民法院作出准许撤回异议裁定后债务人又反悔。对此，在司法解释调研论证过程中，有不同认识。本解释认为，为实现督促程序的简便、高效、经济价值，维护程序的稳定性，督促程序的设计具有依序顺次推进、不可逆转的特点。人民法院作出准许撤回异议裁定后，债务人反悔，再次请求撤回已经提交的异议撤回请求，意图恢复异议的，已经丧失程序机会，该反悔不能得到支持。故此，只能理解为人民法院收到撤回异议请求后，没有作出准许撤回异议裁定前，债务人反悔，再次请求撤回已经提交的异议撤回请求的情形。对于这种反悔，人民法院不予支持，以免徒增反复，降低程序效率，空耗程序成本，拖延异议审查时间。债务人撤回异议后又反悔，其目的无非使已经提交的书面异议再次进入形式审查程序。禁止反悔，有利于促使债务人避免草率行事，履行诚信诉讼、促进诉讼的义务，防止程序冗长拖沓。由于债务人的反悔发生在撤回异议请求提出后准许撤回异议裁定作出前，人民法院应当在准许撤回异议裁定中载明债务人反悔并不予支持的情况。

【审判实践中应当注意的问题】

债务人撤回异议是一种债务人放弃异议权、缩短督促进程的重要民事诉讼行为，在无特别规定时，应当适用民事诉讼法关于民事诉讼行为的一般规定。适用本条要注意把握以下两点：

1. 债务人撤回异议的请求应当采取书面形式

本条没有明确规定债务人请求撤回异议行为应采取的形式。在具体适用中，债务人请求撤回异议究竟采取书面形式，还是采取口头形式，需要进一步明确。根据诉讼行为原理，债务人撤回异议是请求人民法院准许其撤回书面异议，以终止异议审查程序的意思表示，属于程序形成的诉讼法律行为。这种行为通过形成程序上的法律关系来推动程序运作，“重在民诉法关系，多具有定型性、独立性、规范性，以维护程序的公正”[①]。此外，民事诉讼法规定了债务人异议应采取书面形式，作为撤回书面异议的请求，也应当采取相同的方式，这也是为追求程序的安定，民事诉讼行为采取外观主义、要式主义原则的基本要求。[②] 债务人以口头形式请求撤回书面异议的，比照本解释第四百三十六条第三款规定，释明该口头请求因欠缺形式要件而无效，告知其以书面形式提出撤回异议请求。

---

① 陈朴生：《刑事诉讼法实务》，我国台湾地区海宇文化事业有限公司 1996 年版，第 136 页。
② 参见杨荣馨：《民事诉讼原理》，法律出版社 2003 年版，第 188 页。

2. 债务人撤回异议、补正异议、另行提出新的书面异议

如果债务人认为其在法定异议期间提出的书面异议明显不成立，难免被裁定驳回，而真正有力的异议没有在书面异议中得到表达，债务人可否对已经提交的书面异议于异议驳回裁定作出前予以补正，民事诉讼法和本解释都没有明确规定。书面异议具有保护债务人利益、保证督促程序正常进行的功能。在不违反程序的特别规定、不阻碍督促程序正常进行的前提下，债务人在驳回异议裁定作出前，以书面形式补正已经提交的书面异议，应当准许。但是，如果债务人第一次提出的书面异议与需要补正的事实、证据存在矛盾，在没有以最新提出的异议为准的裁判规则时，债务人就有必要先撤回在先书面异议，人民法院裁定准许后，债务人于法定异议期间内，驳回异议裁定作出前，再另行提出新的书面异议。根据禁止反悔规定，这个新的书面异议不得与首次提出的书面异议内容有重合之处。这种做法在民事诉讼法和本解释中都没有禁止，也不影响督促程序顺畅进行，人民法院应该予以准许。

【条文】

第四百三十八条

支付令失效后，申请支付令的一方当事人不同意提起诉讼的，应当自收到终结督促程序裁定之日起七日内向受理申请的人民法院提出。

申请支付令的一方当事人不同意提起诉讼的，不影响其向其他有管辖权的人民法院提起诉讼。

【条文主旨】

本条是关于民事诉讼法第二百二十四条第二款但书“申请支付令的一方当事人不同意提起诉讼的除外”的规定。

【条文理解】

本条就民事诉讼法“转入诉讼程序”的但书规定了两款，分别明确了申请支付令的一方当事人提出不同意转入诉讼声明的期间及另行异地起诉的法律效力。根据2012年之前的民事诉讼法的规定，如果申请人在督促程序终结后，仍要对被申请人主张债权，可以就该债权债务关系向人民法院提起诉讼，人民法院对该诉讼案件依法进行审理。2021年民事诉讼法第二百二十四条第二款规定的是“转入诉讼程序”，即申请支付令的一方当事人不需要另行起诉，而直接、自动转入诉讼程序，建立了督促程序与诉讼程序对接机制，省去了当事人再去办理起诉和人民法院审查立案的烦琐手续。考虑到申

请支付令的一方当事人不一定都会同意转入诉讼，是否启动诉讼的决定权在于当事人自己，选择督促程序是当事人自己决定的，法律规定可以转入后续诉讼程序，如果申请支付令一方不同意提起诉讼，则不转入后续诉讼程序。本条进一步解决了申请支付令一方不同意转入后续诉讼程序的声明何时提出，以及可否另行异地起诉的问题。

1. “不同意提起诉讼”提出的形式

支付令失效后，督促程序转入后续诉讼程序。这是民事诉讼法为两个独立程序设计的直接、自动对接机制，同时，民事诉讼法也为申请支付令的一方当事人设计了一个表达不同意后续诉讼的窗口，以防止置该当事人之意愿于不顾，强行将他拖入后续诉讼程序。不同意提起诉讼，是申请支付令一方当事人的诉讼权利，且仅为不同意就地转入诉讼程序，并非指该当事人不同意向其他有管辖权的人民法院提起诉讼。民事诉讼法设计对接机制之目的，就是为该诉讼权利的行使提供便利和服务，而不是剥夺或限制当事人提起诉讼或撤回起诉的权利。所以，该当事人提出不同意提起诉讼的形式，不是对相关人民法院提出具有请求性质的申请，而应是具有通知、告知性质的“声明”。因此，申请支付令一方当事人提出“不同意提起诉讼”的声明具有撤回起诉的法律意义。这种声明应当以书面形式而不能以口头形式作出。

2. “不同意提起诉讼”声明提出的对象

支付令因债务人异议而失效后，转入后续诉讼程序。具体做法如何，各国不一。

《日本民事诉讼法》规定，合法的异议视为在申请支付令之时按照请求的诉额（事物管辖的规定）当事人向简易法院或有管辖权的地方法院提起诉讼，以前的督促程序的费用作为诉讼费用的一部分。此后案件作为通常诉讼进行审判。①

德国的做法是，如果被申请人针对督促程序决定提起了异议，意味着将依一方当事人的申请实施争讼的程序，发布执行决定的法院将依职权把诉讼交给督促决定指明的、对争讼程序具有管辖权的法院或者当事人双方一致选择的法院。②

本条采取就地转入诉讼程序。根据本条第一款后半句规定，“不同意提

① 参见［日］兼子一、竹下守夫：《民事诉讼法》（新版），白绿铉译，法律出版社 1995 年版，第 257 页。

② 参见［德］汉斯-约阿希姆·穆泽拉克：《德国民事诉讼法基础教程》，周翠译，中国政法大学出版社 2005 年版，第 346 页。

起诉讼”声明提出的对象是“受理申请的人民法院”。这里的“申请”应当是指支付令申请。因为无论是从便利角度，还是从实际状态上来看，受理支付令申请的人民法院都应当是合适的转入法院，因而该法院也是合适的声明提出对象。督促程序自动转入后续诉讼程序后，发生一系列诉讼法律关系的变化：支付令申请人和债务人的身份转化为诉讼程序中的原告和被告，支付令申请书、书面异议等诉讼材料转化为起诉状和答辩状，支付令申请书递交法院时间转化为起诉时间，支付令申请费转化为诉讼费用的一部。“不同意提起诉讼”声明的目的是阻止转入诉讼导致的这些法律关系的变化。

3. “不同意提起诉讼”声明提出的期间

“不同意提起诉讼”声明的提出期间如何确定与转入后续诉讼程序的哪个阶段问题直接相关。因债务人提起的书面异议并经形式审查而认定成立，这意味着就有关债务在债权人即支付令申请人与债务人即支付令被申请人之间存在着“看起来有理由”的争议。如果把这种争议转入到诉讼程序来看待，它并不是人民法院在接收起诉状时就可以发现的，而是应当在普通诉讼程序审理前的准备阶段，人民法院在立案之日起五日内将起诉状副本发送被告，被告提出答辩状之后发现的。此外，民事诉讼法第一百三十六条也规定了准备阶段案件分流的任务。民事诉讼法创设督促程序转入诉讼程序机制的目的就在于激活督促程序，遏制债务人异议权滥用，减少诉讼成本，加快诉讼进程。既然债务人书面异议已经提出，并且人民法院经过形式审查认定异议成立，作出了终结督促程序裁定，当事人和人民法院的这些工作成果就不能付诸东流，应当在随后转入的诉讼程序中加以有效利用，实现两种程序的有机对接。因此，因债务人书面异议成立而转入后续诉讼程序的，应当理解为督促程序成果被后续诉讼程序全盘接受，转入的诉讼阶段为审理前的准备阶段，而不是民事诉讼法规定的“起诉与受理”阶段，以免徒耗司法资源。本解释第四百三十九条关于“视为起诉”的相关规定也与这种理解圆融无碍、互不矛盾。因此，申请支付令一方当事人“不同意提起诉讼”声明的提出期间与民事诉讼法第一百二十六条规定的七日内立案期间无关，应当理解为本解释根据“两便”原则要求以及当事人筹划诉讼和人民法院庭审准备所需时间而特别设定的期间。自这个期间经过或者申请支付令一方当事人书面声明放弃期间利益之日起，诉讼程序从审理前的准备阶段正式启动。人民法院根据民事诉讼法第一百三十六条第三项和第四项的规定，确定适用程序的类型，对当事人之间的实体争议从形式审查转入实质审理。民事诉讼法第二百二十四条第二款规定：“支付令失效，转入诉讼程序。”同时，根据该条第一款规定，支付令失效期日即人民法院裁定终结督促程序的期日，因此，督促程序转入诉讼程序的期日，为人民法院作出终结督促程序裁定的期日。据此，本条规定“不同意提起诉讼”声明提出的期间起算点，是收到人民法院终结督促程序的裁定之日期。

4. 异地另行起诉

在申请支付令一方当事人不同意提起诉讼的情况下，又向有管辖权的人民法院另行起诉，有关人民法院如何处理？本条第二款规定，这种情况下，“不影响其向其他有管辖权的人民法院提起诉讼”。换言之，该款许可申请支付令一方当事人不同意就地转入诉讼程序而向其他有管辖权的人民法院另行提起诉讼，该人民法院不得以当事人因督促程序终结后不同意提起诉讼为由，影响其独立的起诉和受理以及后续程序。已经进行的督促程序成果和程序利益，视为被该另行异地起诉的当事人所抛弃。因该当事人另行异地起诉，原受理支付令申请的人民法院应当尊重其意愿，终止就地转入诉讼程序。

【审判实践中应当注意的问题】

第一，不同意提起诉讼的声明期间利益可因申请支付令的一方当事人事先声明而抛弃，或者提前提出不同意提起诉讼声明而放弃。因此，人民法院或者该当事人不是必须等待本条第一款规定的七日期间过后，才可进行有关的诉讼程序。

第二，申请支付令一方当事人异地起诉，向受诉人民法院主张督促程序利益的，应当提交证据，否则，受诉人民法院不予支持。被告一方以本案业经督促程序而主张原告重复诉讼的，受诉人民法院不予支持。

【条文】

第四百三十九条

支付令失效后，申请支付令的一方当事人自收到终结督促程序裁定之日起七日内未向受理申请的人民法院表明不同意提起诉讼的，视为向受理申请的人民法院起诉。

债权人提出支付令申请的时间，即为向人民法院起诉的时间。

【条文主旨】

本条是关于支付令因债务人异议失效后，申请人未在法定期限向受理法院提出不同意提起诉讼及起诉时间的规定。

【条文理解】

民事诉讼法中规定了“督促程序转入诉讼程序”，本条旨在对具体的转入方式和起算点予以细化规定。

1. 督促程序转入诉讼程序之立法沿革

督促程序，也叫支付令程序，是指人民法院基于债权人给付金钱、有价证券的请求，向债务人发出支付令，债务人在法定期间内未提出书面异议，债权人根据支付令申请强制执行的程序。现代意义上的督促程序起源于德国。1877年德国在其民事诉讼法中规定了督促程序，其后一些大陆法系国家和地区也先后对督促程序作了规定。

我国1991年民事诉讼法增加规定了督促程序。《92年意见》第215条至第225条对督促程序作了进一步的细致规定。《督促程序规定》对于督促程序的管辖、设有担保的债务案件适用督促程序、裁定终结督促程序、债务人异议等问题进行了专门规定。2007年民事诉讼法对审判监督程序和执行程序的部分规定作了修改，没有涉及督促程序。2012年民事诉讼法修改时，在总结地方法院实践经验、借鉴我国台湾地区相关规定和国外立法例的基础上，完善了督促程序和诉讼程序的衔接机制，其第二百一十七条规定：“人民法院收到债务人提出的书面异议后，经审查，异议成立的，应当裁定终结督促程序，支付令自行失效。支付令失效的，转入诉讼程序，但申请支付令的一方当事人不同意提起诉讼的除外。”2021年民事诉讼法将2012年民事诉讼法第二百一十七条修改为第二百二十四条，但未就内容进行调整，本条就是对上述条文的细化规定，便于统一司法适用。

2. 督促程序转入诉讼程序的必要性

总的来看，民事诉讼法规定的基本原则是正确的，督促程序条文规定大多是可行的，加上司法解释，对方便当事人诉讼和方便法院办案，提高诉讼效率、节约当事人实现债权的成本、及时保护当事人的合法权益具有重要的意义。但是，从全国法院适用督促程序的情况来看，适用督促程序审理的案件数量不多，支付令案件占民事、经济纠纷案件综述的比例不高。

司法实践中，督促程序适用效果不佳的状况主要有两方面的原因：其一，社会诚信缺失，导致债务人滥用异议权，督促程序的价值受到怀疑，当事人对适用督促程序产生抵触情绪。督促程序针对解决无争议的债权请求权而设立，其适用有赖于债务人的诚信。在市场经济和法治比较完善的国家，督促程序在实践中发挥着非常重要的作用。如德国在2000年申请督促决定的数量超过790万件，只有约11%提出了异议。这与德国社会诚信程度较高、督促程序确实能发挥作用密切相关。我国虽然没有异议比例的统计数据，但从调研的情况来看，基层人民法院的法官对于督促程序普遍反映，由于社会诚信缺乏，债务人即使对于真实无误、无可争议的债务也往往提出异议，很少有债权能够通过督促程序顺利实现。许多债务人故意提出不实异议，以此达到拖延的目的。其二，督促程序的设计不严密，缺乏与诉讼程序的衔接。根据2012年之前的民事诉讼法的规定，督促程序因债务人提出异议终结后，并不自动进入诉讼程序，债权人如果想通过诉讼程序实现，须另行起诉。从实践中出现的问题来看，这种规定缺乏合理性。由于债权人在督促程序环节需要花费一定的时间和精力，但债权往往由于债务人滥用异议权而无法通过督促程序实现，与直接诉讼相比，债权人不仅浪费了时间，而且增加了诉累。因此，设置督促程序与诉讼程序相衔接，对于减轻当事人讼累、制约不诚信行为，是十分必要的。

事实上，建立督促程序与诉讼程序对接的机制，即在督促程序因债务人提出异议而终结后，自动转入诉讼程序，是德国、日本等大陆法系国家和地区的通例。这种做法可以促使当事人更加重视督促程序，提高督促程序的适用率，充分合理地保护申请人的合法权益，防止被申请人滥用异议权拖延履行，从而激活督促程序，使其在纠纷解决中发挥应有的作用。

3. 督促程序转入诉讼程序的方式与起算点

审判实践中应当注意以下几点：第一，支付令失效后，督促程序自动转入诉讼程序，除非申请支付令的一方当事人在收到人民法院终结督促程序的裁定之日起七日内向受理申请的人民法院提出不同意提起诉讼的声明。第二，债权人提出支付令申请时间，视为向人民法院起诉的时间。

【条文】

第四百四十条

债权人向人民法院申请执行支付令的期间，适用民事诉讼法第二百四十六条的规定。

【条文主旨】

本条是关于申请执行支付令期限的规定。

【条文理解】

1. 执行依据

执行依据，又称为执行名义、债务名义，是确定债权人债权存在之范围，得据以请求执行机关实施强制执行之公文书。

执行依据，应当具备一定的实质要件和形式要件。实质要件包括以下五项：其一，要有“给付”内容。所谓“给付”，包括作为及不作为。其二，须“给付”内容可能实现。即客观上，“给付”具备可能性。其三，“给付”内容合法，即债务人之行为不违背公共秩序、善良风俗及法律强制或禁止规定。执行依据的内容如不合法即无效，自然不得据以执行。其四，“给付”内容要具体确定。其五，执行依据所载债务人的给付内容，性质上须适于强制执行。形式要件包括以下三项：其一，须为公文书，即公权力机关或法律授权之人为确定私权，而于其职权范围内作成，并已发生法律上效力之文书。其二，须标明债权人及债务人。其三，须表明应执行之事项。①

我国民事诉讼法第二百三十一条规定：“发生法律效力的民事判决、裁定，以及刑事判决、裁定中的财产部分，由第一审人民法院或者与第一审人民法院同级的被执行的财产所在地人民法院执行。法律规定由人民法院执行的其他法律文书，由被执行人住所地或者被执行的财产所在地人民法院执行。”据此，作为执行依据的法律文书主要有以下几种：人民法院制作的发生法律效力的民事判决书、裁定书和调解书；人民法院依督促程序发布的支付令；发生法律效力而具有财产内容的刑事判决书、裁定书；仲裁机构制作的生效的裁决书；公证机构制作的依法赋予强制执行效力的债权文书。

2. 支付令的法律效力

许多大陆法系国家和地区的民事诉讼法都规定，债务人在法定期间内既不履行债务又不提出异议，支付命令就产生强制执行的效力，也就是产生与生效判决同等的效力。例如，《德国民事诉讼法》第700条规定，执行决定与宣告假执行的缺席判决相同。《日本民事诉讼法》第443条规定，对于附有假执行宣告的支付命令没有声明异议，或驳回异议的裁定已被确定时，支付命令与确定判决具有同等效力。

我国台湾地区“民事诉讼法”第521条规定，债务人对于支付命令未于法定期间合法提出异议者，支付命令与确定判决具有同一之效力。

支付命令产生与生效判决同等效力的依据是，在保障债务人提出异议权的前提下，债务人所选择的是自愿放弃异议、同债权人在法庭上争执该请求的辩论权，也就是债务人认可债权人所主张的请求权。此时的支付命令已不是法院向债务人送达时的支付命令，它已经具有确认债权人请求的效力。但

---

① 参见杨与龄编著：《强制执行法论》，中国政法大学出版社2002年版，第50页。

是支付命令要对外正式产生与法院判决一样具有既判力的法律效力，应通过一定的程序正式“宣布”。[①]《德国民事诉讼法》第 699 条规定，如果被申请人即债务人在法定期间内不提异议，申请人即债权人则向法院提出执行命令的申请。法院根据申请人的申请作出执行命令并向双方当事人送达。法院作出的执行命令具有强制执行的效力。《法国民事诉讼法》第 1422 条规定，如果债务人从接到支付命令之日起一个月内不提出异议，或者撤回已经提出的异议时，债权人请求法院对支付命令赋予执行签证，赋予执行签证的支付命令就具有一切对审判决的效力，不得对此提出上诉。《日本民事诉讼法》则规定，如果债务人在法定期间内对支付命令不提出异议，则由债权人申请假执行宣告。债务人从接到附有假执行宣告的支付命令之日起两周内不提出异议，债权人就根据附有假执行宣告的支付命令，请求法院强制执行。

3. 申请执行期限的有关规定

我国 1991 年民事诉讼法第二百一十九条第一款规定：“申请执行的期限，双方或者一方当事人是公民的为一年，双方是法人或者其他组织的为六个月。”这一规定在司法实践中产生的主要问题是：（1）申请执行的期限过短，助长了一些债务人利用时效逃债的侥幸心理。（2）债权人担心超过申请执行期间法院不予保护，明知债务人无财产可供执行或者法律文书生效后双方已达成分期履行的协议，也不得不申请强制执行，加剧了债权人债务人之间的紧张关系。（3）对公民、法人和其他组织适用不同的申请执行期限，不符合民事主体平等的原则。从实际情况来看，不少债务人履行义务需要较长时间，申请执行期限太短，不利于债务人履行债务，也不利于当事人达成和解。[②] 为有利于当事人行使权利，履行债务，2012 年之前的民事诉讼法将申请执行期间规定为“申请执行的期间为二年”，2012 年民事诉讼法保留了这一规定。2015 年《民事诉讼法解释》保留了《92 年意见》第 225 条的有关内容。本次民事诉讼法解释修正，在 2015 年《民事诉讼法解释》第四百四十二条的基础上根据新民事诉讼法对引用条文的序号作了调整，其他内容未作修改。德国、法国、日本对支付令的申请执行期限也作了明确规定，例如：《德国民事诉讼法》第 701 条规定，申请人从支付命令送达之日起六个月内不提出申请执行命令，支付命令失去效力；《法国民事诉讼法》第 1423

① 参见白绿铉：《督促程序比较研究——我国督促程序立法的法理评析》，载《中国法学》1995 年第 4 期。

② 参见全国人大常委会法制工作委员会民法室编：《〈中华人民共和国民事诉讼法〉条文说明、立法理由及相关规定》，北京大学出版社 2012 年版，第 380 页。

条规定，债权人在债务人不提出异议或债务人撤销异议后一个月内不申请赋予执行签证，支付命令失效；《日本民事诉讼法》第 439 条规定，债权人从有权提出假执行宣告申请之日起三十天内不提出申请，则支付命令失效。

【审判实践中应当注意的问题】

第一，申请执行与移送执行是引起执行开始的两种不同的途径。对执行令的强制执行必须依债权人申请启动。

第二，两年的申请执行期限从支付令规定履行期间的最后一日起计算。

【条文】

第四百四十一条

人民法院院长发现本院已经发生法律效力的支付令确有错误，认为需要撤销的，应当提交本院审判委员会讨论决定后，裁定撤销支付令，驳回债权人的申请。

【条文主旨】

本条是关于裁定撤销支付令的规定。

【条文理解】

1. 支付令撤销制度的历史沿革

我国 1991 年民事诉讼法、2012 年民事诉讼法中均未规定支付令撤销制度。支付令撤销制度最早见于最高人民法院于 1992 年 7 月 13 日发出的《关于支付令生效后发现确有错误应当如何处理的复函》，该复函第二条规定：“人民法院院长对本院已经发生法律效力的支付令，发现确有错误，认为需要撤销的，应当提交审判委员会讨论通过后，裁定撤销原支付令，驳回债权人的申请。”2001 年《督促程序规定》第十一条保留了这一制度。为了对确有错误的已经发生法律效力的支付令，设置一定的程序给予救济，2015 年《民事诉讼法解释》制定时吸收了相关规定，本次修正对该条未作出修改。

2. 撤销支付令的程序

支付令的撤销程序，仍然是提起、审查、裁定、送达四个环节。所不同的是在提起和审查阶段，因行为主体不同，在要求上也有所不同：（1）提起。人民法院行使撤销权的，由院长提起撤销程序，即提交本院审判委员会讨论。（2）审查。审查主体是审判委员会，审查内容为支付令是否确有错误及能否裁定撤销。（3）裁定。该裁定书主文是“撤销……号支付令，驳回申请人的支付令申请”。由于法律规定对支付令申请条件的审查由审判员一人进行，而支付令据以撤销的依据仍然是审查申请条件，所以，撤销支付令的裁定书仍应由审判员、书记员署名，加盖人民法院印章。[①]（4）送达。送达适用民事诉讼法规定的各种送达方式，不受直接送达、留置送达要求的限制。该裁定书一经送达，即发生法律效力。

【审判实践中应当注意的问题】

第一，撤销主体是原制作发出支付令的基层人民法院。第二，撤销的客体是支付令的全部效力。第三，撤销形式是由人民法院裁定。第四，支付令一经撤销，自始无效。

另外，普通程序转督促程序的费用负担、督促程序后续诉讼的费用负担，实践中也需要加以明确。

人民法院依照民事诉讼法第一百三十六条的规定，对当事人没有争议，符合督促程序规定案件的普通案件，转入督促程序处理结案的，应当相应核减案件受理费。

督促程序后续诉讼的费用是否还要申请人预先交纳？这要分两种情况：一是支付令被撤销后，债权人另行起诉的，应当按照《诉讼费用交纳办法》交纳诉讼费用，因为它是一个新的诉讼；二是支付令失效后转入诉讼程序的，按照本解释第一百九十五条规定，债权人应当按照《诉讼费用交纳办法》补交案件受理费。然而从操作简便和方便当事人考虑，我们倾向于申请人不预先交纳。审理结果债务人败诉的，若债权人请求判决由债务人负担申请费和其他诉讼费的，应由债务人负担申请费和其他诉讼费用。因为，债务人不履行债务，滥用异议权，在费用承担上应当承担相应的法律责任。债务人对督促程序未提出异议的，申请费由债务人负担。债务人对督促程序提出异议致使督促程序终结的，申请费由申请人负担；债务人对督促程序提出异议致使督促程序终结后进入诉讼程序的，申请费应当列入诉讼请求，债务人败诉的，因为申请费是正常财产案件诉讼费的三分之一，[②] 因此还应当追加另外的三分之二诉讼费。审理结果债权人败诉的，自然由债权人补交案件受理费。这样处理，既符合“两便”原则，又利于降低成本提高效率。[③]

---

① 参见柯晓平：《对支付令撤销制度的几点思考》，载《法学评论》1995 年第 2 期。

② 《诉讼费用交纳办法》第十四条规定：“申请费分别按照下列标准交纳：……（三）依法申请支付令的，比照财产案件受理费标准的 1/3 交纳；……”

③ 参见最高人民法院民事诉讼法修改研究小组编著：《〈中华人民共和国民事诉讼法〉修改条文理解与适用》，人民法院出版社 2012 年版，第 515 页。

二十、公示催告程序

【条文】

第四百四十二条

民事诉讼法第二百二十五条规定的票据持有人，是指票据被盗、遗失或者灭失前的最后持有人。

【条文主旨】

本条是关于民事诉讼法第二百二十五条规定的“票据持有人”即公示催告申请人的规定。

【条文理解】

本条沿用2015年《民事诉讼法解释》规定的内容，将适用的法条由2012年民事诉讼法中的第二百一十八条更改为2021年民事诉讼法的第二百二十五条。

关于公示催告申请人，我国民事诉讼法和票据法均进行了规定。民事诉讼法的规定有一个延续的过程。1991年民事诉讼法第一百九十三条规定：“按照规定可以背书转让的票据持有人，因票据被盗、遗失或者灭失，可以向票据支付地的基层人民法院申请公示催告。依照法律规定可以申请公示催告的其他事项，适用本章规定。申请人应当向人民法院递交申请书，写明票面金额、发票人、持票人、背书人等票据主要内容和申请的理由、事实。”2007年以后的历次修正，均只是法条序号发生变化，具体内容并没有变化。我国票据法第十五条规定：“票据丧失，失票人可以及时通知票据的付款人挂失止付，但是，未记载付款人或者无法确定付款人及其代理付款人的票据除外。收到挂失止付通知的付款人，应当暂停支付。失票人应当在通知挂失止付后三日内，也可以在票据丧失后，依法向人民法院申请公示催告，或者向人民法院提起诉讼。”由上述规定可见，告示催告程序的申请人，民事诉讼法的表述为“票据持有人”，票据法的表述为“失票人”，尽管两者文字表述不同，但内涵和外延是相同的。

本条是对民事诉讼法规定的“票据持有人”的解释。我们认为，民事诉讼法第二百二十五条规定的票据持有人，是指票据被盗、遗失或者灭失前的最后持有人。而《票据纠纷规定》第二十五条对票据法中的“失票人”进行了解释，即“票据法第十五条第三款规定的可以申请公示催告的失票人，是指按照规定可以背书转让的票据在丧失票据占有以前的最后合法持票人。”本条在修改过程中，也曾有观点认为，应采纳《票据纠纷规定》的规定，将“票据持有人”界定为票据被盗、遗失或者灭失前的最后合法持有人，但经讨论认为，在司法实务中，申请公示催告的主体也有并非适格主体的情形，故这里没有将其限定为“合法”。但应当注意的是，适格的申请人应为最后合法持票人。

关于对本条规定的理解，首先应明确的是，公示催告程序是对票据的最后持有人在丧失票据后的一种权利补救和保全程序，是非讼程序。“公示催告既然系不经诉讼程序而确定票据权利人之权利而特设之制度，本质上属非讼事件。”① 根据公示催告制度的性质和上述法律规定，一般认为，申请公示催告的法定事由应当理解为票据最后持有人因其意志以外的原因导致可背书转让的票据脱离其有效控制，下落不明。具体而言，成为适格的公示催告申请人，需具备以下三个条件：

1. 需有失票的事实

关于失票的理解，应注意以下四点：第一，这里的失票，是指申请人丧失有效票据。第二，这里的失票，是指丧失对票据的直接占有和间接占有。如果失票人虽然丧失对票据的直接占有，但仍依法对票据进行间接占有的，则不能认定其失票。例如，在委托收款的情形下，背书人将票据背书给了委托收款的银行，其虽丧失对票据的直接占有，但仍然为票据的间接占有人，故此时不能认定为其为失票人。第三，这里的失票，是指非因持票人本意而丧失对票据的占有。在持票人因其本意丧失票据的情形下，持票人丧失票据占有正是其依法处分票据权利的结果，不存在因丧失票据而导致其无法行使权利或者权利被不法处分的问题，故不应适用公示催告程序。例如，持票人基于基础法律关系背书将票据权利转让给他人或者采取撕毁票据的方式免除债务人债务等。第四，这里的失票，是指丧失的票据被不特定人占有。公示催告的过程实际上是寻找票据的过程。其以公示票据丧失事实的方式，达到向占有票据的利害关系人进行催告的目的，如果利害关系人能够在公示催告期间申报权利，则公示催告程序终结，由申请人与权利申报人通过民事诉讼

① 施文森：《票据法新论》，我国台湾地区三民书局1987年版，第68页。

程序解决票据归属。“公示催告程序，在于宣告不明之利害关系人对公示催告事项的权利无效。在此程序中，没有特定的相对人，如果相对人是明确的，应当提起诉讼，不得适用公示催告程序。”① 因此，在失票人知道票据下落、占有票据人为特定主体的情形下，无须再为公示催告、督促不特定利害关系人申报权利，失票人可以向占有人提起返还票据之诉。

关于票据丧失的具体情形，我国票据法第十五条及其司法解释没有明确列明②，民事诉讼法及本司法解释则作了列举式规定，即“被盗、遗失或者灭失”。

2. 需是可以转让的票据丧失

公示催告的目的是以公告方式通知利害关系人向法院申报权利，以避免票据被善意第三人取得，丧失票据者无法行使票据权利。因此，对于不能背书转让的票据而言，由于其丧失后不存在善意第三人取得票据、行使票据权利的情形，故其不适用公示催告程序。民事诉讼法第二百二十五条对此予以了明确，即“按照规定可以背书转让的票据持有人，因票据被盗、遗失或者灭失，可以向票据支付地的基层人民法院申请公示催告”。《票据纠纷规定》第二十五条也规定，丧失的票据应指可以背书转让的票据。

3. 申请人应是票据丧失占有以前的最后持票人

这里应注意把握两点：第一，申请人为持票人。票据为完全有价证券，票据权利的产生、转让和行使一般以证券的存在为必要，因此，持有票据，一般可推定持有人为票据权利人。在其丧失票据时，出现了权利人与权利凭证的分离。公示催告程序是不经诉讼程序而确定票据权利人权利的特设制度，其通过规定失票人向法院提出申请，请求确认票据无效，从而使票据权利与票据本身相分离的制度来保障失票人在失票的情形下也可以通过持有除权判决而行使票据权利。第二，申请人为最后合法持票人。这里应注意两个限定词，即“最后”“合法”。曾经持有票据的主体，因其将票据又进行转让，故其不是最后被背书人，不是最后的持票人，不能申请公示催告。在司法实务中，存在着最后持票人并非合法持票人的情形，如采用欺诈、胁迫、抢夺、恐吓等非法手段而取得票据的人，尽管其为最后持票人，但并不享有票据权利，故不能成为适格申请人。

通说认为，依法可以持票据主张权利的人为公示催告申请人。因此，一般而言，下列票据权利人可为公示催告申请人：（1）以继承、赠与等合法方

① 姚红主编：《中华人民共和国民事诉讼法释义》，法律出版社2007年版，第309页。

② 其概括写为“票据丧失”“丧失票据占有”。

式取得票据的持票人；（2）经过背书转让的最后一位被背书人；（3）未经背书转让的票据的收款人；（4）已履行了票据义务持有票据的被追索人；（5）委托收款的背书人；（6）票据质权人。

【审判实践中应当注意的问题】

1. 出票人、付款人等票据义务人是否为适格公示催告申请人

在司法实务中，存在着将出票人、付款人等票据义务人认定为适格公示催告申请人的情形，该做法是否正确呢？关于该问题，有两种观点。

第一种观点认为，申请人只能是票据权利人，票据义务人不能作为适格申请人。"在司法实践中，凡票据关系人，包括出票人、收款人、付款人、背书人等均可以票据最后持有人的身份申请公示催告程序和除权判决。根据申请公示催告程序的立法原意为保护真正权利人的利益。所以，建议修改民事诉讼法时将公示催告程序的申请人从'票据持有人'修改为'票据权利人'。"①

第二种观点认为，申请公示催告的主体既包括票据权利人，也包括票据义务人。从票据法法理、各国立法例和司法实务进行分析，都可以得出上述结论。

（1）从票据法法理进行分析。持票人既包括票据权利人，也包括因各种原因持有票据的人。因此，对于出票人而言，其在填写票据必要记载事项后、交付票据给收款人之前丧失票据的，票据被其他主体非法取得、转让，出票人可能因此蒙受损失。对于汇票承兑人或支票付款人而言，其对票据付款后，尚未在收回的票据上记载"收讫""已付款"等字样而丧失了票据，该票据如被善意持票人取得，则付款人有可能重复付款。因此，作为一种权利救济制度，对公示催告程序申请人作从宽解释有利于保护相关主体利益。"所谓最后之持有人，不以票据权利人为限，即票据义务人亦属之。"②

（2）从域外立法例进行分析。尽管英美法系国家对失票救济没有规定公示催告程序，而是规定了票据诉讼制度，但其关于失票人的规定值得我们借鉴。《美国统一商法典》流通证券篇对失票人进行了规定。1952年版的《美国统一商法典》第3-804条规定："因毁灭、被盗或其他原因而丧失票据的，其所有人应就其所有权、阻止其提示票据的事实和票据的条款作出适当证明后，以自己的名义提起诉讼，并向票据上负责的任何当事人追偿……"这里作为原告方的"失票人"，是指在票据丧失时的票据所有权人。1990年，修

① 刘国昱：《完善票据公示催告程序的思考》，载《经济师》2012年第12期。
② 梁宇贤：《票据法实例解说》，中国人民大学出版社2004年版，第136页。

改的新的《美国统一商法典》将该条（编为第3-309条）中的“所有人”改为“在丧失票据后有权行使票据权利的人”，淡化了“所有”的概念。该人系指：a. 在票据丧失的事实发生时，持有票据并有权行使权利的人；b. 非因该人的转让或其他合法占有人的转让而丧失票据的人；c. 因票据被损且不知去向，或因票据错误的为另一未知人所占有，或因该票据为某个无从查找或无义务送达诉讼文书的人占有，而不能合理占有该票据的人。在2001年的第4次修订稿中，上述定义中的a款被改为：在票据丧失发生时，一个试图行使票据权利并有权行使的人，或另一个授予该人试图行使票据权利的直接或间接占有票据的人。其将被授予行使票据权利的直接或间接占有票据的人也列为失票人。尽管《日本公示催告法》第778条规定“公示催告的申请权人是可依证券主张权利之人”，但日本理论界通说和判例认为：“署名后交付前票据因被盗或丢失等原因非基于出票人的意思而被置于流通场合，出票人须向基于善意且无重大过失取得该票据者承担责任。因此，这种情况下的出票人与‘可依证券主张权利之人’是同样的，都就阻止票据流通具有利益，也就是说，具有申请公示催告的正当利益。因此，通说及判例均认为，这种情况下的出票人也具有公示催告申请权。”①

（3）我国司法实践肯定了该观点。在“深圳赛格进出口公司诉中国农业银行无锡市郊区支行票据承兑纠纷案”② 中，业经付款人承兑的银行承兑汇票在出票人交付收款人之前遗失，法院依出票人申请启动了公示催告程序。

我们倾向于第二种观点。一般而言，下列失票人可为公示催告申请人：（1）已经完成票据的绝对应记载事项，但在交付给收款人之前丧失票据的出票人；（2）已完成除授权补记事项外的其他绝对应记载事项，但在交付给收款人之前丧失支票的出票人；（3）出票人已经签章，但未记载代理付款人的银行汇票丧失后的出票人；（4）付款人已付款，但持票人未在票据上记载“收讫”字样并签名，付款人收回后票据丧失情形下的付款人。

2. 适用公示催告程序，是否仅限定在票据“被盗、遗失或者灭失”三种情形

民事诉讼法第二百二十五条将公示催告程序的适用情形仅规定为“被盗、遗失或者灭失”三种情形。但在司法实务中，存在着因被抢劫、抢夺、欺诈、胁迫丧失票据的，持票人能否申请公示催告的争论。主要有两种意见：第一种意见认为，既然我国民事诉讼法将其规定为三种情形，那么，作

① 张凝、[日] 末永敏和：《日本票据法原理与实务》，中国法制出版社2012年版，第282页。
② 参见《最高人民法院公报》1999年第6期。

为对人民法院在适用法的过程中所作的解释，本司法解释不能突破法律的规定，故公示催告程序只适用于法律规定的三种情形，不能扩大适用。第二种观点认为，关于公示催告程序的适用情形，应结合该程序的立法目的进行分析。如前所述，关于票据丧失的具体情形，我国票据法第十五条及其司法解释没有明确列明。《票据纠纷规定》第二十五条将其原则性地规定为“可以背书转让的票据丧失票据占有”。如前所述，根据公示催告制度的性质和相关法律规定，申请公示催告的法定事由应当理解为票据最后合法持有人因意志以外的原因导致可背书转让的票据脱离其有效控制而下落不明。因此，凡属于票据最后合法持有人因意志以外的原因导致可背书转让的票据脱离其有效控制下落不明的情形，均可以适用公示催告程序。我们认为，第二种观点确定的适用原则具有其合理性，在司法实务中，可根据个案的情形裁量如何适用。具体分析如下。

因被抢劫、抢夺丧失票据的，由于票据持有人并非基于本意丧失对票据的占有，存在着抢劫人或抢夺人将所抢票据非法转让他人，损害失票人权利的可能性，且相对于持票人而言，抢劫、抢夺人具有不特定性，符合公示催告程序利害关系人不特定的特征，故倾向性意见认为，该情形下，失票人可以申请公示催告。

关于因被胁迫丧失对票据占有的，票据持有人可否申请公示催告的问题，存在二种观点。第一种观点认为，票据持有人因被胁迫而交付票据，因明显违反权利人意思，构成票据丧失，票据权利人可以申请公示催告。① 第二种观点认为，票据持有人因被胁迫而交付票据，票据丧失，确非其本意，但在实施胁迫的当事人为特定当事人且票据并未被转让的情形下，其完全可以通过提起返还票据之诉的方式救济自己的权利，而无须申请公示催告。如果欺诈、胁迫、抢夺、恐吓等行为构不成犯罪，也应当赋予当事人以救济手段，允许当事人以请求返还票据为由提起民事诉讼。《票据纠纷规定》第三十六条明确规定：“失票人为行使票据所有权，向非法持有票据人请求返还票据的，人民法院应当依法受理。”当事人因此类纠纷起诉的，人民法院应当作为“票据返还请求权纠纷”予以受理。②

关于因被诈骗丧失对票据占有的，票据持有人可否申请公示催告的问题，存在三种观点。第一种观点认为，不能申请公示催告。理由为：由于双方的身份关系都较为固定，且一般而言，利害关系人是明确的，原持票人在

① 参见高言、刘辅华主编：《票据法理解适用与案例评析》，人民法院出版社1996年版，第61页。

② 参见杨忠孝：《论票据公示催告程序的制度完善》，载《政治与法律》2009年第4期。

被骗过程中都是自愿交付，并未违背其意志，原票据的合法持有者本身即存在一定的主观过错，故其提出的公示催告申请不符合公示催告的法定条件。即使认定构成诈骗，交付票据行为并非持票人的本意，但由于流动性是票据的一个重要特征，票据行为具有外观性，不问转让票据的原因（适用有因性情形的除外），故对于买票人或贴现人之后受让票据的善意第三人而言，如果允许卖票人或申请贴现人申请公示催告并持除权判决行使票据权利，则有损于票据的流通性、不利于保护善意第三人的权利。第二种观点认为，应允许失票人申请公示催告。理由为：由于票据持有人系被诈骗而交付票据，所以其在交付票据之时并非出于本意，且票据被诈骗分子取得后，存在被流转给不特定的利害关系人的可能性，故应允许失票人申请公示催告。第三种观点认为，应区分情况进行分析。在被诈骗丧失对票据的占有，且知道票据被特定当事人占有的情形下，票据持有人提起票据返还之诉即可；在不知道票据下落的情形下，得申请公示催告。

3. 超过付款提示期限的票据丧失的，失票人可否申请公示催告

有观点认为，我国票据法第三十六条规定："汇票被拒绝承兑、被拒绝付款或者超过付款提示期限的，不得背书转让；……"因此，超过付款提示期限的票据丧失后不能申请公示催告。我们认为，该条同时规定："背书转让的，背书人应当承担汇票责任。"由此可见，汇票超过付款提示期限背书转让的，背书人承担的是与正常票据背书转让同样的汇票责任，其虽属于期后背书，但该背书转让同样具有权利转移、权利证明、权利担保的法律效力。《日内瓦统一汇票本票法》第20条规定："到期日后之背书与到期日前之背书有同一效力。"对于被拒绝承兑或者付款的远期汇票，在到期之前，仍然存在着被转让的可能，背书人仍须承担票据责任，我国票据法第五十三条第二款规定："持票人未按照前款规定期限提示付款的，在作出说明后，承兑人或者付款人仍应当继续对持票人承担付款责任。"中国人民银行印发的《支付结算办法》第三十六条规定："商业汇票的持票人超过规定期限提示付款的，丧失对其前手的追索权，持票人在作出说明后，仍可以向承兑人请求付款。银行汇票、银行本票的持票人超过规定期限提示付款的，丧失对出票人以外的前手的追索权，持票人在作出说明后，仍可以向出票人请求付款。支票的持票人超过规定的期限提示付款的，丧失对出票人以外的前手的追索权。"由上述规定可见，超过付款提示期限的票据丧失以后，持票人并未完全丧失票据权利，票据主债务人并未免除票据债务。因此，在其票据丧失以后，也存在被他人取得，行使票据权利的可能性，需要对合法失票人进

行权利救济，故因该类票据丧失而申请公示催告的，人民法院也应依法受理。正因为此，《票据纠纷规定》第二十七条规定：“超过付款提示期限的票据丧失以后，失票人申请公示催告的，人民法院应当依法受理。”

4. 在票据上记载“不得转让”字样的票据丧失后，失票人可否申请公示催告

我们认为，依据票据法法理，票据具有流通性，票据流通主要采取背书方式。但为减轻票据债务人的票据责任，法律规定了背书的可禁止性。因此，票据法对禁止转让票据和禁止转让背书票据进行了规定。我国票据法第二十七条第二款规定了禁止转让票据，即“出票人在汇票上记载‘不得转让’字样”。对于禁止转让票据而言，该票据丧失了可背书性，不再发生票据背书转让的权利转移效力、资格授予效力及权利担保效力。即使背书转让该票据，但由于背书行为被认定无效，故其不能发生背书转让票据权利的法律效力。正因为此，《票据纠纷规定》第四十七条规定：“依照票据法第二十七条的规定，票据的出票人在票据上记载‘不得转让’字样，票据持有人背书转让的，背书行为无效。背书转让后的受让人不得享有票据权利，票据的出票人、承兑人对受让人不承担票据责任。”由于背书转让禁止转让票据并不发生票据权利转移的效力，因此，对于该票据丧失的，也无须担心拾得人通过虚假背书的方式取得票据权利，故无利害关系人的存在，不适用公示催告程序。我国票据法第三十四条对禁止转让背书票据进行了规定，即“背书人在汇票上记载‘不得转让’的票据”。对于该票据丧失后能否适用公示催告程序，现存争议。一种观点认为，不能适用，理由在于：既然公示催告程序适用的条件是可以背书转让的票据丧失，由于该票据不具有可背书性，故不应适用公示催告程序。另一种观点认为，尽管禁止转让背书票据在法理上不具有可背书性，但在原背书人的后手违反规定进行背书的情形下，并非完全不发生票据背书的效力，只是原背书人对进行背书转让背书人的后手不承担票据责任，但不影响其他票据债务人的票据责任。《票据纠纷规定》第五十条即规定：“依照票据法第三十四条和第三十五条的规定，背书人在票据上记载‘不得转让’……字样，其后手再背书转让……的，原背书人对后手的被背书人不承担票据责任，但不影响出票人、承兑人以及原背书人之前手的票据责任。”因此，该票据丧失，仍可能存在利害关系人，故应可申请公示催告。

【条文】

第四百四十三条

人民法院收到公示催告的申请后，应当立即审查，并决定是否受理。经审查认为符合受理条件的，通知予以受理，并同时通知支付人停止支付；认为不符合受理条件的，七日内裁定驳回申请。

【条文主旨】

本条是关于公示催告申请应否受理的规定。

【条文理解】

本条主要包括三方面内容：

一是人民法院对申请应立即审查。由于票据丧失可能产生票据被他人取得，损害失票人权利的问题，因此，本条规定，人民法院受理申请后应立即进行审查，避免由于时间延误给失票人造成损失。

二是人民法院受理并通知止付。人民法院经审查认为符合受理条件的，通知予以受理。这里，应注意的是，在受理后应同时通知支付人停止支付。依据《票据纠纷规定》第三十条的规定："付款人或者代理付款人收到人民法院发出的止付通知，应当立即停止支付，直至公示催告程序终结。非经发出止付通知的人民法院许可擅自解付的，不得免除票据责任。"

三是人民法院驳回申请。人民法院认为不符合受理条件的，应在七日内裁定驳回申请。

此外，还应注意挂失止付与公示催告申请受理后止付通知的衔接问题。根据我国票据法第十五条的规定，票据丧失，失票人可以采取挂失、申请公示催告、提起诉讼三种方式救济自己的权利。这里，应注意挂失止付与公示催告程序的衔接。票据法第十五条第三款规定："失票人应当在通知挂失止付后三日内，也可以在票据丧失后，依法向人民法院申请公示催告，或者向人民法院提起诉讼。"《支付结算办法》第五十条规定："付款人或者代理付款人收到挂失止付通知书后，查明挂失票据确未付款时，应立即暂停支付。付款人或者代理付款人自收到挂失止付通知书之日起 12 日内没有收到人民法院的止付通知书的，自第 13 日起，持票人提示付款并依法向持票人付款的，不再承担责任。"我国台湾地区"票据法"也对两种方式的衔接进行了规定，于第 18 条规定："票据丧失时，票据权利得为止付之通知，但应于提出止付通知后 5 日内，向付款人提出为申请公示催告之证明，未依前项但书规定办理者，止付通知丧失效力。"

【审判实践中应当注意的问题】

在调研过程中，相关意见认为，由于申请人提交的申请材料可能不够全面，存在审查后需要申请人补充申请材料的问题，因此，将审查时间设定一个固定的期限不符合司法实践，不利于法院更好地开展工作。因此，本条并未规定审查的具体期限，而是写明应"及时"审查，在个案中关于审查期限的确定，由人民法院根据申请人提交证据材料情况自由裁量。

【条文】

第四百四十四条

因票据丧失，申请公示催告的，人民法院应结合票据存根、丧失票据的复印件、出票人关于签发票据的证明、申请人合法取得票据的证明、银行挂失止付通知书、报案证明等证据，决定是否受理。

【条文主旨】

本条是关于人民法院应审查哪些证据以决定是否受理公示催告申请的规定。

【条文理解】

近年来，由于民间资金需求旺盛，通过民间机构或个人"买卖票据"方式融通资金的行为日趋增多。在这一过程中，卖票人因没有取得约定的卖票款项，为避免自己权利受损，遂伪报票据丧失事实、申请公示催告，引发大量纠纷。因此，关于人民法院应审查哪些证据以确定申请人为适格申请人是审判实践亟待解决的问题。

如前所述，根据民事诉讼法第二百二十五条和本解释第四百四十二条的规定，有权申请公示催告的主体应为可以转让的票据被盗、遗失或者灭失前的最后持合法有人。因此，在立案阶段，人民法院主要应审查申请人是否提交了能够证明其为"可以转让的票据被盗、遗失或者灭失前的最后持有人"的证据。这些证据主要包括：

（1）用以证明丧失的票据是有效票据的证据。申请人用以证明票据为有效票据的证据材料可以是票据复印件、出票人签发案涉票据的说明、票据存根等。

（2）用以证明存在失票事实的证据。申请人用以证明失票事实的证据材料可以是银行挂失止付通知书、报案证明等。

(3) 用以证明丧失的票据是可以转让的证据(详见本解释第四百四十二条)。申请人据以证明上述事实的证据可以是票据复印件、出票人出具的其签发案涉票据的说明、申请人的前手关于将票据转让给申请人的证明等。

(4) 申请人是票据丧失占有以前的最后合法持票人。申请人据以证明上述事实的证据可以是票据的复印件、出票人出具的申请人为收款人的证明、申请人前手关于转让票据给申请人的证明等。

【审判实践中应当注意的问题】

关于审查标准和审查范围问题。在立案阶段,对于申请人的申请,主要应采取形式的审查标准;对于申请人申请的审查范围,主要是申请人是否为适格申请人。

【条文】

第四百四十五条

人民法院依照民事诉讼法第二百二十六条规定发出的受理申请的公告,应当写明下列内容:

(一) 公示催告申请人的姓名或者名称;

(二) 票据的种类、号码、票面金额、出票人、背书人、持票人、付款期限等事项以及其他可以申请公示催告的权利凭证的种类、号码、权利范围、权利人、义务人、行权日期等事项;

(三) 申报权利的期间;

(四) 在公示催告期间转让票据等权利凭证,利害关系人不申报的法律后果。

【条文主旨】

本条是关于民事诉讼法第二百二十六条“发出公告”所载内容的规定。

【条文理解】

民事诉讼法第二百二十六条规定:“人民法院决定受理申请,应当同时通知支付人停止支付,并在三日内发出公告,催促利害关系人申报权利。公示催告的期间,由人民法院根据情况决定,但不得少于六十日。”公告的目的在于催促利害关系人申报权利。因此,公告应载明以下内容:(1) 申请人的情况;(2) 丧失的权利凭证的情况;(3) 申报权利的期间;(4) 在公示催告期间转让票据等权利凭证,利害关系人不申报的法律后果。其中,第二项内容,丧失的权利凭证的情况,应载明权利人、义务人、权利期限、权利内容等内容。公告载明的内容应足以使丧失的票据等权利凭证具有特定性和唯一性，使看到公告的主体足以判断是哪一张权利凭证丧失，自己是否为其利害关系人。

2015 年《民事诉讼法解释》对《92 年意见》第 228 条进行了部分修改，主要包括三处修改，现结合 2021 年修正的民事诉讼法进行相应阐释。

第一，将适用的法条序号由 1991 年民事诉讼法的第一百九十四条改为 2012 年民事诉讼法的第二百一十九条，现根据 2021 年修正的民事诉讼法将法条序号修改为第二百二十六条。

第二，在第四项法律后果中，将“票据”改为“票据等权利凭证。”理由为，2012 年民事诉讼法第二百一十八条第一款规定：“依照法律规定可以申请公示催告的其他事项，适用本章规定。”因此，除票据外，在其他依照法律规定可以申请公示催告的权利凭证丧失时，也可以申请公示催告。《92 年意见》第 228 条规定将公告的内容仅局限于票据这一种权利凭证有失狭隘。2017 年、2021 年修正的民事诉讼法对该规定均未作实质内容上的修改。

第三，在丧失票据的情形下，关于公告的内容，增加了“票据的出票人、票据付款期限”等内容。理由为：出票人属于票据上记载的主要内容，2012 年民事诉讼法第二百一十八条第二款即规定，申请人向人民法院递交的申请书中，包括了发票人[①]这一票据上记载的主要内容。票据付款期限也是决定票据唯一性、特定性的要素。2017 年、2021 年修正的民事诉讼法对前述规定均未作实质内容上的修改。

【审判实践中应当注意的问题】

关于“依照法律规定可以申请公示催告的其他事项”的理解。我们认为，记名股票以及提单丢失，均可适用公示催告程序。具体而言，我国公司法第一百四十三条规定：“记名股票被盗、遗失或者灭失，股东可以依照《中华人民共和国民事诉讼法》规定的公示催告程序，请求人民法院宣告该股票失效。人民法院宣告该股票失效后，股东可以向公司申请补发股票。”海事诉讼特别程序法第一百条规定：“提单等提货凭证持有人，因提货凭证失控或者灭失，可以向货物所在地海事法院申请公示催告。”

① 根据票据法的规定，将“发票人”表述为“出票人”更为合适。

【条文】

第四百四十六条

公告应当在有关报纸或者其他媒体上刊登，并于同日公布于人民法院公告栏内。人民法院所在地有证券交易所的，还应当同日在该交易所公布。

【条文主旨】

本条是关于民事诉讼法第二百二十六条“发出公告”的载体以及在不同载体上发布公告时间的规定。

【条文理解】

关于本条规定的理解，应注意以下两个问题：

1. 关于人民法院发布公告的载体

民事诉讼法第二百二十六条规定：“人民法院决定受理申请，应当同时通知支付人停止支付，并在三日内发出公告……”关于公告的载体，《92 年意见》和《票据纠纷规定》均进行了规定，但两者规定并不相同。《92 年意见》第 229 条规定：“公告应张贴于人民法院公告栏内，并在有关报纸或其他宣传媒介上刊登；人民法院所在地有证券交易所的，还应张贴于该交易所。”2000 年《票据纠纷规定》第三十二条①规定：“人民法院决定受理公示催告申请后发布的公告应当在全国性的报刊上登载。”由上述规定可见，颁布在后的 2000 年《票据纠纷规定》对公告的载体进行了限缩性解释，限缩为“全国性的报刊”。在司法实务中，适用的主要是 2000 年《票据纠纷规定》的规定，即在全国性报刊上登载公告。但实务中反映较大的问题是，由于全国性的报刊较多，利害关系人往往难以注意到公告的事实，致使其不能在申报权利的期间内及时申报权利，权利受损，尤其是在申请人伪报票据丧失事实的情形下，利害关系人更不会关注发布公告的情况，由此给利害关系人造成损害。“在实际运作中，票据的流通范围很广，尤其我国幅员辽阔，注意或调查收受流通性极强的票据是否已被公示催告非易事；因法院公告的局限性，让受让人在受让票据时，关注各级法院的公告，既不实际也无可能。这一规定显然过分注重对失票人的保护，而没有充分保护善意持票人的

① 2020 年《票据纠纷规定》将其变更为第三十一条并作了补充：“公告应当在全国性报纸或者其他媒体上刊登，并于同日公布于人民法院公告栏内。人民法院所在地有证券交易所的，还应当同日在该交易所公布。”

利益，与公示催告的本旨不符，同时也违背了票据的无因性和流通性。”[①] 鉴于该类问题的出现，我们认为，明确规定便利、权威、统一的公告载体确有必要。在讨论过程中，有意见认为，可以明确规定公告的载体为《人民法院报》；还有意见认为，可以通过建立计算机公示催告公告查询系统的方式有效防止伪报票据丧失、损害票据权利人权利的问题。关于该系统的建立，有不同的思路：有意见认为，应由最高人民法院建立“计算机公示催告公告查询系统”，各金融机构与该系统联网、查询；也有意见认为，应由人民银行组织建立该系统，各金融机构与该系统联网、查询。因在修改中倾向观点认为，不宜在司法解释中明确指定某一份报纸作为刊登媒体，对于刊登公告的载体不予修改为宜，故2015年《民事诉讼法解释》沿用了《92年意见》的规定，未对刊登媒体作出规定。本条沿用了2015年《民事诉讼法解释》的该规定。

但应予注意的是，催促公告是人民法院向社会公布的法律文告，是人民法院审判工作的重要组成部分。法院公告刊登应坚持“权威性、严肃性、有效性”的要求，及时准确发布。为满足上述要求，加强法院公告工作的管理，最高人民法院先后了多份通知，对公告的刊登进行规定。1992年9月8日，最高人民法院办公厅下发了法办〔1992〕93号《关于法院公告一律由〈人民法院报〉刊登的通知》；1993年4月16日，最高人民法院下发了法〔1993〕29号《关于重申法院公告一律由〈人民法院报〉统一刊登的通知》；2001年12月21日，最高人民法院办公厅下发了法办〔2001〕246号《最高人民法院办公厅关于改进人民法院公告发布工作的通知》。上述通知要求各级法院严格按照通知要求统一在《人民法院报》刊登法院公告。2005年1月21日最高人民法院发布的法〔2005〕72号《最高人民法院关于进一步规范法院公告发布工作的通知》指出，近来不少群众反映，有一些公告在《人民法院报》以外的报纸刊登，引起对方当事人及利益相关方对公告权威性、严肃性、有效性的疑虑，影响了诉讼活动的顺利进行；有的混淆了公告与广告的性质，不按最高人民法院通知要求发布公告；还有的媒体许诺以较高回扣向法院乱拉公告，造成不良影响和后果。对此，各级法院必须引起重视并认真纠正。《人民法院报》在做好公告发布工作的同时，现已实现在《人民法院报》电子版、中国法院网上同步免费刊载。该通知强调，实践证明，法院公告在《人民法院报》统一刊登，对于便利当事人及社会公众及时、有效

① 王小能主编：《中国票据法律制度研究》，北京大学出版社1999年版，第160~161页。

查询、了解公告，保障诉讼活动顺利进行，起到了积极的促进作用。各级人民法院的法官及案件当事人普遍把《人民法院报》作为查询、阅读人民法院公告，从中了解全国法院案件审判工作、执行工作等有关信息的重要载体。因此，各级法院应认真执行最高人民法院文件关于法院公告一律由《人民法院报》刊登的规定。人民法院报社要严格按照最高人民法院办公厅下发的《法院诉讼文书样式》制作公告，严格按标准收费。要按照最高人民法院办公厅法办〔2001〕246号文件的要求，提高公告刊登效率。普通公告一般十天至二十天之内刊登；加急件五天之内刊登；特急件当日刊登。要切实完善公告查询工作，保证公告查询便捷、高效，确保公告见报后第一时间即可通过《人民法院报》、《人民法院报》电子版和中国法院网或者专门查询电话进行查询。2016年4月11日，最高人民法院发布的《关于人民法院发布公示催告程序中公告有关问题的通知》规定：“为切实规范公示催告程序中公告的发布工作，解决风险票据发布公告平台不统一、不规范的问题，现通知如下：依据《中华人民共和国民事诉讼法》第二百一十九条①、最高人民法院《关于适用〈中华人民共和国民事诉讼法〉的解释》第四百四十条、最高人民法院《关于进一步规范法院公告发布工作的通知》等文件的规定，人民法院受理公示催告申请后发布公告的，应当在《人民法院报》上刊登，《人民法院报》电子版、中国法院网同步免费刊载。”

除在报纸上发布公告外，本条还规定，公告还应张贴于人民法院公告栏内或人民法院所在地的证券交易所。这样规定的目的在于尽量扩大受众群体，减少善意受让人受让的机会，避免失票人权利受损。

2. 关于在不同载体发布公告的时间

关于在不同载体发布公告的时间有先后之分时，应以哪一个时间作为公告期的起始点的问题，分别有从最早公告之日起算、从最晚公告之日起算以及从在全国性报刊上登载之日起算三种不同观点。倾向意见认为，应从全国性报刊上登载之日起算。我们认为，公告本身具有广而告之、拟制告知的效力，因此，其范围越广越符合该制度的设立目的，也因此，本条规定多种刊登载体具有必要性。但为避免由于在不同载体上刊登公告的时间存在不同的问题，经研究，2015年《民事诉讼法解释》将在有关报纸或者其他宣传媒介上刊登公告、在人民法院公告栏内和交易所公布公告的时间规定为同日。

① 对应2021年民事诉讼法第二百二十六条。

【审判实践中应当注意的问题】

1. 关于刊登公告的时限与申请人权利的保护问题

由于票据具有流通性和无因性等特点，故票据在丧失后及时采取有效的救济措施，可以有效避免失票人权利损失。因此，及时受理申请人的申请以及发布公告，对于保护失票人的权利具有重要意义。民事诉讼法第二百二十六条规定："人民法院决定受理申请，应当同时通知支付人停止支付，并在三日内发出公告……"在司法实务中，应严格依照上述规定执行。

2. 关于利害关系人查询公告的途径和方式

如前所述，《人民法院报》作为刊登公告的载体，除在该纸质媒介上进行刊登外，《人民法院报》电子版和中国法院网也同时进行刊登，并设有专门查询电话，因此，相关利害关系人在查询时可以关注上述不同方式及时进行查询。

【条文】

第四百四十七条

公告期间不得少于六十日，且公示催告期间届满日不得早于票据付款日后十五日。

【条文主旨】

本条是关于民事诉讼法第二百二十六条"公示催告的期间"的规定。

【条文理解】

民事诉讼法第二百二十六条第二句规定："公示催告的期间，由人民法院根据情况决定，但不得少于六十日。"关于其具体期限，《92年意见》并没有规定，2000年《票据纠纷规定》第三十三条对其进行了规定，即："依照《中华人民共和国民事诉讼法》（以下简称民事诉讼法）第一百九十六条的规定，公示催告的期间，国内票据自公告发布之日起六十日，涉外票据可根据具体情况适当延长，但最长不得超过九十日。"司法实务中，法院大多按照2000年《票据纠纷规定》的规定确定公示催告的期间，即国内票据的公示催告的期间为自"公告发布之日起六十日"。但该期间的规定存在问题，最为典型的表现是将银行承兑汇票的公示催告期间确定为六十日的情形。具体而言，《支付结算办法》第八十七条第一款规定："商业汇票的付款期限，最长不得超过六个月。"因此，银行承兑汇票存在着付款期限为六个月的情形。如果持票人在出票不久就丧失票据，其向法院申请公告催告后，法院将公示催告的期间定为六十日，则六十日期满，没有人申请权利的，依申请人申请，法院作出除权判决，申请人可以持除权判决向付款人请求付款。在该情形下，就会出现在提示付款期届满前申请人即可以取得除权判决主张权利的现象。这会带来两个问题：第一，由于付款期限为六个月，在票据没有真正丧失的情形下，合法持票人不会预想和注意是否存在公告，也不会去申报权利，这导致其在票据被除权后提示付款，但因票据被认定无效而无法持票行使票据权利；第二，由于除权判决公告日早于票据付款日，导致申请人丧失票据后实现票据权利的时间可以早于其未丧失票据时行使票据权利时间，有违法理和常理，也不利于保护付款人的期限利益。因此，合理确定公示催告期间就成为必要。为解决上述问题，在审判实践中，部分法院突破了2000年《票据纠纷规定》的规定，在票据的提示付款期距出票日长于六十日的情形下，采取了将公示催告期延长到票据提示付款期之后，或者虽将告示催告期规定为六十日，但将除权判决公告期确定在票据提示付款期之后的做法，上述做法系审判实践部门回应司法实践需要进行的有益探索。

在研究过程中，大多数意见认为，根据民事诉讼法关于公示催告期间不得少于六十日的规定，将公示催告的期间与票据提示付款期限相结合进行规定能够有效避免上述问题。具体理由为：第一，符合票据法法理和公示催告制度的立法目的。"所谓公示催告制度，……是失票人向法院提出申请，请求宣告票据无效，从而使票据权利与票据本身相分离的一种权利救济制度。"① 公示催告制度的立法目的是对失票人的票据权利进行确认和救济，而非由除权判决创设新的票据权利，因此，申请人根据除权判决获得的票据权利不能大于或优于其原有票据权利。第二，符合票据法的规定。票据法第四十条第一款规定："见票后定期付款的汇票，持票人应当自出票日起一个月内向付款人提示承兑。"第五十三条第一款规定："持票人应当按照下列期限提示付款：（一）见票即付的汇票，自出票日起一个月内向付款人提示付款；（二）定日付款、出票后定期付款或者见票后定期付款的汇票，自到期日起十日内向承兑人提示付款。"第五十四条规定："持票人依照前款规定提示付款的，付款人必须在当日足额付款。"第七十七条规定："本票的出票人在持票人提示见票时，必须承担付款的责任。"第七十八条规定："本票自出票日起，付款期限最长不得超过二个月。"第九十一条规定："支票的持票人应当自出票日起十日内提示付款；异地使用的支票，其提示付款的期限由中国人

① 王小能编著：《票据法教程》，北京大学出版社1994年版，第123页。

民银行另行规定。超过提示付款期限的，付款人可以不予付款；付款人不予付款的，出票人仍应当对持票人承担票据责任。”因此，在票据未丧失的情形下，持票人提示付款需在法定期限内进行。在票据丧失的情形下，申请人依据除权判决向付款人请求支付的，其权利不能优于票据未丧失情形下的持票人，故公示催告期的上限应与票据的提示付款期相衔接。民事诉讼法第二百二十六条规定的本意是对公示催告的期间设定一个最低天数为六十日的期间，而非将公示催告期间限定为六十日。2000 年《票据纠纷规定》将法律规定的下限日期规定为固定日期有欠妥当。第三，参考其他国家和地区的相关规定。德国、日本以及我国台湾地区规定的公示催告期均长于六十日，为六个月。关于具体衔接思路，在讨论中存在不同观点：第一种观点认为，可以规定公示催告期间的截止日不得早于票据到期日；第二种观点认为，票据法第五十三条第二款规定：“持票人未按照前款规定期限提示付款的，在作出说明后，承兑人或者付款人仍应当继续对持票人承担付款责任。”第七十九条规定：“本票的持票人未按照规定期限提示见票的，丧失对出票人以外的前手的追索权。”第八十条第一款规定：“本票的背书、转让、付款行为和追索权的行使，除本章规定外，适用本法第二章关于汇票的规定。”因此，根据上述规定，持票人在法定的提示付款期期届满后提示付款的，在作出说明后，承兑人或者付款人仍应当继续对持票人承担付款责任。本票的出票人也应履行票据义务，在上述情形下，如果因恶意申请公示催告、合法持票人没有关注公告，而公告催告期届满日早于票据提示付款期限届满日的，则可能出现合法持票人不能在催告期内申报权利、除权判决作出后损害其合法权利问题。因此，公示催告期间的截止日应酌情定在票据提示付款期限届满之后数日。关于该界定为票据提示付款期届满后几日，有观点认为应为十五日，也有观点认为应为一个月，还有观点认为应区分票据的种类不同而定。经研究，2015 年《民事诉讼法解释》采纳了十五日的观点。本条沿用该规定。还需指出的是，2020 年修正《票据纠纷规定》时，将原第三十三条修改为第三十二条，并与 2015 年《民事诉讼法解释》的规定保持了一致，规定：“公告期间不得少于六十日，且公示催告期间届满日不得早于票据付款日后十五日。”

在对本条进行理解时，应注意把握的是，“票据付款日”实质是指“票据提示付款期限届满日”。在确定公示催告期间时，“六十日”和“票据付款日十五日”是两个均需考虑的因素，缺一不可。如果“票据付款日后十五日”早于六十日，则公示催告期不能少于六十日；如果“票据付款日后十五日”晚于六十日，则公告期间不得少于六十日，且公示催告期间届满日不得早于“票据付款日后十五日”。

应予明确的是，本条使用的是“付款日”的表述。票据付款日、到期日并非同一概念。到期日，是指汇票上记载的应该付款的日期。换言之，其是票据债务人依照汇票上所载文义履行付款义务的日期，相当于民事一般债权的履行期。“由于票据债务属于往取债务（即权利人主动请求履行的债务），因而，只有当持票人在到期日届至后，为付款的提示而未达到目的时，票据债务人才负迟延的责任。所以又可将到期日称为持票人对票据债务人请求支付票款的始期。”① 关于到期日的记载，必须具有确定性，包括出票时就已确定，或者将来见票后确定。票据法第二十五条第一款对票据付款日进行了规定，即：“付款日期可以按照下列形式之一记载：（一）见票即付；（二）定日付款；（三）出票后定期付款；（四）见票后定期付款。”第二十三条第二款规定：“汇票上未记载付款日期的，为见票即付。”

“到期日的法律效力是：持票人如不在到期日或者到期日之后一定日期内提示付款，则将丧失对前手的追索权……到期日前，持票人不得请求付款，也不得接受付款人的期前付款。否则，或者是其遭付款人拒付并不得向前手追索，或者付款人自负其责……到期日与实际付款日并不相同。有时二者是同一日，有时则不然。如果持票人在到期日这一天向承兑人请求付款，承兑人当即付款，这种情况属于到期日与实际付款日为同一日……我国票据法第五十三条将定日付款、见票后定期付款的汇票的提示付款期间规定为到期日起十日。持票人如在到期日后的十天内任意某一天提示付款，并得到付款时，到期日与实际付款日就不在同一日。”② 特殊情形下，如果持票人未按照票据法第五十三条第一款规定期限提示付款的，在作出说明后，承兑人或者付款人仍应当继续对持票人承担付款责任。该日期显然超出了提示付款期限。正因为此，本条综合考虑了正常情形下，持票人在法定提示付款期内提示付款和特殊情形下可能超出提示付款期提示付款的情形，作出了公示催告期间的截止日不得早于票据付款日后十五日的规定。

---

① 王小能编著：《票据法教程》，北京大学出版社2001年版，第240页。
② 王小能编著：《票据法教程》，北京大学出版社2001年版，第240页。

【审判实践中应当注意的问题】

1. 在司法实务中，应依据本条及票据法关于提示付款期的相关规定确定公示催告期间

根据我国票据法的规定，票据分为汇票、本票、支票三种，不同票据的付款日各不相同，故在审判实践中，人民法院在确定公示催告期间时，应依据本条规定，根据案涉票据种类、到期日、提示付款日，具体确定公示催告期间。以定日付款的汇票为例，其提示付款期为到期日起十日。如票据上记载的到期日为2021年11月1日，则其提示付款日为之后十日，公示催告期间的届满日不得早于到期日后二十五日。[①] 又如，对于出票后定期付款的汇票而言，其提示付款期为到期日起十日。如出票日后一个月付款的汇票，其出票日为10月10日，则其到期日为11月10日，公示催告期间的截止日不得早于到期日后二十五日。再如，对于见票后定期付款的汇票而言，其提示付款期为到期日起十日。出票人于2021年2月10日签发一张汇票，票面记载"凭票请予见票后两个月付"。依据票据法第四十条的规定，见票后定期付款的汇票应自出票日起一个月内提示承兑。因此，持票人于2021年3月8日向付款人为承兑的提示，付款人当日为承兑行为，因此，该汇票的到期日为2021年5月8日，故其公示催告期限届满日不得早于到期日后二十五日。

2. 关于公告期届满前票据到期的，申请人可否请求付款问题

关于失票后对失票人的救济，从世界各国和地区的立法来看，属于英美法系国家的立法，通常采取普通程序的诉讼救济方式；属于大陆法系国家和地区的立法，则通常采取特别程序的诉讼救济方式。采用公示催告这种非诉程序救济票据权利的方式，最初发源于德国，后来被日本吸收并加以发展。《德国票据法》第90条第1款规定："通过公示催告程序宣告丧失的或毁灭的票据无效；如果合法权利人在宣告无效前提供担保，在该程序开始后，该人得在票据到期时向汇票的承兑人或本票的出票人提出付款请求。"《法国票据法》规定，在票据遗失的情况下，可以请求止付汇票。如果遗失的汇票尚未承兑时，遗失汇票的所有人可以向第二手、第三手、第四手主张付款权利；如果遗失的汇票已经承兑，票据所有人只有经法庭判决并提供担保后，方可向第二手、第三手、第四手主张付款权利。此外，《法国商法典》第145条规定，遗失票据的所有人未获得汇票的第二联，应向其前手背书人提出请求；该背书人有责任让其借用自己的名义再对其前手背书人提出请求，

① 当然，还应受"不得少于六十日"规定的限制。下同。

依次直至出票人。由此可见，德国、法国的法律都规定了提供担保后，失票人可以请求付款。英美法系国家关于担保的规定更为严格，规定在失票人提起诉讼或者进行止付时要提供担保。《英国汇票本票法》第 69 条规定：“汇票在到期日前丧失的，汇票持有人应请求出票人另行给予相同意旨的汇票，必要时应向出票人提供保证，如果所声称丧失的汇票再度出现时，担保出票人得以对抗全体第三人。”该法第 70 条规定：“关于汇票丧失的任何诉讼，法院或法官应裁定不得挂失，若能提供使法庭或法官认为满意的担保以对抗该汇票主张权利的任何人的，不在此限。”《美国统一商法典》第 3 节第 804 条规定：“因毁灭、被盗或其他原因而丧失票据的，其所有人应就其所有权、阻止其提示票据的事实和票据条款作出适当证明后，以自己的名义提起诉讼，并向票据上负责的任何当事人追偿。法院应要求其提供保证，以担保被告不因就票据提出的其他权利主张而受损失。”

2000 年《票据纠纷规定》第三十八条规定：“失票人向人民法院提起诉讼的，除向人民法院说明曾经持有票据及丧失票据的情形外，还应当提供担保。担保的数额相当于票据载明的金额。”应当说，不管各国立法在哪一环节规定了失票人提供担保，其根本目的都在于防止恶意申请公示催告，保护合法票据权利人的权利。我国相关立法现没有规定在公示催告期间届满前票据到期的，可以通过提供担保的方式获得票款或者将票款进行提存。但因止付行为为财产保全行为，故可由法院在个案中酌定是否提供担保。正因如此，2020 年修正《票据纠纷规定》时，在第三十七条将其规定为：“失票人向人民法院提起诉讼的，应向人民法院说明曾经持有票据及丧失票据的情形，人民法院应当根据案件的具体情况，决定当事人是否应当提供担保以及担保的数额。”

【条文】

第四百四十八条

在申报期届满后、判决作出之前，利害关系人申报权利的，应当适用民事诉讼法第二百二十八条第二款、第三款规定处理。

【条文主旨】

本条是关于利害关系人在申报期届满后、判决作出之前申报权利法律后果的规定。

【条文理解】

民事诉讼法第二百二十八条规定：“利害关系人应当在公示催告期间向

人民法院申报。人民法院收到利害关系人的申报后，应当裁定终结公示催告程序，并通知申请人和支付人。申请人或者申报人可以向人民法院起诉。”由上述规定可见，由于公示催告期间制度的制定目的是催促利害关系人申报权利，故利害关系人应在公示催告期间向人民法院申报。但在司法实践中，由于种种原因，存在着利害关系人在申报期届满后，判决作出之前申报权利的情形。在该情形下，尽管申报权利期间已过，但由于除权判决尚未作出，除权事实尚未确定，在该期间内利害关系人申报权利的，表明存在着权利争议，故公示催告程序应予终结。

本条根据 2021 年修正的民事诉讼法，将适用民事诉讼法的条文序号修改为“民事诉讼法第二百二十八条第二款、第三款”。

【审判实践中应当注意的问题】

1. 关于裁定终结公示催告程序，应通知支付人规定的适用

在审判实践中应当注意的问题是，根据民事诉讼法第二百二十八条的规定，支付人收到人民法院停止支付的通知，应当停止支付，至公示催告程序终结。因此，人民法院依据本条规定裁定终结公示催告程序的，还应当通知支付人。支付人接到通知后，应解除止付。

2. 关于申报人申报权利后，当事人之间纠纷的解决机制

申报人申报权利后，申请人和申报人之间出现了权利争议，因公示催告程序为非讼程序，并不解决当事人之间的权利争议，因此，在裁定终结公示催告程序后，申请人和申报人可以采取提起诉讼的方式解决双方的权利争议。

【条文】

第四百四十九条

利害关系人申报权利，人民法院应当通知其向法院出示票据，并通知公示催告申请人在指定的期间查看该票据。公示催告申请人申请公示催告的票据与利害关系人出示的票据不一致的，应当裁定驳回利害关系人的申报。

【条文主旨】

本条是关于人民法院对利害关系人申报权利如何进行审查以及处理方式的规定。

【条文理解】

民事诉讼法第二百二十八条规定：“利害关系人应当在公示催告期间向

人民法院申报。人民法院收到利害关系人的申报后，应当裁定终结公示催告程序，并通知申请人和支付人。申请人或者申报人可以向人民法院起诉。”如前所述，公示催告程序在性质上为非讼程序，并不对实体权利争议进行审理，因此，在出现利害关系人申报权利的情形下，由于已经出现了权利争议，故人民法院应当裁定终结公示催告程序。申请人或者申报人可以通过向人民法院起诉的方式解决争议。

应予注意的是，并非只要有利害关系人在公示催告期间向人民法院申报权利，人民法院就应当裁定终结公示催告程序，而是需具备申报人有初步证据证明其是案涉票据的利害关系人的事实。用以证明申报人是案涉票据的利害关系人的主要证据是其持有案涉丧失的票据。因此，在利害关系人申报权利时，其应未出示案涉丧失的票据，利害关系人未出示的，人民法院应通知其出示票据。这样规定，有助于避免恶意申报权利问题的出现。

利害关系人出示案涉丧失票据后，人民法院应通知公示催告申请人在指定的期间查看该票据。如果确定公示催告申请人申请公示催告的票据与利害关系人出示的票据不一致的，人民法院应当裁定驳回利害关系人的申报。确认一致的，人民法院应当裁定终结公示催告程序。

另外，在司法实务中，通过查看票据，申请人确认申报人提交的票据与其申请公示催告的票据一致、承认了申报人对票据享有权利，其可能会申请撤回公示催告申请，在该情形下，依据本司法解释第四百五十三条的规定，人民法院可以径行裁定终结公示催告程序。

【审判实践中应当注意的问题】

在审判实践中，存在着经人民法院通知，公示催告申请人无正当理由拒不查看利害关系人出示的票据的情形。在该情形下，应视为公示催告申请人放弃对案涉票据发表意见的权利，人民法院可根据审查情况，通过判定利害关系人出示的票据与申请人申请公示催告的票据是否存在一致性而决定是裁定驳回利害关系人的申报还是裁定终结公示催告程序。

【条文】

第四百五十条

在申报权利的期间无人申报权利，或者申报被驳回的，申请人应当自公示催告期间届满之日起一个月内申请作出判决。逾期不申请判决的，终结公示催告程序。

裁定终结公示催告程序的，应当通知申请人和支付人。

【条文主旨】

本条是关于可以申请作出除权判决的法律情形、期间以及法律后果的规定。

【条文理解】

本条是对民事诉讼法第二百二十九条关于“没有人申报的，人民法院应当根据申请人的申请，作出判决”规定的解释。民事诉讼法第二百二十九条规定：“没有人申报的，人民法院应当根据申请人的申请，作出判决，宣告票据无效。判决应当公告，并通知支付人。自判决公告之日起，申请人有权向支付人请求支付。”该条规定了除权判决作出的两个条件：第一，没有人申报权利；第二，依申请人的申请。

对本条的理解主要应把握以下三点：

1. 关于申请除权判决的情形

本条将申请除权判决的情形规定为两种，即：“没有人申报权利”和“申报被驳回”。(1) 关于“没有人申报权利”这一情形的理解。如前所述，没有人申报权利，一般表明在申报期内没有权利争议，故人民法院可以根据当事人的申请作出除权判决。(2) 关于“申报被驳回”这一情形的理解。在司法实务中，存在着虽然有人申报权利，但经过对其出具的票据与申请公示催告的票据进行审查，认定存在“不一致”的情形，人民法院应裁定驳回利害关系人的申请。在该情形下，也应认定不存在真正的权利争议。因此，本条在民事诉讼法规定的基础上增加了“或者申报被驳回的”这一可以申请除权判决的情形。

2. 除权判决需“依申请人的申请”作出

依据“不告不理”原则，尽管在公示催告期满没有人申报权利，表明没有权利争议，但是否作出除权判决，应依申请人是否作出申请而定。

3. 申请作出除权判决的期限

本条规定的“应自公示催告期间届满之日起一个月内”，其“一个月”的起算点为“届满之日”的第二日。

【审判实践中应当注意的问题】

第一，人民法院不应依职权作出除权判决。应注意的是，在不存在权利争议或者申报被驳回的情形下，除权判决需依申请人的申请作出，而非人民法院依职权作出。

第二，关于除权判决申请期间的性质问题。该“一个月”的期间为不变期间，不适用中止、中断、延长的规定。

【条文】

第四百五十一条

判决公告之日起，公示催告申请人有权依据判决向付款人请求付款。

付款人拒绝付款，申请人向人民法院起诉，符合民事诉讼法第一百二十二条规定的起诉条件的，人民法院应予受理。

【条文主旨】

本条是关于公示催告申请人依据除权判决行权时间以及除权判决效力的规定。

【条文理解】

1. 关于第一款规定的理解

这里主要对除权判决的效力进行阐释。除权判决具有除权效力和行权效力。第一，除权效力。这里的除权效力，是指票据被宣告无效，取得丧失票据的主体不能行使票据权利。其目的在于限定票据债务人向申请人以外的持票人付款，从而保全申请人的票据权利。第二，行权效力。票据权利的行使本应以提示票据为要件，但在票据丧失的情形下失票人无法持票主张权利，公示催告制度旨在确定失票人的合法持票人身份，使其获得行使票据权利的合法凭证。因此，尽管申请人不持有丧失的票据，但其可以根据除权判决向负有付款义务的付款人请求支付票款。但应注意的是，由于公示催告程序并非诉讼程序，除权判决并非经过对权利争议的实质审查作出，因此，除权判决只是恢复了申请人作为持票人的形式上资格，并非将申请人确定为实质票据权利人。否则，盗取、捡拾票据或者伪报票据丧失者，可以通过除权判决将自己确定为实质权利人，这显然有违法理。因此，当票据债务人证明获得除权判决的申请人非实质票据权利人时，有权拒绝付款。

2. 关于第二款规定的理解

公示催告程序的性质为非讼程序而非诉讼程序，其只是确认某种事实状态和相应的法律效果，仅赋予申请人对支付人一种请求权，但该请求权成立与否，并未经过法院审理程序依法确定，在支付人提出抗辩，发生争议后，当事人可以通过诉讼程序解决争议。据此，本条作出了第二款规定。

【审判实践中应当注意的问题】

第一，关于申请人持除权判决行权日期的规定。关于申请人持除权判决行权的日期，本条明确规定为“判决公告之日起”，即判决公告之日即有权请求付款人付款。

第二，申请人诉付款人诉讼的性质。该诉讼为普通民事诉讼，有别于非讼程序。

【条文】

第四百五十二条

适用公示催告程序审理案件，可由审判员一人独任审理；判决宣告票据无效的，应当组成合议庭审理。

【条文主旨】

本条是关于适用公示催告程序审理的案件以及判决宣告票据时审判组织组成方式的规定。

【条文理解】

本条包括两层含义：第一，适用公示催告程序审理案件，可由审判员一人独任审理；第二，判决宣告票据无效的，应当组成合议庭审理。

应当注意的是，本条关于审判组织的规定，分别用了“可由审判员一人独任审理”和“应当组成合议庭审理”的表述。即在受理申请人的申请时，可由审判员一人独任审理。但如果在申报权利的期间无人申报权利，或者申报被驳回的，申请人自公示催告期间届满之日起一个月内申请人民法院作出除权判决，决定是否判决宣告票据无效的，应当组成合议庭进行审理。

【条文】

第四百五十三条

公示催告申请人撤回申请，应在公示催告前提出；公示催告期间申请撤回的，人民法院可以径行裁定终结公示催告程序。

【条文主旨】

本条是关于公示催告申请人撤回申请的规定。

【条文理解】

关于本条的理解，应注意两个问题：

第一，原则上，公示催告申请人撤回申请，应在公示催告前提出。

第二，公示催告期间申请撤回的，人民法院也应准许，其处理方式是人民法院可以径行裁定终结公示催告程序。

【审判实践中应当注意的问题】

审判实践中，人民法院应注意把握申请人撤回申请的时间和处理方式的不同。

【条文】

第四百五十四条

人民法院依照民事诉讼法第二百二十七条规定通知支付人停止支付，应当符合有关财产保全的规定。支付人收到停止支付通知后拒不止付的，除可依照民事诉讼法第一百一十四条、第一百一十七条规定采取强制措施外，在判决后，支付人仍应承担付款义务。

【条文主旨】

本条是关于停止支付的性质以及支付人拒不执行的法律后果的规定。

【条文理解】

本条是对民事诉讼法第二百二十七条第一款关于“支付人收到人民法院停止支付的通知，应当停止支付，至公示催告程序终结”规定的解释。

为防止第三人拾票后自行向付款人提示付款或者转让后善意持票人向付款人提示付款、损害失票人票据权利等情形的出现，民事诉讼法第二百二十六条规定：“人民法院决定受理申请，应当同时通知支付人停止支付……”该“通知停止支付”的行为属于财产保全措施，故应符合民事诉讼法关于“财产保全”的相关规定。

支付人收到停止支付通知后拒不止付的，其法律后果是人民法院可依照民事诉讼法第一百一十四条、第一百一十七条规定采取强制措施。民事诉讼法第一百一十四条规定：“诉讼参与人或者其他人有下列行为之一的，人民法院可以根据情节轻重予以罚款、拘留；构成犯罪的，依法追究刑事责任：（一）伪造、毁灭重要证据，妨碍人民法院审理案件的；（二）以暴力、威胁、贿买方法阻止证人作证或者指使、贿买、胁迫他人作伪证的；（三）隐藏、转移、变卖、毁损已被查封、扣押的财产，或者已被清点并责令其保管的财产，转移已被冻结的财产的；（四）对司法工作人员、诉讼参加人、证人、翻译人员、鉴定人、勘验人、协助执行的人，进行侮辱、诽谤、诬陷、殴打或者打击报复的；（五）以暴力、威胁或者其他方法阻碍司法工作人员执行职务的；（六）拒不履行人民法院已经发生法律效力的判决、裁定的。人民法院对有前款规定的行为之一的单位，可以对其主要负责人或者直接责任人员予以罚款、拘留；构成犯罪的，依法追究刑事责任。”第一百一十七条规定：“有义务协助调查、执行的单位有下列行为之一的，人民法院除责令其履行协助义务外，并可以予以罚款：（一）有关单位拒绝或者妨碍人民法院调查取证的；（二）有关单位接到人民法院协助执行通知书后，拒不协助查询、扣押、冻结、划拨、变价财产的；（三）有关单位接到人民法院协助执行通知书后，拒不协助扣留被执行人的收入、办理有关财产权证照转移手续、转交有关票证、证照或者其他财产的；（四）其他拒绝协助执行的。人民法院对有前款规定的行为之一的单位，可以对其主要负责人或者直接责任人员予以罚款；对仍不履行协助义务的，可以予以拘留；并可以向监察机关或者有关机关提出予以纪律处分的司法建议。”

【审判实践中应当注意的问题】

1. 关于止付通知书的作出和送达

审判实践中，在公示催告程序中，人民法院应依照法律规定，在立案后，作出停止支付通知书，并送达支付人。该法律文书为通知书而非裁定书。

2. 关于应否提供担保问题

民事诉讼法第一百零三条第二款规定：“人民法院采取保全措施，可以责令申请人提供担保，申请人不提供担保的，裁定驳回申请。”该条规定提供担保的目的在于防止申请人恶意申请采取财产保全措施，损害对方当事人合法权利。根据该条的规定，人民法院可以根据案件的具体情况，责令申请人提供担保。在本司法解释制定过程中，关于公示催告申请人在申请公示催告时应否提供担保问题，存在争议。有观点认为，应提供担保。理由为：目前，法院在受理公示催告申请时主要是进行形式审查，票据是否到期、是否丧失等事实主要基于申请人的陈述，不要求提供担保，给伪报者以可乘之机。在立案后，依照法律规定，人民法院要对付款人发停止支付通知书。在伪报票据丧失的情形下，将给合法持票人权利造成损害。综观其他国家立法例，无论是采用公示催告制度还是采取诉讼的方式救济失票人，都规定了要提供担保。例如，英美法系国家对票据丧失主要规定了提起诉讼的救济方法，为避免滥诉，法律规定原告方需向法院提供担保。另有观点认为，不应规定提供担保。理由为：一般而言，当事人提供担保需耗费一定的时间，而在司法实践中，公示催告的停止支付通知书需要尽快发出，以避免票据被非法转让而损害失票人的权利。而且，失票人由于失票不能及时行使票据权利受到了权利损害，如果再要求其提供担保，则加重了其财产负担。

我们认为，公示催告程序在救济合法失票人权利的同时确实也存在着被恶意申请人利用，成为损害合法持票人权利工具的问题。前述观点争论的实质问题是，目前的法律规定是偏重于对合法失票人权利的及时保护，还是偏重于对伪报票据丧失、恶意申请公示催告行为的防止？这实质需要我们综合考量对真正失票人的适时保护以及防止伪报票据丧失、申请人欺诈申请公示催告两种因素，根据个案情况作出决定。因此，应否由申请人提供担保以及担保的数额，应由人民法院根据案件的具体情况决定。

【条文】

第四百五十五条

人民法院依照民事诉讼法第二百二十八条规定终结公示催告程序后，公示催告申请人或者申报人向人民法院提起诉讼，因票据权利纠纷提起的，由票据支付地或者被告住所地人民法院管辖；因非票据权利纠纷提起的，由被告住所地人民法院管辖。

【条文主旨】

本条是关于申请人和申报人提起的票据纠纷案件如何确定管辖法院的规定。

【条文理解】

关于本条规定的理解，应注意两点：第一，本条所涉诉讼是申请人或者申报人由于存在着权利争议而向人民法院提起的诉讼，其性质为普通诉讼。第二，上述诉讼主要解决权利争议，因此，其诉讼请求主要是确认原告方为票据权利人或者请求返还票据，也可能在确权基础上请求赔偿损失等。

【审判实践中应当注意的问题】

1. 关于本条规定与《票据纠纷规定》第六条规定如何衔接适用问题

为与民法典相关规定相适应，2020 年，最高人民法院对《票据纠纷规定》进行了修正。在该次修正过程中，关于是否有必要区别票据权利纠纷和非票据权利纠纷分别规定管辖法院，仍然是争议的问题。倾向意见认为，应尊重 2021 年民事诉讼法关于票据纠纷管辖法院的规定，不再区分两种票据纠纷分别确定管辖法院。具体理由为：一是虽民事诉讼法屡次修改，但其关于票据纠纷的管辖法院的规定一直未变，均不区分票据权利纠纷和非票据权利纠纷，而统一规定了确定管辖法院的原则。2021 年民事诉讼法第二十六条仍然规定："因票据纠纷提起的诉讼，由票据支付地或者被告住所地人民法院管辖。"二是审判实务中适用 2000 年《票据纠纷规定》的规定时存在争管辖的问题，不利于实现诉讼公正与诉讼效率的统一。三是非票据权利纠纷也存在与票据支付地相关联的情形，根据确定管辖的"两便"原则，也可由票据支付地法院管辖。据此，2020 年《票据纠纷规定》不再区别规定票据纠纷的管辖法院，其删除 2000 年《票据纠纷规定》第七条的规定，在第六条规定："因票据纠纷提起的诉讼，依法由票据支付地或者被告住所地人民法院管辖。票据支付地是指票据上载明的付款地，票据上未载明付款地的，汇票付款人或者代理付款人的营业场所、住所或者经常居住地，本票出票人的营业场所，支票付款人或者代理付款人的营业场所所在地为票据付款地。代理付款人即付款人的委托代理人，是指根据付款人的委托代为支付票据金额的银行、信用合作社等金融机构。"

2021 年修正民事诉讼法后，原《民事诉讼法解释》所引用的条文序号与 2021 年民事诉讼法出现了不一致，相关条文表述也亟待调整。2022 年 1 月，最高人民法院启动《民事诉讼法解释》修改工作，该次修改，主要是严格对照 2021 年民事诉讼法有关规定对原《民事诉讼法解释》条文序号和条文表述进行适应性修改。而原《民事诉讼法解释》与其他相关规定实质内容的冲突，待下次修改后一并解决，故本条规定未对原《民事诉讼法解释》与 2020 年《票据纠纷规定》相冲突的内容进行修改。但鉴于未作修改的原因并非表明其不同意 2020 年《票据纠纷规定》的规定，故不能以两者规定不同而不适用 2020 年《票据纠纷规定》的规定。基于前述分析，鉴于原《民事诉讼法解释》关于票据纠纷管辖法院的规定是根据 2000 年《票据纠纷规定》第六条、第七条规定进行的规定，而上述规定已经修改，故在司法实务中，在 2020 年《票据纠纷规定》施行后，关于票据纠纷管辖法院的确定，应该按照该规定处理。

关于票据纠纷的种类，《民事案件案由规定》第八部分第 340 条至第 350 条规定了如下十一个案由：票据付款请求权纠纷、票据追索权纠纷、票据交付请求权纠纷、票据返还请求权纠纷、票据损害责任纠纷、票据利益返还请求权纠纷、汇票回单签发请求权纠纷、票据保证纠纷、确认票据无效纠纷、票据代理纠纷、票据回购纠纷。

2. 关于票据支付地的理解

为避免审判实践中票据纠纷管辖中对"票据支付地"有不同理解，2020

年《票据纠纷规定》第六条第二款对票据支付地进行了规定，即：“票据支付地是指票据上载明的付款地，票据上未载明付款地的，汇票付款人或者代理付款人的营业场所、住所或者经常居住地，本票出票人的营业场所，支票付款人或者代理付款人的营业场所所在地为票据付款地。代理付款人即付款人的委托代理人，是指根据付款人的委托代为支付票据金额的银行、信用合作社等金融机构。”

【条文】

第四百五十六条

依照民事诉讼法第二百二十八条规定制作的终结公示催告程序的裁定书，由审判员、书记员署名，加盖人民法院印章。

【条文主旨】

本条是关于依民事诉讼法第二百二十八条制作终结公示催告程序的裁定书署名和印章问题的规定。

【条文理解】

民事诉讼法第二百二十八条第二款规定：“人民法院收到利害关系人的申报后，应当裁定终结公示催告程序。”由该规定可见，终结公示催告程序，应使用民事裁定书。该裁定书应由审判员、书记员署名，加盖人民法院印章。

【审判实践中应当注意的问题】

终结公示催告程序，应使用民事裁定书，而非判决书，应按照要求署名、盖章。

【条文】

第四百五十七条

依照民事诉讼法第二百三十条的规定，利害关系人向人民法院起诉的，人民法院可按票据纠纷适用普通程序审理。

【条文主旨】

本条是关于民事诉讼法第二百三十条规定的票据纠纷适用何种程序的规定。

【条文理解】

民事诉讼法第二百三十条规定：“利害关系人因正当理由不能在判决前

向人民法院申报的，自知道或者应当知道判决公告之日起一年内，可以向作出判决的人民法院起诉。”关于该诉讼的性质，有观点认为，由于其是在公示催告程序中规定的诉讼类型，故其在性质上应为非讼程序。另有观点认为，其虽规定在公示催告程序中，但实质是在发生权利争议后提起的诉讼，因此，应适用普通诉讼程序的规定，而不能囿于公示催告制度的目的和宗旨。我们认为，依据法理，公示催告程序为非讼程序，故其为一审终审，不能上诉，也不能申请再审。公示催告程序只是确认某种事实状态和相应的法律效果，仅赋予申请人对付款人一种请求权，如果有利害关系人对除权判决认定的事实提出异议，则有权向法院起诉。通过诉讼程序请求确认其为票据权利人，撤销除权判决。因此，这里的提起诉讼，所适用的程序应为与非讼程序相对应的普通程序，即诉讼程序，而非与诉讼程序中简易程序对应的普通程序。

【审判实践中应当注意的问题】

1. 关于提起撤销之诉的条件

根据民事诉讼法第二百三十条的规定，利害关系人提起撤销之诉，应具备以下两个条件：第一，因正当理由不能在判决前向人民法院申报权利；第二，自知道或者应当知道判决公告之日起一年内提起诉讼。

2. 关于管辖法院的确定

根据民事诉讼法第二百三十条的规定，利害关系人应向作出除权判决的人民法院起诉。根据民事诉讼法第二百二十五条的规定，申请人可以向票据支付地的基层人民法院申请公示催告，因此，作出除权判决的法院为票据支付地的基层人民法院。

【条文】

第四百五十八条

民事诉讼法第二百三十条规定的正当理由，包括：

（一）因发生意外事件或者不可抗力致使利害关系人无法知道公告事实的；

（二）利害关系人因被限制人身自由而无法知道公告事实，或者虽然知道公告事实，但无法自己或者委托他人代为申报权利的；

（三）不属于法定申请公示催告情形的；

（四）未予公告或者未按法定方式公告的；

（五）其他导致利害关系人在判决作出前未能向人民法院申报权利的客观事由。

【条文主旨】

本条是关于民事诉讼法第二百三十条规定的“正当理由”的规定。

【条文理解】

如前所述，除权判决具有除权和行权效力。如果利害关系人因正当理由未能在公示催告期间申报权利，却导致其持有的票据被判决无效，则会出现利害关系人因正当延误而产生不利益，因此，为救济其权利，我国民事诉讼法第二百三十条规定了利害关系人可以提起撤销除权判决之诉。该条规定：“利害关系人因正当理由不能在判决前向人民法院申报的，自知道或者应当知道判决公告之日起一年内，可以向作出判决的人民法院起诉。”在司法实务中，关于何为正当理由，是亟待明确的问题。本条采取了列举式和概括式相结合的方式，对正当理由进行了规定。

1. 因发生意外事件或者不可抗力致使利害关系人无法知道公告事实的

发生意外事件或者不可抗力致使利害关系人未能知晓公告事实，不属于利害关系人的主观过错所致，故应属于正当理由。例如，因地震导致对外通讯中断、致使利害关系人未能知晓公告事实，或者其虽知晓公告事实。

2. 利害关系人因被限制人身自由而无法知道公告事实，或者虽然知道公告事实，但无法自己或者委托他人代为申报权利的

该情形包括两种情况：第一，利害关系人被限制人身自由无法知道公告事实。利害关系人被限制人身自由后，如果其被隔绝信息，则无法获知公告的事实。这里应注意的是，并非利害关系人被限制人身自由即属于正当理由，必须是“被限制人身自由”且达到“无法知道公告事实”的程度。第二，因自身被限制人身自由，利害关系人虽知道公告事实，但无法自己或者委托他人代为申报权利的。该情形有别于第一种情形的是“利害关系人知道公告事实，但其无法自己或者委托他人代为申报权利”。该情形的着重点在于利害关系人由于被限制人身自由，自己不能申报权利或者无法委托他人代为申报权利。

3. 不属于法定申请公示催告情形的

这里包括两种情形：第一，不属于法定申请公示催告的情形，但人民法院通过审查申请人申请立案的证据，无法审查出来的。例如，申请人通过民间贴现的方式将其持有的票据交给第三人，但由于没有依约取得票款，而谎

称票据被盗而申请公示催告。从票据上的记载进行审查，票据绝对记载事项齐全，背书连续，可以认定申请人为“丧失”的票据的最后持票人，但申请人实质是非因其自己本意丧失对票据的占有，并不是适格申请人。第二，不属于法定申请公示催告的情形。人民法院通过审查已经确定其不属于适用公示催告情形，但却适用了公示催告程序。例如，根据申请人提交的证据，不能证明其是最后合法持票人，但法院却受理并进行了公告和除权。

4. 未予公告或者未按法定方式公告的

未按法定方式公告，主要包括人民法院未按法律规定在相关媒介上进行公告，或者进行公告的时间不符合法律规定等情形。

5. 其他导致利害关系人在判决作出前未能向人民法院申报权利的客观事由的

该项规定为兜底条款。关于该项规定的理解，应注意把握三点：第一，该正当理由应指客观事由，而非主观事由；第二，该客观事由导致利害关系人在法定申报期间未能向法院申报权利；第三，这里的未能申报权利，包括不知晓公告事实，以及虽知晓公告事实，但无法申报权利这两层含义。

【审判实践中应当注意的问题】

第一，关于伪报票据丧失是否属于正当理由以及应否适用民事诉讼法第二百三十条关于一年期间规定的问题。本条第三项规定，申请公示催告的事项不属于法定申请公示催告的情形，申报人未及时申报的，应认定为具有正当理由。近年来，伪报票据丧失的情形增多，关于该情形是否属于正当理由，也是司法实务中讨论较多的问题。我们认为，由于票据并未丧失，故其不属于法定申请公示催告的情形。合法持票人基于合理注意义务，不会审查公告是否存在的事实，因此，其不知晓公告的存在以及未在判决作出前申报权利并未违反其注意义务，没有过错，属正当理由。关于应否适用民事诉讼法第二百三十条关于一年期间规定的问题，在本解释起草过程中存在争议。第一种观点认为，既然将其规定为民事诉讼法第二百三十条规定的“正当理由”，那么，应受该条规定的一年除斥期间的规定。第二种观点认为，不应受一年除斥期间的约束。理由为：伪报票据丧失、恶意申请公示催告，申报人是故意行为，主观恶性大，不能因除斥期间经过就当然使恶意公示催告申请人基于除权判决取得票据权利。笔者认为，两种观点各有其道理。因民事诉讼法第二百三十条规定的一年除斥期间的起算点为主客观相结合的时点，故尽管利害关系人因票据未真正丧失不能及时申报权利以及知晓除权判决作出，但在其知道或者应当知道除权判决作出后，可以依法请求撤销除权判决、保护其权利，适用一年除斥期间的规定并不会损害其权利，故倾向适用一年除斥期间的规定。

第二，关于因发生意外事件或者不可抗力致使利害关系人虽知晓公告事实的，但未能自己在判决作出前申报权利或者委托他人申报权利的，是否属于正当理由问题。如前所述，民事诉讼法第二百三十条规定的“不能在判决前向人民法院申报的”，既包括因不知晓公告事实而未申报权利的情形，也包括虽知晓公告事实，而无法申报权利的情形。因此，尽管本条第一项仅规定因发生意外事件或者不可抗力致使利害关系人未能知晓公告事实的，属于正当理由，但在审判实务中，对于利害关系人虽知道公告事实，但由于发生意外事件或者不可抗力致使其不能在判决作出前申报权利或者委托他人申报权利的，也应认定属于正当理由。

【条文】

第四百五十九条

根据民事诉讼法第二百三十条的规定，利害关系人请求人民法院撤销除权判决的，应当将申请人列为被告。

利害关系人仅诉请确认其为合法持票人的，人民法院应当在裁判文书中写明，确认利害关系人为票据权利人的判决作出后，除权判决即被撤销。

【条文主旨】

本条是关于撤销之诉的被告以及进行除权判决效力认定的规定。

【条文理解】

民事诉讼法第二百三十条规定：“利害关系人因正当理由不能在判决前向人民法院申报的，自知道或者应当知道判决公告之日起一年内，可以向作出判决的人民法院起诉。”关于该诉的诉讼主体如何列明以及如何对除权判决的效力进行裁决，是司法实务中亟待解决的问题。

关于诉讼主体的列明。我们认为，利害关系人提起撤销之诉，意在通过确认自己的合法的票据权利人身份以撤销除权判决，换言之，其认为基于申请人的申请作出的除权判决认定的事实错误，故引发该诉的纠纷发生在利害关系人和申请人之间，因此，撤销之诉的被告应是申请人。

关于除权判决的效力认定问题。根据民事诉讼法第二百三十条规定的文义和立法目的，该条规定的是撤销除权判决之诉，因此，利害关系人的诉讼请求一般为请求撤销除权判决。而撤销除权判决的基础，是根据查明的事实，人民法院可以认定利害关系人为票据权利人，对争议票据享有票据权利，申请人不是最后合法持票人，申请公示催告和作出除权判决错误。因此，该诉讼实质应审理两个问题，即利害关系人是否为票据权利人以及除权判决应否撤销。

在司法实务中，利害关系人基于民事诉讼法第二百三十条规定提起诉讼时，提出的诉讼请求并不相同，故法院在判决时判项也并不相同。具体而言，利害关系人提出诉讼请求主要有两种情形：第一，诉请确定利害关系人为票据权利人，并撤销除权判决；第二，诉请撤销除权判决。对于第一种情形，如果人民法院支持利害关系人的诉讼请求，则判决中应有两个判项，即确认利害关系人为票据权利人和撤销除权判决。对于第二种情形，由于利害关系人的诉讼请求只有一个，故法院的判决只有一项，即支持或者不支持其撤销除权判决的诉请。在支持其诉讼请求的情况下，由于支持其该项诉请的基础是确定利害关系人的票据权利人身份，因此，法院应在"本院认为"部分写明"确定利害关系人为票据权利人"。

但应予注意的是，在司法实务中，还存在另外一种诉讼情形，即利害关系人以申报人为被告，但其只诉请确认自己为票据权利人，而不请求撤销除权判决，在该情形下，由于利害关系人只诉请确认自己为票据权利人，故判项只能是一个，支持或者不支持其此项诉请。在支持其诉讼请求的情形下，法院作出判项，确认利害关系人为票据权利人。但由于其并不诉请撤销除权判决，故在判项中不能撤销除权判决。

不撤销除权判决则引发下列问题：第一，两个生效判决同时存在，即除权判决和确认利害关系人为票据权利人的判决同时存在，但认定的权利人不同，存在矛盾。第二，除权判决已将争议票据认定无效，即使利害关系人通过诉讼确认了其票据权利人身份，也不能持无效票据行使票据权利。质言之，在第三种情形下，涉及除权判决的效力与确认利害关系人权利判决的效力如何衔接问题。我们认为，根据法理，由于公示催告程序系非讼程序，故在该程序中，法院并非对争议事实进行审理，仅是依据申请人的申请以及没有利害关系人在法定期间内申报权利的事实作出的除权判决，因此，除权判决的事实允许相反事实予以推翻。现利害关系人通过诉讼程序确认了其票据权利人身份，该判决的作出实质推翻了除权判决据以除权的事实基础，所以确定利害关系人票据权利人的判决一经作出，除权判决即应撤销。即使利害关系人在诉讼中没有明确提出该诉讼请求，人民法院无法直接作出该判项，但人民法院应在判决中写明"确认利害关系人为票据权利人的判决作出后，除权判决即被撤销”。正因为此，本条作出了第二款规定。在对本条第二款进行理解和适用时，应注意的核心问题是，利害关系人提起诉讼，无论诉讼请求是确认自己为利害关系人、撤销除权判决，还是只诉请其中一项，人民法院在判决中都应该对该两项事实进行认定，但在判项的表述中，应根据当事人的诉讼请求，决定是一并判决确认利害关系人的票据权利人身份、撤销除权判决，还是只判决其诉请的一项，另一项内容在判决书的“本院认为”中进行表述。

【审判实践中应当注意的问题】

1. 关于释明权的行使问题

在利害关系人诉请确认自己为票据权利人而没有请求撤销除权判决的情况下，人民法院可以采取两种方式处理案件。第一种方式是按照本条第二款的规定，在确认利害关系人为票据权利人的情形，在“本院认为”部分直接写明，确认利害关系人为票据权利人的判决作出后，除权判决即被撤销。第二种方式是法院可以就是否撤销除权判决对原告方进行释明，原告方增加撤销除权判决的诉讼请求的，法院可以在判项中直接判决撤销除权判决；原告方不增加撤销除权判决诉讼请求的，则仍按照本条第二款的规定处理。

2. 关于申请人虚构票据丧失事实，申请公示催告，法院作出除权判决后给利害关系人造成损失的，利害关系人如何救济自己权利的问题

该情形下，申请人利用票据法的规定伪报票据丧失、申请公示催告，该行为给利害关系人造成了损害，故该行为实质属于侵权行为，利害关系人可以以侵权为由请求申请人赔偿损失。

3. 关于对恶意申请公示催告者采取强制措施的问题

申请人伪报票据丧失、申请公示催告，恶意利用法院的非讼程序损害了利害关系人权利，浪费了司法资源，扰乱了司法执行，应予制裁。因此，申请人恶意申请公示催告的，人民法院可以参照民事诉讼法第一百一十五条的规定予以制裁。民事诉讼法第一百一十五条是对民事诉讼欺诈行为的规定。该条规定：“当事人之间恶意串通，企图通过诉讼、调解等方式侵害他人合法权益的，人民法院应当驳回其请求，并根据情节轻重予以罚款、拘留；构成犯罪的，依法追究刑事责任。”

二十一、执行程序

【条文】

第四百六十条

发生法律效力的实现担保物权裁定、确认调解协议裁定、支付令，由作出裁定、支付令的人民法院或者与其同级的被执行财产所在地的人民法院执行。

认定财产无主的判决，由作出判决的人民法院将无主财产收归国家或者集体所有。

【条文主旨】

本条是关于民事诉讼法特别程序和督促程序产生的几类执行依据执行管辖的规定。

【条文理解】

执行管辖是指上下级人民法院之间以及同级人民法院之间受理执行案件的分工和权限，即解决一个案件由哪一个人民法院办理的问题。从当事人的角度讲，就是债权人向哪个法院申请强制执行。民事诉讼法第二百三十一条规定："发生法律效力的民事判决、裁定，以及刑事判决、裁定中的财产部分，由第一审人民法院或者与第一审人民法院同级的被执行的财产所在地人民法院执行。法律规定由人民法院执行的其他法律文书，由被执行人住所地或者被执行的财产所在地人民法院执行。"

实现担保物权、确认调解协议裁定，虽然性质也是发生法律效力的民事裁定，但由于适用特别程序而非普通程序，实行一审终审，因此，裁判文书一经送达，就发生法律效力，这与普通程序"除最高人民法院所作的第一审裁判是终审裁判以外，其他任何人民法院所作的一审裁判，当事人不服的可以向上一级人民法院上诉"的规定是不同的。因此，这两类裁判不存在所谓第一审人民法院的问题。因此，有必要规定它们应由作出的人民法院或者与其同级的被执行财产所在地的人民法院执行。

认定财产无主的案件，也是适用特别程序的案件，本身由财产所在地的基层人民法院管辖，法院公告期满一年以后无人认领的，即应判决认定财产无主，根据不同的情况，将财产收归国有或集体所有。而收归国有或集体所有这一行为，自然应由作出判决的人民法院，一般就是财产所在地的基层人民法院执行。

作出支付令的督促程序，本身也是非讼程序，性质上类似于特别程序，是一种以迅速解决纠纷为目的的程序。操作上仅需人民法院根据债权人主张向债务人发出支付令，责令其在一定期限内履行债务，如果债务人既不履行债务也不提出异议的，该支付令即具有执行力，法院可以根据债权人的申请对债务人强制执行。因此，支付令也应由作出的人民法院或者与其同级的被执行财产所在地的人民法院执行。

【审判实践中应当注意的问题】

第一，根据民事诉讼法第二百零四条的规定，人民法院受理申请实现担保物权的案件，经审查，符合法律规定的，裁定拍卖、变卖担保财产，当事人依据该裁定可以向人民法院申请执行；不符合法律规定的，裁定驳回申请，当事人可以向人民法院提起诉讼。因此，对于符合法律规定的申请，法院直接作出拍卖、变卖担保财产的裁定后，申请人持该裁定，可以申请强制执行，不需要再提出拍卖、变卖申请。法院立案后，应当直接进入拍卖、变卖程序。这样有利于实现担保物权的案件迅速执行，使民法典等多部实体法和民事诉讼法为迅速实现担保物权所作出的特殊设计，得以最终实现。

第二，执行确认调解协议裁定应注意的事项。(1) 确认调解协议裁定的申请执行期限和强制执行期限没有特别规定。因此应适用民事诉讼法申请执行期间和强制执行期限的一般规定。(2) 裁定发生法律效力后，人民法院立案予以强制执行还需要满足一方当事人拒绝履行或者未全部履行确认调解协议效力的裁定书这个条件。

【条文】

第四百六十一条

当事人申请人民法院执行的生效法律文书应当具备下列条件：

（一）权利义务主体明确；

（二）给付内容明确。

法律文书确定继续履行合同的，应当明确继续履行的具体内容。

【条文主旨】

本条是关于执行依据确定原则的规定。

【条文理解】

1. 本条的背景和理解

生效法律文书的执行力，是指在债务人不履行义务的情况下，债权人依法申请人民法院强制执行，迫使债务人履行的效力。生效法律文书产生执行力必须具备几个条件：（1）是法律规定可以执行的法律文书，即符合执行依据法定原则；（2）文书已经生效；（3）文书界定权利义务的内容要具体、明确，不能含糊不清或者存在歧义；（4）要有给付内容且给付的范围要明确，如给付标的、种类、数量、质量、时间等要明确指明等。

这些学理上的要求，本来应该是进入执行程序后审查的内容，但因我国诉的构成理论尚未立法明确，与诉讼立案审查诉的构成一样，对执行依据执行力的审查，也放在立案环节，作为确认应否立案的标准。《执行规定（试行）》第16条即从人民法院受理执行案件应当符合的条件的角度，作出了规定。这些条件主要是：（1）法律文书已经生效；（2）申请执行人是生效法律文书确定的权利人或其继承人、权利承受人；（3）申请执行的法律文书有给付内容，且执行标的和被执行人明确；（4）义务人在生效法律文书确定的期限内未履行义务；（5）属于受申请执行的人民法院管辖。人民法院对符合这些条件的申请，应当在七日内予以立案；不符合上述条件之一的，应当在七日内裁定不予受理。

《执行规定（试行）》明确提出了执行依据应明确的要求，但是实践中，相当数量的生效法律文书执行内容不明确，导致实践中执行法院对此问题理解不一，操作方式上也因此没有统一标准。有的法院对执行依据不明确的，一概不予执行；有的法院按照自己的理解“创造性”地加大力度执行。无论如何操作，都容易引起一方甚至双方当事人的不满。这种情况引发了“执行乱”，严重危害了司法权威，也成为引发申诉信访的重要来源。对于请求执行的生效法律文书提出明确性的要求，可以减少执行程序中解释执行依据的任意性。

（1）本条依然是从立案标准的角度，对作为执行依据的生效法律文书执行力提出的要求。因此，本条对于申请执行人，也就是债权人而言，意义重大。其所申请执行的法律文书本身应该是内容明确的。对于经过诉讼、仲裁或者公证程序取得执行依据的，要求在起诉、提起仲裁或者公证时，就应该提出明确的请求，使最终的判决、裁决或公证文书的执行内容是明确的，否则，人民法院可能不予立案执行。对于经人民法院审查最终确认执行力的，类似行政机关作出的行政决定等具体行政行为，执行内容不明确的情况比较少见，但也应引起作出类似法律文书主体的重视。

（2）权利义务主体明确，要求生效法律文书从实体上明确权利义务的主体，即享有权利的一方和负有给付义务的一方。在执行程序中，更重要的是义务方，也就是被执行人应明确，不应由执行机构在执行程序中再次行使判断权对执行依据本身应载明的主体予以明确。追加、变更执行主体是生效判决既判力主观范围的扩张，则另当别论。

（3）给付内容明确，要求支付确定数量的金钱或财物，也包括履行法律文书指定的确定的行为。一般包括金钱给付、交付特定物和履行特定的行为。另外，大陆法系民事执行法也从诉的种类的角度对执行力进行一般界定，如确认之诉的法律文书一般无给付内容，原则上不具执行性。因此，执行程序中，可作为执行依据的，较多的是给付之诉的裁判，也有不少变更之诉具有给付内容的裁判。

（4）合同继续履行类法律文书是一类典型的在执行内容是否明确、是否具有执行力方面存在广泛争议的执行依据。对此，有多种观点。第一种观点认为，继续履行类判决不具有强制执行力；第二种观点认为，继续履行合同类判决原则上不宜作为执行依据，但是在特殊情况下，如果符合一定条件，也应予执行，以维护生效判决权威，减轻当事人讼累；第三种观点认为，继续履行合同类判决原则上应作为执行依据，例外情况下不能强制执行。[①] 经过多年实践经验的积累，第三种观点逐渐在法院系统成为主流意见。主要是考虑：第一，继续履行是法定违约责任方式之一，其基本内涵就是让违约方继续实际履行合同。这种判决当然具有强制执行力。第二，继续履行合同具有给付的内容。即使判决主文中没有直接写明当事人的义务，但结合经过判决确认的合同条款分析，一般能够判断出合同尚未履行的剩余内容，从而得出明确的执行标的，符合“执行标的明确”的要求。第三，此类判决履行的可行性与成本问题不能成为否定其执行力的理由。法律规定了在合同不能或不适于继续履行时，不得作出继续履行的判决。如审判人员严格执行这一规定，可基本防止不适于继续履行的案件进入执行程序。同时，对于经过审判人员权衡，认为不强制履行不足以弥补当事人损失的案件，即使执行此类判决的成本较大，也是实现判决目的所必须付出的代价。[②]

因此，当前存在的突出问题，是确定继续履行合同的判决，应当明确继续履行的具体内容。比如实践中最常见的合作开发项目的合同继续履行，此

① 黄金龙、葛洪涛：《继续履行合同判决的执行问题》，载《法律适用》2011 年第 12 期。

② 黄金龙、葛洪涛：《继续履行合同判决的执行问题》，载《法律适用》2011 年第 12 期。

类合同履行周期长，新情况、新问题多，强制履行中执行人员不得不判断双方各项具体的义务与责任，处理其间发生的实体争议。如果不允许执行，会造成生效法律文书（最大数量的是人民法院的生效判决）得不到实现，法律规定的违约责任制度无法贯彻的后果。如果允许此类法律文书进入执行，则在执行程序中不可避免地要行使审判权，从而危及审执分离原则。因此，应当规定合同继续履行类法律文书的明确性要求，以解决上述问题，此不失为兼顾落实合同法律制度与审执分离原则的最佳途径。

【审判实践中应当注意的问题】

1. 人民法院内部应建立立、审、执协调配合机制

立案期间对当事人诉讼请求不明确的应行使释明权，使当事人提出的诉讼请求有明确的主体和内容，对财产确权的请求，可一并提出给付的请求；引导原告及时申请财产保全。审理过程中，引导当事双方明确表达诉求，对可能执行的财产状况进行调查、记录。作出裁判时，充分考虑法律文书的确定性和可执行性，避免出现内容表述不清、主文存有歧义、执行内容模糊等情况。甚至可以说，本条最大的意义，就在于提示人民法院的审判部门，以及有权作出执行依据的机构，在作出裁判和最终文书时，要充分注意法律文书的可执行性。

2. 执行法院应该探索解决执行依据不明问题的途径

可以参考以下两种思路：一是与作出执行依据的法院或者其他机构进行沟通，尽量结合案件审理期间查明的情况，使执行依据在执行阶段能明确下来，同时不偏离法律文书的原意。二是与当事人充分沟通，争取以和解的方式解决；不能和解的，从有利于债权人实现债权的角度，结合合同目的和审理期间双方的意思表示、查明的情况等因素，确定执行方案，经合议庭研究后执行。尤其是继续履行合同的判决，执行法院应充分研判双方权利义务，不可仅站在一方当事人立场上，单方推进，造成不可收拾的结果。实践中有两个案例，一个是继续履行房地产股权转让（实为项目转让）合同，一个是继续履行交付房产的合同，前案中执行法院直接按照判决先把项目公司股权全部过户到申请执行人名下并变更了法定代表人，后一案中执行法院在合同没有明确约定具体房号的情况下，组织人员将房产项目隔离，强行分割给多个申请执行人。两案虽都肇因于判决执行内容不明确，但执行法院的执行行为过于简单，没有全案统筹考虑，也是执行效果不好的重要原因。

3. 各级法院应对执行依据不明确的主要案件类型和问题开展调研，在审判执行工作中探索解决之道

从调研和执行法官反映的情况看，有几类执行依据不明确的问题特别突出。一是离婚案件或继承案件，财产只确权，无给付内容，导致无法执行。建议判决应明确共同财产分割归属，财产现实占有、管理状态，交付的主体和对象。二是金钱给付案件，关于利息和迟延履行期间债务利息应表述清楚。根据合同和审理时的具体情况，将利息计算的时点、条件在裁判中写明，使其不生歧义。三是交付特定财物的案件，必须载明财物的名称、数量、规格等特定信息。涉及财产按比例分割或为不可分物的，应对分配比例或处分办法作出明确裁判。四是履行行为的案件，应明确具体行为、履行方式。五是因宅基地使用权引发的纠纷，必须查明宅基地四至、范围。如果不明确的，应引导当事人先行确权。

【条文】

第四百六十二条

根据民事诉讼法第二百三十四条规定，案外人对执行标的提出异议的，应当在该执行标的执行程序终结前提出。

【条文主旨】

本条是关于民事诉讼法第二百三十四条“执行过程中”案外人提出异议期限的规定。

【条文理解】

1. 实践中的问题

民事诉讼法第二百三十四条将案外人提出异议的时间限定为“执行过程中”，但实践中对于“执行过程中”存在不同理解。一种观点是将“执行过程中”理解为全部执行程序终结之前；另一种观点认为是对特定标的物的执行程序终结之前。理解分歧给执行工作带来了很大困惑。

2. 关于案外人异议时限“标的物权属转移前”与“标的物执行程序终结前”的争议

关于案外人提出异议的时限，存在“异议指向的执行标的权属依法移转于受让人前”与“对该执行标的的执行程序终结前”的两种观点。

前一观点理由在于：第一，案外人异议的目的是阻止对特定标的物的执行，如果执行标的权属已经依法移转，案外人再提出异议也无法实现阻止执

行的目的。第二，如执行标的物已经处分，再允许案外人提出异议，可能会带来执行回转等难题。第三，执行标的物权属转移后，案外人可以通过提起侵权诉讼或者不当得利诉讼进行救济。第四，基层法院一线法官建议将案外人异议的期限限定在“执行标的权属转移前”。

后一观点理由在于：第一，权属转移并不意味着执行程序结束，即使在拍卖情况下也是如此。虽然作出拍卖成交裁定即意味着拍卖标的物的权属发生转移，但是竞买人仅凭拍卖成交裁定并不能完成产权的变更登记。在拍卖成交裁定作出后，执行法院还需要发出协助执行通知，来完成拍卖标的权属的变更登记。所以执行程序尚未结束，仍处于民事诉讼法第二百三十四条规定的“执行过程中”。第二，以权属转移作为案外人提出异议的时限，不能保障案外人就执行标的变价后代位价款受偿的权利。还是以拍卖为例，拍卖成交裁定作出后，拍卖标的权属发生转移，但在执行法院将拍卖价款支付给申请执行人前，执行程序尚未终结。此时应当允许案外人提出异议，主张就拍卖价款进行受偿。我国台湾地区司法实践就是坚持这种做法。[①] 第三，以权属转移作为提出案外人异议的时限的一个主要理由是“拍卖行为”的不可撤销性，该理由不符合我国国情。维护“拍卖行为”的稳定性，符合司法拍卖的严肃性，有利于树立司法权威。但是规定拍卖成交裁定作出后，“拍卖行为”一律不得撤销，不符合我国国情。在拍卖成交后、权属登记变更前，如果有充分证据证明案外人是真实权利人，执行法院仍继续发出协助执行通知书办理权属变更手续，不符合我国民众对司法的心理期待。相反，在该阶段允许案外人提出异议，执行法院在查清事实的基础上，如果案外人是真实权利人，则撤销拍卖行为，保护真实权利人，是对各方主体利益更好的平衡，也更符合公平正义的法律精神。第四，如果坚持以执行标的权属转移作为案外人提出异议的时限，至少应区分不同情形。在拍卖执行标的情况下，竞买人基于司法拍卖的公信力，支付合理对价后取得标的权属，此时尚可适用该规则。但在以物抵债时，如执行标的确属案外人所有，则债权人其实得到了本不应得之利益，此时不允许案外人异议严重缺乏合理性。

3. 本条的讨论过程

本条文的最初方案是将案外人的异议时限确定为“标的物权属转移前”，同时规定，此后案外人可通过另行对债权人或者债务人提起诉讼的方式救济权利。讨论中有人提出应区别不同情况适用“标的物权属转移

---

① 参见杨与龄编著：《强制执行法论》，中国政法大学出版社 2002 年版，第 209~210 页。

前”的时限规则；有人则提出“标的物执行程序终结前”的时限规则。经过讨论，本条最终采纳了将执行程序终结前限定为“在该执行标的执行程序终结前”，以与“整个执行程序终结前”相区分。而“该执行标的执行程序终结”不仅意味着权属的转移，而且要求已完成权属变更登记且相关价款已经分配完毕。

【审判实践中应当注意的问题】

第一，对争议执行标的已经执行终结，但是申请执行人的债权尚未完全实现的，不应允许案外人再对争议执行标的提出异议。

第二，对争议执行标的已经执行终结，但是被执行人的其他财产尚在执行中的，也不应允许案外人再对争议执行标的提出异议。

第三，通过司法拍卖处分财产情况下，拍卖成交裁定作出后，权属变更登记完成前，执行程序尚未结束。此时尚需执行法院出具协助执行通知来办理权属变更登记，此时，案外人就拍卖财产提出异议的，执行法院应予以审查。如发现案外人系真实权利人，执行法院可以在衡量各方利益的基础上，撤销拍卖，以保持当事人的权利平衡。

第四，需要注意《执行异议复议规定》第六条第二款的特殊规定，即争议执行标的由当事人受让的，提出案外人异议的期限不受执行标的执行完毕的限制，而是放宽到执行程序终结之前。

【条文】

第四百六十三条

案外人对执行标的提出的异议，经审查，按照下列情形分别处理：

（一）案外人对执行标的不享有足以排除强制执行的权益的，裁定驳回其异议；

（二）案外人对执行标的享有足以排除强制执行的权益的，裁定中止执行。

驳回案外人执行异议裁定送达案外人之日起十五日内，人民法院不得对执行标的进行处分。

【条文主旨】

本条是关于民事诉讼法第二百三十四条“案外人对执行标的提出书面异议”如何审查的规定。

【条文理解】

1. 对案外人异议审查的内容与裁定的方式

“案外人异议之诉”是2007年民事诉讼法的新设制度，“案外人异议之诉”的处理结果对正在进行的执行程序影响巨大。当时作为一项新设制度，《执行程序解释》用了十个条文（第十五条至第二十四条）对该制度予以详细规定，[①] 但在实践中仍然面临许多困惑。困惑之一就是“案外人异议之诉”的审查范围与判决形式不统一，如有的法院只判决争议标的的权属，而不解决能否阻止执行问题；还有的法院只解决能否阻止执行问题，而不审理权属的争议。这严重影响了“案外人异议之诉”与执行程序的衔接，亟待规范。由于我国“案外人异议之诉”与传统大陆法系“第三人异议之诉”不同，为了实现减轻当事人讼累、提高执行效率的目的，[②] 我国设有“案外人异议”制度，作为“案外人异议之诉”前置程序。因此，规范“案外人异议之诉”的审查范围与判决形式，需要同时统一“案外人异议”审查的内容与裁定的方式。

在“案外人异议”审查内容上，主要看案外人是否享有“足以排除强制执行的权益”，具体包括两项内容：一是是否享有实体权益；二是该权益能否排除执行。如果当事人对于执行标的根本就不享有实体性权益，那其异议主张肯定无法获得支持；如果当事人享有实体性权益，则还要看该实体权益能否排除执行，比如，对执行标的的所有权，就不能排除为实现抵押权而启动的强制执行。

裁定的方式主要有两种：第一种是驳回异议的裁定，案外人对执行标的不享有实体权益，或者享有的实体权益不足以排除强制执行的，裁定驳回其异议；第二种是中止执行的裁定，案外人对执行标的享有足以排除强制执行的权益的，裁定案外人异议成立并中止执行。

2. 关于案外人异议的事由

民事诉讼法第二百三十四条对此未予明确。根据《执行程序解释》第十四条的规定，案外人异议的事由是对执行标的主张所有权或者其他足以阻止执行标的转让、交付的实体权利。该实体权利以所有权为典型，同时包括用

---

① 后多数条文被《执行异议复议规定》吸收，被吸收及与后续司法解释冲突的条文，在2020年根据《最高人民法院关于修改〈最高人民法院关于人民法院扣押铁路运输货物若干问题的规定〉等十八件执行类司法解释的决定》予以删改。

② 参见王飞鸿、赵晋山：《民事诉讼法执行编修改的理解与适用》，载《人民司法》2008年第1期。

益物权、特定债权如租赁权等。考虑到阻止执行的权利类型广泛，涵盖了物权、特殊债权甚至“占有”事实状态，本司法解释未一一列举，只是作了两处文字的修改。一是将“权利”改为“权益”。修改理由在于，除所有权、用益物权之外，法律规定的“占有”事实状态，及《查封、扣压、冻结财产规定》第十五条规定的房屋购买人的权利，都能成为排除执行的事由，却难以归为“权利”的范畴。而“权益”概念能够涵盖上述情形，比“权利”概念更为准确。二是将“阻止”改为“排除”。修改讨论中，有意见对“阻止”概念提出质疑。认为“阻止”更多具有暂时中止的意思，在案外人异议程序中还可以使用，但在案外人异议之诉中，考虑到执行程序可能终局性地停止，“阻止”概念难谓准确。有意见提出采用“阻却”概念，因学理性太强而遭到否决。最后条文借鉴我国台湾地区“强制执行法”的用语，采用了“排除”概念。

3. “案外人异议”与“案外人异议之诉”的程序衔接问题

关于“案外人异议之诉”对执行程序的影响，《执行程序解释》原本规定“案外人异议之诉期间原则上不停止执行”。该规定符合执行程序法理，也有域外立法例支持。但在实践中运行效果不好。执行法院基于如下担心，一般不会在案外人异议之诉期间继续推进执行程序：第一，怕损害到真实权利人的权利。如果“案外人异议之诉”期间，执行法院继续处分该物，则可能导致真实权利人彻底丧失物权。第二，担心错误处分他人财产引起后续的国家赔偿与当事人上访、申诉。由于“案外人异议之诉期间原则上不停止执行”的实践效果不佳，本司法解释第三百一十三条将该规则予以修改，变为“案外人异议之诉期间不得对执行标的进行处分”。为了防止案外人通过异议之诉拖延执行，本司法解释还增加规定了对恶意案外人的惩罚措施。①

为了配合上述规则的变化，本条第二款规定了“案外人异议”与“案外人异议之诉”的衔接。目的在于衔接“案外人异议”与“案外人异议之诉”程序之间的空当，确保“案外人异议之诉期间不得对执行标的进行处分”规则的实现。②

---

① 本司法解释第三百一十三条规定：“案外人执行异议之诉审理期间，人民法院不得对执行标的进行处分。申请执行人请求人民法院继续执行并提供相应担保的，人民法院可以准许。被执行人与案外人恶意串通，通过执行异议、执行异议之诉妨害执行的，人民法院应当依照民事诉讼法第一百一十六条规定处理。申请执行人因此受到损害的，可以提起诉讼要求被执行人、案外人赔偿。”

② 这里只规定驳回案外人异议一种情形的理由在于：在支持了案外人异议的情况下，执行程序是当然中止的，此时需要做的是等待申请执行人去提起许可执行之诉（或者审判监督程序），如果申请执行人在十五日之内不提起诉讼，即解除执行措施。

【审判实践中应当注意的问题】

第一，适用本条要注意案外人异议与执行异议的区分。

第二，在执行程序中对于“案外人异议”审查，应坚持“形式化”原则，执行机构只是根据权属登记、占有等证据来认定权属，并作出应否予以执行的判断。而关于实体权属的最终判断，则需通过随后执行异议之诉的实质审查予以解决。①

第三，适用本条文要注意与其他法条的衔接。如《执行异议复议规定》、本司法解释执行异议之诉部分的法条、《执行程序解释》部分的相关法条等。

【条文】

第四百六十四条

申请执行人与被执行人达成和解协议后请求中止执行或者撤回执行申请的，人民法院可以裁定中止执行或者终结执行。

【条文主旨】

本条是关于执行和解后，申请执行人对执行程序运行选择权的规定。

【条文理解】

1. 执行和解制度概述

执行和解，是指在执行程序中，双方当事人经平等协商，就变更执行依据所确定的权利义务关系自愿达成协议，从而使原执行程序不再进行的制度。一般而言，生效法律文书确定当事人权利义务内容之后，如果债务人拒绝自动履行义务，债权人最为快捷和有效的实现权利的方式就是强制执行。作为一个理性人，其通常不可能在此途径之外，另寻执行和解等其他方式实现权利。因此，在其他国家和地区的法律规定中，基本没有关于执行和解的一般规定，该制度可以说是我国独创。其原因主要有如下两点：一是其他国家和地区的强制执行措施对有财产可供执行的案件而言，能较为理想地满足当事人的要求，和解存在的空间和价值均很有限；二是这些国家和地区民事

① 肖建国教授认为，案外人异议中执行法官的权利判断所遵循的程序、适用的法律、判断标准和效力均有别于审判法官的判断。执行程序中权利判断的性质为形式物权、权利表象，而非实质物权、真实权利。在有体物作为执行标的之案外人异议的审查中，执行法官的权属判断标准是物权公示原则；在有体物以外的其他权利和利益（如股权、知识产权等）作为执行标的之案外人异议的审查中，执行法官的权属判断标准则为权利外观主义。参见肖建国：《执行标的实体权属的判断标准——以案外人异议的审查为中心的研究》，载《政法论坛》2010 年第 3 期。

诉讼和执行程序中对执行标的变更等情形，一般通过设置较为简易的变更执行依据的程序进行规范。如《日本民事执行法》规定请求异议之诉制度，《瑞典执行法》直接确认执行程序中的和解协议具有新的执行依据效力的规定。而在我国，“执行难”一直是困扰整个社会的痼疾，强制执行程序尚无法满足当事人实现权利的要求，执行依据的变更只能通过另诉方式进行，由此，作为合意性纠纷解决方式的和解在执行程序中也就具有较大的空间和价值，成为解决执行争执的一种有力手段。总体而言，执行和解制度涉及公法与私法、实体法与程序法诸多问题，是个争议颇多的执行议题。

2. 本条的含义

申请执行人与被执行人达成和解协议后，能否请求中止执行或者撤回执行申请，由人民法院裁定中止执行或者终结执行，是其中最大的问题。最高人民法院在对下级法院执行案件进行监督的过程中，遇到多个就此产生争议的案件：一方面，一些当事人和执行人员认为，中止执行或终结执行都有各自的法定理由，不应当因当事人主观愿望而决定；另一方面，执行和解之后，执行程序是否必然应当中止执行，中止执行应由当事人申请还是执行法院依职权决定，争议也很大。为解决实践中的疑惑，根据民事诉讼和执行理论的发展，结合各级法院实践，作了本条规定。对此，从以下两个方面进行理解。

第一，执行和解本身并不直接产生执行程序上的效力。执行和解是双方当事人就权利人行使权利和义务人履行义务的期限、方式、内容等进行协商并达成协议的行为。执行和解的性质，经过了长时间的争论。目前，我国学界一般认为，执行和解是诉讼外和解，只具有当事人自主解决的性质，其本质上属于私法行为，执行和解协议为民法上的和解契约，只产生私法效果，对当事人产生合同上的约束力，受民事法律规范调整。而不能与诉讼和解一样产生诉讼法上的公法效果，更没有如同判决一样的法律效力。

一旦当事人意思表示一致达成和解协议，且协议内容不违反法律，不损害社会公共利益，根据诚信原则，当事人应当按协议行使权利和履行义务。根据民事权利意思自治和民事诉讼的处分原则，执行机构应当尊重当事人对自己权利的处分。但是执行和解本身并不直接发生程序上的效力，也就是说，和解协议达成后，非经当事人申请，执行程序并不当然暂缓、中止或终结，这是由执行和解的性质所决定的。所以，尽管当事人达成执行和解以终结执行程序为最终目的，但和解协议的达成并不能当然、自动地终结执行程序。执行和解体现的是执行程序中，公权力（民事执行权）对私权利（当事人处分权）的尊重，而不是私权利对公权力的制约，私权利并不能制约公权力的运行方向。根据强制执行程序效率优先的原则，除非法定事由，原则上执行程序不得当然停止。

第二，执行和解后，人民法院应当尊重申请执行人的程序选择权。我们经过研究，认为解决上述矛盾，还是应回到执行和解私法性质这一本质法律属性的基点上，通过赋予当事人程序选择权的方式，使其从根本上解决。

当事人在执行中达成和解协议的，执行程序并不当然中止或终结。但在任何程序中，公权力对私权利的尊重和容忍是现代法治的基本要求，体现在民事诉讼和民事执行程序中，则应坚持当事人对程序和实体的处分权，这是现代民事诉讼处分原则的要求。执行和解是在执行过程中双方当事人之间自愿进行的，是双方当事人的主动行为。执行人员原则上亦不得参与当事人之间的执行和解，也不应该主动要求当事人和解。双方当事人达成执行和解的协议，只要意思表示真实，内容不违反法律禁止性规定，不损害国家、集体或他人的利益，是合法的，人民法院都应当准许。即执行机构应当尊重当事人通过和解协议对其权利义务作出的重新安排，这些安排包括对执行程序运行本身的安排，因此，对于执行中当事人达成和解的，视案件具体情况，可以允许申请执行人申请中止执行。同理，执行和解后，经申请人撤回执行申请，人民法院可以终结执行。本条解释的规定，意味着执行当事人达成和解协议后，申请执行人应主动申请中止执行或者终结执行，否则执行法院还是可以采取进一步的执行措施，不停止积极主动执行的义务。

通过这样的程序设定，有多方面的益处。一是解决了执行和解作为私法行为不发生公法效力的问题，通过当事人行使处分权，使当事人之间的协议与人民法院中止执行或者终结执行的结果，形成了完满的连接。二是有利于明确执行法院和当事人之间的权利（力）义务，避免人民法院越俎代庖，干涉当事人的诉讼权利，达到规范执行行为的目的。三是尽管当事人在执行程序中达成了和解协议，只要申请执行人不申请中止或者终结执行的，人民法院仍然可以对被执行人强制执行，这样有利于威慑和督促被执行人按照和解协议积极履行义务，减少实践中达成和解协议后被执行人不履行、拖延履行以逃避执行现象的发生，使执行和解制度本身所蕴含的在执行程序中当事人合意解决纠纷的制度价值，得以实际彰显。

【审判实践中应当注意的问题】

1. 申请中止执行或者终结执行的主体是申请执行人

强制执行程序因生效法律文书确定的权利人的申请而发动，而执行程序的中止、终结是对执行程序的实质变更，因此，有权利提出申请的主体应当是申请执行人。如果达成了执行和解协议，仅有被执行人申请中止或者终结执行的，执行法院不应当允许。

2. 关于已采取强制执行措施的处理

实践中，当事人往往在法院对被执行人财产采取强制执行措施之后才达成和解协议。在和解协议达成后，申请执行人申请中止或者终结执行的，执行法院对已采取的查封、扣押、冻结等强制执行措施应当如何处理？对这一问题，理论和实践中有两种观点。一种观点认为，为保障申请执行人的合法权益，执行法院应当继续保持查封原状，直到和解协议履行完毕。另一种观点则认为，执行和解是当事人为了结束执行程序，自愿协商解决纠纷，所以，当事人达成和解协议后，法院就应当停止执行活动，已采取的强制执行措施也应该撤销。

我们认为，申请执行人申请中止执行的，法院不应解除已采取的强制执行措施。这样不仅有利于促进当事人积极履行和解协议，也为将来恢复执行原生效法律文书提供了可能。当然，依《查封、扣押、冻结财产规定》关于查封期限及续行查封的有关规定，查封措施期限届满，当事人不申请续行查封的，法院可不继续查封，执行措施自然解除。对于申请执行人申请终结执行的情况，申请本身就是对执行程序全部终结的意思表示，人民法院认为可以终结执行的，应作出裁定，终结本案的执行程序，并解除强制执行措施。

3. 关于申请执行人能否申请恢复执行原生效法律文书的问题

对于执行和解后，依据申请执行人申请中止执行的，符合本解释第四百六十五条、第四百六十六条的规定，可以恢复执行。依据申请执行人申请终结本案执行程序的，应当终结执行。

【条文】

第四百六十五条

一方当事人不履行或者不完全履行在执行中双方自愿达成的和解协议，对方当事人申请执行原生效法律文书的，人民法院应当恢复执行，但和解协议已履行的部分应当扣除。和解协议已经履行完毕的，人民法院不予恢复执行。

【条文主旨】

本条是关于执行和解协议不履行后恢复执行的规定。

【条文理解】

执行当事人在执行程序中达成和解协议，如果一方或双方不履行的，是恢复原生效法律文书的执行，还是直接按照协议执行，是执行和解制度面临的基本问题。就此问题的回答，取决于对执行程序中当事人合意解决本案纠纷行为的性质界定。如瑞典赋予执行程序中的解协议强制执行的效力，则不存在恢复原生效法律文书执行的问题。而我国大陆和台湾地区，都赋予执行和解协议等同于民事合同的效力，此时，直接执行和解协议显然不适当。因此，我国台湾地区“强制执行法”规定，若义务人不履行和解协议，权利人仍应依原法律文书向法院申请强制执行。

根据我国法律的规定，执行和解协议不具有强制执行力，不是人民法院据以强制执行的依据，但是和解协议在当事人之间是有效的，具有法律约束力，双方当事人都应当自觉履行。由于和解协议没有强制执行力，当事人可以随时反悔，实践中产生了很多问题。最突出的是，当事人一方尤其是被执行人一方，利用执行和解拖延执行、转移财产的案例比较多见。一般情况下，执行和解是申请执行人作出让步才达成的，但被申请执行人可随时反悔使和解协议归于无效的做法严重地损害了申请执行人的利益，所以对于一方当事人不履行或者不完全履行和解协议的，应当赋予对方当事人申请执行原生效法律文书权利，一旦其提出申请，执行法院应当恢复执行。

【审判实践中应当注意的问题】

1. 按协议履行的一方有权申请恢复执行

实践中，要坚持不履行和解协议的当事人一方无权自行申请恢复强制执行的原则，对双方都能起到督促和制约的作用：申请执行人不履行和解协议的，无权向法院申请恢复强制执行，只要被执行人按协议履行完毕，执行程序即可终结；被执行人不履行和解协议的，申请人可申请恢复执行原生效法律文书。在后一种情况下，法院执行的是原生效法律文书，而不是一般而言对被执行人更有利的和解协议。此时，被执行人还应该承担包括执行和解期间在内的迟延履行责任。

2. 执行法院在恢复执行后，应当根据不履行一方不履行行为的情形，确定继续执行原生效法律文书的具体内容

和解协议已经履行完毕后，申请执行人反悔，要求恢复执行的，人民法院应不予恢复执行。对被执行人按照和解协议已履行的部分，应当从继续执行的标的额中扣除。对于是否不履行协议，应当按照民法典合同法编有关合同不履行的有关条款进行判断，对给付数额、给付方式、履行时间等合同主要条款反悔的，应认定为不履行合同，对方申请恢复执行的，应当允许；由此造成和解协议没有履行的，按照原生效法律文书确定的执行标的额执行。

3. 对于迟延履行和解协议所造成的损失，在执行程序中一般不予处理

最高人民法院执行工作办公室在致四川省高级人民法院的（2005）执监字第24-1号函指出："本案执行和解协议的履行尽管存在瑕疵，但和解协议确已履行完毕，人民法院应不予恢复执行。至于当事人对迟延履行和解协议的争议，不属执行程序处理，应由当事人另诉解决。"《执行和解规定》第十五条规定："执行和解协议履行完毕，申请执行人因被执行人迟延履行、瑕疵履行遭受损害的，可以向执行法院另行提起诉讼。"实际上是吸收了该函复意见，实践中应以该解释为准。

【条文】

第四百六十六条

申请恢复执行原生效法律文书，适用民事诉讼法第二百四十六条申请执行期间的规定。申请执行期间因达成执行中的和解协议而中断，其期间自和解协议约定履行期限的最后一日起重新计算。

【条文主旨】

本条是关于执行和解后恢复执行期间的规定。

【条文理解】

《92年意见》第267条规定，申请恢复执行原法律文书，适用民事诉讼法有关申请执行期限的规定。申请执行期限因达成执行中的和解协议而中止，其期限自和解协议所定履行期限的最后一日起连续计算。这一规定既与1991年民事诉讼法关于申请执行期间为不变期间的性质界定不符，又对当事人的权益保护不利，在实践中更是产生了不少问题。

为此，2007年民事诉讼法对此作出了修改，规定申请执行期间适用时效的规定。2008年《执行程序解释》第二十八条进一步明确规定，申请执行时效因当事人达成和解协议而中断，从中断时起，申请执行时效重新计算。据此，执行和解不成，当事人申请恢复执行原法律文书的期间，从执行和解协议约定的最后履行期限的最后一日起重新计算。超过该申请执行期间，双方当事人未申请恢复执行的，法院应当裁定终结执行。也就是说，执行和解协议具有中断申请执行期间的作用。在2015年《民事诉讼法解释》制定时，吸收了民事诉讼法和有关司法解释修改的主要精神，对《92年意见》第266条进行了修改。主要是增加了申请执行期间具体法条的指引，根据申请执行期限适用申请执行期间这一法律修改，在法律用语上相应作了调整。本条沿

用了 2015 年《民事诉讼法解释》的规定。

【审判实践中应当注意的问题】

第一，依《执行和解规定》第八条之规定，执行和解协议履行完毕的，人民法院作执行结案处理。但这种执行程序的终结并非自然终结，而仍须当事人申请。如果一方当事人申请依原生效法律文书执行的，另一方可以以和解协议履行完毕为由进行抗辩。

第二，《执行和解规定》第十条规定："申请恢复执行原生效法律文书，适用民事诉讼法第二百四十六条申请执行期间的规定。当事人不履行执行和解协议的，申请恢复执行期间自执行和解协议约定履行期间的最后一日起计算。"因申请执行时申请执行期间已经发生中断，所以《执行和解规定》第十条没有采用"因达成执行中的和解协议而中断"的表述以避免歧义，但其"期间自和解协议约定履行期限的最后一日起重新计算"并未改变。2018 年 3 月 1 日《执行和解规定》施行后，以该解释为准。

【条文】

第四百六十七条

人民法院依照民事诉讼法第二百三十八条规定决定暂缓执行的，如果担保是有期限的，暂缓执行的期限应当与担保期限一致，但最长不得超过一年。被执行人或者担保人对担保的财产在暂缓执行期间有转移、隐藏、变卖、毁损等行为的，人民法院可以恢复强制执行。

【条文主旨】

本条是关于执行担保的期限以及担保责任的规定。

【条文理解】

执行担保是指在民事执行程序中，执行当事人或利害关系人为实现其程序或实体上的利益提供担保，以阻却或者继续执行程序，民事执行机关决定暂时停止或继续执行程序的制度。民事诉讼法第二百三十八条是我国现行民事执行担保制度直接的法律依据。该条规定："在执行中，被执行人向人民法院提供担保，并经申请执行人同意的，人民法院可以决定暂缓执行及暂缓执行的期限。被执行人逾期仍不履行的，人民法院有权执行被执行人的担保财产或者担保人的财产。"该条表明，民事诉讼法规定的民事执行担保仅适用于暂缓执行的情形，这就过于原则且适用范围过窄。为了满足司法实践的需要，最高人民法院通过司法解释的方式对其进行了必要的完善和补充。

根据本条解释，被执行人或担保人提供担保而决定暂缓执行的同时，无论是抵押、质押还是保证均可以约定担保期间，执行法院在决定暂缓执行时，应确定暂缓执行的期限，该期限原则上应与担保的期限一致，最长期限一年，超过一年的，超过部分无效。实践中，执行法院可在这个最长期限内，根据案件的实际情况，灵活掌握。需要注意的是，《执行担保规定》第十二条规定："担保期间自暂缓执行期限届满之日起计算。担保书中没有记载担保期间或者记载不明的，担保期间为一年。"二者规定的担保期限长短及起算点有所区别。2018 年 3 月 1 日《执行担保规定》施行后，应以该司法解释第十二条规定为准。

民事执行担保与一般民事担保既有联系，也存在很大的区别，对此，理论和实务中争议很大。但就法律性质而言，其区别是有共识的，即民事担保是民商事主体为设立合同等法律关系而通过协议或者依据法定理由创设的一种法律制度，其目的是保全债权，维护信用，属于私法的范畴。而执行担保是在民事执行程序中，为停止或加快执行进程，由当事人或案外人向法院提供的担保，因而具有公权与私权行使的双重属性。因而，被执行人或者担保人违反担保义务，在暂缓执行期间对担保的财产有转移、隐藏、变卖、毁损等行为的，人民法院可以恢复强制执行，以保证执行程序的顺利进行。

【审判实践中应当注意的问题】

第一，执行人员应当认真对执行担保进行审查。首先，要认识到执行法院对执行担保负有审查义务，执行担保不仅仅是当事人之间的私人担保，也是当事人、案外人对执行法院的担保，因此，法院对保证人的履行能力、担保物有无瑕疵、担保物是否易于变现，应认真审查，防止担保不能最终实现，徒增执行成本。其次，申请执行人发现被执行人或者担保人对担保财产有转移、隐藏、变卖、毁损等行为向人民法院反映的，应该及时处理，按照本条规定，恢复强制执行。

第二，根据《执行担保规定》第十三条的规定，担保期间届满后，申请执行人申请执行担保财产或者保证人财产的，人民法院不予支持。他人提供财产担保的，人民法院可以依其申请解除对担保财产的查封、扣押、冻结。

【条文】

第四百六十八条

根据民事诉讼法第二百三十八条规定向人民法院提供执行担保的，可以由被执行人或者他人提供财产担保，也可以由他人提供保证。担保人应当具有代为履行或者代为承担赔偿责任的能力。

他人提供执行保证的，应当向执行法院出具保证书，并将保证书副本送交申请执行人。被执行人或者他人提供财产担保的，应当参照民法典的有关规定办理相应手续。

【条文主旨】

本条是关于执行担保方式的规定。

【条文理解】

依据民法典的有关规定，债的担保有抵押、质押、留置、定金和保证五种形式。执行担保是执行程序中设定的担保，目的是保证生效法律文书的实现，因而定金和留置两种担保方式不便适用。一般认为，执行担保有抵押、质押和保证三种形式。

《92 年意见》第 269 条规定，执行担保可以由被执行人向人民法院提供财产作担保，也可以由第三人出面作担保。以财产作担保的，应提交保证书；由第三人提供担保的，应当提交担保书。按照该解释，执行担保可以是被执行人自己以财产担保，也可以是第三人担保。但第三人担保的形式规定得不明确，一般理解是担保法意义上的“保证”，而没有规定第三人提供物的担保。1998 年《执行规定（试行）》第 84 条明确规定“被执行人或其担保人”均可以财产作担保。因而，1998《执行规定（试行）》出台后，执行担保的形式已经包括了人保即保证，以及物保即担保法意义上的抵押和质押。因此，2015 年《民事诉讼法解释》将这两种情况进行了综合设计，一并予以规定，本条沿用了该解释的规定。因而在第一款中，重点规定了三个方面。首先，依据民事诉讼法第二百三十八条，强调执行担保是向人民法院提供的担保，而不仅仅是对申请执行人的担保。其次，明确担保的形式可以是人保也可以是物保。最后，担保人应有履行或者赔偿能力。

1998 年《执行规定（试行）》第 84 条规定，以财产向人民法院提供担保的，应当依据担保法的有关规定，按照担保物的种类、性质，将担保物移交执行法院，或依法向有关机关办理登记手续。2000 年《担保法解释》第一百三十二条规定："在案件审理或者执行程序中，当事人提供财产担保的，人民法院应当对该财产的权属证书予以扣押，同时向有关部门发出协助执行通知书，要求其在规定的时间内不予办理担保财产的转移手续。"这两条规定在实践中取得了良好效果，因此，吸收作为第二款的内容。此外，物权法对担保制度也作出了较为精细的设计，因此，2015 年起草本司法解释时本条第二款中也将物权法作为办理相应担保手续的依据予以指引。同时，对他人提供的执行保证，首先要求向法院出具保证书，其次要求将保证书副本送交申请执行人，而不是仅仅提交担保书，并经债权人同意和人民法院认可即可成立，从而进一步规范了执行保证的程序。2020 年民法典出台后，物权法成为民法典的专章，因此，本解释 2020 年修改时用民法典替换了物权法表述，内容及理念均没有变化。最高人民法院于 2018 年出台的《执行担保规定》对 1998 年《执行规定（试行）》第 84 条等内容作了进一步细化，民法典出台后，在统一修正司法解释过程中，新修正的《执行规定（试行）》删去了原第 84 条，《执行担保规定》也于 2020 年根据民法典作了相应修正。

在 2015 年起草本司法解释过程中，很多同志认为，仅仅按照民事担保制度办理手续，忽视了执行担保中人民法院的公权力因素，实践中也存在办理抵押登记程序烦琐、不好操作的问题，因此，建议规定执行担保成立后，人民法院可对担保物进行查封、扣押、冻结，若被执行人逾期不履行，人民法院可对查封、扣押、冻结的财产依法处置。修改小组认为这一设计非常便于执行，但是理论依据尚需深入论证，操作规范也较为复杂，当时在解释中作出规定，时机尚不成熟，只能留待以后进一步研讨。2020 年修正的《执行担保规定》第七条第一款规定："被执行人或者他人提供财产担保，可以依照民法典规定办理登记等担保物权公示手续；已经办理公示手续的，申请执行人可以依法主张优先受偿权。"从而对应当如何参照民法典的有关规定办理相应手续作了进一步明确。同时，在第二款对人民法院可否对担保物进行查封、扣押、冻结作出明确，该款规定，申请执行人申请人民法院查封、扣押、冻结担保财产的，人民法院应当准许，但担保书另有约定的除外。

【审判实践中应当注意的问题】

第一，依据民法典第六百八十一条的规定，保证是指保证人和债权人约定，当债务人不履行债务或者发生当事人约定的情形时，保证人按照约定履行债务或承担责任的行为。保证是担保的一种方式，是第三人以自己的信誉和清偿能力自愿为债务人作担保的行为。执行担保中的保证，是指保证人经申请执行人同意，向人民法院保证，当被执行人不履行生效法律文书确定的债务时，由其代为清偿的行为。执行担保中的保证，总体上适用民法典的有关规定，但由于执行保证是一种特殊担保，与民法典中的保证有所区别，在适用时应当注意以下几个问题。

（1）民法典中的保证人是向债权人提供担保，而执行保证的保证人同时要向人民法院提供担保。前者是平等民事主体之间的行为，若发生担保争议，可通过诉讼途径解决，经法院审理后才可以执行保证人的财产；而后者是非平等主体之间的行为，当被执行人在保证期满仍未履行义务时，无须再经过诉讼就可以直接执行保证人的财产。

（2）保证人为债务人提供担保，要以合同形式与债权人确立保证担保关系，而执行中的保证人，出具意思表示明确、内容合法的保证书，经申请执行人同意，人民法院认可，执行保证即告成立。

（3）民法典将保证分为一般保证和连带责任保证。当事人在保证合同中约定债务人不能履行债务时，由保证人承担保证责任的，为一般保证；当事人在保证合同中约定保证人和债务人对债务承担连带责任的，为连带保证；当事人在保证合同中对保证方式没有约定或者约定不明确的，按照一般保证承担保证责任。在执行程序中，对一般责任保证的执行，必须先执行债务人的财产，只有在债务人无财产可供执行的情况下，才可以执行保证人。在执行担保中，由他人提供保证的，必须是连带责任保证，而不宜适用一般责任保证。民事诉讼法第二百三十八条规定："在执行中，被执行人向人民法院提供担保，并经申请执行人同意的，人民法院可以决定暂缓执行及暂缓执行的期限。被执行人逾期仍不履行的，人民法院有权执行被执行人的担保财产或者担保人的财产。"这条规定要求执行保证必须是连带责任保证。如果提供一般责任保证，被执行人逾期仍不履行只能先执行被执行人，不能直接执行保证人，不符合执行担保的基本精神。

第二，担保一般是由被执行人提出申请，经申请执行人同意后进行的。因此，在第三人提供保证的情况下，被执行人、第三人对保证人的身份、工作单位、住所地、收入状况、资信等情况，有义务向申请执行人和执行法院如实说明和报告。人民法院应当了解核实真实性，并告知申请执行人。

第三，当被执行人或第三人提供物保时，应当按照民法典的规定移交质物或办理登记手续。被执行人或第三人以自己财产提供质押时，人民法院应当要求其移交质物，并占有质物，对不能移交的财产权利，应当依照规定办理登记手续。当被执行人或第三人以自己的财产提供抵押时，凡是依法应当登记的都必须办理登记手续。对可登记可不登记的，应尽可能办理登记手续，以免他人在执行担保设定后取得对抗的权利。

【条文】

第四百六十九条

被执行人在人民法院决定暂缓执行的期限届满后仍不履行义务的，人民法院可以直接执行担保财产，或者裁定执行担保人的财产，但执行担保人的财产以担保人应当履行义务部分的财产为限。

【条文主旨】

本条是关于执行担保关系确立后，执行担保财产和担保人的财产的规定。

【条文理解】

民事诉讼法确立的执行担保制度，是被执行人一方提供担保，经申请执行人和人民法院同意，而对被执行人在一定期限内暂缓执行的一项制度，因此，如果该期限届满，被执行人还不履行义务的，担保人必然要承担相应的责任。鉴于执行担保兼具有公法和私法上的属性，执行程序中，执行法院可以直接对担保物或者提供人保的担保人予以执行，而无须另行通过诉讼途径，经法院审理后才可以执行担保人的财产。被执行人自己或者由他人提供物保的，执行法院可以对担保财产直接执行；由他人提供人保的，应该执行担保人的财产。当然，此时执行担保人的财产应当以其在担保时明确表示应当履行的义务的部分为限，没有明确表示的，应当以提供担保时被执行人未履行义务的部分为限。

【审判实践中应当注意的问题】

1. 对担保人在执行程序中的地位应予明确

从实践情况看，对担保物或执行担保人的财产采取执行措施的具体程序，各地法院不太统一、规范。被执行人以其本人的财产提供担保的情形较少，即使有，该担保财产也属于被执行人的财产，执行法院可以直接对其执行，没有任何疑问或障碍。对案外人提供保证或提供财产担保的，执行法院对提供担保的财产或担保人的财产，既可采取查封、冻结、扣押、扣留等控制性执行措施，也可采取拍卖、变卖、提取、扣划等处分性执行措施，这也是毫无疑问的。但是，采取执行措施之前，是否应先裁定确定担保人在实体上的义务，各地的做法并不一致。有的法院直接裁定执行担保财产或担保人的财产；有的法院是先裁定追加担保人为被执行人，再裁定采取执行措施。

造成这种操作不统一问题的原因，在于《92 年意见》第 269 条有关担保范围和担保手续的规定不明确，以至于第 270 条不可能对执行担保人的程序作出更加细致的规定。2015 年《民事诉讼法解释》的起草者在对该条文解读时认为，第三人提供保证或是财产作为担保的，执行中，应先作出裁定，追加第三人为被执行人。但在裁定中应当明确，应执行的是作为担保物的财产或者被执行人应当承担义务部分的财产。并提出四点理由：一是担保人的担保协议、保证书构成对执行依据既判力等效力的认可，符合追加当事人的一般法理；二是对第三人进行强制执行，是一种非常严厉的公权力行为，虽然不像一般担保须经过审判才能确定其是否承担民事责任，但如果第三人连被执行人都不是，即对其强制执行，程序上无法自圆其说；三是不裁定追加担保人为被执行人，担保人不能适用执行救济的有关规定，不利于其依法维护自己的合法权益；四是在执行信息化条件下，不追加担保人为被执行人，在信息录入中没有名目，在信用惩戒方面无法向社会推送担保人的信息，不利于对担保人实施列入失信被执行人名单、限制高消费等强制执行措施。但到 2018 年，最高人民法院发布的《执行担保规定》第十一条规定：“暂缓执行期限届满后被执行人仍不履行义务，或者暂缓执行期间担保人有转移、隐藏、变卖、毁损担保财产等行为的，人民法院可以依申请执行人的申请恢复执行，并直接裁定执行担保财产或者保证人的财产，不得将担保人变更、追加为被执行人。执行担保财产或者保证人的财产，以担保人应当履行义务部分的财产为限。被执行人有便于执行的现金、银行存款的，应当优先执行该现金、银行存款。”根据这一规定，实践中，第三人提供保证或是财产作为担保的，执行中，不得追加该第三人为被执行人，可以直接裁定执行担保财产或者保证人的财产，但应以担保人应当履行义务部分的财产为限。具体实践中，一定要注意这一重大变化。

2. 强化对案件审理期间提供保证的执行

1998 年《执行规定（试行）》第 85 条规定：“人民法院在审理案件期间，保证人为被执行人提供保证，人民法院据此未对被执行人的财产采取保全措施或解除保全措施的，案件审结后如果被执行人无财产可供执行或其财产不足清偿债务时，即使生效法律文书中未确定保证人承担责任，人民法院有权裁定执行保证人在保证责任范围内的财产。”实践中，法院通常根据保证书将诉讼阶段的保证人追加为被执行人，对其采取执行措施，但对第三人保证责任承担责任的方式和范围并没有明确的规定。2020 年对《执行规定（试行）》进行修正时保留了该条文，我们认为，实践中仍应参照本条规定执行。

【条文】

第四百七十条

依照民事诉讼法第二百三十九条规定，执行中作为被执行人的法人或者其他组织分立、合并的，人民法院可以裁定变更后的法人或者其他组织为被执行人；被注销的，如果依照有关实体法的规定有权利义务承受人的，可以裁定该权利义务承受人为被执行人。

【条文主旨】

本条是关于被执行人分立、合并、被撤销等情形下变更、追加被执行人的规定。

【条文理解】

与2015年《民事诉讼法解释》相比，本条内容无实质变化，仅根据2021年民事诉讼法调整了援引的条文序号。对本条可从三个方面理解和把握：

1. 被执行人分立情形下的变更追加

执行过程中，作为被执行人的法人、其他组织难免出现分立的情况。分立的方式主要有两种：一种是新设分立，即将企业全部资产分别划归两个或多个新公司，原公司解散；另一种是存续分立，即企业以其部分资产另设一家或数家新公司，原公司存续。不论是哪种分立，为充分保护申请执行人的债权，有必要赋予人民法院将分立后新设立的法人、其他组织变更、追加为被执行人的权利。当然，如果被执行人在分立前与申请执行人就债务清偿达成书面协议另有约定的，人民法院在执行中应当充分尊重当事人的处分权，依其约定确定实体责任。《变更、追加当事人规定》第十二条对此已有明确规定。

2. 被执行人合并情形下的变更追加

与上述分立情形相反，被执行人在执行中也可能出现合并的情况。合并的方式同样有两种，一种是吸收合并，一种是新设合并。无论何种合并，合并各方的债权债务均应由合并后存续或新设的主体承继。与此相应，在执行程序中，应赋予人民法院变更、追加被执行人的权利：被执行人被其他单位合并后消灭的，可以变更该其他单位为被执行人；被执行人与其他单位合并后设立新的法人或其他组织的，可以变更该新设立的法人、其他组织为被执行人。

3. 被执行人被注销情形下的变更追加

通常而言，注销登记之日即为法律人格消灭之日。经有关机关办理注销登记后，作为被执行人的法人、其他组织即告消灭。但司法实践中，难免会出现被执行人被注销，但其债权债务尚未清偿的情形，此际，如果依照有关实体法规定该被执行人有权利义务承受人的，即可裁定将该承受人变更为被执行人，以充分保护申请执行人的债权。实践中应注意的是，参照《公司法解释（二）》第十条的规定，作为被执行人的企业法人或其他组织即使已进入清算程序，但在清算结束并办理注销登记之前，该企业法人的主体资格并未消灭，人民法院无须变更追加执行主体，仍应以该企业法人或其他组织为被执行人。

【审判实践中应当注意的问题】

第一，本条中关于法人等分立、合并时如何变更、追加被执行人的规定与《变更、追加当事人规定》第十一条、第十二条基本一致。第十二条增加了"被执行人在分立前与申请执行人就债务清偿达成的书面协议另有约定的除外"的规定，《变更、追加当事人规定》施行后，应以该两条规定为准。

第二，本条中关于法人等注销时如何变更、追加被执行人的规定与《变更、追加当事人规定》第二十一条、第二十二条、第二十三条的规定相关。该三条规定进一步明确了作为被执行人的法人或其他组织在办理注销登记后，法院可依申请变更、追加被执行人的实体事由，两者应结合适用。

【条文】

第四百七十一条

其他组织在执行中不能履行法律文书确定的义务的，人民法院可以裁定执行对该其他组织依法承担义务的法人或者公民个人的财产。

【条文主旨】

本条是关于其他组织作为被执行人时如何执行的规定。

【条文理解】

其他组织，是指合法成立、有一定的组织机构和财产，但又不具备法人资格的组织，主要包括三类：一是依法登记领取营业执照但不具备法人资格的个人独资企业、合伙企业、乡镇企业、街道企业及中外合作经营企业、外资企业；二是商业银行、政策性银行和非银行金融机构等法人经依法设立并领取营业执照的分支机构；三是社会团体经依法成立的分支机构、代表机构。

其他组织具有诉讼主体资格，相应地也具有执行主体资格。但这并不意味着其他组织作为被执行人时只能由该其他组织承担实体责任。其他组织作为被执行人时，一个突出特点是被执行人与实体责任承担人并不一致。依据有关法律规定，普通合伙企业的合伙人对合伙企业债务承担连带责任。个人独资企业的投资人以其个人财产对企业债务承担无限责任。法人分支机构的财产也不具有法律意义上的独立性，实为法人的财产，分支机构的责任最终也要由法人承担。因此，在其他组织作为被执行人时，人民法院可以依据有关法律规定确定最终应承担责任的法人或个人，并裁定执行该法人或者公民个人的财产。

【审判实践中应当注意的问题】

本条内容与《变更、追加当事人规定》第十三条至第十六条的规定相关。该四条分别规定了个人独资企业、合伙企业、法人分支机构和其他组织不能清偿生效法律文书确定的债务时，法院可依申请裁定变更、追加投资人、合伙人、该法人等为被执行人，既明确了可变更、追加的主体范围，也明确了应通过变更、追加程序而非直接裁定执行。《变更、追加当事人规定》施行后，应以该四条规定为准。

【条文】

第四百七十二条

在执行中，作为被执行人的法人或者其他组织名称变更的，人民法院可以裁定变更后的法人或者其他组织为被执行人。

【条文主旨】

本条是关于被执行人名称变更情形下变更被执行人的规定。

【条文理解】

法人或其他组织存续期间，既可能发生分立、合并这种组织机构的变更，也可能发生名称变更，还可能在性质、住所、经营范围、经营期限、法定代表人、注册资本等方面发生变更。这些变更如果发生在执行过程中，就涉及是否要相应变更执行当事人的问题。通常而言，后一类变更不需要变更执行当事人，分立、合并情形下变更当事人的问题已在本司法解释第四百七十条中作了规定，本条则规定了名称变更情形下执行当事人的变更问题。

实际上，被执行人名称变更只是一种形式上的变更，被执行人的法律人格并未发生任何变化，所谓名变实不变，直接在法律文书中注明即可，无须裁定变更被执行人。2015年《民事诉讼法解释》起草时，考虑到《92年意见》第273条规定在长期适用中并未发现大的问题，最终保留了原规定。

但是，《变更、追加当事人规定》第二十七条实际上已经变更了该规则。根据该条规定，人民法院可以直接将变更后的主体作为当事人，并在相关法律文书中将执行当事人变更前的姓名或名称予以注明即可，无须再裁定变更当事人。虽然本司法解释修正中，本条规定内容未作变动，但在适用上仍应以《变更、追加当事人规定》第二十七条规定为准。

【条文】

第四百七十三条

作为被执行人的公民死亡，其遗产继承人没有放弃继承的，人民法院可以裁定变更被执行人，由该继承人在遗产的范围内偿还债务。继承人放弃继承的，人民法院可以直接执行被执行人的遗产。

【条文主旨】

本条是关于作为被执行人的公民死亡情形下如何变更被执行人的规定。

【条文理解】

根据民事诉讼法第二百三十九条的规定，作为被执行人的公民死亡的，应当以其遗产偿还债务。但民事诉讼法并未明确该种情形下如何确定被执行人，《92年意见》第274条对此进一步作了细化。依据该条规定，被执行人死亡时是否变更被执行人，依是否有遗产及继承人是否放弃继承而定。在被执行人有遗产的情况下，如果继承人未放弃继承的，就需要将其变更为被执行人，由其在继承遗产范围内对申请执行人承担责任；如果继承人放弃继承的，其对被执行人的债务不负偿还责任，自然也不应将其变更为被执行人。在这种情形下，可考虑仍然将已死亡的公民作为被执行人，并在法律文书中注明已死亡的事实，直接执行被执行人的遗产即可。当然，如果作为被执行人的公民死亡，没有遗产可供执行，又没有义务承担人的，人民法院应当裁定终结执行。2015年《民事诉讼法解释》保留了《92年意见》的条文内容，本次修正亦未修改。

需要注意的是，《变更、追加当事人规定》第十条的规定，实质上已经对本条内容作了修改。根据该条第一款规定，作为被执行人的自然人死亡或被宣告死亡，申请执行人申请变更、追加该自然人的遗产管理人、继承人、受遗赠人或其他因该自然人死亡或被宣告死亡取得遗产的主体为被执行人，在遗产范围内承担责任的，人民法院应予支持。详言之，根据民法典的规定，只要继承开始后，无论如何都存在遗产管理人。即使全部继承人放弃继承或者受遗赠人放弃受遗赠，又无遗嘱执行人，也将由被继承人生前住所地的民政部门或者村民委员会担任遗产管理人，此时，仍应将遗产管理人变更为被执行人。故未经变更、追加被执行人程序，不得直接执行遗产。

【条文】

第四百七十四条

法律规定由人民法院执行的其他法律文书执行完毕后，该法律文书被有关机关或者组织依法撤销的，经当事人申请，适用民事诉讼法第二百四十条规定。

【条文主旨】

本条是关于作为执行依据的其他法律文书被撤销后，适用执行回转规定的规定。

【条文理解】

民事诉讼法第二百四十条规定："执行完毕后，据以执行的判决、裁定和其他法律文书确有错误，被人民法院撤销的，对已被执行的财产，人民法院应当作出裁定，责令取得财产的人返还；拒不返还的，强制执行。"这是对执行回转制度的基本规定。执行回转，是指民事执行案件已部分或全部执行完毕后，据以执行的生效法律文书被撤销或变更的，人民法院按照新的生效法律文书，对已被执行的财产重新采取执行措施，恢复到执行前的状态的制度。民事诉讼法及有关司法解释确立适用执行回转制度的主要有三类情况：一是人民法院先予执行后，依发生法律效力的判决，申请人应当返还因先予执行所取得的利益的，适用执行回转的规定；二是《执行规定（试行）》第65条规定，在执行中或者执行完毕后，据以执行的法律文书被人民法院或者其他有关机关依法撤销的，经当事人申请或者依职权，可以执行回转。三是依据本条规定，由人民法院执行的其他法律文书执行完毕后，该法律文书被有关机关依法撤销的，经当事人申请，可以执行回转。

民事诉讼法第二百三十一条规定："发生法律效力的民事判决、裁定，以及刑事判决、裁定中的财产部分，由第一审人民法院或者与第一审人民法院同级的被执行的财产所在地人民法院执行。法律规定由人民法院执行的其他法律文书，由被执行人住所地或者被执行的财产所在地人民法院执行。”《执行规定（试行）》第 2 条规定：“执行机构负责执行下列生效法律文书：（1）人民法院民事、行政判决、裁定、调解书，民事制裁决定、支付令，以及刑事附带民事判决、裁定、调解书，刑事裁判涉财产部分；（2）依法应由人民法院执行的行政处罚决定、行政处理决定；（3）我国仲裁机构作出的仲裁裁决和调解书；人民法院依据《中华人民共和国仲裁法》有关规定作出的财产保全和证据保全裁定；（4）公证机关依法赋予强制执行效力的债权文书；（5）经人民法院裁定承认其效力的外国法院作出的判决、裁定，以及国外仲裁机构作出的仲裁裁决；（6）法律规定由人民法院执行的其他法律文书。”因此，本条所称的“其他法律文书”是指《执行规定（试行）》第 2 条明确的除了法院裁判之外，其他所有类型的执行依据。根据本条规定，这些文书被有权机关撤销后，当事人可以向人民法院申请执行回转。执行回转适用强制执行的有关程序规定。2022 年修正本解释时对本条内容未作修改。

【审判实践中应当注意的问题】

对其他生效法律文书的执行回转，应由当事人，一般而言是被执行人提出回转的申请，人民法院没有义务依职权主动执行回转。主要原因是法院裁判以外的生效法律文书，一般而言，执行法院不可能主动知晓，执行回转以当事人提出申请为宜。

【条文】

第四百七十五条

仲裁机构裁决的事项，部分有民事诉讼法第二百四十四条第二款、第三款规定情形的，人民法院应当裁定对该部分不予执行。

应当不予执行部分与其他部分不可分的，人民法院应当裁定不予执行仲裁裁决。

【条文主旨】

本条是关于仲裁裁决的事项部分存在不予执行情形时法院的处理原则的规定。

【条文理解】

裁定不予执行仲裁裁决的情形，可能存在于仲裁裁决的全部，也可能只存在于仲裁裁决的一部分。司法实践中，部分具有应当不予执行情形的仲裁裁决并非鲜见，对此应当裁定全案不予执行还是仅对错误的部分裁定不予执行？本条解释明确规定了部分错误仲裁裁决的处理原则。

1. 处理原则

根据本条解释，仲裁裁决仅有部分裁项存在不予执行情形的，人民法院应当仅对该部分裁定不予执行，而不是对全案裁定不予执行。

仲裁裁决往往涉及多个裁决事项，不予执行的情形也有多种，有可能只有部分裁决事项有不予执行的情形，在裁决事项可分的前提下，如果仅仅因部分裁项错误而对全案裁定不予执行，对仲裁裁决的权利人而言显然是不公平的。因此，我们认为，在裁决事项可分的前提下，基于公平原则考虑，应当仅对错误的裁决事项裁定不予执行，而对正确的部分予以执行。

本司法解释通过总结实践经验，规定了普遍适用的对部分错误仲裁裁决仅对错误部分裁定不予执行的原则。

实践中，可能涉及部分仲裁事项仲裁存在应当不予执行情形的主要有以下几种：第一，超范围仲裁。仲裁裁决如果包括多个仲裁事项，就有可能存在部分事项属于仲裁协议范围，部分事项超出仲裁协议范围的情况。在只有部分仲裁事项超出仲裁协议范围或者仲裁机构无权仲裁的情况下，人民法院只能对超过部分裁定不予执行，对其余部分应当予以执行。第二，伪造证据。证据是仲裁庭查明案件事实，确定当事人权利义务关系的依据。当事人应当向仲裁庭提供真实的证据，如果仲裁所依据的证据是伪造的，将会影响事实认定，进而影响仲裁的公正性。因为仲裁裁决可能包含多个仲裁事项，各个仲裁事项判定所依据的证据也可能各不相同。如果只有部分证据是伪造的，则人民法院应当只对该伪造证据所涉及的部分内容裁定不予执行，与该证据无关的其他部分应当依法执行。第三，隐瞒证据。所隐瞒的证据应当是直接关系到仲裁裁决最后认定结论的重要或者关键证据，应当与案件的主要事实认定密切相关。因为各个仲裁事项判定所依据的证据可能各不相同，如果隐瞒的证据只涉及部分裁决事项的，则应当对与该证据无关的其他部分依法执行。第四，损害公共利益。如果该仲裁裁决部分事项违背了社会公共利益的，则对该部分事项应当不予执行，而执行其余部分如果不涉及违背公共利益问题的，应当依法执行。

2. 例外情形

仲裁裁决部分不予执行处理原则存在例外情形，即不予执行部分与其他部分联系紧密不可分割时，人民法院应当裁定对全案不予执行。

仲裁裁决裁项之间若不具备可分性，如果继续执行其余部分，对当事人已无实际意义或事实上不可能或虽然可能但是会给当事人造成极为不公平后果的，尽管该仲裁裁决只有部分存在应当不予执行的情形，也应当对全案不予执行。这往往是因为存在应当不予执行情形的部分包含了该仲裁裁决的决定性因素，构成了整个仲裁裁决的基础，若去掉该部分则动摇了裁决的根基，因此，在该部分存在应当不予执行的情形时，则应裁定该仲裁裁决不予执行。

【审判实践中应当注意的问题】

在司法实务中，适用本条解释时应当注意正确判断仲裁事项是否具备可分性。

所谓可分性，是指将无效部分分离出来，还能使一项可以想象为有效的行为继续存在，而且这项行为也不得与当事人的愿望相违背。仲裁裁决仅裁定错误部分不予执行的前提条件之一即为该裁决各裁项之间具有可分性，仲裁裁决部分不予执行不影响其他部分的效力，即去掉错误部分后还能构成一个独立的仲裁裁决且这一继续存在的裁决不会成为一个新的裁决。一份仲裁裁决实质上由若干要素组成或在内容上可以分为若干部分，有效部分和无效部分可以相对独立地存在，一部分无效不影响另一部分的效力，符合这一特点的仲裁裁决，才具有可分性。需要强调的是，辨别裁项可分性时不能脱离当事人的意思表示，如果将存在应当不予执行情形的部分分割出去，尽管其他部分还能构成一个独立的仲裁裁决，却违背了当事人行为之初的意思，则该仲裁裁决就不具有可分性，应当裁定该仲裁裁决全案不予执行。

【条文】

第四百七十六条

依照民事诉讼法第二百四十四条第二款、第三款规定，人民法院裁定不予执行仲裁裁决后，当事人对该裁定提出执行异议或者复议的，人民法院不予受理。当事人可以就该民事纠纷重新达成书面仲裁协议申请仲裁，也可以向人民法院起诉。

【条文主旨】

本条是关于人民法院裁定不予执行仲裁裁决后，当事人的救济途径的规定。

【条文理解】

随着仲裁在争议解决中发挥的作用越来越重要，仲裁裁决被裁定不予执行后当事人的救济问题也愈来愈凸现出来。《92 年意见》规定了执行法院裁定不予执行仲裁裁决的，当事人可以重新申请仲裁或向人民法院起诉的救济程序，本条解释在修正过程中以此为基础对《92年意见》第278条进行了重大修改，进一步明确了当事人对不予执行仲裁裁决的裁定无权申请执行异议或复议。

执行程序中，仲裁裁决被裁定不予执行后，对该裁定能否提起执行异议或者复议以资救济？这一问题素有争议，司法实践中做法也不一致。有观点认为，已经明确对不予执行仲裁裁决所作的裁定不允许上诉和申请再审，如果在执行程序中却允许复议，则与法律精神相悖，因此，对不予执行仲裁裁决的裁定不服的，不应当赋予当事人申请复议的权利；有观点则认为，目前随意裁定不予执行的问题较突出，有必要赋予当事人申请复议的权利，使上级法院能够对此予以监督。因此，实践中有的法院允许对该裁定提出复议，有的法院则实行一裁终局，不允许当事人提起复议。即使实践中允许复议的法院，其程序也有差异：有的法院将该裁定作为执行行为异议的一种，赋予仲裁裁决当事人甚至利害关系人向上一级人民法院提起复议的权利；有的法院则将其作为执行行为的一种，对该裁定不服的，需要按照民事诉讼法第二百三十二条的规定先提出异议，对异议裁定不服的，再向上一级人民法院提起复议。

仲裁裁决被人民法院裁定不予执行后，丧失强制执行力，从而间接否定了该仲裁裁决的法律效力。不予执行仲裁裁决本质上属于对执行依据的监督程序，并非对执行程序中的执行行为提出异议。因此，结合法律规定精神和司法实践经验，我们认为，不应当将不予执行仲裁裁决的裁定作为执行行为纳入执行异议和复议程序的范围之内。本条解释明确规定了仲裁裁决被裁定不予执行后，当事人对该裁定提出执行异议或者复议的，人民法院不予受理，对实践中这一长期争议的问题作出了结论。

人民法院裁定不予执行仲裁裁决后，将导致文书所确认债权债务关系处于不稳定的状态。此种情形下，根据民事诉讼法相关规定，“当事人可以根据双方达成的书面仲裁协议重新申请仲裁，也可以向人民法院起诉”。然而民事诉讼法中对该书面仲裁协议是需要当事人重新达成，还是维持原有仲裁协议的效力没有明确表述，实践中也曾产生争议。《92年意见》第278条“人民法院裁定不予执行仲裁裁决后，当事人可以重新达成书面仲裁协议申请仲裁，也可以向人民法院起诉”之规定明确指出了我国对不予执行仲裁裁决排除原仲裁协议的效力，但允许当事人重新达成新的仲裁合意。对于该部分内容，本解释基本保留了原解释相关内容，只是增加了“就该民事纠纷”

的表述，使条文更加清晰。

【审判实践中应当注意的问题】

1. 关于驳回不予执行仲裁裁决申请的裁定能否异议或复议的问题

有观点认为，执行法院裁定不予执行仲裁裁决的，当事人虽然不能提出执行异议或复议，但是因为能够重新申请仲裁或向法院起诉，因此对当事人来讲，依然有救济途径；而对于驳回裁定而言，被执行人再无其他救济途径，因此应当允许其复议。我们认为，仲裁裁决作为一种方便快捷的纠纷解决方式，一裁终局是其基本特征之一，当事人自愿选择了仲裁程序，享受制度优势的同时也不可避免地要承受仲裁制度本身的固有缺陷。人民法院对仲裁制度应予支持，不予执行仲裁裁决只能作为例外的情况。当事人提出不予执行的抗辩，法院裁定驳回，审查中已经对仲裁裁决进行了司法监督，无须再提供救济途径。因此，对驳回不予执行仲裁裁决申请的，当事人也无权提出执行异议或复议。

2. 法院启动执行监督程序不受限制

虽然有观点认为，法律对不予执行仲裁裁决的案件已经规定了相应的救济途径，因此没有必要再通过执行监督程序进行救济。然而，根据《执行规定（试行）》中关于“执行监督”部分的规定，上级人民法院依法监督下级人民法院的执行工作，最高人民法院依法监督地方各级人民法院和专门法院的执行工作，而裁定不予执行仲裁裁决无疑也是人民法院执行工作的一部分，上级人民法院有权进行监督。司法实践中，最高人民法院在数起案件中也均认为上级人民法院对下级人民法院不予执行或驳回不予执行申请的裁定有权提起执行监督。

【条文】

第四百七十七条

在执行中，被执行人通过仲裁程序将人民法院查封、扣押、冻结的财产确权或者分割给案外人的，不影响人民法院执行程序的进行。

案外人不服的，可以根据民事诉讼法第二百三十四条规定提出异议。

【条文主旨】

本条是关于将人民法院查封、扣押冻结的财产确权或者分割给案外人的仲裁裁决与案外人异议程序关系的规定。

【条文理解】

执行实践中，一类典型的规避执行的情形就是被执行人与案外人恶意串通，通过仲裁程序将人民法院查封、扣押、冻结的财产确权或者分割给案外人，以此来规避执行，损害申请执行人的利益。但在现行法律制度下，仲裁当事人恶意串通损害第三人利益，对第三人提供的救济途径以及法院的司法监督机制匮乏。上述情况下，执行法院是有权对该仲裁裁决进行程序和实体审查并根据审查结果确定是否继续执行，还是应当根据仲裁确权的结果，立即解除对争议标的物的查控措施，终止对争议标的物的执行？这是困扰仲裁与执行领域已久的问题，本条司法解释对此作出了回答，应进行如下理解：

我国目前对于生效仲裁裁决的司法审查方式有两种，分别为撤销仲裁裁决与不予执行仲裁裁决，但两者均规定只有仲裁裁决当事人才有权向法院申请。如果仲裁当事人之间恶意串通，以仲裁方式损害第三人的利益，例如，通过仲裁程序将人民法院查封、扣押、冻结的财产确权给案外人以规避执行，损害申请执行人的利益，则提出审查申请显然不符合他们的利益。而对此具有利害关系的申请执行人则因不是仲裁当事人，也无权提出申请。因此，在这种情况下，上述两种审查程序事实上都无法启动。

有观点认为，依据民事诉讼法第二百四十四条第三款“人民法院认定执行该裁决违背社会公共利益的，裁定不予执行”之规定，人民法院在裁决违背社会公共利益之时，有权依职权审查仲裁裁决。但各国立法例均对公共利益作严格解释，援引这一法律原则只能是在特殊情况下，为维护国家、社会重大根本利益而采取。就公共利益这一概念本身来说，其范围应当限制在公共使用和具有公益用途两方面，范围很难扩大到包括特定第三人的利益。在法院查封的财产被仲裁裁决确权给案外人的情况下，即使存在仲裁当事人之间相互串通的情况，也只是损害了申请执行人的利益，并非违背社会公共利益。因此，法院在通常情况下不能依据上述条款规定主动审查仲裁裁决。

仲裁程序具有封闭性和私密性的特点，仲裁庭无法将没有仲裁协议的债权人纳入仲裁程序，而申请执行的债权人无法以第三人的身份参与仲裁程序，就为被执行人通过仲裁裁决与案外人串通损害债权人利益留下了制度缺口。如果执行法院对上述确权仲裁裁决没有审查权，就会使执行程序遭受严重损害：被执行人可以利用这一程序，串通案外人随时通过仲裁确权程序来排除人民法院的执行，甚至可能将民事诉讼法中构建的案外人异议之诉制度完全架空。执行程序中案外第三人对执行标的主张实体权利的，应当通过案外人异议制度来解决。自该制度实施以来，司法实践中出现了被执行人与案外人另行提起确权诉讼或仲裁，将执行标的物确权给案外人，再以该确权的判决书、调解书或仲裁裁决书为证据向执行法院申请解除查封，以此来规避异议之诉制度的现象。因该种规避现象日益严峻，最高人民法院发布了《制裁规避执行行为意见》，其中第9条、第11条对案外人违反管辖规定，向执行法院之外的其他法院提起确权诉讼的情况进行了规制，通过法院之间的内部协调甚至启动再审程序确保在被执行人利用诉讼确权逃避执行时，法院有权进行审查。① 然而，该规范性文件无法规定针对恶意仲裁的应对措施，而仲裁程序本身也没有再审制度，申请执行的债权人无法对损害其利益的仲裁裁决通过再审程序进行救济。因此，被执行人通过仲裁程序将人民法院查封、扣押、冻结的财产确权或者分割给案外人时，目前司法监督存在制度性空白，必需予以弥补，使法院能够对损害第三人利益的仲裁裁决进行审查。执行程序中对上述仲裁裁决如何审查，调研时提出了数种方案，经过充分论证，最终确定了目前的这一方案。

仲裁机构作为一种民间性组织，受平等主体信任而获得裁判权，并不享有对双方当事人之外的主体的调查权，必须充分尊重当事人对事实和法律关系的意思表示。当法院查控的财产被仲裁裁决确认属于案外人所有，在仲裁当事人之间，即被执行人与案外人之间对已经确权的权属问题不能再行争议，但该确权结果并不能当然约束非仲裁当事人的申请执行人。涉及第三人时，法院有权对该裁决进行审查，这并非否定仲裁的效力。根据《民事诉讼证据规定》的规定，已为仲裁机构的生效裁决所确认的事实，当事人无须举证证明，但当事人有相反证据足以反驳的除外，因此，申请执行人可以提出证据反驳原仲裁裁决所认定的事实。在执行程序中，案外人持仲裁裁决主张对法院查控的标的物的所有权，要求法院解除查控措施时，在申请执行人提出相反证据的情况下，执行法院有权根据该裁决所确认的事实和其他证据，对能否继续执行争议的标的物依法作出判断。对于法院已经查控的标的物，仲裁裁决确权或分割给案外人的，法院不会当然地停止对标的物的执行。案

---

① 《制裁规避执行行为意见》第9条第2款规定："案外人违反上述管辖规定，向执行法院之外的其他法院起诉，其他法院已经受理尚未作出裁判的，应当中止审理或者撤销案件，并告知案外人向作出查封、扣押、冻结裁定的执行法院起诉。"第11条规定："对于当事人恶意诉讼取得的生效裁判应当依法再审。案外人违反上述管辖规定，向执行法院之外的其他法院起诉，并取得生效裁判文书将已被执行法院查封、扣押、冻结的财产确权或者分割给案外人，或者第三人与被执行人虚构事实取得人民法院生效裁判文书申请参与分配，执行法院认为该生效裁判文书系恶意串通规避执行损害执行债权人利益的，可以向作出该裁判文书的人民法院或者其上级人民法院提出书面建议，有关法院应当依照《中华人民共和国民事诉讼法》和有关司法解释的规定决定再审。"

外人以该仲裁裁决主张标的物权属的，应当按照民事诉讼法第二百三十四条规定的程序提出主张。即案外人提出书面异议，执行法院经过审查，综合考虑仲裁裁决认定的事实、标的物登记或占有状况、在先查控的事实及其他证据情况，作出是否中止对该标的执行的裁定。案外人、当事人对执行法院初步审查作出的裁定不服的，可以再区分不同情况通过审判监督程序或提起的诉讼寻求救济。

当然，这种方式下，保护仲裁法律关系中案外人的利益需要较多的步骤，程序较为曲折、烦琐。但这是仲裁制度本身所要求的终局性和司法干预的相对性决定的，以确保仲裁机构的相对独立性，并限制司法干预的范围、程度，这也是仲裁相对于诉讼的优势所在。本条解释明确了人民法院将查封、扣押、冻结的财产确权或者分割给案外人的仲裁裁决与案外人异议程序的关系，以期有效防止被执行人与案外人利用虚假仲裁对抗执行，架空案外人异议及执行异议之诉制度。

【审判实践中应当注意的问题】

调研过程中，对本条所涉及的问题还提出了另一种解决方案：由执行法院告知申请执行人代位被执行人向有管辖权的人民法院申请撤销该仲裁裁决。根据我国仲裁法的规定，申请撤销仲裁裁决的主体只能是仲裁裁决的当事人，任何第三人都没有权利申请撤销仲裁裁决。但申请执行人可以通过行使代位权来代位被执行人申请撤销仲裁裁决。从各个国家和地区的民法规定来看，债权人得代位行使的债务人权利范围十分广泛，如果能够明确债权人得代位债务人行使的权利中包括申请撤销仲裁裁决的权利，则在仲裁裁决当事人怠于行使时，当事人的债权人在符合条件的情况下，可代位提出相应的申请。

因债权人代位权的行使范围同时受到被代位的债务人的权利与债权人本身的债权的双重限制，只是债权人代替行使原本属于债务人的权利的一项权利，对债务人与第三人影响较小，不妨碍交易秩序与交易安全。在仲裁当事人恶意串通将执行标的物确权给案外人的情况下，通过申请执行人行使代位权获得救济，不会改变我国现有法律框架，却能达到利益受损的第三人有途径寻求救济以及法院进行司法审查的目的，可以较好地平衡仲裁裁决的私人性质与法院的监督审查之间的关系。虽然此次司法解释修改时没有正式纳入，但这一方案有其不可替代的价值，实践中应当继续探索。

【条文】

第四百七十八条

有下列情形之一的，可以认定为民事诉讼法第二百四十五条第二款规定的公证债权文书确有错误：

（一）公证债权文书属于不得赋予强制执行效力的债权文书的；

（二）被执行人一方未亲自或者未委托代理人到场公证等严重违反法律规定的公证程序的；

（三）公证债权文书的内容与事实不符或者违反法律强制性规定的；

（四）公证债权文书未载明被执行人不履行义务或者不完全履行义务时同意接受强制执行的。

人民法院认定执行该公证债权文书违背社会公共利益的，裁定不予执行。

公证债权文书被裁定不予执行后，当事人、公证事项的利害关系人可以就债权争议提起诉讼。

【条文主旨】

本条是关于具有强制执行效力的公证债权文书确有错误的情形及公证债权文书被裁定不予执行后，当事人、利害关系人的救济途径的规定。

【条文理解】

公证机关依照国家赋予的权力和法律规定的程序，对于追偿债权、物品的文书，经过审查，认为事实清楚、双方并无争议，经当事人申请，可以依法制作具有强制执行效力的公证债权文书，如果债务人不履行或者履行不适当的，债权人可以依法向有管辖权的人民法院申请执行。本条解释是对具有强制执行效力的公证债权文书制度中两个具体问题的补充规定，应作如下理解：

1. 具有强制执行效力的公证债权文书确有错误的具体情形

民事诉讼法第二百四十五条规定了人民法院对公证机关依法赋予强制执行效力的公证债权文书具有审查权，公证债权文书确有错误的，人民法院裁定不予执行。但民事诉讼法中没有规定公证债权文书确有错误的具体情形，而实践中情形又十分复杂，造成了各地法院对公证债权文书的审查标准不统一。在本司法解释修正过程中，经过认真调查研究，最终确定以下几种情形为民事诉讼法第二百四十五条规定的“公证债权文书确有错误”的情形。

（1）公证债权文书属于不得赋予强制执行效力的债权文书的情形。我国公证法中将可以赋予强制执行效力的公证债权文书限定于以给付为内容并载明债务人愿意接受强制执行承诺的债权文书。而《最高人民法院、司法部关于公证机关赋予强制执行效力的债权文书执行有关问题的联合通知》中具体规定了具有强制执行效力的公证债权文书应当具备的条件和明确的文书类型范围，公证机构应按公证法和上述联合通知的规定严格限制这类债权文书的范围，如果不属于该范围内的债权文书却被赋予强制执行效力，则属于确有错误的情形，法院应当依法裁定不予执行。

（2）被执行人一方未亲自或者未委托代理人到场公证等严重违反法律规定的公证程序的情形。公证是一种准司法程序，程序的正当性是公证债权文书合法性的基础，公证必须按照法定程序进行。我国公证法、《公证程序规则》以及《最高人民法院、司法部关于公证机关赋予强制执行效力的债权文书执行有关问题的联合通知》中对办理具有强制执行效力的公证债权文书的程序作出了具体、明确的规定。公证活动要严格按照法律规定的条件、范围、程序办理，严重违反法律规定的公证程序作出的公证债权文书应当裁定不予执行。例如，公证程序中要求特殊的公证事项应当本人亲自办理，其他公证事项则可以委托他人代为办理，而具有强制执行效力的公证债权文书还必须有被执行人的自愿接受执行的承诺。因此，被执行人一方未亲自或者未委托代理人到场公证是一种严重违反法定程序的典型情形，一旦发生，则应当裁定不予执行。又如，实践中反映比较突出的执行债务人未收到公证债权文书等也为严重违反法定程序的情形。

（3）公证债权文书的内容与事实不符或者违反法律强制性规定的情形。具有强制执行效力的公证债权文书程序简便、快捷高效，可以方便、快捷地预决纠纷，使当事人免受讼累、减轻法院的审判压力并能规范民商事交易活动、维护正常的交易秩序，保护当事人的合法权益。然而，正因其程序简便，公证债权文书的作出没有经过缜密的审判程序，有可能存在错误，损害当事人合法权益。因此，法院对公证债权文书有必要进行实体审查，确保公证债权文书内容符合事实且不违反法律的强制性规定。如果发现公证债权文书的内容与事实不符，例如，文书所表彰的事实不存在，或者文书所载债权与权利人实际享有的权利在范围、内容等方面不一致，或者文书内容违反法律的强制性规定，都属于文书确有错误的情形，应当裁定不予执行。

（4）公证债权文书未载明被执行人不履行义务或者不完全履行义务时同意接受强制执行的情形。公证是公证机关根据当事人的申请进行的一种非诉讼活动，以无纠纷、无争议为前提。具有强制执行效力的公证债权文书制度充分尊重公证事项当事人意思自治，其强制执行效力是债权人权益的根本保障，该种债权文书中必须否明确载明债务人在不履行义务或者不完全履行义务时愿意接受强制执行的承诺，以确保当事人选择公证赋予债权文书强制执行效力的自愿性。在我国法律及司法解释规定的具有强制执行效力的公证债权文书应当具备的条件中，无不明确要求了债权文书中必须载明债务人不履行义务或不完全履行义务时，债务人愿意接受依法强制执行的承诺。缺少该种自愿接受执行承诺却直接申请法院强制执行的，法院应当裁定不予执行。

（5）违反公共利益条款的情形。我国法院对公证债权文书的审查以被动审查为原则，以主动审查为例外。在本条解释第一款规定的四种情形下，法院进行的是被动审查，即在当事人或利害关系人提出不予执行的申请后，在其请求的范围内法院才会进行审查。而只有在执行该公证债权文书违背社会公共利益的情形下，法院才可以依职权主动审查。人民法院认定执行该公证债权文书违背社会公共利益的，不需要被执行人提出不予执行的抗辩，依职权即可裁定不予执行。公共利益条款赋予法官自由裁量权。对公共利益的概念，并没有明确的界定，从其他国家与地区的通例来看，对公共利益应该作严格的解释，援引这一法律原则只能是特殊情况下，为维护国家、社会重大根本利益而不得已、例外地采取，不能滥用。此外，公共利益范围一般限制在公共使用和具有公益用途两方面，不能扩大为包括特定第三人的利益。

2. 公证债权文书被裁定不予执行后的救济途径

本条解释规定公证债权文书被裁定不予执行后，当事人、公证事项的利害关系人可以就债权争议提起诉讼，即起诉以公证债权文书被裁定不予执行为前提，不能直接向法院起诉。这一规定与《最高人民法院关于当事人对具有强制执行效力的公证债权文书的内容有争议提起诉讼人民法院是否受理问题的批复》[①] 中的观点一致。

在本司法解释修改调研时，有意见认为对具有强制执行效力的公证债权文书，当事人有权选择申请执行还是向法院起诉，当事人选择起诉的，不以该公证文书被法院裁定不予执行为前提。其理由在于：这体现了诉讼最终审查的理念，即公证并不具有既判力，当事人有争议的可以提前诉讼解决争议。然而，讨论中大家普遍担心这种意见会破坏具有强制执行效力公证债权文书制度的稳定性，因此，最终还是保留了《最高人民法院关于当事人对具

① 该批复2019年被废止。

有强制执行效力的公证债权文书的内容有争议提起诉讼人民法院是否受理问题的批复》中的意见，规定赋予强制执行效力的公证债权文书提起诉讼的前提是该文书确有错误，被人民法院裁定不予执行。《最高人民法院关于审理涉及公证活动相关民事案件的若干规定》第三条第二款也明确规定："当事人、公证事项的利害关系人对具有强制执行效力的公证债权文书的民事权利义务有争议直接向人民法院提起民事诉讼的，人民法院依法不予受理。但是，公证债权文书被人民法院裁定不予执行的除外。"

人民法院对是否执行公证债权文书有权进行审查，经过审查，认为公证债权文书确有错误的，应当裁定不予执行。人民法院不予执行公证债权文书将导致文书所确认债权债务关系处于不稳定的状态，当事人可以依法提起民事诉讼解决存在的争议，明确权利义务关系。此时，经过公证的债权文书在审理时可以作为证据来使用。

【审判实践中应当注意的问题】

对于人民法院裁定不予执行公证债权文书后当事人能否提出执行异议及复议以资救济的问题，实践中也曾有争议，有观点主张将执行法院对公证债权文书的审查作为执行行为，适用民事诉讼法第二百三十二条规定的程序，即人民法院裁定不予执行公证债权文书或驳回不予执行公证债权文书的申请后，当事人对该裁定不服的，可以向法院提出异议，对法院驳回异议的裁定还可以向上一级法院提起复议。然而，执行法院对具有强制执行效力的公证债权文书的审查是对执行依据的司法监督，是法院执行工作的一部分，但并非执行行为，因此，对因公证债权文书错误导致法院裁定不予执行的，不能适用民事诉讼法第二百三十二条的规定采用执行异议和复议的程序解决。是否可以参照这一程序解决，目前理论与实践中还存在很大争议，需要不断总结实践经验，加强研究后慎重决定。

目前，法院因具有强制执行效力的公证债权文书确有错误，裁定不予执行的，当事人、公证事项的利害关系人的救济方式是就债权争议向人民法院提起诉讼。

【条文】

第四百七十九条

当事人请求不予执行仲裁裁决或者公证债权文书的，应当在执行终结前向执行法院提出。

【条文主旨】

本条是关于当事人请求不予执行仲裁裁决或者公证债权文书的申请期限的规定。

【条文理解】

不予执行是针对已被一方当事人作为执行根据的仲裁裁决或公证债权文书而规定的一种消极补救途径，它只否定仲裁裁决与公正债权文书的强制执行效力，对法律文书自身的正确性和其他拘束力没有作出任何肯定或者否定评价。现行法律制度中对被执行人提出不予执行仲裁裁决或公证债权文书的申请并无明确的期限限制，导致实践中被执行人可以随时提出不予执行请求，甚至还有在执行终结之后提出不予执行的情况，以此为由请求执行回转，严重拖延执行程序，影响了申请执行人债权的实现。有鉴于此，本条解释对当事人主张不予执行仲裁裁决或公证债权文书的抗辩进行了期限限制，以解决目前执行实践中的这一突出问题。对本条款应从以下方面予以理解：

1. 不予执行申请的期限限制

在执行理论与实践中，普遍认为被执行人提出不予执行抗辩应当受到一定的期限限制。至于具体期限长短，在本司法解释修改调研过程中，收集到不同意见：有观点认为应当参照申请撤销仲裁裁决的期限为收到仲裁裁决书之日起六个月内的规定，不予执行仲裁裁决的抗辩应限于被执行人收到执行通知之日起六个月内且在执行程序结束之前提出，不予执行公证债权文书抗辩也同样适用这一期限；还有观点主张，六个月的时间过长，被执行人应当在收到执行通知之日起三十日内提出不予执行的抗辩，逾期则不予审查；另有观点主张将这一期限限定于执行终结之前。

不予执行抗辩申请期限的确定意味着对法院、当事人及其他参与人的行为提出了时间上的要求，一定的行为如果不能在这一期间内完成，就不发生相应的法律效力。司法实践中，确定一个合理的申请期限既可以防止程序拖沓，又能为当事人提出抗辩理由及法院审查提供时间保障，有利于保障执行活动的顺利进行，保护当事人的合法权益；而过长或过短的不合理期限，则既不利于当事人行使权利，也影响法律应有的严肃性和权威性。因此，不予执行申请期限的确定应当科学合理，长短适当，充分考虑到维护各方当事人的程序权益并兼顾执行效率的需要。经过反复讨论，综合参考了各方意见，最终我们将这一期限确定为执行终结之前。

将不予执行申请期限限制于执行终结前主要基于如下理由：第一，从不予执行的各项情形来看，在部分情况下，另一方当事人知道或者应当知道该仲裁裁决或者公证债权文书存在应当不予执行情形的时间较难确定，因此过短的时间限制不能充分保障当事人行使权利。例如，仲裁裁决的一方当事人伪造证据、隐瞒证据或者仲裁员有贪污受贿等情节的都存在这一问题。但在执行程序结束之后，主张不予执行抗辩已经失去了意义，应通过其他途径予以救济。第二，不予执行申请期限实质上限制了被执行人的程序权利，被执行人逾期申请，将产生对其申请不予审查的后果。然而，明确规定不予执行申请应当在收到执行通知之日起六个月或三十日内提出缺乏明确的法律依据，因此，在没有明确法律依据的前提下，应当尽量慎重，给予较长的期限。经过反复讨论，才最终确定被执行人提出不予执行主张的期限应当在执行终结之前。

根据民事诉讼法相关规定及执行理论通说，不予执行仲裁裁决或公证债权文书的主张乃是当事人提出的一种抗辩事由，即义务人对抗权利人的履行请求并说明理由，当事人通过主张与对方所主张事实不同的事实或法律关系，以排斥对方所主张的事实的行为，其性质是对抗请求权的一种防御措施。因此，不予执行的主张只有在对方当事人申请执行仲裁裁决或公证债权文书，进入执行程序之后，才能作为抗辩而提出；如果对方当事人没有提出执行申请，即使客观上确实存在应当不予执行的事由，也不能超越执行程序和强制执行申请而直接请求法院裁定不予执行仲裁裁决或公证债权文书。尽管本条解释中没有明确规定，但是当事人请求不予执行仲裁裁决或者公证债权文书的，应当在执行程序开始后才能提出。

2. 逾期申请的法律后果

法定期限的意义在于，如果一定的行为不能在一定期限内完成，便不能发生相应的法律效力，这就从时间上维护了司法工作的严肃性和法律的权威性。本条规定了当事人申请不予执行仲裁裁决或公证债权文书的期限，当事人应当在执行完毕之前提出仲裁裁决或公证债权文书具有不予执行事由的主张。如果超过这一期限，待执行完毕后才提出这一主张的，虽然法条没有明确规定，但是一般而言，逾期申请的法律后果是人民法院对该申请不予审查。

综上，当事人请求不予执行仲裁裁决或者公证债权文书的，应当在执行程序开始后至执行程序完毕前的期间内提出。执行实践中，可能存在特殊情况。例如，根据我国民事诉讼法的规定，执行法院可以在发出执行通知的同时采取强制措施，因此在极端情况下，存在被执行人收到执行通知之前执行程序就已经终结的可能，有观点认为这会导致当事人来不及提出不予执行的抗辩，对被执行人而言并不公平。但是这种情况在实践中出现的可能性较小，即使将来确实发生了，考虑到当事人自愿选择了仲裁程序或公证程序，享受制度优势的同时也自然受制于其固有的制度缺陷，债务人不履行债务时应当能够预见到可能发生这种情况，因此，对被执行人而言并不存在不公平的问题。

【审判实践中应当注意的问题】

第一，对执行依据提出不予执行主张的，目前主要涉及仲裁裁决和公证债权文书，本条解释中规定的期限限制也是针对这两种法律文书适用的，执行实践中如果出现其他类型执行依据不予执行的问题，可以参照适用本条期限规定予以执行。

第二，人民法院根据社会公共利益原则裁定不予执行仲裁裁决或者公证债权文书的，不同于当事人所提出的抗辩主张，是法院依职权对执行依据主动进行审查，因此不受本条规定的期限限制。

第三，在执行实践中判断是否应当不予执行仲裁裁决时，还存在以下几种特殊情况：

(1) 是否与撤销仲裁裁决形成重复救济的问题。根据《最高人民法院关于适用〈中华人民共和国仲裁法〉若干问题的解释》第二十六条之规定，当事人向人民法院申请撤销仲裁裁决被驳回后，又在执行程序中以相同理由提出不予执行抗辩的，人民法院不予支持。此处要注意相同理由的认定问题。

(2) 以仲裁协议无效为由申请不予执行的特别规定。根据《最高人民法院关于适用〈中华人民共和国仲裁法〉若干问题的解释》第二十七条之规定，当事人在仲裁程序中未对仲裁协议的效力提出异议，在仲裁裁决作出后以仲裁协议无效为由提出不予执行抗辩的，人民法院不予支持。当事人在仲裁程序中对仲裁协议的效力提出异议，在仲裁裁决作出后又以此为由提出不予执行抗辩，经审查符合民事诉讼法关于不予执行仲裁裁决有关规定的，人民法院应予支持。

(3) 关于仲裁调解或和解后申请不予执行的特殊规定。根据《最高人民法院关于适用〈中华人民共和国仲裁法〉若干问题的解释》第二十八条之规定，当事人请求不予执行仲裁调解书或者根据当事人之间的和解协议作出的仲裁裁决书的，人民法院不予支持。

上述情况中，前两项涉嫌拖延执行程序并浪费司法资源，第三项则涉嫌违背诚信原则。

第四，人民法院审查仲裁裁决与公证债权文书等执行依据是否具有不予执行事由时，为查明案件事实的需要，必要时可以向制作该法律文书的机构调阅卷宗。《最高人民法院关于适用〈中华人民共和国仲裁法〉若干问题的解释》第三十条第一款规定："根据审理撤销、执行仲裁裁决案件的实际需要，人民法院可以要求仲裁机构作出说明或者向相关仲裁机构调阅仲裁案卷。"《最高人民法院、司法部关于公证机关赋予强制执行效力的债权文书执行有关问题的联合通知》第八条规定："人民法院接到申请执行书，应当依法按规定程序办理。必要时，可以向公证机关调阅公证卷宗，公证机关应当提供。案件执行完毕后，由人民法院在十五日内将公证卷宗附结案通知退回公证机关。"人民法院向仲裁机构或公证机关调阅相关卷宗时，有关机构应当在人民法院指定的期间内提交卷宗；不予配合的，法院可依照民事诉讼法第一百一十七条不履行协助义务的有关规定处理。

【条文】

第四百八十条

人民法院应当在收到申请执行书或者移交执行书后十日内发出执行通知。

执行通知中除应责令被执行人履行法律文书确定的义务外，还应通知其承担民事诉讼法第二百六十条规定的迟延履行利息或者迟延履行金。

【条文主旨】

本条是关于执行通知发出时间以及通知内容的规定。

【条文理解】

执行通知制度要求在采取强制性的执行措施迫使债务人履行义务之前，向债务人发出执行通知，使债务人知悉执行的具体内容以及拒绝履行的法律后果，促使其主动及时履行。执行通知制度有利于充分保障被执行人的知情权、抗辩权，是执行文明的体现，对执行程序顺利进行具有重要作用。本条解释具体规定了执行通知的发出时间与通知内容，对其应从以下方面予以理解：

1. 明确规定了执行通知发出的时间

为提高民事执行的效率，民事执行机关发出执行通知应有期限限制。本条规定了"十日"的期限，同时在起算点上规定了法院收到"移交执行书"

的情况。执行程序的启动有当事人申请执行和移送执行两种方式。人民法院在作出裁判后，特殊情况下认为有必要时，可以不待当事人的申请，由审判机构直接交执行机构执行。法院可以依职权移送执行的案件主要有三类：一是发生法律效力的具有给付赡养费、扶养费、抚养费内容的法律文书；二是民事裁定书；三是刑事附带民事判决、裁定、调解书。移送执行虽然程序启动方式不同，但同样需要向被执行人发送执行通知。因此，本条修改时增加了收到“移交执行书”的情况，使期限起算点更加完善。

2. 明确了执行通知必须包含的内容

民事诉讼法中并未明确规定执行通知书的内容。实践中因适用的具体情形不同，执行通知的具体内容也有差异。本部分总结实践经验，规定了执行通知的告知内容应当包括两个方面：一是责令被执行人履行生效法律文书确定的义务；二是告知被执行人逾期不履行义务的法律后果。

【审判实践中应当注意的问题】

第一，发送执行通知书是执行程序启动中的必经程序，可以在发送执行通知书同时采取强制执行措施，但不能在采取强制措施后补送执行通知书。发送执行通知是执行程序中的重要环节，也是重要时间节点。例如，根据《最高人民法院关于民事执行中财产调查若干问题的规定》第三条之规定，“金钱债权执行中，报告财产令应当与执行通知同时发出”；根据该司法解释第六条之规定，“被执行人自收到执行通知之日前一年至提交书面财产报告之日，其财产情况发生下列变动的，应当将变动情况一并报告”。

第二，虽然法律对执行通知没有要求采用书面形式，但是书面形式既能体现民事执行的严肃性，提高执行通知的震慑力，有利于促使民事执行机关依法实施执行，又有利于切实维护被执行人的知情权，因此执行通知应当采取书面形式，制作正式法律文书。

【条文】

第四百八十一条

申请执行人超过申请执行时效期间向人民法院申请强制执行的，人民法院应予受理。被执行人对申请执行时效期间提出异议，人民法院经审查异议成立的，裁定不予执行。

被执行人履行全部或者部分义务后，又以不知道申请执行时效期间届满为由请求执行回转的，人民法院不予支持。

【条文主旨】

本条是关于申请执行时效期间届满后执行申请的受理、时效抗辩审查以及履行义务后禁止反悔等具体问题的规定。

【条文理解】

申请执行时效期间，又称申请执行期限、执行时效，是人民法院依国家强制力对生效法律文书中所确认的执行债权保护的期限，即根据生效法律文书享有权利的一方当事人，在对方当事人拒绝履行义务时向人民法院申请强制执行的期限。法律规定申请执行时效期间的目的，在于促使当事人及时行使生效法律文书所确认的权利，促使生效法律文书所确定的内容及早实现，尽快稳定交易秩序，加速民事流转，促进社会发展。

申请执行期间的性质究竟为除斥期间还是消灭时效的问题此前在理论界与实务界一直存在争议，直至2007年民事诉讼法公布实施后，申请执行期间的性质与诉讼时效相同，都为消灭时效的观点才成为通论。除斥期间和时效期间虽然同属对权利行使的期限限制，但两者具有重大差异，其中最明显的差异就是期间届满的法律效果的不同：在时效期间届满的法律效果采抗辩权发生说的背景下，诉讼时效期间届满权利本身并不消灭，只是导致权利效力减损；而除斥期间届满后，权利归于消灭。时效期间届满，义务人可以抛弃时效利益；而除斥期间届满则不存在抛弃相应利益的问题。

明确申请执行时效期间的性质，对具体制度设计具有重大意义。民事诉讼法2007年修改后，实践中的部分做法已经与现有法律规定不相符合，在司法实践中造成了困扰。为解决这一问题，特增加本条解释，对实践中反映较为突出几个具体问题作出规定。对本条解释应当从以下方面予以理解：

1. 申请执行时效期间届满后的执行申请应否受理

1998年《执行规定（试行）》第18条将“在法定期限内提出申请”规定为法院受理执行案件的必要条件，当事人申请立案时，立案部门必须审查申请执行期间是否届满，如果期限届满则裁定不予受理。该条文是以1991年民事诉讼法的相关规定为依据，将申请执行期限作为除斥期间进行的规定，而除斥期间经过将导致实体权利消灭，因此，人民法院在决定是否受理该执行案件时，应当主动审查申请执行期限是否届满，以确定申请人是否享有所主张的权利，如果权利已经灭失则该执行案件自然不能受理。2007年修正民事诉讼法后，申请执行期间性质已经明确规定为时效期间，那么对于超过时效期间的执行申请，人民法院是否应当受理？对此，实务中主要存在三种观点：第一种观点认为，还是应当将申请执行时效期间作为申请执行的一个必要条件，由立案部门在立案时进行审查。经审查，若发现已经超出申请执行期限，则裁定不予受理。第二种观点认为，申请执行时效期间不再作为执行立案的必要条件，立案部门审查受理案件时不再审查，也即超过时效期间申请执行，法院应当受理。但是执行部门可以主动审查时效期间，如果执行部门经审查后认为已经超出申请执行期限的，应当裁定终结案件。第三种观点认为，申请执行期间不再作为申请执行立案的必要条件，立案部门审查受理案件时不再审查，而且执行部门也不能主动依职权审查执行申请是否超过时效期间的问题，执行部门的审查以被执行人就申请执行时效期间问题提出异议为前提。

2007 年修正民事诉讼法之后，上述问题一直争议不断，在实践中产生了一定困扰，需要司法解释作出明确规定。我们认为，时效期间届满后的执行申请，人民法院应当受理，且法院对申请执行时效期间是否届满的审查应当以被执行人就此提出异议为前提，即上述第三种观点更值得赞同。主要理由如下：我国立法上对消灭时效期间届满后的法律效果采抗辩权发生主义，即消灭时效援引与否应首先取决于义务人是否以此作为抗辩理由，如果义务人不以消灭时效提出抗辩，那么法院不主动审查时效问题，更不主动援引时效驳回原告的诉讼请求。申请执行时效期间性质为消灭时效，则不应再由法院主动加以审查，而是应视被执行人是否就期间届满问题提出异议而定。因此，本条解释明确规定了申请执行人超过申请执行时效期间向人民法院申请强制执行的，人民法院应予受理，解决了实践中这一争议问题。

2. 申请执行期限届满的异议如何进行审查

人民法院对申请执行时效期间问题的审查取决于被执行人是否就此提出异议，如果被执行人提出异议，执行法院便应启动审查程序。经审查，如果被执行人的异议不成立，则裁定驳回异议，案件继续执行；若被执行人的异议成立，则裁定不予执行。如因生效法律文书规定分期履行等原因只有部分时效期间届满的，则届满部分裁定不予执行，其余部分还应当继续执行。如果被执行人在执行程序终结前，没有就申请执行时效期间问题提出异议，则执行法院不能主动适用时效期间规定进行裁决。

因此，本条解释中规定被执行人提出执行时效期间异议，人民法院经审查异议成立的，裁定不予执行。换言之，如果被执行人不提出该异议，则人民法院对申请执行时效期间是否届满不主动进行审查。人民法院对超过申请执行期间的申请，依然会强制执行，以实现生效法律文书确定的权利人的利益。被执行人在执行程序中提出的时效抗辩，可以参照民事诉讼法第二百三十二条的规定进行审查处理。

3. 被执行人履行后反悔，是否能申请执行回转

时效期间届满，实体权利并未消灭，当事人经生效法律文书确认的债权并未灭失，只是不能要求人民法院强制执行。如果被执行人自觉履行，权利人依然有权受领并保有履行利益，被执行人履行义务后又以不知申请执行时效期间届满为由请求执行回转的，不予支持。主要理由在于，义务人不行使时效抗辩而是依照生效法律文书履行其义务，是诚信原则的根本要求，因此，被执行人自觉履行义务后不得反悔不但不会给义务人造成不公平的后果，反而有利于在全社会形成自觉履行生效法律文书的良好氛围。因此，本条解释第二款明确规定了被执行人履行全部或者部分义务后，又以不知申请执行时效期间届满为由请求执行回转的，人民法院不予支持。

【审判实践中应当注意的问题】

1. 人民法院对申请执行时效期间不应当主动进行审查

当事人未提出申请执行时效抗辩，人民法院不应对申请执行时效期间问题进行释明及主动适用时效期间的规定进行裁判。其理由在于，时效期间届满，义务人可以抛弃时效利益，如前所述，义务人不行使时效抗辩而是依照生效法律文书履行其义务是诚信原则的根本要求，不但不会给义务人造成不公平的后果，反而有利于在全社会形成自觉履行生效法律文书的良好氛围。而在义务人未进行时效抗辩法院却对其予以释明，无异于鼓励义务人逃避履行义务，因此，在申请执行时效期间的适用方面，执行法院不但不能主动适用时效期间规定进行审查，甚至不应当向义务人释明执行时效期间的问题。

2. 探索多种告知途径

在执行案件中，被执行人未提出时效抗辩，执行法院不应当针对个案进行主动释明，但为了当事人能正确运用法律保护自己的合法权益，实践中可以探索多种告知方式，告知当事人不履行生效法律文书应承担的后果及申请强制执行的方式、期间及法律后果等内容，以免权利人不知道积极地申请人民法院强制执行，却将逾期未申请执行归罪于法院未明确告知。执行实践中，各地法院推行便利民众行使诉讼权利的措施中，可以探索建立一审法院告知当事人裁判文书已经发生法律效力的制度及注意规范申请执行期间时效告知制度，以利于债权人及时申请法院强制执行。

【条文】

第四百八十二条

对必须接受调查询问的被执行人、被执行人的法定代表人、负责人或者实际控制人，经依法传唤无正当理由拒不到场的，人民法院可以拘传其到场。

人民法院应当及时对被拘传人进行调查询问，调查询问的时间不得超过八小时；情况复杂，依法可能采取拘留措施的，调查询问的时间不得超过二十四小时。

人民法院在本辖区以外采取拘传措施时，可以将被拘传人拘传到当地人民法院，当地人民法院应予协助。

【条文主旨】

本条是关于执行程序中适用拘传措施的规定。

【条文理解】

本条文第一款主要包括两项内容，即适用的主体范围、适用的前提条件。第一，拘传适用的主体范围为“被执行人、被执行人的法定代表人、负责人或者实际控制人”。其中，“被执行人”适用于被执行人为自然人的情形；“被执行人的法定代表人”适用于企业法人为被执行人的情形；“负责人”适用于其他组织为被执行人的情形；“实际控制人”则可以同时适用于企业法人或其他组织为被执行人的案件。第二，拘传适用的条件有两个：一是案件需要“必须接受调查询问”被执行人；二是“经依法传唤无正当理由拒不到场”。由于执行案件多数是对金钱债权的执行，对被执行人财产已被控制，且产权清晰的案件，一般无须调查询问被执行人，此时就不能适用拘传措施。只有为查明财产而存在调查的迫切需要，或者是对行为的执行等必须调查询问被执行人时，才能适用。适用该措施还需要注意第二个前提条件，就是“经依法传唤无正当理由拒不到场”。需要注意的是，此条件与民事诉讼法“拘传到庭”的条件不同，后者要求两次传唤无正当理由拒不到庭。这种区别是由执行程序与审判程序的不同性质决定的。对于审判程序来说，权利义务尚未明确，对当事人应尽量不采取强制性措施；而对执行程序来说，权利义务关系已经生效法律文书确认，执行程序的目的在于迅速实现已被明确的权利义务关系，“强行性”色彩更浓。此外，与审判程序中“拘传到庭”不同，执行程序中是“拘传到场”。即根据案件需要，不仅可以拘传到执行法院询问，也可以拘传到执行现场进行询问。

第二款是关于拘传时间的规定。审判程序中的拘传是为了庭审的需要，拘传时间不会超过庭审时间，无须特别规定。而执行程序中的拘传措施并无对应的庭审程序，执行人员为了尽快执行到位容易产生加大执行力度、控制被执行人迫使其还债的冲动。因此，为了避免侵犯被执行人的合法权利，有必要限制执行程序中拘传的时间。本款条文首先规定对拘传的被执行人，应及时进行调查询问，同时借鉴治安管理处罚法的规定①，根据案件的一般情形与特殊情形规定了拘传的两种时间限制：一般情形下不得超过八小时，情况复杂，依法可能采取拘留措施的，不得超过二十四小时。应该注意的是，拘传的时间应该从控制被执行人时开始计算，而不能从拘传到指定地点或者开始调查时开始计算。

第三款是关于异地拘传的规定。本款主要内容是执行法院在辖区外采取拘传措施时，可以将被拘传人拘传到当地人民法院。同时规定了当地人民法院的协助义务。应当注意的是，由于执行程序拘传被执行人的目的不同于审查程序中的“到庭参加庭审”，而是要求调查询问被执行人，因此不一定要拘传到法院，也可以拘传到执行现场等其他地方。有时，执行法院在相邻辖区执行案件，如果距离允许，也可以拘传到本法院进行调查。

本条文起初拟规定拘传措施由司法警察或者执行员负责执行，这有相关规定可借鉴，如我国台湾地区就规定拘提（拘传）由执达员执行。但在讨论中，考虑到我国大陆的司法环境，规定由执行员拘传的条件还不成熟，最后将该内容予以删除。

我国台湾地区也规定了执行程序中的拘传制度。我国台湾地区“强制执行法”第21条规定，债务人（被执行人）经合法通知无正当理由而不到场，可予以拘提（拘传）。第21条之一规定了拘提票的要求，从该条看，也不是必须要拘提到法院。第21条之二规定了拘提（拘传）由执达员执行。第22条第1款规定了拘提（拘传）的具体适用情形，分别为：“一、显有履行义务之可能故不履行者；二、显有逃匿之虞者；三、就应供强制执行之财产有隐匿或处分之情事者；四、于调查执行标的物时，对于法官或书记官拒绝陈

① 治安管理处罚法第八十三条第一款规定：“对违反治安管理行为人，公安机关传唤后应当及时询问查证，询问查证的时间不得超过八小时；情况复杂，依照本法规定可能适用行政拘留处罚的，询问查证的时间不得超过二十四小时。”

述者；五、违反第二十条[①]之规定，不为报告或为虚伪之报告者。”上述适用情形，对于我们适用拘传措施，也具有参考价值。

【审判实践中应当注意的问题】

第一，要注意严格掌握适用拘传措施的条件。拘传措施严重影响被拘传人的人身自由，除非为实现执行程序所必须，否则不能适用。

第二，注意与民事诉讼法第二百四十八条、本司法解释第一百七十五条、第一百七十九条的规定相衔接。民事诉讼法第二百四十八条规定了财产报告制度，赋予执行法院对违反财产报告义务者罚款、拘留的权力。适用本条时应注意区分拘传、罚款、拘留三种强制措施的不同适用条件；如果三种强制措施都有适用的余地，要遵照违法严重程度与处罚措施相适应的“比例原则”，决定强制措施的具体适用。本司法解释第一百七十五条规定，审判程序中适用拘传措施前应予以批评教育，仍拒不到庭的才予以拘传，执行程序中也应予以遵守。本司法解释第一百七十九条规定异地拘留应当要求当地法院协助，而本条规定的异地拘传是可以要求当地法院协助，两者的区别应予注意。

【条文】

第四百八十三条

人民法院有权查询被执行人的身份信息与财产信息，掌握相关信息的单位和个人必须按照协助执行通知书办理。

【条文主旨】

本条是关于执行法院调查权与协助执行人协助调查义务的规定。

【条文理解】

执行财产难寻是困扰人民法院执行工作的主要难点之一，能否查明被执行人的责任财产是绝大多数案件能否得到执行的关键。执行财产调查的途径主要有三种：法院或其他公权力机关依职权调查；被执行人申报；申请执行人自行调查。目前，我国以执行法院依职权调查方式为主。法院依职权调查是法院行使执行调查权的具体表现，主要包括对被执行人的财产情况进行查

① 我国台湾地区“强制执行法”第20条规定：“已发见之债务人财产不足抵偿声请强制执行债权或不能发现债务人应交付之财产时，执行法院得依职权或依声请，定期间命债务人据实报告该期间届满前一年内应供强制执行之财产状况。”

询和确认，向有关单位和个人进行调查、询问，传唤被执行人，询问当事人和证人，查找被执行人可能藏匿的财产等。本条解释规定了法院依职权调查与协助执行人的协助义务，应从以下方面予以理解：

1. 人民法院有权查询被执行人的身份信息和财产信息

查询并非独立的执行措施，而是一种辅助手段，指人民法院向有关单位调查、询问情况，旨在查找被执行人的财产，了解被执行人的履行能力，为采取其他执行措施作准备。执行过程中，人民法院往往需要根据案件情况多方查找被执行人的财产，如核查被执行人房屋所有权与土地使用权、车辆及其他交通运输工具、投资入股、知识产权等财产权、银行账户和存款、收入、有价证券持有及交易情况等，各种途径都有可能发现被执行人的财产线索，很难通过具体列举的方式作出周延规定。2012 年民事诉讼法修正后，虽然已经将法院依职权查询财产的范围由存款扩大到债券、股票、基金份额等财产，囊括了目前我国主要的金融资产形式，然而随着社会经济发展，新型财产形式还会不断涌现，而法律规定又有一定滞后性，部分新型财产形式的调查可能因为缺乏明确的法律规定而遭遇困难，掌握信息的单位也可能借口没有明确规定而不予协助。

本条解释将执行法院依照职权查询的范围界定为被执行人的身份信息与财产信息，可以适应新型财产形式出现的要求，从而为执行法院查询财产提供了直接、明确的法律依据。

民事执行实质是针对财产的执行，但能否查找到被执行人也对执行进程有重大影响。这不仅是因为现阶段财产登记制度尚不健全，找到被执行人是找到其财产的一个重要渠道，也是因为执行工作中许多程序环节需要被执行人配合。然而，有些被执行人却故意躲避法院传唤，拒绝接受执行通知，甚至举家迁移，长期下落不明，给执行工作造成严重困难。本条解释为人民法院查询被执行人的身份信息提供了明确的法律依据，法院可以核查被执行人的户籍资料、工商资料等，推动执行案件顺利进行。

2. 为协助义务提供直接法律依据

“执行财产难寻”之所以成为困扰法院执行工作的突出问题，除了社会信用建设严重滞后，不少被执行人缺乏诚信以及监管制度不健全，客观上财产能够轻易转移之外，还有一个很重要的原因就是一些协助执行人拒不协助人民法院调查被执行人的财产，甚至与被执行人恶意串通，帮助被执行人转移财产。法院的调查权具有强制性，被调查的单位和个人有协助调查的义务，必须如实向法院提供债务人的财产情况，对违反协助义务的人，法院可以依法采取惩戒措施。正因如此，法院依职权调查在被执行人财产调查的诸多途径中最具实效性。扩大协助执行主体的范围、加重协助执行主体的责任是立法的方向与趋势。本条解释概括性地规定了协助执行义务条款，避免了以偏概全，符合执行工作的性质，有利于保障执行工作顺利进行。

2012 年民事诉讼法修正后，将有义务协助查询财产的单位从“银行、信用合作社和其他有储蓄业务的单位”，扩大到不特定的“有关单位”，从法律层面强化了协助执行义务。本条解释规定掌握相关信息的单位和个人必须按照协助执行通知书办理，为协助查询义务提供直接法律依据，进一步减少了协助执行的法律障碍，从而可以有效遏制协助执行人难求的问题，提高执行效率。根据本条及民事诉讼法第一百一十七条的规定，一旦有关单位拒不履行协助义务的，执行法院除责令其履行协助义务以外，并可以予以罚款；对其主要负责人与直接责任人员也可以视情况予以罚款、拘留或向有关机关提出予以纪律处分的司法建议。

3. 为创新调查手段预留空间

本条司法解释为概括性规定，为创新财产调查手段预留了空间。本条解释的制定实施，鼓励了许多地方法院尝试探索创新财产调查手段，如审计调查、悬赏公告等，取得了有益的经验。

关于悬赏公告。执行法院根据申请执行人的悬赏执行申请，向社会发布举报被执行人财产线索的悬赏公告，举报人提供的财产线索经查证属实并实际执行到位的，可按申请执行人承诺的标准或者比例奖励举报人。债务人总是生活在一定的社区中，其活动有可能被周围的群众所知悉，法院通过悬赏举报的方法寻找债务人的财产线索，可以动员更多的群众参与寻找债务人财产，增强法院发现债务人财产的能力。

关于审计调查。审计调查实质是委托具有专门知识的审计机构运用审计手段查明被执行人的财产。法院为确定被执行人财产的真实状况，可以根据债权人的申请，委托专业的会计师事务所对被执行人的财务状况进行审计，并根据审计结果所显示的被执行人的财产状况采取相应的执行措施。通过对被执行人的财务资料进行审计，不但能够有效地追查被执行人财产的去向，也可以使债权人了解被执行人财产的实际状况，从而消除债权人对法院未积极采取执行措施才使得自己的债权迟迟未能得到实现的误解。

民事执行的实质是财产执行，查明被执行人的财产状况是强制执行程序的重要环节，是人民法院采取控制、变价等执行措施的基础，是顺利实现生效法律文书确定权利的前提。但在过去一段时期，由于社会信用建设滞后、申请执行人提供财产信息能力有限、人民法院调查手段单一、协助执行人不配合调查以及监管制度不健全，对被执行人隐匿转移财产等行为惩戒力度不足等多方面因素，使得“被执行人财产难寻”现象成为困扰执行工作的突出问题、“解决执行难”系统工程中的硬骨头。加强和完善被执行人财产调查制度在执行实践中存在着迫切需求。执行实践中，应注意总结成熟经验，对涌现出的新型财产调查途径和方式适时推广，不断完善人民法院依职权调查制度。为规范执行财产调查制度，合理分配财产调查责任，强化财产调查效果，拓宽财产调查途径，树立司法调查权威，维护当事人及其他利害关系人的合法权益，最高人民法院在充分总结财产调查实践经验的基础上，于2017年颁布实施了《最高人民法院关于民事执行中财产调查若干问题的规定》，结合执行实践，规范了民事执行中的财产调查工作，充分维护各方当事人及利害关系人的合法权益，全方位构建了申请执行人提供被执行人的财产线、被执行人如实报告财产、人民法院进行财产调查的系统的执行财产调查制度。该司法解释合理划分财产调查责任；强化了被执行人的财产报告义务；巩固了信息化与执行联动建设成果，明确网络查询行为的法律效力；丰富财产调查手段，设立审计调查制度；拓宽财产信息来源，设立悬赏公告制度等，经2020年修正后，在民事执行财产调查方面发挥了关键性的引导作用。

【审判实践中应当注意的问题】

1. 当事人调查与执行法院依职权查找财产的关系

在我国现行执行体制下，指明被执行人的财产或者提供财产线索被视为申请执行人的权利而不是义务。目前普遍的看法是应当尽量鼓励当事人积极查找被执行人财产和提供财产线索，并努力开发能够帮助当事人获得相关信息的制度和手段。对于如工商登记资料等国家机关的公开信息，当事人及其代理人有能力自行调查的，应当鼓励当事人及其代理人进行调查。强化当事人提供财产线索的义务，有助于法院集中力量查找当事人不能自行调查的财产信息。当然，在判断应当由当事人调查还是由法院自行调查时，执行法院应当充分考虑到不同的当事人调查能力具有明显的差异性。

2. 信息系统集中批量查询的问题

在各项技术条件达到标准的地方，执行法院可以采用技术手段由信息系统自动批量查询。随着执行案件数量增多，传统的人工查询方式越来越不能适应执行工作发展的需要，加之信息技术的飞速发展，使得执行中采用电子化查询方式取得了较好的效果。最高人民法院正在大力推进执行信息化工作，建立信息系统自动批量查询的长效机制，创新查询手段，推广实施网络化查询方式将是今后的发展趋势。人民法院采用技术手段自动批量查询被执行人的身份信息与财产信息，其法律效果等同于人民法院依职权调查。

3. 财产调查过程中应当注意价值相当原则

强制执行旨在实现申请执行人的债权，应在实现债权的必要范围内采取执行措施，超过必要限度就失去了正当性基础。因此，执行中应遵循价值相当原则，即采取执行措施的财产价值应当与被执行人应履行义务的价值相当。在财产调查过程中也应当注意这一点，防止因执行权的不当行使侵害被执行人的合法权益。但对价值相当原则也不能机械理解。有些财产类型，例如存款，其数额是否超出了执行的必要限度，比较容易判断，而有些类型的财产其价值却难以轻易判断。因此，实践中对欲控制的标的价值只能作粗略估算，实际上很难做到价值完全相当，只要不显著、未大幅超出被执行人应当履行义务的责任范围，均应认定为符合价值相当原则。

【条文】

第四百八十四条

对被执行的财产，人民法院非经查封、扣押、冻结不得处分。对银行存款等各类可以直接扣划的财产，人民法院的扣划裁定同时具有冻结的法律效力。

【条文主旨】

本条是关于人民法院取得被执行财产处分权的条件的规定。

【条文理解】

查封在不少国家和地区是强制执行被执行财产的前提。例如在德国，对动产的扣押意味着国家查封执行标的，取得处分权，并排除债务人的处分权。[①] 在我国台湾地区，理论界和实务界也普遍认为，查封为动产和不动产执行的第一步程序。[②]

之所以将查封、扣押、冻结（以下通称为查封）规定为人民法院强制处分被执行财产的前提，其理论基础在于，强制执行是由国家对债务人动用强制力，实现债权人私法上的请求权。因此，强制执行中对于债务人财产的处分并不需要民事交易中的意思表示等要件。如果行使强制执行权的人民法

① 参见［德］汉斯-约阿希姆·穆泽拉克：《德国民事诉讼法基础教程》，周翠译，中国政法大学出版社2005年版，第366页。

② 参见陈计男：《强制执行法释论》，我国台湾地区元照出版有限公司2002年版，第299、373页。

院，不以一定的形式向被执行人和不特定的第三人昭示这种处分权，就私法秩序而言，也必然会面临人民法院公法上的处分权与被执行人私法处分权的冲突，甚至会危害社会交易安全。就公法秩序来说，如果不进行查封即可处分，必然会面临不同法院或者同一法院的不同案件可能会对同一财产进行处分的情况，如何协调不同法院、不同案件对同一财产进行处分的效力将是难题，执行争议将会大幅增加。

在理解本条时应当注意以下几点：

第一，人民法院在对被执行财产采取强制拍卖、变卖、以物抵债等处分措施之前，根据不同的财产类型，必须先采取查封、扣押、冻结等控制性措施，否则，其处分行为即违法。查封的目的在于，首先，告知被执行人该财产的处分权已经被人民法院所取得，被执行人不得再对该财产进行有害债权人的处分行为。其次，向社会不特定的第三人进行宣告，该财产已经被人民法院限制处分，如果仍然和第三人进行以转移该财产权属、设定权属负担的交易行为，将会面临交易目的不能实现的后果。最后，告知其他查封机关，该财产已被在先查封机关所控制，不得再进行重复查封，而只能轮候，等待在先查封机关的处理结果。

第二，人民法院取得公法处分权的内涵在于：其一，这种权利是公法上的权力，以国家的名义作出。因此，人民法院可以不经被执行人同意对该财产进行公法上的处分，包括对其进行拍卖、变卖和以物抵债；受让人通过强制执行程序受让被执行财产系原始取得，除非强制处分程序本身违法而被撤销，即使执行依据被废弃，其原始取得的物权也不得受到追夺。其二，人民法院取得处分权之后，被执行人的处分权即受到限制，这种限制因人民法院采取的查封方法不同而有所区别。例如，对于不动产，在实践中有所谓“活封”和“死封”的区别。“活封”即仅仅在不动产登记机构办理查封登记，限制不动产的交易，但不影响被执行人继续使用，以避免资源浪费。“死封”则除限制不动产的价值交易之外，还要强制被执行人迁出，在不动产之上张贴封条，禁止被执行人和第三人使用。人民法院应当根据个案的具体情况采取不同的限制处分方法。限制被执行人的处分权既包括限制其进行事实上的处分，也包括限制其进行法律上的处分。前者是指其不得对被执行财产进行物理意义上的毁损变动，后者是指被执行人不得有转移被执行财产权属和设定抵押权、租赁权等权属负担的行为。需要指出，这里的限制处分，并不是绝对地禁止进行任何处分，而是指被执行人和其他人不得进行有害于债权人和查封公法秩序的处分。至于有益的处分不但不在禁止之列，相反，应该是受到鼓励的行为，例如，对查封的不动产进行增建或者“七通一平”，解除查封财产之上的权利负担等。其三，人民法院的处分权以一定的方式对外公示后，对第三人亦产生相应的效力。被执行财产如要流转，不可避免要涉及与被执行人进行交易的不特定第三人的权利，为了维护交易安全，人民法院的处分权必须以一定的方式对外公示，否则，不能对第三人产生效力。至于公示的方式，对于动产，是由人民法院占有公示，而对于不动产、有登记的特定动产和其他财产权是以通过办理查封的登记方式进行。其四，对于妨害人民法院行使处分权的行为，一方面，人民法院可以妨害执行为由进行公法上的处罚，依照民事诉讼法第一百一十四条、第一百一十七条的规定，对被执行人、协助义务人和其他人处以罚款、拘留；情节严重的，依法追究刑事责任。另一方面，如果这种妨害行为还同时造成被执行财产流失、灭失的后果，依据《执行规定（试行）》第26条、第27条的规定，人民法院可以责令其限期追回或者向申请执行人承担赔偿责任。

第三，对于银行存款等各类可以直接扣划的财产，扣划本身即具有查封的效力。对于银行存款、各类资金以及其他不需要变价的财产，查封（冻结）并不是必经程序，可以直接扣划。实践中，曾经发生过这样的案例，有的金融机构对人民法院协助扣划存款的要求，提出欲扣划冻结存款则应先解冻，待人民法院解除冻结后却又转移扣划存款，人民法院裁定让其承担赔偿责任，其又以人民法院已经解冻不应承担财产流失的赔偿责任作为异议理由。对此问题，最高人民法院在个案中曾有协调意见，扣划裁定本身即具有冻结的效力，不允许人民法院之外的其他组织和个人进行处分。此次以司法解释的形式明确扣划裁定具有冻结的效力，避免产生争议。2022年修正《民事诉讼法解释》时对本条内容未作修改。

【审判实践中应当注意的问题】

第一，在查封财产存在两个以上协助义务人的情况下，如果不同的查封机关分别向不同协助义务机关送达协助查封的法律文书，则向依法具有登记公示职能的协助义务机关送达的查封，取得处分权。当然，如果法律或者相关规范性文件对特殊财产处分权取得的判断另有规定的，从其规定。例如，《最高人民法院、最高人民检察院、公安部、中国证券监督管理委员会关于查询、冻结、扣划证券和证券交易结算资金有关问题的通知》第九条第一款规定：“在证券公司托管的证券的冻结、扣划，既可以在托管的证券公司办理，也可以在证券登记结算机构办理。不同的执法机关同一交易日分别在证券公司、证券登记结算机构对同一笔证券办理冻结、扣划手续的，证券公司协助办理的为在先冻结、扣划。”

第二，对抵押权人享有抵押权的财产，其处分权仍由首先查封的机关取得，抵押权人仅仅是在抵押财产变现价值的受偿顺位上优先，在处分权上并不具有优先地位。因此，有的负责实现抵押权的法院以抵押权优先受偿为由，对其他法院在先查封的抵押财产进行处置是错误的。当然，实践中确实存在个别首封法院消极不处理查封的抵押财产造成抵押权人债权迟迟无法实现的问题。对此问题，抵押权人有两个渠道可以选择：一是可以向首封法院提出执行行为异议，请求其及时处置查封的财产；二是可以通过办理其执行案件的人民法院报请上级人民法院协调，由上级人民法院将处分权指定实现抵押权的人民法院行使。

第三，刑事案件侦查、起诉、审理和执行中的查封措施和民事案件的查封措施一样，仅仅是控制财产的手段，在取得处分权的问题上并不具有优先的地位，在判断处分权的取得上仍然以查封的先后作为标准。实践中，一些机构所谓“先刑后民”或者“刑事优先”的说辞没有任何法律依据。但是，也应注意，基于一些特殊的政策考虑，个别规范性文件确实对某一类财产规定了民事案件的查封财产送交办理刑事案件的机关集中处置的规定。例如，《最高人民法院、最高人民检察院、公安部关于办理非法集资刑事案件适用法律若干问题的意见》第七条第三款规定：“公安机关、人民检察院、人民法院在侦查、起诉、审理非法集资刑事案件中，发现与人民法院正在审理的民事案件属同一事实，或者被申请执行的财物属于涉案财物的，应当及时通报相关人民法院。人民法院经审查认为确属涉嫌犯罪的，依照前款规定处理。”但该条规定的情形属于处分权的转移，并非刑事案件先取得了处分权。

第四，轮候查封是正在排队的查封。轮候查封的法院对被执行财产没有处分权，首封法院处置财产时不需要轮候法院或者其他轮候查封机关同意。实践中，一些协助义务部门在首封法院处置财产时，要求提供轮候查封机关同意处分财产证明的要求，没有法律依据。

【条文】

第四百八十五条

人民法院冻结被执行人的银行存款的期限不得超过一年，查封、扣押动产的期限不得超过两年，查封不动产、冻结其他财产权的期限不得超过三年。

申请执行人申请延长期限的，人民法院应当在查封、扣押、冻结期限届满前办理续行查封、扣押、冻结手续，续行期限不得超过前款规定的期限。

人民法院也可以依职权办理续行查封、扣押、冻结手续。

【条文主旨】

本条是关于查封、扣押、冻结期限的规定。

【条文理解】

查封、扣押、冻结（以下简称查封）期限在执行法学理论上称之为“查封效力的时间终点”，也就是说查封到什么时间点结束。对此问题，学界通说认为：“查封之效力，由执行法院撤销查封而消灭。查封之撤销，则指执行机关基于债权人之声请或依职权除去查封之标示，或授权查封物保管人除去而言。”①

在执行机关没有撤销查封的情况下，被执行财产的查封效力经过一定的期间后是否自动消灭，也就是说对被执行财产的查封是否有一定的期限限制？从其他国家和地区的相关规定来看，一般都规定了查封后的拍卖期日。比如，《德国民事诉讼法》第 816 条规定，被扣押物的拍卖，不得在扣押一周内举行。我国台湾地区“强制执行法”第 57 条规定：“查封后，执行法官应速定拍卖期日。查封日至拍卖期间，至少应留七日之期间。但经债权人及债务人之同意或因查封物之性质，须迅速拍卖者，不在此限。前项拍卖期日不得多于一个月。但因查封物之性质，须迅速拍卖者，不在此限。”有的国家和地区也有类似查封期限的规定，比如，《意大利民事诉讼法》第 497 条就规定：“如果自查封完成之日起经过 90 日无人提出关于分配或者变卖的要求，查封即丧失效力。”

我国 1991 年民事诉讼法中并没有关于被执行财产查封期限的规定，只是《92 年意见》第 109 条对财产保全的强制措施有一个笼统的时间规定，即：“诉讼中的财产保全裁定的效力一般应维持到生效的法律执行时止。在诉讼过程中，需要解除保全措施的，人民法院应及时作出裁定，解除保全措施。”但对于什么是“生效的法律执行时止”，在理解上则存在“申请执行时止”和“执行完毕之时”两种不同的歧义。

关于查封期限的规定，最早出现在 1980 年 11 月 22 日最高人民法院、最高人民检察院、中国人民银行等五部门联合发布的《关于查询、停止支付和没收个人在银行存款以及存款人死亡后的过户或支付手续的联合通知》中。该文件明确：“停止支付的期限最长不超过六个月，逾期自动撤销。”有特殊

---

① 杨与龄编著：《强制执行法论》，中国政法大学出版社 2002 年版，第 341 页。

情况的，可以延长。后最高人民法院、中国人民银行等四部门在 1993 年 12 月实施的《关于查询、冻结、扣划企业事业单位、机关团体银行存款的通知》中再次重申，“冻结单位存款的期限不得超过六个月”，有特殊原因的应当在届满前提前续冻。其后，最高人民法院在 2001 年 1 月实施的《关于人民法院对注册商标权进行财产保全的解释》[①] 规定，对注册商标权的保全期限最长为六个月。《最高人民法院关于冻结、拍卖上市公司国有股和社会法人股若干问题的规定》第一次规定，对上市公司国有股和社会法人股股权的冻结，最长不得超过一年。2004 年 3 月 1 日实施的《最高人民法院、国土资源部、建设部关于依法规范人民法院执行和国土资源房地产管理部门协助执行若干问题的通知》中规定，对不动产的查封期限最长为二年[②]。2004 年《查封、扣押、冻结财产规定》第二十九条则对所有财产均规定了查封期限，标志着查封期限制度在执行程序中正式建立。该条规定：“人民法院冻结被执行人的银行存款及其他资金的期限不得超过六个月，查封、扣押动产的期限不得超过一年，查封不动产、冻结其他财产权的期限不得超过二年。法律、司法解释另有规定的除外。申请执行人申请延长期限的，人民法院应当在查封、扣押、冻结期限届满前办理续行查封、扣押、冻结手续，续行期限不得超过前款规定期限的二分之一。”

应当说，对是否设立查封期限这一问题一直存在争议。赞成者认为，不设定查封期限虽然有利于人民法院有充足的时间对查封财产进行变价处理，但是也带来一些比较严重的问题，那就是执行法院和执行人员的自由裁量权较大，存在漠视被执行人合法权益的问题。建设部提供的一组数字可以说明问题：海南省海口市房地产管理部门 1990 年至 1999 年 8 月共受理法院查封登记 1741 宗，其中解封 357 宗，未解封 1384 宗。未解封的案件中有 1158 宗超过一年以上的查封期限，其中相当大一部分案件是执行过程中未及时变价的案件。[③] 实践中甚至发生过有的执行法院对查封的房地产长达十余年不进行处理的情况。[④] 设立查封期限，有利于促进执行效率，充分发挥财产的效用，促进财产的社会流转。

---

① 已于 2020 年 12 月 23 日修正。

② 之所以设定为二年，是考虑到民事案件的一审期限为六个月、二审为三个月，加上评估、公告等时间，认为二年足以满足绝大部分执行案件的需要，不够的还可以通过续封来延长时间。

③ 参见赵晋山：《论查封、扣押的效力——以动产、不动产的查封、扣押为中心》，载《执行工作指导》2004 年第 1 辑。

④ 参见葛行军、范向阳：《〈关于依法规范人民执行和国土资源房地产管理部门协助执行若干问题的通知〉的理解与适用》，载《人民司法》2004 年第 4 期。

反对者则认为，就整体而言，查封期限弊大于利：一是加大了当事人的经济负担。从实际情况看，涉及被执行财产作为执行标的物的案件，尤其是涉及不动产的案件，在查封期限内处理完毕的比例并不是很高，一起执行案件往往需要多次续封，每一次续封均增加实现债权的成本。二是加大了债权人债权落空的风险。由于执行法院特别是经济发达地区法院大都积案严重，执行人员往往疲于奔命。有的执行人员因为手中案件太多，忘记办理续封手续而导致被执行财产查封效力的灭失，债务人会乘机转移财产，而仅仅因为执行人员的疏忽就让债权人承担债权不能受偿的代价，显然不公。三是没有考虑到执行中的实际情况。目前，人民法院的执行环境仍然不太乐观，一件案件，特别是标的额大、债务人背景复杂的案件，任何一方面的干预都可能导致执行程序停滞。执行过程中这种过多的不确定因素，使现存查封期限难以满足执行实践的需要，而不断续封又加重了执行法院的负担，造成本就紧张的司法资源雪上加霜。

本解释在2015年制定过程中关于查封期限的也有争议。最后决定，在延长查封期限的基础上仍然保留查封期限制度，主要的考虑是：首先，查封期限对提高执行效率，促进查封物的流转确实起到了不可替代的作用。其次，经过多年的运行，查封期限的总体效果是好的，而且已经为社会公众所熟知，贸然废弃会带来更大的负面效果，有制度变迁中路径依赖问题。最后，查封期限运行过程中的主要问题是期限过短，续封次数过多。这些问题，一方面可以通过延长查封期限来解决；另一方面，也应看到，随着人民法院信息化建设的发展，很多案件执行人员足不出户即可办理查封手续，查封和续封的成本及时间都在减少。

本条包括四个方面的内容：（1）根据被执行财产的不同，实行不同的查封期限：一是对于银行存款，最长查封期限为一年；二是对于动产，包括汽车、船舶等特定产，最长查封期限为两年；三是对于房屋等不动产、股权等其他财产权的最长查封期限为三年。（2）将其他资金归类为其他财产权。查封规定将其他资金和银行存款并列，但在实践中对于什么样的财产属于其他资金难以区别，为解决此难题，此次未将其他资金单独列为一类，而将除银行存款外的其他所有资金类财产列为其他财产权的范畴，一律适用最长三年的期限。（3）为满足人民法院对个案财产查封的需要，如最长期限仍然难以满足需要，经申请执行人申请，还可以进行续封，每次续封的最长期限仍然和首次查封期限相同。（4）提出续封申请首先是申请执行人的义务，其应当关注被查封财产的状况，一旦快要过期时要及时向人民法院申请续封。但是，也应当看到，很多申请执行人并不具备专业知识，可能不知道法律对续封的要求，或者基于其他原因忘记申请续封，此时，人民法院也可依职权续封。这是因为执行程序并不实行纯粹的当事人主义，人民法院也应当及时关注查封财产的状况，一旦出现即将过期的情形，应当主动续封。

【审判实践中应当注意的问题】

第一，本条规定与2004年《查封、扣押、冻结财产规定》相比，有三点变化：一是查封的最长期限相应延长，银行存款从六个月延长为一年，动产从一年延长为两年，不动产从两年延长为三年；二是查封规定明确，续封的期限不超过首次最长查封期限的二分之一，而本条规定续封和首次查封期限相同；三是2004年《查封、扣押、冻结财产规定》第二十九条的但书规定，“法律和司法解释对某类财产有特殊规定的，从其规定”，而本条取消了这一但书规定，即同类财产实行统一的期限。2020年修正《查封、扣押、冻结财产规定》时，为了与本条规定保持一致，删除了原第二十九条的规定。

第二，最长期限不是所有案件的查封都是最长期限，而应当根据个案的实际需要设定查封期限。

第三，轮候查封还不是正式查封，在轮候期间不计算期限。轮候查封从其转为正式查封之日起计算查封期限。轮候查封转化为正式查封，期限起算有以下两种情况：一是在先正式查封解除后，根据2020年《查封、扣押、冻结财产规定》第二十六条规定，登记在先的轮候查封、扣押、冻结即自动生效，此时查封的标的物并无变化；二是根据《最高人民法院关于正确处理轮候查封效力相关问题的通知》的规定，首封法院对查封物处置变现后，首封债权人受偿后变价款有剩余的，该剩余价款属于轮候查封物的替代物，轮候查封的效力应当及于该替代物，即对于查封物变价款中多于首封债权人应得数额部分有正式查封的效力。此种情况下，拍卖完成之日，即是轮候查封生效之时，此时查封的标的物是拍卖后剩余变价款。

第四，查封期限经过，查封的效力就自然灭失，不需要查封法院再办理解封手续。

【条文】

第四百八十六条

依照民事诉讼法第二百五十四条规定，人民法院在执行中需要拍卖被执行人财产的，可以由人民法院自行组织拍卖，也可以交由具备相应资质的拍卖机构拍卖。

交拍卖机构拍卖的，人民法院应当对拍卖活动进行监督。

【条文主旨】

本条是关于司法拍卖主体及人民法院具体如何行使拍卖权的规定。

【条文理解】

1. 司法拍卖的基本问题

（1）任意拍卖与强制拍卖（司法拍卖）。任意拍卖，是公民或者法人基于自由意志，将特定的物品或者财产权利转让给最高应价者的行为。任意拍卖一般委托拍卖机构进行。而强制拍卖是有权机关基于国家的强制力对特定当事人的财产实施的拍卖。司法拍卖是一种强制拍卖，是指法院作为执行机关，就查封的执行标的物按照拍卖的方式出卖给最高应价者，以取得价金的执行措施。[①] 从法院的角度讲，一般习惯上所称的强制拍卖，就是发生在司法程序中的司法拍卖。任意拍卖作为一种特殊的买卖方式，要受到民法典与拍卖法的调整。民法典第六百四十五条规定："拍卖的当事人的权利和义务以及拍卖程序等，依照有关法律、行政法规的规定。"我国拍卖法第三条规定："拍卖是指以公开竞价的形式，将特定物品或者财产权利转让给最高应价者的买卖方式。"拍卖法调整的是平等主体之间的任意拍卖，而司法拍卖则完全不同。作为执行程序中财产变价的一种方式，司法拍卖制度的目的在于借助公开竞价的方式最大化实现执行财产的价值，以维护各方当事人的权利。司法拍卖同时追求两个目标：一是尽快将财产变价，以实现生效法律文书确定的债权；二是实现拍卖财产价值的最大化。这两个目标需要兼顾，从强制执行程序的目的出发，第一个目标更为重要。正是基于司法拍卖的这种特殊性，其原则上不受拍卖法的调整，而是要遵守专门调整司法拍卖的法律规范，目前主要是最高人民法院制定的专门司法解释。当然，司法拍卖也应适用普通拍卖的一般原则，对尚无司法解释专门规定的一些司法拍卖事项和问题，在不违背司法拍卖目的的情况下，仍可参照适用普通拍卖的具体规则。

（2）司法拍卖的性质与主体。关于司法拍卖的性质，理论上一直存在"私法说"与"公法说"的争议，随着时间的推移，"公法说"日渐成为主流观点。我国司法界一直坚持"公法说"的观点，主要理由如下：第一，强制执行的公法性；第二，拍卖主体的特定性；第三，处分标的物的非合意

① 参见范向阳、范欣珂：《试论强制拍卖无效》，载《人民司法·应用》2009年第7期。

性；第四，拍卖法律关系中权利义务的不对等性；第五，拍卖程序的高度安定性。①

司法拍卖的公法性质决定了人民法院是司法拍卖的启动者与主导者，在法院自行拍卖的情况下，此特点不言自明；在委托拍卖的情况下，则需要进一步澄清：专业拍卖机构也只是接受人民法院的委托，凭借其专业性，实施拍卖的事务性工作。人民法院才是决定拍卖进程、监督拍卖活动并承担司法拍卖责任的真正主体。现在对这一点应该不存在争议。但是在司法拍卖制度设立之初，曾存在关于人民法院与拍卖机构关系的错误理解。有的将司法拍卖理解为法院与拍卖机构之间的民事合同关系，实践中甚至出现过双方签订委托协议的现象；有的法院还有受理拍卖机构起诉人民法院违反委托拍卖协议案件的现象。这些做法实际上将司法委托拍卖理解成了私法意义上的拍卖。

2. 司法拍卖制度的演变

我国的司法拍卖制度是一个逐渐完善的过程。1982 年民事诉讼法（试行）只是规定要将查封财产“交有关单位收购、变卖”；1991 年民事诉讼法规定了“人民法院可以按照规定交有关单位拍卖或者变卖被查封、扣押的财产”，同时规定了拍卖与变卖两种财产变价方式；1998 年《执行规定（试行）》首次确立了拍卖优先原则，规定人民法院变价查封财产，应当委托拍卖机构进行拍卖，不宜拍卖的才能采用变卖方式变价。2004 年《拍卖、变卖财产规定》在坚持拍卖优先原则的基础上，将司法拍卖制度进一步完善。

需要注意的是，我国在建立完善司法拍卖制度的过程中，一直坚持委托拍卖机构实施具体拍卖行为的原则，这与其他国家的做法迥然不同。2012 年民事诉讼法对此予以改变，该法第二百四十七条规定“人民法院应当拍卖被查封、扣押的财产”，不再强调司法拍卖中的委托实施问题。该条文的修改对于司法拍卖制度意义重大。有的观点认为，此处几个字的变化其实完成了一场“悄悄的革命”，实现了司法拍卖向其本身性质的回归。

立法的演变反映了经济技术的发展，体现了立法认识与观念的变化。建立司法拍卖制度，最初的目的不仅在于实现执行标的价值的最大化，同时也在于防止司法任意与权力寻租。这是我国坚持委托拍卖公司实施拍卖行为的主要原因。此后，由于司法拍卖中发生重大腐败案件，人民法院内部在司法拍卖程序中进一步引入分工制约机制，由执行机构直接委托，改为执行机构

① 参见范向阳、范欣珂：《试论强制拍卖无效》，载《人民司法·应用》2009 年第 7 期。

将拍卖事项移交司法辅助部门，再由司法辅助部门委托拍卖机构进行拍卖。

通过分工制约机制，能够起到一定的预防腐败效果。但由于司法拍卖涉及的利益巨大，还应在完全杜绝权力寻租上持续发力。同时，委托拍卖制度在实践中暴露出一些问题。第一，委托拍卖的佣金制度促进了拍卖行业的发展，但是加重了被执行人负担；第二，司法拍卖业务技术含量不高，佣金稳定，容易激发拍卖公司权力寻租的冲动；第三，被委托的拍卖公司良莠不齐，难以保证拍卖过程的公开公平，经常出现围标串标、职业控场等现象，普通群众难以参与司法拍卖程序进行竞拍，司法拍卖的目的难以实现。

网络信息技术的发展为解决上述问题提供了契机。2012 年前后，浙江、重庆等地先后开始尝试通过互联网进行司法拍卖。随后各地纷纷效仿，形成了"浙江淘宝网拍卖模式""重庆联交所与拍卖公司合作拍卖模式""上海现场拍卖+公拍网拍卖模式"等多种网络司法拍卖的代表性模式。网络司法拍卖具有如下显著优势：一是有助于扩大拍卖信息的公开范围；二是能够有效保障司法竞拍的公平参与；三是能够强化对拍卖过程的全程监控；四是有助于降低拍卖成本、提高拍卖效率。

正是网络司法拍卖的特点与优势，为解决目前司法拍卖的佣金过高、权力寻租、拍卖机制难以发挥等问题提供了契机。从而引发了关于司法拍卖改革的讨论。而网络司法拍卖的"浙江淘宝网拍卖模式"，也给人民法院自行组织拍卖提供了可能。网络司法拍卖的实践是促使 2012 年民事诉讼法司法拍卖制度变化的重要因素。①

3. 条文的主要内容

本条文是民事诉讼法第二百五十四条内容的具体化，明确规定了人民法院可以自行组织拍卖，也可以交由具备相应资质的拍卖机构拍卖。明确法院可以自行拍卖的理由在于：第一，通过人民法院自行组织拍卖，可以有效减少拍卖成本，减轻被执行人的负担；第二，一般来说，司法机关的权威性，能够更好地保证司法拍卖的公开公平性，达到公开竞价、最大化实现拍卖财产价值的目的；第三，这是司法拍卖性质的应有之义，也符合各国司法拍卖的惯常做法。不过，如何吸取过去的教训，通过制度及机制的合理设计与创新，防止权力寻租，也是新制度下人民法院必须解决的问题。

本条第二款规定："交拍卖机构拍卖的人民法院应对拍卖机构和拍卖过

① 不过网络拍卖也有其不足之处。比如，在拍卖标的上，网络拍卖更适宜标准化的物品，而不适宜古董、字画等艺术品。此外，司法拍卖的公法性质要求更高的安全性，而网络司法拍卖也面临着确保资金安全、信息安全的难题。

程进行监督。”这一点在《拍卖、变卖财产规定》第三条中已有规定，在此进一步强调。这种监督是对受委托的司法拍卖的全过程进行的监督，监督的内容是广泛的，如对于拍卖公告的内容、公告发布的日期、举行拍卖会的日期、拍卖保证金的缴纳、竞买人资格、拍卖竞价程序等，都应当实施监督。监督拍卖的最后手段，在司法程序上，就是确认或不确认拍卖结果的裁定，或者撤销拍卖结果的裁定；在行政管理方面，则可以限制或者取消某拍卖机构受托的资格。当然，在拍卖成交裁定作出后，不能轻易裁定撤销拍卖，应注意维护司法拍卖制度的公信力与司法权威。

【审判实践中应当注意的问题】

第一，人民法院要积极稳妥地推进自行组织的司法拍卖实践，既要贯彻立法精神，降低被执行人成本，也要防止不负责任甚至违法行为的发生。

第二，《最高人民法院关于人民法院网络司法拍卖若干问题的规定》于2017年1月1日起施行。根据该司法解释第二条的规定，除法律、行政法规和司法解释规定必须通过其他途径处置，或者不宜采用网络拍卖方式处置的外，人民法院的拍卖原则上应当采取网络司法拍卖的方式。

第三，注意切实履行财产状况调查、委托拍卖监督等职责，确保实现制度目的，切实保护当事人权利。

第四，要保障相关当事人的救济权利。

【条文】

第四百八十七条

拍卖评估需要对现场进行检查、勘验的，人民法院应当责令被执行人、协助义务人予以配合。被执行人、协助义务人不予配合的，人民法院可以强制进行。

【条文主旨】

本条是关于司法拍卖评估程序中强制检查、勘验的规定。

【条文理解】

1. 拍卖程序中的评估问题

（1）评估程序对于司法拍卖的意义。评估程序，是指人民法院委托具备相应资质的专业机构对于待拍卖财产进行价格估算的过程。评估价格对于确定拍卖底价乃至整个司法拍卖程序都具有重要参考意义。

应该从以下两个方面理解评估在拍卖程序中的意义。第一，从理论上讲，如果拍卖程序足够公开，能够吸引到所有对拍卖财产感兴趣者参与拍卖程序，则财产会卖给出价最高者。如此，就达到了司法拍卖制度通过公开竞价机制，最大化实现拍卖财产价值的目的。在上述拍卖机制理想运行的状态，评估制度是可有可无的。第二，现实中存在的诸多制约因素，决定了拍卖机制的理想运行难以存在。比如，拍卖公告公开范围不足，司法拍卖市场垄断等情况都会导致拍卖机制失灵。正是现实制约因素的存在，凸显了评估制度的价值。执行实践中需要评估程序、拍卖底价等配套制度来矫正市场的失灵，防止财产拍卖价格过低，避免司法拍卖制度的目的落空。

（2）我国司法解释关于评估制度的规定。民事诉讼法没有规定评估制度。1998 年《执行规定（试行）》确立了拍卖前应当评估的原则，其第 47 条规定："人民法院对拍卖、变卖被执行人的财产，应当委托依法成立的资产评估机构进行价格评估。"①《拍卖、变卖财产规定》具体规定了评估的范围及例外情形。该司法解释第四条的第一款、第二款分别规定："对拟拍卖的财产，人民法院可以委托具有相应资质的评估机构进行价格评估。对于财产价值较低或者价格依照通常方法容易确定的，可以不进行评估。""当事人双方及其他执行债权人申请不进行评估的，人民法院应当准许。"此后，《最高人民法院关于人民法院委托评估、拍卖和变卖工作的若干规定》《最高人民法院关于人民法院委托评估、拍卖工作的若干规定》等司法解释及规范性文件进一步完善了司法拍卖程序中的评估制度。为了配合网络司法拍卖工作的开展，最高人民法院制定的《关于人民法院确定财产处置参考价若干问题的规定》于 2018 年 9 月 1 日起施行。该司法解释第二条规定："人民法院确定财产处置参考价，可以采取当事人议价、定向询价、网络询价、委托评估等方式。"司法解释扩展确定财产处置参考价的方式的逻辑是在网络司法拍卖有效保障了拍卖市场的充分公开与竞买者有效参与的情况下，通过评估方式准确认定待处置财产价格变得不再那么重要。

（3）实践中的问题及本条文制定的目的。无论如何，委托评估还是人民法院确定处置财产参考价格的一种主要方式。执行实践中，评估问题还是会引起当事人的不满与申诉。究其原因，除评估机构良莠不齐、评估价格时常背离正常范围外，被执行人或者其他相关主体不履行协助义务，导致无法获得评估财产的详细信息，进而造成评估无法进行，或者评估价格严重偏离，

① 由于相关内容已经被本司法解释及其他相关司法解释所吸收，该条文已于 2020 年被《最高人民法院关于修改〈最高人民法院关于人民法院扣押铁路运输货物若干问题的规定〉等十八件执行类司法解释的决定》所删除。

也是引发当事人不满的重要原因。本条文的目的就是要解决该问题，通过规定执行法院强行检查、勘验的权力，来保证获得评估必需的财产信息，解决因财产信息缺乏所导致的评估难题。

2. 条文的具体理解

（1）评估中强制检查、勘验的实体要件。评估中强制检查、勘验的实体要件是“需要对现场进行检查、勘验”。待评估的财产情况千差万别，并不都需要进行现场检查、勘验。只有不进行现场检查、勘验，就无法保证正确评估其价值的财产，才有本条适用的余地。至于应当进行现场检查、勘验的具体情形，则应根据财产的具体情况而定。

（2）评估中强制检查、勘验的程序要件。评估中强制检查、勘验的程序要件是“被执行人、协助义务人不予配合”。如果通过说服教育，被执行人、协助义务人予以配合的，也无须适用该程序。

（3）评估中强制检查、勘验的具体措施。该程序的目的是保障评估机构到达财产现场，了解财产情况，因此主要措施是强制开启。强制开启是1998年《执行规定（试行）》确立的制度。其第31条[①]规定，“人民法院在搜查时，对被执行人可能存放隐匿的财物及有关证据材料的处所、箱柜等，经责令被执行人开启而拒不配合的，可以强制开启”。本条文设计之初，就是表述为“人民法院可以强制开启”。讨论过程中有意见认为，强制开启的概念涵盖面较窄，且过于学术化，因此改为现有表述。

3. 与相关司法解释规定的关系

本条文的设计，参考了《拍卖、变卖财产规定》第四条第三款、[②]《最高人民法院关于人民法院委托评估、拍卖和变卖工作的若干规定》第十二条[③]的规定。上述两个条文也有助于对本条文的理解与适用。

【审判实践中应当注意的问题】

第一，根据待评估财产的价值、复杂程度等因素综合判断是否有必要采

① 由于相关内容已经被本司法解释及其他相关司法解释所吸收，该条文已于2020年被《最高人民法院关于修改〈最高人民法院关于人民法院扣押铁路运输货物若干问题的规定〉等十八件执行类司法解释的决定》所删除。

② 《拍卖、变卖财产规定》第四条第三款规定：“对被执行人的股权进行评估时，人民法院可以责令有关企业提供会计报表等资料；有关企业拒不提供的，可以强制提取。”

③ 《最高人民法院关于人民法院委托评估、拍卖和变卖工作的若干规定》第十二条规定：“评估机构在工作中需要对现场进行勘验的，人民法院应当提前通知审判、执行人员和当事人到场，当事人不到场的，不影响勘验的进行，但应当有见证人见证。评估机构勘验现场，应当制作现场勘验笔录。勘验现场人员、当事人或见证人应当在勘验笔录上签字或盖章确认。”

取强制检查、勘验措施。

第二，由于该措施严重影响到相关主体的权利，可能引发冲突，因此，采取该措施前应当进行说服教育工作；应该经过院长的批准；应当制定预案。民事诉讼法第二百五十五条规定了搜查制度，并规定搜查令由院长签发。由于强制检查、勘验制度的主要内容是强制开启，因此，实践中需要应当考虑参照适用搜查制度的规定，由院长签发命令后进行。至于是运用搜查令，还是设计一种新的令状，则可以在实践中积极探索。在确立新的令状制度前，可以考虑适用搜查令。应当注意，这种情况下持搜查令只能进行相应的财产强制检查、勘验工作，而不能搜查财产。

【条文】

第四百八十八条

人民法院在执行中需要变卖被执行人财产的，可以交有关单位变卖，也可以由人民法院直接变卖。

对变卖的财产，人民法院或者其工作人员不得买受。

【条文主旨】

本条是关于变卖财产的规定。

【条文理解】

变卖财产的措施一直与拍卖措施相伴存在。按照《拍卖、变卖财产规定》的规定，执行程序中变卖的启动分为两种情况。一种是动产拍卖两次流拍或不动产、其他财产权拍卖三次流拍后的变卖①；一种是不经过拍卖程序而直接采取的变卖措施。关于何种情况下启动变卖措施，经过《执行规定（试行）》的发展，到2012年民事诉讼法时，其第二百五十四条规定为：财产“不适于拍卖或者当事人双方同意不进行拍卖的”，人民法院可以变卖。

本条不涉及变卖启动的情形，只是规定采取变卖措施时，可以自行实

---

① 《拍卖、变卖财产规定》第二十五条规定：“对于第二次拍卖仍流拍的不动产或者其他财产权，人民法院可以依照本规定第十六条的规定将其作价交申请执行人或者其他执行债权人抵债。申请执行人或者其他执行债权人拒绝接受或者依法不能交付其抵债的，应当在六十日内进行第三次拍卖。第三次拍卖流拍且申请执行人或者其他执行债权人拒绝接受或者依法不能接受该不动产或者其他财产权抵债的，人民法院应当于第三次拍卖终结之日起七日内发出变卖公告。自公告之日起六十日内没有买受人愿意以第三次拍卖的保留价买受该财产，且申请执行人、其他执行债权人仍不表示接受该财产抵债的，应当解除查封、冻结，将该财产退还被执行人，但对该财产可以采取其他执行措施的除外。”

施，也可以交有关单位实施。这是历次民事诉讼法修改和相关司法解释均一脉相承的规定。

《92年意见》第281条第1款规定："人民法院在执行中需要变卖被执行人财产的，可以交有关单位变卖，也可以由人民法院直接变卖。由人民法院直接变卖的，变卖前应就价格问题征求物价等有关部门的意见，作价应当公平合理。"

随着物价政策和法律制度的发展变化，《92年意见》中关于变卖前"征求物价部门意见"的规定已经不符合实际情况，也不适应实践的需要。《执行规定（试行）》已经明确对拍卖、变卖的财产，其作价的基础，都是要委托评估机构进行评估。《拍卖、变卖财产规定》也基本上是以评估为原则，同时对可不予评估的情形进行了列举，其第三十二条第一款对变卖是否需要评估区分了情形，进行了详细的规定："当事人双方及有关权利人对变卖财产的价格有约定的，按照其约定价格变卖；无约定价格但有市价的，变卖价格不得低于市价；无市价但价值较大、价格不易确定的，应当委托评估机构进行评估，并按照评估价格进行变卖。"本条如果再简单地维持"征求物价部门的意见"，则与上述相关规定明显冲突。因此，本条修改、删除了上述相关内容。此外，删除了"作价应当公平合理"，这不等于变卖财产作价不需要公平合理，只是表明达到公平合理的途径发生了变化。原来是征求物价部门的意见，现在是区分不同情况，按照约定价格、市场价格或者评估价格，来实现变卖作价的公平。

【条文】

第四百八十九条

经申请执行人和被执行人同意，且不损害其他债权人合法权益和社会公共利益的，人民法院可以不经拍卖、变卖，直接将被执行人的财产作价交申请执行人抵偿债务。对剩余债务，被执行人应当继续清偿。

【条文主旨】

本条是关于不经拍卖、变卖，直接以物抵债制度的规定。

【条文理解】

本条源于《92年意见》第301条，并增加了"且不损害其他债权人合法权益和社会公共利益的"限制性条件。本条文最初设计了两种方案，第一种方案是保留原条文，第二种方案是增加规定第二款：符合前款规定的，人民法院不予出具以物抵债执行裁定书。

设计两种方案的理由在于：实践中，对于依据本条规定，能否作出执行裁定予以确认，存在不同认识。一种观点认为，可以作出执行裁定，主要理由有两个：一是符合双方当事人的意思；二是如果不予作出执行裁定，则在抵债财产被查封的情况下，双方当事人的以物抵债协议难以履行。另一种观点则认为，双方当事人协商以物抵债是一种私法行为，属于执行和解的一种形式，为了与执行和解制度保持一致，同时，防止当事人恶意串通危害第三人的权利或者通过执行裁定来规避行政审查，执行法院不应出具裁定书。

两种方案都各有其道理。第一种方案符合执行程序快捷处理纠纷的目的，第二种方案关于直接裁定可能侵犯第三人及社会公共利益的担心也不无道理。最后决定将两种方案予以折中，以第一种方案为基础，吸收第二种方案的合理成分，在《92 年意见》第 301 条的基础上，增加规定了“且不损害其他债权人合法权益和社会公共利益的”内容。

需要注意的是，2018 年 3 月 1 日起施行的《执行和解规定》进一步统一了思想，其第六条明确规定：“当事人达成以物抵债执行和解协议的，人民法院不得依据该协议作出以物抵债裁定。”据此，执行法院在当事人协商以物抵债的情况下，不得出具裁定书。

【审判实践中应当注意的问题】

执行实践中，应当注意依法严格审查当事人之间的以物抵债协议是否存在损害其他债权人合法权益、社会公共利益的情形，在快捷实现生效判决确定权利的同时，防止侵犯他人权益及社会公共利益。

【条文】

第四百九十条

被执行人的财产无法拍卖或者变卖的，经申请执行人同意，且不损害其他债权人合法权益和社会公共利益的，人民法院可以将该项财产作价后交付申请执行人抵偿债务，或者交付申请执行人管理；申请执行人拒绝接收或者管理的，退回被执行人。

【条文主旨】

本条是关于被执行人财产无法拍卖、变卖情况下如何处理的规定。

【条文理解】

本条规定，在被执行人财产无法拍卖变卖的情况下，经申请执行人单方同意，可以采取将财产作价交付申请人执行抵债或者交其进行管理的措施。与本解释第四百八十九条不同的是，本条是在被执行财产无法拍卖变卖或者经拍卖变卖不成的情况下适用，只要申请执行人单方同意即可实施。这里的交申请执行人管理其实是强制管理制度的萌芽。但对强制管理制度运用的实践还不够丰富，故尚未能形成完整的强制管理制度的规范。《拍卖、变卖财产规定》第二十五条关于“但对该财产可以采取其他执行措施的除外”的规定，在实践中也多被解释为可以适用强制管理措施。与本解释第四百八十九条一样，本条也增加了“且不损害其他债权人合法权益和社会公共利益的”限制性条件，目的也是防止当事人串通，恶意低价处置财产，损害他人权益或者社会公共利益。

【审判实践中应当注意的问题】

第一，被执行财产无法拍卖或变卖的，可以以物抵债，以物抵债应当出具执行裁定。

第二，适用本条文应注意与《拍卖、变卖财产规定》第二十四条、第二十五条的衔接。根据《拍卖、变卖财产规定》第二十四条规定，动产二次流拍后可以以物抵债，申请执行人不同意以物抵债或者不能以物抵债的，解除查封后退回被执行人。第二十五条第一款规定，不动产或其他财产权三次流拍并依法变卖无法卖出的，可以以物抵债；申请执行人不同意以物抵债的，应当解除查封后退回被执行人；第二款规定“但对该财产可以采取其他执行措施的除外”。本条文与上述两个条文在内容上相互补充，适用时应注意衔接。

第三，关于被执行人财产无法拍卖或者变卖的，如果申请执行人拒绝接受抵债或者进行管理，则最后的处理办法是退回被执行人，但对该办法应谨慎适用。《拍卖、变卖财产规定》第二十五条关于“但对该财产可以采取其他执行措施的除外”的规定，在实践中也多被解释为可以适用强制管理措施。对于能够通过强制管理等措施产生收益并实现执行债权的，就不能将财产退回被执行人。

第四，被执行财产无法拍卖或变卖的，虽然《拍卖、变卖财产规定》只规定了可以交申请执行人管理这一措施，但不妨碍在实践中参考域外执行制度，探索交申请执行人以外的其他人进行强制管理的做法。

【条文】

第四百九十一条

拍卖成交或者依法定程序裁定以物抵债的，标的物所有权自拍卖成交裁定或者抵债裁定送达买受人或者接受抵债物的债权人时转移。

【条文主旨】

本条是关于执行程序中拍卖成交裁定、以物抵债裁定的物权变动效力的规定。

【条文理解】

执行程序中，裁定拍卖成交或者裁定以物抵债的情况下，标的物所有权的变动时间是一个重大的理论和实务问题。

1. 关于执行裁定能否产生物权变动效力的不同观点

理论与实务界对执行裁定能否发生物权变动的法律效力有不同认识。一种观点认为，执行裁定能产生物权变动的效力。主要理由为：第一，民法典第二百二十九条明确规定："因人民法院、仲裁机构的法律文书或者人民政府的征收决定等，导致物权设立、变更、转让或者消灭的，自法律文书或者征收决定等生效时发生效力。"人民法院的法律文书包括执行裁定。第二，人民法院的法律文书导致物权变动的，法律文书本身即为有效的物权变动公示方式，不必再通过物权交付或者不动产登记进行公示。第三，以执行裁定生效时发生物权变动的效力，有利于物权关系的明晰化，提高交易的便捷性。另一种观点认为，执行裁定不能发生物权变动的效力。主要理由为：第一，民法典第二百二十九条规定人民法院的法律文书导致物权变动的，自法律文书生效时发生物权变动效力，但并非所有人民法院的法律文书都能产生此种效力，只有形成判决才能发生物权变动的效力。第二，拍卖成交裁定或者以物抵债裁定的内容是确认拍卖合同有效成立或者确认以物抵债成立，本身属于给付性质的法律文书而非形成判决，因此，其内容没有导致物权变动的意思，该裁定无法产生物权变动公示的效果。第三，拍卖成交裁定、以物抵债裁定作为执行程序中的裁定，并非诉讼程序中的裁定，本身不应当具有既判力，其公示效果不及判决，因而此种裁定生效后，还应当办理相应的登记或者交付手续，否则不宜认定其具有物权变动的对世效力。

2. 现行司法解释的规定

最高人民法院一直坚持执行裁定能够产生物权变动的效力。2004 年

《拍卖、变卖财产规定》第二十九条对此明确规定："动产拍卖成交或者抵债后，其所有权自该动产交付时起转移给买受人或者承受人。不动产、有登记的特定动产或者其他财产权拍卖成交或者抵债后，该不动产、特定动产的所有权、其他财产权自拍卖成交或者抵债裁定送达买受人或者承受人时起转移。"

我国民法典物权编区分了一般情况下基于民事法律行为的物权变动与特殊情况下基于公权力的物权变动，并适用不同规则。基于民事法律行为的物权变动区分动产与不动产：动产所有权的转移以交付为标志，不动产所有权的转移以登记为标志。基于公权力产生的物权变动并不区分动产与不动产，统一规定"自法律文书或者人民政府的征收决定等生效时"发生物权变动的效力。

2004 年《拍卖、变卖财产规定》实施时，物权法尚未出台。该司法解释区分动产与不动产，将拍卖、以物抵债情况下物权变动的时点分别规定，有其历史局限性。在现行法确立的物权变动规则框架下，应予以修改，将基于司法拍卖或司法以物抵债情形下动产与不动产的物权变动时间点统一为执行裁定送达时。

也正是由于本条于 2015 年起草时统一了基于公权力引发物权变动的时间标准，2020 年《最高人民法院关于修改〈最高人民法院关于人民法院扣押铁路运输货物若干问题的规定〉等十八件执行类司法解释的决定》将 2004 年《拍卖、变卖财产规定》第二十九条①修改为："不动产、动产或者其他财产权拍卖成交或者抵债后，该不动产、动产的所有权、其他财产权自拍卖成交或者抵债裁定送达买受人或者承受人时起转移。"

3. 其他国家和地区的相关规定

其他国家和地区也承认执行程序中的拍卖或者以物抵债产生物权变动的效力，但对于物权转移的具体时间，则有不同规定。德国规定自拍卖成交时转移所有权，《德国强制拍卖与强制管理法》第 90 条规定，只要是并非在抗告过程中废止拍卖成交裁定的法律效力，买受人就因拍卖成交而成为土地所有权人。②日本、韩国都是规定缴纳价款时转移所有权，《日本民事执行法》第 79 条规定，承买人在支付价款时取得不动产。③《韩国民事执行法》第 135 条规定，

---

① 修改后的条文序号为第二十六条。

② 参见《德国强制拍卖与强制管理法》，杨柳译，人民法院出版社 2010 年版。

③ 参见［日］竹下守夫：《日本民事执行法理论与实务研究》，刘荣军、张卫平译，重庆大学出版社 1994 年版，第 180 页。

买受人全部交付卖出价款时，取得卖出标的的权利。我国台湾地区规定自发给权利移转证书时转移所有权，我国台湾地区“强制执行法”第98条第1款规定：“拍卖之不动产，买受人自领得执行法院所发给权利移转证书之日起，取得该不动产所有权，债权人承受债务人之不动产者亦同。”

此外还需要说明一个小问题，就以物抵债程序中权利人的表述。《拍卖、变卖财产规定》第二十六条使用“承受人”的概念，本条文在设计之初也是采用该概念。但后续讨论过程中认为“承受人”概念不够严谨，因此，改为“接受抵债物的债权人”。

【审判实践中应当注意的问题】

第一，在拍卖成交裁定或者以物抵债裁定作出前，应严格审查是否存在竞买主体不合格、拍卖标的错误、拍卖标的上存在其他物权等影响权利转移的事项，慎重作出执行裁定，以免侵害他人合法权益，导致司法赔偿。

第二，在拍卖成交裁定或者以物抵债裁定作出后，应严格维护拍卖成交裁定、以物抵债裁定的效力，保护竞买人、接受抵债物债权人的合法利益。对于其他受损害者，应通过交付拍卖金、另诉或者司法赔偿的途径解决；不能轻易撤销拍卖裁定，否则会破坏司法拍卖结果的稳定性，最终损害整个司法拍卖制度的公信力与司法权威。

【条文】

第四百九十二条

执行标的物为特定物的，应当执行原物。原物确已毁损或者灭失的，经双方当事人同意，可以折价赔偿。

双方当事人对折价赔偿不能协商一致的，人民法院应当终结执行程序。申请执行人可以另行起诉。

【条文主旨】

本条是关于民事诉讼法第二百五十六条第一款“法律文书指定交付的财物或者票证”如何执行的规定。

【条文理解】

本条源于《92年意见》第284条，并根据实践需要及“审执分离”要求进行了修改。

《92年意见》第284条规定：“执行的标的物为特定物的，应执行原物。原物确已不存在的，可折价赔偿。”2015年本条修改之处主要有两个：一是在折价赔偿之前增加“经双方当事人同意”的限制；二是增加第二款，规定当事人无法就折价赔偿协商一致时的另诉途径。此外本条还修改了措辞，将“原物确已不存在的”改为“原物确已毁损或者灭失的”。

2015年本条的两处内容修改解决的是同一个问题，就是在对特定物执行的过程中，原物不存在时能否折价赔偿。《92年意见》第284条规定可以折价赔偿，1998年《执行规定（试行）》第57条对此进一步明确，规定：“生效法律文书确定被执行人交付特定标的物的，应当执行原物。原物被隐匿或非法转移的，人民法院有权责令其交出。原物确已变质、损坏或灭失的，应当裁定折价赔偿或按标的物的价值强制执行被执行人的其他财产。”① 本条改变了上述司法解释确立的原则，规定除非当事人就折价赔偿问题达成一致，否则应该终结执行，当事人另诉解决赔偿问题。本条修改的原因主要有如下几点：

第一，折价赔偿涉及实体法的判断，执行程序直接认定，违反“审执分离”的原则。

第二，折价赔偿制度在实践中面临困惑，标准不一，不易操作。

第三，我国台湾地区对该问题的态度转变为我们提供了重要参考。我国台湾地区“强制执行法”原本有在执行程序中折价赔偿的规定，但在1996年修改时予以删除。其理由也是“赔偿损害之数额，涉及实体法上的判断，执行机关事实上难以估算，易生争议”。②

第四，规定当事人协商一致可以直接折价赔偿，能够兼顾“审执分离”原则与快速处理纠纷原则的平衡，切实维护当事人权益。

【审判实践中应当注意的问题】

第一，应当慎重确认“原物确已毁损或者灭失”，以切实维护生效法律文书的权威与债权人的权利。

第二，可以引导当事人达成折价赔偿协议，但是不能侵犯当事人的意思自治权。

第三，当事人无法就折价赔偿问题达成一致的，应告知权利人另行起诉的权利。

---

① 该条文已于2020年被《最高人民法院关于修改〈最高人民法院关于人民法院扣押铁路运输货物若干问题的规定〉等十八件执行类司法解释的决定》修正，对1998年《执行规定（试行）》第57条内容进行修改，增加第二款，即：“双方当事人对折价赔偿不能协商一致的，人民法院应当终结执行程序。申请执行人可以另行起诉。”修改后的条文序号为第41条。

② 参见杨与龄编著：《强制执行法论》，中国政法大学出版社2002年版，第10页。

【条文】

第四百九十三条

他人持有法律文书指定交付的财物或者票证，人民法院依照民事诉讼法第二百五十六条第二款、第三款规定发出协助执行通知后，拒不转交的，可以强制执行，并可依照民事诉讼法第一百一十七条、第一百一十八条规定处理。

他人持有期间财物或者票证毁损、灭失的，参照本解释第四百九十二条规定处理。

他人主张合法持有财物或者票证的，可以根据民事诉讼法第二百三十四条规定提出执行异议。

【条文主旨】

本条是关于民事诉讼法第二百五十六条第二款、第三款中他人持有法律文书指定交付的财物或者票证时如何处理的规定。

【条文理解】

“持有”并非规范的民法概念，所以本条最初的修改方案是将“持有”修改为“占有”，并区分“占有”的不同情形分别作出处理。后来考虑到“持有”虽然不是规范的民法概念，但是却具有不受“占有”概念内涵限制的优势。更重要的原因是，民事诉讼法第二百五十六条也表述为“持有”。为了与民事诉讼法的法条保持一致，本条最后维持了“持有”的表述。至于本条能否适用于全部持有情形，民事诉讼法与本解释规定的并不明确。我们认为答案是否定的。理由在于，生效法律文书指定交付特定物的义务只是一种请求权，在该请求权为债权请求权的情况下，并不能限制义务人对于该特定物的处分，该债权请求权也不能对抗他人对于该特定物的合法持有。

本条第二款的具体理解参见本解释第四百九十二条。

【审判实践中应当注意的问题】

第一，对于他人依照本条第三款提出的异议，符合法律规定的，应予以受理，以保障他人的合法程序权益。此种情况下该他人实际上属于民事诉讼法第二百三十四条所规定的案外人。

第二，受理案外人的异议，并不等于其异议当然成立。审查中应当注意区分他人持有的类型和具体情况，对于合法取得生效法律文书指定交付财物的所有权并持有的，或者因其他原因合法取得占有权，并在实体法上足以对抗执行债权人，即能够阻止标的物转让或交付的，则不能强制转让或强制交付。

【条文】

第四百九十四条

在执行中，被执行人隐匿财产、会计账簿等资料的，人民法院除可依照民事诉讼法第一百一十四条第一款第六项规定对其处理外，还应责令被执行人交出隐匿的财产、会计账簿等资料。被执行人拒不交出的，人民法院可以采取搜查措施。

【条文主旨】

本条是关于被执行人隐匿财产如何处理的规定。

【条文理解】

本条沿用《92 年意见》第 285 条的规定，根据民事诉讼法修改了条文序号，并根据实践需要进行了内容的增删。

1. 本条的修改内容

（1）原条文的规定。《92 年意见》第 285 条规定："执行中，被执行人隐匿财产的，人民法院除可依照民事诉讼法第一百零二条规定对其处理外，并应责令被执行人交出隐匿的财产或折价赔偿。被执行人拒不交出或赔偿的，人民法院可按被执行财产的价值强制执行被执行人的其他财产，也可以采取搜查措施，追回被隐匿的财产。"

（2）修改内容。第一，根据民事诉讼法修改了条文序号。第二，增加规定了对于会计账簿等资料的搜查内容。第三，删除了折价赔偿的内容。

2. 本条的修改原因

执行实践中至少有两种情况需要查找会计账簿等资料：一种情况是生效法律文书确定会计账簿等资料给付义务的；另一种情况是没有会计账簿等资料，就无法对于涉案财产进行评估的。实践中查找会计账簿等资料非常困难，《92 年意见》第 285 条规定可以搜查的对象是财产，能否适用于会计账簿等资料，在理解上存在分歧。本条增加规定可以对会计账簿等资料进行搜查，就是为了解决会计账簿等资料的查找难题。

删除折价赔偿相关内容的原因参见本解释第四百九十三条的条文理解。

【审判实践中应当注意的问题】

第一，严格掌握搜查措施的适用条件，谨慎适用搜查措施。

第二，对于必须采取搜查措施的，要按照法律规定的程序进行，由院长签发搜查令，并作好执行预案。

【条文】

第四百九十五条

搜查人员应当按规定着装并出示搜查令和工作证件。

【条文主旨】

本条是关于搜查时着装及出示证件的规定。

【条文理解】

本条文沿用了《92 年意见》第 286 条，并根据实践需要进行了修改。

1. 原条文的规定

《92 年意见》第 286 条规定："人民法院依照民事诉讼法第二百二十七条规定对被执行人及其住所或者财产隐匿地进行搜查，必须符合以下条件：(1) 生效法律文书确定的履行期限已经届满；(2) 被执行人不履行法律文书确定的义务；(3) 认为有隐匿财产的行为。搜查人员必须按规定着装并出示搜查令和身份证件。"

2. 修改的内容及理由

第一，删除了原条文第一款。第二，将原条文的第二款进行文字修改后作为本条的内容。具体修改内容为：将"必须"修改为"应当"；将"身份证件"修改为"工作证件"。修改后的文字更为准确。

【审判实践中应当注意的问题】

执行实践中应注意严格遵守关于搜查程序的相关规定，在实现搜查目的的同时，避免侵犯当事人的合法权益，防止发生不应有的冲突。

【条文】

第四百九十六条

人民法院搜查时禁止无关人员进入搜查现场；搜查对象是公民的，应当通知被执行人或者他的成年家属以及基层组织派员到场；搜查对象是法人或者其他组织的，应当通知法定代表人或者主要负责人到场。拒不到场的，不影响搜查。

搜查妇女身体，应当由女执行人员进行。

【条文主旨】

本条是关于搜查措施具体要求的规定。

【条文理解】

本条文沿用了《92年意见》第287条，并根据实践需要进行了修改。《92年意见》第287条规定："人民法院搜查时禁止无关人员进入搜查现场；搜查对象是公民的，应通知被执行人或者他的成年家属以及基层组织派员到场；搜查对象是法人或者其他组织的，应通知法定代表人或者主要负责人到场，有上级主管部门的，也应通知主管部门有关人员到场。拒不到场的，不影响搜查。搜查妇女身体，应由女执行人员进行。"

随着社会的发展，作为被执行人的法人或其他组织一般不再有上级主管部门，搜查中通知其主管部门到场也没有实质性的意义，因此，删除了第一款中"有上级主管部门的，也应通知主管部门有关人员到场"的内容，其他内容均予以保留。

此外，本条还进行了文字的修改，将三处"应"改成了"应当"。

【条文】

第四百九十七条

搜查中发现应当依法采取查封、扣押措施的财产，依照民事诉讼法第二百五十二条第二款和第二百五十四条规定办理。

【条文主旨】

本条是关于搜查过程中发现财产时如何处理的规定。

【条文理解】

本条沿用了《92年意见》第288条，根据2012年民事诉讼法修改了条文序号，并进行了文字的修改。《92年意见》第288条规定："搜查中发现应当依法扣押的财产，依照民事诉讼法第二百二十四条第二款和第二百二十六条的规定办理。"

本条将"扣押"修改为"查封、扣押"，修改后的表述更为准确、周延。

民事诉讼法第二百五十二条第二款是关于查封、扣押清单的规定，第二百五十四条是拍卖、变卖被执行人财产的规定。搜查出的财产，应当按照上述两个条文的规定予以处理。

【条文】

第四百九十八条

搜查应当制作搜查笔录，由搜查人员、被搜查人及其他在场人签名、捺印或者盖章。拒绝签名、捺印或者盖章的，应当记入搜查笔录。

【条文主旨】

本条是关于搜查笔录的规定。

【条文理解】

本条沿用了《92年意见》第289条，并进行了个别文字的修改。《92年意见》第289条规定："搜查应制作搜查笔录，由搜查人员、被搜查人及其他在场人签名或盖章。拒绝签名或者盖章的，应在搜查笔录中写明。"

本条将"拒绝签名或者盖章的"修改为"拒绝签名、捺印或者盖章的"，将"应在搜查笔录中写明"修改为"应当记入搜查笔录"。修改后的表述更为准确、周延。

【条文】

第四百九十九条

人民法院执行被执行人对他人的到期债权，可以作出冻结债权的裁定，并通知该他人向申请执行人履行。

该他人对到期债权有异议，申请执行人请求对异议部分强制执行的，人民法院不予支持。利害关系人对到期债权有异议的，人民法院应当按照民事诉讼法第二百三十四条规定处理。

对生效法律文书确定的到期债权，该他人予以否认的，人民法院不予支持。

【条文主旨】

本条是关于对被执行人到期债权执行的规定。

【条文理解】

1. 关于本条第一款

本条第一款主要有三项内容：第一，执行被执行人对第三人的债权仅限于到期债权。第二，冻结该债权需要作出裁定。原本对于债权的执行使用履行到期债权通知书，为了体现对债权执行的规范性，规定了冻结债权需要使用裁定形式。第三，可以通知第三人向被执行人履行。对债权的执行方式有多种，德国、日本、韩国与我国台湾地区普遍规定的有收取命令、移转命令、支付转给命令等形式。所谓收取命令，就是执行法院以命令的形式允许申请执行人直接收取被执行人对于第三人的债权。[①] 本款就是关于“收取命令”的规定。本条文之所以只规定对债权执行的一种方式，是基于如下两个理由：第一，《92 年意见》第 300 条[②]规定的主要内容就是这一方式；第二，受制于条文数量，本解释只能规定对第三人债权执行制度的原则性条文，至于对债权执行的其他方式等具体规定，则留待专门司法解释解决。

2. 关于本条第二款

该款规定了第三人及相关权利人的救济。第三人对其与被执行人之间的债权债务关系提出异议的，执行法院不得继续执行该债权，而应由申请执行人通过代位诉讼救济权利。如果相关权利人对该到期债权有异议的，比如，主张是该到期债权的真实权利人，可以按照民事诉讼法第二百三十四条的规定进行救济。这里需要注意：第一，相关权利人按照民事诉讼法第二百三十四条的规定进行救济，应该符合该条文规定的要求，享有足以排除执行的权益；第二，关于利害关系人称谓。这里的利害关系人并非民事诉讼法第二百三十二条中的利害关系人，而是民事诉讼法第二百三十四条中的案外人。在概念的选择上，本解释起草时就有人主张使用案外人或者该他人之外的案外人的表述，以与民事诉讼法第二百三十四条保持一致，并避免与民事诉讼法第二百三十二条的混淆。但是考虑到对第三人债权执行中，第三人本身就是原执行程序的案外人，为了避免与第三人混淆，本条最终使用了利害关系人的称谓。

3. 关于本条第三款

该款规定对生效法律文书确定的到期债权，第三人不能予以否认。需要注意的是，这里只是规定当事人不能否认生效法律文书确定的债权，但是如果在判决作出后履行了该债权，则有权提出债务已履行的异议。

---

① 所谓“移转命令”，是指执行法院以命令的形式将被执行人对于第三人的债权转移给申请执行人，以清偿其债权；所谓支付转给命令，就是执行法院让第三人向执行法院支付其对于被执行人的债务，再由法院转给申请执行人的命令。参见杨与龄编著：《强制执行法论》，中国政法大学出版社 2002 年版，第 503~506 页。

② 《92 年意见》第 300 条规定：“被执行人不能清偿债务，但对第三人享有到期债权的，人民法院可依申请执行人的申请，通知该第三人向申请执行人履行债务。该第三人对债务没有异议但又在通知指定的期限内不履行的，人民法院可以强制执行。”

【审判实践中应当注意的问题】

第一，应当正确把握对债权执行的制度精神，既要保证申请执行人生效法律文书确定债权的实现，也要注意保护次债务人、相关利害关系人的合法权益。

第二，要正确理解对债权执行与代位权制度的关系。只有次债务人对债权无异议的，才能予以执行；一旦次债务人提出了异议，申请执行人就无法再通过执行程序向次债务人求偿，而是应该通过代位权诉讼途径主张权利。

第三，应注意保护利害关系人的权利，如果其提出的异议符合民事诉讼法第二百三十四条案外人异议的条件，或者其债权符合参与分配的条件时，应依法保护其程序性权利与实体性权利。

【条文】

第五百条

人民法院在执行中需要办理房产证、土地证、林权证、专利证书、商标证书、车船执照等有关财产权证照转移手续的，可以依照民事诉讼法第二百五十八条规定办理。

【条文主旨】

本条是关于民事诉讼法第二百五十八条“有关财产权证照”具体类型的规定。

【条文理解】

执行程序离不开相关主体的协助，为此民事诉讼法用多个条文规定相关主体的协助义务，除本解释的第二百五十八条外，还有第二百四十九条关于查询、扣押、冻结、划拨、变价财产时有关单位的协助义务，第二百五十条扣留、提取收入时有关单位的协助义务等。本条将民事诉讼法第二百五十八条“有关财产权证照”予以具体化，以便于实践操作。理解本条需要注意两个问题：第一，虽然条文内容仅涉及财产权证照的转移，但是根据条文的立法目的及民法典物权编关于物权变动的相关规定，本条应扩大解释为包括物权变更登记的协助；第二，本条对于财产权证照的解释，采取的是列举加兜底的方法，以适应财产权类型的发展变化。

【审判实践中应当注意的问题】

执行实践中适用本条文时，应注意把握司法权与行政权之间的界限。执行法院不仅应该维护司法权威，也应防止不当侵犯行政权。一是在不动产初始登记的问题上，要尊重行政机关的审查判断权，对此，最高人民法院于2012年6月15日专门下发《关于转发住房和城乡建设部〈关于无证房产依据协助执行文书办理产权登记有关问题的函〉的通知》[①]予以规范；二是在探矿权、采矿权等行政许可色彩浓厚的财产权转移问题上，要注意严格依照生效法律文书来确定执行内容，同时注意与相关行政管理部门的沟通协调。

【条文】

第五百零一条

被执行人不履行生效法律文书确定的行为义务，该义务可由他人完成的，人民法院可以选定代履行人；法律、行政法规对履行该行为义务有资格限制的，应当从有资格的人中选定。必要时，可以通过招标的方式确定代履行人。

申请执行人可以在符合条件的人中推荐代履行人，也可以申请自己代为履行，是否准许，由人民法院决定。

【条文主旨】

本条是关于民事诉讼法第二百五十九条中人民法院可以“委托有关单位或者其他人完成”行为的解释，是关于如何执行“可以替代履行行为”的具体规定。

【条文理解】

1. 关于可以替代履行行为与不可替代履行行为

民事诉讼法第二百五十九条规定：“对于判决、裁定和其他法律文书指

---

① 该通知的主要内容为：“一、各级人民法院在执行程序中，既要依法履行强制执行职责，又要尊重房屋登记机构依法享有的行政权力；既要保证执行工作的顺利开展，也要防止‘违法建筑’等不符合法律、行政法规规定的房屋通过协助执行行为合法化。二、执行程序中处置未办理初始登记的房屋时，具备初始登记条件的，执行法院处置后可以依法向房屋登记机构发出《协助执行通知书》；暂时不具备初始登记条件的，执行法院处置后可以向房屋登记机构发出《协助执行通知书》，并载明待房屋买受人或承受人完善相关手续具备初始登记条件后，由房屋登记机构按照《协助执行通知书》予以登记；不具备初始登记条件的，原则上进行‘现状处置’，即处置前披露房屋不具备初始登记条件的现状，买受人或承受人按照房屋的权利现状取得房屋，后续的产权登记事项由买受人或承受人自行负责。三、执行法院向房屋登记机构发出《协助执行通知书》，房屋登记机构认为不具备初始登记条件并作出书面说明的，执行法院应在30日内依照法律和有关规定，参照行政规章，对其说明理由进行审查。理由成立的，撤销或变更《协助执行通知书》并书面通知房屋登记机构；理由不成立的，书面通知房屋登记机构限期按《协助执行通知书》办理。”

定的行为，被执行人未按执行通知履行的，人民法院可以强制执行或者委托有关单位或者其他人完成，费用由被执行人承担。”该条规定了对“行为义务”的两种执行方式：一是强制执行，二是委托他人履行（替代执行）。理论上一般认为，这两种执行方式分别对应两种不同性质的行为义务——不可替代履行的行为义务与可以替代履行的行为义务。

行为是否可以替代履行，区分的标准是行为性质。如果行为在性质上专属于义务人，则为不可替代履行的行为；如果行为在性质上能够由他人代为完成，则是可以替代履行的行为。前者如某著名演员的演出义务，后者如拆除障碍物的义务。

理论界关于行为是否可以替代的划分标准并不统一，主要有非限定说与限定说两种主张。非限定说认为，行为是否具有可替代性，应就能否满足执行债权为标准判断，如果一项行为由被执行人履行或由其他人履行，对于债权人的法律价值与经济价值并无不同，该项行为则为可替代行为。该项行为的债务人资格纵然在实际上无法由他人取代，只要能以债务人的代理人资格或机关代表资格而为该项行为，该项行为也属于可替代行为。即凡是事实行为与意思表示行为都是可替代行为，都可以由他人替代债务人完成，如签名行为或签发票据行为。限定说认为，除了非限定说要求的条件外，一项行为在性质上必须允许他人以自己的地位进行，才能认定该行为的可替代性。如签名行为或债务人承受票据债务的行为，他人都不能以自己地位取代债务人资格，所以都是不可替代行为。本条没有明确两种行为的划分标准，目的在于留待实践来检验两种标准的优劣，待积累经验后再予以明确。

区分行为是否可以替代，主要是为了适用不同的执行方法。可替代行为一般采用替代执行方法，不可替代行为的执行一般采用间接执行方法。前者是本条规定的内容，后者则由本解释第五百零三条予以规定。

2. 条文设计的背景

《92 年意见》第 283 条对不可替代行为的执行进行了补充规定，未规定可替代履行行为的执行方式。实践中此类案件时有发生，在具体处理上也积累了较为成熟的经验。为了规范执行行为，有必要予以规定。同时，最高人民法院起草的强制执行法（建议稿草案）中也有较为成熟的条文设计，本条文就是在强制执行法（建议稿草案）相关条文的基础上修改完善而来。

3. 条文具体内容的解读

条文的第一款包括三项内容。第一项内容是执行法院选定代履行人的条件。具体条件有两个：一个是被执行人不履行行为义务；二是该行为义务可由他人完成。此时执行法院可以选定代履行人。在实践中，常见的可以替代履行行为是一些事务性行为，如拆除障碍物等。交付种类物的执行中，购买种类物并予以交付也是一种可以替代履行行为。第二项内容是指对于某种特定资格代履行人的指定问题。常见的是交付建筑物不达标需要改良的案例。此时被执行人拒不履行改良义务，执行法院可以在有建筑资质的主体中指定代履行人完成该改良义务。第三项内容规定了确定代履行人的方式。一般来说，通过招标这种公开方式确定代履行人，可以引入竞争机制达到有效降低成本的目的，也能打消当事人的顾虑与猜疑，是一种应优先予以考虑的方法。但是实际上执行程序中的替代履行行为千差万别，在制度实施初期，不宜硬性要求，所以本条仅将招标作为可供选择的方法之一予以规定。

本条第二款规定了申请执行人能否成为代履行人的问题。基于如下两个理由，本条规定申请执行人可以推荐也可以自行申请成为代履行人。第一，被执行人怠于履行生效法律文书已经确定的行为义务，申请执行人具有实现生效法律文书确定权利的正当性与迫切性。第二，替代履行的行为一般是事务性行为，申请执行人与被执行人之间的利益冲突在履行事务性行为时表现得并不突出。当然，为了防止具体案件中当事人之间的利益冲突，本条还是规定了人民法院在申请执行人推荐、自荐代履行人时的决定权。

4. 其他国家和地区相关规定

我国台湾地区对于替代履行制度有明确而具体的规定。其“强制执行法”第127条第1项规定：“依执行名义，债务人应为一定行为而不为者，执行法院得以债务人之费用，命第三人代为履行。”

《德国民事诉讼法》第887条也对“可以代替的作为”进行了详细的规定：(1) 债务人不履行某种作为，而此种作为是第三人可以实行的，第一审受诉法院依申请授权债权人，以债务人的费用，实行之；(2) 债权人可以同时申请，判令债务人预付实行该项作为的费用，如实行该项作为支出超额费用时，有权再次请求；(3) 本条规定不适用于对物之交付或给付的强制执行。

此外，《韩国民事执行法》第260条、①《日本民事执行法》第171条与《美国联邦民事诉讼规则》第70条②也都规定了可替代行为的执行问题。

---

① 参见［韩］姜大成：《韩国民事执行法》，朴宗根译，法律出版社2010年版，第424~425页。

② 参见杨与龄编著：《强制执行法论》，中国政法大学出版社2002年版，第563页。

【审判实践中应当注意的问题】

第一，由于间接执行涉及对被执行人自由与精神的强制，具有更强的严厉性，因此，当一个行为能够适用替代执行的方法时，一般不采用间接执行措施。

第二，在代履行人的问题上，执行法院不仅具有指定的权力，也负有监督的责任。如果代履行人不能切实履行职责，执行法院应予以更换。

第三，道歉是兼具两种行为性质的特殊行为，通过在报纸刊物上登载道歉内容的，是可替代履行行为；当面道歉的，是不可替代履行行为。

【条文】

第五百零二条

代履行费用的数额由人民法院根据案件具体情况确定，并由被执行人在指定期限内预先支付。被执行人未预付的，人民法院可以对该费用强制执行。

代履行结束后，被执行人可以查阅、复制费用清单以及主要凭证。

【条文主旨】

本条是关于民事诉讼法第二百五十九条中“费用由被执行人承担”的规定。

【条文理解】

本条规定了四个问题。一是关于代履行费用的数额，由执行法院根据案件的具体情况确定。执行案件中需要替代履行的行为各不相同，其费用只能由人民法院根据具体案情确定。由于是预先估计，所以只能是大致的数额，具体数额须待行为完成后最终确定。二是代履行的费用由被执行人预先支付。由于被执行人怠于履行行为义务，该费用理应由其预先支付。三是对于被执行人未预付的，执行法院可以对该费用强制执行。此处，由于执行法院采取了替代履行的执行方法，被执行人的行为履行义务转化成了交付代履行费用的义务。当被执行人怠于履行该金钱债权给付义务时，执行法院可以作出交付代履行费用的法律文书，作为执行依据，对被执行人予以强制执行。四是本条第二款规定的被执行人关于履行费用的知情权。由于被执行人是代履行费用的承担者，对于代履行费用的具体支出情况及合理性，享有知情权与监督权，因此具体规定了被执行人在代履行结束后查阅、复制相关费用清单及凭证的权利。

我国台湾地区对于替代履行中的费用也有规定，其“强制执行法”第127条第2项规定：“前项费用，由执行法院酌定数额，命债务人预行支付或命债权人代为预纳，必要时，并得命鉴定人鉴定其数额。”

【审判实践中应当注意的问题】

第一，关于代履行费用的预付问题。本条虽然规定了被执行人预付代履行费用的责任，但在实践中，为了尽快推进执行程序，如果申请执行人愿意预先代付，也可以先启动代履行行为，再执行代履行费用。

第二，为了避免就代履行费用发生争议，可以参考我国台湾地区的做法，在必要时委托第三方对代履行费用的数额进行鉴定。

【条文】

第五百零三条

被执行人不履行法律文书指定的行为，且该项行为只能由被执行人完成的，人民法院可以依照民事诉讼法第一百一十四条第一款第六项规定处理。

被执行人在人民法院确定的履行期间内仍不履行的，人民法院可以依照民事诉讼法第一百一十四条第一款第六项规定再次处理。

【条文主旨】

本条是关于民事诉讼法第二百五十九条中“人民法院可以强制执行”内容的解释，是关于不可替代行为执行的具体规定。

【条文理解】

根据民事诉讼法第二百五十九条规定，被执行人怠于履行生效法律文书确定的行为义务，人民法院可以强制执行或者委托他人完成。本条主要解决人民法院如何强制执行被执行人履行行为义务的问题。

1. 关于第一款

一般认为，本条的人民法院可以强制执行的行为指不能替代履行的行为，如知名演员履行演出合同的行为义务。对于这种不能替代履行的行为，在各国和地区执行程序中都是一个难题。一般的处理办法是采用间接强制的方式，比如，对被执行人采取罚款、拘留措施。意在通过对被执行人心理的强制来达到迫使其履行的目的。我国民事诉讼法没有明确规定间接执行措施，但是在第一百一十四条第一款第六项规定，可以对拒不履行已经发生法律效力的判决、裁定者处以罚款与拘留。[①] 通过援引适用该条，同样可以达到间接执行措施的效果。

2. 关于第二款

规定第二款的意义和理由在于：第一，实践中，执行难问题愈演愈烈，有的被执行人为了逃避、抗拒执行，宁愿被拘留十五日也不愿履行。此时，执行法院对于拘留一次之后仍抗拒执行的被执行人，能否再次适用拘留等措施存在不同认识。本条第二款能消除实践中的困惑，促进执行工作。第二，本解释第一百八十四条对此有明确规定："对同一妨害民事诉讼行为的罚款、拘留不得连续适用。发生新的妨害民事诉讼的行为的，人民法院可以重新予以罚款、拘留。"本条第二款与其保持了一致性。第三，对我国台湾地区相关规定的有益借鉴。我国台湾地区"强制执行法"第128条规定，对债务人怠于履行不能替代行为义务，法院予以拘留或者罚款后，再责令其在确定期间内履行仍不履行的，可以再处罚款。[②]

【审判实践中应当注意的问题】

执行实践中应当注意，要严格掌握本条第二款的适用条件。要综合考虑被执行人不履行行为的主观恶性、行为履行的可能性等因素，谨慎判断是否再次采取处罚措施。避免滥用该制度连续处罚被执行人，侵犯被执行人的人身权利。

【条文】

第五百零四条

被执行人迟延履行的，迟延履行期间的利息或者迟延履行金自判决、裁定和其他法律文书指定的履行期间届满之日起计算。

【条文主旨】

本条是关于民事诉讼法第二百六十条"迟延履行期间的债务利息""迟

---

① 民事诉讼法第一百一十四条规定："诉讼参与人或者其他人有下列行为之一的，人民法院可以根据情节轻重予以罚款、拘留；构成犯罪的，依法追究刑事责任：……（六）拒不履行人民法院已经发生法律效力的判决、裁定的。人民法院对有前款规定的行为之一的单位，可以对其主要负责人或者直接责任人员予以罚款、拘留；构成犯罪的，依法追究刑事责任。"

② 我国台湾地区"强制执行法"第128条规定："依执行名义，债务人应为一定之行为，而其行为非他人所能代为履行者，债务人不为履行时，执行法院得定债务人履行之期间。债务人不履行时，得拘提、管收之或处新台币三万元以上三十万元以下之怠金。其续经定期履行而仍不履行者，得再处怠金。"

延履行金”的计算起点的规定。

【条文理解】

本条是关于迟延履行期间债务利息的计算，看似简单，实际上需要谨慎处理。这里主要涉及一个计算起点的问题。本条的“届满之日”应根据民事诉讼法第八十五条第二款的规定来理解，其明确：“期间以时、日、月、年计算。期间开始的时和日，不计算在期间内。”

《最高人民法院关于执行程序中计算迟延履行期间的债务利息适用法律若干问题的解释》将迟延履行期间的利息区分为迟延履行期间的一般债务利息和加倍部分债务利息。在规定一般债务利息根据生效法律文书确定的方法计算的同时，对加倍部分债务利息计算的起点作了具体规定。该司法解释第二条规定：“加倍部分债务利息自生效法律文书确定的履行期间届满之日起计算；生效法律文书确定分期履行的，自每次履行期间届满之日起计算；生效法律文书未确定履行期间的，自法律文书生效之日起计算。”上述条文可以视为对本条文具体细化的规定。[①]

【审判实践中应当注意的问题】

执行实践中应当注意，要联系《最高人民法院关于执行程序中计算迟延履行期间的债务利息适用法律若干问题的解释》的具体规定适用本条规定。

【条文】

第五百零五条

被执行人未按判决、裁定和其他法律文书指定的期间履行非金钱给付义务的，无论是否已给申请执行人造成损失，都应当支付迟延履行金。已经造成损失的，双倍补偿申请执行人已经受到的损失；没有造成损失的，迟延履行金可以由人民法院根据具体案件情况决定。

【条文主旨】

本条是关于民事诉讼法第二百六十条“迟延履行金”计算标准的规定。

---

① 需要说明的是，由于关于执行程序司法解释条文的数量众多，受本解释条文数量的限制，无法全部纳入。因此，在制定本司法解释之初，就确定了本解释与执行程序具体司法解释的关系：本解释只规定涉及“审执关系”的问题及执行程序中的基本制度，具体问题留待专门执行司法解释解决。

【条文理解】

迟延履行金问题是执行实践中的一个疑难问题。在调研过程中，大家主要反映了如下问题：一是未造成损失情况下迟延履行金的支付标准；二是执行程序中是否有权判断损失及其程度；三是在迟延履行期间债务利息的计算标准已经被《最高人民法院关于执行程序中计算迟延履行期间的债务利息适用法律若干问题的解释》改变的情况下，对于迟延履行非金钱给付义务且造成损失的，一律双倍予以补偿是否合适；四是当事人对于迟延履行金发生争议时如何救济。迟延履行金制度存在的上述重大争议，导致在执行实践中的适用大受限制，因此，该制度有必要予以完善。但该问题涉及"审执关系"的协调，过于复杂，一时难以达成共识。故本解释未予修改，留待具体执行司法解释再予完善。

【审判实践中应当注意的问题】

执行实践中应当注意，充分考虑被执行人的主观恶性、经济承受能力等各种因素，慎重确定迟延履行金的数额，并保证被执行人的救济途径。

【条文】

第五百零六条

被执行人为公民或者其他组织，在执行程序开始后，被执行人的其他已经取得执行依据的债权人发现被执行人的财产不能清偿所有债权的，可以向人民法院申请参与分配。

对人民法院查封、扣押、冻结的财产有优先权、担保物权的债权人，可以直接申请参与分配，主张优先受偿权。

【条文主旨】

本条是关于参与分配程序的一般性条款的规定。

【条文理解】

本条规定的"有优先权、担保物权的债权人，可以直接申请参与分配"，意味着该等权利人申请参加参与分配程序，不以取得执行依据为限。允许享有优先受偿权但未取得执行依据的人参加到参与分配程序中来，其理由在于：优先受偿权资格或者是来源于查封前的担保物权，或者是基于法律的特殊规定，应予以优先保护。就源于查封前抵押权的债权人而言，抵押权的强制执行程序要求其必须提前行使抵押权，这本身就不利于抵押权人，[①] 如果再要求其事先必须取得执行依据，则破坏了抵押权制度的目的。

【审判实践中应当注意的问题】

第一，在被执行人为自然人或者其他组织的情况下，其他的普通债权人申请参与分配，应该以取得执行依据为前提。

第二，应该从宽把握“被执行人的财产不能清偿所有债权”要求，保障普通债权人申请参与分配的权利。规定参与分配制度的目的，在于保障被执行人不具备破产资格情形下债权的平等受偿。实践中有的法院严格要求债权人必须证明“被执行人的财产不能清偿所有债权”，这不符合参与分配制度的目的。

第三，由于享有优先权、担保物权的债权未经过生效法律文书的确认，在参与分配程序中，如果其他债权人对于债权的真伪、数额等提出异议的，应保障其通过执行异议、案外人异议程序获得救济的权利。

【条文】

第五百零七条

申请参与分配，申请人应当提交申请书。申请书应当写明参与分配和被执行人不能清偿所有债权的事实、理由，并附有执行依据。

参与分配申请应当在执行程序开始后，被执行人的财产执行终结前提出。

【条文主旨】

本条是关于当事人申请参与分配的程序性规定。

【条文理解】

执行程序中的一般原则是“先主张者先受偿”，参与分配只是在债务人财产不能清偿全部债务时的补充制度，因此，要求申请书写明不能清偿所有

① 关于强制执行程序对被执行财产上担保物权的影响，存在“承受主义”与“涂消主义”的不同规定，前者是说，对于担保物权要随着被执行财产一并处分，买受人要承受被执行财产的担保权利负担。后者是说担保物权在处分被执行财产时被涤除，买受人买到的是不存在担保负担的“净物”。两种规定各有其优劣。我国采用的“涂消主义”，虽然被执行财产处分后要首先清偿担保物权保障的债权，但是导致了该债权的提前清偿，很多时候并不符合债权人的利益。关于执行程序中对于担保物权处理的规定与各自优劣，可以参见杨与龄编著：《强制执行法论》，中国政法大学出版社2002年版，第22~24页。

债权的事实与理由是妥当的，而且本条也是仅仅要求在申请书中写明相关事实与理由，并未规定严格的证明责任。因此，对于本条该处的正确理解是，只要申请人在申请书中予以说明，执行法院形式审查后即应准许。执行实践中要求申请执行人必须证明被执行人不能清偿所有债务，是错误的。但是该错误的主要原因不是原条文规定的问题，而是执行法院理解错误或者背后有地方保护等其他因素。

【审判实践中应当注意的问题】

执行实践中应注意，审查参与分配申请时，不应苛求申请执行人必须证明被执行人不能清偿所有债务，或给参与分配申请设置过多的障碍，以切实实现参与分配制度平等保护债权的立法目的。

【条文】

第五百零八条

参与分配执行中，执行所得价款扣除执行费用，并清偿应当优先受偿的债权后，对于普通债权，原则上按照其占全部申请参与分配债权数额的比例受偿。清偿后的剩余债务，被执行人应当继续清偿。债权人发现被执行人有其他财产的，可以随时请求人民法院执行。

【条文主旨】

本条是关于分配程序中的清偿顺序的规定。

【条文理解】

本条中的“参与分配执行中”的主体为被执行人为自然人或者其他组织、已经取得执行依据的债权人等，因为本解释前面的条文已经规定了参与分配制度的适用要件如“被执行人为自然人或者其他组织”“已经取得执行依据的债权人”等内容，所以此处无须再予以重复。

本条将普通债权受偿原则明确为“原则上按照其占全部申请参与分配债权数额的比例受偿”。就普通债权的清偿原则问题，目前实践中的多数意见是应对首先申请查封财产的债权予以适当优待，以实现财产保全制度的目的，同时缓解执行程序中财产查找的困难。关于优待的具体方式，本条文最初设计的方案是对首先申请查封财产的债权优先受偿 20%，剩余债权按照普通债权平等受偿。在讨论过程中，有意见认为“20%的优先受偿”没有法律依据，可以考虑适当优先满足其为查封而支出的必要费用。还有观点认为，优待首先查封的债权并不合适，还是应该坚持平等受偿的原则。理由在于：

第一，缺乏法律依据。这样规定实质上是创设了一个法定优先权。在缺乏法律基础的情况下，司法解释创设法定优先权的合法性存疑。第二，违反了参与分配的制度精神。参与分配制度是为了实现破产制度的功能，而破产制度坚持平等受偿的原则。第三，会带来其他问题。实践中，有些查封是法院的职权行为，不好确定谁是首先查封的债权人。如果优待首先查封债权，可能会引发道德风险。

考虑到本解释的基础性地位，本条只规定了“原则上按照比例平等受偿”的原则，至于是否优待、如何优待首先查封债权等具体问题，则留给了参与分配的专门司法解释去解决。

【审判实践中应当注意的问题】

执行实践中应注意，参与分配程序不产生债务免除的法律后果，如果经参与分配后债权未能得到完全满足，则应根据本解释关于终结本次执行程序的规定，终结本次执行程序。

【条文】

第五百零九条

多个债权人对执行财产申请参与分配的，执行法院应当制作财产分配方案，并送达各债权人和被执行人。债权人或者被执行人对分配方案有异议的，应当自收到分配方案之日起十五日内向执行法院提出书面异议。

【条文主旨】

本条是关于参与分配应当制作分配方案以及对分配方案提出异议的规定。

【条文理解】

本条所适用异议事项的范围。在参与分配程序中，也存在程序性异议与实体性异议的区别。前者如是否应该适用参与分配程序、参与分配的通知瑕疵、数额计算是否准确等；后者如分配方案所列债权是否存在、是否应予优先受偿等。本条规定当事人“对分配方案有异议的”，可以向执行法院提出，加上后续规定了分配方案异议之诉的救济程序，可以得知本条适用于当事人提出的实体性异议。而对于程序性异议，则适用民事诉讼法第二百三十二条关于异议、复议的规定予以处理。

有的法院对参与分配程序中的具体异议事项应当适用何种程序处理进行了总结。认为应当适用民事诉讼法第二百三十二条处理的事项有：就是否适用参与分配程序的决定、申请参与分配的债权人是否适格的认定、债权人申请参与分配是否逾期的认定、分配方案的送达等相对容易确定的程序性事项提出的异议。应当适用本条处理的事项有：就分配方案中债权的分配数额、分配顺位、是否已经履行、是否超过申请执行时效等相对难以确定和涉及重大实体利益的事项所提出的异议。①

关于对生效法律文书确定的债权能否提出异议的问题，本条未予规定，这在实践中存在争议。我国台湾地区“强制执行法”对此区分了两种情况予以规定。第一种情况，对于经过具有既判力的生效法律文书（如判决）确定的债权，只有依据生效法律文书成立后发生的消灭或妨碍债权人请求之事由（如清偿），才能提出异议。第二种情况，如果生效法律文书不具有既判力，则依据生效法律文书成立前的事由，也可以提出异议。关于既判力理论，在实践中可以借鉴我国台湾地区的做法。对于生效法律文书成立后发生的导致债权消灭或者不能主张的事由，当事人可以据以提出异议；但是对于生效法律文书本身提出质疑的，则不能通过分配方案异议程序处理，而是要通过审判监督程序救济。

【审判实践中应当注意的问题】

第一，应注意区分程序性异议与实体性异议，本条仅适用于实体性异议。

第二，当事人对于生效法律文书确定的债权提出异议的，应当注意区分不同情形分别予以处理。

【条文】

第五百一十条

债权人或者被执行人对分配方案提出书面异议的，执行法院应当通知未提出异议的债权人、被执行人。

未提出异议的债权人、被执行人自收到通知之日起十五日内未提出反对意见的，执行法院依异议人的意见对分配方案审查修正后进行分配；提出反对意见的，应当通知异议人。异议人可以自收到通知之日起十五日内，以提出反对意见的债权人、被执行人为被告，向执行法院提起诉讼；异议人逾期未提起诉讼的，执行法院按照原分配方案进行分配。

---

① 参见北京市高级人民法院执行局调研组：《关于案款分配及参与分配问题的调研报告》，载江必新、刘贵祥主编：《执行工作指导》2014 年第 4 辑。

诉讼期间进行分配的，执行法院应当提存与争议债权数额相应的款项。

【条文主旨】

本条是关于分配方案异议处理程序及分配方案异议之诉的规定。

【条文理解】

本条源自《执行程序解释》第十八条，主要包括两项内容：一是对于分配方案异议的处理；二是分配方案异议之诉。2007 年民事诉讼法没有规定分配方案异议之诉，该制度是 2007 年民事诉讼法修改后，依照保障当事人实体权利救济精神、“审执分离”原则，通过司法解释创立的制度。

1. 对于分配方案异议的处理

由条文规定可以看出，就执行程序中对分配方案异议的处理，执行法院贯彻的是“当事人主义”，并不需要行使对异议进行审查的职权，只是将当事人的异议告之相关权利主体，如果没有对异议的反对意见，执行法院则按照异议的意见修改分配方案并予以分配；如果有人提出了反对意见，执行法院则通知异议人并等待十五日，根据异议人是否起诉而决定或者按照原方案分配，或者将争议份额提存。

如此规定贯彻了“审执分离”原则，也符合一般法理。但是这种无任何职权干预的运作模式，可能会使并无多少实质影响的异议也进入异议之诉程序。有的法院反映，如果严格按照本条文的字面意思进行操作，则在逻辑上会反复出现异议之诉的情况，在实践中无法有效推进参与分配程序。

实践中，执行法院一般会在保障当事人权利的情况下，在程序中发挥主导作用，多做当事人的说服解释工作，引导当事人就参与分配方案达成一致意见，避免非实质性的争议进入参与分配方案异议之诉。

2. 关于分配方案异议之诉

分配方案异议之诉的目的在于解决争议当事人之间关于分配方案的争议。由于分配方案的部分变动可能会导致其他债权的受偿比例发生变化，所以分配方案异议之诉的结果会影响到其他债权人。而本条只规定了异议人为原告，对异议提出反对意见的人为被告，未涉及其他人的诉讼地位问题。因此，诉讼中是否应追加其他人为第三人（或者被告），值得讨论。实践中有的法院将除争议双方外的其他所有债权人、被执行人追加为第三人，一揽子解决争议问题。我们认为，对此无须统一规定，可由审判庭根据争议事项是否会影响到其他主体的权利而予以灵活掌握。

【审判实践中应当注意的问题】

第一，执行程序中应当在保证当事人权利的情况下，多做当事人的说服解释工作，引导当事人就参与分配方案达成一致意见。

第二，分配方案异议之诉中的审理应根据案情需要决定是否追加争议当事人之外的相关权利主体为第三人，以彻底解决纠纷。

【条文】

第五百一十一条

在执行中，作为被执行人的企业法人符合企业破产法第二条第一款规定情形的，执行法院经申请执行人之一或者被执行人同意，应当裁定中止对该被执行人的执行，将执行案件相关材料移送被执行人住所地人民法院。

【条文主旨】

本条是关于民事诉讼法第二百六十三条第一款第五项“人民法院认为应当中止执行的其他情形”的规定。

【条文理解】

民事执行程序是实现权利人权利时最自然、最直接的司法程序。债务人不履行债务时，债权人往往会诉诸执行程序来实现债权。在实现债权的执行中，执行程序是在坚持债权平等的原则下按照“先来先得”的规则处分债务人财产。债权人的利益要通过执行程序实现，其前提是债务人要有现存财产。在债务人具有充足现存财产的情形下，可以说民事执行程序是实现债权人利益的最佳手段。

但是实践中，债务人有时没有现存财产。此时，从执行的角度看，执行程序无法顺利进行；而从债务人的财产状态看，债务人通常都是不能清偿该债务且资产不能清偿全部债务（即资不抵债）或者明显缺乏清偿能力。在债务人为企业法人的情形下，按照企业破产法第二条第一款“企业法人不能清偿到期债务，并且资产不足以清偿全部债务或者明显缺乏清偿能力的，依照本法规定清理债务”之规定，应当适用企业破产程序来清偿债务。然而，从企业破产法第七条“债务人有本法第二条规定的情形，可以向人民法院提出重整、和解或者破产清算的申请。债务人不能清偿到期债务，债权人可以向人民法院提出对债务人进行重整或者破产清算的申请。企业法人已解散但未清算或者未清算完毕，资产不足以清偿债务的，依法负有清算责任的人应当向人民法院申请破产清算”之规定以及其第一百三十四条关于金融机构破产的专门规定来看，破产程序启动系采取申请主义，即只有特定当事人（债权人、债务人或清算义务人等）向法院申请债务人企业破产时，法院才能适用破产程序。当事人未向法院要求启动破产程序时，破产程序无法启动。

事实上，2007年企业破产法实施以来至2015年《民事诉讼法解释》制定前，人民法院受理的破产案件数量愈来愈少。据统计，2008年至2010年三年间，全国人民法院受理的企业破产案件数量每年为3500件左右，2011年、2012年这一数字分别为2500余件、2100余件，2013年这一数字则降至2000件以下（为1998件）。与此同时，工商行政管机关[①]每年吊销、注销的企业数量均在70万件以上。这至少说明，相当一批经营不善且已符合破产条件的企业未依法适用破产程序即退出市场。之所以债务人企业未适用破产程序，主要有以下几方面的原因：首先是当事人不愿启动破产程序。就债权人来讲，其一般都是希望通过执行程序尽快实现自身权利。其担心申请债务人破产后其他债权人参与到债务人财产分配中会降低自己的受偿率，也会使其他债权人“搭便车”，所以债权人申请债务人破产的动力并不充足；就债务人来讲，其担心启动破产程序后将面对所有债权的清偿问题，而且企业内部诸多矛盾可能会呈现，这都对债务人尤其是债务人的管理层不利。所以债务人有时也不愿启动破产。其次是社会有关方面对企业破产法律制度还存有一些片面的认识。有的对破产的理解还往往停留在“企业消亡”“职工下岗”等层面，而忽视了破产制度在企业挽救、资产保值、公平清偿、矛盾化解等方面的重要积极意义，所以企业启动破产程序时受到的制约较多。最后是破产案件涉及的问题较多，耗费司法资源较大，在科学合理的绩效考评机制建立之前有的法院对破产案件存在畏难情绪，这在一定程度上也影响了企业破产程序的正常启动。债务人企业已丧失清偿能力且符合企业破产法第二条规定的破产条件情形下，如果不及时启动破产程序，不仅容易导致债务人企业财产进一步耗损，而且会使全体债权人利益无法得到公平、有效实现，进而使执行难问题进一步凸现。同时，丧失清偿能力的企业中相当一部分是没有经营前景的企业，这类企业不依法退出市场将会增加市场经济中的信用风险。

相反，债务人企业依法及时进入破产程序，则有利于充分实现各方主体利益。因为，债务人企业丧失清偿能力（即债务人没有现存财产）有如下几种状态：一是这一状态是由债务人之前的欺诈行为所造成。比如，债务人企业为逃避法院在未来采取执行行为，就在债权到期前或者执行程序启动前故意将财产低价转让、无偿赠与他人或者故意构造虚假债务并清偿等，结果待债权人申请执行时债务人已身无分文，故而呈现出“债务人没有现存财产”

① 现为市场监督管理机关。

状态。这种情况下，执行程序很难实现债权人利益。二是这一状态是由债务人一时的特殊原因所造成。此时，通过执行程序不仅所得无几而且可能成本较大，通过执行程序实现债权人利益几无可能。相反，如果能给债务人企业以时间以便企业改善经营管理、调整财务结构、重新把握商机等，债务人企业可能最终能够摆脱困境，进而清偿债务以充分实现债权人的利益。三是"债务人没有现存财产"不仅是当下的现实情况，而且也是未来的确定状态。这种情况下，不仅申请执行人的利益无法实现，而且其他债权人的利益也无法实现，另外，这种企业的持续存在也会给市场秩序和市场信用造成威胁，甚至制造更多的诉讼与执行纠纷。四是在多个债权人同时对债务人申请执行时，债务人的现存财产仅能清偿部分债权人的债务而不足以清偿全部债权人的债务。此时，法院必须在债权人间进行公平清偿。

以上几种情形都使得执行程序难以实现预设的功能价值，此时企业破产法律制度恰恰就有了用武之地。具体地说，对上述第一种情形，企业破产法第三十一条、第三十二条规定的可撤销制度以及第三十三条规定的无效制度，可以收回因债务人不当行为所丧失的财产。另外，破产程序中还可以收回企业管理人员先前获得的不当报酬。这样就可能消除债务人没有现存财产之状态，实现债权人利益。对第二种情形，可以通过破产重整程序以盘活债务人营业从而恢复债务人生机，使得债务人重新获得财产以清偿债权人。上述第三种情形，就更需要通过及时的破产清算程序使得债务人企业尽快退出从而净化市场环境，同时避免执行程序久拖不决。上述第四种情形下，破产程序是公平清偿债权人最规范的程序，积极启动破产程序是解决债权人利益冲突的最佳手段。综上，只要执行程序中还存在着"债务人没有现存财产可供执行"这种情况，法院在执行程序中就需要将"余光"投向破产程序，应当采取积极措施启动破产程序来化解执行中的困难。

本条规定即是在执行程序与破产程序之间建立链接。执行法院对债务人企业财产情况具有信息优势，当债务人企业不能向申请执行人清偿时，如果执行法院审查认为债务人企业符合破产条件，就应当考虑依法提起破产程序。如前所述，因现行破产程序启动需当事人申请，所以在当事人未提出申请时，执行法院应当征求申请执行人或者被执行人意见。如果申请执行人之一或者被执行人同意进入破产程序，就相当于当事人对被执行企业提出了破产请求，此时，从便利当事人诉讼的角度考虑，执行法院就应当将有关材料移送对破产案件有管辖权的法院（即被执行人住所地法院）以便依法启动破产程序。同时，为了便于受移送的法院审查有关材料，在该法院裁定是否受理破产案件前，执行法院有必要按照民事诉讼法第二百六十三条第一款第五项的规定中止执行。

本条在 2015 年确立后，2017 年最高人民法院印发了《关于执行案件移送破产审查若干问题的指导意见》，专门就执行案件移送破产审查制定了《关于执行案件移送破产审查若干问题的指导意见》，确立了移送工作的原则、程序、监督等问题。从近几年的实施情况看，执行案件移送破产审查工作切实达到了及时、公平、有效保护债权人的效果。

【审判实践中应当注意的问题】

第一，本条规定并不排除执行法院向当事人释明由其直接提起破产申请。即执行法院发现被执行企业法人可能符合破产条件时，可先告知申请执行人或被执行人直接向被执行企业住所地人民法院申请破产。

第二，执行法院在移送相关材料时应当依照企业破产法第三条的规定向被执行人住所地法院移送，在移送的同时就应当中止执行，要切实防止继续执行情形发生。

第三，申请人执行人或者被执行人的“同意”，既可以是被执行人执行不能时当事人表示同意，也可以是在申请执行人申请执行之初即表示同意。总之，只要当事人表明了有启动破产程序的意愿，执行法院就应当移送相关材料。

【条文】

第五百一十二条

被执行人住所地人民法院应当自收到执行案件相关材料之日起三十日内，将是否受理破产案件的裁定告知执行法院。不予受理的，应当将相关案件材料退回执行法院。

【条文主旨】

本条是关于民事诉讼法第二百六十三条第一款第五项“人民法院认为应当中止执行的其他情形”的进一步规定。

【条文理解】

经申请执行人或者被执行企业法人同意，执行法院依照本解释第五百一十一条的规定将相关材料移送债务人住所地法院后，包括破产程序、执行程序在内的有关程序如何推进需要进一步明确。本条即对这方面的重要问题作出规定。本条主要解决受移送法院对相关材料的审查问题以及审查后的处理程序问题，目的是确保执行法院与受移送法院工作良好衔接。

1. 受移送法院对相关材料的审查问题

执行程序中，作为被执行人的债务人企业执行不能时，经执行法院审查并经有关当事人同意，执行法院将债务人企业有关材料移送被执行企业住所地法院。对此，认识上存有两种观点：一种观点认为，如果执行法院认为被执行企业符合企业破产法规定的破产条件，那么执行法院应当专属管辖破产案件，不必再向被执行企业住所地法院移送；另一种观点认为，此时仍应当适用企业破产法关于破产案件的管辖规定，执行法院应当将案件移送给债务人住所地的法院。本解释采纳了后一种意见，主要考虑是：一方面，企业破产法第三条已明确规定了破产案件由债务人住所地法院管辖，这是法律对企业破产案件管辖作出的特殊规定，应当坚持，何况执行法院移送案件与当事人主动申请破产后的程序并无区别，无设定特殊管辖的必要；另一方面，企业破产案件涉及债务人财产清收、召开债权人会议以及与企业所在地的政府有关部门沟通协调，所以由债务人住所地法院管辖更为有利。

被执行企业住所地人民法院收到执行法院移送的材料后，仍应当依照企业破产法第二条第一款的规定审查被执行企业是否符合破产条件。企业破产法第二条第一款规定："企业法人不能清偿到期债务，并且资产不足以清偿全部债务或者明显缺乏清偿能力的，依照本法规定清理债务。"该款规定确立了企业法人破产两种情形，即不能清偿到期债务且资产不足以清偿全部债务，或者不能清偿到期债务且明显缺乏清偿能力。被执行企业符合上述两种情形之一的，被执行人住所地法院就应当受理破产案件。

不能清偿到期债务，一般是指债务人以明示或默示的形式表示其不能支付到期债务，强调的是债务人不能清偿债务的外部客观行为，而不是债务人财产的客观状况。在域外，"不能清偿到期债务"有的被直接表述为"停止支付"，即只要债务人未清偿到期债务，就符合"不能清偿到期债务"之要求。停止支付之表述更形象地界定了破产条件的构成要素。认定不能清偿到期债务应当注意两方面的问题：第一，所不能清偿的债务系依法成立。如债务人不否认或者无正当理由否认债权债务关系，或者债务已经生效法律文书确定。当事人对债权债务关系存在争议，原则上应当通过诉讼程序予以解决，但如果债务人提出的异议，经人民法院形式审查后，发现没有任何证据支持或者明显与事实不符的，就不应对人民法院受理破产案件产生影响。这样规定是为了防止债务人以毫无正当理由和证据的异议拖延破产程序的启动。此外，已经生效法律文书确认的债务，比如，已处于执行程序中的债务，当然应当视为债权债务关系已经确定。第二，债务人未清偿债务的状态客观存在。不论债务人的客观经济状况如何，只要其没有完全清偿到期债务，均构成不能清偿到期债务。将不能清偿到期债务作为破产条件中的主要要素，尤其是作为债权人申请债务人破产清算时破产条件的推定依据，易于为债权人发现和举证证明，能够使债权人尽早启动破产程序，从而保护债权人的合法权益。正是因为被执行企业不能清偿债务时执行法院才将相关材料移送该企业住所地法院，所以可以说，在执行法院移送材料时被执行企业“不能清偿到期债务”要件是完全齐备的。

资产不足以清偿全部债务，通常是指债务人的现有资产不足以清偿全部债务，即通常所说的资不抵债或债务超过。资不抵债的着眼点是资债比例关系，考察债务人的偿还能力仅以实有财产为限，不考虑信用、能力等可能影响债务人清偿能力的因素。计算债务数额时，不考虑是否到期，均纳入债务总额之内。通常用来判断债务人是否资不抵债的标准为资产负债表，其反映了企业资产、负债、所有者权益的总体规模和结构，以此判断债务人的资产状况具有明确性和客观性。但是考虑到资产负债表反映的企业资产价值具有期限性和不确定性，在由企业自行制作的情况下甚至可能存在严重的虚假情况，因此，《最高人民法院关于适用〈中华人民共和国企业破产法〉若干问题的规定（一）》第三条也将审计报告、资产评估报告等作为判断债务人资产总额是否资不抵债的依据。资产不足以清偿全部债务是对债务人客观偿债能力的判断，因此，应当以债务人的真实财产数额为基础，如果当事人认为债务人的资产负债表或者审计报告、资产评估报告等记载的资产状况与实际状况不符的，应当允许当事人提交相应的证据予以证明，从而推翻资产负债表、审计报告或者资产评估报告的结论。执行程序中，执行法院认为被执行企业资不抵债而将相关材料移送后，受移送法院还要专门审查债务人企业是否资不抵债。有时执行过程中发现债务人资不抵债，但是移送相关材料后由于市场形势变化被执行企业资产增值，结果资产可以清偿全部负债，此时，被执行企业就可能不符合破产条件。

明显缺乏清偿能力，是指债务人因丧失清偿能力而无法偿还到期债务的客观财产状况，即不能以财产、信用或者能力等任何方式清偿债务。债务人不能清偿到期债务时通常都已资不抵债，但有的情况下，在债务人账面资产尚未超过负债时，也可能因资产结构不合理、资产长期无法变现等因素，对到期债务缺乏现实支付能力而无法支付。明显缺乏清偿能力的着眼点在于债务关系能否正常了结，与资不抵债的着眼点在于资债比例关系不同。企业破产法将债务人不能清偿到期债务并且明显缺乏清偿能力作为破产条件之一，目的在于涵盖债务人不能清偿到期债务并且资产不足以清偿全部债务之外的其他情形，以适度缓和破产程序适用的标准，弱化破产条件中关于资不抵债的要求。[①] 因企业破产法的规定相对抽象，所以《最高人民法院关于适用〈中华人民共和国企业破产法〉若干问题的规定（一）》第四条列举了明显缺乏清偿能力的几种主要情形，其中就包括经人民法院强制执行无法清偿债务。实际上，只要在执行程序中被执行企业经强制执行还无法清偿债务，那么该企业一般都符合破产条件，此时受移送的法院一般都应受理破产案件。

2. 审查后的处理程序问题

执行法院向被执行企业住所地法院移送相关材料系经当事人同意，所以，被执行企业住所地法院收到材料后就相当于当事人向该法院提出了破产申请，此时，该法院应当按照企业破产法的规定对材料进行审查。企业破产法第十条第一款规定“债权人提出破产申请的，人民法院应当自收到申请之日起五日内通知债务人。债务人对申请有异议的，应当自收到人民法院的通知之日起七日内向人民法院提出。人民法院应当自异议期满之日起十日内裁定是否受理”，第二款规定“除前款规定的情形外，人民法院应当自收到破产申请之日起十五日内裁定是否受理”。从这些规定可以看出，破产案件受理法院在收到申请材料之日起不超过三十日内应当裁定是否受理破产案件。遵循这一精神，本条司法解释将受移送法院的审查期间确定为三十日。

受移送法院裁定受理破产案件的，应当及时告知执行法院，以便执行法院依照企业破产法第十九条“人民法院受理破产申请后，有关债务人财产的保全措施应当解除，执行程序应当中止”之规定解除保全措施和继续中止执行程序。受移送法院裁定不予受理破产案件的，亦应当让执行法院知晓并将相关材料退回执行法院，以便于执行法院恢复执行。

【审判实践中应当注意的问题】

第一，执行法院对被执行企业是否符合破产条件是初步判断，被执行企业住所地法院收到执行法院移送的材料后仍应当依照企业破产法第二条的规定审查是否符合破产条件。

第二，受移送法院在收到移送的材料后应当及时审查，应当在法定期间内告知执行法院是否受理破产案件。

---

① 参见宋晓明、张勇健、刘敏：《〈关于适用企业破产法若干问题的规定（一）〉的理解与适用》，载《人民司法》2011 年第 21 期。

第三，被执行企业在多个法院都是被执行人的，其中一个执行法院将相关材料移送被执行企业住所地法院后，包括该执行法院在内的所有执行法院都应中止执行。

第四，在级别管辖方面，为适应破产审判专业化建设的要求，应以中级人民法院管辖为原则、基层人民法院管辖为例外。中级人民法院经高级人民法院批准，也可以将案件交由具备审理条件的基层人民法院审理。

【条文】

第五百一十三条

被执行人住所地人民法院裁定受理破产案件的，执行法院应当解除对被执行人财产的保全措施。被执行人住所地人民法院裁定宣告被执行人破产的，执行法院应当裁定终结对该被执行人的执行。

被执行人住所地人民法院不受理破产案件的，执行法院应当恢复执行。

【条文主旨】

本条是关于民事诉讼法第二百六十三条第二款“中止的情形消失后，恢复执行”、第二百六十四条第六项“人民法院认为应当终结执行的其他情形”的规定。

【条文理解】

执行法院将被执行企业法人相关材料移送该企业住所地法院后，该企业住所地法院经审查材料会作如下处理：要么认为该企业符合企业破产法第二条第一款规定的破产条件，进而裁定受理该企业破产；要么认为该企业不符合法定条件，进而裁定不予受理该企业破产。无论作哪种处理，因先前的执行程序仍处于暂时中止状态，所以在就破产问题作出裁定后，上述执行程序均应当作相应协调。本条即是对执行程序的协调问题进行规定。

1. *不启动破产程序时执行法院之处理*

被执行企业法人住所地法院裁定不受理破产案件时，破产程序将不能启动。此时，因本解释第五百一十二条规定该法院应将是否受理之裁定告知执行法院，同时，在不予受理的情形下还要将相关材料退回执行法院，所以，执行法院能够清楚地知道破产程序启动情况。破产程序不启动时，执行法院恢复执行程序就不存在影响破产程序的问题，执行法院继续中止执行程序也无实际意义，所以这时执行法院应当依照民事诉讼法第二百六十三条第二款“中止的情形消失后，恢复执行”之规定来继续执行。

2. *启动破产程序时执行程序之中止*

被执行企业法人住所地法院裁定受理破产案件时，破产程序将启动。破产程序在性质上是概括的执行程序，其启动后破产企业所有权利人的权利都要在该程序中来实现，而不得在破产程序之外个别地进行。所以破产程序实际上排斥个别的执行程序。据此，企业破产法第十九条规定："人民法院受理破产申请后，有关债务人财产的保全措施应当解除，执行程序应当中止。"该条明确规定在破产程序启动后，既要中止执行程序，又要将关于债务人财产的保全措施解除。在执行法院将相关材料移送被执行企业法人住所地法院时，执行法院已同时中止执行，只不过此时的中止执行并不是依照企业破产法第十九条的规定而中止，而是依照民事诉讼法第二百六十三条第一款第五项"人民法院认为应当中止执行的其他情形"之规定而中止。在破产程序启动后，执行法院即应当依照企业破产法第十九条的规定继续中止执行。虽然前后两个阶段中止执行的法律依据不同，但是其目的基本一致，都是为了保障破产程序顺利进行。

关于执行程序中止的问题，实践中较多的争议是该执行程序是仅指民事诉讼中的执行程序，还是也包括刑事诉讼等其他法律程序中对被执行企业法人财产的执行措施。一种意见认为，破产程序启动后应当中止的执行程序仅是民事执行程序，其他针对债务人财产的执行措施，比如，执行罚金刑、没收财产处罚等，系根据其他法律作出，在破产程序中并不当然中止；另一种意见则认为，破产程序启动后所有针对债务人企业财产的执行行为均应中止。理由是1986年企业破产法（试行）第十一条规定"人民法院受理破产案件后，对债务人财产的其他民事执行程序必须中止"，从该条规定看，当时在破产程序启动后法律要求中止的只是民事执行程序。但是2007年施行的企业破产法则废止了上述规定，其在第十九条的规定中未再将执行程序局限于民事执行程序，而是统一表述为"执行程序"，这就意味着所有的就债务人财产的执行行为均应中止。

对上述问题，后一种意见可能更具有指导意义。因为，破产程序是概括地解决权利人受偿的法律程序，该程序通常都尊重当事人在之前既定法律关系中形成的权利义务格局和优先顺序。所以，其他针对债务人财产的执行程序暂时中止，并不当然影响相应权利人的实体权利，反而有利于在破产程序中统一、准确地实现权利。故其他执行程序暂时中止也无不当。而且，对某些针对债务人企业财产的执行措施，其对应的实体权利相对于债务人其他权利在破产程序中可能本身就处于劣后顺序，此时，对该类执行行为予以中止根本不会削弱该相关权利人的权利。比如，《最高人民法院关于审理企业破产案件若干问题的规定》第六十一条第一款第一项规定“行政、司法机关对破产企业的罚款、罚金以及其他有关费用”不属于破产债权；同条第二款规定对该类款项“人民法院或者清算组也应当对当事人的申报进行登记”；对于登记后的用途，该司法解释没有明确规定，但《最高人民法院关于依法审理和执行被风险处置证券公司相关案件的通知》中规定刑事判决中罚金、没收财产等处罚，应当在破产程序债权人获得全额清偿后的剩余财产中执行。这在一定程度上表明登记的目的是“备用”，即在其他权利清偿完毕后如有剩余可以对该类登记的款项予以清偿。这可以说明法律上更倾向于将上述款项作劣后债权处理。这种情形下，相应的执行程序暂时中止就更具有说服力了。当然，因为这一问题比较复杂，所以《最高人民法院关于适用〈中华人民共和国企业破产法〉若干问题的规定（二）》第五条“破产申请受理后，有关债务人财产的执行程序未依照企业破产法第十九条的规定中止的，采取执行措施的相关单位应当依法予以纠正。依法执行回转的财产，人民法院应当认定为债务人财产”之规定亦未明确是否除民事执行程序之外的其他所有执行程序均应中止。其中的“相关单位”之表述也为上述问题留下了进一步解释的余地。总之，破产程序启动后，在应予中止的“执行程序”的范围上目前毕竟尚无更明确的法律规范来规定，所以在处理方式上可能不尽统一，司法实践中往往都是通过采取执行行为的法院与受理破产案件法院共同的上级法院在个案中协调。这一问题最终仍需要立法来解决。

另外，破产案件受理后（即破产程序启动后），执行法院虽中止执行程序，但因企业破产法第十二条第二款规定了“人民法院受理破产申请后至破产宣告前，经审查发现债务人不符合本法第二条规定情形的，可以裁定驳回申请。申请人对裁定不服的，可以自裁定送达之日起十日内向上一级人民法院提起上诉”，所以，在破产案件受理后债务人企业仍有退出破产程序的可能，一旦退出破产程序，执行程序就有必要恢复。因此，在中止执行程序时，执行法院不必立即终结执行程序。然而，如果受理破产案件的法院已经裁定宣告被执行企业法人破产，此时该企业就将确定地进入破产清算程序，所有权利人的权利都将在清算程序中实现，所以在这个阶段执行法院就可以终结执行程序以完毕执行。

3. *启动破产程序时执行法院保全措施之解除*

企业破产法第十九条同时还规定了破产程序启动后针对债务人财产的保全措施应当解除。其原因在于破产程序本身就涉及清理、评估、变价、分配债务人企业财产，如果该财产上仍存有保全措施，无疑将会影响上述工作进行，所以解除针对债务人财产的保全措施应当是保障破产程序顺利进行的应有之义。实践中，虽然企业破产法第十九条对解除保全有明确规定，但由于各种原因，有的执行法院在依法解除保全措施上并不及时，有时甚至影响到破产程序正常进行。本条规定依照企业破产法第十九条之规定重申了解除保全措施的问题，在当前应当说具有较强的指导意义。

在解除保全措施的问题上，还需要注意的问题也是该“保全措施”的范围问题。因为对被执行企业法人财产采取保全措施的单位并非仅有法院，其他行政机关或司法机关也可能依法对该企业财产采取保全措施，比如，税务机关依法查封欠税企业财产；即便采取保全措施的是法院，但该保全措施也并非一定是民事程序中的保全措施，诸如刑事司法程序中的保全措施也不鲜见。所以，是否上述所有的保全措施均应当解除也是一个问题。应当说，与前述执行程序中止的情形类似，企业破产法在此问题上并未进一步明确。《最高人民法院关于适用〈中华人民共和国企业破产法〉若干问题的规定（二）》第七条规定：“对债务人财产已采取保全措施的相关单位，在知悉人民法院已裁定受理有关债务人的破产申请后，应当依照企业破产法第十九条的规定及时解除对债务人财产的保全措施。”其中，“相关单位”也是需要结合具体情况来加以理解的。2021 年国家发展和改革委员会、最高人民法院等 13 个国家机关联合颁布的《关于推动和保障管理人在破产程序中依法履职进一步优化营商环境的意见》第十八条规定，人民法院裁定受理企业破产案件后，管理人持受理破产申请裁定书和指定管理人决定书，依法向有关部门、金融机构申请解除对破产企业财产的查封、扣押、冻结等保全措施的，相关部门和单位应当根据企业破产法规定予以支持配合。此处管理人也是依法申请。但无论怎样，执行法院解除保全措施则是没有问题的。另外，《最高人民法院关于适用〈中华人民共和国企业破产法〉若干问题的规定（二）》第八条规定：“人民法院受理破产申请后至破产宣告前裁定驳回破产申请，或者依据企业破产法第一百零八条的规定裁定终结破产程序的，应当及时通知原已采取保全措施并已依法解除保全措施的单位按照原保全顺位恢复相关保全措施。在已依法解除保全的单位恢复保全措施或者表示不再恢复之前，受理破产申请的人民法院不得解除对债务人财产的保全措施。”该条规范则将受理破产案件法院之破产程序与执行法院之保全措施之间的衔接问题作了进一步规定，有利于执行程序的顺利进行。

【审判实践中应当注意的问题】

审判实践中应当注意，破产案件受理法院与执行法院有时并非同一个法院，所以本条规定的破产程序与执行程序的良好衔接需要相关法院共同完成。一方面，被执行企业法人住所地法院应当将破产案件受理情况及时告知执行法院。实践中，有时是被执行企业法人住所地法院自己告知执行法院有关情况，有时则是被执行企业法人住所地法院委托破产管理人向执行法院报告有关情况，无论哪种方式，受理破产案件的法院都应当做到相关信息传递的通畅。另一方面，执行法院在知悉就被执行企业法人已启动破产程序后也应当及时采取措施继续中止执行程序、解除保全措施，尤其要防止故意拖延、拒绝采取相应配合措施之情形发生。

【条文】

第五百一十四条

当事人不同意移送破产或者被执行人住所地人民法院不受理破产案件的，执行法院就执行变价所得财产，在扣除执行费用及清偿优先受偿的债权后，对于普通债权，按照财产保全和执行中查封、扣押、冻结财产的先后顺序清偿。

【条文主旨】

本条是关于被执行人无法进入破产程序时债权受偿顺序的规定。

【条文理解】

1. 关于“执行转破产”制度的起草背景

（1）执行积案与“破产法困境”。执行积案现象是执行工作中的一个严重问题，法院系统多次开展全国范围内的清理执行积案活动，但是一直未能彻底解决。执行积案现象的存在，严重影响了司法权威。导致执行积案与“破产法困境”的因素是多方面的，如社会诚信不足、财产监管不力、执行效率不高，而无财产可供执行，案件退出机制不畅也是其中一个重要原因。就破产法运行不畅、人民法院受理破产案件数量持续低迷来说，原因就更为复杂。一是当地政府不希望企业破产，因为企业破产会带来一系列社会后果，给其造成不利影响。二是债务人没有申请破产的动力，有些国家的立法要求企业符合破产条件时，其高级管理人员负有破产清算的义务，否则会面临严厉的法律制裁，而我国缺乏相关规定。三是债权人也缺乏申请破产的动力。相对于执行程序，破产程序费用高，过程长，债权偿付率低，债权人一般不会选择破产程序来实现债权。

（2）司法解释的规定及实践。执行程序与破产程序在处理对象、制度功能上都存在重合之处。执行程序中，同样需要处理多个债权人申请执行，而债务人财产不足清偿全部债务的问题。对此，1998 年《执行规定（试行）》确立了处理此类问题的方法。[①] 1998 年《执行规定（试行）》第 88 条第 1 款首先确立了对于多个普通债权执行的基本原则，就是要按照“执行法院采取执行措施的先后顺序受偿”。[②] 然后第 89 条规定：“被执行人为企业法人，其财产不足清偿全部债务的，可告知当事人依法申请被执行人破产。”第 90 条规定了“被执行人为公民或其他组织，财产不足清偿全部债务时，取得执行依据的债权人可以申请参与分配”。[③]

从上述规定看，1998 年《执行规定（试行）》处理此类问题的思路清晰且符合法理。第 88 条的规定符合执行法的基本原则，执行程序就是实现个别债权的程序，一般情况下不考虑其他债权的平等受偿问题。然后在区分被执行人是否具有破产资格的基础上，用两个条文（第 89 条、第 90 条）分别规定了不同处理方法，来解决债权的公平受偿问题——企业法人通过破产程序，自然人与其他组织通过参与分配程序。

从执行程序与破产程序衔接的角度看，上述条文不存在争议与困惑。存在争议与困惑的是 1998 年《执行规定（试行）》第 96 条，该条规定：“被执行人为企业法人，未经清理或清算而撤销、注销或歇业，其财产不足清偿全部债务的，应当参照本规定 90 条至 95 条的规定，对各债权人的债权按比例清偿。”该条规定了参与分配制度对于企业法人的例外适用情形，但是在

① 1998 年《执行规定（试行）》第 88 条至第 96 条规定了“多个债权人对一个债务人申请执行和参与分配”的内容，因为其已经被后续的司法解释所替代，或与后续的司法解释相冲突，根据 2020 年《最高人民法院关于修改〈最高人民法院关于人民法院扣押铁路运输货物若干问题的规定〉等十八件执行类司法解释的决定》，上述条文仅保留了第 88 条、第 91 条，现为第 55 条、第 56 条，其余的均予以删除。

② 1998 年《执行规定（试行）》第 88 条规定：“多份生效法律文书确定金钱给付内容的多个债权人分别对同一被执行人申请执行，各债权人对执行标的物均无担保物权的，按照执行法院采取执行措施的先后顺序受偿。多个债权人的债权种类不同的，基于所有权和担保物权而享有的债权，优先于金钱债权受偿。有多个担保物权的，按照各担保物权成立的先后顺序清偿。一份生效法律文书确定金钱给付内容的多个债权人对同一被执行人申请执行，执行的财产不足清偿全部债务的，各债权人对执行标的物均无担保物权的，按照各债权比例受偿。”

③ 1998 年《执行规定（试行）》第 90 条规定：“被执行人为公民或其他组织，其全部或主要财产已被一个人民法院因执行确定金钱给付的生效法律文书而查封、扣押或冻结，无其他财产可供执行或其他财产不足清偿全部债务的，在被执行人的财产被执行完毕前，对该被执行人已经取得金钱债权执行依据的其他债权人可以申请对该被执行人的财产参与分配。”

实践中存在扩大适用的倾向。原因主要有如下几个：第一，破产程序启动困难；第二，该条适用的标准之一“歇业”并非规范的法律概念，也没有明确的标准，存在解释的空间；第三，为了实现实质正义，也为了避免债权人的申诉压力，执行法院难以坚持按照采取执行措施的顺序实现债权。正是由于对企业法人扩大适用了参与分配制度，加剧了执行积案与“破产法困境”的问题。

（3）多次努力与法律障碍。最高人民法院一直尝试从制度上解决上述问题，2012 年民事诉讼法修改中，就向全国人大常委会法工委提出过建立“移送破产”制度的建议，未被采纳。制定的参与分配司法解释中，也是试图建立该项制度。2015 年《民事诉讼法解释》的修改，我们最初设计了两种方案，一种方案是建立直接移送破产制度，另一种是通过限制参与分配程序对于企业法人的适用来“倒逼”申请查封在后的债权人去申请破产。在讨论过程中，大家存在不同的观点。就参与分配制度是否应该适用于企业法人问题，有的人认为，参与分配与破产制度可以同时存在。理由在于，第一，两种制度虽然在功能上存在重合之处，但是在法理上并不矛盾。第二，赋予当事人自由选择实现债权的程序，能更好维护当事人的权益。第三，可以通过市场选择的方法来检验我们的制度，实现制度的优胜劣汰。第四，我国台湾地区也是同时规定了两种制度。更多的人则认为，破产制度不仅要平等实现债权，更担负着企业的重整、市场主体的规范与退出等功能，不仅仅是当事人自由选择的问题。从这个角度看，自然人破产制度是今后的方向。在目前的情况下，应该限制参与分配对于企业法人的适用，强化参与分配制度与破产制度的衔接。在后一种意见的内部，就执行程序与破产程序的衔接问题，也存在着不同的观点。一种观点认为，应该确立强制性的移送破产制度，以解决实践问题；另一种观点认为，我国企业破产法只规定了破产程序启动的两种方式，即债权人申请与债务人申请，确立强制性移送破产制度，缺乏法律依据。

如上所述，本条最初设计的两种方案之一就是建立直接移送破产制度。但是在征求意见时，全国人大常委会法工委反馈意见认为，“该规定与破产法的规定不一致，是否妥当，建议进一步研究”。经过慎重研究，本解释最终选择了在企业破产法的框架内进行制度设计的方案。

2. 条文的具体理解

本解释的最终方案分为两部分，分别体现了最初两种方案的思想。第一部分规定了执行法院在征得当事人同意基础上的移送破产制度，以符合企业破产法关于破产程序启动方式的规定。第二部分规定在对企业法人执行时，不能清偿全部债务的企业法人如果不能进入破产程序，则按照采取执行措施的先后分配财产，排除参与分配制度对企业法人的适用，以实现“倒逼”不能受偿的债权人申请破产的目的。

作为“执行转破产制度”的条文之一，本条文在内容上体现了与其他相关条文的衔接。具备破产资格的企业法人无法进入破产程序，是本条适用的前提。具体而言，分为两种情况：一种是当事人不同意移送破产；另一种是移送后被执行人住所地人民法院不受理破产申请。具体操作基本是按照《执行规定（试行）》第 55 条第 1 款处理。在实现执行费用及优先债权后，对于普通债权，按照采取执行措施的先后，即“优先原则”清偿。

【审判实践中应当注意的问题】

第一，应注意与被执行人住所地法院的工作衔接。

第二，要正确把握条文的精神，通过执行程序中对企业法人“优先原则”的适用，来实现不能受偿的债权人申请破产的目的。

第三，执行转破产制度是 2015 年《民事诉讼法解释》确定的一项新制度，在其确立基本规则的基础上，后续有了进一步的发展，2017 年《最高人民法院关于执行案件移送破产审查若干问题的指导意见》对该制度予以具体规定，2018 年《全国法院破产审判工作会议纪要》也对此设有专章。实践中适用该制度要结合上述规范性文件的具体规定。

【条文】

第五百一十五条

债权人根据民事诉讼法第二百六十一条规定请求人民法院继续执行的，不受民事诉讼法第二百四十六条规定申请执行时效期间的限制。

【条文主旨】

本条是关于民事诉讼法第二百六十一条“债权人发现被执行人有其他财产的，可以随时请求人民法院执行”情形下申请执行时效的规定。

【条文理解】

对于已经进行执行程序，并采取各项强制执行措施，仍无法实现申请执行人债权的情形，民事诉讼法第二百六十一条规定了被执行人“应当继续履行义务”。同时规定：“债权人发现被执行人有其他财产的，可以随时请求人民法院执行。”本条将民事诉讼法的上述规定予以明确化，进一步规定申请执行人的申请执行不受民事诉讼法第二百四十六条申请执行时效的期间限制。

关于申请执行时效期间问题，立法有一个变化的过程。1991 年民事诉讼法规定的是不变期间，有一方当事人为公民的，申请执行期限为一年，其他情形都是六个月。[①] 2007 年民事诉讼法对申请执行时效期间进行了时效化改造，规定申请执行期间为两年，并适用诉讼时效中止、中断的规定。[②] 本条文的表述体现了上述立法变化。

【条文】

第五百一十六条

被执行人不履行法律文书确定的义务的，人民法院除对被执行人予以处罚外，还可以根据情节将其纳入失信被执行人名单，将被执行人不履行或者不完全履行义务的信息向其所在单位、征信机构以及其他相关机构通报。

【条文主旨】

本条是关于民事诉讼法第二百六十二条关于“在征信系统记录、通过媒体公布不履行义务信息以及法律规定的其他措施”的规定，是关于对被执行人的信用惩戒措施的规定。

【条文理解】

1. 解决执行难与信用惩戒

执行难问题严重影响着司法权威。执行难问题的成因复杂，其根本原因是社会诚信度不高。因此，加强社会诚信体系建设，是解决执行难的根本之策。而加强对不履行生效法律文书确定义务的被执行人的信用惩戒，不仅是解决执行难的有效措施，也是推进社会信用体系建设的重要方式。

对被执行人进行信用惩戒，就是通过采取各种信用惩戒措施，增加被执行人的失信成本，压缩被执行人的生存空间，促使被执行人自觉履行生效法律文书确定的义务，逐步建立诚实守信，依法履约的良好风气，进而从根本上解决执行难。

---

① 1991 年民事诉讼法第二百一十九条第一款规定：“申请执行的期限，双方或者一方当事人是公民的为一年，双方是法人或者其他组织的为六个月。”

② 2007 年民事诉讼法第二百一十五条第一款规定：“申请执行的期间为二年。申请执行时效的中止、中断，适用法律有关诉讼时效中止、中断的规定。”

2. 条文起草的背景与目的

本条文起草的政策背景是国家关于推进社会信用体系建设的决定，制度基础是民事诉讼法第二百六十二条及《公布失信名单规定》，实践基础是各地关于对被执行人信用惩戒的司法实践。

（1）政策背景。2011 年 7 月，《中共中央、国务院关于加强和创新社会管理的意见》中提出了“建立健全社会诚信制度，并制定社会信用管理法律法规”的要求。为推进社会信用体系建设，国务院指令由国家发展改革委和中国人民银行牵头，建立了部际联席会议制度。最高人民法院是社会信用体系建设部际联席会议成员单位之一，理应为社会信用体系建设作出应有贡献。人民法院执行案件中的被执行人失信信息具有极高的权威性，是社会信用信息中非常重要的组成部分，能够在社会信用体系建设中发挥重要作用。

（2）制度基础。由于民事诉讼法第二百六十二条的规定较为原则，为了更好地贯彻实施信用惩戒制度，最高人民法院制定了《公布失信名单规定》。该司法解释的目的在于通过制度的惩戒、威慑与引导功能，实现如下两个目的：一是促使被执行人自觉履行生效法律文书确定的义务；二是推进社会信用体系建设。该规定对于失信被执行人认定的标准与程序、具体惩戒的方式及当事人的救济等予以全面规定。该司法解释的制定，使民事诉讼法第二百六十二条确立的信用惩戒制度具有了在实践中的可操作性，有效保证了信用惩戒制度功能的发挥。

（3）条文的目的。民事诉讼法第二百六十二条规定了对被执行人的信用惩戒制度，该制度在执行工作中处于极为重要的地位，理应在本解释中有所体现。《公布失信名单规定》作为落实信用惩戒制度重要的专项司法解释，也应当在本解释中有所反映。因此，本条文的目的是要建立民事诉讼法第二百六十二条与《公布失信名单规定》之间的桥梁与纽带，以贯彻本次解释的执行程序部分“只规定涉及审执关系的问题及执行程序中的基本制度，具体的问题留待专项执行司法解释解决”的思路。

3. 条文具体内容的解读

本条规定了对被执行人信用惩戒的适用条件与具体的惩戒措施。具体说明如下：

（1）适用条件。第一，信用惩戒制度适用的基本条件是“被执行人不履行法律文书确定的义务”。需要注意的是，这里准确的表述应该是“生效法律文书”，本条表述为“法律文书”是为了与民事诉讼法第二百六十二条保持一致。第二，这里所讲的对被执行人的处罚是依照民事诉讼法所采取的罚款、拘留等强制措施。第三，在具体信用惩戒措施的采取上，还要根据案件的具体情节。

（2）失信被执行人名单制度。本条规定的主要信用惩戒措施就是将被执行人纳入失信被执行人名单。而对相关单位通报不过是失信被执行人名单制度中的具体措施。根据《公布失信名单规定》的规定，该项制度主要包括如下内容：第一，确定失信被执行人的标准是有履行能力而拒不履行生效法律文书确定义务，同时具有法定情形的。① 第二，惩戒措施主要是将失信被执行人信息向社会公布及向相关信用惩戒主体通报。②

失信被执行人信息通报制度最主要的目的就是要发挥制约惩戒功能，压缩失信被执行人的生存空间，不断提高被执行人的失信成本，让不履行义务的被执行人一旦失信，寸步难行，从而督促其主动履行生效法律文书，并逐步建立起“守约易，失信难”的社会价值观，从根本上破解执行难的顽疾。③

【审判实践中应当注意的问题】

第一，具体适用本条文应结合《公布失信名单规定》的内容。

第二，在发挥失信被执行人名单制度信用惩戒功能的同时，应注意避免侵犯当事人的个人信息与隐私。

---

① 《公布失信名单规定》第一条规定：“被执行人未履行生效法律文书确定的义务，并具有下列情形之一的，人民法院应当将其纳入失信被执行人名单，依法对其进行信用惩戒：（一）有履行能力而拒不履行生效法律文书确定义务的；（二）以伪造证据、暴力、威胁等方法妨碍、抗拒执行的；（三）以虚假诉讼、虚假仲裁或者以隐匿、转移财产等方法规避执行的；（四）违反财产报告制度的；（五）违反限制消费令的；（六）无正当理由拒不履行执行和解协议的。”

② 《公布失信名单规定》第七条规定：“各级人民法院应当将失信被执行人名单信息录入最高人民法院失信被执行人名单库，并通过该名单库统一向社会公布。各级人民法院可以根据各地实际情况，将失信被执行人名单通过报纸、广播、电视、网络、法院公告栏等其他方式予以公布，并可以采取新闻发布会或者其他方式对本院及辖区法院实施失信被执行人名单制度的情况定期向社会公布。”第八条规定：“人民法院应当将失信被执行人名单信息，向政府相关部门、金融监管机构、金融机构、承担行政职能的事业单位及行业协会等通报，供相关单位依照法律、法规和有关规定，在政府采购、招标投标、行政审批、政府扶持、融资信贷、市场准入、资质认定等方面，对失信被执行人予以信用惩戒。人民法院应当将失信被执行人名单信息向征信机构通报，并由征信机构在其征信系统中记录。国家工作人员、人大代表、政协委员等被纳入失信被执行人名单的，人民法院应当将失信情况通报其所在单位和相关部门。国家机关、事业单位、国有企业等被纳入失信被执行人名单的，人民法院应当将失信情况通报其上级单位、主管部门或者履行出资人职责的机构。”

③ 参见刘涛、朱燕：《最高人民法院〈关于公布失信被执行人名单信息的若干规定〉的理解与适用》，载《人民司法·应用》2013 年第 19 期。

【条文】

第五百一十七条

经过财产调查未发现可供执行的财产，在申请执行人签字确认或者执行法院组成合议庭审查核实并经院长批准后，可以裁定终结本次执行程序。

依照前款规定终结执行后，申请执行人发现被执行人有可供执行财产的，可以再次申请执行。再次申请不受申请执行时效期间的限制。

【条文主旨】

本条是关于终结本次执行程序的规定。

【条文理解】

1. 起草背景

（1）执行工作中的积案问题。大家对于执行难的一个直观印象就是大量执行案件长期滞留执行程序，生效法律文书确定的债权无法得到实现，这就是所谓的执行积案问题。对此，中央政法委与最高人民法院多次组织集中清理执行积案活动，但是效果并不理想。

造成执行积案现象的原因，首先是执行案件的性质。执行案件不同于审判案件，后者是一个判断程序，从理论上讲，所有案件都能够作出判断，能避免案件的积压问题。但是执行案件不同，执行案件是一个实现权利的程序，具体而言就是要实现生效法律文书确定的权利，比如，实现权利人的金钱债权、特定物返还请求权等。而权利的实现需要客观条件，如果义务主体没有财产，或者特定物已经灭失，生效法律文书确定的权利就无法实现。如果认为没有实现权利的执行程序不能结案，那么积案问题就不可避免地产生了。

执行案件的结案标准问题，是造成执行积案的制度原因。根据人民法院内部的统计报表，执行实施案件的结案方式有如下五种：自动履行、和解、强制执行、终结①、其他，对于大量存在的无财产可供执行的执行案件，并未在制度上预留出口。

（2）各地的实践探索。执行积案问题的存在，造成了司法资源的浪费，影响了法院执行工作的形象。因此，各地法院对于执行案件的合理退出机制

① 这里的“终结”指的是民事诉讼法第二百六十四条规定的“终结执行”的情形，并非本条文规定的“终结本次执行程序”。

进行了积极探索。其中一个典型例子是借鉴我国台湾地区的债权凭证制度，对于无财产可供执行案件，经过严格财产调查程序后，终结案件并给债权人发放债权凭证，以解决执行积案问题。[①]

（3）我国台湾地区的债权凭证制度。我国台湾地区“强制执行法”第27条规定：“债务人无财产可供强制执行，或虽有财产经强制执行后所得之数额仍不足清偿债务时，执行法院应命债权人于一个月内查报债务人财产。债权人到期不为报告或查报无财产者，应发给凭证，交债权人收执，载明俟发见有财产时，再予强制执行。债权人声请执行，而陈明债务人现无财产可供执行者，执行法院得径行发给凭证。”

根据学者的总结，我国台湾地区的“再执行凭证”或者“权利凭证”制度具有如下特点：一是适用于金钱债权的执行案件；二是债务人无财产可供执行；三是需经过续行调查；四是签发凭证就具有了执行程序终结、时效重新计算、债权凭证得为执行名义（执行依据）等效果。[②]

（4）2008年清理执行积案活动中的“结案标准”。为了解决执行积案的问题，2008年开始，最高人民法院在全国范围内举行了一次为期一年多的集中清理执行积案活动。在这次活动中，为了解决大量无财产可供执行案件的清理问题，2009年3月19日，《清理执行积案结案标准通知》明确，对于被执行人无财产的，经过法定调查程序后，可以认定为无财产可供执行案件；对于无财产可供执行案件中符合法定形式的，可以裁定终结本次执行程序后作结案处理。

这是终结本次执行程序制度的第一次确立。在《清理执行积案结案标准通知》中，对于认定无财产可供执行的条件、能够裁定终结本次执行程序的情形、终结本次执行程序中债权人权利的保障等问题作了详细规定。不过由于其意在解决该次清理积案活动的结案问题，严格来说，其时间效力应仅限于该次活动，无法给执行工作提供长期的“终结本次执行程序”的制度依据。因此，本解释亟须解决无财产可供执行案件的退出问题，对终结本次执行程序制度作出规定。

2. 条文的起草与讨论情况

（1）最初条文设计。最初的条文设计与现条文思路相同，都规定了两种终结本次执行的情形：一种是当事人同意，另一种是当事人不同意；也都规

① 参见童兆洪、林翔荣：《论债权凭证制度的实施》，载《人民司法》2001年第4期。该文章介绍了浙江法院关于债权凭证制度的实践，是较早介绍地方实践经验的文章。

② 参见杨与龄编著：《强制执行法论》，中国政法大学出版社2002年版，第164～165页。

定了终结本次执行不影响权利人再次申请执行的权利。但也有如下不同：一是在采取终结本次执行措施前的调查财产问题上，最初条文借鉴《清理执行积案结案标准通知》的做法，作了较为详细的列举；二是规定了发放债权凭证。①

（2）讨论中的不同观点。在最高人民法院内部讨论及专家学者参加的论证会上，有意见认为：第一，终结本次执行程序制度复杂，一个条文不能解决问题，基于本解释的篇幅所限，应该只规定一般条款确定此项制度，其他具体的标准、程序等问题留给专门司法解释解决。第二，在采取终结本次执行程序前，应该进行详尽的财产调查，但是调查到什么范围与程度，值得仔细斟酌，也需要考虑到操作性问题。考虑到这些都是具体问题，也应留待专门司法解释解决。第三，不应规定债权凭证制度。因为在逻辑上，债权凭证与原执行依据的关系不好处理，在实践中，也容易给大家一个“打法律白条”的不良印象。

我们吸收了上述意见，将初始条文修改为现在的表述。

3. 条文主要内容的理解

（1）适用执行案件的范围。终结本次执行程序是为了解决无财产可供执行案件的退出机制问题，只适用于对金钱债权的执行案件。

（2）终结本次执行程序的两种方式及各自条件。以是否经过申请执行人同意为标准，可以将终结本次执行程序区分为两种类型。一种是经申请执行人同意的终结本次执行程序；另一种是未经申请执行人同意的终结本次执行程序。在申请执行人同意的情况下，终结本次执行程序的适用条件只有一个，就是“经过财产调查未发现可供执行的财产”。在申请执行人不同意的情况下，适用终结本次执行程序的条件除“经过财产调查未发现可供执行的财产”外，执行法院还要“组成合议庭审查核实并经院长批准”。

由于终结本次执行程序对于申请执行人的权利影响巨大，因此，应当采

① 初始条文规定为：“执行法院在六个月内未发现可供执行的财产，预计被执行人在一年内仍无财产可供执行的，经申请执行人签字确认，执行法院经组成合议庭审查核实，可以裁定终结本次执行程序。申请执行人下落不明或拒绝签字确认，执行法院经向有关金融机构查询银行存款、向有关房地产管理部门查询房地产登记、向法人登记机关查询股权，向有关车管部门查询车辆，调查了解被执行人的经济收入来源、到期债权等财产线索，未发现可供执行的财产，并预计被执行人在一年内仍无财产可供执行的，经执行法院院长批准，可以裁定终结本次执行程序。终结本次执行程序应向申请执行人发放债权未受清偿的证明。依前款规定终结执行后，发现执行债务人有可供执行财产的，执行债权人可以重新申请执行，不受申请执行期间的限制。”

方案二将第一款、第二款的“可以裁定终结本次执行程序”修改为“可以依照民事诉讼法第二百五十七条第一款第六项的规定裁定终结执行”。

用裁定的方式。这里的裁定，参照《清理执行积案结案标准通知》的规定，应当载明“执行标的总额、已经执行的债权数额和剩余的债权数额，并写明申请执行人在具备执行条件时，可以向有管辖权的人民法院申请执行剩余债权”等内容。

（3）适用终结本次执行程序的后果。适用终结本次执行程序的后果主要有两个：对于执行法院来说，执行案件得以结案，解决了执行案件积压的管理问题；对于申请执行人来说，其生效判决确定的实体权利及申请执行的公法权利并未丧失，在发现被执行人有可供执行财产时，可以随时申请执行法院执行，且再次申请不受申请执行时效的限制。

（4）当事人的救济。当事人对于终结本次执行程序的裁定不服的，可以通过异议复议程序进行救济。一般情况下，民事诉讼法第二百三十二条规定的执行异议应该在执行程序中提出，但是对于终结执行的行为，应该例外地给予当事人提起执行异议的权利。

4. 配套规范性文件

《最高人民法院关于执行案件立案、结案若干问题的意见》对于“终结本次执行程序”的适用情形与“人民法院穷尽财产调查措施”的认定标准作了详细规定，是贯彻落实本条文“终结本次执行程序”的配套规范性文件。其第十六条第一款规定：“有下列情形之一的，可以以‘终结本次执行程序’方式结案：（一）被执行人确无财产可供执行，申请执行人书面同意人民法院终结本次执行程序的；（二）因被执行人无财产而中止执行满两年，经查证被执行人确无财产可供执行的；（三）申请执行人明确表示提供不出被执行人的财产或财产线索，并在人民法院穷尽财产调查措施之后，对人民法院认定被执行人无财产可供执行书面表示认可的；（四）被执行人的财产无法拍卖变卖，或者动产经两次拍卖、不动产或其他财产权经三次拍卖仍然流拍，申请执行人拒绝接受或者依法不能交付其抵债，经人民法院穷尽财产调查措施，被执行人确无其他财产可供执行的；（五）经人民法院穷尽财产调查措施，被执行人确无财产可供执行或虽有财产但不宜强制执行，当事人达成分期履行和解协议，且未履行完毕的；（六）被执行人确无财产可供执行，申请执行人属于特困群体，执行法院已经给予其适当救助的。”

关于“人民法院穷尽财产调查措施”，《最高人民法院关于执行案件立案、结案若干问题的意见》第十六条第五款中亦作了规定，“是指至少完成下列调查事项：（一）被执行人是法人或其他组织的，应当向银行业金融机构查询银行存款，向有关房地产管理部门查询房地产登记，向法人登记机关查询股权，向有关车管部门查询车辆等情况；（二）被执行人是自然人的，应当向被执行人所在单位及居住地周边群众调查了解被执行人的财产状况或财产线索，包括被执行人的经济收入来源、被执行人到期债权等。如果根据财产线索判断被执行人有较高收入，应当按照对法人或其他组织的调查途径进行调查；（三）通过最高人民法院的全国法院网络执行查控系统和执行法院所属高级人民法院的'点对点'网络执行查控系统能够完成的调查事项；（四）法律、司法解释规定必须完成的调查事项。"

在适用《最高人民法院关于执行案件立案、结案若干问题的意见》时，应该注意如下两个问题：第一，其增加了本条文的可操作性，同时，要受到本条文的限制。对于申请执行人不同意的情形，还是要经过合议庭的研究并经过院长批准后才能作出裁定。第二，对于"人民法院穷尽财产调查措施"的标准，可以视为对于本条文"经过财产调查未发现可供执行的财产"的解释与具体化。

【审判实践中应当注意的问题】

第一，终结本次执行程序裁定对当事人的权利会产生严重影响，在适用中应严格遵守本条文及相关配套司法解释、规范性文件要求的条件，其中尤其需要注意的是，《最高人民法院关于严格规范终结本次执行程序的规定（试行）》对终结本次执行程序制度予以系统规定。

第二，在适用终结本次执行程序时应履行法定的财产调查程序。

第三，应充分保障当事人的救济权利。

【条文】

第五百一十八条

因撤销申请而终结执行后，当事人在民事诉讼法第二百四十六条规定的申请执行时效期间内再次申请执行的，人民法院应当受理。

【条文主旨】

本条是关于申请人撤销申请的能否再次申请执行及终结执行制度的规定。

【条文理解】

1. 执行终结制度

（1）法律规定。民事诉讼法第二百六十四条规定："有下列情形之一的，人民法院裁定终结执行：（一）申请人撤销申请的；（二）据以执行的法律文书被撤销的；（三）作为被执行人的公民死亡，无遗产可供执行，又无义务承担人的；（四）追索赡养费、扶养费、抚养费案件的权利人死亡的；（五）作为被执行人的公民因生活困难无力偿还借款，无收入来源，又丧失劳动能力的；（六）人民法院认为应当终结执行的其他情形。”

（2）基本含义。一般认为，执行终结是指在民事执行程序中，因发生法定的事由，民事执行机关已经没有必要或者没有可能继续实施执行而结束民事执行程序的制度。①

2. 实践中存在的问题

实践中的主要问题是，对于终结执行后，原执行依据能否依申请再次进入执行程序，存在理解上的分歧。理论上一般认为，终结执行意味着执行程序彻底、不可逆的结束，不存在恢复的可能性。② 从一般意义上理解，这里的不可恢复不仅意味着“本次执行程序”不能恢复，同时也意味着“为了实现执行依据而启动的整个执行程序”没有必要或者没有可能予以恢复。但是仔细研究，我们发现，对于民事诉讼法第二百六十四条规定的第一种情形，申请人撤销后事实上是能够再次申请执行的，能不能允许则是一个政策考量的问题。即至少就该情形下当事人能否再次申请，应该予以明确。实际上，多数人对此持肯定态度。有观点认为，比照诉讼中撤诉后还可以再起诉的做法，撤销执行申请后应该仍可再申请执行。③ 我国台湾地区学者杨与龄也持这种观点，他认为，强制执行程序适用当事人进行主义原则，既然执行开始基于债权人申请，那么自然应该允许当事人撤回全部或者部分申请，以终结执行程序。但是撤回仅发生当事人放弃本次执行程序的效果，撤回后恢复到了未申请时的状态。可以再就同一执行依据申请执行。④

但是在我国司法实践中，对于依照民事诉讼法第二百六十四条终结执行后能否再次启动，存在广泛分歧。有相当多的人认为，此种情形下执行程序不可能再次启动。

与终结执行后能否再启动执行程序的争论相联系，是终结执行制度与终

---

① 参见谭秋桂：《民事执行法学》，北京大学出版社2010年版，第198页。

② 参见谭秋桂：《民事执行法学》，北京大学出版社2010年版，第198页；董少谋：《民事强制执行法学》，法律出版社2011年版，第168页。

③ 黄金龙：《〈关于人民法院执行工作若干问题的规定〉实用解析》，中国法制出版社2000年版，第330页。

④ 参见杨与龄编著：《强制执行法论》，中国政法大学出版社2002年版，第164页。

结本次执行程序制度的关系问题。如果终结执行后，申请执行条件再次具备时能够恢复，那么对无财产可供执行案件，实践中就可以适用民事诉讼法第二百六十四条第六项“人民法院认为应当终结执行的其他情形”裁定终结执行，并在裁定中载明待发现财产时再申请恢复执行程序，而无须专门创设终结本次执行程序的制度。

仔细研究民事诉讼法第二百六十四条规定的情形，除了第一项情形外，第三项、第五项在客观上也都存在当情况改变时执行程序再次启动的可能性。就第三项情形来说，被执行人死亡包括被宣告死亡，当被宣告死亡的人再次出现并取得财产或者重新发现已死亡的被执行人财产时，都有再次启动执行程序的必要。就第五项来说，当被执行人重新恢复劳动能力或者接受了财产赠与时，也存在再次启动执行程序的可能。

因此，本解释在设计终结本次执行程序制度时，我们准备的第二种方案，就是不增加新条文，而是通过解释民事诉讼法第二百六十四条第六项的方法来确立终结本次执行程序制度。只是在后来的讨论中，考虑到虽然民事诉讼法第二百六十四条规定的终结执行情形与无财产可供执行情况下的终结本次执行情形都存在再次启动执行程序的可能性，但是两种可能性在性质上不同，可能性的程度也存在显著差异，大家认为通过设计新条文的方式创设终结本次执行程序更为合适。

3. 条文的主要内容

（1）对执行终结制度中“撤销申请”情形的影响。本条明确了民事诉讼法第二百六十四条第一项“申请人撤销申请”后，申请人在申请执行时效期间内可以再次申请执行的权利。以此解决实践中就此问题存在的争议。

本条规定再次申请的期间受民事诉讼法第二百四十六条的调整，而民事诉讼法第二百四十六条规定了申请执行时效适用有关诉讼时效中止、中断的规定。《最高人民法院关于审理民事案件适用诉讼时效制度若干问题的规定》第十条规定：“当事人一方向人民法院提交起诉状或者口头起诉的，诉讼时效从提交起诉状或者口头起诉之日起中断。”所以在当事人撤销申请的情况下，由于其申请执行时效已经因其提起执行申请而中断，所以其再次申请执行的时效期间不是自生效法律文书确定的履行期届满之日起算，而是要适用时效中断后重新计算的规定。

（2）对整个终结执行制度的影响。如上所述，就民事诉讼法第二百六十四条规定的整个终结执行制度而言，存在诸多再次具备执行条件而再次启动执行程序的可能。由于有些情形再次具备执行条件的概率较低，本条并未将各种情形全部予以规定，但是根据本条规定的精神，在民事诉讼法第二百六十四条规定的其他情形下，再次具备执行条件时，也应恢复执行程序，以保护当事人的权利。

（3）本条采用“撤销”概念的考虑。就本条是采用“撤销”申请还是“撤回”申请，在起草时颇为纠结。一方面，基于对该制度能够予以恢复的理解，“撤回”的表述更为符合；另一方面，“撤销”是民事诉讼法的表述。最后，条文还是采用了与民事诉讼法相一致的表述方式。

【审判实践中应当注意的问题】

第一，在适用本条文时，应注意适用民事诉讼法第二百四十六条关于申请执行时效期间中断的规定，保护当事人的时效利益；

第二，在民事诉讼法第二百六十四条规定的其他情形下，再次具备执行条件的，也应依当事人申请恢复执行程序。

【条文】

第五百一十九条

在执行终结六个月内，被执行人或者其他人对已执行的标的有妨害行为的，人民法院可以依申请排除妨害，并可以依照民事诉讼法第一百一十四条规定进行处罚。因妨害行为给执行债权人或者其他人造成损失的，受害人可以另行起诉。

【条文主旨】

本条是关于执行终结后的一段时间内排除对执行标的妨害的规定。

【条文理解】

本条文规定的制度是法理与现实因素协调的结果。就法理来说，执行终结意味着生效法律文书的实现，之后执行标的被妨害，是一个新的侵权事实。当事人如果想寻求执行程序的公力救济，需要取得新的执行依据。但是就社会现实来说，执行程序终结后，经常会发生被执行人再次侵犯执行标的，使执行标的恢复到执行前状态的事例，如再次侵占强制交付的房屋，或者再次修建被强制拆除的墙壁以堵塞通道。对此，如果申请执行人另行起诉，人民法院将会作出与已经生效法律文书完全相同的裁判。这不仅增加了申请执行人的讼累，也增加了人民法院的审判负担。综合考虑法理与现实因素，规定了该项制度。

由上可知，再次妨害行为发生的时间是问题的关键。如果发生在执行终结后很短的时间内，一般人会认为这是公然对抗原执行程序、破坏原执行目的的行为，理应被再次直接予以排除。但是如果行为发生在执行终结很长时间之后，由于时间的流逝，该行为与原执行程序的联系不再密切。在一般人观念中，妨害行为就成为新的侵权行为，也就失去了再次直接排除的合理性与必要性。① 因此，本解释起草时规定了六个月的时间限制。

本条文主要适用于两种情形：一是再次侵占被腾退不动产的情形；二是被执行人违反容忍义务，强制执行程序排除了其行为结果后，被执行人再次违反容忍义务的情形。

就实施侵犯行为的主体范围来说，我国台湾地区“强制执行法”规定的是“被执行人”，本条规定的是“被执行人或其他人”，对于“其他人”，应理解为与原执行程序有密切关系的人，比如，被执行人的近亲属或者被腾空房屋的实际占有人等。对于与被执行人、原执行程序缺乏较为紧密联系的人所实施妨害行为，应认定为新的侵权行为，排除于本条文的调整范围。

【审判实践中应当注意的问题】

执行实践中应当注意正确把握“其他人”的范围。

① 我国台湾地区“强制执行法”也有类似的规定。如其第 99 条第 3 项规定：“依前二项规定点交后，原占有人复即占有该不动产者，执行法院得依声请再解除其占有后点交之。”第 129 条第 3 项规定，对于被执行人违反容忍义务，强制执行除去其行为结果后，“债务人复行违反时，执行法院得依声请再为执行”。

二十二、涉外民事诉讼程序的特别规定

【条文】

第五百二十条

有下列情形之一，人民法院可以认定为涉外民事案件：

（一）当事人一方或者双方是外国人、无国籍人、外国企业或者组织的；

（二）当事人一方或者双方的经常居所地在中华人民共和国领域外的；

（三）标的物在中华人民共和国领域外的；

（四）产生、变更或者消灭民事关系的法律事实发生在中华人民共和国领域外的；

（五）可以认定为涉外民事案件的其他情形。

【条文主旨】

本条是关于如何认定“涉外民事案件”的规定。

【条文理解】

本条是在《92年意见》第304条[①]的基础上，结合2010年出台的涉外民事关系法律适用法的规定，以及《涉外民事关系法律适用法解释（一）》第一条关于如何认定“涉外民事关系”的规定，对原条文关于如何认定“涉外民事案件”的标准作了相应调整。主要是在主体方面增加了“经常居所地在中华人民共和国领域外”这一连结点；另调整了相关表述，将“外国”修改为“中华人民共和国领域外”等。

【审判实践中应当注意的问题】

只有案件属于涉外民事案件，审理案件应当适用的程序法才会适用“涉外编”的规定。如果是纯国内案件，则没有“涉外编”适用的余地。当然，民事诉讼法“涉外编”与“前编”的规定是特别规定与一般规定的关系。

① 《92年意见》第304条规定：“当事人一方或双方是外国人、无国籍人、外国企业或组织、或者当事人之间民事法律关系的设立、变更、终止的法律事实发生在外国，或者诉讼标的物在外国的民事案件，为涉外民事案件。”

审理涉外民事案件时，应当首先适用“涉外编”的规定，“涉外编”没有规定的，才适用“前编”的规定。因此，司法实践中如何界定“涉外民事案件”，至关重要。

根据本条规定，司法实践中可以从三个要素判断是否涉外民事案件：一是案件所涉民事法律关系的主体；二是案件所涉民事法律关系的客体——案件系争的标的物；三是案件所涉民事法律关系的内容——产生、变更或者消灭民事法律关系的法律事实。该三要素只要其一具备涉外因素，则可以认定为“涉外民事案件”。其中，关于主体，还可以从两个角度考察，一是国籍，二是经常居所地。即一方或者双方当事人是外国人、无国籍人、外国企业或者组织的，可以认定为涉外民事案件；即使国籍均是中国，但当事人一方或者双方的经常居所地在我国领域外的，也可以认定为涉外民事案件。

如何理解“经常居所地”？《涉外民事关系法律适用法解释（一）》第十三条规定了如何认定自然人的经常居所地，即“自然人在涉外民事关系产生或者变更、终止时已经连续居住一年以上且作为其生活中心的地方，人民法院可以认定为涉外民事关系法律适用法规定的自然人的经常居所地，但就医、劳务派遣、公务等情形除外”。涉外民事关系法律适用法第十四条第二款明确规定了法人的经常居所地，即“法人的经常居所地，为其主营业地”。

司法实践中，仅以当事人是否为外国人认定案件是否涉外案件的做法非常普遍，特别是在立案部门。对此，应当予以注意。司法解释对认定涉外民事案件的标准规定是宽泛的，但司法实践中操作起来却被窄化了。除当事人的国籍，还应当从当事人的经常居所地、系争的标的物、法律事实等角度进行考察，只要其中之一具有涉外因素，即应当认定是涉外民事案件。

【条文】

第五百二十一条

外国人参加诉讼，应当向人民法院提交护照等用以证明自己身份的证件。

外国企业或者组织参加诉讼，向人民法院提交的身份证明文件，应当经所在国公证机关公证，并经中华人民共和国驻该国使领馆认证，或者履行中华人民共和国与该所在国订立的有关条约中规定的证明手续。

代表外国企业或者组织参加诉讼的人，应当向人民法院提交其有权作为代表人参加诉讼的证明，该证明应当经所在国公证机关公证，并经中华人民共和国驻该国使领馆认证，或者履行中华人民共和国与该所在国订立的有关条约中规定的证明手续。

本条所称的“所在国”，是指外国企业或者组织的设立登记地国，也可以是办理了营业登记手续的第三国。

【条文主旨】

本条是关于外国当事人身份材料公证、认证的规定。

【条文理解】

民事诉讼法第二百七十一条规定：“在中华人民共和国领域内没有住所的外国人、无国籍人、外国企业和组织委托中华人民共和国律师或者其他人代理诉讼，从中华人民共和国领域外寄交或者托交的授权委托书，应当经所在国公证机关证明，并经中华人民共和国驻该国使领馆认证，或者履行中华人民共和国与该所在国订立的有关条约中规定的证明手续后，才具有效力。”本条结合审判实践与民事诉讼法第二百七十一条规定的精神，明确规定作为一方当事人的外国自然人参加诉讼时，应当向人民法院提交护照等用以证明自己身份的证件；外国企业或组织的身份证明材料，应当在其设立登记地国办理公证、认证手续，如果其在其他国家或者地区办理了营业登记的，也可以提交在该国家或地区办理的公证、认证手续。这主要是指司法实践中在英属维尔京群岛或开曼群岛等地注册的公司，其主要营业地在香港，并在香港办理了营业登记，如果其提交在香港办理的有关公司情况的公证、认证手续，人民法院也是可以接受的；外国企业或组织的代表人代表该外国企业或组织参加诉讼，亦应当就证明其能够代表该外国企业或组织参加诉讼的材料办理公证、认证手续。

本条采纳了外交部提出的修改意见，结合出境入境管理法第二十四条的规定，即“外国人入境，应当向出入境边防检查机关交验本人的护照或者其他国际旅行证件、签证或者其他入境许可证明，履行规定的手续，经查验准许，方可入境”，将有关措辞修改为“护照等用以证明自己身份的证件”。

【审判实践中应当注意的问题】

当事人参加诉讼，应当向人民法院提交用以证明自己身份的材料。外国人作为当事人时也是如此。外国人是自然人时，其提交护照或者其他入境许可证明即可证明其身份；外国人是企业或者组织时，由于其注册成立在我国境外，即该企业或者组织合法设立的材料形成于我国境外，为了保障真实性，有必要就这些材料要求办理相应的公证、认证手续。此外，由于外国企业或组织并非都像我国一样有法定代表人制度，因此，谁能代表该企业或组织参加在中国进行的诉讼，需要企业或组织的权力机构，如董事会等作出决议，这些材料一般也形成于我国境外，因此，亦应当要求办理相应的公证、认证手续。

司法实践中，为了方便当事人参加诉讼，对于设立登记地和主营业地不同的企业或组织，也允许提交在主营业地办理的公证、认证手续。

目前的司法实践中，当事人如果在香港特别行政区办理上述手续，由司法部考核后委托的香港律师作为委托公证人，出具有关公证文书，再经司法部在香港设立的中国法律服务（香港）有限公司审核并加章转递即可；当事人如果在澳门特别行政区办理上述手续，由澳门当地公证员公证即可；当事人如果在我国台湾地区办理上述手续，由我国台湾地区当地公证员公证即可。

【条文】

第五百二十二条

依照民事诉讼法第二百七十一条以及本解释第五百二十一条规定，需要办理公证、认证手续，而外国当事人所在国与中华人民共和国没有建立外交关系的，可以经该国公证机关公证，经与中华人民共和国有外交关系的第三国驻该国使领馆认证，再转由中华人民共和国驻该第三国使领馆认证。

【条文主旨】

本条是关于外国当事人身份材料可以办理第三国认证的规定。

【条文理解】

本条与本解释第五百二十一条紧密相连，是结合审判实践，参考2005年《第二次全国涉外商事海事审判工作会议纪要》的相关规定，对与我国未建立外交关系的国家当事人如何办理公证、认证手续作出的规定。即就有关材料，在该外国公证机关办理公证手续后，由于该国与我国未建立外交关系，无法通过使领馆办理认证手续，在这种情况下，可以转交我国与该国共同建立外交关系的第三国使领馆办理认证手续。

【审判实践中应当注意的问题】

司法实践中遇到本条规定的情况比较少，但有规定的必要。需要注意的是，公证手续仍需要在所在国办理，只是认证手续由于所在国与我国未建交而有所不同，可以转由我国与该国均建立了外交关系的第三国办理，先由第三国驻该国使领馆认证，再转由我国驻该第三国使领馆认证即可。

【条文】

第五百二十三条

外国人、外国企业或者组织的代表人在人民法院法官的见证下签署授权委托书，委托代理人进行民事诉讼的，人民法院应予认可。

【条文主旨】

本条是关于外国当事人授权委托手续可以在法院当面办理的规定。

【条文理解】

本条是结合审判实践，参考2005年《第二次全国涉外商事海事审判工作会议纪要》的相关规定，对外方当事人在人民法院当面签署授权委托书，即可以免除办理公证、认证手续作出的明确规定。办理公证、认证手续的意义在于，对在我国域外形成的证明材料，从程序上保障其真实性。而如果授权委托手续是在我国法院法官面前当面签署，行为本身足以保障真实性，因此，无须再机械地要求当事人办理公证、认证手续。这也是民事诉讼法第二百七十一条的应有之意。

【审判实践中应当注意的问题】

根据民事诉讼法第二百七十一条的规定，在我国领域内没有住所的外国当事人委托我国律师或者其他人代理其参加在我国进行的民事诉讼，从我国领域外寄交或者托交的授权委托书，应当经所在国公证机关证明，并经我国驻该国使领馆认证，或者履行有关条约规定的证明手续后，才具有效力。这是一般性规定。而司法实践中，如果当事人是外国自然人，其持护照等可以证明自己身份的证件，到人民法院办案法官的面前，签署授权委托书，该授权委托即是合法的，无须再办理公证、认证手续；当事人如果是外国企业或者组织有权代表该企业或者组织参加在我国进行的诉讼的人，即“代表人”，其持符合本解释第五百二十一条规定的经公证、认证的材料，表明其本人身份的合法性，在此前提下，该代表人在人民法院办案法官面前，签署授权委托书，该授权委托也是合法的，无须再办理公证、认证手续。

【条文】

第五百二十四条

外国人、外国企业或者组织的代表人在中华人民共和国境内签署授权委托书，委托代理人进行民事诉讼，经中华人民共和国公证机构公证的，人民法院应予认可。

【条文主旨】

本条是关于外国当事人授权委托手续可以在我国境内办理公证的规定。

【条文理解】

本条与本解释第五百二十三条紧密相连，是结合审判实践，参考 2005 年《第二次全国涉外商事海事审判工作会议纪要》的相关规定，对在我国境内公证机关签署的授权委托书进行了公证，即可以免除认证手续，作出的明确规定。民事诉讼法第二百七十一条要求，从我国“领域外寄交或者托交的”授权委托书需要办理公证、认证手续，而如果是在我国公证机关办理的授权委托手续，并非从“领域外寄交或者托交的”，则不能要求当事人再办理认证手续。

【审判实践中应当注意的问题】

司法实践中，外国自然人作为当事人参加在我国境内进行的民事诉讼活动，其可以亲自到我国境内任一合法设立的公证机关，出具授权委托书，由该公证机关对其授权委托行为进行公证，该授权委托手续即是合法的；如果外国当事人是法人或者组织，则有权代表其参加诉讼的“代表人”，可以亲自到我国境内任一合法设立的公证机关，出具授权委托书，由该公证机关对其授权委托行为进行公证，该授权委托手续也是合法的。

外国当事人完全可以根据自己的具体情况，选择本条或者本解释第五百二十三条的规定办理。这样处理，并不违反我国民事诉讼法第二百七十一条规定的精神。

【条文】

第五百二十五条

当事人向人民法院提交的书面材料是外文的，应当同时向人民法院提交中文翻译件。

当事人对中文翻译件有异议的，应当共同委托翻译机构提供翻译文本；当事人对翻译机构的选择不能达成一致的，由人民法院确定。

【条文主旨】

本条是关于在我国进行的民事诉讼中如何就有关材料翻译的规定。

【条文理解】

民事诉讼法第二百六十九条规定："人民法院审理涉外民事案件，应当使用中华人民共和国通用的语言、文字。当事人要求提供翻译的，可以提供，费用由当事人承担。"本条根据民事诉讼法第二百六十九条规定的精神，结合审判实践，对翻译文本提出了要求。

在我国法院进行诉讼，必须使用中文，用于诉讼的外文资料必须由当事人提交中文文本，当事人可以自己翻译，也可以请翻译机构翻译，一般情况下，法院都可以接受。但如果双方当事人对翻译后的中文译文有争议，则需要由双方共同委托一家合法设立的翻译机构进行翻译；如果双方对翻译机构不能达成一致，则由人民法院指定一家翻译机构进行翻译。该条重点解决实践中遇到的不同中文译本、如何正确理解原文的问题。

【审判实践中应当注意的问题】

诉讼是主权国家司法机关行使司法主权的具体行为，因此，诉讼过程中应当使用法院地国的官方语言和文字。我国民事诉讼法也对此作出了明确规定。司法实践中，有以下两个问题应当注意：一是哪些材料需要翻译；二是怎样翻译。

关于哪些材料需要翻译，本条没有详细列举，只是笼统指出"当事人向人民法院提交的书面材料是外文的"，应当向我国法院提交中文翻译件。司法实践中，当事人提交的用于证明自己身份的材料，原文是外文的，必须全部翻译成中文；用于证明案件事实的相关材料，当事人认为需要向我国法院提交的，原文是外文的，也应当翻译成中文。

关于如何翻译的问题，本条作出了具体规定。我国法院并未确立翻译机构的名单供当事人选择，一般而言，由当事人自行决定，可以自己翻译，也可以委托自己信任的翻译机构翻译。但如果双方当事人对翻译的内容有分歧，且对案件的审理有影响的情况下，则应当由当事人共同委托一家合法设立的翻译机构，提供翻译文本；如果双方当事人就翻译机构的选择不能达成一致的，则由法院确定一家翻译机构进行翻译。

【条文】

第五百二十六条

涉外民事诉讼中的外籍当事人，可以委托本国人为诉讼代理人，也可以委托本国律师以非律师身份担任诉讼代理人；外国驻华使领馆官员，受本国公民的委托，可以以个人名义担任诉讼代理人，但在诉讼中不享有外交或者领事特权和豁免。

【条文主旨】

本条是关于外国人诉讼代理的规定。

【条文理解】

本条是在《92年意见》第308条的基础上修改而来。该条文规定："涉外民事诉讼中的外籍当事人，可以委托本国人为诉讼代理人，也可以委托本国律师以非律师身份担任诉讼代理人；外国驻华使、领馆官员，受本国公民的委托，可以以个人名义担任诉讼代理人，但在诉讼中不享有外交特权和豁免权。"本条采纳了外交部的意见，结合《外交特权与豁免条例》《领事特权与豁免条例》的具体规定，将"外交特权和豁免权"修改为"外交或者领事特权和豁免"。

【审判实践中应当注意的问题】

司法实践中应当注意，外籍当事人委托本国人为其诉讼代理人，或者委托本国律师以非律师身份担任其诉讼代理人的情况下，也应当受到我国民事诉讼法第六十一条的限制。民事诉讼法第六十一条对委托诉讼代理人作出了明确规定，其中第二款对公民代理的情形作出了限制性规定，即"下列人员可以被委托为诉讼代理人：（一）律师、基层法律服务工作者；（二）当事人的近亲属或者工作人员；（三）当事人所在社区、单位以及有关社会团体推荐的公民。"也就是说，公民代理的情况下，该公民应当是"当事人的近亲属或者工作人员"或者是"当事人所在社区、单位以及有关社会团体推荐的公民"。本解释稿征求意见阶段，全国律协提出意见认为，我国法律对公民代理已经作出限制，在条文中应当体现国民待调原则，因此，建议规定为："涉外民事诉讼中的外籍当事人，可以依据《中华人民共和国民事诉讼法》委托本国人或本国律师以非律师身份担任诉讼代理人。"但考虑到民事诉讼法第六十一属于一般性规定，民事诉讼法"涉外编"对诉讼代理的问题也没有作出特别规定，本解释条文的规定自应不得违反民事诉讼法第六十一条的规定，因此，没有必要再在条文中写明"依据《中华人民共和国民事诉讼法》委托"的字样。换言之，在外籍当事人委托本国人为其诉讼代理人或者委托本国律师以非律师身份担任其诉讼代理人的情况下，也应当符合民事诉讼法第六十一条规定的关于公民代理的条件。

《维也纳外交关系公约》第三条第一款规定："一、除其他事项外，使馆之职务如下：……（乙）于国际法许可之限度内，在接受国中保护派遣国及其国民之利益；……”《维也纳领事关系公约》第五条规定：“领事职务包括：……（九）以不抵触接受国内施行之办法与程序为限，遇派遣国国民因不在当地或由于其他原因不能于适当期间自行辩护其权利与利益时，在接受国法院及其他机关之前担任其代表或为其安排适当之代表，俾依照接受国法律规章取得保全此等国民之权利与利益之临时措施；……”根据上述规定，外国驻华使领馆官员，可以受其本国公民的委托，以个人名义在我国的民事诉讼中担任诉讼代理人，但根据《外交特权与豁免条例》《领事特权与豁免条例》的相关规定，该外国驻华使领馆官员就此不能享有外交或者领事特权和豁免。

【条文】

第五百二十七条

涉外民事诉讼中，外国驻华使领馆授权其本馆官员，在作为当事人的本国国民不在中华人民共和国领域内的情况下，可以以外交代表身份为其本国国民在中华人民共和国聘请中华人民共和国律师或者中华人民共和国公民代理民事诉讼。

【条文主旨】

本条是关于外交代表可以为其本国国民聘请民事诉讼代理人的规定。

【条文理解】

本条是在《92年意见》第309条的基础上修改而来，将原表述“我国”修改为“中华人民共和国”，这样更为合理。《92年意见》第309规定：“涉外民事诉讼中，外国驻华使、领馆授权其本馆官员，在作为当事人的本国国民不在我国领域内的情况下，可以以外交代表身份为其本国国民在我国聘请中国律师或中国公民代理民事诉讼。”该情形虽然在司法实践中很少见，但该条款仍有保留的必要，具体理由同前述《维也纳外交关系公约》《维也纳领事关系公约》的相关规定。

【条文】

第五百二十八条

涉外民事诉讼中，经调解双方达成协议，应当制发调解书。当事人要求发给判决书的，可以依协议的内容制作判决书送达当事人。

【条文主旨】

本条是关于涉外民事案件调解结案可以制发判决书的规定。

【条文理解】

涉外民事诉讼中，经调解，双方达成协议，应当制发调解书。但因为不同国家对法院作出的法律文书的样式要求不同，我国裁判文书中包括调解书，其他国家有可能不认可调解书的形式，为了便于当事人到外国法院申请承认和执行我国法院作出的裁判文书，我国法院可以根据当事人申请，依调解协议的内容制作判决书，替代调解书，送达当事人。

【审判实践中应当注意的问题】

法院判决代表国家司法主权，一国法院判决要在域外发生效力，必须得到该外国法院的承认。承认和执行外国法院判决的基础，或者是基于国际条约，或者基于互惠原则。然而，在外国法院判决的承认和执行领域很难达成多边国际条约。海牙国际私法会议一直致力于在外国法院民商事判决的承认和执行领域，达成一项类似于外国仲裁裁决的承认和执行领域的《纽约公约》的全球性国际条约，经过多年努力，先后通过 2005 年《选择法院协议公约》和 2019 年《承认和执行外国民商事判决公约》，但我国至今未予批准，因此，该两公约尚未对我国生效。我国目前已经与 39 个国家签署了双边民商事司法协助协定，已经生效的有 38 项，其中 34 项有关于相互承认和执行法院判决的内容。因此，如果我国法院能够在形式上尽可能满足条约的要求，或者其他国家依据其本国法承认和执行外国法院判决的要求，无疑能为我国法院判决在其他国家得到承认和执行扫清一些障碍。

【条文】

第五百二十九条

涉外合同或者其他财产权益纠纷的当事人，可以书面协议选择被告住所地、合同履行地、合同签订地、原告住所地、标的物所在地、侵权行为地等与争议有实际联系地点的外国法院管辖。

根据民事诉讼法第三十四条和第二百七十三条规定，属于中华人民共和国法院专属管辖的案件，当事人不得协议选择外国法院管辖，但协议选择仲裁的除外。

【条文主旨】

本条是关于涉外民事案件当事人可以协议选择法院的规定。

【条文理解】

民事诉讼法第三十五条规定：“合同或者其他财产权益纠纷的当事人可以书面协议选择被告住所地、合同履行地、合同签订地、原告住所地、标的物所在地等与争议有实际联系的地点的人民法院管辖，但不得违反本法对级别管辖和专属管辖的规定。”本条根据民事诉讼法第三十五条的规定，进一步明确规定涉外合同或者其他财产权益纠纷的当事人可以选择与争议有实际联系地点的外国法院管辖。民事诉讼法第三十五条的主要内容原本是民事诉讼法“涉外编”中的规定，在2012年民事诉讼法修正过程中，该条内容从“涉外编”被前移至第三十四条，由于第三十四条对于可选择的法院表述为“人民法院”，实践中导致误解，有观点认为涉外民事案件即不能选择域外法院，需要澄清，因而作出本条规定。

当事人可以协议选择法院管辖，但不得违反我国法律中关于专属管辖的规定，包括民事诉讼法第三十四条和第二百七十三条的规定。民事诉讼法第三十四条规定：“下列案件，由本条规定的人民法院专属管辖：（一）因不动产纠纷提起的诉讼，由不动产所在地人民法院管辖；（二）因港口作业中发生纠纷提起的诉讼，由港口所在地人民法院管辖；（三）因继承遗产纠纷提起的诉讼，由被继承人死亡时住所地或者主要遗产所在地人民法院管辖。”民事诉讼法第二百七十三条规定：“因在中华人民共和国履行中外合资经营企业合同、中外合作经营企业合同、中外合作勘探开发自然资源合同发生纠纷提起的诉讼，由中华人民共和国人民法院管辖。”

【审判实践中应当注意的问题】

涉外民事案件的当事人可以协议选择法院管辖。具体操作同样适用本解释对民事诉讼法第三十五条的解释。司法实践中应当注意以下事项：一是可以选择法院的案件范围，应当是涉外合同或者其他财产权益纠纷案件；二是选择法院的形式要求，应当是以书面协议的方式选择，该选择可以在争议发生前，也可以在争议发生后作出；三是协议选择的法院的范围是有限制的，可以是被告住所地、合同履行地、合同签订地、原告住所地、标的物所在地、侵权行为地等与争议有实际联系地点的外国法院，如果当事人仅仅是选择了解决争议所应当适用的法律，而并无其他连结点，不能以此认定为有实际联系，即仅仅是被选择适用法律的地点的外国法院不能被认定为与争议有实际联系地点的外国法院；四是协议选择法院不得违反我国法律专属管辖的规定，换言之，就诉讼方式解决纠纷而言，对于我国法院专属管辖的案件，当事人不得协议选择外国法院管辖，但当事人选择通过仲裁方式解决纠纷的，则不受我国法院专属管辖规定的限制。

【条文】

第五百三十条

涉外民事案件同时符合下列情形的，人民法院可以裁定驳回原告的起诉，告知其向更方便的外国法院提起诉讼：

（一）被告提出案件应由更方便外国法院管辖的请求，或者提出管辖异议；

（二）当事人之间不存在选择中华人民共和国法院管辖的协议；

（三）案件不属于中华人民共和国法院专属管辖；

（四）案件不涉及中华人民共和国国家、公民、法人或者其他组织的利益；

（五）案件争议的主要事实不是发生在中华人民共和国境内，且案件不适用中华人民共和国法律，人民法院审理案件在认定事实和适用法律方面存在重大困难；

（六）外国法院对案件享有管辖权，且审理该案件更加方便。

【条文主旨】

本条是关于我国法院对有管辖权的案件可以不方便为由不行使管辖权的规定。

【条文理解】

本条结合审判实践，参考 2005 年《第二次全国涉外商事海事审判工作会议纪要》的相关规定，对在我国实行“不方便法院”的条件作出了规定。“不方便法院原则”本不是我国民事诉讼法上的内容，而是英美法上民事诉讼中的一项原则。我国既往司法实践中，对我国法院本享有管辖权，但审理案件非常困难，又与我国国家和公民、法人或者其他组织的利益无关的情形，曾适用“不方便法院”原理，放弃行使管辖权。因此，在本解释中加入相关条文，一方面，严格限制“不方便法院”的适用条件；另一方面，也为适当时适用之提供裁判依据。

【审判实践中应当注意的问题】

法院司法管辖权是国家司法主权的重要组成部分，一般而言，一国法院不能拒绝行使或者轻易放弃行使管辖权，司法实践中，部分法院以查明和适用外国法困难为由希望拒绝行使管辖权，这种思想是错误的，应予指出。然而，根据我国民事诉讼法目前关于管辖权的规定，我国法院可以行使管辖权的连接点较多，而实践中很可能会发生这种情况。例如，当事人之间不存在选择我国法院管辖的协议；案件不属于我国法院专属管辖；案件不涉及我国国家、公民、法人或者其他组织的利益；案件争议的主要事实不发生在我国境内；案件不适用我国法律；我国法院审理该案在认定事实和适用法律方面存在重大困难；外国法院对该案享有管辖权，且审理该案件更加方便。如果同时符合上述情形，且经被告向我国法院提出案件应由更方便外国法院管辖的请求，或者提出管辖异议，我国法院可以作出裁定，驳回原告的起诉，告知原告向更方便的外国法院提起诉讼。司法实践中应当注意：一是本条适用的前提是，我国法院对案件本身享有管辖权；二是本条规定的条件必须同时满足，我国法院才可以拒绝行使管辖权，不能滥用本条规定。

【条文】

第五百三十一条

中华人民共和国法院和外国法院都有管辖权的案件，一方当事人向外国法院起诉，而另一方当事人向中华人民共和国法院起诉的，人民法院可予受理。判决后，外国法院申请或者当事人请求人民法院承认和执行外国法院对本案作出的判决、裁定的，不予准许；但双方共同缔结或者参加的国际条约另有规定的除外。

外国法院判决、裁定已经被人民法院承认，当事人就同一争议向人民法院起诉的，人民法院不予受理。

【条文主旨】

本条是关于如何解决国际间平行诉讼问题的规定。

【条文理解】

本条结合审判实践，参考2005年《第二次全国涉外商事海事审判工作会议纪要》的相关规定，对重复诉讼问题，包括平行诉讼和对抗诉讼，作出了规定。对同一争议我国法院和外国法院均享有管辖权时，产生管辖权的积极冲突，根据司法主权原则，我国法院依据我国民事诉讼法的规定行使管辖权，不受外国法院是否已经行使管辖权的影响。此外，我国法院作出判决后，外国法院或者当事人请求我国法院承认和执行外国法院对同一争议作出的裁判的，我国法院不予受理，除非我国与该国缔结或者参加的国际条约另有规定。如果就同一争议，外国法院已经作出了判决，且该判决已经我国法院承认，此时，该外国法院判决已经在我国具有域内效力，当事人再就同一争议向我国法院起诉的，我国法院不应再行使管辖权。

【审判实践中应当注意的问题】

一是我国法院和外国法院对同一争议都享有管辖权；二是当事人向我国法院起诉、我国法院受理案件的时间无论是否先于外国法院受理案件的时间，只要我国法院判决在先，我国法院均可以拒绝受理外国法院申请或者当事人关于请求人民法院承认和执行外国法院裁判的申请；三是如果外国法院作出判决在先，且该裁判已经得到我国法院的承认，则对同一争议，我国法院不得再行使管辖权。

然而，如何理解“同一争议”是个难题。司法实践中，可以从当事人、诉讼请求、事实和理由等多个因素进行综合考量。

【条文】

第五百三十二条

对在中华人民共和国领域内没有住所的当事人，经用公告方式送达诉讼文书，公告期满不应诉，人民法院缺席判决后，仍应当将裁判文书依照民事诉讼法第二百七十四条第八项规定公告送达。自公告送达裁判文书满三个月之日起，经过三十日的上诉期当事人没有上诉的，一审判决即发生法律效力。

【条文主旨】

本条是关于人民法院通过公告方式送达开庭传票当事人拒不应诉，缺席判决后仍应通过公告方式送达裁判文书以及在通过公告方式送达裁判文书的情况下如何认定一审判决生效的规定。

【条文理解】

本条明确对在我国领域内没有住所的当事人，自公告送达裁判文书满三个月的次日起，经过三十日的上诉期当事人没有上诉的，一审判决即发生法律效力。

民事诉讼法第二百七十四条规定：“人民法院对在中华人民共和国领域内没有住所的当事人送达诉讼文书，可以采用下列方式：（一）依照受送达人所在国与中华人民共和国缔结或者共同参加的国际条约中规定的方式送达；（二）通过外交途径送达；（三）对具有中华人民共和国国籍的受送达人，可以委托中华人民共和国驻受送达人所在国的使领馆代为送达；（四）向受送达人委托的有权代其接受送达的诉讼代理人送达；（五）向受送达人在中华人民共和国领域内设立的代表机构或者有权接受送达的分支机构、业务代办人送达；（六）受送达人所在国的法律允许邮寄送达的，可以邮寄送达，自邮寄之日起满三个月，送达回证没有退回，但根据各种情况足以认定已经送达的，期间届满之日视为送达；（七）采用传真、电子邮件等能够确认受送达人收悉的方式送达；（八）不能用上述方式送达的，公告送达，自公告之日起满三个月，即视为送达。”司法实践中，对于不能采取上述规定中第一项至第七项方式送达诉讼文书的，人民法院采取公告方式送达。在通过公告方式向当事人送达开庭传票，当事人无正当理由拒不到庭应诉，人民法院缺席审理并作出裁判后，必须将裁判结果即裁判文书通过法定的方式向当事人送达。对于此前通过公告方式送达开庭传票的当事人，在其未到庭应诉的情况下，仍然应当通过公告方式向其送达裁判文书。公告期满即视为送达，自公告送达裁判文书满三个月的次日起开始计算上诉期限。根据民事诉讼法第二百七十六条的规定，在我国领域内没有住所的当事人的上诉期限为三十日，经过三十日的上诉期当事人没有上诉的，一审判决即发生法律效力。

【条文】

第五百三十三条

外国人或者外国企业、组织的代表人、主要负责人在中华人民共和国领域内的，人民法院可以向该自然人或者外国企业、组织的代表人、主要负责人送达。

外国企业、组织的主要负责人包括该企业、组织的董事、监事、高级管理人员等。

【条文主旨】

本条是关于向在我国领域内的外国自然人或者外国企业、组织的代表人、主要负责人直接送达问题的规定。

【条文理解】

《涉外送达规定》第三条规定：“作为受送达人的自然人或者企业、其他组织的法定代表人、主要负责人在中华人民共和国领域内的，人民法院可以直接向该自然人或者法定代表人、主要负责人送达。”根据上述规定，外国自然人或者外国企业、组织的代表人、主要负责人在中华人民共和国领域内的，人民法院可以向其直接送达。本条同时根据司法实践的需要，对于具体哪些人员可以代表外国的企业、组织接受送达也进一步加以明确。考虑到各个国家关于公司、企业、组织等方面的法律规定不尽相同，特别是很多国家尤其是英美法系国家并不像我国的公司、企业有明确的法定代表人。司法实践中，外国的公司、企业在人民法院参加诉讼时，往往应法院的要求临时指定一名具体人员，例如，公司的股东、董事等，在该诉讼中作为企业、组织的代表人。但在外国当事人并不积极应诉的情况下，人民法院往往难以确定其代表人。此前最高人民法院就关于送达问题的请示案件中曾对此问题作出过明确的答复。最高人民法院在（2011）民四他字第 44 号复函中指出，参照《涉外送达规定》第三条的规定，受送达人的董事一般可以被认定为有权代表该受送达人接受司法文书的主体。如果有证据证明受送达人的现任董事在我国境内出现，人民法院可以将送达给受送达人的司法文书向其董事本人进行送达。也就是说，该复函将公司、企业的董事界定为属于《涉外送达规定》第三条中企业、组织的主要负责人的范畴。为进一步解决涉外民商事案件诉讼文书送达难问题，提高送达效率，特别是增强该条规定的可执行性，本条第二款进一步明确外国企业、组织的主要负责人不仅包括该企业、组织的董事还包括监事、高级管理人员等，即基于上述人员在企业、组织中的特殊地位，其可以被视为是有权代表企业、组织签收相关诉讼文书的主要负责人，人民法院可以向其直接送达。

【审判实践中应当注意的问题】

第一，在受送达人为企业、组织时，必须根据该企业、组织注册登记等的相关资料，对具体接受送达的人员身份加以查明，以确定其是否有权代表企业、组织接受送达。

第二，必须是外国自然人或者外国企业、组织的代表人、主要负责人出现在我国境内的，人民法院方可以对其进行直接送达。

【条文】

第五百三十四条

受送达人所在国允许邮寄送达的，人民法院可以邮寄送达。

邮寄送达时应当附有送达回证。受送达人未在送达回证上签收但在邮件回执上签收的，视为送达，签收日期为送达日期。

自邮寄之日起满三个月，如果未收到送达的证明文件，且根据各种情况不足以认定已经送达的，视为不能用邮寄方式送达。

【条文主旨】

本条是关于民事诉讼法第二百七十四条第六项规定的邮寄送达涉及问题的规定，特别是对如何认定不能通过邮寄方式送达作出的规定。

【条文理解】

民事诉讼法第二百七十四条第六项规定："受送达人所在国的法律允许邮寄送达的，可以邮寄送达，自邮寄之日起满三个月，送达回证没有退回，但根据各种情况足以认定已经送达的，期间届满之日视为送达。"上述条文是对通过邮寄方式送达作出的规定，该条明确了在送达回证没有退回的情况下如何认定已经送达。而司法实践中，人民法院往往需要面临的一个问题是怎样在一个明确的时间内认定不能通过邮寄方式送达。有时人民法院通过邮寄方式送达，迟迟没有收到送达回证，且根据各种情况又不足以认定已经送达，从而造成在通过邮寄方式向域外当事人送达诉讼文书时，存在长时间没有结果的情况，使得诉讼文书送达问题也在长时间内处于一种不确定的状态，影响了人民法院及时采取其他方式送达，造成案件不能及时审结。为此，《涉外送达规定》第八条中对于如何认定不能通过邮寄方式送达作出了规定，即自邮寄之日起满三个月，如无法得到送达与否的证明文件，且根据其他情况也不足以认定已经送达的，视为不能适用邮寄方式送达。这时，人民法院可以不必再等待邮寄送达的结果，从而及时采取其他方式送达，乃至公告送达。2007 年民事诉讼法第二百四十五条第六项规定："自邮寄之日起满六个月，送达回证没有退回，但根据各种情况足以认定已经送达的，期间届满之日视为送达。"2006 年《涉外送达规定》第八条中亦相应规定自邮寄之日起满六个月，如无法得到送达与否的证明文件，且根据其他情况也不足以认定已经送达的，视为不能适用邮寄方式送达。2012 年民事诉讼法第二百六十七条第六项将六个月期限修改为三个月期限，《涉外送达规定》亦根据民事诉讼法的规定，相应作出修正，将六个月期限修改为三个月。本条规定也是明确自邮寄之日起满三个月，如果未能收到送达与否的证明文件，且根据各种情况不足以认定已经送达的，视为不能用邮寄方式送达。

司法实践中，各级人民法院在适用邮寄送达时通常形成了以下普遍做法，即对当事人进行邮寄送达时，当事人虽然没有将送达回证寄回送达人民法院，但是，人民法院通过邮政系统可以查询到该当事人已经对邮件进行了签收，那么对该邮件的签收可以视为诉讼文书已经邮寄送达。本条第二款对该问题作出规定，明确了送达与否的认定标准，提高了送达效率。

【审判实践中应当注意的问题】

第一，对域外当事人适用邮寄方式送达的，应当首先确定该受送达人所在国是否允许邮寄送达。

第二，对于认定不能适用邮寄方式送达的期限为自邮寄之日起满三个月。

第三，受送达人在邮件回执上签收的视为送达，且送达日期为签收邮件的日期。

【条文】

第五百三十五条

人民法院一审时采取公告方式向当事人送达诉讼文书的，二审时可径行采取公告方式向其送达诉讼文书，但人民法院能够采取公告方式之外的其他方式送达的除外。

【条文主旨】

本条是关于人民法院对一审时采取公告方式送达的当事人，二审时是否可以径行采取公告方式向其送达的规定。

【条文理解】

民事诉讼法第二百七十四条第八项规定："不能用上述方式送达的，公告送达，自公告之日起满三个月，即视为送达。"根据该条规定，只有在民事诉讼法规定的公告方式之外的其他方式均不能送达的情况下，才能适用公告方式送达。《涉外送达规定》第十一条规定："除公告送达方式外，人民法院可以同时采取多种方式向受送达人进行送达，但应根据最先实现送达的方式确定送达日期。"该司法解释虽然明确人民法院可以同时采取多种送达方式，但特别强调同时采取的方式是指公告方式以外的其他送达方式，公告送达方式不能与其他方式一并进行。即进一步明确了只有在不能用其他方式送达的时候，才能公告送达。

最高人民法院曾经对涉外民商事案件送达难问题进行过调研。造成送达难的问题是多方面，一是有关涉外民商事案件司法文书送达方面的法律法规、司法解释不完备，缺乏系统性、连贯性；特别是有些域外送达的具体程序缺乏相应的法律规定，造成法律适用方面的空白。二是域外送达的各责任部门之间沟通不够顺畅，缺乏一定的协调配合，对于出现的问题不能及时解决。三是人民法院内部对域外送达程序的管理机制不统一，一些具体承办人员对该项程序重视不够，业务不熟悉。特别是通过公约方式或者通过外交途径向域外当事人送达，上下级人民法院之间，人民法院与司法部、外交部等机构之间，一定程度上还缺乏完善的配合协调、查询机制。有时下级人民法院将需要送达的诉讼文书交上级人民法院转递后，较长时间没有消息且缺乏查询渠道，送达的情况难以把握，不能及时知晓送达结果。《涉外送达规定》第七条特别规定："按照司法协助协定、《关于向国外送达民事或商事司法文书和司法外文书公约》或者外交途径送达司法文书，自我国有关机关将司法文书转递受送达人所在国有关机关之日起满六个月，如果未能收到送达与否的证明文件，且根据各种情况不足以认定已经送达的，视为不能用该种方式送达。"即对如何认定不能适用公约、外交途径等方式送达作出了规定。在2012年民事诉讼法修改之前，向域外当事人公告送达的期限为六个月，因此，在穷尽其他送达方式不能送达后，再适用公告方式送达，往往最终送达要费时一年以上，大大影响了涉外民商事案件的审理效率。

司法实践中，一审法院作出裁判后，当事人不服提出上诉，二审法院仍然要根据民事诉讼法关于送达问题的相关规定，对当事人送达二审诉讼文书。根据规定，同样首先要穷尽除公告送达外的其他所有送达方式，例如，公约、协定规定的方式、外交途径等，然后才能进行公告送达，而这一送达过程又要花费大量的时间。对于一审程序中已经采取公告方式向其送达的当事人而言，一审法院已经尝试了公告之外的其他方式送达不能成功，二审法院即使再采取这些方式重新向当事人送达，同样亦不能成功送达，反而是又耗费大量的时间。为了进一步提高送达效率，避免无效送达，本条确立了二审法院在二审程序中对于一审法院采取公告方式送达的当事人可以径行采取公告方式送达的基本原则。当然如果二审法院发现可以适用公告之外的其他方式送达，例如，当事人在二审程序中委托了代理人或者二审法院发现该当事人在其他关联案件中的有效送达地址等，则应当适用公告之外的其他方式进行送达，而不能直接进行公告送达，以充分保护当事人的合法权益。

【审判实践中应当注意的问题】

第一，在一审法院已经在一审程序中对当事人进行了公告送达，二审法院原则上是可以直接在二审程序中对该当事人进行公告送达。

第二，上述原则亦存在例外情形：一是该条规定中的除外规定，即二审法院发现可以适用公告之外的其他方式对该当事人进行有效送达，则应当首先适用其他有效送达方式，而不是直接适用公告方式送达；二是这里强调的一审法院采取的公告送达方式的应有之义是合法的公告送达方式，即一审法院是在穷尽其他送达方式后才进行公告送达。如果二审法院发现一审法院的公告送达是在没有穷尽其他送达方式的情况下进行的，即一审公告送达存在问题或者瑕疵可能侵害当事人的诉讼权利的，二审法院则不能直接对该当事人适用公告方式送达。

【条文】

第五百三十六条

不服第一审人民法院判决、裁定的上诉期，对在中华人民共和国领域内有住所的当事人，适用民事诉讼法第一百七十一条规定的期限；对在中华人民共和国领域内没有住所的当事人，适用民事诉讼法第二百七十六条规定的期限。当事人的上诉期均已届满没有上诉的，第一审人民法院的判决、裁定即发生法律效力。

【条文主旨】

本条是关于区分当事人在我国领域内是否有住所而对其享有的不同上诉期限问题的规定。

【条文理解】

民事诉讼法第一百七十一条规定："当事人不服地方人民法院第一审判决的，有权在判决书送达之日起十五日内向上一级人民法院提起上诉。当事人不服地方人民法院第一审裁定的，有权在裁定书送达之日起十日内向上一级人民法院提起上诉。"第二百七十六条规定："在中华人民共和国领域内没有住所的当事人，不服第一审人民法院判决、裁定的，有权在判决书、裁定书送达之日起三十日内提起上诉。被上诉人在收到上诉状副本后，应当在三十日内提出答辩状。当事人不能在法定期间提起上诉或者提出答辩状，申请延期的，是否准许，由人民法院决定。"根据上述规定，当事人在我国领域内是否有住所直接影响到其享有的上诉期限问题。之所以作出该规定，也是由涉外民商事案件的特点决定的。根据相关法律司法解释的规定，涉外民商事案件中域外当事人的身份证明、当事人提交的在域外形成的授权委托书、证据等往往需要依法办理公证、认证等证明手续，有时案件审理还涉及对外国法的查明等问题，上述事项必然要耗费较多的时间，因此，民事诉讼法对域外当事人上诉期也规定了更长的时间。本条规定针对涉外民商事案件中当事人在我国领域内是否有住所的情况，对其分别享有不同的上诉期作出了明确解释。

【审判实践中应当注意的问题】

第一，审理涉外民商事案件时应注意区分不同当事人的上诉期限。当事人在我国领域内是否有住所，其享有的上诉期是不同的，不能一概而论。

第二，应注意区分对判决和裁定不服的上诉期限。根据民事诉讼法第一百七十一条的规定，在我国领域内有住所的当事人对于一审判决和裁定不服的上诉期限是不同的，分别为十五日和十日；根据民事诉讼法第二百七十六条的规定，在我国领域内没有住所的当事人对于一审判决和裁定不服的上诉期限是相同的，均为三十日。

【条文】

第五百三十七条

人民法院对涉外民事案件的当事人申请再审进行审查的期间，不受民事诉讼法第二百一十一条规定的限制。

【条文主旨】

本条是关于对涉外民商事案件再审审查期限的特殊性规定。

【条文理解】

鉴于涉外民商事案件在文书送达、查明事实、法律适用等方面的存在特殊性，人民法院在审理此类案件时往往需要耗费较长的时间，故本条规定对涉外民商事再审审查案件的审查期限作出了有别于一般国内再审审查案件的特殊规定，即不受民事诉讼法规定的三个月审限的限制。

首先，涉外民商事案件送达难问题较为突出，造成送达难的原因是多方面的，如有关涉外民商事案件司法文书送达方面的法律法规、司法解释不完备，缺乏系统性、连贯性；有些域外送达的具体程序缺乏相应的法律规定，造成法律适用方面的空白；域外送达的各责任部门之间在一定程度上还存在着沟通不够顺畅、缺乏协调配合的情况；人民法院内部对域外送达程序的管理机制尚需完善，一些具体承办人员对该项程序重视不够，业务不熟悉；等等。特别是通过公约规定的方式或者通过外交途径向域外当事人送达，上下级人民法院之间，人民法院与司法部、外交部等机构之间，由于缺乏完善的配合协调、查询机制，有时下级人民法院将需要送达的诉讼文书交上级人民法院转递后，较长时间没有回复消息且缺乏有效查询渠道，长时间得不到送达与否的结果，在确定上述方式无法送达成功的情况下，还需要公告送达，因此，向域外当事人送达相关文书往往要耗费较长的时间。其次，涉外民商事案件的法律事实很多发生在域外，当事人证明案件事实需要提交相应的证据，而根据相关规定，对于域外形成的证据，当事人往往需要办理公证认证等证明手续，因此，在涉外民商事案件中当事人收集提交域外证据也需要耗费较长的时间。在有的案件审理时，人民法院可能还需要通过司法协助等方式对发生在域外的事实进行调查，同样需耗费较长时间。最后，根据涉外民商事案件法律适用方面的规定，涉外民商事案件的审理可能需要适用外国的法律。在适用外国法律时，无论是需要当事人举证，还是由人民法院依职权主动查明，均需要耗费较长的时间。且由于对外国法律的不熟悉，当事人还可能需要聘请域外法律专家出具法律意见。因此，域外法律的查明程序耗时较长。另外，民事诉讼法第二百七十一条规定："在中华人民共和国领域内没有住所的外国人、无国籍人、外国企业和组织委托中华人民共和国律师或者其他人代理诉讼，从中华人民共和国领域外寄交或者托交的授权委托书，应当经所在国公证机关证明，并经中华人民共和国驻该国使领馆认证，或者履行中华人民共和国与该所在国订立的有关条约中规定的证明手续后，才具有效力。"即当事人在域外提交的委托书需依法办理公证认证手续，而从司法实践看仅此项手续的办理有时即耗费两三个月的时间。

正是由于涉外民商案件的上述特点，我国民事诉讼法对涉外民商事案件的审理期间作出了特别规定。民事诉讼法第二百七十七条规定："人民法院审理涉外民事案件的期间，不受本法第一百五十二条、第一百八十三条规定的限制。"即人民法院审理涉外民商事案件时，不受民事诉讼法关于一审、二审审限的限制。

民事诉讼法第二百一十一条第一款规定："人民法院应当自收到再审申请书之日起三个月内审查，符合本法规定的，裁定再审；不符合本法规定的，裁定驳回申请。有特殊情况需要延长的，由本院院长批准。"即民事诉讼法对当事人申请再审案件的审查期限作出了规定。而就涉外民商事案件而言，人民法院对当事人再审申请进行审查时，同样可能需要面临一审、二审程序中出现的送达、办理公证认证的委托手续以及当事人提交域外形成的证据等影响案件及时审结的情形。但目前民事诉讼法仅明确了审理涉外民商事案件时不受一审、二审程序中关于审限的限制，并未规定不受审判监督程序中审查期限的限制。故参照民事诉讼法第二百七十七条的规定，本条规定了人民法院对涉外民商事案件的再审申请进行审查时，亦不受民事诉讼法审判监督程序中第二百一十一条有关审限规定的限制，这既有利于依法平等保护中外双方当事人的合法权益，避免当事人不能在过于短暂的时限内提交域外形成的授权委托书、证据等情况的出现，也符合客观司法实践的需要，有利于人民法院正确地查清事实、适用法律，公正审理案件。

【审判实践中应当注意的问题】

虽然依照本条规定涉外民商事案件的再审审查不受民事诉讼法关于三个月审限的限制，但各级人民法院在审理此类案件时亦应当注意提高效率，确保案件及时审结。

【条文】

第五百三十八条

申请人向人民法院申请执行中华人民共和国涉外仲裁机构的裁决，应当提出书面申请，并附裁决书正本。如申请人为外国当事人，其申请书应当用中文文本提出。

【条文主旨】

本条是关于当事人向人民法院申请执行涉外仲裁机构裁决（即我国仲裁机构作出的涉外仲裁裁决）的程序性规定。

【条文理解】

根据民事诉讼法及仲裁法的规定，本条规定了我国涉外仲裁机构作出的仲裁裁决的执行问题。实践中，本条亦适用于我国仲裁机构作出的涉外仲裁裁决的申请执行问题。

【审判实践中应当注意的问题】

中华人民共和国涉外仲裁机构指专门受理涉外纠纷案件的常设仲裁机构。中国国际经济贸易仲裁委员会和海事仲裁委员会是我国的常设涉外仲裁机构。但是自从我国仲裁法颁布实施以来，依照仲裁法的规定在省、自治区、直辖市人民政府所在地的市和其他设区的市又设立或重新组建了一批常设仲裁机构，对这些仲裁机构能否受理涉外仲裁案件，仲裁法并没有明确规定。1996年6月8日，国务院办公厅发布了《关于贯彻实施〈中华人民共和国仲裁法〉需要明确的几个问题的通知》。该通知规定：“新组建的仲裁委员会的主要职责是受理国内仲裁案件；涉外仲裁案件的当事人自愿选择新组建的仲裁委员会仲裁的，新组建的仲裁委员会可以受理。”据此，依照仲裁法设立或重新组建的仲裁机构，如北京仲裁委员会、上海仲裁委员会等在涉外仲裁案件的当事人自愿选择其进行仲裁时，对该涉外仲裁案件具有管辖权。因此，在我国实际上已不存在专门的涉外仲裁机构。

因我国仲裁机构作出的涉外仲裁裁决的执行和保全等问题，亦属于涉外民事诉讼程序的范畴，故本条及本解释第五百三十九条、第五百四十条的规定均可适用该类裁决的执行和保全等程序。根据《最高人民法院关于审理仲裁司法审查案件若干问题的规定》第十二条之规定，仲裁协议或者仲裁裁决具有《涉外民事关系法律适用法解释（一）》第一条规定情形的，为涉外仲裁协议或者涉外仲裁裁决。据此，我国仲裁机构作出的仲裁裁决符合下列情形之一的，可以认定为涉外仲裁裁决：（1）当事人一方或双方是外国公民、外国法人或者其他组织、无国籍人；（2）当事人一方或双方的经常居所地在中华人民共和国领域外；（3）标的物在中华人民共和国领域外；（4）产生、变更或者消灭民事关系的法律事实发生在中华人民共和国领域外；（5）可以认定为涉外民事关系的其他情形。

【条文】

第五百三十九条

人民法院强制执行涉外仲裁机构的仲裁裁决时，被执行人以有民事诉讼法第二百八十一条第一款规定的情形为由提出抗辩的，人民法院应当对被执行人的抗辩进行审查，并根据审查结果裁定执行或者不予执行。

【条文主旨】

本条是关于涉外仲裁机构裁决（即我国仲裁机构作出的涉外仲裁裁决）在执行程序中，被执行人可以就裁决提出不予执行抗辩的规定。

【条文理解】

本条有以下三点需注意。一是根据民事诉讼法条文变动作相应调整。关于不予执行涉外仲裁机构裁决（即我国仲裁机构作出的涉外仲裁裁决）的法定情形，民事诉讼法已调整至第二百八十一条第一款，故在解释引用民事诉讼法条文时，对序号作出相应调整。二是被执行人认为仲裁裁决存在民事诉讼法第二百八十一条第一款规定之情形的，应当提出抗辩，人民法院应对被执行人的抗辩是否成立进行审查。但是，如仲裁裁决违背社会公共利益的，人民法院应当依职权进行审查。三是明确人民法院对被执行人抗辩的审查结果为裁定执行或不予执行。

【审判实践中应当注意的问题】

第一，民事诉讼法第二百八十一条第一款所列情形均属程序性问题，人民法院对涉外仲裁机构裁决（即我国仲裁机构作出的涉外仲裁裁决）的司法审查监督范围，限于仲裁程序方面的问题，不涉及实体问题，即对裁决在认定事实和适用法律上是否有错误不作审查。

第二，根据《最高人民法院关于审理仲裁司法审查案件若干问题的规定》第十七条之规定，人民法院对申请执行我国仲裁机构作出的非涉外仲裁裁决案件的审查，适用民事诉讼法第二百四十四条的规定；对申请执行我国仲裁机构作出的涉外仲裁裁决案件的审查，适用民事诉讼法第二百八十一的规定。对于非涉外仲裁裁决，被执行人申请不予执行的法定情形，规定在民事诉讼法第二百四十四条第二款，包括以下六种情形：（1）当事人在合同中没有订有仲裁条款或者事后没有达成书面仲裁协议的；（2）裁决的事项不属于仲裁协议的范围或者仲裁机构无权仲裁的；（3）仲裁庭的组成或者仲裁的程序违反法定程序的；（4）裁决所根据的证据是伪造的；（5）对方当事人向仲裁机构隐瞒了足以影响公正裁决的证据的；（6）仲裁员在仲裁该案时有贪污受贿，徇私舞弊，枉法裁决行为的。对于涉外仲裁裁决，被执行人申请不予执行的法定情形，规定在民事诉讼法第二百八十一条第一款，包括四种以下情形：（1）当事人在合同中没有订有仲裁条款或者事后没有达成书面仲裁协议的；（2）被申请人没有得到指定仲裁员或者进行仲裁程序的通知，或者由于其他不属于被申请人负责的原因未能陈述意见的；（3）仲裁庭的组成或者仲裁的程序与仲裁规则不符的；（4）裁决的事项不属于仲裁协议的范围或者仲裁机构无权仲裁的。

第三，根据仲裁法第七十条之规定，当事人申请撤销涉外仲裁裁决与申请不予执行涉外仲裁裁决，均应适用民事诉讼法第二百八十一条第一款之规定。

第四，根据《最高人民法院关于审理仲裁司法审查案件若干问题的规定》第二十一条之规定，就我国内地仲裁机构作出的涉及香港特别行政区、澳门特别行政区、我国台湾地区的仲裁裁决，被执行人申请不予执行的，参照适用涉外仲裁司法审查案件的规定审查。

第五，根据《最高人民法院关于仲裁司法审查案件报核问题的有关规定》，人民法院经审查拟不予执行我国内地仲裁机构作出的涉外涉港澳台仲裁裁决的，应当向本辖区所属高级人民法院报核；高级人民法院经审查拟同意的，应当向最高人民法院报核。待最高人民法院审核后，方可依最高人民法院的审核意见作出裁定。

第六，当事人申请执行我国仲裁机构作出的涉外仲裁裁决，其申请、管辖、报核等具体问题亦当适用《最高人民法院关于人民法院办理仲裁裁决执行案件若干问题的规定》《最高人民法院关于审理仲裁司法审查案件若干问题的规定》《最高人民法院关于仲裁司法审查案件报核问题的有关规定》等。

【条文】

第五百四十条

依照民事诉讼法第二百七十九条规定，中华人民共和国涉外仲裁机构将当事人的保全申请提交人民法院裁定的，人民法院可以进行审查，裁定是否进行保全。裁定保全的，应当责令申请人提供担保，申请人不提供担保的，裁定驳回申请。

当事人申请证据保全，人民法院经审查认为无需提供担保的，申请人可以不提供担保。

【条文主旨】

本条是关于涉外仲裁保全的规定。

【条文理解】

2012年民事诉讼法建立了民事保全制度体系，将“财产保全”用语修改为“保全”，涵盖了财产保全和行为保全，并在第六章“证据”中规定了证据保全。2015年本条解释制定时将《92年意见》第317条中“财产保全”的表述修改为“保全”，并将“决定是否进行保全”修改为“裁定是否进行保全”，这也是进一步规范司法行为及裁判文书的客观要求。同时，考虑到证据保全与财产保全存在不同，且民事诉讼法和仲裁法对于证据保全均未要求提供担保，故本解释增加一款“当事人申请证据保全，人民法院经审查认为无需提供担保的，申请人可以不提供担保”，这样在是否提供担保的问题上为证据保全留出一定的自由裁量的余地。另，鉴于民事诉讼法已将涉外仲裁的保全问题调整至第二百七十九条进行规定，本条解释在引用民事诉讼法条文时，对序号作出相应调整。

【审判实践中应当注意的问题】

第一，保全申请应由仲裁机构提交人民法院，不能由当事人直接交由人民法院。仲裁法第六十八条规定：“涉外仲裁的当事人申请证据保全的，涉外仲裁委员会应当将当事人的申请提交证据所在地的中级人民法院。”与此不同的是，根据《最高人民法院关于内地与澳门特别行政区就仲裁程序相互协助保全的安排》《最高人民法院关于内地与香港特别行政区法院就仲裁程序相互协助保全的安排》规定，香港、澳门特别行政区仲裁程序的当事人，在仲裁裁决作出前，可以参照民事诉讼法、仲裁法以及相关司法解释的规定，直接向被申请人住所地、财产所在地或者证据所在地的内地中级人民法院申请保全。

第二，与普通诉讼的保全程序不同，涉外仲裁程序中，人民法院采取保全措施，只能基于当事人的申请，不能主动依职权进行；人民法院裁定进行财产或行为保全的，申请人应当提供担保，此亦不同于普通诉讼的保全。

第三，因当事人申请原因发生保全错误，应当由申请人赔偿被申请人的损失。民事诉讼法第一百零八条规定："申请有错误的，申请人应当赔偿被申请人因保全所遭受的损失。"保全是紧急情况下采取的措施，当事人应当对保全申请负责，人民法院对申请错误造成的损失不负有赔偿责任。

第四，涉外仲裁程序中财产保全措施的解除等相关问题，亦当适用《财产保全规定》。

【条文】

第五百四十一条

申请人向人民法院申请承认和执行外国法院作出的发生法律效力的判决、裁定，应当提交申请书，并附外国法院作出的发生法律效力的判决、裁定正本或者经证明无误的副本以及中文译本。外国法院判决、裁定为缺席判决、裁定的，申请人应当同时提交该外国法院已经合法传唤的证明文件，但判决、裁定已经对此予以明确说明的除外。

中华人民共和国缔结或者参加的国际条约对提交文件有规定的，按照规定办理。

【条文主旨】

本条是关于当事人根据民事诉讼法第二百八十八条规定向人民法院申请承认和执行外国法院生效判决、裁定时应提交的材料的规定。

【条文理解】

在国际民事诉讼中，一国法院对于特定民事争议进行审理并作出裁决，属于行使国家司法权的行为，这种行为的效力只能及于本国领域，并不能自动产生域外效力。如果一国判决需要在他国领域内发生效力得到执行，需要通过适当的方式和程序请求外国法院的承认和执行。我国民事诉讼法第二百八十八条规定："外国法院作出的发生法律效力的判决、裁定，需要中华人民共和国人民法院承认和执行的，可以由当事人直接向中华人民共和国有管辖权的中级人民法院申请承认和执行，也可以由外国法院依照该国与中华人民共和国缔结或者参加的国际条约的规定，或者按照互惠原则，请求人民法院承认和执行。"根据该条规定，外国法院作出的生效判决、裁定需要我国人民法院承认和执行的，可以由当事人直接向我国有管辖权的中级人民法院提出承认与执行申请。

1. 申请承认和执行外国法院生效裁决应提交的材料

（1）申请书。申请书应当记载申请人和被申请人的姓名、出生年月、住址、国籍、职业；如系法人的，应记载该法人的名称和地址。申请书还应记载请求事项及所依据的理由，包括被请求承认和执行的外国法院裁决文号、作出法院、作出时间与生效时间、被申请人的财产所在地和财产状况等。

（2）外国法院作出的生效裁决正本或经证明无误的副本。如果一项判决、裁定在作出国尚未生效，显然在其他国家也不会得到承认或执行。因此，请求我国法院承认与执行的法院裁决，必须是依裁决作出国的法律是已经生效的。换而言之，该法院裁决在作出国是已经获得确定力的终局裁决，当事人已穷尽了通常的不服裁决的救济途径。如果法院裁决明确载明生效时间或者说明裁决是具有确定力的终局裁决，则法院裁决书本身就是证明裁决终局性的有效文件。如无此说明的，申请人还应当提交由作出法院出具的证明该裁决生效的文件。

（3）缺席当事人的传唤证明。各国立法和有关国际条约一般都规定，内国法院在承认和执行外国法院判决、裁定时，如该判决、裁定所依据的程序没有为当事人的诉讼权利提供正当程序保护，可以认定有关的诉讼因缺乏公正性而可以拒绝承认和执行。当事人的程序权利是否得到保障，首先表现为其是否得到了合法的送达并获得合理的表述意见的机会。故本条规定外国法院判决、裁定为缺席判决、裁定的，申请人应当提交该外国法院已经合法传唤缺席当事人的证明文件，但裁决中已经对此予以明确说明的除外。

（4）外文材料应当附有中文译本。民事诉讼法第二百六十九条规定："人民法院审理涉外民事案件，应当使用中华人民共和国通用的语言、文字。"第七十三条第二款规定："提交外文书证，必须附有中文译本。"因此，申请人提交的材料是以外文形成的，应当附有中文译本。

2. 国际司法协助条约对提交申请材料的规定

国际条约是国家间就相互权利义务关系所作的书面形式的约定。民事诉讼法第二百六十七条规定：“中华人民共和国缔结或者参加的国际条约同本法有不同规定的，适用该国际条约的规定，但中华人民共和国声明保留的条款除外。”根据该条规定，我国缔结或参加的国际条约对当事人申请承认和执行外国法院判决、裁定应当提交的材料有具体规定的，按照国际条约的规定执行。

目前，我国已与比利时、保加利亚、埃及、法国、匈牙利、韩国等多个国家签订了双边民商事或者民商事和刑事司法协助协定，其中不少协定包含了法院民事裁决的相互承认和执行，并对当事人提出承认和执行申请时应附的文件有具体规定。例如，《中华人民共和国和摩洛哥王国关于民事和商事司法协助的协定》第十八条规定：“承认与执行裁决的请求，应附下列文件：（一）经证明无误的裁决书的副本；（二）告知裁决的文书的正本；（三）证明法院裁决是终结的和可以执行的文件；（四）已向被缺席审判的当事人送达的经核实无误的传票的副本；（五）证明无诉讼行为能力的人已得到合法代理的文件，除非裁决中对此已予明确说明……”又如，《中华人民共和国和希腊共和国关于民事和刑事司法协助的协定》第二十二条规定：“承认与执行裁决的请求书应附下列文件：（一）裁决书或经证明无误的裁决副本；（二）证明裁决已经生效和可以执行的文件，除非裁决中对此已予以说明；（三）证明在缺席判决的情况下，败诉一方当事人已经以适当方式得到合法传唤，无诉讼行为能力的当事人已得到合法代理的文件，除非裁决中对此已予以说明；（四）证明诉讼程序开始的日期的文件……”人民法院在审核申请人提交的材料时，应当注意是否和应适用的司法协助条约的规定相一致，如材料不全的，要求申请人及时补充材料。

【审判实践中应当注意的问题】

第一，最高人民法院于2021年印发的《全国法院涉外商事海事审判工作座谈会会议纪要》进一步细化了申请材料的要求以及申请书应载明的事项，第35条规定：“申请人申请承认和执行外国法院判决、裁定，应当提交申请书并附下列文件：（1）判决书正本或者经证明无误的副本；（2）证明判决已经发生法律效力的文件；（3）缺席判决的，证明外国法院合法传唤缺席方的文件。判决、裁定对前款第2项、第3项的情形已经予以说明的，无需提交其他证明文件。申请人提交的判决及其他文件为外文的，应当附有加盖翻译机构印章的中文译本。申请人提交的文件如果是在我国领域外形成的，应当办理公证认证手续，或者履行中华人民共和国与该所在国订立的有关国际条约规定的证明手续。”第36条规定：“申请书应当载明下列事项：（1）申请人、被申请人。申请人或者被申请人为自然人的，应当载明其姓名、性别、出生年月、国籍、住所及身份证件号码；为法人或者非法人组织的，应当载明其名称、住所地，以及法定代表人或者代表人的姓名和职务；（2）作出判决的外国法院名称、裁判文书案号、诉讼程序开始日期和判决日期；（3）具体的请求和理由；（4）申请执行判决的，应当提供被申请人的财产状况和财产所在地，并说明该判决在我国领域外的执行情况；（5）其他需要说明的情况。”

第二，由于各国法律制度不同，法院裁决在不同的国家可能被冠以不同的名称，除判决、裁定外，还可能以命令、决定、宣告等方式作出。有的国家对诉讼费用的裁决不包括在判决书正文中，另外作出一项诉讼费用命令或决定。因此，对本条中“判决、裁定”的含义，应作宽泛理解，系指法院对实体争议所作的终局裁决，既包括外国法院作出的判决书，也包括域外法院作出的具有承认或执行内容的其他裁判文书，例如裁定书、支付令、诉讼费用命令等，但不应包括财产保全等临时措施以及中间判决性质的裁决，除非国际条约有特殊规定。《全国法院涉外商事海事审判工作座谈会会议纪要》第41条第2款规定：“外国法院对民商事案件实体争议作出的判决、裁定、决定、命令等法律文书，以及在刑事案件中就民事损害赔偿作出的法律文书，应认定属于民事诉讼法第二百八十九条规定的‘判决、裁定’，但不包括外国法院作出的保全裁定以及其他程序性法律文书。”

第三，对于当事人提交的申请材料不符合要求的，人民法院应当要求其补充提交，经释明仍不补交的，可以根据《全国法院涉外商事海事审判工作座谈会会议纪要》第40条的规定，认定申请人的申请不符合立案条件的，裁定不予受理，同时说明不予受理的理由。已经受理的，裁定驳回申请。当事人不服的，可以提起上诉。人民法院裁定不予受理或者驳回申请后，申请人再次申请且符合受理条件的，人民法院则应予以受理。故此种情况不能裁定不予承认和执行，应在审判实践中予以注意。

第四，在案件受理阶段审查外国法院判决、裁定是否已经发生法律效力仅为形式审查，例如，外国法院判决、裁定以及附具文件是否载明效力状态或生效时间等。案件处理过程中，对外国法院判决、裁定生效与否存在争议的，仍需根据《全国法院涉外商事海事审判工作座谈会会议纪要》第42条的规定，依照判决作出国的法律审查该判决、裁定是否已经发生法律效力。有待上诉或者处于上诉过程中的判决、裁定不属于民事诉讼法第二百八十九条规定的“发生法律效力的判决、裁定”。此种情况下，应当裁定驳回当事人的申请。

【条文】

第五百四十二条

当事人向中华人民共和国有管辖权的中级人民法院申请承认和执行外国法院作出的发生法律效力的判决、裁定的，如果该法院所在国与中华人民共和国没有缔结或者共同参加国际条约，也没有互惠关系的，裁定驳回申请，但当事人向人民法院申请承认外国法院作出的发生法律效力的离婚判决的除外。

承认和执行申请被裁定驳回的，当事人可以向人民法院起诉。

【条文主旨】

本条是关于在外国法院所在国和我国既没有相互承认和执行法院裁决的条约关系，也没有互惠关系时，人民法院应当裁定驳回申请，但当事人申请承认外国法院生效离婚判决的除外的规定。

【条文理解】

民事诉讼法第二百八十九条规定："人民法院对申请或者请求承认和执行的外国法院作出的发生法律效力的判决、裁定，依照中华人民共和国缔结或者参加的国际条约，或者按照互惠原则进行审查后，认为不违反中华人民共和国法律的基本原则或者国家主权、安全、社会公共利益的，裁定承认其效力，需要执行的，发出执行令，依照本法的有关规定执行。违反中华人民共和国法律的基本原则或者国家主权、安全、社会公共利益的，不予承认和执行。"但是，当外国法院所在国与我国没有缔结或者共同参加国际条约，也没有互惠关系时，人民法院应当以何种方式处理当事人的承认和执行申请，则没有规定。实践中，有的人民法院裁定驳回当事人承认和执行申请，有的法院则裁定不予承认和执行该外国法院判决、裁定，做法不尽统一。

1995年6月26日，最高人民法院在（1995）民他字第17号《关于我国人民法院应否承认和执行日本国法院具有债权债务内容裁判的复函》中认为："我国与日本国之间没有缔结或者参加相互承认和执行法院判决、裁定的国际条约，亦未建立相应的互惠关系。根据《中华人民共和国民事诉讼法》第二百六十八条的规定，我国人民法院对该日本国法院裁判应不予承认和执行。故同意你们以裁定驳回日本国民五味晃申请的处理意见。"我们认为，在作出判决、裁定的外国法院所在国与我国既没有承认和执行法院判决、裁定的司法协助条约关系，又没有互惠关系的情形下，人民法院应当裁定驳回当事人申请，而不是裁定拒绝承认和执行外国法院判决、裁定。如今后该外国法院判决、裁定具备承认和执行条件的，当事人可以再次提出申请。故本条对这一做法予以明确。

值得注意的是，《最高人民法院关于中国公民申请承认外国法院离婚判决程序问题的规定》第一条第一款规定："对与我国没有订立司法协助协议的外国法院作出的离婚判决，中国籍当事人可以根据本规定向人民法院申请承认该外国法院的离婚判决。"也就是说，作出离婚判决的外国法院所在国即使与我国既无司法协助条约关系，也无互惠关系，人民法院仍应依据相关司法解释的规定承认外国法院的离婚判决。应当说，规定这种例外情形是必要的，否则根据外国法院生效离婚判决，外国籍当事人已合法地解除婚姻关系，而中国籍当事人仍受原婚姻关系的约束，这不利于保护我国公民的合法权益。因此，本条根据司法解释规定的例外情形，作出了相应的规定。

审判实践中，针对人民法院受理一方当事人申请承认和执行外国法院判决、裁定后，另一方当事人又就同一事实向人民法院起诉，造成平行程序的问题。本条第二款对当事人可以起诉的时间作了限定，即承认和执行申请被人民法院裁定驳回后，当事人可以就同一事实向人民法院起诉。

【审判实践中应当注意的问题】

第一，审判实践中应当注意本条第二款与本解释第五百三十一条的关系。本条第二款不影响人民法院未受理承认和执行申请前，当事人就同一争议享有的向人民法院起诉的权利。根据本解释第五百三十一条的规定，我国法院和外国法院对同一争议都享有管辖权，只要当事人向我国法院起诉，无论外国法院是否先于我国受理案件，都不影响我国法院受理起诉。此外，本解释第五百三十一条还规定，外国法院判决、裁定已经得到我国法院承认的，则对同一争议的起诉，我国法院不予受理。

第二，审判实践中应当注意把握好互惠关系的认定原则。《全国法院涉外商事海事审判工作座谈会会议纪要》首次阐明了如何认定互惠关系的原则。第 44 条规定："人民法院在审理申请承认和执行外国法院判决、裁定案件时，有下列情形之一的，可以认定存在互惠关系：（1）根据该法院所在国的法律，人民法院作出的民商事判决可以得到该国法院的承认和执行；（2）我国与该法院所在国达成了互惠的谅解或者共识；（3）该法院所在国通过外交途径对我国作出互惠承诺或者我国通过外交途径对该法院所在国作出互惠承诺，且没有证据证明该法院所在国曾以不存在互惠关系为由拒绝承认和执行人民法院作出的判决、裁定。人民法院对于是否存在互惠关系应当逐案审查确定。”同时还要注意，适用互惠原则审查的案件，应当按照该纪要第 49 条第二款“人民法院根据互惠原则进行审查的案件，在作出裁定前，应当将拟处理意见报本辖区所属高级人民法院进行审查；高级人民法院同意拟处理意见的，应将其审查意见报最高人民法院审核”的规定，逐级报核，待最高人民法院答复后，方可作出裁定。

【条文】

第五百四十三条

对临时仲裁庭在中华人民共和国领域外作出的仲裁裁决，一方当事人向人民法院申请承认和执行的，人民法院应当依照民事诉讼法第二百九十条规定处理。

【条文主旨】

本条是关于申请承认和执行外国临时仲裁裁决的规定。

【条文理解】

民事诉讼法第二百九十条规定：“国外仲裁机构的裁决，需要中华人民共和国人民法院承认和执行的，应当由当事人直接向被执行人住所地或者其财产所在地的中级人民法院申请，人民法院应当依照中华人民共和国缔结或者参加的国际条约，或者按照互惠原则办理。”但国际仲裁实践中，仲裁分为机构仲裁和临时仲裁两种类型。机构仲裁，是指当事人协商一致确定由某一常设的仲裁机构来解决纠纷的仲裁，例如，当事人约定争议提交新加坡国际仲裁中心、瑞典斯德哥尔摩商会仲裁院等常设仲裁机构仲裁。临时仲裁，是指当事人协商一致确定由某一临时组成的仲裁庭又称专设仲裁庭进行争议解决，待解决后该仲裁庭即告解散的仲裁方式。临时仲裁具有比机构仲裁更加悠久的发展历史，因当事人可以根据争议情况确定更适合的规则和程序，且不需要向仲裁机构支付管理费用，更具灵活性，也更能体现当事人的意思自治，故迄今在国际上仍普遍使用。例如，海事租约纠纷约定在伦敦进行临时仲裁，就非常普遍。目前，大部分国家和地区都建立了临时仲裁制度，例如，英国、美国、法国、日本、韩国、荷兰、瑞典、匈牙利、比利时等。由于临时仲裁缺少机构仲裁对仲裁程序的管理机制，当参与临时仲裁的当事人不能就仲裁员的任命达成一致意见时，临时仲裁程序无法顺利进行，因此，建立临时仲裁制度的国家和地区一般都在仲裁法中规定了仲裁员的任命机构。通常而言，有两种做法：一种是由法院担任仲裁员任命机构；另一种是由常设仲裁机构担任仲裁员任命机构。例如《香港仲裁条例》于 2011 年 6 月 1 日实施，其以《联合国国际贸易法委员会国际商事仲裁示范法》为蓝本，其中第 24 条仲裁员的指定，就基本吸纳了《联合国国际贸易法委员会国际商事仲裁示范法》第 11 条的规定："……（2）当事各方可以自由地就指定一名或数名仲裁员的程序达成协议，但须服从本条第（4）和第（5）款的规定。（3）如未达成这种协议：（a）在仲裁员为三名的仲裁中，当事每一方均应指定一名仲裁员，这样指定的两名仲裁员应指定第三名仲裁员；如果当事一方未在收到当事他方提出这样做的要求三十天内未指定仲裁员或两名仲裁员在被指定后三十天内未就第三名仲裁员达成协议，则经当事一方请求，应由第 6 条规定的法院或其他机构指定：（b）在独任仲裁员的仲裁中，如果当事各方不能就仲裁员达成协议，则应由第 6 条规定的法院或其他机构指定。（4）如果，根据当事各方协议的指定程序：（a）当事一方未按这种程序规定的要求行事；或（b）当事各方或两名仲裁员未能根据这种程序达成预期的协议；或（c）第三者，包括机构，未履行根据这种程序交托给它的任何职责，则当事任何一方均可请求第六条规定的法院或其他机构采取必要措施，除非指定程序的协议订有确保能指定仲裁员的其他方法……"

我国仲裁法第十六条第二款规定："仲裁协议应当具有下列内容：（一）请求仲裁的意思表示；（二）仲裁事项；（三）选定的仲裁委员会。"第十八条规定："仲裁协议对仲裁事项或者仲裁委员会没有约定或约定不明确的，当事人可以补充协议；达不成补充协议的，仲裁协议无效。"因此，我国法律不承认在我国境内进行的临时仲裁。但是，我国加入的《纽约公约》第 1 条第 2 款规定，"仲裁裁决"一词不仅指专案选派之仲裁员所作裁决，亦指当事人提请仲裁之常设仲裁机关所作裁决。依据《纽约公约》，我国负有承认和执行在他国作出的临时仲裁裁决的义务，即使我国并不认可在我国境内的临时仲裁。因此，本条规定中请承认和执行临时仲裁庭在中华人民共和国领域外作出的仲裁裁决，适用民事诉讼法第二百九十条的规定，即依照我国缔结或者参加的国际条约，或者按照互惠原则办理。

【审判实践中应当注意的问题】

虽然我国法律和《纽约公约》均没有对"裁决作出地"这一概念作出明确规定，但包括我国在内的公约缔约国司法实践普遍认为仲裁裁决是在仲裁地作出的，且仲裁裁决一般也会明确记载仲裁地或直接写明裁决于某地作出。例如，《联合国国际贸易法委员会国际商事仲裁示范法》第 31（3）条规定："裁决应具名其日期和按照第 20（1）条确定的仲裁地点。该裁决应视为是在该地点作出的。”仲裁地是仲裁制度中一个重要的法律概念，由当事人协商确定，或者根据仲裁规则由仲裁庭或仲裁机构决定。司法实践中要注意仲裁地和常设仲裁机构的登记地并不是同一概念。

本条规定的中华人民共和国领域外，不包括我国的港澳台地区。对于临时仲裁庭在我国香港、澳门、台湾地区作出的裁决，根据相应的区际仲裁裁决认可和执行安排处理。例如，根据《最高人民法院关于内地与香港特别行政区相互执行仲裁裁决的安排》的规定，“内地人民法院同意执行在香港特区《仲裁条例》所作出的仲裁裁决”，即包括在香港作出的临时仲裁裁决。又如，《最高人民法院关于认可和执行台湾地区仲裁裁决的规定》第二条规定：“本规定所称台湾地区仲裁裁决是指，有关常设仲裁机构及临时仲裁庭在台湾地区按照台湾地区仲裁规定就有关民商事争议作出的仲裁裁决，包括仲裁判断、仲裁和解和仲裁调解。”

为服务保障自由贸易试验区推进改革，最高人民法院于2016年12月发布《最高人民法院关于为自由贸易试验区建设提供司法保障的意见》，其第9条第3款规定：“在自贸试验区内注册的企业相互之间约定在内地特定地点、按照特定仲裁规则、由特定人员对有关争议进行仲裁的，可以认定该仲裁协议有效。人民法院认为该仲裁协议无效的，应报请上一级法院进行审查。上级法院同意下级法院意见的，应将其审查意见层报最高人民法院，待最高人民法院答复后作出裁定。”该项规定尝试性地认可自由贸易试验区内以特定方式开展的临时仲裁，但施加了“在内地特定地点、按照特定仲裁规则、由特定人员对有关争议进行仲裁”的“三特定”条件要求，可以视为是对仲裁法对于有效仲裁协议应当包括明确约定的仲裁委员会的要求的一种突破。但临时仲裁能否在中国有真正的发展空间，还是取决于仲裁法在未来的修改。

【条文】

第五百四十四条

对外国法院作出的发生法律效力的判决、裁定或者外国仲裁裁决，需要中华人民共和国法院执行的，当事人应当先向人民法院申请承认。人民法院经审查，裁定承认后，再根据民事诉讼法第三编的规定予以执行。

当事人仅申请承认而未同时申请执行的，人民法院仅对应否承认进行审查并作出裁定。

【条文主旨】

本条是关于区分承认程序和执行程序的规定。

【条文理解】

民事诉讼法第二百八十八条规定："外国法院作出的发生法律效力的判决、裁定，需要中华人民共和国人民法院承认和执行的，可以由当事人直接向中华人民共和国有管辖权的中级人民法院申请承认和执行，也可以由外国法院依照该国与中华人民共和国缔结或者参加的国际条约的规定，或者按照互惠原则，请求人民法院承认和执行。"第二百九十条规定："国外仲裁机构的裁决，需要中华人民共和国人民法院承认和执行的，应当由当事人直接向被执行人住所地或者其财产所在地的中级人民法院申请，人民法院应当依照中华人民共和国缔结或者参加的国际条约，或者按照互惠原则办理。"

承认和执行相互区别又密切联系。承认外国法院判决和裁定以及承认外国仲裁裁决，意味着外国法院判决和裁定、外国仲裁裁决所确定的当事人权利义务，得到了国内法院的确认。执行外国法院判决和裁定、执行外国仲裁裁决，则是国内法院运用强制力，强制当事人履行外国法院判决和裁定、外国仲裁裁决。承认是执行的前提条件，如果没有对外国法院判决和裁定、外国仲裁裁决的承认，执行就失去了基础。因此，本条第一款明确外国法院判决、外国仲裁裁决只有经过我国法院承认，才能在我国境内产生法律效力，而不是自动产生法律效力。对于当事人仅申请执行外国法院判决、外国仲裁裁决的，人民法院应当告知其必须提交承认申请。

然而，承认并非必然伴随执行。我国法律以及我国参加的国际条约允许当事人一并提出承认和执行申请，但这不意味着当事人必须一并提出承认和执行申请。在某些情形下，当事人仅申请承认，而不提出申请执行。主要有以下两种情况：一种是外国法院判决、外国仲裁裁决没有给付内容，仅是确认当事人之间的法律关系存在或不存在、是否变更或撤销，例如，宣告合同无效、离婚、亲子关系认定等。该种外国法院判决、外国仲裁裁决不存在需要强制执行的问题。另一种是外国法院判决、外国仲裁裁决虽然有给付内容，但当事人仅选择申请承认，而不选择申请执行，其目的在于防止另一方当事人就同一争议在内国的另行诉讼。因为根据"一事不再理"原则，外国法院的判决、外国仲裁裁决一旦获得人民法院承认，人民法院不得再受理当事人就同一争议的起诉。本条第二款规定"当事人仅申请承认而未同时申请执行的，人民法院仅对应否承认进行审查并作出裁定"，明确了当事人可以单独提出承认申请，人民法院应针对该申请作出承认与否的裁定。

【审判实践中应当注意的问题】

第一，申请承认和执行外国法院判决、外国仲裁裁决案件，应由审判部门负责审查，裁定予以承认和执行的，审判部门直接移交执行部门。《最高人民法院关于执行权合理配置和科学运行的若干意见》第19条规定："境外法院、仲裁机构作出的生效法律文书的执行申请，由审判机构负责审查；依法裁定准予执行或者发出执行令的，移交执行局执行。"人民法院裁定承认和执行裁决的，应当在裁决项中同时写明承认和执行外国法院判决或裁定、承认和执行外国仲裁裁决的内容。第二，民事诉讼法第二百四十四条关于仲裁裁决不予执行的程序，仅适用于国内仲裁裁决的执行，不能适用于外国仲裁裁决。

【条文】

第五百四十五条

当事人申请承认和执行外国法院作出的发生法律效力的判决、裁定或者外国仲裁裁决的期间，适用民事诉讼法第二百四十六条的规定。

当事人仅申请承认而未同时申请执行的，申请执行的期间自人民法院对承认申请作出的裁定生效之日起重新计算。

【条文主旨】

本条是关于外国法院判决、裁定以及外国仲裁裁决承认和执行申请期间的规定。

【条文理解】

我国民事诉讼法没有对当事人申请承认和执行外国法院判决以及外国仲裁裁决的期限作出规定，但根据民事诉讼法第二百六十六条"在中华人民共和国领域内进行涉外民事诉讼，适用本编规定。本编没有规定的，适用本法其他有关规定"的规定，涉外民事诉讼程序的特别规定编没有规定的，适用民事诉讼法的其他有关规定。因此，本条第一款对当事人申请承认和执行外国法院判决、外国仲裁裁决的期间，作出统一规定，即均适用民事诉讼法第二百四十六条的两年申请期间的规定，有利于当事人明确知晓其行使权利的有效期间。

尽管《纽约公约》没有对生效的仲裁裁决申请外国司法机关承认和执行的期限作出规定，但该公约第3条规定："在以下各条所规定的条件下，每一个缔约国应该承认仲裁裁决有约束力，并且依照裁决需其承认或执行的地方程序规则予以执行。对承认或执行本公约所适用的仲裁裁决，不应该比对承认或执行本国的仲裁裁决规定实质上较烦的条件或较高的费用。”即执行的程序规则依照执行地国法律。据此，《最高人民法院关于执行我国加入的〈承认及执行外国仲裁裁决公约〉的通知》第五条规定：“申请我国法院承认及执行的仲裁裁决，仅限于《1958年纽约公约》对我国生效后在另一缔约国领土内的作出的仲裁裁决。该项申请应当在民事诉讼法（试行）第一百六十九条规定的申请执行期限内提出。”需要注意的是，申请执行期间的规定经历过修改。1991年民事诉讼法第二百一十九条规定：“申请执行的期限，双方或者一方当事人是公民的为一年，双方是法人或者其他组织的为六个月。前款规定的期限，从法律文书规定履行期间的最后一日起计算；法律文书规定分期履行的，从规定的每次履行期限的最后一日起计算。”该申请执行期间过短，且对公民、法人和其他组织适用不同的申请执行期限，不符合民事主体平等原则。因此，2007年民事诉讼法于第二百一十五条规定：“申请执行的期间为二年。申请执行时效的中止、中断，适用法律有关诉讼时效中止、中断的规定。前款规定的期间，从法律文书规定履行期间的最后一日起计算；法律文书规定分期履行的，从规定的每次履行期间的最后一日起计算；法律文书未规定履行期间的，从法律文书生效之日起计算。”2012年民事诉讼法第二百三十九条即现第二百四十六条保留了这一规定。

在明确申请期间的同时，本条第一款还明确了申请时效的中止、中断适用法律有关诉讼时效中止、中断的规定。《最高人民法院关于依法妥善审理涉新冠肺炎疫情民事案件若干问题的指导意见（三）》第5条进一步明确，根据民事诉讼法第二百四十六条和本解释第五百四十五条的规定，当事人申请承认和执行外国法院作出的发生法律效力的判决、裁定或者外国仲裁裁决的期间为二年。在时效期间的最后六个月内，当事人因疫情或者疫情防控措施不能提出承认和执行申请，依据民法典第一百九十四条第一款第一项规定主张时效中止的，人民法院应予支持。

司法实践中，有的当事人仅提出外国法院判决、裁定或外国仲裁裁决的承认申请，在人民法院经审查裁定予以承认后，当事人又申请人民法院执行该外国法院判决、裁定或外国仲裁裁决。此时容易产生申请执行期间方面的计算争议。最高人民法院（2013）民四他字第43号《关于对国外仲裁机构的裁决申请承认和申请执行是否应一并提出问题的请示的复函》中认为，西安市中级人民法院于2009年12月7日裁定承认涉案外国仲裁裁决，泰普克公司于2010年1月27日申请执行该仲裁裁决，泰普克公司申请执行该仲裁裁决的期限从西安市中级人民法院承认裁定生效之日起重新计算。我们认为，这种观点是正确的。根据本条第二款的规定，当事人仅申请承认而未同时申请执行的，承认程序构成申请执行时效的中断，申请执行的期间自人民法院就承认程序作出的裁定书生效之日起重新计算，体现了便利执行的开放态度。本条第二款吸收了该种观点，规定当事人仅申请承认而未同时申请执行的，申请执行的期间自人民法院对承认申请作出的裁定生效之日起重新计算。

【审判实践中应当注意的问题】

第一，对于身份、婚姻关系等外国法院确权判决或判项，不存在执行问题，当事人申请承认的，不应受本条规定的申请执行期间的限制。

第二，两年申请期间的起始点应如何计算？根据本条第一款指向的民事诉讼法第二百四十六条的规定，该期间应从法律文书规定的履行期间的最后一日起计算；法律文书未规定履行期间的，从法律文书生效之日起计算。值得注意的是，最高人民法院在《关于麦考·奈浦敦有限公司申请承认和执行仲裁裁决一案请示的复函》中认为应给当事人一个合理的履行期限，故从仲裁裁决送达当事人第二日起计算较为合理，不应从仲裁裁决作出之日起计算申请承认及执行的期限。但该复函作出的背景为当时申请承认及执行的期间仅为六个月，存在很容易产生超过申请期间的问题。目前，民事诉讼法的申请期间已经延长至两年，并且明确了起算期间以及中止和中断事由，故应严格依照本条规定执行，仲裁裁决未规定履行期间，且根据仲裁地法律及仲裁规则系裁决作出日生效，则仍应以裁决生效日来起算。

第三，实践中存在当事人在法定期间内提出了申请，但提供的材料不够完备或不完全符合有关规定，此时人民法院应当通知其补充，当事人补充提交的材料符合要求的，人民法院不应以当事人未在法定期间提出申请为由驳回其申请。

【条文】

第五百四十六条

承认和执行外国法院作出的发生法律效力的判决、裁定或者外国仲裁裁决的案件，人民法院应当组成合议庭进行审查。

人民法院应当将申请书送达被申请人。被申请人可以陈述意见。

人民法院经审查作出的裁定，一经送达即发生法律效力。

【条文主旨】

本条是关于申请承认和执行外国法院判决、裁定以及外国仲裁裁决案件的程序的规定。

【条文理解】

我国对民事司法协助采取广义观点，承认与执行外国法院判决、裁定或外国仲裁裁决，也被列入民事司法协助。但显然这两类案件与其他类型的民事司法协助不同，它们涉及一国法院依据国际条约或互惠原则对其他机关（外国法院或仲裁庭）所作的现行法律判断的司法审查，同时，也是当事人在一国境内实现外国法院判决、裁定或仲裁裁决所赋予的权利义务的途径，与当事人利益密切攸关。故本条规定，承认和执行外国法院作出的发生法律效力的判决、裁定或者外国仲裁裁决的案件，人民法院应当组成合议庭进行审查。为保障当事人的正当程序权利，承认和执行申请书应当送达被申请人，确保被申请人有陈述意见的机会，人民法院一般应当组织听证，询问当事人。

针对在申请承认和执行外国法院判决、裁定案件当事人的地位如何具体列明的问题，《全国法院涉外商事海事审判工作座谈会会议纪要》作了进一步规定，第37条规定："当事人申请承认和执行外国法院判决、裁定，人民法院应当在裁判文书中将对方当事人列为被申请人。双方当事人都提出申请的，均列为申请人。人民法院应当将申请书副本送达被申请人。被申请人应当在收到申请书副本之日起十五日内提交意见；被申请人在中华人民共和国领域内没有住所的，应当在收到申请书副本之日起三十日内提交意见。被申请人在上述期限内不提交意见的，不影响人民法院审查。"

关于申请承认和执行外国法院判决、裁定或外国仲裁裁决的案件，人民法院经审查作出的裁定，是否为终局裁定的问题，民事诉讼法没有作出规定。民事诉讼法第一百五十七条第一款、第二款规定："裁定适用于下列范围：（一）不予受理；（二）对管辖权有异议的；（三）驳回起诉；（四）保全和先予执行；（五）准许或者不准许撤诉；（六）中止或者终结诉讼；（七）补正判决书中的笔误；（八）中止或者终结执行；（九）撤销或者不予执行仲裁裁决；（十）不予执行公证机关赋予强制执行效力的债权文书；（十一）其他需要裁定解决的事项。对前款第一项至第三项裁定，可以上诉。"第一百五十八条规定："最高人民法院的判决、裁定，以及依法不准上诉或者超过上诉期没有上诉的判决、裁定，是发生法律效力的判决、裁定。"

根据上述规定，人民法院就申请承认和执行外国法院判决案件以及申请承认和执行外国仲裁裁决的案件，经审查后作出的裁定，属于依法不准上诉的裁定，是发生法律效力的裁定。故本条第三款规定，人民法院经审查作出的裁定，一经送达即发生法律效力。在最高人民法院关于承认外国判决的部分司法解释中也有相同规定，例如，《最高人民法院关于中国公民申请承认外国法院离婚判决程序问题的规定》第七条规定："人民法院审查承认外国法院离婚判决的申请，由三名审判员组成合议庭进行，作出的裁定不得上诉。"第十五条规定："裁定书一经送达，即发生法律效力。"我国签订的部分司法协助条约也有类似的规定，例如，《中华人民共和国和意大利共和国关于民事司法协助的条约》规定，法院裁决一经承认并被宣告可予执行，即在被请求承认的缔约一方境内与该缔约一方法院作出的裁决具有同等效力。

需要注意的是，本条第三款规定的"人民法院经审查作出的裁定"，并不包括人民法院针对当事人提交材料不符合受理条件、当事人提出的管辖权异议等情形作出的程序类裁定。此类裁定根据民事诉讼法第一百五十七条的规定，当事人可以上诉。《最高人民法院关于审理仲裁司法审查案件若干问题的规定》第七条规定："申请人提交的文件不符合第五条、第六条的规定，经人民法院释明后提交的文件仍然不符合规定的，裁定不予受理。申请人向对案件不具有管辖权的人民法院提出申请，人民法院应当告知其向有管辖权的人民法院提出申请，申请人仍不变更申请的，裁定不予受理。申请人对不予受理的裁定不服的，可以提起上诉。"第八条规定："人民法院立案后发现不符合受理条件的，裁定驳回申请。前款规定的裁定驳回申请的案件，申请人再次申请并符合受理条件的，人民法院应予受理。当事人对驳回申请的裁定不服的，可以提起上诉。"第十条第一款规定："人民法院受理仲裁司法审查案件后，被申请人对管辖权有异议的，应当自收到人民法院通知之日起十五日内提出。人民法院对被申请人提出的异议，应当审查并作出裁定。当事人对裁定不服的，可以提起上诉。"上述规定首次明确了申请承认和执行外国仲裁裁决案件中不予受理、管辖权异议、驳回申请三种程序类裁定根据民事诉讼法第一百五十七条的规定，当事人享有上诉权利。我们认为，对申请承认和执行外国法院判决、裁定案件的程序类裁定，当事人是否有上诉权利，应当作相同的理解。据此，《全国法院涉外商事海事审判工作座谈会会议纪要》第38条明确："人民法院受理申请承认和执行外国法院判决、裁定案件后，被申请人对管辖权有异议的，应当自收到申请书副本之日起十五日内提出；被申请人在中华人民共和国领域内没有住所的，应当自收到申请书副本之日起三十日内提出。人民法院对被申请人提出的管辖权异议，应当审查并作出裁定。当事人对管辖权异议裁定不服的，可以提起上诉。”第 40 条规定：“申请人的申请不符合立案条件的，人民法院应当裁定不予受理，同时说明不予受理的理由。已经受理的，裁定驳回申请。当事人不服的，可以提起上诉。人民法院裁定不予受理或者驳回申请后，申请人再次申请且符合受理条件的，人民法院应予受理。”

【审判实践中应当注意的问题】

第一，最高人民法院对申请承认和执行外国仲裁裁决的案件设立了报核制度。中级人民法院或专门人民法院经审查，拟不予承认和执行外国仲裁裁决的，应当依照《最高人民法院关于仲裁司法审查案件报核问题的有关规定》第二条的规定，向本辖区所属高级人民法院报核；高级人民法院经审查拟同意的，应当向最高人民法院报核；待最高人民法院审核后，方可依最高人民法院的审核意见作出裁定。

第二，《全国法院涉外商事海事审判工作座谈会会议纪要》第 49 条建立了承认和执行外国法院判决的报备及通报机制。根据该条规定，各级人民法院审结当事人申请承认和执行外国法院判决案件的，应当在作出裁定后十五日内逐级报至最高人民法院备案。备案材料包括申请人提交的申请书、外国法院判决及其中文译本、人民法院作出的裁定。人民法院根据互惠原则进行审查的案件，在作出裁定前，应当将拟处理意见报本辖区所属高级人民法院进行审查；高级人民法院同意拟处理意见的，应将其审查意见报最高人民法院审核。待最高人民法院答复后，方可作出裁定。

第三，认可和执行区际民事判决的司法解释，对人民法院作出的审查裁定的终局性作了不同的规定，与本条的规定存在区别，需要引起注意。《最高人民法院关于内地与香港特别行政区法院相互认可和执行婚姻家庭民事案件判决的安排》第十五条规定：“被请求方法院就认可和执行的申请作出裁定或者命令后，当事人不服的，在内地可以于裁定送达之日起十日内向上一级人民法院申请复议，在香港特别行政区可以依据其法律规定提出上诉。”《最高人民法院关于内地与香港特别行政法院相互认可和执行当事人协议管辖的民商事案件判决的安排》第十二条规定：“当事人对认可和执行与否的裁定不服的，在内地可以向上一级人民法院申请复议，在香港特别行政区可以根据其法律规定提出上诉。”《最高人民法院关于内地与澳门特别行政区相互认可和执行民商事判决的安排》第十二条规定：“法院就认可和执行判决的请求作出裁定后，应当及时送达。当事人对认可与否的裁定不服的，在内地可以向上一级人民法院提请复议，在澳门特别行政区可以根据其法律规定提起上诉；对执行中作出的裁定不服的，可以根据被请求方法律的规定，向上级法院寻求救济。”《最高人民法院关于认可和执行台湾地区法院民事判决的规定》第十八条规定：“人民法院依据本规定第十五条和第十六条作出的裁定，一经送达即发生法律效力。当事人对上述裁定不服的，可以自裁定送达之日起十日内向上一级人民法院申请复议。”但在认可和执行区际仲裁裁决的三项司法解释，即《最高人民法院关于内地与香港特别行政区相互执行仲裁裁决的安排》《最高人民法院关于内地与澳门特别行政区相互认可和执行仲裁裁决的安排》《最高人民法院关于认可和执行台湾地区仲裁裁决的规定》中，则没有对人民法院审查作出的裁定可以申请复议的规定。

【条文】

第五百四十七条

与中华人民共和国没有司法协助条约又无互惠关系的国家的法院，未通过外交途径，直接请求人民法院提供司法协助的，人民法院应予退回，并说明理由。

【条文主旨】

本条是关于外国法院请求司法协助的规定。

【条文理解】

民事诉讼法第二百八十四条第一款规定：“请求和提供司法协助，应当依照中华人民共和国缔结或者参加的国际条约所规定的途径进行；没有条约关系的，通过外交途径进行。”因此，请求和提供司法协助的途径有以下两种。

一是通过公约或者双边条约规定的途径进行司法协助。例如，我国参加的《海牙送达公约》以及《海牙取证公约》，分别对送达和调查取证的司法协助途径和程序作了规定。我国与有关国家签订双边民商事司法协助条约也就请求和提供司法协助的途径作了规定。《最高人民法院关于依据国际公约和双边司法协助条约办理民商事案件司法文书送达和调查取证司法协助请求的规定》结合司法实践，进一步规范了适用司法协助条约办理民商事案件司法文书送达和调查取证请求的程序。该规定第三条规定：“人民法院协助外国办理民商事案件司法文书送达和调查取证请求，应当进行审查。外国提出的司法协助请求，具有《海牙送达公约》《海牙取证公约》或双边民事司法协助条约规定的拒绝提供情形的，人民法院应当拒绝提供协助。”第四条规定："人民法院协助外国办理民商事案件司法文书送达和调查取证请求，应当按照民事诉讼法和相关司法解释规定的方式办理。请求方要求按照请求书中列明的特殊方式办理的，如果该方式与我国法律不相抵触，且在实践中不存在无法办理或者办理困难的情形，应当按照该特殊方式办理。"

二是在两国没有司法协助条约关系的情况下，请求和提供司法协助通过外交途径进行。例如，《最高人民法院、外交部、司法部关于我国法院和外国法院通过外交途径相互委托送达法律文书若干问题的通知》规定，凡已同我国建交国家的法院，通过外交途径委托我国法院向我国公民或法人以及在华的第三国或无国籍当事人送达法律文书，除该国同我国已订有协议的按协议办理外，一般根据互惠原则按下列程序和要求办理。对于与我国没有司法协助条约又无互惠关系的国家的法院，未通过外交途径，直接请求人民法院提供司法协助的，人民法院应予退回，并说明理由。

【审判实践中应当注意的问题】

第一，人民法院协助外国办理民商事案件司法文书送达和调查取证请求，适用对等原则。

第二，人民法院协助外国办理民商事案件司法文书送达和调查取证请求，应当进行审查。外国提出的司法协助请求，具有《海牙送达公约》、《海牙取证公约》或双边民事司法协助条约规定的拒绝提供协助的情形的，人民法院应当拒绝提供协助。

第三，人民法院收到外国法院提出的司法协助请求，经审查发现该外国与我国没有司法协助条约又无互惠关系，依据本规定应予退回的，应当注明理由，报经有关高级人民法院和最高人民法院后，通过外交途径退回。

【条文】

第五百四十八条

当事人在中华人民共和国领域外使用中华人民共和国法院的判决书、裁定书，要求中华人民共和国法院证明其法律效力的，或者外国法院要求中华人民共和国法院证明判决书、裁定书的法律效力的，作出判决、裁定的中华人民共和国法院，可以本法院的名义出具证明。

【条文主旨】

本条是关于出具我国法院判决书、裁定书的法律效力证明书以便该判决书、裁定书在我国领域外使用的规定。

【条文理解】

如果一项判决、裁定在作出国并非生效、确定的终局判决，则在其他国家不会得到承认或执行。各国立法和有关条约普遍规定了这一点。例如，《日本民事执行法》规定，在没有证明外国法院是“已经确定的判决”时，可以驳回执行请求。《意大利民事诉讼法》关于承认外国判决的条件规定，外国主管机关作出的判决依据判决宣告地法律，为终局判决。我国和外国缔结的双边司法协助条约均将依据判决作出国法律判决已经生效作为承认与执行的必要条件之一。例如，《中华人民共和国和希腊共和国关于民事和刑事司法协助的协定》第二十三条第二项、《中华人民共和国和匈牙利共和国关于民事和商事司法协助的条约》第十七条第一项、《中华人民共和国和阿根廷共和国关于民事和商事司法协助的条约》第十八条第一项等。

为便于我国法院判决、裁定在我国领域外得到承认和执行或作为证据材料提交等方式予以使用，在当事人请求人民法院出具证明书证明我国法院判决书、裁定书的法律效力，或是外国法院要求人民法院证明判决书、裁定书的法律效力时，作出该裁判的人民法院应当以本法院的名义出具证明书。该项内容早于《92 年意见》第 320 条“当事人在我国领域外使用人民法院的判决书、裁定书，要求我国人民法院证明其法律效力的，以及外国法院要求我国人民法院证明判决书、裁定书的法律效力的，我国作出判决、裁定的人民法院，可以本法院的名义出具证明”的规定中，就已经予以体现。

证明书一般应当包括申请人或请求法院名称、判决文号、当事人名称及案由、判决生效时间，加盖人民法院印章，并附具判决书副本。

【审判实践中应当注意的问题】

关于判决生效时间，我国民事诉讼法没有明确规定。根据民事诉讼法第一百五十八条“最高人民法院的判决、裁定，以及依法不准上诉或者超过上诉期没有上诉的判决、裁定，是发生法律效力的判决、裁定”以及第一百五十一条第一款“人民法院对公开审理或者不公开审理的案件，一律公开宣告判决”的规定，超过上诉期没有上诉的判决、裁定，上诉期届满之次日为判决生效日期；其余生效判决应以宣告日为生效时间，以送达方式宣告判决的，应以判决送达最后一方当事人之日为判决生效日。

【条文】

第五百四十九条

人民法院审理涉及香港、澳门特别行政区和台湾地区的民事诉讼案件，可以参照适用涉外民事诉讼程序的特别规定。

【条文主旨】

本条是关于涉我国港、澳、台地区民事案件参照适用涉外民事诉讼程序特别规定的规定。

【条文理解】

司法实践中，一贯思路是涉我国港、澳、台地区民事案件参照涉外民事案件处理，然而这种做法缺乏明确的法律依据。涉我国港、澳、台地区民事案件，本质上涉及的是我国区际私法冲突如何解决的问题，目前通过司法解释的方式予以解决，故本条明确上述案件参照适用涉外民事诉讼程序的特别规定，便于法官在审理案件过程中援引。其他司法解释也有类似规定，例如，《涉外民事关系法律适用法解释（一）》第十七条规定："涉及香港特别行政区、澳门特别行政区的民事关系的法律适用问题，参照适用本规定。"

【审判实践中应当注意的问题】

第一，审理涉我国港、澳、台地区案件时，对于涉我国港、澳、台地区案件程序方面另有司法解释特别规定的，例如，关于送达的《最高人民法院关于涉港澳民商事案件司法文书送达问题若干规定》《最高人民法院关于涉台民事诉讼文书送达的若干规定》，可以优先适用这些特别规定。

第二，在裁判文书表述时，应当首先认定案件系涉我国港、澳、台地区民事案件，再说明参照适用涉外民事诉讼程序的特别规定。

二十三、附　　则

【条文】

第五百五十条

本解释公布施行后，最高人民法院于1992年7月14日发布的《关于适用〈中华人民共和国民事诉讼法〉若干问题的意见》同时废止；最高人民法院以前发布的司法解释与本解释不一致的，不再适用。

【条文主旨】

本条是关于本解释时间效力的规定。

【条文理解】

法的适用效力，又称法的效力范围，主要指对人、物和地域、时间的适用范围。法的时间效力是法的适用效力的重要内容，是指法律何时生效、何时终止生效及法律对其颁布实施前的事件和行为是否具有溯及力的问题。对于司法解释而言，同样存在时间效力问题，包括司法解释何时生效、何时失效以及司法解释对其生效以前的事件和行为有无溯及力的问题。

1. 关于司法解释的生效时间

司法解释的生效时间主要有两种：一是自司法解释公布之日起生效，通常表述为“本解释自公布之日起施行”。这种表述方式多适用于急需要尽快出台且马上施行时机比较成熟的情况，为了使司法解释尽早发挥应有作用而采取的做法。二是规定具体的生效时间，通常表述为“本解释自某年某月某日起施行”。这种方式一般是基于预留一段准备期，使得需要适用本解释的有关方面做好必要的学习、掌握和准备，以便于司法解释的顺利实施的考虑。在此要注意，考虑到司法解释对于审判实践指导的现实需要，为规范司法解释的实行时间，最高人民法院出台了《最高人民法院办公厅关于规范司法解释施行日期有关问题的通知》，其规定：“一、今后各部门起草的司法解释对施行日期没有特殊要求的，司法解释条文中不再规定‘本解释自公布之日起施行’的条款，施行时间一律以发布司法解释的最高人民法院公告中明确的日期为准。二、司法解释对施行日期有特别要求的，应当在司法解释条文中规定相应条款，明确具体施行时间，我院公告的施行日期应当与司法解释的规定相一致。”在这之后最高人民法院出台的司法解释都是按照该司法解释的要求，对司法解释的实行时间作出了相应规定。本解释即按照上述要求，明确公告之日起施行，以便能迅速及时地指导审判实践发挥其效用。

2. 关于实体法司法解释的溯及力问题

早在1955年，《全国人民代表大会常务委员会关于解释法律问题的决议》[①]就规定：“凡关于审判过程中如何具体应用法律、法令的问题，由最高人民法院审判委员会进行解释。”1979年的人民法院组织法、1981年《全国人民代表大会常务委员会关于加强法律解释工作的决议》、2000年的立法法[②]、2018年修订的人民法院组织法均有明确规定。其中，2018年修订的人民法院组织法第十八条第一款规定：“最高人民法院可以对属于审判工作中具体应用法律的问题进行解释。”我国司法解释经过六十多年的发展，在统一法律适用、保障人民群众合法权益、促进和保障经济和社会不断发展等方面发挥了不可或缺的作用，实践充分证明，司法解释符合我国国情、行之有效，已经成为中国特色社会主义司法制度的重要组成部分。

司法解释对其生效以前的事件和行为有无溯及力的问题，较为复杂。立法法第九十三条并没有把法律解释和司法解释列入其中，理论和实务中对司法解释在适用时是否有溯及力，也存有不同认识：一种意见认为，司法解释是对现行立法的解释，故自公布之日起，对于人民法院尚未审结的一审、二审案件均应当适用。这种对司法解释施行前人民法院已经受理、司法解释施行时尚未审结的案件加以适用司法解释的主张，实际上是赋予了司法解释一定的溯及力。另一种意见认为，司法解释虽然理论上是对既有法律的解释，但我国的司法解释在一定程度上起着填补立法空白的作用。按照法律不溯及既往的原则，司法解释只能适用于公布施行后起诉到人民法院的案件。只要案件的一审程序受理于司法解释生效施行之前的，都不能适用该司法解释。[③]

我们倾向于上述第一种意见。一般认为，根据人民法院组织法等有关规定，最高人民法院对于在审判过程中如何具体应用法律的问题进行解释。司法解释是对法律的释明，虽在被解释法律实施后制定，但应视为被解释法律的一部分，其在生效之日就应适用于审判实践，而且具有溯及力，但其溯及

---

① 已于1987年11月24日废止。

② 已于2015年3月15日修正。

③ 参见最高人民法院民事审判第一庭编著：《最高人民法院建设工程施工合同司法解释的理解与适用》，人民法院出版社2004年版，第244页。

力应受被解释法律的时间效力范围的限制，即如果以制定法为解释对象，该司法解释一般与被解释法律同步发生效力，被解释法律如果能够适用于某一类法律关系，该司法解释同样也应适用于该法律关系。比如，对于刑事司法解释的溯及力，《最高人民法院、最高人民检察院关于适用刑事司法解释时间效力问题的规定》第一条明确规定："司法解释是最高人民法院对审判工作中具体应用法律问题和最高人民检察院对检察工作中具体应用法律问题所作的具有法律效力的解释，自发布或者规定之日起施行，效力适用于法律的施行期间。"关于民事司法解释的溯及力，并无类似上述刑事司法解释溯及力的统一规定，相关内容通常都在各具体的司法解释当中。比如，《精神损害赔偿解释》第十二条规定："在本解释公布施行之前已经生效施行的司法解释，其内容有与本解释不一致的，以本解释为准。"《最高人民法院关于审理铁路运输人身损害赔偿纠纷案件适用法律若干问题的解释》第十六条规定："本院以前发布的司法解释与本解释不一致的，以本解释为准。本解释施行前已经终审，本解释施行后当事人申请再审或者按照审判监督程序决定再审的案件，不适用本解释。"这些规定，一方面，明确了新法优于旧法的规则；另一方面，是从终审案件不适用该司法解释的角度间接明确了只要是尚未终审的案件都可以适用该解释，或是直接明确凡是尚未终审的案件均适用该解释。表面上没有直接涉及溯及力问题，但实际上是承认了司法解释的溯及适用规则，即只要该案件处于一审、二审阶段，都可以适用该解释，至于引发此纠纷的法律事实发生在该解释之前还是之后，在所不问，这符合司法解释系解释相关法律的基本特点。

但上述规定并没有解决本解释溯及何时的问题，如上所述，此有必要以其解释的法律施行之日作为起点。这在有关司法解释中也有先例，比如，《合同法解释（二）》[①] 第三十条规定："合同法施行后成立的合同发生纠纷的案件，本解释施行后尚未终审的，适用本解释；本解释施行前已经终审，当事人申请再审或者按照审判监督程序决定再审的，不适用本解释。"这一规定是对该司法解释溯及力问题作出的专门规定，强调该司法解释只适用于对合同法施行后成立的合同纠纷一审、二审案件。至于合同法施行以前成立的合同所发生的纠纷，无论是一审案件，还是二审案件，都不能适用该解释，而应当适用合同成立时的法律规定。合同法施行以前成立的合同所发生的纠纷，原则上适用合同成立时的法律规定，不应适用合同法，当然也不能

① 该解释已于2021年1月1日废止。

适用该司法解释。有一点需要说明，关于合同法的适用范围，《合同法解释（一）》[1] 第一条规定："合同法实施以后成立的合同发生纠纷起诉到人民法院的，适用合同法的规定；合同法实施以前成立的合同发生纠纷起诉到人民法院的，除本解释另有规定的以外，适用当时的法律规定，当时没有法律规定的，可以适用合同法的有关规定。"根据《合同法解释（一）》的第一条规定，"当时没有法律规定的，可以适用合同法的有关规定"，那么，当时没有法律规定的，是否也可以适用《合同法解释（二）》的相关规定呢？答案是否定的。因为《合同法解释（二）》第三十条明确排除了合同法施行前成立的合同，将其限定在"合同法施行后成立的合同发生纠纷的案件"。[2] 从这个角度讲，司法解释具有溯及力应该是一般原则，通常应该溯及其解释或者依据的法律施行时。在明确司法解释系对既有法律条文进行的解释这一基本出发点之后，同法律的溯及力一样，研究司法解释的溯及力问题，当然也要注重对当事人合理预期的保护。

对于纯粹解释细化既有法律条文的司法解释规定，其内容属于完全符合立法本意的范畴，故对于该司法解释溯及相应法律施行之时，应认定为符合当事人基于该法律规定所形成的合理预期。但对于填补立法空白，明显创设或者修改规则的司法解释条文规定，则会涉及改变甚至背离当事人合理预期的问题，涉及对当事人信赖利益的保护，有必要区分不同情形。对于漏洞填补型的司法解释规定，在遵循立法法第九十三条规定的前提下，要结合《最高人民法院关于适用〈中华人民共和国民法典〉时间效力的若干规定》第三条的规定精神确定其溯及力问题，此也属于"过去没有规定而现在有规定的，可以适用现在的规定"的范畴，但要以不明显减损当事人合法权益、增加当事人法定义务或者背离当事人合理预期作为限定条件。对于修改规则型的司法解释规定，尤其是形式上是创设规则、实质上是修改规则的规定，则要贯彻法律不溯及既往原则，除非符合立法法第九十三条后段规定情形，方可予以有利溯及。这一情形比较典型的例子就是《最高人民法院关于建设工程价款优先受偿权问题的批复》[3] 第五条规定："本批复第一条至第三条自公布之日起施行，第四条自公布之日起六个月后施行。"而第四条即为建设工程承包人行使优先权六个月期限的规定，这实际上是限定了该优先受偿权

① 该解释已于2021年1月1日废止。

② 参见最高人民法院研究室编著：《最高人民法院关于合同法司法解释（二）理解与适用》，人民法院出版社2009年版，第217页。

③ 该解释已于2021年1月1日废止。

期限规定的溯及适用问题，考虑的就是对当事人合理预期的保护。

那么，司法解释能否溯及其解释或者所依据法律实施之前的法律事实引发的纠纷案件呢？如上所述，司法解释原则上要溯及该司法解释所解释或者依据的法律施行之日，但对于该司法解释能否溯及该法律之前，则目前没有明确规定。鉴于司法解释与其解释或者依据法律在条文内容、精神要旨方面的一致性，司法解释能否进一步溯及其解释或者依据的法律施行之前？对此我们认为，要依照该法律的溯及适用标准进行判断。以民法典的溯及适用为例，依照《最高人民法院关于适用〈中华人民共和国民法典〉时间效力的若干规定》第二条、第三条的规定，符合有利溯及、空白溯及情形的，要适用民法典的规定，同样要适用与民法典相关的司法解释规定，这是一般原则。但是，要注意两个例外：一是司法解释对其溯及力问题作了明确限定的，则要遵循该司法解释的规定，如上述的《合同法解释（二）》第三十条的规定。二是基于保护当事人合理预期需要的，对于某司法解释具体规定都不能溯及适用于该司法解释施行之前的，当然也不能溯及适用于该司法解释所解释或者依据的法律施行之前，如上述《合同法解释（二）》第二十四条有关合同解除异议权三个月行使期间的规定。

3. 关于程序法司法解释的溯及力问题

与实体法相同的是，程序法溯及适用的大前提亦为：一是行为发生时点与评价时点分别处于旧法和新法两种法律的施行区间；二是行为的依据与对行为进行评价的依据相异。此时，如果按照旧法对该行为进行评价，即为不溯及既往；如果按照新法对该行为进行评价，则为溯及既往。一直以来，关于新旧法律衔接适用方面，有一个共识性的原则，即“实体（法）从旧、程序（法）从新”。基于程序法旨在提供法律救济和实现权利的方法和途径，以公正为主要价值目标，一般认为，在后的规范性规定均较在先的规定科学，更有利于保护公民、法人、其他组织的合法权益，因此，程序法溯及既往不会影响或侵害信赖利益。无论在大陆法系还是在普通法系，抑或是在刑事法律领域还是在民事、行政法领域。程序法溯及既往已经成为一个普遍的法律原则。[①] 鉴于此，程序法司法解释也应该遵循该原则。以此为基础并综合各方观点，2012 年最高人民法院制定了《关于修改后的民事诉讼法施行时未结案件适用法律若干问题的规定》，这是我国首次针对民事诉讼法新旧衔接问题制定的司法解释，明确了新旧民事诉讼法衔接适用的基本规则：

① 参见杨登峰：《新旧法的适用原理与规则》，法律出版社 2008 年版，第 89 页。

（1）对于新法施行时未结案件，适用新法；（2）新法施行前依照旧法规定已经完成的程序事项，仍然有效；（3）涉及当事人实体权利处分的事项，原则上从旧。上述法律适用规则对于民事案件的妥善解决和民事诉讼法的统一适用发挥了重要作用。本解释也按照这一思路，明确规定："本解释公布施行后，最高人民法院于1992年7月14日发布的《关于适用〈中华人民共和国民事诉讼法〉若干问题的意见》同时废止；本解释施行后，最高人民法院以前发布的司法解释与本解释不一致的，不再适用。"

【审判实践中应当注意的问题】

第一，关于本解释适用案件的范围。"实体从旧、程序从新"是大陆法系和普通法系公认的规则。因此，在本解释施行后，所有的民事案件，无论是一审案件还是二审案件，均适用本解释。同样，对于本解释施行前已经终审的案件，在当事人申请再审或者按照审判监督程序决定再审而进入审理程序的，由于本解释作为民事诉讼程序规则的解释，也都应当贯彻"程序从新"的原则，适用本解释的相关规定。

第二，关于本解释与其他司法解释的衔接适用问题。这涉及本条后半句中"不一致"的理解问题。我们认为，本解释与原有司法解释"不一致"的定位必须局限于"同一法律问题或者规则"，若系不同问题的规定，当然不能适用本条规定的内容。一般而言，本解释对原有司法解释有关内容专门作出修改的规定，属于本解释与此前出台的其他司法解释"不一致"的情形，对此应当适用本解释。但是，对于本解释并没有规定，而此前出台的其他司法解释对这一问题有规定的，这一规定又与本解释相关条文并不冲突，则原有司法解释的规定应当继续适用。

第三部分　附录

《最高人民法院关于适用〈中华人民共和国民事诉讼法〉的解释》修改内容及其理解与适用

郭　锋*　陈龙业**　贾玉慧***　牛晓煜****

2022年3月22日，最高人民法院审判委员会第1866次会议审议通过了《最高人民法院关于修改〈最高人民法院关于适用《中华人民共和国民事诉讼法》的解释〉的决定》（法释〔2022〕11号，以下简称《决定》），自2022年4月10日起施行。此次对《最高人民法院关于适用〈中华人民共和国民事诉讼法〉的解释》（以下简称《民事诉讼法解释》）的修改，是对照民事诉讼法进行的适应性修改，属于"小修"。为便于准确理解和适用，本文就《决定》的制定背景、基本原则、重点内容及修改中的相关考量等进行说明。

一、《决定》的制定背景和过程

民事诉讼法是规范民事诉讼程序的基本规则，是人民法院审理和执行民事案件在程序方面的基本法律依据。2021年12月24日，第十三届全国人大常委会第三十二次会议审议通过《全国人民代表大会常务委员会关于修改〈中华人民共和国民事诉讼法〉的决定》，重点围绕优化司法确认程序、完善简易程序及小额诉讼程序、扩大独任制适用范围、完善在线诉讼及送达规则等制度对民事诉讼法进行了修改，进一步优化了相关程序规则，有效建立

* 最高人民法院研究室副主任。
** 最高人民法院研究室民事处处长。
*** 最高人民法院研究室民事处副处长。
**** 北京市第二中级人民法院民三庭法官助理。

了“繁简分流、轻重分离、快慢分道”的民事诉讼程序体系。民事诉讼法修改后，条文序号和部分条文内容发生了变化。《民事诉讼法解释》所引用的民事诉讼法条文序号与新民事诉讼法条文序号出现了不一致，相关内容也亟待调整，人民群众特别是地方法院对修改《民事诉讼法解释》的呼声很高。

为切实做好新民事诉讼法贯彻实施工作，2022年1月，最高人民法院成立《民事诉讼法解释》修改调研小组，启动修改工作。前期，我们对繁简分流试点改革情况进行了充分调研，结合各方面反馈的情况，严格对标新民事诉讼法，形成了《决定（初稿）》。《决定（初稿）》包括两方面内容：一是对照新民事诉讼法作适应性修改；二是对相关诉讼制度的适用作进一步细化。院内征求意见过程中，不少意见提出，当前宜聚焦司法实践亟须解决的问题，对于尚存争议或者尚需进一步探索的内容可待新民事诉讼法施行一段时间后再作规定。因此，我们对《决定（初稿）》的条文进行了删减，修改完善后形成《决定（征求意见稿）》，先后在江苏南通、上海等地法院召开司法解释调研座谈会，听取中基层人民法院法官意见建议；书面征求清华大学张卫平教授、北京大学潘剑锋教授、北京师范大学刘荣军教授、中国人民大学肖建国教授等专家学者意见。结合权威专家、一线法官的意见，我们对《决定（征求意见稿）》予以完善并送全国人大常委会法工委征求意见。在全国人大常委会法工委的大力支持和有力指导下，形成了《决定（送审稿）》，经最高人民法院审判委员会审议通过。

二、《决定》起草的基本原则

《决定》起草过程中，坚持和贯彻了以下原则。

一是坚持严格依法。司法解释事关法律的正确实施、事关当事人的合法权益、事关社会的公平正义，合法性是司法解释的基本遵循。此次修改严格遵循新民事诉讼法规定精神，对条文序号、部分条文内容进行修改。比如，依照新民事诉讼法相关规定，将适用简易程序案件的最长审理期限由原来的六个月修改为四个月。

二是坚持需求导向。《民事诉讼法解释》条文序号的调整以及个别条文内容与修改后民事诉讼法相冲突，是当前亟待解决的问题。《决定》立足实践需求导向，主要针对条文序号和条文不一致的内容进行“小修”，确保一线法官准确适用新民事诉讼法。修改过程中，尽可能延续原司法解释条文主旨和解释重心。而对于普通程序独任制适用标准、独任制向合议制转换、小额诉讼程序的约定适用等规则的具体细化，还有待审判实践的进一步积累，本次修改并未涉及。

三是坚持体系化考量。由于诉讼程序的体系性较强，且司法解释条文与民事诉讼法条文并非一一对应关系，有时看似简单的文字修改，也可能会牵一发而动全身。修改过程中，我们坚持体系化考量，稳妥审慎推进，所作每一处修改，都通盘考量民事诉讼制度，尽可能避免溢出效应。

四是坚持精简原则。本次修改需要调整所引用的民事诉讼法条文序号共有200余处，加之司法解释自身条文顺序需要调整，《决定》坚持精简原则，通过两个条文对《民事诉讼法解释》引用的民事诉讼法条文序号、《民事诉讼法解释》本身的条文顺序作统一修改。《决定》发布的同时，一并公布新《民事诉讼法解释》文本，便于各级人民法院准确引用司法解释相应条文。

三、部分条文的修改考量及具体适用

《决定》共有16个条文，主要对照新民事诉讼法对简易程序、小额诉讼程序、司法确认程序等内容进行修改。

（一）修改简易程序的相关规定

1. 修改适用简易程序案件审限延长的规定

修改前的《民事诉讼法解释》第二百五十八条第一款规定，适用简易程序审理的案件，审理期限到期后，双方当事人同意继续适用简易程序的，由本院院长批准，可以延长审理期限。延长后的审理期限累计不得超过六个月。根据该规定，适用简易程序审理的案件，如果需要延长审限，必须经双方当事人同意，且可以在原三个月审限基础上再延长三个月。这一规则主要是基于诉讼经济原则以及尊重当事人程序选择权等考量。而新民事诉讼法第一百六十四条对适用简易程序案件延长审限作了明确限制，只有出现特殊情况需要延长的，经批准，方可延长。故《决定》将修改前的《民事诉讼法解释》第二百五十八条第一款中的“双方当事人同意继续适用简易程序的”修改为“有特殊情况需要延长的”。关于简易程序的最长审限问题，调研中，有意见提出，尽管新民事诉讼法已经明确可以延长一个月，但为避免片面解读，应明确规定适用简易程序案件的最长审限。我们采纳了上述建议，将简易程序的最长审限限定为四个月。本条在适用中应当注意以下几点。第一，适用简易程序审理的案件，审限的延长不再以双方当事人同意为要件，如遇特殊情况需要延长的，人民法院可以依法延长，但应当充分保障当事人的知情权。第二，这里的“特殊情况”一般是指不能预见和不可避免，受到客观因素制约的情形。比如，因疫情防控等因素影响案件的正常审结，法院依职权调取关键性证据，需与关联案件统筹协调等。第三，新民事诉讼法仅规定了可以延长的最长期限，并没有规定报批延长的次数，实践中可灵活掌握，但需要把握的是，适用简易程序案件的最长审限不得超过四个月（自立案之日计算）。

2. 修改简易程序向普通程序转换的条件

科学合理的程序转换机制有助于不同审理程序之间的有序衔接，回应多样化的解纷需求，实现民事诉讼法律制度的体系化和结构化。修改前的《民事诉讼法解释》第二百五十八条第二款规定："人民法院发现案情复杂，需要转为普通程序审理的，应当在审理期限届满前作出裁定并将合议庭组成人员及相关事项书面通知双方当事人。"在该款修改中，关于如何设定"简转普"的条件，有较大争议。有意见认为，该款中的"案情复杂"仅是普通程序合议制的适用条件，简易程序案件不仅可能转化为普通程序合议制，也有可能转化为普通程序独任制，故应当将普通程序独任制的适用条件增加为"简转普"的条件之一，应当将"案情复杂"修改为"人民法院发现案件符合民事诉讼法第四十条的规定或者案情复杂"。也有意见认为，新民事诉讼法第四十条第二款规定的"基本事实清楚、权利义务关系明确"仅是一审适用普通程序独任制的法定条件。案情复杂是转为普通程序的最重要原因，至于适用普通程序独任制还是适用普通程序合议制，再看是否满足"基本事实清楚、权利义务关系明确"的条件。

我们认为，前述两种观点均有一定道理，二者的分歧点在于对"案情复杂"外延的理解不同。"案情复杂"是一个弹性标准，司法解释并未明确其具体外延，审判实践中也难以把握。由于新民事诉讼法新增了普通程序独任制，对"简转普"条件设定的科学性提出了更高要求。如继续将"案情复杂"作为"简转普"的唯一条件，除非对"案情复杂"广义解读为"不符合新民事诉讼法第一百六十条所规定的简单案件"的"复杂案件"，才能实现逻辑上的周延，否则本解释中的"案情复杂"将限缩新民事诉讼法第一百七十条的"不宜适用简易程序"的规定，不符合立法本意。如将"案情复杂"与"基本事实清楚、权利义务关系明确"并列作为"简转普"的条件，则此处的"案情复杂"主要指的是"基本案件事实不清或者权利义务关系不明确"，一定意义上又限缩了原第二百五十八条的"案情复杂"的范围。可见，对于"案情复杂"的界定直接影响了本条对"简转普"条件的设定。

根据新民事诉讼法第一百六十条第一款的规定，适用简易程序审理的案件是"事实清楚、权利义务关系明确、争议不大的简单的"民事案件，只要不符合上述条件之一的（当事人约定适用的除外），均不宜适用简易程序审理。该法第一百七十条规定："人民法院在审理过程中，发现案件不宜适用简易程序的，裁定转为普通程序。"因此，从法律层面看，"简转普"条件的设定应以新民事诉讼法第一百六十条为标准。为避免上述外延之争，在全国人大常委会法工委的指导下，我们依据新民事诉讼法第一百七十条的规定，将"案情复杂"修改为"不宜适用简易程序"，不仅周延涵盖简易程序转换为普通程序独任制和合议制的条件，也为下一步细化程序转换条件特别是新形势下"案情复杂"的具体判定标准预留空间。

适用《民事诉讼法解释》第二百五十八条时应当注意，尽管本条并未明确简易程序转为普通程序独任制或者合议制的具体适用标准，但依据新民事诉讼法规定并结合繁简分流改革试点的经验做法，可以在依据新民事诉讼法第一百七十条规定的前提下，将"基本事实清楚、权利义务关系明确"作为实践中简易程序转为普通程序独任制的标准。其中，"基本事实清楚"主要是指案件的核心和关键事实总体清楚，但部分次要事实或者关联事实需要进一步查实，相关事实的查明需要经过当事人补充举证质证、评估、鉴定、审计、调查取证等程序和环节，有必要进行更充分的陈述辩论、适用更完备的审理程序。"权利义务关系明确"即法律适用明确，是指案件法律关系清晰明了，有明确的法律规范与之对应，在解释和适用上不存在空白与争议。对于既不符合新民事诉讼法第一百六十条规定的要件，也不符合"基本事实清楚、权利义务关系明确"的，则应当转换为普通程序合议制程序审理。

3. 修改驳回当事人程序异议的方式

关于不同审理程序之间转换的启动，通常包括法院依职权和当事人申请两种方式。比如，日本民事诉讼法第 18 条规定，诉讼虽然属于简易法院管辖，但简易法院认为适当时，根据申请或依职权，可以将诉讼的全部或一部分，向管辖其所在地的地方法院移送。再如，我国台湾地区"民事诉讼法"第 435 条规定，在依简易程序审理案件的过程中，因当事人为诉之变更、追加及提起反诉而致使诉之全部或一部分不属于简易程序案件范围的，除当事人合意继续适用简易程序外，法院就应以裁定改用通常诉讼程序。我国新民事诉讼法规定了小额诉讼程序向普通程序、简易程序向普通程序以及普通程序独任制向合议制的转换机制。在普通程序独任制和小额诉讼程序转换机制方面，新民事诉讼法明确了依职权启动和依申请启动两种方式。关于当事人对适用简易程序的异议，2003 年《最高人民法院关于适用简易程序审理民事案件的若干规定》第三条首次作出规定，后 2015 年《民事诉讼法解释》

第二百六十九条继续沿用，该条第一款规定：“当事人就案件适用简易程序提出异议，人民法院经审查，异议成立的，裁定转为普通程序；异议不成立的，口头告知当事人，并记入笔录。”

然而，根据新民事诉讼法第四十三条和第一百六十九条的规定，在普通程序独任制和小额诉讼程序的转换中，如果人民法院经审查认为当事人提出的程序异议不成立，应当采用裁定的方式驳回。因此，根据前述规定，基于体系一致的考量，我们认为，当事人对简易程序提出的程序异议不成立的，也应当采用裁定的方式予以驳回，故《决定》将《民事诉讼法解释》第二百六十九条第一款规定的“异议不成立的，口头告知当事人，并记入笔录”修改为“异议不成立的，裁定驳回”。同时，根据新民事诉讼法第一百五十七条第三款的规定，裁定包括书面和口头两种形式。书面裁定一般适用于与当事人权利义务关系比较重大的程序问题，如驳回起诉的裁定、财产保全和先予执行的裁定、终结诉讼的裁定等。口头裁定一般适用于比较简单的程序问题。基于前述区分，《决定》明确，驳回当事人对审理程序转换异议的，可以采取口头裁定。应当注意，采取口头方式作出裁定，只是对裁定形式的简化，不能减损当事人的合法权益。人民法院作出口头裁定的，应当将裁定内容和宣布情况记入笔录。裁定内容既应当包含裁定结果，也应当包含作出依据和理由，充分保障当事人的权利和裁定的可接受性。

（二）修改简易程序中简便送达方式适用规则

2007 年民事诉讼法第一百四十四条规定了简易程序可以用简便方式传唤当事人和证人，但并未就送达法律文书、开庭审理以及裁判文书简化等事项作出明确规定。2012 年民事诉讼法对该条进行了修改，明确规定基层人民法院和它派出的法庭审理简单的民事案件，可以用简便方式传唤当事人和证人、送达诉讼文书、审理案件，但应当保障当事人陈述意见的权利。为细化简便方式送达、传唤规则，2015 年《民事诉讼法解释》第二百六十一条第一款规定：“适用简易程序审理案件，人民法院可以采取捎口信、电话、短信、传真、电子邮件等简便方式传唤双方当事人、通知证人和送达裁判文书以外的诉讼文书。”该条之所以禁止适用简便方式对判决书、裁定书、调解书送达，主要是因为 2012 年民事诉讼法第八十七条明确规定这三类裁判文书不适用电子送达。而新民事诉讼法第九十条修改了原第八十七条的规定，将电子送达适用范围扩大至所有诉讼文书。因此，《民事诉讼法解释》第二百六十一条第一款也需要进行修改。对照新民事诉讼法的规定精神，我们进行了反复研究，最后将该款修改为：“适用简易程序审理案件，人民法院可以依照民事诉讼法第九十条、第一百六十二条的规定采取捎口信、电话、短信、传真、电子邮件等简便方式传唤双方当事人、通知证人和送达诉讼文书。”在适用本条时应当注意：第一，通过电子方式送达诉讼文书的，必须经受送达人同意，以保障受送达人的程序利益。第二，要注意本条第二款与《人民法院在线诉讼规则》第三十一条之间的衔接。本条第二款规定“以简便方式送达的开庭通知，未经当事人确认或者没有其他证据证明当事人已经收到的，人民法院不得缺席判决”，实践中所采用的简便方式为电子方式，且符合《人民法院在线诉讼规则》第三十一条第一款、第二款所规定情形的，应当认定为有效送达，不属于“未经当事人确认或者没有证据证明当事人已经收到”的情形。

（三）修改小额诉讼程序的相关规定

新民事诉讼法通过五个条文对小额诉讼程序作了如下规定：一是完善小额诉讼程序适用范围和方式；二是明确不得适用小额诉讼程序的案件类型；三是简化小额诉讼案件的审理方式；四是明确小额诉讼的审理期限；五是明确了程序转化并赋予当事人程序异议权。其中，新民事诉讼法第一百六十五条将适用案件类型限定为“金钱给付”案件，同时提高了可适用小额诉讼程序的案件标的额上限，增加了当事人合意选择适用模式。新民事诉讼法第一百六十六条在吸收2015年《民事诉讼法解释》第二百七十五条实践成果的基础上，通过“两增一减”对负面清单予以完善。由于前述两个条文的变动，《民事诉讼法解释》必须作出相应调整。

1. 修改海事法院适用小额诉讼程序的案件标的额上限

修改前的《民事诉讼法解释》第二百七十三条对海事法院适用小额诉讼程序审理海事、海商案件作出了规定。之所以专门对海事法院作出规定，主要基于两点考虑：第一，根据2012年民事诉讼法的规定，小额诉讼程序的适用限于基层人民法院和它派出的法庭。但海事诉讼特别程序法第九十八条规定，海事法院可以适用简易程序审理简单的民事案件。2013年，最高人民法院曾以批复的形式对海事法院可以适用小额诉讼程序审理简单的海事、海商案件予以明确，取得较好效果，故修改前的《民事诉讼法解释》第二百七十三条专门对此问题作出规定。第二，我国海事法院实行跨行政区划管辖模式，部分海事法院在不同的省级行政区内设有派出法庭。例如，武汉海事法院负责审理发生在四川宜宾合江门至安徽省与江苏省交界处的长江主干线及相应的与海相通的可航长江支流水域的海事、海商案件，管辖区域跨越四川、重庆、湖北、湖南、江西、安徽六省市，设有重庆、宜昌、芜湖三个派出法庭，分别位于重庆、湖北、安徽三个省、直辖市范围内。此时，究竟是应当按照海事法院所在的省级行政区域标准还是按照其派出法庭所在地的省级行政区域的标准来确定标的额，曾有一定争议，故修改前的《民事诉讼法解释》第二百七十三条明确规定，案件标的额以实际受理案件的海事法院或者其派出法庭所在的省、自治区、直辖市上年度就业人员年平均工资的百分之三十为限。

由于新民事诉讼法不仅提升了适用的案件标的额上限，还增加了合意选择适用规则，这使得对《民诉讼解释》第二百七十三条的修改有一定难度。经反复研究，我们采取了只规定案件标的额计算基数的方式，以最简练的表述、最少的修改实现该条的解释目的。在适用本条时应注意，本条只是确定了海事法院适用小额诉讼程序的案件标的额基数，具体标的额应当以新民事诉讼法第一百六十五条所规定的年平均工资的百分之五十为上限，对于案件标的额超过年平均工资百分之五十但在二倍以下，当事人双方约定适用小额诉讼的程序的，海事法院也可以适用小额诉讼的程序审理。

2. 删除适用小额诉讼程序案件正面清单与负面清单

由于2012年民事诉讼法仅有一条关于小额诉讼程序的规定，为了指导基层法官正确适用该条规定，2015年《民事诉讼法解释》进行了细化。其中，第二百七十四条和第二百七十五条采取了“列举+概括+排除”的方式对小额诉讼案件类型进行规定。新民事诉讼法第一百六十六条在吸收2015年《民事诉讼法解释》第二百七十五条的基础上进行了完善，故《决定》删除了原第二百七十五条。

关于修改前的《民事诉讼法解释》第二百七十四条是否应当一并删除的问题，有意见认为不宜删除该条，主要理由是：第一，第二百七十四条从正面规定了适用小额诉讼程序的案件，有助于指导基层人民法院准确把握适用条件。第二，新民事诉讼法没有明确“金钱给付案件”的判断标准，对于包含金钱给付内容的复合诉讼请求案件等是否适用小额诉讼程序，需要司法解释结合审判实践予以细化，但在此之前，保留第二百七十四条对相关标准的判断具有重要参考价值。也有意见认为应当删除该条，主要理由是：第一，新民事诉讼法第一百六十五条将适用小额诉讼程序的案件确定为“简单金钱给付民事案件”，而对具体案件类型未作限制要求，继续保留第二百七十四条的规定可能导致限缩小额诉讼程序适用范围，不符合立法本意。第二，新民事诉讼法第一百六十六条已经从反面规定了不得适用小额诉讼程序的案件范围，在立法技术要求上，不宜再作正面列举，否则将导致司法解释条文涵盖不周延、逻辑不顺畅的问题。经反复研究，综合各方面意见，《决定》最终删除了第二百七十四条，尽可能避免不完全列举方式客观上带来的小额诉讼案件类型的趋同，切实推动我国小额诉讼程序日臻完善。

审判实践中应当注意，删除2015年《民事诉讼法解释》第二百七十四条，并不意味该条所列举的案件类型不再适用小额诉讼程序。恰恰相反，只要符合新民事诉讼法第一百六十五条规定条件，且不属于该法第一百六十六条所列情形的所有类型案件，均可适用小额诉讼程序。当然，对于是否属于“金钱给付案件”难以把握的，可将修改前《民事诉讼法解释》第二百七十四条所列情形作为参考。下一步，我们将在不断总结实践经验的基础上，进一步细化适用小额诉讼程序的相关标准。

（四）修改司法确认案件共同管辖规则

2012年、2017年民事诉讼法规定的司法确认案件管辖规则单一，只有调解组织所在地基层人民法院有管辖权，因此，共同管辖的问题仅存在多个调解组织共同参与调解的情况，2015年《民事诉讼法解释》第三百五十四条也仅对两个以上调解组织参与调解时的共同管辖作出规定。但是，新民事诉讼法第二百零一条规定的司法确认调解协议案件的管辖规则更加立体、多元，对“人民法院邀请调解组织开展先行调解”和“调解组织自行开展调解”两种情形分别规定了不同的管辖规则。特别是调解组织自行开展调解的，不仅增加当事人住所地、标的物所在地等作为地域管辖连结点，还规定中级人民法院（含专门法院）也可以进行司法确认。在新的管辖规则下，共同管辖和管辖冲突的问题将更加突出，修改前的《民事诉讼法解释》第三百五十四条规定的已经不能满足实践需求，故《决定》根据新民事诉讼法第二百零一条的规定，对司法确认程序中的共同管辖和冲突规则进行了适应性修改。在适用时应当注意，修改后的《民事诉讼法解释》第三百五十二条仅针对新民事诉讼法第二百零一条中的自行开展调解的情形作出细化，本条中“两个以上调解组织参与”指的是两个以上调解组织共同参与对同一民事纠纷的调解，并形成一份调解协议。双方当事人对该调解协议共同申请司法确认的，适用本条规定，各调解组织所在地人民法院均有管辖权。如果有两个以上调解组织分别进行调解，并形成多份调解协议的，双方当事人如欲申请确认其中一份调解协议效力，只能共同向实际参与该调解协议的调解组织所在地的人民法院提出申请。

（五）修改所引用的民事诉讼法条文序号及本解释的条文顺序

前文提到，对照新民事诉讼法调整《民事诉讼法解释》所引用的民事诉讼法条文序号，是启动本次解释修改的重要目的之一。司法解释是人民法院对具体法律应用问题作出的解释，引用被解释对象的具体条文序号并对其内容的具体应用予以明确和细化是制定司法解释的成熟经验做法。而《民事诉讼法解释》是人民法院专门针对民事诉讼法具体应用问题作出的较为体系化的解释，该解释中涉及民事诉讼法条文序号的条文有160余条、200余处之多。由于新民事诉讼法条文序号从第十六条开始全部发生变化，故《民事诉讼法解释》所引用的法律条文序号相应地均需要进行调整。关于调整的方式，征求意见过程中，绝大多数意见认为应当通过一个条文对所涉民事诉讼法相关条文序号作统一修改。经慎重研究，我们采纳了该意见，在第十五条对引用民事诉讼法相关条文序号进行统一修改，在发布《决定》的同时，一并公布新《民事诉讼法解释》文本，所引用民事诉讼法条文序号以新公布的《民事诉讼法解释》为准。

除调整所引用民事诉讼法条文序号外，因删除了第二百七十四条、第二百七十五条，《民事诉讼法解释》本身条文顺序也可能面临调整。关于是否调整司法解释的条文序号，我们对历次法律和司法解释修改进行了认真研究。当法律删除个别条文时，该条文及后续条文的安排，存在两种实践方案：一种方案是仅删除条文内容但保留条文序号，如刑法修正案（九）删去了刑法第一百九十九条，其后的条文顺序并未变更。这一方法在域外也被较为广泛采用，如德国民法典第15条至第20条、德国民事诉讼法典第223条、瑞士民法典第50条、瑞士民事诉讼法典第41条和第51条、日本民法典第737条，这些条文被废止后，在法典中仍然保留序号，之后的条文序号不会因删除这些条文发生变化，仍然保留原来的序号。英国、美国等传统判例法国家在修改成文法时也采用这种方式。另一种方案是将条文内容和条文序号整体删除，其后条文的序号依次前移。这是我国修法时所采取的主要方式。有意见认为，本次司法解释修改可探索适用第一种方案，好处在于，不仅本解释中引用自身的条文序号不再需要调整，其他司法解释引用本解释的条文序号也不需要调整。但是，考虑到此次民事诉讼法修改采取的是调整条文序号的方式，为了与立法保持一致，我们仍然采取删除条文内容与条文序号的方式，并调整后续条文序号，以保持条文序号的连续性。但是，对于如何让司法解释条文顺序的修改更加科学，既便于检索也有利于法律适用上的前后一致性，我们将在以后的司法解释修改过程中继续深入研究。需要注意的是，《决定》第十六条蕴含了两层意思：一是本解释的条文顺序调整，二是由于本解释条文顺序调整，条文所引用本解释的相关条文序号也进行相应调整。经统计，《民事诉讼法解释》中援引本解释的条文一共17处，其中12处需要修改。新《民事诉讼法解释》公布时作统一调整。

除上述重点内容外，《决定》还对照新民事诉讼法等法律对个别条文表述进行修改。如将第九条、第二百一十八条中的“抚育费”改为“抚养费”，将第四十八条中的“助理审判员”删除，将第六十一条中的“人民调解委员会”修改为“人民调解委员会或者其他依法设立的调解组织”，将第四十五条、第二百五十八条、第二百六十九条中的“合议庭组成人员”修改为“审判人员”，确保《民事诉讼法解释》与新民事诉讼法等法律保持一致。

四、关于新民事诉讼法的时间效力问题

新民事诉讼法立足经济社会发展变化，对小额诉讼的程序、普通程序独任制、二审独任制、申请司法确认调解协议、在线诉讼等重要制度予以规定，这些新规则自2022年1月1日起正式施行。那么，对于2022年1月1日之前受理但尚未审结的案件，是否可以适用新民事诉讼法？这涉及民事诉讼法规定的时间效力问题。

一直以来，关于新旧法律衔接适用方面，有一个共识性的原则，即“实体（法）从旧、程序（法）从新”。“从新”规则是法律溯及既往的另类表述。基于程序法旨在提供法律救济和实现权利的方法和途径，以公正为主要价值目标，一般认为程序法溯及既往不会影响或侵害信赖利益。程序法溯及既往已经成为一个普遍的法律原则，不论在大陆法系还是在普通法系，也不论是在刑事法律领域还是在民事、行政法领域。但也有观点认为，“程序从新”并非指程序法溯及既往，恰恰相反，“程序从新”是法不溯及既往原则在诉讼法中的特殊表现形式。新法颁布后的诉讼法律行为或者事件适用新法，新法颁布前已经完成的诉讼行为仍然有效，也即适用旧法，这其实就是民事诉讼法不溯及既往的表现。我们认为，关于“程序从新”与溯及既往的关系问题，之所以发生上述分歧，根源在于对溯及适用的判断标准不同。无论实体法还是程序法，溯及适用的大前提均为：一是行为发生时点与评价时点分别处于旧法和新法两种法律的施行区间；二是行为的依据与对行为进行评价的依据相异。此时，如果按照旧法对该行为进行评价，即为不溯及既往；如果按照新法对该行为进行评价，则为溯及既往。以此为基础并综合各方观点，2012年，最高人民法院制定了《关于修改后的民事诉讼法施行时未结案件适用法律若干问题的规定》，这是我国首次针对民事诉讼法新旧衔

接问题制定的司法解释，明确了新旧民事诉讼法衔接适用的基本规则：(1)对于新法施行时未结案件，适用新法；(2)新法施行前依照旧法规定已经完成的程序事项，仍然有效；(3)涉及当事人实体权利处分的事项，原则上从旧。上述法律适用规则对于民事案件的妥善解决和民事诉讼法的统一适用发挥了重要作用。依据上述规则和理念，2021年12月，最高人民法院下发了《关于认真学习贯彻〈全国人民代表大会常务委员会关于修改《中华人民共和国民事诉讼法》的决定〉的通知》，并明确了如下规则：2022年1月1日之后人民法院受理的民事案件，适用修改后的民事诉讼法。2022年1月1日之前人民法院未审结的案件，尚未进行的诉讼行为适用修改后的民事诉讼法；依照修改前的民事诉讼法或者最高人民法院印发的《民事诉讼程序繁简分流改革试点实施办法》的有关规定，已经完成的诉讼行为，仍然有效。中级人民法院、专门人民法院对2022年1月1日之后受理的第二审民事案件，可以依照修改后的民事诉讼法的有关规定适用独任制审理。

需要说明的是，民事诉讼繁简分流改革试点工作中，扩大了简易程序适用范围，允许对公告送达案件适用简易程序，此项制度调整在试点过程中取得了良好效果。《民事诉讼法解释》修改过程中，我们对此问题进行了反复研究，但由于该项成果需进一步综合评估，故本次修改并未对修改前的《民事诉讼法解释》第一百四十条、第二百五十七条第一项作出调整，审判实践中应予以注意。下一步，我们将继续对此问题进行调研，适时开展相应的条文修改论证工作。

民事诉讼法修改前后对照表

民事诉讼法 （2017年6月27日第三次修正） （阴影部分为删除或修改的内容）	民事诉讼法 （2021年12月24日第四次修正） （加粗部分为增加或修改的内容）
第一编　总则	第一编　总则
第一章　任务、适用范围和基本原则	第一章　任务、适用范围和基本原则
第十三条　民事诉讼应当遵循诚实信用原则。 当事人有权在法律规定的范围内处分自己的民事权利和诉讼权利。	第十三条　民事诉讼应当遵循**诚信**原则。 当事人有权在法律规定的范围内处分自己的民事权利和诉讼权利。
	第十六条　经当事人同意，民事诉讼活动可以通过信息网络平台在线进行。 **民事诉讼活动通过信息网络平台在线进行的，与线下诉讼活动具有同等法律效力。**
第三章　审判组织	第三章　审判组织
第三十九条　人民法院审理第一审民事案件，由审判员、陪审员共同组成合议庭或者由审判员组成合议庭。合议庭的成员人数，必须是单数。	**第四十条**　人民法院审理第一审民事案件，由审判员、陪审员共同组成合议庭或者由审判员组成合议庭。合议庭的成员人数，必须是单数。

民事诉讼法 (2017年6月27日第三次修正) (阴影部分为删除或修改的内容)	民事诉讼法 (2021年12月24日第四次修正) (加粗部分为增加或修改的内容)
适用简易程序审理的民事案件，由审判员一人独任审理。 陪审员在执行陪审职务时，与审判员有同等的权利义务。	适用简易程序审理的民事案件，由审判员一人独任审理。**基层人民法院审理的基本事实清楚、权利义务关系明确的第一审民事案件，可以由审判员一人适用普通程序独任审理。** 陪审员在执行陪审职务时，与审判员有同等的权利义务。
第四十条 人民法院审理第二审民事案件，由审判员组成合议庭。合议庭的成员人数，必须是单数。 发回重审的案件，原审人民法院应当按照第一审程序另行组成合议庭。 审理再审案件，原来是第一审的，按照第一审程序另行组成合议庭；原来是第二审的或者是上级人民法院提审的，按照第二审程序另行组成合议庭。	**第四十一条** 人民法院审理第二审民事案件，由审判员组成合议庭。合议庭的成员人数，必须是单数。 **中级人民法院对第一审适用简易程序审结或者不服裁定提起上诉的第二审民事案件，事实清楚、权利义务关系明确的，经双方当事人同意，可以由审判员一人独任审理。** 发回重审的案件，原审人民法院应当按照第一审程序另行组成合议庭。 审理再审案件，原来是第一审的，按照第一审程序另行组成合议庭；原来是第二审的或者是上级人民法院提审的，按照第二审程序另行组成合议庭。

民事诉讼法 （2017年6月27日第三次修正） （阴影部分为删除或修改的内容）	民事诉讼法 （2021年12月24日第四次修正） （加粗部分为增加或修改的内容）
	第四十二条　人民法院审理下列民事案件，不得由审判员一人独任审理： **（一）涉及国家利益、社会公共利益的案件；** **（二）涉及群体性纠纷，可能影响社会稳定的案件；** **（三）人民群众广泛关注或者其他社会影响较大的案件；** **（四）属于新类型或者疑难复杂的案件；** **（五）法律规定应当组成合议庭审理的案件；** **（六）其他不宜由审判员一人独任审理的案件。**
	第四十三条　人民法院在审理过程中，发现案件不宜由审判员一人独任审理的，应当裁定转由合议庭审理。 **当事人认为案件由审判员一人独任审理违反法律规定的，可以向人民法院提出异议。人民法院对当事人提出的异议应当审查，异议成立的，裁定转由合议庭审理；异议不成立的，裁定驳回。**

民事诉讼法 （2017年6月27日第三次修正） （阴影部分为删除或修改的内容）	民事诉讼法 （2021年12月24日第四次修正） （加粗部分为增加或修改的内容）
第四章　回避	第四章　回避
第四十六条　院长担任审判长时的回避，由审判委员会决定；审判人员的回避，由院长决定；其他人员的回避，由审判长决定。	**第四十九条**　院长担任审判长**或者独任审判员**时的回避，由审判委员会决定；审判人员的回避，由院长决定；其他人员的回避，由审判长**或者独任审判员**决定。
第七章　期间、送达	第七章　期间、送达
第八十二条　期间包括法定期间和人民法院指定的期间。 期间以时、日、月、年计算。期间开始的时和日，不计算在期间内。 期间届满的最后一日是节假日的，以节假日后的第一日为期间届满的日期。 期间不包括在途时间，诉讼文书在期满前交邮的，不算过期。	**第八十五条**　期间包括法定期间和人民法院指定的期间。 期间以时、日、月、年计算。期间开始的时和日，不计算在期间内。 期间届满的最后一日是**法定休假日**的，以**法定休假日**后的第一日为期间届满的日期。 期间不包括在途时间，诉讼文书在期满前交邮的，不算过期。
第八十七条　经受送达人同意，人民法院可以采用传真、电子邮件等能够确认其收悉的方式送达诉讼文书，但判决书、裁定书、调解书除外。 采用前款方式送达的，以传真、电子邮件等到达受送达人特定系统的日期为送达日期。	**第九十条**　经受送达人同意，人民法院可以采用能够确认其收悉的**电子**方式送达诉讼文书。**通过电子方式送达的判决书、裁定书、调解书，受送达人提出需要纸质文书的，人民法院应当提供。** 采用前款方式送达的，以**送达信息**到达受送达人特定系统的日期为送达日期。

民事诉讼法 （2017 年 6 月 27 日第三次修正） （阴影部分为删除或修改的内容）	民事诉讼法 （2021 年 12 月 24 日第四次修正） （加粗部分为增加或修改的内容）
第九十二条 受送达人下落不明，或者用本节规定的其他方式无法送达的，公告送达。自发出公告之日起，经过六十日，即视为送达。 公告送达，应当在案卷中记明原因和经过。	**第九十五条** 受送达人下落不明，或者用本节规定的其他方式无法送达的，公告送达。自发出公告之日起，经过**三十日**，即视为送达。 公告送达，应当在案卷中记明原因和经过。
第九章 保全和先予执行	**第九章 保全和先予执行**
第一百零六条 人民法院对下列案件，根据当事人的申请，可以裁定先予执行： （一）追索赡养费、扶养费、抚育费、抚恤金、医疗费用的； （二）追索劳动报酬的； （三）因情况紧急需要先予执行的。	**第一百零九条** 人民法院对下列案件，根据当事人的申请，可以裁定先予执行： （一）追索赡养费、扶养费、**抚养费**、抚恤金、医疗费用的； （二）追索劳动报酬的； （三）因情况紧急需要先予执行的。
第二编 审判程序	**第二编 审判程序**
第十二章 第一审普通程序	**第十二章 第一审普通程序**
第一百二十八条 合议庭组成人员确定后，应当在三日内告知当事人。	**第一百三十一条** **审判人员**确定后，应当在三日内告知当事人。
第一百三十七条 开庭审理前，书记员应当查明当事人和其他诉讼参与人是否到庭，宣布法庭纪律。	**第一百四十条** 开庭审理前，书记员应当查明当事人和其他诉讼参与人是否到庭，宣布法庭纪律。

民事诉讼法 （2017年6月27日第三次修正） （阴影部分为删除或修改的内容）	民事诉讼法 （2021年12月24日第四次修正） （加粗部分为增加或修改的内容）
开庭审理时，由审判长核对当事人，宣布案由，宣布审判人员、书记员名单，告知当事人有关的诉讼权利义务，询问当事人是否提出回避申请。	开庭审理时，由审判长**或者独任审判员**核对当事人，宣布案由，宣布审判人员、书记员名单，告知当事人有关的诉讼权利义务，询问当事人是否提出回避申请。
第一百四十一条 法庭辩论按照下列顺序进行： （一）原告及其诉讼代理人发言； （二）被告及其诉讼代理人答辩； （三）第三人及其诉讼代理人发言或者答辩； （四）互相辩论。 法庭辩论终结，由审判长按照原告、被告、第三人的先后顺序征询各方最后意见。	**第一百四十四条** 法庭辩论按照下列顺序进行： （一）原告及其诉讼代理人发言； （二）被告及其诉讼代理人答辩； （三）第三人及其诉讼代理人发言或者答辩； （四）互相辩论。 法庭辩论终结，由审判长**或者独任审判员**按照原告、被告、第三人的先后顺序征询各方最后意见。
第一百四十九条 人民法院适用普通程序审理的案件，应当在立案之日起六个月内审结。有特殊情况需要延长的，由本院院长批准，可以延长六个月；还需要延长的，报请上级人民法院批准。	**第一百五十二条** 人民法院适用普通程序审理的案件，应当在立案之日起六个月内审结。有特殊情况需要延长的，**经**本院院长批准，可以延长六个月；还需要延长的，报请上级人民法院批准。
第一百五十一条 有下列情形之一的，终结诉讼： （一）原告死亡，没有继承人，或者继承人放弃诉讼权利的；	**第一百五十四条** 有下列情形之一的，终结诉讼： （一）原告死亡，没有继承人，或者继承人放弃诉讼权利的；

民事诉讼法 （2017 年 6 月 27 日第三次修正） （阴影部分为删除或修改的内容）	民事诉讼法 （2021 年 12 月 24 日第四次修正） （加粗部分为增加或修改的内容）
（二）被告死亡，没有遗产，也没有应当承担义务的人的； （三）离婚案件一方当事人死亡的； （四）追索赡养费、扶养费、抚育费以及解除收养关系案件的一方当事人死亡的。	（二）被告死亡，没有遗产，也没有应当承担义务的人的； （三）离婚案件一方当事人死亡的； （四）追索赡养费、扶养费、**抚养费**以及解除收养关系案件的一方当事人死亡的。
第十三章　简易程序	**第十三章　简易程序**
第一百六十一条　人民法院适用简易程序审理案件，应当在立案之日起三个月内审结。	**第一百六十四条**　人民法院适用简易程序审理案件，应当在立案之日起三个月内审结。**有特殊情况需要延长的，经本院院长批准，可以延长一个月。**
第一百六十二条　基层人民法院和它派出的法庭审理符合本法第一百五十七条第一款规定的简单的民事案件，标的额为各省、自治区、直辖市上年度就业人员年平均工资百分之三十以下的，实行一审终审。	**第一百六十五条**　基层人民法院和它派出的法庭审理**事实清楚、权利义务关系明确、争议不大的**简单**金钱给付**民事案件，标的额为各省、自治区、直辖市上年度就业人员年平均工资百分之**五十**以下的，**适用小额诉讼的程序审理**，实行一审终审。 **基层人民法院和它派出的法庭审理前款规定的民事案件，标的额超过各省、自治区、直辖市上年度就业人员年平均工资百分之五十但在二倍以下的，当事人双方也可以约定适用小额诉讼的程序。**

民事诉讼法 （2017年6月27日第三次修正） （阴影部分为删除或修改的内容）	民事诉讼法 （2021年12月24日第四次修正） （加粗部分为增加或修改的内容）
	第一百六十六条　人民法院审理下列民事案件，不适用小额诉讼的程序： **（一）人身关系、财产确权案件；** **（二）涉外案件；** **（三）需要评估、鉴定或者对诉前评估、鉴定结果有异议的案件；** **（四）一方当事人下落不明的案件；** **（五）当事人提出反诉的案件；** **（六）其他不宜适用小额诉讼的程序审理的案件。**
	第一百六十七条　人民法院适用小额诉讼的程序审理案件，可以一次开庭审结并且当庭宣判。
	第一百六十八条　人民法院适用小额诉讼的程序审理案件，应当在立案之日起两个月内审结。有特殊情况需要延长的，经本院院长批准，可以延长一个月。
	第一百六十九条　人民法院在审理过程中，发现案件不宜适用小额诉讼的程序的，应当适用简易程序的其他规定审理或者裁定转为普通程序。

民事诉讼法 （2017 年 6 月 27 日第三次修正） （阴影部分为删除或修改的内容）	民事诉讼法 （2021 年 12 月 24 日第四次修正） （加粗部分为增加或修改的内容）
	当事人认为案件适用小额诉讼的程序审理违反法律规定的，可以向人民法院提出异议。人民法院对当事人提出的异议应当审查，异议成立的，应当适用简易程序的其他规定审理或者裁定转为普通程序；异议不成立的，裁定驳回。
第十四章　第二审程序	**第十四章　第二审程序**
第一百六十九条　第二审人民法院对上诉案件，应当组成合议庭，开庭审理。经过阅卷、调查和询问当事人，对没有提出新的事实、证据或者理由，合议庭认为不需要开庭审理的，可以不开庭审理。 第二审人民法院审理上诉案件，可以在本院进行，也可以到案件发生地或者原审人民法院所在地进行。	**第一百七十六条**　第二审人民法院对上诉案件应当开庭审理。经过阅卷、调查和询问当事人，对没有提出新的事实、证据或者理由，**人民法院**认为不需要开庭审理的，可以不开庭审理。 第二审人民法院审理上诉案件，可以在本院进行，也可以到案件发生地或者原审人民法院所在地进行。
第十五章　特别程序	**第十五章　特别程序**
第一百八十四条　公民下落不明满四年，或者因意外事故下落不明满二年，或者因意外事故下落不明，经有关机关证明该公民不可能生存，利害关系人申请宣告其死亡的，向下落不明人住所地基层人民法院提出。	**第一百九十一条**　公民下落不明满四年，或者因意外**事件**下落不明满二年，或者因意外**事件**下落不明，经有关机关证明该公民不可能生存，利害关系人申请宣告其死亡的，向下落不明人住所地基层人民法院提出。

民事诉讼法 （2017 年 6 月 27 日第三次修正） （阴影部分为删除或修改的内容）	民事诉讼法 （2021 年 12 月 24 日第四次修正） （加粗部分为增加或修改的内容）
申请书应当写明下落不明的事实、时间和请求，并附有公安机关或者其他有关机关关于该公民下落不明的书面证明。	申请书应当写明下落不明的事实、时间和请求，并附有公安机关或者其他有关机关关于该公民下落不明的书面证明。
第一百八十五条 人民法院受理宣告失踪、宣告死亡案件后，应当发出寻找下落不明人的公告。宣告失踪的公告期间为三个月，宣告死亡的公告期间为一年。因意外事故下落不明，经有关机关证明该公民不可能生存的，宣告死亡的公告期间为三个月。 公告期间届满，人民法院应当根据被宣告失踪、宣告死亡的事实是否得到确认，作出宣告失踪、宣告死亡的判决或者驳回申请的判决。	**第一百九十二条** 人民法院受理宣告失踪、宣告死亡案件后，应当发出寻找下落不明人的公告。宣告失踪的公告期间为三个月，宣告死亡的公告期间为一年。因意外**事件**下落不明，经有关机关证明该公民不可能生存的，宣告死亡的公告期间为三个月。 公告期间届满，人民法院应当根据被宣告失踪、宣告死亡的事实是否得到确认，作出宣告失踪、宣告死亡的判决或者驳回申请的判决。
第一百八十七条 申请认定公民无民事行为能力或者限制民事行为能力，由其近亲属或者其他利害关系人向该公民住所地基层人民法院提出。 申请书应当写明该公民无民事行为能力或者限制民事行为能力的事实和根据。	**第一百九十四条** 申请认定公民无民事行为能力或者限制民事行为能力，由利害关系人**或者有关组织**向该公民住所地基层人民法院提出。 申请书应当写明该公民无民事行为能力或者限制民事行为能力的事实和根据。

民事诉讼法 （2017年6月27日第三次修正） （阴影部分为删除或修改的内容）	民事诉讼法 （2021年12月24日第四次修正） （加粗部分为增加或修改的内容）
第一百九十条　人民法院根据被认定为无民事行为能力人、限制民事行为能力人或者他的监护人的申请，证实该公民无民事行为能力或者限制民事行为能力的原因已经消除的，应当作出新判决，撤销原判决。	**第一百九十七条**　人民法院根据被认定为无民事行为能力人、限制民事行为能力人**本人、利害关系人或者有关组织**的申请，证实该公民无民事行为能力或者限制民事行为能力的原因已经消除的，应当作出新判决，撤销原判决。
第一百九十三条　判决认定财产无主后，原财产所有人或者继承人出现，在民法通则规定的诉讼时效期间可以对财产提出请求，人民法院审查属实后，应当作出新判决，撤销原判决。	**第二百条**　判决认定财产无主后，原财产所有人或者继承人出现，在**民法典**规定的诉讼时效期间可以对财产提出请求，人民法院审查属实后，应当作出新判决，撤销原判决。
第一百九十四条　申请司法确认调解协议，由双方当事人依照人民调解法等法律，自调解协议生效之日起三十日内，共同向调解组织所在地基层人民法院提出。	**第二百零一条**　**经依法设立的调解组织调解达成调解协议**，申请司法确认的，由双方当事人自调解协议生效之日起三十日内，共同向下列人民法院提出： **（一）人民法院邀请调解组织开展先行调解的，向作出邀请的人民法院提出；** **（二）调解组织自行开展调解的，向当事人住所地、标的物所在地、调解组织所在地的基层人民法院提出；调解协议所涉纠纷应当由中级人民法院管辖的，向相应的中级人民法院提出。**

民事诉讼法 （2017年6月27日第三次修正） （阴影部分为删除或修改的内容）	民事诉讼法 （2021年12月24日第四次修正） （加粗部分为增加或修改的内容）
第一百九十六条 申请实现担保物权，由担保物权人以及其他有权请求实现担保物权的人依照物权法等法律，向担保财产所在地或者担保物权登记地基层人民法院提出。	**第二百零三条** 申请实现担保物权，由担保物权人以及其他有权请求实现担保物权的人依照**民法典**等法律，向担保财产所在地或者担保物权登记地基层人民法院提出。
第十六章 审判监督程序	**第十六章 审判监督程序**
第二百零六条 按照审判监督程序决定再审的案件，裁定中止原判决、裁定、调解书的执行，但追索赡养费、扶养费、抚育费、抚恤金、医疗费用、劳动报酬等案件，可以不中止执行。	**第二百一十三条** 按照审判监督程序决定再审的案件，裁定中止原判决、裁定、调解书的执行，但追索赡养费、扶养费、**抚养费**、抚恤金、医疗费用、劳动报酬等案件，可以不中止执行。
第三编 执行程序	**第三编 执行程序**
第二十章 执行的申请和移送	**第二十章 执行的申请和移送**
第二百三十九条 申请执行的期间为二年。申请执行时效的中止、中断，适用法律有关诉讼时效中止、中断的规定。 前款规定的期间，从法律文书规定履行期间的最后一日起计算；法律文书规定分期履行的，从规定的每次履行期间的最后一日起计算；法律文书未规定履行期间的，从法律文书生效之日起计算。	**第二百四十六条** 申请执行的期间为二年。申请执行时效的中止、中断，适用法律有关诉讼时效中止、中断的规定。 前款规定的期间，从法律文书规定履行期间的最后一日起计算；法律文书规定分期履行的，从**最后一期**履行**期限届满之日**起计算；法律文书未规定履行期间的，从法律文书生效之日起计算。

民事诉讼法 （2017 年 6 月 27 日第三次修正） （阴影部分为删除或修改的内容）	民事诉讼法 （2021 年 12 月 24 日第四次修正） （加粗部分为增加或修改的内容）
第二十二章　执行中止和终结	**第二十二章　执行中止和终结**
第二百五十七条　有下列情形之一的，人民法院裁定终结执行： （一）申请人撤销申请的； （二）据以执行的法律文书被撤销的； （三）作为被执行人的公民死亡，无遗产可供执行，又无义务承担人的； （四）追索赡养费、扶养费、抚育费案件的权利人死亡的； （五）作为被执行人的公民因生活困难无力偿还借款，无收入来源，又丧失劳动能力的； （六）人民法院认为应当终结执行的其他情形。	**第二百六十四条**　有下列情形之一的，人民法院裁定终结执行： （一）申请人撤销申请的； （二）据以执行的法律文书被撤销的； （三）作为被执行人的公民死亡，无遗产可供执行，又无义务承担人的； （四）追索赡养费、扶养费、**抚养费**案件的权利人死亡的； （五）作为被执行人的公民因生活困难无力偿还借款，无收入来源，又丧失劳动能力的； （六）人民法院认为应当终结执行的其他情形。

《民事诉讼法解释》修改前后对照表

《民事诉讼法解释》 （2020年12月23日第一次修正） （阴影部分为删除或修改内容）	《民事诉讼法解释》 （2022年3月22日第二次修正） （加粗部分为增加或修改内容）
第九条 追索赡养费、抚育费、扶养费案件的几个被告住所地不在同一辖区的，可以由原告住所地人民法院管辖。	**第九条** 追索赡养费、扶养费、**抚养费**案件的几个被告住所地不在同一辖区的，可以由原告住所地人民法院管辖。
第四十五条 在一个审判程序中参与过本案审判工作的审判人员，不得再参与该案其他程序的审判。 发回重审的案件，在一审法院作出裁判后又进入第二审程序的，原第二审程序中合议庭组成人员不受前款规定的限制。	**第四十五条** 在一个审判程序中参与过本案审判工作的审判人员，不得再参与该案其他程序的审判。 发回重审的案件，在一审法院作出裁判后又进入第二审程序的，原第二审程序中**审判人员**不受前款规定的限制。
第四十八条 民事诉讼法第四十四条所称的审判人员，包括参与本案审理的人民法院院长、副院长、审判委员会委员、庭长、副庭长、审判员、助理审判员和人民陪审员。	**第四十八条** 民事诉讼法第**四十七**条所称的审判人员，包括参与本案审理的人民法院院长、副院长、审判委员会委员、庭长、副庭长、审判员和人民陪审员。

《民事诉讼法解释》 （2020 年 12 月 23 日第一次修正） （阴影部分为删除或修改内容）	《民事诉讼法解释》 （2022 年 3 月 22 日第二次修正） （加粗部分为增加或修改内容）
第六十一条　当事人之间的纠纷经人民调解委员会调解达成协议后，一方当事人不履行调解协议，另一方当事人向人民法院提起诉讼的，应以对方当事人为被告。	**第六十一条**　当事人之间的纠纷经人民调解委员会**或者其他依法设立的调解组织**调解达成协议后，一方当事人不履行调解协议，另一方当事人向人民法院提起诉讼的，应以对方当事人为被告。
第二百一十八条　赡养费、扶养费、抚育费案件，裁判发生法律效力后，因新情况、新理由，一方当事人再行起诉要求增加或者减少费用的，人民法院应作为新案受理。	**第二百一十八条**　赡养费、扶养费、**抚养费**案件，裁判发生法律效力后，因新情况、新理由，一方当事人再行起诉要求增加或者减少费用的，人民法院应作为新案受理。
第二百五十八条　适用简易程序审理的案件，审理期限到期后，双方当事人同意继续适用简易程序的，由本院院长批准，可以延长审理期限。延长后的审理期限累计不得超过六个月。 人民法院发现案情复杂，需要转为普通程序审理的，应当在审理期限届满前作出裁定并将合议庭组成人员及相关事项书面通知双方当事人。 案件转为普通程序审理的，审理期限自人民法院立案之日计算。	**第二百五十八条**　适用简易程序审理的案件，审理期限到期后，**有特殊情况需要延长的，经**本院院长批准，可以延长审理期限。延长后的审理期限累计不得超过**四个月**。 人民法院发现**案件不宜适用简易程序**，需要转为普通程序审理的，应当在审理期限届满前作出裁定并将**审判人员**及相关事项书面通知双方当事人。 案件转为普通程序审理的，审理期限自人民法院立案之日计算。

《民事诉讼法解释》 （2020 年 12 月 23 日第一次修正） （阴影部分为删除或修改内容）	《民事诉讼法解释》 （2022 年 3 月 22 日第二次修正） （加粗部分为增加或修改内容）
第二百六十一条 适用简易程序审理案件，人民法院可以采取捎口信、电话、短信、传真、电子邮件等简便方式传唤双方当事人、通知证人和送达裁判文书以外的诉讼文书。 以简便方式送达的开庭通知，未经当事人确认或者没有其他证据证明当事人已经收到的，人民法院不得缺席判决。 适用简易程序审理案件，由审判员独任审判，书记员担任记录。	**第二百六十一条** 适用简易程序审理案件，人民法院可以**依照民事诉讼法第九十条、第一百六十二条的规定**采取捎口信、电话、短信、传真、电子邮件等简便方式传唤双方当事人、通知证人和送达诉讼文书。 以简便方式送达的开庭通知，未经当事人确认或者没有其他证据证明当事人已经收到的，人民法院不得缺席判决。 适用简易程序审理案件，由审判员独任审判，书记员担任记录。
第二百六十九条 当事人就案件适用简易程序提出异议，人民法院经审查，异议成立的，裁定转为普通程序；异议不成立的，口头告知当事人，并记入笔录。 转为普通程序的，人民法院应当将合议庭组成人员及相关事项以书面形式通知双方当事人。 转为普通程序前，双方当事人已确认的事实，可以不再进行举证、质证。	**第二百六十九条** 当事人就案件适用简易程序提出异议，人民法院经审查，异议成立的，裁定转为普通程序；异议不成立的，**裁定驳回。裁定以口头方式作出的，应当**记入笔录。 转为普通程序的，人民法院应当将**审判人员**及相关事项以书面形式通知双方当事人。 转为普通程序前，双方当事人已确认的事实，可以不再进行举证、质证。

《民事诉讼法解释》 （2020年12月23日第一次修正） （阴影部分为删除或修改内容）	《民事诉讼法解释》 （2022年3月22日第二次修正） （加粗部分为增加或修改内容）
第二百七十三条　海事法院可以审理海事、海商小额诉讼案件。案件标的额应当以实际受理案件的海事法院或者其派出法庭所在的省、自治区、直辖市上年度就业人员年平均工资百分之三十为限。	**第二百七十三条**　海事法院可以**适用小额诉讼的程序**审理海事、海商案件。案件标的额应当以实际受理案件的海事法院或者其派出法庭所在的省、自治区、直辖市上年度就业人员年平均工资**为基数计算**。
第二百七十四条　下列金钱给付的案件，适用小额诉讼程序审理： （一）买卖合同、借款合同、租赁合同纠纷； （二）身份关系清楚，仅在给付的数额、时间、方式上存在争议的赡养费、抚育费、扶养费纠纷； （三）责任明确，仅在给付的数额、时间、方式上存在争议的交通事故损害赔偿和其他人身损害赔偿纠纷； （四）供用水、电、气、热力合同纠纷； （五）银行卡纠纷； （六）劳动关系清楚，仅在劳动报酬、工伤医疗费、经济补偿金或者赔偿金给付数额、时间、方式上存在争议的劳动合同纠纷； （七）劳务关系清楚，仅在劳务报酬给付数额、时间、方式上存在争议的劳务合同纠纷； （八）物业、电信等服务合同纠纷； （九）其他金钱给付纠纷。	

《民事诉讼法解释》 （2020 年 12 月 23 日第一次修正） （阴影部分为删除或修改内容）	《民事诉讼法解释》 （2022 年 3 月 22 日第二次修正） （加粗部分为增加或修改内容）
第二百七十五条 下列案件，不适用小额诉讼程序审理： （一）人身关系、财产确权纠纷； （二）涉外民事纠纷； （三）知识产权纠纷； （四）需要评估、鉴定或者对诉前评估、鉴定结果有异议的纠纷； （五）其他不宜适用一审终审的纠纷。	
第二百八十一条 当事人对按照小额诉讼案件审理有异议的，应当在开庭前提出。人民法院经审查，异议成立的，适用简易程序的其他规定审理；异议不成立的，告知当事人，并记入笔录。	**第二百七十九条** 当事人对按照小额诉讼案件审理有异议的，应当在开庭前提出。人民法院经审查，异议成立的，适用简易程序的其他规定审理**或者裁定转为普通程序**；异议不成立的，**裁定驳回。裁定以口头方式作出的，应当**记入笔录。
第三百四十九条 在诉讼中，当事人的利害关系人提出该当事人患有精神病，要求宣告该当事人无民事行为能力或者限制民事行为能力的，应由利害关系人向人民法院提出申请，由受诉人民法院按照特别程序立案审理，原诉讼中止。	**第三百四十七条** 在诉讼中，当事人的利害关系人**或者有关组织**提出该当事人**不能辨认或者不能完全辨认自己的行为**，要求宣告该当事人无民事行为能力或者限制民事行为能力的，应由利害关系人**或者有关组织**向人民法院提出申请，由受诉人民法院按照特别程序立案审理，原诉讼中止。

《民事诉讼法解释》 （2020年12月23日第一次修正） （阴影部分为删除或修改内容）	《民事诉讼法解释》 （2022年3月22日第二次修正） （加粗部分为增加或修改内容）
第三百五十三条　申请司法确认调解协议的，双方当事人应当本人或者由符合民事诉讼法第五十八条规定的代理人向调解组织所在地基层人民法院或者人民法庭提出申请。	**第三百五十一条**　申请司法确认调解协议的，双方当事人应当本人或者由符合民事诉讼法第**六十一**条规定的代理人**依照民事诉讼法第二百零一条的规定**提出申请。
第三百五十四条　两个以上调解组织参与调解的，各调解组织所在地基层人民法院均有管辖权。 双方当事人可以共同向其中一个调解组织所在地基层人民法院提出申请；双方当事人共同向两个以上调解组织所在地基层人民法院提出申请的，由最先立案的人民法院管辖。	**第三百五十二条**　**调解组织自行开展的调解，有**两个以上调解组织参与的，**符合民事诉讼法第二百零一条规定的**各调解组织所在地人民法院均有管辖权。 双方当事人可以共同向**符合民事诉讼法第二百零一条规定的**其中一个**有管辖权的**人民法院提出申请；双方当事人共同向两个以上**有管辖权的**人民法院提出申请的，由最先立案的人民法院管辖。